LE VISUEL

Jean-Claude Corbeil • *Ariane Archambault*

LE VISUEL

DICTIONNAIRE THÉMATIQUE
Français • Anglais

Éditions Québec/Amérique

DISTRIBUTEURS EXCLUSIFS

POUR LE CANADA
ÉDITIONS FRANÇAISES
1411, rue Ampère, C.P. 395
Boucherville (Québec) J4B 5W2
Téléphone: (514) 641-0514 • 871-0111 • 1-800-361-9635
Télécopieur: (514) 641-4893

POUR LA BELGIQUE ET LE LUXEMBOURG
PRESSES DE BELGIQUE S.A.
Boulevard de l'Europe 117
B-1301 Wavre
Téléphone: (10) 41-59-66 • (10) 41-78-50
Télécopieur: (10) 41-20-24

POUR LA SUISSE
TRANSAT S.A.
Route des Jeunes, 4 Ter
C.P. 125
1211 Genève 26
Téléphone: (41-22) 342-77-40
Télécopieur: (41-22) 343-46-46

POUR LA FRANCE ET LES AUTRES PAYS
INTER FORUM
Immeuble ORSUD, 3-5, avenue Galliéni
Poterne des Peupliers, 94250 Gentilly
Téléphone: (33.1) 47.40.66.07

Données de catalogage avant publication (Canada)

Corbeil, Jean-Claude

Le Visuel : dictionnaire thématique français-anglais

(Langue et culture)
Texte en français et en anglais.
Publ. antérieurement sous le titre : Dictionnaire thématique visuel français-anglais = French-English visual dictionary. 1987.
Comprend des références bibliographiques et des index

ISBN: 2-89037-579-X

1. Français (Langue) - Dictionnaires anglais.   2. Anglais (Langue) - Dictionnaires français.   3. Dictionnaires illustrés français.
4. Dictionnaires illustrés anglais I. Archambault, Ariane.   II. Titre.   III. Titre : Dictionnaire thématique visuel français-anglais.
IV. Titre : French English visual dictionary.   V. Collection.

AG250.C66 1992   443' .21   C92-096638-1F

B 425407

Édition originale : Copyright © 1992 Éditions Québec/Amérique inc.
425, rue Saint-Jean-Baptiste, Montréal, Québec H2Y 2Z7 - Téléphone : (514) 393-1450 - Télécopieur : (514) 866-2430

Publié en France par Québec/Amérique International / Les éditions de l'Homme – ISBN 2-7619-1083-4

Conçu et créé par Québec/Amérique International, une division de Québec/Amérique inc.,
Le Visuel a été entièrement réalisé sur ordinateur Macintosh de Apple Computer Inc.

Imprimé et relié au Canada

REMERCIEMENTS

Pour la préparation du *Visuel*, nous avons bénéficié de la collaboration de nombreux organismes, sociétés et entreprises qui nous ont transmis la documentation technique la plus récente. Nous avons également bénéficié des avis judicieux de spécialistes, de collègues terminologues ou traducteurs. Nous remercions tout particulièrement nos premiers collaborateurs: Edith Girard, René Saint-Pierre, Marielle Hébert, Christiane Vachon, Anik Lapointe. Nous tenons également à exprimer notre plus vive reconnaissance aux personnes et sociétés suivantes:

A.C Delco
Administration de la Voie maritime du
   St-Laurent (Normand Dodier)
Aérospatiale (France)
Aérospatiale Canada (ACI) inc.
Air Canada (Services linguistiques)
Air liquide Canada ltée
Amity-Leather Products Company
Animat inc.
Archambault Musique
Association canadienne de Curling
Association des groupes d'astronomes
   amateurs (Jean-Marc Richard)
Association Internationale de Signalisation
   Maritime (Marie-Hélène Grillet)
Atlas Copco
Banque de terminologie du Gouvernement
   canadien
Bell Canada
Bell Helicopter Textron
Bellefontaine
Beretta
Black & Decker
Bombardier inc.
Boutique de harnais Pépin
British Hovercraft Corporation Ltd
   (Division of Westland Aerospace)
C. Plath North American Division
Caloritech inc.
Cambridge Instruments (Canada) Inc.
CAMIF (Direction relations extérieures)
Canada Billard & Bowling inc. (Bernard Monsec)
Canadian Coleman Supply Inc.
Canadian Kenworth Company
Canadien National (Communications
   visuelles, Services linguistiques)
Carpentier, Jean-Marc
Casavant Frères Limitée (Gilbert Lemieux)
Centre de Tissage Leclerc inc.
Chromalox inc.
Clerc, Redjean
Club de planeur Champlain
Club de tir à l'arc de Montréal
Collège Jean de Brébeuf (Paul-Émile Tremblay)
Collège militaire royal de Saint-Jean
Communauté urbaine de Montréal
   (Bureau de transport métropolitain)
Compagnie Pétrolière Impériale ltée
Complexe sportif Claude-Robillard
Contrôl Data Canada ltée
Cycles Performance
Department of Defense (U.S.) , (Department
   of the Navy. Office of Information)
Detson
Direction des constructions navales (France),
   (programmes internationaux)
Distributions TTI inc.
Energie atomique du Canada ltée (Pierre Giguère)
Energie Mines et Ressources Canada
   (Centre canadien de télédétection)
Environnement Canada, (Service de
   l'environnement Atmosphérique,
   Gilles Sanscartier)
FACOM
Fédération de patinage de vitesse du Québec
Fédération québécoise d'escrime
Fédération québécoise d'haltérophilie
Fédération québécoise de badminton
Fédération québécoise de boxe olympique
Fédération québécoise de canot camping
Fédération québécoise de luge et bobsleigh

Fédération québécoise de tennis
Fédération québécoise des échecs
Festival des Mongolfières du Haut-Richelieu
Fincantieri Naval Shipbuilding Division
Fisher Scientific Limited
Ford New-Holland Inc.
G.E. Astro-Space Division
G.T.E Sylvania Canada ltée
Gadbois, Alain
GAM Pro Plongée
Garde côtière canadienne
General Motors du Canada ltée
Générale Électrique du Canada (Ateliers
   d'Ingénierie Dominion, Mony Schinasi)
GIAT Industries
Gym Plus
Harrison (1985) inc.
Hewitt Equipment ltée
Hippodrome Blue Bonnets (Robert Perez)
Honeywell ltée
Hortipro
Hughes Aircraft Company
Hydro-Québec (centre de documentation,
   Anne Crépeau)
IBM Canada ltée
Institut de recherche d'Hydro-Québec (IREQ)
International Telecommunications Satellite
Organisation (Intelsat)
Jardin Botanique de Montréal
John Deere Limited
Johnson & Johnson inc.
La Cordée
La Maison olympique (Sylvia Doucette)
Le Beau Voyage
Le Coz, Jean-Pierre
Lee Valley Tools Ltd
Leica Camera
Les Appareils orthopédiques BBG inc.
Les Équipements Chalin ltée
Les Instruments de Musique Twigg inc.
Les Manufacturiers Draco ltée
Les Minoteries Ogilvie ltée
   (Michel Ladouceur)
Les Produits de défense SNC ltée
Liebherr-Québec
Manac inc.
Manufacture Leviton du Canada ltée
Manutan
Marcoux, Jean-Marie
Marrazza Musique
Matra Défense (Direction de la communication)
MATRA S.A.
Mazda Canada
Médiatel
Mendes inc. (François Caron)
Michelin
MIL Tracy (Henri Vacher)
Ministère canadien de la Défense nationale
   (Affaires publiques)
Ministère des transports du Québec
   (Sécurité routière, Signalisation routière)
Monette Sport inc.
Moto Internationale
Musée David M. Stewart (Philippe Butler)
Natation Canada
National Aeronautics and Space Administration
   (N.A.S.A.)
National Oceanic and Atmospheric
   Administration (NOAA)-National
   Environmental Satellite, Data, and
   Information Service (Frank Lepore)

Nikon Canada inc.
Northern Telecom Canada ltée
Office de la langue française du Québec
   (Chantal Robinson)
Olivetti Systèmes et Réseaux Canada ltée
Ontario Hydro
Organisation de l'Aviation civile internationale
   (O.A.C.I.)
Paterson Darkroom Necessities
Petro-Canada (Calgary)
Philips Électronique ltée (Division de l'éclairage)
Philips Scientific & Analytical Equipment
Pierre-Olivier Décor
Planétarium Dow (Pierre Lacombe)
Plastimo
Port de Montréal (Affaires publiques)
Pratt & Whitney Canada inc.
Quincaillerie A.C.L. inc.
Radio-Québec
Remington Products (Canada) inc.
Richard Benoît
Rodriquez Cantieri navali S.p.A.
Russell Rinfret
S.A. Redoute Catalogue (relations extérieures)
Samsonite
Secrétariat d'État du Canada: Bureau
   de la traduction
Shell Canada
SIAL Poterie
Ski Nautique Canada
Smith-Corona (Canada) ltée
Société de transport de la Communauté
   Urbaine de Montréal
Société Nationale des Chemins de Fer français
   (S.N.C.F) - Direction de la communication
Société Radio-Canada (Gilles Amyot,
   Pierre Beaucage, Claude L'Hérault,
   Pierre Laroche)
Spalding Canada
Spar Aérospatiale ltée (Hélène Lapierre)
Sunbeam Corporation (Canada) Limited
Téléglobe Canada inc. (Roger Leblanc)
Telesat Canada (Yves Comtois)
The British Petroleum Company p.l.c.
   (Photographic services)
The Coal Association of Canada
Thibault
Tideland Signal Canada Ltd
Transports Canada (Les Aéroports de Montréal,
   Gilbert L'Espérance, Koos R. Van der Peijl)
Ultramar Canada inc
Université du Québec (Institut national de
   la recherche scientifique, Benoît Jean)
Université du Québec à Montréal (Module
   des arts, Michel Fournier)
Varin, Claude
Viala L.R. inc (Jean Beaudin)
Ville de Montréal (Bureau du cinéma)
Ville de Montréal (Service de l'habitation et
   du développement urbain)
Ville de Montréal (Service de la prévention
   des incendies , Roger Gilbert, Réal Audet)
Ville de Montréal (Service des travaux publics)
Volcano inc.
Volkswagen Canada inc.
Volvo Canada ltée
Weider
Wild Leitz Canada ltée
Xerox Canada Inc.
Yamaha Canada Musique ltée

Il arrive souvent que nous nous trouvions devant un objet sans être capable de l'identifier ou de le décrire. Nous ne parvenons pas à trouver les mots; les «machins» et les «choses» ne suffisent pas à renseigner adéquatement notre interlocuteur. De même, il nous arrive fréquemment en lisant un livre, un journal, en regardant la télévision ou en écoutant la radio d'avoir besoin d'une représentation visuelle pour comprendre toute la dimension d'un événement ou saisir le sens d'une communication. Pour remédier à cela, nous avons conçu et créé *Le Visuel*, un dictionnaire de référence original qui se distingue des dictionnaires traditionnels et des dictionnaires encyclopédiques.

Ici, c'est l'image qui définit le mot. L'illustration occupe donc dans cet ouvrage une place essentielle, car sa valeur didactique est irremplaçable. De plus, l'expérience prouve que l'image excite la curiosité pour s'inscrire rapidement dans la mémoire de chacun. En conséquence, nous avons greffé aux mots des illustrations de qualité, tracées avec toute la précision que permet la technologie de l'ordinateur. *Le Visuel* succède à la première édition monochrome publiée en 1986 et dont le succès a été immédiat. Publié en plusieurs langues et diffusé dans plus de cent pays, *Le Visuel* est devenu une référence internationale.

Ce nouveau dictionnaire visuel, avec un contenu qui couvre tous les thèmes de la vie quotidienne, s'adresse à quiconque se soucie d'enrichir son vocabulaire et d'employer le mot juste pour une meilleure communication. Il est à la fois unique et révolutionnaire par son originalité, par la qualité de ses illustrations, l'exactitude de sa terminologie, par l'abondance de l'information qu'il fournit et par sa souplesse d'utilisation. Avec les progrès apportés par les nouvelles technologies et le développement des moyens de communication, les besoins du lecteur d'aujourd'hui exigent l'accès à une information rapide, efficace et qui va à l'essentiel. Le lien direct entre l'image et le mot répond à ce double besoin de rapidité et de précision.

Associant le pouvoir de l'image à la justesse des termes, *Le Visuel* tout en couleurs devient un outil sans équivalent sur le marché. Il est l'œuvre d'une équipe. Linguistes, terminologues, documentalistes, lecteurs-correcteurs, illustrateurs-infographistes, maquettistes, techniciens de l'informatique, programmeurs, professionnels des arts graphiques, tous ont, pendant plus de trois ans, mis leur savoir-faire en commun pour réaliser cet outil culturel exceptionnel, dynamique, adapté à la vie d'aujourd'hui. Vous voudrez le consulter chaque fois que vous sentirez le besoin de savoir, de mieux comprendre et de mieux communiquer.

Jacques Fortin
éditeur

L e *Visuel* est très différent des autres dictionnaires par son contenu et sa présentation. Son originalité exige quelques mots d'explication pour comprendre son utilité et apprécier la qualité de l'information qu'il contient. Cette introduction décrit les caractéristiques du *Visuel* et explique comment et pourquoi il se distingue des dictionnaires de langue et des encyclopédies. Pour l'information des amateurs de dictionnaires et celle des professionnels de la lexicographie, on y expose également les principes et la méthode de travail qui en ont guidé la réalisation.

UN DICTIONNAIRE IMAGE/MOT

Le Visuel relie étroitement l'image et le mot.

L'image décrit et analyse le monde moderne qui nous entoure: les objets de notre vie quotidienne, l'environnement physique, végétal et animal où nous évoluons, les techniques de communication et de travail qui modifient nos modes de vie, les armes qui nous inquiètent, les moyens de transports qui bouleversent les frontières, les sources d'énergie dont nous dépendons, etc.

L'image remplit ici une fonction précise: elle sert de définition aux mots, en ce sens qu'il est possible de «voir» immédiatement ce que chaque mot désigne. Le lecteur peut ainsi reconnaître ce qu'il cherche et découvrir, du même coup d'œil, le mot correspondant.

Les mots du *Visuel* sont ceux dont chacun a besoin pour nommer, avec le terme exact, le monde où nous évoluons.

Les mots ont été sélectionnés par la lecture de documents modernes, rédigés par des spécialistes de chaque sujet. En cas de doute, ils ont été soumis à l'examen d'experts de chaque domaine et vérifiés dans les encyclopédies et les dictionnaires de langue. Toutes les précautions ont donc été prises pour garantir l'exactitude de chaque mot, au bon niveau de standardisation.

UN DICTIONNAIRE POUR TOUS

Le Visuel s'adresse à toute personne qui participe, d'une manière ou de l'autre, à la civilisation contemporaine et qui doit, en conséquence, connaître et utiliser un grand nombre de termes techniques dans des domaines très variés.

Il répond alors aux besoins et aux curiosités de chacun et de tous. Il n'est pas destiné aux seuls spécialistes.

Le niveau d'analyse varie d'un sujet à l'autre. Plutôt que de s'astreindre arbitrairement à une analyse uniforme de tous les sujets, les Auteurs ont respecté le fait que le degré de familiarité avec le sujet varie et que les sujets sont, en soi, plus ou moins complexes les uns par rapport aux autres. Par exemple, les vêtements ou l'automobile sont plus familiers et apparaissent donc plus simples à un plus grand nombre de personnes que l'énergie atomique ou les satellites de télécommunication. Autre aspect du même problème, pour décrire l'anatomie du corps humain, il faut respecter et utiliser la terminologie médicale, même si les mots semblent plus compliqués que les noms des

fruits ou des légumes. D'un autre point de vue encore, les choses changent: le vocabulaire de la photographie est aujourd'hui plus compliqué à cause de l'automatisation des appareils photographiques. Ou encore, dernier exemple, l'informatique est devenue plus connue des amateurs de micro-ordinateurs mais demeure toujours un mystère pour tous les autres.

En conséquence, *Le Visuel* reflète le vocabulaire spécialisé d'usage courant dans chaque domaine en tenant compte de ce type de phénomènes.

UN DICTIONNAIRE FACILE DE CONSULTATION

Le Visuel se consulte de plusieurs façons différentes grâce à la liste des thèmes, à la table détaillée des matières et à l'index des mots cités.

On peut le parcourir:

De l'idée au mot, lorsque la chose à nommer est connue et son idée très précise dans l'esprit, alors que le mot manque ou est inconnu. La table détaillée des matières énumère chaque sujet traité selon un classement hiérarchisé où le lecteur se retrouve facilement. *Le Visuel* est ainsi le seul dictionnaire qui permette de trouver un mot inconnu à partir de sa signification.

Du mot à l'idée, lorsqu'il s'agit de vérifier le sens d'un mot. L'index renvoie à toutes les illustrations où le mot figure et l'illustration montre ce que désigne le mot dans chaque cas particulier.

Du bout des doigts, à partir de la liste des thèmes. Les repères de couleurs placés sur la tranche des pages facilitent l'accès au chapitre qui intéresse le lecteur.

Par vagabondage, pour le seul agrément de se promener au hasard, d'une image à l'autre, d'un mot à l'autre, sans autre préoccupation que le plaisir des yeux et de l'esprit.

UN DICTIONNAIRE DIFFÉRENT

Chacun connaît plusieurs genres de dictionnaires et d'encyclopédies. Il n'est pas toujours facile de saisir ce qui les caractérise et les différencie. Un rapide tour d'horizon s'impose pour situer correctement *Le Visuel* par rapport à ses semblables.

a) Les dictionnaires de langue

Ces dictionnaires visent à décrire les sens que les locuteurs accordent aux mots de la langue générale.

Ils sont constitués fondamentalement de deux grandes parties: une entrée sous la forme d'un mot, la nomenclature, et une énumération des sens de ce mot, l'article de dictionnaire.

La nomenclature est l'ensemble des mots qui sont l'objet d'un commentaire lexicographique. Elle forme la structure du dictionnaire. Pour plus de commodité, les entrées sont classées par ordre alphabétique. En général, on y trouve les mots de la langue commune contemporaine, des mots anciens dont la connaissance facilite la compréhension des textes ou de l'histoire de la civilisation et quelques mots techniques dont l'usage est suffisamment répandu.

L'article de dictionnaire est un commentaire qui décrit successivement les sens du mot. Généralement, l'article comprend la catégorie grammaticale du mot, son étymologie, la définition des différents sens du mot, classés le plus souvent par ordre chronologique, et des indications décrivant sommairement le mode d'usage social du mot (familier, populaire, vulgaire), selon une typologie encore aujourd'hui plutôt impressionniste.

On classe habituellement les dictionnaires de langue selon les publics cibles et selon le nombre de mots de la nomenclature, qui comprend non seulement les substantifs, mais toutes les catégories d'éléments, les verbes et les pronoms, les adjectifs et les adverbes, les prépositions, les conjonctions, etc. Ainsi, un dictionnaire de cinq mille mots est destiné aux enfants, un autre de quinze mille convient pour les écoles élémentaires, un dictionnaire de cinquante mille mots couvre les besoins du grand public, etc.

b) Les dictionnaires encyclopédiques

Au dictionnaire de langue, ces dictionnaires ajoutent des développements sur la nature, le fonctionnement ou l'histoire des choses pour en permettre la compréhension à un profane de bonne culture générale ou à un spécialiste voulant vérifier la portée d'un mot. Ils font une place beaucoup plus grande aux termes techniques, suivant de près l'état des sciences et des techniques. En général, l'image y joue un rôle important, en illustration du texte. Les dictionnaires encyclopédiques sont plus ou moins volumineux, selon l'étendue de la nomenclature, l'importance des commentaires, la place accordée aux noms propres et le nombre de spécialités traitées.

c) Les encyclopédies

Contrairement à ceux de la catégorie précédente, ces ouvrages ne traitent pas la langue. Ils sont consacrés à la description scientifique, technique, parfois économique, historique et géographique des choses. La structure de la nomenclature peut varier, tous les classements étant légitimes; alphabétique, notionnel, chronologique, par spécialité, etc. Le nombre de ces ouvrages est pratiquement illimité, comme l'est la fragmentation de la civilisation en catégories multiples. Il faut également distinguer entre l'encyclopédie universelle et l'encyclopédie spécialisée.

d) Les lexiques ou vocabulaires spécialisés

Le plus souvent, ces ouvrages répondent à des besoins particuliers, suscités par l'évolution des sciences et des techniques. Leur premier souci est d'assurer l'efficacité de la communication par la rigueur et l'uniformité de la terminologie. Ici, tout peut varier: la méthode de confection des lexiques, la relation des auteurs avec la spécialité, l'étendue de la nomenclature, le nombre de langues traitées et la manière d'établir les équivalences d'une langue à l'autre, par simple traduction ou par comparaison entre terminologies unilingues. La lexicographie spécialisée est aujourd'hui un champ d'activité intense. Les ouvrages se multiplient dans tous les secteurs et dans toutes les langues qu'on juge utile de croiser.

e) *Le Visuel*

Le Visuel est un dictionnaire d'orientation terminologique. Son intention est de mettre à la portée du grand public le vocabulaire précis nécessaire à la désignation des différents éléments de notre univers quotidien et d'en faire saisir le sens par l'illustration. Les mots se définissent les uns par rapport aux autres à l'intérieur de regroupements qui s'emboîtent, d'où la structure du *Visuel* en thèmes, sujets, objets spécifiques et parties de ces objets. Selon les thèmes et leur caractère plus ou moins familier, les mots apparaissent simples ou techniques. L'essentiel cependant est de présenter une analyse cohérente du vocabulaire de chaque sujet, dont la connaissance est utile et nécessaire à qui n'est pas un spécialiste du domaine.

Le Visuel n'est pas une encyclopédie, pour au moins deux raisons: il ne décrit pas les choses, il les nomme; il évite aussi l'énumération des objets de même classe. Par exemple, il ne recense pas toutes les variétés d'arbres mais s'arrête sur un représentant typique de la catégorie pour en examiner la structure et chacune des parties.

Il est encore moins un dictionnaire de langue puisqu'il ne comporte aucune définition écrite et n'inclut que des substantifs, surtout beaucoup de termes complexes, comme il arrive habituellement en terminologie.

Il n'est pas non plus une somme de vocabulaires spécialisés puisqu'il évite les termes connus des seuls spécialistes au profit des termes d'usage général, au risque de passer pour simpliste aux yeux des connaisseurs de domaines particuliers.

Le Visuel est le premier dictionnaire qui réunisse en un seul corps d'ouvrage les milliers de mots plus ou moins techniques d'usage courant dans notre société où les sciences, les techniques et leurs produits font partie de la vie quotidienne.

Telle est la politique éditoriale qui a orienté la réalisation de l'ouvrage. En conséquence, le nombre de mots qu'il contient ne peut pas être interprété de la même manière que pour un dictionnaire de langue puisqu'il s'agit ici d'un choix guidé par la politique éditoriale et puisqu'il ne contient que des substantifs, les mots lourds de la langue, à l'exclusion des adjectifs, des verbes, des prépositions, etc., qu'on trouve dans les dictionnaires traditionnels et surtout parce qu'on ne sait pas trop comment compter les mots composés!

DES IMAGES SUR ORDINATEUR

Les illustrations du *Visuel* ont été réalisées sur ordinateur, à partir de documents récents ou de photographies originales.

L'usage de l'informatique donne aux illustrations un haut niveau de réalisme, proche de la photographie, tout en permettant de mettre en relief les éléments essentiels d'un objet, qui correspondent aux mots. La précision du dessin est à la base de la qualité du *Visuel* comme instrument de référence lexicographique et encyclopédique.

De plus, grâce à l'ordinateur, les filets qui relient le mot à sa désignation sont placés avec une plus grande précision, ce qui assure plus de clarté à la relation entre le mot et ce qu'il désigne.

UN VOCABULAIRE SOIGNEUSEMENT ÉTABLI

Le Visuel a été élaboré d'après la méthodologie de la recherche terminologique systématique et comparée, qui est aujourd'hui le standard professionnel pour la préparation d'ouvrages de cette nature.

Cette méthodologie comporte plusieurs étapes qui s'enchaînent dans un ordre logique. Voici une description succincte de chacune des étapes.

Délimitation de l'ouvrage

Il faut d'abord délimiter soigneusement la taille et le contenu de l'ouvrage projeté en fonction de ses objectifs.

Les auteurs ont d'abord sélectionné les thèmes qu'il apparaissait nécessaire de traiter. Ils ont ensuite divisé chacun d'eux en domaines et sous-domaines en prenant soin de rester fidèles à l'objectif de la politique éditoriale et de ne pas verser dans l'encyclopédisme ou l'hyperspécialité. Il en est résulté une table des matières provisoire, structure de base du dictionnaire, qui a servi de guide au cours des étapes subséquentes et qui s'est perfectionnée en cours de route. La table détaillée des matières est l'aboutissement de ce processus.

Recherche documentaire

Conformément au plan de l'ouvrage, la documentation pertinente à chaque sujet, susceptible de fournir l'information requise sur les mots et les notions, a été recueillie.

Voici, dans l'ordre de fiabilité, la liste des sources de documentation utilisées:

• Les articles ou ouvrages rédigés en langue maternelle par des spécialistes du sujet, au niveau de spécialisation convenable. Leurs traductions vers d'autres langues peuvent être très révélatrices de l'usage du vocabulaire, quoiqu'il faille les utiliser avec circonspection.

• Les documents techniques, comme les normes nationales ou les normes de l'International Standard Organization (ISO), les modes d'emploi des produits, la documentation technique fournie par les fabricants, les publications officielles des gouvernements, etc.

• Les catalogues, les textes commerciaux, la publicité dans les revues spécialisées et les grands quotidiens.

• Les encyclopédies ou dictionnaires encyclopédiques,

et les dictionnaires de langue unilingues.

• Les vocabulaires ou dictionnaires spécialisés unilingues, bilingues ou multilingues, dont il faut cependant apprécier soigneusement la qualité et la fiabilité.

• Les dictionnaires de langue bilingues ou multilingues.

Au total, quatre à cinq mille références. La bibliographie sélective qui figure dans l'ouvrage n'inclut que les sources documentaires d'orientation générale et non pas les sources spécialisées.

Dépouillement des documents

Pour chaque sujet, le terminologue a parcouru la documentation, à la recherche des notions spécifiques et des mots qui les expriment, d'un auteur à l'autre et d'un document à l'autre. Ainsi se dessine progressivement la structure notionnelle du sujet: l'uniformité de la désignation de la même notion d'une source à l'autre ou, au contraire, la concurrence de plusieurs termes pour désigner la même réalité. Dans ce cas, le terminologue poursuit sa recherche jusqu'à ce qu'il se soit formé une opinion bien documentée sur chacun des termes concurrents. Il note tout, avec références à l'appui.

Constitution des dossiers terminologiques

Le dépouillement de la documentation permet de réunir tous les éléments d'un dossier terminologique.

À chaque notion, identifiée et définie par l'illustration, est relié le terme le plus fréquemment utilisé pour la désigner par les meilleurs auteurs ou dans les sources les plus dignes de confiance. Lorsque plusieurs termes sont en concurrence, l'un d'eux est sélectionné après discussion et accord entre le terminologue et le directeur scientifique.

Certains dossiers terminologiques, généralement dans des domaines spécialisés où le terminologue est plus sujet à erreur, ont été soumis à des spécialistes du domaine.

Variation terminologique

Il arrive fréquemment que plusieurs mots désignent sensiblement la même notion.

D'une manière pragmatique, les choses se présentent de la manière suivante:

• Il peut arriver qu'un terme ne soit utilisé que par un auteur ou ne trouve qu'une attestation dans la documentation. Le terme le plus fréquent a alors été retenu.

• Les termes techniques se présentent souvent sous forme composée, avec ou sans trait d'union ou préposition. Cette caractéristique entraîne au moins deux types de variantes terminologiques:

a) Le terme technique composé peut se réduire par l'abandon d'un ou de plusieurs de ses éléments, surtout si le contexte est très significatif. A la limite, le terme réduit devient la désignation habituelle de la notion. Dans ces cas, la forme composée a été conservée lorsqu'elle est couramment utilisée, laissant à l'utilisateur le soin de la réduire selon le contexte.

b) L'un des éléments du mot composé peut lui-même avoir des formes équivalentes. Il s'agit le plus souvent de synonymie en langue commune. La forme la plus fréquente a alors été retenue.

• Enfin, la variante peut provenir de l'évolution du langage, sans incidence terminologique. Nous avons alors privilégié la forme la plus contemporaine ou la plus connue.

SENTIMENT TERMINOLOGIQUE

Un commentaire sur l'état du sentiment terminologique par rapport au sentiment lexicographique s'impose ici.

Les dictionnaires de langue ont une longue histoire. Ce sont des ouvrages de référence familiers, connus et utilisés depuis l'école, avec tradition établie, connue et acceptée de tous. Chacun sait comment interpréter le dictionnaire et comment utiliser les renseignements qu'il donne... ou ne donne pas.

Les dictionnaires terminologiques sont ou bien très récents ou bien destinés à un public spécialisé. Il n'existe pas de vraie tradition guidant leur conception et leur réalisation. Si le spécialiste sait interpréter un dictionnaire de sa spécialité parce que la terminologie lui en est familière, il n'en est pas de même pour le profane. Les variantes le laissent perplexe. Enfin, les dictionnaires de langue ont jusqu'à un certain point discipliné l'usage du vocabulaire usuel chez leurs usagers alors que les vocabulaires de spécialité sont d'autant plus marqués par la concurrence des termes qu'ils appartiennent à des spécialités nouvelles.

L'utilisation d'un dictionnaire comme *Le Visuel* doit tenir compte de ce type de réaction devant un instrument de référence nouveau.

ORIGINALITÉ DE LA VERSION BILINGUE

Le Visuel bilingue compare deux langues, l'anglais et le français, et deux usages de chaque langue, l'anglais américain et l'anglais britannique, d'une part, le français de France et le français du Québec, d'autre part. Ainsi le lecteur bénéficie de renseignements précis sur les variations d'usage de la même langue et sur les ressemblances ou les différences de l'anglais par rapport au français. Très peu de dictionnaires bilingues offrent cet avantage, aucun d'une manière aussi systématique ni aussi facile de consultation.

Il est nécessaire d'indiquer comment nous avons traité cet aspect particulier du dictionnaire.

LANGUE COMMUNE

Ce qui est neutre, commun à tous les locuteurs du français ou de l'anglais, est imprimé en caractères romains.

Anglais américain ou anglais britannique

L'usage de l'anglais varie d'un cas à l'autre. Parfois, l'orthographe seule change, par exemple *theater* par rapport à *theatre*, ou *leveling* par rapport à *levelling*. Mais souvent, la même notion est désignée par des mots vraiment différents, par exemple *pants* et *trousers*, *elevator* et *lift*, *hood* et *bonnet*.

Dans cette version bilingue, les usages britanniques par rapport aux usages américains ont été signalés chaque fois que la différence était importante, qu'il s'agisse d'orthographe ou de vocabulaire. Les usages britanniques sont notés en caractères italiques à la suite du mot américain, toujours en caractères romains.

Le Visuel permet donc de bien distinguer les deux usages de l'anglais.

Français de France ou français du Québec

De même, dans quelques cas, plus rares qu'en anglais il est vrai, le français du Québec se distingue du français de France. Il n'y a jamais de différence d'orthographe. Mais parfois, il arrive que des notions soient désignées par des mots distincts. Ainsi, en France, on appelle *bonnet* et *moufle* ce que les Québécois appellent *tuque* et *mitaine*.

Dans le vocabulaire technique, ces cas sont moins fréquents que dans le vocabulaire général.

Lorsque la chose s'est produite et que nous avons jugé utile ou indispensable de noter les deux usages, le terme utilisé au Québec est imprimé en italique en regard du mot de France, écrit en caractères romains.

Contact des langues

La superposition des langues permet de saisir d'un coup d'oeil les mouvements d'emprunts, du français à l'anglais ou de l'anglais au français. *Le Visuel* bilingue peut servir ainsi de dictionnaire des anglicismes pour les francophones. Chose certaine, il permet de retracer l'équivalent lorsque c'est le mot dans l'autre langue qui vient d'abord à l'esprit.

JEAN-CLAUDE CORBEIL
ARIANE ARCHAMBAULT

LE TITRE ●
identifie le contenu de chaque
page.

LE SOUS-TITRE ●
identifie le sujet avec les mots
appropriés.

LE THÈME ●
de chaque section du dictionnaire
est clairement indiqué à chaque page.

**On peut consulter le dictionnaire
de l'idée au mot grâce à la table
des matières qui présente les
thèmes, titres et sous-titres avec
renvoi à la page initiale de
chaque titre.**

L'ILLUSTRATION ●
couleurs montre avec réalisme
tous les détails utiles.

**Le dictionnaire se feuillette
aussi pour le simple plaisir
de l'œil et de l'esprit.**

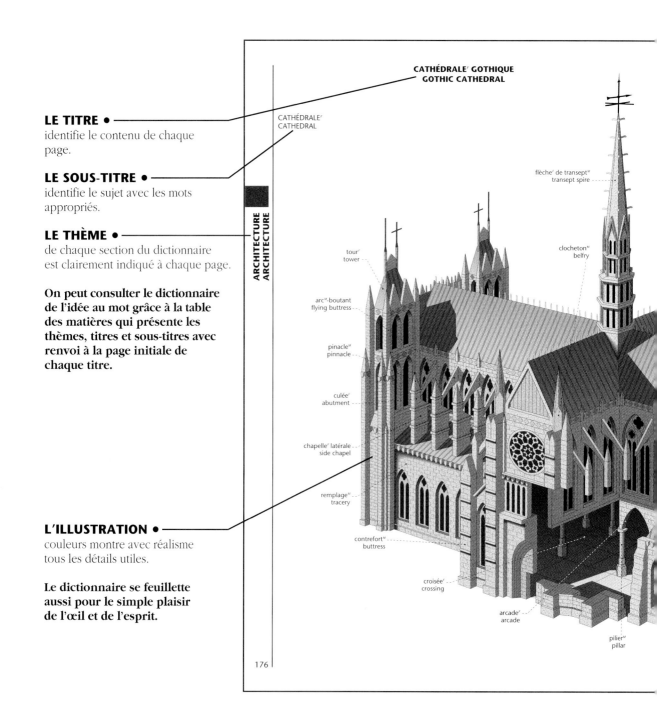

CATHÉDRALE^F GOTHIQUE
GOTHIC CATHEDRAL

CATHÉDRALE^F
CATHEDRAL

ARCHITECTURE
ARCHITECTURE

flèche^F de transept^M
transept spire

clocheton^M
belfry

tour^F
tower

arc^M-boutant
flying buttress

pinacle^M
pinnacle

culée^F
abutment

chapelle^F latérale
side chapel

remplage^M
tracery

contrefort^M
buttress

croisée^F
crossing

arcade^F
arcade

pilier^M
pillar

176

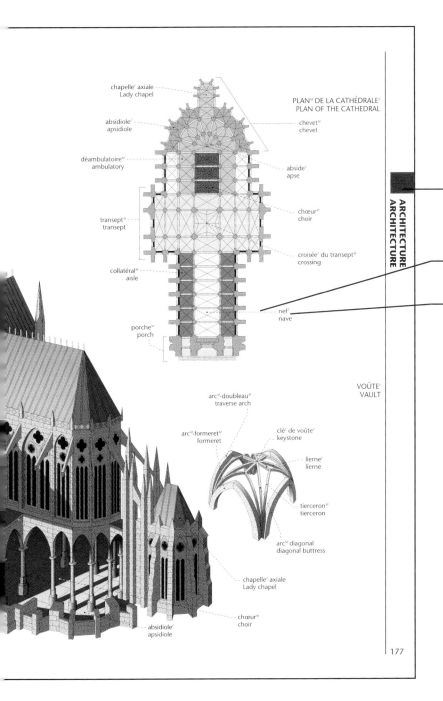

chapelle' axiale
Lady chapel

absidiole'
apsidiole

déambulatoire'
ambulatory

transept'
transept

collatéral'
aisle

porche'
porch

PLAN' DE LA CATHÉDRALE'
PLAN OF THE CATHEDRAL

chevet'
chevet

abside'
apse

chœur'
choir

croisée' du transept'
crossing

nef'
nave

ARCHITECTURE
ARCHITECTURE

● **LE REPÈRE DE COULEUR**
correspond à chacun des thèmes.
Il permet de localiser rapidement
le sujet recherché.

● **LE FILET**
relie le mot à ce qu'il désigne.

● **CHAQUE MOT**
figure dans l'index avec renvoi
aux pages où il apparaît.

**On peut consulter le
dictionnaire du mot à l'idée
en partant de l'index.**

VOÛTE'
VAULT

arc'-doubleau'
traverse arch

arc'-formeret'
formeret

clé' de voûte'
keystone

lierne'
lierne

tierceron'
tierceron

arc' diagonal
diagonal buttress

chapelle' axiale
Lady chapel

chœur'
choir

absidiole'
apsidiole

177

BIBLIOGRAPHIE SÉLECTIVE

OUVRAGES DE LANGUE FRANÇAISE

DICTIONNAIRES
- *Grand Larousse en 5 volumes*, Paris, Larousse, 1987.
- *Le dictionnaire couleurs* , Paris, Hachette, 1991, 1652 p.
- *Le Grand Robert de la langue française,*
    Paris, Dictionnaire Le Robert, 1985, 9 vol.
- *Le Petit Robert*, dictionnaire alphabétique et analogique
    de la langue française, Paris, Dictionnaire Le Robert,
    1985, 2172 p.
- *Lexis*, dictionnaire de la langue française,
    Paris, Larousse, 1975, 1946 p.
- *Petit Larousse en couleurs*, dictionnaire encyclopédique
    pour tous, Paris, Larousse, éd. 1988, 1713 p.
- *Le dictionnaire de notre temps*, Paris,
    Hachette, 1989, 1714 p.

DICTIONNAIRES ENCYCLOPÉDIQUES
- *Dictionnaire encyclopédique Alpha,*
    Paris, Alpha éditions, 1983, 6 vol.
- *Dictionnaire encyclopédique Larousse,* Paris, Larousse, 1979.
- *Dictionnaire encyclopédique Quillet,* Paris, Quillet, 1979.
- *Grand dictionnaire encyclopédique Larousse,*
    Paris, Larousse, 1982, 12 vol.

ENCYCLOPÉDIES
- Caratani, Roger, *Bordas Encyclopédie,*
    Paris, Bordas, 1974, 22 vol.
- *Comment ça marche, Encyclopédie pratique des inventions
    et des techniques*, Paris, Atlas, 1980.
- *Encyclopædia Universalis*, Paris, Encyclopædia Universalis
    France, 1968-1975, 20 vol.
- *Encyclopédie Alpha*, Paris, Grange-Batelière, 1968, 17 vol.
- *Encyclopédie AZ*, Paris, Atlas, 1978-1983, 15 vol.
- *Encyclopédie des techniques de pointe,*
    Paris, Alpha, 1982-1984, 8 vol.
- *Encyclopédie générale Hachette*, Paris, Hachette, 1975.
- *Encyclopédie générale Larousse en 3 volumes,*
    Paris, Larousse, 1988.
- *Encyclopédie internationale des sciences et des techniques,*
    Paris, Presses de la cité, 1975, 10 vol.
- *Encyclopédie scientifique et technique,*
    Paris, Lidès, 1973-1975, 5 vol.
- *Encyclopédie thématique Weber,*
    Paris, Weber, 1968-1975, 18 vol.
- *Encyclopédie universelle illustrée*, Paris, Bordas, Ottawa,
    Ed. Maisonneuve, 1968, 12 vol.
- *La Grande Encyclopédie*, Paris, Larousse, 1971-1976, 60 vol.
- *Mémo Larousse*, Paris, Larousse, 1989, 1280 p.
- *Techniques de l'ingénieur*, Paris, fascicules publiés à partir
    de 1980.

DICTIONNAIRES FRANÇAIS-ANGLAIS:
- Collins-Robert, *French-English, English-French Dictionary*,
    London, Glasgow, Cleveland, Toronto, 1978, 781 p.
- Dubois, Marguerite, *Dictionnaire moderne français-anglais*,
    Paris, Larousse, 1978, 752 p.
- Harrap's *New Standard French and English Dictionary*,
    part one, French-English, London, 1977, 2 vol.,
    part two, English-French, London, 1983, 2 vol.
- Harrap's *Shorter French and English Dictionary*, London,
    Toronto, Willington, Sydney, 1953, 940 p.

OUVRAGES DE LANGUE ANGLAISE

DICTIONNAIRES
- *Gage Canadian Dictionary,* Toronto, Gage Publishing
    Limited, 1983, 1313 p.
- *The New Britannica/Webster Dictionary and Reference Guide*,
    Chicago, Toronto, Encyclopedia Britannica, 1981, 1505 p.
- *The Oxford English Dictionary*, second edition, Oxford,
    Clarendon Press, 1989, 20 vol.
- *The Oxford Illustrated Dictionary*, Oxford, Clarendon Press,
    1967, 974 p.
- *Oxford American Dictionary*, Eugene Ehrlich and al.,
    New York, Oxford, Oxford University Press, 1980, 816 p.
- *The Random House Dictionary of the English Language*,
    the unabridged edition, New York, 1983, 2059 p.
- *Webster's Encyclopedic Unabridged Dictionary of the English
    Language*, New York, Portland House, 1989, 2078 p.
- *Webster's Third New International Dictionary*, Springfield,
    Merriam-Webster, 1986, 2662 p.
- *Webster's Ninth New Collegiate Dictionary*, Springfield,
    Merriam-Webster, 1984, 1563 p.
- *Webster's New World Dictionary of American Language*,
    New York, The World Pub., 1953.

ENCYCLOPÉDIES
- *Academic American Encyclopedia*, Princeton,
    Arete Publishing Company, 1980, 21 vol.
- *Architectural Graphic Standards*, eighth edition,
    New York, John Wiley & Sons, 1988, 854 p.
- *Chamber's Encyclopedia,* new rev. edition, London,
    International Learning System, !989.
- *Collier's Encyclopedia*, New York, Macmillan Educational
    Company, 1984, 24 vol.
- *Compton's Encyclopedia*, Chicago, F.E. Compton Company,
    Division of Encyclopedia Britannica Inc., 1982, 26 vol.
- *Encyclopedia Americana*, Danbury, Internationaled.,
    Conn.: Grolier, 1981, 30 vol.
- *How it works, The illustrated science and invention
    encyclopedia*, New York, H.S. Stuttman, 1977, 21 vol.
- *McGraw-Hill Encyclopedia of Science & Technology*,
    New York, McGraw-Hill Book Company, 1982, 15 vol.
- *Merit Students Encyclopedia*, New York, Macmillan
    Educational Company, 1984, 20 vol.
- *New Encyclopedia Britannica*, Chicago, Toronto,
    Encyclopedia Britannica, 1985, 32 vol.
- *The Joy of Knowledge Encyclopedia*, London, Mitchell
    Beazley Encyclopedias, 1976, 7 vol.
- *The Random House Encyclopedia*, New York, Random
    House, 1977, 2 vol.
- *The World Book Encyclopedia*, Chicago, Field Enterprises
    Educational Corporation, 1973.

TABLE DES MATIÈRES

ASTRONOMIE

coordonnées terrestres 3
coordonnées célestes 3
système solaire 4
    planètes et satellites, orbites des planètes
Soleil 6
    structure du Soleil
Lune 7
    phases de la Lune, relief lunaire
éclipse de Soleil 8
éclipse de Lune 8
cycle des saisons 8
comète 9
galaxie 9
    classification de Hubble
constellations de l'hémisphère boréal 10
constellations de l'hémisphère austral 12
observatoire astronomique 14
    observatoire, télescope
radiotélescope 15
    monture altazimutale
télescope spatial Hubble 16
planétarium 16

GÉOGRAPHIE

coupe de l'atmosphère terrestre 19
configuration des continents 20
structure de la Terre 22
coupe de la croûte terrestre 22
séisme 23
grotte 24
volcan 25
glacier 26
montagne 27
fond de l'océan 28
    dorsale médio-océanique, éléments topographiques, plaine abyssale, marge continentale
vague 30
configuration du littoral 30
écologie 31
    structure de la biosphère, chaîne alimentaire, pollution des aliments au sol, pollution des aliments dans l'eau, pollution de l'air, cycle de l'eau
précipitations 36
    ciel d'orage, classification des cristaux de neige
météorologie 38
    carte météorologique, disposition des informations d'une station, vent
symboles météorologiques internationaux 39
    fronts, nébulosité, météores
instruments de mesure météorologique 40
    mesure de l'ensoleillement, mesure de la pluviosité, mesure de la température, mesure de la pression, mesure de la direction du vent, mesure de la vitesse du vent, mesure de l'humidité, mesure de la neige, mesure de la hauteur des nuages, abri météorologique
satellite météorologique 42
    satellite géostationnaire, satellite à défilement, orbite des satellites
nuages et symboles météorologiques 44
    nuages de haute altitude, nuages de moyenne altitude, nuages de basse altitude, nuages à développement vertical

climats du monde 45
    climats tropicaux, climats continentaux, climats tempérés, climats
    subtropicaux, climats polaires, climats de montagne, climats subarctiques
désert 46
cartographie 47
    divisions cartographiques, hémisphères, projections cartographiques, carte
    politique, carte physique, plan urbain, carte routière
satellite de télédétection 48
    satellite Radarsat

RÈGNE VÉGÉTAL
champignon 55
    structure d'un champignon, champignons comestibles, champignon mortel,
    champignon vénéneux
feuille 56
    bord d'une feuille, types de feuilles, feuilles composées, feuilles simples
structure d'une plante 57
conifère 58
    rameau, types de feuilles
structure d'un arbre 59
    arbre, coupe transversale du tronc, souche
structure d'une fleur 60
    modes d'inflorescence
vigne 61
    étapes de maturation, cep de vigne, feuille de vigne, grappe de raisins
fruits charnus: baies 62
    coupe d'une baie, coupe d'une framboise, coupe d'une fraise, principales
    variétés de baies
fruits charnus à noyau 63
    coupe d'un fruit à noyau, principales variétés de fruits à noyau
fruits charnus à pépins 64
    coupe d'un fruit à pépins, principales variétés de fruits à pépins
fruits charnus: agrumes 65
    coupe d'un agrume, principales variétés d'agrumes
fruits secs: noix 66
    coupe d'une noisette, coupe d'une noix, principales variétés de noix, brou
fruits secs divers 67
    coupe d'un follicule, coupe d'une gousse, coupe d'une silique, coupe d'une capsule
fruits tropicaux 68
    principaux fruits tropicaux
légumes 69
    légumes fruits, légumes fleurs, légumes bulbes, légumes tubercules, légumes
    racines, légumes tiges, légumes graines, légumes feuilles
fines herbes 74

RÈGNE ANIMAL
insectes et araignée 77
papillon 78
    chenille, chrysalide, patte postérieure
abeille 80
    patte antérieure [face externe], patte médiane [face externe], patte postérieure
    [face interne], pièces buccales, ouvrière, reine, faux bourdon, coupe d'un rayon
    de miel, ruche
gastéropode 83
    escargot, principaux gastéropodes comestibles
amphibiens 84
    grenouille, métamorphose de la grenouille, œufs, têtard, principaux
    amphibiens

poisson 86
   morphologie, branchies, anatomie
crustacé 90
   homard, principaux crustacés comestibles
mollusque 92
   huître, principaux mollusques comestibles
coquille univalve 94
coquille bivalve 95
   vue dorsale, valve gauche
reptile 96
   serpent à sonnettes, tête de serpent venimeux, tortue
types de mâchoires 98
   mâchoire de rongeur, mâchoire de carnivore, mâchoire d'herbivore
principaux types de cornes 99
principaux types de défenses 99
types de sabots 99
cheval 100
   morphologie, squelette, allures, fer à cheval, sabot
cervidés 105
   bois de cerf, principaux cervidés
chien 106
   morphologie, patte antérieure
chat 107
   tête, griffe rétractée, griffe abaissée
oiseau 108
   morphologie, tête, œuf, aile, penne, principaux types de becs, principaux types de pattes
chauve-souris 112

ÊTRE HUMAIN
cellule végétale 115
cellule animale 115
corps humain 116
muscles 120
   face antérieure, face postérieure
squelette 122
   vue antérieure, vue postérieure
circulation sanguine 124
   schéma de la circulation, cœur, principales veines et artères
organes génitaux masculins 127
   spermatozoïde
organes génitaux féminins 128
   ovule
sein 129
appareil respiratoire 130
appareil digestif 131
   gros intestin, intestin grêle
appareil urinaire 132
système nerveux 133
   système nerveux périphérique, système nerveux central, vertèbre lombaire, chaîne de neurones, influx nerveux
organes des sens: toucher 136
   peau, doigt, main
organes des sens: ouïe 138
   parties de l'oreille, osselets, pavillon
organes des sens: vue 140
   œil, globe oculaire

organes des sens: odorat 141
    parties externes du nez, fosses nasales
sens de l'odorat et du goût 142
    bouche, dos de la langue, perception des saveurs
dents 144
    denture humaine, coupe d'une molaire

FERME
tracteur agricole 147
ferme 148
animaux de la ferme 150
principales variétés de céréales 152
pain 153
étapes de la culture du sol 154
    charrue à soc, épandeur de fumier, pulvériseur tandem, cultivateur, semoir en
    lignes, faucheuse-conditionneuse, râteau, ramasseuse-presse, moissonneuse-
    batteuse, fourragère, souffleuse de fourrage

ARCHITECTURE
maisons traditionnelles 165
styles d'architecture 166
    ordre ionique, ordre dorique, ordre corinthien
temple grec 168
maison romaine 170
mosquée 172
arc 174
    arc en plein cintre, types d'arcs
cathédrale gothique 175
fortification à la Vauban 178
château fort 180
toits 182
centre-ville 184
coupe d'une rue 186
maisons de ville 187
salle de spectacle 188
    scène
édifice à bureaux 190

MAISON
lecture de plans 193
    élévation, plan du terrain, mezzanine, étage, rez-de-chaussée
extérieur d'une maison 196
structure d'une maison 198
    charpente, ferme de toit, fondations
parquet 200
    parquet sur chape de ciment, parquet sur ossature de bois, arrangements des
    parquets
escalier 201
porte 202
    types de portes
fenêtre 203
    structure, types de fenêtres
chauffage 204
    cheminée à foyer ouvert, poêle à combustion lente, cheminée, accessoires de
    foyer, installation à air chaud pulsé, générateur d'air chaud électrique, types de
    bouches, installation à eau chaude, radiateur à colonnes, chaudière, brûleur à
    mazout, humidificateur, hygromètre, plinthe chauffante électrique, convecteur,
    chauffage d'appoint, pompe à chaleur, thermostat d'ambiance

climatisation 214
    ventilateur de plafond, climatiseur de fenêtre
circuit de plomberie.. 215
pompe de puisard 216
fosse septique.. 216

AMEUBLEMENT DE LA MAISON
table.. 219
    principaux types de tables
fauteuil 220
    principaux types de fauteuils
sièges.. 222
chaise 223
    types de chaises
lit.. 224
    literie
meubles de rangement 225
    armoire
parures de fenêtre 228
    types de rideaux, types de plis, types de têtes, tringle-barre, tringle-rail, tringle
    extensible, store à enroulement automatique, store vénitien
luminaires.. 232
    lampe à incandescence, tube fluorescent, lampe à halogène, lampe à économie
    d'énergie, lampe d'architecte, rail d'éclairage, lustre
verres.. 237
vaisselle.. 238
couvert 239
    principaux types de couteaux, principaux types de fourchettes, principaux types
    de cuillers
ustensiles de cuisine... 242
    types de couteaux de cuisine, pour passer et égoutter, pour broyer et râper, jeu
    d'ustensiles, pour ouvrir, pour mesurer, pour la pâtisserie
cafetières... 247
    cafetière filtre, cafetière à infusion, percolateur, cafetière à piston, cafetière
    napolitaine, cafetière espresso
batterie de cuisine 248
    wok, poissonnière, service à fondue, autocuiseur
appareils électroménagers... 250
    mélangeur à main, fouets, mélangeur, batteur à main, batteur sur socle, robot
    de cuisine, presse-agrumes, centrifugeuse, sorbetière, bouilloire, grille-pain,
    friteuse, gaufrier-gril, four à micro-ondes, gril électrique, réfrigérateur, hotte,
    cuisinière électrique, fer à vapeur, moulin à café, ouvre-boîtes, lave-vaisselle,
    lave-linge, sèche-linge électrique, aspirateur à main, aspirateur-traîneau

JARDINAGE
jardin d'agrément.. 263
outillage 264
    arroseur canon, dévidoir sur roues, arrosoir, taille-haies, brouette, tarière
    motorisée, tondeuse mécanique, taille-bordures, tondeuse à moteur, scie à
    chaîne, motoculteur

BRICOLAGE
menuiserie: outils... 275
    clou, maillet, marteau de charpentier, marteau à panne ronde, tournevis,
    tournevis à spirale, clé à molette, scie à métaux, rabot, scie égoïne, pince
    motoriste, pince multiprise, pince-étau, rondelles, vis, boulon, écrou, perceuse
    électrique, chignole, foret hélicoïdal, vilebrequin, mèche hélicoïdale, serre-joint,
    étau, toupie, perceuse à colonne, scie circulaire, plateau de sciage

matériaux de construction 286
    matériaux de base, matériaux de revêtement, isolants, bois, planche, dérivés
    du bois
serrure 290
    serrure à mortaiser, serrure tubulaire
maçonnerie 291
    pistolet à calfeutrer, truelle de maçon
plomberie: salle de bains 292
    w.c.
plomberie 294
    robinet, mitigeur à bille creuse, mitigeur à disque, mitigeur à cartouche, évier-
    broyeur, chauffe-eau au gaz
plomberie: exemples de branchement 298
    lave-linge, lave-vaisselle
plomberie 299
    outils pour plomberie, raccords, adapteurs
échelles et escabeaux 302
    échelle coulissante, escabeau, marchepied
peinture d'entretien 304
    pistolet à peinture, pinceau, grattoir, rouleau
soudage 305
    soudage à l'arc, pistolet à souder, chalumeau coupeur, chalumeau soudeur,
    soudage oxyacétylénique, régulateur de pression, soudage bout à bout, lampe
    à souder, briquet
soudage: équipement de protection 308
électricité 309
    fiche américaine, douille de lampe, fiche européenne, outils d'électricien,
    multimètre, vérificateur de tension, baladeuse, pince universelle, pince
    d'électricien, tableau de distribution, fusibles

VÊTEMENTS

éléments du costume ancien 315
vêtements d'homme 319
    imperméable, trench, duffle-coat, pardessus, blouson long, blouson court,
    parka, veston croisé, gilet, veste droite, ceinture, pantalon, bretelles, chemise,
    cravate, gilet athlétique, sous-vêtements, chaussettes, slip ouvert
tricots 326
    gilet de laine
gants 327
coiffure 328
    chapeau de feutre
vêtements de femme 330
    types de manteaux, caban, raglan, pèlerine, tailleur, types de robes, types de
    jupes, types de plis, types de pantalons, types de chemisiers, vestes et pulls,
    types de poches, types de manches, types de cols, décolletés et encolures, bas,
    sous-vêtements, soutien-gorge, vêtements de nuit
vêtements d'enfant 349
    cape de bain, culotte plastique, dormeuse-couverture, salopette à dos montant,
    combinaison de nuit, dormeuse de croissance, tenue d'exercice, salopette à
    bretelles croisées, esquimau
tenue d'exercice 352
    chaussure de sport, survêtement, vêtement d'exercice
chaussures 354
    parties d'une chaussure, principaux types de chaussures, accessoires,
    nécessaire à chaussures

PARURE

bijouterie..361
    boucles d'oreille, colliers, pierres précieuses, pierres fines, taille des pierres, taille d'un diamant, bagues, bracelets, épingles, breloques
manucure...365
    trousse de manucure, accessoires de manucure, coupe-ongles
maquillage...366
    maquillage des lèvres, maquillage des yeux, éponges
coiffure..368
    miroir lumineux, brosses à cheveux, brosse à coiffer, peignes, ciseaux de coiffeur, ciseaux sculpteurs, ciseaux à effiler, bigoudi, fer à friser, sèche-cheveux

OBJETS PERSONNELS

hygiène dentaire...373
    brosse à dents, combiné bucco-dentaire
rasoirs..374
    rasoir à manche, rasoir à double tranchant, rasoir électrique, blaireau
parapluie et canne...375
    parapluie, parapluie-canne, parapluie télescopique
lunettes..376
    parties des lunettes, verre bifocal, monture, principaux types de lunettes
articles de maroquinerie...378
    mallette porte-documents, porte-documents à soufflet, serviette, portefeuille chéquier, porte-cartes
sacs à main..380
    sac cartable, sac à bandoulière, sac accordéon, sac seau
bagages..382
    housse à vêtements, sac de vol, mallette de toilette, porte-bagages, valise fin de semaine, valise pullman, malle
articles de fumeur...384
    cigare, cigarette, paquet de cigarettes, pipe, bourre-pipe, pochette d'allumettes, briquet à gaz, boîte d'allumettes, cendrier

COMMUNICATIONS

instruments d'écriture...389
    stylo-plume, stylo-bille
photographie..390
    coupe d'un appareil reflex, dos de l'appareil, appareil à visée reflex mono-objectif, objectifs, flash électronique, trépied, appareils photographiques, pellicules, posemètre photo-électrique, posemètre à visée reflex, projecteur de diapositives, écran de projection, diapositive, cuve de développement, agrandisseur, porte-négatif, bains de développement, laveuse pour épreuves
chaîne stéréo...400
    composantes d'un système, enceinte acoustique, tuner, amplificateur, cassette, platine cassette, disque, platine tourne-disque, disque compact, lecteur de disque compact
microphone dynamique..406
casque d'écoute..406
radio: studio et régie..407
appareils de son portatifs...408
    baladeur, radiocassette
caméra vidéo..409
télévision..410
    téléviseur, tube-image, télécommande, magnétoscope, plateau et régies, régie de production, plateau, caméra
car de reportage...415
télédiffusion par satellite...416
télécommunications par satellite...417

XXI

satellites de télécommunications 418
   exemples de satellites, Eutelsat II, mise en orbite
communication par téléphone 420
   répondeur téléphonique, poste téléphonique, télex, télécopieur, types de postes
   téléphoniques, terminal de télécommunication, téléphone public

TRANSPORT ROUTIER
automobile 425
   types de carrosseries, carrosserie, siège-baquet, banquette arrière, feux,
   portière, tableau de bord, instruments de bord, essuie-glace, frein à disque,
   frein à tambour, roue, pneu, moteur à essence, moteur à turbocompression,
   radiateur, système d'échappement, batterie d'accumulateurs, bougie
   d'allumage
types de moteurs 436
   moteur à quatre temps, moteur à deux temps, moteur diesel, moteur rotatif
camionnage 440
   tracteur routier, train routier, semi-remorque, semi-remorque plate-forme
moto 442
   casque de protection, tableau de bord
motoneige 445
bicyclette 446
   mécanisme de propulsion, accessoires
caravane 449
   caravane tractée, auto-caravane
système routier 450
   coupe d'une route, principaux types d'échangeurs, échangeur en trèfle
station-service 453
   distributeur d'essence, station-service
ponts fixes 454
   types de ponts à poutre, types de ponts en arc, types d'arcs, pont suspendu à
   câble porteur, ponts suspendus à haubans
ponts mobiles 457
   pont tournant, pont basculant à simple volée, pont flottant, pont levant, pont
   transbordeur

TRANSPORT FERROVIAIRE
train à grande vitesse (T.G.V.) 458
types de voitures 460
   voiture-coach, voiture-lit, voiture-restaurant
gare de voyageurs 462
gare 464
gare de triage 465
voie ferrée 466
   joint de rail, profil de rail, aiguillage manœuvré à distance, aiguillage
   manœuvré à pied d'œuvre
locomotive diesel-électrique 468
wagon 470
   wagon couvert, conteneur, tête d'attelage
passage à niveau 471
types de wagons 472
chemin de fer métropolitain 474
   station de métro, rame de métro, bogie et voie, voiture

TRANSPORT MARITIME
quatre-mâts barque 478
   mâture et gréement, voilure
types de voiles 482
types de gréements 482

ancre 483
    ancre de marine, types d'ancres
appareils de navigation 484
    sextant, compas magnétique liquide, sondeur à éclats, sonde
signalisation maritime 486
    lanterne de phare, bouée cylindrique, phare, bouée à plan focal élevé
système de balisage maritime 488
    marques cardinales, régions de balisage, rythme des marques de nuit, marques
    de jour (région B)
port maritime 490
écluse 492
aéroglisseur 492
transbordeur 494
cargo porte-conteneurs 494
hydroptère 495
paquebot 496

TRANSPORT AÉRIEN
avion long-courrier 498
types d'empennages 498
types de voilures 499
poste de pilotage 500
turboréacteur à double flux 501
aéroport 502
    aérogare, piste, équipements aéroportuaires
hélicoptère 508
fusée 509
navette spatiale 510
    navette spatiale au décollage, navette spatiale en orbite
scaphandre spatial 512

FOURNITURES DE BUREAU
articles de bureau 515
mobilier de bureau 520
calculatrice 523
    calculette, calculatrice à imprimante
machine à écrire électronique 524

BUREAUTIQUE
configuration d'un système bureautique 526
    périphériques d'entrée, périphériques de communication, périphériques de
    stockage, périphériques de sortie
système de base 528
    micro-ordinateur (vue en plongée), écran, disquette souple, disquette rigide,
    lecteur de disque dur, clavier, souris, imprimante matricielle
photocopieur.. 532
    tableau de commande

MUSIQUE
instruments traditionnels 535
    cithare, balalaïka, mandoline, lyre, banjo, accordéon, cornemuse, guimbarde
notation musicale 537
    portée, clés, mesures, gamme, intervalles, valeur des notes, valeur des silences,
    altérations, ornements, accord, autres signes
accessoires 539
    diapason, métronome à quartz, métronome mécanique, pupitre à musique
instruments à clavier.. 540
    piano droit, mécanique du piano droit

orgue 542
    console d'orgue, tuyau à bouche, tuyau à anche, mécanisme de l'orgue,
    production du son
instruments à cordes 544
    violon, archet, famille du violon, harpe, guitare acoustique, guitare électrique
instruments à vent 548
    saxophone, famille des bois, anches, trompette, famille des cuivres
instruments à percussion 552
    batterie, caisse claire, timbale, xylophone, triangle, tambour de basque
instruments électroniques 555
    synthétiseur, piano électronique
orchestre symphonique 556
exemples de groupes instrumentaux 558

LOISIRS DE CRÉATION
couture 561
    machine à coudre, commande au pied, pied presseur, aiguille, bloc-tension,
    boîte à canette, pelote, roulette, ciseaux, tissus de soutien, patron, attaches,
    agrafes, structure du tissu, fermeture à glissière, bouton-pression, boucle
tricot 567
    aiguilles à tricoter, points de tricot, crochet
machine à tricoter 568
    fonture et chariots, aiguille à clapet, bloc-tension
dentelle aux fuseaux 570
    carreau, fuseau
broderie 571
    métier à broder, tambour, points croisés, points plats, points couchés, points
    noués, points bouclés
tissage 572
    métier de basse lisse, navette, lisses, métier de haute lisse, ourdissoir, canetière,
    bobinoir, schéma de principe du tissage, armures de base, autres techniques
reliure d'art 577
    livre relié, plaçure, ébarbage, grecquage, couture, cisaille, cousoir, endossure,
    étau à endosser, marteau à endosser, couvrure, peau, mise en presse, presse à
    percussion
impression 580
    impression en relief, impression en creux, impression à plat
gravure en relief 581
    marbre, matériel, presse à taille-douce
gravure en creux 582
    matériel
lithographie 583
    matériel, presse lithographique, bourriquet
poterie 584
    tournage, colombin, outils, galettage, tour à pied, four électrique, cuisson
sculpture sur bois 586
    étapes, accessoires, types d'outils, principales formes de lames
peinture et dessin 588
    principales techniques, matériel, supports, aérographe, table à dessin, liquides
    d'appoint

SPORTS D'ÉQUIPE
baseball 595
    receveur, frappeur, bâton, gant, balle de baseball, terrain
cricket 598
    joueur de cricket, balle de cricket, batte, guichet, terrainm, livrée
football 600
    footballeur, ballon de football, terrain

football américain 602
    footballeur, équipement de protection, ballon de football, attaque, mêlée,
    défense, terrain de football américain, terrain de football canadien, mêlée au
    football canadien
rugby 606
    terrain, ballon de rugby
hockey sur gazon 607
    terrain, crosse, balle de hockey
hockey sur glace 608
    rondelle, patinoire, bâton de joueur, gardien de but, hockeyeur
basketball 610
    terrain, panier, ballon de basket
netball 611
    ballon de netball, terrain
handball 612
    ballon de handball, terrain
volleyball 613
    terrain, filet, ballon de volleyball
tennis 614
    terrain, filet, balle de tennis, joueuse de tennis, raquette de tennis
squash 616
    raquette de squash, terrain international de simples, balle de squash
racquetball 617
    raquette de racquetball, terrain, balle de racquetball
badminton 618
    raquette de badminton, volant, terrain, filet
tennis de table 619
    raquette de tennis de table, table, types de prises
curling 620
    balais de curling, pierre de curling, terrain

SPORTS NAUTIQUES
natation 621
    bassin de compétition, plot de départ, crawl, brasse, papillon, nage sur le dos,
    départ de dos
plongeon 624
    plongeoir, positions de départ, vols, entrées dans l'eau, plongeon en avant,
    tire-bouchon, plongeon en équilibre, plongeon retourné, plongeon en arrière,
    plongeon renversé
water-polo 626
    surface de jeu, but, ballon de water-polo
plongée sous-marine 627
    plongeur
voile 628
    allures, dériveur, accastillage, barre d'écoute
planche à voile 631
aviron 632
    aviron en pointe, bateaux de couple, bateaux de pointe, avirons à couple,
    types d'avirons
ski nautique 633
    types de skis, ski de tourisme, ski de slalom, ski de figure, types de trapèzes

SPORTS AÉRIENS
montgolfière 634
    ballon, nacelle
chute libre 635
    sauteur

parapente 636
    aile
vol libre.. 637
    aile libre
vol à voile.. 638
    planeur, cabine de pilotage

SPORTS D'HIVER
ski alpin 640
    skieur alpin, fixation de sécurité, chaussure de ski
ski de fond... 642
    skieuse de fond, ski de fond
luge 643
bobsleigh 643
patinage 644
    patin de figure, patin de hockey, protège-lame, patin de course
patin à roulettes 645
raquette.. 645
    raquette algonquine

SPORTS ÉQUESTRES
équitation 646
    parcours d'obstacles, obstacles, cavalier, selle, bride
types de mors 650
    mors de filet, mors de bride
course de chevaux... 651
    jockey, estrade et piste
course sous harnais 652
    ambleur sous harnais

SPORTS ATHLÉTIQUES
athlétisme... 654
    stade, bloc de départ, saut en hauteur, saut à la perche, lancers, marteau,
    disques, javelots, poids
gymnastique.. 659
    barres asymétriques, poutre d'équilibre, trampoline, cheval-sautoir, tremplin,
    anneaux, barre fixe, cheval d'arçons, barres parallèles
haltérophilie... 662
    haltérophile, arraché à deux bras, épaulé-jeté à deux bras
appareils de conditionnement physique 663
    banc de musculation, haltère long, vélo d'exercice, rameur, simulateur
    d'escalier, poignée à ressort, bracelet lesté, extenseur, corde à sauter, haltère
    court, ressort athlétique

SPORTS DE COMBAT
escrime 666
    piste, armes, parties de l'arme, escrimeur, positions, cibles
judo 668
    costume de judo, tapis, exemples de prises
boxe.. 669
    ring, gants de boxe, bandage, protège-dents

SPORTS DE LOISIR
pêche 670
    canne à mouche, mouche artificielle, moulinet à mouche, canne à lancer,
    moulinet à tambour fixe, hameçon, cuiller, vêtements, accessoires, bas de ligne

billard 673
    billard français, billard anglais, billard pool, snooker, table, râteau, queue de
    billard
golf 676
    parcours, balle de golf, bâtons de golf, bois, fer, sac de golf, voiturette de golf
    électrique, chariot, capuchon, gant de golf, chaussure de golf
alpinisme 680
    alpiniste, descendeur, marteau-piolet, piton, mousqueton, piolet, vis à glace,
    coinceur
boules anglaises et pétanque 682
    pelouse, lancement de la boule
jeu de quilles 683
    types de quilles, quillier, piste, boule de quilles
tir à l'arc 684
    cible, flèche, archer, arc à poulies
camping 685
    tente deux places, tente familiale, tente canadienne, principaux types de
    tentes, lit et matelas, sacs de couchage, couteau suisse, popote, ustensiles de
    campeur, réchaud à deux feux, accessoires au propane ou au butane, réchaud
    à un feu, chaufferette, lanterne, outils
nœuds 691
câble 692
    épissure courte, cordage commis, cordage tressé

JEUX DE SOCIÉTÉ
cartes 695
    symboles, combinaisons au poker
dominos 695
échecs 696
    échiquier, types de déplacements, pièces
jacquet 697
go 697
    terrain, principaux mouvements
jeu de fléchettes 698
    cible, fléchette, aire de jeu
système de jeux vidéo 699
dés 699
table de roulette 700
    roulette américaine, tableau américain des mises, roulette française, tableau
    français des mises
machine à sous 702

APPAREILS DE MESURE
mesure de la température 705
    thermomètre, thermomètre bimétallique, thermomètre médical, thermostat
    d'ambiance
mesure du temps 706
    chronomètre, montre mécanique, montre à affichage numérique, montre à
    affichage analogique, cadran solaire, horloge de parquet, mécanisme de
    l'horloge à poids
mesure de la masse 708
    balance à fléau, balance romaine, balance de Roberval, peson, pèse-personne,
    balance électronique, balance de précision
mesure de la pression 710
    baromètre/thermomètre, tensiomètre
mesure de la longueur 711
    mètre à ruban

mesure de la distance..711
    podomètre
mesure de l'épaisseur..711
    micromètre palmer
wattheuremètre..712
    vue extérieure, mécanisme
mesure des angles..713
    fausse-équerre, théodolite, rapporteur d'angle
mesure des ondes sismiques..714
    détection des ondes sismiques, amplification des ondes sismiques, transcription
    des ondes sismiques, visualisation des ondes sismiques

APPAREILS DE VISION
microscope électronique..717
    coupe d'un microscope électronique, composantes d'un microscope
    électronique
microscope binoculaire..718
lunette de visée..718
jumelles à prismes..719
boussole magnétique..719
télescope..720
lunette astronomique..721
lentilles..722
    lentilles convergentes, lentilles divergentes
radar..722

SANTÉ ET SÉCURITÉ
trousse de secours..725
matériel de secours..726
    stéthoscope, civière, brancard, seringue
fauteuil roulant..727
aides à la marche..728
    béquille d'avant-bras, cannes, béquille commune
protection de l'ouïe..729
    serre-tête antibruit, protège-tympan
protection des yeux..729
    lunettes de protection, lunettes de sécurité
protection de la tête..729
    casque de sécurité
protection des voies respiratoires................................730
    masque respiratoire, masque bucco-nasal
gilet de sécurité..730
protection des pieds..730

ÉNERGIES
mine de charbon..733
    carrière en entonnoir, carrière exploitée en chassant, carreau de mine, mine
    souterraine, marteau perforateur à poussoir pneumatique, marteau
    pneumatique
pétrole..737
    appareil de forage, système rotary, plate-forme de production, forage en mer,
    arbre de Noël, réseau d'oléoducs, réservoir à toit fixe, réservoir à toit flottant,
    semi-remorque citerne, pétrolier, wagon-citerne, produits de la raffinerie
électricité..746
    complexe hydroélectrique, coupe d'une centrale hydroélectrique, barrage en
    remblai, barrage-poids, barrage-voûte, barrage à contreforts, usine marémotrice,
    groupe turbo-alternateur, turbine Francis, turbine Kaplan, turbine Pelton, étapes
    de production de l'électricité, pylône, transport de l'électricité, branchement aérien

énergie nucléaire..758
    centrale nucléaire, réacteur au gaz carbonique, réacteur à eau lourde, réacteur
    à eau sous pression, réacteur à eau bouillante, séquence de manipulation du
    combustible, grappe de combustible, réacteur nucléaire, production d'électricité
    par énergie nucléaire
énergie solaire..768
    photopile, capteur solaire plan, circuit de photopiles, four solaire, production
    d'électricité par énergie solaire, maison solaire, mur Trombe
énergie éolienne..773
    moulin à vent, moulin pivot, éolienne à axe horizontal, éolienne à axe vertical

ENGINS ET MACHINES
prévention des incendies..777
    sapeur-pompier, casque de sapeur-pompier, lampe portative, attache pour
    tuyaux et échelles
véhicules d'incendie...778
    fourgon-pompe, lance, tuyau de refoulement, pièce d'embranchement, clé de
    barrage, grande échelle, extincteur, gaffe, clé à percussion, échelle à crochets, hache
machinerie lourde..782
    chargeuse-pelleteuse, bouteur, décapeuse, niveleuse, camion-benne, pelle
    hydraulique
manutention...786
    grue à tour, grue sur porteur, portique, chariot élévateur, gerbeur, palette à
    ailes, palette-caisse

ARMES
armes de l'âge de pierre..791
armes de l'époque romaine..791
    guerrier gaulois, légionnaire romain
armure...792
    armet
arcs et arbalète..793
    arc moderne, arc, flèche, arbalète
armes blanches..794
arquebuse..795
    platine à silex
pistolet mitrailleur...795
fusil automatique...796
fusil mitrailleur..796
revolver...797
pistolet...797
armes de chasse..798
    carabine (canon rayé), cartouche (carabine), fusil (canon lisse), cartouche
    (fusil)
canon du XVIIᴱ siècle 800
    bouche à feu, coupe d'une bouche à feu, accessoires de mise à feu, projectiles
obusier moderne..802
mortier..803
    mortier du XVIIᴱ siècle, mortier moderne
grenade à main..804
bazooka...804
canon sans recul..804
char d'assaut..805
sous-marin...806
frégate...808
porte-avions...810
avion de combat...812
    ravitaillement en vol

missiles 814
    structure d'un missile, principaux types de missiles

SYMBOLES

héraldique 817
    éléments d'un drapeau, formes de drapeaux, divisions de l'écu, exemples de
    partitions, exemples de pièces honorables, exemples de meubles, exemples de
    couleurs, exemples de métaux, exemples de fourrures

signes du zodiaque 820
    signes de feu, signes de terre, signes d'air, signes d'eau

symboles de sécurité 821
    matières dangereuses, protection

symboles d'usage courant 822

signalisation routière 824
    principaux panneaux nord-américains, principaux panneaux internationaux

entretien des tissus 829
    lavage, séchage, repassage

symboles scientifiques usuels 830
    mathématiques, géométrie, biologie, chimie, symboles divers

signes diacritiques 832

signes de ponctuation 832

exemples d'unités monétaires 832

INDEX 833

1 **ASTRONOMIE**

17 **GÉOGRAPHIE**

53 **RÈGNE VÉGÉTAL**

75 **RÈGNE ANIMAL**

113 **ÊTRE HUMAIN**

145 **FERME**

163 **ARCHITECTURE**

191 **MAISON**

217 **AMEUBLEMENT DE LA MAISON**

261 **JARDINAGE**

273 **BRICOLAGE**

313 **VÊTEMENTS**

359 **PARURE**

371 **OBJETS PERSONNELS**

387 **COMMUNICATIONS**

423 **TRANSPORT**

513 **FOURNITURES DE BUREAU**

533 **MUSIQUE**

559 **LOISIRS DE CRÉATION**

593 **SPORTS**

693 **JEUX DE SOCIÉTÉ**

703 **APPAREILS DE MESURE**

715 **APPAREILS DE VISION**

723 **SANTÉ ET SÉCURITÉ**

731 **ÉNERGIES**

775 **ENGINS ET MACHINES**

789 **ARMES**

815 **SYMBOLES**

833 **INDEX**

LISTE DES THÈMES

ASTRONOMIE

ASTRONOMY

SOMMAIRE

COORDONNÉES TERRESTRES 3

COORDONNÉES CÉLESTES 3

SYSTÈME SOLAIRE 4

SOLEIL 6

PHASES DE LA LUNE 6

LUNE 7

CYCLE DES SAISONS 8

ÉCLIPSE DE SOLEIL 8

ÉCLIPSE DE LUNE 8

GALAXIE 9

COMÈTE 9

CONSTELLATIONS DE L'HÉMISPHÈRE BORÉAL 10

CONSTELLATIONS DE L'HÉMISPHÈRE AUSTRAL 12

OBSERVATOIRE ASTRONOMIQUE 14

RADIOTÉLESCOPE 15

PLANÉTARIUM 16

TÉLESCOPE SPATIAL HUBBLE..16

COORDONNÉES^F CÉLESTES
CELESTIAL COORDINATE SYSTEM

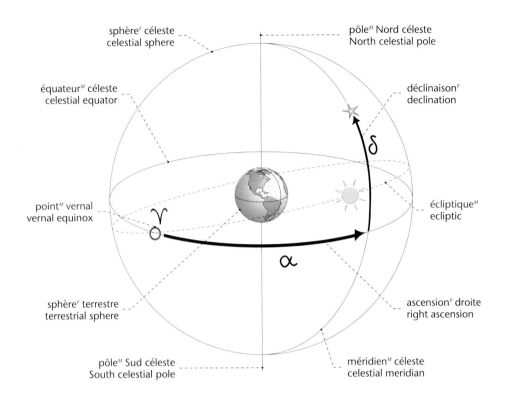

sphère^F céleste
celestial sphere

pôle^M Nord céleste
North celestial pole

équateur^M céleste
celestial equator

déclinaison^F
declination

point^M vernal
vernal equinox

écliptique^M
ecliptic

sphère^F terrestre
terrestrial sphere

ascension^F droite
right ascension

pôle^M Sud céleste
South celestial pole

méridien^M céleste
celestial meridian

COORDONNÉES^F TERRESTRES
EARTH COORDINATE SYSTEM

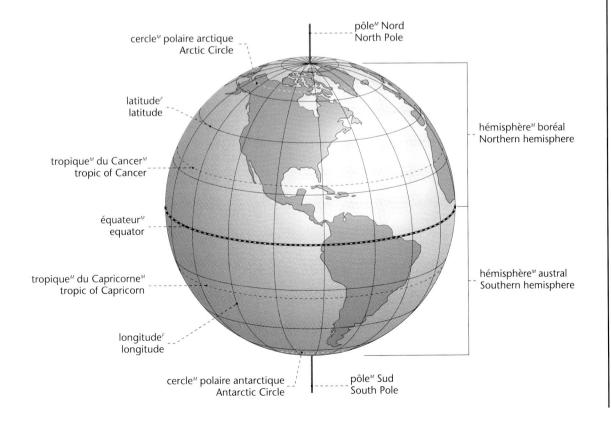

cercle^M polaire arctique
Arctic Circle

pôle^M Nord
North Pole

latitude^F
latitude

hémisphère^M boréal
Northern hemisphere

tropique^M du Cancer^M
tropic of Cancer

équateur^M
equator

tropique^M du Capricorne^M
tropic of Capricorn

hémisphère^M austral
Southern hemisphere

longitude^F
longitude

cercle^M polaire antarctique
Antarctic Circle

pôle^M Sud
South Pole

SYSTÈME^M SOLAIRE
SOLAR SYSTEM

PLANÈTES^F ET SATELLITES^M
PLANETS AND MOONS

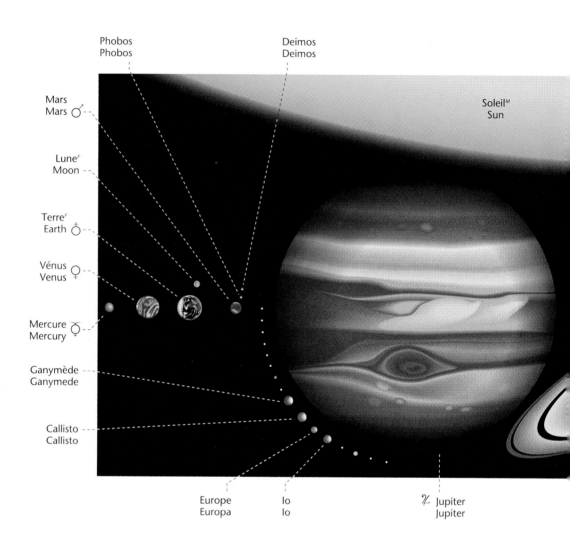

Phobos
Phobos

Deimos
Deimos

Mars
Mars

Soleil^M
Sun

Lune^F
Moon

Terre^F
Earth

Vénus
Venus

Mercure
Mercury

Ganymède
Ganymede

Callisto
Callisto

Europe
Europa

Io
Io

Jupiter
Jupiter

ORBITES^F DES PLANÈTES^F
ORBITS OF THE PLANETS

astéroïdes^M
asteroid belt

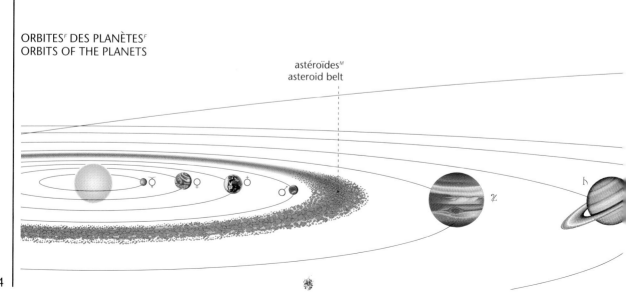

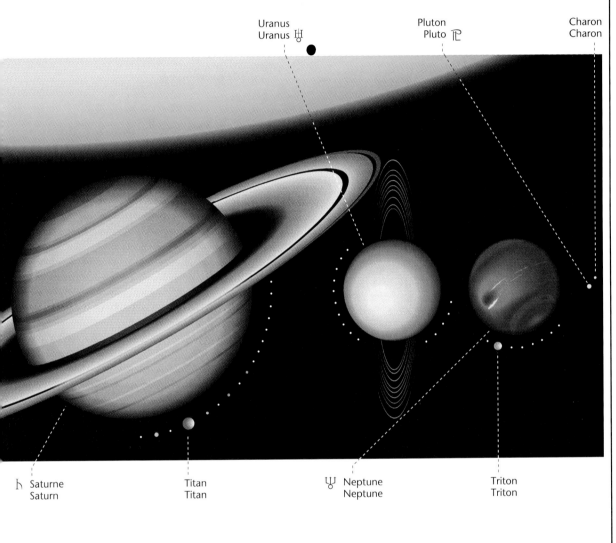

Uranus
Uranus ♅

Pluton
Pluto ♇

Charon
Charon

♄ Saturne
Saturn

Titan
Titan

♆ Neptune
Neptune

Triton
Triton

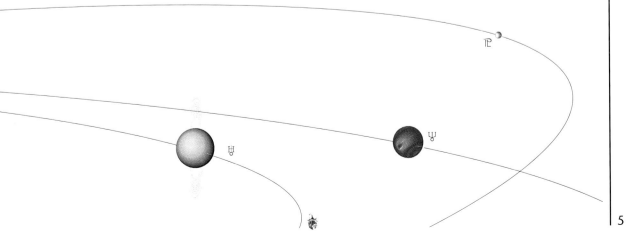

SOLEIL^M
SUN

STRUCTURE^F DU SOLEIL^M
STRUCTURE OF THE SUN

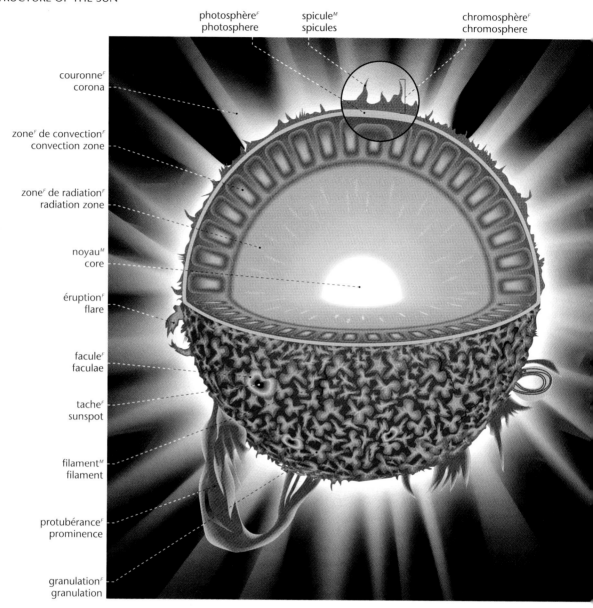

photosphère^F
photosphere

spicule^M
spicules

chromosphère^F
chromosphere

couronne^F
corona

zone^F de convection^F
convection zone

zone^F de radiation^F
radiation zone

noyau^M
core

éruption^F
flare

facule^F
faculae

tache^F
sunspot

filament^M
filament

protubérance^F
prominence

granulation^F
granulation

PHASES^F DE LA LUNE^F
PHASES OF THE MOON

nouvelle lune^F
new moon

premier croissant^M
new crescent

premier quartier^M
first quarter

gibbeuse^F croissante
waxing gibbous

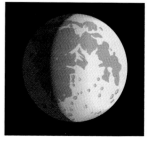

LUNE^F
MOON

RELIEF^M LUNAIRE
LUNAR FEATURES

baie^F
bay

falaise^F
cliff

océan^M
ocean

lac^M
lake

mer^F
sea

chaîne^F de montagnes^F
mountain range

cratère^M
crater

rempart^M
wall

cirque^M
cirque

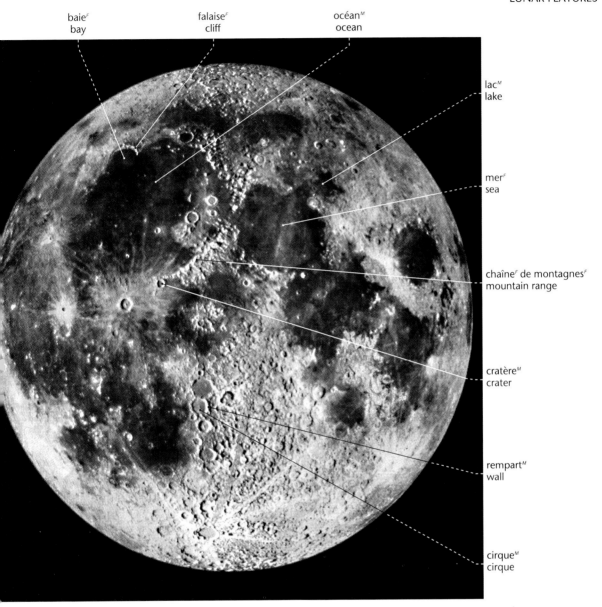

pleine lune^F
full moon

gibbeuse^F décroissante
waning gibbous

dernier quartier^M
last quarter

dernier croissant^M
old crescent

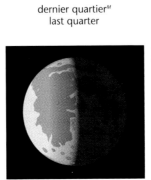

ÉCLIPSE*F* DE SOLEIL*M*
SOLAR ECLIPSE

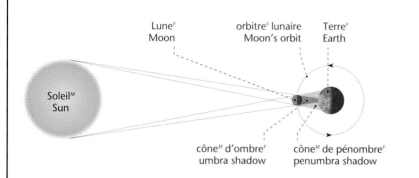

Lune*F*
Moon

orbitre*F* lunaire
Moon's orbit

Terre*F*
Earth

Soleil*M*
Sun

cône*M* d'ombre*F*
umbra shadow

cône*M* de pénombre*F*
penumbra shadow

TYPES*M* D'ÉCLIPSES*F*
TYPES OF ECLIPSES

éclipse*F* totale
total eclipse

éclipse*F* annulaire
annular eclipse

éclipse*F* partielle
partial eclipse

ÉCLIPSE*F* DE LUNE*F*
LUNAR ECLIPSE

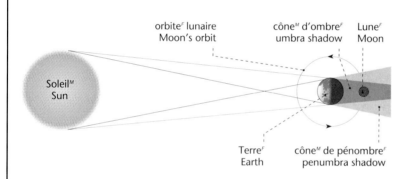

orbite*F* lunaire
Moon's orbit

cône*M* d'ombre*F*
umbra shadow

Lune*F*
Moon

Soleil*M*
Sun

Terre*F*
Earth

cône*M* de pénombre*F*
penumbra shadow

TYPES*M* D'ÉCLIPSES*F*
TYPES OF ECLIPSES

éclipse*F* partielle
partial eclipse

éclipse*F* totale
total eclipse

CYCLE*M* DES SAISONS*F*
SEASONS OF THE YEAR

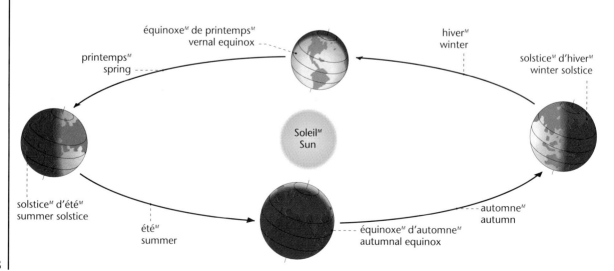

équinoxe*M* de printemps*M*
vernal equinox

hiver*M*
winter

printemps*M*
spring

solstice*M* d'hiver*M*
winter solstice

Soleil*M*
Sun

solstice*M* d'été*M*
summer solstice

été*M*
summer

équinoxe*M* d'automne*M*
autumnal equinox

automne*M*
autumn

COMÈTE*F*
COMET

queue*F* de gaz*M*
gas tail

chevelure*F*
coma

noyau*M*
nucleus

tête*F*
head

queue*F* de poussières*F*
dust tail

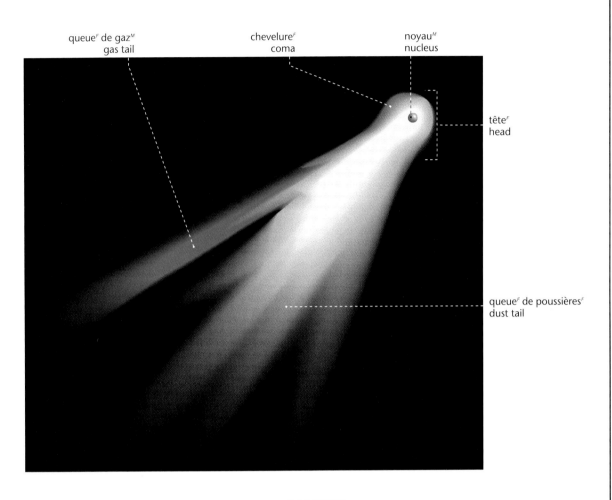

GALAXIE*F*
GALAXY

CLASSIFICATION*F* DE HUBBLE
HUBBLE'S CLASSIFICATION

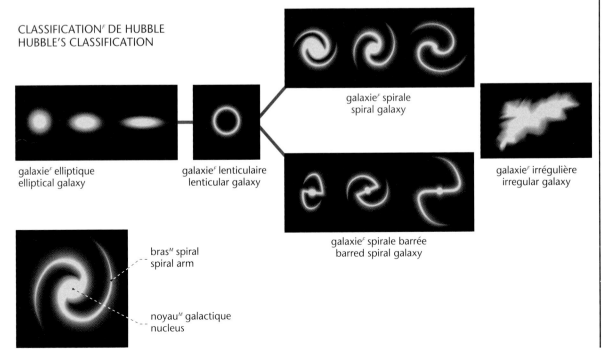

galaxie*F* elliptique
elliptical galaxy

galaxie*F* lenticulaire
lenticular galaxy

galaxie*F* spirale
spiral galaxy

galaxie*F* irrégulière
irregular galaxy

galaxie*F* spirale barrée
barred spiral galaxy

bras*M* spiral
spiral arm

noyau*M* galactique
nucleus

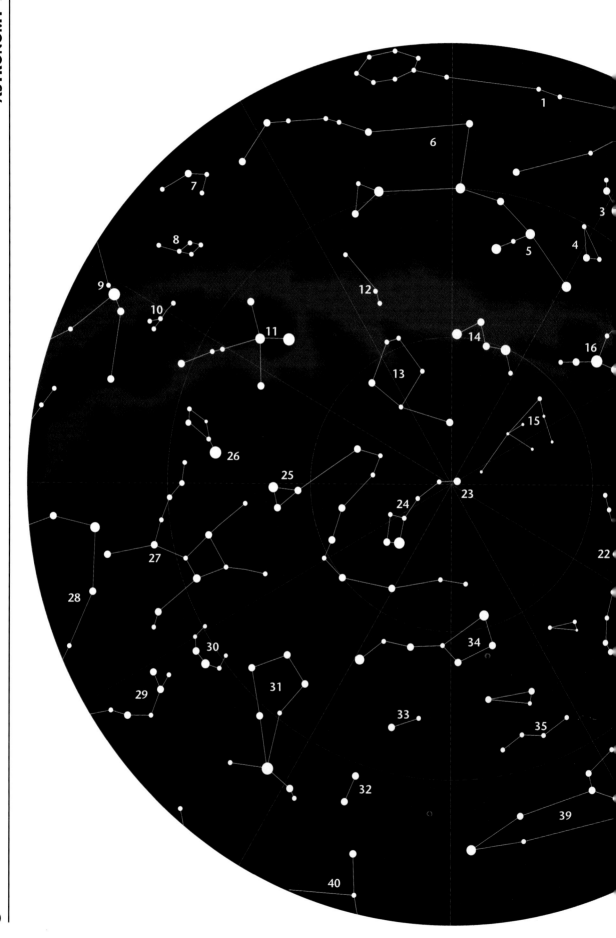

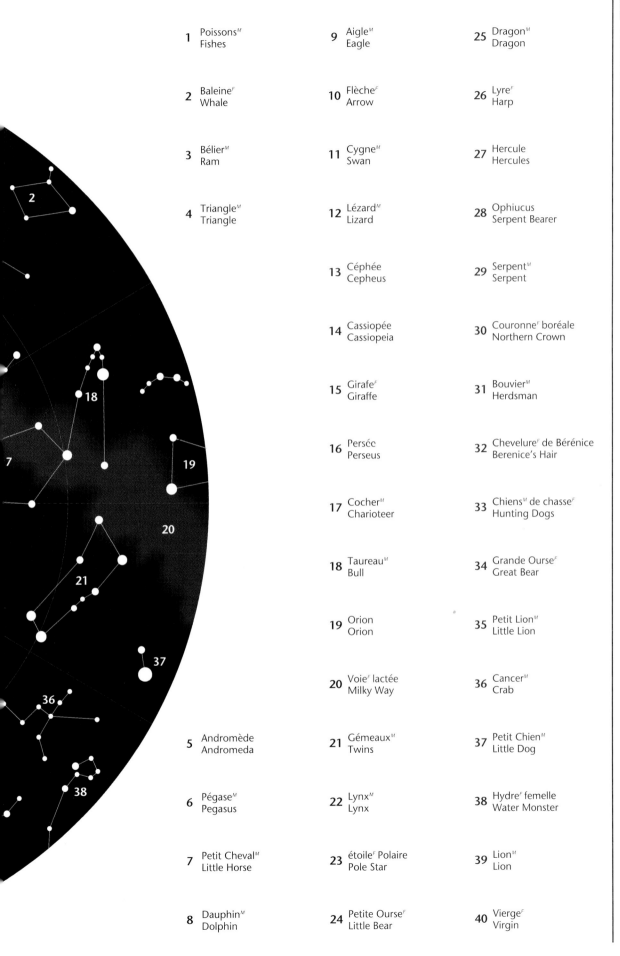

1 Poissons^M
Fishes

2 Baleine^F
Whale

3 Bélier^M
Ram

4 Triangle^M
Triangle

5 Andromède
Andromeda

6 Pégase^M
Pegasus

7 Petit Cheval^M
Little Horse

8 Dauphin^M
Dolphin

9 Aigle^M
Eagle

10 Flèche^F
Arrow

11 Cygne^M
Swan

12 Lézard^M
Lizard

13 Céphée
Cepheus

14 Cassiopée
Cassiopeia

15 Girafe^F
Giraffe

16 Persée
Perseus

17 Cocher^M
Charioteer

18 Taureau^M
Bull

19 Orion
Orion

20 Voie^F lactée
Milky Way

21 Gémeaux^M
Twins

22 Lynx^M
Lynx

23 étoile^F Polaire
Pole Star

24 Petite Ourse^F
Little Bear

25 Dragon^M
Dragon

26 Lyre^F
Harp

27 Hercule
Hercules

28 Ophiucus
Serpent Bearer

29 Serpent^M
Serpent

30 Couronne^F boréale
Northern Crown

31 Bouvier^M
Herdsman

32 Chevelure^F de Bérénice
Berenice's Hair

33 Chiens^M de chasse^F
Hunting Dogs

34 Grande Ourse^F
Great Bear

35 Petit Lion^M
Little Lion

36 Cancer^M
Crab

37 Petit Chien^M
Little Dog

38 Hydre^F femelle
Water Monster

39 Lion^M
Lion

40 Vierge^F
Virgin

CONSTELLATIONS^F DE L'HÉMISPHÈRE^M AUSTRAL
CONSTELLATIONS OF THE SOUTHERN HEMISPHERE

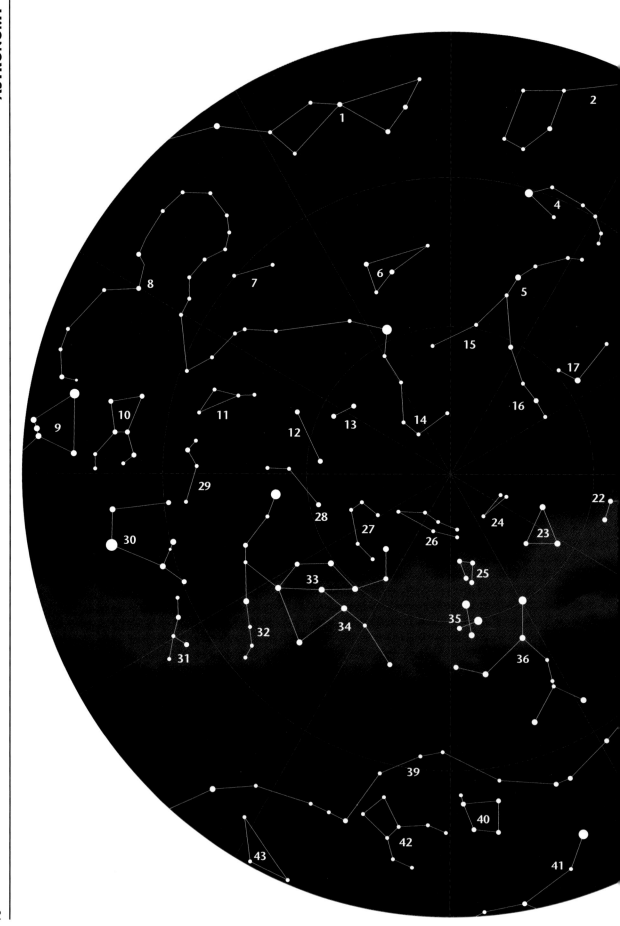

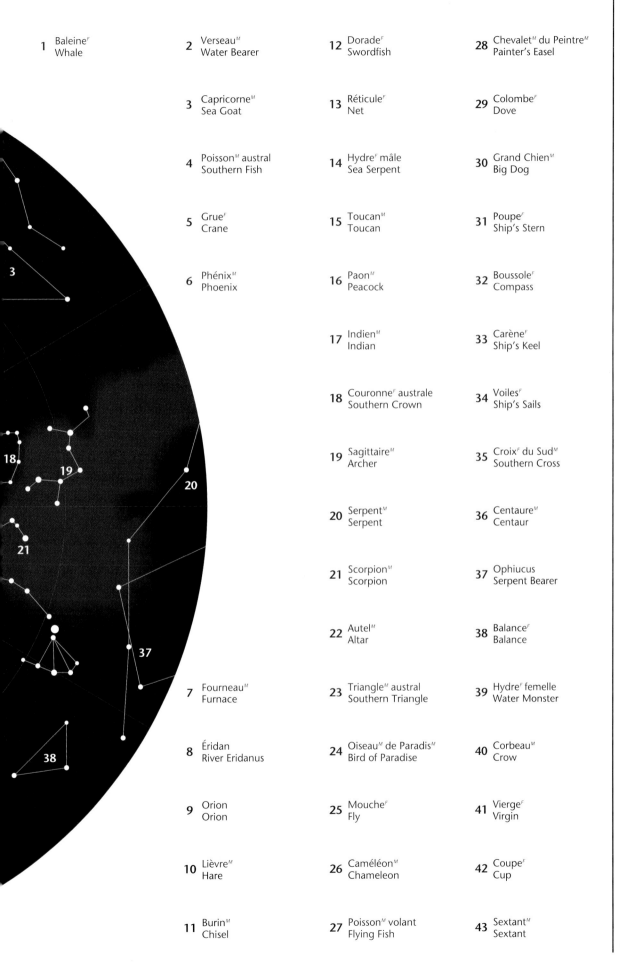

1 Baleine^F
Whale

2 Verseau^M
Water Bearer

3 Capricorne^M
Sea Goat

4 Poisson^M austral
Southern Fish

5 Grue^F
Crane

6 Phénix^M
Phoenix

7 Fourneau^M
Furnace

8 Éridan
River Eridanus

9 Orion
Orion

10 Lièvre^M
Hare

11 Burin^M
Chisel

12 Dorade^F
Swordfish

13 Réticule^F
Net

14 Hydre^F mâle
Sea Serpent

15 Toucan^M
Toucan

16 Paon^M
Peacock

17 Indien^M
Indian

18 Couronne^F australe
Southern Crown

19 Sagittaire^M
Archer

20 Serpent^M
Serpent

21 Scorpion^M
Scorpion

22 Autel^M
Altar

23 Triangle^M austral
Southern Triangle

24 Oiseau^M de Paradis^M
Bird of Paradise

25 Mouche^F
Fly

26 Caméléon^M
Chameleon

27 Poisson^M volant
Flying Fish

28 Chevalet^M du Peintre^M
Painter's Easel

29 Colombe^F
Dove

30 Grand Chien^M
Big Dog

31 Poupe^F
Ship's Stern

32 Boussole^F
Compass

33 Carène^F
Ship's Keel

34 Voiles^F
Ship's Sails

35 Croix^F du Sud^M
Southern Cross

36 Centaure^M
Centaur

37 Ophiucus
Serpent Bearer

38 Balance^F
Balance

39 Hydre^F femelle
Water Monster

40 Corbeau^M
Crow

41 Vierge^F
Virgin

42 Coupe^F
Cup

43 Sextant^M
Sextant

OBSERVATOIRE^M ASTRONOMIQUE
ASTRONOMICAL OBSERVATORY

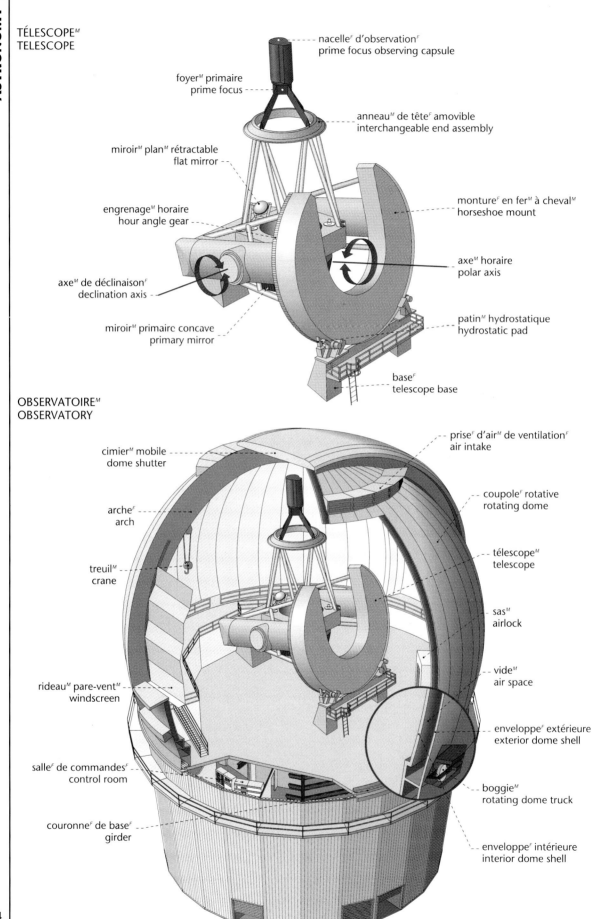

TÉLESCOPE^M
TELESCOPE

nacelle^F d'observation^F
prime focus observing capsule

foyer^M primaire
prime focus

anneau^M de tête^F amovible
interchangeable end assembly

miroir^M plan^M rétractable
flat mirror

monture^F en fer^M à cheval^M
horseshoe mount

engrenage^M horaire
hour angle gear

axe^M horaire
polar axis

axe^M de déclinaison^F
declination axis

miroir^M primaire concave
primary mirror

patin^M hydrostatique
hydrostatic pad

base^F
telescope base

OBSERVATOIRE^M
OBSERVATORY

cimier^M mobile
dome shutter

prise^F d'air^M de ventilation^F
air intake

arche^F
arch

coupole^F rotative
rotating dome

treuil^M
crane

télescope^M
telescope

sas^M
airlock

rideau^M pare-vent^M
windscreen

vide^M
air space

enveloppe^F extérieure
exterior dome shell

salle^F de commandes^F
control room

boggie^M
rotating dome truck

couronne^F de base^F
girder

enveloppe^F intérieure
interior dome shell

RADIOTÉLESCOPE^M
RADIO TELESCOPE

MONTURE^F ALTAZIMUTALE
ALTAZIMUTH MOUNTING

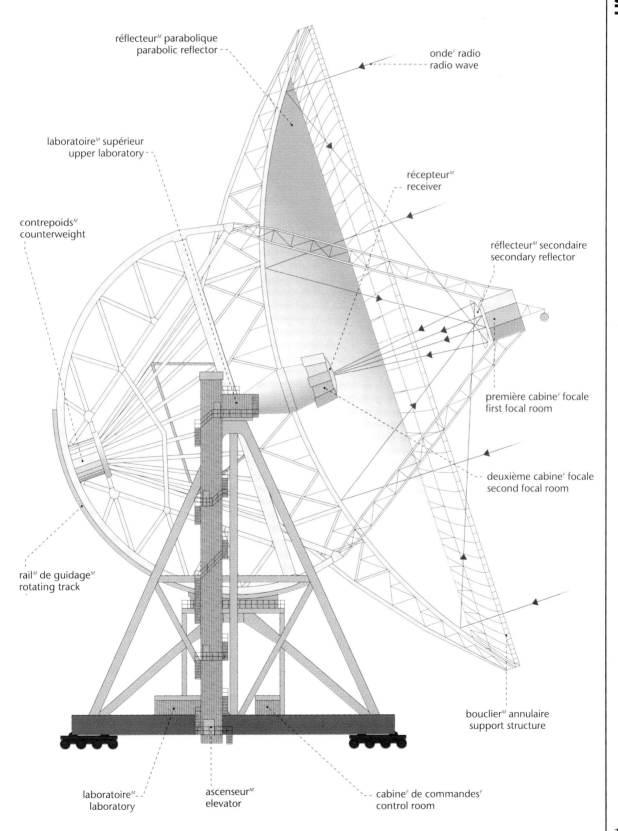

réflecteur^M parabolique
parabolic reflector

onde^F radio
radio wave

laboratoire^M supérieur
upper laboratory

récepteur^M
receiver

contrepoids^M
counterweight

réflecteur^M secondaire
secondary reflector

première cabine^F focale
first focal room

deuxième cabine^F focale
second focal room

rail^M de guidage^M
rotating track

bouclier^M annulaire
support structure

laboratoire^M
laboratory

ascenseur^M
elevator

cabine^F de commandes^F
control room

15

TÉLESCOPE^M SPATIAL HUBBLE
HUBBLE SPACE TELESCOPE

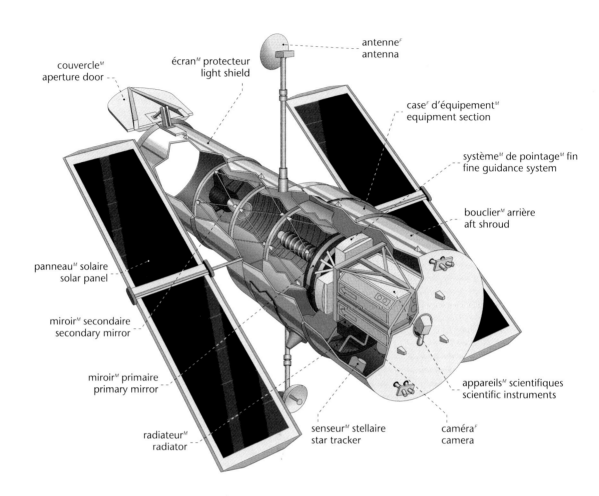

antenne^F
antenna

couvercle^M
aperture door

écran^M protecteur
light shield

case^F d'équipement^M
equipment section

système^M de pointage^M fin
fine guidance system

bouclier^M arrière
aft shroud

panneau^M solaire
solar panel

miroir^M secondaire
secondary mirror

miroir^M primaire
primary mirror

appareils^M scientifiques
scientific instruments

radiateur^M
radiator

senseur^M stellaire
star tracker

caméra^F
camera

PLANÉTARIUM^M
PLANETARIUM

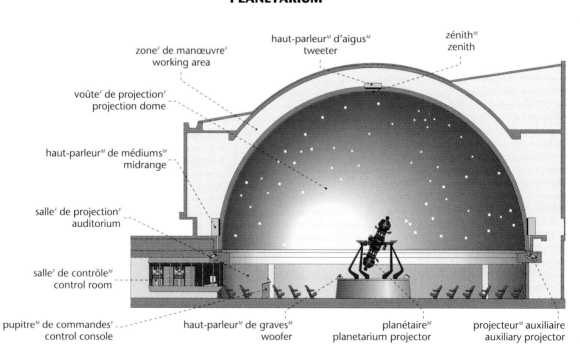

zone^F de manœuvre^F
working area

haut-parleur^M d'aigus^M
tweeter

zénith^M
zenith

voûte^F de projection^F
projection dome

haut-parleur^M de médiums^M
midrange

salle^F de projection^F
auditorium

salle^F de contrôle^M
control room

pupitre^M de commandes^F
control console

haut-parleur^M de graves^M
woofer

planétaire^M
planetarium projector

projecteur^M auxiliaire
auxiliary projector

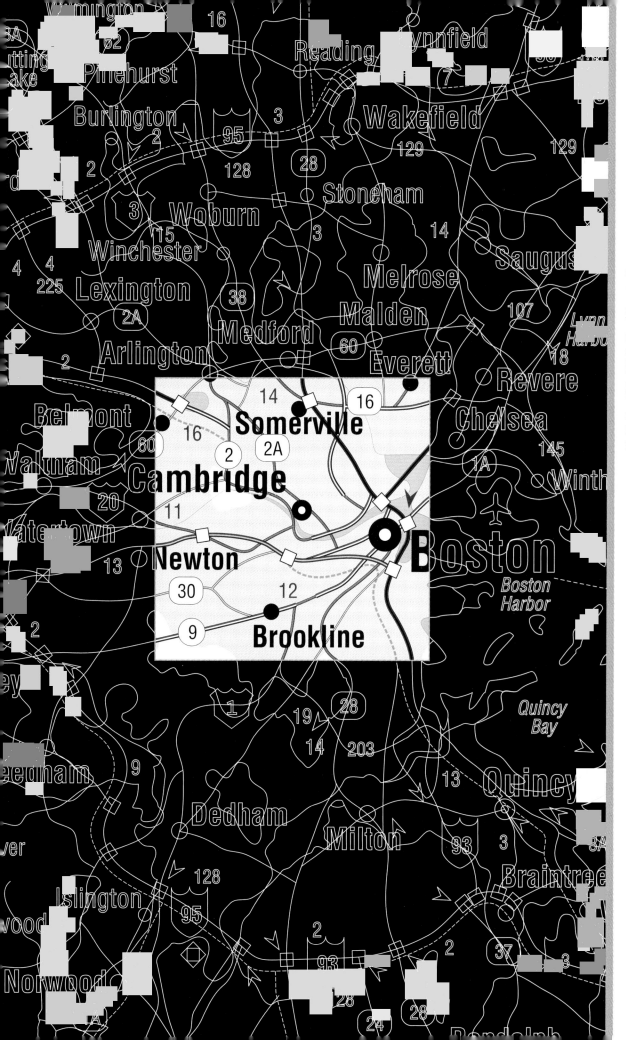

SOMMAIRE

COUPE DE L'ATMOSPHÈRE TERRESTRE...19

CONFIGURATION DES CONTINENTS 20

STRUCTURE DE LA TERRE 22

COUPE DE LA CROÛTE TERRESTRE 22

SÉISME..23

GROTTE...24

VOLCAN 25

GLACIER..26

MONTAGNE 27

FOND DE L'OCÉAN...28

VAGUE 30

CONFIGURATION DU LITTORAL 30

ÉCOLOGIE 31

PRÉCIPITATIONS 36

MÉTÉOROLOGIE 38

SYMBOLES MÉTÉOROLOGIQUES INTERNATIONAUX 39

INSTRUMENTS DE MESURE MÉTÉOROLOGIQUE..40

SATELLITE MÉTÉOROLOGIQUE..42

NUAGES ET SYMBOLES MÉTÉOROLOGIQUES 44

CLIMATS DU MONDE..45

DÉSERT 46

CARTOGRAPHIE 47

SATELLITE DE TÉLÉDÉTECTION 48

CARTOGRAPHIE 50

COUPE[F] DE L'ATMOSPHÈRE[F] TERRESTRE
PROFILE OF THE EARTH'S ATMOSPHERE

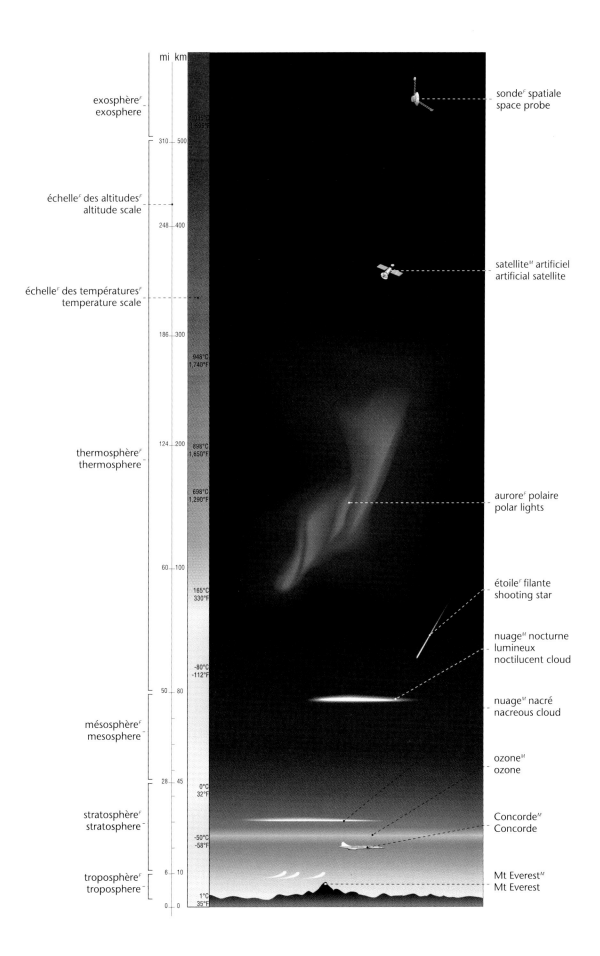

exosphère[F]
exosphere

échelle[F] des altitudes[F]
altitude scale

échelle[F] des températures[F]
temperature scale

thermosphère[F]
thermosphere

mésosphère[F]
mesosphere

stratosphère[F]
stratosphere

troposphère[F]
troposphere

sonde[F] spatiale
space probe

satellite[M] artificiel
artificial satellite

aurore[F] polaire
polar lights

étoile[F] filante
shooting star

nuage[M] nocturne lumineux
noctilucent cloud

nuage[M] nacré
nacreous cloud

ozone[M]
ozone

Concorde[M]
Concorde

Mt Everest[M]
Mt Everest

mi km
310 — 500
248 — 400
186 — 300
124 — 200
60 — 100
50 — 80
28 — 45
6 — 10
0 — 0

1,045°C
1,495°F
948°C
1,740°F
898°C
1,650°F
698°C
1,290°F
165°C
330°F
-80°C
-112°F
0°C
32°F
-50°C
-58°F
1°C
35°F

CONFIGURATION^F DES CONTINENTS^M
CONFIGURATION OF THE CONTINENTS

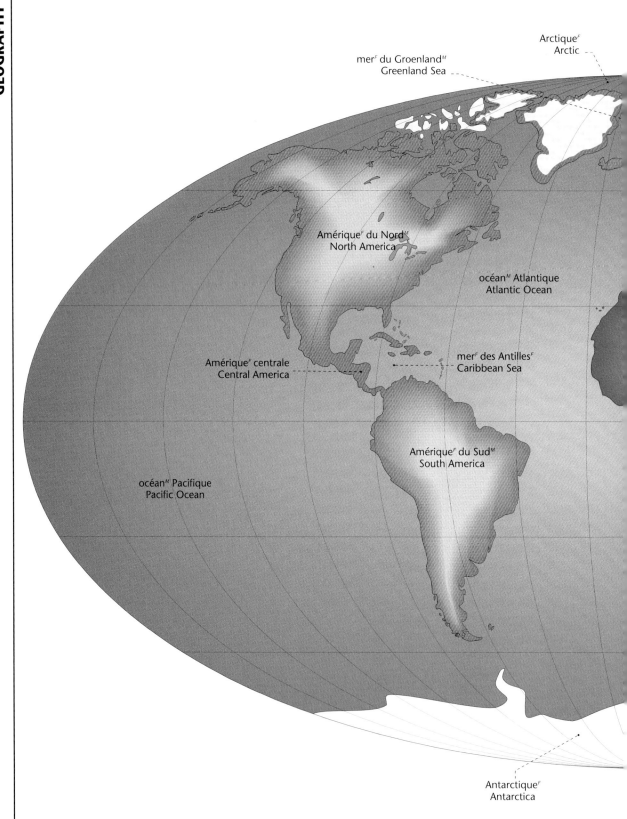

Arctique^F
Arctic

mer^F du Groenland^M
Greenland Sea

Amérique^F du Nord^M
North America

océan^M Atlantique
Atlantic Ocean

Amérique^F centrale
Central America

mer^F des Antilles^F
Caribbean Sea

Amérique^F du Sud^M
South America

océan^M Pacifique
Pacific Ocean

Antarctique^F
Antarctica

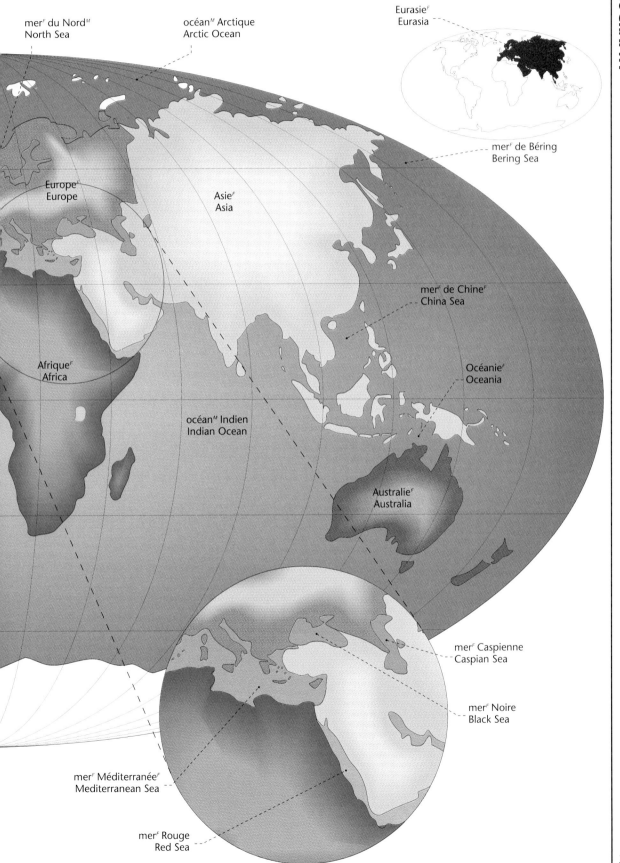

mer^F du Nord^M
North Sea

océan^M Arctique
Arctic Ocean

Eurasie^F
Eurasia

mer^F de Béring
Bering Sea

Europe^F
Europe

Asie^F
Asia

mer^F de Chine^F
China Sea

Afrique^F
Africa

Océanie^F
Oceania

océan^M Indien
Indian Ocean

Australie^F
Australia

mer^F Caspienne
Caspian Sea

mer^F Noire
Black Sea

mer^F Méditerranée^F
Mediterranean Sea

mer^F Rouge
Red Sea

STRUCTURE[F] DE LA TERRE[F]
STRUCTURE OF THE EARTH

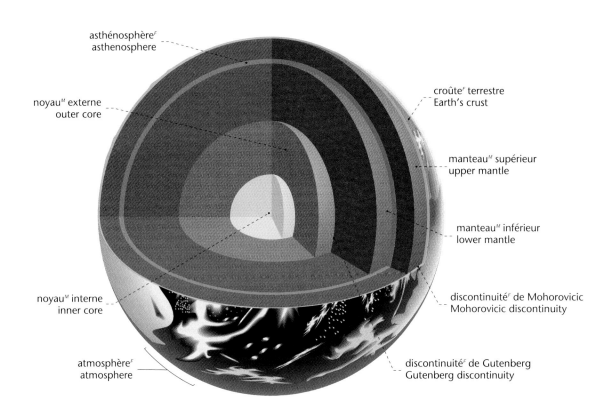

asthénosphère[F]
asthenosphere

noyau[M] externe
outer core

croûte[F] terrestre
Earth's crust

manteau[M] supérieur
upper mantle

manteau[M] inférieur
lower mantle

noyau[M] interne
inner core

discontinuité[F] de Mohorovicic
Mohorovicic discontinuity

atmosphère[F]
atmosphere

discontinuité[F] de Gutenberg
Gutenberg discontinuity

COUPE[F] DE LA CROÛTE[F] TERRESTRE
SECTION OF THE EARTH'S CRUST

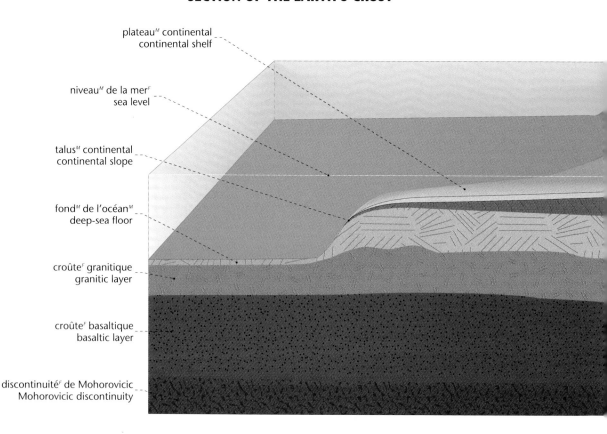

plateau[M] continental
continental shelf

niveau[M] de la mer[F]
sea level

talus[M] continental
continental slope

fond[M] de l'océan[M]
deep-sea floor

croûte[F] granitique
granitic layer

croûte[F] basaltique
basaltic layer

discontinuité[F] de Mohorovicic
Mohorovicic discontinuity

SÉISME^M
EARTHQUAKE

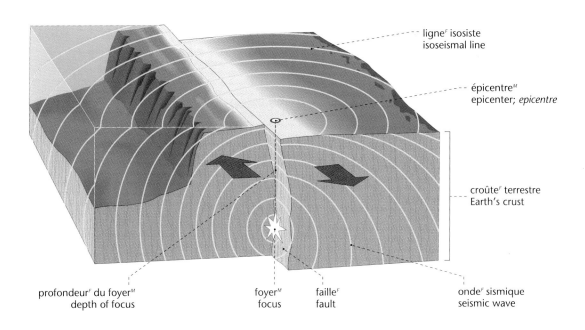

ligne^F isosiste
isoseismal line

épicentre^M
epicenter; *epicentre*

croûte^F terrestre
Earth's crust

profondeur^F du foyer^M
depth of focus

foyer^M
focus

faille^F
fault

onde^F sismique
seismic wave

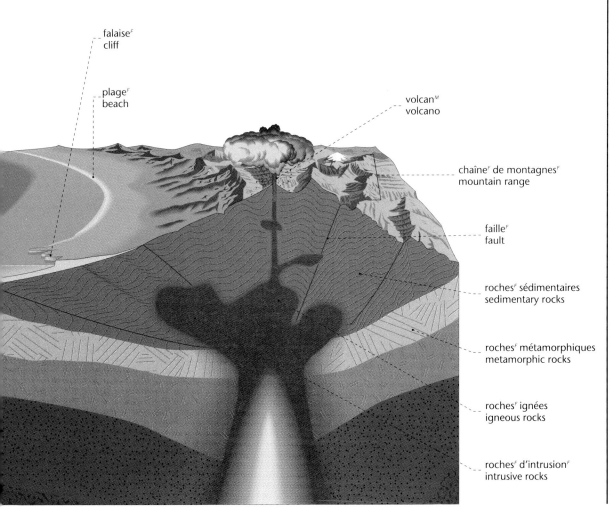

falaise^F
cliff

plage^F
beach

volcan^M
volcano

chaîne^F de montagnes^F
mountain range

faille^F
fault

roches^F sédimentaires
sedimentary rocks

roches^F métamorphiques
metamorphic rocks

roches^F ignées
igneous rocks

roches^F d'intrusion^F
intrusive rocks

GROTTE[F]
CAVE

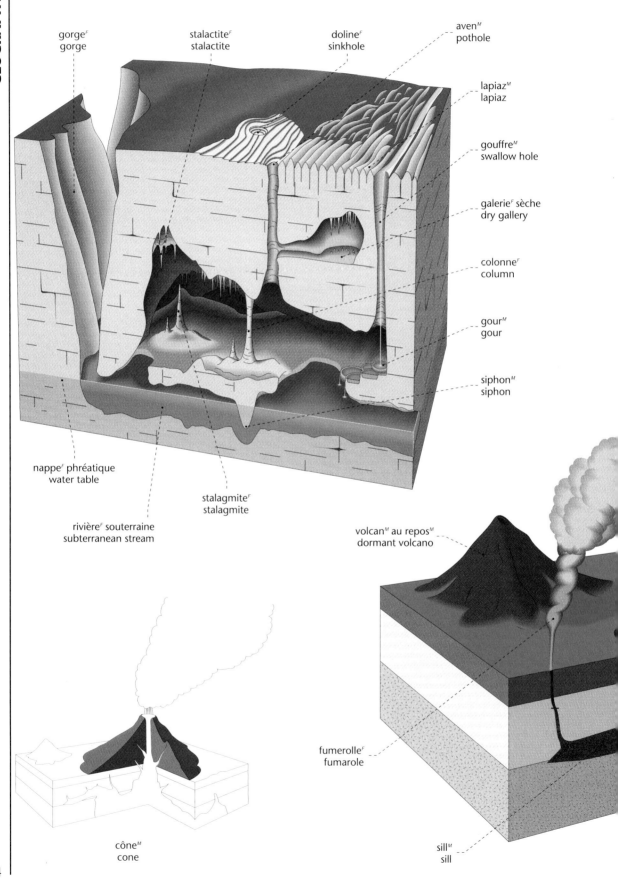

gorge[F]
gorge

stalactite[F]
stalactite

doline[F]
sinkhole

aven[M]
pothole

lapiaz[M]
lapiaz

gouffre[M]
swallow hole

galerie[F] sèche
dry gallery

colonne[F]
column

gour[M]
gour

siphon[M]
siphon

nappe[F] phréatique
water table

stalagmite[F]
stalagmite

rivière[F] souterraine
subterranean stream

volcan[M] au repos[M]
dormant volcano

fumerolle[F]
fumarole

cône[M]
cone

sill[M]
sill

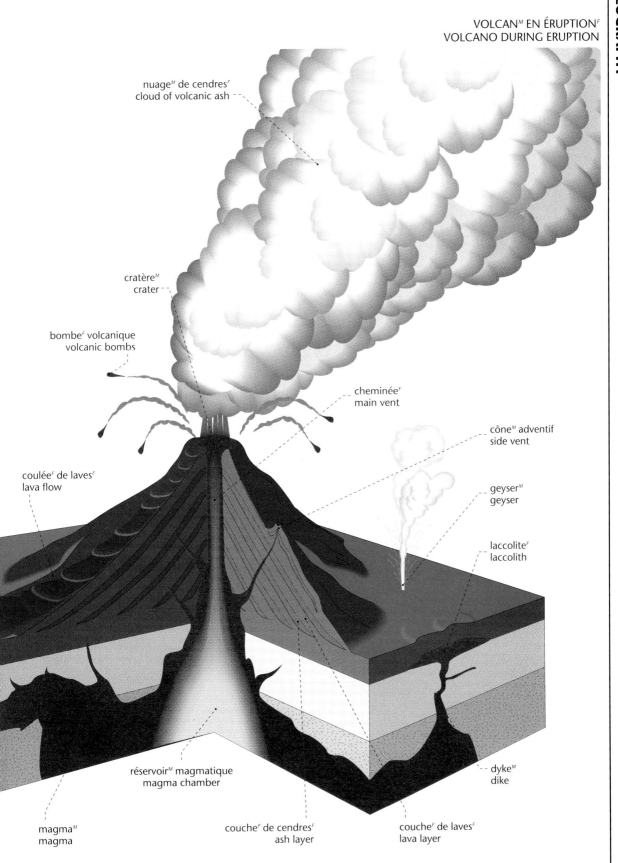

VOLCAN[M] EN ÉRUPTION[F]
VOLCANO DURING ERUPTION

nuage[M] de cendres[F]
cloud of volcanic ash

cratère[M]
crater

bombe[F] volcanique
volcanic bombs

cheminée[F]
main vent

cône[M] adventif
side vent

geyser[M]
geyser

laccolite[F]
laccolith

coulée[F] de laves[F]
lava flow

réservoir[M] magmatique
magma chamber

dyke[M]
dike

magma[M]
magma

couche[F] de cendres[F]
ash layer

couche[F] de laves[F]
lava layer

GLACIER^M
GLACIER

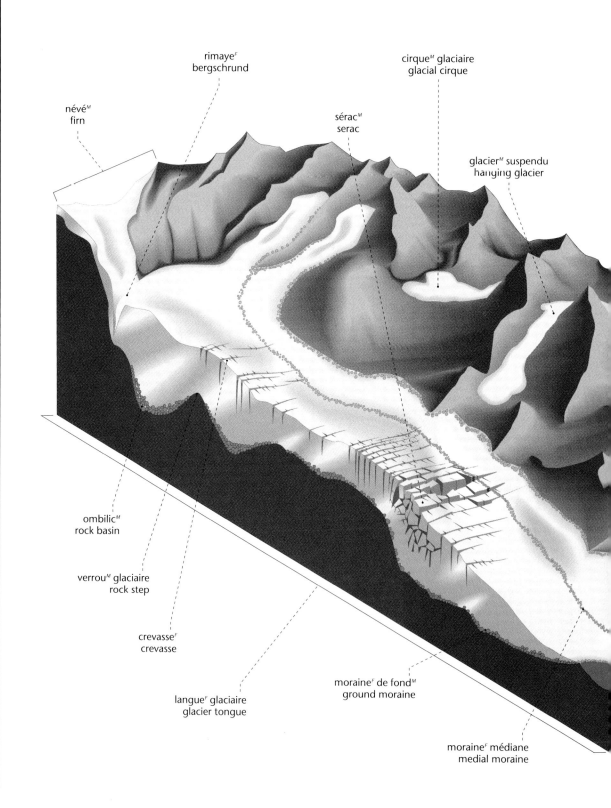

rimaye^F
bergschrund

cirque^M glaciaire
glacial cirque

névé^M
firn

sérac^M
serac

glacier^M suspendu
hanging glacier

ombilic^M
rock basin

verrou^M glaciaire
rock step

crevasse^F
crevasse

langue^F glaciaire
glacier tongue

moraine^F de fond^M
ground moraine

moraine^F médiane
medial moraine

MONTAGNE^F
MOUNTAIN

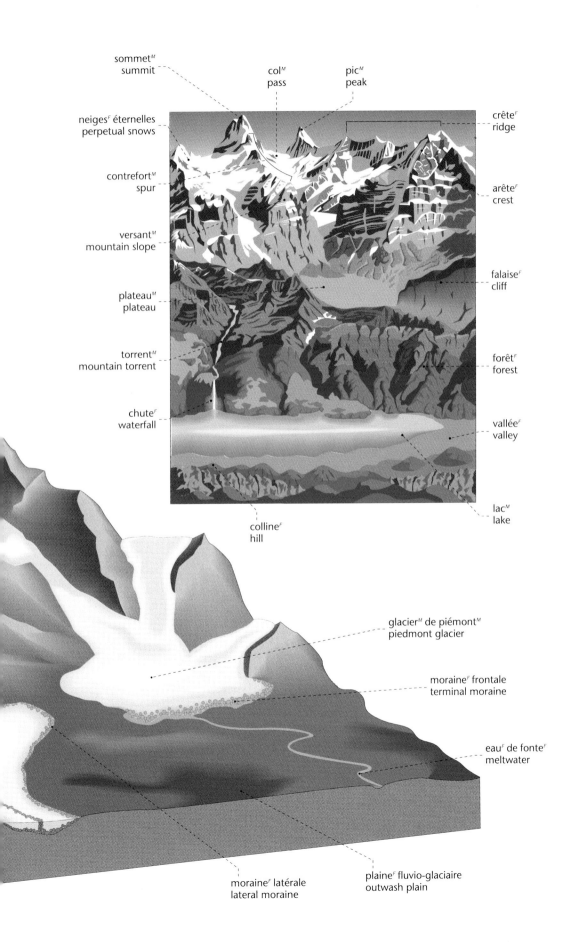

sommet^M
summit

col^M
pass

pic^M
peak

crête^F
ridge

neiges^F éternelles
perpetual snows

contrefort^M
spur

arête^F
crest

versant^M
mountain slope

falaise^F
cliff

plateau^M
plateau

torrent^M
mountain torrent

forêt^F
forest

chute^F
waterfall

vallée^F
valley

lac^M
lake

colline^F
hill

glacier^M de piémont^M
piedmont glacier

moraine^F frontale
terminal moraine

eau^F de fonte^F
meltwater

moraine^F latérale
lateral moraine

plaine^F fluvio-glaciaire
outwash plain

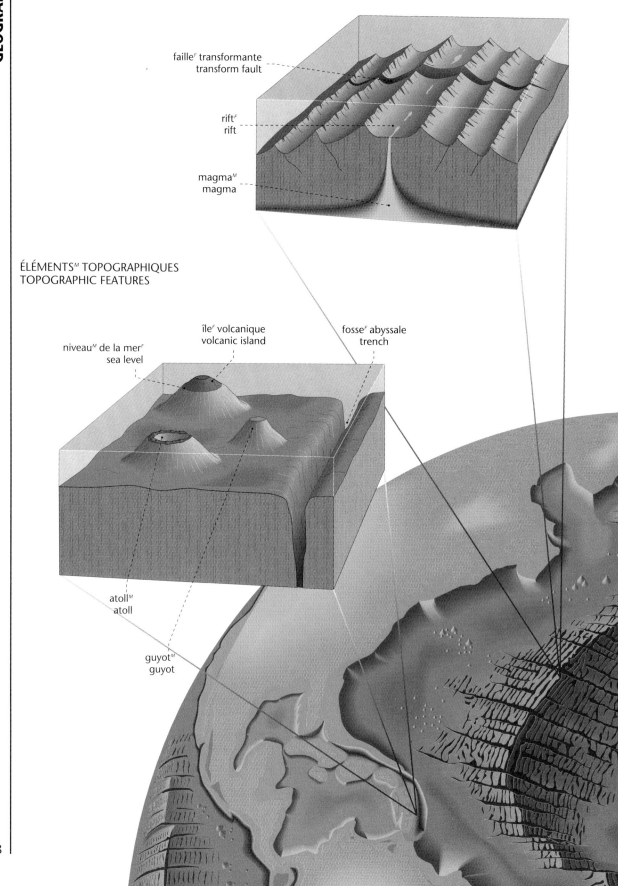

FOND^M **DE L'OCÉAN**^{M}
OCEAN FLOOR

DORSALE^F MÉDIO-OCÉANIQUE
MID-OCEAN RIDGE

faille^F transformante
transform fault

rift^F
rift

magma^M
magma

ÉLÉMENTS^M TOPOGRAPHIQUES
TOPOGRAPHIC FEATURES

niveau^M de la mer^F
sea level

île^F volcanique
volcanic island

fosse^F abyssale
trench

atoll^M
atoll

guyot^M
guyot

PLAINE^F ABYSSALE
ABYSSAL PLAIN

canyon^M sous-marin
submarine canyon

piton^M sous-marin
seamount

plaine^F abyssale
abyssal plain

colline^F abyssale
abyssal hill

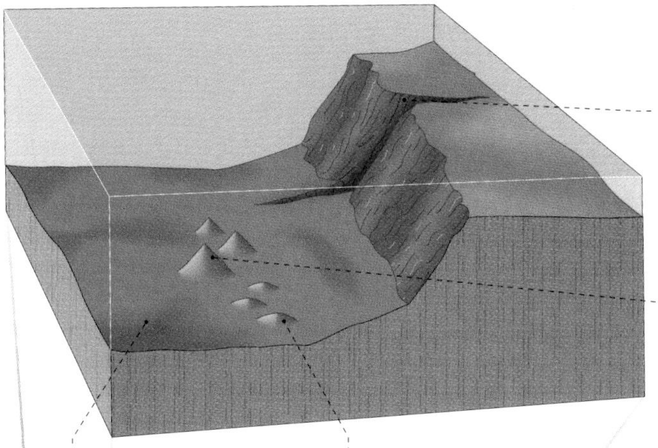

MARGE^F CONTINENTALE
CONTINENTAL MARGIN

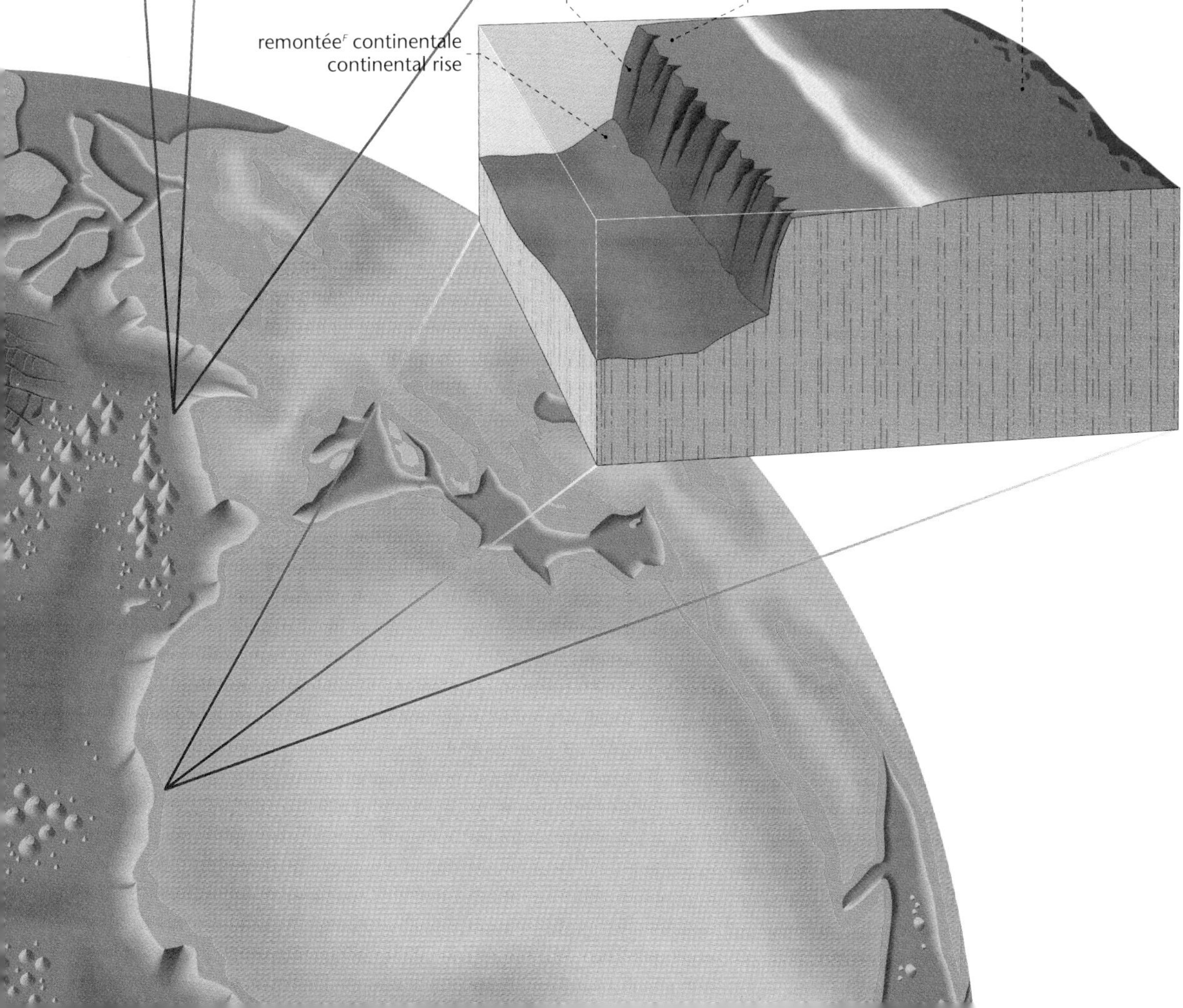

talus^M continental
continental slope

plateau^M continental
continental shelf

continent^M
continent

remontée^F continentale
continental rise

VAGUE^F
WAVE

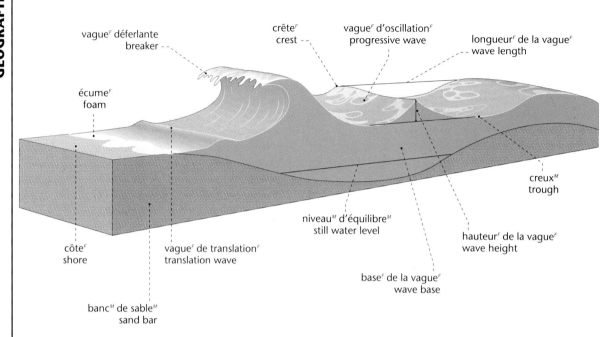

vague^F déferlante
breaker

crête^F
crest

vague^F d'oscillation^F
progressive wave

longueur^F de la vague^F
wave length

écume^F
foam

creux^M
trough

niveau^M d'équilibre^M
still water level

hauteur^F de la vague^F
wave height

côte^F
shore

vague^F de translation^F
translation wave

base^F de la vague^F
wave base

banc^M de sable^M
sand bar

CONFIGURATION^F DU LITTORAL^M
COMMON COASTAL FEATURES

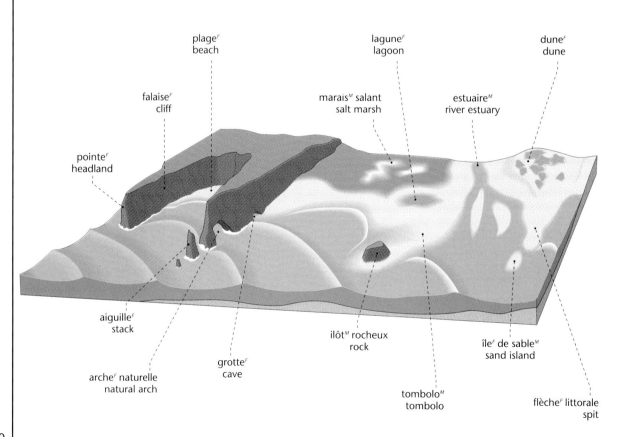

plage^F
beach

lagune^F
lagoon

dune^F
dune

falaise^F
cliff

marais^M salant
salt marsh

estuaire^M
river estuary

pointe^F
headland

aiguille^F
stack

grotte^F
cave

îlot^M rocheux
rock

île^F de sable^M
sand island

arche^F naturelle
natural arch

tombolo^M
tombolo

flèche^F littorale
spit

STRUCTURE*F* DE LA BIOSPHÈRE*F*
STRUCTURE OF THE BIOSPHERE

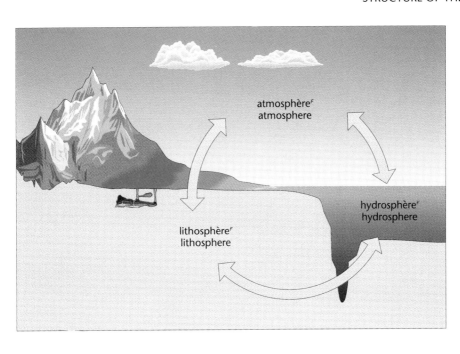

atmosphère*F*
atmosphere

hydrosphère*F*
hydrosphere

lithosphère*F*
lithosphere

CHAÎNE*F* ALIMENTAIRE
FOOD CHAIN

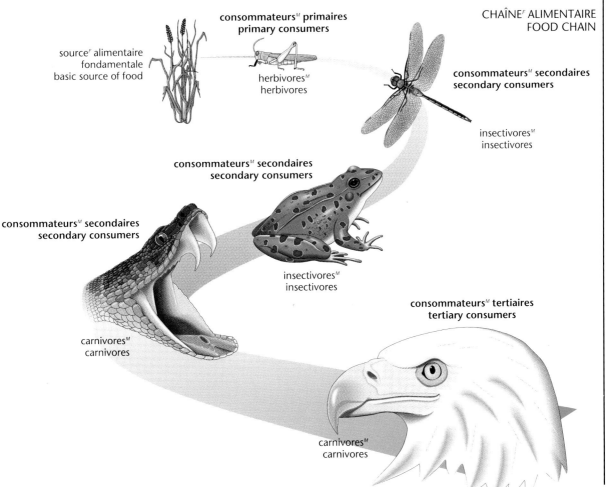

consommateurs*M* primaires
primary consumers

source*F* alimentaire
fondamentale
basic source of food

herbivores*M*
herbivores

consommateurs*M* secondaires
secondary consumers

insectivores*M*
insectivores

consommateurs*M* secondaires
secondary consumers

insectivores*M*
insectivores

consommateurs*M* secondaires
secondary consumers

consommateurs*M* tertiaires
tertiary consumers

carnivores*M*
carnivores

carnivores*M*
carnivores

POLLUTION^F DES ALIMENTS^M AU SOL^M
FOOD POLLUTION ON GROUND

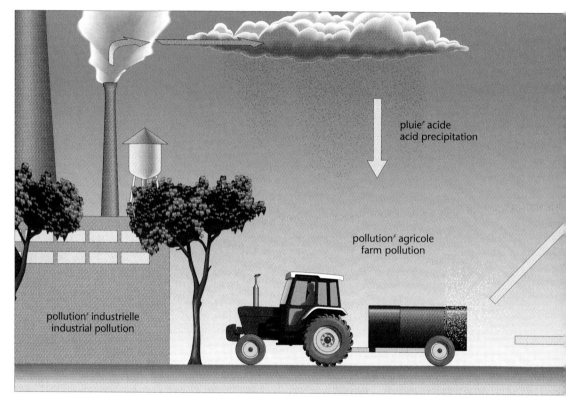

pluie^F acide
acid precipitation

pollution^F agricole
farm pollution

pollution^F industrielle
industrial pollution

POLLUTION^F DES ALIMENTS^M DANS L'EAU^F
FOOD POLLUTION IN WATER

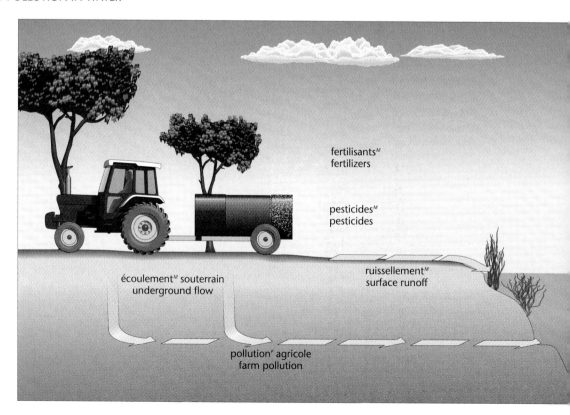

fertilisants^M
fertilizers

pesticides^M
pesticides

écoulement^M souterrain
underground flow

ruissellement^M
surface runoff

pollution^F agricole
farm pollution

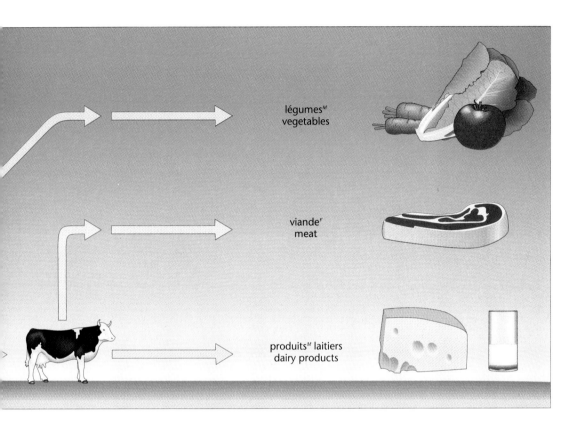

légumes^M
vegetables

viande^F
meat

produits^M laitiers
dairy products

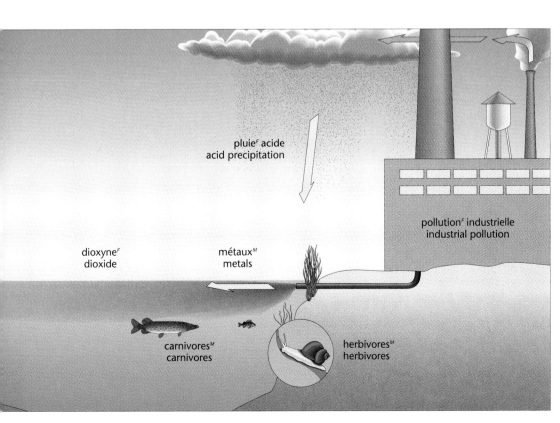

pluie^F acide
acid precipitation

pollution^F industrielle
industrial pollution

dioxyne^F
dioxide

métaux^M
metals

carnivores^M
carnivores

herbivores^M
herbivores

POLLUTION*F* DE L'AIR*M*
ATMOSPHERIC POLLUTION

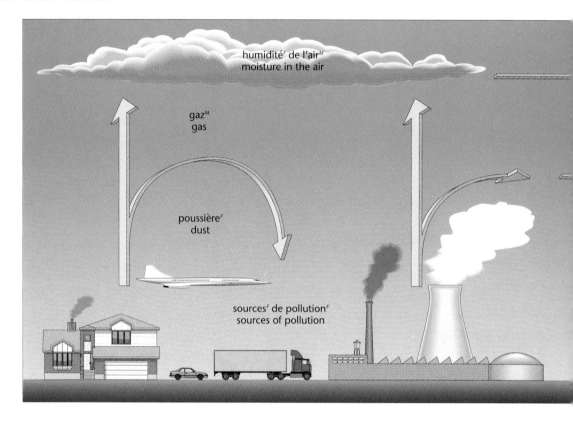

humidité*F* de l'air*M*
moisture in the air

gaz*M*
gas

poussière*F*
dust

sources*F* de pollution*F*
sources of pollution

CYCLE*M* DE L'EAU*F*
HYDROLOGIC CYCLE

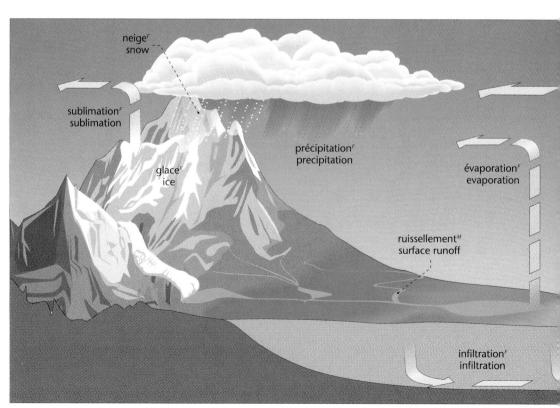

neige*F*
snow

sublimation*F*
sublimation

glace*F*
ice

précipitation*F*
precipitation

évaporation*F*
evaporation

ruissellement*M*
surface runoff

infiltration*F*
infiltration

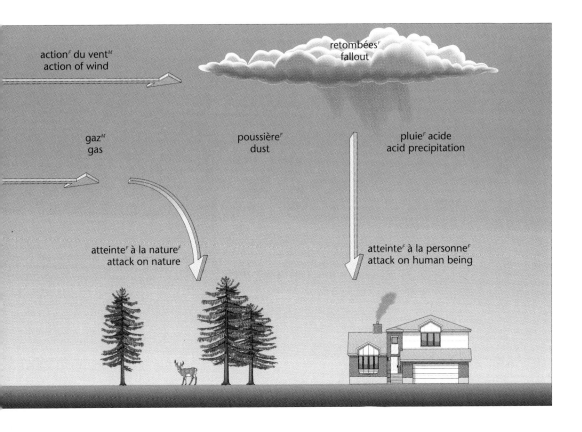

action^F du vent^M
action of wind

retombées^F
fallout

gaz^M
gas

poussière^F
dust

pluie^F acide
acid precipitation

atteinte^F à la nature^F
attack on nature

atteinte^F à la personne^F
attack on human being

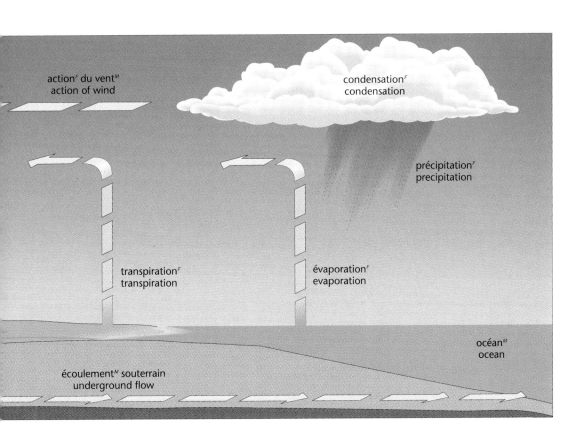

action^F du vent^M
action of wind

condensation^F
condensation

précipitation^F
precipitation

transpiration^F
transpiration

évaporation^F
evaporation

océan^M
ocean

écoulement^M souterrain
underground flow

PRÉCIPITATIONS^F
PRECIPITATIONS

CIEL^M D'ORAGE^M
STORMY SKY

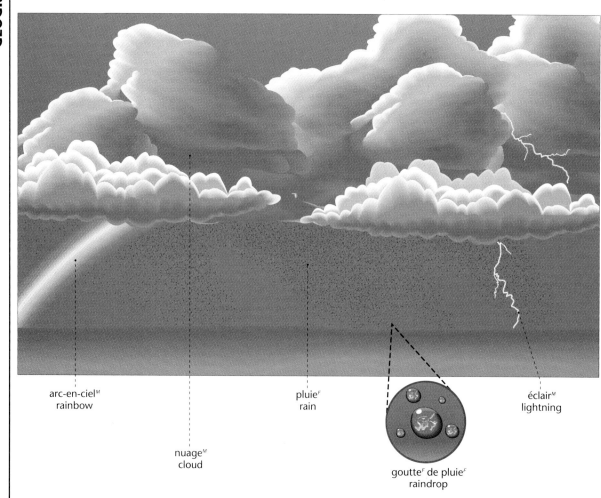

arc-en-ciel^M
rainbow

pluie^F
rain

éclair^M
lightning

nuage^M
cloud

goutte^F de pluie^F
raindrop

CLASSIFICATION^F DES CRISTAUX^M DE NEIGE^F
CLASSIFICATION OF SNOW CRYSTALS

plaquette^F
plate crystal

étoile^F
stellar crystal

colonne^F
column

aiguille^F
needle

dendrite^F spatiale
spatial dendrite

brume^F
mist

brouillard^M
fog

rosée^F
dew

verglas^M
frost; *glazed frost*

colonne^F avec
capuchon^M
capped column

cristaux^M irréguliers
irregular crystal

neige^F roulée
snow pellet

grésil^M
sleet

grêlon^M
hail

37

MÉTÉOROLOGIE^F
METEOROLOGY

CARTE^F MÉTÉOROLOGIQUE
WEATHER MAP

direction^F et force^F du vent^M
wind direction and speed

pression^F barométrique
barometric pressure

isobare^F
isobar

dépression^F
low pressure center;
low pressure centre

zone^F de précipitation^F
precipitation area

creux^M barométrique
trough

type^M de la masse^F d'air^M
type of the air mass

anticyclone^M
high pressure center;
high pressure centre

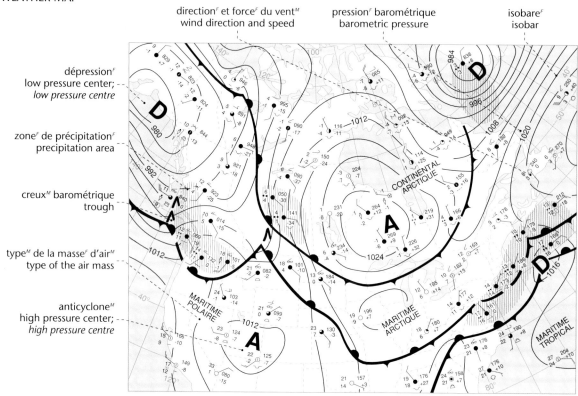

DISPOSITION^F DES INFORMATIONS^F D'UNE STATION^F
STATION MODEL

force^F du vent^M
wind speed

type^M de nuage^M élevé
type of high cloud

type^M de nuage^M moyen
type of middle cloud

cercle^M de la station^F
station circle

température^F de l'air^M
air temperature

pression^F au niveau^M de la mer^F
sea-level pressure

direction^F du vent^M
wind direction

tendance^F barométrique
barometric tendency

état^M présent du temps^M
present state of weather

évolution^F de la pression^F
pressure change

température^F du point^M de rosée^F
temperature of dew point

type^M de nuage^M bas
type of low cloud

VENT^M
WIND

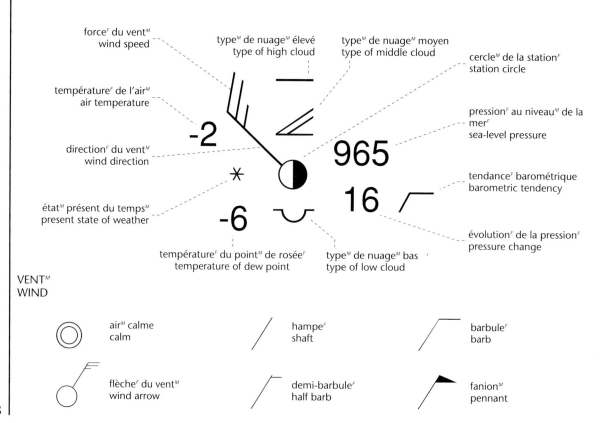

air^M calme
calm

hampe^F
shaft

barbule^F
barb

flèche^F du vent^M
wind arrow

demi-barbule^F
half barb

fanion^M
pennant

SYMBOLES^M MÉTÉOROLOGIQUES INTERNATIONAUX
INTERNATIONAL WEATHER SYMBOLS

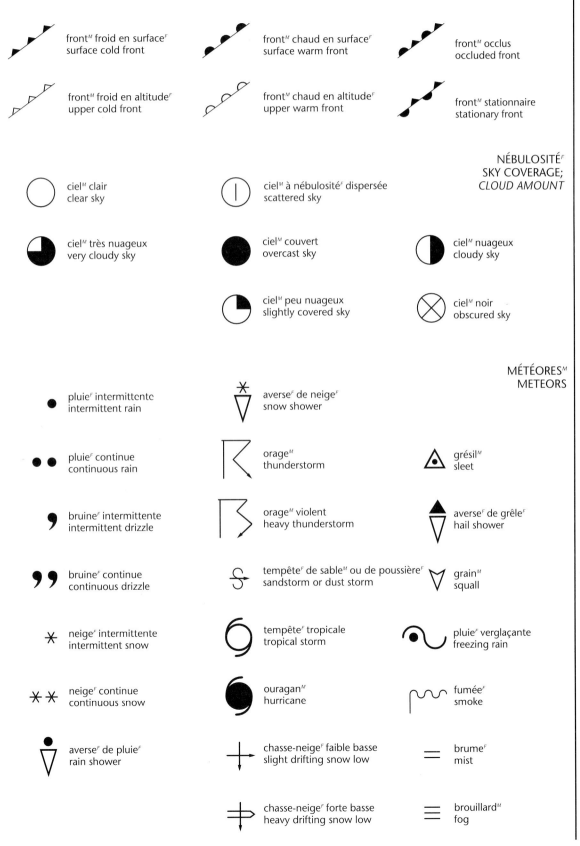

FRONTS^M
FRONTS

front^M froid en surface^F
surface cold front

front^M chaud en surface^F
surface warm front

front^M occlus
occluded front

front^M froid en altitude^F
upper cold front

front^M chaud en altitude^F
upper warm front

front^M stationnaire
stationary front

NÉBULOSITÉ^F
SKY COVERAGE;
CLOUD AMOUNT

ciel^M clair
clear sky

ciel^M à nébulosité^F dispersée
scattered sky

ciel^M très nuageux
very cloudy sky

ciel^M couvert
overcast sky

ciel^M nuageux
cloudy sky

ciel^M peu nuageux
slightly covered sky

ciel^M noir
obscured sky

MÉTÉORES^M
METEORS

pluie^F intermittente
intermittent rain

averse^F de neige^F
snow shower

pluie^F continue
continuous rain

orage^M
thunderstorm

grésil^M
sleet

bruine^F intermittente
intermittent drizzle

orage^M violent
heavy thunderstorm

averse^F de grêle^F
hail shower

bruine^F continue
continuous drizzle

tempête^F de sable^M ou de poussière^F
sandstorm or dust storm

grain^M
squall

neige^F intermittente
intermittent snow

tempête^F tropicale
tropical storm

pluie^F verglaçante
freezing rain

neige^F continue
continuous snow

ouragan^M
hurricane

fumée^F
smoke

averse^F de pluie^F
rain shower

chasse-neige^F faible basse
slight drifting snow low

brume^F
mist

chasse-neige^F forte basse
heavy drifting snow low

brouillard^M
fog

INSTRUMENTS^M DE MESURE^F MÉTÉOROLOGIQUE
METEOROLOGICAL MEASURING INSTRUMENTS

MESURE^F DE L'ENSOLEILLEMENT^M
MEASURE OF SUNSHINE

héliographe^M
sunshine recorder

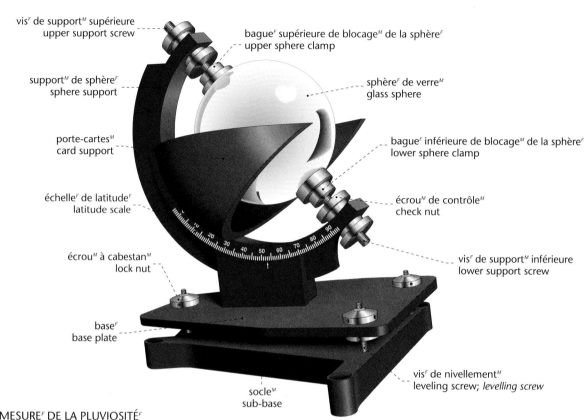

vis^F de support^M supérieure
upper support screw

bague^F supérieure de blocage^M de la sphère^F
upper sphere clamp

support^M de sphère^F
sphere support

sphère^F de verre^M
glass sphere

porte-cartes^M
card support

bague^F inférieure de blocage^M de la sphère^F
lower sphere clamp

échelle^F de latitude^F
latitude scale

écrou^M de contrôle^M
check nut

écrou^M à cabestan^M
lock nut

vis^F de support^M inférieure
lower support screw

base^F
base plate

socle^M
sub-base

vis^F de nivellement^M
leveling screw; *levelling screw*

MESURE^F DE LA PLUVIOSITÉ^F
MEASURE OF RAINFALL

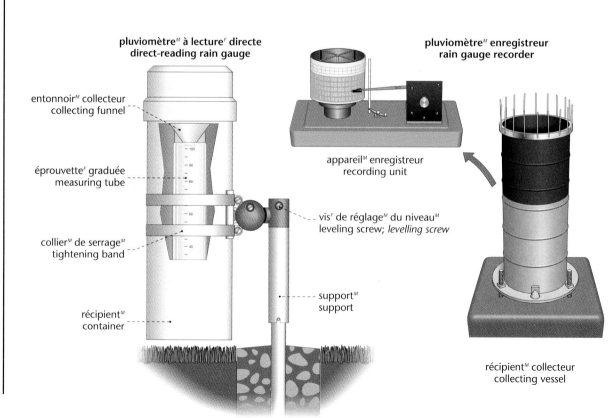

pluviomètre^M à lecture^F directe
direct-reading rain gauge

pluviomètre^M enregistreur
rain gauge recorder

entonnoir^M collecteur
collecting funnel

éprouvette^F graduée
measuring tube

appareil^M enregistreur
recording unit

vis^F de réglage^M du niveau^M
leveling screw; *levelling screw*

collier^M de serrage^M
tightening band

support^M
support

récipient^M
container

récipient^M collecteur
collecting vessel

MESURE*F* DE LA TEMPÉRATURE*F*
MEASURE OF TEMPERATURE

ABRI*M* MÉTÉOROLOGIQUE
INSTRUMENT SHELTER

thermomètre*M* à minima*M*
minimum thermometer

thermomètre*M* à maxima*M*
maximum thermometer

MESURE*F* DE LA PRESSION*F*
MEASURE OF AIR PRESSURE

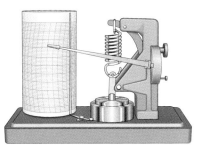

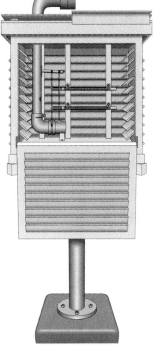

baromètre*M* enregistreur
barograph

baromètre*M* à mercure*M*
mercury barometer

psychromètre*M*
psychrometer

MESURE*F* DE LA DIRECTION*F* DU VENT*M*
MEASURE OF WIND DIRECTION

MESURE*F* DE LA VITESSE*F* DU VENT*M*
MEASURE OF WIND STRENGTH

MESURE*F* DE L'HUMIDITÉ*F*
MEASURE OF HUMIDITY

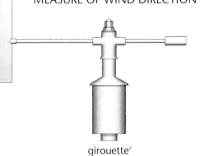

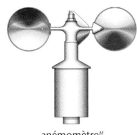

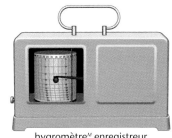

girouette*F*
wind vane

anémomètre*M*
anemometer

hygromètre*M* enregistreur
hygrograph

MESURE*F* DE LA NEIGE*F*
MEASURE OF SNOWFALL

MESURE*F* DE LA HAUTEUR*F* DES NUAGES*M*
MEASURE OF CLOUD CEILING

nivomètre*M*
snow gauge

théodolite*M*
theodolite

alidade*F*
alidade

projecteur*M* de plafond*M*
ceiling projector

41

SATELLITE^M MÉTÉOROLOGIQUE
WEATHER SATELLITE

SATELLITE^M GÉOSTATIONNAIRE
GEOSTATIONARY SATELLITE

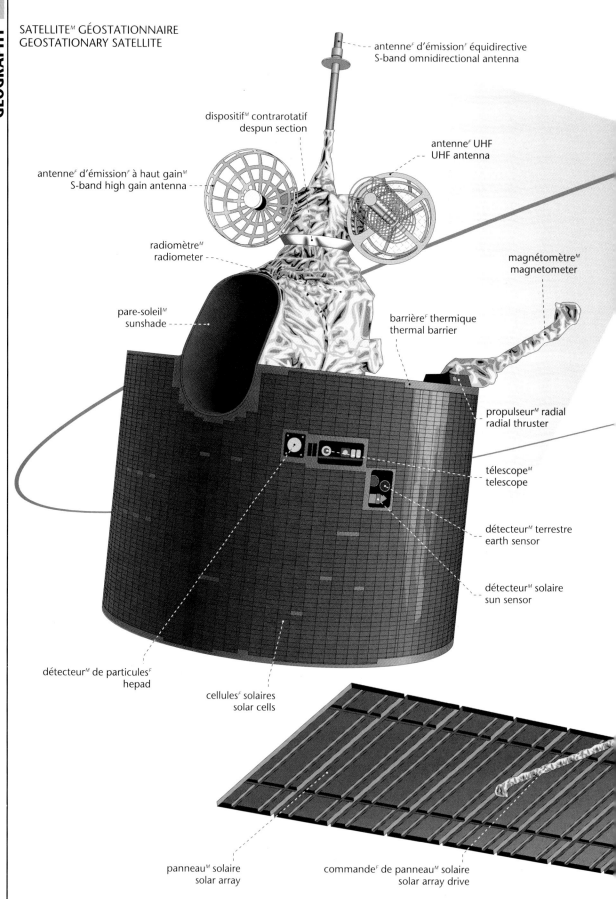

antenne^F d'émission^F équidirective
S-band omnidirectional antenna

dispositif^M contrarotatif
despun section

antenne^F UHF
UHF antenna

antenne^F d'émission^F à haut gain^M
S-band high gain antenna

radiomètre^M
radiometer

magnétomètre^M
magnetometer

pare-soleil^M
sunshade

barrière^F thermique
thermal barrier

propulseur^M radial
radial thruster

télescope^M
telescope

détecteur^M terrestre
earth sensor

détecteur^M solaire
sun sensor

détecteur^M de particules^F
hepad

cellules^F solaires
solar cells

panneau^M solaire
solar array

commande^F de panneau^M solaire
solar array drive

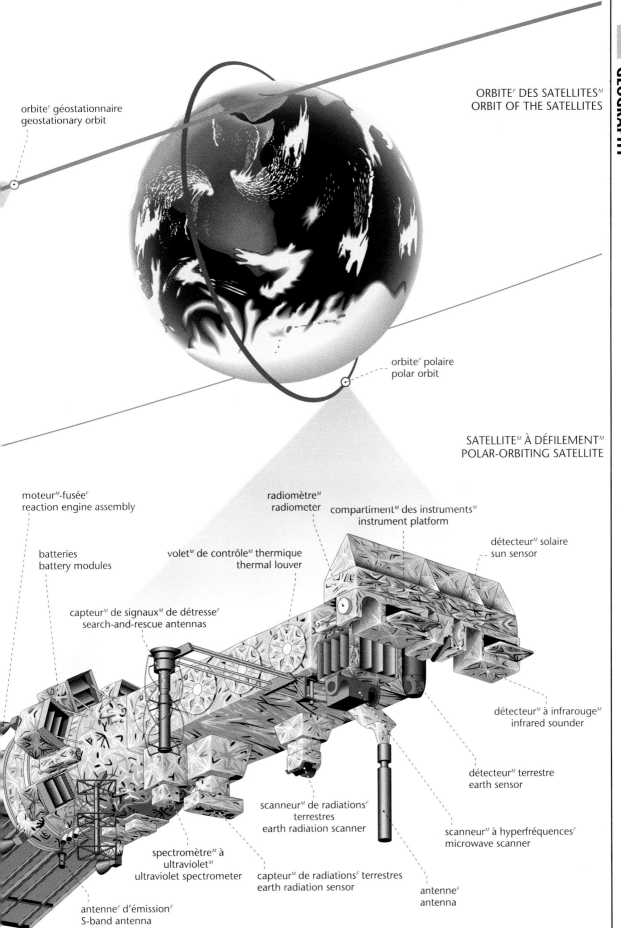

orbite^F géostationnaire
geostationary orbit

ORBITE^F DES SATELLITES^M
ORBIT OF THE SATELLITES

orbite^F polaire
polar orbit

SATELLITE^M À DÉFILEMENT^M
POLAR-ORBITING SATELLITE

moteur^M-fusée^F
reaction engine assembly

radiomètre^M
radiometer

compartiment^M des instruments^M
instrument platform

détecteur^M solaire
sun sensor

batteries
battery modules

volet^M de contrôle^M thermique
thermal louver

capteur^M de signaux^M de détresse^F
search-and-rescue antennas

détecteur^M à infrarouge^M
infrared sounder

détecteur^M terrestre
earth sensor

scanneur^M de radiations^F
terrestres
earth radiation scanner

scanneur^M à hyperfréquences^F
microwave scanner

spectromètre^M à
ultraviolet^M
ultraviolet spectrometer

capteur^M de radiations^F terrestres
earth radiation sensor

antenne^F
antenna

antenne^F d'émission^F
S-band antenna

43

NUAGES^M ET SYMBOLES^M MÉTÉOROLOGIQUES
CLOUDS AND METEOROLOGICAL SYMBOLS

NUAGES^M DE HAUTE ALTITUDE^F
HIGH CLOUDS

NUAGES^M À DÉVELOPPEMENT^M VERTICAL
CLOUDS OF VERTICAL DEVELOPMENT

cirrus^M
cirrus

cirro-cumulus^M
cirrocumulus

cirro-stratus^M
cirrostratus

cumulo-nimbus^M
cumulonimbus

NUAGES^M DE MOYENNE
ALTITUDE^F
MIDDLE CLOUDS

alto-stratus^M
altostratus

alto-cumulus^M
altocumulus

strato-cumulus^M
stratocumulus

NUAGES^M DE BASSE ALTITUDE^F
LOW CLOUDS

nimbo-stratus^M
nimbostratus

stratus^M
stratus

cumulus^M
cumulus

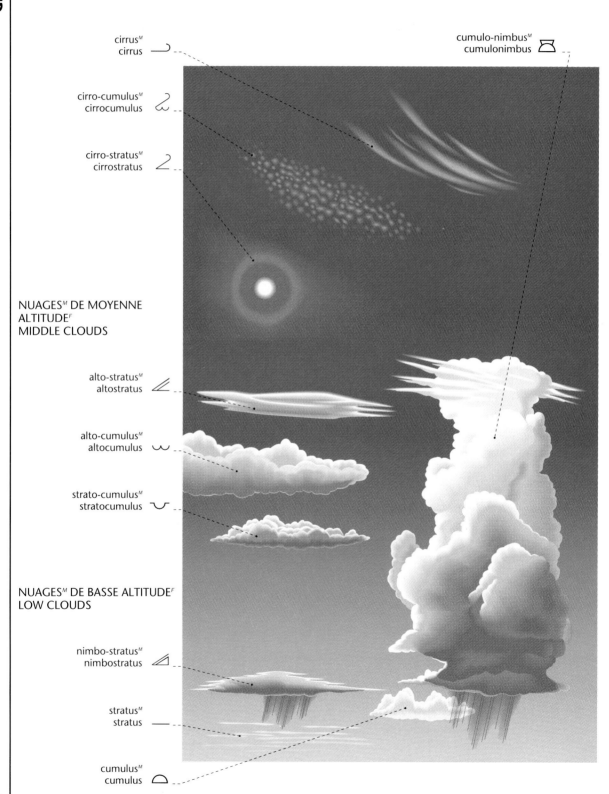

CLIMATS^M DU MONDE^M
CLIMATES OF THE WORLD

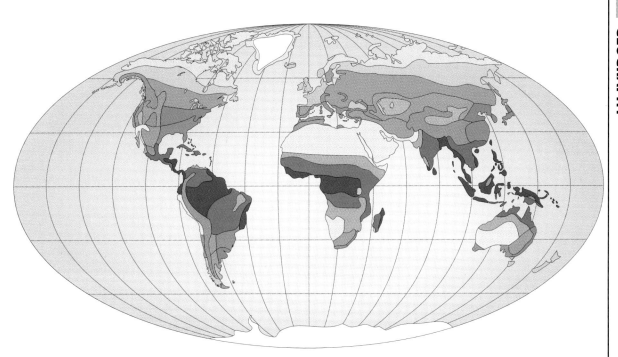

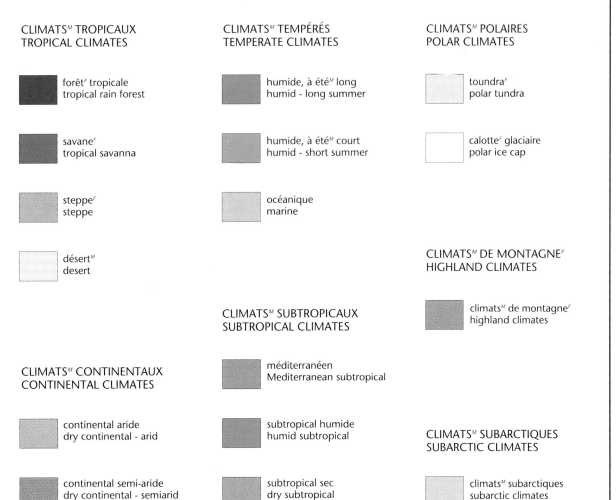

CLIMATS^M TROPICAUX
TROPICAL CLIMATES

forêt^F tropicale
tropical rain forest

savane^F
tropical savanna

steppe^F
steppe

désert^M
desert

CLIMATS^M CONTINENTAUX
CONTINENTAL CLIMATES

continental aride
dry continental - arid

continental semi-aride
dry continental - semiarid

CLIMATS^M TEMPÉRÉS
TEMPERATE CLIMATES

humide, à été^M long
humid - long summer

humide, à été^M court
humid - short summer

océanique
marine

CLIMATS^M SUBTROPICAUX
SUBTROPICAL CLIMATES

méditerranéen
Mediterranean subtropical

subtropical humide
humid subtropical

subtropical sec
dry subtropical

CLIMATS^M POLAIRES
POLAR CLIMATES

toundra^F
polar tundra

calotte^F glaciaire
polar ice cap

CLIMATS^M DE MONTAGNE^F
HIGHLAND CLIMATES

climats^M de montagne^F
highland climates

CLIMATS^M SUBARCTIQUES
SUBARCTIC CLIMATES

climats^M subarctiques
subarctic climates

DÉSERT^M
DESERT

oasis^F
oasis

palmeraie^F
palm grove

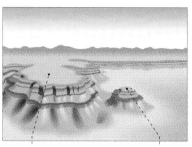

mésa^F
mesa

butte^F
butte

désert^M de pierres^F
rocky desert

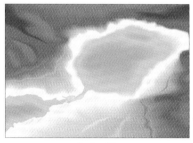

lac^M salé
saline lake

désert^M de sable^M
sandy desert

dune^F en croissant^M
crescentic dune

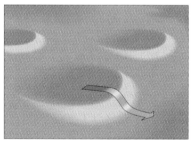

dune^F parabolique
parabolic dune

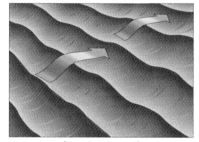

dunes^F transversales
transverse dunes

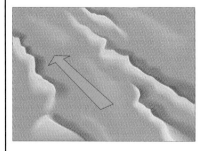

cordon^M de dunes^F
chain of dunes

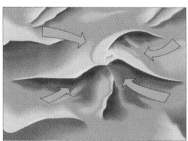

dune^F complexe
complex dune

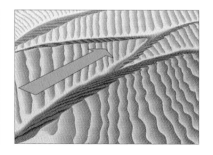

dunes^F longitudinales
longitudinal dunes

CARTOGRAPHIE^F
CARTOGRAPHY

HÉMISPHÈRES^M
HEMISPHERES

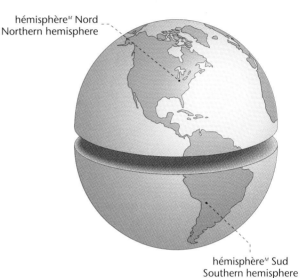

hémisphère^M Nord
Northern hemisphere

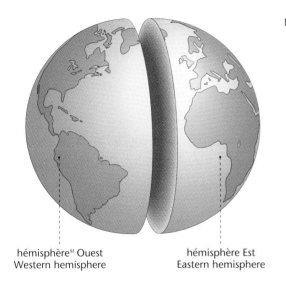

hémisphère^M Ouest
Western hemisphere

hémisphère Est
Eastern hemisphere

hémisphère^M Sud
Southern hemisphere

DIVISIONS^F CARTOGRAPHIQUES
GRID SYSTEM

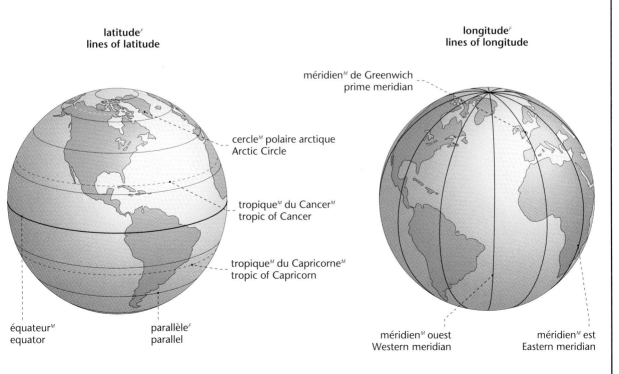

latitude^F
lines of latitude

longitude^F
lines of longitude

méridien^M de Greenwich
prime meridian

cercle^M polaire arctique
Arctic Circle

tropique^M du Cancer^M
tropic of Cancer

tropique^M du Capricorne^M
tropic of Capricorn

équateur^M
equator

parallèle^F
parallel

méridien^M ouest
Western meridian

méridien^M est
Eastern meridian

47

SATELLITE[M] DE TÉLÉDÉTECTION[F]
REMOTE DETECTION SATELLITE

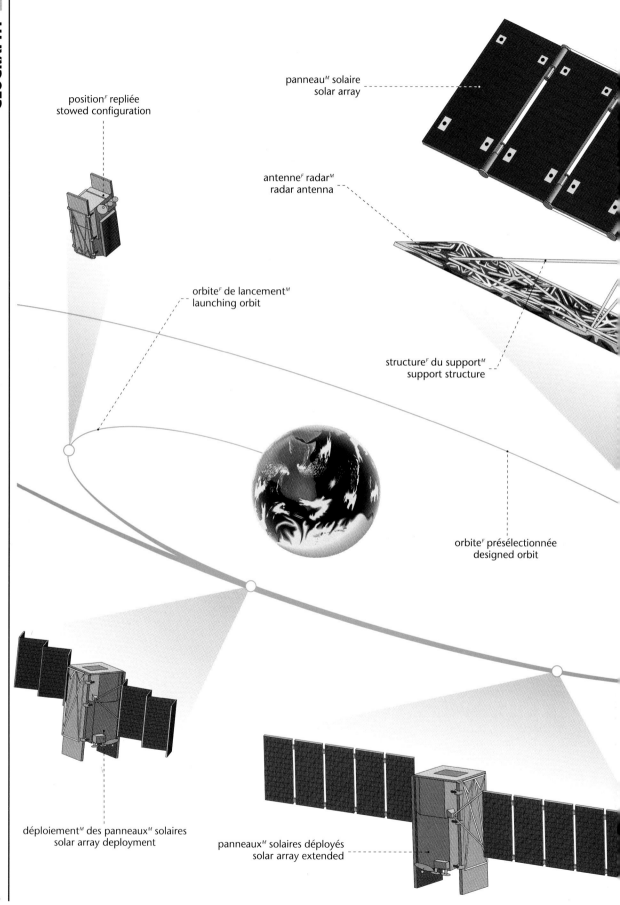

panneau[M] solaire
solar array

position[F] repliée
stowed configuration

antenne[F] radar[M]
radar antenna

orbite[F] de lancement[M]
launching orbit

structure[F] du support[M]
support structure

orbite[F] présélectionnée
designed orbit

déploiement[M] des panneaux[M] solaires
solar array deployment

panneaux[M] solaires déployés
solar array extended

SATELLITE^M RADARSAT
RADARSAT SATELLITE

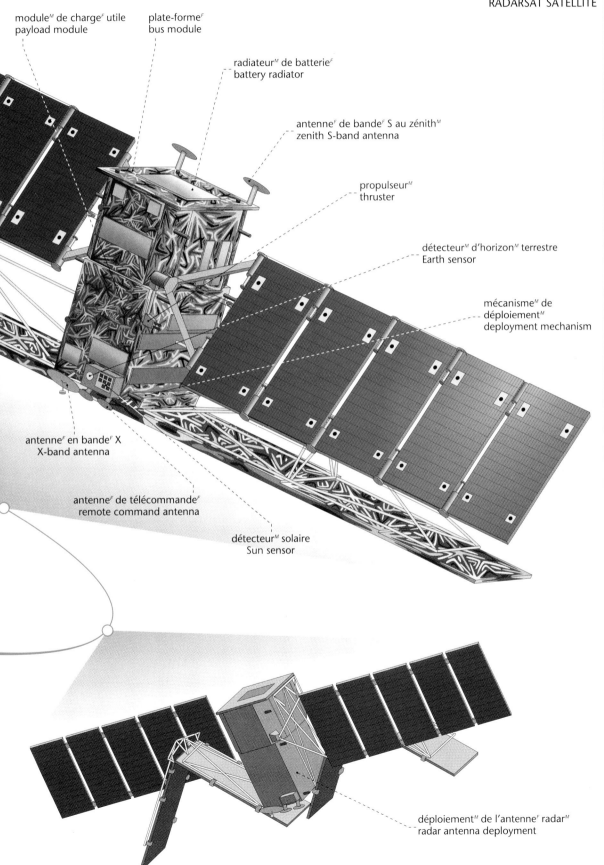

module^M de charge^F utile
payload module

plate-forme^F
bus module

radiateur^M de batterie^F
battery radiator

antenne^F de bande^F S au zénith^M
zenith S-band antenna

propulseur^M
thruster

détecteur^M d'horizon^M terrestre
Earth sensor

mécanisme^M de
déploiement^M
deployment mechanism

antenne^F en bande^F X
X-band antenna

antenne^F de télécommande^F
remote command antenna

détecteur^M solaire
Sun sensor

déploiement^M de l'antenne^F radar^M
radar antenna deployment

49

PROJECTIONS^F CARTOGRAPHIQUES
MAP PROJECTIONS

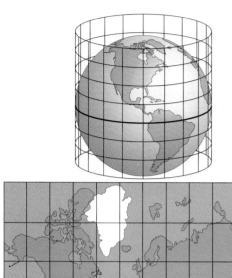

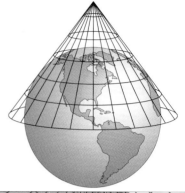

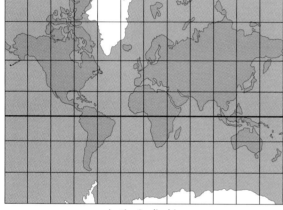

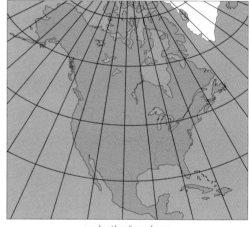

projection^F cylindrique
cylindrical projection

projection^F conique
conic projection

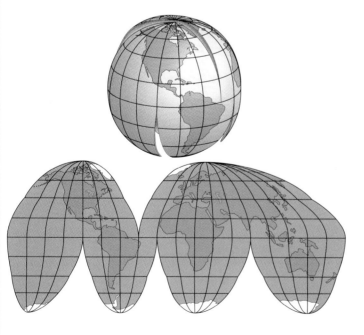

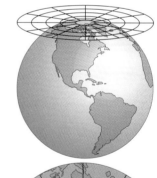

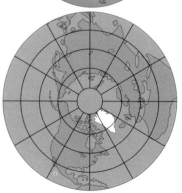

projection^F interrompue
interrupted projection

projection^F horizontale
plane projection

CARTE^F POLITIQUE
POLITICAL MAP

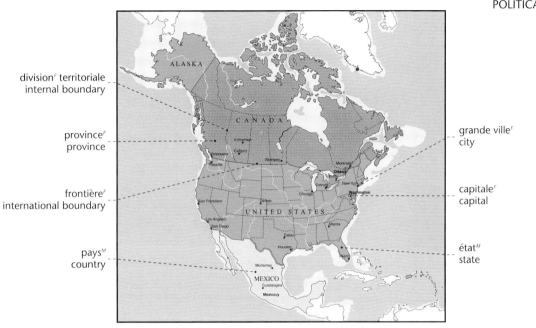

division^F territoriale
internal boundary

province^F
province

frontière^F
international boundary

pays^M
country

grande ville^F
city

capitale^F
capital

état^M
state

CARTE^F PHYSIQUE
PHYSICAL MAP

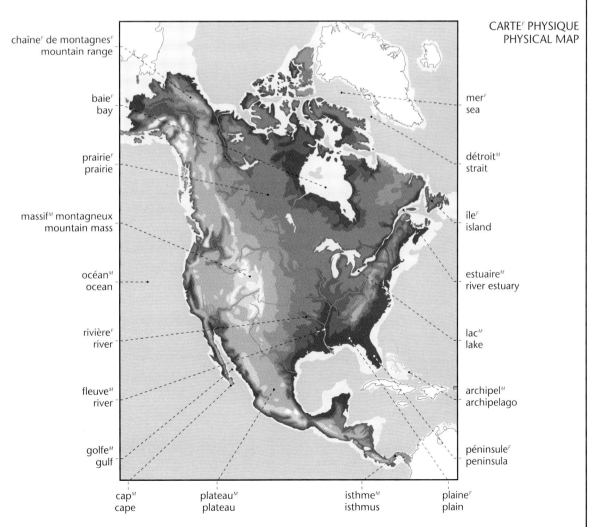

chaîne^F de montagnes^F
mountain range

baie^F
bay

prairie^F
prairie

massif^M montagneux
mountain mass

océan^M
ocean

rivière^F
river

fleuve^M
river

golfe^M
gulf

mer^F
sea

détroit^M
strait

île^F
island

estuaire^M
river estuary

lac^M
lake

archipel^M
archipelago

péninsule^F
peninsula

cap^M
cape

plateau^M
plateau

isthme^M
isthmus

plaine^F
plain

CARTOGRAPHIE^F
CARTOGRAPHY

PLAN^M URBAIN
URBAN MAP

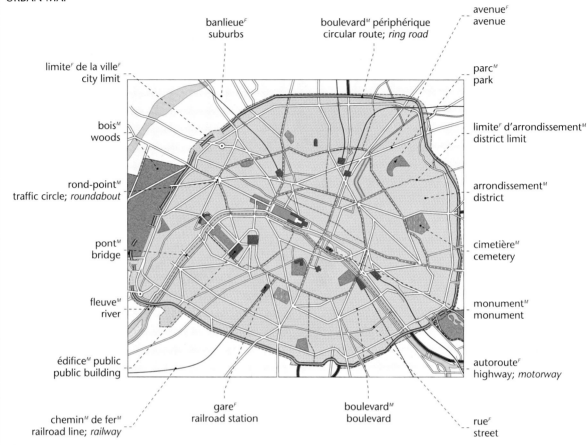

banlieue^F
suburbs

boulevard^M périphérique
circular route; *ring road*

avenue^F
avenue

limite^F de la ville^F
city limit

parc^M
park

bois^M
woods

limite^F d'arrondissement^M
district limit

rond-point^M
traffic circle; *roundabout*

arrondissement^M
district

pont^M
bridge

cimetière^M
cemetery

fleuve^M
river

monument^M
monument

édifice^M public
public building

autoroute^F
highway; *motorway*

chemin^M de fer^M
railroad line; *railway*

gare^F
railroad station

boulevard^M
boulevard

rue^F
street

CARTE^F ROUTIÈRE
ROAD MAP

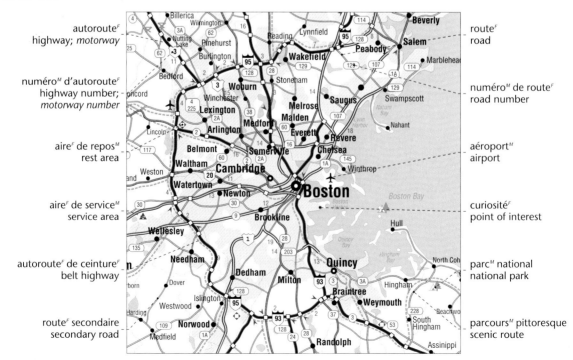

autoroute^F
highway; *motorway*

route^F
road

numéro^M d'autoroute^F
highway number;
motorway number

numéro^M de route^F
road number

aire^F de repos^M
rest area

aéroport^M
airport

aire^F de service^M
service area

curiosité^F
point of interest

autoroute^F de ceinture^F
belt highway

parc^M national
national park

route^F secondaire
secondary road

parcours^M pittoresque
scenic route

RÈGNE VÉGÉTAL   VEGETABLE KINGDOM

SOMMAIRE

CHAMPIGNON 55

TYPES DE FEUILLES 56

STRUCTURE D'UNE PLANTE 57

CONIFÈRE 58

STRUCTURE D'UN ARBRE 59

STRUCTURE D'UNE FLEUR 60

VIGNE 61

FRUITS CHARNUS: BAIES 62

FRUITS CHARNUS À NOYAU 63

FRUITS CHARNUS À PÉPINS 64

FRUITS CHARNUS: AGRUMES 65

FRUITS SECS: NOIX 66

FRUITS SECS DIVERS 67

FRUITS TROPICAUX 68

LÉGUMES 69

FINES HERBES 74

RÈGNE VÉGÉTAL
VEGETABLE KINGDOM

CHAMPIGNON^M
MUSHROOM

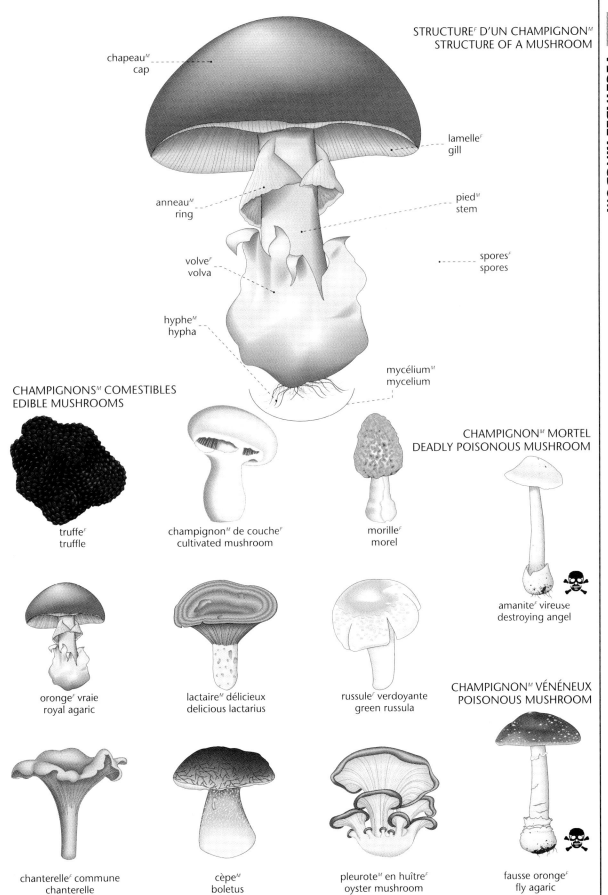

STRUCTURE^F D'UN CHAMPIGNON^M
STRUCTURE OF A MUSHROOM

chapeau^M
cap

lamelle^F
gill

anneau^M
ring

pied^M
stem

volve^F
volva

spores^F
spores

hyphe^M
hypha

mycélium^M
mycelium

CHAMPIGNONS^M COMESTIBLES
EDIBLE MUSHROOMS

truffe^F
truffle

champignon^M de couche^F
cultivated mushroom

morille^F
morel

CHAMPIGNON^M MORTEL
DEADLY POISONOUS MUSHROOM

oronge^F vraie
royal agaric

lactaire^M délicieux
delicious lactarius

russule^F verdoyante
green russula

amanite^F vireuse
destroying angel

CHAMPIGNON^M VÉNÉNEUX
POISONOUS MUSHROOM

chanterelle^F commune
chanterelle

cèpe^M
boletus

pleurote^M en huître^F
oyster mushroom

fausse oronge^F
fly agaric

TYPES^M DE FEUILLES^F
TYPES OF LEAVES

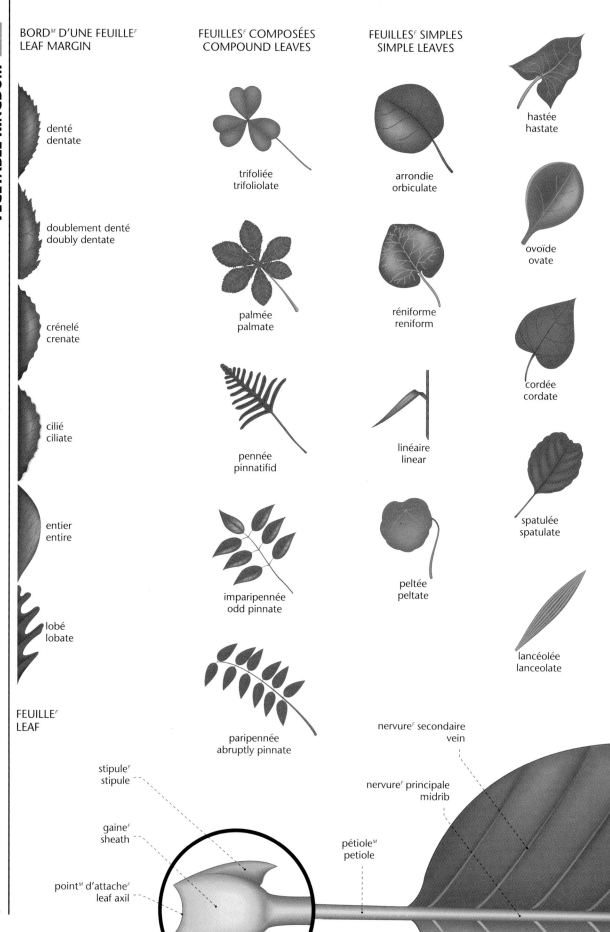

BORD^M D'UNE FEUILLE^F
LEAF MARGIN

denté
dentate

doublement denté
doubly dentate

crénelé
crenate

cilié
ciliate

entier
entire

lobé
lobate

FEUILLE^F
LEAF

FEUILLES^F COMPOSÉES
COMPOUND LEAVES

trifoliée
trifoliolate

palmée
palmate

pennée
pinnatifid

imparipennée
odd pinnate

paripennée
abruptly pinnate

FEUILLES^F SIMPLES
SIMPLE LEAVES

arrondie
orbiculate

réniforme
reniform

linéaire
linear

peltée
peltate

hastée
hastate

ovoïde
ovate

cordée
cordate

spatulée
spatulate

lancéolée
lanceolate

nervure^F secondaire
vein

nervure^F principale
midrib

stipule^F
stipule

gaine^F
sheath

point^M d'attache^F
leaf axil

pétiole^M
petiole

56

STRUCTURE^F D'UNE PLANTE^F
STRUCTURE OF A PLANT

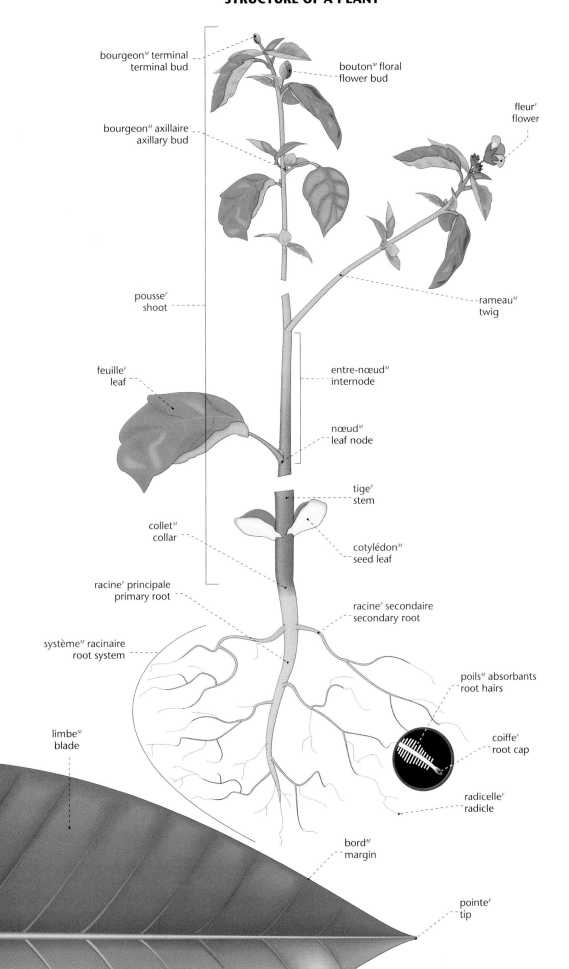

bourgeon^M terminal
terminal bud

bouton^M floral
flower bud

fleur^F
flower

bourgeon^M axillaire
axillary bud

pousse^F
shoot

rameau^M
twig

feuille^F
leaf

entre-nœud^M
internode

nœud^M
leaf node

tige^F
stem

collet^M
collar

cotylédon^M
seed leaf

racine^F principale
primary root

racine^F secondaire
secondary root

système^M racinaire
root system

poils^M absorbants
root hairs

coiffe^F
root cap

limbe^M
blade

radicelle^F
radicle

bord^M
margin

pointe^F
tip

CONIFÈRE^M
CONIFER

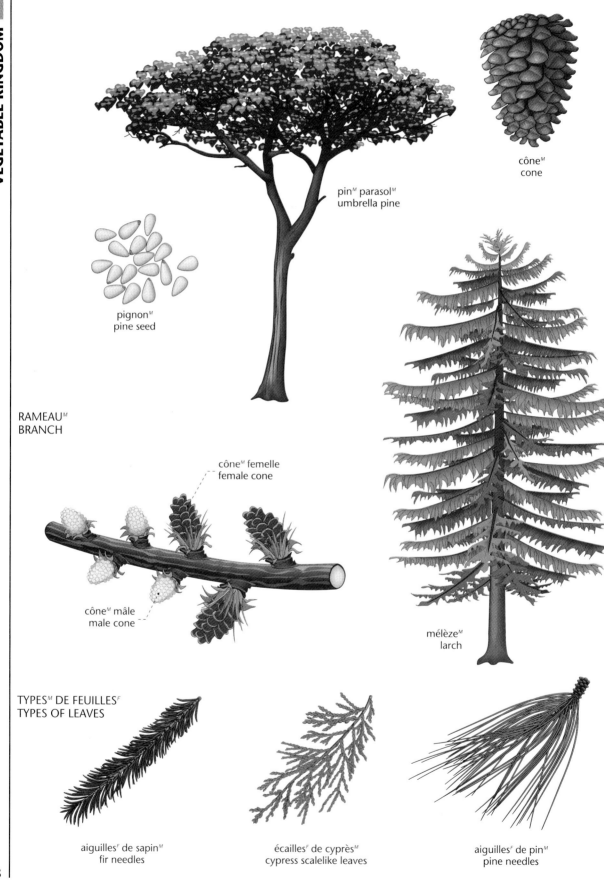

cône^M
cone

pin^M parasol^M
umbrella pine

pignon^M
pine seed

RAMEAU^M
BRANCH

cône^M femelle
female cone

cône^M mâle
male cone

mélèze^M
larch

TYPES^M DE FEUILLES^F
TYPES OF LEAVES

aiguilles^F de sapin^M
fir needles

écailles^F de cyprès^M
cypress scalelike leaves

aiguilles^F de pin^M
pine needles

STRUCTURE^F D'UN ARBRE^M
STRUCTURE OF A TREE

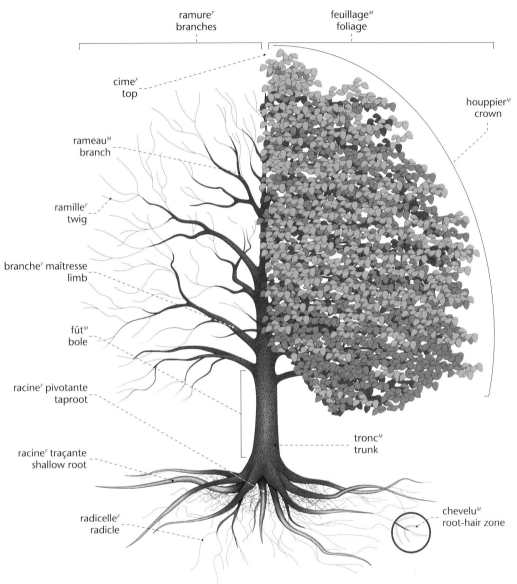

ramure^F
branches

feuillage^M
foliage

cime^F
top

houppier^M
crown

rameau^M
branch

ramille^F
twig

branche^F maîtresse
limb

fût^M
bole

racine^F pivotante
taproot

racine^F traçante
shallow root

tronc^M
trunk

radicelle^F
radicle

chevelu^M
root-hair zone

COUPE^F TRANSVERSALE DU TRONC^M
CROSS SECTION OF A TRUNK

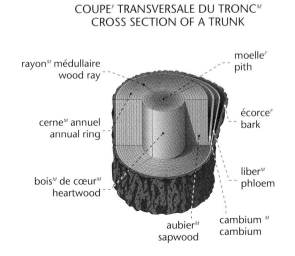

rayon^M médullaire
wood ray

moelle^F
pith

cerne^M annuel
annual ring

écorce^F
bark

bois^M de cœur^M
heartwood

liber^M
phloem

aubier^M
sapwood

cambium^M
cambium

SOUCHE^F
STUMP

rejet^M
shoot

STRUCTURE^F D'UNE FLEUR^F
STRUCTURE OF A FLOWER

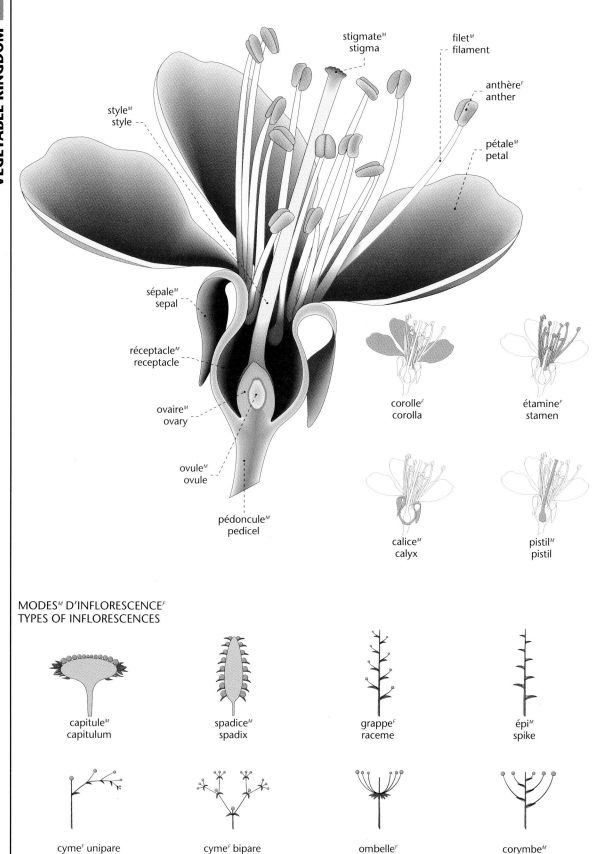

stigmate^M
stigma

filet^M
filament

anthère^F
anther

pétale^M
petal

style^M
style

sépale^M
sepal

réceptacle^M
receptacle

ovaire^M
ovary

ovule^M
ovule

pédoncule^M
pedicel

corolle^F
corolla

étamine^F
stamen

calice^M
calyx

pistil^M
pistil

MODES^M D'INFLORESCENCE^F
TYPES OF INFLORESCENCES

capitule^M
capitulum

spadice^M
spadix

grappe^F
raceme

épi^M
spike

cyme^F unipare
uniparous cyme

cyme^F bipare
biparous cyme

ombelle^F
umbel

corymbe^M
corymb

60

VIGNE^F
GRAPE

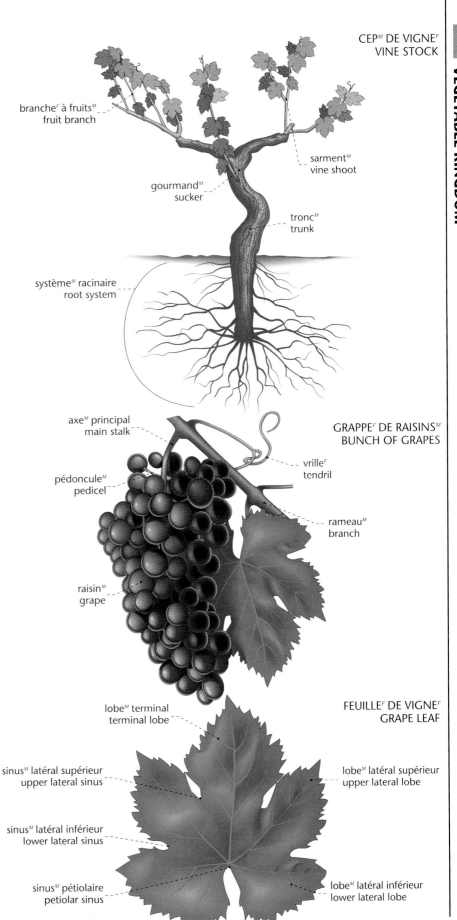

CEP^M DE VIGNE^F
VINE STOCK

branche^F à fruits^M
fruit branch

sarment^M
vine shoot

gourmand^M
sucker

tronc^M
trunk

système^M racinaire
root system

ÉTAPES^F DE MATURATION^F
MATURING STEPS

floraison^F
flowering

nouaison^F
fruition

véraison^F
ripening

maturité^F
ripeness

axe^M principal
main stalk

GRAPPE^F DE RAISINS^M
BUNCH OF GRAPES

vrille^F
tendril

pédoncule^M
pedicel

rameau^M
branch

raisin^M
grape

lobe^M terminal
terminal lobe

FEUILLE^F DE VIGNE^F
GRAPE LEAF

sinus^M latéral supérieur
upper lateral sinus

lobe^M latéral supérieur
upper lateral lobe

sinus^M latéral inférieur
lower lateral sinus

sinus^M pétiolaire
petiolar sinus

lobe^M latéral inférieur
lower lateral lobe

FRUITS^M CHARNUS: BAIES^F
FLESHY FRUITS: BERRY FRUITS

COUPE^F D'UNE BAIE^F
SECTION OF A BERRY

PRINCIPALES VARIÉTÉS^F DE BAIES^F
MAJOR TYPES OF BERRIES

cassis^M
black currant

RAISIN^M
GRAPE

termes^M familiers
usual terms

termes^M techniques
technical terms

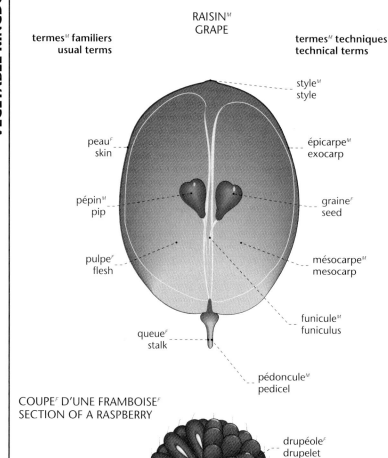

style^M
style

peau^F
skin

épicarpe^M
exocarp

pépin^M
pip

graine^F
seed

pulpe^F
flesh

mésocarpe^M
mesocarp

funicule^M
funiculus

queue^F
stalk

pédoncule^M
pedicel

groseille^F à grappes^F; *gadelle^F*
currant

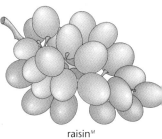

raisin^M
grape

COUPE^F D'UNE FRAMBOISE^F
SECTION OF A RASPBERRY

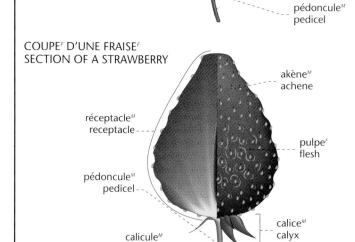

drupéole^F
drupelet

graine^F
seed

sépale^M
sepal

réceptacle^M
receptacle

pédoncule^M
pedicel

groseille^F à maquereau^M
gooseberry

myrtille^F; *bleuet^M*
blueberry

COUPE^F D'UNE FRAISE^F
SECTION OF A STRAWBERRY

akène^M
achene

réceptacle^M
receptacle

pulpe^F
flesh

pédoncule^M
pedicel

calice^M
calyx

calicule^M
epicalyx

airelle^F
huckleberry

canneberge^F
cranberry

62

FRUITS^M CHARNUS À NOYAU^M
STONE FLESHY FRUITS

COUPE^F D'UN FRUIT^M À NOYAU^M
SECTION OF A STONE FRUIT

PÊCHE^F
PEACH

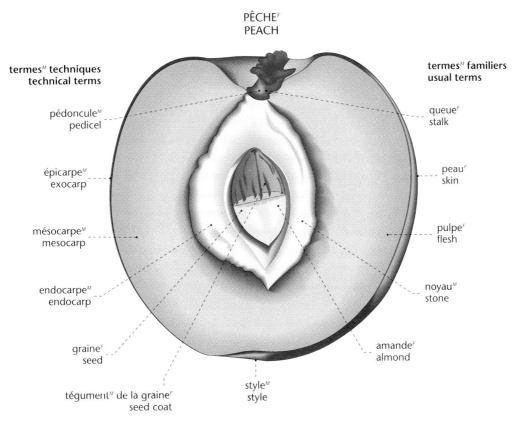

termes^M techniques
technical terms

termes^M familiers
usual terms

pédoncule^M
pedicel

queue^F
stalk

épicarpe^M
exocarp

peau^F
skin

mésocarpe^M
mesocarp

pulpe^F
flesh

endocarpe^M
endocarp

noyau^M
stone

graine^F
seed

amande^F
almond

tégument^M de la graine^F
seed coat

style^M
style

PRINCIPALES VARIÉTÉS^F DE FRUITS^M À NOYAU^M
MAJOR TYPES OF STONE FRUITS

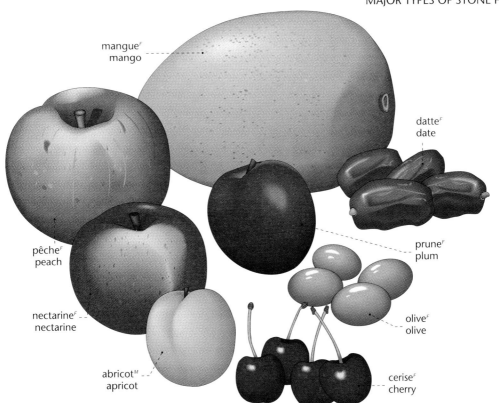

mangue^F
mango

datte^F
date

pêche^F
peach

prune^F
plum

nectarine^F
nectarine

olive^F
olive

abricot^M
apricot

cerise^F
cherry

FRUITS^M CHARNUS À PÉPINS^M
POME FLESHY FRUITS

COUPE^F D'UN FRUIT^M À PÉPINS^M
SECTION OF A POME FRUIT

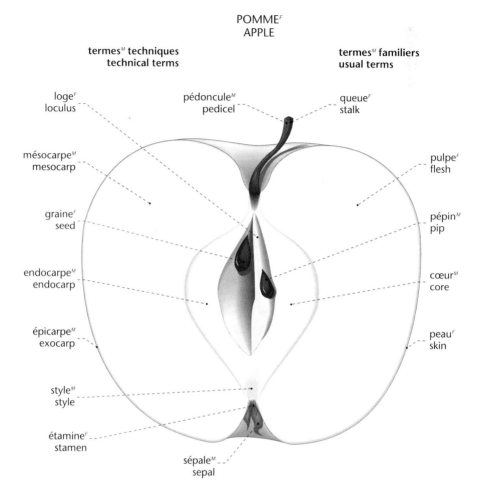

POMME^F
APPLE

termes^M techniques
technical terms

termes^M familiers
usual terms

loge^F
loculus

pédoncule^M
pedicel

queue^F
stalk

mésocarpe^M
mesocarp

pulpe^F
flesh

graine^F
seed

pépin^M
pip

endocarpe^M
endocarp

cœur^M
core

épicarpe^M
exocarp

peau^F
skin

style^M
style

étamine^F
stamen

sépale^M
sepal

PRINCIPALES VARIÉTÉS^F DE FRUITS^M À PÉPINS^M
MAJOR TYPES OF POME FRUITS

poire^F
pear

coing^M
quince

pomme^F
apple

nèfle^F du Japon^M
Japan plum

FRUITS^M CHARNUS: AGRUMES^M
FLESHY FRUITS: CITRUS FRUITS

COUPE^F D'UN AGRUME^M
SECTION OF A CITRUS FRUIT

ORANGE^F
ORANGE

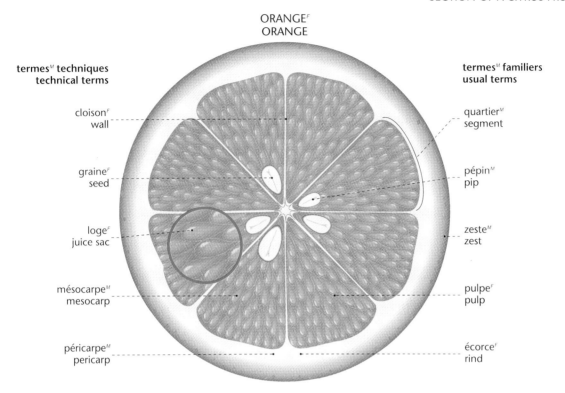

termes^M techniques
technical terms

termes^M familiers
usual terms

cloison^F
wall

graine^F
seed

loge^F
juice sac

mésocarpe^M
mesocarp

péricarpe^M
pericarp

quartier^M
segment

pépin^M
pip

zeste^M
zest

pulpe^F
pulp

écorce^F
rind

PRINCIPALES VARIÉTÉS^F D'AGRUMES^M
MAJOR TYPES OF CITRUS FRUITS

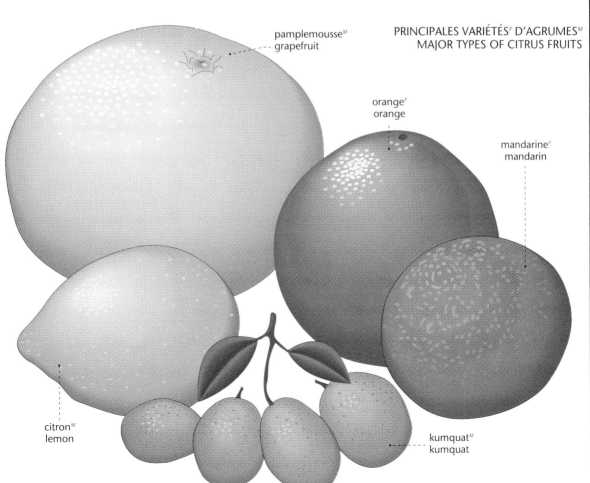

pamplemousse^M
grapefruit

orange^F
orange

mandarine^F
mandarin

citron^M
lemon

kumquat^M
kumquat

65

RÈGNE VÉGÉTAL
VEGETABLE KINGDOM

COUPE^F D'UNE NOISETTE^F
SECTION OF A HAZELNUT

COUPE^F D'UNE NOIX^F
SECTION OF A WALNUT

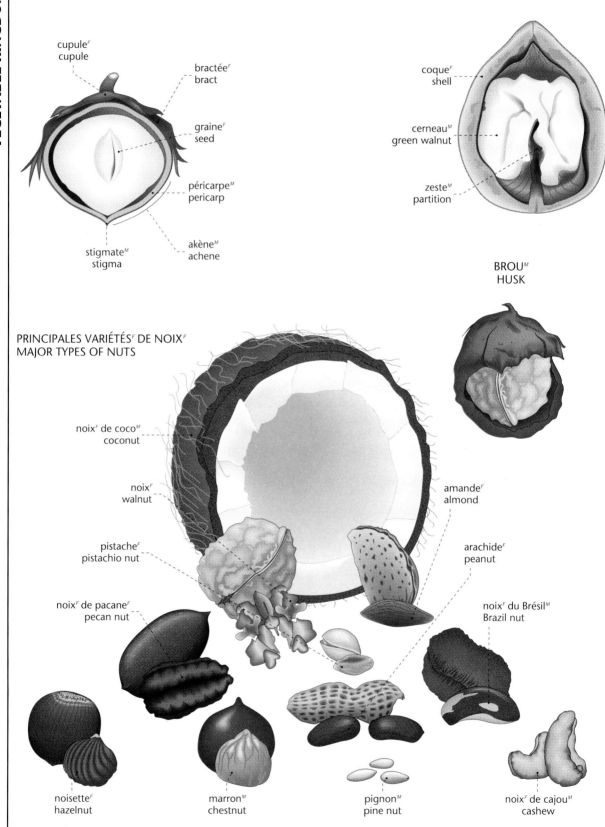

cupule^F
cupule

bractée^F
bract

graine^F
seed

péricarpe^M
pericarp

akène^M
achene

stigmate^M
stigma

coque^F
shell

cerneau^M
green walnut

zeste^M
partition

BROU^M
HUSK

PRINCIPALES VARIÉTÉS^F DE NOIX^F
MAJOR TYPES OF NUTS

noix^F de coco^M
coconut

noix^F
walnut

pistache^F
pistachio nut

noix^F de pacane^F
pecan nut

amande^F
almond

arachide^F
peanut

noix^F du Brésil^M
Brazil nut

noisette^F
hazelnut

marron^M
chestnut

pignon^M
pine nut

noix^F de cajou^M
cashew

FRUITS^M SECS DIVERS
VARIOUS DRY FRUITS

COUPE^F D'UN FOLLICULE^M
SECTION OF A FOLLICLE

COUPE^F D'UNE SILIQUE^F
SECTION OF A SILIQUE

anis^M étoilé
star anise

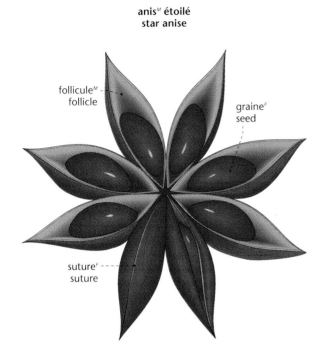

follicule^M
follicle

graine^F
seed

suture^F
suture

moutarde^F
mustard

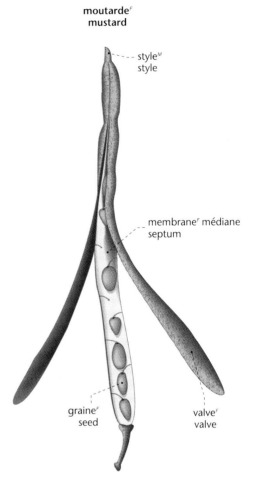

style^M
style

membrane^F médiane
septum

graine^F
seed

valve^F
valve

COUPE^F D'UNE GOUSSE^F
SECTION OF A LEGUME

pois^M
pea

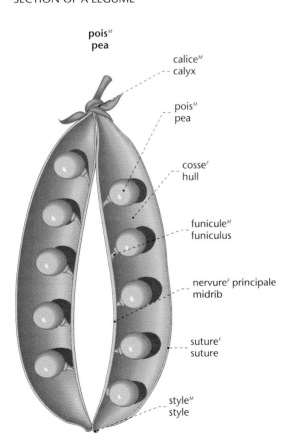

calice^M
calyx

pois^M
pea

cosse^F
hull

funicule^M
funiculus

nervure^F principale
midrib

suture^F
suture

style^M
style

COUPE^F D'UNE CAPSULE^F
SECTION OF A CAPSULE

pavot^M
poppy

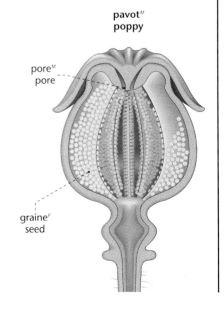

pore^M
pore

graine^F
seed

RÈGNE VÉGÉTAL
VEGETABLE KINGDOM

PRINCIPAUX FRUITS^M TROPICAUX
MAJOR TYPES OF TROPICAL FRUITS

litchi^M
litchi

kaki^M
Japanese persimmon

papaye^F
papaya

kiwi^M
kiwi

banane^F
banana

grenade^F
pomegranate

chérimole^F
cherimoya

figue^F de Barbarie
Indian fig

avocat^M
avocado

goyave^F
guava

ananas^M
pineapple

LÉGUMES^M
VEGETABLES

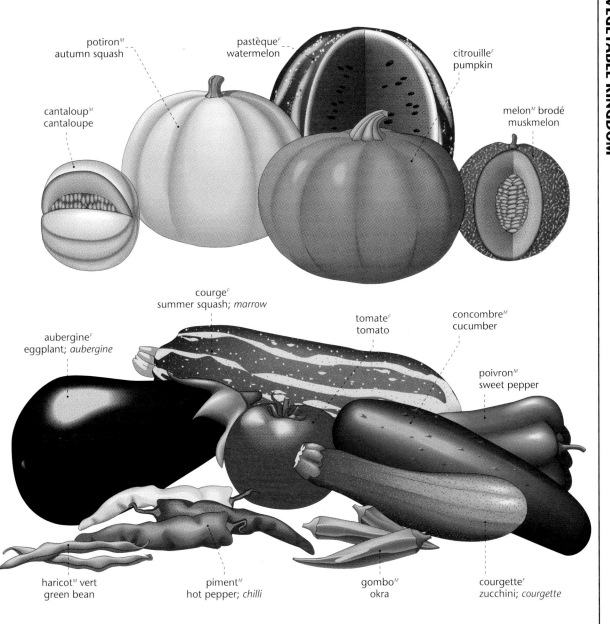

LÉGUMES^M FRUITS^M
FRUIT VEGETABLES

potiron^M
autumn squash

pastèque^F
watermelon

citrouille^F
pumpkin

cantaloup^M
cantaloupe

melon^M brodé
muskmelon

courge^F
summer squash; *marrow*

tomate^F
tomato

concombre^M
cucumber

aubergine^F
eggplant; *aubergine*

poivron^M
sweet pepper

haricot^M vert
green bean

piment^M
hot pepper; *chilli*

gombo^M
okra

courgette^F
zucchini; *courgette*

LÉGUMES^M FLEURS^F
INFLORESCENT VEGETABLES

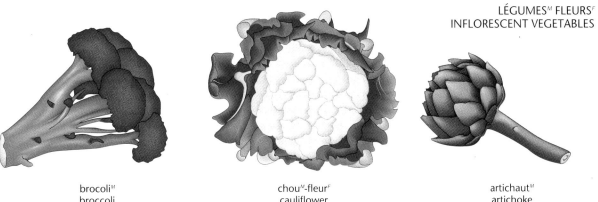

brocoli^M
broccoli

chou^M-fleur^F
cauliflower

artichaut^M
artichoke

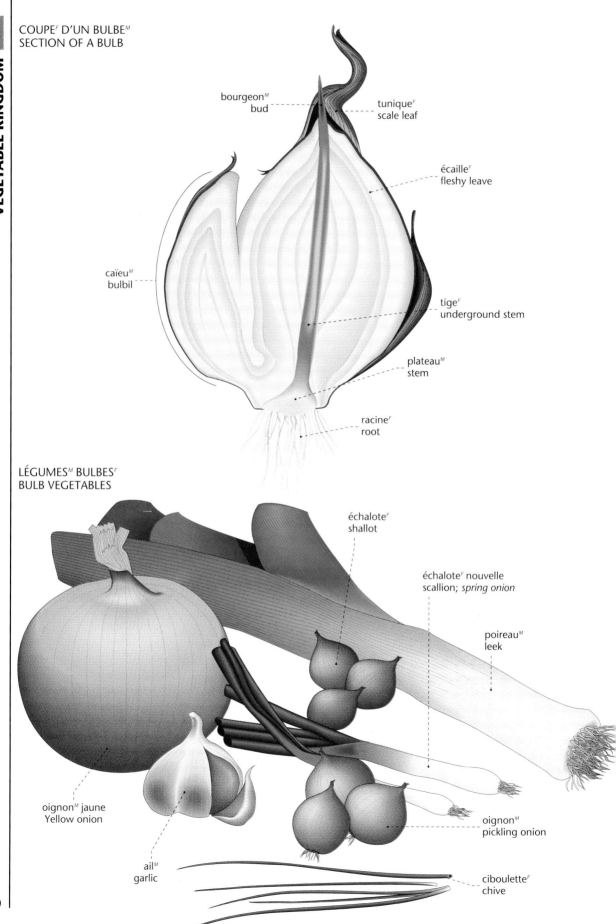

RÈGNE VÉGÉTAL
VEGETABLE KINGDOM

COUPE^F D'UN BULBE^M
SECTION OF A BULB

bourgeon^M
bud

tunique^F
scale leaf

écaille^F
fleshy leave

caïeu^M
bulbil

tige^F
underground stem

plateau^M
stem

racine^F
root

LÉGUMES^M BULBES^F
BULB VEGETABLES

échalote^F
shallot

échalote^F nouvelle
scallion; *spring onion*

poireau^M
leek

oignon^M jaune
Yellow onion

oignon^M
pickling onion

ail^M
garlic

ciboulette^F
chive

70

LÉGUMES^M
VEGETABLES

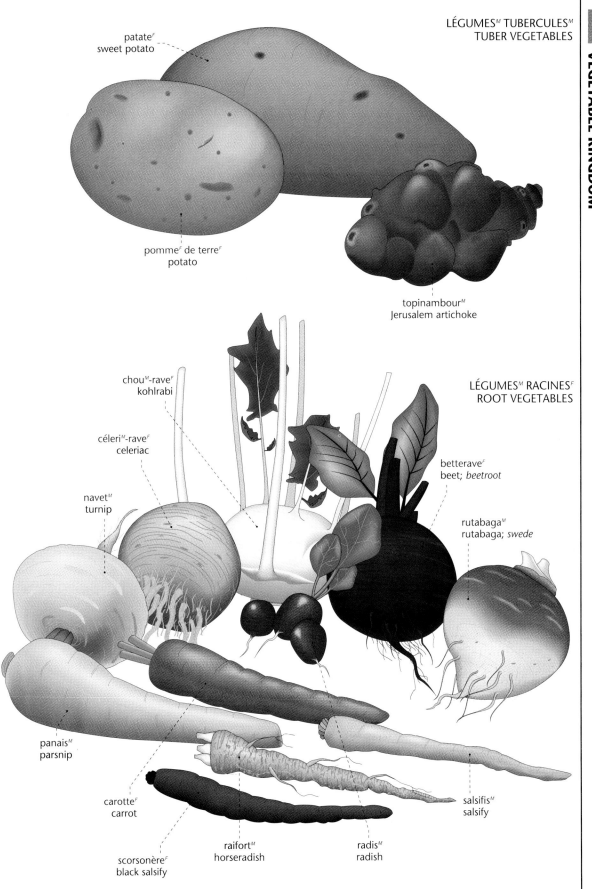

LÉGUMES^M TUBERCULES^M
TUBER VEGETABLES

patate^F
sweet potato

pomme^F de terre^F
potato

topinambour^M
Jerusalem artichoke

LÉGUMES^M RACINES^F
ROOT VEGETABLES

chou^M-rave^F
kohlrabi

céleri^M-rave^F
celeriac

navet^M
turnip

betterave^F
beet; *beetroot*

rutabaga^M
rutabaga; *swede*

panais^M
parsnip

carotte^F
carrot

scorsonère^F
black salsify

raifort^M
horseradish

radis^M
radish

salsifis^M
salsify

LÉGUMES^M
VEGETABLES

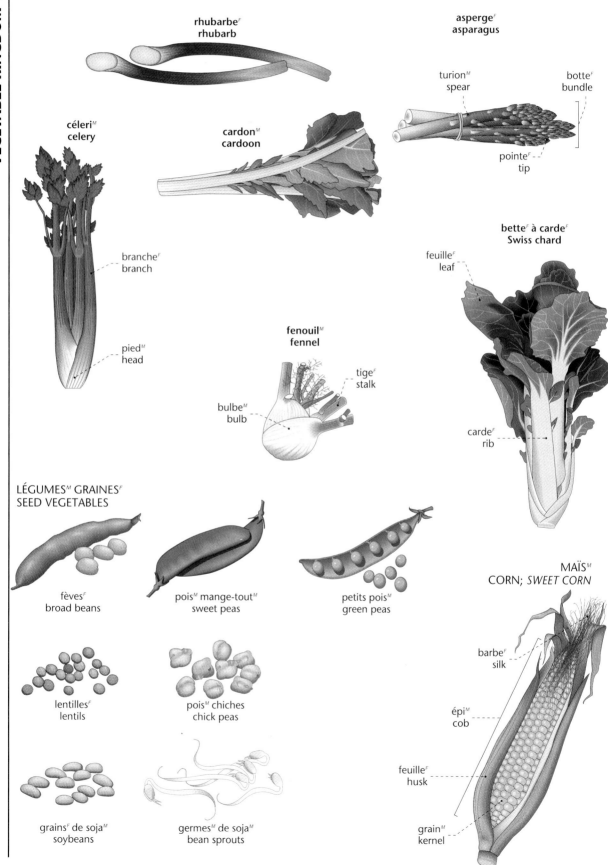

LÉGUMES^M TIGES^F
STALK VEGETABLES

rhubarbe^F
rhubarb

asperge^F
asparagus

turion^M
spear

botte^F
bundle

pointe^F
tip

céleri^M
celery

cardon^M
cardoon

branche^F
branch

pied^M
head

bette^F à carde^F
Swiss chard

feuille^F
leaf

fenouil^M
fennel

tige^F
stalk

bulbe^M
bulb

carde^F
rib

LÉGUMES^M GRAINES^F
SEED VEGETABLES

fèves^F
broad beans

pois^M mange-tout^M
sweet peas

petits pois^M
green peas

MAÏS^M
CORN; *SWEET CORN*

lentilles^F
lentils

pois^M chiches
chick peas

barbe^F
silk

épi^M
cob

feuille^F
husk

grains^F de soja^M
soybeans

germes^M de soja^M
bean sprouts

grain^M
kernel

LÉGUMES^M
VEGETABLES

LÉGUMES^M FEUILLES^F
LEAF VEGETABLES

mâche^F
corn salad

cresson^M de fontaine^F
watercress

endive^F
chicory

choux^M de Bruxelles
Brussels sprouts

chou^M frisé
curled kale

feuille^F de vigne^F
grape leaf

oseille^F
garden sorrel

épinard^M
spinach

chicorée^F
curled endive

scarole^F
broad-leaved endive

romaine^F
romaine lettuce; *cos lettuce*

pissenlit^M
dandelion

chou^M pommé blanc
white cabbage

laitue^F pommée
cabbage lettuce

chou^M pommé vert
green cabbage

chou^M chinois
Chinese cabbage

aneth^M
dill

basilic^M
basil

bourrache^F
borage

cerfeuil^M
chervil

coriandre^F
coriander

estragon^M
tarragon

hysope^F
hyssop

laurier^M
sweet bay

livèche^F
lovage

menthe^F
mint

origan^M
oregano

persil^M
parsley

romarin^M
rosemary

sarriette^F
savory

sauge^F
sage

thym^M
thyme

RÈGNE ANIMAL ANIMAL KINGDOM

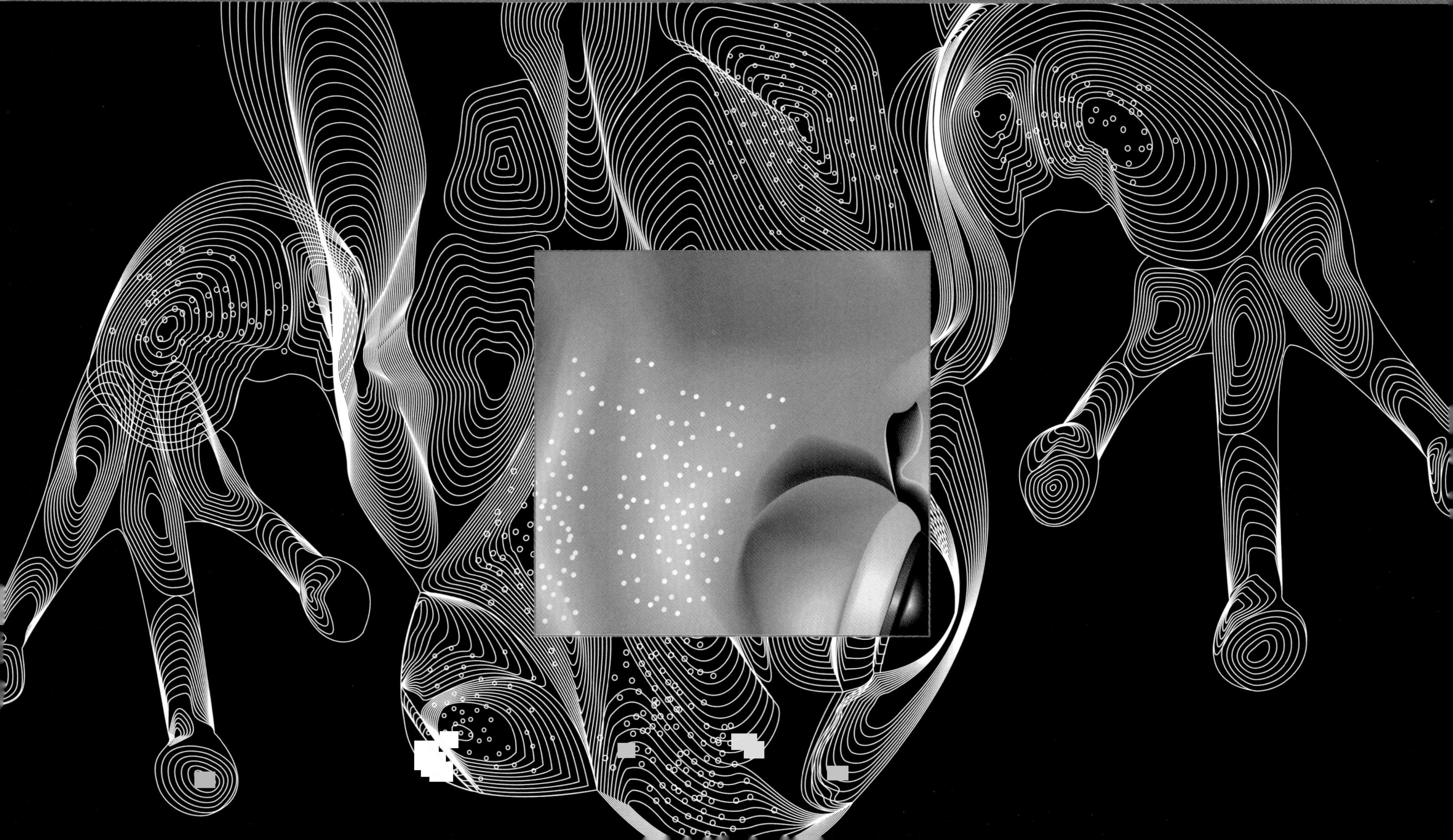

SOMMAIRE

INSECTES ET ARAIGNÉE 77

PAPILLON 78

ABEILLE 80

GASTÉROPODE 83

AMPHIBIENS 84

POISSON 86

CRUSTACÉ 90

MOLLUSQUE 92

COQUILLE UNIVALVE 94

COQUILLE BIVALVE 95

REPTILE 96

TYPES DE MÂCHOIRES 98

PRINCIPAUX TYPES DE CORNES 99

PRINCIPAUX TYPES DE DÉFENSES 99

TYPES DE SABOTS 99

CHEVAL 100

CERVIDÉS 105

CHIEN 106

CHAT 107

OISEAU 108

CHAUVE-SOURIS 112

RÈGNE ANIMAL
ANIMAL KINGDOM

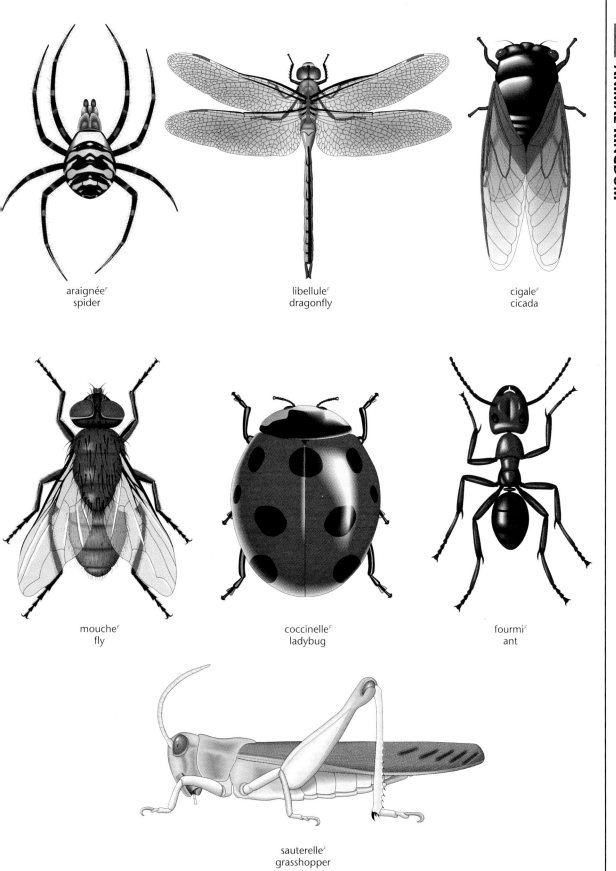

araignée^F
spider

libellule^F
dragonfly

cigale^F
cicada

mouche^F
fly

coccinelle^F
ladybug

fourmi^F
ant

sauterelle^F
grasshopper

PAPILLON^M
BUTTERFLY

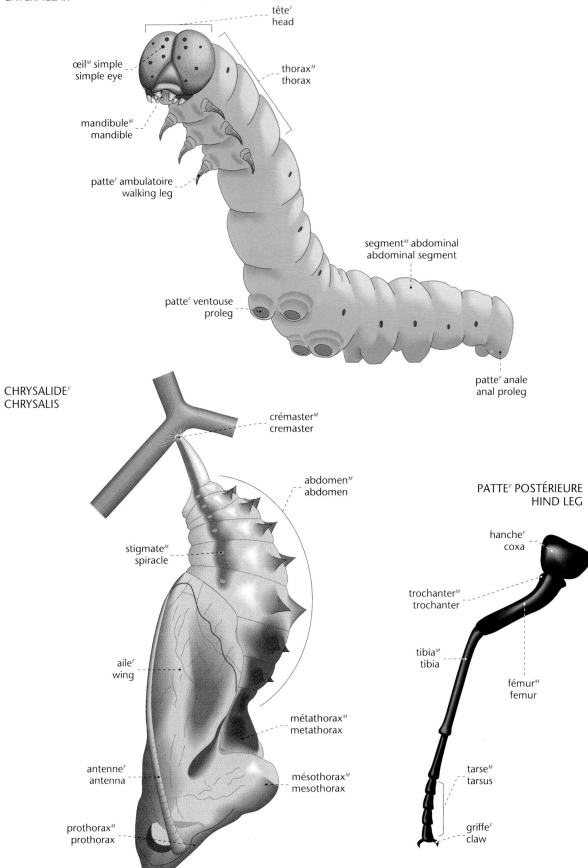

CHENILLE^F
CATERPILLAR

tête^F
head

œil^M simple
simple eye

thorax^M
thorax

mandibule^M
mandible

patte^F ambulatoire
walking leg

segment^M abdominal
abdominal segment

patte^F ventouse
proleg

patte^F anale
anal proleg

CHRYSALIDE^F
CHRYSALIS

crémaster^M
cremaster

abdomen^M
abdomen

PATTE^F POSTÉRIEURE
HIND LEG

stigmate^M
spiracle

hanche^F
coxa

trochanter^M
trochanter

aile^F
wing

tibia^M
tibia

métathorax^M
metathorax

fémur^M
femur

antenne^F
antenna

mésothorax^M
mesothorax

tarse^M
tarsus

prothorax^M
prothorax

griffe^F
claw

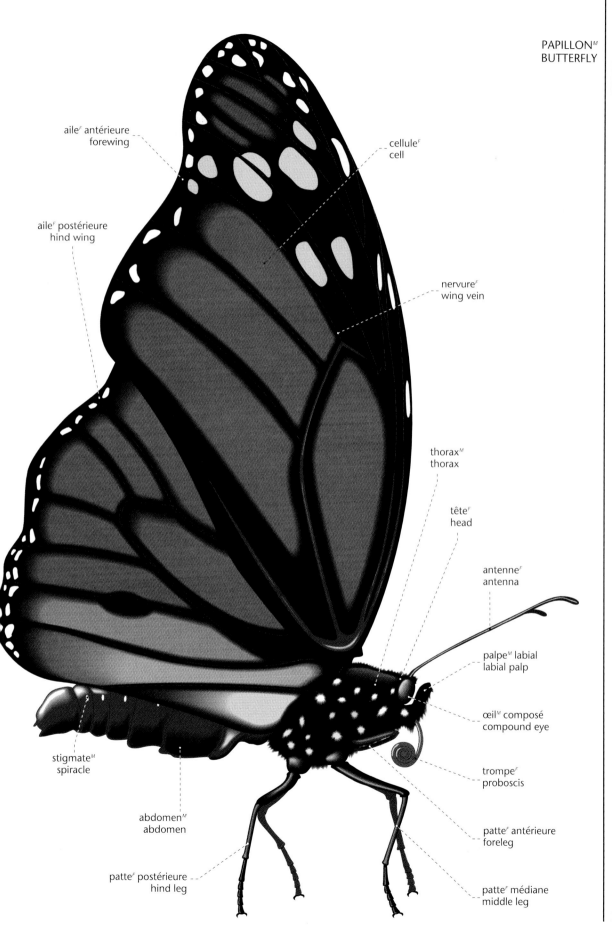

aile^F antérieure
forewing

aile^F postérieure
hind wing

cellule^F
cell

nervure^F
wing vein

thorax^M
thorax

tête^F
head

antenne^F
antenna

palpe^M labial
labial palp

œil^M composé
compound eye

trompe^F
proboscis

stigmate^M
spiracle

abdomen^M
abdomen

patte^F antérieure
foreleg

patte^F postérieure
hind leg

patte^F médiane
middle leg

79

ABEILLE^F
HONEYBEE

OUVRIÈRE^F
WORKER

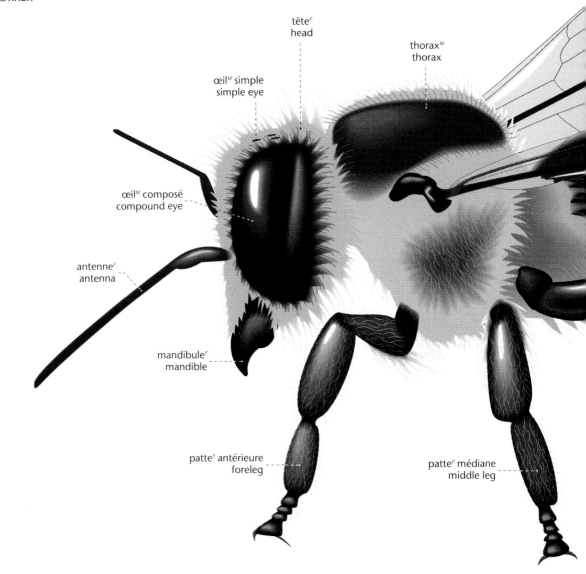

tête^F
head

thorax^M
thorax

œil^M simple
simple eye

œil^M composé
compound eye

antenne^F
antenna

mandibule^F
mandible

patte^F antérieure
foreleg

patte^F médiane
middle leg

PATTE^F ANTÉRIEURE (FACE^F EXTERNE)
FORELEG (OUTER SURFACE)

PATTE^F MÉDIANE (FACE^F EXTERNE)
MIDDLE LEG (OUTER SURFACE)

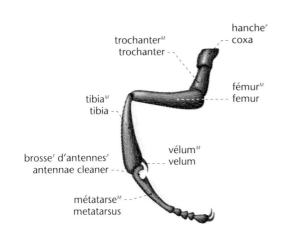

hanche^F
coxa

trochanter^M
trochanter

fémur^M
femur

tibia^M
tibia

vélum^M
velum

brosse^F d'antennes^F
antennae cleaner

métatarse^M
metatarsus

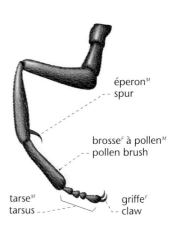

éperon^M
spur

brosse^F à pollen^M
pollen brush

tarse^M
tarsus

griffe^F
claw

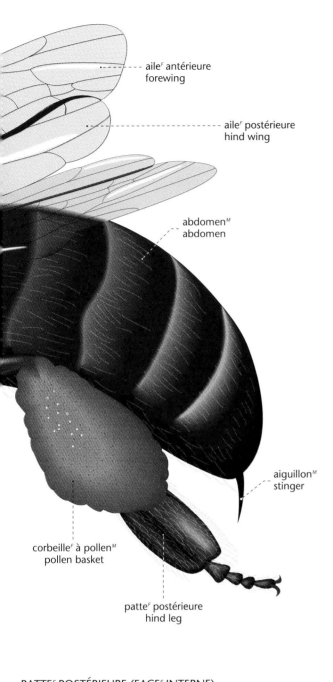

aile^F antérieure
forewing

aile^F postérieure
hind wing

abdomen^M
abdomen

aiguillon^M
stinger

corbeille^F à pollen^M
pollen basket

patte^F postérieure
hind leg

REINE^F
QUEEN

FAUX BOURDON^M
DRONE

OUVRIÈRE^F
WORKER

PIÈCES^F BUCCALES
MOUTHPARTS

PATTE^F POSTÉRIEURE (FACE^F INTERNE)
HIND LEG (INNER SURFACE)

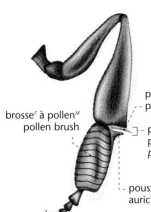

brosse^F à pollen^M
pollen brush

peigne^M à pollen^M
pecten

pince^F tibio-tarsienne
pollen packer;
pollen press

poussoir^M à pollen^M
auricle

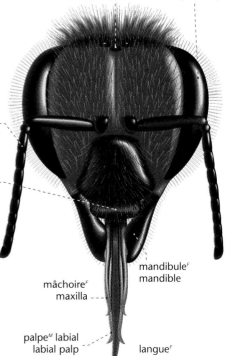

œil^M simple
simple eye

œil^M composé
compound eye

antenne^F
antenna

lèvre^F supérieure
upper lip

mandibule^F
mandible

mâchoire^F
maxilla

palpe^M labial
labial palp

langue^F
tongue

81

ABEILLE^F
HONEYBEE

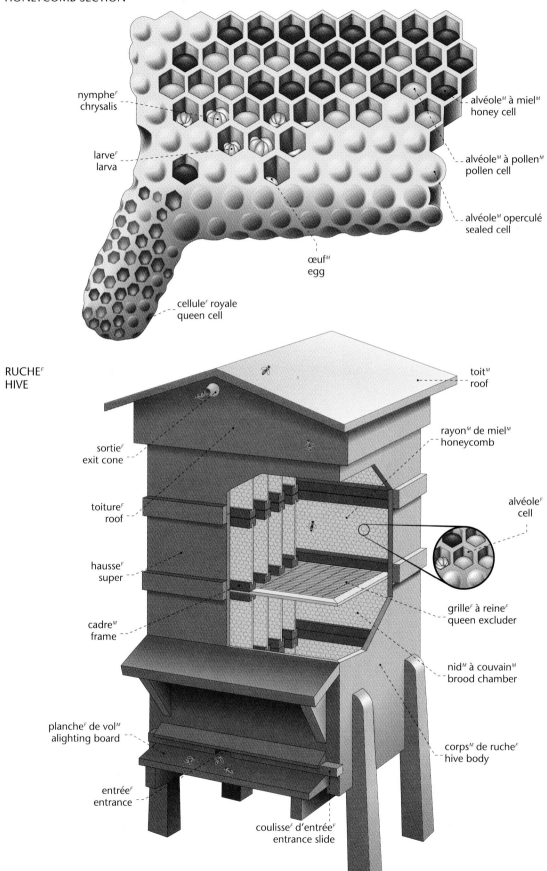

COUPE^F D'UN RAYON^M DE MIEL^M
HONEYCOMB SECTION

nymphe^F
chrysalis

larve^F
larva

alvéole^M à miel^M
honey cell

alvéole^M à pollen^M
pollen cell

alvéole^M operculé
sealed cell

œuf^M
egg

cellule^F royale
queen cell

RUCHE^F
HIVE

toit^M
roof

sortie^F
exit cone

rayon^M de miel^M
honeycomb

toiture^F
roof

alvéole^F
cell

hausse^F
super

grille^F à reine^F
queen excluder

cadre^M
frame

nid^M à couvain^M
brood chamber

planche^F de vol^M
alighting board

corps^M de ruche^F
hive body

entrée^F
entrance

coulisse^F d'entrée^F
entrance slide

GASTÉROPODE^M
GASTROPOD

ESCARGOT^M
SNAIL

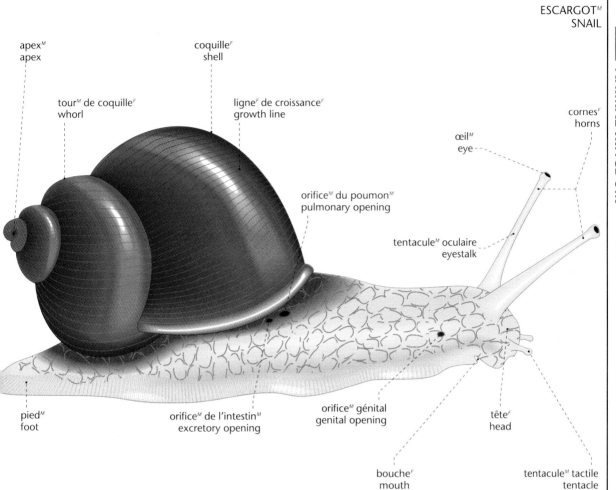

apex^M
apex

coquille^F
shell

tour^M de coquille^F
whorl

ligne^F de croissance^F
growth line

cornes^F
horns

œil^M
eye

orifice^M du poumon^M
pulmonary opening

tentacule^M oculaire
eyestalk

pied^M
foot

orifice^M de l'intestin^M
excretory opening

orifice^M génital
genital opening

tête^F
head

bouche^F
mouth

tentacule^M tactile
tentacle

PRINCIPAUX GASTÉROPODES^M COMESTIBLES
MAJOR EDIBLE GASTROPODS

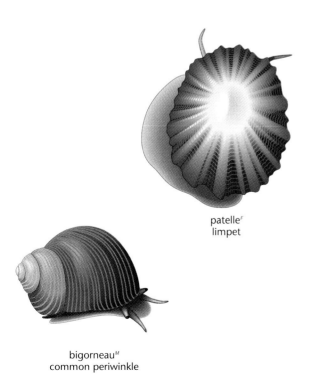

patelle^F
limpet

bigorneau^M
common periwinkle

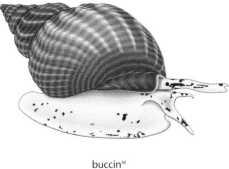

buccin^M
whelk

GRENOUILLE^F
FROG

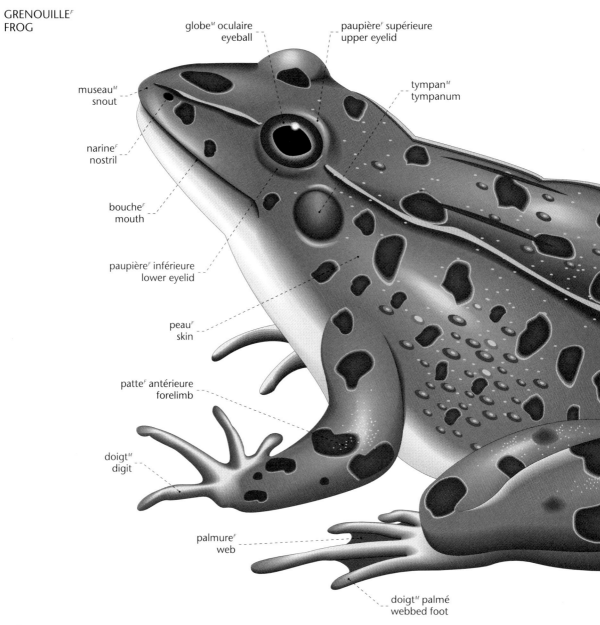

globe^M oculaire
eyeball

paupière^F supérieure
upper eyelid

tympan^M
tympanum

museau^M
snout

narine^F
nostril

bouche^F
mouth

paupière^F inférieure
lower eyelid

peau^F
skin

patte^F antérieure
forelimb

doigt^M
digit

palmure^F
web

doigt^M palmé
webbed foot

MÉTAMORPHOSE^F DE LA GRENOUILLE^F
LIFE CYCLE OF THE FROG

ŒUFS^M
EGGS

TÊTARD^M
TADPOLE

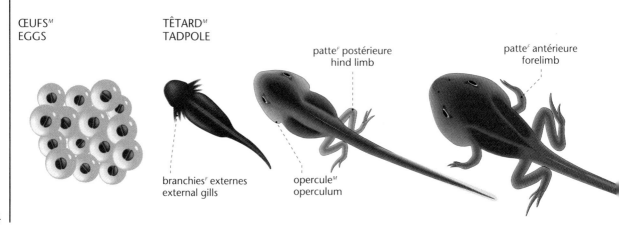

patte^F postérieure
hind limb

patte^F antérieure
forelimb

branchies^F externes
external gills

opercule^M
operculum

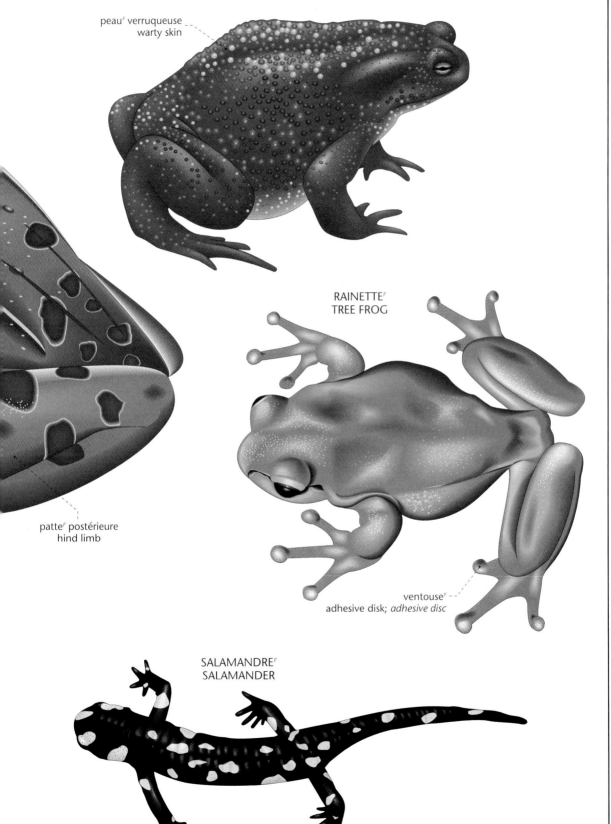

CRAPAUD^M
TOAD

peau^F verruqueuse
warty skin

patte^F postérieure
hind limb

RAINETTE^F
TREE FROG

ventouse^F
adhesive disk; *adhesive disc*

SALAMANDRE^F
SALAMANDER

85

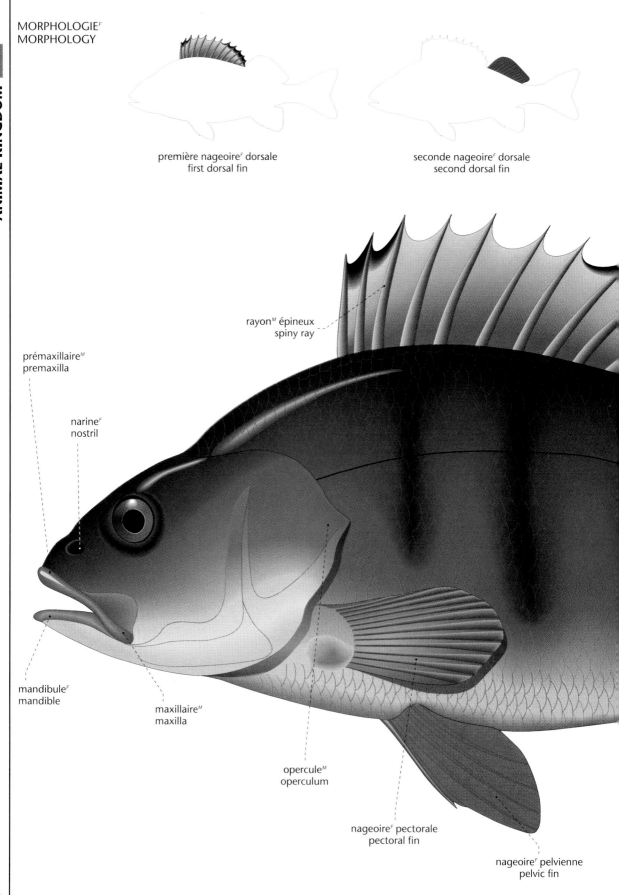

MORPHOLOGIE^F
MORPHOLOGY

RÈGNE ANIMAL
ANIMAL KINGDOM

première nageoire^F dorsale
first dorsal fin

seconde nageoire^F dorsale
second dorsal fin

rayon^M épineux
spiny ray

prémaxillaire^M
premaxilla

narine^F
nostril

mandibule^F
mandible

maxillaire^M
maxilla

opercule^M
operculum

nageoire^F pectorale
pectoral fin

nageoire^F pelvienne
pelvic fin

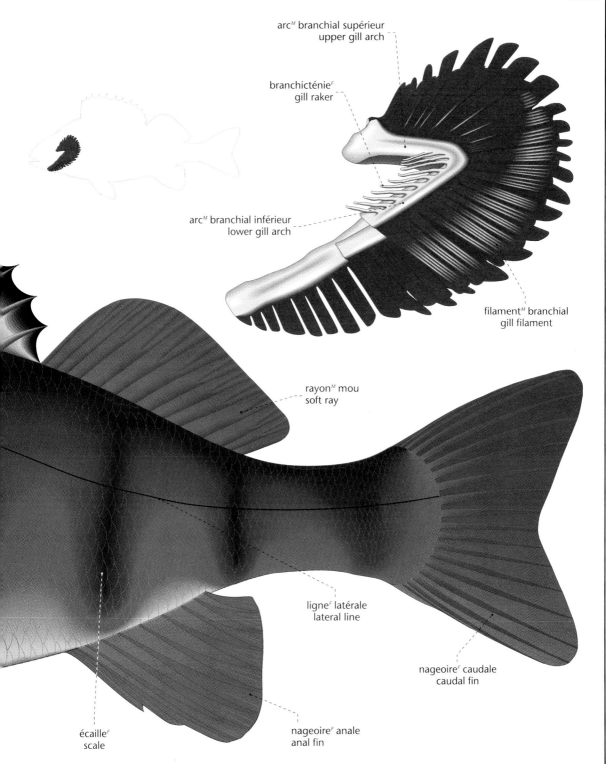

arc*M* branchial supérieur
upper gill arch

branchicténie*F*
gill raker

arc*M* branchial inférieur
lower gill arch

filament*M* branchial
gill filament

rayon*M* mou
soft ray

ligne*F* latérale
lateral line

nageoire*F* caudale
caudal fin

écaille*F*
scale

nageoire*F* anale
anal fin

RÈGNE ANIMAL
ANIMAL KINGDOM

ANATOMIE^F
ANATOMY

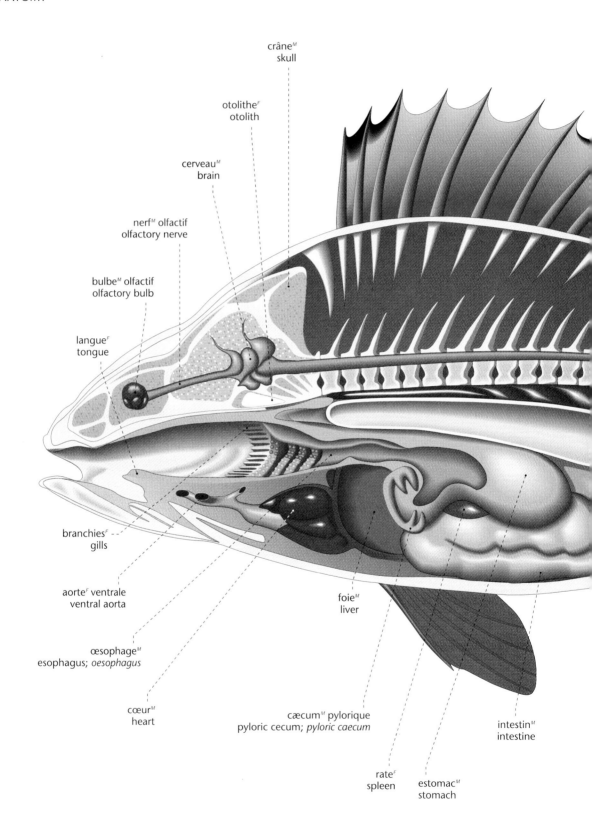

crâne^M
skull

otolithe^F
otolith

cerveau^M
brain

nerf^M olfactif
olfactory nerve

bulbe^M olfactif
olfactory bulb

langue^F
tongue

branchies^F
gills

aorte^F ventrale
ventral aorta

œsophage^M
esophagus; *oesophagus*

cœur^M
heart

cæcum^M pylorique
pyloric cecum; *pyloric caecum*

rate^F
spleen

estomac^M
stomach

foie^M
liver

intestin^M
intestine

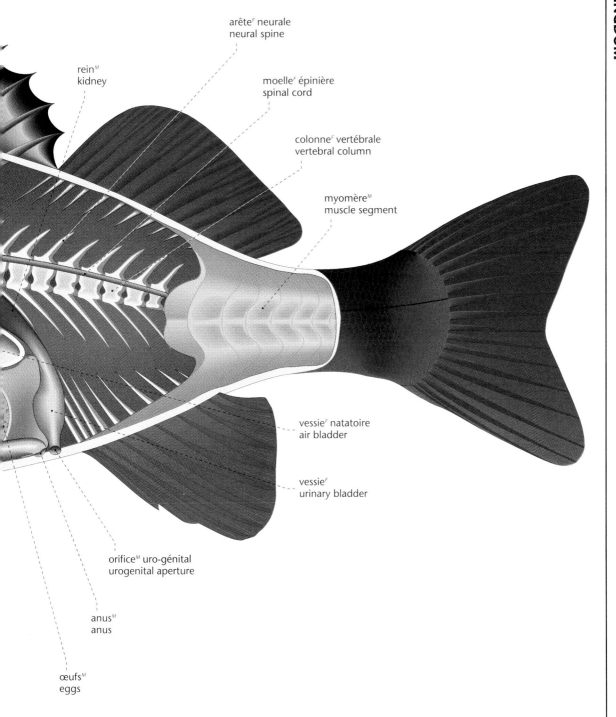

arête^F neurale
neural spine

rein^M
kidney

moelle^F épinière
spinal cord

colonne^F vertébrale
vertebral column

myomère^M
muscle segment

vessie^F natatoire
air bladder

vessie^F
urinary bladder

orifice^M uro-génital
urogenital aperture

anus^M
anus

œufs^M
eggs

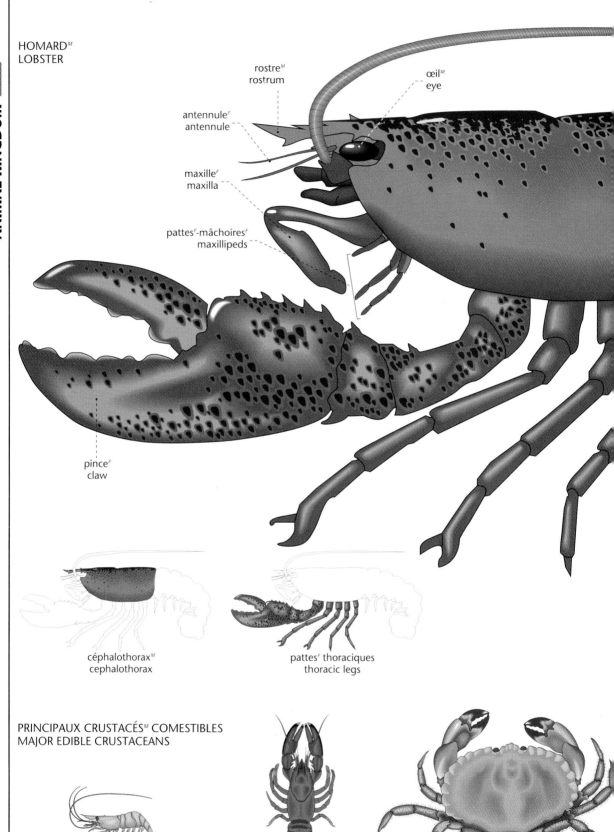

CRUSTACÉ^M
CRUSTACEAN

HOMARD^M
LOBSTER

rostre^M
rostrum

œil^M
eye

antennule^F
antennule

maxille^F
maxilla

pattes^F-mâchoires^F
maxillipeds

pince^F
claw

céphalothorax^M
cephalothorax

pattes^F thoraciques
thoracic legs

PRINCIPAUX CRUSTACÉS^M COMESTIBLES
MAJOR EDIBLE CRUSTACEANS

crevette^F
shrimp

écrevisse^F
crayfish

crabe^M
crab

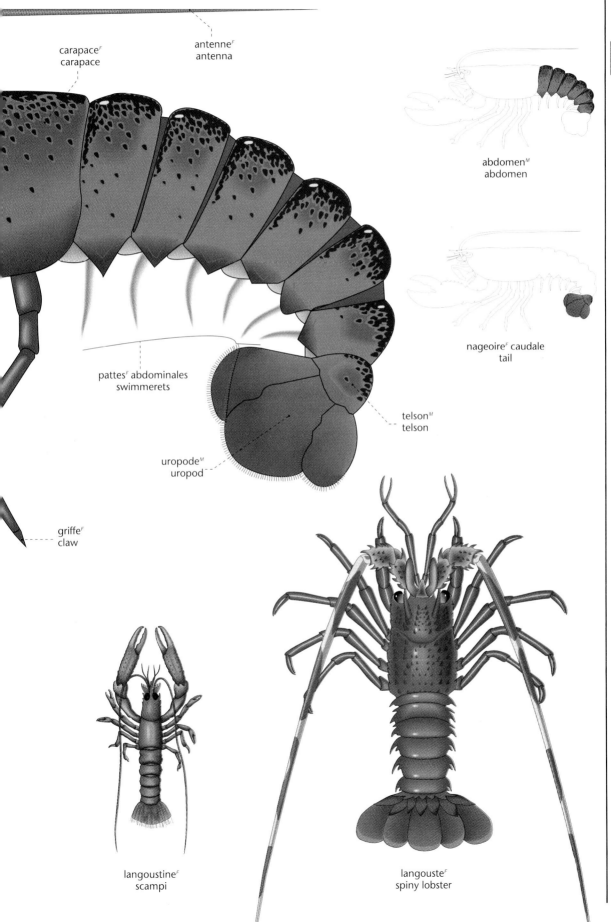

carapace^F
carapace

antenne^F
antenna

abdomen^M
abdomen

nageoire^F caudale
tail

pattes^F abdominales
swimmerets

telson^M
telson

uropode^M
uropod

griffe^F
claw

langoustine^F
scampi

langouste^F
spiny lobster

RÈGNE ANIMAL
ANIMAL KINGDOM

HUÎTRE^F
OYSTER

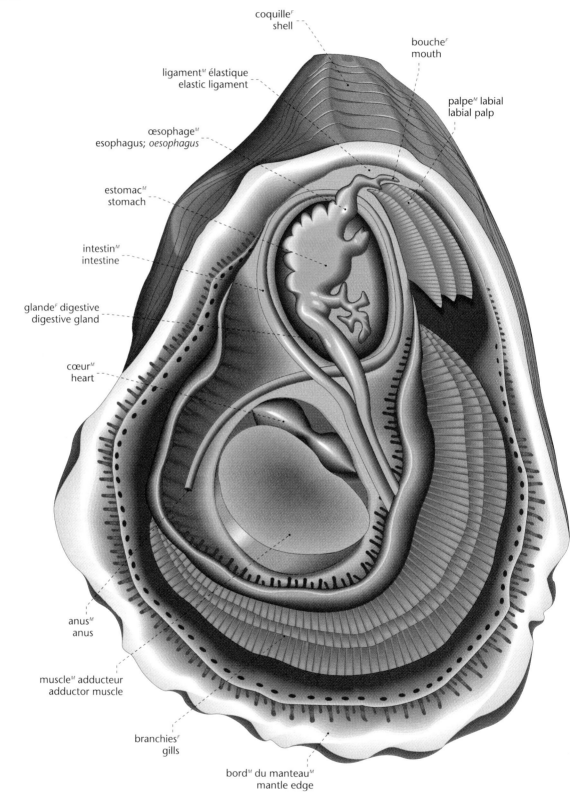

coquille^F
shell

bouche^F
mouth

ligament^M élastique
elastic ligament

palpe^M labial
labial palp

œsophage^M
esophagus; *oesophagus*

estomac^M
stomach

intestin^M
intestine

glande^F digestive
digestive gland

cœur^M
heart

anus^M
anus

muscle^M adducteur
adductor muscle

branchies^F
gills

bord^M du manteau^M
mantle edge

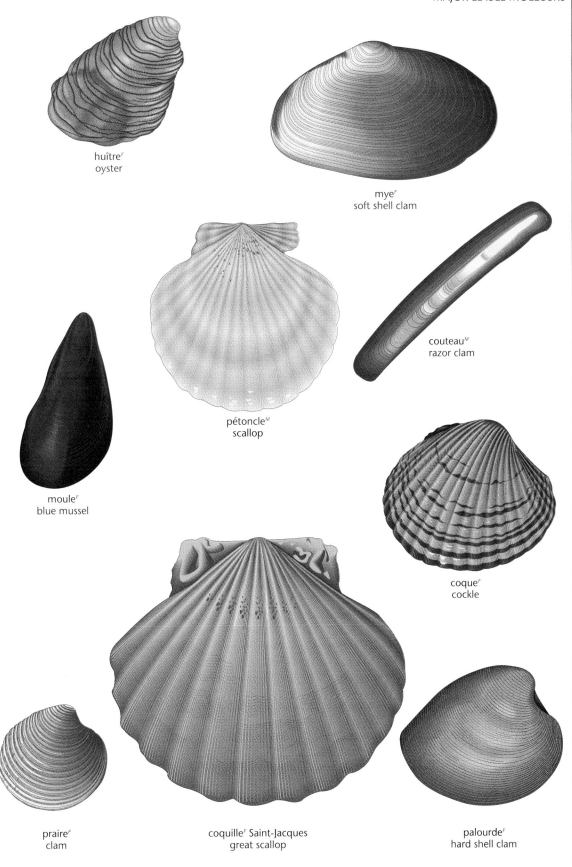

huître^F
oyster

mye^F
soft shell clam

couteau^M
razor clam

pétoncle^M
scallop

moule^F
blue mussel

coque^F
cockle

praire^F
clam

coquille^F Saint-Jacques
great scallop

palourde^F
hard shell clam

COQUILLE^F UNIVALVE
UNIVALVE SHELL

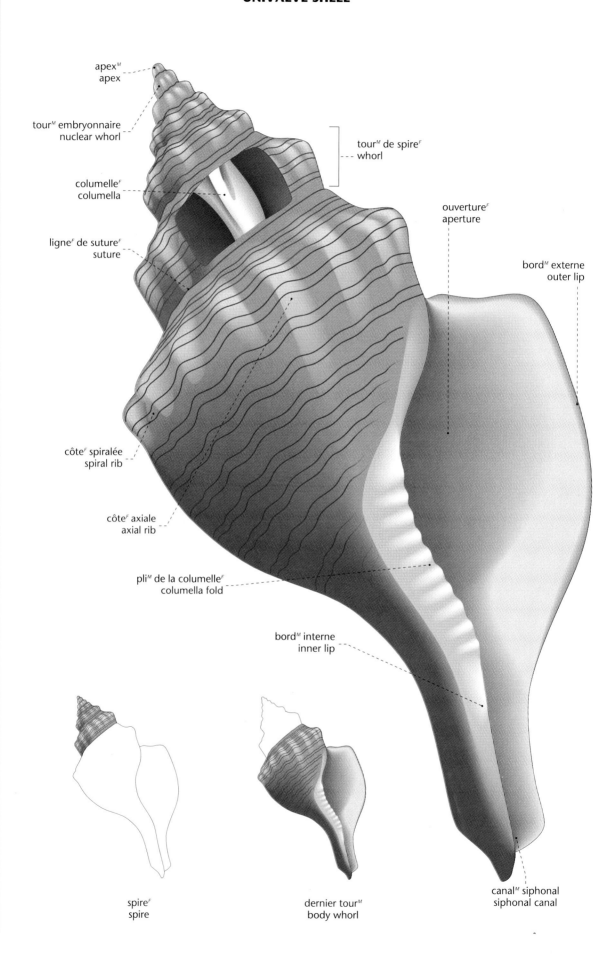

apex^M
apex

tour^M embryonnaire
nuclear whorl

tour^M de spire^F
whorl

columelle^F
columella

ligne^F de suture^F
suture

ouverture^F
aperture

bord^M externe
outer lip

côte^F spiralée
spiral rib

côte^F axiale
axial rib

pli^M de la columelle^F
columella fold

bord^M interne
inner lip

spire^F
spire

dernier tour^M
body whorl

canal^M siphonal
siphonal canal

COQUILLE*F* BIVALVE
BIVALVE SHELL

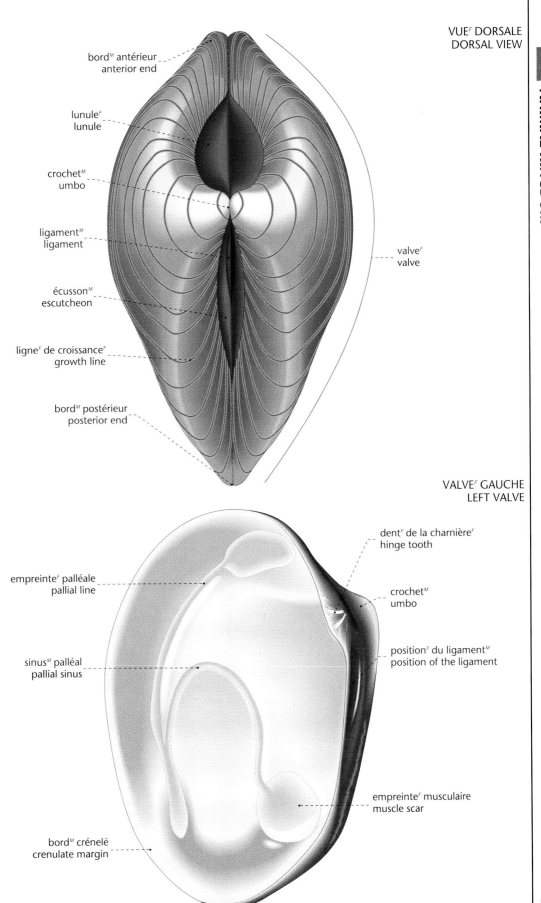

VUE*F* DORSALE
DORSAL VIEW

bord*M* antérieur
anterior end

lunule*F*
lunule

crochet*M*
umbo

ligament*M*
ligament

écusson*M*
escutcheon

ligne*F* de croissance*F*
growth line

bord*M* postérieur
posterior end

valve*F*
valve

VALVE*F* GAUCHE
LEFT VALVE

dent*F* de la charnière*F*
hinge tooth

empreinte*F* palléale
pallial line

crochet*M*
umbo

position*F* du ligament*M*
position of the ligament

sinus*M* palléal
pallial sinus

empreinte*F* musculaire
muscle scar

bord*M* crénelé
crenulate margin

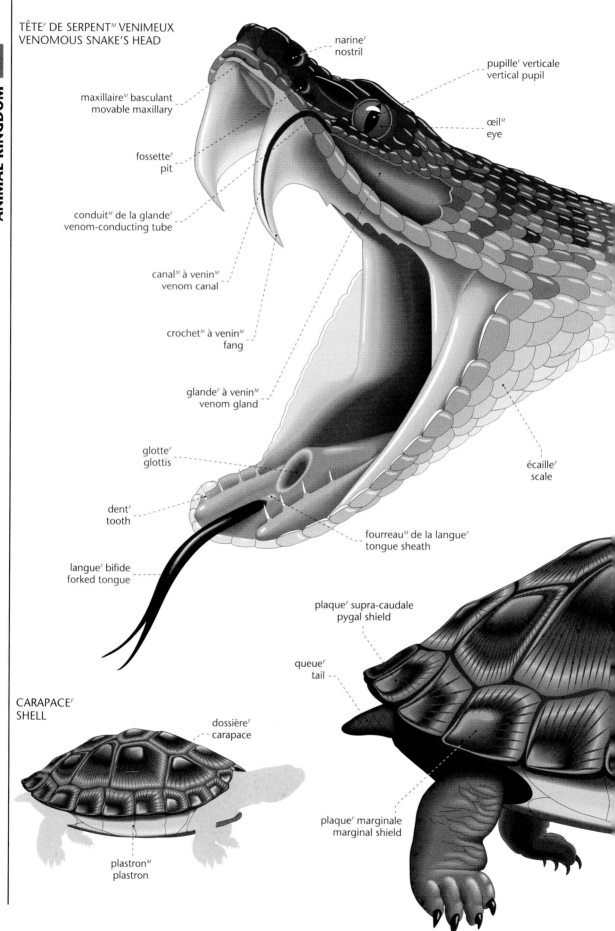

TÊTE^F DE SERPENT^M VENIMEUX
VENOMOUS SNAKE'S HEAD

narine^F
nostril

pupille^F verticale
vertical pupil

maxillaire^M basculant
movable maxillary

œil^M
eye

fossette^F
pit

conduit^M de la glande^F
venom-conducting tube

canal^M à venin^M
venom canal

crochet^M à venin^M
fang

glande^F à venin^M
venom gland

écaille^F
scale

glotte^F
glottis

dent^F
tooth

fourreau^M de la langue^F
tongue sheath

langue^F bifide
forked tongue

plaque^F supra-caudale
pygal shield

queue^F
tail

CARAPACE^F
SHELL

dossière^F
carapace

plaque^F marginale
marginal shield

plastron^M
plastron

SERPENT^M À SONNETTES^F
RATTLESNAKE

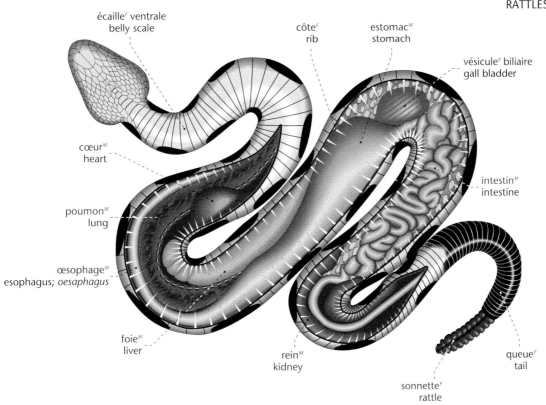

écaille^F ventrale
belly scale

côte^F
rib

estomac^M
stomach

vésicule^F biliaire
gall bladder

cœur^M
heart

intestin^M
intestine

poumon^M
lung

œsophage^M
esophagus; *oesaphagus*

foie^M
liver

rein^M
kidney

queue^F
tail

sonnette^F
rattle

TORTUE^F
TURTLE

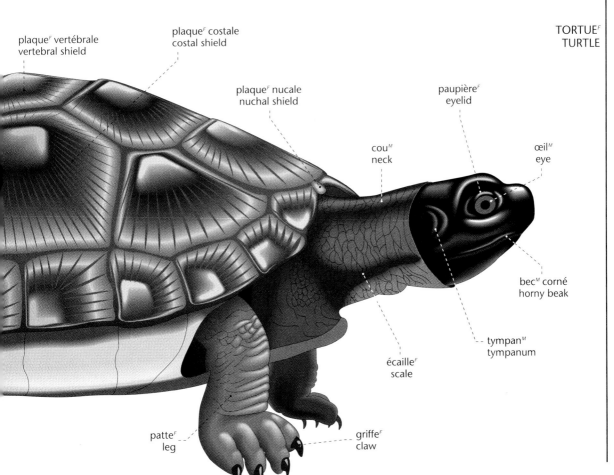

plaque^F vertébrale
vertebral shield

plaque^F costale
costal shield

plaque^F nucale
nuchal shield

paupière^F
eyelid

cou^M
neck

œil^M
eye

bec^M corné
horny beak

tympan^M
tympanum

écaille^F
scale

patte^F
leg

griffe^F
claw

97

TYPES^M DE MÂCHOIRES^F
TYPES OF JAWS

CASTOR^M
BEAVER

MÂCHOIRE^F DE RONGEUR^M
RODENT'S JAW

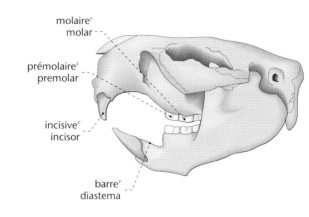

molaire^F
molar

prémolaire^F
premolar

incisive^F
incisor

barre^F
diastema

LION^M
LION

MÂCHOIRE^F DE CARNIVORE^M
CARNIVORE'S JAW

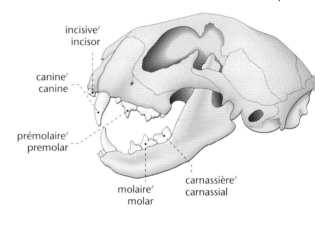

incisive^F
incisor

canine^F
canine

prémolaire^F
premolar

molaire^F
molar

carnassière^F
carnassial

CHEVAL^M
HORSE

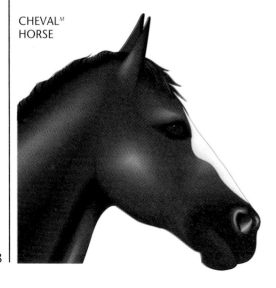

MÂCHOIRE^F D'HERBIVORE^M
HERBIVORE'S JAW

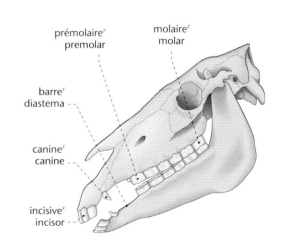

prémolaire^F
premolar

molaire^F
molar

barre^F
diastema

canine^F
canine

incisive^F
incisor

PRINCIPAUX TYPES^M DE CORNES^F
MAJOR TYPES OF HORNS

cornes^F de mouflon^M
horns of mouflon

cornes^F de girafe^F
horns of giraffe

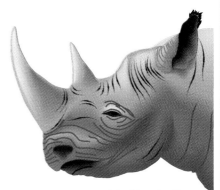

cornes^F de rhinocéros^M
horns of rhinoceros

PRINCIPAUX TYPES^M DE DÉFENSES^F
MAJOR TYPES OF TUSKS

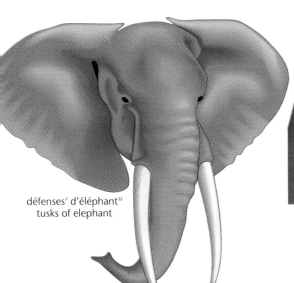

défenses^F d'éléphant^M
tusks of elephant

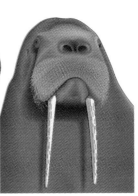

défenses^F de morse^M
tusks of walrus

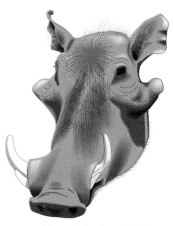

défenses^F de phacochère^M
tusks of wart hog

TYPES^M DE SABOTS^M
TYPES OF HOOFS

sabot^M à 1 doigt^M
one-toe hoof

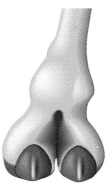

sabot^M à 2 doigts^M
two-toed hoof

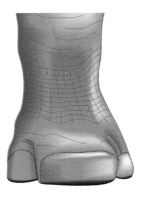

sabot^M à 3 doigts^M
three-toed hoof

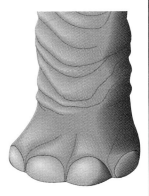

sabot^M à 4 doigts^M
four-toed hoof

RÈGNE ANIMAL
ANIMAL KINGDOM

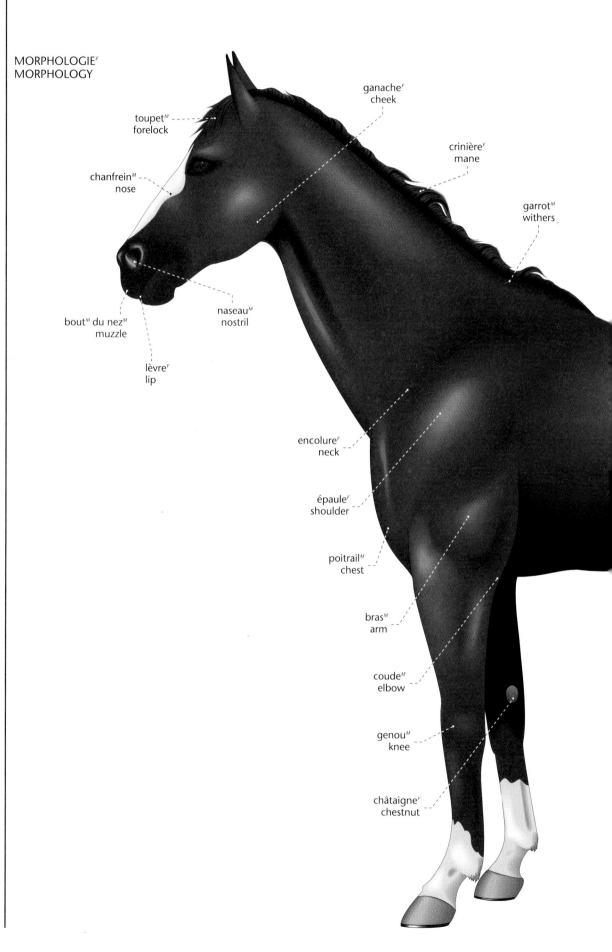

RÈGNE ANIMAL
ANIMAL KINGDOM

MORPHOLOGIE^F
MORPHOLOGY

ganache^F
cheek

toupet^M
forelock

crinière^F
mane

chanfrein^M
nose

garrot^M
withers

bout^M du nez^M
muzzle

naseau^M
nostril

lèvre^F
lip

encolure^F
neck

épaule^F
shoulder

poitrail^M
chest

bras^M
arm

coude^M
elbow

genou^M
knee

châtaigne^F
chestnut

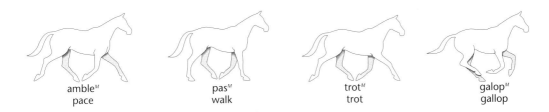

amble^M
pace

pas^M
walk

trot^M
trot

galop^M
gallop

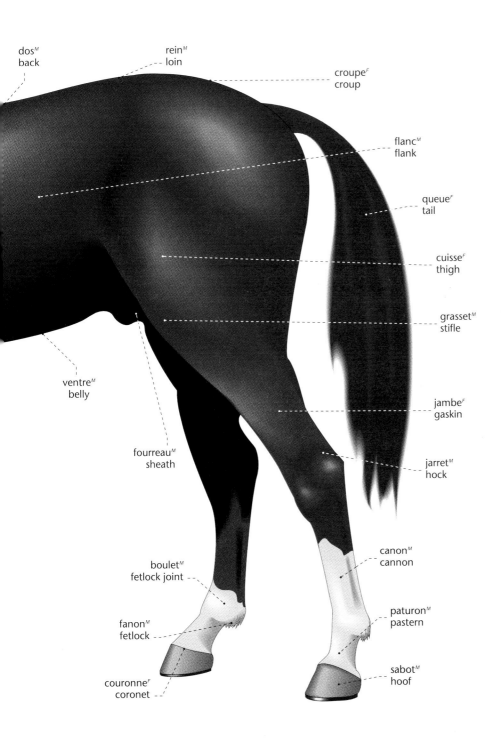

dos^M
back

rein^M
loin

croupe^F
croup

flanc^M
flank

queue^F
tail

cuisse^F
thigh

grasset^M
stifle

ventre^M
belly

jambe^F
gaskin

jarret^M
hock

fourreau^M
sheath

canon^M
cannon

boulet^M
fetlock joint

paturon^M
pastern

fanon^M
fetlock

sabot^M
hoof

couronne^F
coronet

CHEVAL^M
HORSE

SQUELETTE^M
SKELETON

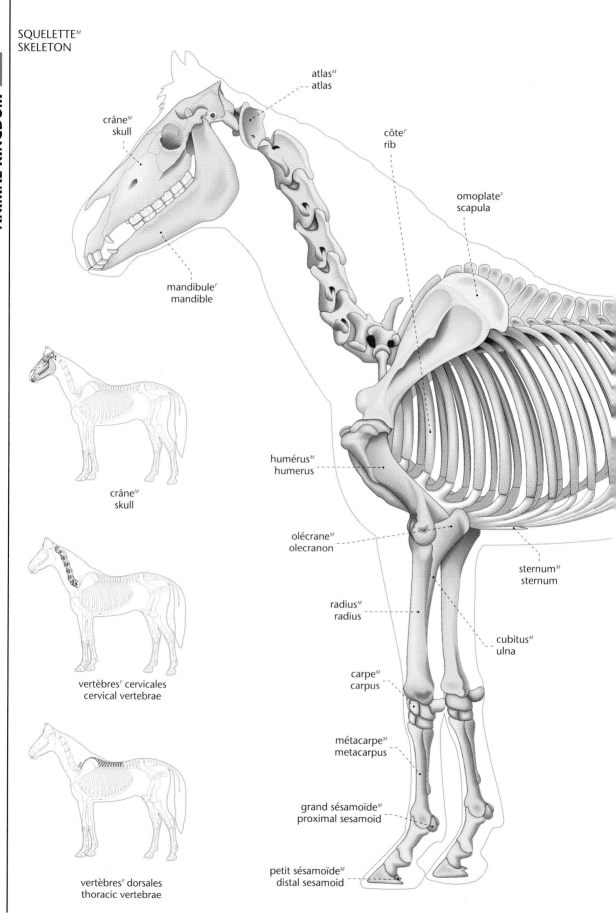

atlas^M
atlas

crâne^M
skull

côte^F
rib

omoplate^F
scapula

mandibule^F
mandible

crâne^M
skull

humérus^M
humerus

olécrane^M
olecranon

sternum^M
sternum

radius^M
radius

cubitus^M
ulna

vertèbres^F cervicales
cervical vertebrae

carpe^M
carpus

métacarpe^M
metacarpus

grand sésamoïde^M
proximal sesamoid

vertèbres^F dorsales
thoracic vertebrae

petit sésamoïde^M
distal sesamoid

vertèbres^F lombaires
lumbar vertebrae

vertèbres^F sacrées
sacral vertebrae

vertèbres^F coccygiennes
caudal vertebrae

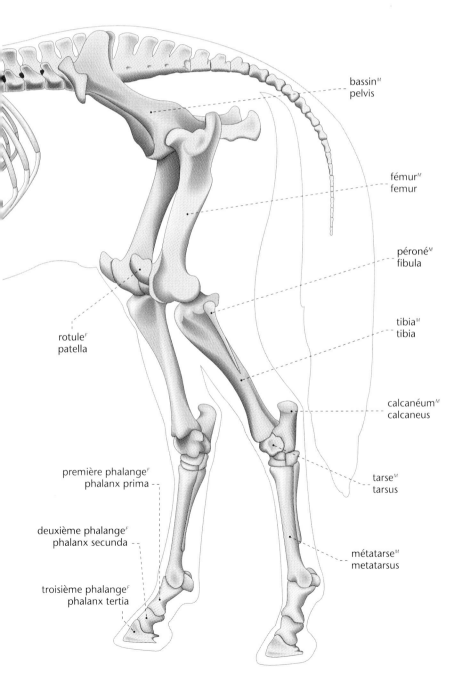

bassin^M
pelvis

fémur^M
femur

péroné^M
fibula

tibia^M
tibia

calcanéum^M
calcaneus

rotule^F
patella

première phalange^F
phalanx prima

deuxième phalange^F
phalanx secunda

troisième phalange^F
phalanx tertia

tarse^M
tarsus

métatarse^M
metatarsus

103

CHEVAL^M
HORSE

FACE^F PLANTAIRE DU SABOT^M
PLANTAR SURFACE OF THE HOOF

glome^M
bulb

talon^M
heel

lacune^F médiane
median groove

fourchette^F
frog

lacune^F latérale
lateral groove

barre^F
bar

sole^F
sole

quartier^M
quarter

paroi^F
wall

mamelle^F
side wall

ligne^F blanche
white line

pince^F
toe

FER^M À CHEVAL^M
HORSESHOE

éponge^F
heel

SABOT^M
HOOF

quartier^M
quarter

étampure^F
nail hole

clou^M
nail

branche^F
branch

mamelle^F
side wall

rive^F externe
outer edge

rive^F interne
inner edge

pince^F
toe

bourrelet^M
periople

pince^F
toe

glome^M
bulb

pinçon^M
toe clip

talon^M
heel

fer^M
horseshoe

mamelle^F
side wall

quartier^M
quarter

CERVIDÉS^M
DEER FAMILY

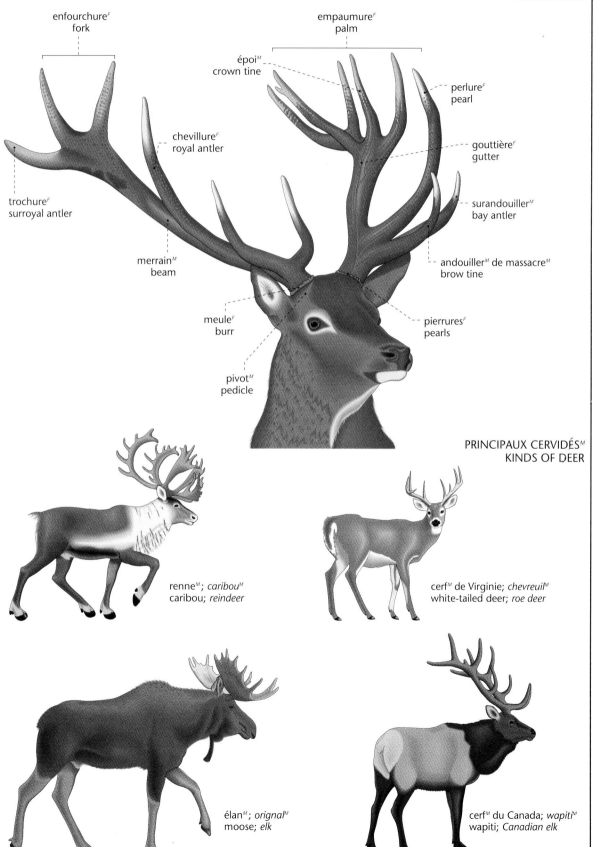

BOIS^M DE CERF^M
DEER ANTLERS

enfourchure^F
fork

empaumure^F
palm

époi^M
crown tine

perlure^F
pearl

chevillure^F
royal antler

gouttière^F
gutter

trochure^F
surroyal antler

surandouiller^M
bay antler

merrain^M
beam

andouiller^M de massacre^M
brow tine

meule^F
burr

pierrures^F
pearls

pivot^M
pedicle

PRINCIPAUX CERVIDÉS^M
KINDS OF DEER

renne^M; *caribou*^M
caribou; *reindeer*

cerf^M de Virginie; *chevreuil*^M
white-tailed deer; *roe deer*

élan^M; *orignal*^M
moose; *elk*

cerf^M du Canada; *wapiti*^M
wapiti; *Canadian elk*

105

CHIEN^M
DOG

MORPHOLOGIE^F
MORPHOLOGY

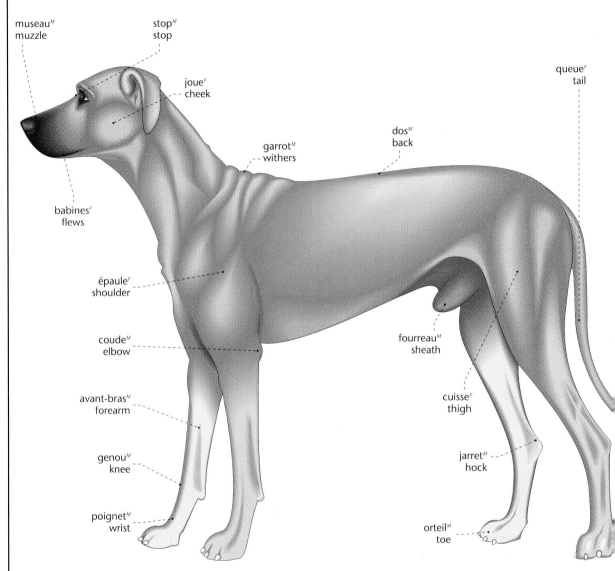

museau^M
muzzle

stop^M
stop

joue^F
cheek

queue^F
tail

dos^M
back

garrot^M
withers

babines^F
flews

épaule^F
shoulder

fourreau^M
sheath

coude^M
elbow

cuisse^F
thigh

avant-bras^M
forearm

jarret^M
hock

genou^M
knee

poignet^M
wrist

orteil^M
toe

PATTE^F ANTÉRIEURE
DOG'S FOREPAW

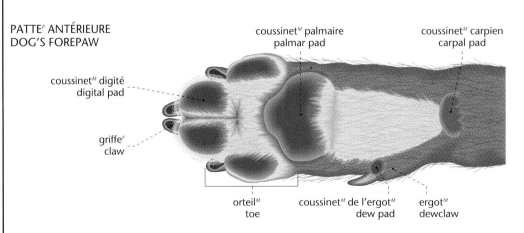

coussinet^M palmaire
palmar pad

coussinet^M carpien
carpal pad

coussinet^M digité
digital pad

griffe^F
claw

orteil^M
toe

coussinet^M de l'ergot^M
dew pad

ergot^M
dewclaw

106

CHAT^M
CAT

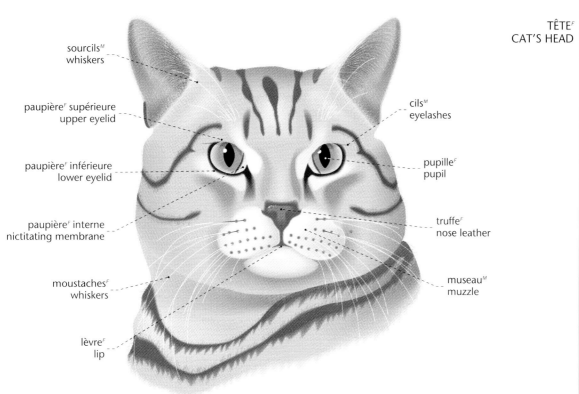

TÊTE^F
CAT'S HEAD

sourcils^M
whiskers

paupière^F supérieure
upper eyelid

paupière^F inférieure
lower eyelid

paupière^F interne
nictitating membrane

moustaches^F
whiskers

lèvre^F
lip

cils^M
eyelashes

pupille^F
pupil

truffe^F
nose leather

museau^M
muzzle

GRIFFE^F ABAISSÉE
EXTENDED CLAW

GRIFFE^F RÉTRACTÉE
RETRACTED CLAW

phalangine^F
middle phalanx

ligament^M élastique
elastic ligament

tendon^M
tendon

griffe^F
claw

métacarpe^M
metacarpus

tendon^M
tendon

phalange^F
proximal phalanx

coussinet^M digité
digital pad

coussinet^M plantaire
plantar pad

phalangette^F
distal phalanx

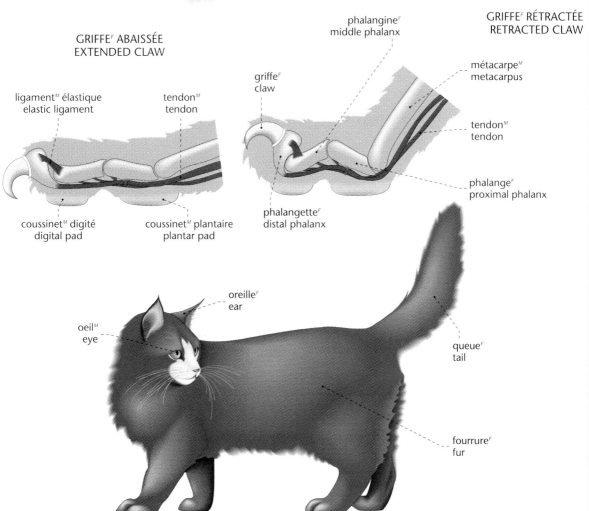

oreille^F
ear

oeil^M
eye

queue^F
tail

fourrure^F
fur

**RÈGNE ANIMAL
ANIMAL KINGDOM**

MORPHOLOGIE^F
MORPHOLOGY

nuque^F
nape

dos^M
back

bec^M
bill

menton^M
chin

gorge^F
throat

tectrice^F sus-alaire
wing covert

poitrine^F
breast

aile^F
wing

abdomen^M
abdomen

flanc^M
flank

tarse^M
tarsus

doigt^M interne
inner toe

tibia^M
thigh

doigt^M médian
middle toe

doigt^M postérieur
hind toe

doigt^M externe
outer toe

griffe^F
claw

TÊTE^F
HEAD

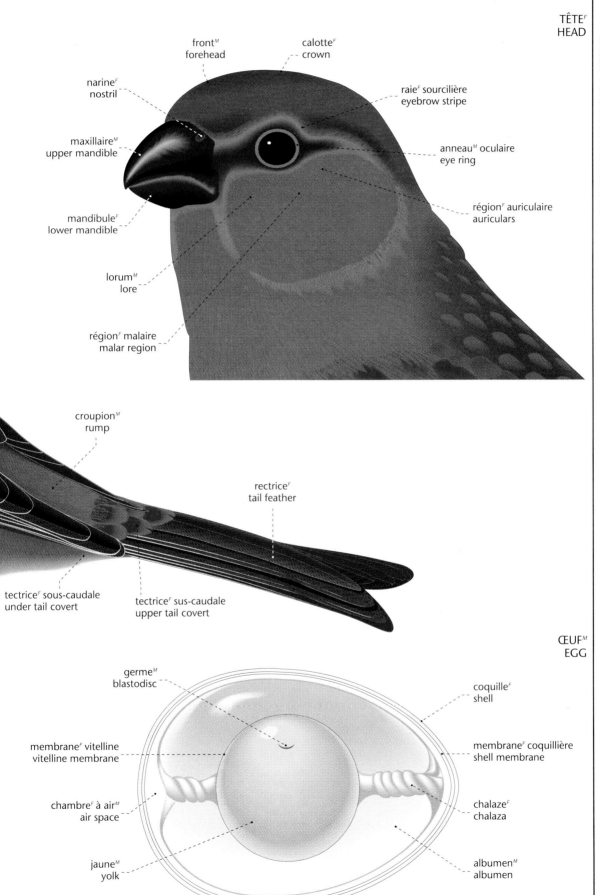

front^M
forehead

calotte^F
crown

narine^F
nostril

raie^F sourcilière
eyebrow stripe

maxillaire^M
upper mandible

anneau^M oculaire
eye ring

mandibule^F
lower mandible

région^F auriculaire
auriculars

lorum^M
lore

région^F malaire
malar region

croupion^M
rump

rectrice^F
tail feather

tectrice^F sous-caudale
under tail covert

tectrice^F sus-caudale
upper tail covert

ŒUF^M
EGG

germe^M
blastodisc

coquille^F
shell

membrane^F vitelline
vitelline membrane

membrane^F coquillière
shell membrane

chambre^F à air^M
air space

chalaze^F
chalaza

jaune^M
yolk

albumen^M
albumen

AILE^F
WING

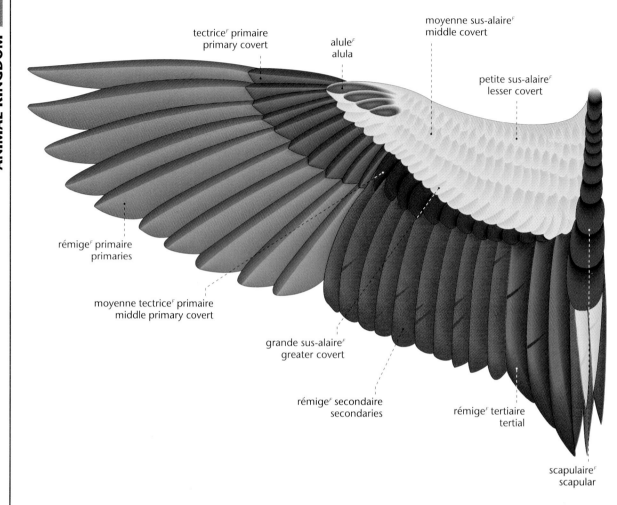

tectrice^F primaire
primary covert

alule^F
alula

moyenne sus-alaire^F
middle covert

petite sus-alaire^F
lesser covert

rémige^F primaire
primaries

moyenne tectrice^F primaire
middle primary covert

grande sus-alaire^F
greater covert

rémige^F secondaire
secondaries

rémige^F tertiaire
tertial

scapulaire^F
scapular

PENNE^F
CONTOUR FEATHER

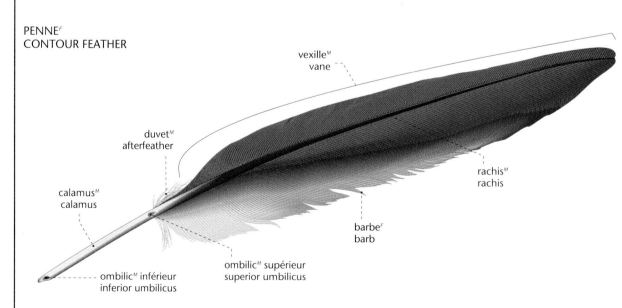

vexille^M
vane

duvet^M
afterfeather

rachis^M
rachis

calamus^M
calamus

barbe^F
barb

ombilic^M inférieur
inferior umbilicus

ombilic^M supérieur
superior umbilicus

110

PRINCIPAUX TYPES^M DE BECS^M
PRINCIPAL TYPES OF BILLS

oiseau^M de proie^F
bird of prey

oiseau^M aquatique
aquatic bird

oiseau^M échassier
wading bird

oiseau^M granivore
granivorous bird

oiseau^M insectivore
insectivorous bird

PRINCIPAUX TYPES^M DE PATTES^F
PRINCIPAL TYPES OF FEET

OISEAU^M PERCHEUR
PERCHING BIRD

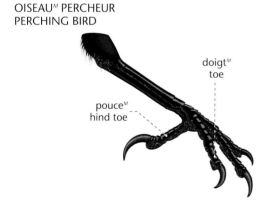

doigt^M
toe

pouce^M
hind toe

OISEAU^M DE PROIE^F
BIRD OF PREY

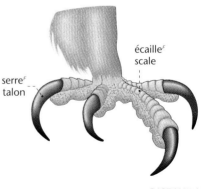

écaille^F
scale

serre^F
talon

OISEAU^M AQUATIQUE
AQUATIC BIRD

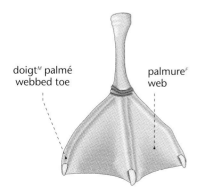

doigt^M palmé
webbed toe

palmure^F
web

OISEAU^M AQUATIQUE
AQUATIC BIRD

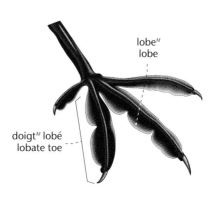

lobe^M
lobe

doigt^M lobé
lobate toe

CHAUVE-SOURIS^F
BAT

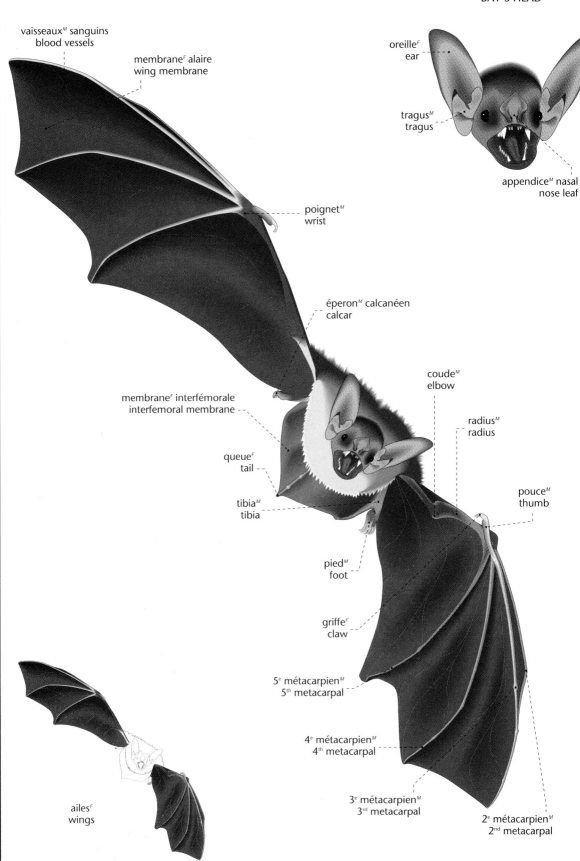

vaisseaux^M sanguins
blood vessels

membrane^F alaire
wing membrane

TÊTE^F
BAT'S HEAD

oreille^F
ear

tragus^M
tragus

appendice^M nasal
nose leaf

poignet^M
wrist

éperon^M calcanéen
calcar

coude^M
elbow

radius^M
radius

membrane^F interfémorale
interfemoral membrane

queue^F
tail

pouce^M
thumb

tibia^M
tibia

pied^M
foot

griffe^F
claw

5e métacarpien^M
5th metacarpal

4e métacarpien^M
4th metacarpal

ailes^F
wings

3e métacarpien^M
3rd metacarpal

2e métacarpien^M
2nd metacarpal

112

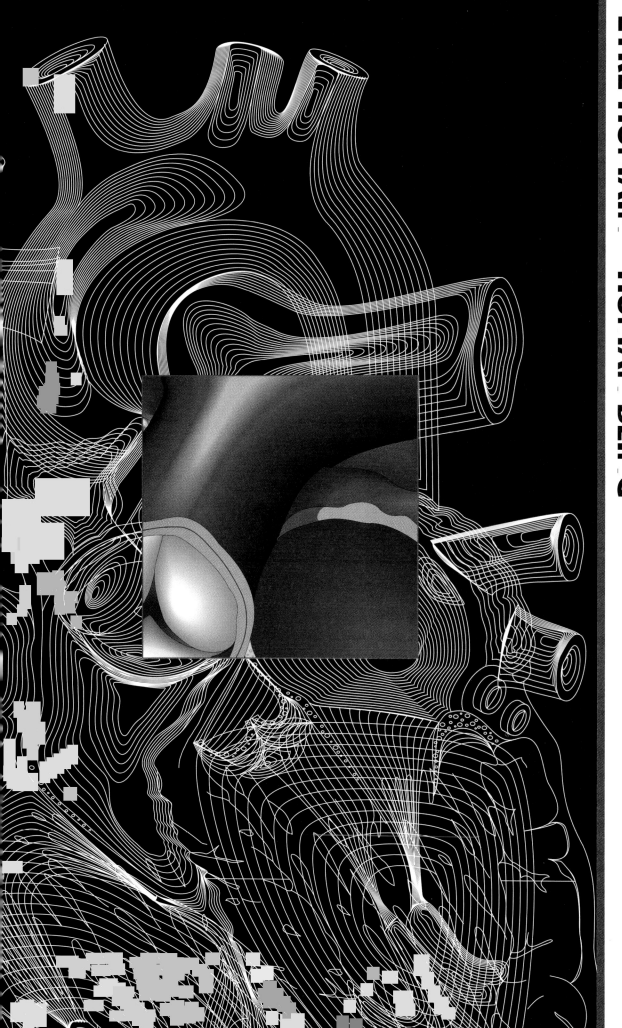

SOMMAIRE

CELLULE VÉGÉTALE 115

CELLULE ANIMALE 115

CORPS HUMAIN 116

MUSCLES 120

SQUELETTE 122

CIRCULATION SANGUINE 124

ORGANES GÉNITAUX MASCULINS..127

ORGANES GÉNITAUX FÉMININS 128

SEIN 129

APPAREIL RESPIRATOIRE 130

APPAREIL DIGESTIF...131

APPAREIL URINAIRE 132

SYSTÈME NERVEUX 133

ORGANES DES SENS: TOUCHER..136

ORGANES DES SENS: OUÏE 138

ORGANES DES SENS: VUE 140

ORGANES DES SENS: ODORAT 141

SENS DE L'ODORAT ET DU GOÛT..142

DENTS 144

**ÊTRE HUMAIN
HUMAN BEING**

CELLULE^F VÉGÉTALE
PLANT CELL

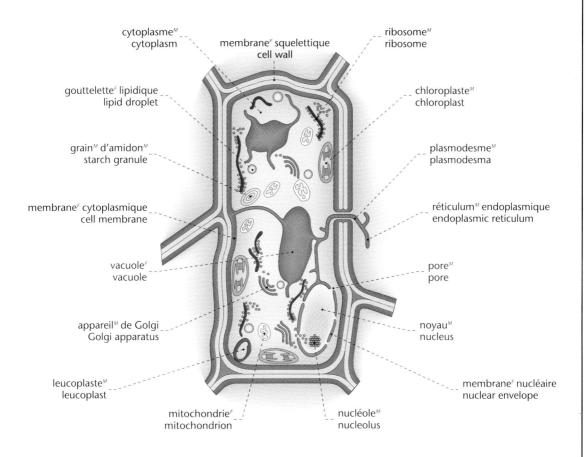

cytoplasme^M
cytoplasm

membrane^F squelettique
cell wall

ribosome^M
ribosome

gouttelette^F lipidique
lipid droplet

chloroplaste^M
chloroplast

grain^M d'amidon^M
starch granule

plasmodesme^M
plasmodesma

membrane^F cytoplasmique
cell membrane

réticulum^M endoplasmique
endoplasmic reticulum

vacuole^F
vacuole

pore^M
pore

appareil^M de Golgi
Golgi apparatus

noyau^M
nucleus

leucoplaste^M
leucoplast

membrane^F nucléaire
nuclear envelope

mitochondrie^F
mitochondrion

nucléole^M
nucleolus

CELLULE^F ANIMALE
ANIMAL CELL

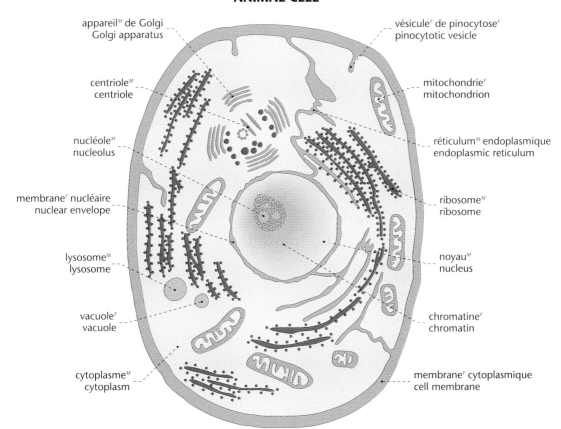

appareil^M de Golgi
Golgi apparatus

vésicule^F de pinocytose^F
pinocytotic vesicle

centriole^M
centriole

mitochondrie^F
mitochondrion

nucléole^M
nucleolus

réticulum^M endoplasmique
endoplasmic reticulum

membrane^F nucléaire
nuclear envelope

ribosome^M
ribosome

lysosome^M
lysosome

noyau^M
nucleus

vacuole^F
vacuole

chromatine^F
chromatin

cytoplasme^M
cytoplasm

membrane^F cytoplasmique
cell membrane

CORPS^M HUMAIN
HUMAN BODY

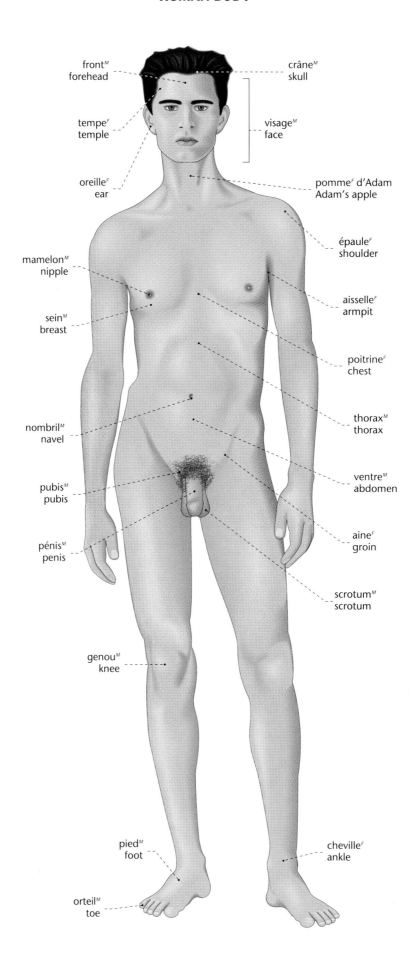

front^M
forehead

crâne^M
skull

tempe^F
temple

visage^M
face

oreille^F
ear

pomme^F d'Adam
Adam's apple

épaule^F
shoulder

mamelon^M
nipple

aisselle^F
armpit

sein^M
breast

poitrine^F
chest

thorax^M
thorax

nombril^M
navel

ventre^M
abdomen

pubis^M
pubis

aine^F
groin

pénis^M
penis

scrotum^M
scrotum

genou^M
knee

pied^M
foot

cheville^F
ankle

orteil^M
toe

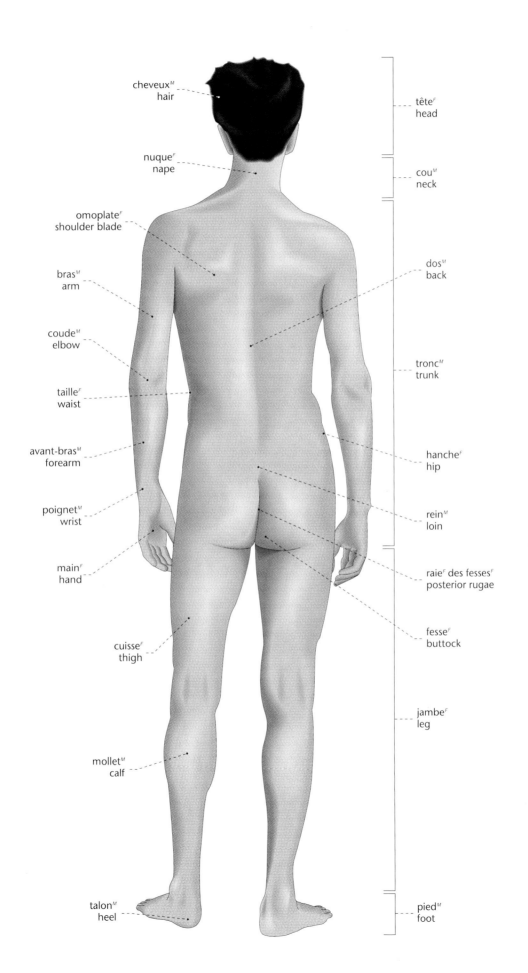

cheveux^M
hair

nuque^F
nape

omoplate^F
shoulder blade

bras^M
arm

coude^M
elbow

taille^F
waist

avant-bras^M
forearm

poignet^M
wrist

main^F
hand

cuisse^F
thigh

mollet^M
calf

talon^M
heel

tête^F
head

cou^M
neck

dos^M
back

tronc^M
trunk

hanche^F
hip

rein^M
loin

raie^F des fesses^F
posterior rugae

fesse^F
buttock

jambe^F
leg

pied^M
foot

CORPS^M HUMAIN
HUMAN BODY

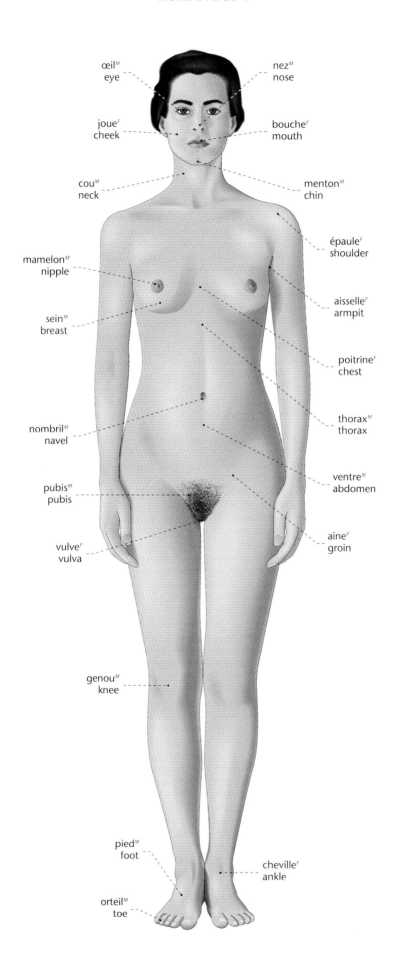

œil^M
eye

nez^M
nose

joue^F
cheek

bouche^F
mouth

cou^M
neck

menton^M
chin

épaule^F
shoulder

mamelon^M
nipple

aisselle^F
armpit

sein^M
breast

poitrine^F
chest

thorax^M
thorax

nombril^M
navel

ventre^M
abdomen

pubis^M
pubis

aine^F
groin

vulve^F
vulva

genou^M
knee

pied^M
foot

cheville^F
ankle

orteil^M
toe

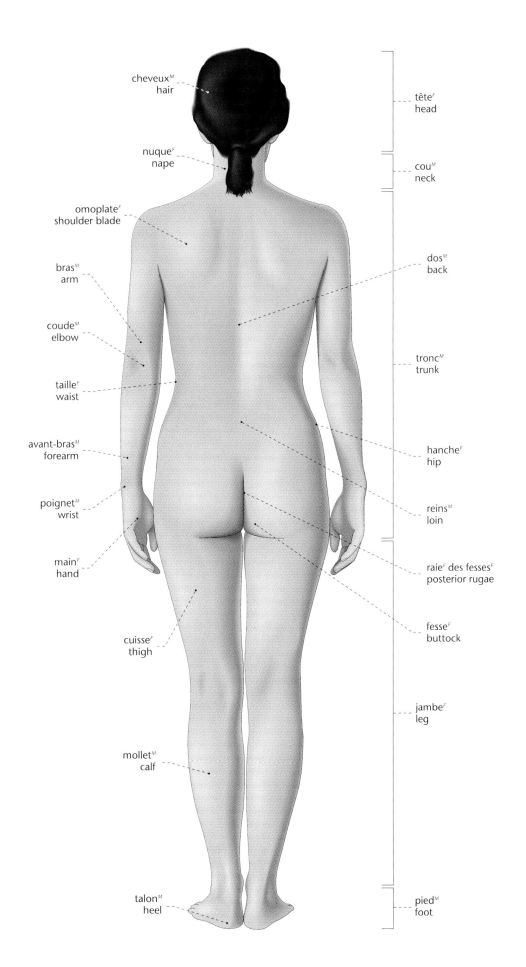

cheveux^M
hair

nuque^F
nape

omoplate^F
shoulder blade

bras^M
arm

coude^M
elbow

taille^F
waist

avant-bras^M
forearm

poignet^M
wrist

main^F
hand

cuisse^F
thigh

mollet^M
calf

talon^M
heel

tête^F
head

cou^M
neck

dos^M
back

tronc^M
trunk

hanche^F
hip

reins^M
loin

raie^F des fesses^F
posterior rugae

fesse^F
buttock

jambe^F
leg

pied^M
foot

MUSCLES^M
MUSCLES

MUSCLES

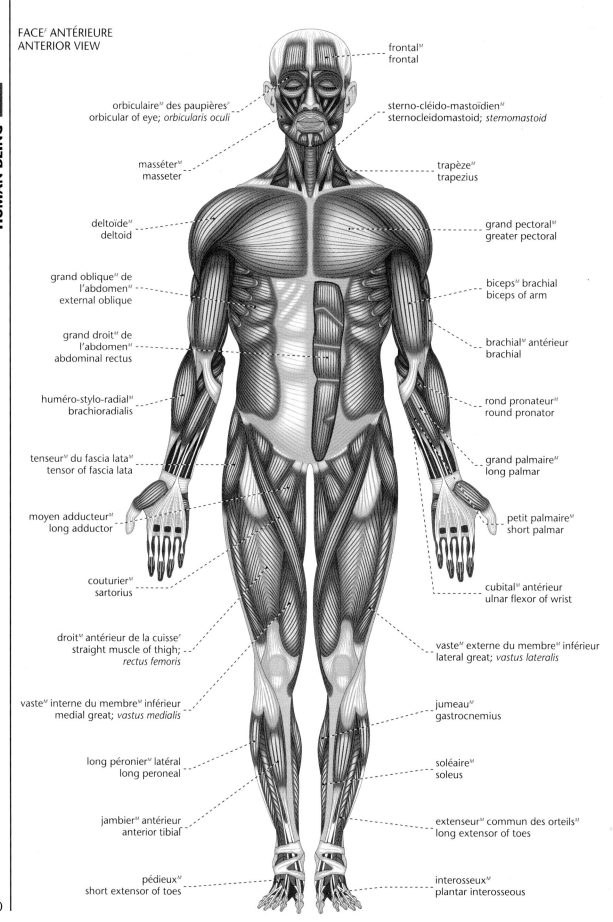

FACE^F ANTÉRIEURE
ANTERIOR VIEW

frontal^M
frontal

orbiculaire^M des paupières^F
orbicular of eye; *orbicularis oculi*

sterno-cléido-mastoïdien^M
sternocleidomastoid; *sternomastoid*

masséter^M
masseter

trapèze^M
trapezius

deltoïde^M
deltoid

grand pectoral^M
greater pectoral

grand oblique^M de
l'abdomen^M
external oblique

biceps^M brachial
biceps of arm

grand droit^M de
l'abdomen^M
abdominal rectus

brachial^M antérieur
brachial

huméro-stylo-radial^M
brachioradialis

rond pronateur^M
round pronator

tenseur^M du fascia lata^M
tensor of fascia lata

grand palmaire^M
long palmar

moyen adducteur^M
long adductor

petit palmaire^M
short palmar

couturier^M
sartorius

cubital^M antérieur
ulnar flexor of wrist

droit^M antérieur de la cuisse^F
straight muscle of thigh;
rectus femoris

vaste^M externe du membre^M inférieur
lateral great; *vastus lateralis*

vaste^M interne du membre^M inférieur
medial great; *vastus medialis*

jumeau^M
gastrocnemius

long péronier^M latéral
long peroneal

soléaire^M
soleus

jambier^M antérieur
anterior tibial

extenseur^M commun des orteils^M
long extensor of toes

pédieux^M
short extensor of toes

interosseux^M
plantar interosseous

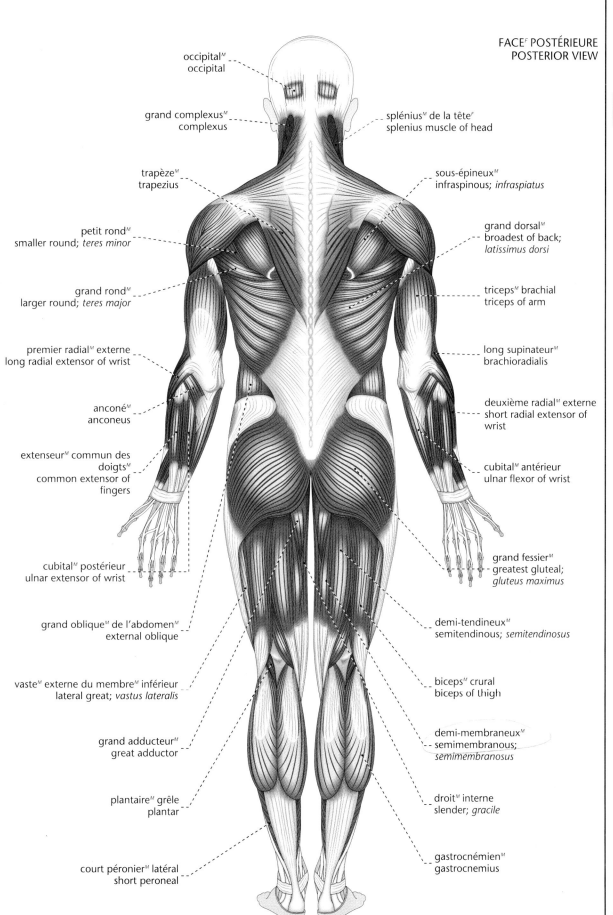

occipital^M
occipital

grand complexus^M
complexus

splénius^M de la tête^F
splenius muscle of head

trapèze^M
trapezius

sous-épineux^M
infraspinous; *infraspiatus*

petit rond^M
smaller round; *teres minor*

grand dorsal^M
broadest of back;
latissimus dorsi

grand rond^M
larger round; *teres major*

triceps^M brachial
triceps of arm

premier radial^M externe
long radial extensor of wrist

long supinateur^M
brachioradialis

anconé^M
anconeus

deuxième radial^M externe
short radial extensor of
wrist

extenseur^M commun des
doigts^M
common extensor of
fingers

cubital^M antérieur
ulnar flexor of wrist

cubital^M postérieur
ulnar extensor of wrist

grand fessier^M
greatest gluteal;
gluteus maximus

grand oblique^M de l'abdomen^M
external oblique

demi-tendineux^M
semitendinous; *semitendinosus*

vaste^M externe du membre^M inférieur
lateral great; *vastus lateralis*

biceps^M crural
biceps of thigh

grand adducteur^M
great adductor

demi-membraneux^M
semimembranous;
semimembranosus

plantaire^M grêle
plantar

droit^M interne
slender; *gracile*

court péronier^M latéral
short peroneal

gastrocnémien^M
gastrocnemius

SQUELETTE^M
SKELETON

VUE^F ANTÉRIEURE
ANTERIOR VIEW

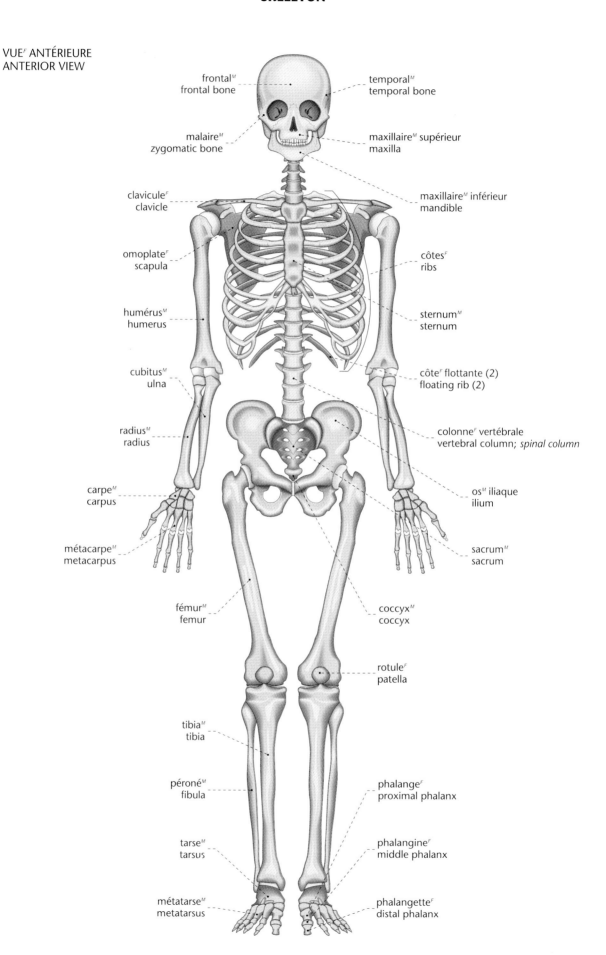

frontal^M
frontal bone

temporal^M
temporal bone

malaire^M
zygomatic bone

maxillaire^M supérieur
maxilla

maxillaire^M inférieur
mandible

clavicule^F
clavicle

omoplate^F
scapula

côtes^F
ribs

sternum^M
sternum

humérus^M
humerus

cubitus^M
ulna

côte^F flottante (2)
floating rib (2)

radius^M
radius

colonne^F vertébrale
vertebral column; *spinal column*

carpe^M
carpus

os^M iliaque
ilium

métacarpe^M
metacarpus

sacrum^M
sacrum

fémur^M
femur

coccyx^M
coccyx

rotule^F
patella

tibia^M
tibia

péroné^M
fibula

phalange^F
proximal phalanx

tarse^M
tarsus

phalangine^F
middle phalanx

métatarse^M
metatarsus

phalangette^F
distal phalanx

122

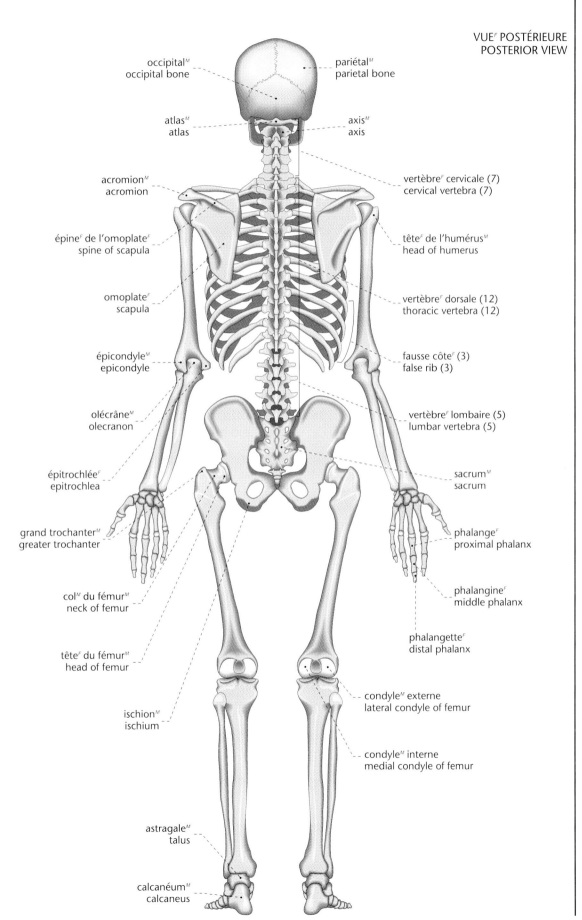

occipital^M
occipital bone

pariétal^M
parietal bone

atlas^M
atlas

axis^M
axis

acromion^M
acromion

vertèbre^F cervicale (7)
cervical vertebra (7)

épine^F de l'omoplate^F
spine of scapula

tête^F de l'humérus^M
head of humerus

omoplate^F
scapula

vertèbre^F dorsale (12)
thoracic vertebra (12)

épicondyle^M
epicondyle

fausse côte^F (3)
false rib (3)

olécrâne^M
olecranon

vertèbre^F lombaire (5)
lumbar vertebra (5)

épitrochlée^F
epitrochlea

sacrum^M
sacrum

grand trochanter^M
greater trochanter

phalange^F
proximal phalanx

col^M du fémur^M
neck of femur

phalangine^F
middle phalanx

tête^F du fémur^M
head of femur

phalangette^F
distal phalanx

ischion^M
ischium

condyle^M externe
lateral condyle of femur

condyle^M interne
medial condyle of femur

astragale^M
talus

calcanéum^M
calcaneus

CIRCULATION^F SANGUINE
BLOOD CIRCULATION

SCHÉMA^M DE LA CIRCULATION^F
SCHEMA OF CIRCULATION

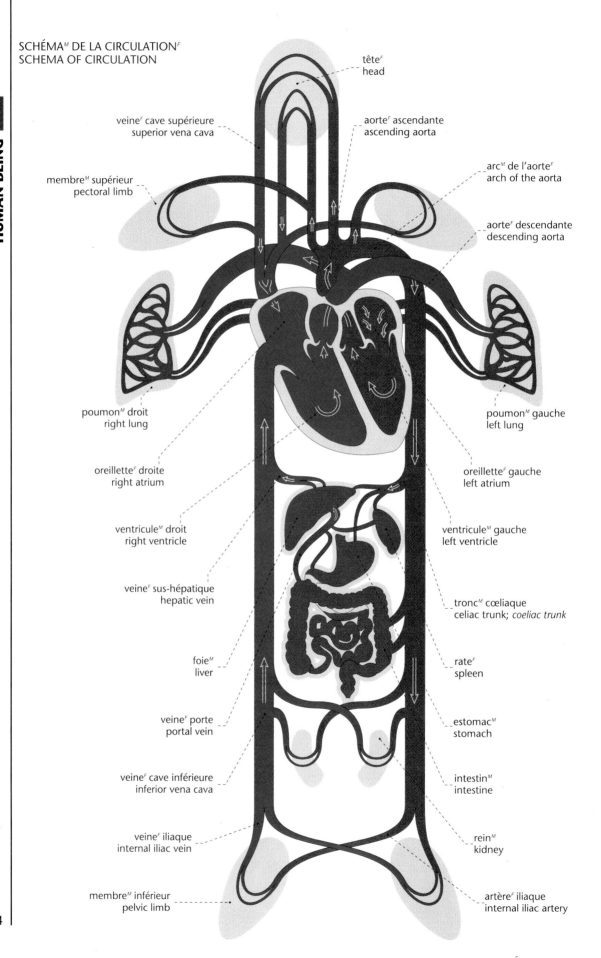

tête^F
head

veine^F cave supérieure
superior vena cava

aorte^F ascendante
ascending aorta

membre^M supérieur
pectoral limb

arc^M de l'aorte^F
arch of the aorta

aorte^F descendante
descending aorta

poumon^M droit
right lung

poumon^M gauche
left lung

oreillette^F droite
right atrium

oreillette^F gauche
left atrium

ventricule^M droit
right ventricle

ventricule^M gauche
left ventricle

veine^F sus-hépatique
hepatic vein

tronc^M cœliaque
celiac trunk; *coeliac trunk*

foie^M
liver

rate^F
spleen

veine^F porte
portal vein

estomac^M
stomach

veine^F cave inférieure
inferior vena cava

intestin^M
intestine

veine^F iliaque
internal iliac vein

rein^M
kidney

membre^M inférieur
pelvic limb

artère^F iliaque
internal iliac artery

124

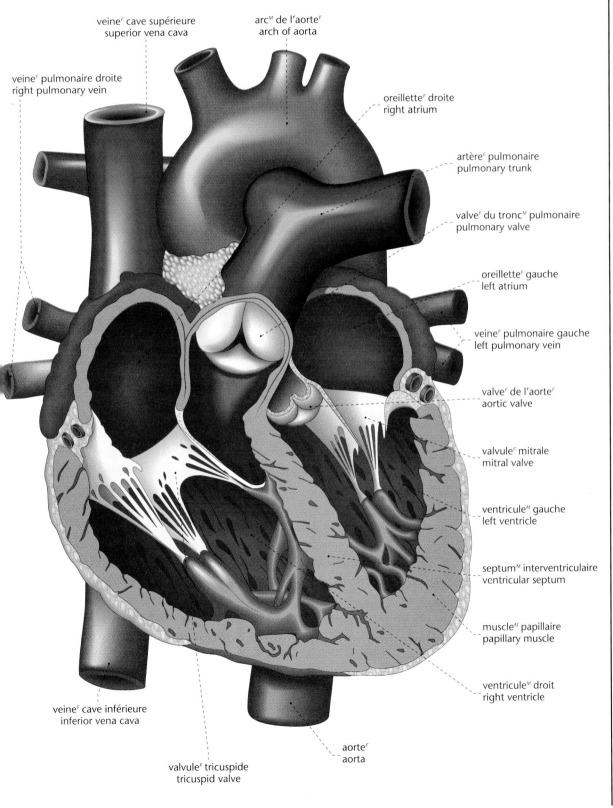

veine^F cave supérieure
superior vena cava

arc^M de l'aorte^F
arch of aorta

veine^F pulmonaire droite
right pulmonary vein

oreillette^F droite
right atrium

artère^F pulmonaire
pulmonary trunk

valve^F du tronc^M pulmonaire
pulmonary valve

oreillette^F gauche
left atrium

veine^F pulmonaire gauche
left pulmonary vein

valve^F de l'aorte^F
aortic valve

valvule^F mitrale
mitral valve

ventricule^M gauche
left ventricle

septum^M interventriculaire
ventricular septum

muscle^M papillaire
papillary muscle

ventricule^M droit
right ventricle

veine^F cave inférieure
inferior vena cava

valvule^F tricuspide
tricuspid valve

aorte^F
aorta

CIRCULATION^F SANGUINE
BLOOD CIRCULATION

PRINCIPALES VEINES^F ET ARTÈRES^F
PRINCIPAL VEINS AND ARTERIES

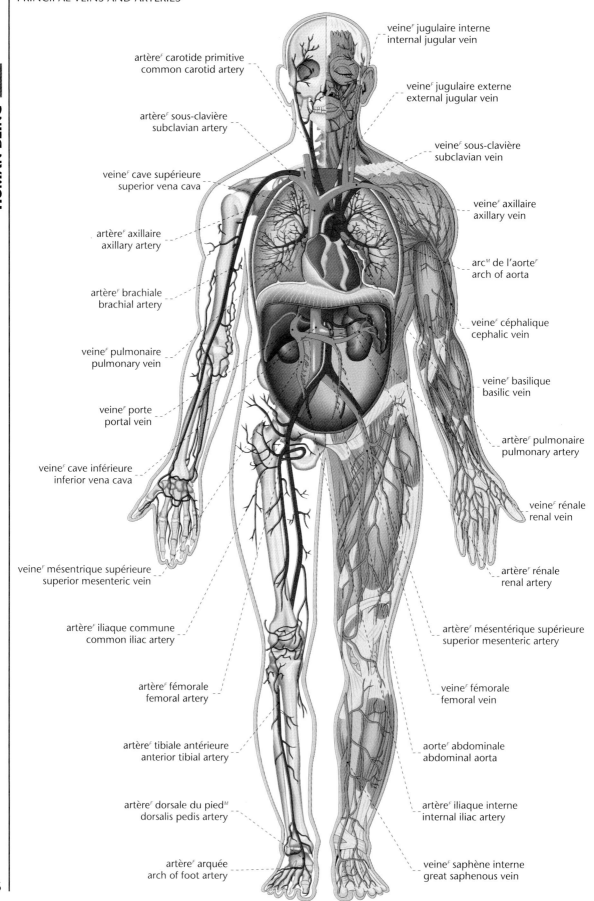

veine^F jugulaire interne
internal jugular vein

artère^F carotide primitive
common carotid artery

veine^F jugulaire externe
external jugular vein

artère^F sous-clavière
subclavian artery

veine^F sous-clavière
subclavian vein

veine^F cave supérieure
superior vena cava

veine^F axillaire
axillary vein

artère^F axillaire
axillary artery

arc^M de l'aorte^F
arch of aorta

artère^F brachiale
brachial artery

veine^F céphalique
cephalic vein

veine^F pulmonaire
pulmonary vein

veine^F basilique
basilic vein

veine^F porte
portal vein

artère^F pulmonaire
pulmonary artery

veine^F cave inférieure
inferior vena cava

veine^F rénale
renal vein

veine^F mésentrique supérieure
superior mesenteric vein

artère^F rénale
renal artery

artère^F iliaque commune
common iliac artery

artère^F mésentérique supérieure
superior mesenteric artery

artère^F fémorale
femoral artery

veine^F fémorale
femoral vein

artère^F tibiale antérieure
anterior tibial artery

aorte^F abdominale
abdominal aorta

artère^F dorsale du pied^M
dorsalis pedis artery

artère^F iliaque interne
internal iliac artery

artère^F arquée
arch of foot artery

veine^F saphène interne
great saphenous vein

ORGANES^M GÉNITAUX MASCULINS
MALE GENITAL ORGANS

COUPE^F SAGITTALE
SAGITTAL SECTION

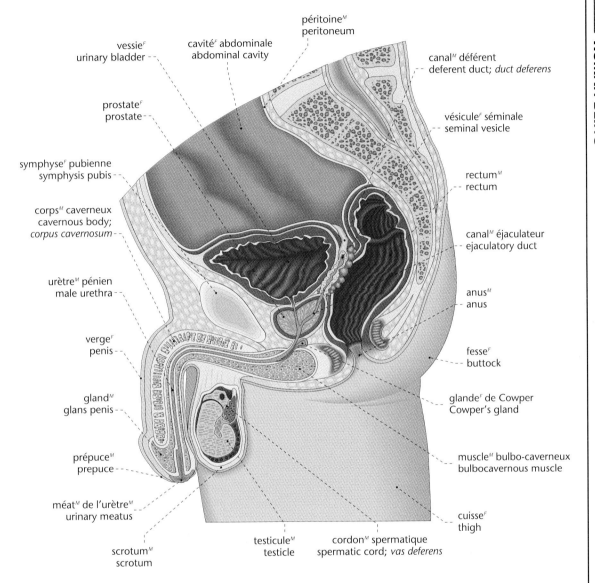

vessie^F
urinary bladder

cavité^F abdominale
abdominal cavity

péritoine^M
peritoneum

canal^M déférent
deferent duct; *duct deferens*

prostate^F
prostate

vésicule^F séminale
seminal vesicle

symphyse^F pubienne
symphysis pubis

rectum^M
rectum

corps^M caverneux
cavernous body;
corpus cavernosum

canal^M éjaculateur
ejaculatory duct

urètre^M pénien
male urethra

anus^M
anus

verge^F
penis

fesse^F
buttock

gland^M
glans penis

glande^F de Cowper
Cowper's gland

prépuce^M
prepuce

muscle^M bulbo-caverneux
bulbocavernous muscle

méat^M de l'urètre^M
urinary meatus

cuisse^F
thigh

scrotum^M
scrotum

testicule^M
testicle

cordon^M spermatique
spermatic cord; *vas deferens*

SPERMATOZOÏDE^M
SPERMATOZOON

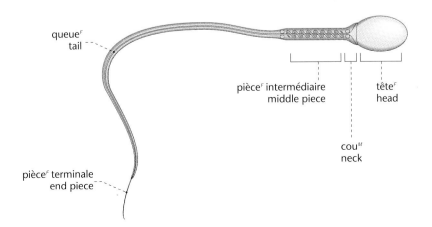

queue^F
tail

pièce^F intermédiaire
middle piece

tête^F
head

cou^M
neck

pièce^F terminale
end piece

ORGANES^M GÉNITAUX FÉMININS
FEMALE GENITAL ORGANS

OVULE^M
EGG

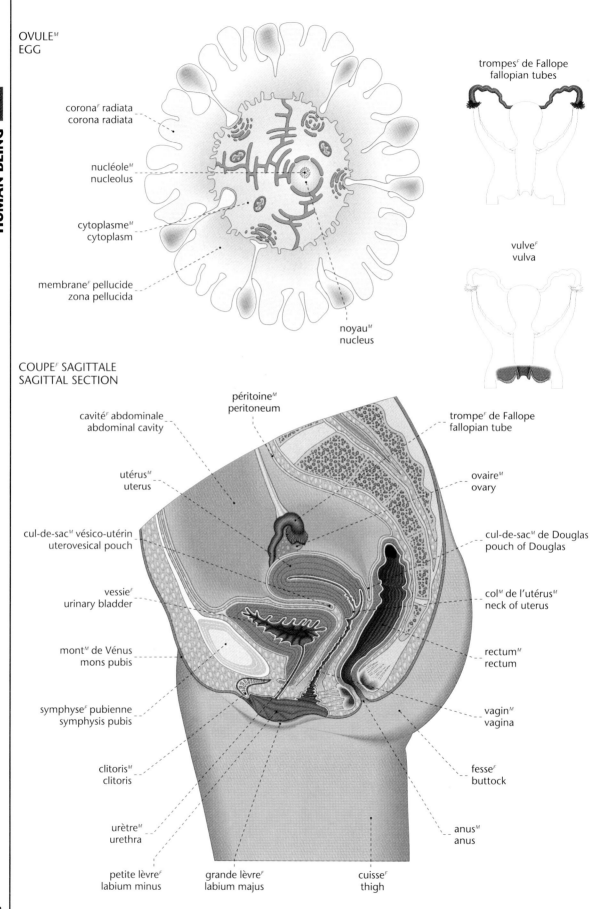

corona^F radiata
corona radiata

nucléole^M
nucleolus

cytoplasme^M
cytoplasm

membrane^F pellucide
zona pellucida

noyau^M
nucleus

trompes^F de Fallope
fallopian tubes

vulve^F
vulva

COUPE^F SAGITTALE
SAGITTAL SECTION

cavité^F abdominale
abdominal cavity

péritoine^M
peritoneum

trompe^F de Fallope
fallopian tube

utérus^M
uterus

ovaire^M
ovary

cul-de-sac^M vésico-utérin
uterovesical pouch

cul-de-sac^M de Douglas
pouch of Douglas

vessie^F
urinary bladder

col^M de l'utérus^M
neck of uterus

mont^M de Vénus
mons pubis

rectum^M
rectum

symphyse^F pubienne
symphysis pubis

vagin^M
vagina

clitoris^M
clitoris

fesse^F
buttock

urètre^M
urethra

anus^M
anus

petite lèvre^F
labium minus

grande lèvre^F
labium majus

cuisse^F
thigh

ORGANES^M GÉNITAUX FÉMININS
FEMALE GENITAL ORGANS

VUE^F POSTÉRIEURE
POSTERIOR VIEW

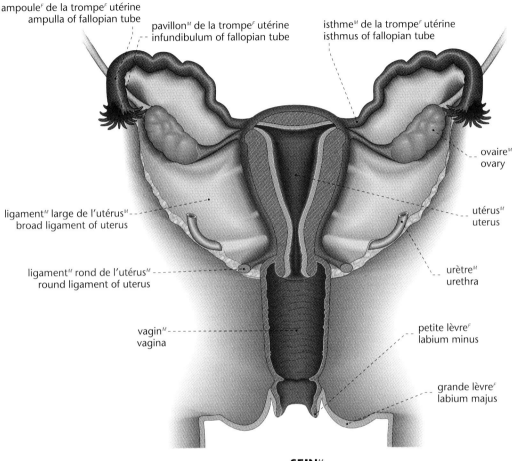

ampoule^F de la trompe^F utérine
ampulla of fallopian tube

pavillon^M de la trompe^F utérine
infundibulum of fallopian tube

isthme^M de la trompe^F utérine
isthmus of fallopian tube

ovaire^M
ovary

ligament^M large de l'utérus^M
broad ligament of uterus

utérus^M
uterus

ligament^M rond de l'utérus^M
round ligament of uterus

urètre^M
urethra

vagin^M
vagina

petite lèvre^F
labium minus

grande lèvre^F
labium majus

SEIN^M
BREAST

COUPE^F SAGITTALE
SAGITTAL SECTION

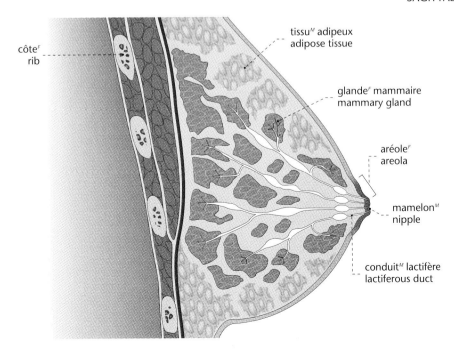

côte^F
rib

tissu^M adipeux
adipose tissue

glande^F mammaire
mammary gland

aréole^F
areola

mamelon^M
nipple

conduit^M lactifère
lactiferous duct

ÊTRE HUMAIN
HUMAN BEING

APPAREIL^M RESPIRATOIRE
RESPIRATORY SYSTEM

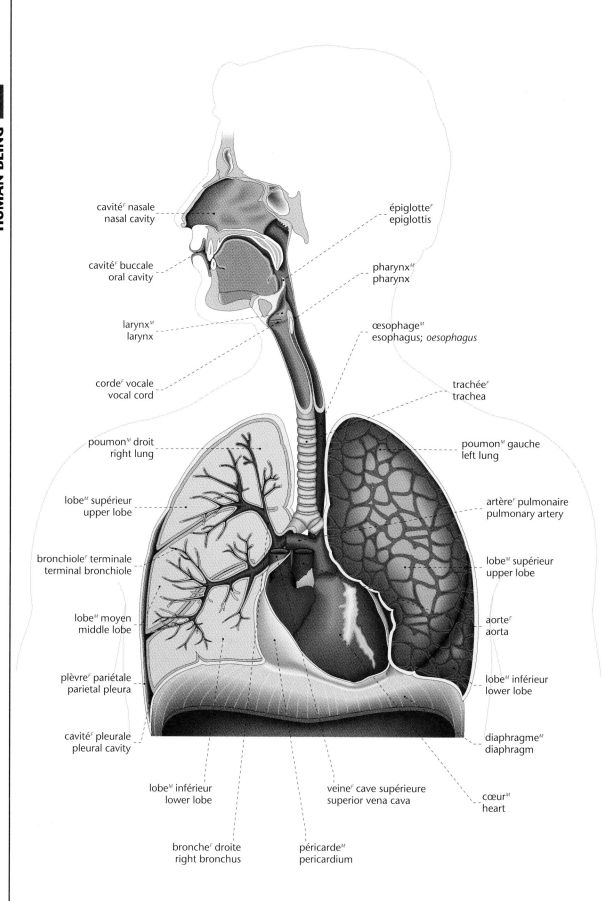

cavité^F nasale
nasal cavity

cavité^F buccale
oral cavity

larynx^M
larynx

corde^F vocale
vocal cord

poumon^M droit
right lung

lobe^M supérieur
upper lobe

bronchiole^F terminale
terminal bronchiole

lobe^M moyen
middle lobe

plèvre^F pariétale
parietal pleura

cavité^F pleurale
pleural cavity

lobe^M inférieur
lower lobe

bronche^F droite
right bronchus

péricarde^M
pericardium

veine^F cave supérieure
superior vena cava

épiglotte^F
epiglottis

pharynx^M
pharynx

œsophage^M
esophagus; *oesophagus*

trachée^F
trachea

poumon^M gauche
left lung

artère^F pulmonaire
pulmonary artery

lobe^M supérieur
upper lobe

aorte^F
aorta

lobe^M inférieur
lower lobe

diaphragme^M
diaphragm

cœur^M
heart

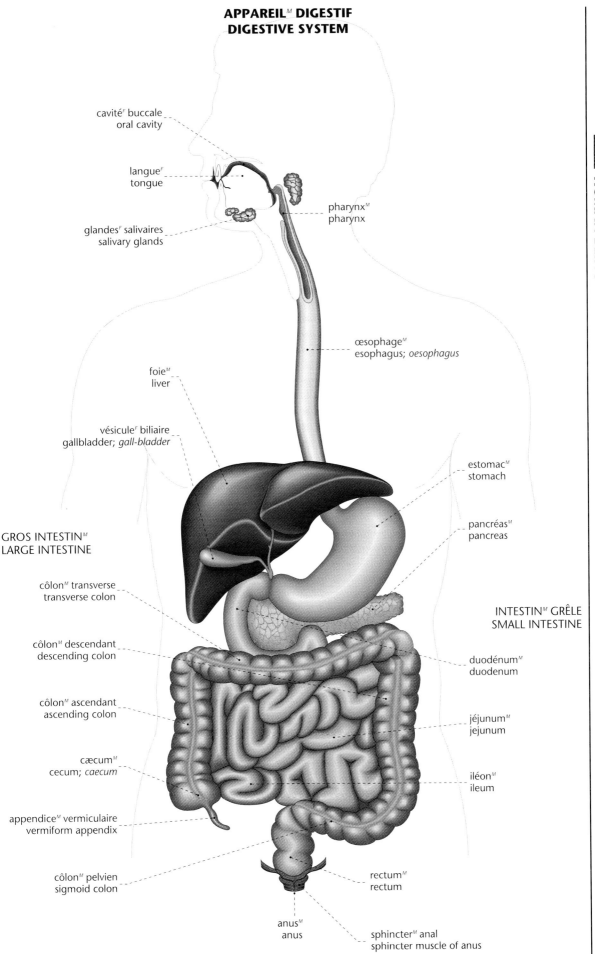

cavité^F buccale
oral cavity

langue^F
tongue

pharynx^M
pharynx

glandes^F salivaires
salivary glands

œsophage^M
esophagus; *oesophagus*

foie^M
liver

vésicule^F biliaire
gallbladder; *gall-bladder*

estomac^M
stomach

pancréas^M
pancreas

GROS INTESTIN^M
LARGE INTESTINE

côlon^M transverse
transverse colon

INTESTIN^M GRÊLE
SMALL INTESTINE

côlon^M descendant
descending colon

duodénum^M
duodenum

côlon^M ascendant
ascending colon

jéjunum^M
jejunum

cæcum^M
cecum; *caecum*

iléon^M
ileum

appendice^M vermiculaire
vermiform appendix

côlon^M pelvien
sigmoid colon

rectum^M
rectum

anus^M
anus

sphincter^M anal
sphincter muscle of anus

APPAREIL^M URINAIRE
URINARY SYSTEM

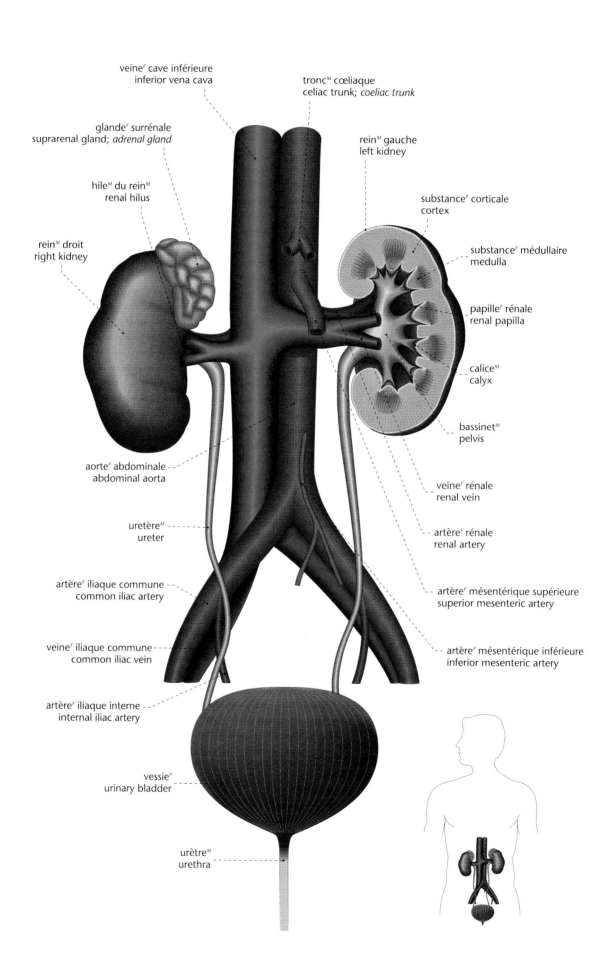

veine^F cave inférieure
inferior vena cava

tronc^M cœliaque
celiac trunk; *coeliac trunk*

glande^F surrénale
suprarenal gland; *adrenal gland*

rein^M gauche
left kidney

hile^M du rein^M
renal hilus

substance^F corticale
cortex

rein^M droit
right kidney

substance^F médullaire
medulla

papille^F rénale
renal papilla

calice^M
calyx

bassinet^M
pelvis

aorte^F abdominale
abdominal aorta

veine^F rénale
renal vein

uretère^M
ureter

artère^F rénale
renal artery

artère^F iliaque commune
common iliac artery

artère^F mésentérique supérieure
superior mesenteric artery

veine^F iliaque commune
common iliac vein

artère^F mésentérique inférieure
inferior mesenteric artery

artère^F iliaque interne
internal iliac artery

vessie^F
urinary bladder

urètre^M
urethra

SYSTÈME^M NERVEUX
NERVOUS SYSTEM

SYSTÈME^M NERVEUX PÉRIPHÉRIQUE
PERIPHERAL NERVOUS SYSTEM

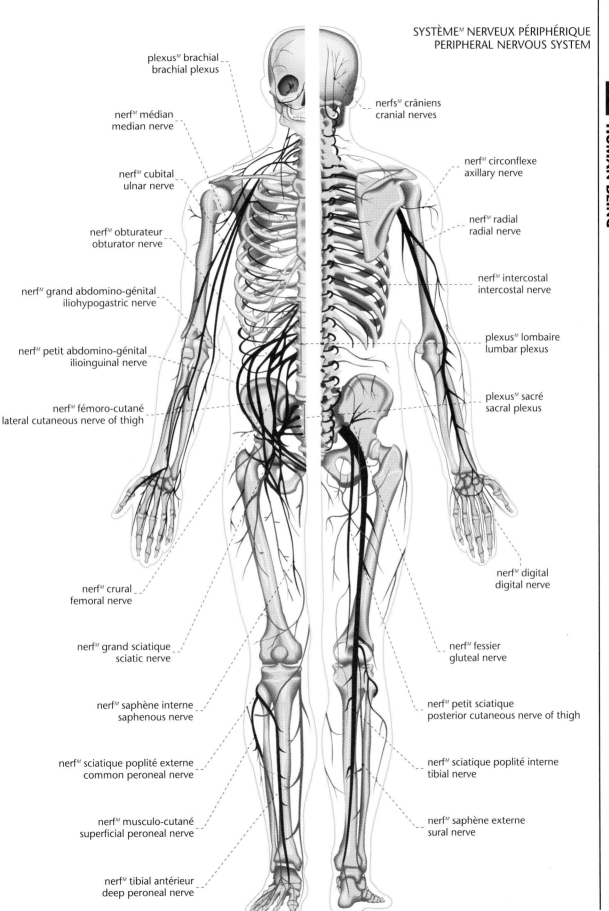

plexus^M brachial
brachial plexus

nerfs^M crâniens
cranial nerves

nerf^M médian
median nerve

nerf^M circonflexe
axillary nerve

nerf^M cubital
ulnar nerve

nerf^M radial
radial nerve

nerf^M obturateur
obturator nerve

nerf^M intercostal
intercostal nerve

nerf^M grand abdomino-génital
iliohypogastric nerve

plexus^M lombaire
lumbar plexus

nerf^M petit abdomino-génital
ilioinguinal nerve

plexus^M sacré
sacral plexus

nerf^M fémoro-cutané
lateral cutaneous nerve of thigh

nerf^M digital
digital nerve

nerf^M crural
femoral nerve

nerf^M grand sciatique
sciatic nerve

nerf^M fessier
gluteal nerve

nerf^M saphène interne
saphenous nerve

nerf^M petit sciatique
posterior cutaneous nerve of thigh

nerf^M sciatique poplité externe
common peroneal nerve

nerf^M sciatique poplité interne
tibial nerve

nerf^M musculo-cutané
superficial peroneal nerve

nerf^M saphène externe
sural nerve

nerf^M tibial antérieur
deep peroneal nerve

SYSTÈME^M NERVEUX CENTRAL
CENTRAL NERVOUS SYSTEM

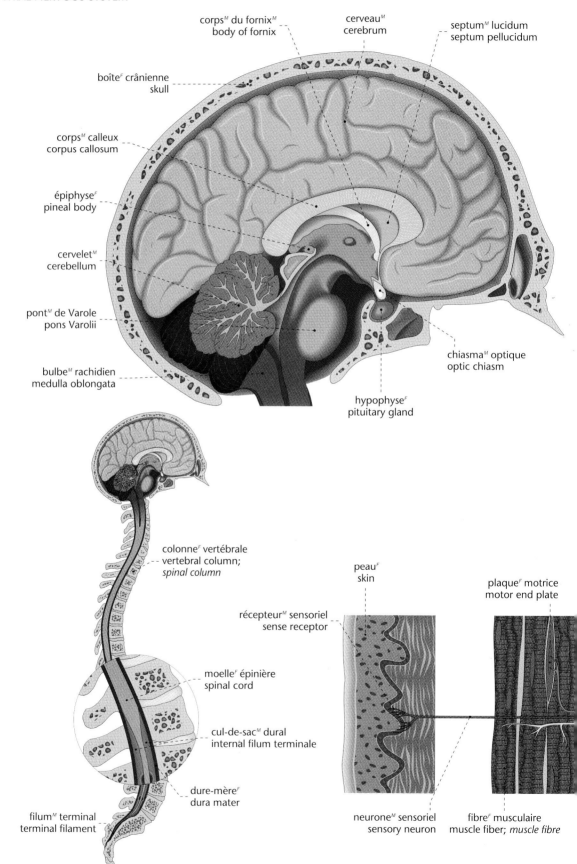

corps^M du fornix^M
body of fornix

cerveau^M
cerebrum

septum^M lucidum
septum pellucidum

boîte^F crânienne
skull

corps^M calleux
corpus callosum

épiphyse^F
pineal body

cervelet^M
cerebellum

pont^M de Varole
pons Varolii

bulbe^M rachidien
medulla oblongata

chiasma^M optique
optic chiasm

hypophyse^F
pituitary gland

colonne^F vertébrale
vertebral column;
spinal column

peau^F
skin

plaque^F motrice
motor end plate

récepteur^M sensoriel
sense receptor

moelle^F épinière
spinal cord

cul-de-sac^M dural
internal filum terminale

dure-mère^F
dura mater

filum^M terminal
terminal filament

neurone^M sensoriel
sensory neuron

fibre^F musculaire
muscle fiber; muscle fibre

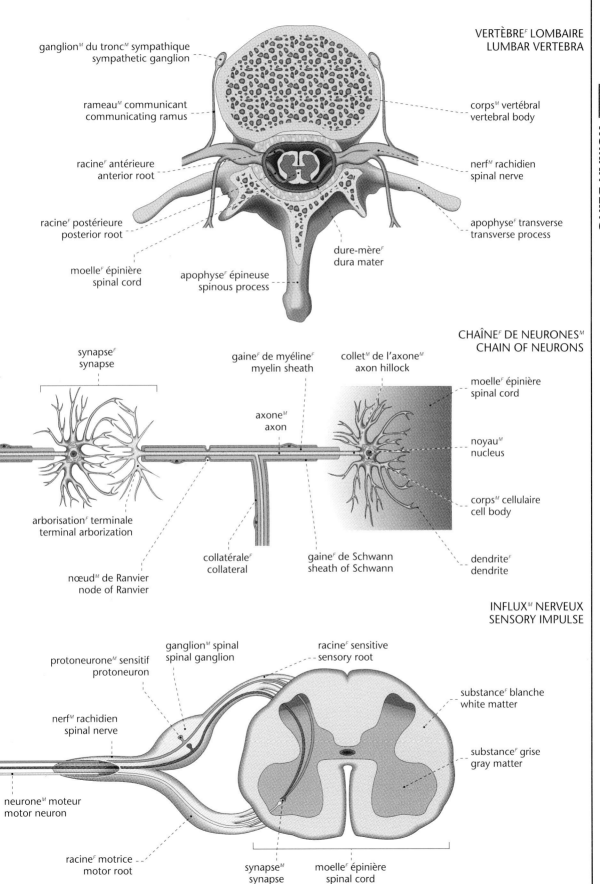

VERTÈBRE^F LOMBAIRE
LUMBAR VERTEBRA

ganglion^M du tronc^M sympathique
sympathetic ganglion

rameau^M communicant
communicating ramus

racine^F antérieure
anterior root

racine^F postérieure
posterior root

moelle^F épinière
spinal cord

apophyse^F épineuse
spinous process

corps^M vertébral
vertebral body

nerf^M rachidien
spinal nerve

apophyse^F transverse
transverse process

dure-mère^F
dura mater

CHAÎNE^F DE NEURONES^M
CHAIN OF NEURONS

synapse^F
synapse

gaine^F de myéline^F
myelin sheath

collet^M de l'axone^M
axon hillock

moelle^F épinière
spinal cord

axone^M
axon

noyau^M
nucleus

corps^M cellulaire
cell body

arborisation^F terminale
terminal arborization

collatérale^F
collateral

gaine^F de Schwann
sheath of Schwann

dendrite^F
dendrite

nœud^M de Ranvier
node of Ranvier

INFLUX^M NERVEUX
SENSORY IMPULSE

protoneurone^M sensitif
protoneuron

ganglion^M spinal
spinal ganglion

racine^F sensitive
sensory root

substance^F blanche
white matter

nerf^M rachidien
spinal nerve

substance^F grise
gray matter

neurone^M moteur
motor neuron

racine^F motrice
motor root

synapse^M
synapse

moelle^F épinière
spinal cord

ÊTRE HUMAIN
HUMAN BEING

PEAU^F
SKIN

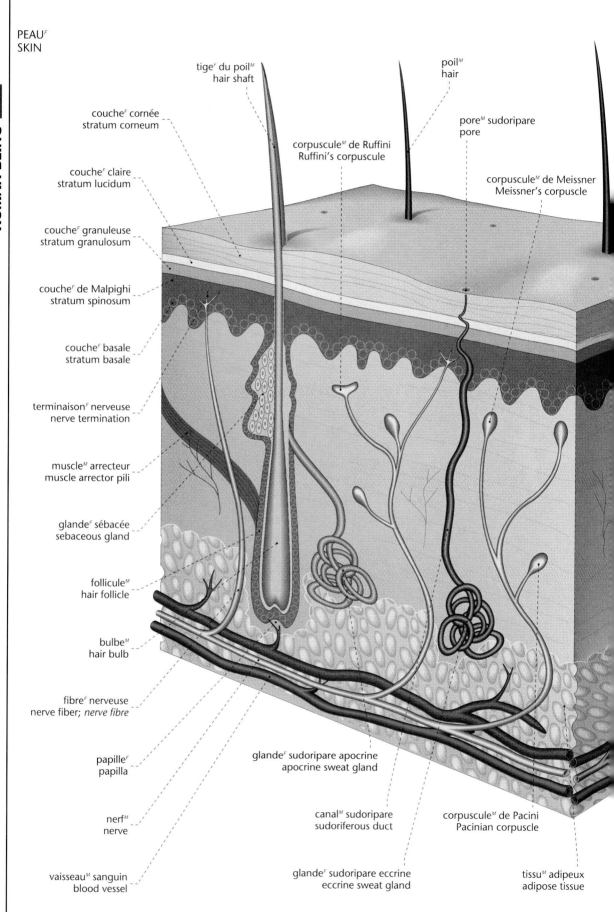

tige^F du poil^M
hair shaft

poil^M
hair

couche^F cornée
stratum corneum

pore^M sudoripare
pore

corpuscule^M de Ruffini
Ruffini's corpuscle

corpuscule^M de Meissner
Meissner's corpuscle

couche^F claire
stratum lucidum

couche^F granuleuse
stratum granulosum

couche^F de Malpighi
stratum spinosum

couche^F basale
stratum basale

terminaison^F nerveuse
nerve termination

muscle^M arrecteur
muscle arrector pili

glande^F sébacée
sebaceous gland

follicule^M
hair follicle

bulbe^M
hair bulb

fibre^F nerveuse
nerve fiber; *nerve fibre*

papille^F
papilla

nerf^M
nerve

vaisseau^M sanguin
blood vessel

glande^F sudoripare apocrine
apocrine sweat gland

canal^M sudoripare
sudoriferous duct

corpuscule^M de Pacini
Pacinian corpuscle

glande^F sudoripare eccrine
eccrine sweat gland

tissu^M adipeux
adipose tissue

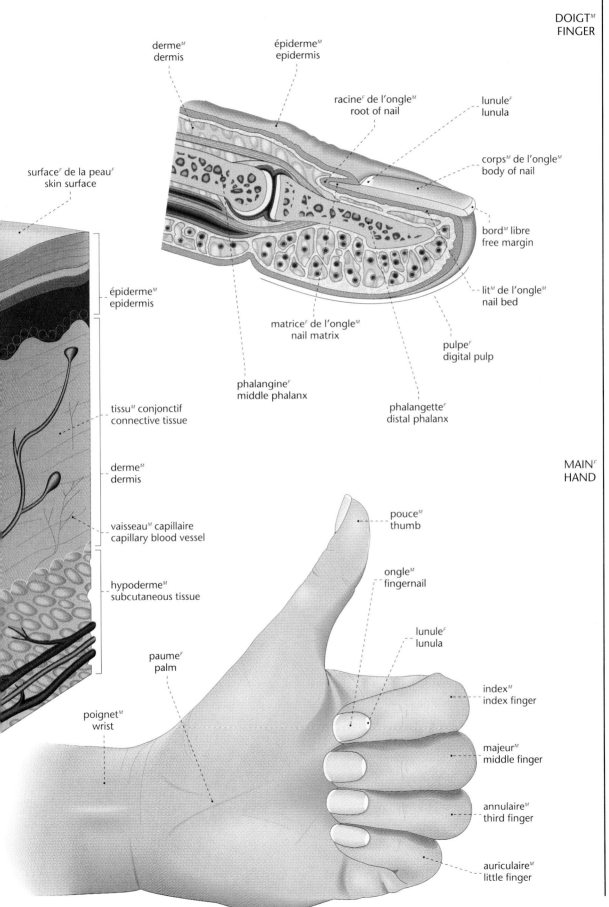

derme^M
dermis

épiderme^M
epidermis

racine^F de l'ongle^M
root of nail

lunule^F
lunula

corps^M de l'ongle^M
body of nail

surface^F de la peau^F
skin surface

bord^M libre
free margin

épiderme^M
epidermis

lit^M de l'ongle^M
nail bed

tissu^M conjonctif
connective tissue

matrice^F de l'ongle^M
nail matrix

pulpe^F
digital pulp

derme^M
dermis

vaisseau^M capillaire
capillary blood vessel

phalangine^F
middle phalanx

phalangette^F
distal phalanx

hypoderme^M
subcutaneous tissue

MAIN^F
HAND

pouce^M
thumb

ongle^M
fingernail

paume^F
palm

lunule^F
lunula

poignet^M
wrist

index^M
index finger

majeur^M
middle finger

annulaire^M
third finger

auriculaire^M
little finger

137

PARTIES^F DE L'OREILLE^F
PARTS OF THE EAR

OSSELETS^M
AUDITORY OSSICLES

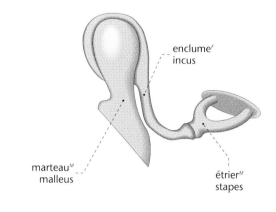

enclume^F
incus

marteau^M
malleus

étrier^M
stapes

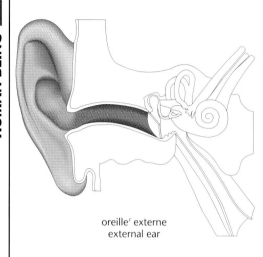

oreille^F externe
external ear

pavillon^M
auricle

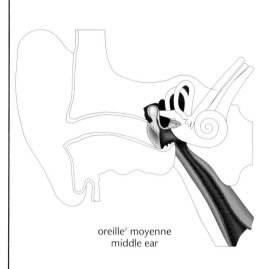

oreille^F moyenne
middle ear

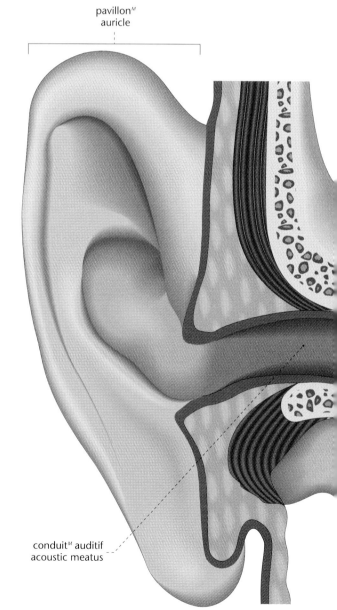

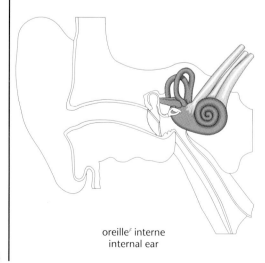

oreille^F interne
internal ear

conduit^M auditif
acoustic meatus

138

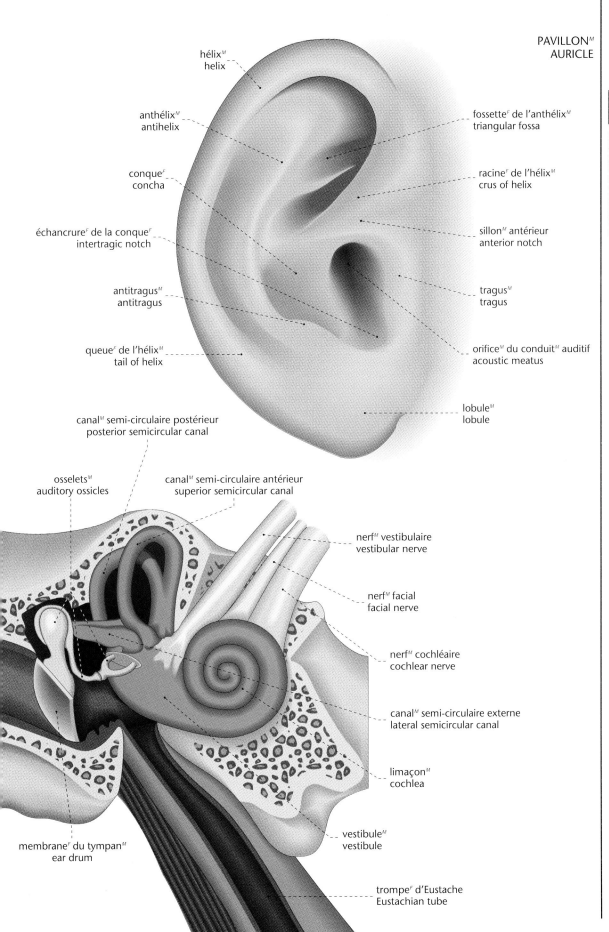

hélix^M
helix

anthélix^M
antihelix

conque^F
concha

échancrure^F de la conque^F
intertragic notch

antitragus^M
antitragus

queue^F de l'hélix^M
tail of helix

fossette^F de l'anthélix^M
triangular fossa

racine^F de l'hélix^M
crus of helix

sillon^M antérieur
anterior notch

tragus^M
tragus

orifice^M du conduit^M auditif
acoustic meatus

lobule^M
lobule

canal^M semi-circulaire postérieur
posterior semicircular canal

osselets^M
auditory ossicles

canal^M semi-circulaire antérieur
superior semicircular canal

nerf^M vestibulaire
vestibular nerve

nerf^M facial
facial nerve

nerf^M cochléaire
cochlear nerve

canal^M semi-circulaire externe
lateral semicircular canal

limaçon^M
cochlea

vestibule^M
vestibule

membrane^F du tympan^M
ear drum

trompe^F d'Eustache
Eustachian tube

ORGANES^M DES SENS^M : VUE^F
SENSE ORGANS: SIGHT

ŒIL^M
EYE

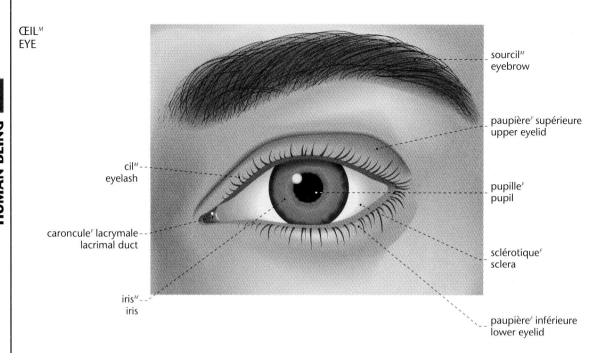

sourcil^M
eyebrow

paupière^F supérieure
upper eyelid

pupille^F
pupil

sclérotique^F
sclera

paupière^F inférieure
lower eyelid

cil^M
eyelash

caroncule^F lacrymale
lacrimal duct

iris^M
iris

GLOBE^M OCULAIRE
EYEBALL

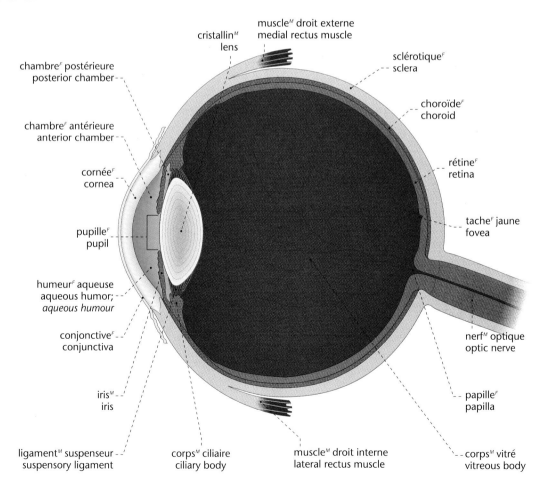

cristallin^M
lens

muscle^M droit externe
medial rectus muscle

sclérotique^F
sclera

choroïde^F
choroid

rétine^F
retina

tache^F jaune
fovea

nerf^M optique
optic nerve

papille^F
papilla

corps^M vitré
vitreous body

chambre^F postérieure
posterior chamber

chambre^F antérieure
anterior chamber

cornée^F
cornea

pupille^F
pupil

humeur^F aqueuse
aqueous humor;
aqueous humour

conjonctive^F
conjunctiva

iris^M
iris

ligament^M suspenseur
suspensory ligament

corps^M ciliaire
ciliary body

muscle^M droit interne
lateral rectus muscle

140

ORGANES^M DES SENS^M: ODORAT^M
SENSE ORGANS: SMELL

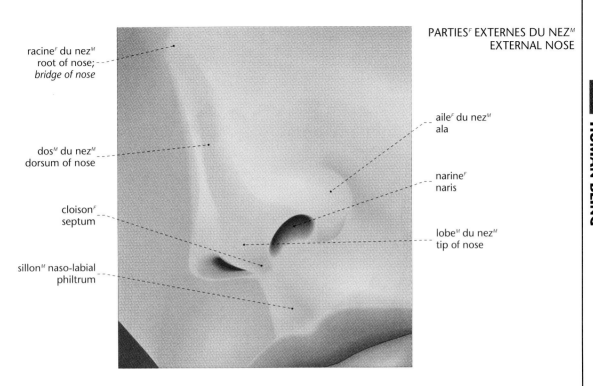

PARTIES^F EXTERNES DU NEZ^M
EXTERNAL NOSE

racine^F du nez^M
root of nose;
bridge of nose

dos^M du nez^M
dorsum of nose

cloison^F
septum

sillon^M naso-labial
philtrum

aile^F du nez^M
ala

narine^F
naris

lobe^M du nez^M
tip of nose

FOSSES^F NASALES
NASAL FOSSAE

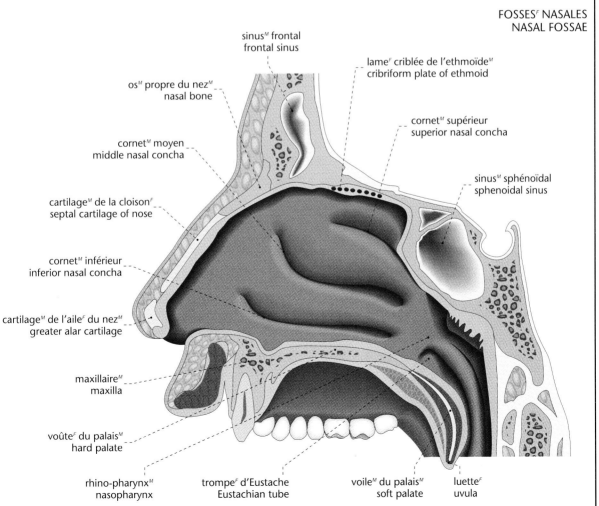

sinus^M frontal
frontal sinus

os^M propre du nez^M
nasal bone

cornet^M moyen
middle nasal concha

cartilage^M de la cloison^F
septal cartilage of nose

cornet^M inférieur
inferior nasal concha

cartilage^M de l'aile^F du nez^M
greater alar cartilage

maxillaire^M
maxilla

voûte^F du palais^M
hard palate

lame^F criblée de l'ethmoïde^M
cribriform plate of ethmoid

cornet^M supérieur
superior nasal concha

sinus^M sphénoïdal
sphenoidal sinus

rhino-pharynx^M
nasopharynx

trompe^F d'Eustache
Eustachian tube

voile^M du palais^M
soft palate

luette^F
uvula

BOUCHE*ᶠ*
MOUTH

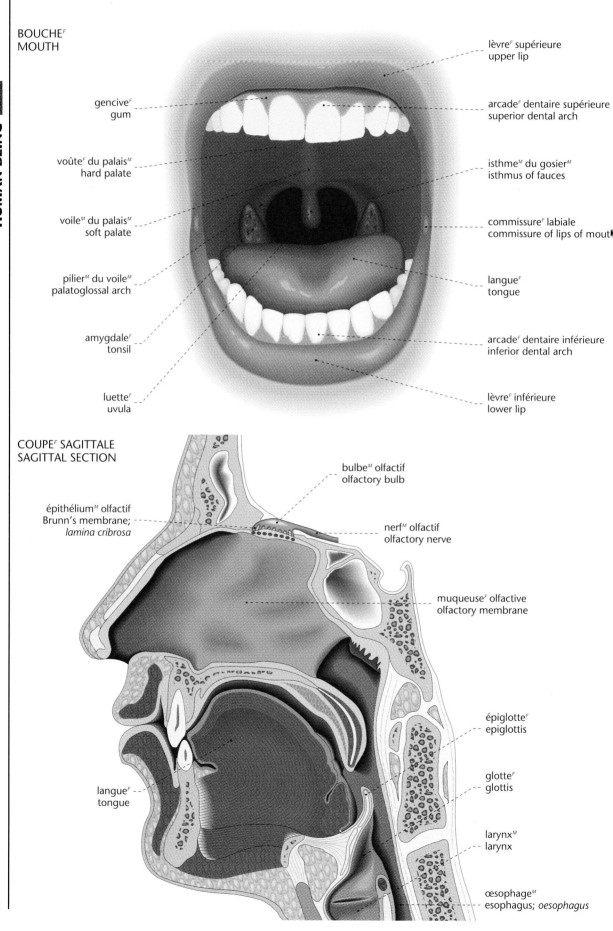

lèvre*ᶠ* supérieure
upper lip

gencive*ᶠ*
gum

arcade*ᶠ* dentaire supérieure
superior dental arch

voûte*ᶠ* du palais*ᴹ*
hard palate

isthme*ᴹ* du gosier*ᴹ*
isthmus of fauces

voile*ᴹ* du palais*ᴹ*
soft palate

commissure*ᶠ* labiale
commissure of lips of mouth

pilier*ᴹ* du voile*ᴹ*
palatoglossal arch

langue*ᶠ*
tongue

amygdale*ᶠ*
tonsil

arcade*ᶠ* dentaire inférieure
inferior dental arch

luette*ᶠ*
uvula

lèvre*ᶠ* inférieure
lower lip

COUPE*ᶠ* SAGITTALE
SAGITTAL SECTION

bulbe*ᴹ* olfactif
olfactory bulb

épithélium*ᴹ* olfactif
Brunn's membrane;
lamina cribrosa

nerf*ᴹ* olfactif
olfactory nerve

muqueuse*ᶠ* olfactive
olfactory membrane

épiglotte*ᶠ*
epiglottis

glotte*ᶠ*
glottis

langue*ᶠ*
tongue

larynx*ᴹ*
larynx

œsophage*ᴹ*
esophagus; *oesophagus*

142

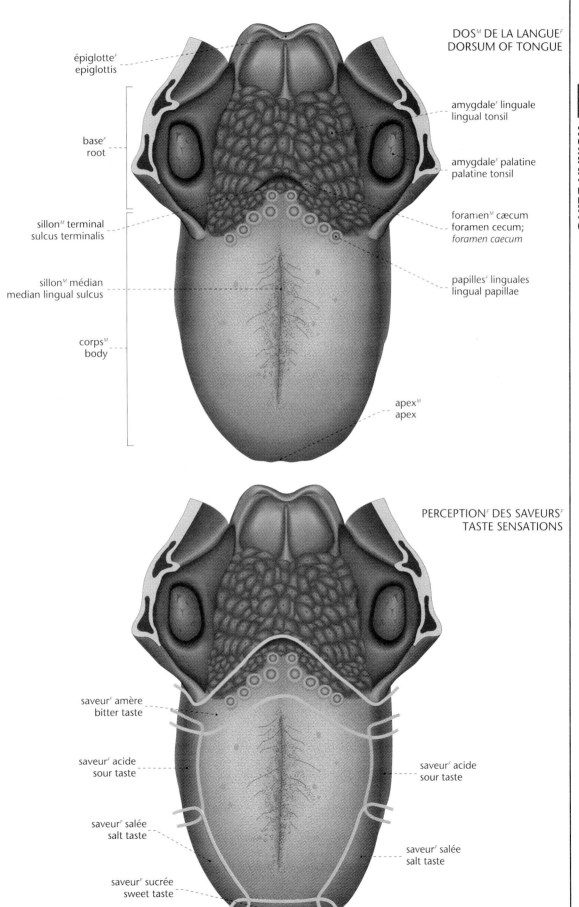

DOS^M DE LA LANGUE^F
DORSUM OF TONGUE

épiglotte^F
epiglottis

base^F
root

sillon^M terminal
sulcus terminalis

sillon^M médian
median lingual sulcus

corps^M
body

amygdale^F linguale
lingual tonsil

amygdale^F palatine
palatine tonsil

foramen^M cæcum
foramen cecum;
foramen caecum

papilles^F linguales
lingual papillae

apex^M
apex

PERCEPTION^F DES SAVEURS^F
TASTE SENSATIONS

saveur^F amère
bitter taste

saveur^F acide
sour taste

saveur^F salée
salt taste

saveur^F sucrée
sweet taste

saveur^F acide
sour taste

saveur^F salée
salt taste

DENTS^F
TEETH

DENTURE^F HUMAINE
HUMAN DENTURE

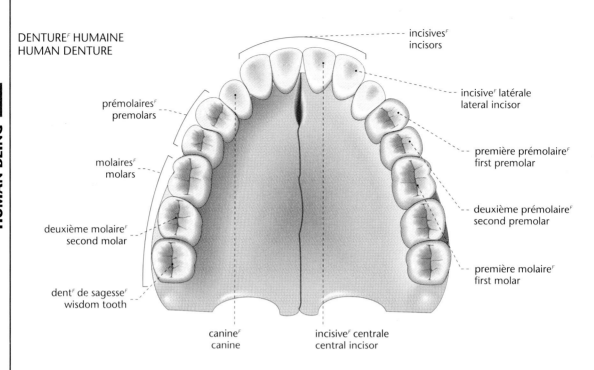

incisives^F
incisors

prémolaires^F
premolars

molaires^F
molars

deuxième molaire^F
second molar

dent^F de sagesse^F
wisdom tooth

incisive^F latérale
lateral incisor

première prémolaire^F
first premolar

deuxième prémolaire^F
second premolar

première molaire^F
first molar

canine^F
canine

incisive^F centrale
central incisor

COUPE^F D'UNE MOLAIRE^F
CROSS SECTION OF A MOLAR

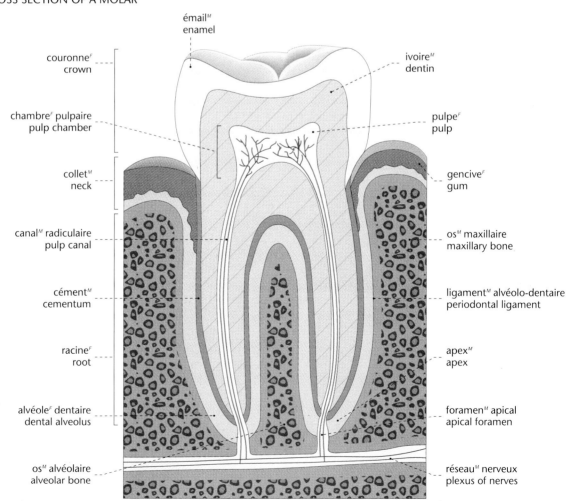

émail^M
enamel

couronne^F
crown

chambre^F pulpaire
pulp chamber

collet^M
neck

canal^M radiculaire
pulp canal

cément^M
cementum

racine^F
root

alvéole^F dentaire
dental alveolus

os^M alvéolaire
alveolar bone

ivoire^M
dentin

pulpe^F
pulp

gencive^F
gum

os^M maxillaire
maxillary bone

ligament^M alvéolo-dentaire
periodontal ligament

apex^M
apex

foramen^M apical
apical foramen

réseau^M nerveux
plexus of nerves

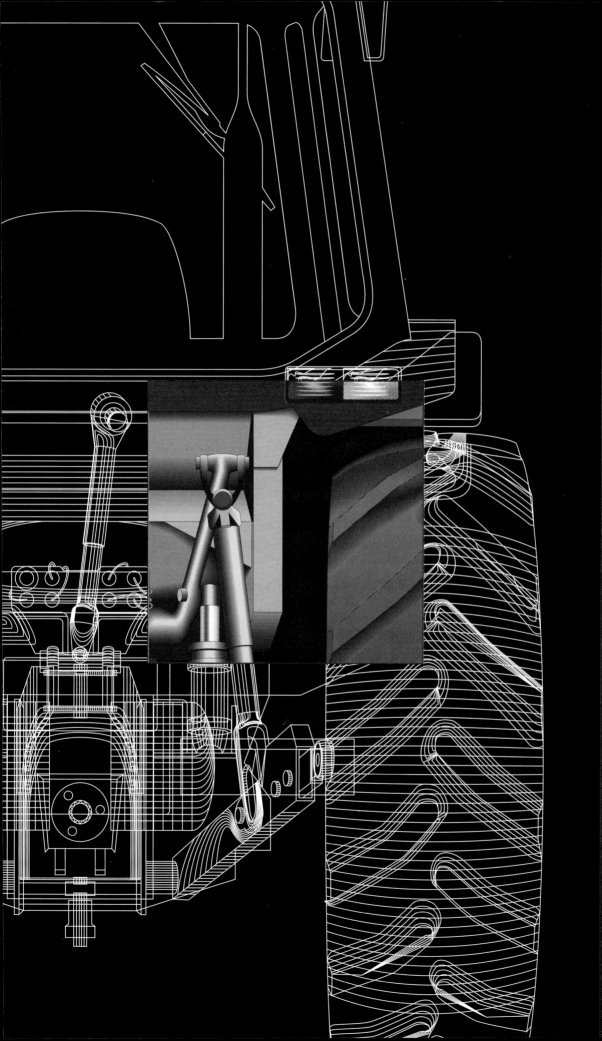

SOMMAIRE

TRACTEUR AGRICOLE..147

FERME..148

ANIMAUX DE LA FERME..150

PRINCIPALES VARIÉTÉS DE CÉRÉALES 152

PAIN 153

ÉTAPES DE LA CULTURE DU SOL 154

RETOURNER LA TERRE...156

FERTILISER LA TERRE...156

AMEUBLIR LA TERRE...157

SEMER..158

FAUCHER 158

FANER...159

RÉCOLTER..159

ENSILER...162

TRACTEUR^M AGRICOLE
TRACTOR

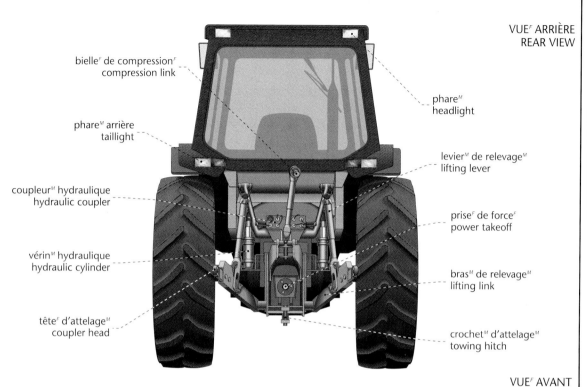

VUE^F ARRIÈRE
REAR VIEW

bielle^F de compression^F
compression link

phare^M
headlight

phare^M arrière
taillight

levier^M de relevage^M
lifting lever

coupleur^M hydraulique
hydraulic coupler

prise^F de force^F
power takeoff

vérin^M hydraulique
hydraulic cylinder

bras^M de relevage^M
lifting link

tête^F d'attelage^M
coupler head

crochet^M d'attelage^M
towing hitch

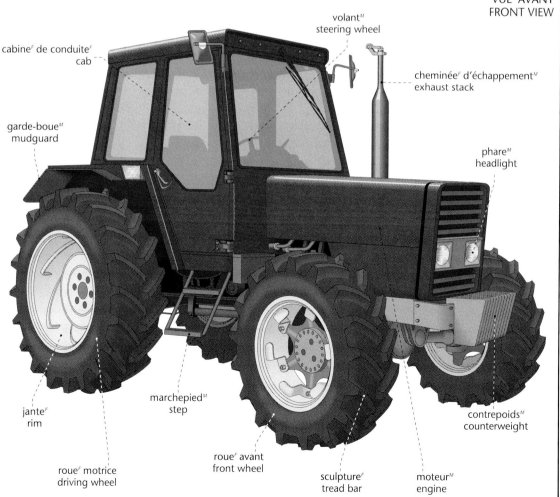

VUE^F AVANT
FRONT VIEW

volant^M
steering wheel

cabine^F de conduite^F
cab

cheminée^F d'échappement^M
exhaust stack

garde-boue^M
mudguard

phare^M
headlight

jante^F
rim

marchepied^M
step

contrepoids^M
counterweight

roue^F motrice
driving wheel

roue^F avant
front wheel

sculpture^F
tread bar

moteur^M
engine

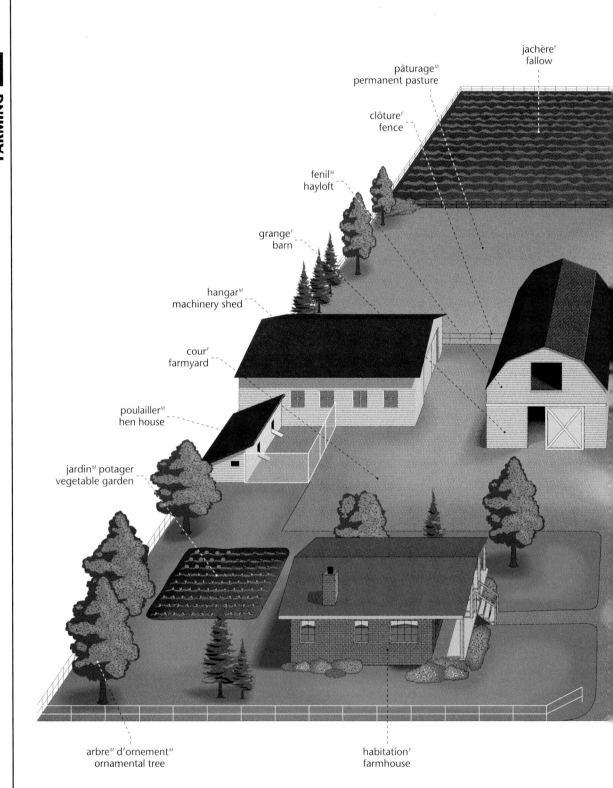

jachère^F
fallow

pâturage^M
permanent pasture

clôture^F
fence

fenil^M
hayloft

grange^F
barn

hangar^M
machinery shed

cour^F
farmyard

poulailler^M
hen house

jardin^M potager
vegetable garden

arbre^M d'ornement^M
ornamental tree

habitation^F
farmhouse

maïs^M fourrager
fodder corn

prairie^F
meadow

laiterie^F
dairy

étable^F
cowshed

silo^M-tour^F
tower silo

silo^M-couloir^M
bunker silo

porcherie^F
pigsty

enclos^M
enclosure

verger^M
orchard

serre^F
greenhouse

bergerie^F
sheep shelter

arbre^M fruitier
fruit tree

ruche^F
hive

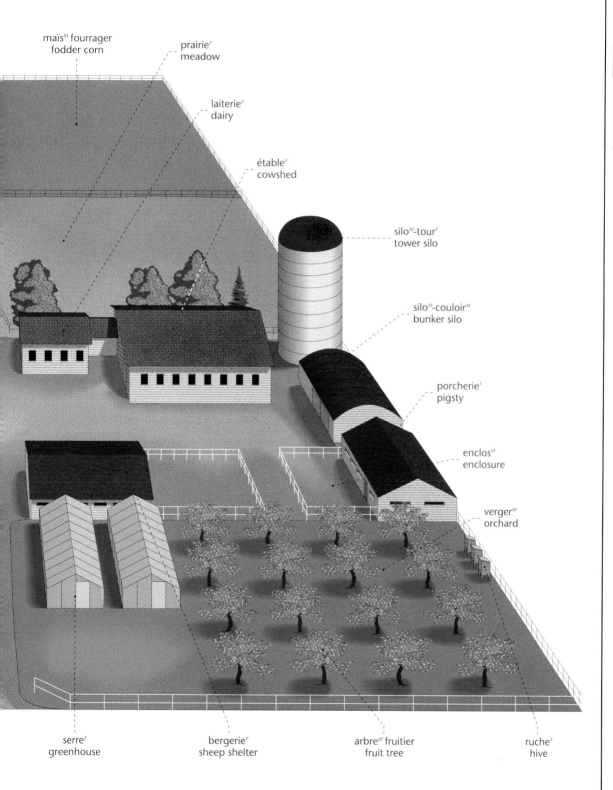

ANIMAUX^M DE LA FERME^F
FARM ANIMALS

poule^F
hen

poussin^M
chick

coq^M
rooster

canard^M
duck

oie^F
goose

dindon^M
turkey

chèvre^F
goat

agneau^M
lamb

mouton^M
sheep

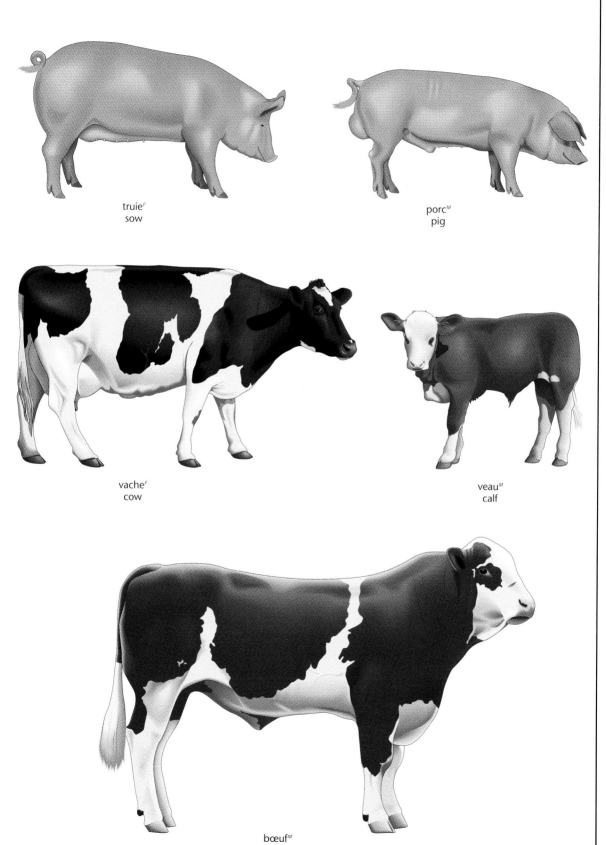

truie^F
sow

porc^M
pig

vache^F
cow

veau^M
calf

bœuf^M
ox

PRINCIPALES VARIÉTÉS^F DE CÉRÉALES^F
MAJOR TYPES OF CEREALS

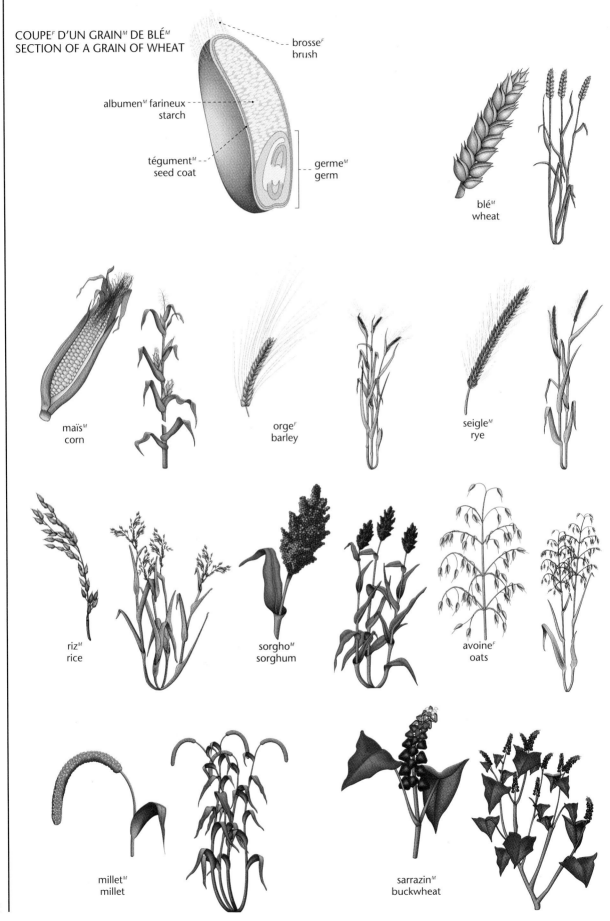

COUPE^F D'UN GRAIN^M DE BLÉ^M
SECTION OF A GRAIN OF WHEAT

brosse^F
brush

albumen^M farineux
starch

tégument^M
seed coat

germe^M
germ

blé^M
wheat

maïs^M
corn

orge^F
barley

seigle^M
rye

riz^M
rice

sorgho^M
sorghum

avoine^F
oats

millet^M
millet

sarrazin^M
buckwheat

PAIN^M
BREAD

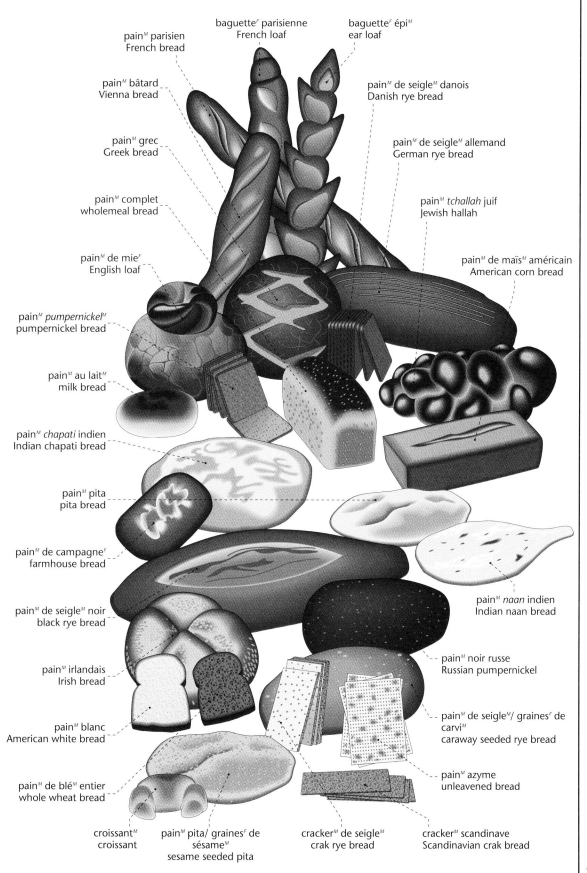

baguette^F parisienne
French loaf

baguette^F épi^M
ear loaf

pain^M parisien
French bread

pain^M bâtard
Vienna bread

pain^M de seigle^M danois
Danish rye bread

pain^M de seigle^M allemand
German rye bread

pain^M grec
Greek bread

pain^M *tchallah* juif
Jewish hallah

pain^M complet
wholemeal bread

pain^M de maïs^M américain
American corn bread

pain^M de mie^F
English loaf

pain^M *pumpernickel*^M
pumpernickel bread

pain^M au lait^M
milk bread

pain^M *chapati* indien
Indian chapati bread

pain^M pita
pita bread

pain^M de campagne^F
farmhouse bread

pain^M *naan* indien
Indian naan bread

pain^M de seigle^M noir
black rye bread

pain^M noir russe
Russian pumpernickel

pain^M irlandais
Irish bread

pain^M de seigle^M/ graines^F de
carvi^M
caraway seeded rye bread

pain^M blanc
American white bread

pain^M azyme
unleavened bread

pain^M de blé^M entier
whole wheat bread

croissant^M
croissant

pain^M pita/ graines^F de
sésame^M
sesame seeded pita

cracker^M de seigle^M
crak rye bread

cracker^M scandinave
Scandinavian crak bread

ÉTAPES^F DE LA CULTURE^F DU SOL^M
STEPS FOR CULTIVATING SOIL

RETOURNER LA TERRE^F
PLOWING SOIL

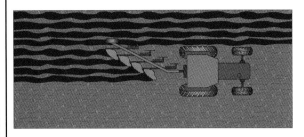

charrue^F à soc^M
ribbing plow; *ribbing plough*

FERTILISER LA TERRE^F
FERTILIZING SOIL

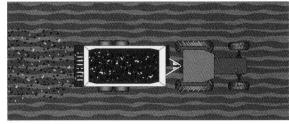

épandeur^M de fumier^M
manure spreader

AMEUBLIR LA TERRE^F
PULVERIZING SOIL

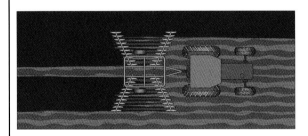

pulvérisateur^M tandem^M
tandem disk harrow; *tandem disc harrow*

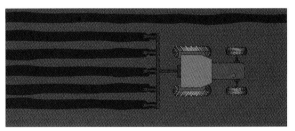

cultivateur^M
cultivator

SEMER
PLANTING

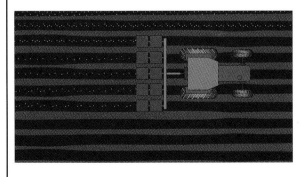

semoir^M en lignes^F
seed drill

FAUCHER
MOWING

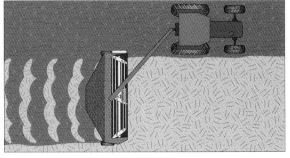

faucheuse^F-conditionneuse^F
flail mower

154

FANER
TEDDING

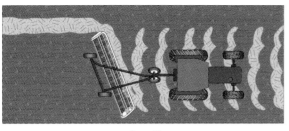

râteau^M
rake

RÉCOLTER
HARVESTING

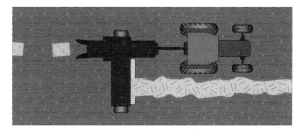

ramasseuse^F-presse^F
hay baler

RÉCOLTER
HARVESTING

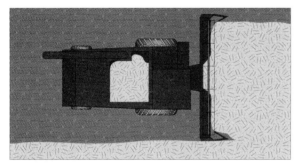

moissonneuse^F-batteuse^F
combine harvester

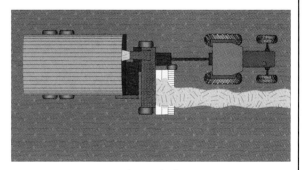

fourragère^F
forage harvester

ENSILER
ENSILING

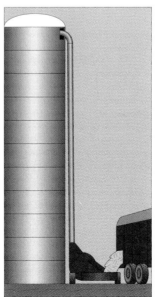

souffleuse^F de fourrage^M
forage blower

RETOURNER LA TERRE^F
PLOWING SOIL

CHARRUE^F À SOC^M
RIBBING PLOW;
RIBBING PLOUGH

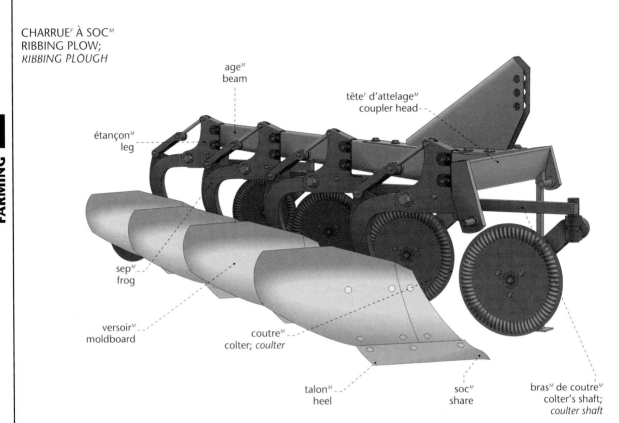

age^M
beam

tête^F d'attelage^M
coupler head

étançon^M
leg

sep^M
frog

versoir^M
moldboard

coutre^M
colter; *coulter*

talon^M
heel

soc^M
share

bras^M de coutre^M
colter's shaft;
coulter shaft

FERTILISER LA TERRE^F
FERTILIZING SOIL

ÉPANDEUR^M DE FUMIER^M
MANURE SPREADER

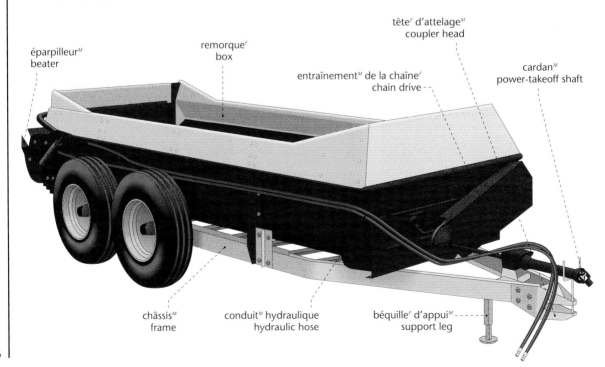

tête^F d'attelage^M
coupler head

éparpilleur^M
beater

remorque^F
box

cardan^M
power-takeoff shaft

entraînement^M de la chaîne^F
chain drive

châssis^M
frame

conduit^M hydraulique
hydraulic hose

béquille^F d'appui^M
support leg

156

AMEUBLIR LA TERRE^F
PULVERIZING SOIL

PULVÉRISEUR^M TANDEM^M
TANDEM DISK HARROW; *TANDEM DISC HARROW*

châssis^M
frame

ajustement^M de la hauteur^F
height adjustment

bras^M
arm

disque^M
disk; *disc*

conduit^M hydraulique
hydraulic hose

tête^F d'attelage^M
coupler head

FERME
FARMING

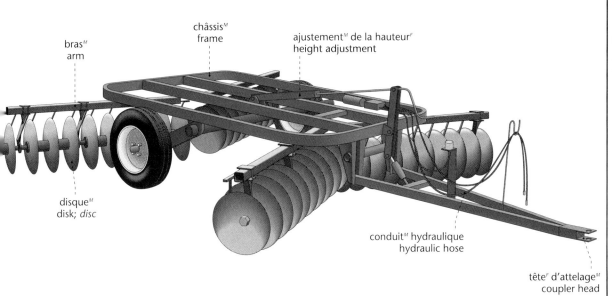

CULTIVATEUR^M
CULTIVATOR

châssis^M
frame

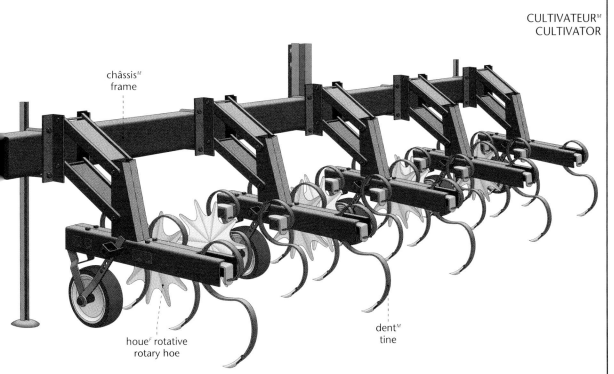

houe^F rotative
rotary hoe

dent^M
tine

157

SEMOIR^M **EN LIGNES**^F
SEED DRILL

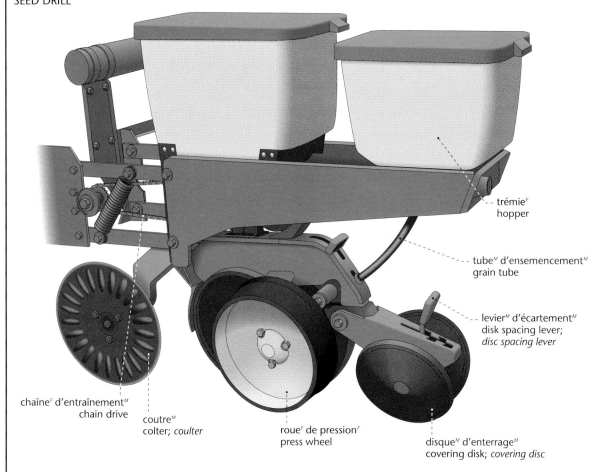

trémie^F
hopper

tube^M d'ensemencement^M
grain tube

levier^M d'écartement^M
disk spacing lever;
disc spacing lever

chaîne^F d'entraînement^M
chain drive

coutre^M
colter; *coulter*

roue^F de pression^F
press wheel

disque^M d'enterrage^M
covering disk; *covering disc*

FAUCHER
MOWING

FAUCHEUSE^F-CONDITIONNEUSE^F
FLAIL MOWER

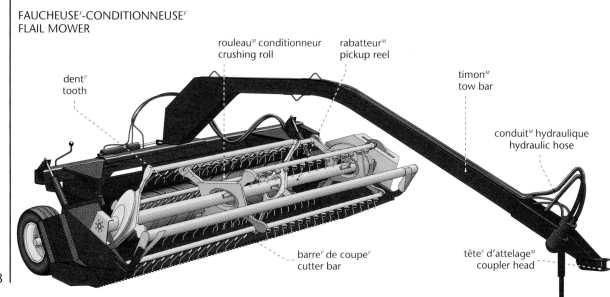

rouleau^M conditionneur
crushing roll

rabatteur^M
pickup reel

timon^M
tow bar

dent^F
tooth

conduit^M hydraulique
hydraulic hose

barre^F de coupe^F
cutter bar

tête^F d'attelage^M
coupler head

FANER
TEDDING

RÂTEAU^M
RAKE

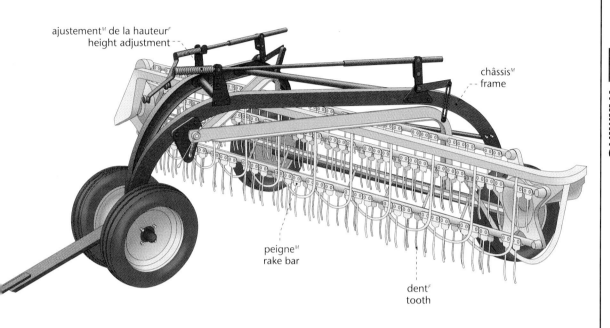

ajustement^M de la hauteur^F
height adjustment

châssis^M
frame

peigne^M
rake bar

dent^F
tooth

RÉCOLTER
HARVESTING

RAMASSEUSE^F-PRESSE^F
HAY BALER

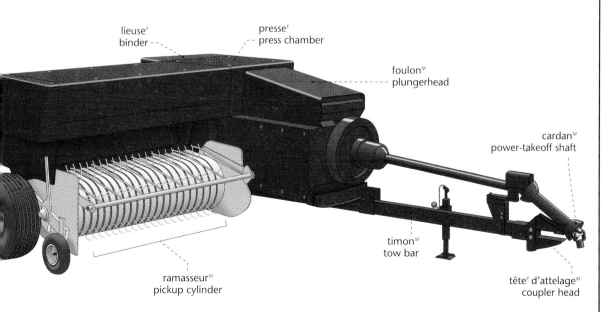

lieuse^F
binder

presse^F
press chamber

foulon^M
plungerhead

cardan^M
power-takeoff shaft

timon^M
tow bar

ramasseur^M
pickup cylinder

tête^F d'attelage^M
coupler head

159

MOISSONNEUSE*F*-BATTEUSE*F*
COMBINE HARVESTER

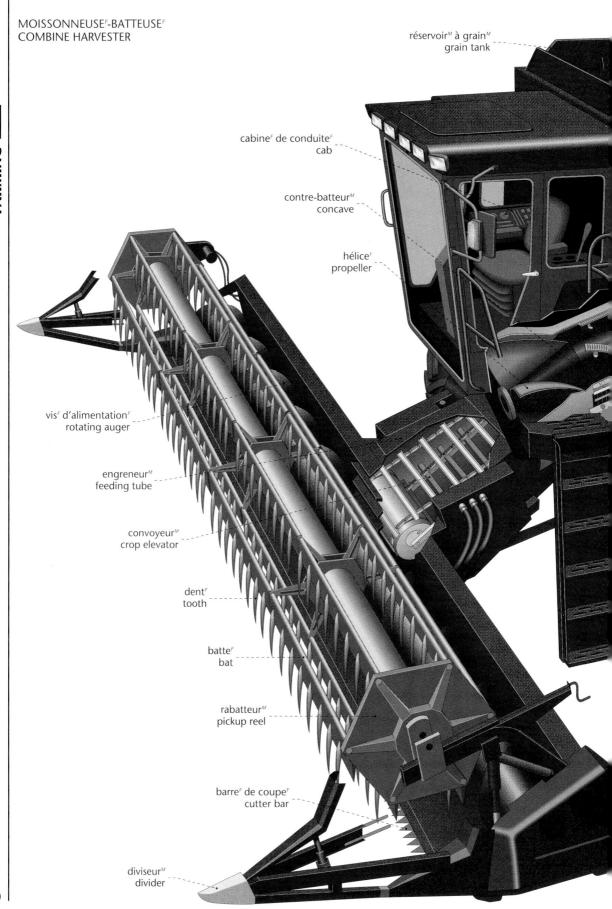

réservoir*M* à grain*M*
grain tank

cabine*F* de conduite*F*
cab

contre-batteur*M*
concave

hélice*F*
propeller

vis*F* d'alimentation*F*
rotating auger

engreneur*M*
feeding tube

convoyeur*M*
crop elevator

dent*F*
tooth

batte*F*
bat

rabatteur*M*
pickup reel

barre*F* de coupe*F*
cutter bar

diviseur*M*
divider

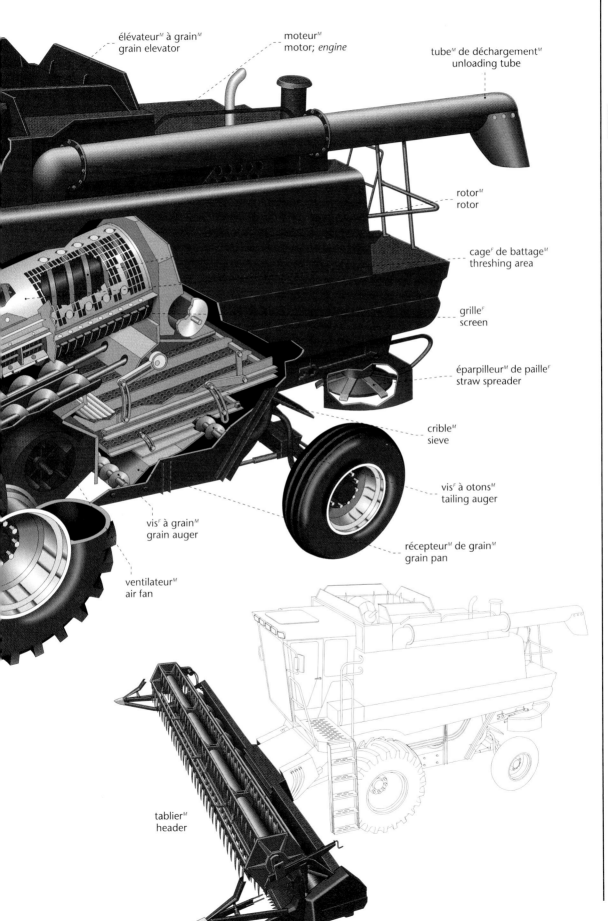

élévateur^M à grain^M
grain elevator

moteur^M
motor; *engine*

tube^M de déchargement^M
unloading tube

rotor^M
rotor

cage^F de battage^M
threshing area

grille^F
screen

éparpilleur^M de paille^F
straw spreader

crible^M
sieve

vis^F à otons^M
tailing auger

récepteur^M de grain^M
grain pan

vis^F à grain^M
grain auger

ventilateur^M
air fan

tablier^M
header

**FERME
FARMING**

FOURRAGÈRE^F
FORAGE HARVESTER

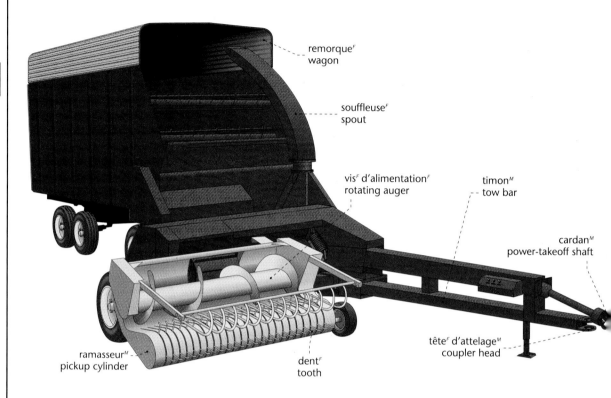

remorque^F
wagon

souffleuse^F
spout

vis^F d'alimentation^F
rotating auger

timon^M
tow bar

cardan^M
power-takeoff shaft

ramasseur^M
pickup cylinder

dent^F
tooth

tête^F d'attelage^M
coupler head

**ENSILER
ENSILING**

SOUFFLEUSE^F DE FOURRAGE^M
FORAGE BLOWER

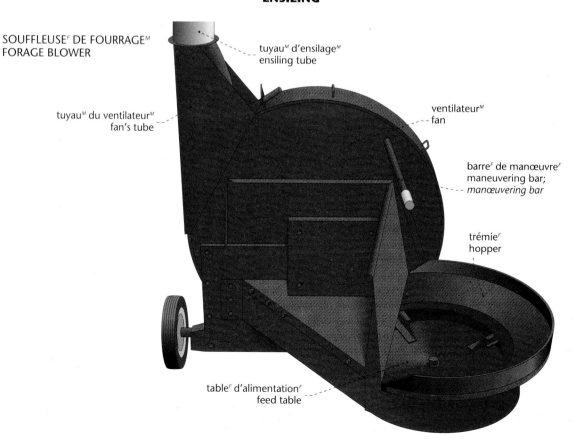

tuyau^M d'ensilage^M
ensiling tube

tuyau^M du ventilateur^M
fan's tube

ventilateur^M
fan

barre^F de manœuvre^F
maneuvering bar;
manœuvering bar

trémie^F
hopper

table^F d'alimentation^F
feed table

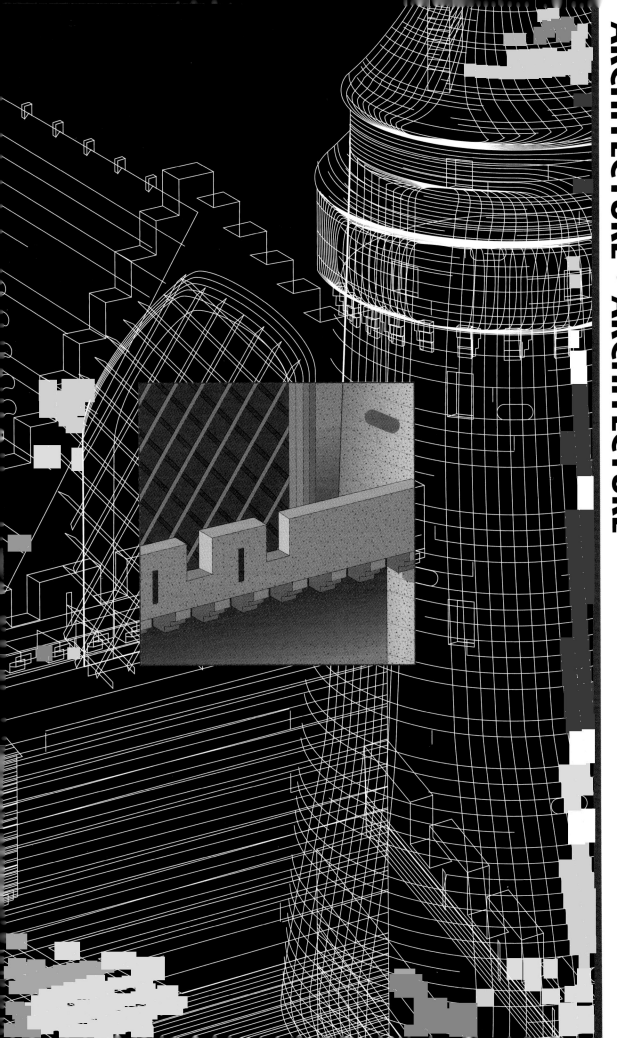

SOMMAIRE

MAISONS TRADITIONNELLES 165

STYLES D'ARCHITECTURE...166

TEMPLE GREC 168

MAISON ROMAINE 170

MOSQUÉE..172

ARC..174

CATHÉDRALE GOTHIQUE...175

FORTIFICATION À LA VAUBAN 178

CHÂTEAU FORT..180

TOITS...182

CENTRE-VILLE 184

COUPE D'UNE RUE 186

MAISONS DE VILLE 187

SALLE DE SPECTACLE 188

ÉDIFICE À BUREAUX 190

MAISONS^F TRADITIONNELLES
TRADITIONAL HOUSES

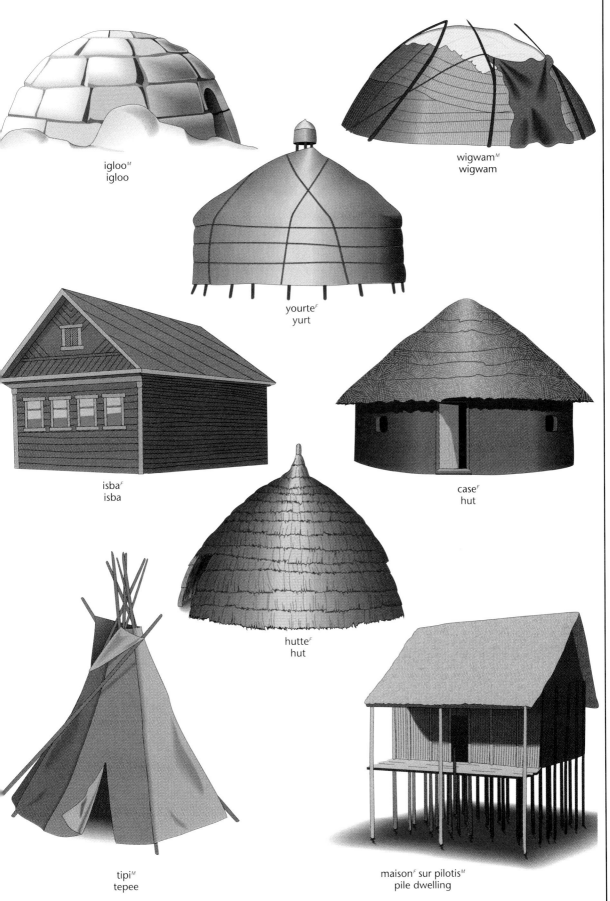

igloo^M
igloo

wigwam^M
wigwam

yourte^F
yurt

isba^F
isba

case^F
hut

hutte^F
hut

tipi^M
tepee

maison^F sur pilotis^M
pile dwelling

STYLES^M D'ARCHITECTURE^F
ARCHITECTURAL STYLES

ORDRE^M IONIQUE
IONIC ORDER

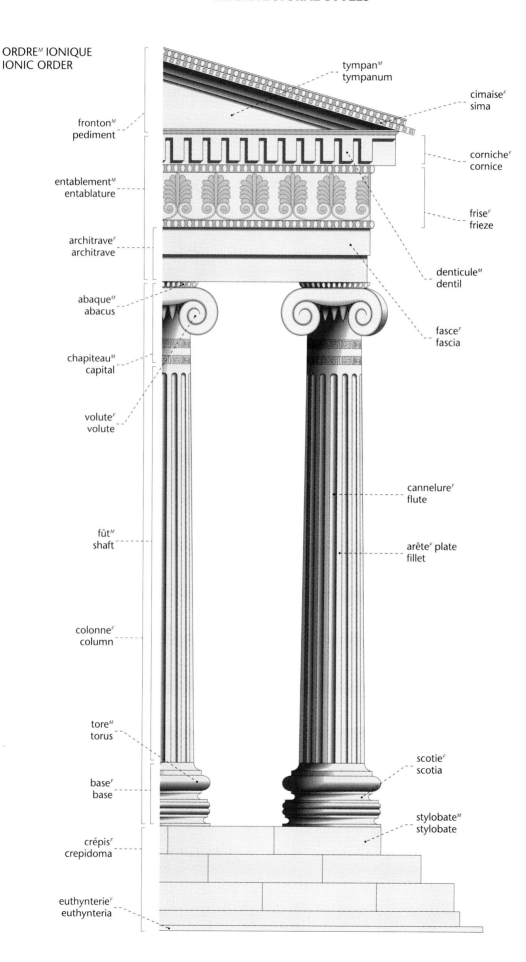

tympan^M
tympanum

cimaise^F
sima

fronton^M
pediment

corniche^F
cornice

entablement^M
entablature

frise^F
frieze

architrave^F
architrave

denticule^M
dentil

abaque^M
abacus

fasce^F
fascia

chapiteau^M
capital

volute^F
volute

cannelure^F
flute

fût^M
shaft

arête^F plate
fillet

colonne^F
column

tore^M
torus

scotie^F
scotia

base^F
base

stylobate^M
stylobate

crépis^F
crepidoma

euthynterie^F
euthynteria

ORDRE^M DORIQUE
DORIC ORDER

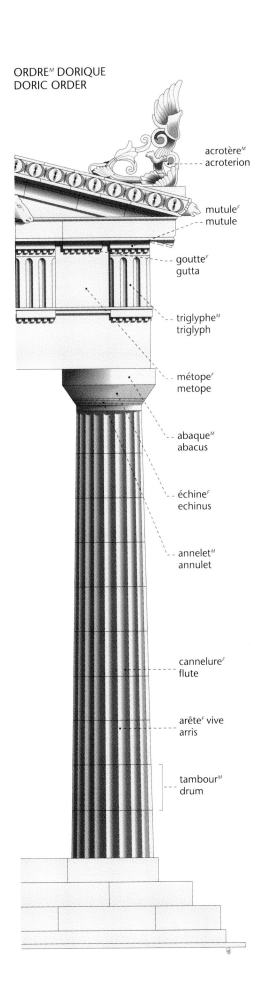

acrotère^M
acroterion

mutule^F
mutule

goutte^F
gutta

triglyphe^M
triglyph

métope^F
metope

abaque^M
abacus

échine^F
echinus

annelet^M
annulet

cannelure^F
flute

arête^F vive
arris

tambour^M
drum

ORDRE^M CORINTHIEN
CORINTHIAN ORDER

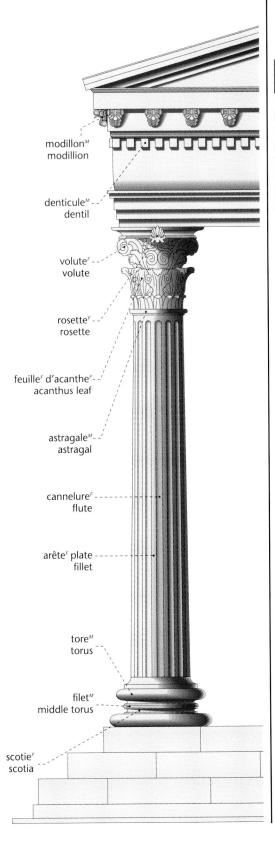

modillon^M
modillion

denticule^M
dentil

volute^F
volute

rosette^F
rosette

feuille^F d'acanthe^F
acanthus leaf

astragale^M
astragal

cannelure^F
flute

arête^F plate
fillet

tore^M
torus

filet^M
middle torus

scotie^F
scotia

ARCHITECTURE
ARCHITECTURE

167

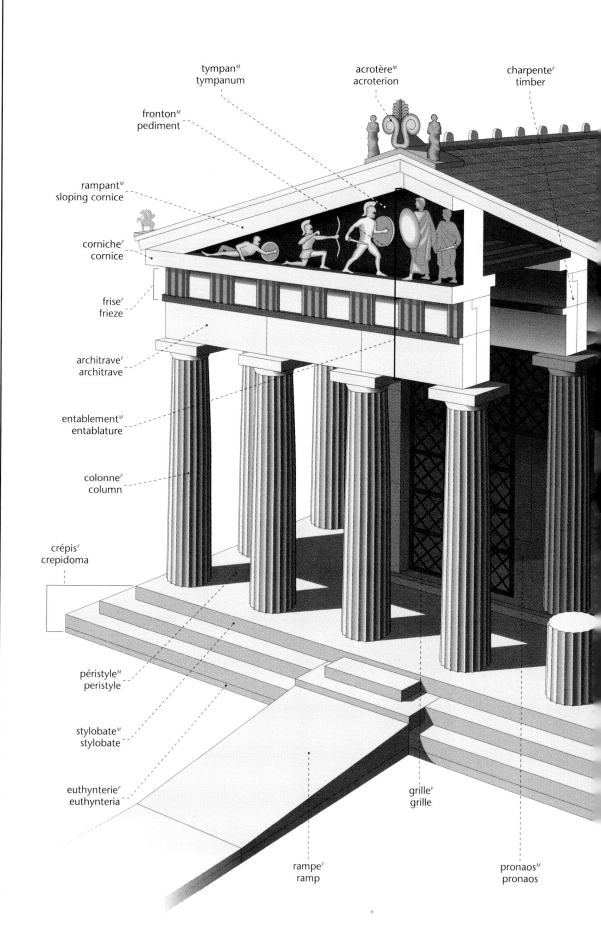

TEMPLE^M GREC
GREEK TEMPLE

tympan^M
tympanum

acrotère^M
acroterion

charpente^F
timber

fronton^M
pediment

rampant^M
sloping cornice

corniche^F
cornice

frise^F
frieze

architrave^F
architrave

entablement^M
entablature

colonne^F
column

crépis^F
crepidoma

péristyle^M
peristyle

stylobate^M
stylobate

euthynterie^F
euthynteria

rampe^F
ramp

grille^F
grille

pronaos^M
pronaos

168

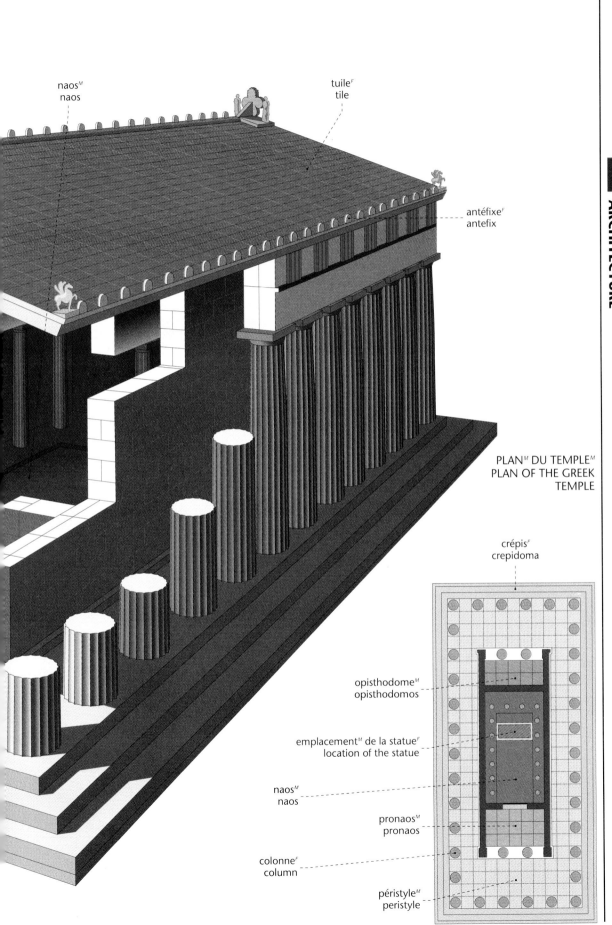

naos^M
naos

tuile^F
tile

antéfixe^F
antefix

PLAN^M DU TEMPLE^M
PLAN OF THE GREEK
TEMPLE

crépis^F
crepidoma

opisthodome^M
opisthodomos

emplacement^M de la statue^F
location of the statue

naos^M
naos

pronaos^M
pronaos

colonne^F
column

péristyle^M
peristyle

169

MAISON^F ROMAINE
ROMAN HOUSE

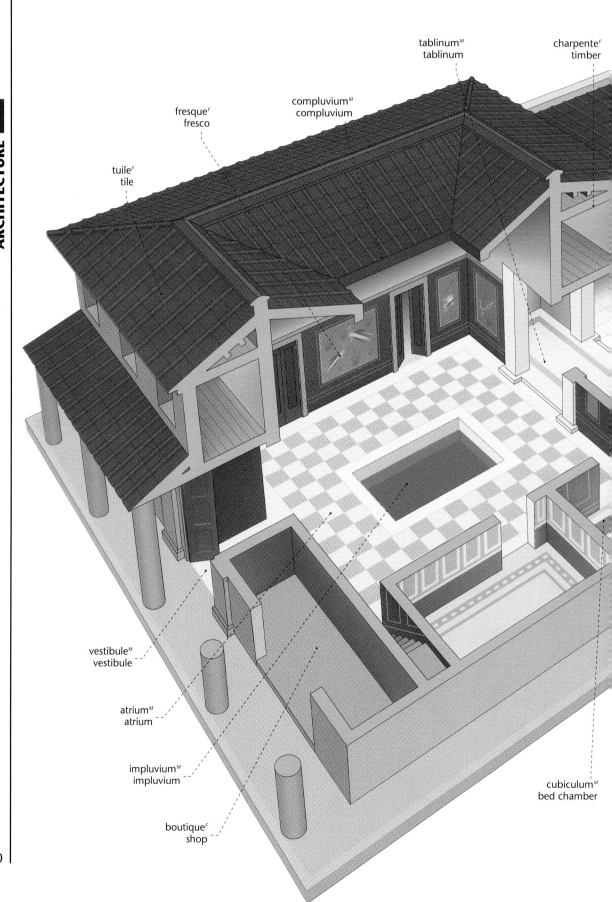

tablinum^M
tablinum

charpente^F
timber

compluvium^M
compluvium

fresque^F
fresco

tuile^F
tile

vestibule^M
vestibule

atrium^M
atrium

impluvium^M
impluvium

boutique^F
shop

cubiculum^M
bed chamber

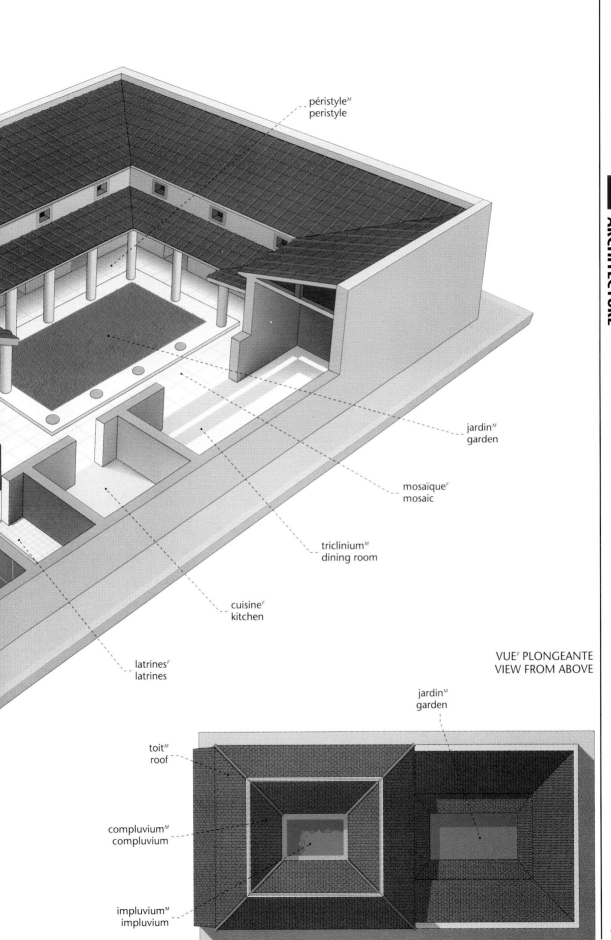

péristyle^M
peristyle

jardin^M
garden

mosaïque^F
mosaic

triclinium^M
dining room

cuisine^F
kitchen

latrines^F
latrines

VUE^F PLONGEANTE
VIEW FROM ABOVE

jardin^M
garden

toit^M
roof

compluvium^M
compluvium

impluvium^M
impluvium

MOSQUÉE[F]
MOSQUE

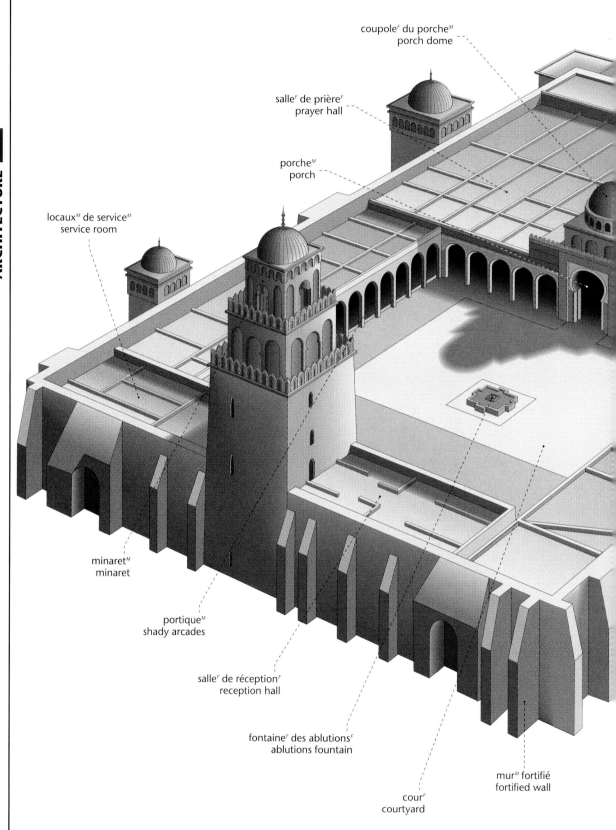

coupole[F] du porche[M]
porch dome

salle[F] de prière[F]
prayer hall

porche[M]
porch

locaux[M] de service[M]
service room

minaret[M]
minaret

portique[M]
shady arcades

salle[F] de réception[F]
reception hall

fontaine[F] des ablutions[F]
ablutions fountain

cour[F]
courtyard

mur[M] fortifié
fortified wall

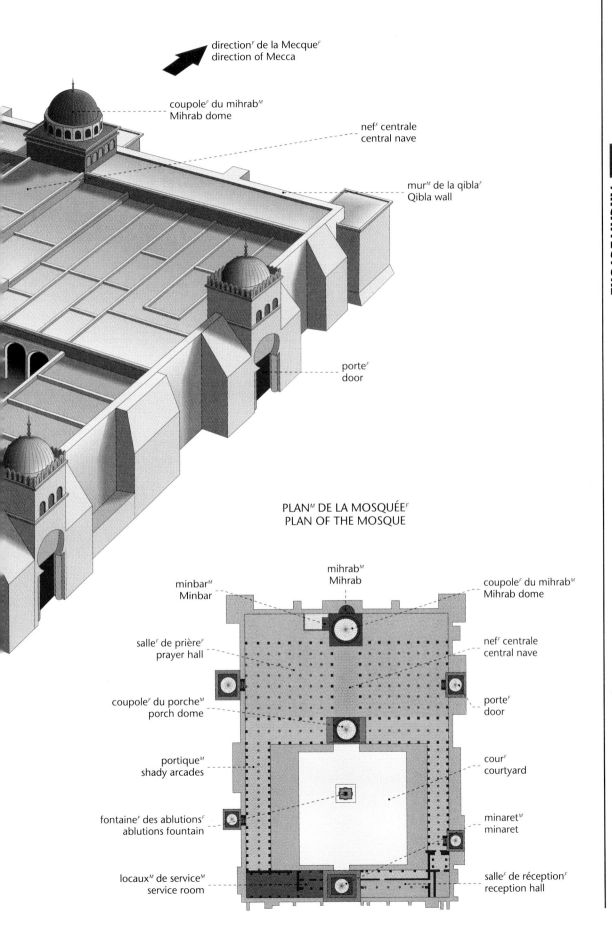

direction^F de la Mecque^F
direction of Mecca

coupole^F du mihrab^M
Mihrab dome

nef^F centrale
central nave

mur^M de la qibla^F
Qibla wall

porte^F
door

PLAN^M DE LA MOSQUÉE^F
PLAN OF THE MOSQUE

minbar^M
Minbar

mihrab^M
Mihrab

coupole^F du mihrab^M
Mihrab dome

salle^F de prière^F
prayer hall

nef^F centrale
central nave

coupole^F du porche^M
porch dome

porte^F
door

portique^M
shady arcades

cour^F
courtyard

fontaine^F des ablutions^F
ablutions fountain

minaret^M
minaret

locaux^M de service^M
service room

salle^F de réception^F
reception hall

ARC*M* EN PLEIN CINTRE*M*
SEMICIRCULAR ARCH

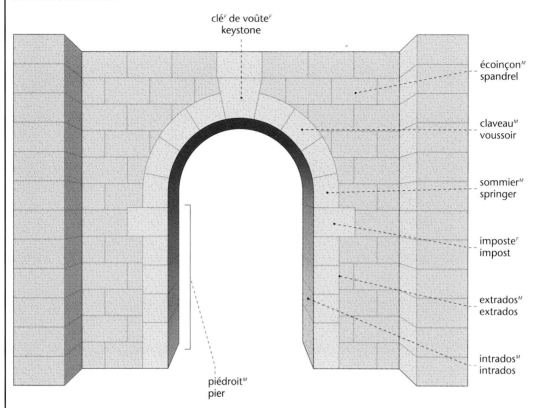

clé*F* de voûte*F*
keystone

écoinçon*M*
spandrel

claveau*M*
voussoir

sommier*M*
springer

imposte*F*
impost

extrados*M*
extrados

intrados*M*
intrados

piédroit*M*
pier

TYPES*M* D'ARCS*M*
TYPES OF ARCHES

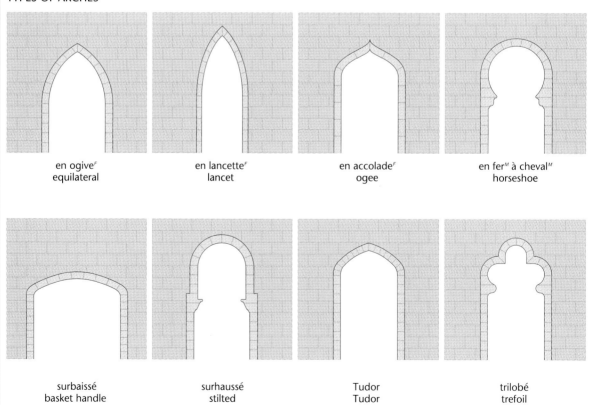

en ogive*F*
equilateral

en lancette*F*
lancet

en accolade*F*
ogee

en fer*M* à cheval*M*
horseshoe

surbaissé
basket handle

surhaussé
stilted

Tudor
Tudor

trilobé
trefoil

CATHÉDRALE^F GOTHIQUE
GOTHIC CATHEDRAL

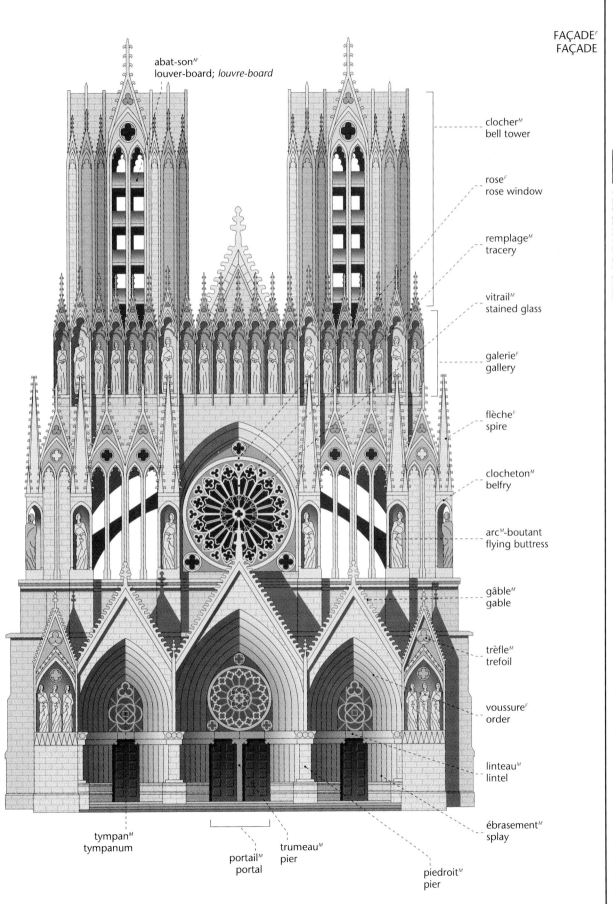

abat-son^M
louver-board; *louvre-board*

clocher^M
bell tower

rose^F
rose window

remplage^M
tracery

vitrail^M
stained glass

galerie^F
gallery

flèche^F
spire

clocheton^M
belfry

arc^M-boutant
flying buttress

gâble^M
gable

trèfle^M
trefoil

voussure^F
order

linteau^M
lintel

ébrasement^M
splay

tympan^M
tympanum

portail^M
portal

trumeau^M
pier

piedroit^M
pier

CATHÉDRALEF **GOTHIQUE**
GOTHIC CATHEDRAL

CATHÉDRALEF
CATHEDRAL

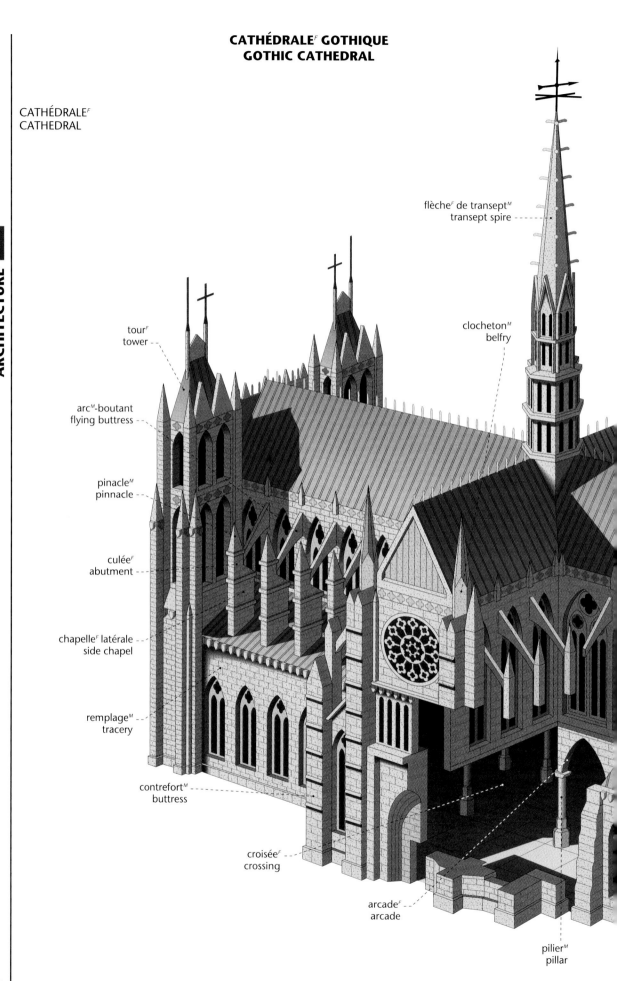

flècheF de transeptM
transept spire

clochetonM
belfry

tourF
tower

arcM-boutant
flying buttress

pinacleM
pinnacle

culéeF
abutment

chapelleF latérale
side chapel

remplageM
tracery

contrefortM
buttress

croiséeF
crossing

arcadeF
arcade

pilierM
pillar

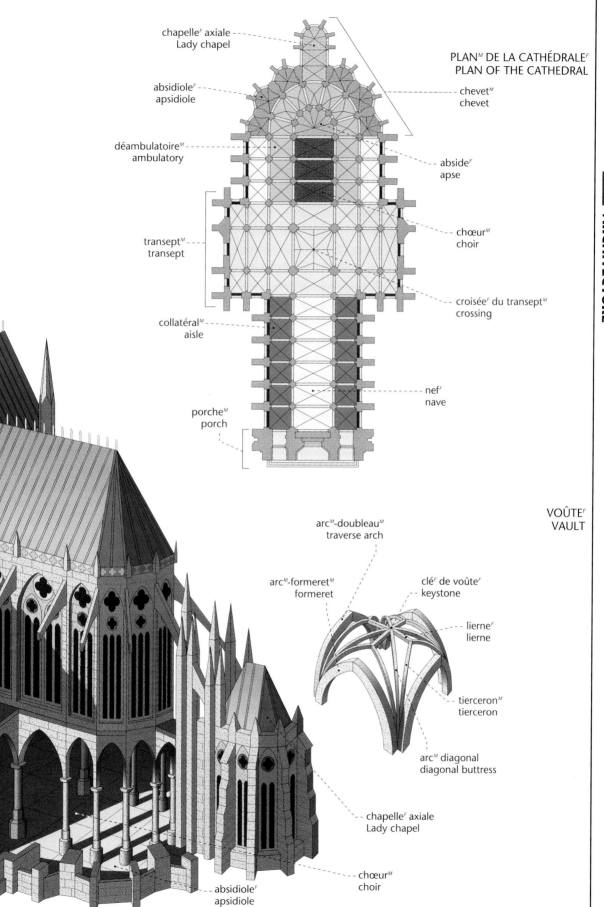

chapelle^F axiale
Lady chapel

PLAN^M DE LA CATHÉDRALE^F
PLAN OF THE CATHEDRAL

absidiole^F
apsidiole

chevet^M
chevet

déambulatoire^M
ambulatory

abside^F
apse

chœur^M
choir

transept^M
transept

croisée^F du transept^M
crossing

collatéral^M
aisle

nef^F
nave

porche^M
porch

VOÛTE^F
VAULT

arc^M-doubleau^M
traverse arch

arc^M-formeret^M
formeret

clé^F de voûte^F
keystone

lierne^F
lierne

tierceron^M
tierceron

arc^M diagonal
diagonal buttress

chapelle^F axiale
Lady chapel

chœur^M
choir

absidiole^F
apsidiole

177

FORTIFICATION^F À LA VAUBAN
VAUBAN FORTIFICATION

cavalier^M
retrenchment

courtine^F
curtain

place^F d'armes^F
parade ground

escarpe^F
scarp

échauguette^F
bartizan

contrescarpe^F
counterscarp

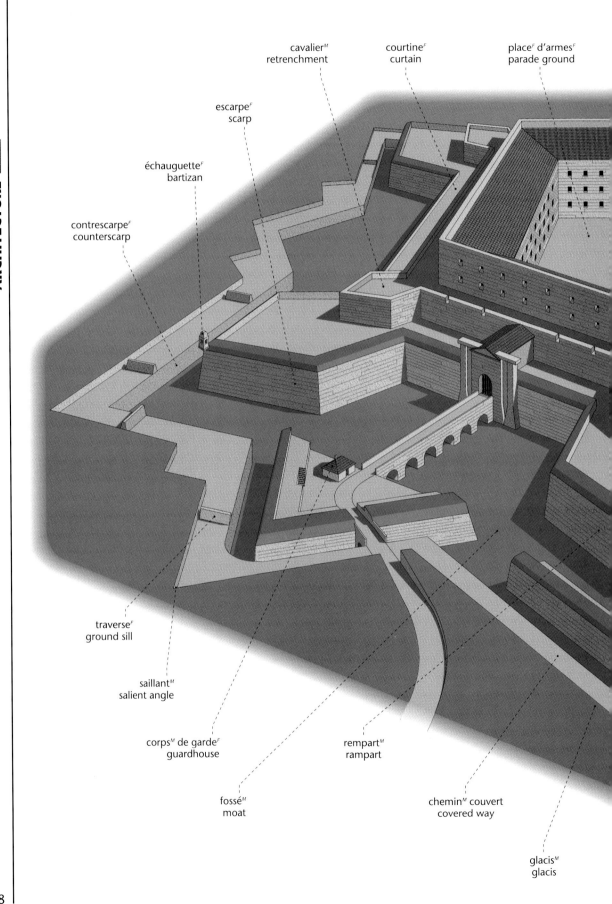

traverse^F
ground sill

saillant^M
salient angle

corps^M de garde^F
guardhouse

rempart^M
rampart

fossé^M
moat

chemin^M couvert
covered way

glacis^M
glacis

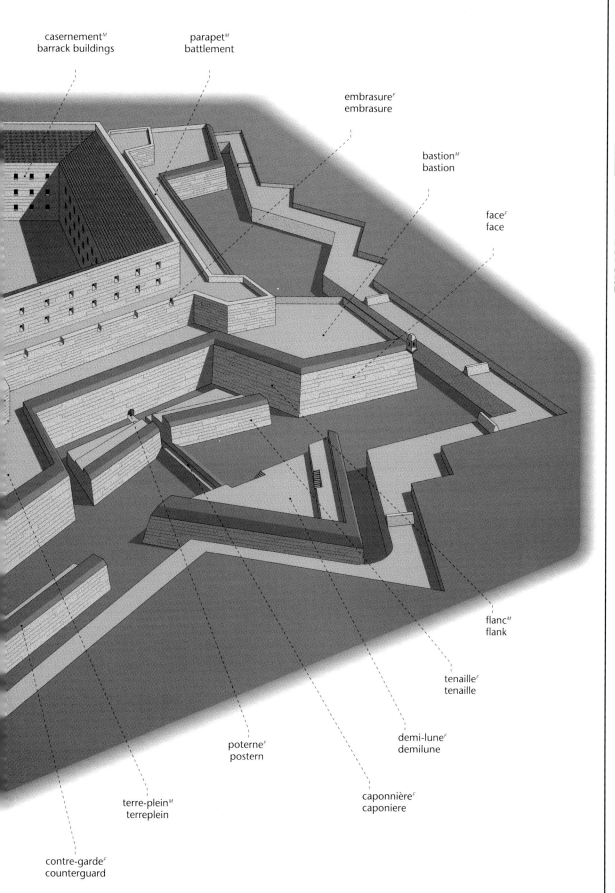

casernement^M
barrack buildings

parapet^M
battlement

embrasure^F
embrasure

bastion^M
bastion

face^F
face

flanc^M
flank

tenaille^F
tenaille

demi-lune^F
demilune

poterne^F
postern

caponnière^F
caponiere

terre-plein^M
terreplein

contre-garde^F
counterguard

CHÂTEAU^M FORT
CASTLE

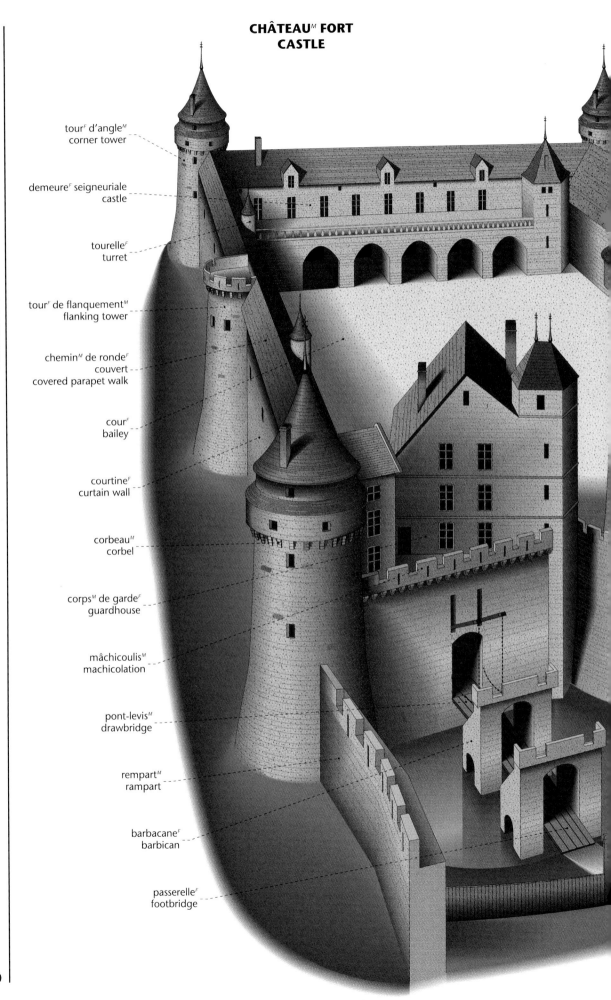

tour^F d'angle^M
corner tower

demeure^F seigneuriale
castle

tourelle^F
turret

tour^F de flanquement^M
flanking tower

chemin^M de ronde^F
couvert
covered parapet walk

cour^F
bailey

courtine^F
curtain wall

corbeau^M
corbel

corps^M de garde^F
guardhouse

mâchicoulis^M
machicolation

pont-levis^M
drawbridge

rempart^M
rampart

barbacane^F
barbican

passerelle^F
footbridge

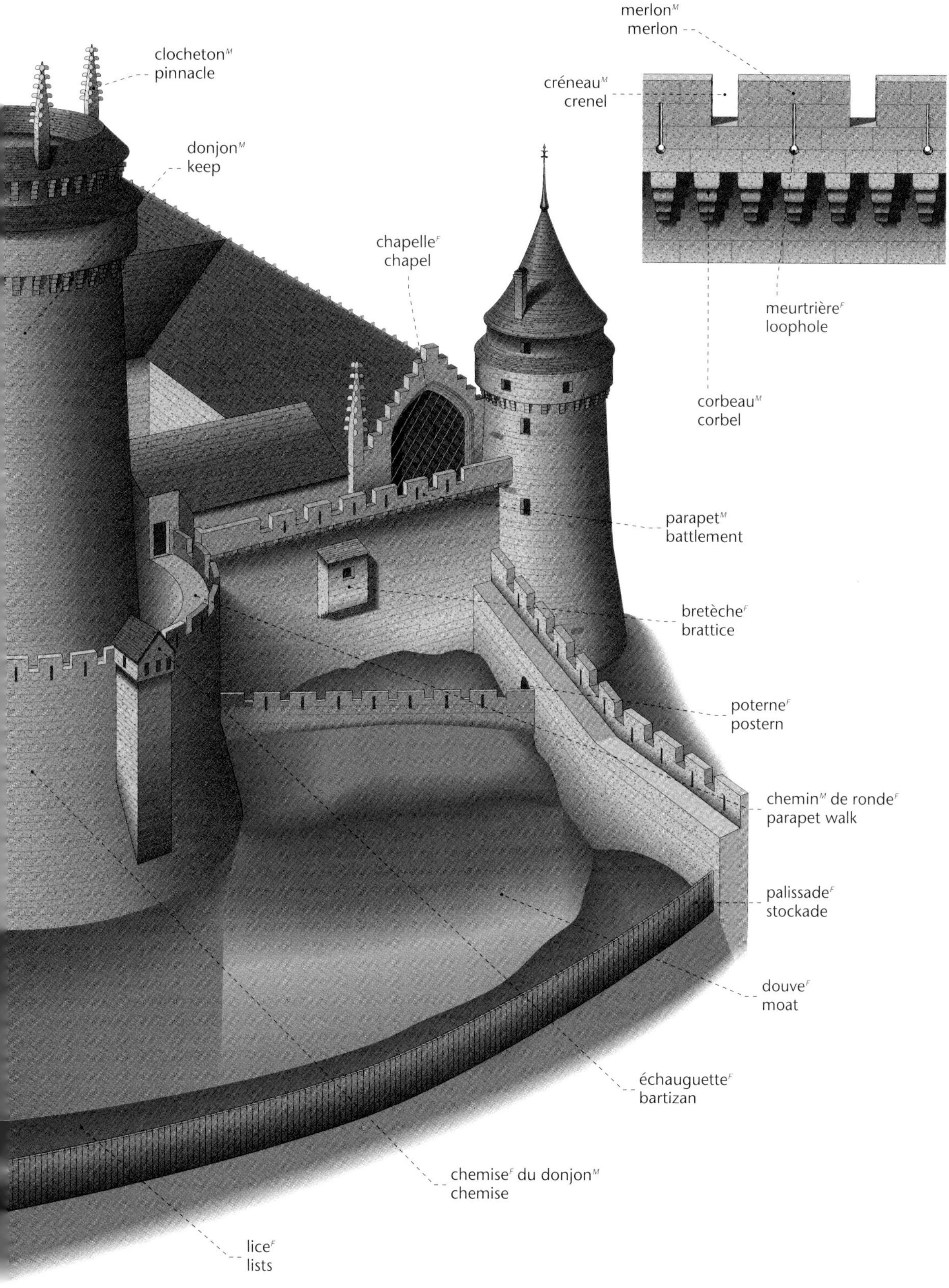
clochetonM
pinnacle
donjonM
keep
chapelleF
chapel
MÂCHICOULISM
MACHICOLATION
merlonM
merlon
créneauM
crenel
meurtrièreF
loophole
corbeauM
corbel
parapetM
battlement
bretècheF
brattice
poterneF
postern
cheminM de rondeF
parapet walk
palissadeF
stockade
douveF
moat
échauguetteF
bartizan
chemiseF du donjonM
chemise
liceF
lists

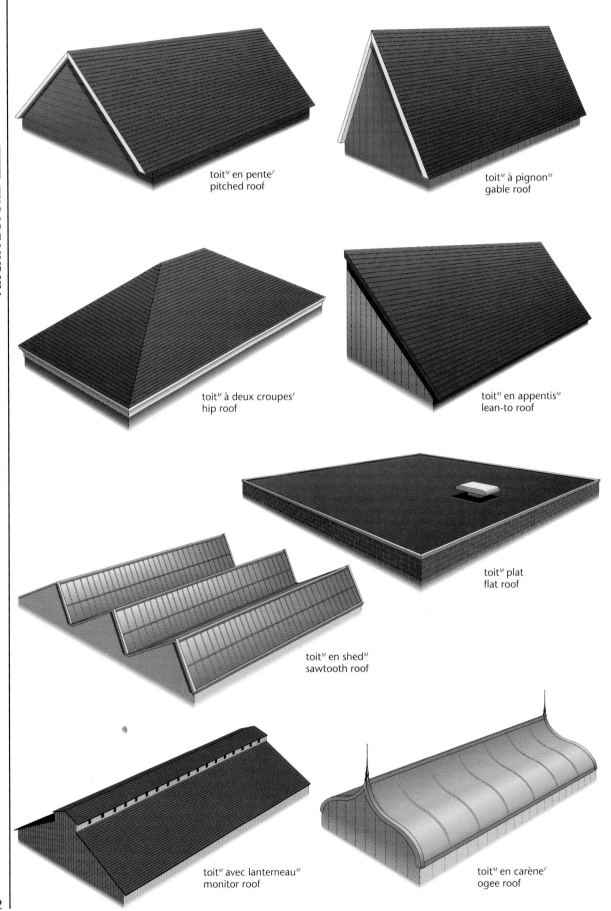

toit^M en pente^F
pitched roof

toit^M à pignon^M
gable roof

toit^M à deux croupes^F
hip roof

toit^M en appentis^M
lean-to roof

toit^M plat
flat roof

toit^M en shed^M
sawtooth roof

toit^M avec lanterneau^M
monitor roof

toit^M en carène^F
ogee roof

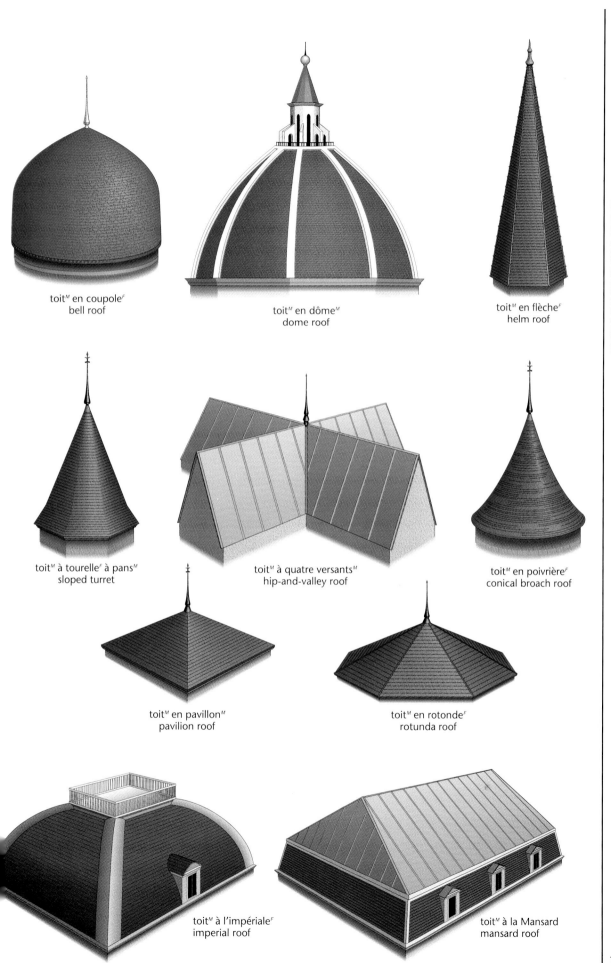

toit^M en coupole^F
bell roof

toit^M en dôme^M
dome roof

toit^M en flèche^F
helm roof

toit^M à tourelle^F à pans^M
sloped turret

toit^M à quatre versants^M
hip-and-valley roof

toit^M en poivrière^F
conical broach roof

toit^M en pavillon^M
pavilion roof

toit^M en rotonde^F
rotunda roof

toit^M à l'impériale^F
imperial roof

toit^M à la Mansard
mansard roof

183

CENTRE^M-VILLE^F
DOWNTOWN

espace^M vert
square

parc^M
park

cathédrale^F
cathedral

palais^M des congrès^M
convention center; *convention centre*

gare^F
passenger station

tour^F à bureaux^M
office tower

terre-plein^M
median strip; *central reservation*

planétarium^M
planetarium

voie^F ferrée
railroad; *railway*

îlot^M refuge^M
traffic island

boulevard^M
boulevard

rue^F
street

rampe^F de livraison^F
delivery ramp

autoroute^F
freeway; *motorway*

hôtel^M
hotel

gratte-ciel^M
skyscraper

restaurant^M
restaurant

église^F
church

tour^F d'habitation^F
high-rise apartment; *high-rise block*

lampadaire^M
street light

aire^F de stationnement^M
parking lot

immeuble^M commercial
trade building

immeuble^M à bureaux^M
office building

musée^M
museum

stade^M
stadium

185

COUPE^F D'UNE RUE^F
CROSS SECTION OF A STREET

réverbère^M
street light

trottoir^M
sidewalk; *footway*

chaussée^F
roadway

feux^M de circulation^F
traffic light

regard^M de visite^F
manhole

terre-plein^M
center divider strip;
central reservation

bordure^F de trottoir^M
curb; *kerb*

borne^F d'incendie^M
fire hydrant

passage^M pour piétons^M
pedestrian crossing

branchement^M pluvial
storm sewer;
surface water drain

arrêt^M d'autobus^M
bus stop

barrière^F
barrier

abribus^M
bus shelter

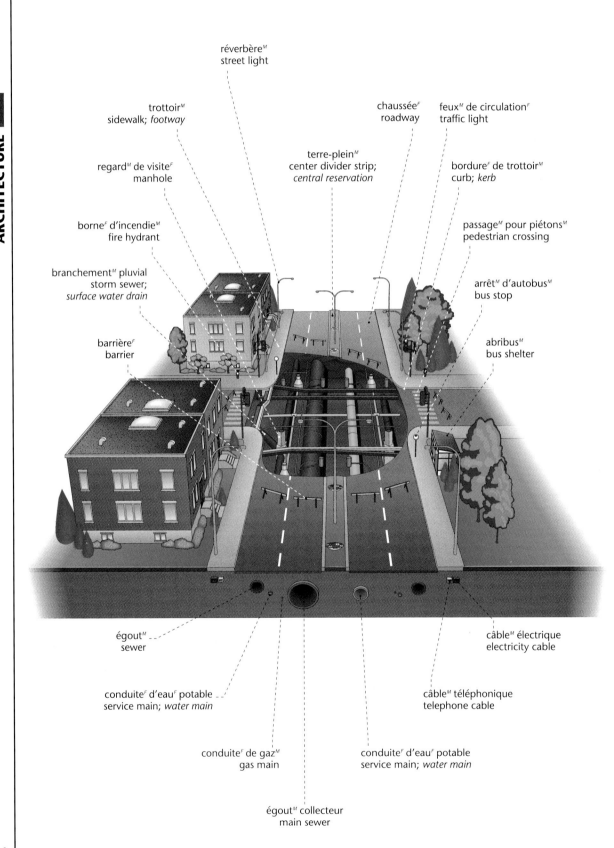

égout^M
sewer

câble^M électrique
electricity cable

conduite^F d'eau^F potable
service main; *water main*

câble^M téléphonique
telephone cable

conduite^F de gaz^M
gas main

conduite^F d'eau^F potable
service main; *water main*

égout^M collecteur
main sewer

MAISONS^F DE VILLE^F
CITY HOUSES

villa^F; *cottage*^M
cottage

maison^F individuelle
single-family home

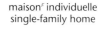

appartements^M en copropriété^F
condominiums

maison^F individuelle jumelée
semi-detached cottage

maisons^F en rangée^F
town houses

tour^F d'habitation^F
high-rise apartment; *high-rise block*

SALLE^F DE SPECTACLE^M
THEATER; *THEATRE*

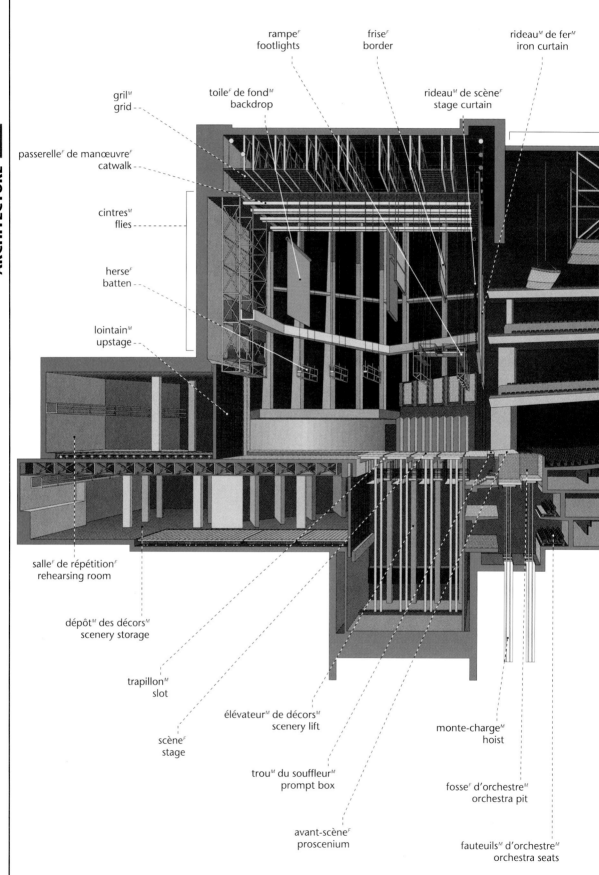

rampe^F
footlights

frise^F
border

rideau^M de fer^M
iron curtain

gril^M
grid

toile^F de fond^M
backdrop

rideau^M de scène^F
stage curtain

passerelle^F de manœuvre^F
catwalk

cintres^M
flies

herse^F
batten

lointain^M
upstage

salle^F de répétition^F
rehearsing room

dépôt^M des décors^M
scenery storage

trapillon^M
slot

scène^F
stage

élévateur^M de décors^M
scenery lift

monte-charge^M
hoist

trou^M du souffleur^M
prompt box

fosse^F d'orchestre^M
orchestra pit

avant-scène^F
proscenium

fauteuils^M d'orchestre^M
orchestra seats

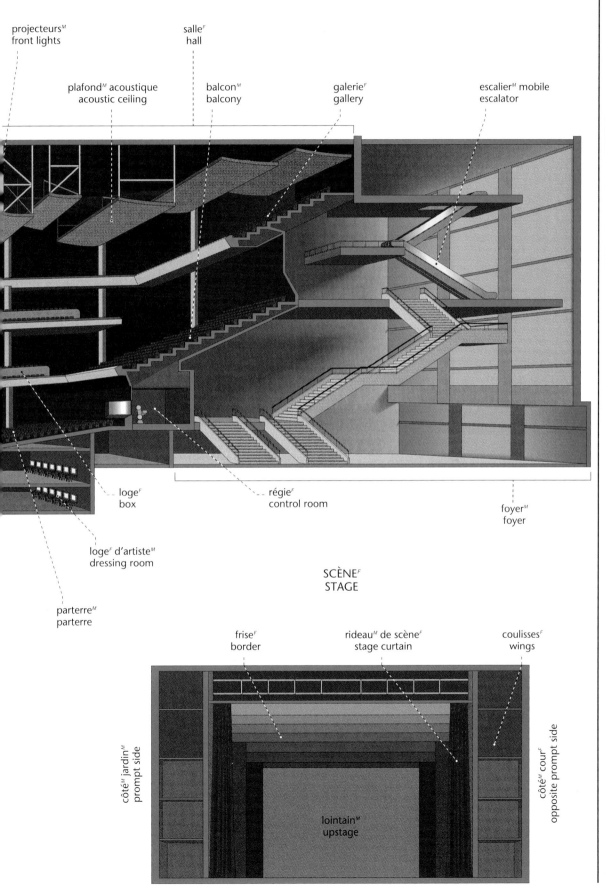

projecteurs^M
front lights

salle^F
hall

plafond^M acoustique
acoustic ceiling

balcon^M
balcony

galerie^F
gallery

escalier^M mobile
escalator

loge^F
box

régie^F
control room

foyer^M
foyer

loge^F d'artiste^M
dressing room

parterre^M
parterre

SCÈNE^F
STAGE

frise^F
border

rideau^M de scène^F
stage curtain

coulisses^F
wings

côté^M jardin^M
prompt side

côté^M cour^F
opposite prompt side

lointain^M
upstage

ÉDIFICE^M À BUREAUX^M
OFFICE BUILDING

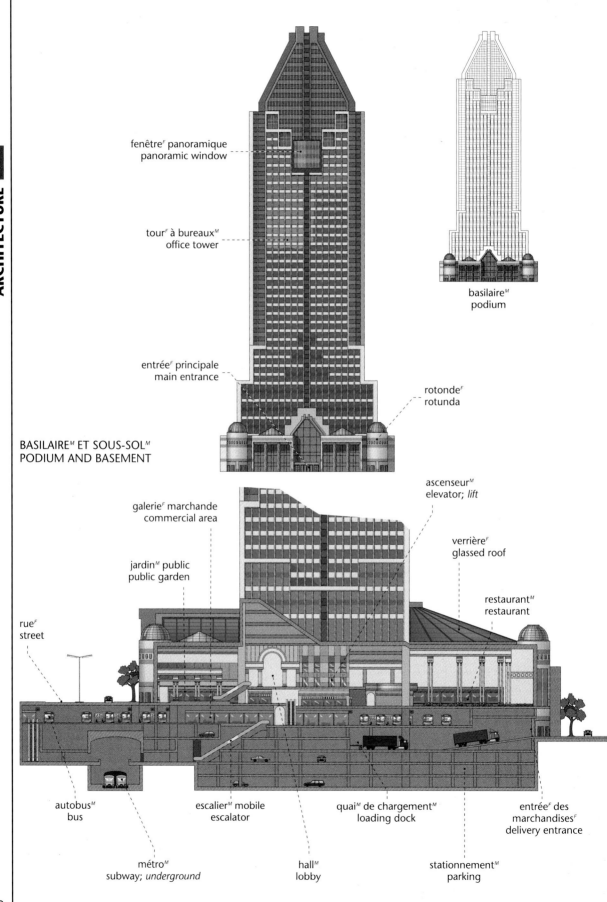

fenêtre^F panoramique
panoramic window

tour^F à bureaux^M
office tower

basilaire^M
podium

entrée^F principale
main entrance

rotonde^F
rotunda

BASILAIRE^M ET SOUS-SOL^M
PODIUM AND BASEMENT

ascenseur^M
elevator; *lift*

galerie^F marchande
commercial area

verrière^F
glassed roof

jardin^M public
public garden

restaurant^M
restaurant

rue^F
street

autobus^M
bus

escalier^M mobile
escalator

quai^M de chargement^M
loading dock

entrée^F des
marchandises^F
delivery entrance

métro^M
subway; *underground*

hall^M
lobby

stationnement^M
parking

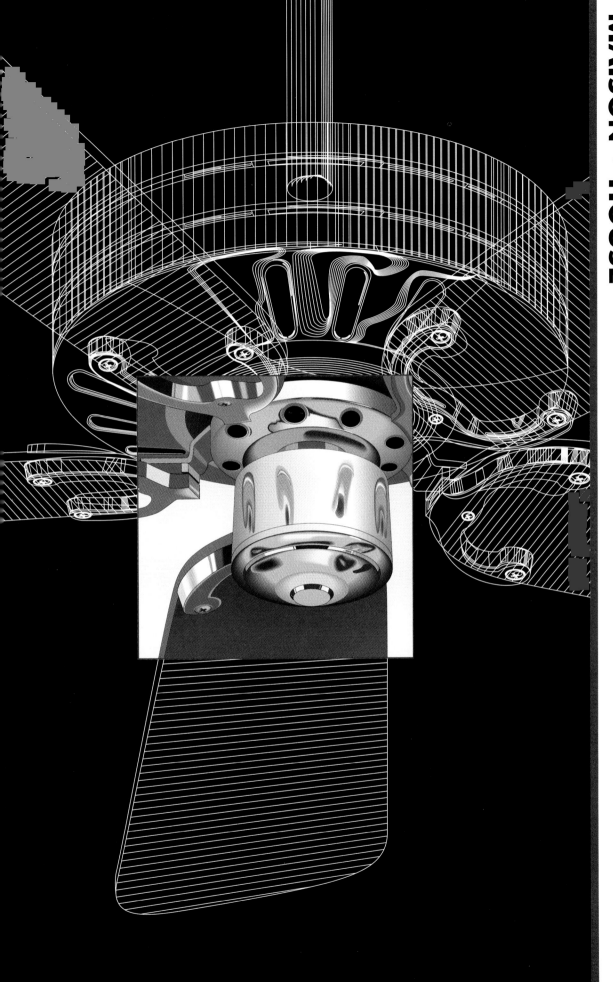

SOMMAIRE

LECTURE DE PLANS 193

EXTÉRIEUR D'UNE MAISON 196

STRUCTURE D'UNE MAISON..198

PARQUET 200

ESCALIER 201

PORTE 202

FENÊTRE 203

CHAUFFAGE 204

CLIMATISATION 214

CIRCUIT DE PLOMBERIE 215

FOSSE SEPTIQUE 216

POMPE DE PUISARD...216

**MAISON
HOUSE**

LECTURE^F DE PLANS^M
BLUEPRINT READING

ÉLÉVATION^F
ELEVATION

PLAN^M DU TERRAIN^M
SITE PLAN

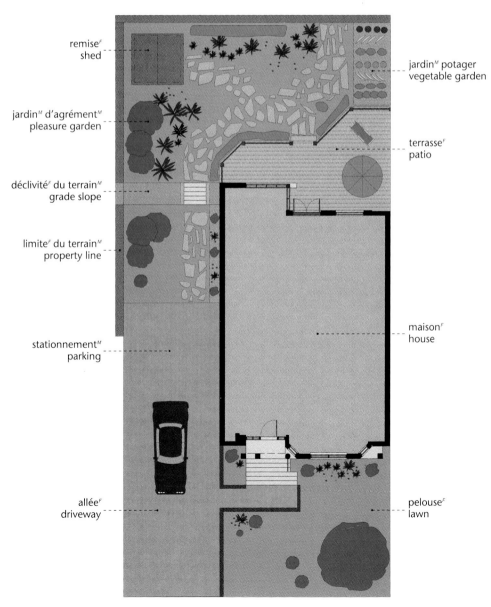

remise^F
shed

jardin^M potager
vegetable garden

jardin^M d'agrément^M
pleasure garden

terrasse^F
patio

déclivité^F du terrain^M
grade slope

limite^F du terrain^M
property line

maison^F
house

stationnement^M
parking

allée^F
driveway

pelouse^F
lawn

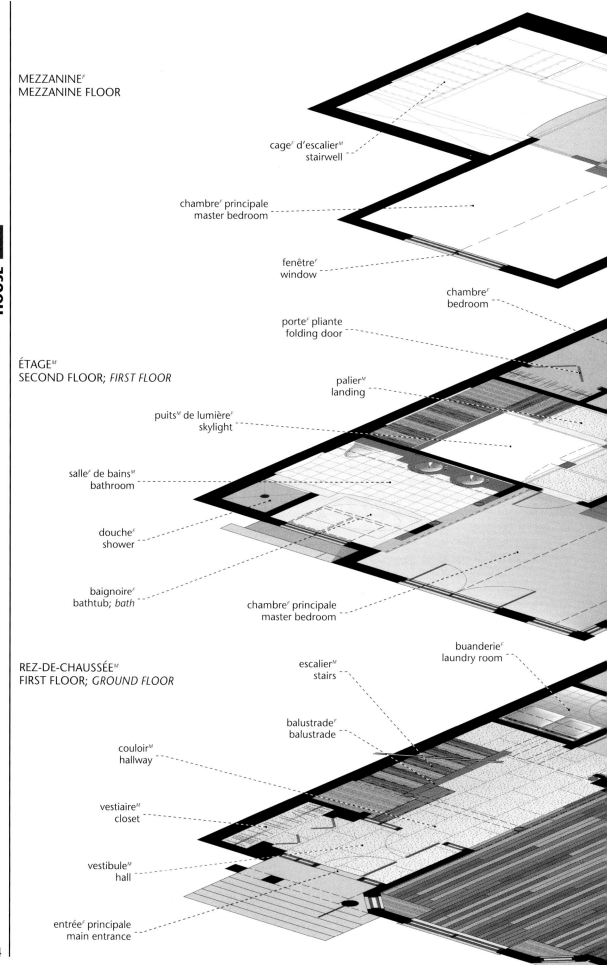

MEZZANINE^F
MEZZANINE FLOOR

cage^F d'escalier^M
stairwell

chambre^F principale
master bedroom

fenêtre^F
window

chambre^F
bedroom

porte^F pliante
folding door

ÉTAGE^M
SECOND FLOOR; *FIRST FLOOR*

palier^M
landing

puits^M de lumière^F
skylight

salle^F de bains^M
bathroom

douche^F
shower

baignoire^F
bathtub; *bath*

chambre^F principale
master bedroom

buanderie^F
laundry room

REZ-DE-CHAUSSÉE^M
FIRST FLOOR; *GROUND FLOOR*

escalier^M
stairs

balustrade^F
balustrade

couloir^M
hallway

vestiaire^M
closet

vestibule^M
hall

entrée^F principale
main entrance

194

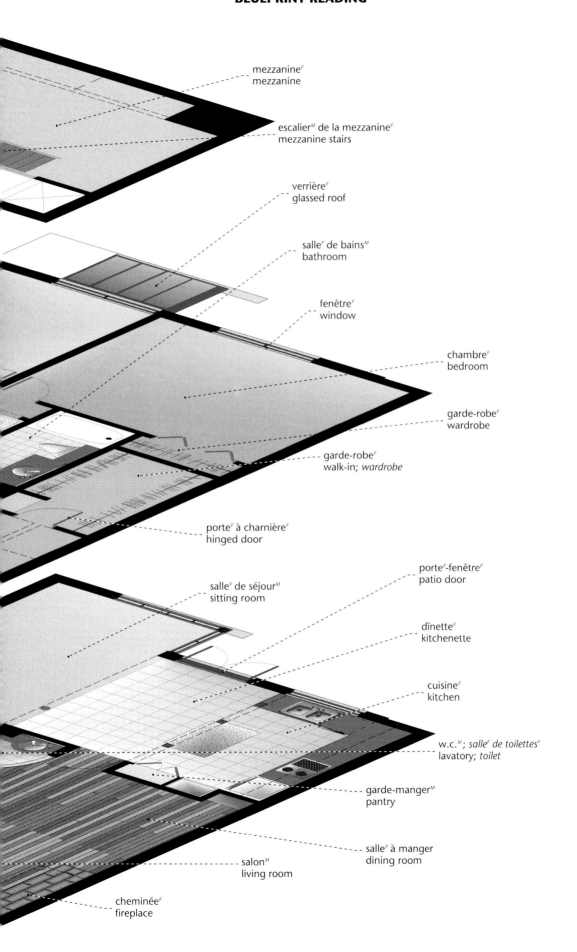

mezzanine^F
mezzanine

escalier^M de la mezzanine^F
mezzanine stairs

verrière^F
glassed roof

salle^F de bains^M
bathroom

fenêtre^F
window

chambre^F
bedroom

garde-robe^F
wardrobe

garde-robe^F
walk-in; *wardrobe*

porte^F à charnière^F
hinged door

porte^F-fenêtre^F
patio door

salle^F de séjour^M
sitting room

dînette^F
kitchenette

cuisine^F
kitchen

w.c.^M; *salle^F de toilettes^F*
lavatory; *toilet*

garde-manger^M
pantry

salle^F à manger
dining room

salon^M
living room

cheminée^F
fireplace

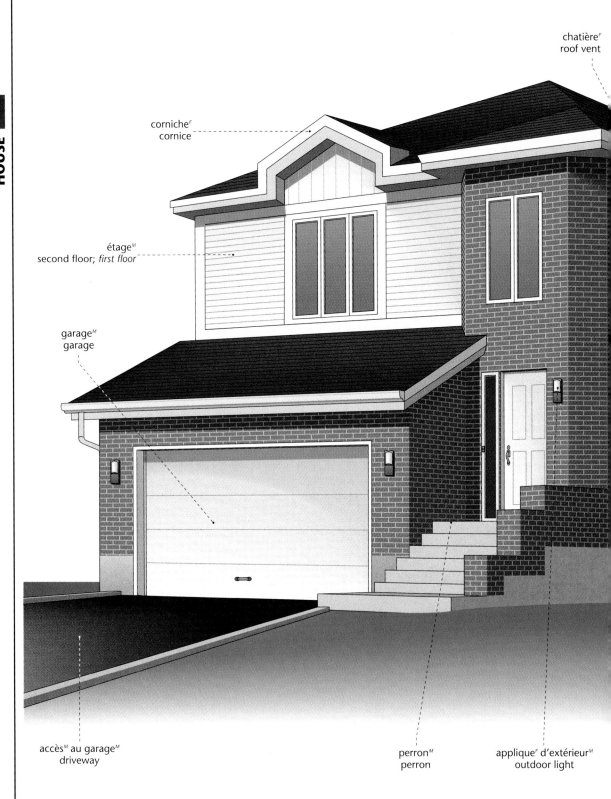

chatière^F
roof vent

corniche^F
cornice

étage^M
second floor; *first floor*

garage^M
garage

accès^M au garage^M
driveway

perron^M
perron

applique^F d'extérieur^M
outdoor light

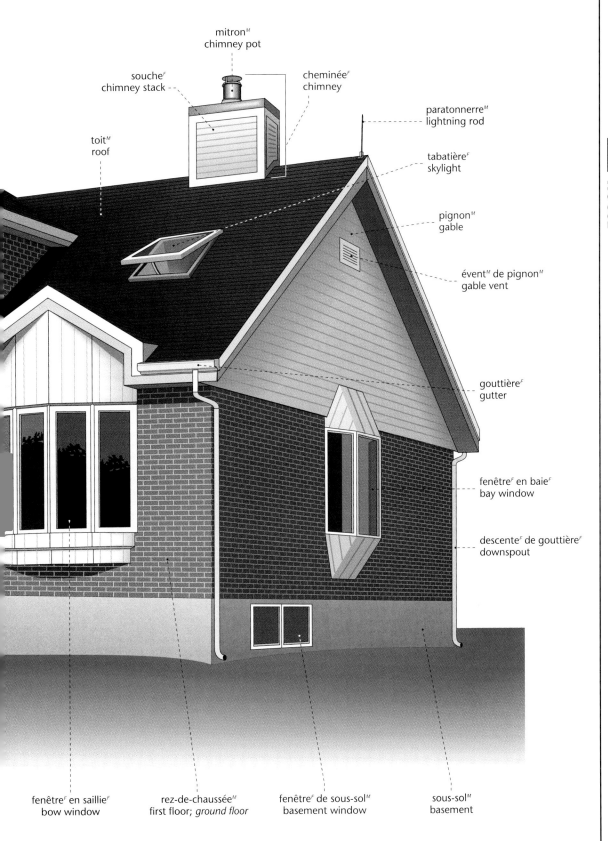

mitron^M
chimney pot

souche^F
chimney stack

cheminée^F
chimney

paratonnerre^M
lightning rod

toit^M
roof

tabatière^F
skylight

pignon^M
gable

évent^M de pignon^M
gable vent

gouttière^F
gutter

fenêtre^F en baie^F
bay window

descente^F de gouttière^F
downspout

fenêtre^F en saillie^F
bow window

rez-de-chaussée^M
first floor; *ground floor*

fenêtre^F de sous-sol^M
basement window

sous-sol^M
basement

STRUCTURE^F D'UNE MAISON^F
STRUCTURE OF A HOUSE

CHARPENTE^F
FRAME

solive^F de plafond^M
ceiling joist

revêtement^M
sheathing

sablière^F double
double plate

chevron^M
rafter

sous-plancher^M
subfloor

montant^M
gable stud

faîtage^M
tie beam

coupe-feu^M
firestopping

linteau^M
header

appui^M de fenêtre^F
window sill

lisse^F d'assise^F
sill plate

poteau^M
stud

mur^M de fondation^F
foundation

poutre^F
girder

semelle^F
footing

lambourde^F
ledger

poteau^M cornier
corner stud

croix^F de Saint-André
bridging

étai^M
brace

solive^F de plancher^M
floor joist

solive^F de rive^F
end joist

198

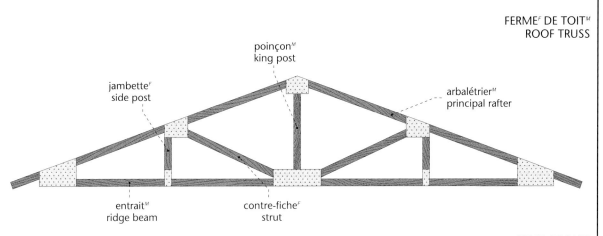

poinçon^M
king post

jambette^F
side post

arbalétrier^M
principal rafter

entrait^M
ridge beam

contre-fiche^F
strut

FONDATIONS^F
FOUNDATIONS

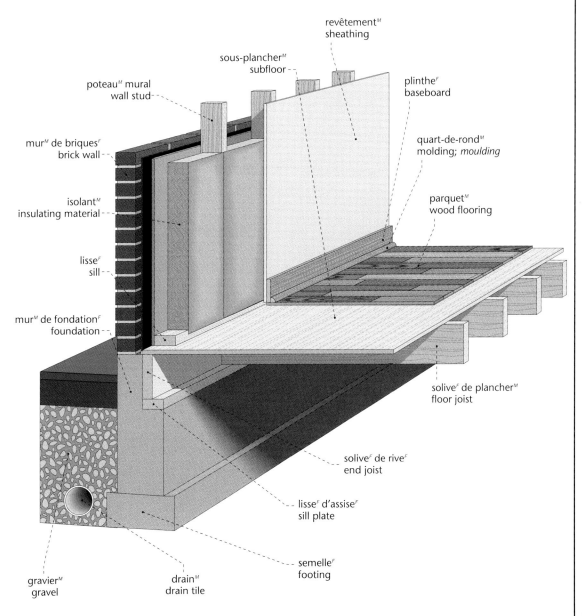

revêtement^M
sheathing

sous-plancher^M
subfloor

plinthe^F
baseboard

poteau^M mural
wall stud

quart-de-rond^M
molding; *moulding*

mur^M de briques^F
brick wall

parquet^M
wood flooring

isolant^M
insulating material

lisse^F
sill

mur^M de fondation^F
foundation

solive^F de plancher^M
floor joist

solive^F de rive^F
end joist

lisse^F d'assise^F
sill plate

semelle^F
footing

gravier^M
gravel

drain^M
drain tile

**MAISON
HOUSE**

PARQUET^M SUR CHAPE^F DE CIMENT^M
WOOD FLOORING ON CEMENT SCREED

PARQUET^M SUR OSSATURE^F DE BOIS^M
WOOD FLOORING ON WOODEN STRUCTURE

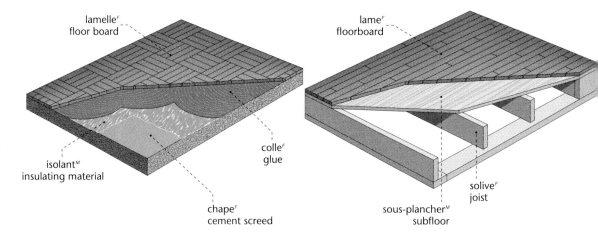

lamelle^F
floor board

lame^F
floorboard

colle^F
glue

isolant^M
insulating material

chape^F
cement screed

solive^F
joist

sous-plancher^M
subfloor

ARRANGEMENTS^M DES PARQUETS^M
WOOD FLOORING ARRANGEMENTS

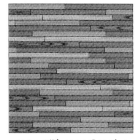

parquet^M à coupe^F perdue
overlay flooring

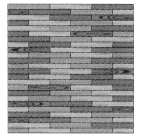

parquet^M à coupe^F de pierre^F
strip flooring with alternate joints

parquet^M à bâtons^M rompus
herringbone parquet

parquet^M en chevrons^M
herringbone pattern

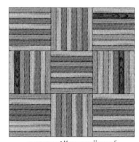

parquet^M mosaïque^F
inlaid parquet

parquet^M en vannerie^F
basket weave pattern

parquet^M d'Arenberg
Arenberg parquet

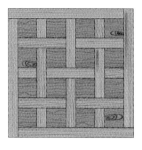

parquet^M Chantilly
Chantilly parquet

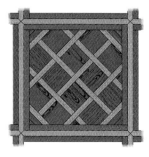

parquet^M Versailles
Versailles parquet

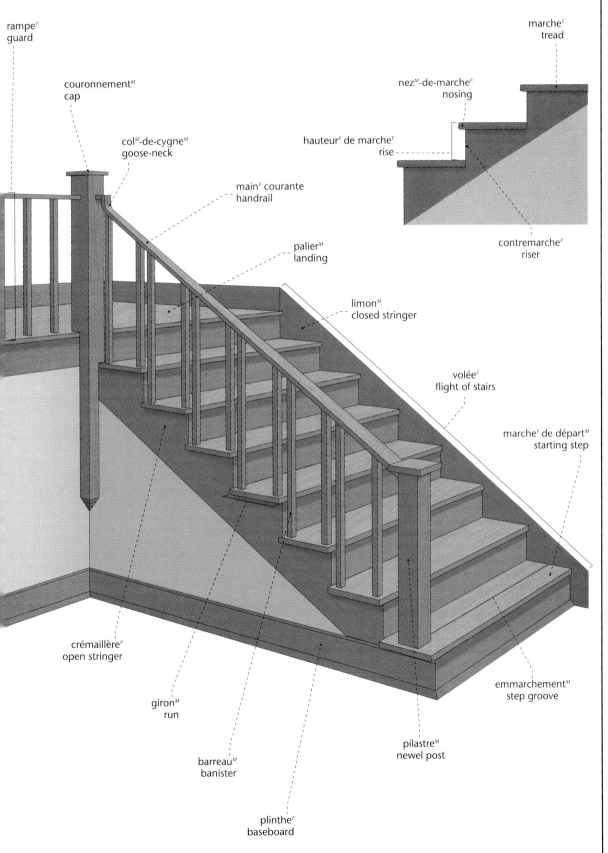

rampe*F*
guard

couronnement*M*
cap

col*M*-de-cygne*M*
goose-neck

main*F* courante
handrail

palier*M*
landing

marche*F*
tread

nez*M*-de-marche*F*
nosing

hauteur*F* de marche*F*
rise

contremarche*F*
riser

limon*M*
closed stringer

volée*F*
flight of stairs

marche*F* de départ*M*
starting step

crémaillère*F*
open stringer

giron*M*
run

barreau*M*
banister

plinthe*F*
baseboard

pilastre*M*
newel post

emmarchement*M*
step groove

MAISON
HOUSE

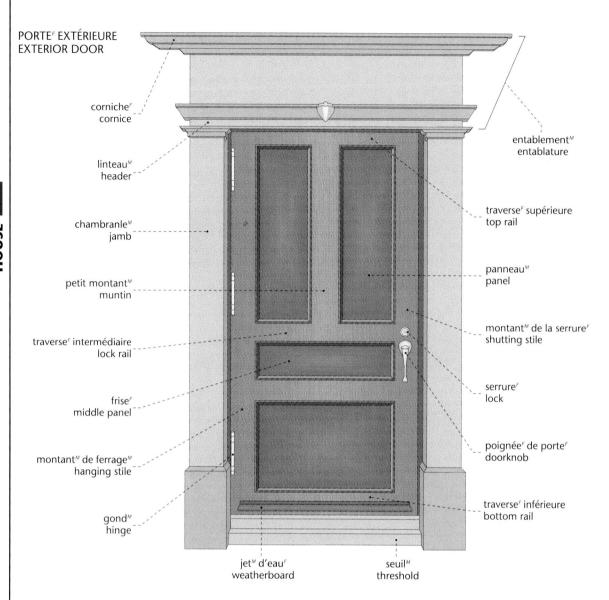

PORTE^F EXTÉRIEURE
EXTERIOR DOOR

corniche^F
cornice

linteau^M
header

chambranle^M
jamb

petit montant^M
muntin

traverse^F intermédiaire
lock rail

frise^F
middle panel

montant^M de ferrage^M
hanging stile

gond^M
hinge

entablement^M
entablature

traverse^F supérieure
top rail

panneau^M
panel

montant^M de la serrure^F
shutting stile

serrure^F
lock

poignée^F de porte^F
doorknob

traverse^F inférieure
bottom rail

jet^M d'eau^F
weatherboard

seuil^M
threshold

TYPES^M DE PORTES^F
TYPES OF DOORS

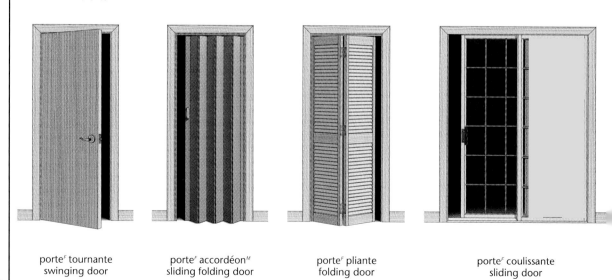

porte^F tournante
swinging door

porte^F accordéon^M
sliding folding door

porte^F pliante
folding door

porte^F coulissante
sliding door

FENÊTRE^F
WINDOW

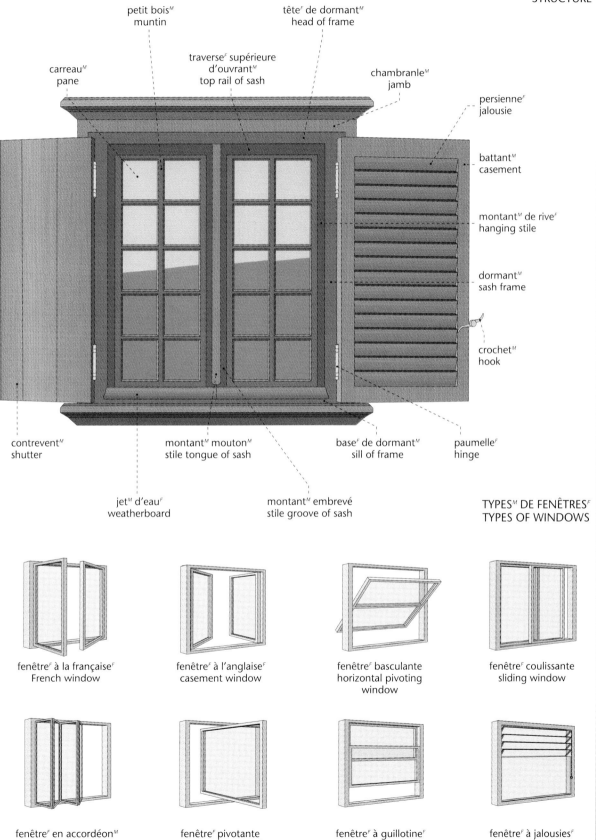

petit bois^M
muntin

tête^F de dormant^M
head of frame

traverse^F supérieure
d'ouvrant^M
top rail of sash

carreau^M
pane

chambranle^M
jamb

persienne^F
jalousie

battant^M
casement

montant^M de rive^F
hanging stile

dormant^M
sash frame

crochet^M
hook

contrevent^M
shutter

montant^M mouton^M
stile tongue of sash

base^F de dormant^M
sill of frame

paumelle^F
hinge

jet^M d'eau^F
weatherboard

montant^M embrevé
stile groove of sash

TYPES^M DE FENÊTRES^F
TYPES OF WINDOWS

fenêtre^F à la française^F
French window

fenêtre^F à l'anglaise^F
casement window

fenêtre^F basculante
horizontal pivoting
window

fenêtre^F coulissante
sliding window

fenêtre^F en accordéon^M
sliding folding window

fenêtre^F pivotante
vertical pivoting window

fenêtre^F à guillotine^F
sash window

fenêtre^F à jalousies^F
louvered window

CHAUFFAGE^M
HEATING

CHEMINÉE^F À FOYER^M
OUVERT
FIREPLACE

POÊLE^M À COMBUSTION^F LENTE
SLOW-BURNING STOVE

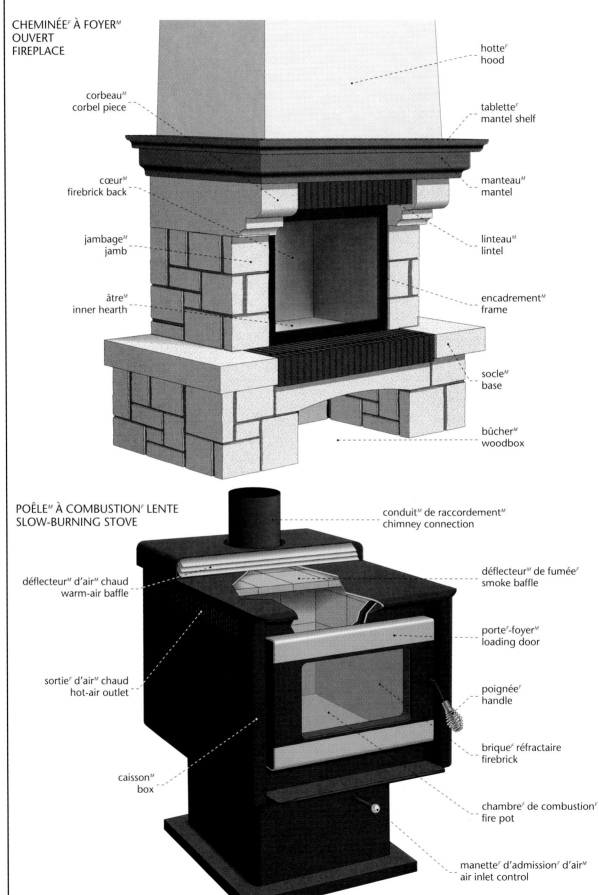

hotte^F
hood

corbeau^M
corbel piece

tablette^F
mantel shelf

cœur^M
firebrick back

manteau^M
mantel

jambage^M
jamb

linteau^M
lintel

âtre^M
inner hearth

encadrement^M
frame

socle^M
base

bûcher^M
woodbox

conduit^M de raccordement^M
chimney connection

déflecteur^M d'air^M chaud
warm-air baffle

déflecteur^M de fumée^F
smoke baffle

porte^F-foyer^M
loading door

sortie^F d'air^M chaud
hot-air outlet

poignée^F
handle

brique^F réfractaire
firebrick

caisson^M
box

chambre^F de combustion^F
fire pot

manette^F d'admission^F d'air^M
air inlet control

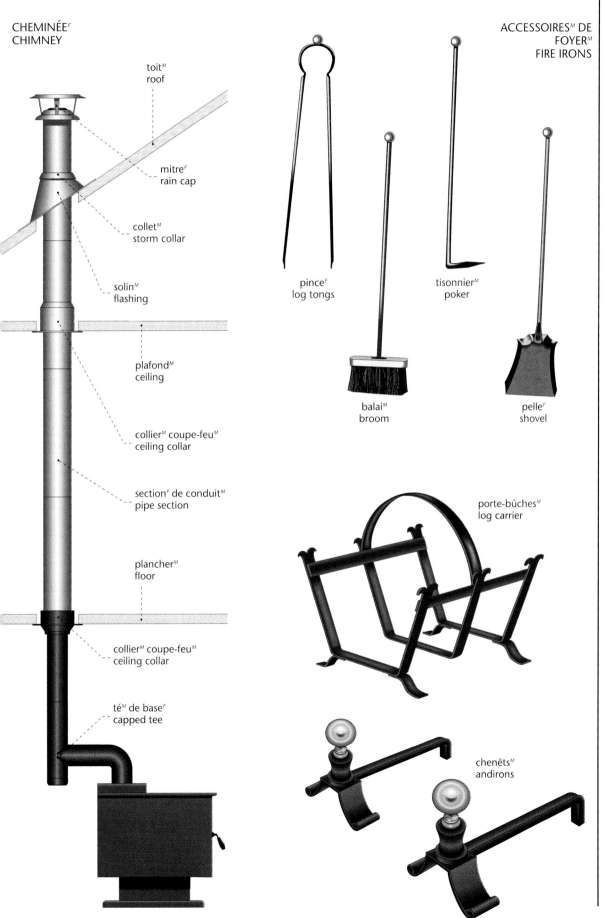

CHEMINÉE^F
CHIMNEY

ACCESSOIRES^M DE
FOYER^M
FIRE IRONS

toit^M
roof

mitre^F
rain cap

collet^M
storm collar

solin^M
flashing

plafond^M
ceiling

collier^M coupe-feu^M
ceiling collar

section^F de conduit^M
pipe section

plancher^M
floor

collier^M coupe-feu^M
ceiling collar

té^M de base^F
capped tee

pince^F
log tongs

tisonnier^M
poker

balai^M
broom

pelle^F
shovel

porte-bûches^M
log carrier

chenêts^M
andirons

MAISON
HOUSE

205

INSTALLATION^F À AIR^M CHAUD PULSÉ
FORCED WARM-AIR SYSTEM

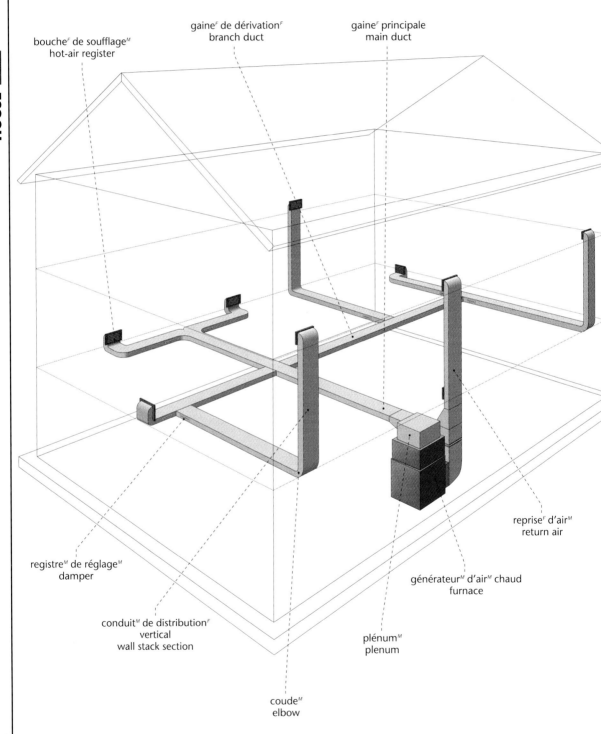

bouche^F de soufflage^M
hot-air register

gaine^F de dérivation^F
branch duct

gaine^F principale
main duct

reprise^F d'air^M
return air

registre^M de réglage^M
damper

générateur^M d'air^M chaud
furnace

conduit^M de distribution^F
vertical
wall stack section

plénum^M
plenum

coude^M
elbow

GÉNÉRATEUR^M D'AIR^M CHAUD ÉLECTRIQUE
ELECTRIC FURNACE

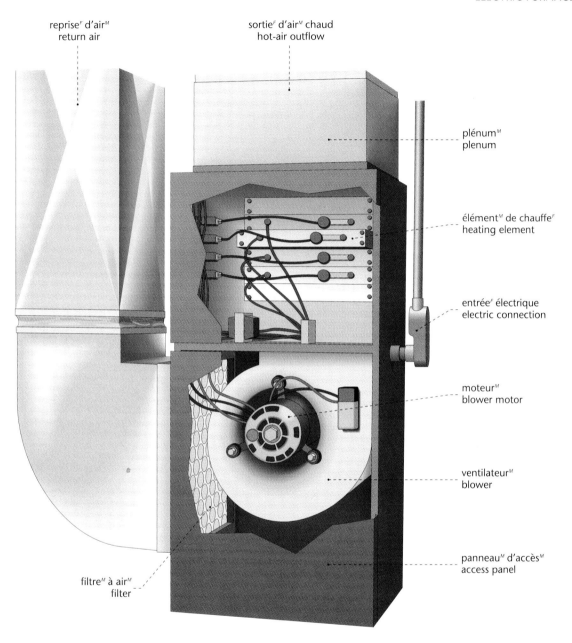

reprise^F d'air^M
return air

sortie^F d'air^M chaud
hot-air outflow

plénum^M
plenum

élément^M de chauffe^F
heating element

entrée^F électrique
electric connection

moteur^M
blower motor

ventilateur^M
blower

panneau^M d'accès^M
access panel

filtre^M à air^M
filter

TYPES^M DE BOUCHES^F
TYPES OF REGISTERS; *TYPES OF GRILLES*

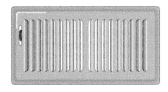

bouche^F de soufflage^M
baseboard register; *skirting grille*

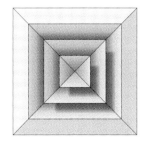

bouche^F à induction^F
ceiling register; *ceiling grille*

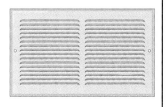

bouche^F d'extraction^F
wall register; *wall grille*

CHAUFFAGE^M
HEATING

INSTALLATION^F À EAU^F CHAUDE
FORCED HOT-WATER SYSTEM

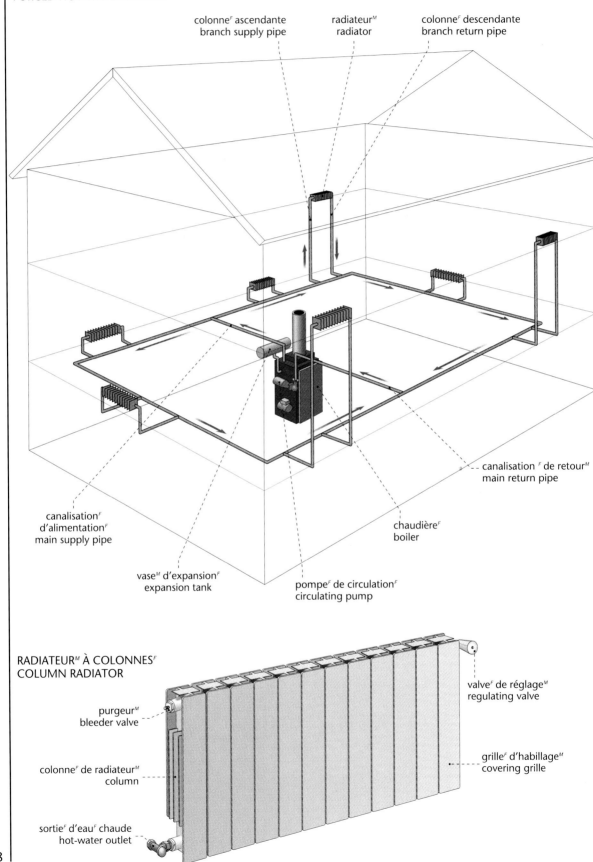

colonne^F ascendante
branch supply pipe

radiateur^M
radiator

colonne^F descendante
branch return pipe

canalisation^F de retour^M
main return pipe

canalisation^F
d'alimentation^F
main supply pipe

chaudière^F
boiler

vase^M d'expansion^F
expansion tank

pompe^F de circulation^F
circulating pump

RADIATEUR^M À COLONNES^F
COLUMN RADIATOR

valve^F de réglage^M
regulating valve

purgeur^M
bleeder valve

grille^F d'habillage^M
covering grille

colonne^F de radiateur^M
column

sortie^F d'eau^F chaude
hot-water outlet

208

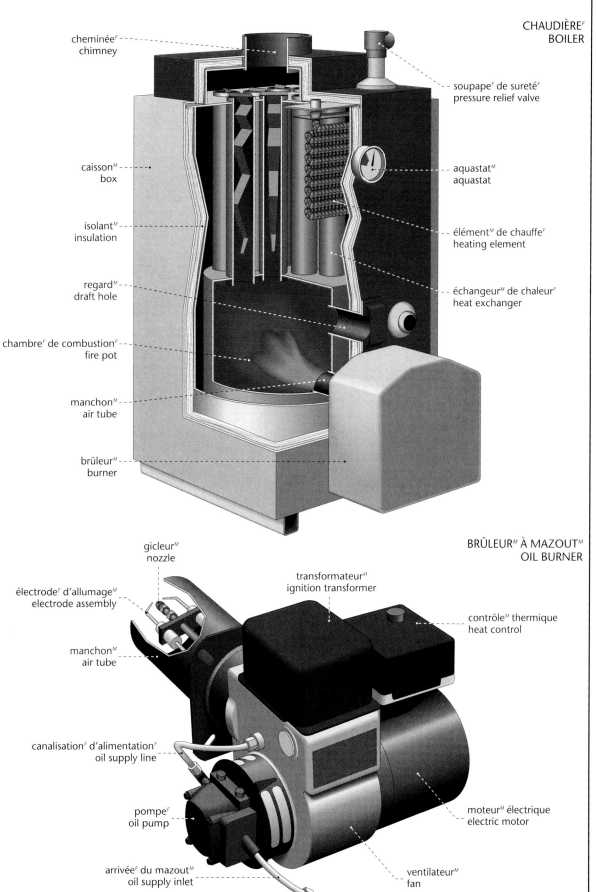

cheminée^F
chimney

caisson^M
box

isolant^M
insulation

regard^M
draft hole

chambre^F de combustion^F
fire pot

manchon^M
air tube

brûleur^M
burner

soupape^F de sureté^F
pressure relief valve

aquastat^M
aquastat

élément^M de chauffe^F
heating element

échangeur^M de chaleur^F
heat exchanger

MAISON
HOUSE

BRÛLEUR^M À MAZOUT^M
OIL BURNER

gicleur^M
nozzle

électrode^F d'allumage^M
electrode assembly

manchon^M
air tube

canalisation^F d'alimentation^F
oil supply line

pompe^F
oil pump

arrivée^F du mazout^M
oil supply inlet

transformateur^M
ignition transformer

contrôle^M thermique
heat control

moteur^M électrique
electric motor

ventilateur^M
fan

209

CHAUFFAGE^M
HEATING

HUMIDIFICATEUR^M
HUMIDIFIER

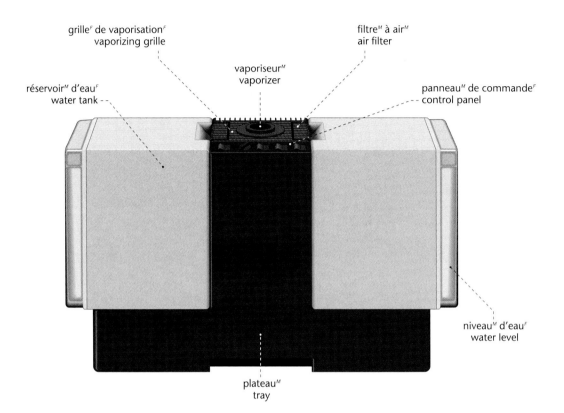

grille^F de vaporisation^F
vaporizing grille

filtre^M à air^M
air filter

vaporiseur^M
vaporizer

réservoir^M d'eau^F
water tank

panneau^M de commande^F
control panel

niveau^M d'eau^F
water level

plateau^M
tray

HYGROMÈTRE^M
HYGROMETER

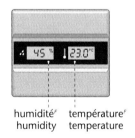

humidité^F
humidity

température^F
temperature

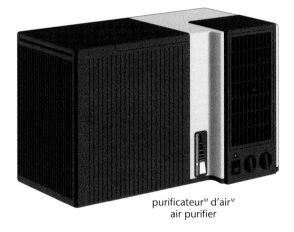

purificateur^M d'air^M
air purifier

PLINTHE^F CHAUFFANTE ÉLECTRIQUE
ELECTRIC BASEBOARD RADIATOR;
ELECTRIC SKIRTING CONVECTOR

thermostat^M
thermostat

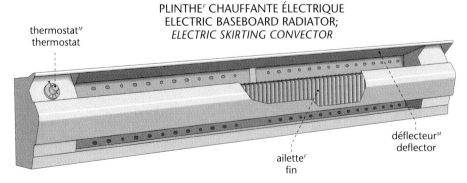

déflecteur^M
deflector

ailette^F
fin

CONVECTEUR^M
CONVECTOR

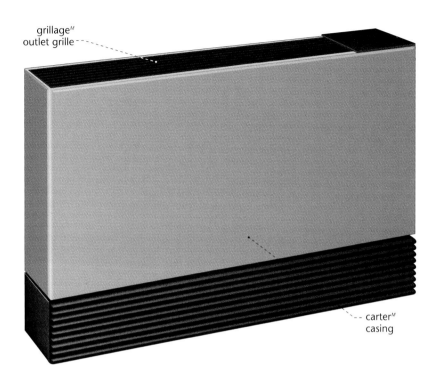

grillage^M
outlet grille

carter^M
casing

CHAUFFAGE^M D'APPOINT^M
AUXILIARY HEATING

radiateur^M rayonnant
radiant heater

radiateur^M bain^M d'huile^F
oil-filled heater

radiateur^M soufflant
fan heater

POMPE^F À CHALEUR^F
HEAT PUMP

MODULE^M EXTÉRIEUR
OUTDOOR UNIT

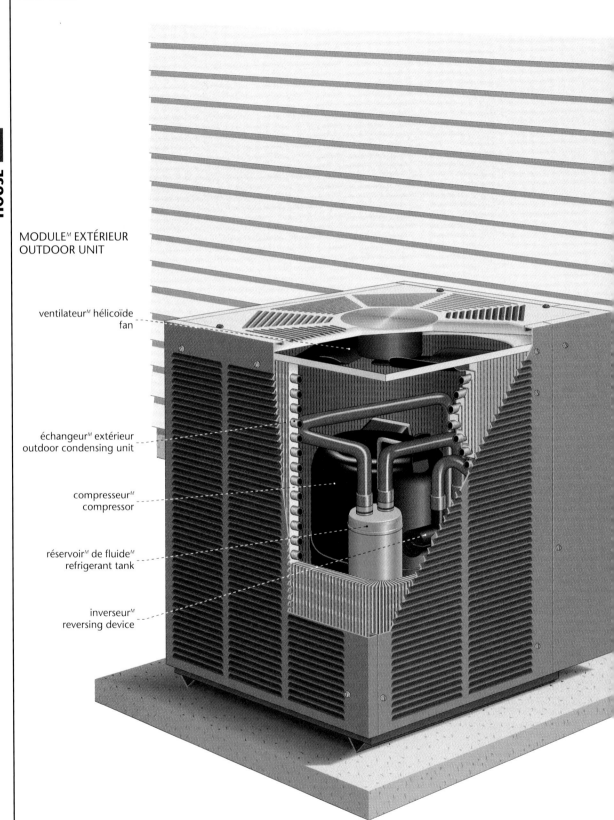

ventilateur^M hélicoïde
fan

échangeur^M extérieur
outdoor condensing unit

compresseur^M
compressor

réservoir^M de fluide^M
refrigerant tank

inverseur^M
reversing device

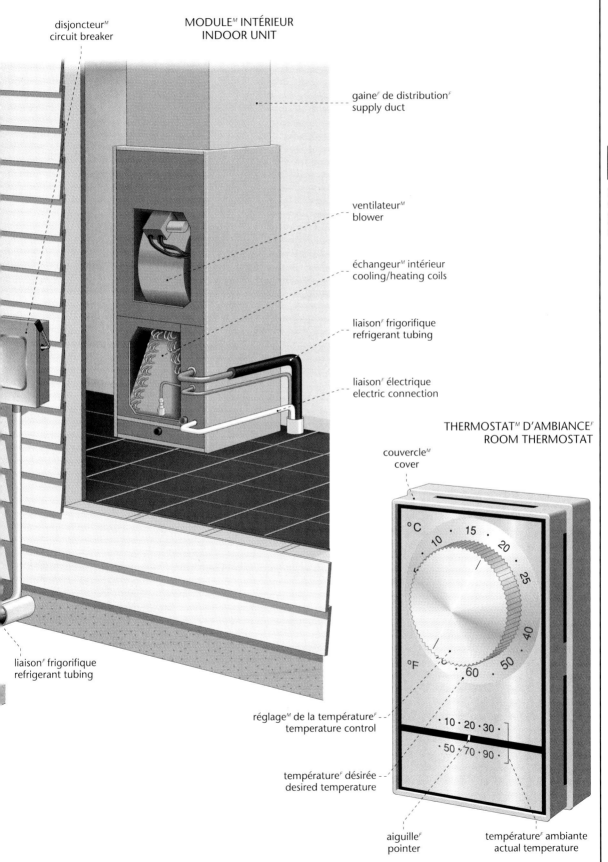

disjoncteur^M
circuit breaker

MODULE^M INTÉRIEUR
INDOOR UNIT

gaine^F de distribution^F
supply duct

ventilateur^M
blower

échangeur^M intérieur
cooling/heating coils

liaison^F frigorifique
refrigerant tubing

liaison^F électrique
electric connection

THERMOSTAT^M D'AMBIANCE^F
ROOM THERMOSTAT

couvercle^M
cover

liaison^F frigorifique
refrigerant tubing

réglage^M de la température^F
temperature control

température^F désirée
desired temperature

aiguille^F
pointer

température^F ambiante
actual temperature

°C
15
10
20
25
5
40
°F
60
50

· 10 · 20 · 30 ·
· 50 · 70 · 90 ·

CLIMATISATION^F
AIR CONDITIONING

VENTILATEUR^M DE PLAFOND^M
CEILING FAN

tige^F
rod

moteur^M
motor

pale^F
blade

CLIMATISEUR^M DE FENÊTRE^F
ROOM AIR CONDITIONER

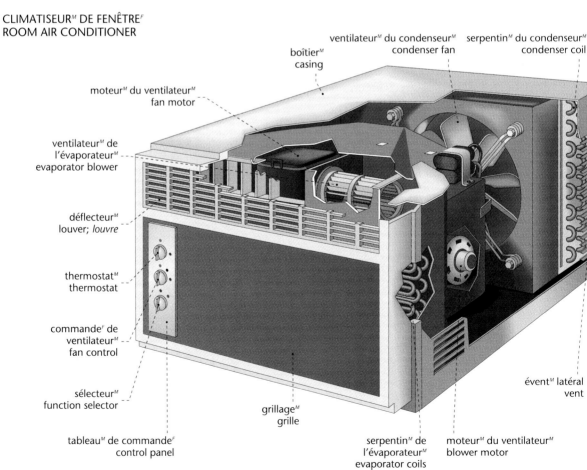

ventilateur^M du condenseur^M
condenser fan

serpentin^M du condenseur^M
condenser coil

boîtier^M
casing

moteur^M du ventilateur^M
fan motor

ventilateur^M de
l'évaporateur^M
evaporator blower

déflecteur^M
louver; *louvre*

thermostat^M
thermostat

commande^F de
ventilateur^M
fan control

sélecteur^M
function selector

tableau^M de commande^F
control panel

grillage^M
grille

serpentin^M de
l'évaporateur^M
evaporator coils

moteur^M du ventilateur^M
blower motor

évent^M latéral
vent

CIRCUIT^M DE PLOMBERIE^F
PLUMBING SYSTEM

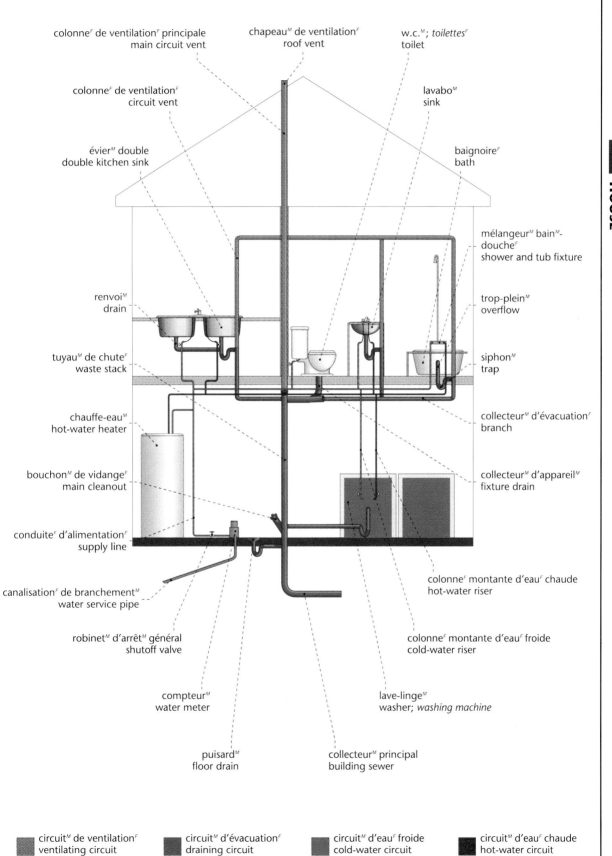

colonne^F de ventilation^F principale
main circuit vent

chapeau^M de ventilation^F
roof vent

w.c.^M; *toilettes^F*
toilet

colonne^F de ventilation^F
circuit vent

lavabo^M
sink

évier^M double
double kitchen sink

baignoire^F
bath

mélangeur^M bain^M-douche^F
shower and tub fixture

renvoi^M
drain

trop-plein^M
overflow

tuyau^M de chute^F
waste stack

siphon^M
trap

chauffe-eau^M
hot-water heater

collecteur^M d'évacuation^F
branch

bouchon^M de vidange^F
main cleanout

collecteur^M d'appareil^M
fixture drain

conduite^F d'alimentation^F
supply line

canalisation^F de branchement^M
water service pipe

colonne^F montante d'eau^F chaude
hot-water riser

robinet^M d'arrêt^M général
shutoff valve

colonne^F montante d'eau^F froide
cold-water riser

compteur^M
water meter

lave-linge^M
washer; *washing machine*

puisard^M
floor drain

collecteur^M principal
building sewer

MAISON
HOUSE

circuit^M de ventilation^F
ventilating circuit

circuit^M d'évacuation^F
draining circuit

circuit^M d'eau^F froide
cold-water circuit

circuit^M d'eau^F chaude
hot-water circuit

POMPE^F DE PUISARD^M
PEDESTAL-TYPE SUMP PUMP

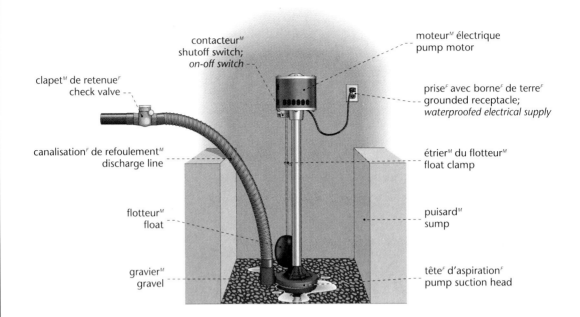

contacteur^M
shutoff switch;
on-off switch

moteur^M électrique
pump motor

clapet^M de retenue^F
check valve

prise^F avec borne^F de terre^F
grounded receptacle;
waterproofed electrical supply

canalisation^F de refoulement^M
discharge line

étrier^M du flotteur^M
float clamp

flotteur^M
float

puisard^M
sump

gravier^M
gravel

tête^F d'aspiration^F
pump suction head

FOSSE^F SEPTIQUE
SEPTIC TANK

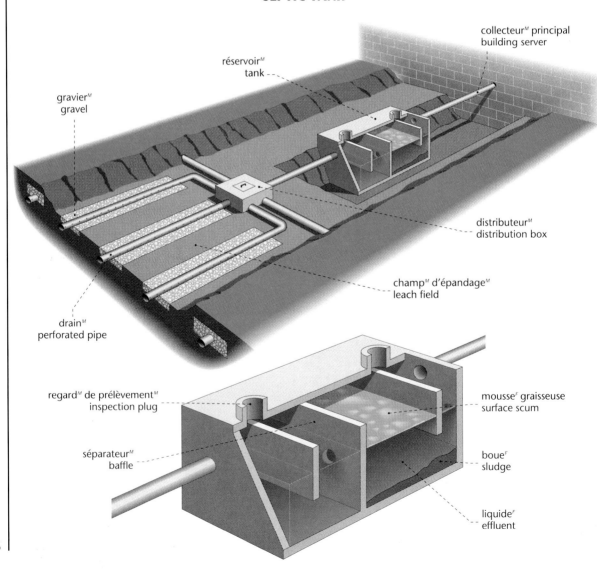

réservoir^M
tank

collecteur^M principal
building server

gravier^M
gravel

distributeur^M
distribution box

champ^M d'épandage^M
leach field

drain^M
perforated pipe

regard^M de prélèvement^M
inspection plug

mousse^F graisseuse
surface scum

séparateur^M
baffle

boue^F
sludge

liquide^F
effluent

AMEUBLEMENT DE LA MAISON HOUSE FURNITURE

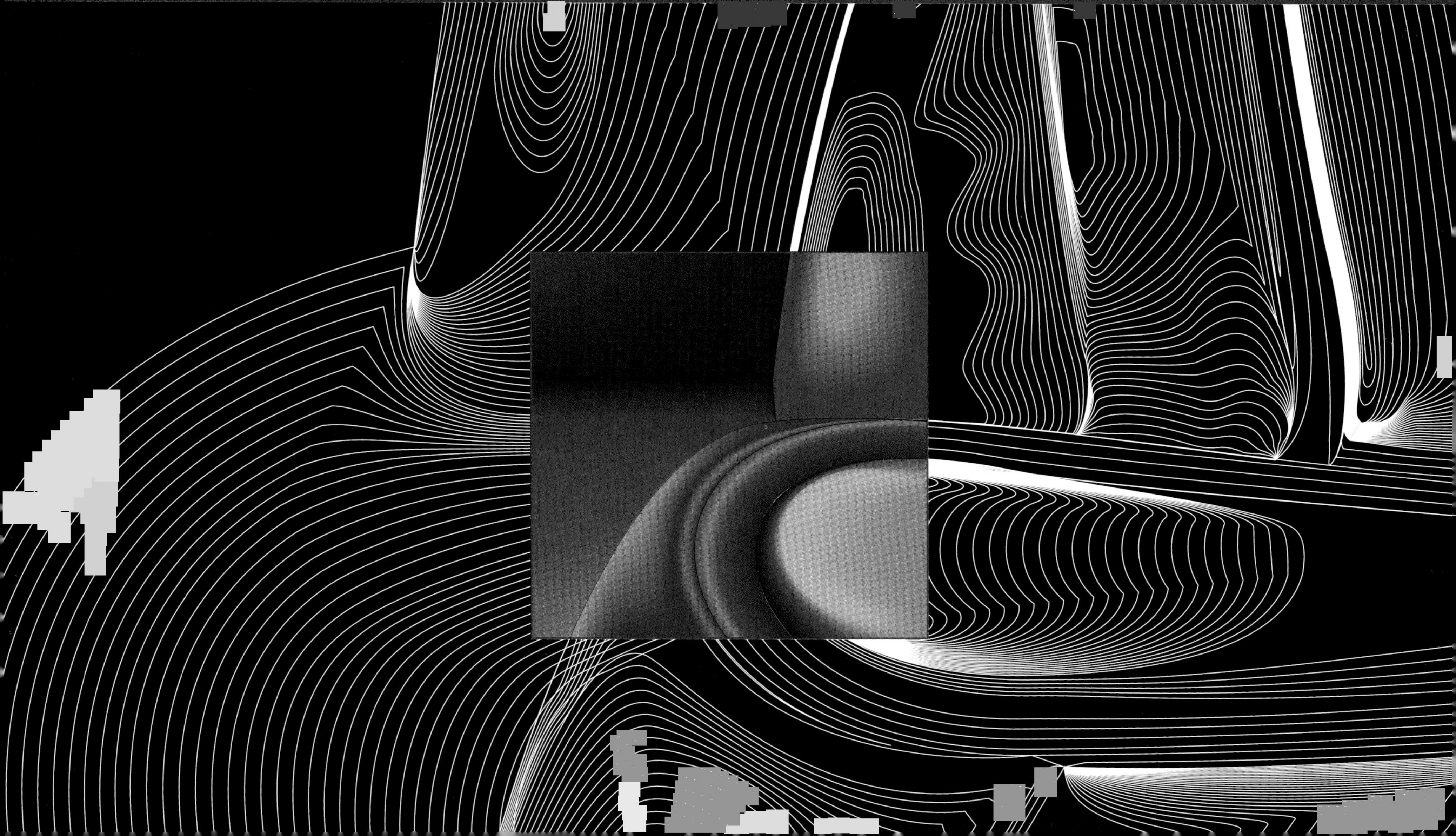

SOMMAIRE

TABLE..219

FAUTEUIL 220

SIÈGES 222

CHAISE...223

LIT..224

MEUBLES DE RANGEMENT 225

PARURES DE FENÊTRE 228

LUMINAIRES...232

VERRES 237

VAISSELLE 238

COUVERT..239

USTENSILES DE CUISINE 242

CAFETIÈRES 247

BATTERIE DE CUISINE...248

APPAREILS ÉLECTROMÉNAGERS 250

**AMEUBLEMENT DE LA MAISON
HOUSE FURNITURE**

TABLE^F
TABLE

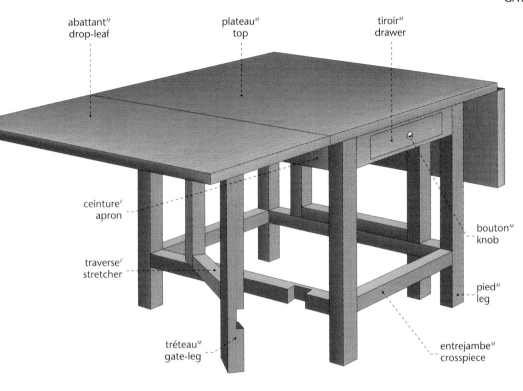

TABLE^F À ABATTANTS^M
GATE-LEG TABLE

abattant^M
drop-leaf

plateau^M
top

tiroir^M
drawer

ceinture^F
apron

bouton^M
knob

traverse^F
stretcher

pied^M
leg

tréteau^M
gate-leg

entrejambe^M
crosspiece

PRINCIPAUX TYPES^M DE TABLES^F
MAJOR TYPES OF TABLES

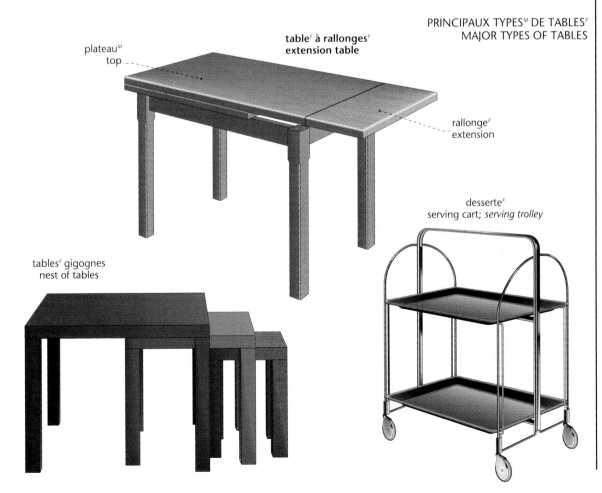

plateau^M
top

**table^F à rallonges^F
extension table**

rallonge^F
extension

desserte^F
serving cart; *serving trolley*

tables^F gigognes
nest of tables

FAUTEUIL^M
ARMCHAIR

PARTIES^F
PARTS

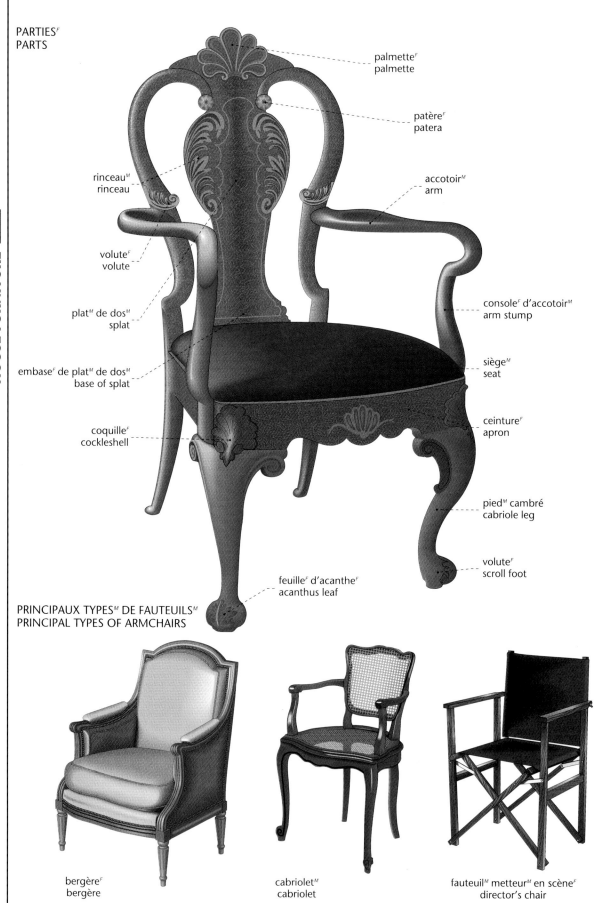

palmette^F
palmette

patère^F
patera

rinceau^M
rinceau

accotoir^M
arm

volute^F
volute

console^F d'accotoir^M
arm stump

plat^M de dos^M
splat

siège^M
seat

embase^F de plat^M de dos^M
base of splat

ceinture^F
apron

coquille^F
cockleshell

pied^M cambré
cabriole leg

volute^F
scroll foot

feuille^F d'acanthe^F
acanthus leaf

PRINCIPAUX TYPES^M DE FAUTEUILS^M
PRINCIPAL TYPES OF ARMCHAIRS

bergère^F
bergère

cabriolet^M
cabriolet

fauteuil^M metteur^M en scène^F
director's chair

canapé^M
sofa

causeuse^F
love seat; *two-seater settee*

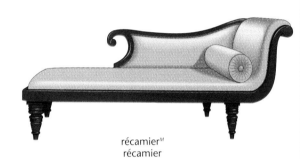

récamier^M
récamier

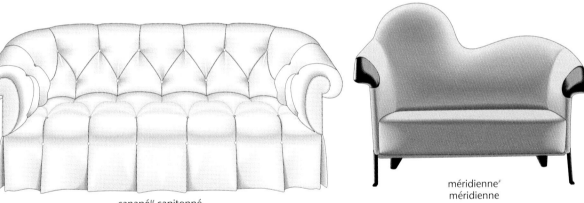

canapé^M capitonné
chesterfield

méridienne^F
méridienne

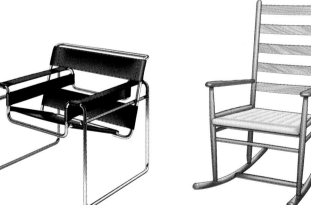

fauteuil^M Wassily
Wassily chair

berceuse^F
rocking chair

fauteuil^M club^M
club chair

AMEUBLEMENT DE LA MAISON
HOUSE FURNITURE

banquette^F
banquette

pouf^M
ottoman

fauteuil^M-sac^M
bean bag chair

banc^M
bench

tabouret^M-bar^M
bar stool

tabouret^M
footstool

chaise^F-escabeau^M
step chair

CHAISE^F
SIDE CHAIR

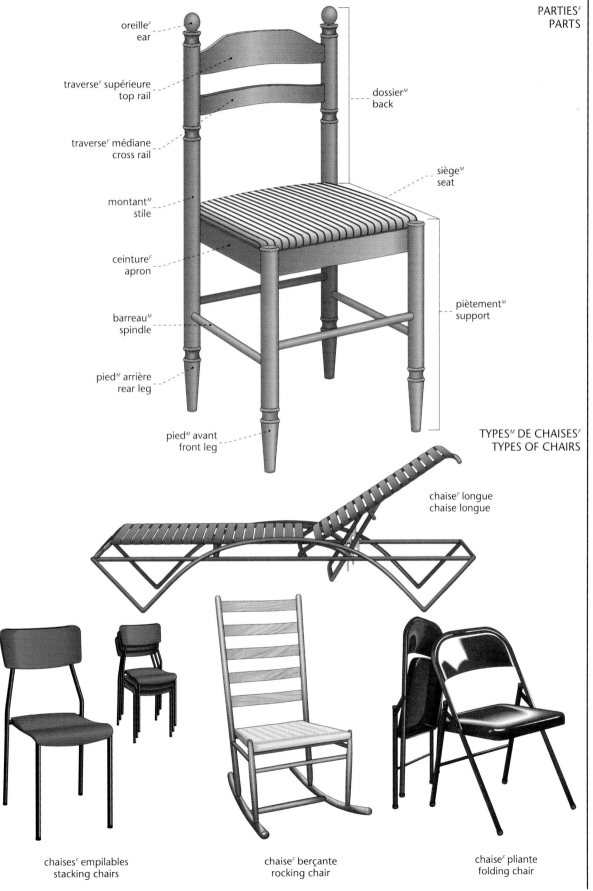

oreille^F
ear

traverse^F supérieure
top rail

dossier^M
back

traverse^F médiane
cross rail

montant^M
stile

siège^M
seat

ceinture^F
apron

barreau^M
spindle

piètement^M
support

pied^M arrière
rear leg

pied^M avant
front leg

TYPES^M DE CHAISES^F
TYPES OF CHAIRS

chaise^F longue
chaise longue

chaises^F empilables
stacking chairs

chaise^F berçante
rocking chair

chaise^F pliante
folding chair

AMEUBLEMENT DE LA MAISON
HOUSE FURNITURE

223

LIT^M
BED

PARTIES^F
PARTS

LITERIE^F
LINEN

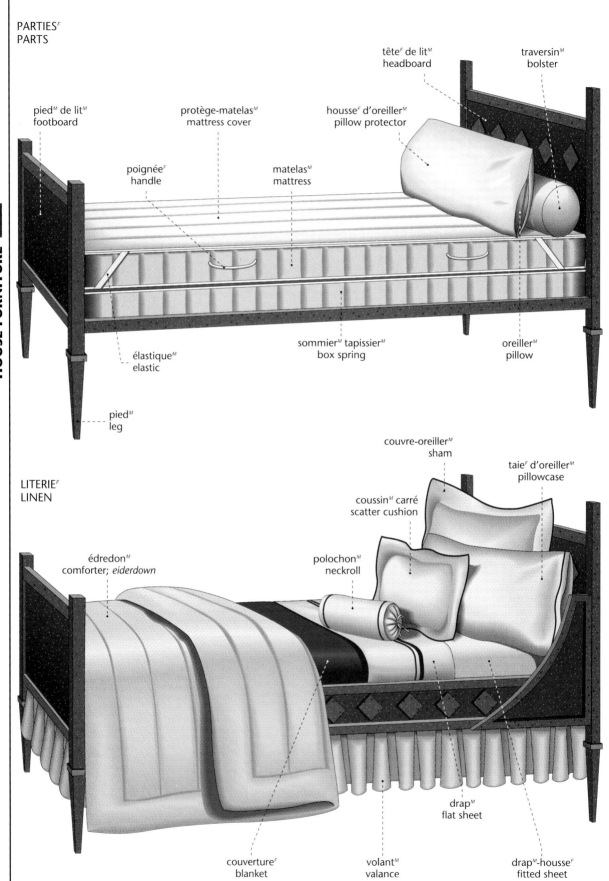

tête^F de lit^M
headboard

traversin^M
bolster

pied^M de lit^M
footboard

protège-matelas^M
mattress cover

housse^F d'oreiller^M
pillow protector

poignée^F
handle

matelas^M
mattress

sommier^M tapissier^M
box spring

oreiller^M
pillow

élastique^M
elastic

pied^M
leg

couvre-oreiller^M
sham

taie^F d'oreiller^M
pillowcase

coussin^M carré
scatter cushion

édredon^M
comforter; *eiderdown*

polochon^M
neckroll

couverture^F
blanket

volant^M
valance

drap^M
flat sheet

drap^M-housse^F
fitted sheet

ARMOIRE^F
ARMOIRE

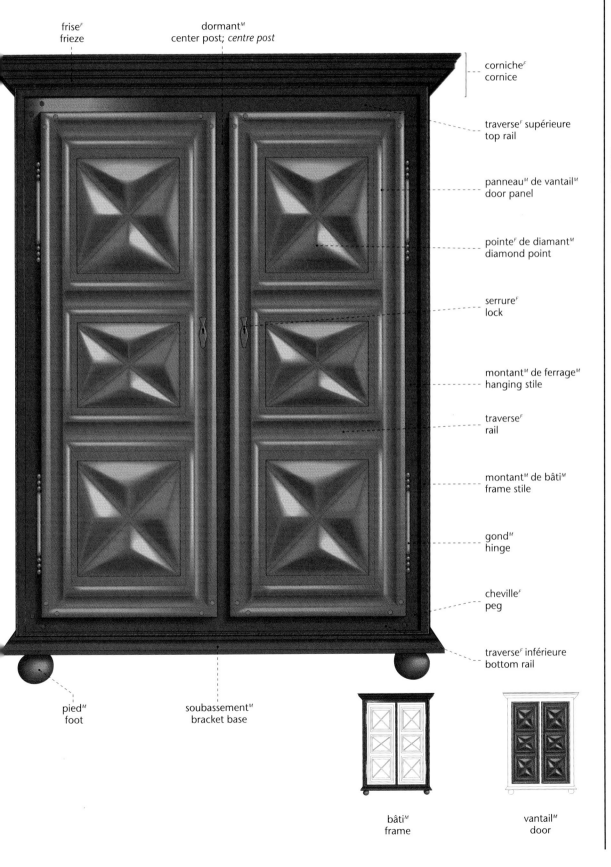

frise^F
frieze

dormant^M
center post; *centre post*

corniche^F
cornice

traverse^F supérieure
top rail

panneau^M de vantail^M
door panel

pointe^F de diamant^M
diamond point

serrure^F
lock

montant^M de ferrage^M
hanging stile

traverse^F
rail

montant^M de bâti^M
frame stile

gond^M
hinge

cheville^F
peg

traverse^F inférieure
bottom rail

pied^M
foot

soubassement^M
bracket base

bâti^M
frame

vantail^M
door

AMEUBLEMENT DE LA MAISON
HOUSE FURNITURE

225

AMEUBLEMENT DE LA MAISON
HOUSE FURNITURE

coffre^M
linen chest

commode^F
dresser; *chest of drawers*

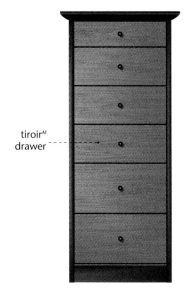

tiroir^M
drawer

chiffonnier^M
chiffonier

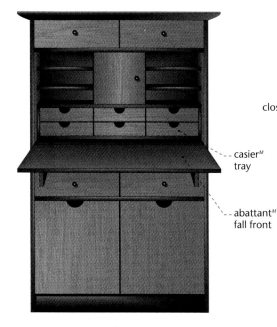

casier^M
tray

abattant^M
fall front

secrétaire^M
secretary; *bureau*

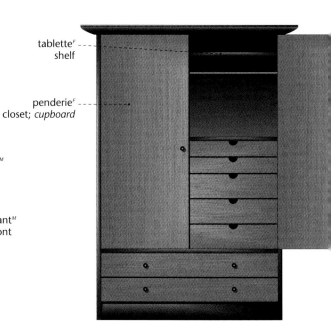

tablette^F
shelf

penderie^F
closet; *cupboard*

armoire^F-penderie^F
wardrobe

vitrine^F
display cabinet

bar^M
cocktail cabinet

buffet^M-vaisselier^M
glass-fronted display cabinet

encoignure^F
corner cupboard

buffet^M
buffet; *sideboard*

TYPES^M DE RIDEAUX^M
TYPES OF CURTAINS

RIDEAU^M DE VITRAGE^M
GLASS CURTAIN

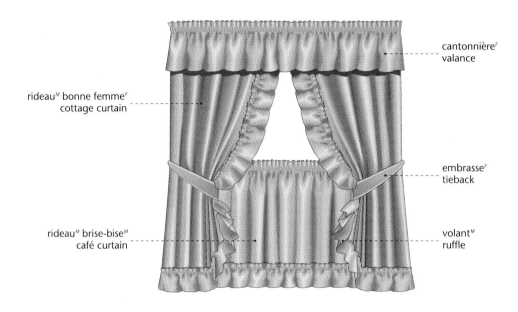

cantonnière^F
valance

rideau^M bonne femme^F
cottage curtain

embrasse^F
tieback

rideau^M brise-bise^M
café curtain

volant^M
ruffle

RIDEAU^M COULISSÉ
ATTACHED CURTAIN

RIDEAU^M FLOTTANT
LOOSE CURTAIN

TYPES^M DE PLIS^M
TYPES OF PLEATS

pli^M creux
box pleat

pli^M pincé
pinch pleat

pli^M rond
inverted pleat

AMEUBLEMENT DE LA MAISON
HOUSE FURNITURE

RIDEAU^M
CURTAIN

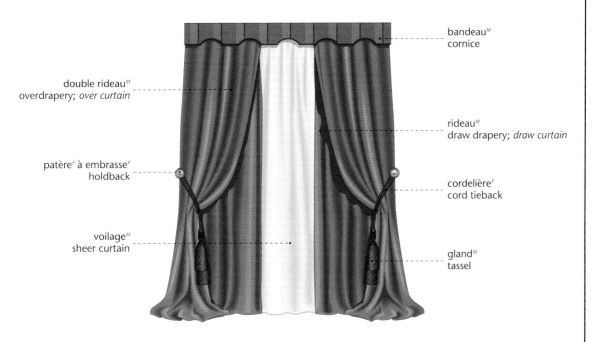

bandeau^M
cornice

double rideau^M
overdrapery; *over curtain*

rideau^M
draw drapery; *draw curtain*

patère^F à embrasse^F
holdback

cordelière^F
cord tieback

voilage^M
sheer curtain

gland^M
tassel

RIDEAU^M BALLON^M
BALLOON CURTAIN

RIDEAUX^M CROISÉS
CRISSCROSS CURTAINS

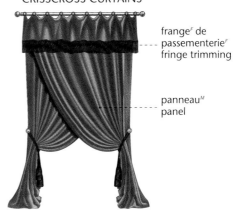

frange^F de
passementerie^F
fringe trimming

panneau^M
panel

TYPES^M DE TÊTES^F
TYPES OF HEADINGS

cantonnière^F drapée
draped swag

fronçage^M tuyauté
pencil pleat heading

tête^F plissée
pleated heading

tête^F froncée
shirred heading

PARURES^F DE FENÊTRE^F
WINDOW ACCESSORIES

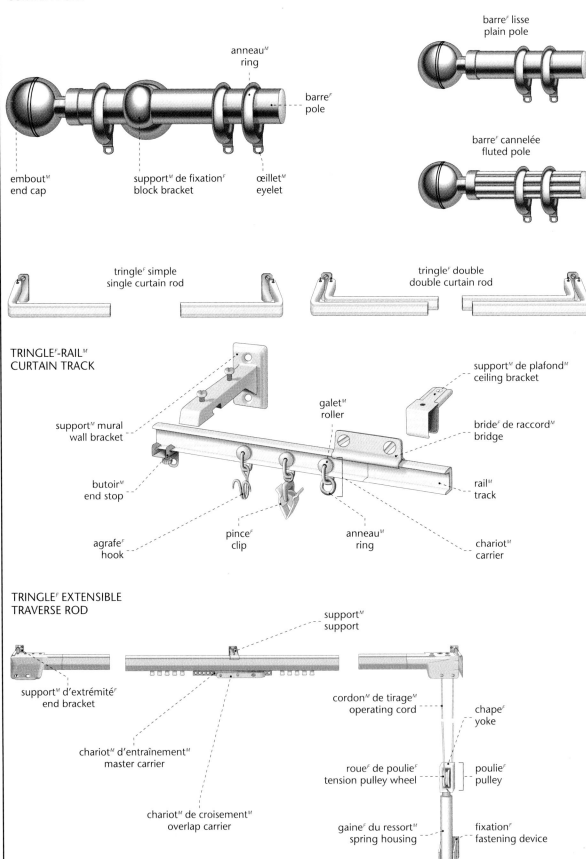

TRINGLE^F-BARRE^F
CURTAIN POLE

barre^F lisse
plain pole

anneau^M
ring

barre^F
pole

barre^F cannelée
fluted pole

embout^M
end cap

support^M de fixation^F
block bracket

œillet^M
eyelet

tringle^F simple
single curtain rod

tringle^F double
double curtain rod

TRINGLE^F-RAIL^M
CURTAIN TRACK

support^M de plafond^M
ceiling bracket

galet^M
roller

bride^F de raccord^M
bridge

support^M mural
wall bracket

rail^M
track

butoir^M
end stop

agrafe^F
hook

pince^F
clip

anneau^M
ring

chariot^M
carrier

TRINGLE^F EXTENSIBLE
TRAVERSE ROD

support^M
support

support^M d'extrémité^F
end bracket

cordon^M de tirage^M
operating cord

chape^F
yoke

chariot^M d'entraînement^M
master carrier

roue^F de poulie^F
tension pulley wheel

poulie^F
pulley

chariot^M de croisement^M
overlap carrier

gaine^F du ressort^M
spring housing

fixation^F
fastening device

STORE^M À ENROULEMENT^M
AUTOMATIQUE
ROLLER SHADE; *ROLLER BLIND*

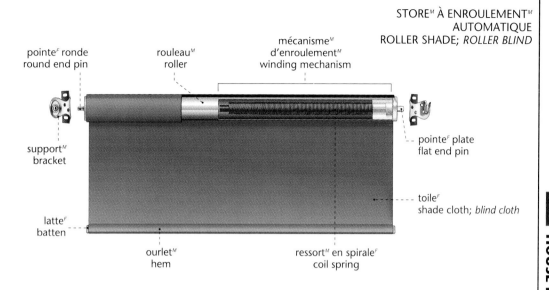

pointe^F ronde
round end pin

rouleau^M
roller

mécanisme^M
d'enroulement^M
winding mechanism

pointe^F plate
flat end pin

support^M
bracket

toile^F
shade cloth; *blind cloth*

latte^F
batten

ourlet^M
hem

ressort^M en spirale^F
coil spring

STORE^M VÉNITIEN
VENETIAN BLIND

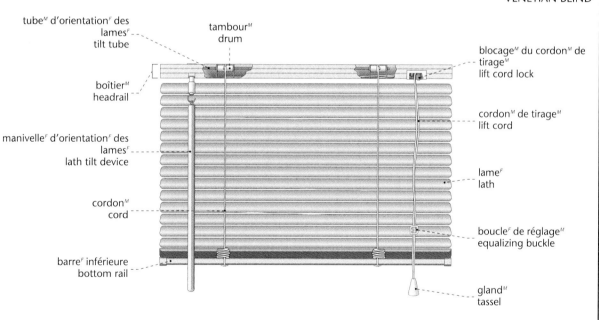

tube^M d'orientation^F des
lames^F
tilt tube

tambour^M
drum

blocage^M du cordon^M de
tirage^M
lift cord lock

boîtier^M
headrail

cordon^M de tirage^M
lift cord

manivelle^F d'orientation^F des
lames^F
lath tilt device

lame^F
lath

cordon^M
cord

boucle^F de réglage^M
equalizing buckle

barre^F inférieure
bottom rail

gland^M
tassel

store^M à enroulement^M manuel
roll-up blind

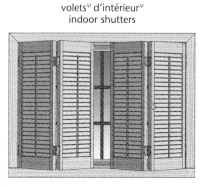

store^M bateau^M; *store^M romain*
roman shade

volets^M d'intérieur^M
indoor shutters

LAMPE^F À INCANDESCENCE^F
INCANDESCENT LAMP

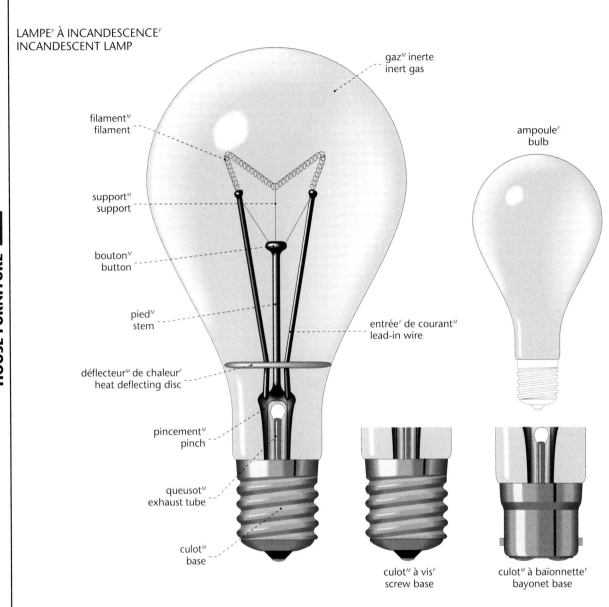

gaz^M inerte
inert gas

filament^M
filament

support^M
support

bouton^M
button

pied^M
stem

déflecteur^M de chaleur^F
heat deflecting disc

pincement^M
pinch

queusot^M
exhaust tube

culot^M
base

ampoule^F
bulb

entrée^F de courant^M
lead-in wire

culot^M à vis^F
screw base

culot^M à baïonnette^F
bayonet base

TUBE^M FLUORESCENT
FLUORESCENT TUBE

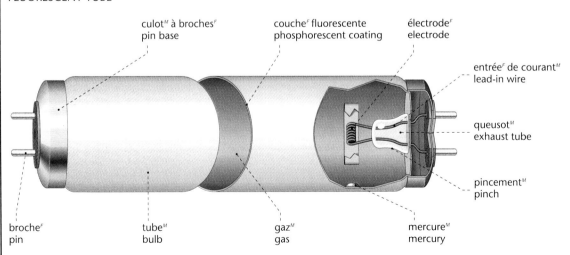

culot^M à broches^F
pin base

couche^F fluorescente
phosphorescent coating

électrode^F
electrode

entrée^F de courant^M
lead-in wire

queusot^M
exhaust tube

pincement^M
pinch

broche^F
pin

tube^M
bulb

gaz^M
gas

mercure^M
mercury

LAMPE^F À HALOGÈNE^M
TUNGSTEN-HALOGEN LAMP

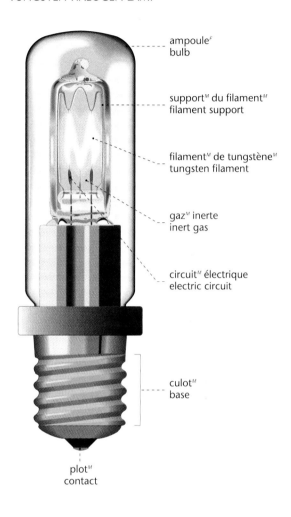

ampoule^F
bulb

support^M du filament^M
filament support

filament^M de tungstène^M
tungsten filament

gaz^M inerte
inert gas

circuit^M électrique
electric circuit

culot^M
base

plot^M
contact

LAMPE^F À ÉCONOMIE^F D'ÉNERGIE^F
ENERGY SAVING BULB

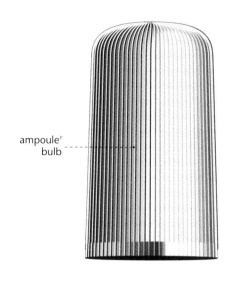

ampoule^F
bulb

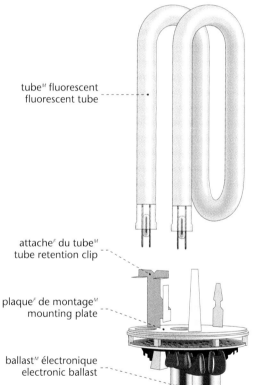

tube^M fluorescent
fluorescent tube

attache^F du tube^M
tube retention clip

plaque^F de montage^M
mounting plate

ballast^M électronique
electronic ballast

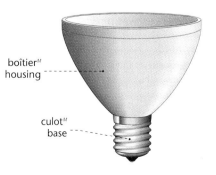

boîtier^M
housing

culot^M
base

LAMPE^F À HALOGÈNE^M
TUNGSTEN-HALOGEN LAMP

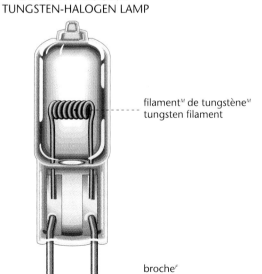

filament^M de tungstène^M
tungsten filament

broche^F
pin

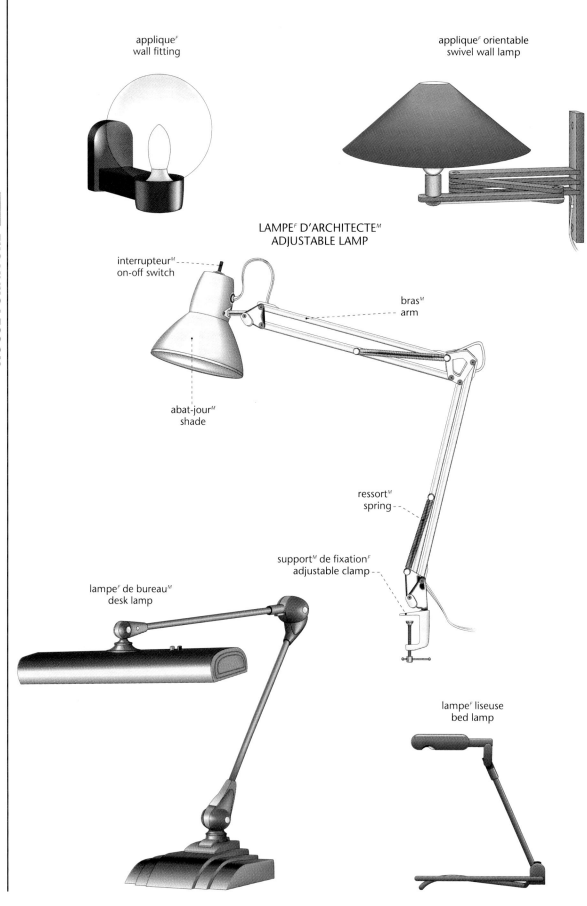

applique^F
wall fitting

applique^F orientable
swivel wall lamp

LAMPE^F D'ARCHITECTE^M
ADJUSTABLE LAMP

interrupteur^M
on-off switch

bras^M
arm

abat-jour^M
shade

ressort^M
spring

support^M de fixation^F
adjustable clamp

lampe^F de bureau^M
desk lamp

lampe^F liseuse
bed lamp

RAIL^M D'ÉCLAIRAGE^M
TRACK LIGHTING

gouttière^F
bar frame

transformateur^M
transformer

manette^F de contact^M
contact lever

spot^M
spot

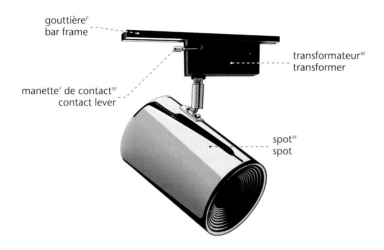

lanterne^F de pied^M
post lantern

spot^M à pince^F
clamp spotlight

lanterne^F murale
wall lantern

rampe^F d'éclairage^M
strip light

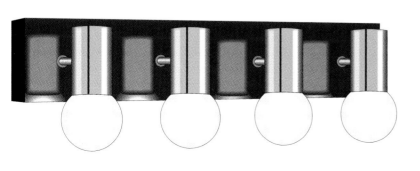

235

LUMINAIRES[M]
LIGHTS

LUSTRE[M]
CHANDELIER

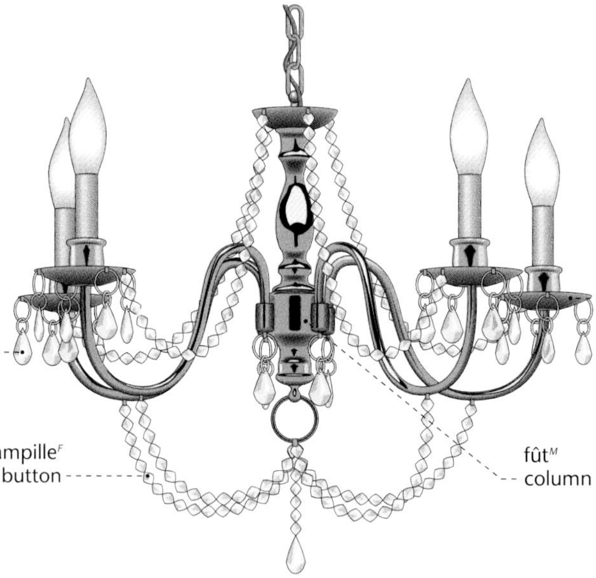
coupelle[F]
bobeche; *sconce*
pendeloque[F]
crystal drop
pampille[F]
crystal button
fût[M]
column

lampadaire[M]
floor lamp

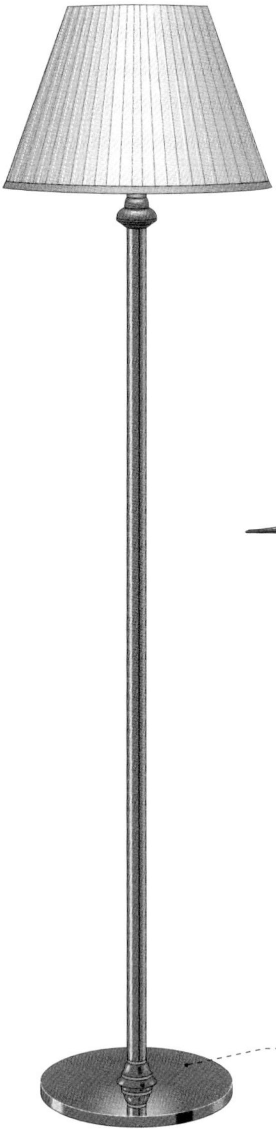
socle[M]
base

suspension[F]
hanging pendant

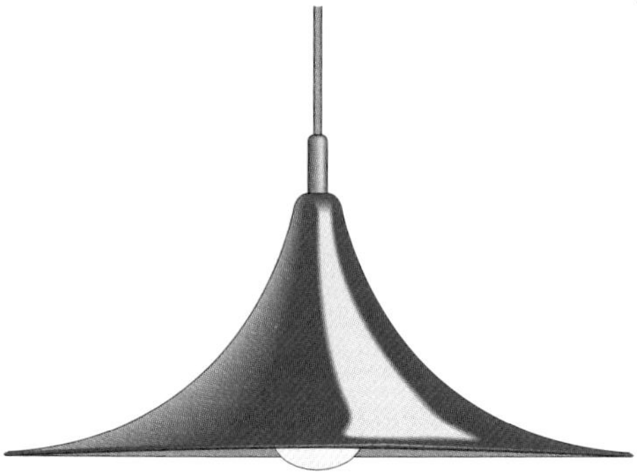

plafonnier[M]
ceiling fitting

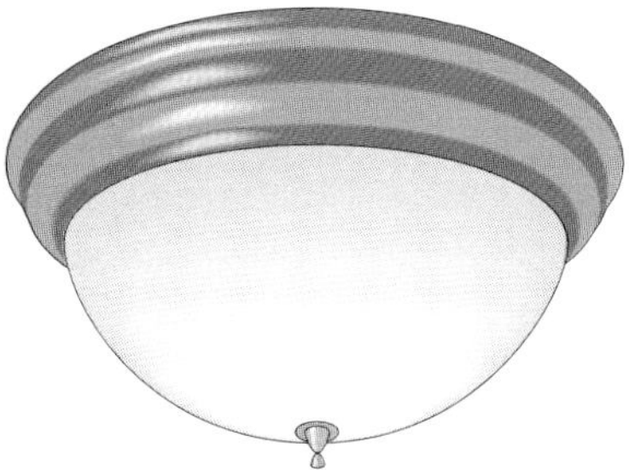

lampe[F] de table[F]
table lamp

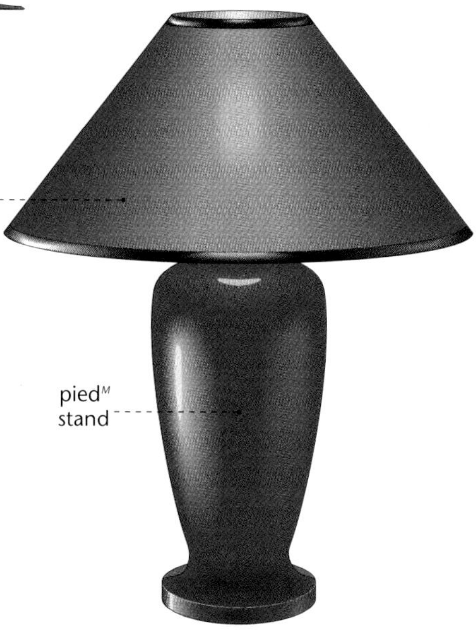
abat-jour[M]
shade
pied[M]
stand

VERRES^M
GLASSWARE

verre^M à porto^M
port glass

coupe^F à mousseux^M
sparkling wine glass

verre^M à cognac^M
brandy snifter

verre^M à liqueur^F
liqueur glass

verre^M à vin^M blanc
white wine glass

verre^M à bordeaux^M
bordeaux glass

verre^M à bourgogne^M
burgundy glass

verre^M à vin^M d'Alsace
Alsace glass

verre^M à whisky^M
old-fashioned glass;
tumbler glass

verre^M à gin^M
highball glass; *tall tumbler glass*

verre^M à cocktail^M
cocktail glass

verre^M à eau^F
water goblet

carafe^F
decanter

carafon^M
small decanter

flûte^F à champagne^M
champagne flute

chope^F à bière^F
beer mug

VAISSELLE^F
DINNERWARE

tasse^F à café^M
demitasse

tasse^F à thé^M
cup

chope^F à café^M
coffee mug

crémier^M
creamer; *cream jug*

sucrier^M
sugar bowl

poivrière^F
pepper shaker; *pepperpot*

salière^F
salt shaker; *saltcellar*

saucière^F
gravy boat

beurrier^M
butter dish

ramequin^M
ramekin

bol^M
soup bowl

assiette^F creuse
rim soup bowl

assiette^F plate
dinner plate

assiette^F à salade^F
salad plate

assiette^F à dessert^M
bread and butter plate

théière^F
teapot

plat^M ovale
platter

légumier^M
vegetable bowl

plat^M à poisson^M
fish platter

ravier^M
hors d'oeuvre dish

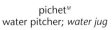

pichet^M
water pitcher; *water jug*

saladier^M
salad bowl

bol^M à salade^F
serving bowl

soupière^F
soup tureen

COUVERT^M
SILVERWARE

COUTEAU^M
KNIFE

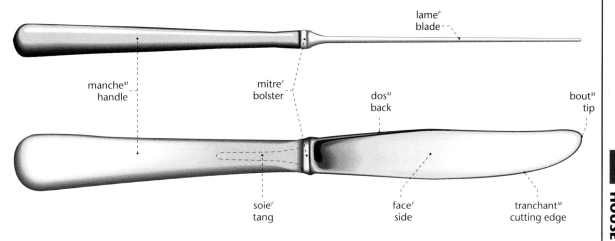

lame^F
blade

manche^M
handle

mitre^F
bolster

dos^M
back

bout^M
tip

soie^F
tang

face^F
side

tranchant^M
cutting edge

PRINCIPAUX TYPES^M DE COUTEAUX^M
MAJOR TYPES OF KNIVES

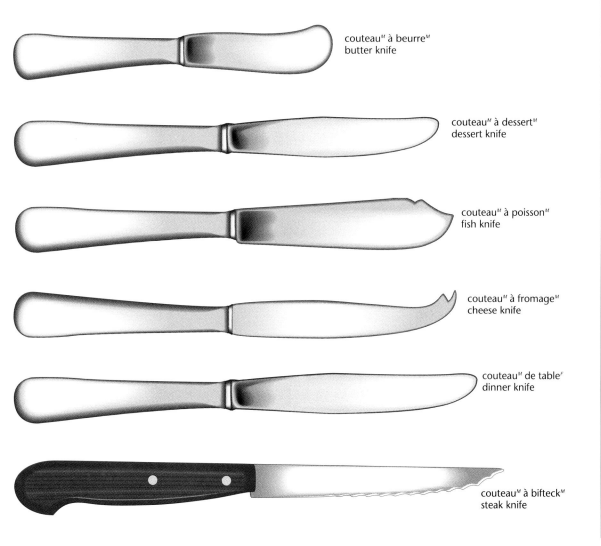

couteau^M à beurre^M
butter knife

couteau^M à dessert^M
dessert knife

couteau^M à poisson^M
fish knife

couteau^M à fromage^M
cheese knife

couteau^M de table^F
dinner knife

couteau^M à bifteck^M
steak knife

COUVERT^M
SILVERWARE

FOURCHETTE^F
FORK

entredent^M
slot

dent^F
tine

collet^M
neck

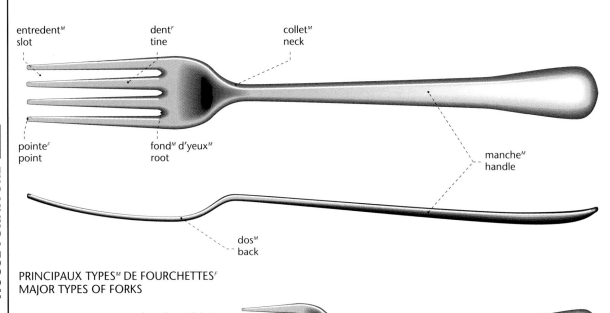

pointe^F
point

fond^M d'yeux^M
root

manche^M
handle

dos^M
back

PRINCIPAUX TYPES^M DE FOURCHETTES^F
MAJOR TYPES OF FORKS

fourchette^F à huîtres^F
oyster fork

fourchette^F à dessert^M
dessert fork

fourchette^F à salade^F
salad fork

fourchette^F à poisson^M
fish fork

fourchette^F de table^F
dinner fork

fourchette^F à fondue^F
fondue fork

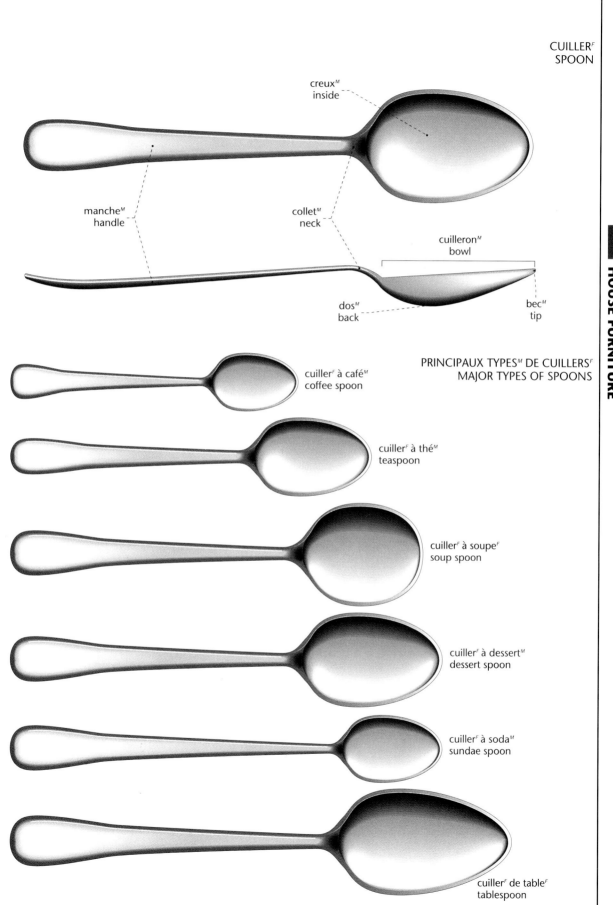

creux^M
inside

manche^M
handle

collet^M
neck

cuilleron^M
bowl

dos^M
back

bec^M
tip

PRINCIPAUX TYPES^M DE CUILLERS^F
MAJOR TYPES OF SPOONS

cuiller^F à café^M
coffee spoon

cuiller^F à thé^M
teaspoon

cuiller^F à soupe^F
soup spoon

cuiller^F à dessert^M
dessert spoon

cuiller^F à soda^M
sundae spoon

cuiller^F de table^F
tablespoon

AMEUBLEMENT DE LA MAISON
HOUSE FURNITURE

241

USTENSILES^M DE CUISINE^F
KITCHEN UTENSILS

COUTEAU^M DE CUISINE^F
KITCHEN KNIFE

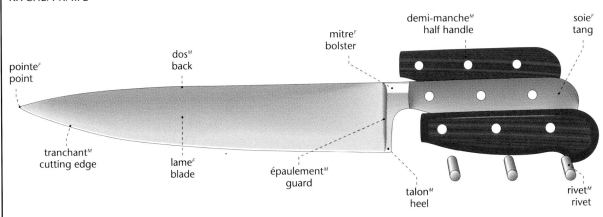

demi-manche^M
half handle

soie^F
tang

mitre^F
bolster

dos^M
back

pointe^F
point

tranchant^M
cutting edge

lame^F
blade

épaulement^M
guard

talon^M
heel

rivet^M
rivet

TYPES^M DE COUTEAUX^M DE CUISINE^F
TYPES OF KITCHEN KNIVES

couteau^M à filets^M de sole^F
filleting knife

couperet^M
cleaver

couteau^M à désosser
boning knife

couteau^M à pain^M
bread knife

couteau^M à jambon^M
ham knife

couteau^M de chef^M
cook's knife

couteau^M à découper
carving knife

fourchette^F à découper
carving fork

fusil^M
sharpening steel

couteau^M à pamplemousse^M
grapefruit knife

coquilleur^M à beurre^M
butter curler

couteau^M à huîtres^F
oyster knife

éplucheur^M
peeler

couteau^M d'office^M
paring knife

couteau^M à zester
zester

entonnoir^M
funnel

POUR PASSER ET ÉGOUTTER
FOR STRAINING AND DRAINING

passoire^F
colander

passoire^F
strainer

essoreuse^F à salade^F
salad spinner

POUR BROYER ET RÂPER
FOR GRINDING AND GRATING

pilon^M
pestle

presse-ail^M
garlic press

presse-agrumes^M
citrus juicer; *lemon squeezer*

mortier^M
mortar

casse-noix^M
nutcracker

hachoir^M
meat grinder; *mincer*

râpe^F
grater

machine^F à faire les pâtes^F
pasta maker

243

AMEUBLEMENT DE LA MAISON
HOUSE FURNITURE

JEU^M D'USTENSILES^M
SET OF UTENSILS

pilon^M
potato masher

spatule^F
spatula

écumoire^F
skimmer

louche^F
ladle

pelle^F
turner

cuiller^F à égoutter
draining spoon

POUR OUVRIR
FOR OPENING

POUR MESURER
FOR MEASURING

minuteur^M
kitchen timer

décapsuleur^M
bottle opener

sablier^M
egg timer

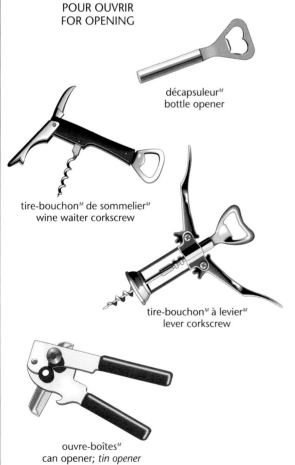

thermomètre^M à viande^F
meat thermometer

tire-bouchon^M de sommelier^M
wine waiter corkscrew

cuillers^F doseuses
measuring spoons

tire-bouchon^M à levier^M
lever corkscrew

ouvre-boîtes^M
can opener; *tin opener*

balance^F de cuisine^F
kitchen scales

mesures^F
measuring cups

pinceau^M à pâtisserie^F
pastry brush

piston^M à décorer
icing syringe

fouet^M
whisk

batteur^M à œufs^M
egg beater

roulette^F de pâtissier^M
pastry cutting wheel

tamis^M à farine^F
sifter

moule^M à muffins^M
muffin pan; *bun tin*

poche^F à douilles^F
pastry bag and nozzles

plaque^F à biscuits^M
cookie sheet; *biscuit sheet*

rouleau^M à pâtisserie^F
rolling pin

bols^M à mélanger
mixing bowls

emporte-pièces^M
cookie cutters;
biscuit cutters

moule^M à fond^M amovible
removable-bottomed pan;
removable-bottomed tin

moule^M à tarte^F
pie pan; *pie tin*

moule^M à quiche^F
quiche plate; *quiche tin*

moule^M à gâteau^M
cake pan; *cake tin*

USTENSILES^M DIVERS
MISCELLANEOUS UTENSILS

dénoyauteur^M
stoner

cuiller^F à glace^F; *cuiller^F à crème^F glacée*
ice cream scoop

cisaille^F à volaille^F
poultry shears

pince^F à spaghettis^M
spaghetti tongs

poire^F à jus^M
baster

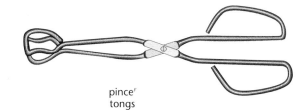

pince^F
tongs

brosse^F à légumes^M
vegetable brush

boule^F à thé^M
tea ball; *tea infuser*

pince^F à escargots^M
snail tongs

saupoudreuse^F
dredger

coupe-œuf^M
egg slicer

plat^M à escargots^M
snail dish

AMEUBLEMENT DE LA MAISON
HOUSE FURNITURE

246

CAFETIÈRES^F
COFFEE MAKERS

CAFETIÈRE^F FILTRE^M
AUTOMATIC DRIP COFFEE MAKER

couvercle^M
lid

réservoir^M
reservoir

panier^M
basket

niveau^M d'eau^F
water level

verseuse^F
carafe

voyant^M lumineux
signal lamp

plaque^F chauffante
warming plate

interrupteur^M
on-off switch

PERCOLATEUR^M
PERCOLATOR

CAFETIÈRE^F À INFUSION^F
VACUUM COFFEE MAKER

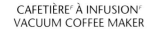

tulipe^F
upper bowl

bec^M verseur^M
spout

tige^F
stem

ballon^M
lower bowl

voyant^M lumineux
signal lamp

CAFETIÈRE^F À PISTON^M
PLUNGER

CAFETIÈRE^F NAPOLITAINE
NEAPOLITAN COFFEE MAKER

CAFETIÈRE^F ESPRESSO^M
ESPRESSO COFFEE MAKER

BATTERIE^F DE CUISINE^F
COOKING UTENSILS

WOK^M
WOK SET

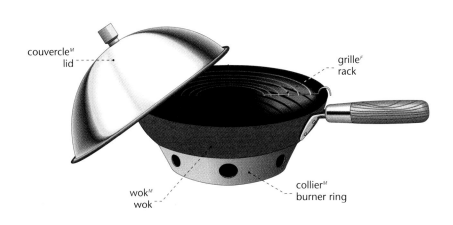

couvercle^M
lid

grille^F
rack

wok^M
wok

collier^M
burner ring

POISSONNIÈRE^F
FISH POACHER; *FISH KETTLE*

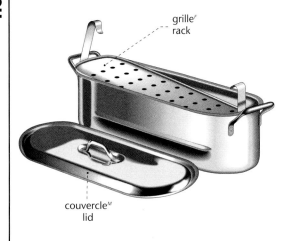

grille^F
rack

couvercle^M
lid

SERVICE^M À FONDUE^F
FONDUE SET

caquelon^M
fondue pot

support^M
stand

réchaud^M
burner

AUTOCUISEUR^M
PRESSURE COOKER

régulateur^M de pression^F
pressure regulator

soupape^F
safety valve

plats^M à four^M
roasting pans

248

faitout^M
Dutch oven

marmite^F
stock pot

poêle^F à frire
frying pan

poêle^F à crêpes^F
pancake pan

couscoussier^M
couscous kettle

pocheuse^F
egg poacher

sauteuse^F
sauté pan

étuveuse^F
vegetable steamer

bain-marie^M
double boiler

casserole^F
saucepan

APPAREILS^M ÉLECTROMÉNAGERS
DOMESTIC APPLIANCES

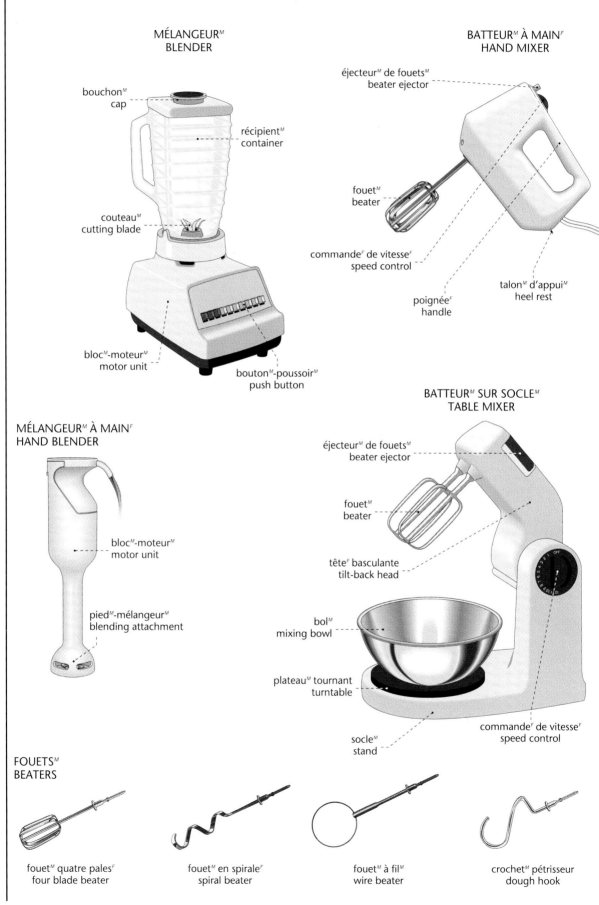

MÉLANGEUR^M
BLENDER

bouchon^M
cap

récipient^M
container

couteau^M
cutting blade

bloc^M-moteur^M
motor unit

bouton^M-poussoir^M
push button

BATTEUR^M À MAIN^F
HAND MIXER

éjecteur^M de fouets^M
beater ejector

fouet^M
beater

commande^F de vitesse^F
speed control

poignée^F
handle

talon^M d'appui^M
heel rest

MÉLANGEUR^M À MAIN^F
HAND BLENDER

bloc^M-moteur^M
motor unit

pied^M-mélangeur^M
blending attachment

BATTEUR^M SUR SOCLE^M
TABLE MIXER

éjecteur^M de fouets^M
beater ejector

fouet^M
beater

tête^F basculante
tilt-back head

bol^M
mixing bowl

plateau^M tournant
turntable

socle^M
stand

commande^F de vitesse^F
speed control

FOUETS^M
BEATERS

fouet^M quatre pales^F
four blade beater

fouet^M en spirale^F
spiral beater

fouet^M à fil^M
wire beater

crochet^M pétrisseur
dough hook

250

ROBOT^M DE CUISINE^F
FOOD PROCESSOR

poussoir^M
pusher

entonnoir^M
feed tube

couvercle^M
lid

couteau^M
blade

poignée^F
handle

bol^M
bowl

sélecteur^M de vitesse^F
speed selector

arbre^M
spindle

bloc^M-moteur^M
motor unit

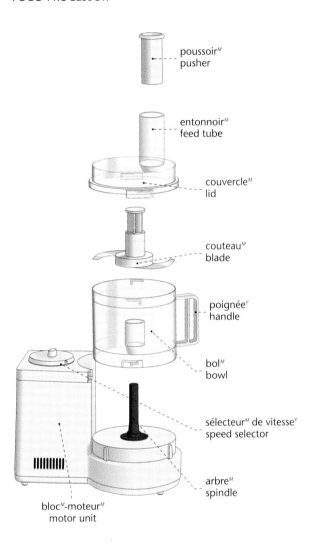

DISQUES^M
DISKS; *DISCS*

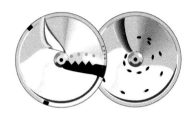

PRESSE-AGRUMES^M
CITRUS JUICER; *LEMON SQUEEZER*

passoire^F
strainer

toupie^F
reamer

bol^M verseur
bowl with serving spout

bloc^M-moteur^M
motor unit

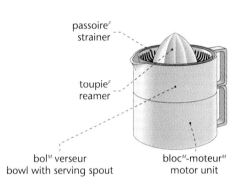

CENTRIFUGEUSE^F
JUICER; *JUICE EXTRACTOR*

poussoir^M
pusher

entonnoir^M
feed tube

couvercle^M
lid

passoire^F
strainer

bloc^M-moteur^M
motor unit

pichet^M
bowl

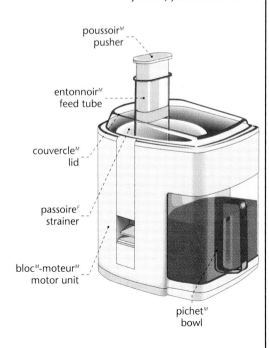

SORBETIÈRE^F
ICE CREAM FREEZER

bloc^M-moteur^M
motor unit

couvercle^M
cover

poignée^F
handle

seau^M isotherme
freezer bucket

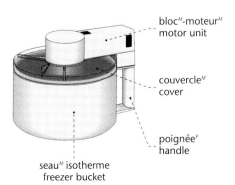

AMEUBLEMENT DE LA MAISON
HOUSE FURNITURE

BOUILLOIRE^F
KETTLE

GRILLE-PAIN^M
TOASTER

FRITEUSE^F
DEEP FRYER

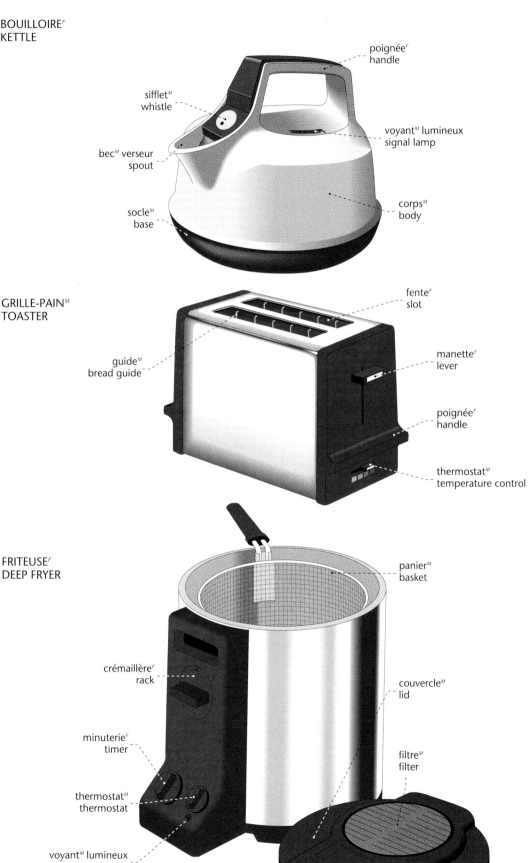

poignée^F
handle

sifflet^M
whistle

voyant^M lumineux
signal lamp

bec^M verseur
spout

socle^M
base

corps^M
body

fente^F
slot

guide^M
bread guide

manette^F
lever

poignée^F
handle

thermostat^M
temperature control

panier^M
basket

crémaillère^F
rack

couvercle^M
lid

minuterie^F
timer

filtre^M
filter

thermostat^M
thermostat

voyant^M lumineux
signal lamp

252

GAUFRIER^M-GRIL^M
WAFFLE IRON; *ELECTRIC GRILL*

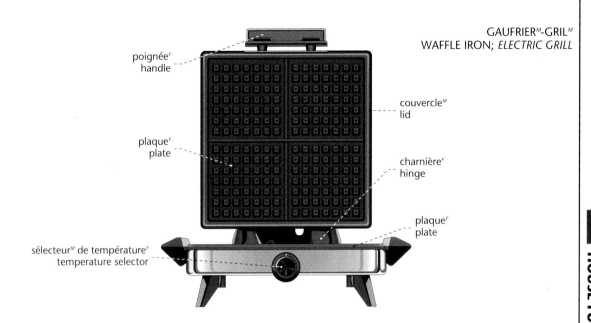

poignée^F
handle

couvercle^M
lid

plaque^F
plate

charnière^F
hinge

plaque^F
plate

sélecteur^M de température^F
temperature selector

FOUR^M À MICRO-ONDES^F
MICROWAVE OVEN

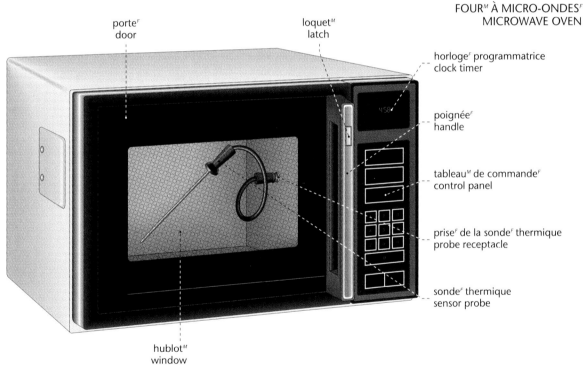

porte^F
door

loquet^M
latch

horloge^F programmatrice
clock timer

poignée^F
handle

tableau^M de commande^F
control panel

prise^F de la sonde^F thermique
probe receptacle

sonde^F thermique
sensor probe

hublot^M
window

GRIL^M ÉLECTRIQUE
GRIDDLE

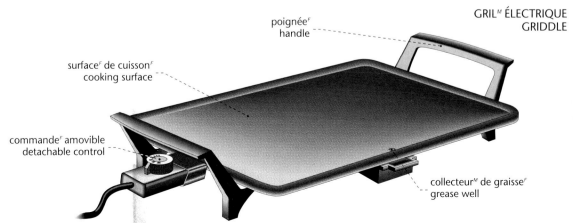

poignée^F
handle

surface^F de cuisson^F
cooking surface

commande^F amovible
detachable control

collecteur^M de graisse^F
grease well

RÉFRIGÉRATEUR^M
REFRIGERATOR

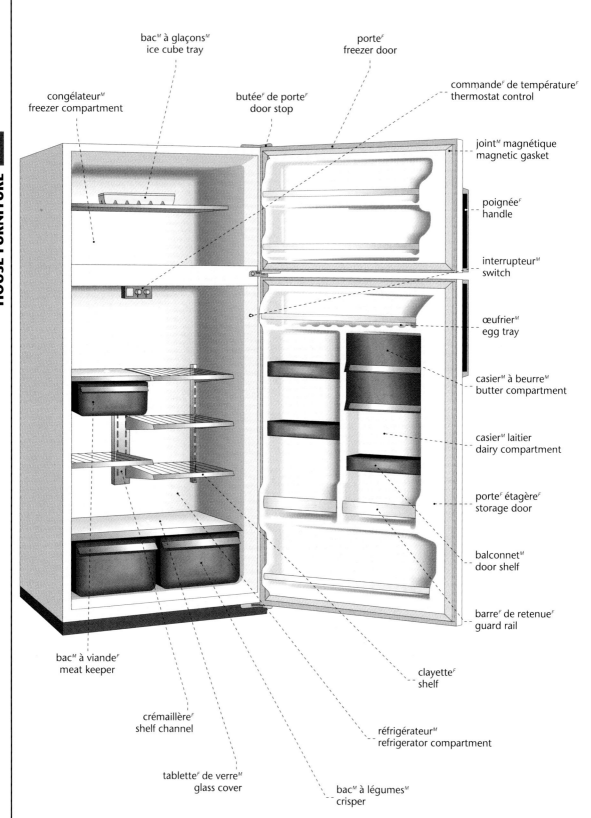

bac^M à glaçons^M
ice cube tray

porte^F
freezer door

commande^F de température^F
thermostat control

congélateur^M
freezer compartment

butée^F de porte^F
door stop

joint^M magnétique
magnetic gasket

poignée^F
handle

interrupteur^M
switch

œufrier^M
egg tray

casier^M à beurre^M
butter compartment

casier^M laitier
dairy compartment

porte^F étagère^F
storage door

balconnet^M
door shelf

barre^F de retenue^F
guard rail

bac^M à viande^F
meat keeper

clayette^F
shelf

crémaillère^F
shelf channel

réfrigérateur^M
refrigerator compartment

tablette^F de verre^M
glass cover

bac^M à légumes^M
crisper

HOTTE^F
RANGE HOOD; *COOKER HOOD*

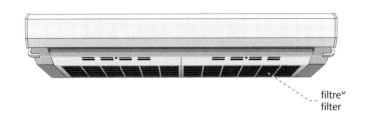

filtre^M
filter

CUISINIÈRE^F ÉLECTRIQUE
ELECTRIC RANGE; *ELECTRIC COOKER*

horloge^F programmatrice
clock timer

réglage^M du four^M
oven control knob

voyant^M lumineux
signal lamp

dosseret^M
backguard

bouton^M de commande^F
control knob

prise^F chronométrée
timed outlet

tableau^M de commande^F
control panel

serpentin^M
surface element

four^M
oven

rebord^M
cooktop edge

grille^F
rack

surface^F de cuisson^F
cooktop

hublot^M
window

poignée^F
handle

tiroir^M
drawer

anneau^M
trim ring

cuvette^F
drip bowl

borne^F
terminal

élément^M tubulaire
tubular element

APPAREILS^M ÉLECTROMÉNAGERS
DOMESTIC APPLIANCES

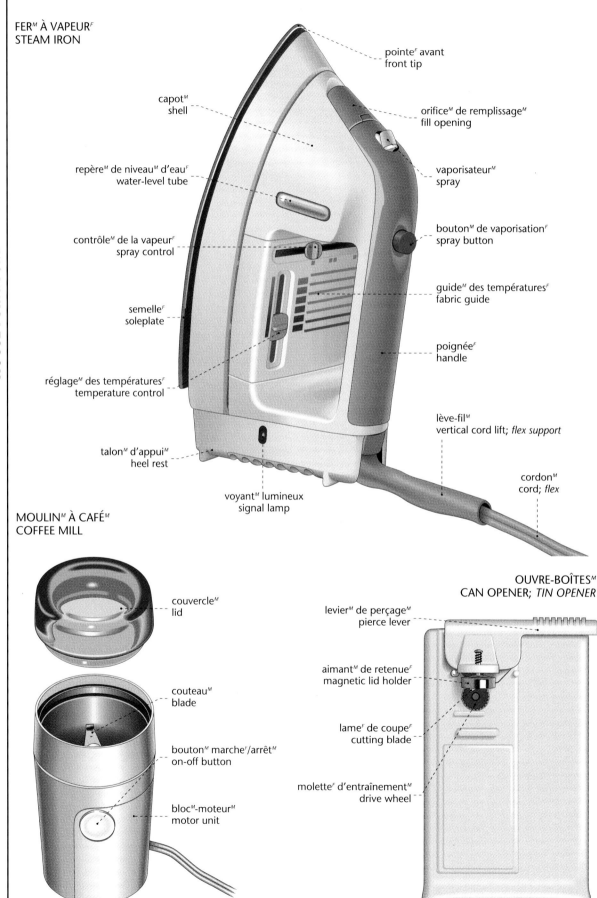

FER^M À VAPEUR^F
STEAM IRON

pointe^F avant
front tip

capot^M
shell

orifice^M de remplissage^M
fill opening

repère^M de niveau^M d'eau^F
water-level tube

vaporisateur^M
spray

contrôle^M de la vapeur^F
spray control

bouton^M de vaporisation^F
spray button

guide^M des températures^F
fabric guide

semelle^F
soleplate

poignée^F
handle

réglage^M des températures^F
temperature control

lève-fil^M
vertical cord lift; *flex support*

talon^M d'appui^M
heel rest

cordon^M
cord; *flex*

voyant^M lumineux
signal lamp

MOULIN^M À CAFÉ^M
COFFEE MILL

couvercle^M
lid

OUVRE-BOÎTES^M
CAN OPENER; *TIN OPENER*

levier^M de perçage^M
pierce lever

couteau^M
blade

aimant^M de retenue^F
magnetic lid holder

bouton^M marche^F/arrêt^M
on-off button

lame^F de coupe^F
cutting blade

bloc^M-moteur^M
motor unit

molette^F d'entraînement^M
drive wheel

APPAREILS^M ÉLECTROMÉNAGERS
DOMESTIC APPLIANCES

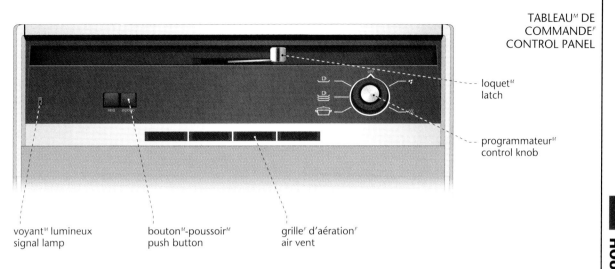

TABLEAU^M DE
COMMANDE^F
CONTROL PANEL

loquet^M
latch

programmateur^M
control knob

voyant^M lumineux
signal lamp

bouton^M-poussoir^M
push button

grille^F d'aération^F
air vent

LAVE-VAISSELLE^M
DISHWASHER

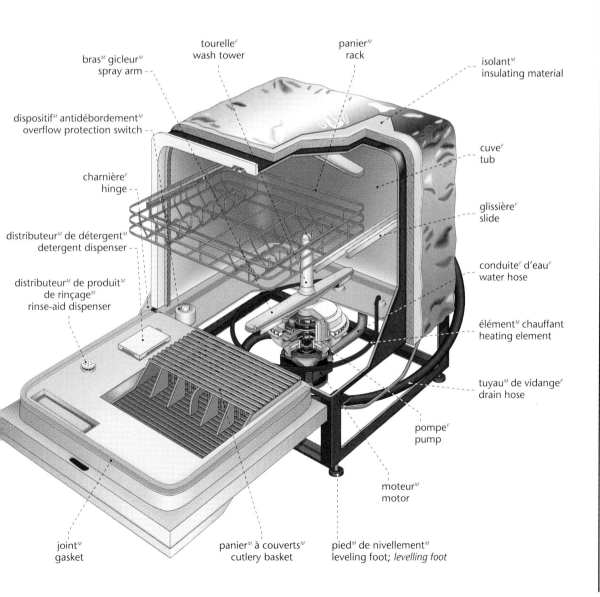

tourelle^F
wash tower

panier^M
rack

bras^M gicleur^M
spray arm

isolant^M
insulating material

dispositif^M antidébordement^M
overflow protection switch

cuve^F
tub

charnière^F
hinge

glissière^F
slide

distributeur^M de détergent^M
detergent dispenser

conduite^F d'eau^F
water hose

distributeur^M de produit^M
de rinçage^M
rinse-aid dispenser

élément^M chauffant
heating element

tuyau^M de vidange^F
drain hose

pompe^F
pump

moteur^M
motor

joint^M
gasket

panier^M à couverts^M
cutlery basket

pied^M de nivellement^M
leveling foot; *levelling foot*

257

APPAREILS^M ÉLECTROMÉNAGERS
DOMESTIC APPLIANCES

LAVE-LINGE^M; *LAVEUSE^F*
WASHER; *WASHING MACHINE*

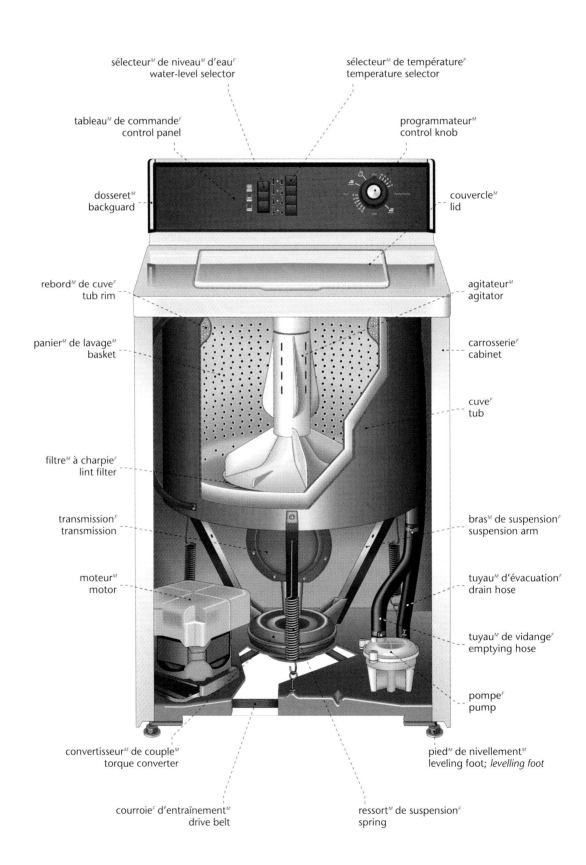

sélecteur^M de niveau^M d'eau^F
water-level selector

sélecteur^M de température^F
temperature selector

tableau^M de commande^F
control panel

programmateur^M
control knob

dosseret^M
backguard

couvercle^M
lid

rebord^M de cuve^F
tub rim

agitateur^M
agitator

panier^M de lavage^M
basket

carrosserie^F
cabinet

cuve^F
tub

filtre^M à charpie^F
lint filter

transmission^F
transmission

bras^M de suspension^F
suspension arm

moteur^M
motor

tuyau^M d'évacuation^F
drain hose

tuyau^M de vidange^F
emptying hose

pompe^F
pump

convertisseur^M de couple^M
torque converter

pied^M de nivellement^M
leveling foot; *levelling foot*

courroie^F d'entraînement^M
drive belt

ressort^M de suspension^F
spring

SÈCHE-LINGE^M ÉLECTRIQUE; *SÉCHEUSE^F*
ELECTRIC DRYER;
ELECTRIC TUMBLE DRYER

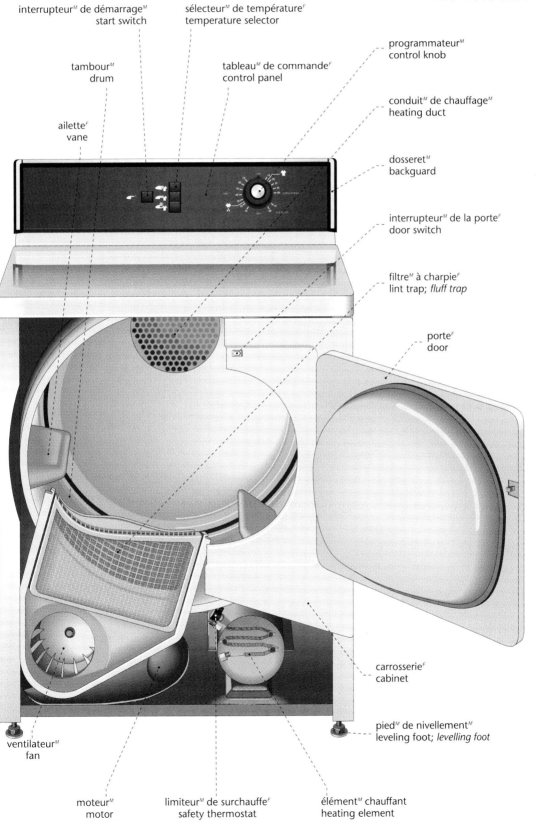

interrupteur^M de démarrage^M
start switch

sélecteur^M de température^F
temperature selector

programmateur^M
control knob

tambour^M
drum

tableau^M de commande^F
control panel

conduit^M de chauffage^M
heating duct

ailette^F
vane

dosseret^M
backguard

interrupteur^M de la porte^F
door switch

filtre^M à charpie^F
lint trap; *fluff trap*

porte^F
door

carrosserie^F
cabinet

pied^M de nivellement^M
leveling foot; *levelling foot*

ventilateur^M
fan

moteur^M
motor

limiteur^M de surchauffe^F
safety thermostat

élément^M chauffant
heating element

APPAREILS^M ÉLECTROMÉNAGERS
DOMESTIC APPLIANCES

ASPIRATEUR^M À MAIN^F
HAND VACUUM CLEANER

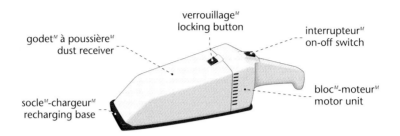

verrouillage^M
locking button

interrupteur^M
on-off switch

godet^M à poussière^M
dust receiver

bloc^M-moteur^M
motor unit

socle^M-chargeur^M
recharging base

ASPIRATEUR^M-TRAÎNEAU^M
CANISTER VACUUM CLEANER

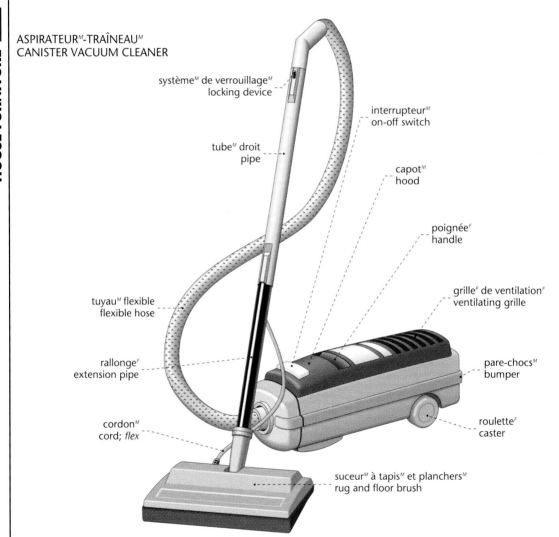

système^M de verrouillage^M
locking device

interrupteur^M
on-off switch

tube^M droit
pipe

capot^M
hood

poignée^F
handle

grille^F de ventilation^F
ventilating grille

tuyau^M flexible
flexible hose

pare-chocs^M
bumper

rallonge^F
extension pipe

cordon^M
cord; *flex*

roulette^F
caster

suceur^M à tapis^M et planchers^M
rug and floor brush

ACCESSOIRES^M
CLEANING TOOLS

suceur^M triangulaire à tissus^M
upholstery nozzle

suceur^M plat
crevice tool

brosse^F à planchers^M
floor brush

brosse^F à épousseter
dusting brush

JARDINAGE GARDENING

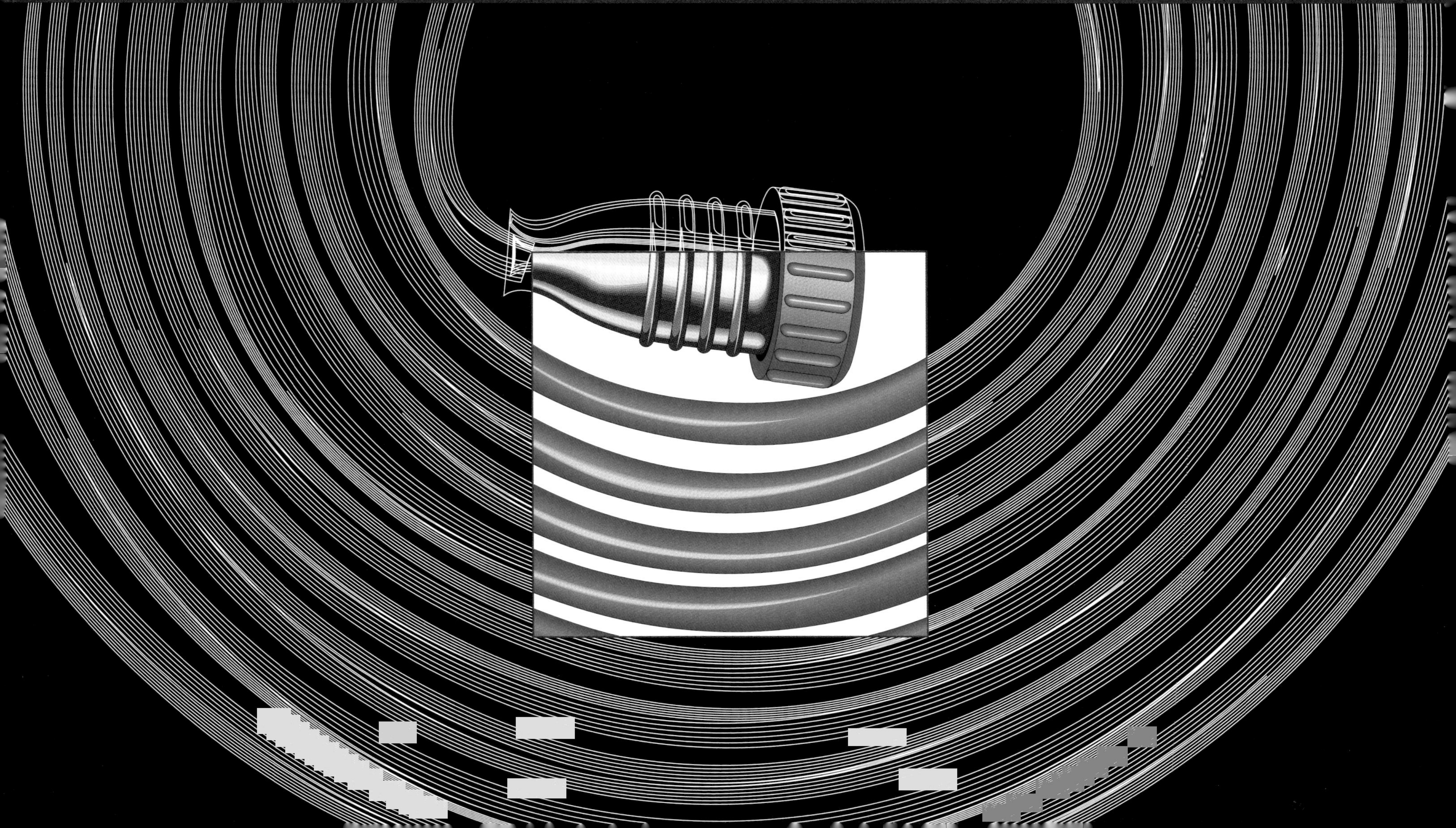

SOMMAIRE

JARDIN D'AGRÉMENT 263

OUTILLAGE 264

**JARDINAGE
GARDENING**

JARDIN^M D'AGRÉMENT^M
PLEASURE GARDEN

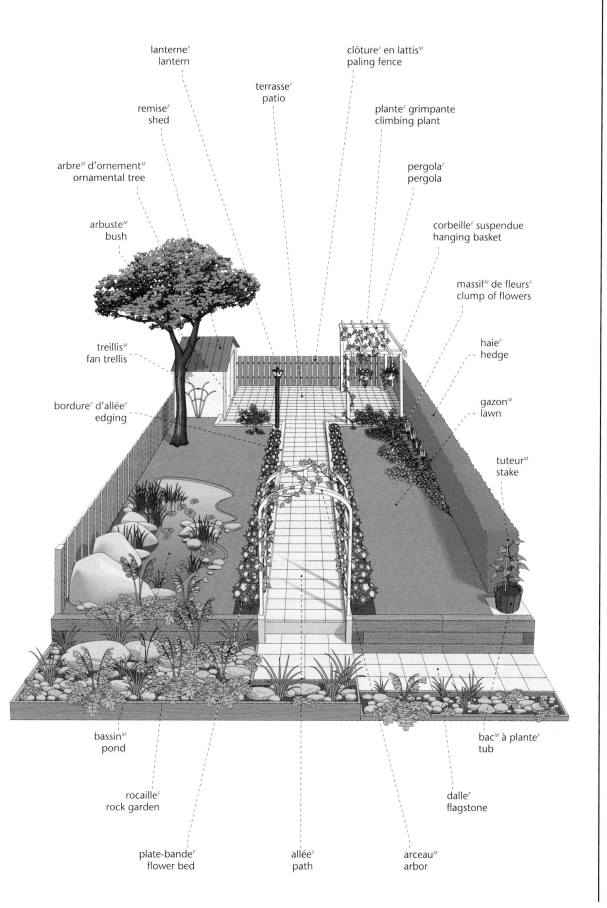

lanterne^F
lantern

clôture^F en lattis^M
paling fence

terrasse^F
patio

plante^F grimpante
climbing plant

remise^F
shed

pergola^F
pergola

arbre^M d'ornement^M
ornamental tree

corbeille^F suspendue
hanging basket

arbuste^M
bush

massif^M de fleurs^F
clump of flowers

haie^F
hedge

treillis^M
fan trellis

gazon^M
lawn

bordure^F d'allée^F
edging

tuteur^M
stake

bassin^M
pond

bac^M à plante^F
tub

rocaille^F
rock garden

dalle^F
flagstone

plate-bande^F
flower bed

allée^F
path

arceau^M
arbor

pistolet^M d'arrosage^M
pistol nozzle

pistolet^M arrosoir^M
spray nozzle

vaporisateur^M
sprayer

bras^M
arm

arroseur^M oscillant
oscillating sprinkler

ARROSEUR^M ROTATIF
REVOLVING SPRINKLER

ARROSEUR^M CANON^M
IMPULSE SPRINKLER

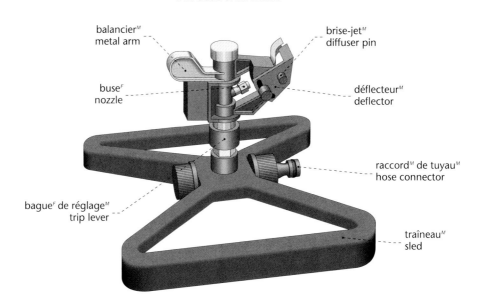

balancier^M
metal arm

brise-jet^M
diffuser pin

buse^F
nozzle

déflecteur^M
deflector

raccord^M de tuyau^M
hose connector

bague^F de réglage^M
trip lever

traîneau^M
sled

DÉVIDOIR^M SUR ROUES^F
HOSE TROLLEY

tuyau^M perforé
sprinkler hose

raccord^M de robinet^M
tap connector

dévidoir^M
trolley

tuyau^M d'arrosage^M
garden hose

manivelle^F
trolley crank

lance^F d'arrosage^M
hose nozzle

pulvérisateur^M
tank sprayer

ARROSOIR^M
WATERING CAN

anse^F
handle

pomme^F
rose

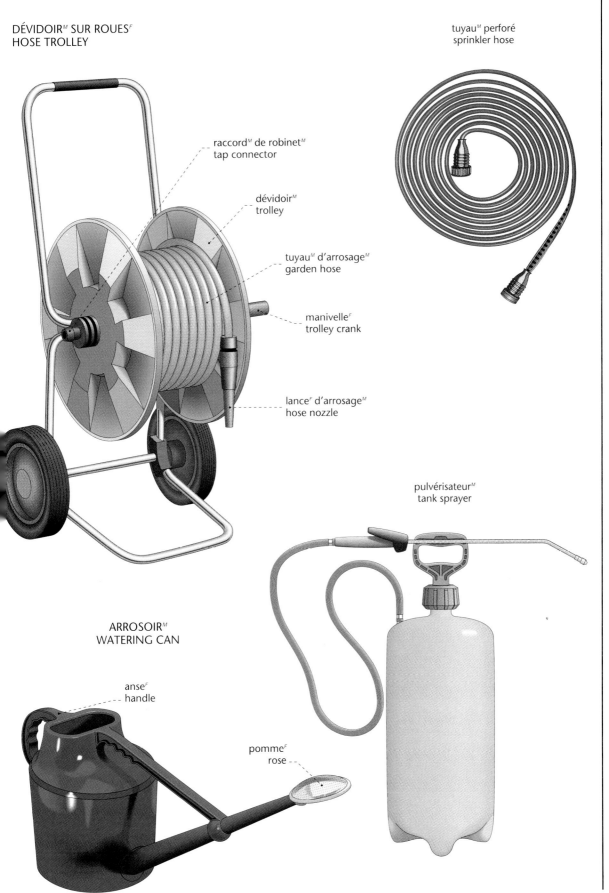

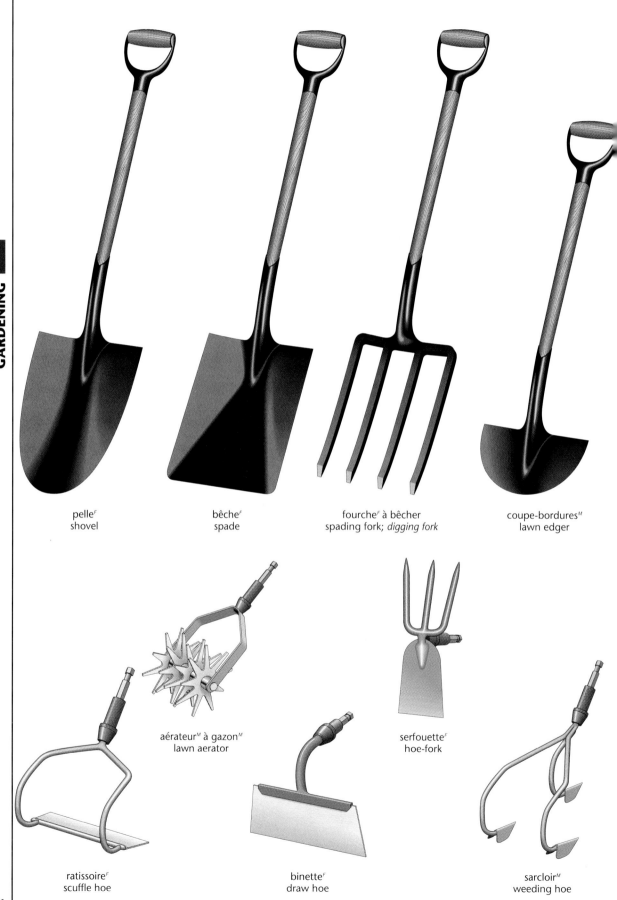

pelle*ᶠ*
shovel

bêche*ᶠ*
spade

fourche*ᶠ* à bêcher
spading fork; *digging fork*

coupe-bordures*ᴹ*
lawn edger

aérateur*ᴹ* à gazon*ᴹ*
lawn aerator

serfouette*ᶠ*
hoe-fork

ratissoire*ᶠ*
scuffle hoe

binette*ᶠ*
draw hoe

sarcloir*ᴹ*
weeding hoe

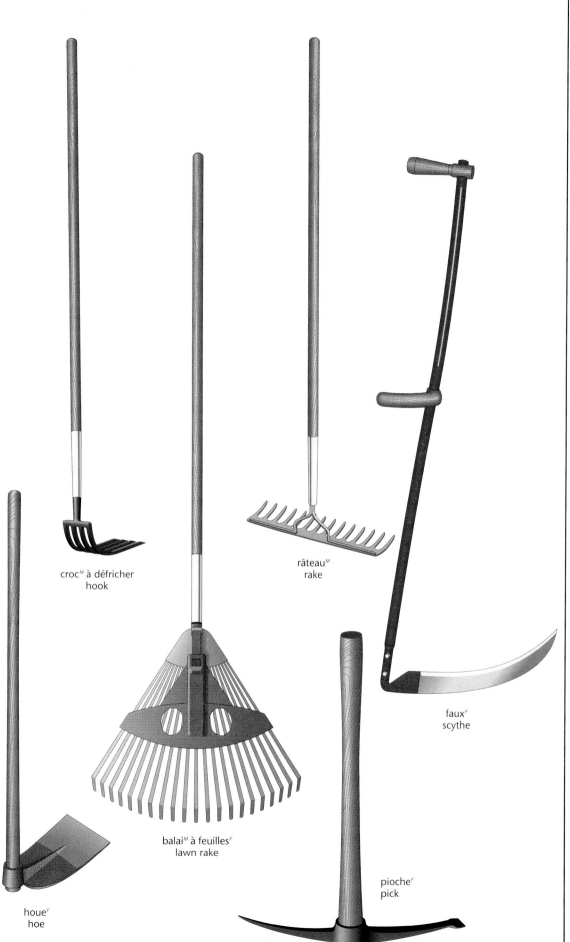

croc^M à défricher
hook

râteau^M
rake

houe^F
hoe

balai^M à feuilles^F
lawn rake

faux^F
scythe

pioche^F
pick

267

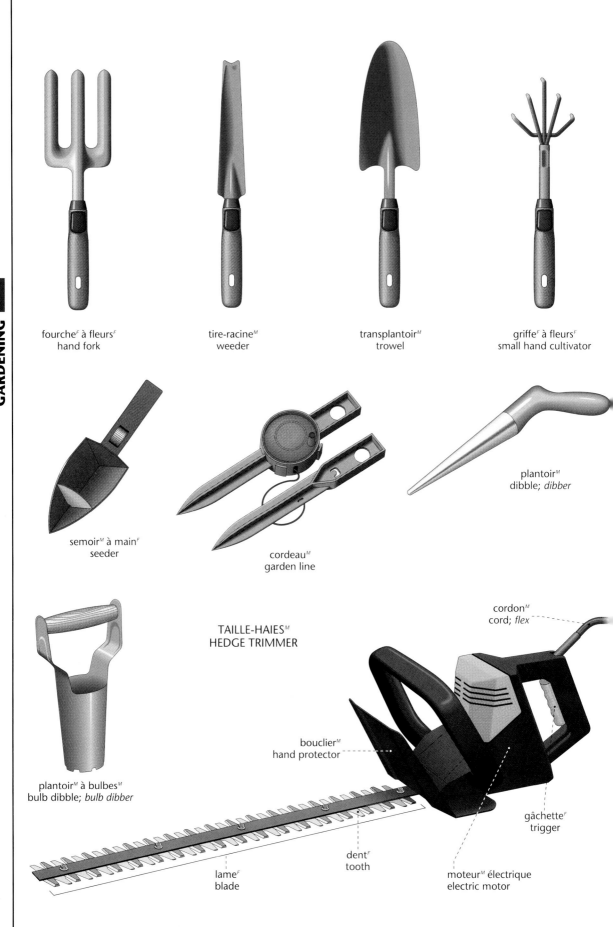

fourche^F à fleurs^F
hand fork

tire-racine^M
weeder

transplantoir^M
trowel

griffe^F à fleurs^F
small hand cultivator

semoir^M à main^F
seeder

cordeau^M
garden line

plantoir^M
dibble; *dibber*

plantoir^M à bulbes^M
bulb dibble; *bulb dibber*

TAILLE-HAIES^M
HEDGE TRIMMER

cordon^M
cord; *flex*

bouclier^M
hand protector

gâchette^F
trigger

dent^F
tooth

lame^F
blade

moteur^M électrique
electric motor

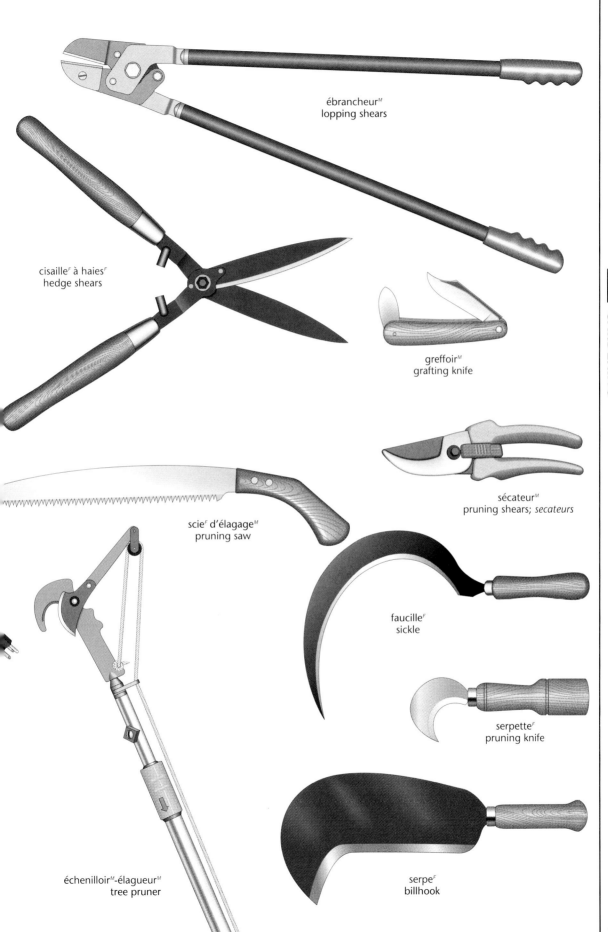

ébrancheur^M
lopping shears

cisaille^F à haies^F
hedge shears

greffoir^M
grafting knife

sécateur^M
pruning shears; *secateurs*

scie^F d'élagage^M
pruning saw

faucille^F
sickle

serpette^F
pruning knife

échenilloir^M-élagueur^M
tree pruner

serpe^F
billhook

OUTILLAGE^M
TOOLS AND EQUIPMENT

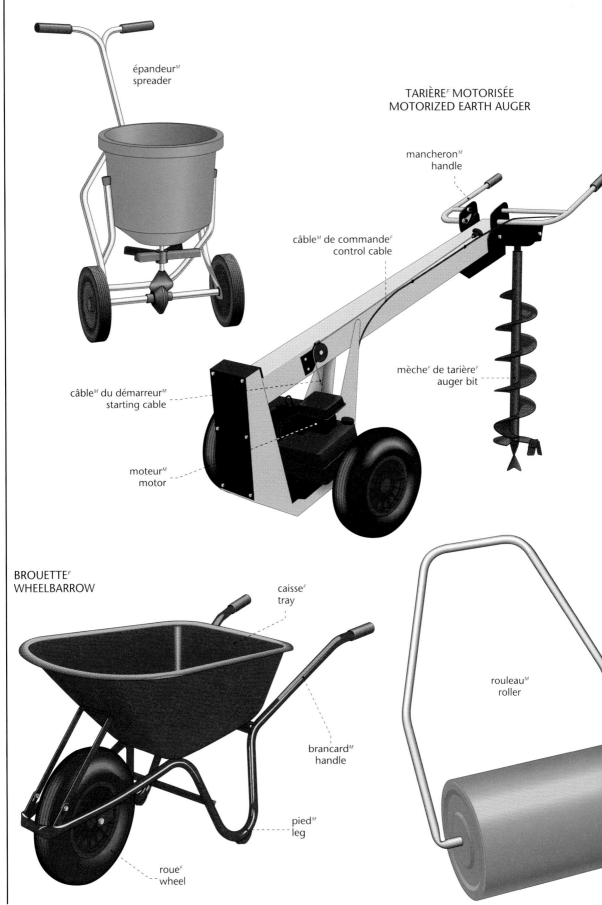

épandeur^M
spreader

TARIÈRE^F MOTORISÉE
MOTORIZED EARTH AUGER

mancheron^M
handle

câble^M de commande^F
control cable

mèche^F de tarière^F
auger bit

câble^M du démarreur^M
starting cable

moteur^M
motor

BROUETTE^F
WHEELBARROW

caisse^F
tray

rouleau^M
roller

brancard^M
handle

pied^M
leg

roue^F
wheel

JARDINAGE
GARDENING

270

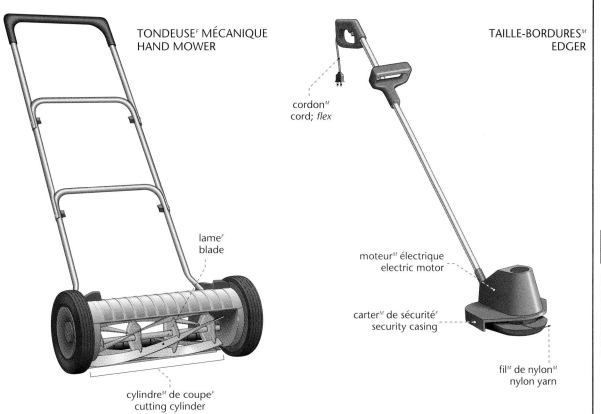

TONDEUSE*F* MÉCANIQUE
HAND MOWER

lame*F*
blade

cylindre*M* de coupe*F*
cutting cylinder

TAILLE-BORDURES*M*
EDGER

cordon*M*
cord; *flex*

moteur*M* électrique
electric motor

carter*M* de sécurité*F*
security casing

fil*M* de nylon*M*
nylon yarn

TONDEUSE*F* À MOTEUR*M*
POWER MOWER

guidon*M*
handle

poignée*F* de sécurité*F*
safety handle

sélecteur*M* de régime*M*
speed control

clé*F* de contact*M*
ignition key

bac*M* de ramassage*M*
grassbox

démarreur*M* manuel
starter

bouchon*M* de remplissage*M*
filler cap

déflecteur*M*
deflector

carter*M*
casing

moteur*M*
motor

câble*M* d'accélération*F*
accelerator cable

bougie*F*
spark plug

JARDINAGE
GARDENING

SCIE^F À CHAÎNE^F
CHAINSAW

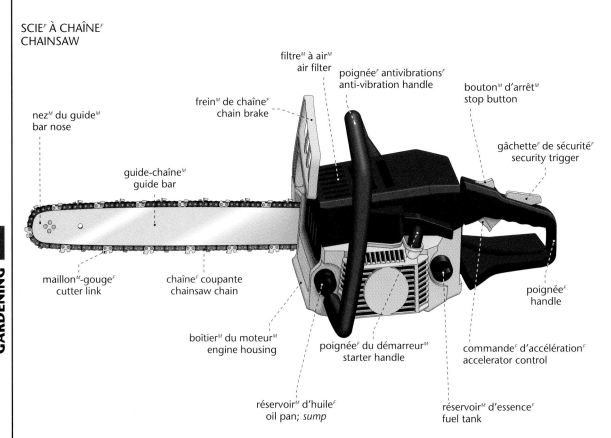

filtre^M à air^M
air filter

poignée^F antivibrations^F
anti-vibration handle

bouton^M d'arrêt^M
stop button

frein^M de chaîne^F
chain brake

gâchette^F de sécurité^F
security trigger

nez^M du guide^M
bar nose

guide-chaîne^M
guide bar

poignée^F
handle

maillon^M-gouge^F
cutter link

chaîne^F coupante
chainsaw chain

boîtier^M du moteur^M
engine housing

poignée^F du démarreur^M
starter handle

commande^F d'accélération^F
accelerator control

réservoir^M d'huile^F
oil pan; *sump*

réservoir^M d'essence^F
fuel tank

MOTOCULTEUR^M
TILLER

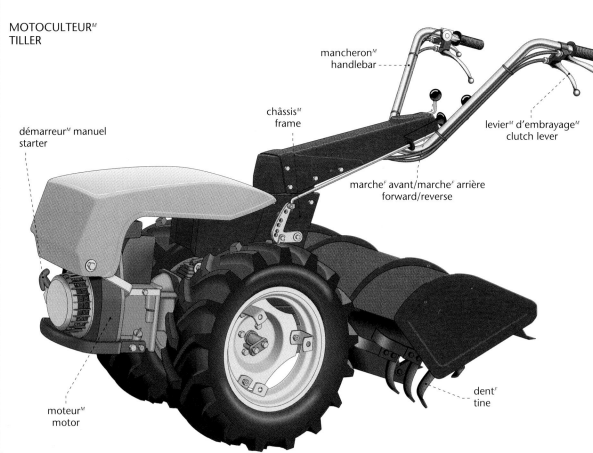

mancheron^M
handlebar

châssis^M
frame

levier^M d'embrayage^M
clutch lever

démarreur^M manuel
starter

marche^F avant/marche^F arrière
forward/reverse

moteur^M
motor

dent^F
tine

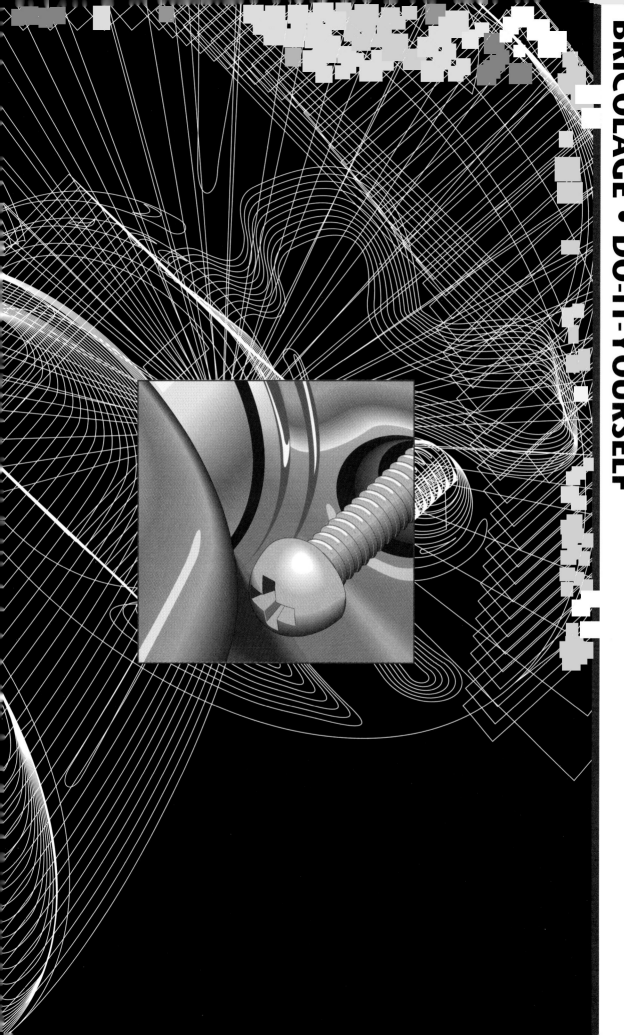

SOMMAIRE

MENUISERIE: OUTILS 275

MATÉRIAUX DE CONSTRUCTION 286

SERRURE...289

MAÇONNERIE...291

PLOMBERIE: SALLE DE BAINS 292

PLOMBERIE 294

ÉCHELLES ET ESCABEAUX...302

PEINTURE D'ENTRETIEN 304

SOUDAGE 305

ÉLECTRICITÉ...309

BRICOLAGE
DO-IT-YOURSELF

MARTEAUM DE CHARPENTIERM
CLAW HAMMER

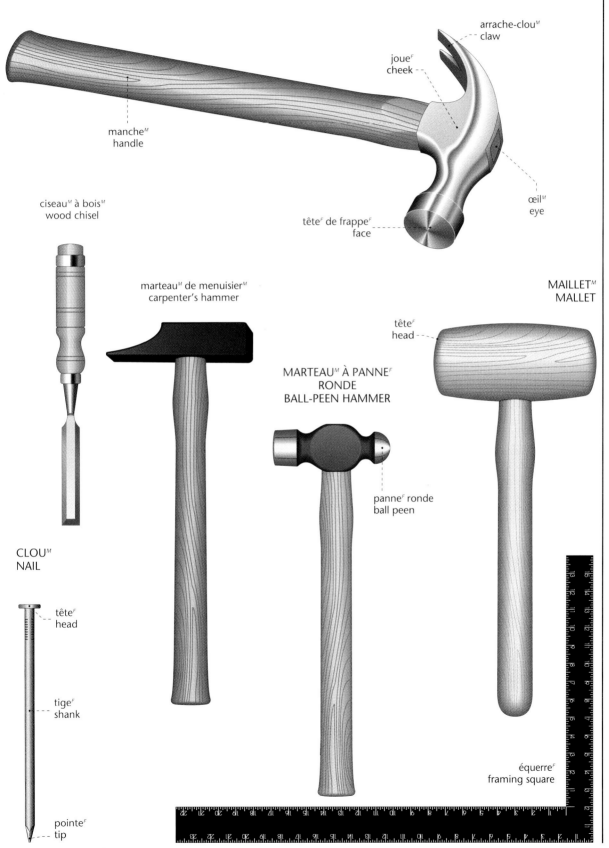

arrache-clouM
claw

joueF
cheek

mancheM
handle

œilM
eye

têteF de frappeF
face

ciseauM à boisM
wood chisel

marteauM de menuisierM
carpenter's hammer

MAILLETM
MALLET

têteF
head

MARTEAUM À PANNEF
RONDE
BALL-PEEN HAMMER

panneF ronde
ball peen

CLOUM
NAIL

têteF
head

tigeF
shank

équerreF
framing square

pointeF
tip

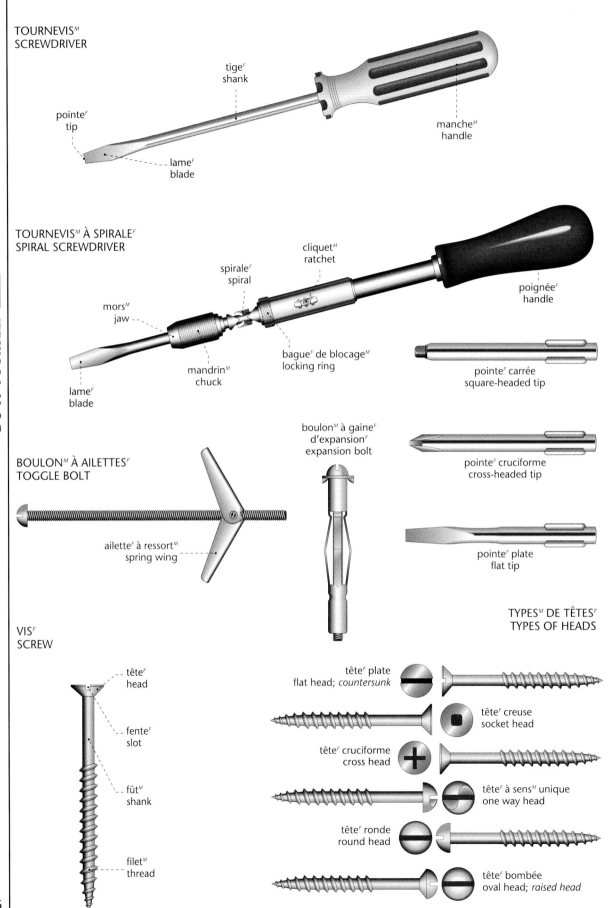

TOURNEVIS^M
SCREWDRIVER

tige^F
shank

pointe^F
tip

manche^M
handle

lame^F
blade

TOURNEVIS^M À SPIRALE^F
SPIRAL SCREWDRIVER

cliquet^M
ratchet

spirale^F
spiral

poignée^F
handle

mors^M
jaw

bague^F de blocage^M
locking ring

mandrin^M
chuck

lame^F
blade

pointe^F carrée
square-headed tip

boulon^M à gaine^F
d'expansion^F
expansion bolt

pointe^F cruciforme
cross-headed tip

BOULON^M À AILETTES^F
TOGGLE BOLT

ailette^F à ressort^M
spring wing

pointe^F plate
flat tip

TYPES^M DE TÊTES^F
TYPES OF HEADS

VIS^F
SCREW

tête^F
head

tête^F plate
flat head; *countersunk*

fente^F
slot

tête^F creuse
socket head

tête^F cruciforme
cross head

fût^M
shank

tête^F à sens^M unique
one way head

tête^F ronde
round head

filet^M
thread

tête^F bombée
oval head; *raised head*

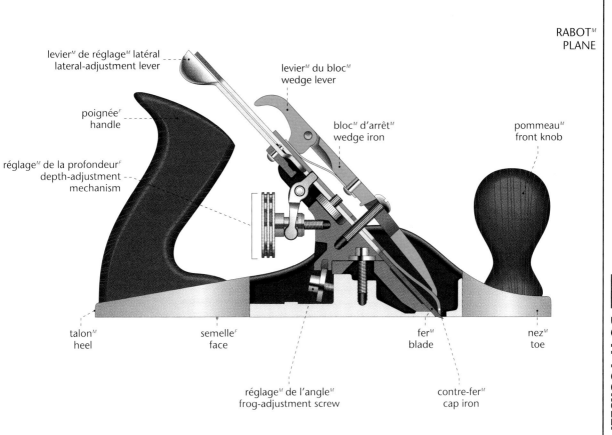

levier^M de réglage^M latéral
lateral-adjustment lever

levier^M du bloc^M
wedge lever

poignée^F
handle

bloc^M d'arrêt^M
wedge iron

pommeau^M
front knob

réglage^M de la profondeur^F
depth-adjustment
mechanism

talon^M
heel

semelle^F
face

fer^M
blade

nez^M
toe

réglage^M de l'angle^M
frog-adjustment screw

contre-fer^M
cap iron

SCIE^F À MÉTAUX^M
HACKSAW

monture^F réglable
adjustable frame

poignée^F
grip handle

lame^F
blade

lime^F
file

SCIE^F ÉGOÏNE
HANDSAW

poignée^F
handle

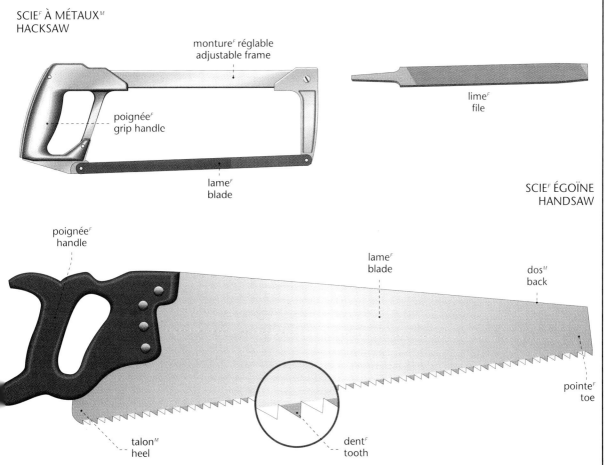

lame^F
blade

dos^M
back

pointe^F
toe

talon^M
heel

dent^F
tooth

MENUISERIE^F: OUTILS^M
CARPENTRY: TOOLS

PINCE^F MOTORISTE
SLIP JOINT PLIERS

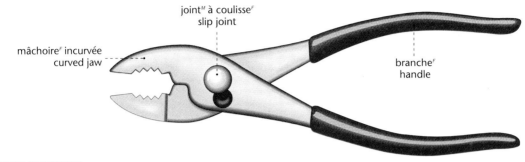

joint^M à coulisse^F
slip joint

mâchoire^F incurvée
curved jaw

branche^F
handle

PINCE^F MULTIPRISE
RIB JOINT PLIERS

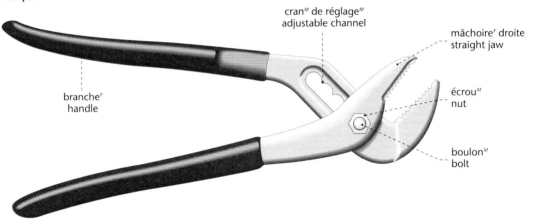

cran^M de réglage^M
adjustable channel

mâchoire^F droite
straight jaw

branche^F
handle

écrou^M
nut

boulon^M
bolt

PINCE^F-ÉTAU^M
LOCKING PLIERS

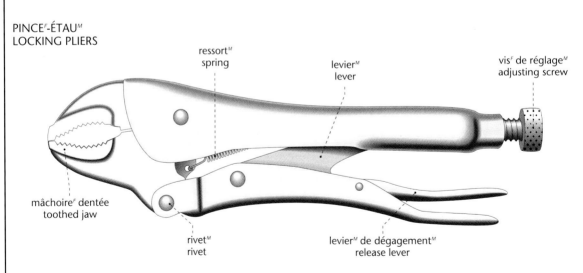

ressort^M
spring

levier^M
lever

vis^F de réglage^M
adjusting screw

mâchoire^F dentée
toothed jaw

rivet^M
rivet

levier^M de dégagement^M
release lever

RONDELLES^F
WASHERS

rondelle^F plate
flat washer

rondelle^F à ressort^M
lock washer; *spring washer*

rondelle^F à denture^F intérieure
internal tooth lock washer

rondelle^F à denture^F extérieure
external tooth lock washer

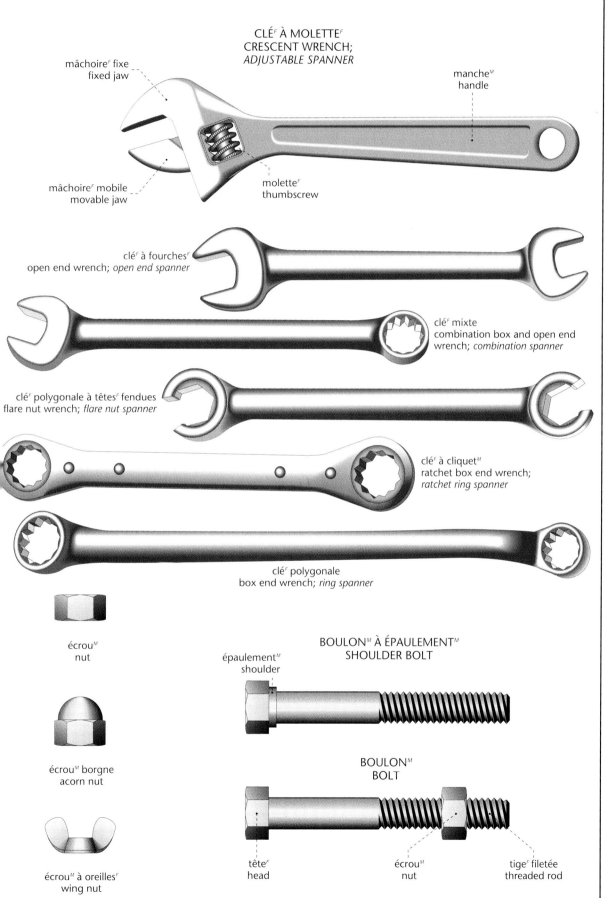

CLÉ^F À MOLETTE^F
CRESCENT WRENCH;
ADJUSTABLE SPANNER

mâchoire^F fixe
fixed jaw

manche^M
handle

mâchoire^F mobile
movable jaw

molette^F
thumbscrew

clé^F à fourches^F
open end wrench; *open end spanner*

clé^F mixte
combination box and open end
wrench; *combination spanner*

clé^F polygonale à têtes^F fendues
flare nut wrench; *flare nut spanner*

clé^F à cliquet^M
ratchet box end wrench;
ratchet ring spanner

clé^F polygonale
box end wrench; *ring spanner*

écrou^M
nut

écrou^M borgne
acorn nut

écrou^M à oreilles^F
wing nut

BOULON^M À ÉPAULEMENT^M
SHOULDER BOLT

épaulement^M
shoulder

BOULON^M
BOLT

tête^F
head

écrou^M
nut

tige^F filetée
threaded rod

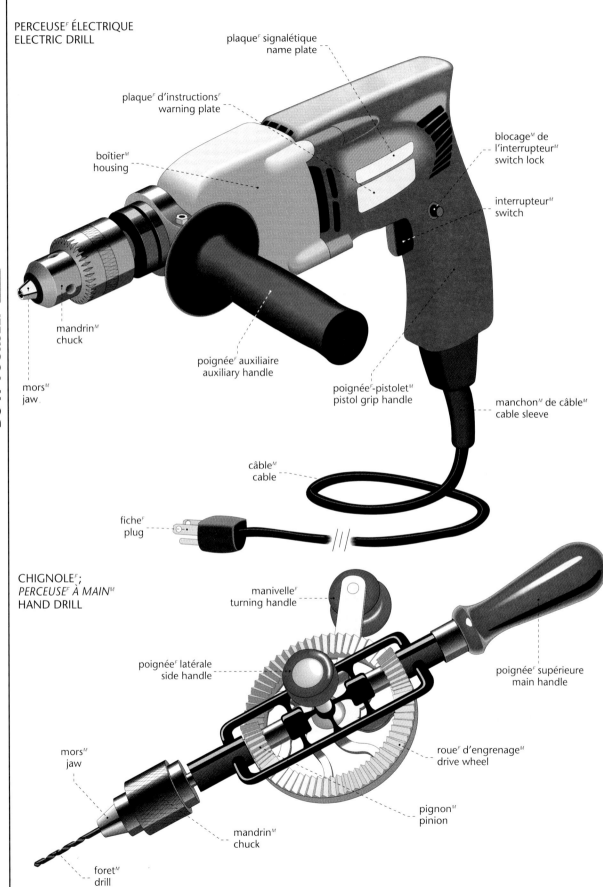

PERCEUSE^F ÉLECTRIQUE
ELECTRIC DRILL

plaque^F signalétique
name plate

plaque^F d'instructions^F
warning plate

boîtier^M
housing

blocage^M de
l'interrupteur^M
switch lock

interrupteur^M
switch

mandrin^M
chuck

mors^M
jaw

poignée^F auxiliaire
auxiliary handle

poignée^F-pistolet^M
pistol grip handle

manchon^M de câble^M
cable sleeve

câble^M
cable

fiche^F
plug

CHIGNOLE^F;
PERCEUSE^F À MAIN^M
HAND DRILL

manivelle^F
turning handle

poignée^F latérale
side handle

poignée^F supérieure
main handle

mors^M
jaw

roue^F d'engrenage^M
drive wheel

mandrin^M
chuck

pignon^M
pinion

foret^M
drill

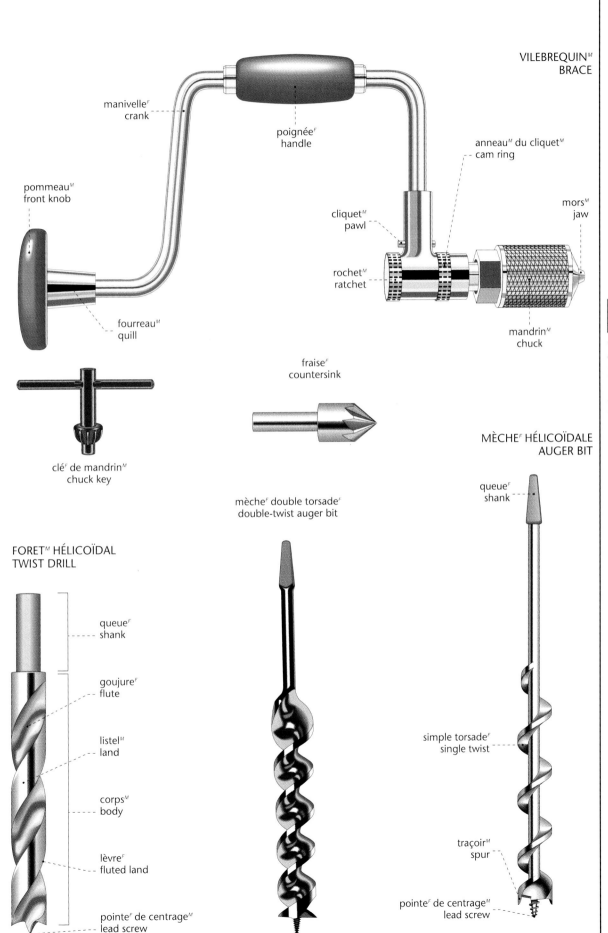

VILEBREQUIN^M
BRACE

manivelle^F
crank

poignée^F
handle

anneau^M du cliquet^M
cam ring

pommeau^M
front knob

cliquet^M
pawl

mors^M
jaw

rochet^M
ratchet

fourreau^M
quill

mandrin^M
chuck

fraise^F
countersink

MÈCHE^F HÉLICOÏDALE
AUGER BIT

clé^F de mandrin^M
chuck key

queue^F
shank

mèche^F double torsade^F
double-twist auger bit

FORET^M HÉLICOÏDAL
TWIST DRILL

queue^F
shank

goujure^F
flute

listel^M
land

simple torsade^F
single twist

corps^M
body

lèvre^F
fluted land

traçoir^M
spur

pointe^F de centrage^M
lead screw

pointe^F de centrage^M
lead screw

SERRE-JOINT*M*
C-CLAMP

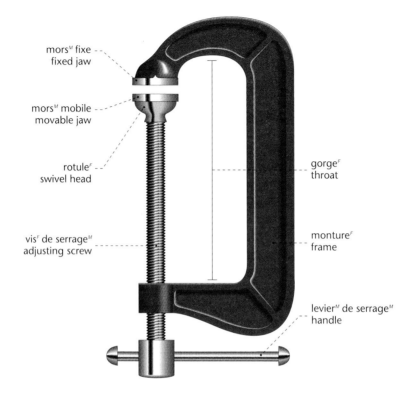

mors*M* fixe
fixed jaw

mors*M* mobile
movable jaw

rotule*F*
swivel head

vis*F* de serrage*M*
adjusting screw

gorge*F*
throat

monture*F*
frame

levier*M* de serrage*M*
handle

ÉTAU*M*
VISE; *VICE*

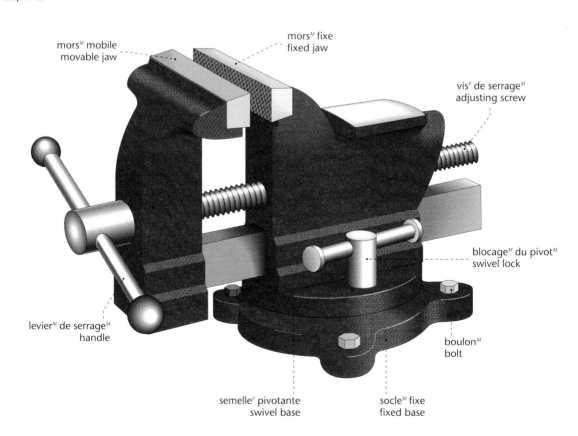

mors*M* mobile
movable jaw

mors*M* fixe
fixed jaw

vis*F* de serrage*M*
adjusting screw

blocage*M* du pivot*M*
swivel lock

levier*M* de serrage*M*
handle

boulon*M*
bolt

semelle*F* pivotante
swivel base

socle*M* fixe
fixed base

tête^F
head

moteur^M
motor

manchon^M du cordon^M
cord sleeve; *flex sleeve*

interrupteur^M
switch

poignée^F de guidage^M
guide handle

réglage^M de profondeur^F
depth adjustment

collet^M
collet

base^F
base

porte-outil^M
tool holder

PERCEUSE^F À COLONNE^F
DRILL PRESS

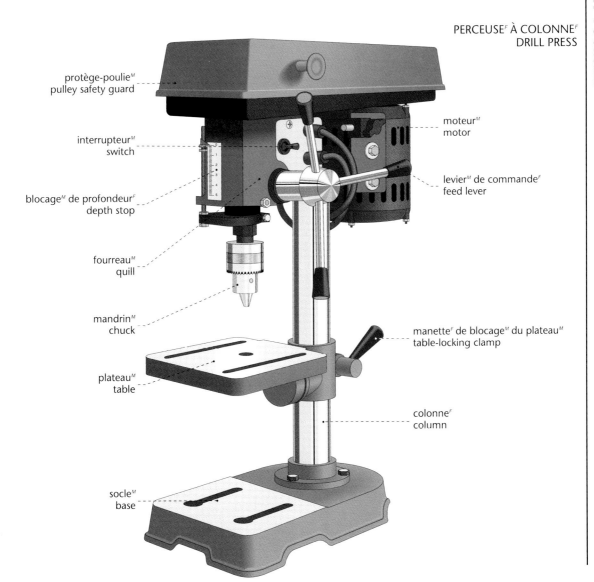

protège-poulie^M
pulley safety guard

interrupteur^M
switch

moteur^M
motor

levier^M de commande^F
feed lever

blocage^M de profondeur^F
depth stop

fourreau^M
quill

mandrin^M
chuck

manette^F de blocage^M du plateau^M
table-locking clamp

plateau^M
table

colonne^F
column

socle^M
base

**BRICOLAGE
DO-IT-YOURSELF**

283

MENUISERIE^F: OUTILS^M
CARPENTRY: TOOLS

LAME^F DE SCIE^F CIRCULAIRE
CIRCULAR SAW BLADE

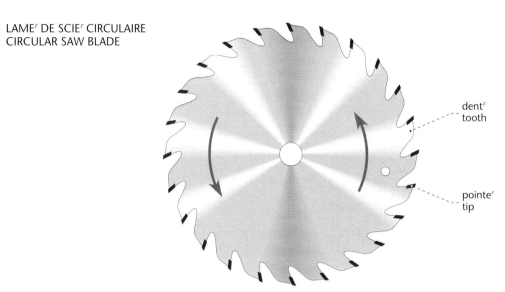

dent^F
tooth

pointe^F
tip

SCIE^F CIRCULAIRE
CIRCULAR SAW

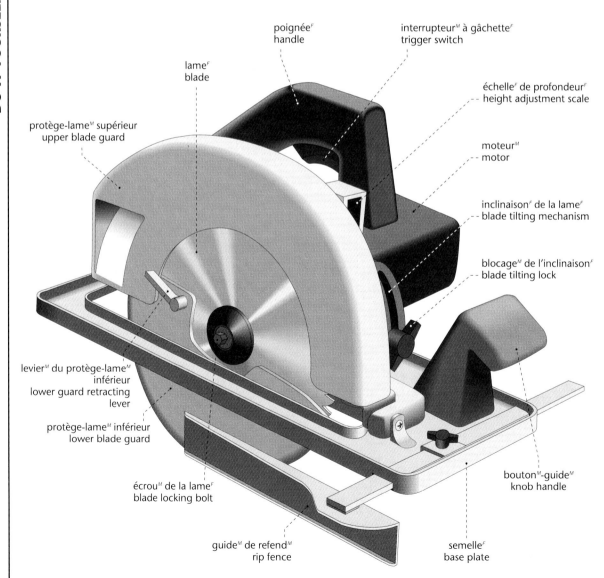

poignée^F
handle

interrupteur^M à gâchette^F
trigger switch

lame^F
blade

échelle^F de profondeur^F
height adjustment scale

protège-lame^M supérieur
upper blade guard

moteur^M
motor

inclinaison^F de la lame^F
blade tilting mechanism

blocage^M de l'inclinaison^F
blade tilting lock

levier^M du protège-lame^M
inférieur
lower guard retracting
lever

protège-lame^M inférieur
lower blade guard

bouton^M-guide^M
knob handle

écrou^M de la lame^F
blade locking bolt

guide^M de refend^M
rip fence

semelle^F
base plate

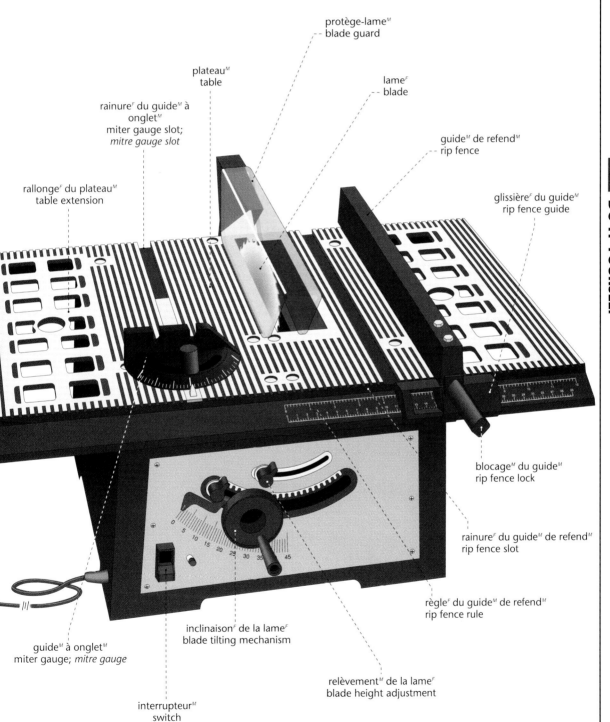

protège-lame^M
blade guard

lame^F
blade

plateau^M
table

rainure^F du guide^M à
onglet^M
miter gauge slot;
mitre gauge slot

guide^M de refend^M
rip fence

rallonge^F du plateau^M
table extension

glissière^F du guide^M
rip fence guide

blocage^M du guide^M
rip fence lock

rainure^F du guide^M de refend^M
rip fence slot

règle^F du guide^M de refend^M
rip fence rule

inclinaison^F de la lame^F
blade tilting mechanism

guide^M à onglet^M
miter gauge; *mitre gauge*

relèvement^M de la lame^F
blade height adjustment

interrupteur^M
switch

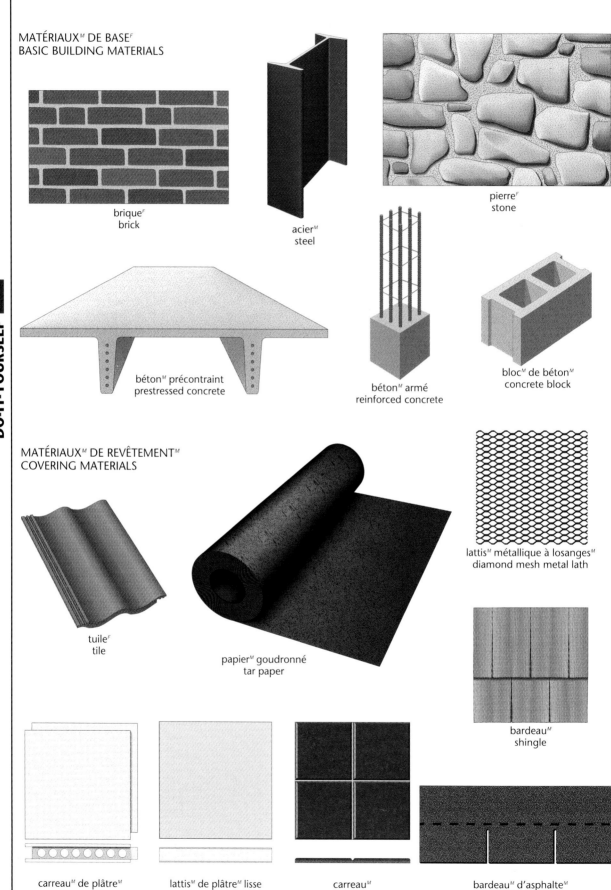

MATÉRIAUX^M DE BASE^F
BASIC BUILDING MATERIALS

brique^F
brick

acier^M
steel

pierre^F
stone

béton^M précontraint
prestressed concrete

béton^M armé
reinforced concrete

bloc^M de béton^M
concrete block

MATÉRIAUX^M DE REVÊTEMENT^M
COVERING MATERIALS

tuile^F
tile

papier^M goudronné
tar paper

lattis^M métallique à losanges^M
diamond mesh metal lath

bardeau^M
shingle

carreau^M de plâtre^M
gypsum tile

lattis^M de plâtre^M lisse
plain gypsum lath

carreau^M
floor tile

bardeau^M d'asphalte^M
asphalt shingle

BRICOLAGE
DO-IT-YOURSELF

286

isolant^M de ruban^M métallique
spring-metal insulation

isolant^M moussé
foam insulation

isolant^M en coquille^F
molded insulation; *moulded insulation*

isolant^M en caoutchouc^M-
mousse^F
foam-rubber insulation

isolant^M en vinyle^M
vinyl insulation

isolant^M en panneau^M
board insulation

isolant^M en ruban^M
pipe-wrapping insulation

**BRICOLAGE
DO-IT-YOURSELF**

isolant^M en vrac^M
loose fill insulation

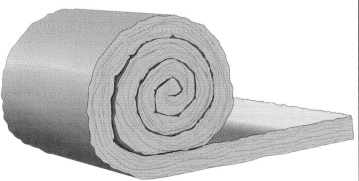

isolant^M en rouleau^M
blanket insulation

287

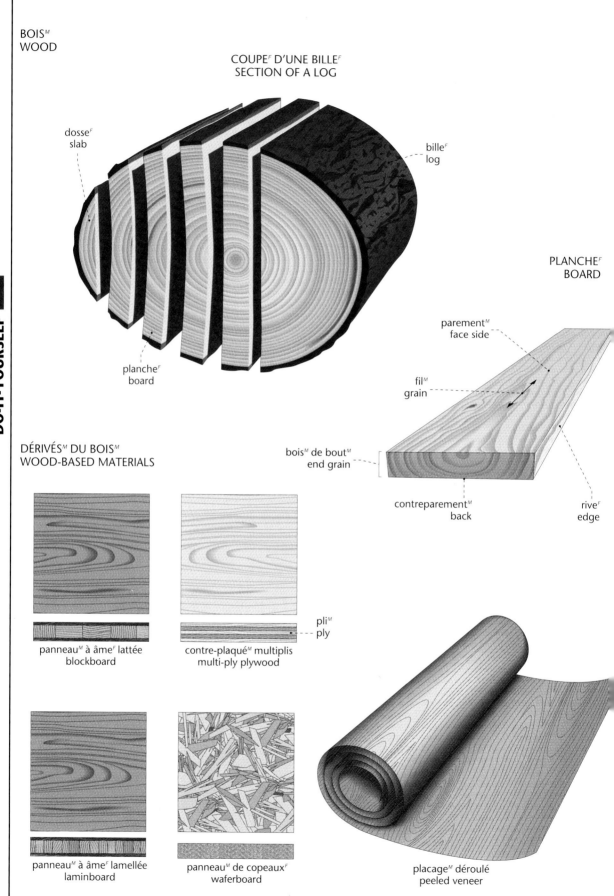

BOIS^M
WOOD

COUPE^F D'UNE BILLE^F
SECTION OF A LOG

dosse^F
slab

bille^F
log

planche^F
board

PLANCHE^F
BOARD

parement^M
face side

fil^M
grain

bois^M de bout^M
end grain

contreparement^M
back

rive^F
edge

DÉRIVÉS^M DU BOIS^M
WOOD-BASED MATERIALS

panneau^M à âme^F lattée
blockboard

contre-plaqué^M multiplis
multi-ply plywood

pli^M
ply

panneau^M à âme^F lamellée
laminboard

panneau^M de copeaux^F
waferboard

placage^M déroulé
peeled veneer

panneau^M de fibres^F
hardboard

panneau^M de fibres^F perforé
perforated hardboard

panneau^M de particules^F lamifié
plastic-laminated particle board;
plastic-laminated chipboard

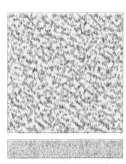

panneau^M de particules^F
particle board; *chipboard*

SERRURE^F
LOCK

VUE^F D'ENSEMBLE^M
GENERAL VIEW

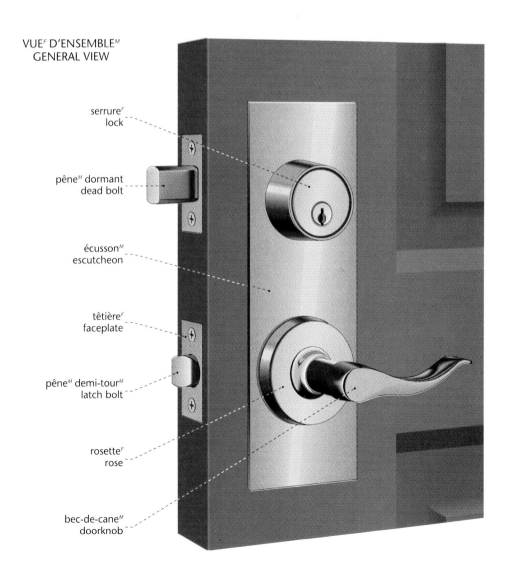

serrure^F
lock

pêne^M dormant
dead bolt

écusson^M
escutcheon

têtière^F
faceplate

pêne^M demi-tour^M
latch bolt

rosette^F
rose

bec-de-cane^M
doorknob

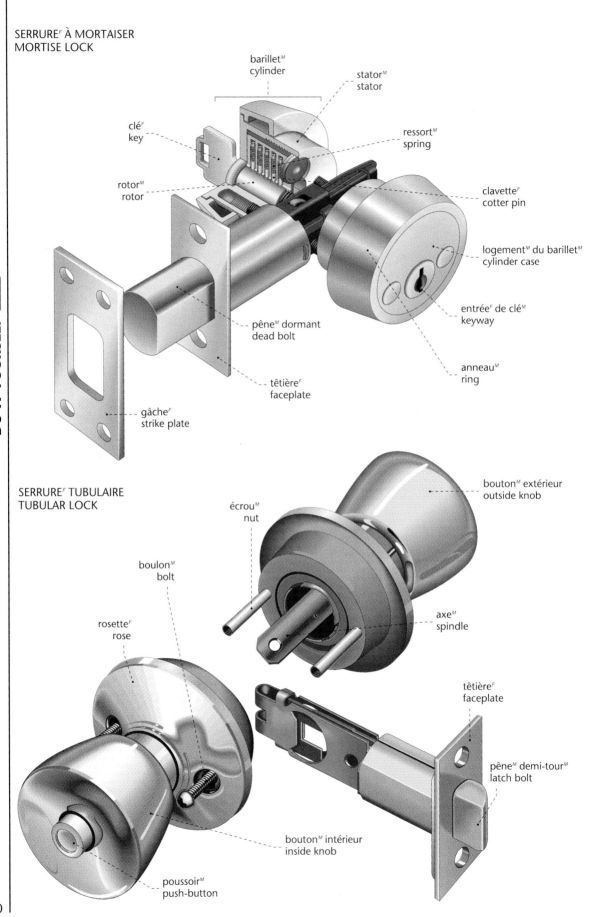

SERRURE^F À MORTAISER
MORTISE LOCK

barillet^M
cylinder

stator^M
stator

clé^F
key

ressort^M
spring

rotor^M
rotor

clavette^F
cotter pin

logement^M du barillet^M
cylinder case

entrée^F de clé^M
keyway

pêne^M dormant
dead bolt

anneau^M
ring

têtière^F
faceplate

gâche^F
strike plate

SERRURE^F TUBULAIRE
TUBULAR LOCK

bouton^M extérieur
outside knob

écrou^M
nut

boulon^M
bolt

axe^M
spindle

rosette^F
rose

têtière^F
faceplate

pêne^M demi-tour^M
latch bolt

bouton^M intérieur
inside knob

poussoir^M
push-button

**BRICOLAGE
DO-IT-YOURSELF**

290

MAÇONNERIE*F*
MASONRY

TRUELLE*F* DE MAÇON*M*
MASON'S TROWEL

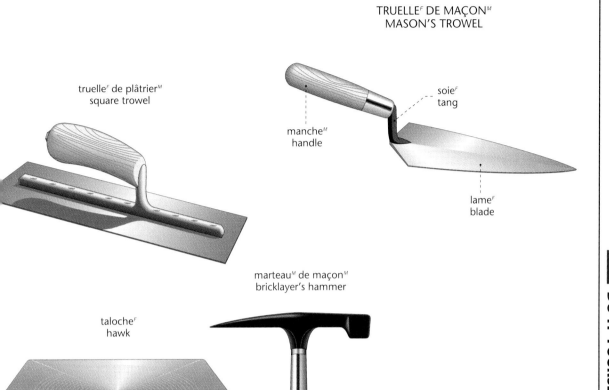

truelle*F* de plâtrier*M*
square trowel

soie*F*
tang

manche*M*
handle

lame*F*
blade

marteau*M* de maçon*M*
bricklayer's hammer

taloche*F*
hawk

tire-joint*M*
joint filler

niveau*M* à bulle*F*
spirit level

BRICOLAGE
DO-IT-YOURSELF

PISTOLET*M* À CALFEUTRER
CAULKING GUN

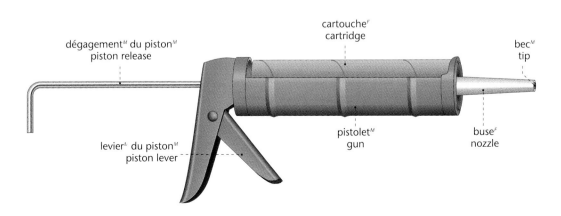

cartouche*F*
cartridge

dégagement*M* du piston*M*
piston release

bec*M*
tip

levier*L* du piston*M*
piston lever

pistolet*M*
gun

buse*F*
nozzle

291

porte^F coulissante
folding door

cabine^F de douche^F
shower stall

flexible^M
spray hose

douchette^F
portable shower head

trop-plein^M
overflow

pomme^F de douche^F
shower head

robinet^M
faucet

miroir^M
mirror

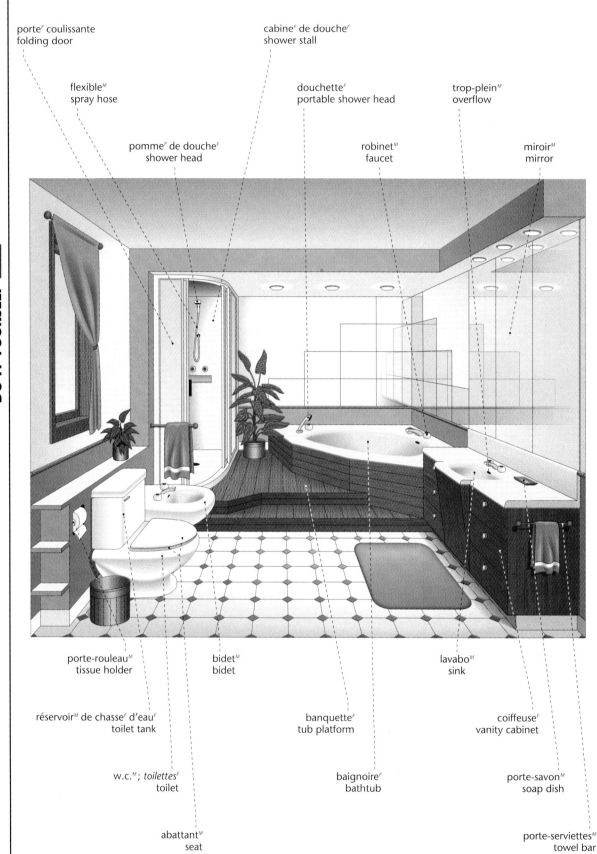

porte-rouleau^M
tissue holder

bidet^M
bidet

lavabo^M
sink

réservoir^M de chasse^F d'eau^F
toilet tank

banquette^F
tub platform

coiffeuse^F
vanity cabinet

w.c.^M; *toilettes*^F
toilet

baignoire^F
bathtub

porte-savon^M
soap dish

abattant^M
seat

porte-serviettes^M
towel bar

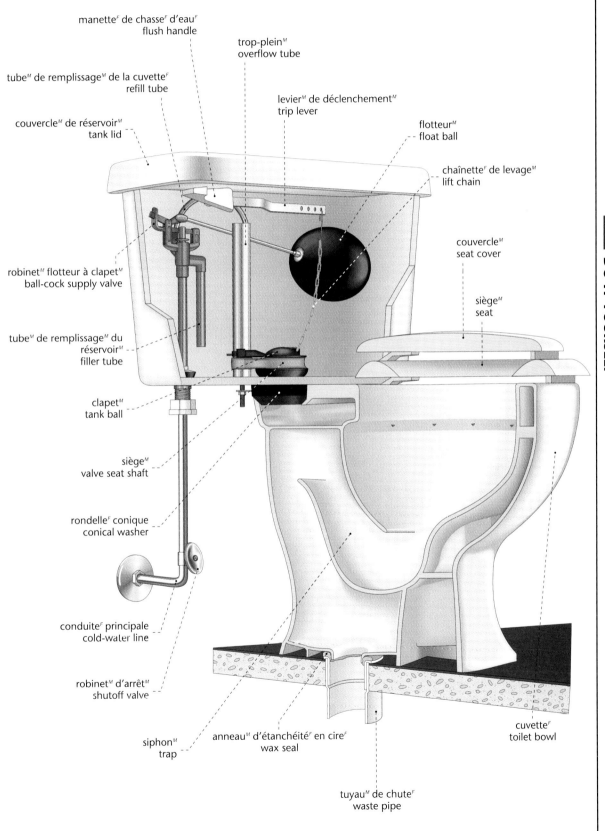

manette*F* de chasse*F* d'eau*F*
flush handle

trop-plein*M*
overflow tube

tube*M* de remplissage*M* de la cuvette*F*
refill tube

levier*M* de déclenchement*M*
trip lever

couvercle*M* de réservoir*M*
tank lid

flotteur*M*
float ball

chaînette*F* de levage*M*
lift chain

couvercle*M*
seat cover

robinet*M* flotteur à clapet*M*
ball-cock supply valve

siège*M*
seat

tube*M* de remplissage*M* du
réservoir*M*
filler tube

clapet*M*
tank ball

siège*M*
valve seat shaft

rondelle*F* conique
conical washer

conduite*F* principale
cold-water line

cuvette*F*
toilet bowl

robinet*M* d'arrêt*M*
shutoff valve

siphon*M*
trap

anneau*M* d'étanchéité*F* en cire*F*
wax seal

tuyau*M* de chute*F*
waste pipe

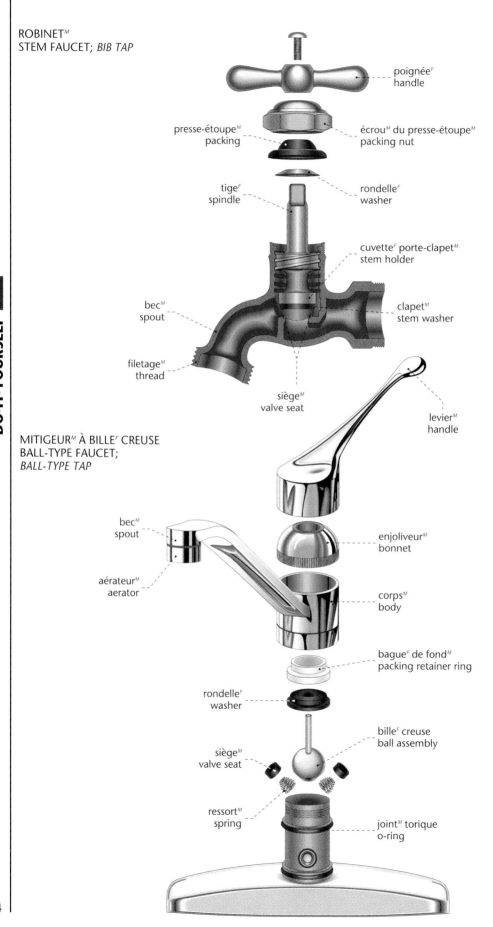

ROBINET^M
STEM FAUCET; *BIB TAP*

poignée^F
handle

presse-étoupe^M
packing

écrou^M du presse-étoupe^M
packing nut

tige^F
spindle

rondelle^F
washer

cuvette^F porte-clapet^M
stem holder

bec^M
spout

clapet^M
stem washer

filetage^M
thread

siège^M
valve seat

levier^M
handle

MITIGEUR^M À BILLE^F CREUSE
BALL-TYPE FAUCET;
BALL-TYPE TAP

bec^M
spout

enjoliveur^M
bonnet

aérateur^M
aerator

corps^M
body

bague^F de fond^M
packing retainer ring

rondelle^F
washer

bille^F creuse
ball assembly

siège^M
valve seat

ressort^M
spring

joint^M torique
o-ring

MITIGEUR^M À DISQUE^M
DISC FAUCET; *DISK TAP*

levier^M
handle

enjoliveur^M
bonnet

cylindre^M
cylinder

anneau^M d'étanchéité^F
seal

bec^M
spout

entrée^F d'eau^F
water inlet

aérateur^M
aerator

applique^F du robinet^M
escutcheon

MITIGEUR^M À CARTOUCHE^F
CARTRIDGE FAUCET; *CARTRIDGE TAP*

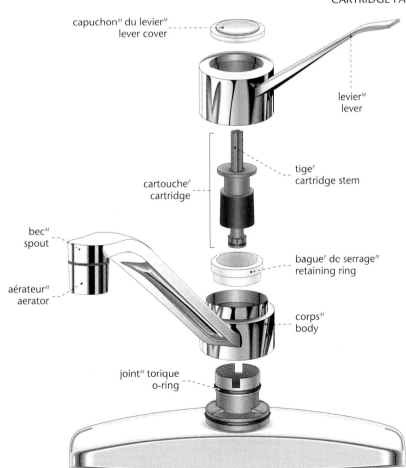

capuchon^M du levier^M
lever cover

levier^M
lever

tige^F
cartridge stem

cartouche^F
cartridge

bec^M
spout

bague^F de serrage^M
retaining ring

aérateur^M
aerator

corps^M
body

joint^M torique
o-ring

ÉVIER^M-BROYEUR^M
GARBAGE DISPOSAL SINK

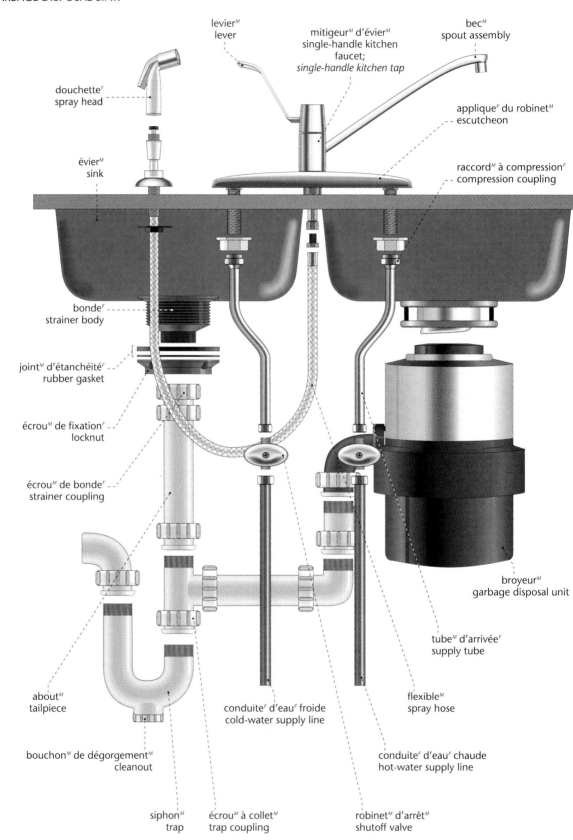

levier^M
lever

mitigeur^M d'évier^M
single-handle kitchen
faucet;
single-handle kitchen tap

bec^M
spout assembly

douchette^F
spray head

applique^F du robinet^M
escutcheon

évier^M
sink

raccord^M à compression^F
compression coupling

bonde^F
strainer body

joint^M d'étanchéité^F
rubber gasket

écrou^M de fixation^F
locknut

écrou^M de bonde^F
strainer coupling

broyeur^M
garbage disposal unit

tube^M d'arrivée^F
supply tube

about^M
tailpiece

conduite^F d'eau^F froide
cold-water supply line

flexible^M
spray hose

bouchon^M de dégorgement^M
cleanout

conduite^F d'eau^F chaude
hot-water supply line

siphon^M
trap

écrou^M à collet^M
trap coupling

robinet^M d'arrêt^M
shutoff valve

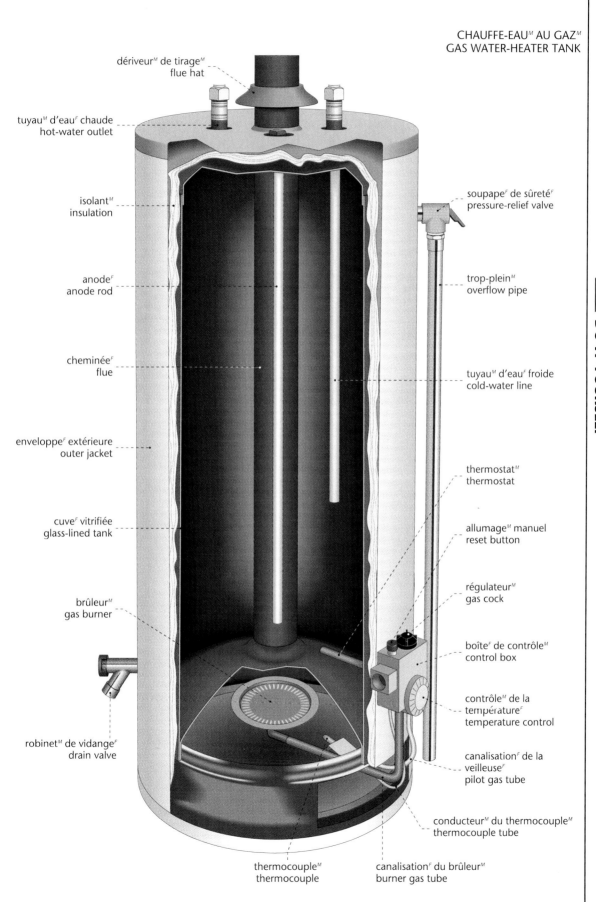

dériveur^M de tirage^M
flue hat

tuyau^M d'eau^F chaude
hot-water outlet

isolant^M
insulation

anode^F
anode rod

cheminée^F
flue

enveloppe^F extérieure
outer jacket

cuve^F vitrifiée
glass-lined tank

brûleur^M
gas burner

robinet^M de vidange^F
drain valve

soupape^F de sûreté^F
pressure-relief valve

trop-plein^M
overflow pipe

tuyau^M d'eau^F froide
cold-water line

thermostat^M
thermostat

allumage^M manuel
reset button

régulateur^M
gas cock

boîte^F de contrôle^M
control box

contrôle^M de la
température^F
temperature control

canalisation^F de la
veilleuse^F
pilot gas tube

conducteur^M du thermocouple^M
thermocouple tube

thermocouple^M
thermocouple

canalisation^F du brûleur^M
burner gas tube

PLOMBERIE^F : EXEMPLES^M DE BRANCHEMENT^M
PLUMBING: EXAMPLES OF BRANCHING

LAVE-LINGE^M; *LAVEUSE^F*
WASHER; *WASHING MACHINE*

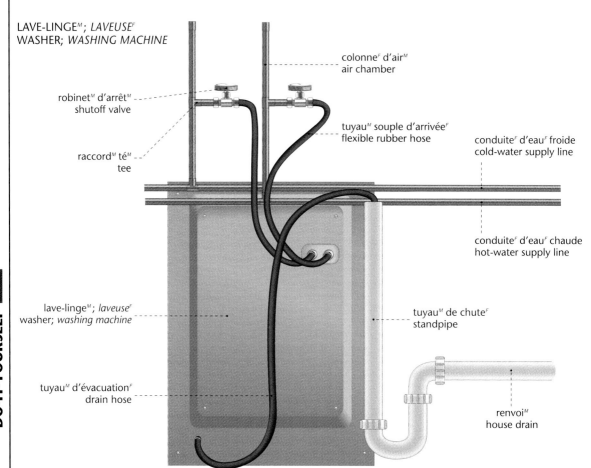

colonne^F d'air^M
air chamber

robinet^M d'arrêt^M
shutoff valve

tuyau^M souple d'arrivée^F
flexible rubber hose

conduite^F d'eau^F froide
cold-water supply line

raccord^M té^M
tee

conduite^F d'eau^F chaude
hot-water supply line

lave-linge^M; *laveuse^F*
washer; *washing machine*

tuyau^M de chute^F
standpipe

tuyau^M d'évacuation^F
drain hose

renvoi^M
house drain

LAVE-VAISSELLE^M
DISHWASHER

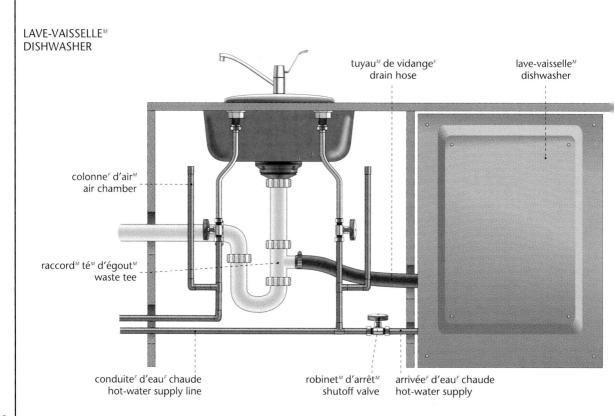

tuyau^M de vidange^F
drain hose

lave-vaisselle^M
dishwasher

colonne^F d'air^M
air chamber

raccord^M té^M d'égout^M
waste tee

conduite^F d'eau^F chaude
hot-water supply line

robinet^M d'arrêt^M
shutoff valve

arrivée^F d'eau^F chaude
hot-water supply

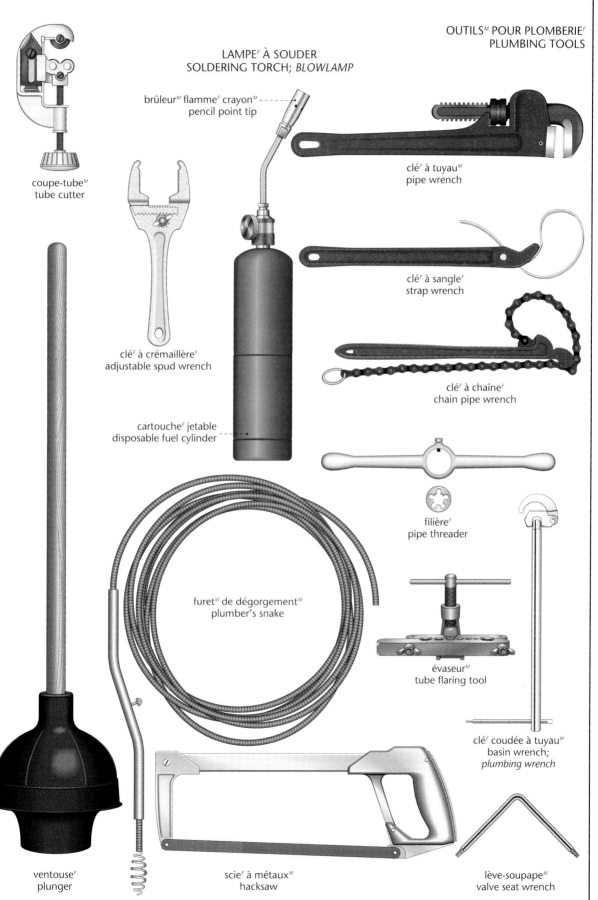

OUTILS^M POUR PLOMBERIE^F
PLUMBING TOOLS

LAMPE^F À SOUDER
SOLDERING TORCH; *BLOWLAMP*

brûleur^M flamme^F crayon^M
pencil point tip

coupe-tube^M
tube cutter

clé^F à tuyau^M
pipe wrench

clé^F à sangle^F
strap wrench

clé^F à crémaillère^F
adjustable spud wrench

clé^F à chaîne^F
chain pipe wrench

cartouche^F jetable
disposable fuel cylinder

filière^F
pipe threader

furet^M de dégorgement^M
plumber's snake

évaseur^M
tube flaring tool

clé^F coudée à tuyau^M
basin wrench;
plumbing wrench

ventouse^F
plunger

scie^F à métaux^M
hacksaw

lève-soupape^M
valve seat wrench

BRICOLAGE
DO-IT-YOURSELF

PLOMBERIE[F]
PLUMBING

RACCORDS[M] MÉCANIQUES
MECHANICAL CONNECTORS

RACCORD[M] À COMPRESSION[F]
COMPRESSION FITTING

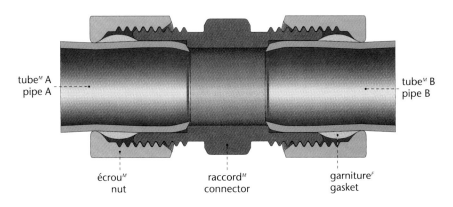

tube[M] A
pipe A

tube[M] B
pipe B

écrou[M]
nut

raccord[M]
connector

garniture[F]
gasket

RACCORD[M] À COLLET[M] REPOUSSÉ
FLARE JOINT

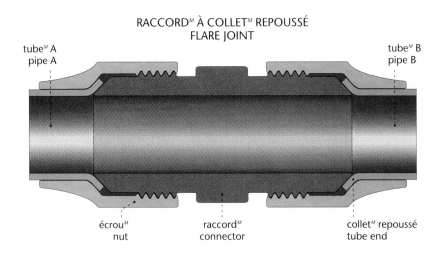

tube[M] A
pipe A

tube[M] B
pipe B

écrou[M]
nut

raccord[M]
connector

collet[M] repoussé
tube end

RACCORD[M] UNION[F]
UNION

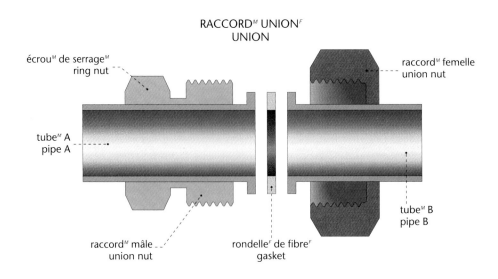

écrou[M] de serrage[M]
ring nut

raccord[M] femelle
union nut

tube[M] A
pipe A

raccord[M] mâle
union nut

rondelle[F] de fibre[F]
gasket

tube[M] B
pipe B

plastique^M et acier^M
steel to plastic

plastique^M et cuivre^M
copper to plastic

cuivre^M et acier^M
copper to steel

RACCORDS^M
FITTINGS

coude^M à 45°
45° elbow

coude^M
elbow

coude^M à 180°
U-bend

**BRICOLAGE
DO-IT-YOURSELF**

té^M
tee

culotte^F
Y-branch

coude^M de renvoi^M
offset

siphon^M
trap

bouchon^M mâle sans bourrelet^M
square head plug

bouchon^M femelle
cap

réduction^F mâle-femelle
flush bushing

mamelon^M double
nipple

raccord^M de réduction^F
reducing coupling

bouchon^M femelle à visser
threaded cap

manchon^M
pipe coupling

réduction^F mâle-femelle
hexagonale
hexagon bushing

ÉCHELLES^F ET ESCABEAUX^M
LADDERS AND STEPLADDERS

ESCABEAU^M
STEPLADDER

ÉCHELLE^F COULISSANTE
EXTENSION LADDER

tablette^F porte-outil^M
tool tray

plateau^M
top

échelon^M
rung

marche^F
step

montant^M
side rail

tabouret^M-escabeau^M
step stool

entretoise^F
brace

poulie^F
pulley

dispositif^M de blocage^M
locking device

MARCHEPIED^M
PLATFORM LADDER

garde-corps^M
safety rail

tablette^F
shelf

plate-forme^F
platform

piètement^M
frame

corde^F de tirage^M
hoisting rope

marche^F
step

embout^M
rubber tip; *rubber ferrule*

patin^M antidérapant
anti-slip shoe

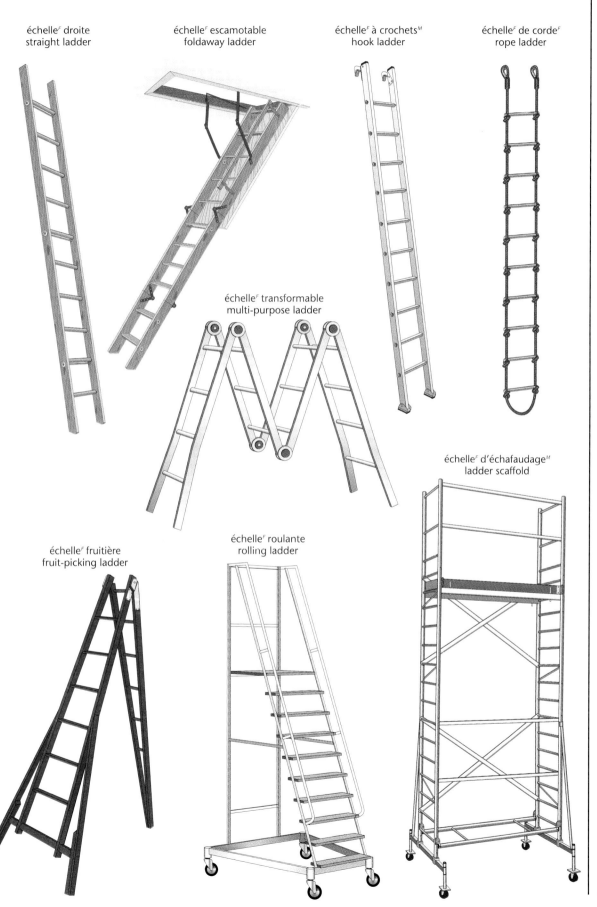

échelle^F droite
straight ladder

échelle^F escamotable
foldaway ladder

échelle^F à crochets^M
hook ladder

échelle^F de corde^F
rope ladder

échelle^F transformable
multi-purpose ladder

échelle^F d'échafaudage^M
ladder scaffold

échelle^F fruitière
fruit-picking ladder

échelle^F roulante
rolling ladder

BRICOLAGE
DO-IT-YOURSELF

PISTOLET^M À PEINTURE^F
SPRAY PAINT GUN

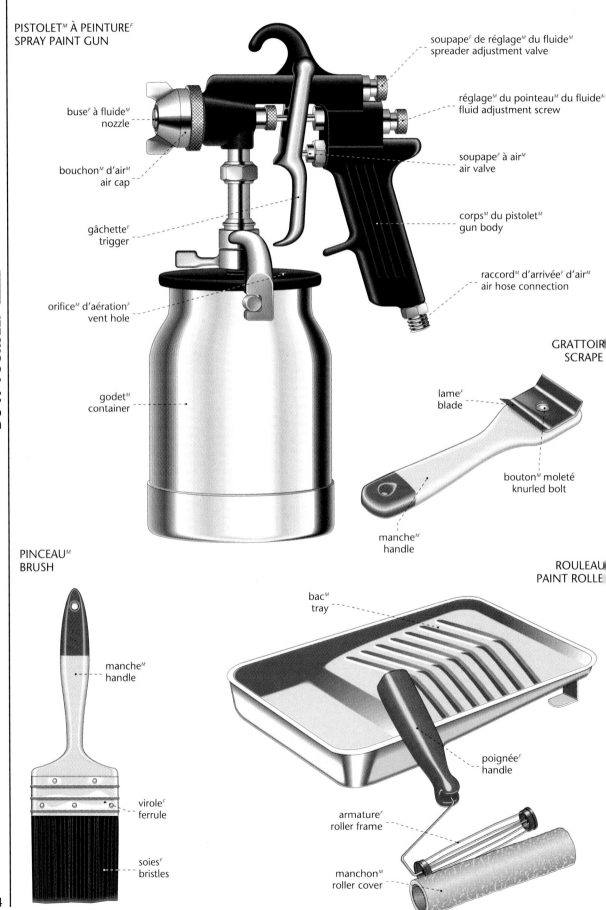

soupape^F de réglage^M du fluide^M
spreader adjustment valve

réglage^M du pointeau^M du fluide^M
fluid adjustment screw

buse^F à fluide^M
nozzle

soupape^F à air^M
air valve

bouchon^M d'air^M
air cap

corps^M du pistolet^M
gun body

gâchette^F
trigger

raccord^M d'arrivée^F d'air^M
air hose connection

orifice^M d'aération^F
vent hole

GRATTOIR
SCRAPE

godet^M
container

lame^F
blade

bouton^M moleté
knurled bolt

manche^M
handle

PINCEAU^M
BRUSH

ROULEAU
PAINT ROLLE

bac^M
tray

manche^M
handle

poignée^F
handle

virole^F
ferrule

armature^F
roller frame

soies^F
bristles

manchon^M
roller cover

304

SOUDAGE^M
SOLDERING AND WELDING

fer^M à souder
soldering iron

PISTOLET^M À SOUDER
SOLDERING GUN

panne^F
tip

élément^M chauffant
heating element

boîtier^M
housing

interrupteur^M
on-off switch

poignée^F pistolet^M
pistol grip handle

SOUDAGE^M À L'ARC^M
ARC WELDING

manchon^M du cordon^M
cord sleeve; *flex sleeve*

porte-électrode^M
electrode holder

électrode^F
electrode

câble^M d'alimentation^F de
l'électrode^F
electrode lead

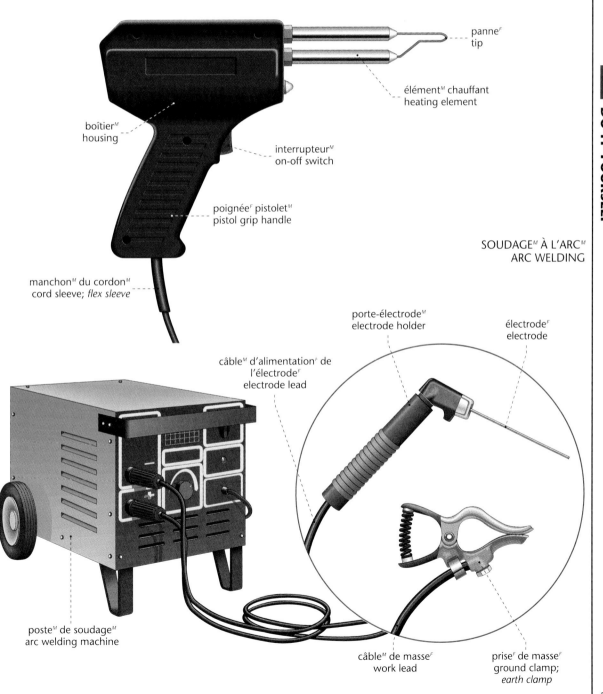

poste^M de soudage^M
arc welding machine

câble^M de masse^F
work lead

prise^F de masse^F
ground clamp;
earth clamp

SOUDAGE^M
SOLDERING AND WELDING

CHALUMEAU^M COUPEUR
CUTTING TORCH

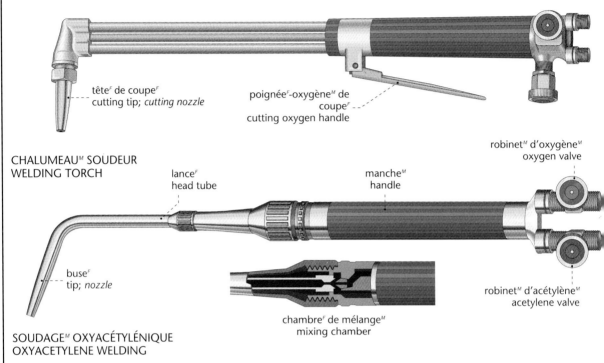

tête^F de coupe^F
cutting tip; *cutting nozzle*

poignée^F-oxygène^M de coupe^F
cutting oxygen handle

CHALUMEAU^M SOUDEUR
WELDING TORCH

lance^F
head tube

manche^M
handle

robinet^M d'oxygène^M
oxygen valve

buse^F
tip; *nozzle*

robinet^M d'acétylène^M
acetylene valve

chambre^F de mélange^M
mixing chamber

SOUDAGE^M OXYACÉTYLÉNIQUE
OXYACETYLENE WELDING

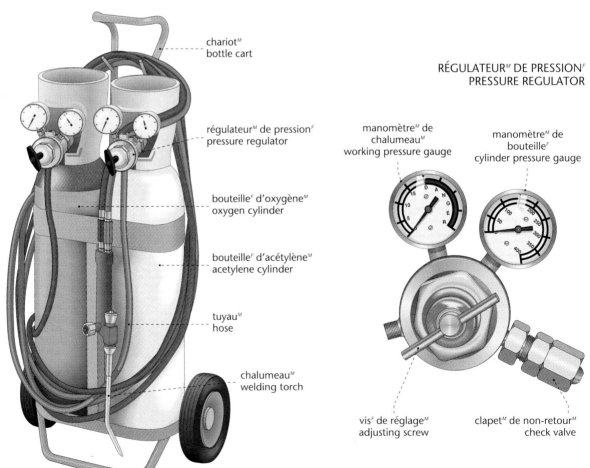

chariot^M
bottle cart

régulateur^M de pression^F
pressure regulator

bouteille^F d'oxygène^M
oxygen cylinder

bouteille^F d'acétylène^M
acetylene cylinder

tuyau^M
hose

chalumeau^M
welding torch

RÉGULATEUR^M DE PRESSION^F
PRESSURE REGULATOR

manomètre^M de chalumeau^M
working pressure gauge

manomètre^M de bouteille^F
cylinder pressure gauge

vis^F de réglage^M
adjusting screw

clapet^M de non-retour^M
check valve

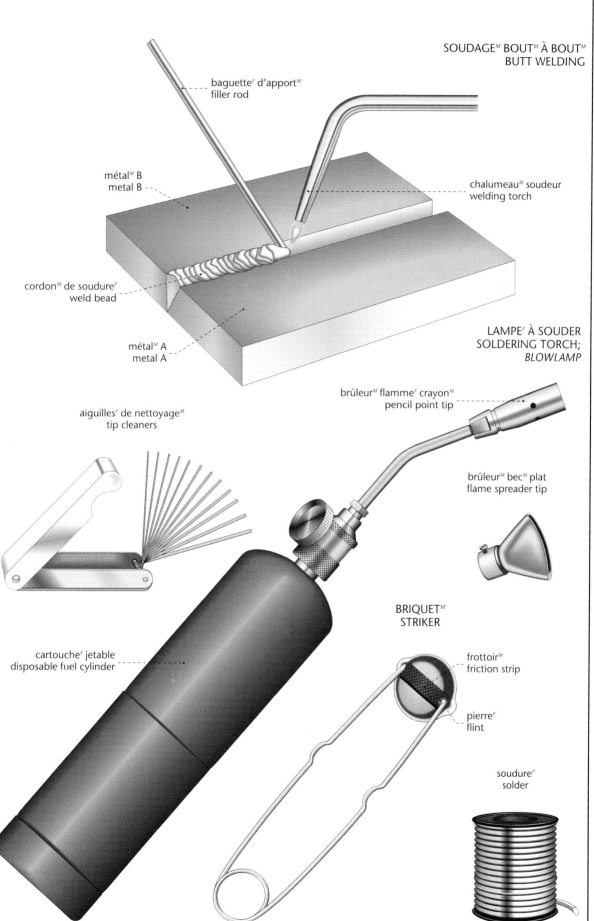

SOUDAGE^M BOUT^M À BOUT^M
BUTT WELDING

baguette^F d'apport^M
filler rod

métal^M B
metal B

chalumeau^M soudeur
welding torch

cordon^M de soudure^F
weld bead

métal^M A
metal A

LAMPE^F À SOUDER
SOLDERING TORCH;
BLOWLAMP

brûleur^M flamme^F crayon^M
pencil point tip

aiguilles^F de nettoyage^M
tip cleaners

brûleur^M bec^M plat
flame spreader tip

BRIQUET^M
STRIKER

cartouche^F jetable
disposable fuel cylinder

frottoir^M
friction strip

pierre^F
flint

soudure^F
solder

BRICOLAGE
DO-IT-YOURSELF

307

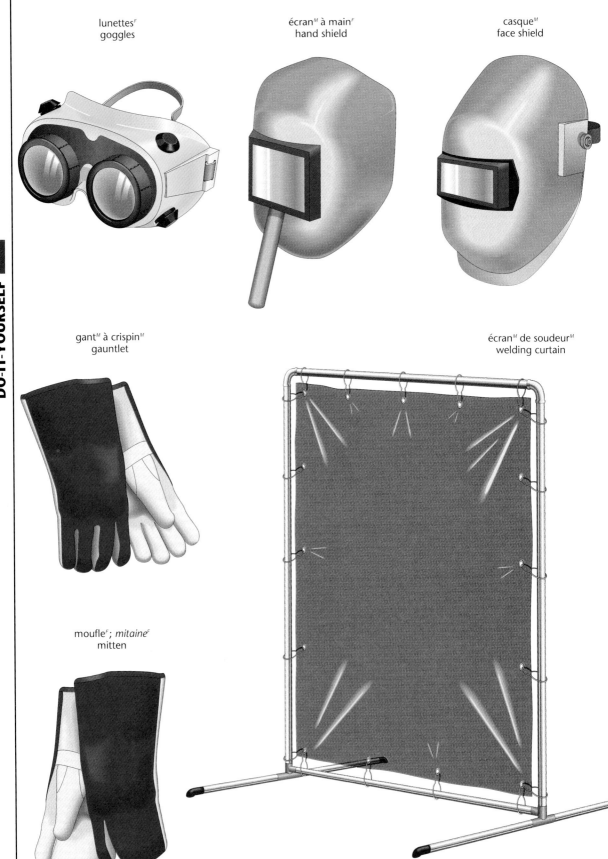

lunettes^F
goggles

écran^M à main^F
hand shield

casque^M
face shield

gant^M à crispin^M
gauntlet

écran^M de soudeur^M
welding curtain

moufle^F; *mitaine*^{F}
mitten

ÉLECTRICITÉ^F
ELECTRICITY

rhéostat^M
dimmer switch

plaque^F de commutateur^M
switch plate

DOUILLE^F DE LAMPE^F
LAMP SOCKET

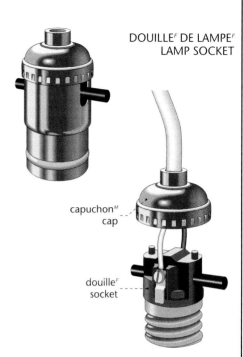

capuchon^M
cap

douille^F
socket

gaine^F isolante
insulating sleeve

enveloppe^F
outer shell

interrupteur^M
switch

boîte^F électrique
electrical box

prise^F de courant^M
outlet

FICHE^F AMÉRICAINE
AMERICAN PLUG

lame^F
blade

prise^F de terre^F
grounding prong

FICHE^F EUROPÉENNE
EUROPEAN PLUG

borne^F
terminal

prise^F de terre^F
grounding prong

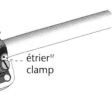

étrier^M
clamp

broche^F
blade

couvercle^M
cover

ÉLECTRICITÉ^F
ELECTRICITY

OUTILS^M D'ÉLECTRICIEN^M
ELECTRICIAN'S TOOLS

VÉRIFICATEUR^M DE TENSION^F
VOLTAGE TESTER; *NEON SCREWDRIVER*

MULTIMÈTRE^M
MULTIMETER

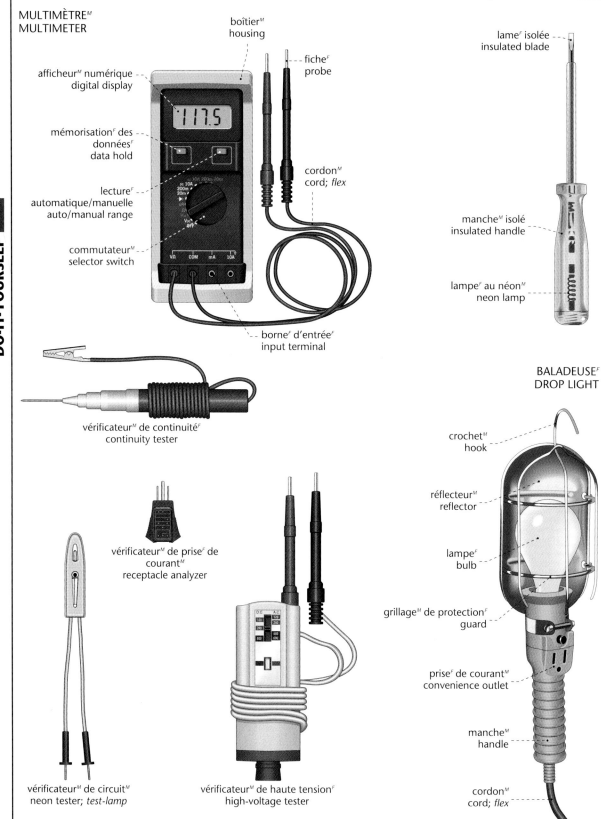

boîtier^M
housing

afficheur^M numérique
digital display

fiche^F
probe

mémorisation^F des
données^F
data hold

cordon^M
cord; *flex*

lecture^F
automatique/manuelle
auto/manual range

commutateur^M
selector switch

borne^F d'entrée^F
input terminal

lame^F isolée
insulated blade

manche^M isolé
insulated handle

lampe^F au néon^M
neon lamp

vérificateur^M de continuité^F
continuity tester

BALADEUSE^F
DROP LIGHT

crochet^M
hook

réflecteur^M
reflector

vérificateur^M de prise^F de
courant^M
receptacle analyzer

lampe^F
bulb

grillage^M de protection^F
guard

prise^F de courant^M
convenience outlet

manche^M
handle

vérificateur^M de circuit^M
neon tester; *test-lamp*

vérificateur^M de haute tension^F
high-voltage tester

cordon^M
cord; *flex*

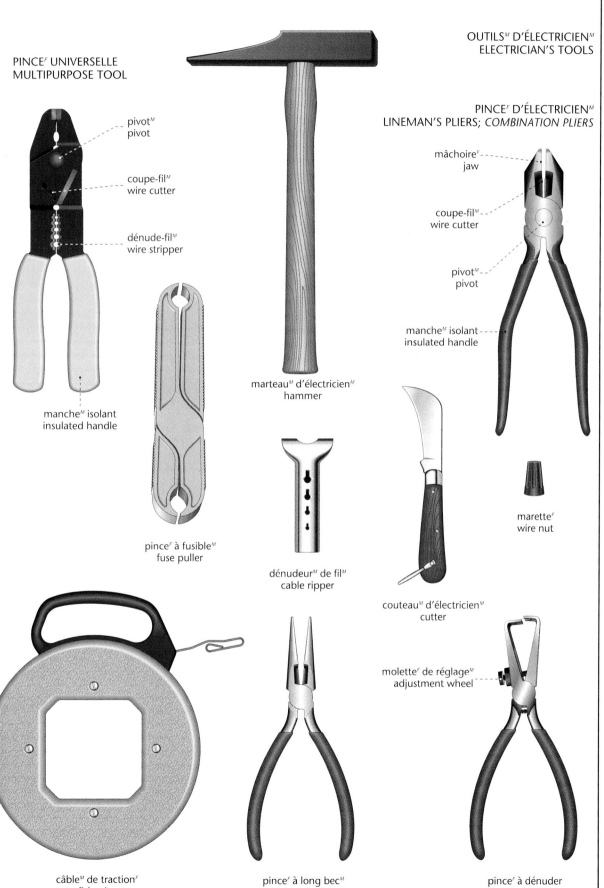

PINCE^F UNIVERSELLE
MULTIPURPOSE TOOL

pivot^M
pivot

coupe-fil^M
wire cutter

dénude-fil^M
wire stripper

manche^M isolant
insulated handle

pince^F à fusible^M
fuse puller

PINCE^F D'ÉLECTRICIEN^M
LINEMAN'S PLIERS; *COMBINATION PLIERS*

mâchoire^F
jaw

coupe-fil^M
wire cutter

pivot^M
pivot

manche^M isolant
insulated handle

marteau^M d'électricien^M
hammer

dénudeur^M de fil^M
cable ripper

couteau^M d'électricien^M
cutter

marette^F
wire nut

molette^F de réglage^M
adjustment wheel

câble^M de traction^F
fish wire

pince^F à long bec^M
long-nose pliers

pince^F à dénuder
wire stripper

**BRICOLAGE
DO-IT-YOURSELF**

311

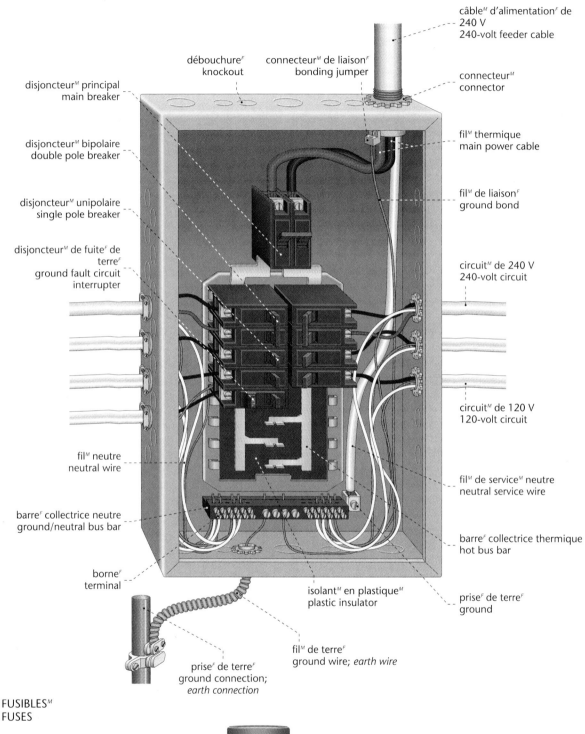

TABLEAU^M DE DISTRIBUTION^F
FUSE BOX

câble^M d'alimentation^F de 240 V
240-volt feeder cable

débouchure^F
knockout

connecteur^M de liaison^F
bonding jumper

connecteur^M
connector

disjoncteur^M principal
main breaker

fil^M thermique
main power cable

disjoncteur^M bipolaire
double pole breaker

fil^M de liaison^F
ground bond

disjoncteur^M unipolaire
single pole breaker

circuit^M de 240 V
240-volt circuit

disjoncteur^M de fuite^F de terre^F
ground fault circuit interrupter

circuit^M de 120 V
120-volt circuit

fil^M neutre
neutral wire

fil^M de service^M neutre
neutral service wire

barre^F collectrice neutre
ground/neutral bus bar

barre^F collectrice thermique
hot bus bar

borne^F
terminal

isolant^M en plastique^M
plastic insulator

prise^F de terre^F
ground

prise^F de terre^F
ground connection;
earth connection

fil^M de terre^F
ground wire; *earth wire*

FUSIBLES^M
FUSES

fusible^M-cartouche^F
cartridge fuse

fusible^M à culot^M
plug fuse

fusible^M-cartouche^F à lames^F
knife-blade cartridge fuse

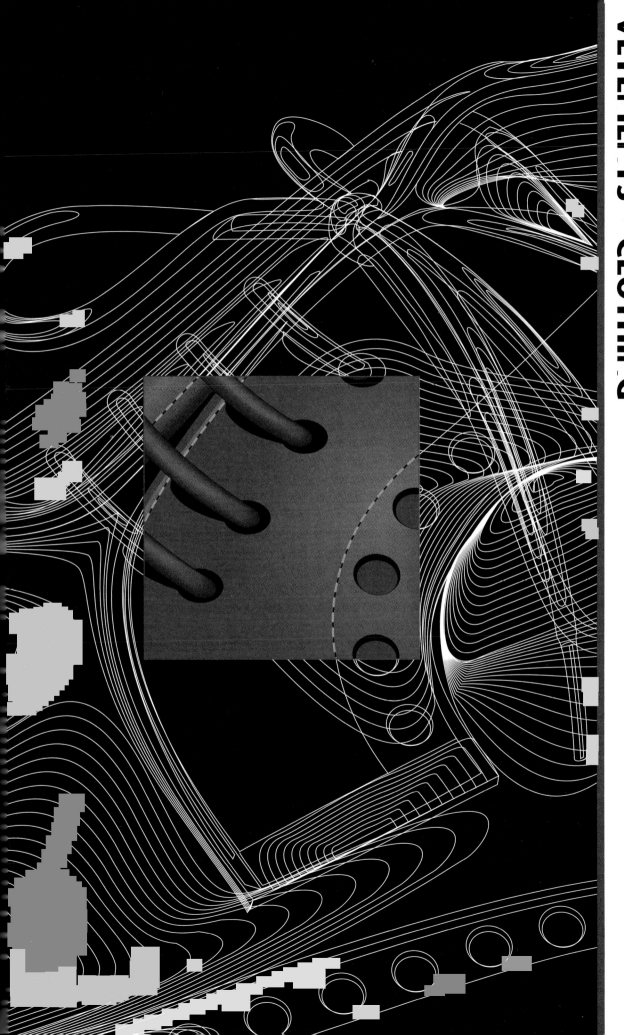

SOMMAIRE

ÉLÉMENTS DU COSTUME ANCIEN..315

VÊTEMENTS D'HOMME 319

TRICOTS 326

GANTS 327

COIFFURE...328

VÊTEMENTS DE FEMME 330

VÊTEMENTS D'ENFANT..349

TENUE D'EXERCICE..352

CHAUSSURES..354

VÊTEMENTS
CLOTHING

ÉLÉMENTS^M DU COSTUME^M ANCIEN
ELEMENTS OF ANCIENT COSTUME

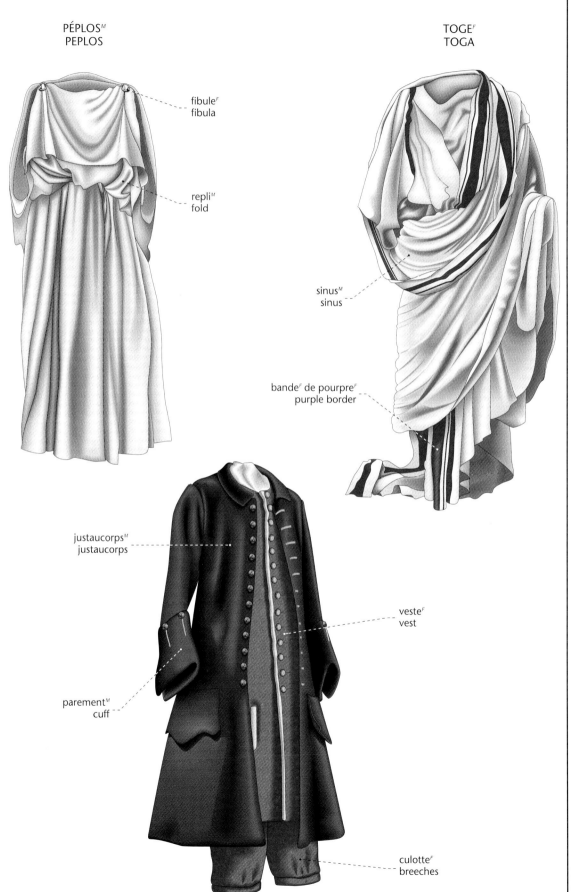

PÉPLOS^M
PEPLOS

TOGE^F
TOGA

fibule^F
fibula

repli^M
fold

sinus^M
sinus

bande^F de pourpre^F
purple border

justaucorps^M
justaucorps

veste^F
vest

parement^M
cuff

culotte^F
breeches

ÉLÉMENTS^M DU COSTUME^M ANCIEN
ELEMENTS OF ANCIENT COSTUME

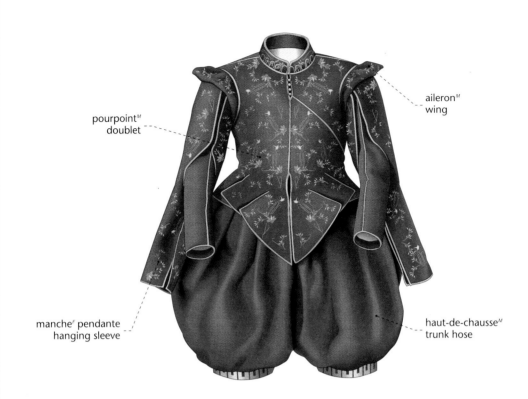

aileron^M
wing

pourpoint^M
doublet

manche^F pendante
hanging sleeve

haut-de-chausse^M
trunk hose

COTARDIE^F
COTEHARDIE

ROBE^F À TOURNURE^F
DRESS WITH BUSTLE

manche^F flottante
floating sleeve

poche^F verticale
vertical pocket

caraco^M
caraco jacket

tournure^F
bustle

frac^M
frock coat

gilet^M
waistcoat

culotte^F
breeches

HOUPPELANDE^F
HOUPPELANDE

ROBE^F À PANIERS^M
DRESS WITH
PANNIERS

engageante^F
ruffle

pièce^F d'estomac^M
stomacker

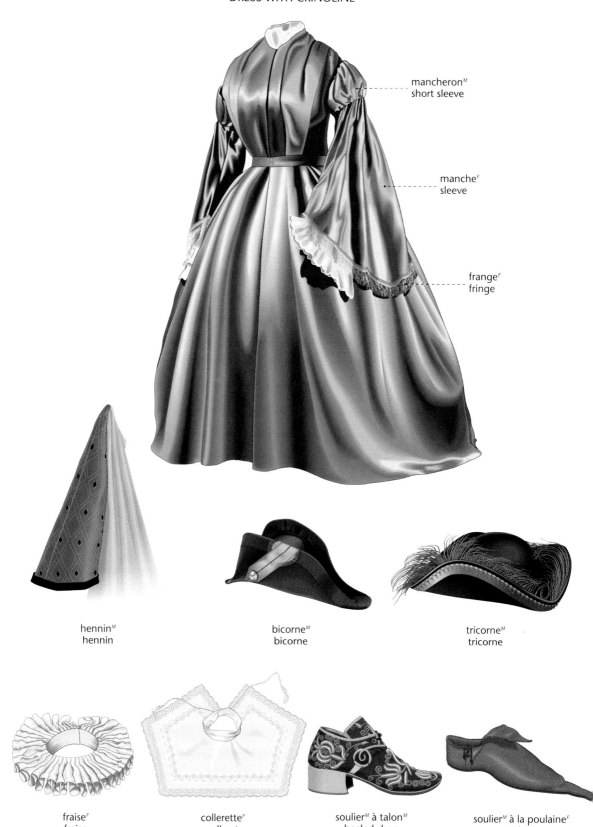

ROBE^F À CRINOLINE^F
DRESS WITH CRINOLINE

mancheron^M
short sleeve

manche^F
sleeve

frange^F
fringe

hennin^M
hennin

bicorne^M
bicorne

tricorne^M
tricorne

fraise^F
fraise

collerette^F
collaret

soulier^M à talon^M
heeled shoe

soulier^M à la poulaine^F
crakow

IMPERMÉABLE^M
RAINCOAT

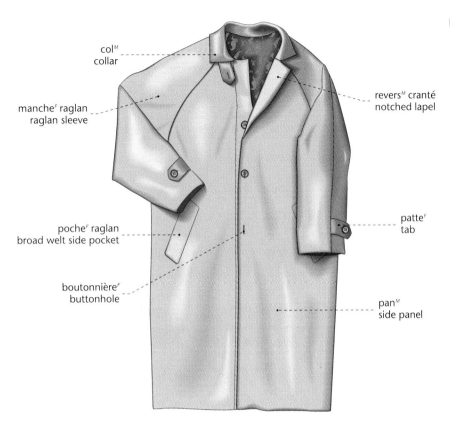

col^M
collar

manche^F raglan
raglan sleeve

revers^M cranté
notched lapel

poche^F raglan
broad welt side pocket

boutonnière^F
buttonhole

patte^F
tab

pan^M
side panel

TRENCH^M
TRENCH COAT

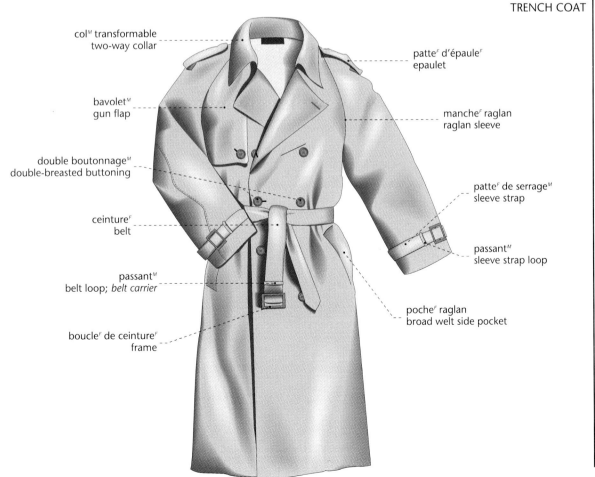

col^M transformable
two-way collar

patte^F d'épaule^F
epaulet

bavolet^M
gun flap

manche^F raglan
raglan sleeve

double boutonnage^M
double-breasted buttoning

patte^F de serrage^M
sleeve strap

ceinture^F
belt

passant^M
sleeve strap loop

passant^M
belt loop; *belt carrier*

poche^F raglan
broad welt side pocket

boucle^F de ceinture^F
frame

DUFFLE-COAT^M; *CORVETTE*^F
DUFFLE COAT

capuchon^M
hood

empiècement^M
yoke

brandebourg^M
frog

poche^F plaquée
patch pocket

bûchette^F
toggle fastening

PARDESSUS^M
OVERCOAT

revers^M cranté
notched lapel

poche^F poitrine^F
breast pocket

pince^F de taille^F
breast dart

poche^F à rabat^M
flap pocket

BLOUSON^M **LONG**
WINDBREAKER;
WINDCHEATER

ceinture^F montée
waistband

cordon^M coulissant
drawstring

PALETOT^M
THREE-QUARTER COAT

PARKA^F; *PARKA^M*
PARKA

fermeture^F à glissière^F
zipper

patte^F à boutons^M-
pression^F
snap-fastening tab

BLOUSON^M COURT
JACKET; *WINDCHEATER*

CANADIENNE^F
SHEEPSKIN JACKET

bouton^M-pression^F
snap fastener

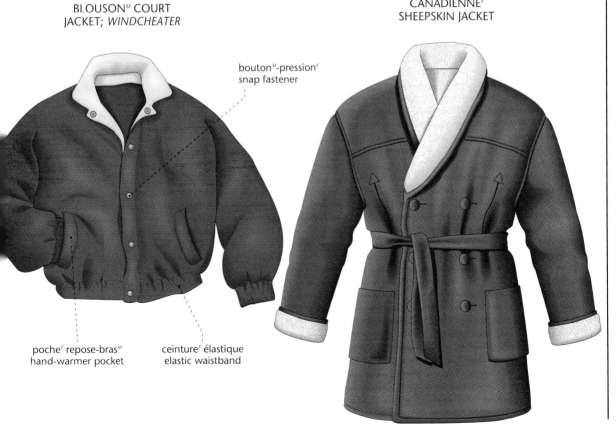

poche^F repose-bras^M
hand-warmer pocket

ceinture^F élastique
elastic waistband

VESTON^M CROISÉ
DOUBLE-BREASTED JACKET

doublure^F
lining

revers^M à cran^M aigu
peaked lapel

col^M
collar

pochette^F
breast welt pocket

manche^F
sleeve

rabat^M
flap

poche^F-ticket^M
outside ticket pocket

poche^F plaquée
patch pocket

fente^F latérale
side back vent

encolure^F en V
V-neck

GILET^M
VEST; *WAISTCOAT*

doublure^F
lining

patte^F
welt

devant^M
front

découpe^F
seaming

poche^F gilet^M
welt pocket

tirant^M de réglage^M
adjustable waist tab

VESTE^F DROITE
SINGLE-BREASTED JACKET

doublure^F
lining

cran^M
notch

dos^M
back

pochette^F
pocket handkerchief

revers^M
lapel

manche^F
sleeve

devant^M
front

poche^F tiroir^M
flap pocket

fente^F médiane
center back vent;
centre back vent

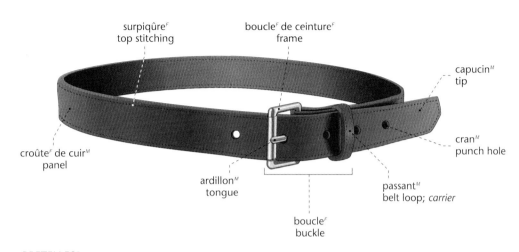

surpiqûre^F
top stitching

boucle^F de ceinture^F
frame

capucin^M
tip

croûte^F de cuir^M
panel

cran^M
punch hole

ardillon^M
tongue

passant^M
belt loop; *carrier*

boucle^F
buckle

BRETELLES^F
SUSPENDERS; *BRACES*

PANTALON^M
PANTS; *TROUSERS*

bande^F élastique
elastic webbing

coulisse^F
adjustment slide

patte^F
leather end

boutonnière^F
button loop

pince^F
suspender clip; *brace clip*

ceinture^F montée
waistband

passant^M tunnel^M
belt loop; *belt carrier*

poche^F cavalière
front top pocket

patte^F boutonnée
waistband extension

braguette^F
fly

pli^M plat
knife pleat

pli^M
crease

poche^F-revolver^M
back pocket

revers^M
cuff; *turn-up*

VÊTEMENTS^M D'HOMME^M
MEN'S CLOTHING

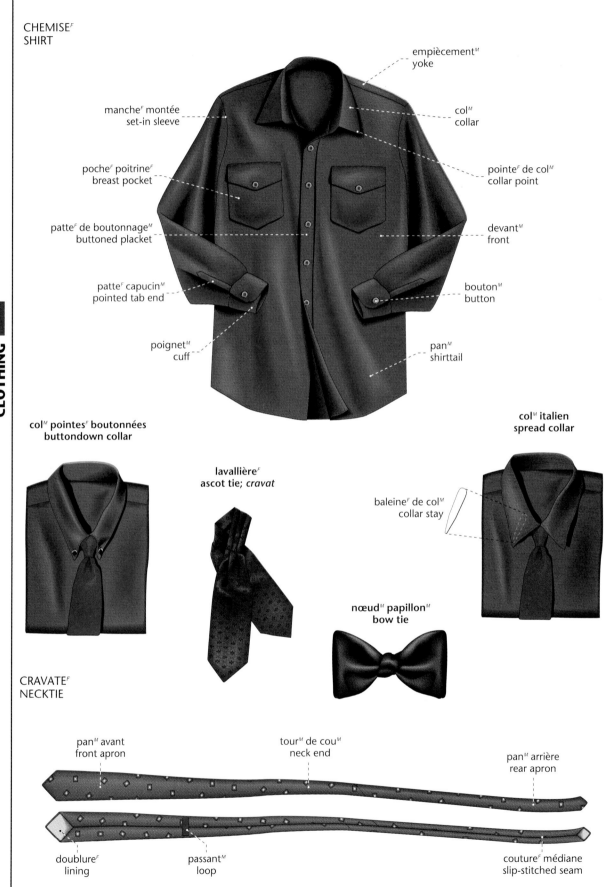

CHEMISE^F
SHIRT

empiècement^M
yoke

manche^F montée
set-in sleeve

col^M
collar

pointe^F de col^M
collar point

poche^F poitrine^F
breast pocket

patte^F de boutonnage^M
buttoned placket

devant^M
front

patte^F capucin^M
pointed tab end

bouton^M
button

poignet^M
cuff

pan^M
shirttail

col^M pointes^F boutonnées
buttondown collar

col^M italien
spread collar

lavallière^F
ascot tie; *cravat*

baleine^F de col^M
collar stay

nœud^M papillon^M
bow tie

CRAVATE^F
NECKTIE

pan^M avant
front apron

tour^M de cou^M
neck end

pan^M arrière
rear apron

doublure^F
lining

passant^M
loop

couture^F médiane
slip-stitched seam

VÊTEMENTS
CLOTHING

324

gilet^M athlétique
athletic shirt; *vest*

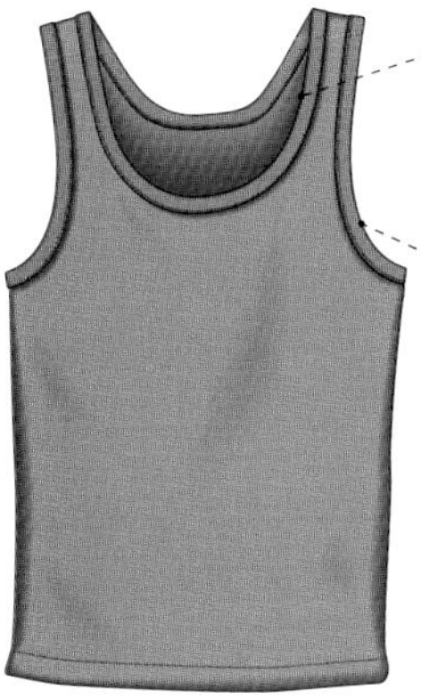

encolure^F
neckhole

emmanchure^F
armhole

slip^M ouvert
briefs

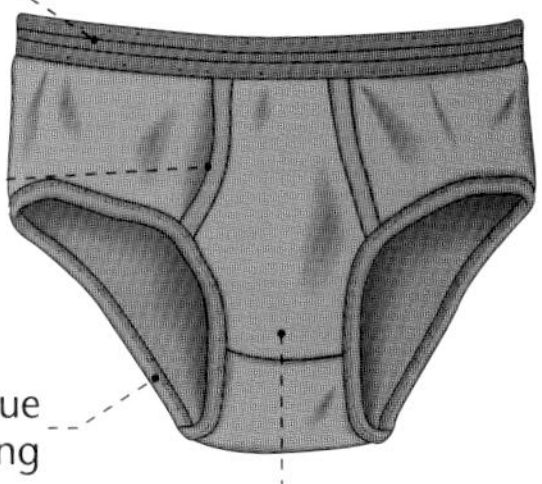

ceinture^F élastique
waistband

braguette^F
fly

jambe^F élastique
elasticized leg opening

enfourchure^F
crotch

combinaison^F
union suit

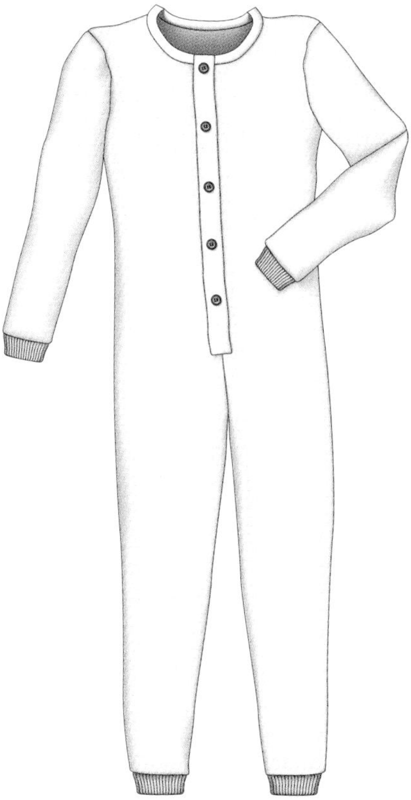

caleçon^M long
drawers; *long johns*

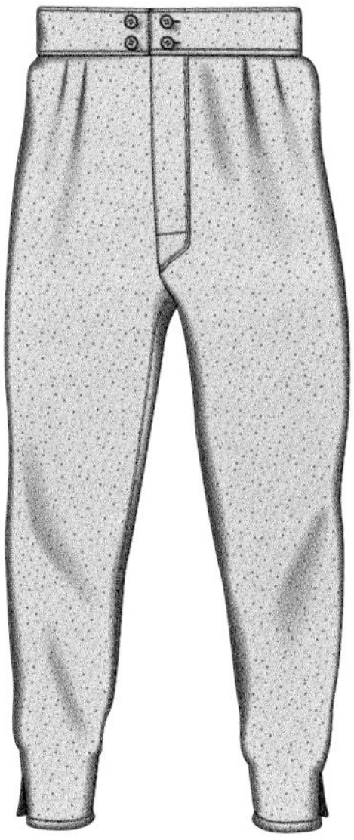

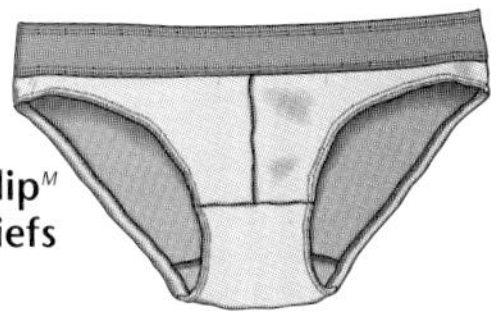

mini-slip^M
bikini briefs

caleçon^M
boxer shorts

CHAUSSETTES^F
SOCKS

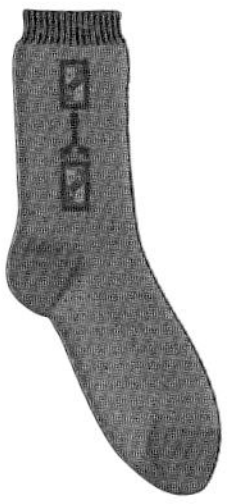

mi-bas^M
executive length; *half hoe*

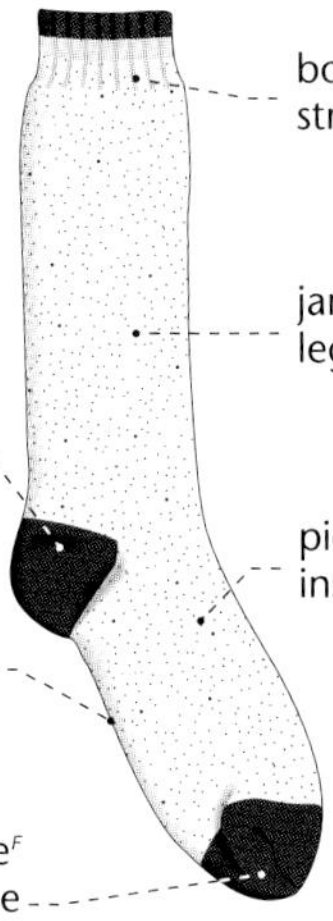

chaussette^F
mid-calf length; *short*

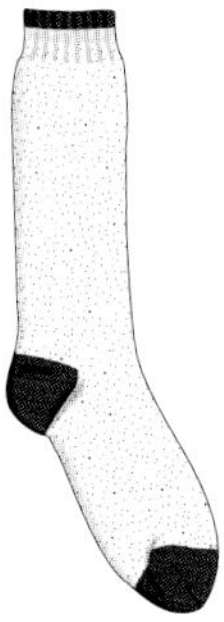

bord^M-côte^F
straight-up ribbed top

mi-chaussette^F
ankle length

jambe^F
leg

talon^M
heel

pied^M
instep

semelle^F
sole

pointe^F
toe

VÊTEMENTS
CLOTHING

325

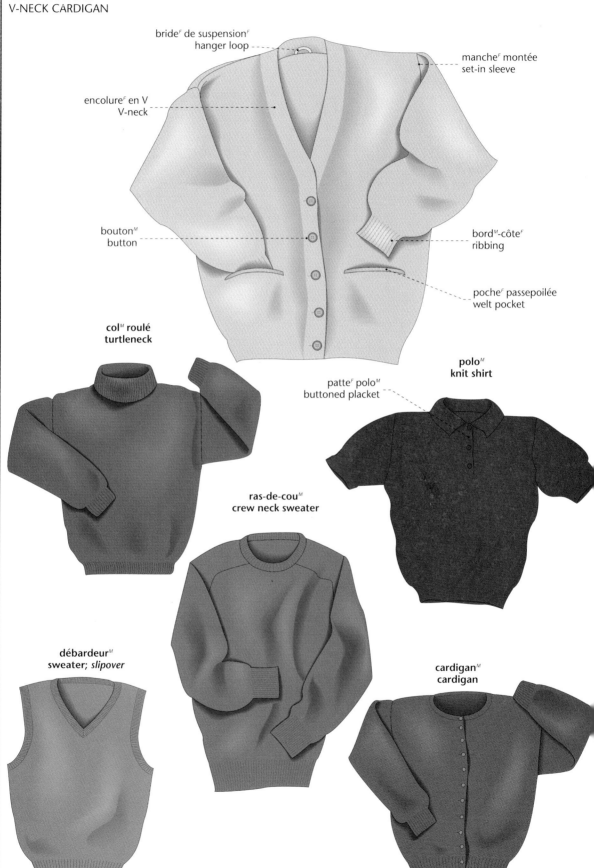

GILET^M DE LAINE^F
V-NECK CARDIGAN

bride^F de suspension^F
hanger loop

manche^F montée
set-in sleeve

encolure^F en V
V-neck

bouton^M
button

bord^M-côte^F
ribbing

poche^F passepoilée
welt pocket

col^M roulé
turtleneck

polo^M
knit shirt

patte^F polo^M
buttoned placket

ras-de-cou^M
crew neck sweater

débardeur^M
sweater; *slipover*

cardigan^M
cardigan

GANTS^M
GLOVES

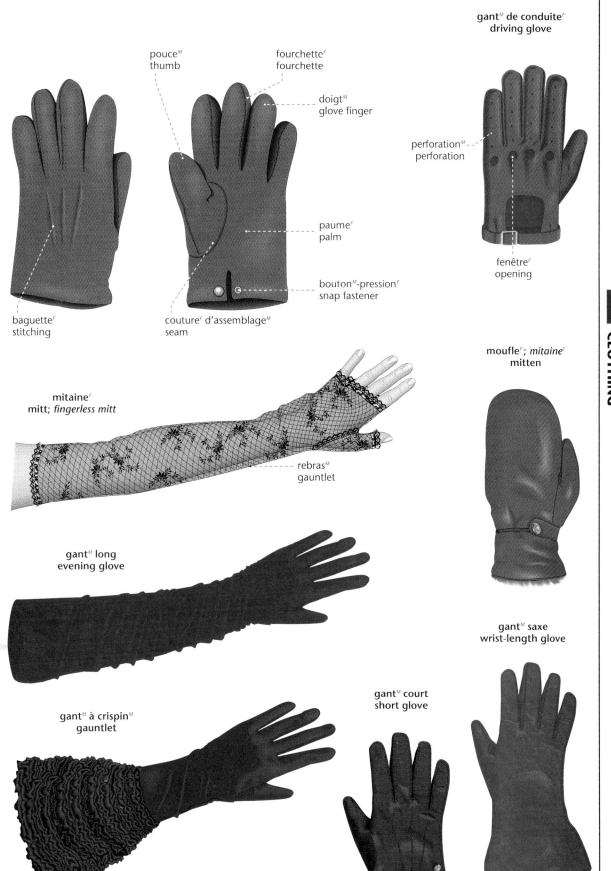

pouce^M
thumb

fourchette^F
fourchette

doigt^M
glove finger

gant^M de conduite^F
driving glove

perforation^M
perforation

paume^F
palm

bouton^M-pression^F
snap fastener

fenêtre^F
opening

baguette^F
stitching

couture^F d'assemblage^M
seam

mitaine^F
mitt; *fingerless mitt*

moufle^F; *mitaine^F*
mitten

rebras^M
gauntlet

gant^M long
evening glove

gant^M saxe
wrist-length glove

gant^M court
short glove

gant^M à crispin^M
gauntlet

VÊTEMENTS
CLOTHING

327

CHAPEAU^M DE FEUTRE^M
FELT HAT

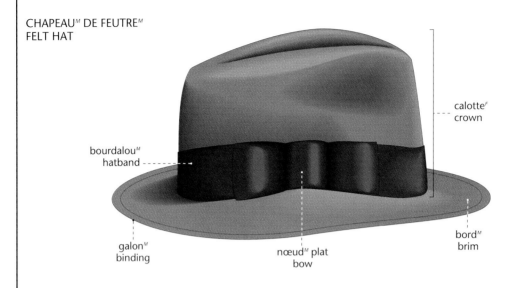

calotte^F
crown

bourdalou^M
hatband

galon^M
binding

nœud^M plat
bow

bord^M
brim

**VÊTEMENTS
CLOTHING**

**canotier^M
boater**

**haut-de-forme^M
top hat**

**melon^M
derby; *bowler***

**casquette^F norvégienne
hunting cap**

cache-oreilles^M abattant
ear flap

**chapka^M
shapka**

**casquette^F
cap**

calotte^F
crown

visière^F
peak

**panama^M
panama**

**calot^M
garrison cap**

**calotte^F
skullcap**

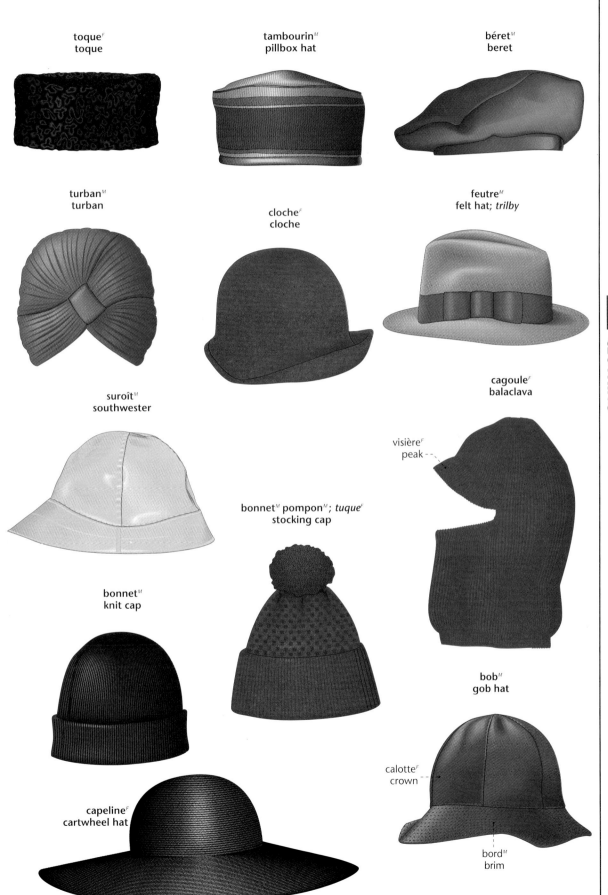

toque^F
toque

tambourin^M
pillbox hat

béret^M
beret

turban^M
turban

cloche^F
cloche

feutre^M
felt hat; *trilby*

suroît^M
southwester

cagoule^F
balaclava

visière^F
peak

bonnet^M pompon^M; *tuque^F*
stocking cap

bonnet^M
knit cap

bob^M
gob hat

calotte^F
crown

capeline^F
cartwheel hat

bord^M
brim

VÊTEMENTS^M DE FEMME^F
WOMEN'S CLOTHING

TYPES^M DE MANTEAUX^M
TYPES OF COATS

caban^M
pea jacket

col^M tailleur^M
tailored collar

poche^F repose-bras^M
hand warmer pocket

fausse poche^F
mock pocket

paletot^M
car coat

raglan^M
raglan

manche^F raglan
raglan sleeve

boutonnage^M sous patte^F
fly front closing

poche^F raglan
broad welt side pocket

martingale^F
back belt

pèlerine^F
pelerine

pèlerine^F
pelerine

poche^F prise dans une couture^F
seam pocket

**VÊTEMENTS
CLOTHING**

330

cape^F
cape

manteau^M
overcoat

redingote^F
top coat

passe-bras^M
arm slit

poncho^M
poncho

tailleur^M
suit

veste^F
jacket

veste^F
jacket

jupe^F
skirt

VÊTEMENTS^M DE FEMME^F
WOMEN'S CLOTHING

TYPES^M DE ROBES^F
TYPES OF DRESSES

robe^F-manteau^M
coat dress

robe^F princesse^F
princess dress

robe^F fourreau^M
sheath dress

robe^F taille^F basse
drop waist dress

robe^F trapèze^M
trapeze dress

robe^F bain^M-de-soleil^M
sundress

VÊTEMENTS
CLOTHING

robe^F-polo^M
polo dress

robe^F de maison^F
house dress

robe^F chemisier^M
shirtwaist dress

chasuble^F
jumper; *pinafore*

robe^F enveloppe^F
wraparound dress;
wrap-over dress

robe^F tunique^F
tunic dress

TYPES^M DE JUPES^F
TYPES OF SKIRTS

jupe^F à empiècement^M
yoke skirt

jupe^F à lés^M
gored skirt

jupe^F fourreau^M
sheath skirt

jupe^F à volants^M étagés
ruffled skirt

paréo^M
sarong

jupe^F portefeuille^M
wraparound skirt; *wrap-over skirt*

jupe^F droite
straight skirt

jupe^F-culotte^F
culotte

VÊTEMENTS
CLOTHING

334

kilt[M]
kilt

jupe[F] froncée
gather skirt

pli[M] creux
inverted pleat

pli[M] d'aisance[F]
kick pleat

plissé[M] accordéon[M]
accordion pleat

pli[M] plat
knife pleat

pli[M] surpiqué
top stitched pleat

TYPES^M DE PANTALONS^M
TYPES OF PANTS;
TYPES OF TROUSERS

jean^M
jeans

bermuda^M
Bermuda shorts

short^M
shorts

fuseau^M
ski pants

corsaire^M
pedal pushers

knicker^M
knickers

sous-pied^M
footstrap

combinaison^F-pantalon^M
jumpsuit

salopette^F
overalls

pantalon^M pattes^F d'éléphant^M
bell bottoms

VÊTEMENTS
CLOTHING

336

chemisier^M classique
classic blouse

marinière^F
middy; *sailor tunic*

polo^M
polo shirt; *T-shirt*

tablier^M-blouse^F
smock;
button-through smock

empiècement^M
yoke

fronce^F
gather

tunique^F
tunic; *smock*

cache-cœur^M
wrap-over top

liquette^F
mini shirtdress; *overshirt*

corsage^M-culotte^F
body shirt

casaque^F
over-blouse; *tunic*

pan^M
shirttail

patte^F d'entrejambe^M
crotch piece

VÊTEMENTS
CLOTHING

337

VESTES^F ET PULLS^M
JACKES, VEST AND SWEATERS;
WAISTCOATS AND PULLOVERS

saharienne^F
safari jacket

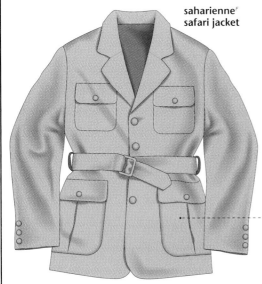

blazer^M
blazer

poche^F soufflet^M
gusset pocket

boléro^M
bolero

spencer^M
spencer

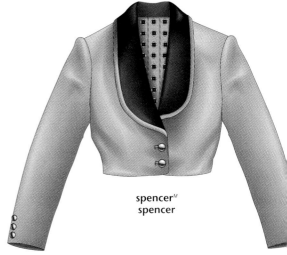

gilet^M
vest; *waistcoat*

tandem^M
twin-set

col^M roulé
turtleneck

gilet^M de laine^F
V-neck cardigan

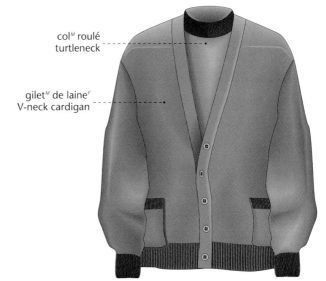

poche^F prise dans une
découpe^F
inset pocket

poche^F prise dans une
couture^F
seam pocket

poche^F raglan
broad welt side pocket

poche^F manchon^M
hand warmer pouch

poche^F soufflet^M
gusset pocket

poche^F à rabat^M
flap pocket

poche^F plaquée
patch pocket

poche^F passepoilée
welt pocket

**VÊTEMENTS
CLOTHING**

TYPES^M DE MANCHES^F
TYPES OF SLEEVES

poignet^M mousquetaire^M
French cuff

patte^F capucin^M
pointed tab end

bouton^M de manchette^F
cuff link

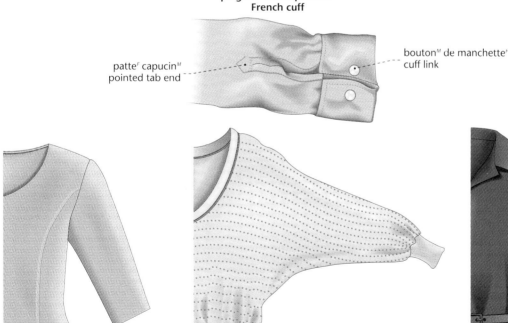

manche^F trois-quarts
three-quarter sleeve

manche^F chauve-souris^F
batwing sleeve

mancheron^M
cap sleeve

TYPES^M DE MANCHES^F
TYPES OF SLEEVES

manche^F bouffante
bishop sleeve

manche^F gigot^M
leg-of-mutton sleeve

manche^F ballon^M
puff sleeve

manche^F tailleur^M
tailored sleeve

manche^F marteau^M
epaulet sleeve

manche^F kimono^M
kimono sleeve

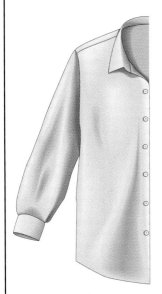

manche^F chemisier^M
shirt sleeve

manche^F raglan
raglan sleeve

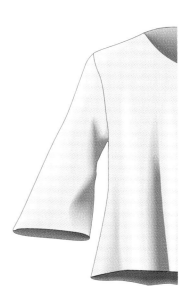

manche^F pagode^F
pagoda sleeve

montant^M
stand

chute^F
roll

tombant^M
fall

pointe^F
collar point

cassure^F
break line

cran^M
notch

revers^M
lapel

bord^M de pli^M
leading edge

TYPES^M DE COLS^M
TYPES OF COLLARS

col^M chemisier^M
shirt collar

col^M tailleur^M
tailored collar

col^M banane^F
dog ear collar

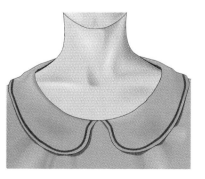

col^M Claudine
Peter Pan collar

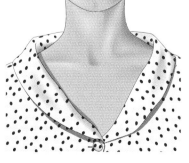

col^M châle^M
shawl collar

collerette^F
collaret

TYPES^M DE COLS^M
TYPES OF COLLARS

col^M berthe^F
bertha collar

col^M cravate^F
bow collar

col^M marin^M
sailor collar

col^M chinois
mandarin collar

jabot^M
jabot

col^M officier^M
stand-up collar

col^M polo^M
polo collar

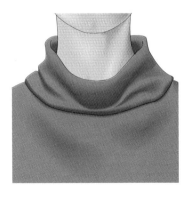

col^M cagoule^F
cowl neck

col^M roulé
turtleneck

décolleté*M* plongeant
plunging neckline

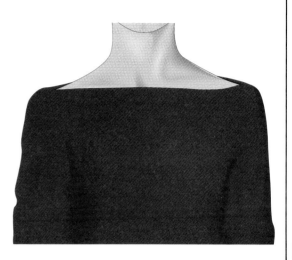

encolure*F* bateau*M*
bateau neck

décolleté*M* carré
square neck

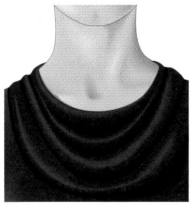

encolure*F* drapée
draped neck

encolure*F* ras-de-cou*M*
round neck

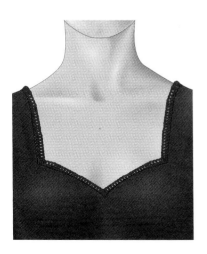

décolleté*M* en cœur*M*
sweetheart neckline

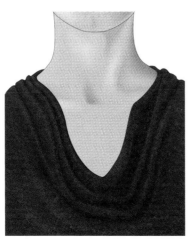

décolleté*M* drapé
draped neckline

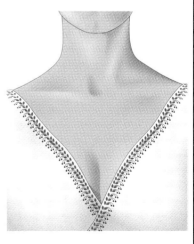

décolleté*M* en V
V-shaped neck

**VÊTEMENTS
CLOTHING**

343

VÊTEMENTS^M DE FEMME^F
WOMEN'S CLOTHING

BAS^M
HOSE

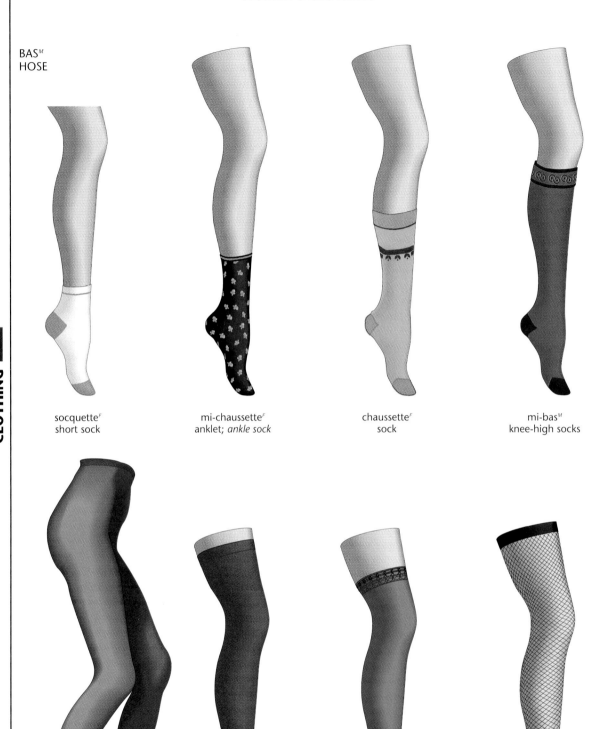

socquette^F
short sock

mi-chaussette^F
anklet; *ankle sock*

chaussette^F
sock

mi-bas^M
knee-high socks

collant^M
panty hose; *tights*

bas^M
hose; *stocking*

bas^M-cuissarde^F
thigh-high stocking

bas^M résille^F
net stocking; *fishnet tights*

VÊTEMENTS
CLOTHING

344

body^M; *combiné-slip*^M
body suit

teddy^M; *combinaison*^F-culotte^F
teddy

caraco^M; *camisole*^F
camisole

fond^M de robe^F
foundation slip

combinaison^F-jupon^M
slip

découpe^F princesse^F
princess seaming

jupon^M
half-slip

SOUS-VÊTEMENTS^M
UNDERWEAR

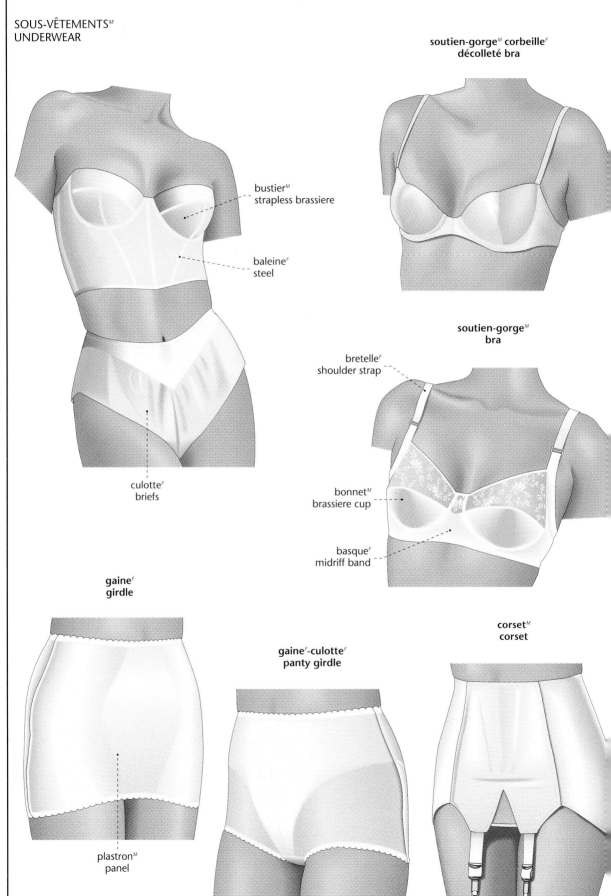

bustier^M
strapless brassiere

baleine^F
steel

culotte^F
briefs

soutien-gorge^M corbeille^F
décolleté bra

soutien-gorge^M
bra

bretelle^F
shoulder strap

bonnet^M
brassiere cup

basque^F
midriff band

gaine^F
girdle

gaine^F-culotte^F
panty girdle

corset^M
corset

plastron^M
panel

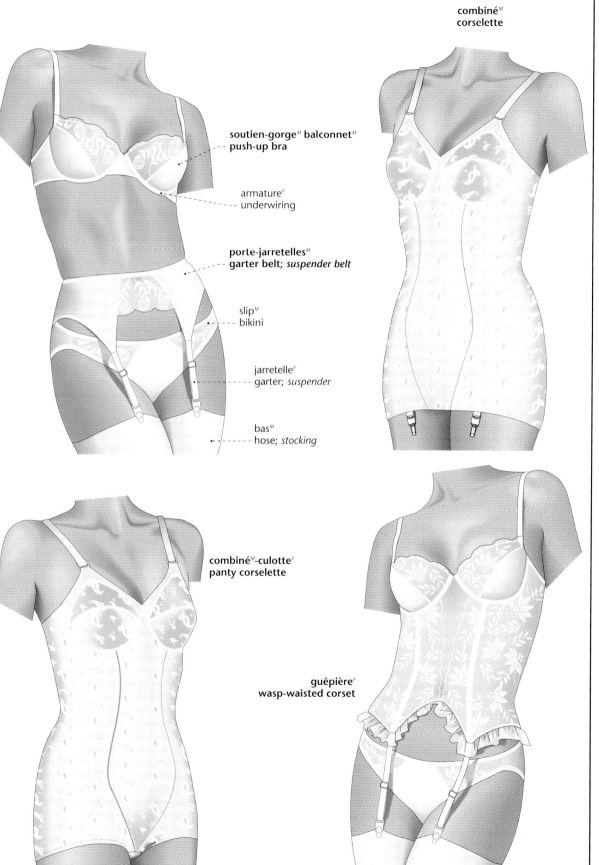

combiné^M
corselette

soutien-gorge^M balconnet^M
push-up bra

armature^F
underwiring

porte-jarretelles^M
garter belt; *suspender belt*

slip^M
bikini

jarretelle^F
garter; *suspender*

bas^M
hose; *stocking*

combiné^M-culotte^F
panty corselette

guêpière^F
wasp-waisted corset

VÊTEMENTS^M DE NUIT^F
NIGHTWEAR

chemise^F de nuit^F
nightgown

nuisette^F
baby doll

kimono^M
kimono

pyjama^M
pajamas; *pyjamas*

déshabillé^M
negligee

peignoir^M
bathrobe

**VÊTEMENTS
CLOTHING**

VÊTEMENTS^M D'ENFANT^M
CHILDREN'S CLOTHING

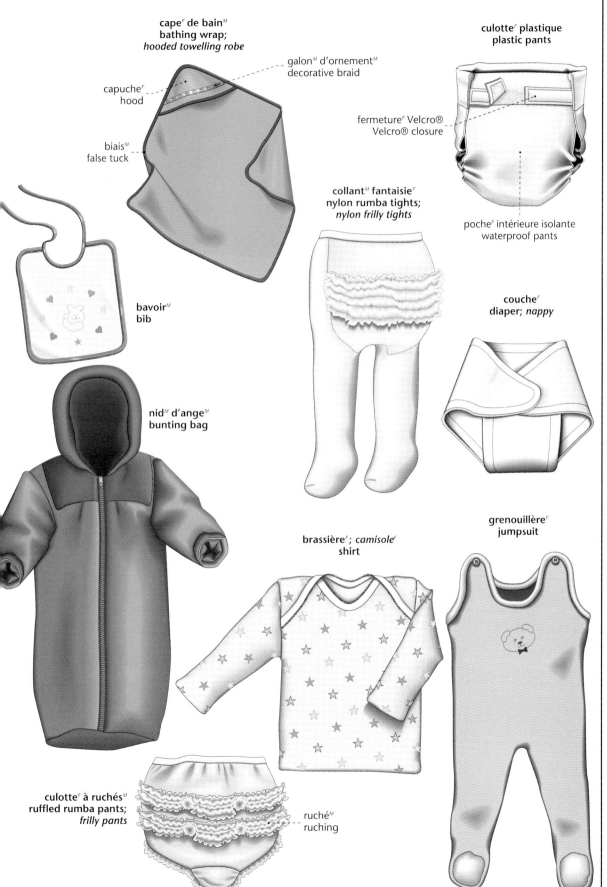

cape^F de bain^M
bathing wrap;
hooded towelling robe

galon^M d'ornement^M
decorative braid

capuche^F
hood

biais^M
false tuck

culotte^F plastique
plastic pants

fermeture^F Velcro®
Velcro® closure

poche^F intérieure isolante
waterproof pants

collant^M fantaisie^F
nylon rumba tights;
nylon frilly tights

bavoir^M
bib

couche^F
diaper; *nappy*

nid^M d'ange^M
bunting bag

grenouillère^F
jumpsuit

brassière^F; *camisole^F*
shirt

culotte^F à ruchés^M
ruffled rumba pants;
frilly pants

ruché^M
ruching

dormeuse^F-couverture^F
blanket sleepers; *sleepsuit*

combinaison^F de nuit^F;
dormeuse^F
sleepers; *sleeping-suit*

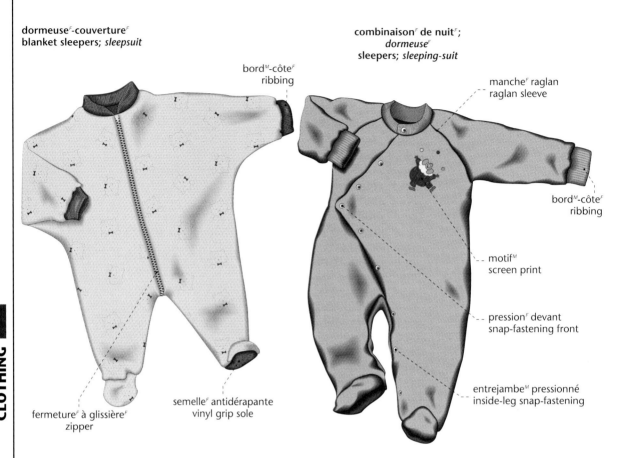

bord^M-côte^F
ribbing

manche^F raglan
raglan sleeve

bord^M-côte^F
ribbing

motif^M
screen print

pression^F devant
snap-fastening front

entrejambe^M pressionné
inside-leg snap-fastening

fermeture^F à glissière^F
zipper

semelle^F antidérapante
vinyl grip sole

salopette^F à dos^M montant
high-back overalls

dormeuse^F de croissance^F
grow sleepers; *babygro*

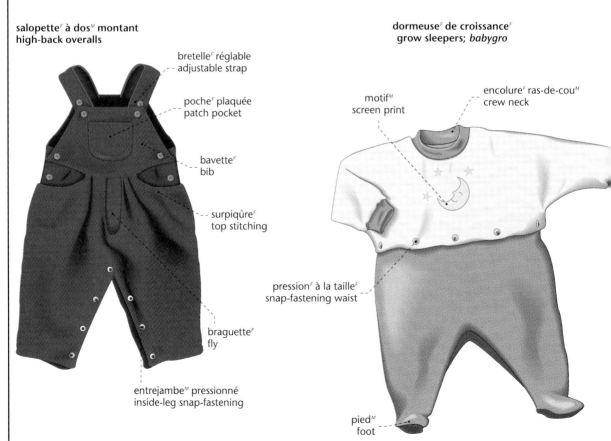

bretelle^F réglable
adjustable strap

poche^F plaquée
patch pocket

bavette^F
bib

surpiqûre^F
top stitching

braguette^F
fly

entrejambe^M pressionné
inside-leg snap-fastening

motif^M
screen print

encolure^F ras-de-cou^M
crew neck

pression^F à la taille^F
snap-fastening waist

pied^M
foot

tenue^F d'exercice^M
training set

salopette^F à bretelles^F croisées
crossover back straps overalls

polojama^M
polojama

bretelle^F boutonnée
button strap

bavette^F
bib

débardeur^M
tank top

short^M
shorts

esquimau^M
snowsuit

capuche^L coulissée
drawstring hood

fermeture^F sous patte^F
fly front closing

barboteuse^F
rompers

combinaison^F
jumpsuit

robe^F tee-shirt^M
T-shirt dress

CHAUSSURE^F DE SPORT^M
RUNNING SHOE

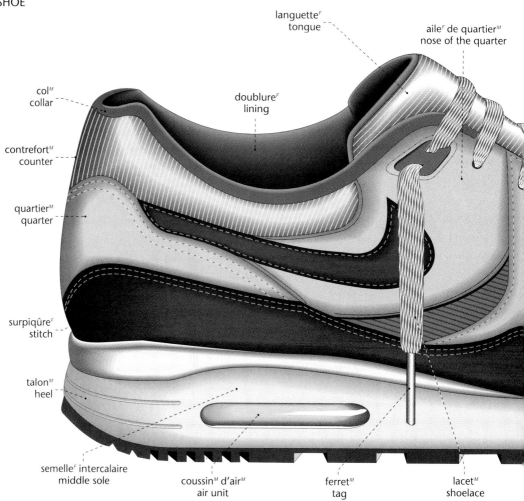

languette^F
tongue

aile^F de quartier^M
nose of the quarter

col^M
collar

doublure^F
lining

contrefort^M
counter

quartier^M
quarter

surpiqûre^F
stitch

talon^M
heel

semelle^F intercalaire
middle sole

coussin^M d'air^M
air unit

ferret^M
tag

lacet^M
shoelace

SURVÊTEMENT^M
TRAINING SUIT

pull^M à capuche^F
hooded sweat shirt

pantalon^M molleton^M
sweat pants; *sweat trousers*

pull^M d'entraînement^M
sweat shirt

slip^M de bain^M
swimming trunks

maillot^M de bain^M
swimsuit

œillet^M
eyelet

claque^F
vamp

perforation^F
punch hole

justaucorps^M
leotard

collant^M sans pied^M
footless tights

crampon^M
stud

semelle^F d'usure^F
outsole

short^M boxeur^M
boxer shorts

jambière^F
leg-warmer

pantalon^M
pants; *trousers*

anorak^M
anorak

débardeur^M
tank top

VÊTEMENTS
CLOTHING

353

PARTIES^F D'UNE
CHAUSSURE^F
PARTS OF A SHOE

doublure^F
lining

languette^F
tongue

revers^M
cuff

lacet^M
shoelace

glissoir^M
heel grip

quartier^M
quarter

talonnette^F de dessus^M
outside counter

talon^M
heel

bonbout^M
top lift

cambrure^F
waist

aile^F de quartier^M
nose of the quarter

ferret^M
tag

œillet^M
eyelet

garant^M
eyelet tab

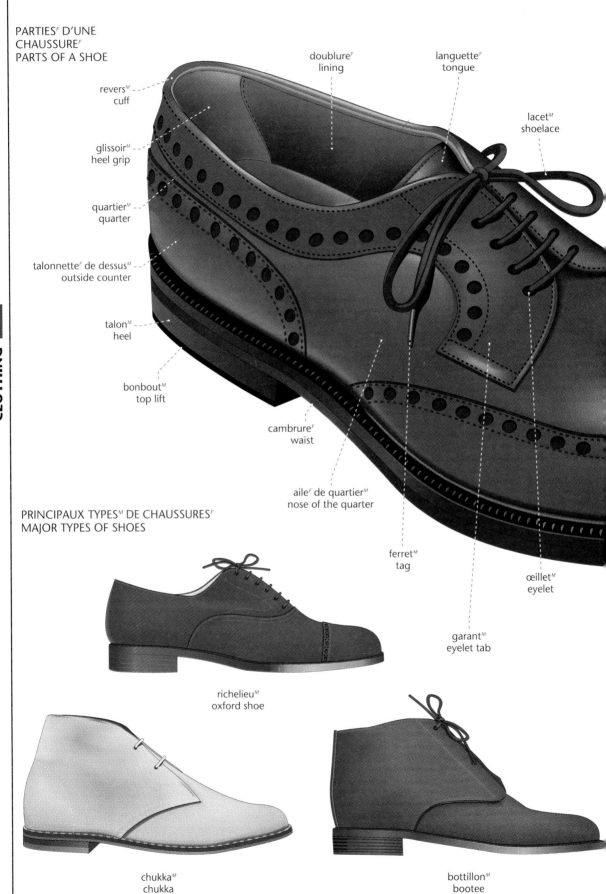

PRINCIPAUX TYPES^M DE CHAUSSURES^F
MAJOR TYPES OF SHOES

richelieu^M
oxford shoe

chukka^M
chukka

bottillon^M
bootee

tennis^M
tennis shoe

derby^M
blucher oxford; *lace-up*

claque^F
vamp

surpiqûre^F
stitch

mocassin^M
moccasin

perforation^F
punch hole

bout^M fleuri
perforated toe cap

trépointe^F
welt

semelle^F d'usure^F
outsole

loafer^M; *flâneur^M*
loafer; *slip-on*

mule^F
mule

brodequin^M
heavy duty boot

claque^F
rubber; *galosh*

**VÊTEMENTS
CLOTHING**

355

PRINCIPAUX TYPES^M DE CHAUSSURES^F
MAJOR TYPES OF SHOES

escarpin^M-sandale^F
sling back shoe

escarpin^M
pump; *court*

sandale^F
sandal; *ankle-strap*

salomé^M
T-strap shoe

Charles IX^M
one-bar shoe

ballerine^F
ballerina; *pump*

trotteur^M
casual shoe

botte^F
boot

VÊTEMENTS
CLOTHING

356

nu-pied^M
sandal; *toe-strap*

tong^M
thong; *flip-flop*

bottine^F
ankle boot

socque^M
clog

espadrille^F
espadrille

cuissarde^F
thigh-boot

sandalette^F
sandal

ACCESSOIRES^M
ACCESSORIES

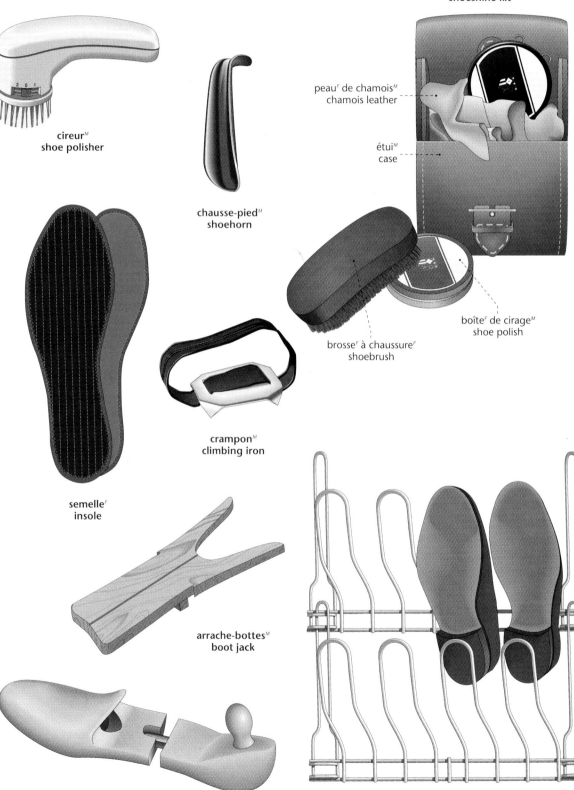

nécessaire^M à chaussures^F
shoeshine kit

cireur^M
shoe polisher

peau^F de chamois^M
chamois leather

étui^M
case

chausse-pied^M
shoehorn

boîte^F de cirage^M
shoe polish

brosse^F à chaussure^F
shoebrush

crampon^M
climbing iron

semelle^F
insole

arrache-bottes^M
boot jack

embauchoir^M
shoetree

porte-chaussures^M
shoe rack

**VÊTEMENTS
CLOTHING**

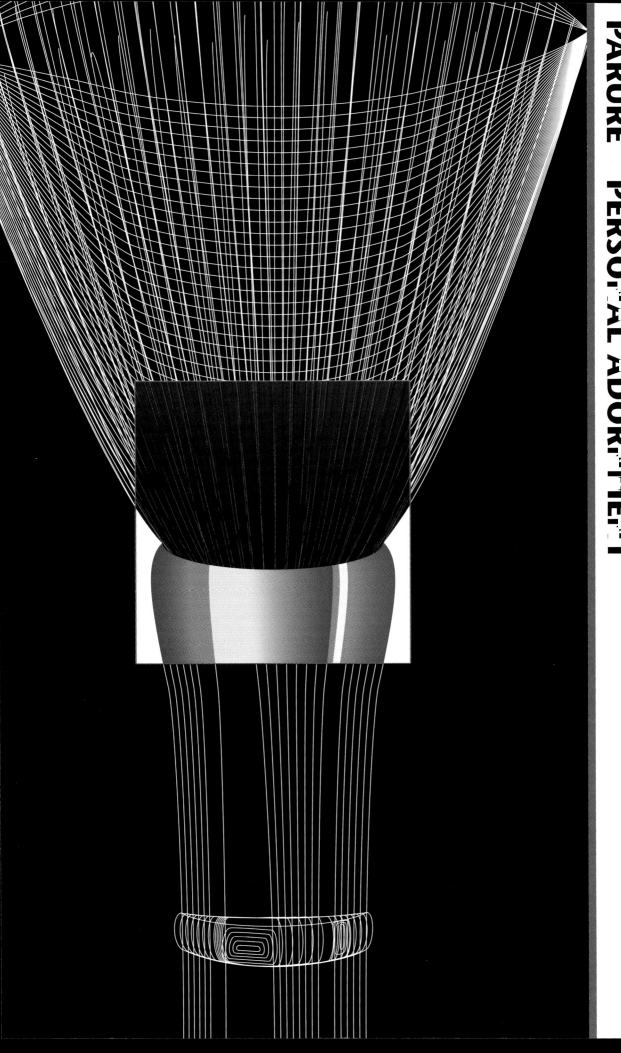

SOMMAIRE

BIJOUTERIE...361

MANUCURE 365

MAQUILLAGE...366

COIFFURE...368

BIJOUTERIE^F
JEWELRY; *JEWELLERY*

BOUCLES^F D'OREILLE^F
EARRINGS

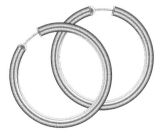

pendants^M d'oreille^F
drop earrings

anneaux^M
hoop earrings

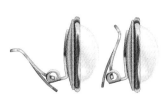

boucles^F d'oreille^F à pince^F
clip earrings

boucles^F d'oreille^F à tige^F
pierced earrings

boucles^F d'oreille^F à vis^F
screw earrings

COLLIERS^M
NECKLACES

pendentif^M
pendant

médaillon^M
locket

collier^M de perles^F, longueur^F
matinée^F
matinee-length necklace

collier^M-de-chien^M
velvet-band choker

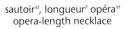

sautoir^M, longueur^F opéra^M
opera-length necklace

sautoir^M
rope

ras-de-cou^M
choker

collier^M de soirée^F
bib necklace

TAILLE^F DES PIERRES^F
CUT FOR GEMSTONES

taille^F marquise^F
navette cut

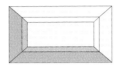

taille^F baguette^F
baguette cut

taille^F ovale
oval cut

taille^F française
French cut

taille^F en poire^F
pear-shaped cut

taille^F en goutte^F
briolette cut

taille^F en table^F
table cut

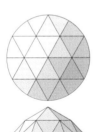

taille^F en rose^F
rose cut

taille^F cabochon^M
cabochon cut

taille^F en escalier^M
step cut

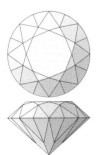

taille^F brillant^M
brilliant full cut

taille^F huit facettes^F
eight cut

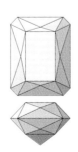

taille^F en ciseaux^M
scissors cut

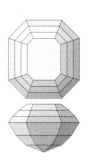

taille^F émeraude^F
emerald cut

FACE^F INFÉRIEURE
BOTTOM FACE

pavillon^M (8)
pavilion facet (8)

colette^F
culet

halefis^M de culasse^F (16)
lower girdle facet (16)

TAILLE^F D'UN DIAMANT^M
BRILLIANT CUT FACETS

FACE^F SUPÉRIEURE
TOP FACE

étoile^F (8)
star facet (8)

table^F
table

bezel^M (8)
bezel facet (8)

halefis^M de table^F (16)
upper girdle facet (16)

PROFIL^M
SIDE FACE

table^F
table

rondiste^M
girdle

colette^F
culet

couronne^F de table^F
crown

culasse^F
pavilion

PIERRES^F PRÉCIEUSES
PRECIOUS STONES

émeraude^F
emerald

rubis^M
ruby

saphir^M
sapphire

diamant^M
diamond

PIERRES^F FINES
SEMIPRECIOUS STONES

améthyste^F
amethyst

grenat^M
garnet

topaze^F
topaz

aigue-marine^F
aquamarine

tourmaline^F
tourmaline

opale^F
opal

turquoise^F
turquoise

lapis-lazuli^M
lapis lazuli

BIJOUTERIE^F
JEWELRY; *JEWELLERY*

BAGUES^F
RINGS

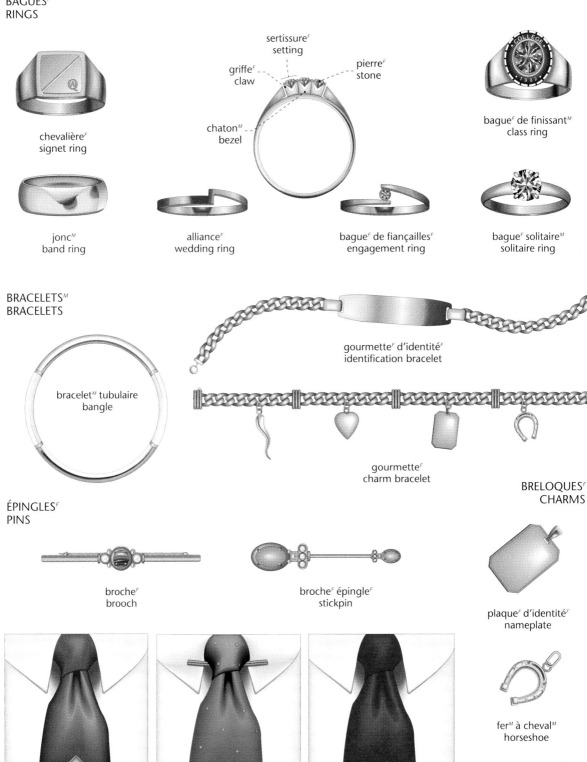

sertissure^F
setting

griffe^F
claw

pierre^F
stone

chaton^M
bezel

chevalière^F
signet ring

bague^F de finissant^M
class ring

jonc^M
band ring

alliance^F
wedding ring

bague^F de fiançailles^F
engagement ring

bague^F solitaire^M
solitaire ring

BRACELETS^M
BRACELETS

bracelet^M tubulaire
bangle

gourmette^F d'identité^F
identification bracelet

gourmette^F
charm bracelet

BRELOQUES^F
CHARMS

ÉPINGLES^F
PINS

broche^F
brooch

broche^F épingle^F
stickpin

plaque^F d'identité^F
nameplate

fer^M à cheval^M
horseshoe

épingle^F à cravate^F
tiepin

tige^F pour col^M
collar bar

pince^F à cravate^F
tie bar

corne^F
horn

MANUCURE^F
MANICURE

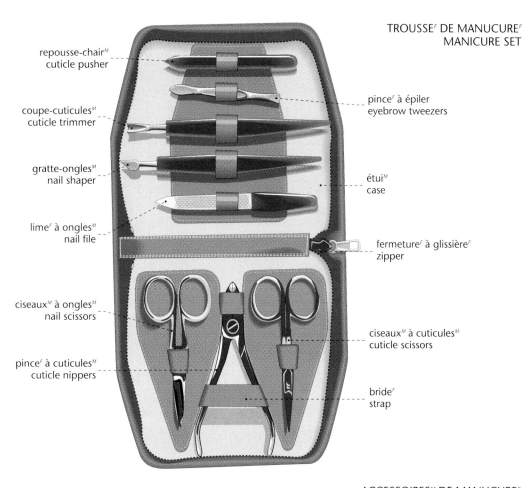

TROUSSE^F DE MANUCURE^F
MANICURE SET

repousse-chair^M
cuticle pusher

pince^F à épiler
eyebrow tweezers

coupe-cuticules^M
cuticle trimmer

gratte-ongles^M
nail shaper

étui^M
case

lime^F à ongles^M
nail file

fermeture^F à glissière^F
zipper

ciseaux^M à ongles^M
nail scissors

ciseaux^M à cuticules^M
cuticle scissors

pince^F à cuticules^M
cuticle nippers

bride^F
strap

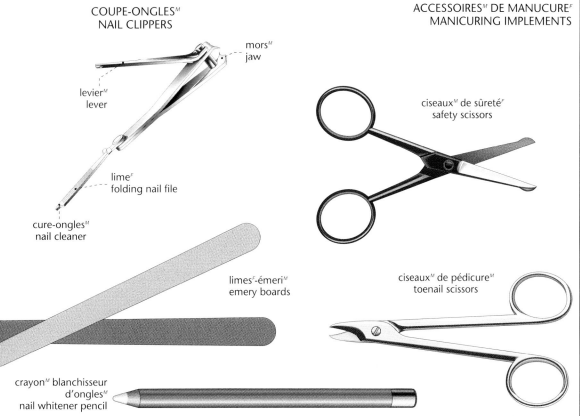

COUPE-ONGLES^M
NAIL CLIPPERS

mors^M
jaw

levier^M
lever

lime^F
folding nail file

cure-ongles^M
nail cleaner

limes^F-émeri^M
emery boards

crayon^M blanchisseur
d'ongles^M
nail whitener pencil

ACCESSOIRES^M DE MANUCURE^F
MANICURING IMPLEMENTS

ciseaux^M de sûreté^F
safety scissors

ciseaux^M de pédicure^M
toenail scissors

MAQUILLAGE^M
FACIAL MAKEUP; *MAKE-UP*

pinceau^M éventail^M
fan brush

poudre^F libre
loose powder

fond^M de teint^M liquide
liquid foundation

pinceau^M pour poudre^F libre
loose powder brush

houpette^F
powder puff

pinceau^M pour fard^M à joues^F
blusher brush

poudrier^M
compact

**poudre^F pressée
pressed powder**

**fard^M à joues^F en poudre^F
powder blusher**

MAQUILLAGE^M DES LÈVRES^F
LIP MAKEUP; *LIP MAKE-UP*

pinceau^M à lèvres^F
lipbrush

rouge^M à lèvres^F
lipstick

crayon^M contour^M des lèvres^F
lipliner

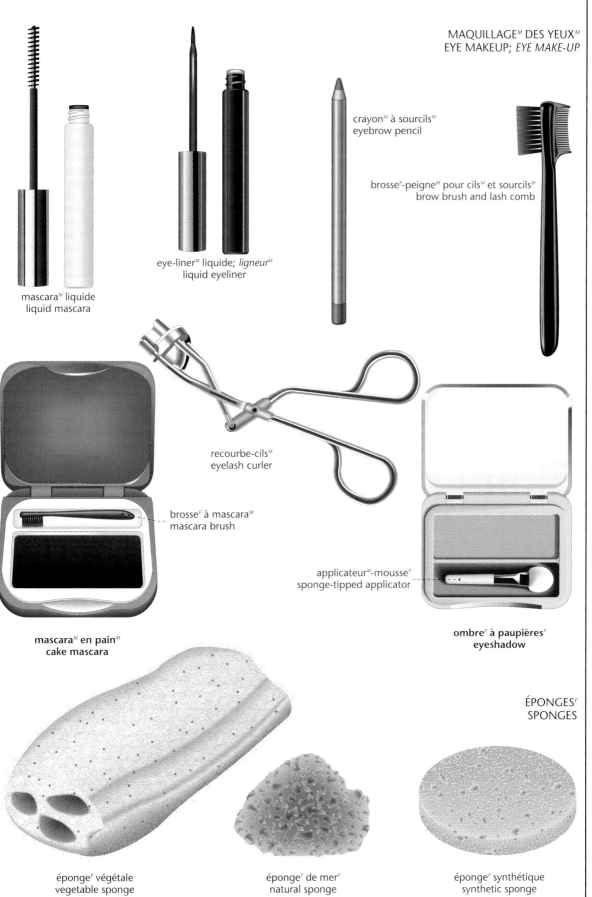

crayon^M à sourcils^M
eyebrow pencil

brosse^F-peigne^M pour cils^M et sourcils^M
brow brush and lash comb

eye-liner^M liquide; *ligneur^M*
liquid eyeliner

mascara^M liquide
liquid mascara

recourbe-cils^M
eyelash curler

brosse^F à mascara^M
mascara brush

applicateur^M-mousse^F
sponge-tipped applicator

mascara^M en pain^M
cake mascara

ombre^F à paupières^F
eyeshadow

ÉPONGES^F
SPONGES

éponge^F végétale
vegetable sponge

éponge^F de mer^F
natural sponge

éponge^F synthétique
synthetic sponge

PARURE
PERSONAL ADORNMENT

367

COIFFURE^F
HAIRDRESSING

MIROIR^M LUMINEUX
LIGHTED MIRROR

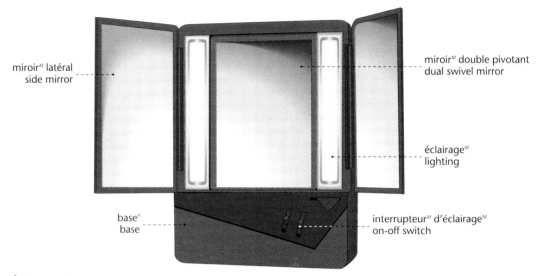

miroir^M latéral
side mirror

miroir^M double pivotant
dual swivel mirror

éclairage^M
lighting

base^F
base

interrupteur^M d'éclairage^M
on-off switch

BROSSES^F À CHEVEUX^M
HAIRBRUSHES

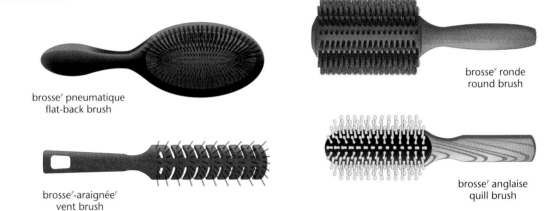

brosse^F pneumatique
flat-back brush

brosse^F ronde
round brush

brosse^F-araignée^F
vent brush

brosse^F anglaise
quill brush

PEIGNES^M
COMBS

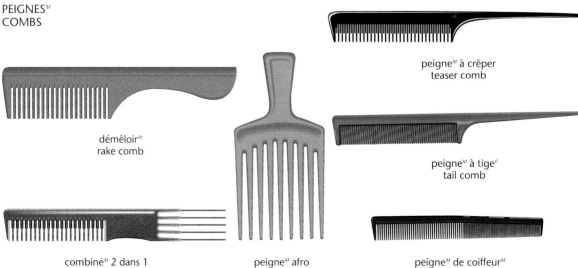

démêloir^M
rake comb

peigne^M à crêper
teaser comb

peigne^M à tige^F
tail comb

combiné^M 2 dans 1
pitchfork comb

peigne^M afro
Afro pick

peigne^M de coiffeur^M
barber comb

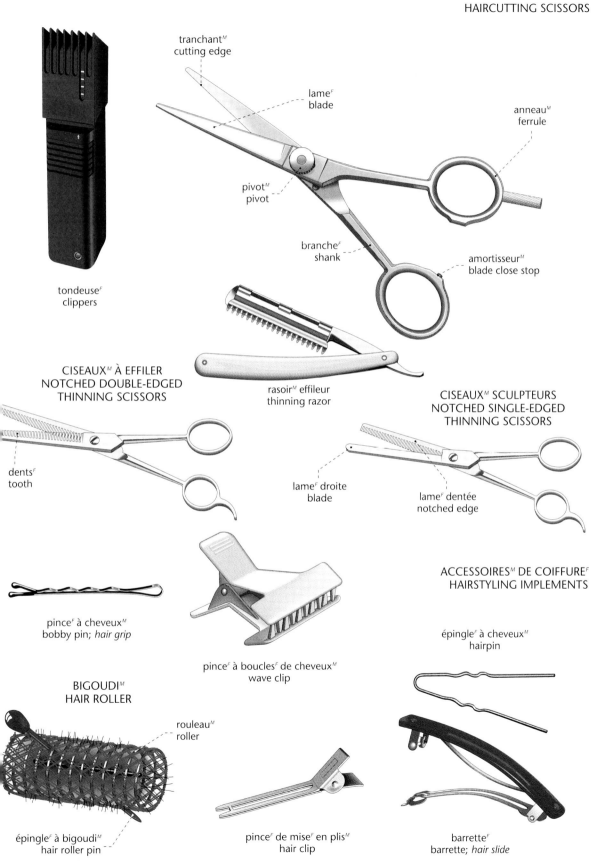

CISEAUX^M DE COIFFEUR^M
HAIRCUTTING SCISSORS

tranchant^M
cutting edge

lame^F
blade

anneau^M
ferrule

pivot^M
pivot

branche^F
shank

amortisseur^M
blade close stop

tondeuse^F
clippers

rasoir^M effileur
thinning razor

CISEAUX^M À EFFILER
NOTCHED DOUBLE-EDGED
THINNING SCISSORS

dents^F
tooth

CISEAUX^M SCULPTEURS
NOTCHED SINGLE-EDGED
THINNING SCISSORS

lame^F droite
blade

lame^F dentée
notched edge

pince^F à cheveux^M
bobby pin; *hair grip*

pince^F à boucles^F de cheveux^M
wave clip

ACCESSOIRES^M DE COIFFURE^F
HAIRSTYLING IMPLEMENTS

épingle^F à cheveux^M
hairpin

BIGOUDI^M
HAIR ROLLER

rouleau^M
roller

épingle^F à bigoudi^M
hair roller pin

pince^F de mise^F en plis^M
hair clip

barrette^F
barrette; *hair slide*

369

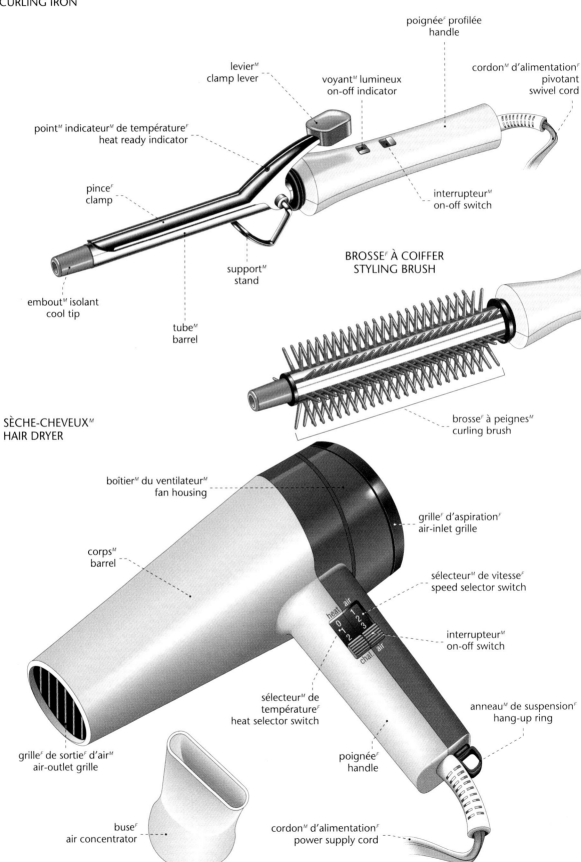

FER^M À FRISER
CURLING IRON

poignée^F profilée
handle

levier^M
clamp lever

voyant^M lumineux
on-off indicator

cordon^M d'alimentation^F
pivotant
swivel cord

point^M indicateur^M de température^F
heat ready indicator

pince^F
clamp

interrupteur^M
on-off switch

BROSSE^F À COIFFER
STYLING BRUSH

support^M
stand

embout^M isolant
cool tip

tube^M
barrel

brosse^F à peignes^M
curling brush

SÈCHE-CHEVEUX^M
HAIR DRYER

boîtier^M du ventilateur^M
fan housing

grille^F d'aspiration^F
air-inlet grille

corps^M
barrel

sélecteur^M de vitesse^F
speed selector switch

interrupteur^M
on-off switch

sélecteur^M de
température^F
heat selector switch

anneau^M de suspension^F
hang-up ring

grille^F de sortie^F d'air^M
air-outlet grille

poignée^F
handle

buse^F
air concentrator

cordon^M d'alimentation^F
power supply cord

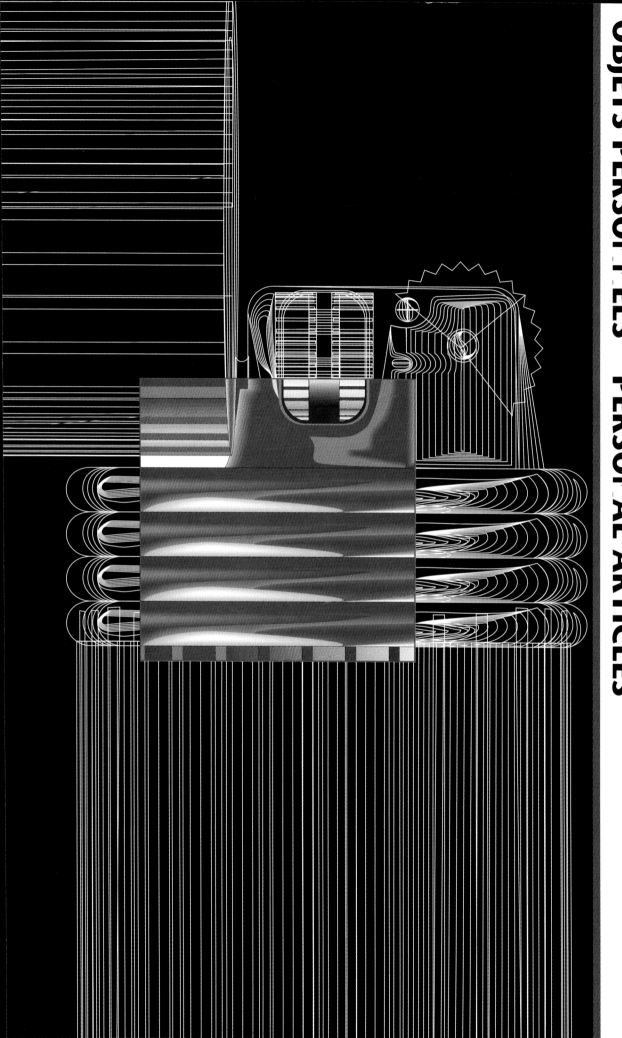

OBJETS PERSONNELS   PERSONAL ARTICLES

SOMMAIRE

HYGIÈNE DENTAIRE 373

RASOIRS 374

PARAPLUIE ET CANNE 375

LUNETTES 376

ARTICLES DE MAROQUINERIE 378

SACS À MAIN 380

BAGAGES 382

ARTICLES DE FUMEUR 384

OBJETS PERSONNELS
PERSONAL ARTICLES

HYGIÈNE^F DENTAIRE
DENTAL CARE

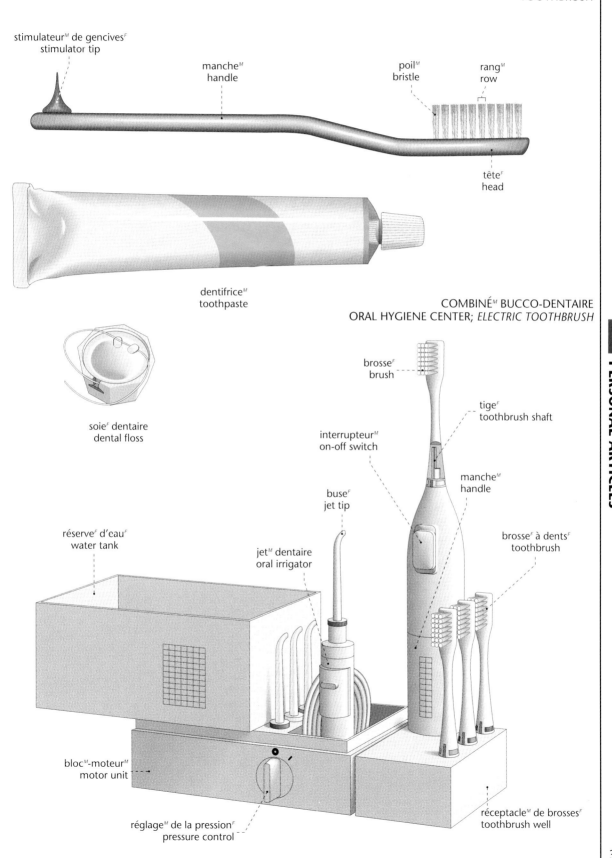

BROSSE^F À DENTS^F
TOOTHBRUSH

stimulateur^M de gencives^F
stimulator tip

manche^M
handle

poil^M
bristle

rang^M
row

tête^F
head

dentifrice^M
toothpaste

soie^F dentaire
dental floss

COMBINÉ^M BUCCO-DENTAIRE
ORAL HYGIENE CENTER; *ELECTRIC TOOTHBRUSH*

brosse^F
brush

tige^F
toothbrush shaft

interrupteur^M
on-off switch

manche^M
handle

buse^F
jet tip

réserve^F d'eau^F
water tank

jet^M dentaire
oral irrigator

brosse^F à dents^F
toothbrush

bloc^M-moteur^M
motor unit

réglage^M de la pression^F
pressure control

réceptacle^M de brosses^F
toothbrush well

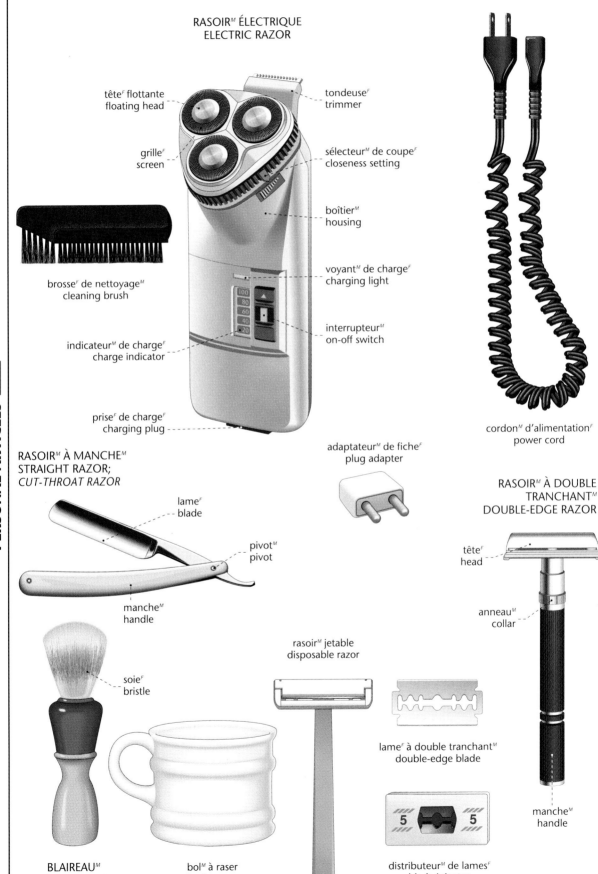

RASOIR^M ÉLECTRIQUE
ELECTRIC RAZOR

tête^F flottante
floating head

tondeuse^F
trimmer

grille^F
screen

sélecteur^M de coupe^F
closeness setting

boîtier^M
housing

voyant^M de charge^F
charging light

brosse^F de nettoyage^M
cleaning brush

interrupteur^M
on-off switch

indicateur^M de charge^F
charge indicator

prise^F de charge^F
charging plug

cordon^M d'alimentation^F
power cord

adaptateur^M de fiche^F
plug adapter

RASOIR^M À MANCHE^M
STRAIGHT RAZOR;
CUT-THROAT RAZOR

lame^F
blade

pivot^M
pivot

manche^M
handle

RASOIR^M À DOUBLE
TRANCHANT^M
DOUBLE-EDGE RAZOR

tête^F
head

anneau^M
collar

soie^F
bristle

rasoir^M jetable
disposable razor

lame^F à double tranchant^M
double-edge blade

distributeur^M de lames^F
blade injector

5   5

manche^M
handle

BLAIREAU^M
SHAVING BRUSH

bol^M à raser
shaving mug

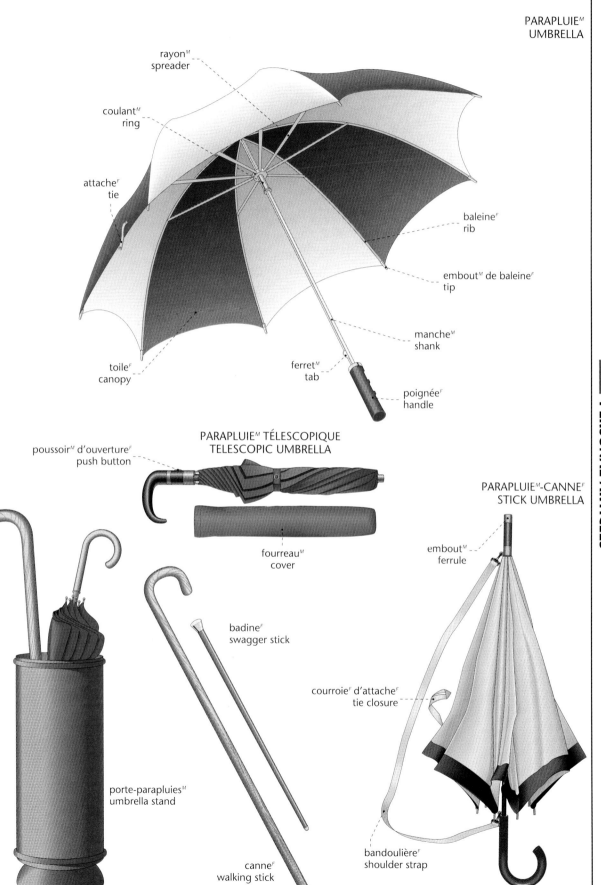

PARAPLUIE^M
UMBRELLA

rayon^M
spreader

coulant^M
ring

attache^F
tie

baleine^F
rib

embout^M de baleine^F
tip

manche^M
shank

toile^F
canopy

ferret^M
tab

poignée^F
handle

PARAPLUIE^M TÉLESCOPIQUE
TELESCOPIC UMBRELLA

poussoir^M d'ouverture^F
push button

PARAPLUIE^M-CANNE^F
STICK UMBRELLA

embout^M
ferrule

fourreau^M
cover

badine^F
swagger stick

courroie^F d'attache^F
tie closure

porte-parapluies^M
umbrella stand

canne^F
walking stick

bandoulière^F
shoulder strap

LUNETTES^F
EYEGLASSES

PARTIES*F* DES LUNETTES*F*
EYEGLASSES PARTS

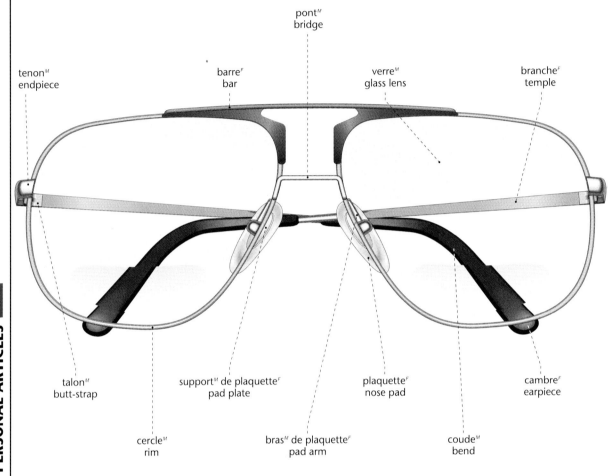

pont*M*
bridge

tenon*M*
endpiece

barre*F*
bar

verre*M*
glass lens

branche*F*
temple

talon*M*
butt-strap

support*M* de plaquette*F*
pad plate

plaquette*F*
nose pad

cambre*F*
earpiece

cercle*M*
rim

bras*M* de plaquette*F*
pad arm

coude*M*
bend

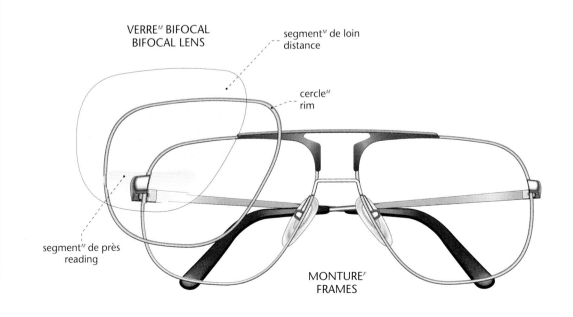

VERRE*M* BIFOCAL
BIFOCAL LENS

segment*M* de loin
distance

cercle*M*
rim

segment*M* de près
reading

MONTURE*F*
FRAMES

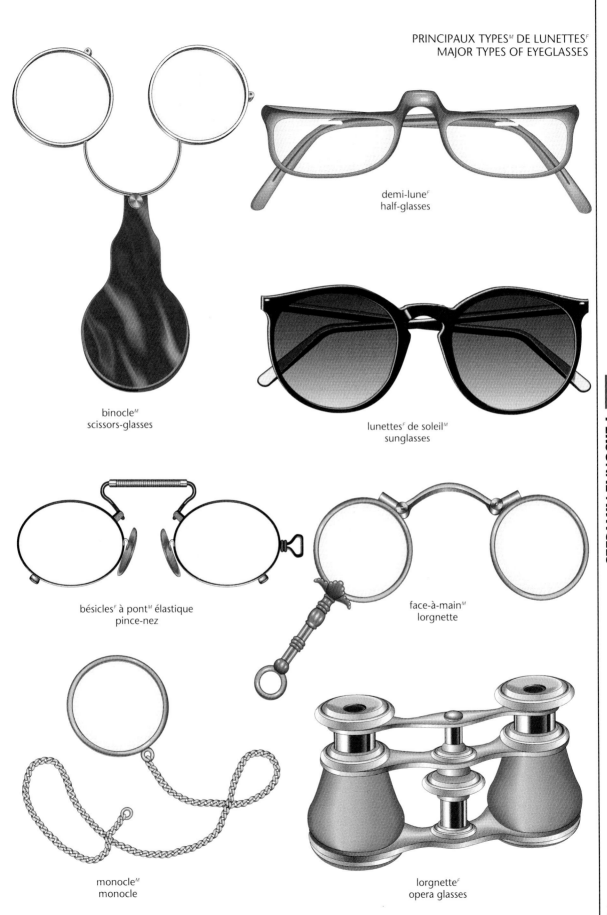

demi-lune^F
half-glasses

binocle^M
scissors-glasses

lunettes^F de soleil^M
sunglasses

bésicles^F à pont^M élastique
pince-nez

face-à-main^M
lorgnette

monocle^M
monocle

lorgnette^F
opera glasses

377

ARTICLES^M DE MAROQUINERIE^F
LEATHER GOODS

MALLETTE^F PORTE-DOCUMENTS^M
ATTACHÉ CASE

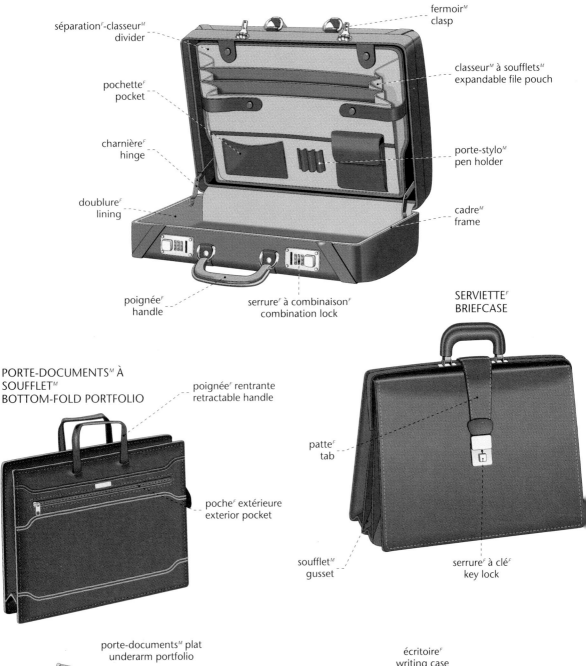

séparation^F-classeur^M
divider

fermoir^M
clasp

pochette^F
pocket

classeur^M à soufflets^M
expandable file pouch

charnière^F
hinge

porte-stylo^M
pen holder

doublure^F
lining

cadre^M
frame

poignée^F
handle

serrure^F à combinaison^F
combination lock

PORTE-DOCUMENTS^M À
SOUFFLET^M
BOTTOM-FOLD PORTFOLIO

SERVIETTE^F
BRIEFCASE

poignée^F rentrante
retractable handle

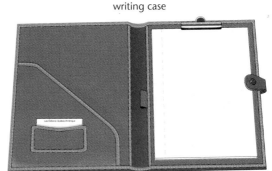

poche^F extérieure
exterior pocket

patte^F
tab

soufflet^M
gusset

serrure^F à clé^F
key lock

porte-documents^M plat
underarm portfolio

écritoire^F
writing case

étui^M à lunettes^F
eyeglasses case

PORTEFEUILLE^M **CHÉQUIER**^M
CHECKBOOK/SECRETARY CLUTCH;
CALCULATOR/CHEQUE BOOK HOLDER

grébiche^F
trimming

porte-cartes^M
card case;
credit card wallet

calculette^F
calculator

porte-stylo^M
pen holder

poche^F secrète
hidden pocket

chéquier^M
checkbook; *cheque book*

PORTE-CARTES^M
CARD CASE; *CREDIT CARD WALLET*

poche^F américaine
bill compartment; *wallet section*

porte-clés^M
key case

feuillets^M
windows

patte^F
tab

fente^F
slot

volet^M transparent
window

porte-coupures^M
billfold; *wallet*

bourse^F à monnaie^F
purse

portefeuille^M
wallet

porte-chéquier^M
checkbook; *cheque book cover*

porte-passeport^M
passport case

porte-monnaie^M
coin purse

SACS^M À MAIN^F
HANDBAGS

SACS^M À MAIN^F
HANDBAGS

pochette^F d'homme^M
men's bag

SAC^M CARTABLE^M
SATCHEL BAG

poignée^F
handle

rabat^M
flap

fermoir^M
clasp

serrure^F
lock

aumonière^F
pouch

SAC^M À BANDOULIÈRE^F
SHOULDER BAG

boucle^F
buckle

bandoulière^F
shoulder strap

SAC^M ACCORDÉON^M
ACCORDION BAG

soufflet^M
gusset

sac^M fourre-tout^M
tote bag

balluchon^M
duffel bag

sac^M besace^F
hobo bag

OBJETS PERSONNELS
PERSONAL ARTICLES

pochette^F
clutch bag

sac^M boîte^F
box bag

SAC^M SEAU^M
DRAWSTRING BAG

œillet^M
eyelet

lacet^M de serrage^M
drawstring

poche^F frontale
front pocket

sac^M marin^M
sea bag

sac^M polochon^M
duffel bag

manchon^M
muff

cabas^M
shopping bag

sac^M à provisions^F
carrier bag

BAGAGES^M
LUGGAGE

SAC^M DE VOL^M
CARRY-ON BAG; *HOLDALL*

sac^M fourre-tout^M
tote bag; *flight bag*

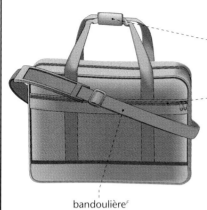

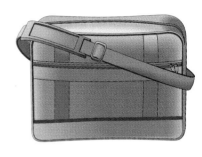

poignée^F
handle

poche^F extérieure
exterior pocket

bandoulière^F
shoulder strap

MALLETTE^F DE TOILETTE^F
VANITY CASE

miroir^M
mirror

charnière^F
hinge

HOUSSE^F À VÊTEMENTS^M
GARMENT BAG

PORTE-BAGAGES^M
LUGGAGE CARRIER;
LUGGAGE TROLLEY

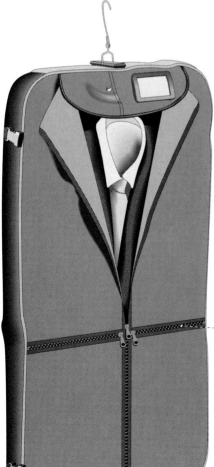

plateau^M
cosmetic tray

trousse^F de toilette^F
utility case

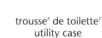

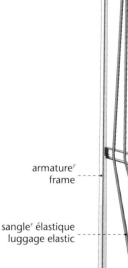

armature^F
frame

fermeture^F à glissière^F
zipper

sangle^F élastique
luggage elastic

béquille^F
stand

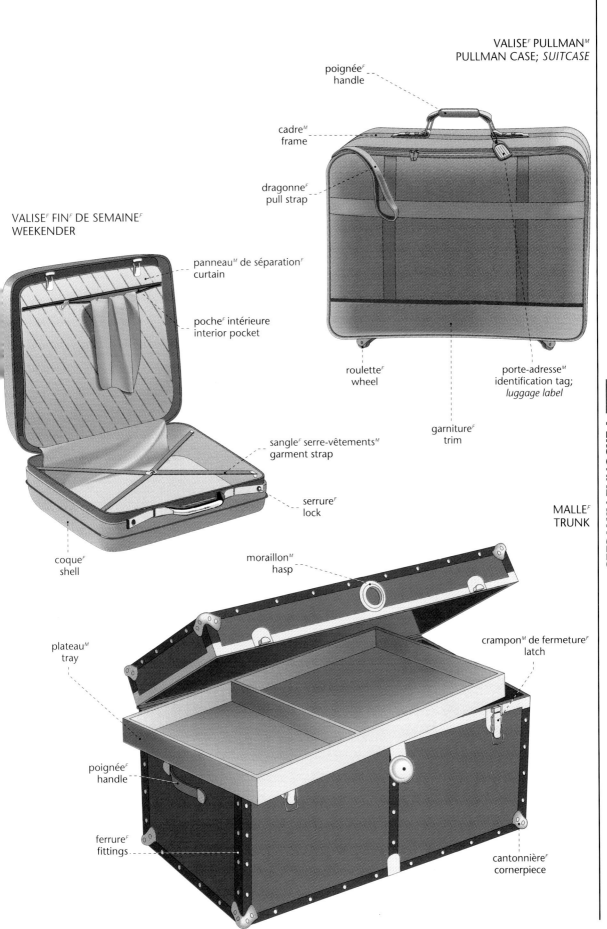

VALISE^F PULLMAN^M
PULLMAN CASE; *SUITCASE*

poignée^F
handle

cadre^M
frame

dragonne^F
pull strap

VALISE^F FIN^F DE SEMAINE^F
WEEKENDER

panneau^M de séparation^F
curtain

poche^F intérieure
interior pocket

roulette^F
wheel

porte-adresse^M
identification tag;
luggage label

garniture^F
trim

sangle^F serre-vêtements^M
garment strap

serrure^F
lock

coque^F
shell

MALLE^F
TRUNK

moraillon^M
hasp

crampon^M de fermeture^F
latch

plateau^M
tray

poignée^F
handle

ferrure^F
fittings

cantonnière^F
cornerpiece

OBJETS PERSONNELS
PERSONAL ARTICLES

383

ARTICLES^M DE FUMEUR^M
SMOKING ACCESSORIES

CIGARE^M
CIGAR

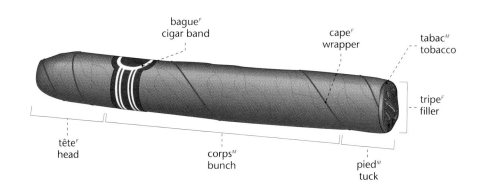

bague^F
cigar band

cape^F
wrapper

tabac^M
tobacco

tripe^F
filler

tête^F
head

corps^M
bunch

pied^M
tuck

OBJETS PERSONNELS
PERSONAL ARTICLES

CIGARETTE^F
CIGARETTE

fume-cigarettes^M
cigarette holder

papier^M
paper

bout^M-filtre^M
filter tip

couture^F
seam

tabac^M
tobacco

papier^M à cigarettes^F
cigarette papers

PAQUET^M DE CIGARETTES^F
CIGARETTE PACK

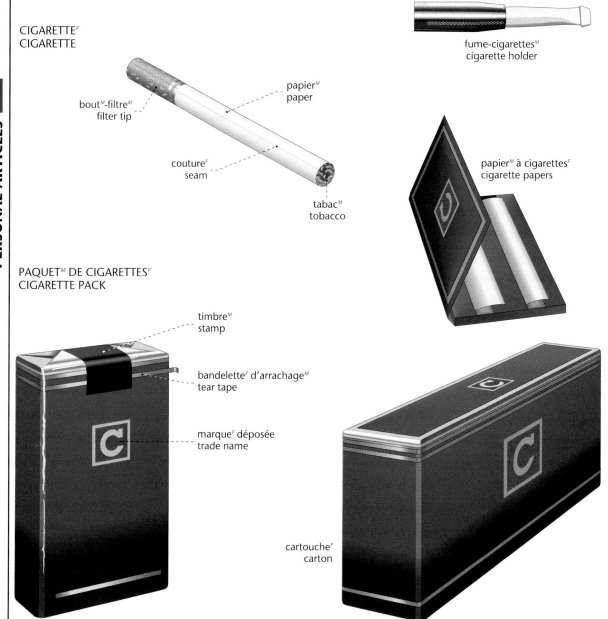

timbre^M
stamp

bandelette^F d'arrachage^M
tear tape

marque^F déposée
trade name

cartouche^F
carton

384

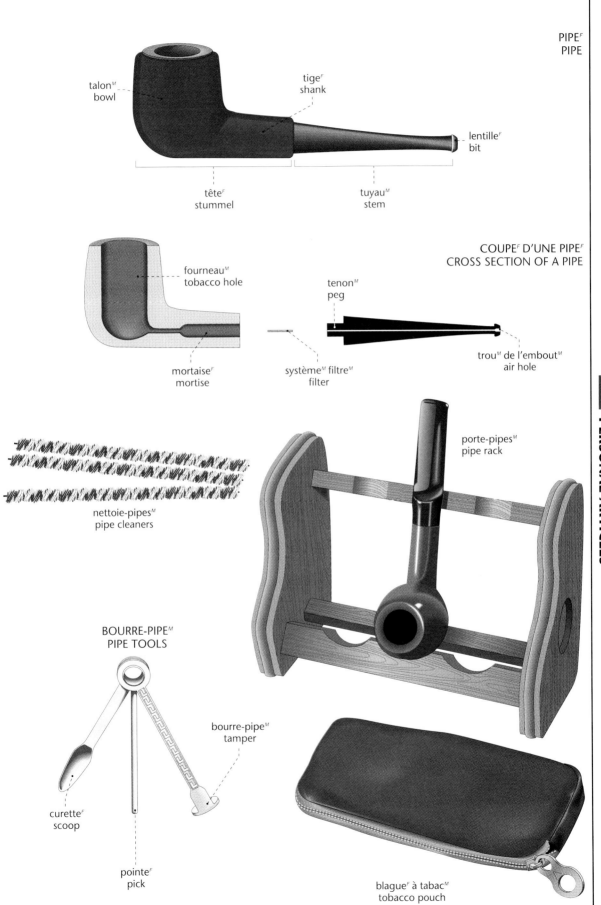

PIPE^F
PIPE

talon^M
bowl

tige^F
shank

lentille^F
bit

tête^F
stummel

tuyau^M
stem

COUPE^F D'UNE PIPE^F
CROSS SECTION OF A PIPE

fourneau^M
tobacco hole

tenon^M
peg

trou^M de l'embout^M
air hole

mortaise^F
mortise

système^M filtre^M
filter

porte-pipes^M
pipe rack

nettoie-pipes^M
pipe cleaners

BOURRE-PIPE^M
PIPE TOOLS

bourre-pipe^M
tamper

curette^F
scoop

pointe^F
pick

blague^F à tabac^M
tobacco pouch

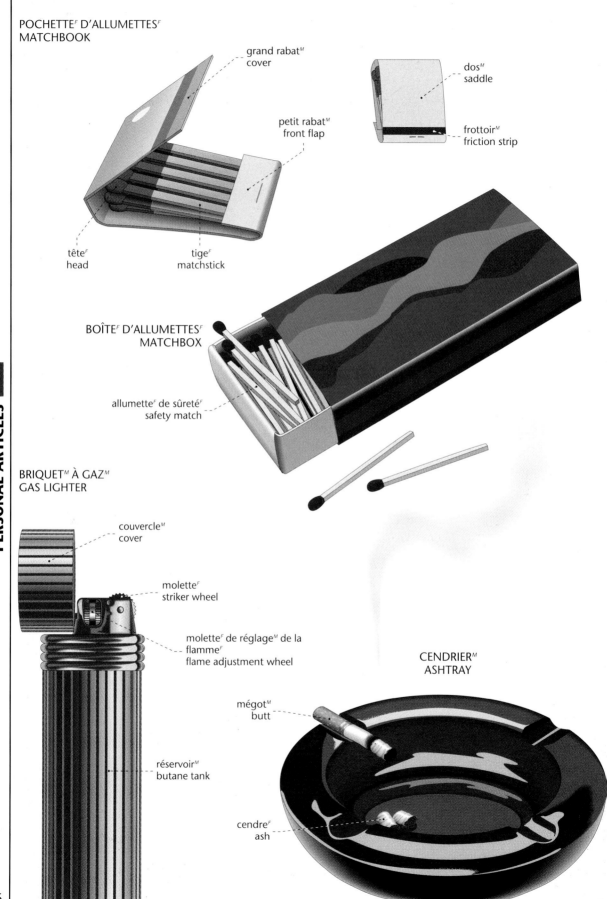

ARTICLES^M DE FUMEUR^M
SMOKING ACCESSORIES

POCHETTE^F D'ALLUMETTES^F
MATCHBOOK

grand rabat^M
cover

dos^M
saddle

petit rabat^M
front flap

frottoir^M
friction strip

tête^F
head

tige^F
matchstick

BOÎTE^F D'ALLUMETTES^F
MATCHBOX

allumette^F de sûreté^F
safety match

BRIQUET^M À GAZ^M
GAS LIGHTER

couvercle^M
cover

molette^F
striker wheel

molette^F de réglage^M de la
flamme^F
flame adjustment wheel

CENDRIER^M
ASHTRAY

mégot^M
butt

réservoir^M
butane tank

cendre^F
ash

OBJETS PERSONNELS
PERSONAL ARTICLES

386

COMMUNICATIONS

COMMUNICATIONS

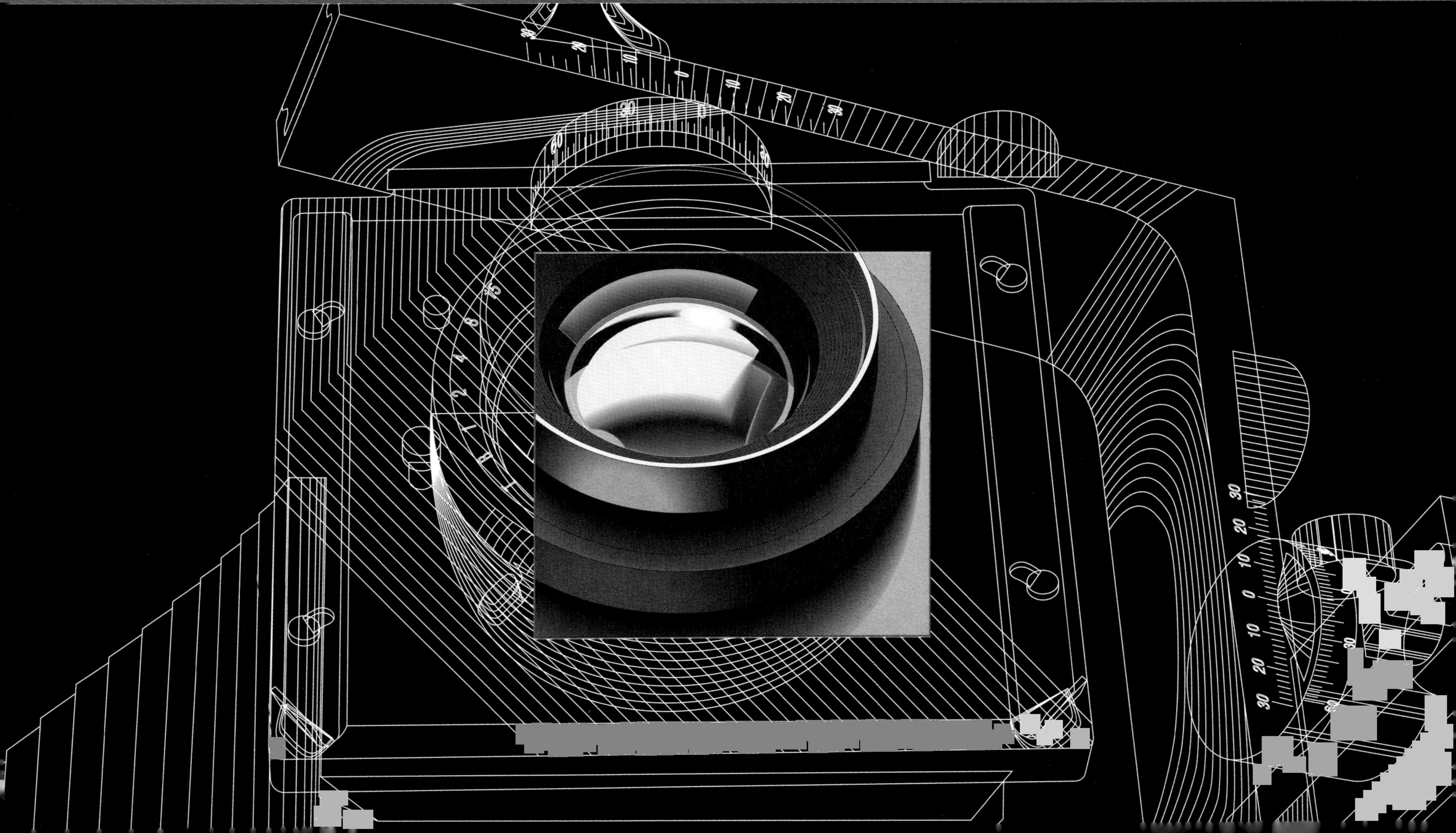

SOMMAIRE

INSTRUMENTS D'ÉCRITURE 389

PHOTOGRAPHIE..390

CHAÎNE STÉRÉO...400

MICROPHONE DYNAMIQUE..406

CASQUE D'ÉCOUTE 406

RADIO: STUDIO ET RÉGIE..407

APPAREILS DE SON PORTATIFS 408

CAMÉRA VIDÉO 409

TÉLÉVISION...410

CAR DE REPORTAGE..415

TÉLÉDIFFUSION PAR SATELLITE 416

TÉLÉCOMMUNICATIONS PAR SATELLITE 417

SATELLITES DE TÉLÉCOMMUNICATIONS 418

COMMUNICATION PAR TÉLÉPHONE...420

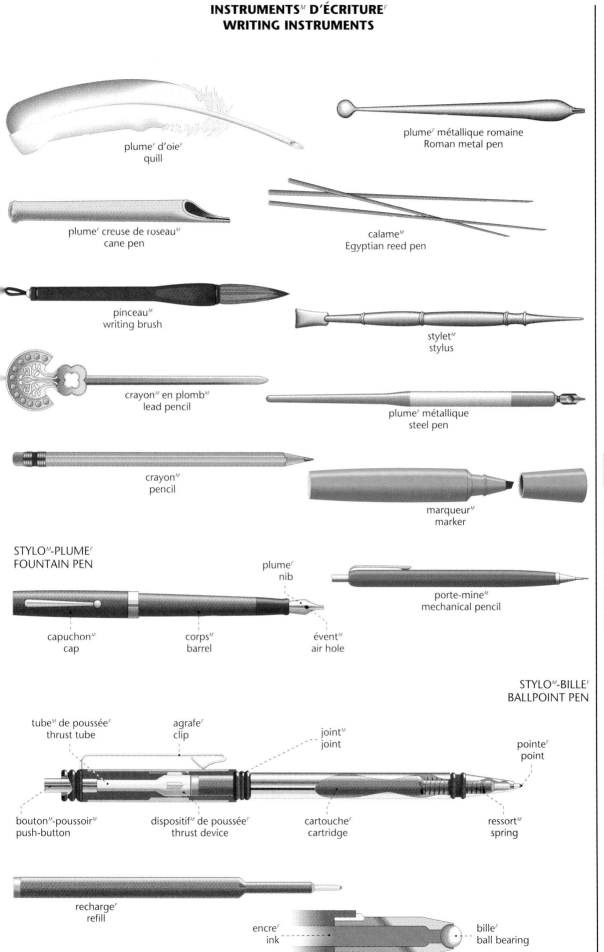

INSTRUMENTS^M D'ÉCRITURE^F
WRITING INSTRUMENTS

plume^F d'oie^F
quill

plume^F métallique romaine
Roman metal pen

plume^F creuse de roseau^M
cane pen

calame^M
Egyptian reed pen

pinceau^M
writing brush

stylet^M
stylus

crayon^M en plomb^M
lead pencil

plume^F métallique
steel pen

crayon^M
pencil

marqueur^M
marker

STYLO^M-PLUME^F
FOUNTAIN PEN

plume^F
nib

porte-mine^M
mechanical pencil

capuchon^M
cap

corps^M
barrel

évent^M
air hole

STYLO^M-BILLE^F
BALLPOINT PEN

tube^M de poussée^F
thrust tube

agrafe^F
clip

joint^M
joint

pointe^F
point

bouton^M-poussoir^M
push-button

dispositif^M de poussée^F
thrust device

cartouche^F
cartridge

ressort^M
spring

recharge^F
refill

encre^F
ink

bille^F
ball bearing

COUPE^F D'UN APPAREIL^M REFLEX
CROSS SECTION OF A REFLEX CAMERA

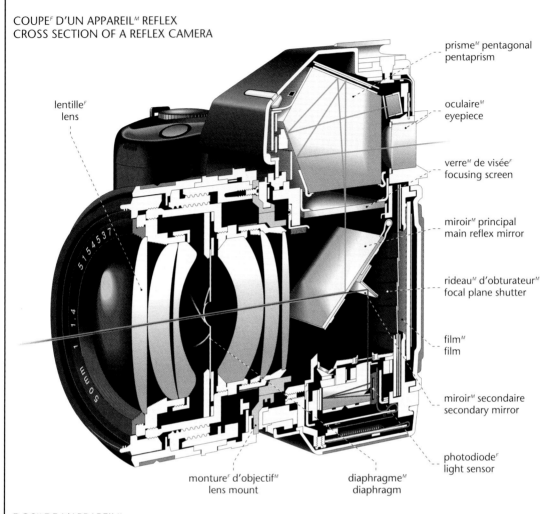

prisme^M pentagonal
pentaprism

lentille^F
lens

oculaire^M
eyepiece

verre^M de visée^F
focusing screen

miroir^M principal
main reflex mirror

rideau^M d'obturateur^M
focal plane shutter

film^M
film

miroir^M secondaire
secondary mirror

photodiode^F
light sensor

monture^F d'objectif^M
lens mount

diaphragme^M
diaphragm

DOS^M DE L'APPAREIL^M
CAMERA BACK

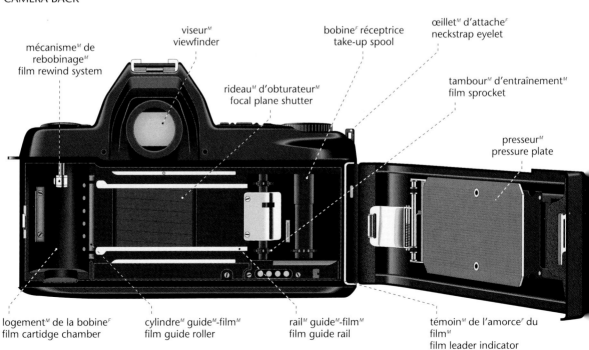

mécanisme^M de
rebobinage^M
film rewind system

viseur^M
viewfinder

rideau^M d'obturateur^M
focal plane shutter

bobine^F réceptrice
take-up spool

œillet^M d'attache^F
neckstrap eyelet

tambour^M d'entraînement^M
film sprocket

presseur^M
pressure plate

logement^M de la bobine^F
film cartidge chamber

cylindre^M guide^M-film^M
film guide roller

rail^M guide^M-film^M
film guide rail

témoin^M de l'amorce^F du
film^M
film leader indicator

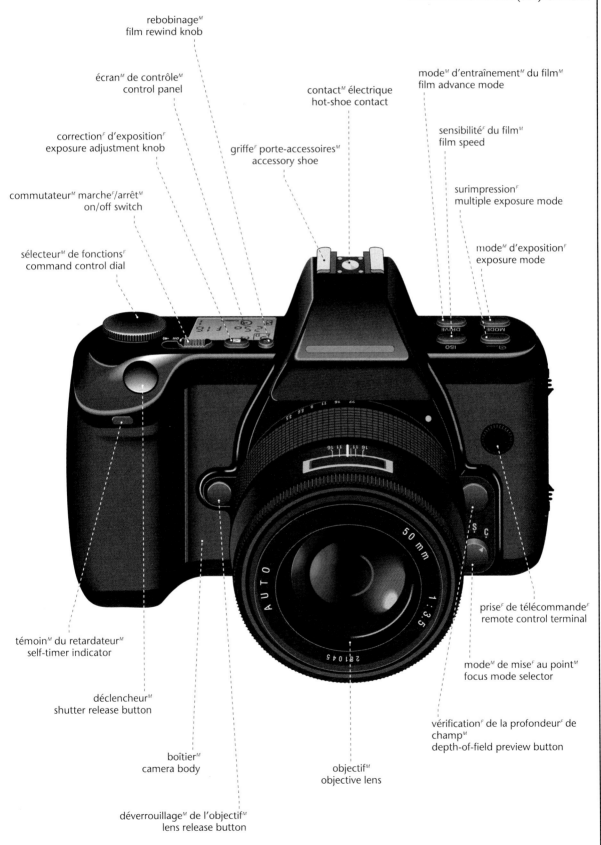

APPAREIL^M À VISÉE^F REFLEX MONO-OBJECTIF^M
SINGLE-LENS REFLEX (SLR) CAMERA

rebobinage^M
film rewind knob

écran^M de contrôle^M
control panel

contact^M électrique
hot-shoe contact

mode^M d'entraînement^M du film^M
film advance mode

correction^F d'exposition^F
exposure adjustment knob

griffe^F porte-accessoires^M
accessory shoe

sensibilité^F du film^M
film speed

commutateur^M marche^F/arrêt^M
on/off switch

surimpression^F
multiple exposure mode

sélecteur^M de fonctions^F
command control dial

mode^M d'exposition^F
exposure mode

témoin^M du retardateur^M
self-timer indicator

prise^F de télécommande^F
remote control terminal

déclencheur^M
shutter release button

mode^M de mise^F au point^M
focus mode selector

vérification^F de la profondeur^F de
champ^M
depth-of-field preview button

boîtier^M
camera body

objectif^M
objective lens

déverrouillage^M de l'objectif^M
lens release button

COMMUNICATIONS
COMMUNICATIONS

391

PHOTOGRAPHIE^F
PHOTOGRAPHY

OBJECTIFS^M
LENSES

OBJECTIF^M NORMAL
STANDARD LENS

lentille^F
lens

échelle^F des distances^F
distance scale

bague^F de mise^F au point^M
focus setting ring

échelle^F de profondeur^F de champ^M
depth-of-field scale

échelle^F d'ouverture^F de diaphragme^M
lens aperture scale

objectif^M grand-angulaire
wide-angle lens

monture^F baïonnette^F
bayonet mount

ACCESSOIRES^M DE L'OBJECTIF^M
LENS ACCESSORIES

capuchon^M d'objectif^M
lens cap

parasoleil^M
lens hood

objectif^M zoom^M
zoom lens

objectif^M super-grand-angle^M
semi-fisheye lens

filtre^M de couleur^F
color filter; *colour filter*

lentille^F de macrophotographie^F
close-up lens

filtre^M de polarisation^F
polarizing filter

objectif^M
objective lens

téléobjectif^M
telephoto lens

hypergone^M
fisheye lens

multiplicateur^M de focale^F
tele-converter

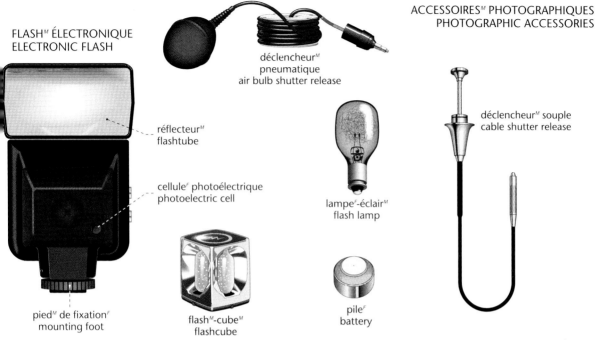

FLASH^M ÉLECTRONIQUE
ELECTRONIC FLASH

déclencheur^M
pneumatique
air bulb shutter release

ACCESSOIRES^M PHOTOGRAPHIQUES
PHOTOGRAPHIC ACCESSORIES

réflecteur^M
flashtube

cellule^F photoélectrique
photoelectric cell

déclencheur^M souple
cable shutter release

lampe^F-éclair^M
flash lamp

pied^M de fixation^F
mounting foot

flash^M-cube^M
flashcube

pile^F
battery

TRÉPIED^M
TRIPOD

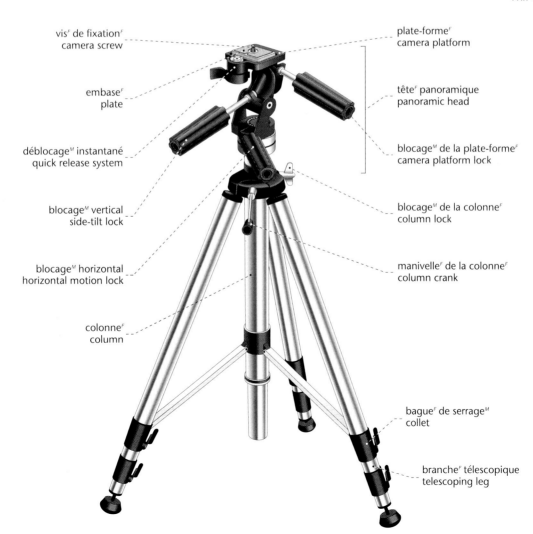

vis^F de fixation^F
camera screw

plate-forme^F
camera platform

embase^F
plate

tête^F panoramique
panoramic head

déblocage^M instantané
quick release system

blocage^M de la plate-forme^F
camera platform lock

blocage^M vertical
side-tilt lock

blocage^M de la colonne^F
column lock

blocage^M horizontal
horizontal motion lock

manivelle^F de la colonne^F
column crank

colonne^F
column

bague^F de serrage^M
collet

branche^F télescopique
telescoping leg

PHOTOGRAPHIE^F
PHOTOGRAPHY

APPAREILS^M PHOTOGRAPHIQUES
STILL CAMERAS

appareil^M à télémètre^M couplé
rangefinder

Polaroid®^M
Polaroid® Land camera

appareil^M de plongée^F
underwater camera

appareil^M à visée^F reflex
mono-objectif^M
single-lens reflex camera

appareil^M jetable
disposable camera

appareil^M reflex à deux objectifs^M
twin-lens reflex camera

chambre^F photographique
view camera

COMMUNICATIONS
COMMUNICATIONS

appareil^M petit-format^M
pocket camera

appareil^M reflex 6 X 6 mono-objectif^M
medium format SLR (6 x 6)

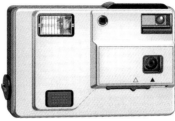

appareil^M pour photodisque^M
disk camera; *disc camera*

appareil^M stéréoscopique
stereo camera

appareil^M de videophoto^F
still video camera

amorce^F
film leader

perforation^F
perforation

disque^M videophoto^F
still video film disk;
still video film disc

cassette^F de pellicule^F
cassette film

film^M-disque^M
film disk; *film disc*

cartouche^F de pellicule^F
cartridge film

pellicule^F en feuille^F
sheet film

rouleau^M de pellicule^F
roll film

film^M-pack^M
film pack

POSEMÈTRE*M* PHOTO-ÉLECTRIQUE
EXPOSURE METER

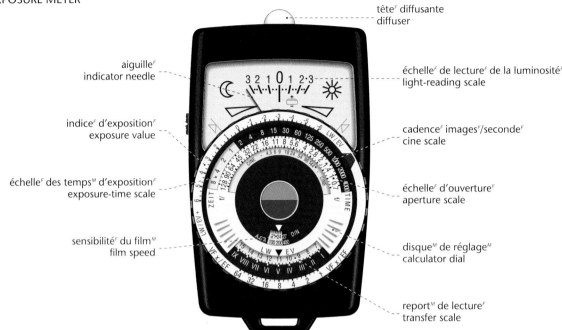

tête*F* diffusante
diffuser

aiguille*F*
indicator needle

échelle*F* de lecture*F* de la luminosité*F*
light-reading scale

indice*F* d'exposition*F*
exposure value

cadence*F* images*F*/seconde*F*
cine scale

échelle*F* des temps*M* d'exposition*F*
exposure-time scale

échelle*F* d'ouverture*F*
aperture scale

sensibilité*F* du film*M*
film speed

disque*M* de réglage*M*
calculator dial

report*M* de lecture*F*
transfer scale

POSEMÈTRE*M* À VISÉE*F* REFLEX
SPOTMETER

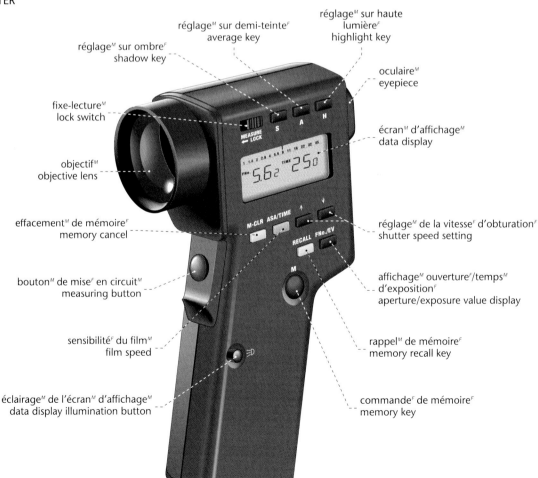

réglage*M* sur demi-teinte*F*
average key

réglage*M* sur haute
lumière*F*
highlight key

réglage*M* sur ombre*F*
shadow key

oculaire*M*
eyepiece

fixe-lecture*M*
lock switch

écran*M* d'affichage*M*
data display

objectif*M*
objective lens

réglage*M* de la vitesse*F* d'obturation*F*
shutter speed setting

effacement*M* de mémoire*F*
memory cancel

bouton*M* de mise*F* en circuit*M*
measuring button

affichage*M* ouverture*F*/temps*M*
d'exposition*F*
aperture/exposure value display

sensibilité*F* du film*M*
film speed

rappel*M* de mémoire*F*
memory recall key

éclairage*M* de l'écran*M* d'affichage*M*
data display illumination button

commande*F* de mémoire*F*
memory key

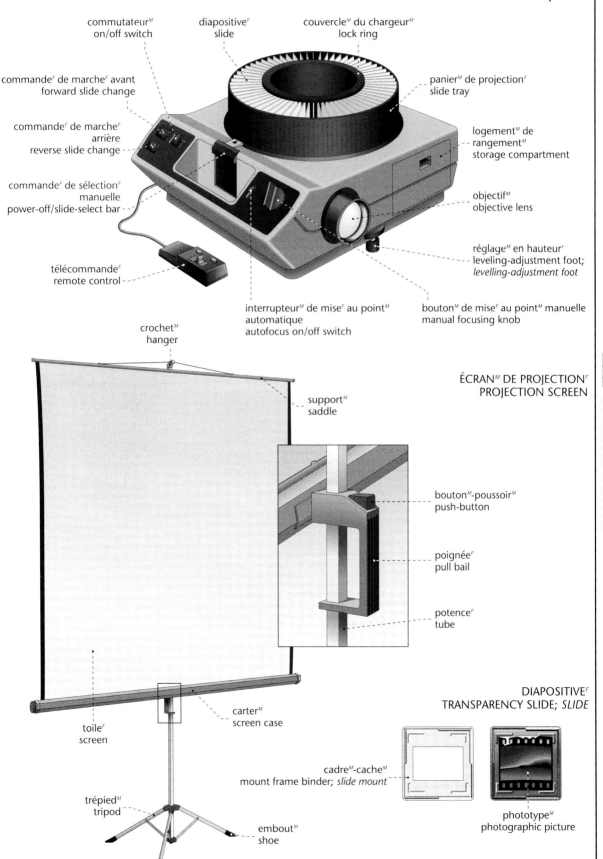

PROJECTEUR^M DE DIAPOSITIVES^F
SLIDE PROJECTOR

commutateur^M
on/off switch

diapositive^F
slide

couvercle^M du chargeur^M
lock ring

commande^F de marche^F avant
forward slide change

panier^M de projection^F
slide tray

commande^F de marche^F
arrière
reverse slide change

logement^M de
rangement^M
storage compartment

commande^F de sélection^F
manuelle
power-off/slide-select bar

objectif^M
objective lens

télécommande^F
remote control

réglage^M en hauteur$^+$
leveling-adjustment foot;
levelling-adjustment foot

interrupteur^M de mise^F au point^M
automatique
autofocus on/off switch

bouton^M de mise^F au point^M manuelle
manual focusing knob

crochet^M
hanger

ÉCRAN^M DE PROJECTION^F
PROJECTION SCREEN

support^M
saddle

bouton^M-poussoir^M
push-button

poignée^F
pull bail

potence^F
tube

carter^M
screen case

DIAPOSITIVE^F
TRANSPARENCY SLIDE; *SLIDE*

toile^F
screen

cadre^M-cache^M
mount frame binder; *slide mount*

trépied^M
tripod

phototype^M
photographic picture

embout^M
shoe

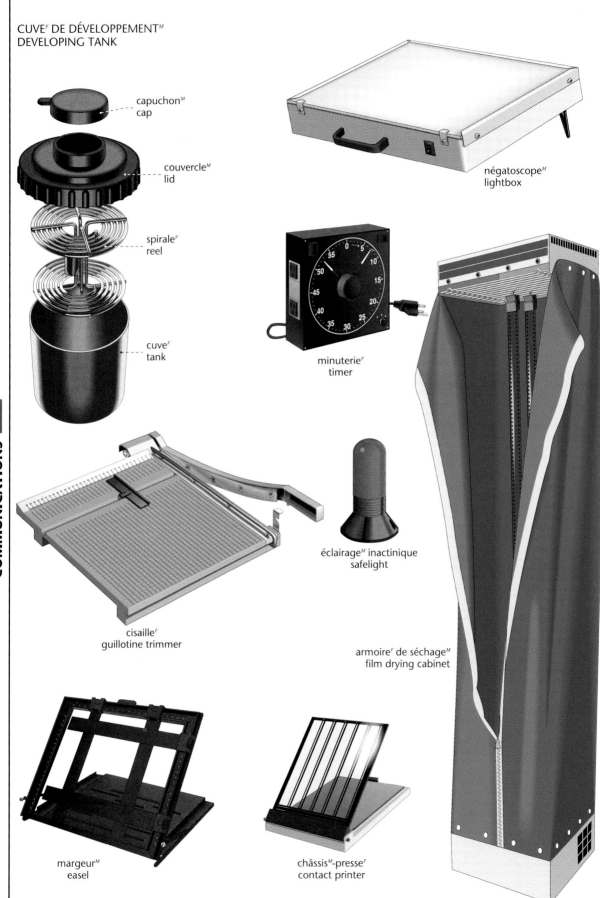

CUVE^F DE DÉVELOPPEMENT^M
DEVELOPING TANK

capuchon^M
cap

couvercle^M
lid

spirale^F
reel

cuve^F
tank

négatoscope^M
lightbox

minuterie^F
timer

éclairage^M inactinique
safelight

cisaille^F
guillotine trimmer

armoire^F de séchage^M
film drying cabinet

margeur^M
easel

châssis^M-presse^F
contact printer

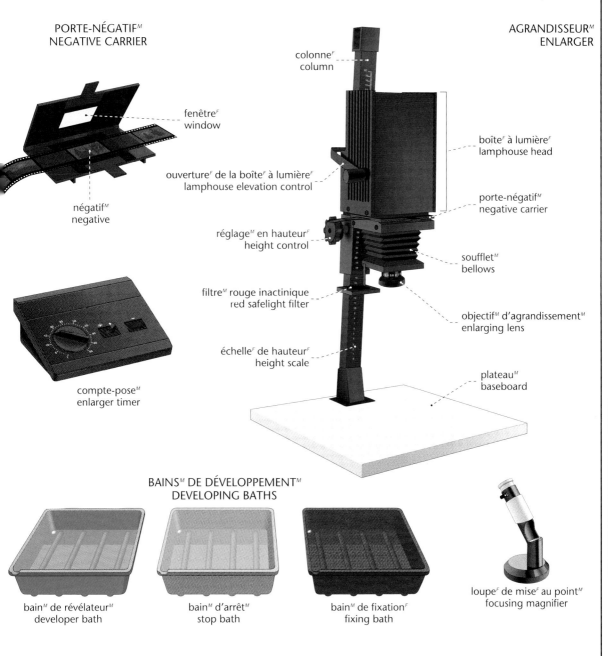

PORTE-NÉGATIF^M
NEGATIVE CARRIER

fenêtre^F
window

négatif^M
negative

compte-pose^M
enlarger timer

AGRANDISSEUR^M
ENLARGER

colonne^F
column

boîte^F à lumière^F
lamphouse head

ouverture^F de la boîte^F à lumière^F
lamphouse elevation control

porte-négatif^M
negative carrier

réglage^M en hauteur^F
height control

soufflet^M
bellows

filtre^M rouge inactinique
red safelight filter

objectif^M d'agrandissement^M
enlarging lens

échelle^F de hauteur^F
height scale

plateau^M
baseboard

BAINS^M DE DÉVELOPPEMENT^M
DEVELOPING BATHS

bain^M de révélateur^M
developer bath

bain^M d'arrêt^M
stop bath

bain^M de fixation^F
fixing bath

loupe^F de mise^F au point^M
focusing magnifier

LAVEUSE^F POUR ÉPREUVES^F
PRINT WASHER

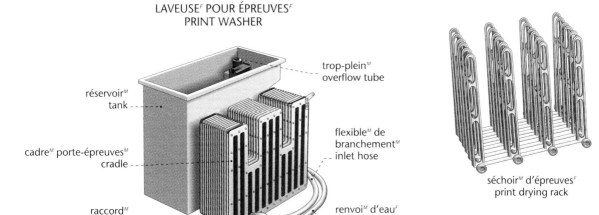

trop-plein^M
overflow tube

réservoir^M
tank

cadre^M porte-épreuves^M
cradle

flexible^M de
branchement^M
inlet hose

raccord^M
adaptor

renvoi^M d'eau^F
outlet hose

séchoir^M d'épreuves^F
print drying rack

CHAÎNE^F STÉRÉO
SOUND REPRODUCING SYSTEM

COMPOSANTES^F D'UN SYSTÈME^M
SYSTEM COMPONENTS

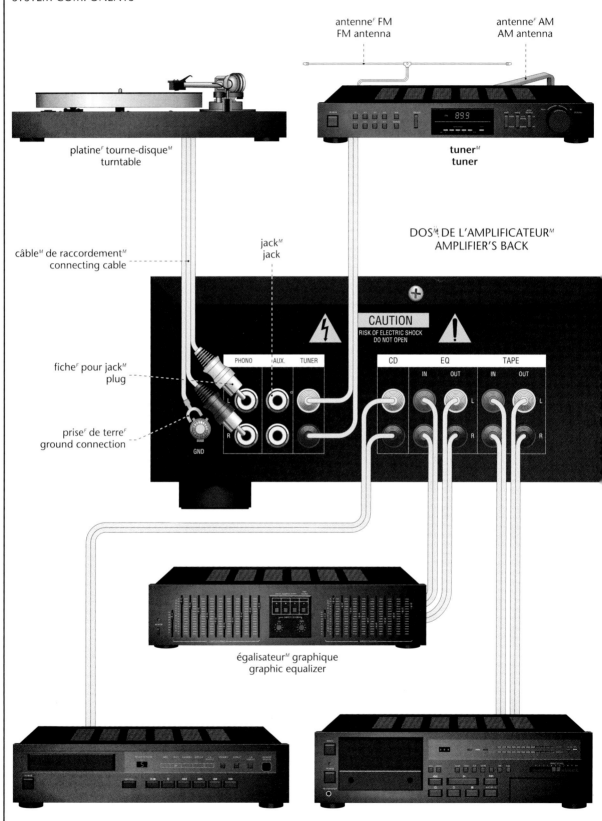

antenne^F FM
FM antenna

antenne^F AM
AM antenna

platine^F tourne-disque^M
turntable

tuner^M
tuner

jack^M
jack

DOS^M DE L'AMPLIFICATEUR^M
AMPLIFIER'S BACK

câble^M de raccordement^M
connecting cable

CAUTION
RISK OF ELECTRIC SHOCK
DO NOT OPEN

PHONO   AUX.   TUNER   CD   EQ   TAPE
                                    IN   OUT   IN   OUT

fiche^F pour jack^M
plug

prise^F de terre^F
ground connection

GND

égalisateur^M graphique
graphic equalizer

lecteur^M de disque^M compact
compact disk player; *compact disc player*

platine^F cassette^F
cassette tape deck

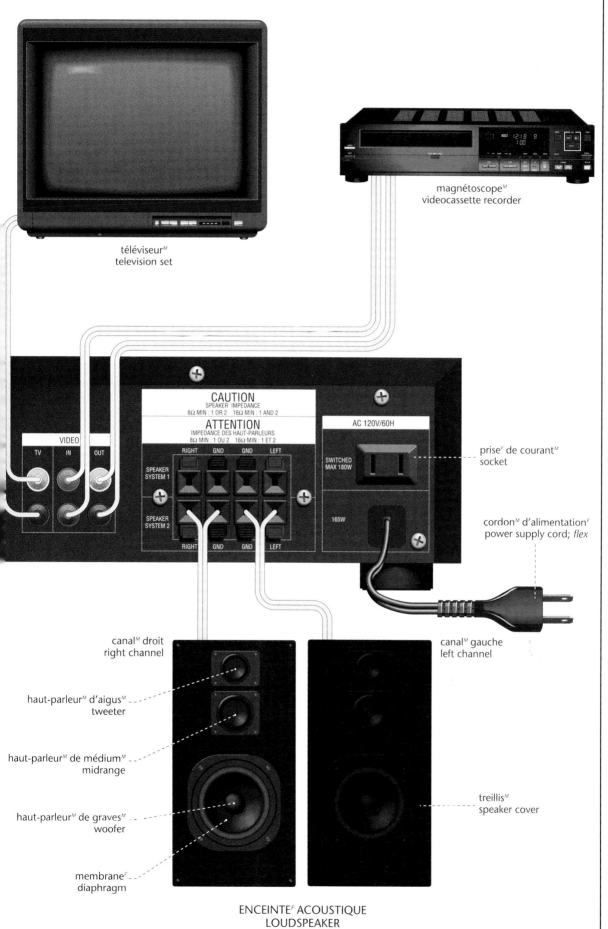

magnétoscope^M
videocassette recorder

téléviseur^M
television set

CAUTION
SPEAKER IMPEDANCE
8Ω MIN : 1 OR 2   16Ω MIN : 1 AND 2
ATTENTION
IMPEDANCE DES HAUT-PARLEURS
8Ω MIN : 1 OU 2   16Ω MIN : 1 ET 2

VIDEO

TV   IN   OUT

SPEAKER SYSTEM 1

SPEAKER SYSTEM 2

RIGHT   GND   GND   LEFT

RIGHT   GND   GND   LEFT

AC 120V/60H

SWITCHED MAX 180W

165W

prise^F de courant^M
socket

cordon^M d'alimentation^F
power supply cord; *flex*

canal^M droit
right channel

canal^M gauche
left channel

haut-parleur^M d'aigus^M
tweeter

haut-parleur^M de médium^M
midrange

haut-parleur^M de graves^M
woofer

treillis^M
speaker cover

membrane^F
diaphragm

ENCEINTE^F ACOUSTIQUE
LOUDSPEAKER

CHAÎNE^F STÉRÉO
SOUND REPRODUCING SYSTEM

TUNER^M
TUNER

touche^F de présélection^F
preset tuning button

touche^F mémoire^F
memory button

commutateur^M mono^F/stéréo^F
mode selector

balayage^M automatique des stations^F
active tracking

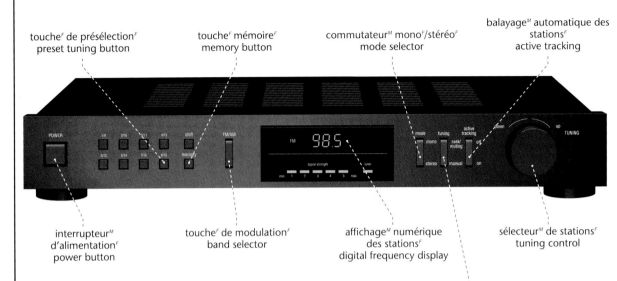

interrupteur^M
d'alimentation^F
power button

touche^F de modulation^F
band selector

affichage^M numérique des stations^F
digital frequency display

sélecteur^M de stations^F
tuning control

mode^M de sélection^F des stations^F
tuning mode

AMPLIFICATEUR^M
AMPLIFIER

interrupteur^M
d'alimentation^F
power button

sélecteur^M d'enceintes^F
speaker selector

équilibrage^M des haut-parleurs^M
balance control

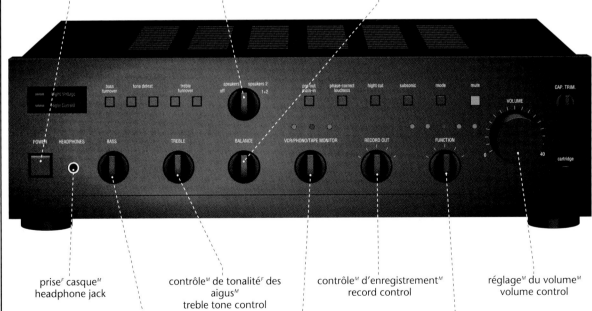

prise^F casque^M
headphone jack

contrôle^M de tonalité^F des aigus^M
treble tone control

contrôle^M d'enregistrement^M
record control

réglage^M du volume^M
volume control

contrôle^M de tonalité^F des graves^M
bass tone control

commutateur^M d'entrée^F
input selector

commutateur^M de fonctions^F
function selector

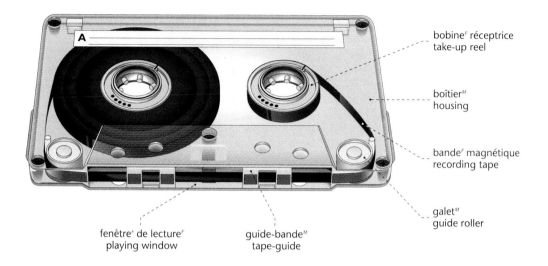

bobine*F* réceptrice
take-up reel

boîtier*M*
housing

bande*F* magnétique
recording tape

galet*M*
guide roller

fenêtre† de lecture*F*
playing window

guide-bande*M*
tape-guide

PLATINE*F* CASSETTE*F*
CASSETTE TAPE DECK

bouton*M* de remise*F* à zéro*M*
counter reset button

sélecteur*M* de bandes*F*
tape selector

avance*F* rapide
fast-forward button

bouton*M* d'éjection*F*
eject button

compteur*M*
tape counter

lecture*F*
play button

indicateur*M* de niveau*M*
peak level meter

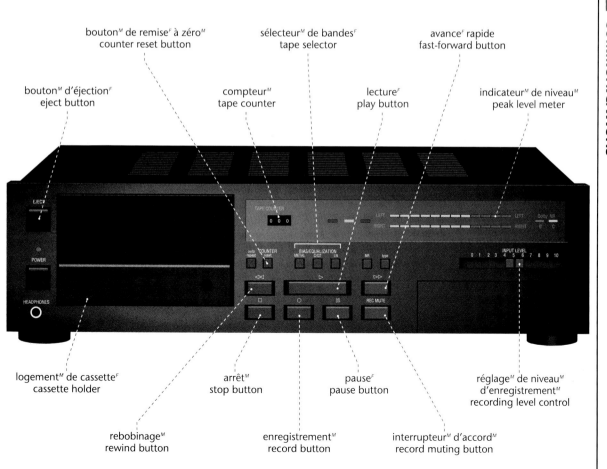

logement*M* de cassette*F*
cassette holder

arrêt*M*
stop button

pause*F*
pause button

réglage*M* de niveau*M*
d'enregistrement*M*
recording level control

rebobinage*M*
rewind button

enregistrement*M*
record button

interrupteur*M* d'accord*M*
record muting button

CHAÎNE^F STÉRÉO
SOUND REPRODUCING SYSTEM

DISQUE^M
RECORD

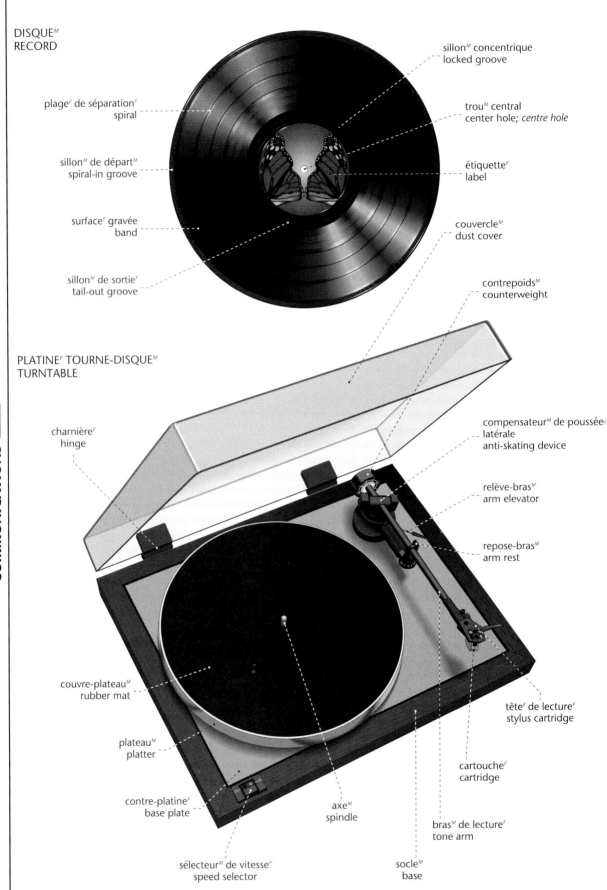

plage^F de séparation^F
spiral

sillon^M de départ^M
spiral-in groove

surface^F gravée
band

sillon^M de sortie^F
tail-out groove

sillon^M concentrique
locked groove

trou^M central
center hole; *centre hole*

étiquette^F
label

couvercle^M
dust cover

contrepoids^M
counterweight

PLATINE^F TOURNE-DISQUE^M
TURNTABLE

charnière^F
hinge

compensateur^M de poussée
latérale
anti-skating device

relève-bras^M
arm elevator

repose-bras^M
arm rest

couvre-plateau^M
rubber mat

plateau^M
platter

contre-platine^F
base plate

sélecteur^M de vitesse^F
speed selector

axe^M
spindle

tête^F de lecture^F
stylus cartridge

cartouche^F
cartridge

bras^M de lecture^F
tone arm

socle^M
base

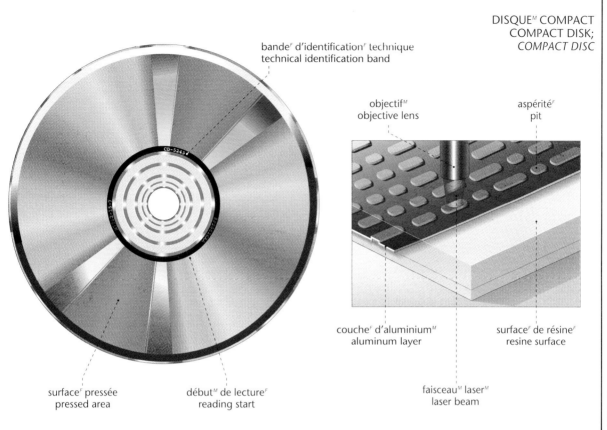

DISQUE^M COMPACT
COMPACT DISK;
COMPACT DISC

bande^F d'identification^F technique
technical identification band

objectif^M
objective lens

aspérité^F
pit

couche^F d'aluminium^M
aluminum layer

surface^F de résine^F
resine surface

surface^F pressée
pressed area

début^M de lecture^F
reading start

faisceau^M laser^M
laser beam

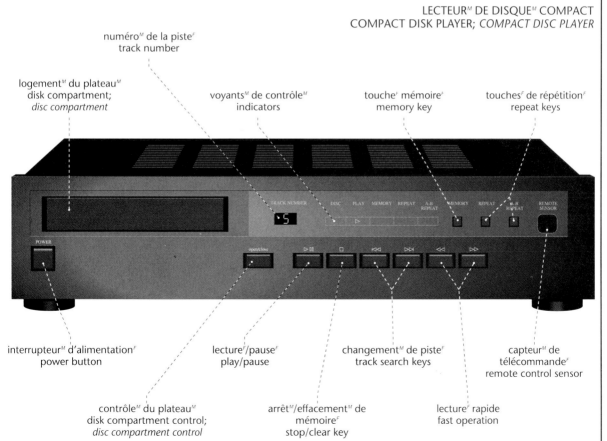

LECTEUR^M DE DISQUE^M COMPACT
COMPACT DISK PLAYER; *COMPACT DISC PLAYER*

numéro^M de la piste^F
track number

logement^M du plateau^M
disk compartment;
disc compartment

voyants^M de contrôle^M
indicators

touche^F mémoire^F
memory key

touches^F de répétition^F
repeat keys

interrupteur^M d'alimentation^F
power button

lecture^F/pause^F
play/pause

changement^M de piste^F
track search keys

capteur^M de
télécommande^F
remote control sensor

contrôle^M du plateau^M
disk compartment control;
disc compartment control

arrêt^M/effacement^M de
mémoire^F
stop/clear key

lecture^F rapide
fast operation

405

MICROPHONE^M DYNAMIQUE
DYNAMIC MICROPHONE

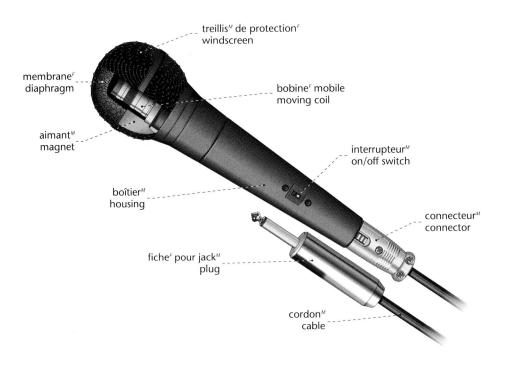

treillis^M de protection^F
windscreen

membrane^F
diaphragm

bobine^F mobile
moving coil

aimant^M
magnet

interrupteur^M
on/off switch

boîtier^M
housing

connecteur^M
connector

fiche^F pour jack^M
plug

cordon^M
cable

CASQUE^M D'ÉCOUTE^F
HEADPHONE

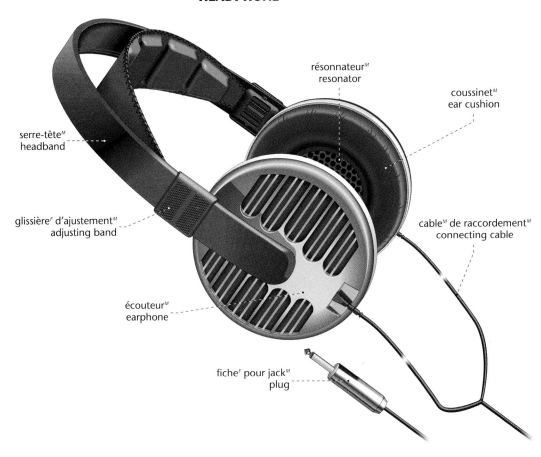

résonnateur^M
resonator

coussinet^M
ear cushion

serre-tête^M
headband

glissière^F d'ajustement^M
adjusting band

câble^M de raccordement^M
connecting cable

écouteur^M
earphone

fiche^F pour jack^M
plug

studio^M
studio

générateur^M de tonalités^F d'amorces^F
tone leader generator

magnétophone^M à cartouches^F
cartridge tape recorder

microphone^M
microphone

horloge^F
clock

magnétophone^M à cassette^F
numérique
digital audio tape recorder

consolette^F de l'annonceur^M
announcer turret

vumètres^M
volume unit meters

lecteur^M de disque^M compact
compact disk player;
compact disc player

voyant^M de mise^F en
ondes^F
on-air warning light

haut-parleur^M de contrôle^M
audio monitor

platine^F cassette^F
cassette deck

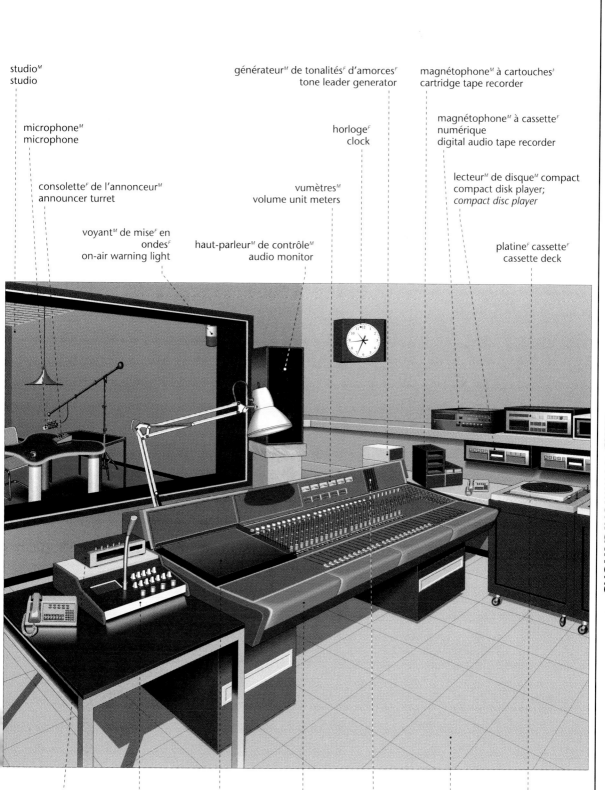

chronomètre^M
stop watch

baie^F de jacks^M
jack field

crêtemètre^M graphique
bargraph type peak meter

platine^F tourne-disque^M
turntable

consolette^F du réalisateur^M
producer turret

pupitre^M de son^M
audio console

régie^F
control room

COMMUNICATIONS
COMMUNICATIONS

APPAREILS^M DE SON^M PORTATIFS
PORTABLE SOUND SYSTEMS

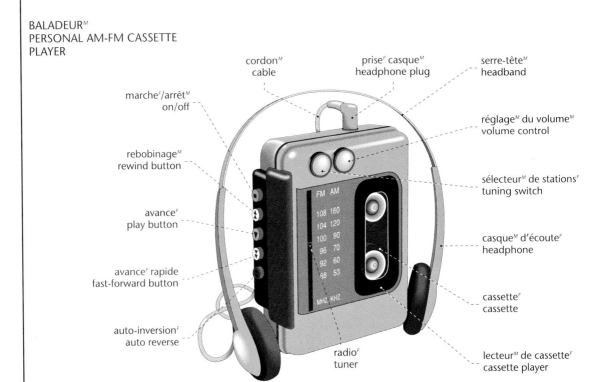

BALADEUR^M
PERSONAL AM-FM CASSETTE
PLAYER

cordon^M
cable

prise^F casque^M
headphone plug

serre-tête^M
headband

marche^F/arrêt^M
on/off

réglage^M du volume^M
volume control

rebobinage^M
rewind button

sélecteur^M de stations^F
tuning switch

avance^F
play button

casque^M d'écoute^F
headphone

avance^F rapide
fast-forward button

cassette^F
cassette

auto-inversion^F
auto reverse

radio^F
tuner

lecteur^M de cassette^F
cassette player

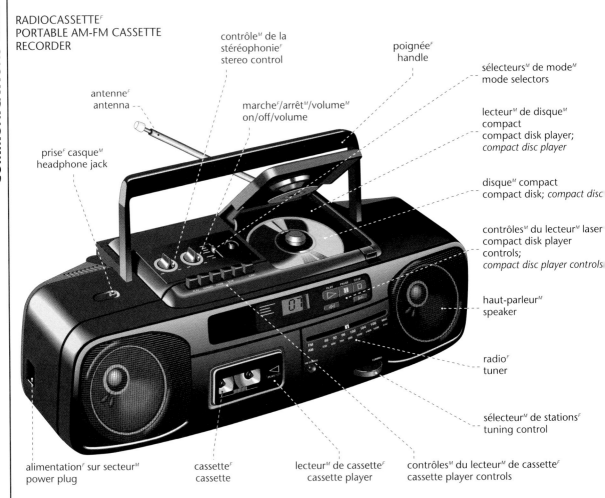

RADIOCASSETTE^F
PORTABLE AM-FM CASSETTE
RECORDER

contrôle^M de la
stéréophonie^F
stereo control

poignée^F
handle

sélecteurs^M de mode^M
mode selectors

antenne^F
antenna

marche^F/arrêt^M/volume^M
on/off/volume

lecteur^M de disque^M
compact
compact disk player;
compact disc player

prise^F casque^M
headphone jack

disque^M compact
compact disk; *compact disc*

contrôles^M du lecteur^M laser
compact disk player
controls;
compact disc player controls

haut-parleur^M
speaker

radio^F
tuner

sélecteur^M de stations^F
tuning control

alimentation^F sur secteur^M
power plug

cassette^F
cassette

lecteur^M de cassette^F
cassette player

contrôles^M du lecteur^M de cassette^F
cassette player controls

COMMUNICATIONS
COMMUNICATIONS

408

CAMÉRA^M VIDÉO
VIDEO CAMERA

oculaire^M
eyepiece

commande^F électrique du zoom^M
power zoom button

senseur^M d'équilibrage^M des blancs^M
white balance sensor

viseur^M électronique
electronic viewfinder

griffe^F porte-accessoires^M
accessory shoe

commande^F d'éjection^F de la cassette^F
cassette eject switch

commandes^F de la bande^F vidéo
videotape operation controls

réglage^M du viseur^M
viewfinder adjustment keys

microphone^M incorporé
built-in microphone

DATA SET   ZERO MEM.
ADJUST   RESET
SELECT

00425

EXPOSURE   EDIT SEARCH
SPEED
WHITE BAL.   FADER
FOCUS
AUTO LOCK

BATT

commande^F de réglage^M
macro^F
macro set button

logement^M de la cassette^F
cassette compartment

objectif^M zoom^M
zoom lens

affichage^M des données^F
data display

commande^F d'éjection^F de la pile^F
battery eject switch

pare-soleil^M
lens hood

commandes^F de prise^F de vue^F
shooting adjustment keys

pile^F
battery

commandes^F de montage^M
edit/search buttons

TÉLÉVISEUR^M
TELEVISION SET

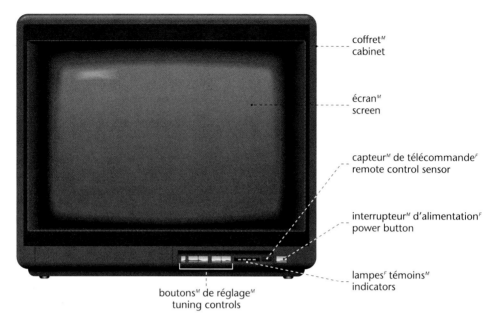

coffret^M
cabinet

écran^M
screen

capteur^M de télécommande^F
remote control sensor

interrupteur^M d'alimentation^F
power button

lampes^F témoins^M
indicators

boutons^M de réglage^M
tuning controls

TUBE^M-IMAGE^F
PICTURE TUBE

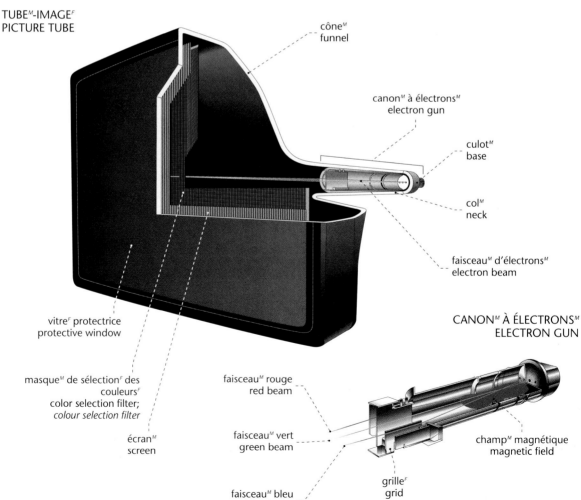

cône^M
funnel

canon^M à électrons^M
electron gun

culot^M
base

col^M
neck

faisceau^M d'électrons^M
electron beam

vitre^F protectrice
protective window

CANON^M À ÉLECTRONS^M
ELECTRON GUN

masque^M de sélection^F des
couleurs^F
color selection filter;
colour selection filter

faisceau^M rouge
red beam

écran^M
screen

faisceau^M vert
green beam

champ^M magnétique
magnetic field

faisceau^M bleu
blue beam

grille^F
grid

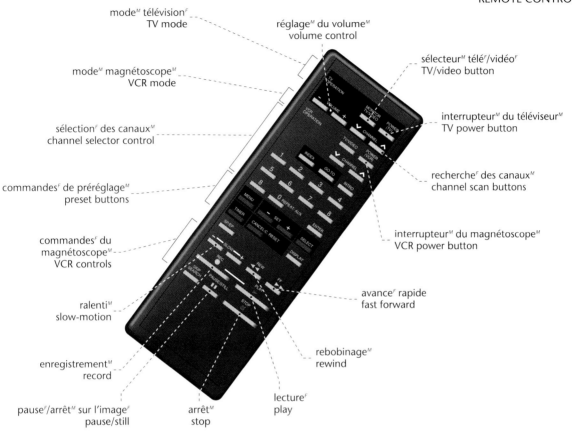

mode*M* télévision*F*
TV mode

réglage*M* du volume*M*
volume control

sélecteur*M* télé*F*/vidéo*F*
TV/video button

mode*M* magnétoscope*M*
VCR mode

interrupteur*M* du téléviseur*M*
TV power button

sélection*F* des canaux*M*
channel selector control

recherche*F* des canaux*M*
channel scan buttons

commandes*F* de préréglage*M*
preset buttons

commandes*F* du
magnétoscope*M*
VCR controls

interrupteur*M* du magnétoscope*M*
VCR power button

ralenti*M*
slow-motion

avance*F* rapide
fast forward

enregistrement*M*
record

rebobinage*M*
rewind

pause*F*/arrêt*M* sur l'image*F*
pause/still

arrêt*M*
stop

lecture*F*
play

MAGNÉTOSCOPE*M*
VIDEOCASSETTE RECORDER

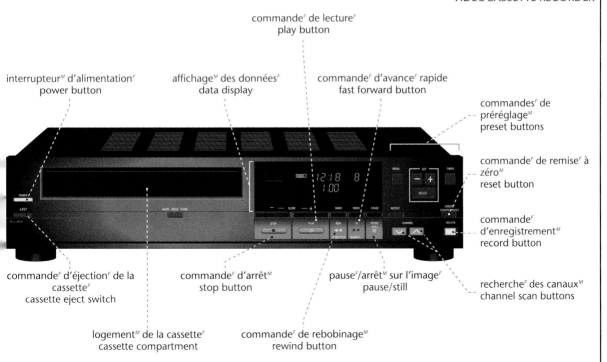

commande*F* de lecture*F*
play button

interrupteur*M* d'alimentation*F*
power button

affichage*M* des données*F*
data display

commande*F* d'avance*F* rapide
fast forward button

commandes*F* de
préréglage*M*
preset buttons

commande*F* de remise*F* à
zéro*M*
reset button

commande*F*
d'enregistrement*M*
record button

commande*F* d'éjection*F* de la
cassette*F*
cassette eject switch

commande*F* d'arrêt*M*
stop button

pause*F*/arrêt*M* sur l'image*F*
pause/still

recherche*F* des canaux*M*
channel scan buttons

logement*M* de la cassette*F*
cassette compartment

commande*F* de rebobinage*M*
rewind button

PLATEAU*M* ET RÉGIES*F*
STUDIO AND CONTROL ROOMS

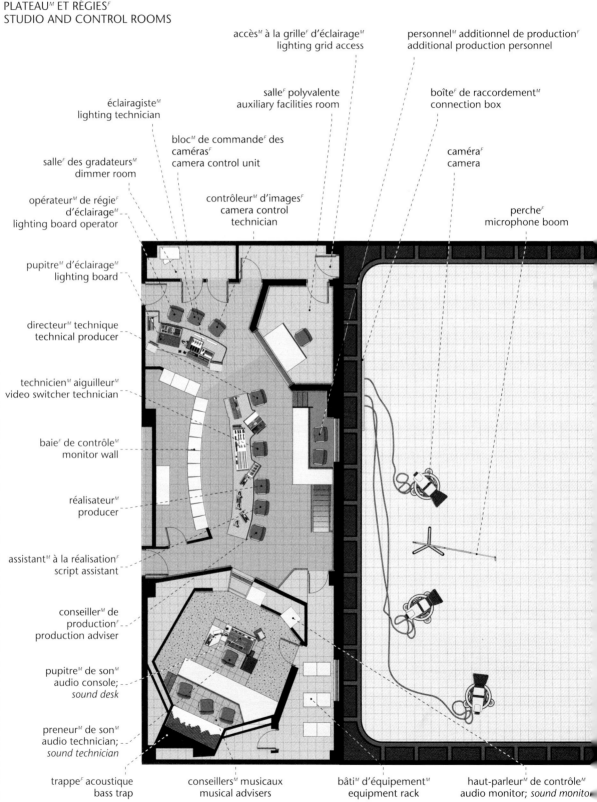

accès*M* à la grille*F* d'éclairage*M*
lighting grid access

personnel*M* additionnel de production*F*
additional production personnel

salle*F* polyvalente
auxiliary facilities room

boîte*F* de raccordement*M*
connection box

éclairagiste*M*
lighting technician

bloc*M* de commande*F* des
caméras*F*
camera control unit

caméra*F*
camera

salle*F* des gradateurs*M*
dimmer room

contrôleur*M* d'images*F*
camera control
technician

perche*F*
microphone boom

opérateur*M* de régie*F*
d'éclairage*M*
lighting board operator

pupitre*M* d'éclairage*M*
lighting board

directeur*M* technique
technical producer

technicien*M* aiguilleur*M*
video switcher technician

baie*F* de contrôle*M*
monitor wall

réalisateur*M*
producer

assistant*M* à la réalisation*F*
script assistant

conseiller*M* de
production*F*
production adviser

pupitre*M* de son*M*
audio console;
sound desk

preneur*M* de son*M*
audio technician;
sound technician

trappe*F* acoustique
bass trap

conseillers*M* musicaux
musical advisers

bâti*M* d'équipement*M*
equipment rack

haut-parleur*M* de contrôle*M*
audio monitor; *sound monitor*

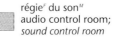 plateau*M*
studio floor

régie*F* image*F*/éclairage*M*
lighting/camera control
area

régie*F* du son*M*
audio control room;
sound control room

régie*F* de production*F*
production control room

poste^M de contrôle^M audio/vidéo
audio/video preview unit

oscilloscope^M de phase^F audio
stereo phase monitor

baie^F de contrôle^M
monitor wall

écrans^M de précontrôle^M
preview monitors

oscilloscope^M/vectoscope^M
vector/waveform monitor

écrans^M d'entrée^F
input monitors

écran^M du truqueur^M numérique
digital video effects monitor

écran^M du directeur^M
technique
technical producer
monitor

haut-parleur^M de contrôle^M
audio monitor; *sound monitor*

horloge^F
clock

microphone^M d'interphone^M
intercom microphone

sélecteur^M vidéo auxiliaire
auxiliary video switcher

sélecteur^M de contrôle^M
vidéo
video monitoring
selector

interphone^M
intercom station

écran^M de sortie^F
output monitor

sélecteur^M de contrôle^M audio
audio monitoring selector

poste^M téléphonique
telephone

écran^M principal de précontrôle^M
main preview monitor

vumètres^M audio
audio volume unit meters

table^F de production^F
production desk

aiguilleur^M vidéo de production^F
production video switcher

truqueur^M numérique
digital video special effects

COMMUNICATIONS
COMMUNICATIONS
COMMUNICATIONS

413

PLATEAU[M]
STUDIO FLOOR

projecteur[M] d'ambiance[F] sur
pantographe[M]
floodlight on pantograph

projecteur[M] à faisceau[M] concentré
spotlight

mire[F] de réglage[M]
test pattern

grille[F] d'éclairage[M]
lighting grid

rideau[M]
curtain

projecteur[M] d'ambiance[F]
floodlight

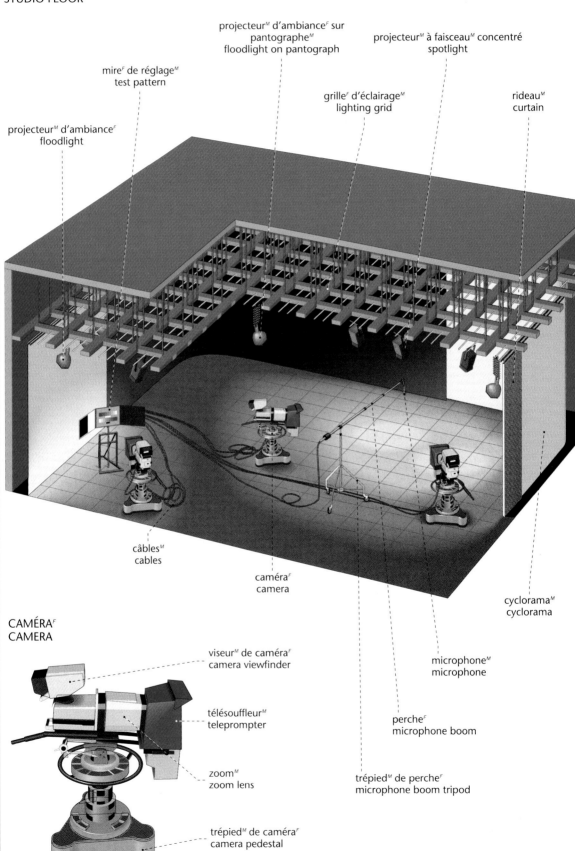

câbles[M]
cables

caméra[F]
camera

cyclorama[M]
cyclorama

CAMÉRA[F]
CAMERA

viseur[M] de caméra[F]
camera viewfinder

télésouffleur[M]
teleprompter

zoom[M]
zoom lens

microphone[M]
microphone

perche[F]
microphone boom

trépied[M] de perche[F]
microphone boom tripod

trépied[M] de caméra[F]
camera pedestal

CAR^M DE REPORTAGE^M
MOBILE UNIT

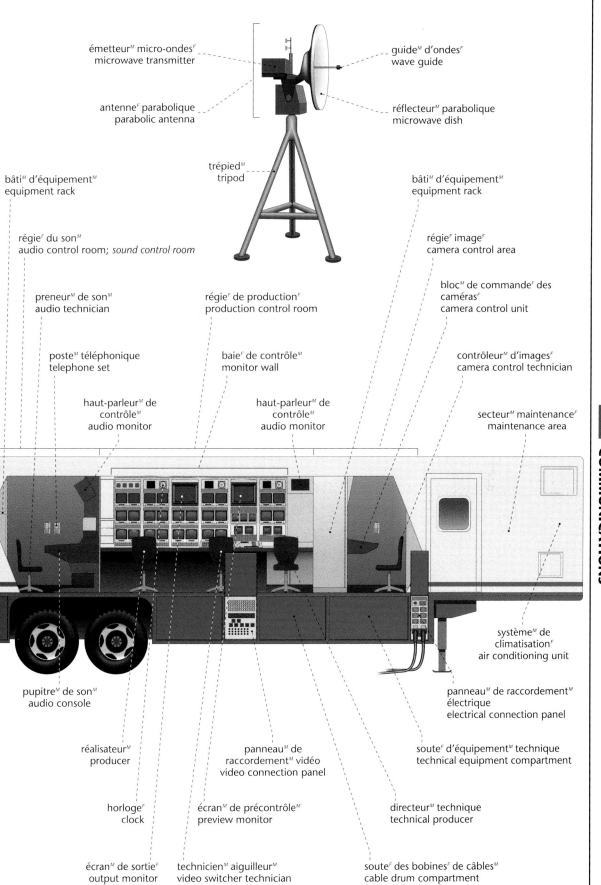

émetteur^M micro-ondes^F
microwave transmitter

guide^M d'ondes^F
wave guide

antenne^F parabolique
parabolic antenna

réflecteur^M parabolique
microwave dish

trépied^M
tripod

bâti^M d'équipement^M
equipment rack

bâti^M d'équipement^M
equipment rack

régie^F du son^M
audio control room; *sound control room*

régie^F image^F
camera control area

preneur^M de son^M
audio technician

régie^F de production^F
production control room

bloc^M de commande^F des
caméras^F
camera control unit

poste^M téléphonique
telephone set

baie^F de contrôle^M
monitor wall

contrôleur^M d'images^F
camera control technician

haut-parleur^M de
contrôle^M
audio monitor

haut-parleur^M de
contrôle^M
audio monitor

secteur^M maintenance^F
maintenance area

pupitre^M de son^M
audio console

système^M de
climatisation^F
air conditioning unit

réalisateur^M
producer

panneau^M de
raccordement^M vidéo
video connection panel

panneau^M de raccordement^M
électrique
electrical connection panel

soute^F d'équipement^M technique
technical equipment compartment

horloge^F
clock

écran^M de précontrôle^M
preview monitor

directeur^M technique
technical producer

écran^M de sortie^F
output monitor

technicien^M aiguilleur^M
video switcher technician

soute^F des bobines^F de câbles^M
cable drum compartment

415

TÉLÉDIFFUSION^F PAR SATELLITE^M
BROADCAST SATELLITE COMMUNICATION

satellite^M
satellite

station^F locale
local station

câblodistributeur^M
cable distributor

réseau^M privé
private broadcasting network

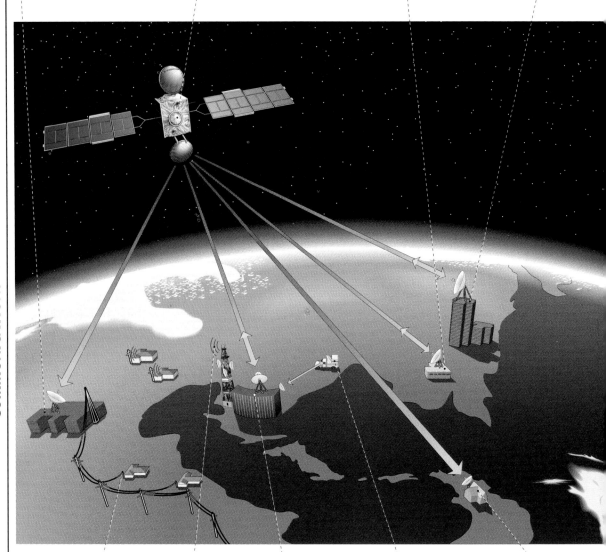

transmission^F par câble^M
distribution by cable network

réception^F directe
direct home reception

transmission^F hertzienne
Hertzian wave transmission

car^M de reportage^M
mobile unit

réseau^M national
national broadcasting network

416

TÉLÉCOMMUNICATIONS^F PAR SATELLITE^M
TELECOMMUNICATIONS BY SATELLITE

communications^F industrielles
industrial communications

téléport^M
teleport

communications^F aériennes
air communications

communications^F militaires
military communications

communications^F maritimes
maritime communications

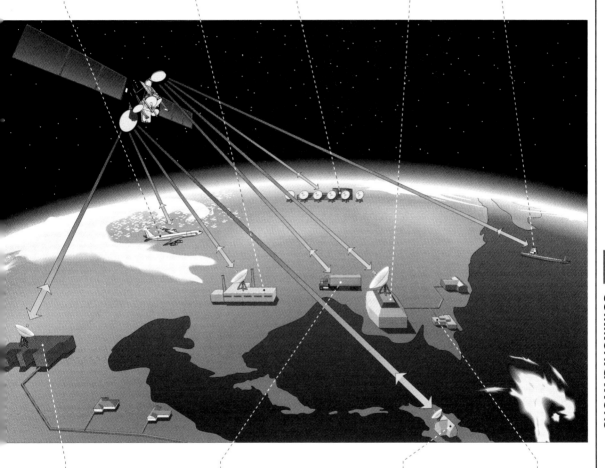

réseau^M téléphonique
telephone network

communications^F routières
road communications

communications^F individuelles
personal communications

client^M
consumer

TÉLÉCOMMUNICATIONS^F PAR LIGNE^F TÉLÉPHONIQUE
TELECOMMUNICATIONS BY TELEPHONE NETWORK

téléinformatique^F
computer communication

télécopieur^M
facsimile machine

téléphone^M cellulaire
cellular telephone

télex^M
telex

poste^M téléphonique
telephone set

SATELLITES^M DE TÉLÉCOMMUNICATIONS^F
TELECOMMUNICATION SATELLITES

EXEMPLES^M DE SATELLITES^M
EXAMPLES OF SATELLITES

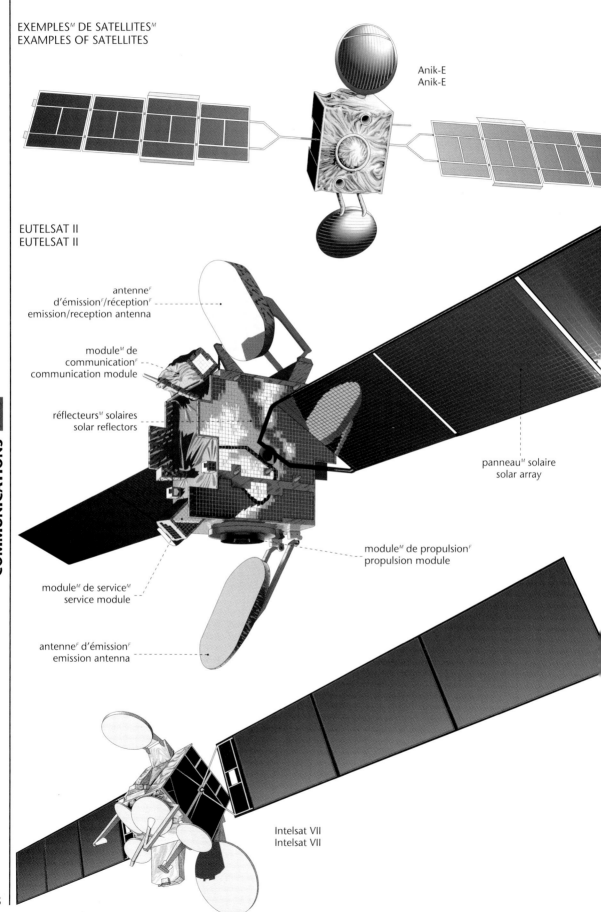

Anik-E
Anik-E

EUTELSAT II
EUTELSAT II

antenne^F
d'émission^F/réception^F
emission/reception antenna

module^M de
communication^F
communication module

réflecteurs^M solaires
solar reflectors

panneau^M solaire
solar array

module^M de propulsion^F
propulsion module

module^M de service^M
service module

antenne^F d'émission^F
emission antenna

Intelsat VII
Intelsat VII

COMMUNICATIONS
COMMUNICATIONS

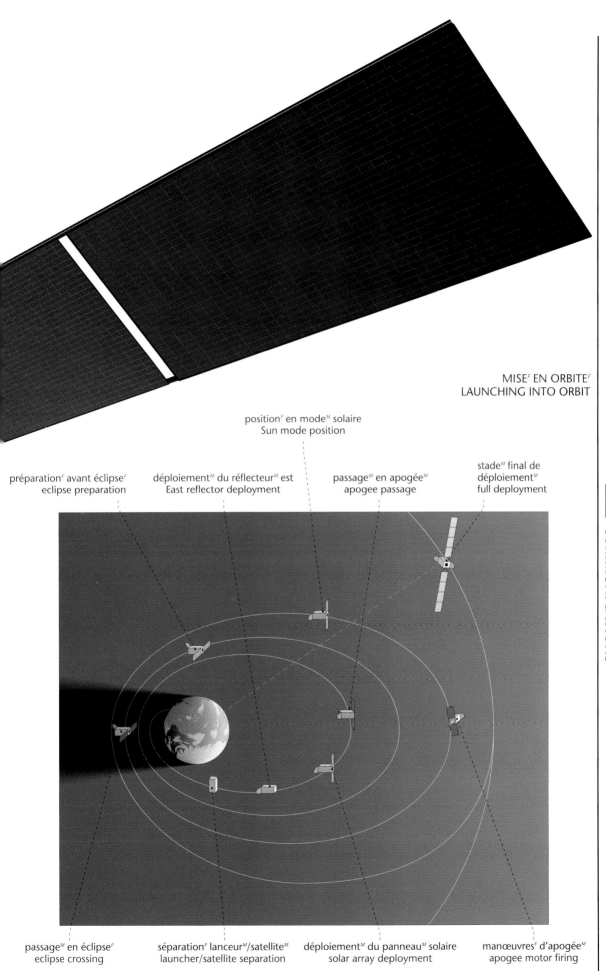

MISE^F EN ORBITE^F
LAUNCHING INTO ORBIT

position^F en mode^M solaire
Sun mode position

préparation^F avant éclipse^F
eclipse preparation

déploiement^M du réflecteur^M est
East reflector deployment

passage^M en apogée^M
apogee passage

stade^M final de
déploiement^M
full deployment

passage^M en éclipse^F
eclipse crossing

séparation^F lanceur^M/satellite^M
launcher/satellite separation

déploiement^M du panneau^M solaire
solar array deployment

manœuvres^F d'apogée^M
apogee motor firing

419

RÉPONDEUR^M TÉLÉPHONIQUE
TELEPHONE ANSWERING
MACHINE

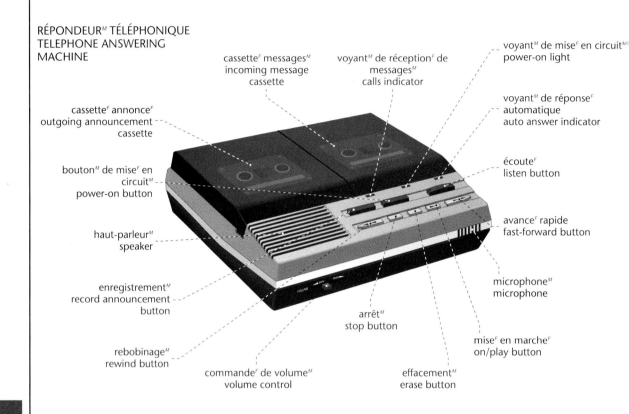

cassette^F messages^M
incoming message
cassette

voyant^M de réception^F de
messages^M
calls indicator

voyant^M de mise^F en circuit^M
power-on light

voyant^M de réponse^F
automatique
auto answer indicator

cassette^F annonce^F
outgoing announcement
cassette

écoute^F
listen button

bouton^M de mise^F en
circuit^M
power-on button

avance^F rapide
fast-forward button

haut-parleur^M
speaker

microphone^M
microphone

enregistrement^M
record announcement
button

arrêt^M
stop button

mise^F en marche^F
on/play button

rebobinage^M
rewind button

commande^F de volume^M
volume control

effacement^M
erase button

POSTE^M TÉLÉPHONIQUE
TELEPHONE SET

récepteur^M
receiver

afficheur^M
display

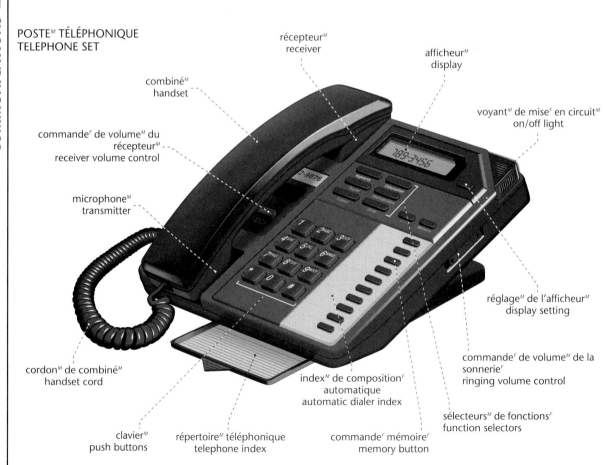

combiné^M
handset

voyant^M de mise^F en circuit^M
on/off light

commande^F de volume^M du
récepteur^M
receiver volume control

microphone^M
transmitter

réglage^M de l'afficheur^M
display setting

cordon^M de combiné^M
handset cord

commande^F de volume^M de la
sonnerie^F
ringing volume control

index^M de composition^F
automatique
automatic dialer index

sélecteurs^M de fonctions^F
function selectors

clavier^M
push buttons

répertoire^M téléphonique
telephone index

commande^F mémoire^F
memory button

terminal^M
terminal

imprimante^F
printer

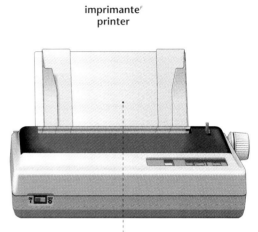

impression^F des messages^M
printing of messages

écran^M d'affichage^M
visual display unit

expédition^F/réception^F des
messages^M
transmission/reception of
messages

TÉLÉCOPIEUR^M
FACSIMILE MACHINE

écran^M d'affichage^M
data display

mise^F en marche^F
start key

sortie^F des originaux^M
sent document recovery

réception^F des messages^M
document receiving

entrée^F des originaux^M
document-to-be-sent position

guide-papier^M
paper guide

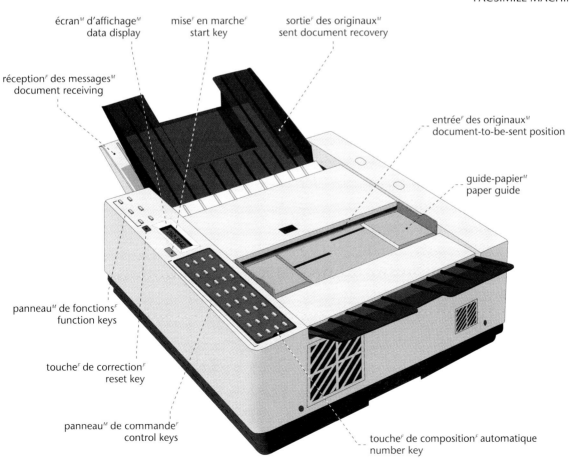

panneau^M de fonctions^F
function keys

touche^F de correction^F
reset key

panneau^M de commande^F
control keys

touche^F de composition^F automatique
number key

TYPES^M DE POSTES^M TÉLÉPHONIQUES
TYPES OF TELEPHONES

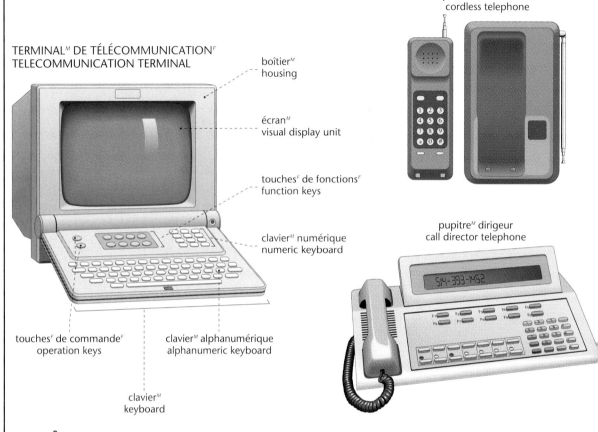

poste^M sans cordon^M
cordless telephone

TERMINAL^M DE TÉLÉCOMMUNICATION^F
TELECOMMUNICATION TERMINAL

boîtier^M
housing

écran^M
visual display unit

touches^F de fonctions^F
function keys

clavier^M numérique
numeric keyboard

touches^F de commande^F
operation keys

clavier^M alphanumérique
alphanumeric keyboard

clavier^M
keyboard

pupitre^M dirigeur
call director telephone

TÉLÉPHONE^M PUBLIC
PAY PHONE

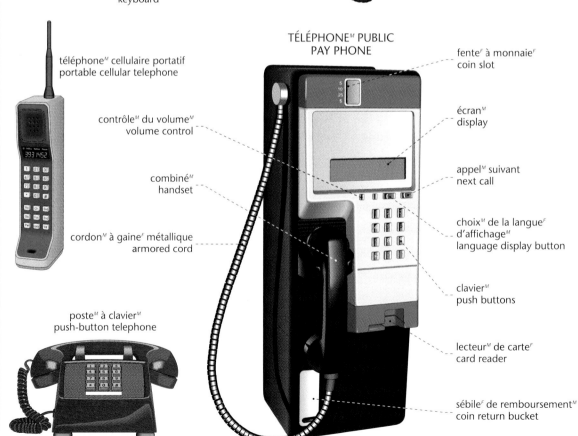

téléphone^M cellulaire portatif
portable cellular telephone

fente^F à monnaie^F
coin slot

contrôle^M du volume^M
volume control

écran^M
display

combiné^M
handset

appel^M suivant
next call

cordon^M à gaine^F métallique
armored cord

choix^M de la langue^F
d'affichage^M
language display button

clavier^M
push buttons

poste^M à clavier^M
push-button telephone

lecteur^M de carte^F
card reader

sébile^F de remboursement^M
coin return bucket

SOMMAIRE

TRANSPORT ROUTIER

AUTOMOBILE 425

CAMIONNAGE..440

MOTO 442

MOTONEIGE..445

BICYCLETTE 446

CARAVANE 449

SYSTÈME ROUTIER 450

STATION-SERVICE 453

PONTS FIXES..454

PONTS MOBILES..457

TRANSPORT FERROVIAIRE

TRAIN À GRANDE VITESSE (T.G.V.)..458

TYPES DE VOITURES 460

GARE DE VOYAGEURS 462

GARE..464

GARE DE TRIAGE 465

VOIE FERRÉE..466

LOCOMOTIVE DIESEL-ÉLECTRIQUE..468

WAGON..470

TYPES DE WAGONS..472

TRANSPORT PAR MÉTRO

CHEMIN DE FER MÉTROPOLITAIN 474

TRANSPORT MARITIME

QUATRE-MÂTS BARQUE 478

TYPES DE VOILES..482

TYPES DE GRÉEMENTS 482

ANCRE 483

APPAREILS DE NAVIGATION..484

SIGNALISATION MARITIME 486

SYSTÈME DE BALISAGE MARITIME..488

PORT MARITIME 490

ÉCLUSE 492

AÉROGLISSEUR..492

TRANSBORDEUR..494

CARGO PORTE-CONTENEURS..494

HYDROPTÈRE 495

PAQUEBOT 496

TRANSPORT AÉRIEN

AVION LONG-COURRIER 498

TYPES D'EMPENNAGES 498

TYPES DE VOILURES 499

POSTE DE PILOTAGE 500

TURBORÉACTEUR À DOUBLE FLUX..501

AÉROPORT 502

HÉLICOPTÈRE 508

TRANSPORT SPATIAL

FUSÉE..509

NAVETTE SPATIALE..510

SCAPHANDRE SPATIAL..512

TYPES*M* DE CARROSSERIES*F*
TYPES OF BODIES

voiture*F* sport*M*
sports car

coach*M*
two-door sedan; *coupé*

trois-portes*F*
hatchback

break*M*; *familiale*F*
station wagon; *estate car*

cabriolet*M*; *décapotable*F*
convertible

camionnette*F*
pickup truck

berline*F*
four-door sedan; *four-door saloon*

véhicule*M* tout-terrain*M*
multipurpose vehicle; *all-terrain vehicle*

fourgonnette*F*
minivan; *minibus*

limousine*F*
limousine; *stretch-limousine*

CARROSSERIE^F
BODY

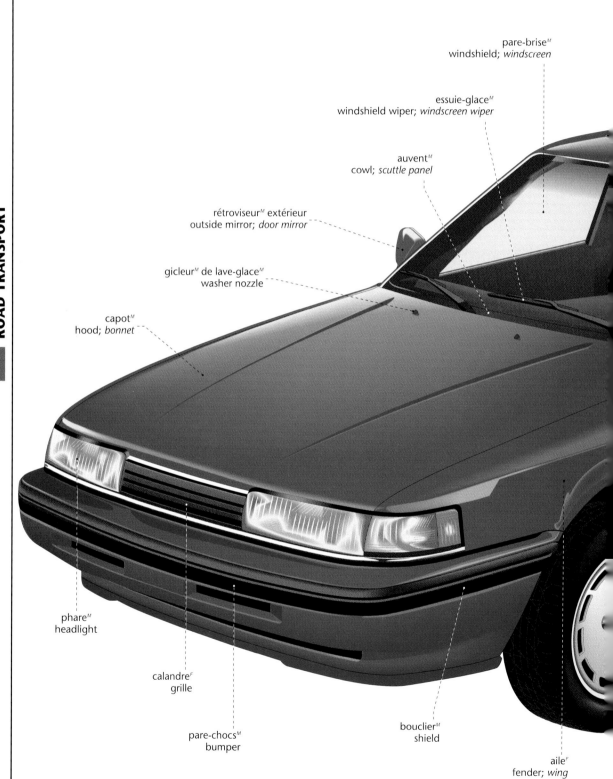

pare-brise^M
windshield; *windscreen*

essuie-glace^M
windshield wiper; *windscreen wiper*

auvent^M
cowl; *scuttle panel*

rétroviseur^M extérieur
outside mirror; *door mirror*

gicleur^M de lave-glace^M
washer nozzle

capot^M
hood; *bonnet*

phare^M
headlight

calandre^F
grille

pare-chocs^M
bumper

bouclier^M
shield

aile^F
fender; *wing*

antenne^F
antenna; *aerial*

pavillon^M
roof

toit^M ouvrant
sliding sunroof; *sun roof*

montant^M latéral
center post; *door pillar*

gouttière^F
drip molding;
drip moulding

glace^F de custode^F
quarter window

coffre^M
trunk; *boot*

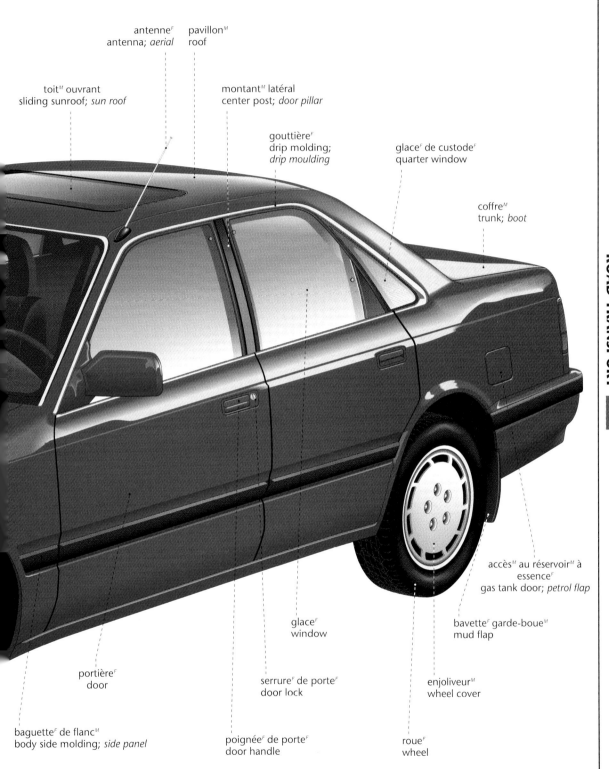

accès^M au réservoir^M à
essence^F
gas tank door; *petrol flap*

bavette^F garde-boue^M
mud flap

glace^F
window

enjoliveur^M
wheel cover

portière^F
door

serrure^F de porte^F
door lock

baguette^F de flanc^M
body side molding; *side panel*

poignée^F de porte^F
door handle

roue^F
wheel

SIÈGE^M-BAQUET^M
BUCKET SEAT

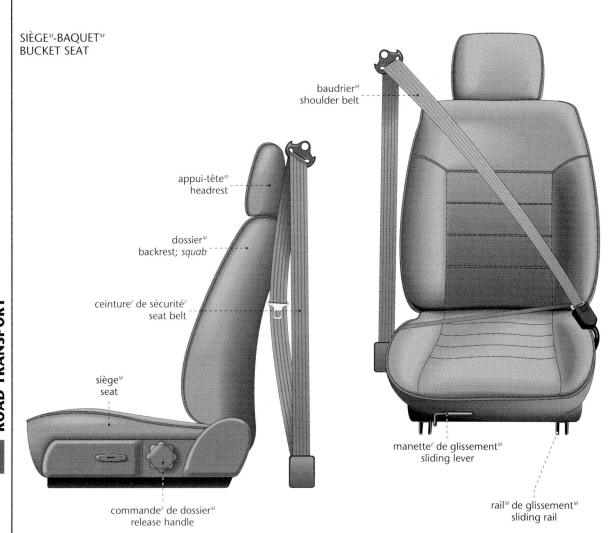

baudrier^M
shoulder belt

appui-tête^M
headrest

dossier^M
backrest; *squab*

ceinture^F de sécurité^F
seat belt

siège^M
seat

commande^F de dossier^M
release handle

manette^F de glissement^M
sliding lever

rail^M de glissement^M
sliding rail

BANQUETTE^F ARRIÈRE
REAR SEAT

appui-bras^M
armrest

sangle^F
webbing

boucle^F
buckle

banquette^F
bench seat

428

poignée^F intérieure
interior door handle

glace^F
window

poignée^F de maintien^M
assist grip

appui-bras^M
armrest

commande^F du rétroviseur^M
outside mirror control;
door mirror control

bouton^M de verrouillage^M
interior door lock button

manivelle^F de lève-glace^M
window regulator handle;
window winder handle

serrure^F
lock

vide-poches^M
accessory pocket

panneau^M de garnissage^M
trim panel

charnière^F
hinge

caisson^M de porte^F
inner door shell

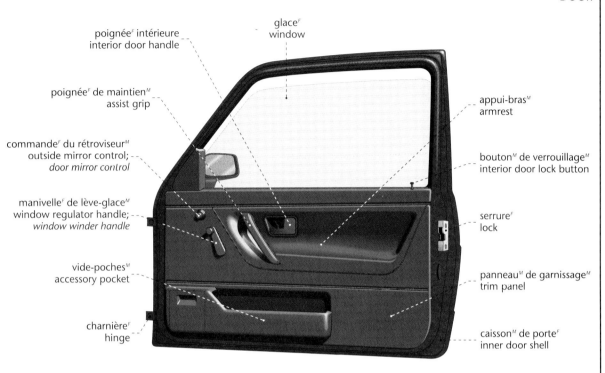

**feux^M avant
headlights; *front lights***

feux^M de route^F
high beam; *main beam*

feux^M clignotants
turn signal; *indicator*

feux^M de croisement^M
low beam; *dipped*

feux^M de gabarit^M
side-marker light; *side light*

feux^M de brouillard^M
fog light; *fog lamp*

**feux^M arrière
taillights; *rear lights***

feu^M stop^M
brakelight; *brake light*

feux^M clignotants
turn signal; *indicator*

feu^M de plaque^F
license plate light;
number plate light

feux^M stop^M
brakelight; *brake light*

feux^M rouges arrière
taillight; *rear light*

feux^M de recul^M
backup light; *reversing light*

feux^M de gabarit^M
side-marker light; *side light*

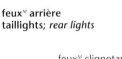
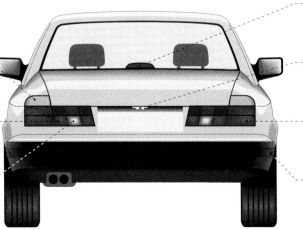

AUTOMOBILE[F]
AUTOMOBILE; *CAR*

TABLEAU[M] DE BORD[M]
DASHBOARD

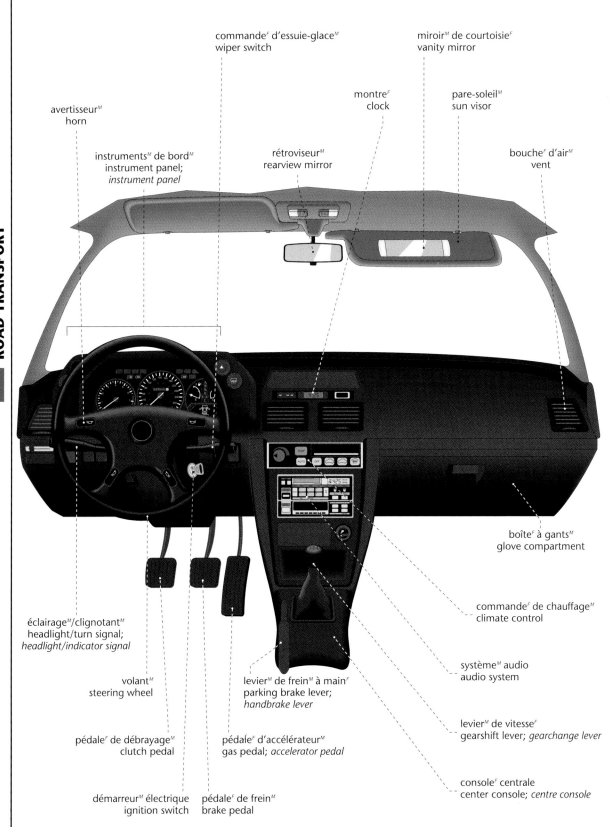

commande[F] d'essuie-glace[M]
wiper switch

miroir[M] de courtoisie[F]
vanity mirror

montre[F]
clock

pare-soleil[M]
sun visor

avertisseur[M]
horn

instruments[M] de bord[M]
instrument panel;
instrument panel

rétroviseur[M]
rearview mirror

bouche[F] d'air[M]
vent

éclairage[M]/clignotant[M]
headlight/turn signal;
headlight/indicator signal

boîte[F] à gants[M]
glove compartment

commande[F] de chauffage[M]
climate control

volant[M]
steering wheel

levier[M] de frein[M] à main[F]
parking brake lever;
handbrake lever

système[M] audio
audio system

pédale[F] de débrayage[M]
clutch pedal

pédale[F] d'accélérateur[M]
gas pedal; *accelerator pedal*

levier[M] de vitesse[F]
gearshift lever; *gearchange lever*

démarreur[M] électrique
ignition switch

pédale[F] de frein[M]
brake pedal

console[F] centrale
center console; *centre console*

430

INSTRUMENTS^M DE BORD^M
INSTRUMENT PANEL; *INSTRUMENT PANEL*

témoin^M de charge^F
alternator warning light;
battery warning light

témoin^M des feux^M de route^F
high beam indicator light;
main beam indicator light

témoin^M de niveau^M
d'huile^F
oil warning light

témoin^M de bas niveau^M
de carburant^M
low fuel warning light

indicateur^M de niveau^M de
carburant^M
fuel indicator

lampes^F témoins^M
warning lights

témoin^M de clignotants^M
turn signal indicator

indicateur^M de
température^F
temperature indicator

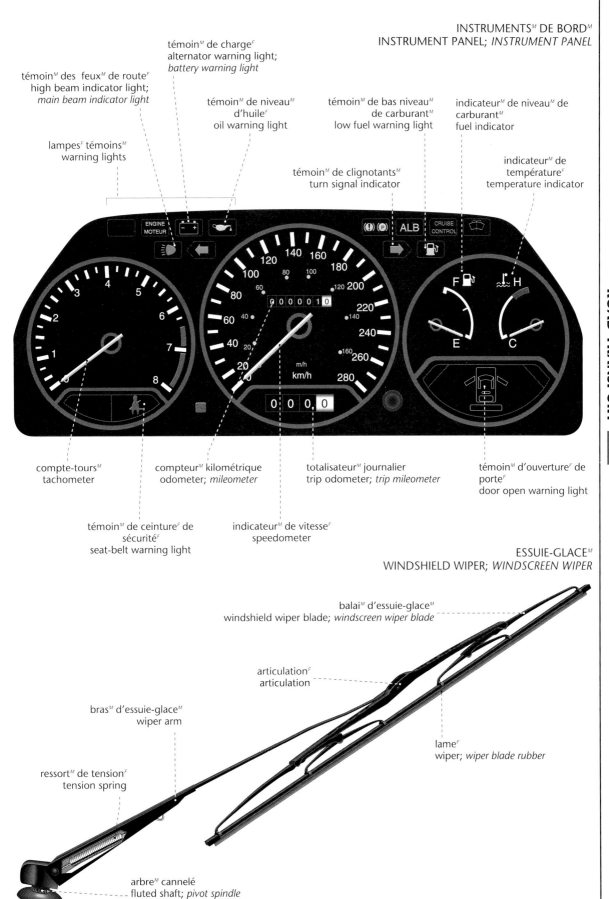

compte-tours^M
tachometer

compteur^M kilométrique
odometer; *mileometer*

totalisateur^M journalier
trip odometer; *trip mileometer*

témoin^M d'ouverture^F de
porte^F
door open warning light

témoin^M de ceinture^F de
sécurité^F
seat-belt warning light

indicateur^M de vitesse^F
speedometer

ESSUIE-GLACE^M
WINDSHIELD WIPER; *WINDSCREEN WIPER*

balai^M d'essuie-glace^M
windshield wiper blade; *windscreen wiper blade*

articulation^F
articulation

bras^M d'essuie-glace^M
wiper arm

lame^F
wiper; *wiper blade rubber*

ressort^M de tension^F
tension spring

arbre^M cannelé
fluted shaft; *pivot spindle*

FREIN^M À DISQUE^M
DISK BRAKE; *DISC BRAKE*

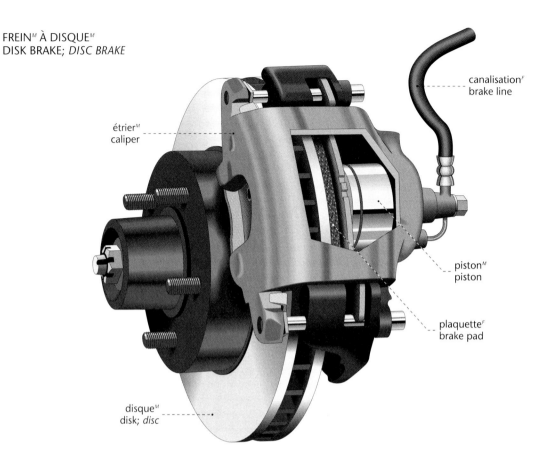

canalisation^F
brake line

étrier^M
caliper

piston^M
piston

plaquette^F
brake pad

disque^M
disk; *disc*

FREIN^M À TAMBOUR^M
DRUM BRAKE

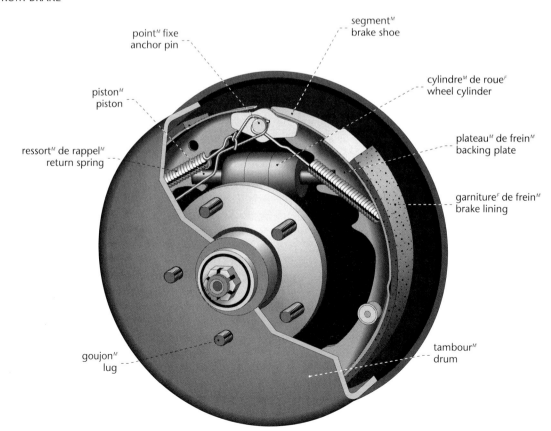

point^M fixe
anchor pin

segment^M
brake shoe

piston^M
piston

cylindre^M de roue^F
wheel cylinder

ressort^M de rappel^M
return spring

plateau^M de frein^M
backing plate

garniture^F de frein^M
brake lining

goujon^M
lug

tambour^M
drum

432

PNEU^M À CARCASSE^F RADIALE CEINTURÉE
STEEL BELTED RADIAL TIRE;
BELTED RADIAL TYRE

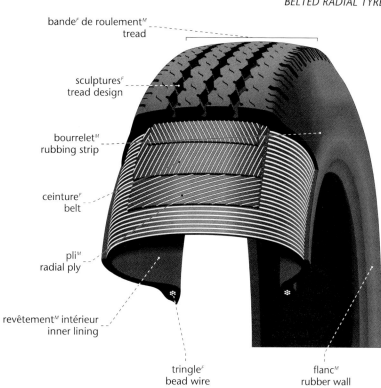

bande^F de roulement^M
tread

sculptures^F
tread design

bourrelet^M
rubbing strip

ceinture^F
belt

pli^M
radial ply

revêtement^M intérieur
inner lining

tringle^F
bead wire

flanc^M
rubber wall

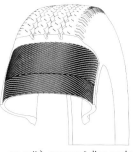

pneu^M à carcasse^F diagonale
bias-ply tire; *bias-ply tyre*

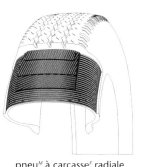

pneu^M à carcasse^F radiale
radial tire; *radial tyre*

PNEU^M
TIRE; *TYRE*

sculptures^F
tread design

bourrelet^M
rubbing strip

spécifications^F techniques
technical specifications

talon^M
bead

flanc^M
rubber wall

P185/60HR14 M+S

ROUE^F
WHEEL

voile^M
disk; *disc*

jante^F
rim

joue^F de jante^F
rim flange

MOTEUR^M À ESSENCE^F
GASOLINE ENGINE; *PETROL ENGINE*

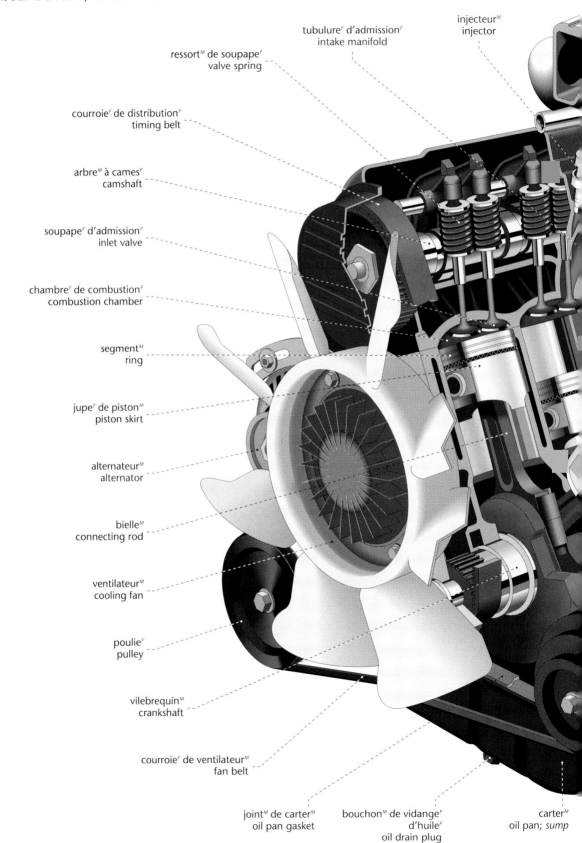

tubulure^F d'admission^F
intake manifold

injecteur^M
injector

ressort^M de soupape^F
valve spring

courroie^F de distribution^F
timing belt

arbre^M à cames^F
camshaft

soupape^F d'admission^F
inlet valve

chambre^F de combustion^F
combustion chamber

segment^M
ring

jupe^F de piston^M
piston skirt

alternateur^M
alternator

bielle^M
connecting rod

ventilateur^M
cooling fan

poulie^F
pulley

vilebrequin^M
crankshaft

courroie^F de ventilateur^M
fan belt

joint^M de carter^M
oil pan gasket

bouchon^M de vidange^F
d'huile^F
oil drain plug

carter^M
oil pan; *sump*

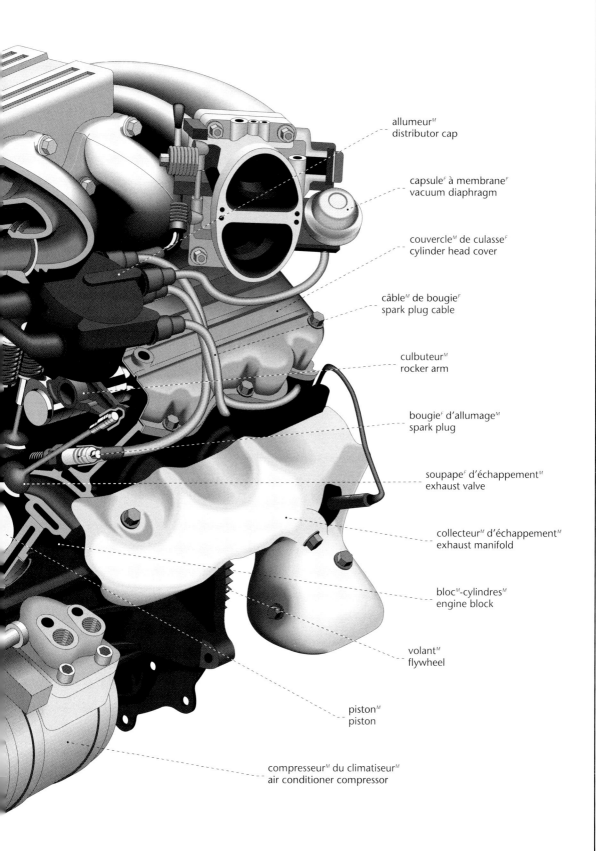

allumeur^M
distributor cap

capsule^F à membrane^F
vacuum diaphragm

couvercle^M de culasse^F
cylinder head cover

câble^M de bougie^F
spark plug cable

culbuteur^M
rocker arm

bougie^F d'allumage^M
spark plug

soupape^F d'échappement^M
exhaust valve

collecteur^M d'échappement^M
exhaust manifold

bloc^M-cylindres^M
engine block

volant^M
flywheel

piston^M
piston

compresseur^M du climatiseur^M
air conditioner compressor

TYPES^M DE MOTEURS^M
TYPES OF ENGINES

MOTEUR^M À QUATRE TEMPS^M
FOUR-STROKE-CYCLE
ENGINE

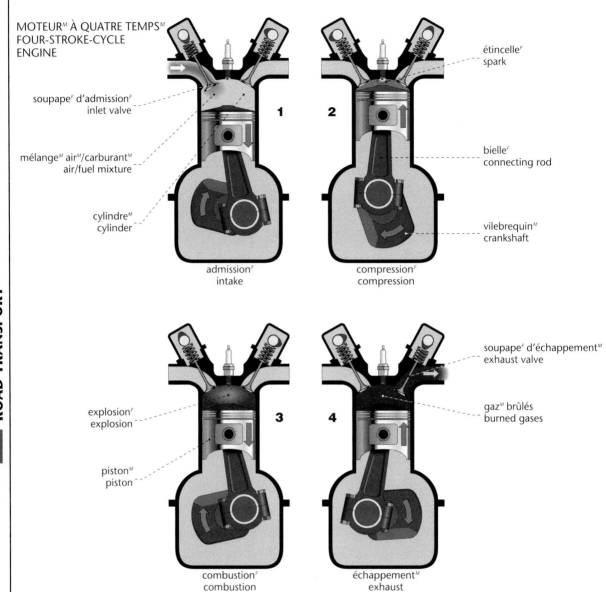

soupape^F d'admission^F
inlet valve

mélange^M air^M/carburant^M
air/fuel mixture

cylindre^M
cylinder

1   **2**

admission^F
intake

compression^F
compression

étincelle^F
spark

bielle^F
connecting rod

vilebrequin^M
crankshaft

explosion^F
explosion

piston^M
piston

3   **4**

combustion^F
combustion

échappement^M
exhaust

soupape^F d'échappement^M
exhaust valve

gaz^M brûlés
burned gases

MOTEUR^M À DEUX TEMPS^M
TWO-STROKE-CYCLE ENGINE

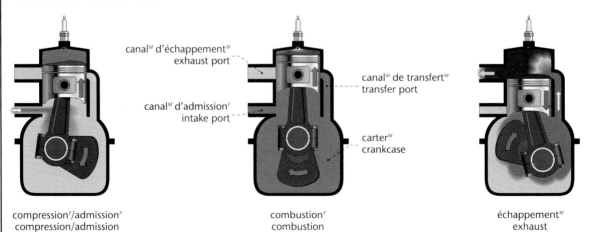

canal^M d'échappement^M
exhaust port

canal^M d'admission^F
intake port

canal^M de transfert^M
transfer port

carter^M
crankcase

compression^F/admission^F
compression/admission

combustion^F
combustion

échappement^M
exhaust

air^M
air

injection^F/explosion^F
injection/explosion

injecteur^M
fuel injector

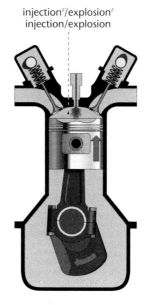

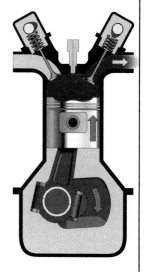

admission^F
intake

compression^F
compression

combustion^F
combustion

échappement^M
exhaust

MOTEUR^M ROTATIF
ROTARY ENGINE

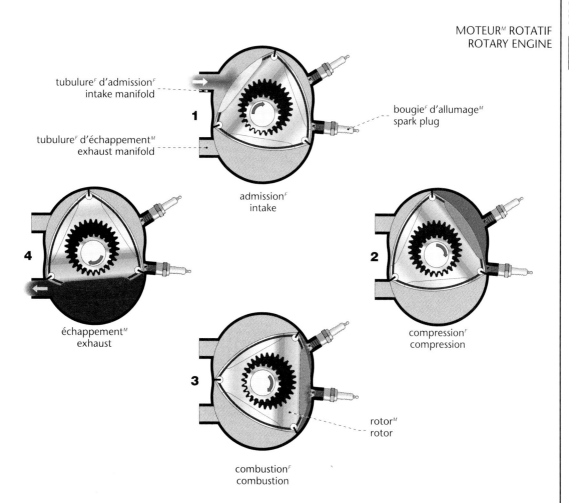

tubulure^F d'admission^F
intake manifold

bougie^F d'allumage^M
spark plug

tubulure^F d'échappement^M
exhaust manifold

admission^F
intake

échappement^M
exhaust

compression^F
compression

rotor^M
rotor

combustion^F
combustion

AUTOMOBILE^F
AUTOMOBILE; *CAR*

RADIATEUR^M
RADIATOR

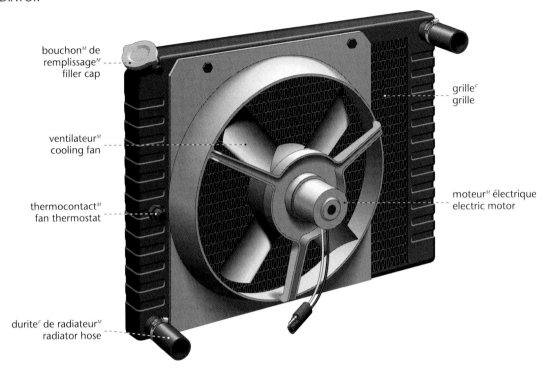

bouchon^M de
remplissage^M
filler cap

grille^F
grille

ventilateur^M
cooling fan

thermocontact^M
fan thermostat

moteur^M électrique
electric motor

durite^F de radiateur^M
radiator hose

MOTEUR^M À TURBOCOMPRESSION^F
TURBO-COMPRESSOR ENGINE;
TURBO-CHARGED ENGINE

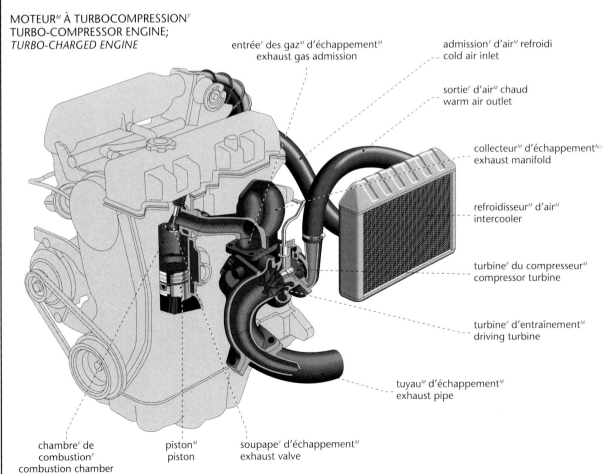

entrée^F des gaz^M d'échappement^M
exhaust gas admission

admission^F d'air^M refroidi
cold air inlet

sortie^F d'air^M chaud
warm air outlet

collecteur^M d'échappement^M
exhaust manifold

refroidisseur^M d'air^M
intercooler

turbine^F du compresseur^M
compressor turbine

turbine^F d'entraînement^M
driving turbine

tuyau^M d'échappement^M
exhaust pipe

chambre^F de
combustion^F
combustion chamber

piston^M
piston

soupape^F d'échappement^M
exhaust valve

BOUGIE^F D'ALLUMAGE^M
SPARK PLUG

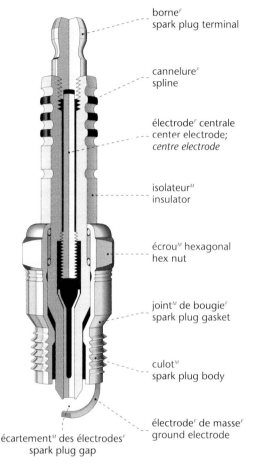

borne^F
spark plug terminal

cannelure^F
spline

électrode^F centrale
center electrode;
centre electrode

isolateur^M
insulator

écrou^M hexagonal
hex nut

joint^M de bougie^F
spark plug gasket

culot^M
spark plug body

électrode^F de masse^F
ground electrode

écartement^M des électrodes^F
spark plug gap

SYSTÈME^M D'ÉCHAPPEMENT^M
EXHAUST SYSTEM

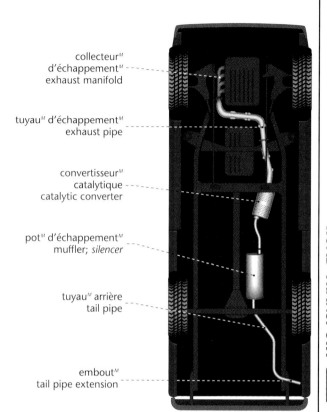

collecteur^M
d'échappement^M
exhaust manifold

tuyau^M d'échappement^M
exhaust pipe

convertisseur^M
catalytique
catalytic converter

pot^M d'échappement^M
muffler; *silencer*

tuyau^M arrière
tail pipe

embout^M
tail pipe extension

BATTERIE^F D'ACCUMULATEURS^M
BATTERY

couvercle^M de batterie^F
battery cover

borne^F positive
positive terminal

borne^F négative
negative terminal

séparateur^M liquide^M/gaz^M
liquid/gas separator

hydromètre^M
hydrometer

barrette^F positive
positive plate strap

barrette^F négative
negative plate strap

boîtier^M de batterie^F
battery case

plaque^F positive
positive plate

plaque^F négative
negative plate

alvéole^F de plaque^F
plate grid

séparateur^M
separator

439

CAMIONNAGE^M
TRUCKING

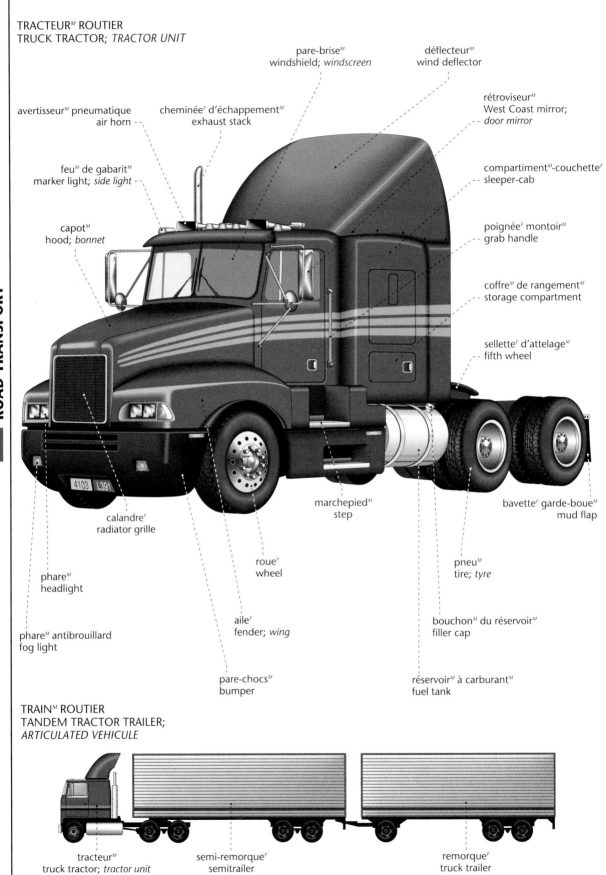

TRACTEUR^M ROUTIER
TRUCK TRACTOR; *TRACTOR UNIT*

pare-brise^M
windshield; *windscreen*

déflecteur^M
wind deflector

avertisseur^M pneumatique
air horn

cheminée^F d'échappement^M
exhaust stack

rétroviseur^M
West Coast mirror;
door mirror

feu^M de gabarit^M
marker light; *side light*

compartiment^M-couchette^F
sleeper-cab

capot^M
hood; *bonnet*

poignée^F montoir^M
grab handle

coffre^M de rangement^M
storage compartment

sellette^F d'attelage^M
fifth wheel

marchepied^M
step

bavette^F garde-boue^M
mud flap

calandre^F
radiator grille

roue^F
wheel

pneu^M
tire; *tyre*

phare^M
headlight

aile^F
fender; *wing*

bouchon^M du réservoir^M
filler cap

phare^M antibrouillard
fog light

pare-chocs^M
bumper

réservoir^M à carburant^M
fuel tank

TRAIN^M ROUTIER
TANDEM TRACTOR TRAILER;
ARTICULATED VEHICULE

tracteur^M
truck tractor; *tractor unit*

semi-remorque^F
semitrailer

remorque^F
truck trailer

TRANSPORT ROUTIER
ROAD TRANSPORT

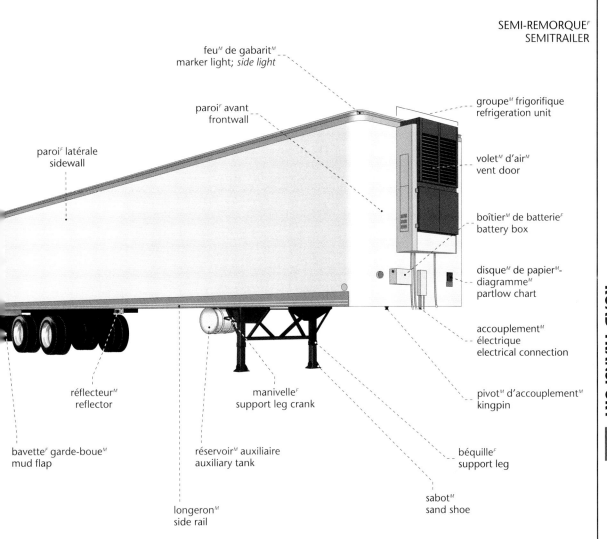

feu^M de gabarit^M
marker light; *side light*

paroi^F avant
frontwall

paroi^F latérale
sidewall

groupe^M frigorifique
refrigeration unit

volet^M d'air^M
vent door

boîtier^M de batterie^F
battery box

disque^M de papier^M-
diagramme^M
partlow chart

accouplement^M
électrique
electrical connection

pivot^M d'accouplement^M
kingpin

réflecteur^M
reflector

manivelle^F
support leg crank

bavette^F garde-boue^M
mud flap

réservoir^M auxiliaire
auxiliary tank

béquille^F
support leg

sabot^M
sand shoe

longeron^M
side rail

SEMI-REMORQUE^F PLATE-FORME^F
FLATBED

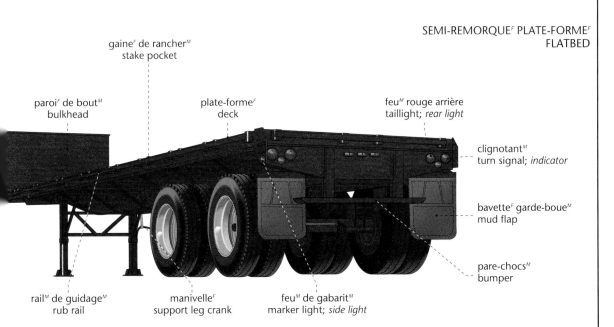

gaine^F de rancher^M
stake pocket

paroi^F de bout^M
bulkhead

plate-forme^F
deck

feu^M rouge arrière
taillight; *rear light*

clignotant^M
turn signal; *indicator*

bavette^F garde-boue^M
mud flap

pare-chocs^M
bumper

rail^M de guidage^M
rub rail

manivelle^F
support leg crank

feu^M de gabarit^M
marker light; *side light*

VUE^F LATÉRALE
SIDE VIEW

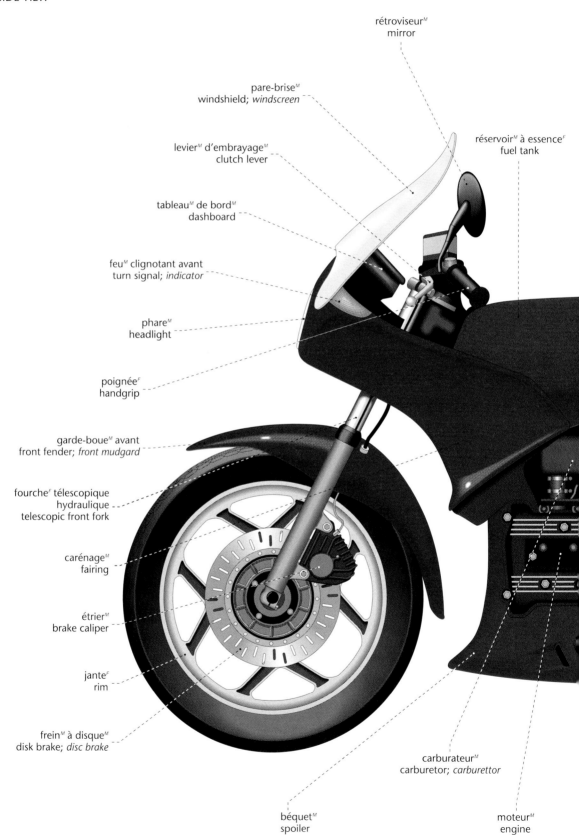

rétroviseur^M
mirror

pare-brise^M
windshield; *windscreen*

réservoir^M à essence^F
fuel tank

levier^M d'embrayage^M
clutch lever

tableau^M de bord^M
dashboard

feu^M clignotant avant
turn signal; *indicator*

phare^M
headlight

poignée^F
handgrip

garde-boue^M avant
front fender; *front mudgard*

fourche^F télescopique
hydraulique
telescopic front fork

carénage^M
fairing

étrier^M
brake caliper

jante^F
rim

frein^M à disque^M
disk brake; *disc brake*

carburateur^M
carburetor; *carburettor*

béquet^M
spoiler

moteur^M
engine

CASQUE^M DE PROTECTION^F
PROTECTIVE HELMET

coque^F
bubble

visière^F
visor

grille^F d'entrée^F d'air^M
air inlet

mentonnière^F
chin protector

charnière^F de la visière^F
visor hinge

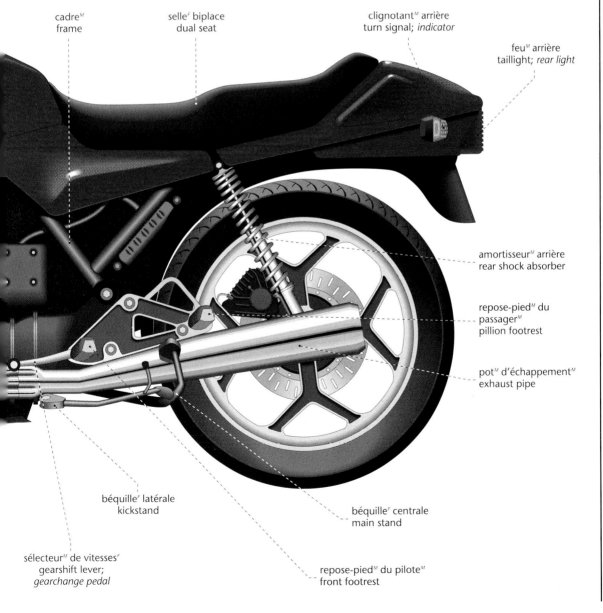

cadre^M
frame

selle^F biplace
dual seat

clignotant^M arrière
turn signal; *indicator*

feu^M arrière
taillight; *rear light*

amortisseur^M arrière
rear shock absorber

repose-pied^M du
passager^M
pillion footrest

pot^M d'échappement^M
exhaust pipe

béquille^F latérale
kickstand

béquille^F centrale
main stand

sélecteur^M de vitesses^F
gearshift lever;
gearchange pedal

repose-pied^M du pilote^M
front footrest

443

MOTO^F
MOTORCYCLE

VUE^F EN PLONGÉE^F
VIEW FROM ABOVE

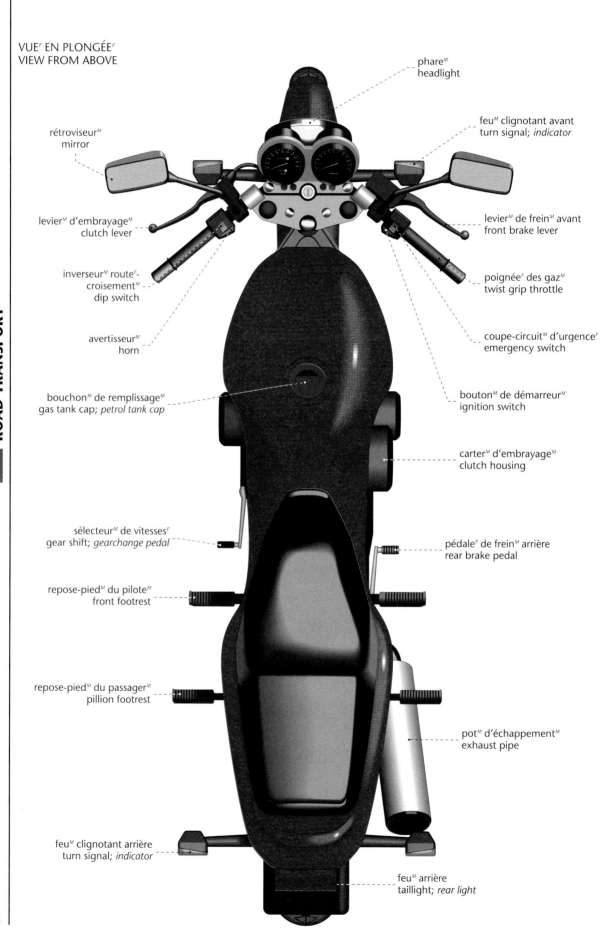

phare^M
headlight

feu^M clignotant avant
turn signal; *indicator*

rétroviseur^M
mirror

levier^M d'embrayage^M
clutch lever

levier^M de frein^M avant
front brake lever

inverseur^M route^F-
croisement^M
dip switch

poignée^F des gaz^M
twist grip throttle

avertisseur^M
horn

coupe-circuit^M d'urgence^F
emergency switch

bouchon^M de remplissage^M
gas tank cap; *petrol tank cap*

bouton^M de démarreur^M
ignition switch

carter^M d'embrayage^M
clutch housing

sélecteur^M de vitesses^F
gear shift; *gearchange pedal*

pédale^F de frein^M arrière
rear brake pedal

repose-pied^M du pilote^M
front footrest

repose-pied^M du passager^M
pillion footrest

pot^M d'échappement^M
exhaust pipe

feu^M clignotant arrière
turn signal; *indicator*

feu^M arrière
taillight; *rear light*

444

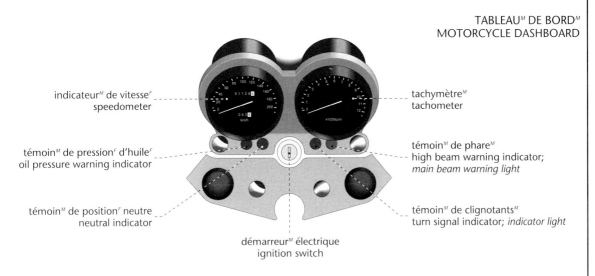

TABLEAU^M DE BORD^M
MOTORCYCLE DASHBOARD

indicateur^M de vitesse^F
speedometer

tachymètre^M
tachometer

témoin^M de pression^F d'huile^F
oil pressure warning indicator

témoin^M de phare^M
high beam warning indicator;
main beam warning light

témoin^M de position^F neutre
neutral indicator

témoin^M de clignotants^M
turn signal indicator; *indicator light*

démarreur^M électrique
ignition switch

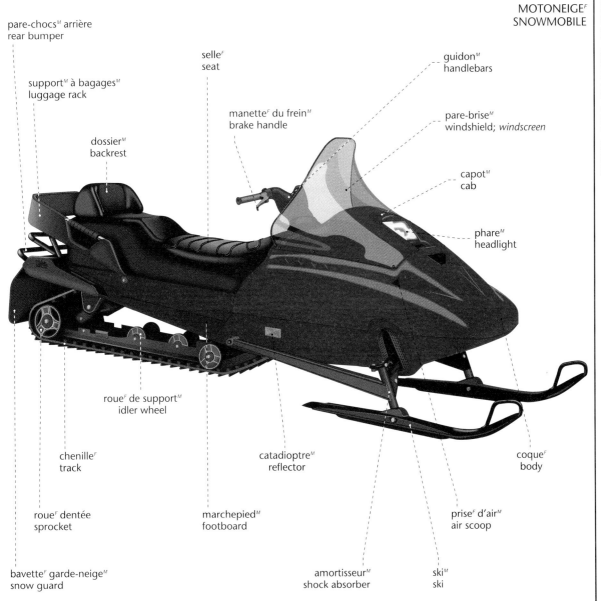

MOTONEIGE^F
SNOWMOBILE

pare-chocs^M arrière
rear bumper

selle^F
seat

guidon^M
handlebars

support^M à bagages^M
luggage rack

manette^F du frein^M
brake handle

pare-brise^M
windshield; *windscreen*

dossier^M
backrest

capot^M
cab

phare^M
headlight

roue^F de support^M
idler wheel

chenille^F
track

catadioptre^M
reflector

coque^F
body

roue^F dentée
sprocket

marchepied^M
footboard

prise^F d'air^M
air scoop

bavette^F garde-neige^M
snow guard

amortisseur^M
shock absorber

ski^M
ski

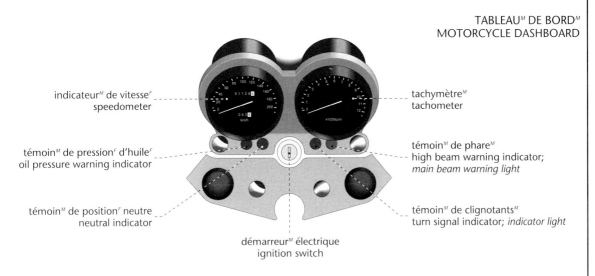

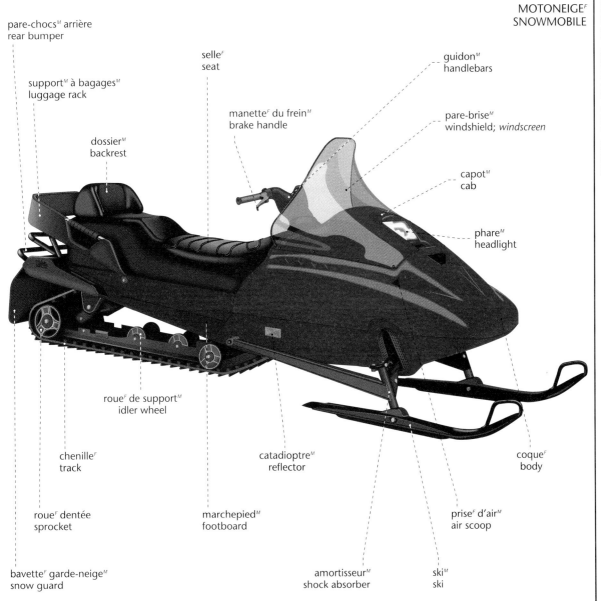

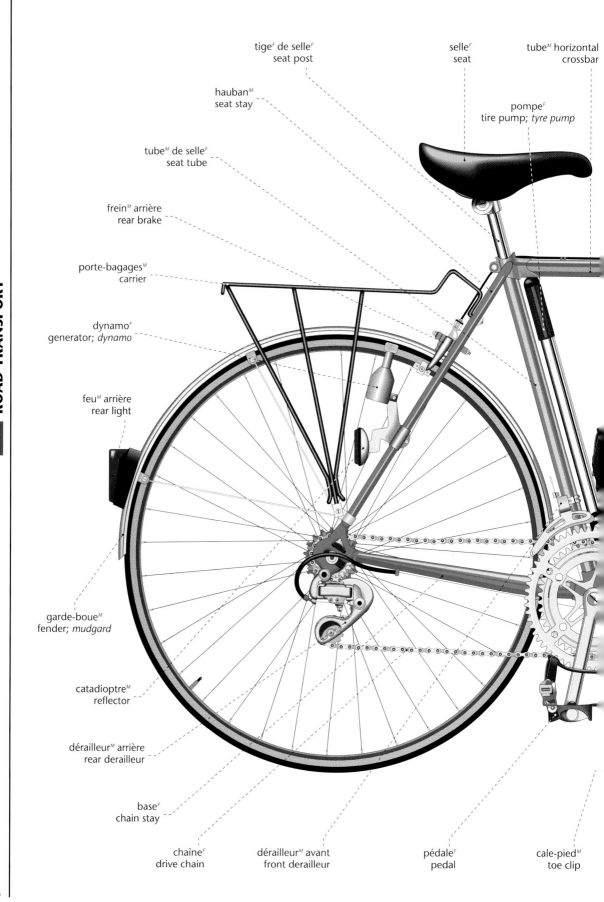

tige^F de selle^F
seat post

selle^F
seat

tube^M horizontal
crossbar

hauban^M
seat stay

pompe^F
tire pump; *tyre pump*

tube^M de selle^F
seat tube

frein^M arrière
rear brake

porte-bagages^M
carrier

dynamo^F
generator; *dynamo*

feu^M arrière
rear light

garde-boue^M
fender; *mudgard*

catadioptre^M
reflector

dérailleur^M arrière
rear derailleur

base^F
chain stay

chaîne^F
drive chain

dérailleur^M avant
front derailleur

pédale^F
pedal

cale-pied^M
toe clip

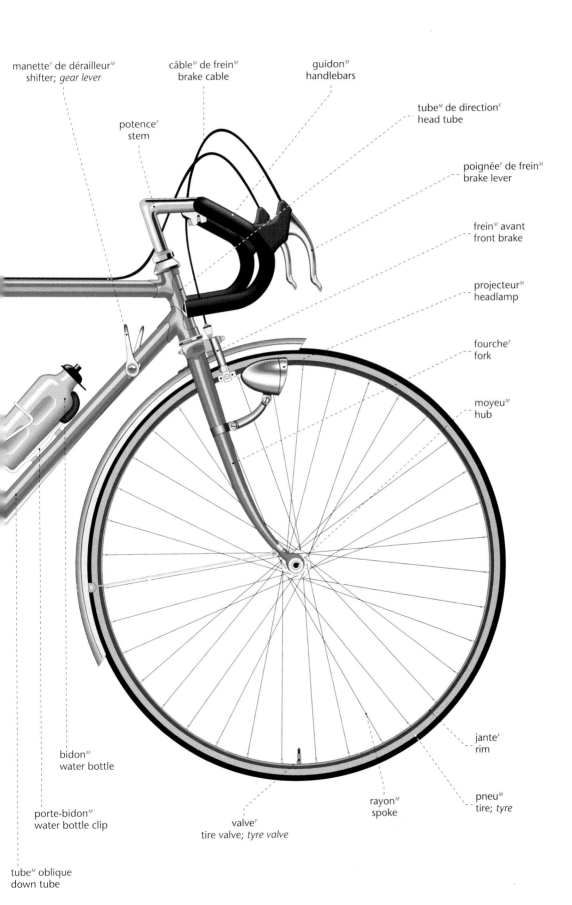

manette^F de dérailleur^M
shifter; *gear lever*

câble^M de frein^M
brake cable

guidon^M
handlebars

tube^M de direction^F
head tube

potence^F
stem

poignée^F de frein^M
brake lever

frein^M avant
front brake

projecteur^M
headlamp

fourche^F
fork

moyeu^M
hub

bidon^M
water bottle

jante^F
rim

porte-bidon^M
water bottle clip

valve^F
tire valve; *tyre valve*

rayon^M
spoke

pneu^M
tire; *tyre*

tube^M oblique
down tube

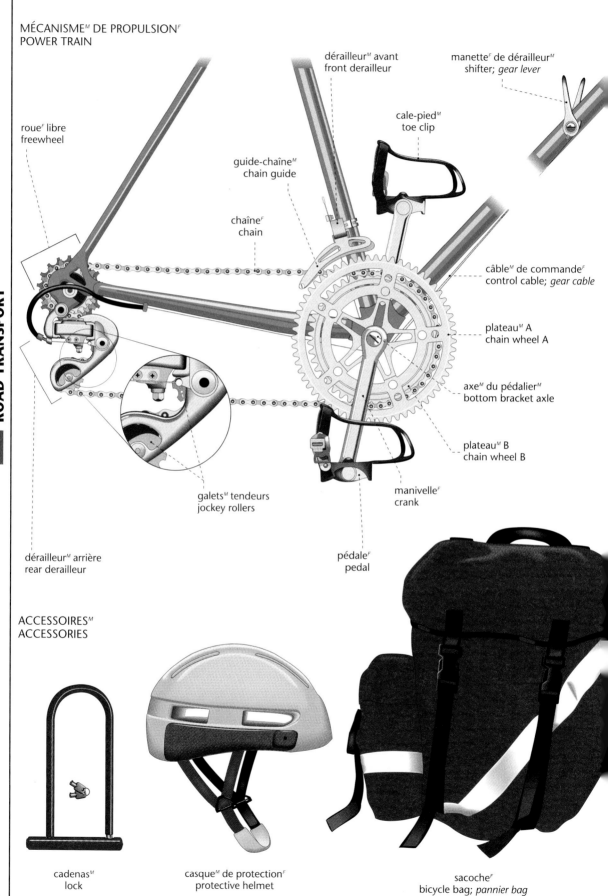

MÉCANISME^M DE PROPULSION^F
POWER TRAIN

roue^F libre
freewheel

dérailleur^M avant
front derailleur

manette^F de dérailleur^M
shifter; *gear lever*

cale-pied^M
toe clip

guide-chaîne^M
chain guide

chaîne^F
chain

câble^M de commande^F
control cable; *gear cable*

plateau^M A
chain wheel A

axe^M du pédalier^M
bottom bracket axle

plateau^M B
chain wheel B

galets^M tendeurs
jockey rollers

manivelle^F
crank

dérailleur^M arrière
rear derailleur

pédale^F
pedal

ACCESSOIRES^M
ACCESSORIES

cadenas^M
lock

casque^M de protection^F
protective helmet

sacoche^F
bicycle bag; *pannier bag*

CARAVANE^F
CARAVAN

CARAVANE^F TRACTÉE
TRAILER; *TRAILER CARAVAN*

aérateur^M latéral
side vent

coque^F
body

tête^F d'attelage^M
towing hitch

aérateur^M de toit^M
roof vent

moulure^F de protection^F
body guard molding;
body guard moulding

vérin^M hydraulique
hydraulic jack

glissière^F d'auvent^M
awning channel

poignée^F montoir^M
grab handle

pare-soleil^M
sun visor

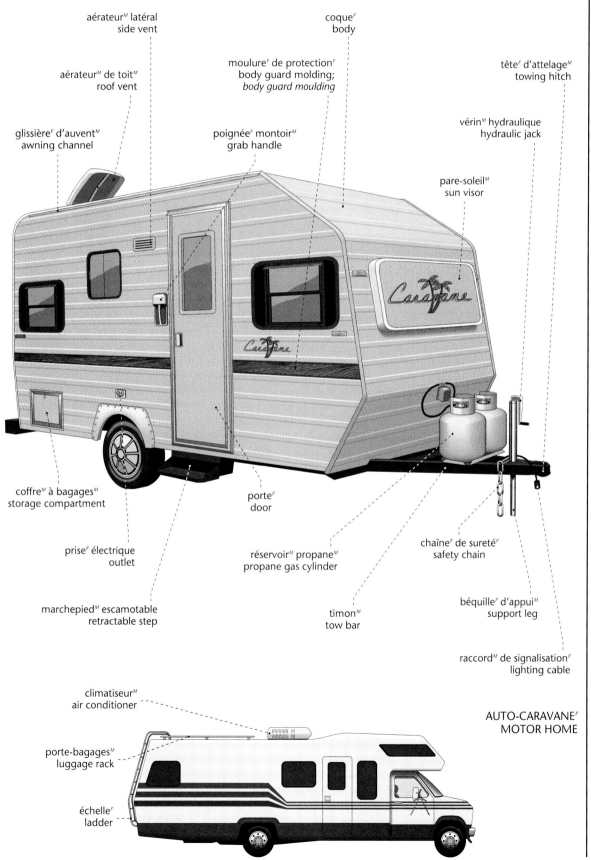

coffre^M à bagages^M
storage compartment

porte^F
door

prise^F électrique
outlet

réservoir^M propane^M
propane gas cylinder

chaîne^F de sureté^F
safety chain

marchepied^M escamotable
retractable step

timon^M
tow bar

béquille^F d'appui^M
support leg

raccord^M de signalisation^F
lighting cable

climatiseur^M
air conditioner

AUTO-CARAVANE^F
MOTOR HOME

porte-bagages^M
luggage rack

échelle^F
ladder

SYSTÈME*ᴹ* ROUTIER
ROAD SYSTEM

COUPE*ᶠ* D'UNE ROUTE*ᶠ*
CROSS SECTION OF A ROAD

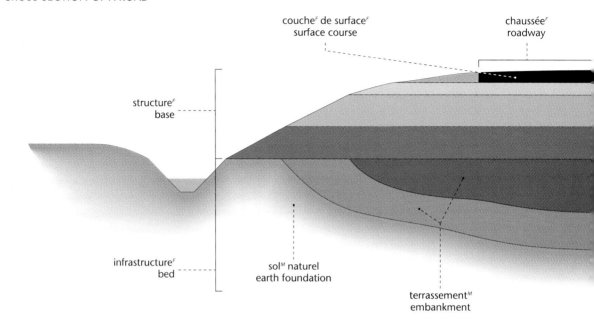

couche*ᶠ* de surface*ᶠ*
surface course

chaussée*ᶠ*
roadway

structure*ᶠ*
base

infrastructure*ᶠ*
bed

sol*ᴹ* naturel
earth foundation

terrassement*ᴹ*
embankment

PRINCIPAUX TYPES*ᴹ* D'ÉCHANGEURS*ᴹ*
MAJOR TYPES OF INTERCHANGES

échangeur*ᴹ* en trèfle*ᴹ*
cloverleaf

carrefour*ᴹ* giratoire
traffic circle

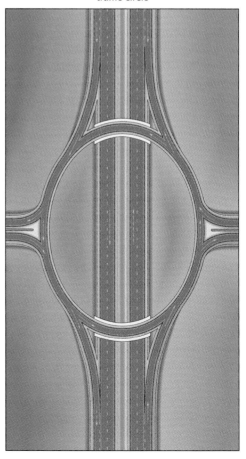

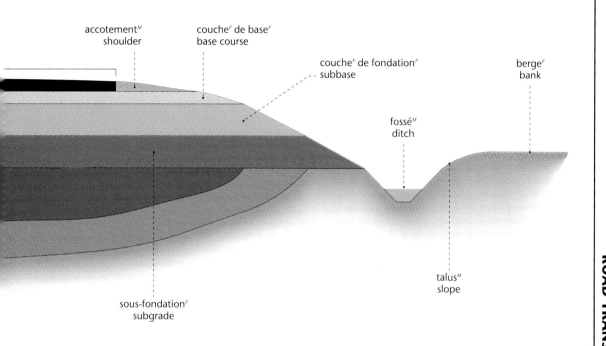

accotement^M
shoulder

couche^F de base^F
base course

couche^F de fondation^F
subbase

berge^F
bank

fossé^M
ditch

talus^M
slope

sous-fondation^F
subgrade

échangeur^M en losange^M
diamond interchange

échangeur^M en trompette^F
trumpet interchange

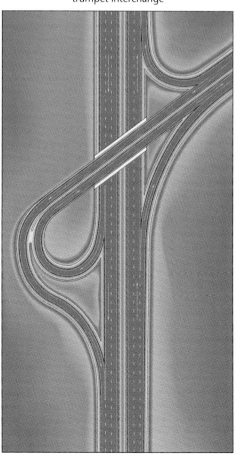

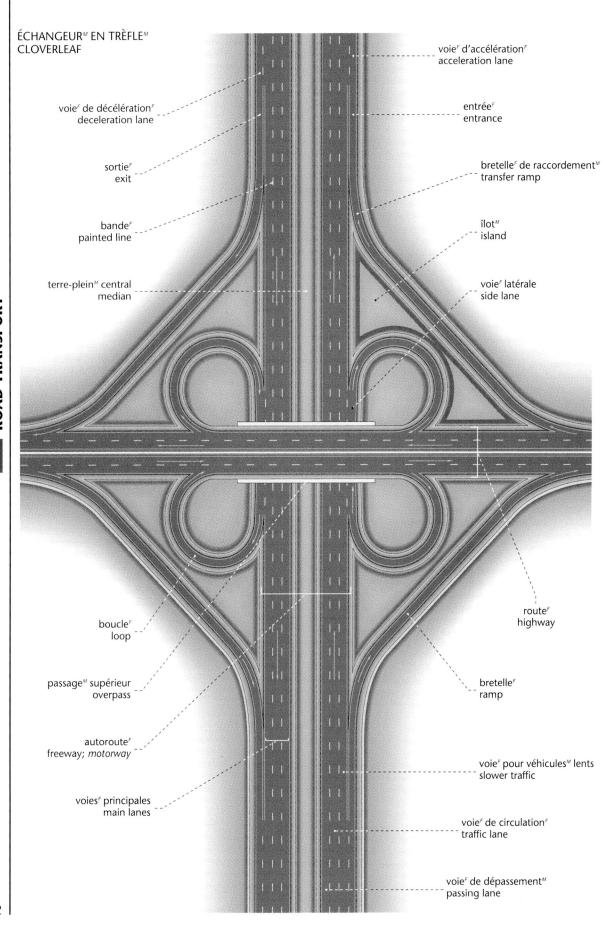

ÉCHANGEUR^M EN TRÈFLE^M
CLOVERLEAF

voie^F d'accélération^F
acceleration lane

voie^F de décélération^F
deceleration lane

entrée^F
entrance

sortie^F
exit

bretelle^F de raccordement^M
transfer ramp

bande^F
painted line

îlot^M
island

terre-plein^M central
median

voie^F latérale
side lane

boucle^F
loop

route^F
highway

passage^M supérieur
overpass

bretelle^F
ramp

autoroute^F
freeway; *motorway*

voie^F pour véhicules^M lents
slower traffic

voies^F principales
main lanes

voie^F de circulation^F
traffic lane

voie^F de dépassement^M
passing lane

PONT^M EN ARC^M
ARCH BRIDGE

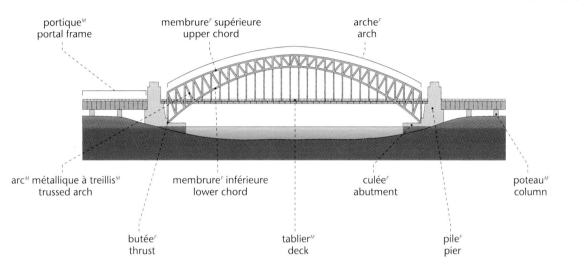

portique^M
portal frame

membrure^F supérieure
upper chord

arche^F
arch

arc^M métallique à treillis^M
trussed arch

membrure^F inférieure
lower chord

culée^F
abutment

poteau^M
column

butée^F
thrust

tablier^M
deck

pile^F
pier

TYPES^M DE PONTS^M EN ARC^M
TYPES OF ARCH BRIDGES

pont^M à tablier^M supérieur
deck arch bridge

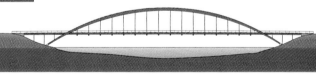

pont^M à tablier^M inférieur
through arch bridge

pont^M à béquilles^F
portal bridge

pont^M à tablier^M intermédiaire
half-through arch bridge

TYPES^M D'ARCS^M
TYPES OF ARCHES

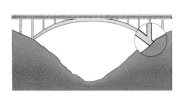

arc^M encastré
fixed arch

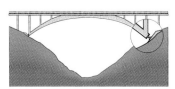

arc^M à deux articulations^F
two-hinged arch

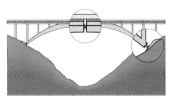

arc^M à trois articulations^F
three-hinged arch

455

PONT^M SUSPENDU À CÂBLE^M
PORTEUR
SUSPENSION BRIDGE

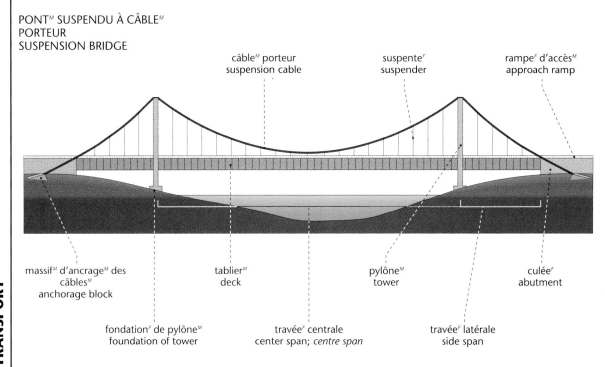

câble^M porteur
suspension cable

suspente^F
suspender

rampe^F d'accès^M
approach ramp

massif^M d'ancrage^M des
câbles^M
anchorage block

tablier^M
deck

pylône^M
tower

culée^F
abutment

fondation^F de pylône^M
foundation of tower

travée^F centrale
center span; *centre span*

travée^F latérale
side span

PONTS^M SUSPENDUS À HAUBANS^M
CABLE-STAYED BRIDGES

haubans^M en éventail^M
fan cable stays

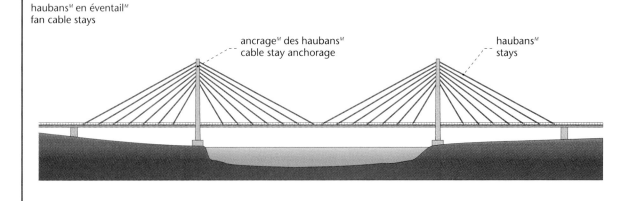

ancrage^M des haubans^M
cable stay anchorage

haubans^M
stays

haubans^M en harpe^F
harp cable stays

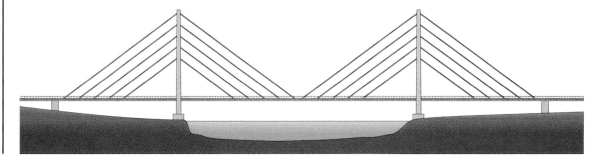

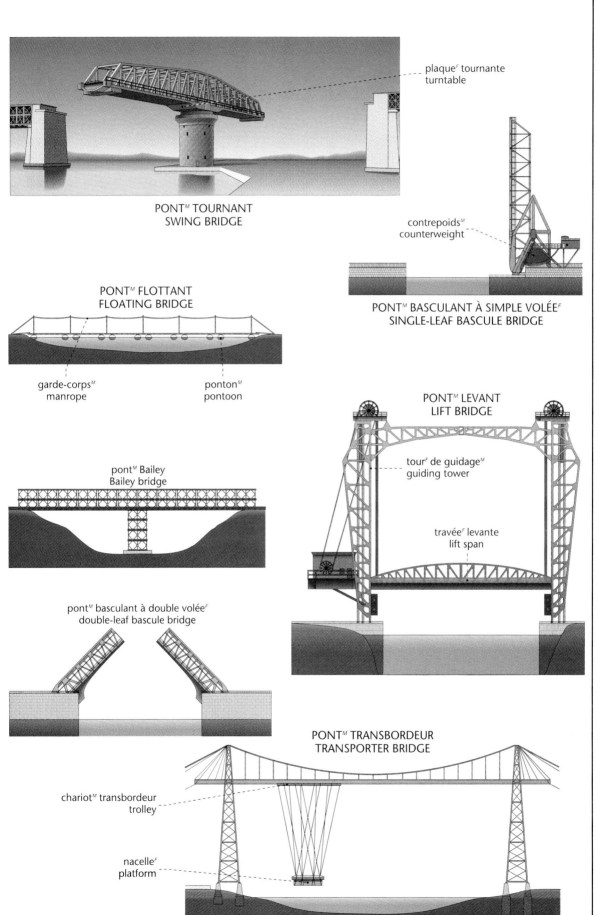

PONT^M TOURNANT
SWING BRIDGE

plaque^F tournante
turntable

contrepoids^M
counterweight

PONT^M BASCULANT À SIMPLE VOLÉE^F
SINGLE-LEAF BASCULE BRIDGE

PONT^M FLOTTANT
FLOATING BRIDGE

garde-corps^M
manrope

ponton^M
pontoon

PONT^M LEVANT
LIFT BRIDGE

tour^F de guidage^M
guiding tower

travée^F levante
lift span

pont^M Bailey
Bailey bridge

pont^M basculant à double volée^F
double-leaf bascule bridge

PONT^M TRANSBORDEUR
TRANSPORTER BRIDGE

chariot^M transbordeur
trolley

nacelle^F
platform

TRAIN^M À GRANDE VITESSE^F (T.G.V.)
HIGH-SPEED TRAIN

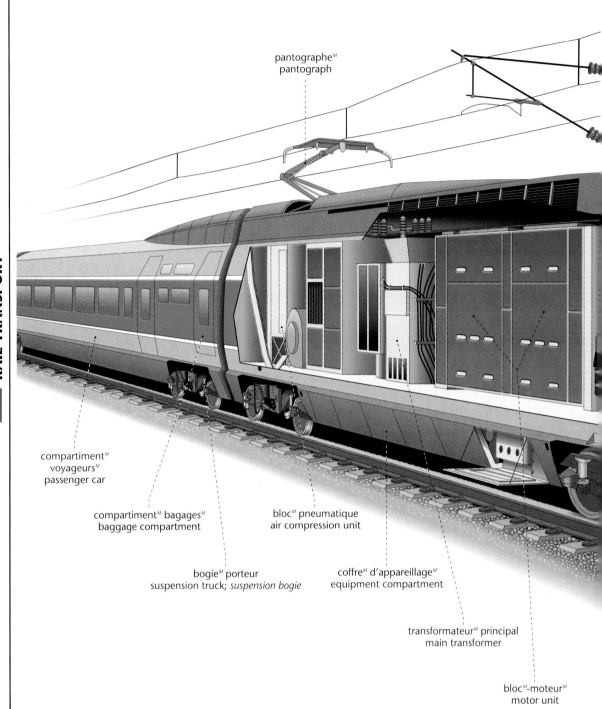

pantographe^M
pantograph

compartiment^M
voyageurs^M
passenger car

compartiment^M bagages^M
baggage compartment

bloc^M pneumatique
air compression unit

bogie^M porteur
suspension truck; *suspension bogie*

coffre^M d'appareillage^M
equipment compartment

transformateur^M principal
main transformer

bloc^M-moteur^M
motor unit

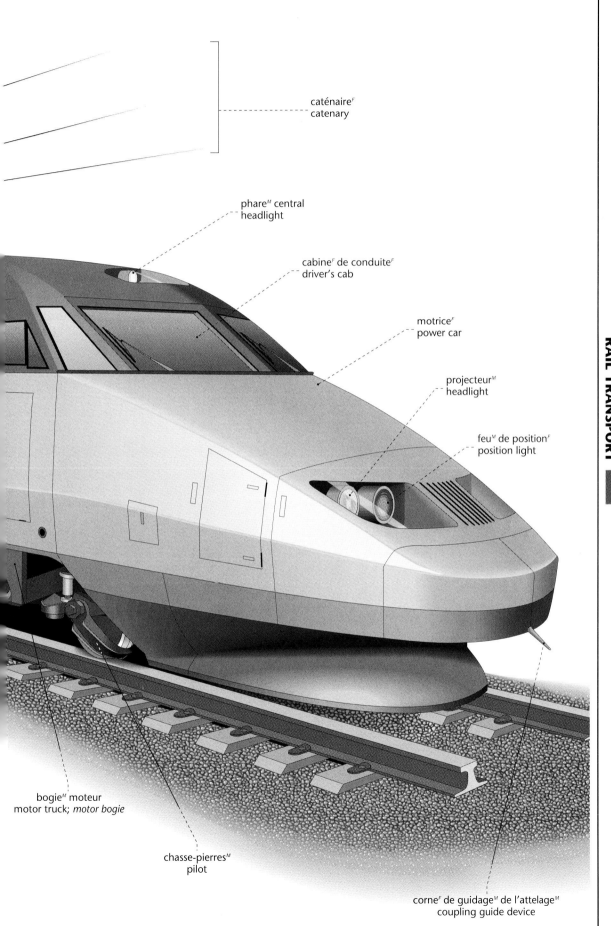

caténaire^F
catenary

phare^M central
headlight

cabine^F de conduite^F
driver's cab

motrice^F
power car

projecteur^M
headlight

feu^M de position^F
position light

bogie^M moteur
motor truck; *motor bogie*

chasse-pierres^M
pilot

corne^F de guidage^M de l'attelage^M
coupling guide device

TRANSPORT FERROVIAIRE
RAIL TRANSPORT

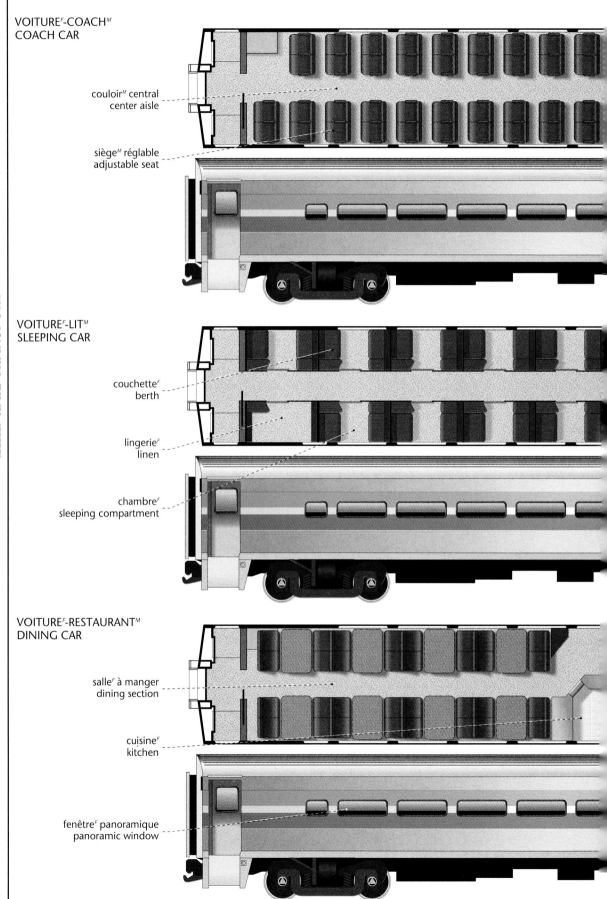

VOITURE^F-COACH^M
COACH CAR

couloir^M central
center aisle

siège^M réglable
adjustable seat

VOITURE^F-LIT^M
SLEEPING CAR

couchette^F
berth

lingerie^F
linen

chambre^F
sleeping compartment

VOITURE^F-RESTAURANT^M
DINING CAR

salle^F à manger
dining section

cuisine^F
kitchen

fenêtre^F panoramique
panoramic window

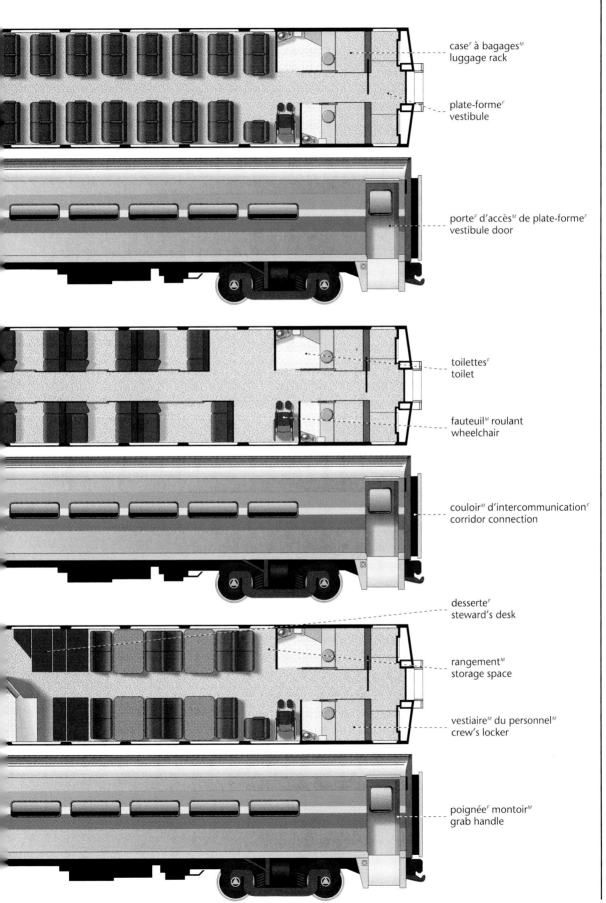

case^F à bagages^M
luggage rack

plate-forme^F
vestibule

porte^F d'accès^M de plate-forme^F
vestibule door

toilettes^F
toilet

fauteuil^M roulant
wheelchair

couloir^M d'intercommunication^F
corridor connection

desserte^F
steward's desk

rangement^M
storage space

vestiaire^M du personnel^M
crew's locker

poignée^F montoir^M
grab handle

GARE^F DE VOYAGEURS^M
PASSENGER STATION

locaux^M administratifs
office

verrière^F
glassed roof

panneau^M indicateur
indicator board

train^M
passenger train

salle^F des pas^M perdus
booking hall

service^M de colis^M
parcels office

bordure^F de quai^M
platform edge

numéro^M de quai^M
platform number

enregistrement^M des bagages^M
baggage room;
left-luggage office

quai^M de gare^F
passenger platform

barrière^F
gate

structure^M métallique
metal structure

chariot^M à bagages^M
baggage cart; *baggage trolley*

affichage^M de l'heure^F de
départ^M
departure time indicator

contrôleur^M
ticket collector

consigne^F automatique
baggage lockers

destination^F
destination

accès^M aux quais^M
platform entrance

voie^F ferrée
track

tableau^M horaire
schedules; *timetables*

contrôle^M des billets^M
ticket control

GARE^F
RAILROAD STATION; *RAILWAY STATION*

quai^M
station platform

passerelle^F
footbridge

grandes lignes^F
main line

gare^F de voyageurs^M
passenger station

train^M de banlieue^F
commuter train

passage^M à niveau^M
level crossing

voie^F de banlieue^F
suburban commuter railroad;
suburban commuter railway

voie^F de service^M
subsidiary track

sémaphore^M
semaphore

parking^M; stationnement^M
parking

abri^M
platform shelter

butoir^M
bumper; *bufferstop*

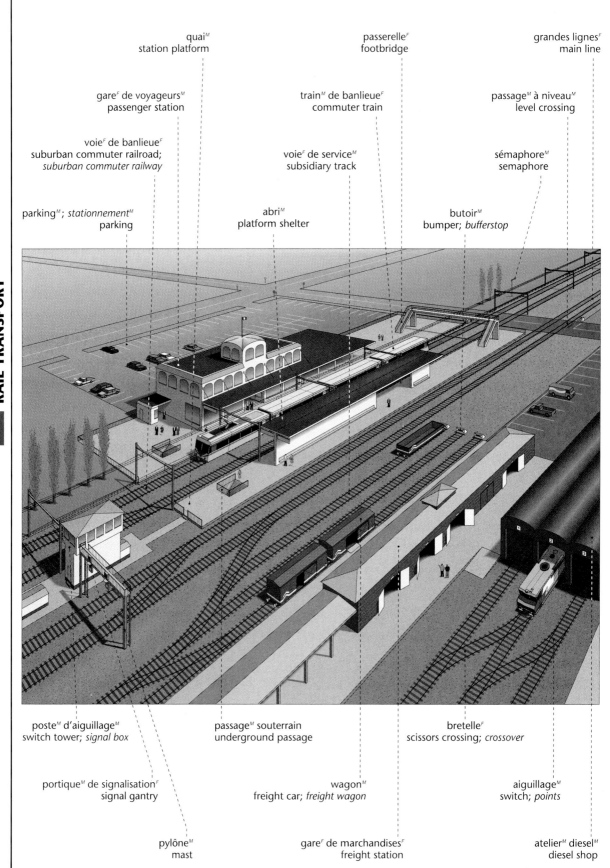

poste^M d'aiguillage^M
switch tower; *signal box*

passage^M souterrain
underground passage

bretelle^F
scissors crossing; *crossover*

portique^M de signalisation^F
signal gantry

wagon^M
freight car; *freight wagon*

aiguillage^M
switch; *points*

pylône^M
mast

gare^F de marchandises^F
freight station

atelier^M diesel^M
diesel shop

zone^F de triage^M
classification yard

voie^F de sortie^F
outbound track

atelier^M de réparation^F des
wagons^M
car repair shop

zone^F de réception^F
receiving yard

voie^F de tri^M secondaire
second classification
track

zone^F de lavage^M des wagons^M
car cleaning yard

château^M d'eau^F
water tower

voie^F de circulation^F des
locomotives^F
locomotive track

poste^M de débranchement^M
hump office

butte^F de débranchement^M
hump

voie^F de butte^F
hump lead

voie^F de tri^M primaire
first classification track

VOIE^F FERRÉE
RAILROAD TRACK; *RAILWAY TRACK*

JOINT^M DE RAIL^M
RAIL JOINT

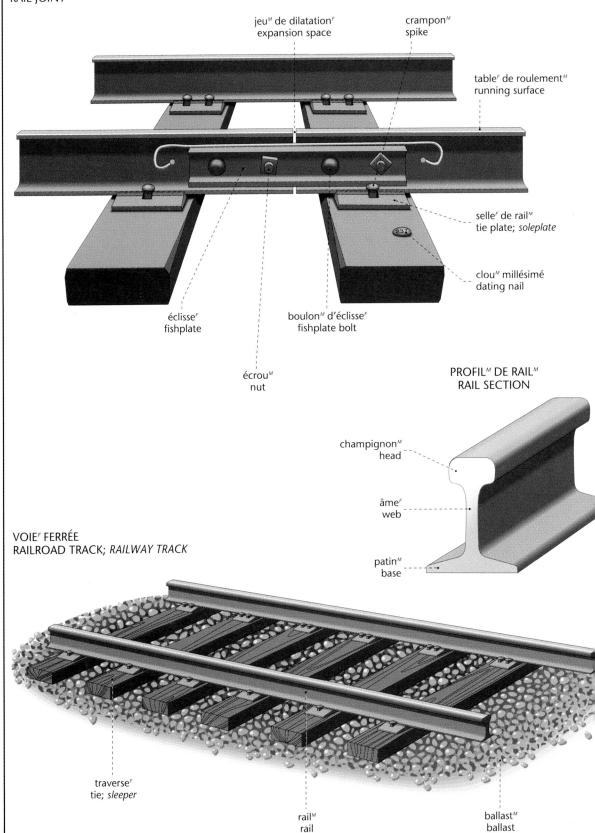

jeu^M de dilatation^F
expansion space

crampon^M
spike

table^F de roulement^M
running surface

selle^F de rail^M
tie plate; *soleplate*

clou^M millésimé
dating nail

éclisse^F
fishplate

boulon^M d'éclisse^F
fishplate bolt

écrou^M
nut

PROFIL^M DE RAIL^M
RAIL SECTION

champignon^M
head

âme^F
web

patin^M
base

VOIE^F FERRÉE
RAILROAD TRACK; *RAILWAY TRACK*

traverse^F
tie; *sleeper*

rail^M
rail

ballast^M
ballast

466

AIGUILLAGE^M MANŒUVRÉ À DISTANCE^F
REMOTE-CONTROLLED SWITCH;
REMOTE-CONTROLLED POINTS

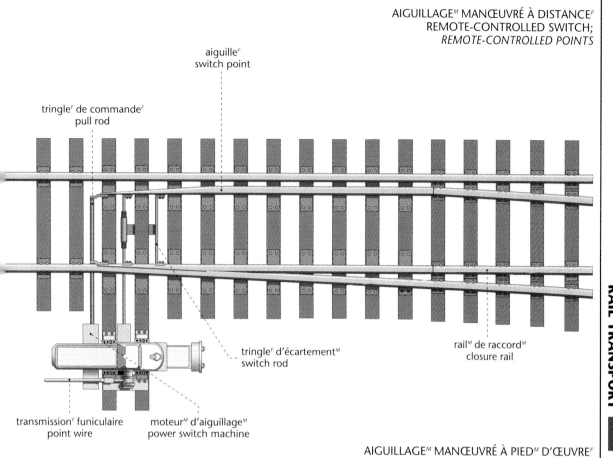

aiguille^F
switch point

tringle^F de commande^F
pull rod

tringle^F d'écartement^M
switch rod

rail^M de raccord^M
closure rail

transmission^F funiculaire
point wire

moteur^M d'aiguillage^M
power switch machine

AIGUILLAGE^M MANŒUVRÉ À PIED^M D'ŒUVRE^F
MANUALLY-OPERATED SWITCH;
MANUALLY-OPERATED POINTS

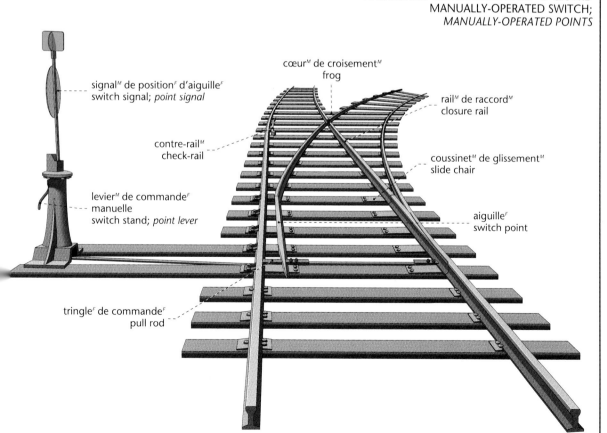

cœur^M de croisement^M
frog

rail^M de raccord^M
closure rail

signal^M de position^F d'aiguille^F
switch signal; *point signal*

contre-rail^M
check-rail

coussinet^M de glissement^M
slide chair

levier^M de commande^F
manuelle
switch stand; *point lever*

aiguille^F
switch point

tringle^F de commande^F
pull rod

LOCOMOTIVE^F DIESEL-ÉLECTRIQUE
DIESEL-ELECTRIC LOCOMOTIVE

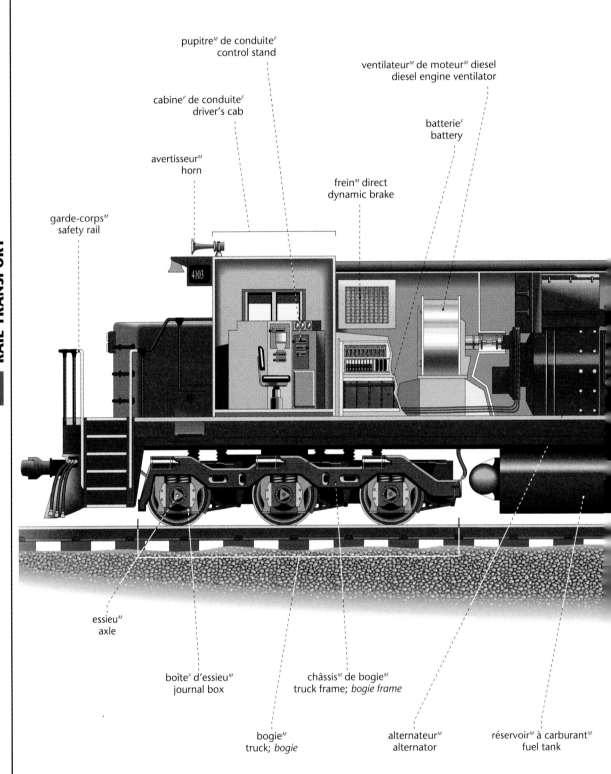

pupitre^M de conduite^F
control stand

ventilateur^M de moteur^M diesel
diesel engine ventilator

cabine^F de conduite^F
driver's cab

batterie^F
battery

avertisseur^M
horn

frein^M direct
dynamic brake

garde-corps^M
safety rail

essieu^M
axle

boîte^F d'essieu^M
journal box

châssis^M de bogie^M
truck frame; *bogie frame*

bogie^M
truck; *bogie*

alternateur^M
alternator

réservoir^M à carburant^M
fuel tank

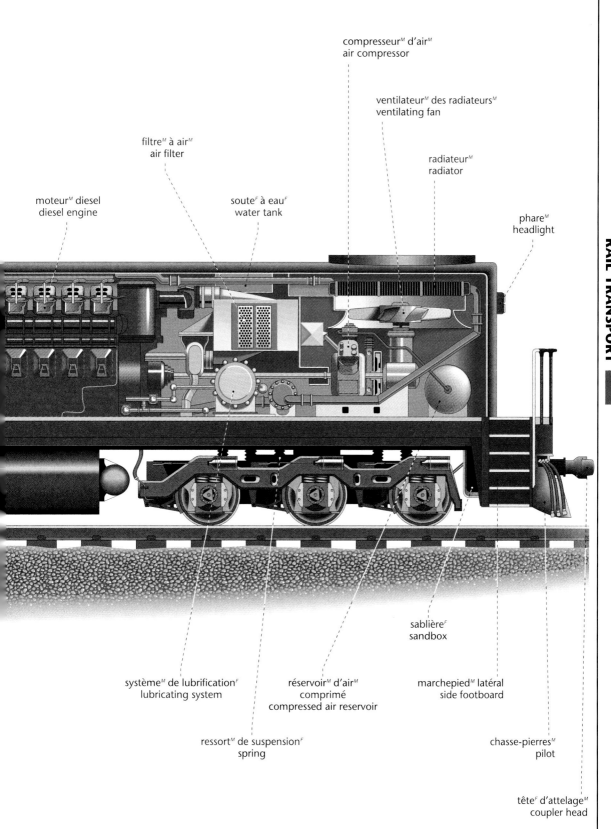

compresseur^M d'air^M
air compressor

ventilateur^M des radiateurs^M
ventilating fan

radiateur^M
radiator

filtre^M à air^M
air filter

soute^F à eau^F
water tank

phare^M
headlight

moteur^M diesel
diesel engine

sablière^F
sandbox

système^M de lubrification^F
lubricating system

réservoir^M d'air^M
comprimé
compressed air reservoir

marchepied^M latéral
side footboard

ressort^M de suspension^F
spring

chasse-pierres^M
pilot

tête^F d'attelage^M
coupler head

WAGON^M
CAR; *WAGON*

WAGON^M COUVERT
BOX CAR; *BOGIE WAGON*

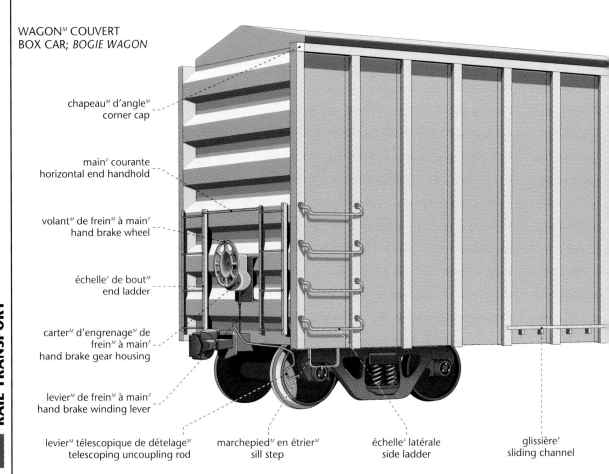

chapeau^M d'angle^M
corner cap

main^F courante
horizontal end handhold

volant^M de frein^M à main^F
hand brake wheel

échelle^F de bout^M
end ladder

carter^M d'engrenage^M de
frein^M à main^F
hand brake gear housing

levier^M de frein^M à main^F
hand brake winding lever

levier^M télescopique de dételage^M
telescoping uncoupling rod

marchepied^M en étrier^M
sill step

échelle^F latérale
side ladder

glissière^F
sliding channel

CONTENEUR^M
CONTAINER

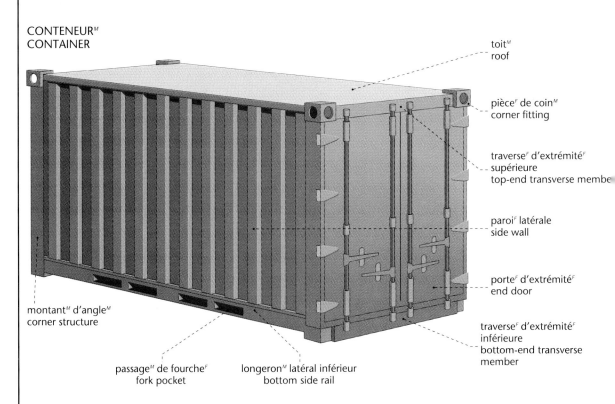

toit^M
roof

pièce^F de coin^M
corner fitting

traverse^F d'extrémité^F
supérieure
top-end transverse member

paroi^F latérale
side wall

porte^F d'extrémité^F
end door

traverse^F d'extrémité^F
inférieure
bottom-end transverse
member

montant^M d'angle^M
corner structure

passage^M de fourche^F
fork pocket

longeron^M latéral inférieur
bottom side rail

TÊTE^F D'ATTELAGE^M
COUPLER HEAD

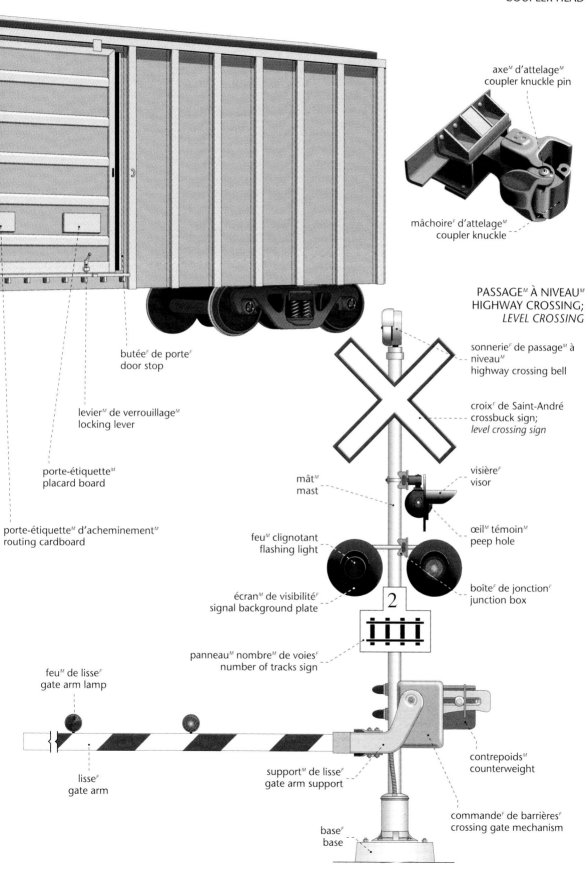

axe^M d'attelage^M
coupler knuckle pin

mâchoire^F d'attelage^M
coupler knuckle

PASSAGE^M À NIVEAU^M
HIGHWAY CROSSING;
LEVEL CROSSING

sonnerie^F de passage^M à niveau^M
highway crossing bell

croix^F de Saint-André
crossbuck sign;
level crossing sign

visière^F
visor

œil^M témoin^M
peep hole

boîte^F de jonction^F
junction box

mât^M
mast

feu^M clignotant
flashing light

écran^M de visibilité^F
signal background plate

butée^F de porte^F
door stop

levier^M de verrouillage^M
locking lever

porte-étiquette^M
placard board

porte-étiquette^M d'acheminement^M
routing cardboard

panneau^M nombre^M de voies^F
number of tracks sign

feu^M de lisse^F
gate arm lamp

lisse^F
gate arm

support^M de lisse^F
gate arm support

contrepoids^M
counterweight

commande^F de barrières^F
crossing gate mechanism

base^F
base

TYPES^M DE WAGONS^M
TYPES OF FREIGHT CARS; *TYPES OF FREIGHT WAGONS*

wagon^M couvert
box car; *bogie wagon*

wagon^M-citerne^F
tank car; *bogie tank wagon*

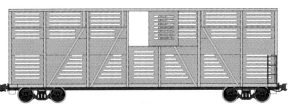

wagon^M à copeaux^M
wood chip car; *bogie van*

wagon^M à bestiaux^M
livestock car; *livestock van*

wagon^M-trémie^F
hopper car; *hopper wagon*

wagon^M-tombereau^M couvert
hard top gondola; *hard top open wagon*

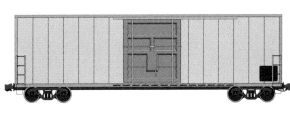

wagon^M-trémie^F à minerai^M
hopper ore car; *hopper ore wagon*

wagon^M réfrigérant
refrigerator car; *refrigerator van*

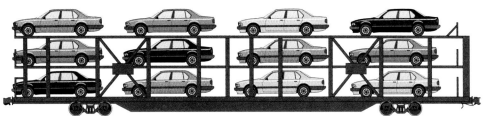

wagon^M porte-automobiles^M
automobile car; *bogie car-carrying wagon*

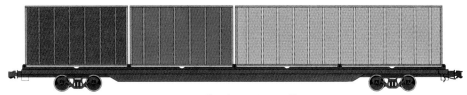

wagon^M porte-conteneurs^M
container car; *container flat wagon*

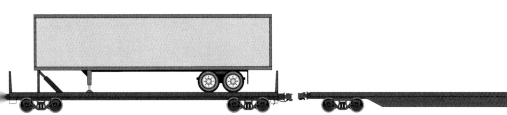

wagon^M rail^M-route^F
piggyback car; *piggyback flat wagon*

wagon^M plat
flat car; *bogie flat wagon*

wagon^M plat à parois^F de bout
bulkhead flat car; *bulkhead flat wagon*

wagon^M-tombereau^M
gondola car; *bogie open wagon*

wagon^M plat surbaissé
depressed-center flat car; *bogie well wagon*

wagon^M de queue^F
caboose; *brake van*

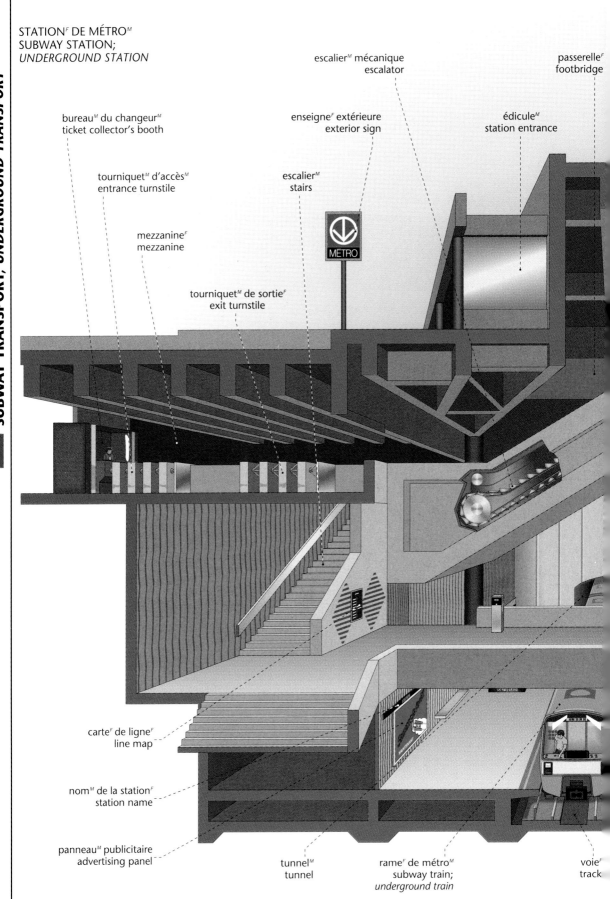

STATION^F DE MÉTRO^M
SUBWAY STATION;
UNDERGROUND STATION

escalier^M mécanique
escalator

passerelle^F
footbridge

bureau^M du changeur^M
ticket collector's booth

enseigne^F extérieure
exterior sign

édicule^M
station entrance

tourniquet^M d'accès^M
entrance turnstile

escalier^M
stairs

mezzanine^F
mezzanine

tourniquet^M de sortie^F
exit turnstile

MÉTRO

carte^F de ligne^F
line map

nom^M de la station^F
station name

panneau^M publicitaire
advertising panel

tunnel^M
tunnel

rame^F de métro^M
subway train;
underground train

voie^F
track

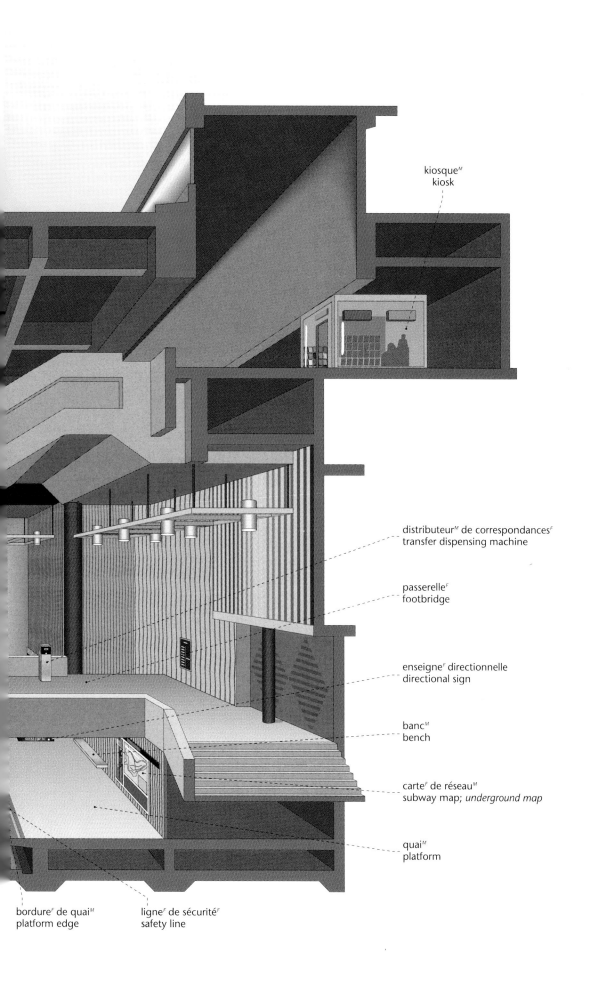

kiosque^M
kiosk

distributeur^M de correspondances^F
transfer dispensing machine

passerelle^F
footbridge

enseigne^F directionnelle
directional sign

banc^M
bench

carte^F de réseau^M
subway map; *underground map*

quai^M
platform

bordure^F de quai^M
platform edge

ligne^F de sécurité^F
safety line

BOGIE^M ET VOIE^F
TRUCK AND TRACK; *BOGIE AND TRACK*

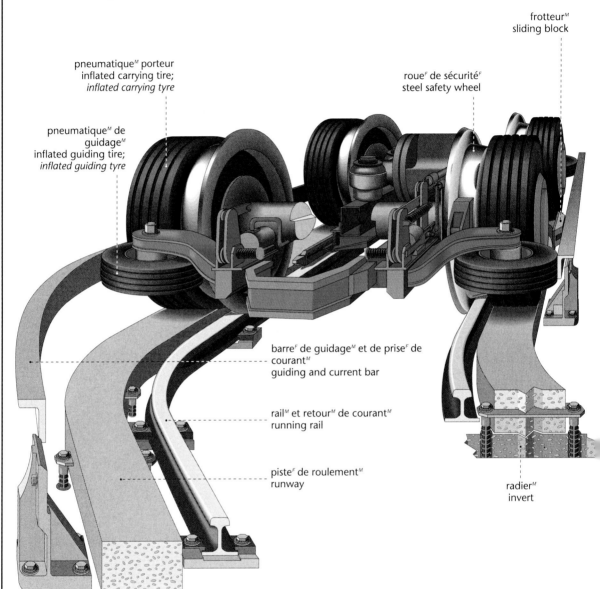

frotteur^M
sliding block

pneumatique^M porteur
inflated carrying tire;
inflated carrying tyre

roue^F de sécurité^F
steel safety wheel

pneumatique^M de
guidage^M
inflated guiding tire;
inflated guiding tyre

barre^F de guidage^M et de prise^F de
courant^M
guiding and current bar

rail^M et retour^M de courant^M
running rail

piste^F de roulement^M
runway

radier^M
invert

RAME^F DE MÉTRO^M
SUBWAY TRAIN; *UNDERGROUND TRAIN*

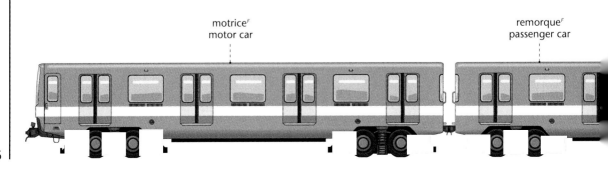

motrice^F
motor car

remorque^F
passenger car

VOITURE*^F*
PASSENGER CAR

poste*^M* de communication*^F*
communication set

éclairage*^M*
light

poignée*^F*
side handrail

siège*^M* double
double seat

porte*^F* latérale
side door

grille*^F* d'aération*^F*
ventilator

frein*^M* d'urgence*^F*
emergency brake

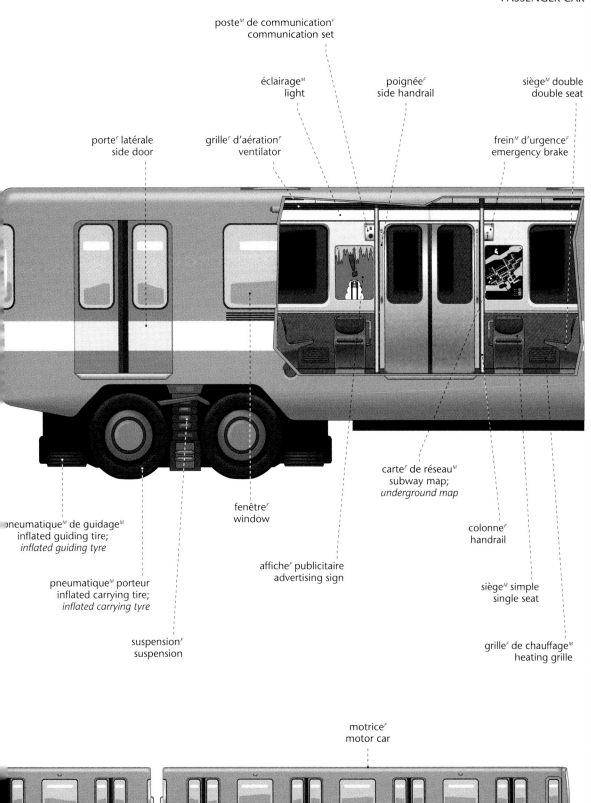

carte*^F* de réseau*^M*
subway map;
underground map

pneumatique*^M* de guidage*^M*
inflated guiding tire;
inflated guiding tyre

fenêtre*^F*
window

colonne*^F*
handrail

pneumatique*^M* porteur
inflated carrying tire;
inflated carrying tyre

affiche*^F* publicitaire
advertising sign

siège*^M* simple
single seat

suspension*^F*
suspension

grille*^F* de chauffage*^M*
heating grille

motrice*^F*
motor car

477

QUATRE-MÂTS*M* BARQUE*F*
FOUR-MASTED BARK

MÂTURE*F* ET GRÉEMENT*M*
MASTING AND RIGGING

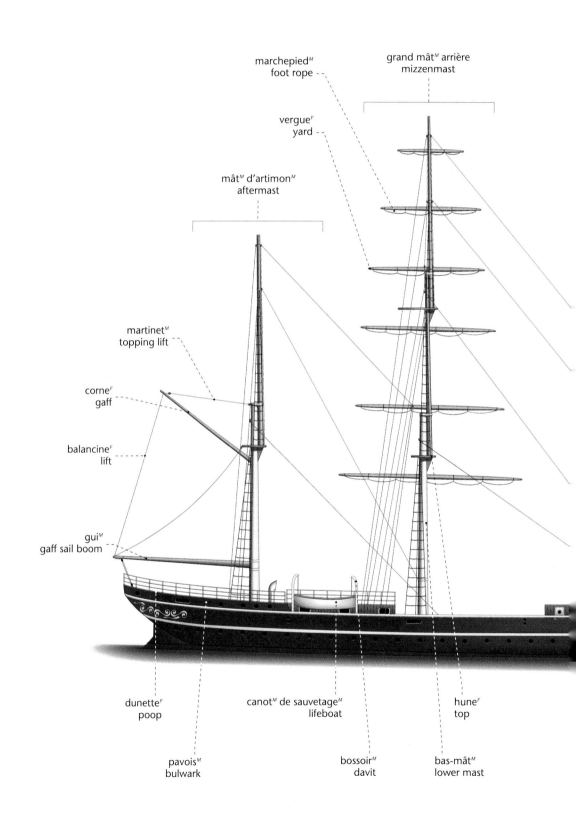

marchepied*M*
foot rope

grand mât*M* arrière
mizzenmast

vergue*F*
yard

mât*M* d'artimon*M*
aftermast

martinet*M*
topping lift

corne*F*
gaff

balancine*F*
lift

gui*M*
gaff sail boom

dunette*F*
poop

canot*M* de sauvetage*M*
lifeboat

hune*F*
top

pavois*M*
bulwark

bossoir*M*
davit

bas-mât*M*
lower mast

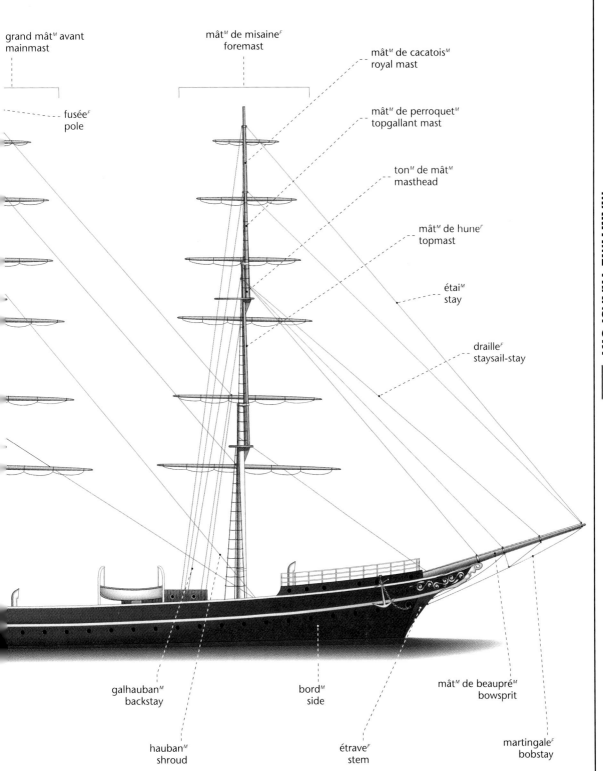

grand mât^M avant
mainmast

mât^M de misaine^F
foremast

mât^M de cacatois^M
royal mast

fusée^F
pole

mât^M de perroquet^M
topgallant mast

ton^M de mât^M
masthead

mât^M de hune^F
topmast

étai^M
stay

draille^F
staysail-stay

galhauban^M
backstay

bord^M
side

mât^M de beaupré^M
bowsprit

hauban^M
shroud

étrave^F
stem

martingale^F
bobstay

QUATRE-MÂTS^M BARQUE^F
FOUR-MASTED BARK

VOILURE^F
SAILS

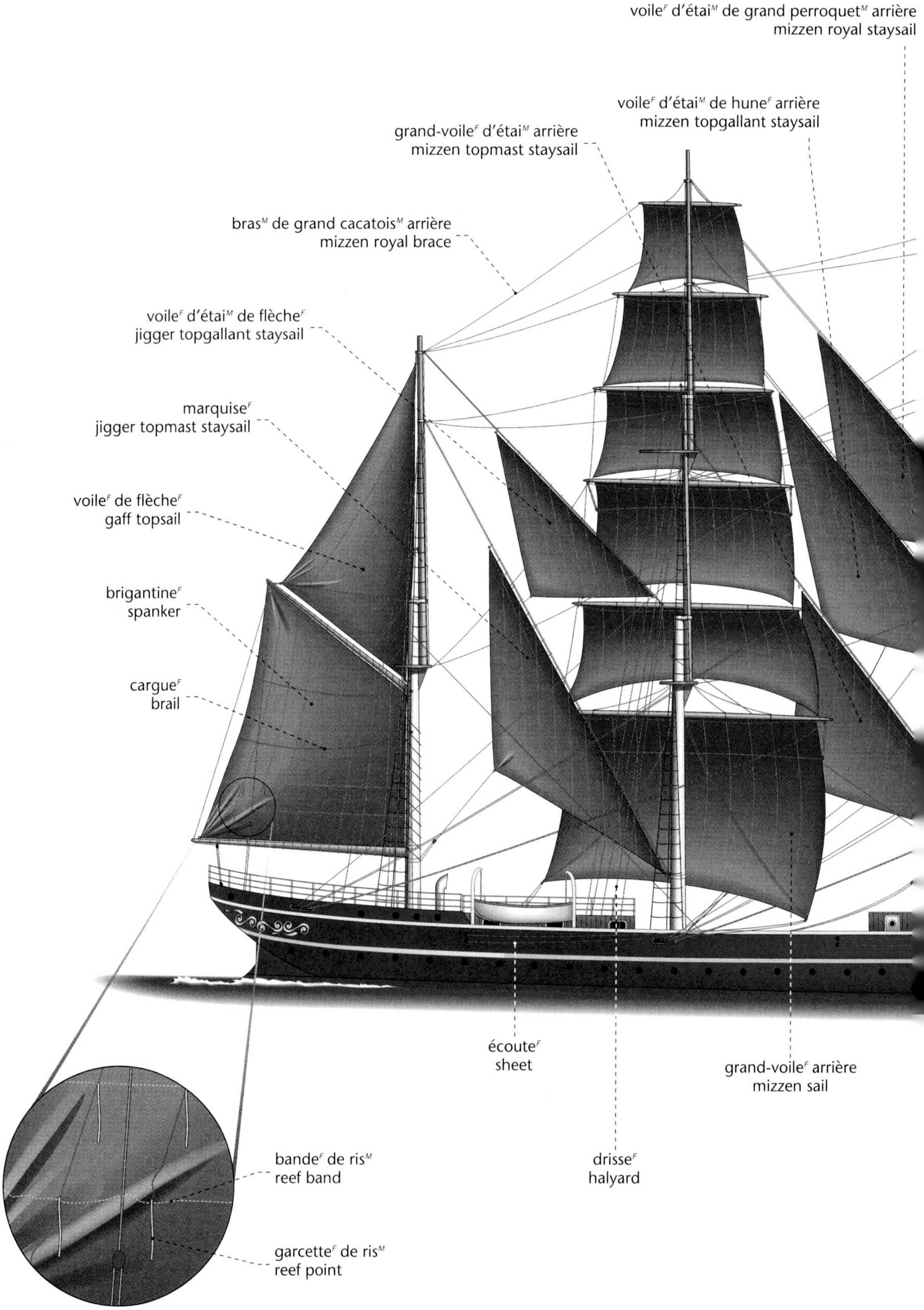

voile^F d'étai^M de grand perroquet^M arrière
mizzen royal staysail

voile^F d'étai^M de hune^F arrière
mizzen topgallant staysail

grand-voile^F d'étai^M arrière
mizzen topmast staysail

bras^M de grand cacatois^M arrière
mizzen royal brace

voile^F d'étai^M de flèche^F
jigger topgallant staysail

marquise^F
jigger topmast staysail

voile^F de flèche^F
gaff topsail

brigantine^F
spanker

cargue^F
brail

écoute^F
sheet

grand-voile^F arrière
mizzen sail

bande^F de ris^M
reef band

garcette^F de ris^M
reef point

drisse^F
halyard

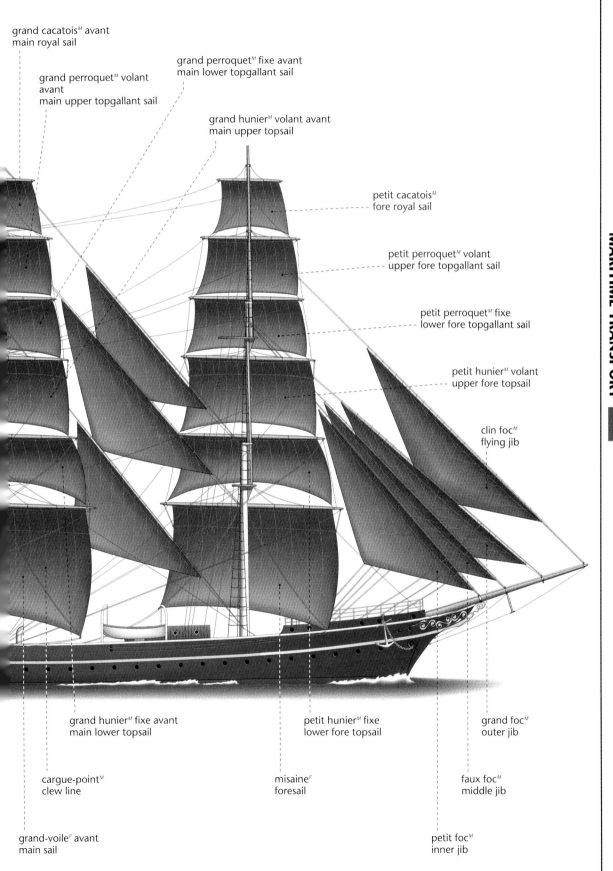

grand cacatois^M avant
main royal sail

grand perroquet^M volant
avant
main upper topgallant sail

grand perroquet^M fixe avant
main lower topgallant sail

grand hunier^M volant avant
main upper topsail

petit cacatois^M
fore royal sail

petit perroquet^M volant
upper fore topgallant sail

petit perroquet^M fixe
lower fore topgallant sail

petit hunier^M volant
upper fore topsail

clin foc^M
flying jib

grand hunier^M fixe avant
main lower topsail

petit hunier^M fixe
lower fore topsail

grand foc^M
outer jib

cargue-point^M
clew line

misaine^F
foresail

faux foc^M
middle jib

grand-voile^F avant
main sail

petit foc^M
inner jib

TYPES^M DE VOILES^F
TYPES OF SAILS

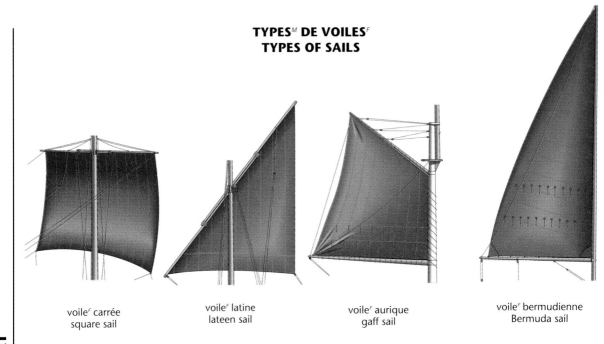

voile^F carrée
square sail

voile^F latine
lateen sail

voile^F aurique
gaff sail

voile^F bermudienne
Bermuda sail

TYPES^M DE GRÉEMENTS^M
TYPES OF RIGS

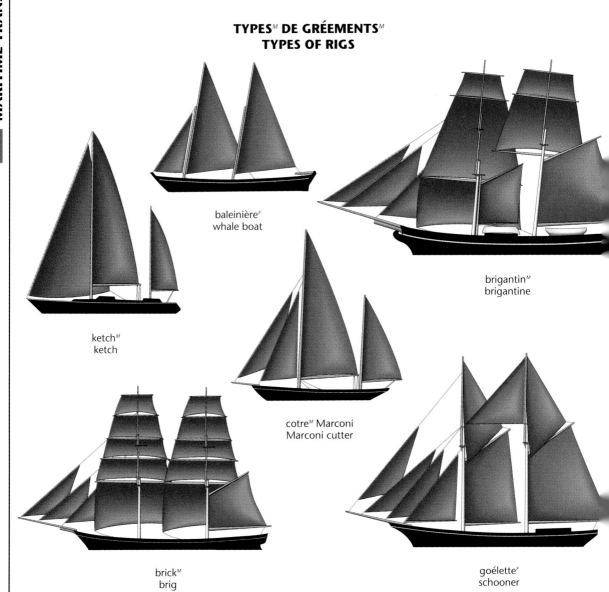

baleinière^F
whale boat

ketch^M
ketch

brigantin^M
brigantine

cotre^M Marconi
Marconi cutter

brick^M
brig

goélette^F
schooner

ANCRE^F
ANCHOR

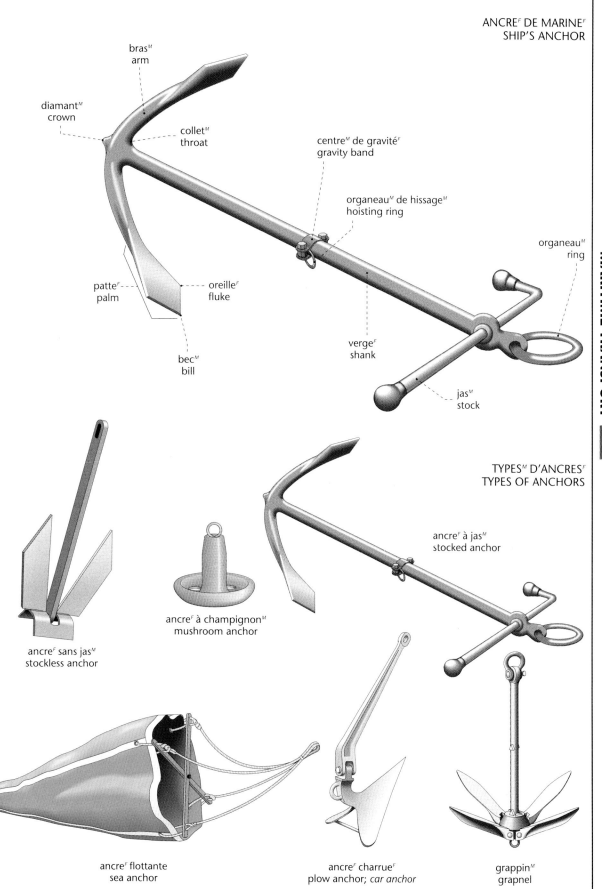

ANCRE^F DE MARINE^F
SHIP'S ANCHOR

bras^M
arm

diamant^M
crown

collet^M
throat

centre^M de gravité^F
gravity band

organeau^M de hissage^M
hoisting ring

organeau^M
ring

patte^F
palm

oreille^F
fluke

bec^M
bill

verge^F
shank

jas^M
stock

TYPES^M D'ANCRES^F
TYPES OF ANCHORS

ancre^F à jas^M
stocked anchor

ancre^F à champignon^M
mushroom anchor

ancre^F sans jas^M
stockless anchor

ancre^F flottante
sea anchor

ancre^F charrue^F
plow anchor; *car anchor*

grappin^M
grapnel

APPAREILS^M DE NAVIGATION^F
NAVIGATION DEVICES

SEXTANT^M
SEXTANT

TRANSPORT MARITIME
MARITIME TRANSPORT

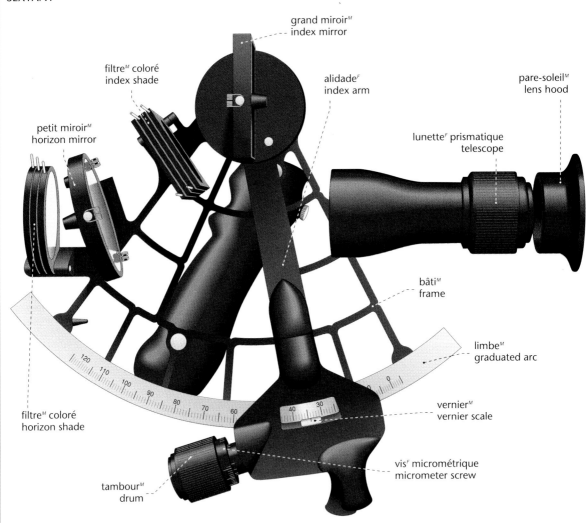

grand miroir^M
index mirror

filtre^M coloré
index shade

alidade^F
index arm

pare-soleil^M
lens hood

petit miroir^M
horizon mirror

lunette^F prismatique
telescope

bâti^M
frame

limbe^M
graduated arc

filtre^M coloré
horizon shade

vernier^M
vernier scale

vis^F micrométrique
micrometer screw

tambour^M
drum

COMPAS^M MAGNÉTIQUE LIQUIDE
LIQUID COMPASS

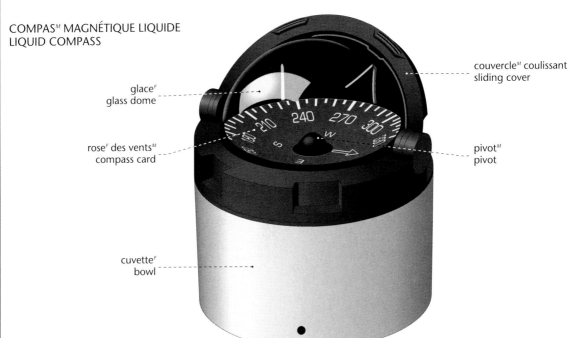

couvercle^M coulissant
sliding cover

glace^F
glass dome

rose^F des vents^M
compass card

pivot^M
pivot

cuvette^F
bowl

484

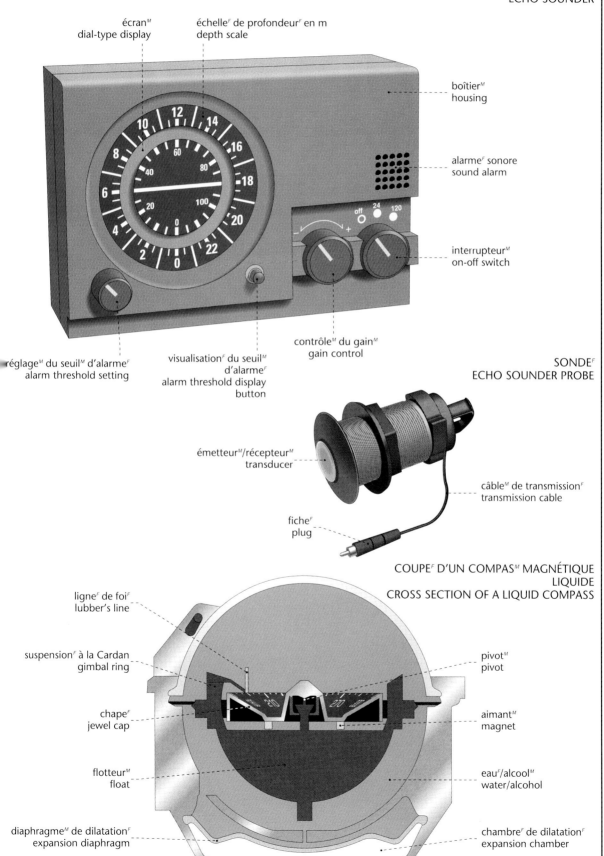

SONDEUR^M À ÉCLATS^M
ECHO SOUNDER

écran^M
dial-type display

échelle^F de profondeur^F en m
depth scale

boîtier^M
housing

alarme^F sonore
sound alarm

interrupteur^M
on-off switch

contrôle^M du gain^M
gain control

réglage^M du seuil^M d'alarme^F
alarm threshold setting

visualisation^F du seuil^M
d'alarme^F
alarm threshold display
button

SONDE^F
ECHO SOUNDER PROBE

émetteur^M/récepteur^M
transducer

câble^M de transmission^F
transmission cable

fiche^F
plug

COUPE^F D'UN COMPAS^M MAGNÉTIQUE
LIQUIDE
CROSS SECTION OF A LIQUID COMPASS

ligne^F de foi^F
lubber's line

suspension^F à la Cardan
gimbal ring

chape^F
jewel cap

flotteur^M
float

diaphragme^M de dilatation^F
expansion diaphragm

pivot^M
pivot

aimant^M
magnet

eau^F/alcool^M
water/alcohol

chambre^F de dilatation^F
expansion chamber

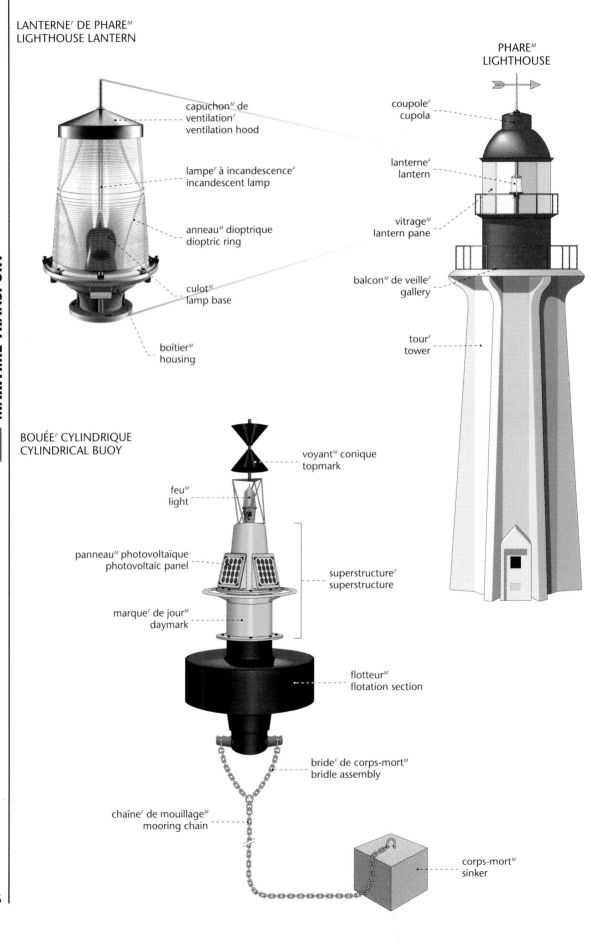

LANTERNE^F DE PHARE^M
LIGHTHOUSE LANTERN

PHARE^M
LIGHTHOUSE

capuchon^M de ventilation^F
ventilation hood

coupole^F
cupola

lampe^F à incandescence^F
incandescent lamp

lanterne^F
lantern

anneau^M dioptrique
dioptric ring

vitrage^M
lantern pane

culot^M
lamp base

balcon^M de veille^F
gallery

boîtier^M
housing

tour^F
tower

BOUÉE^F CYLINDRIQUE
CYLINDRICAL BUOY

voyant^M conique
topmark

feu^M
light

panneau^M photovoltaïque
photovoltaic panel

superstructure^F
superstructure

marque^F de jour^M
daymark

flotteur^M
flotation section

bride^F de corps-mort^M
bridle assembly

chaîne^F de mouillage^M
mooring chain

corps-mort^M
sinker

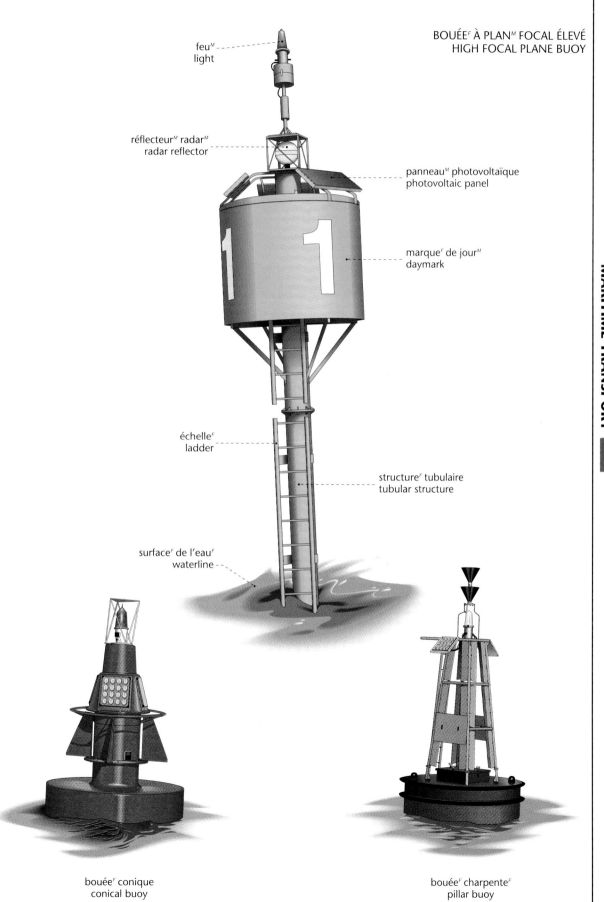

BOUÉE^F À PLAN^M FOCAL ÉLEVÉ
HIGH FOCAL PLANE BUOY

feu^M
light

réflecteur^M radar^M
radar reflector

panneau^M photovoltaïque
photovoltaic panel

marque^F de jour^M
daymark

échelle^F
ladder

structure^F tubulaire
tubular structure

surface^F de l'eau^F
waterline

bouée^F conique
conical buoy

bouée^F charpente^F
pillar buoy

SYSTÈME^M DE BALISAGE^M MARITIME
MARITIME BUOYAGE SYSTEM

MARQUES^F CARDINALES
CARDINAL MARKS

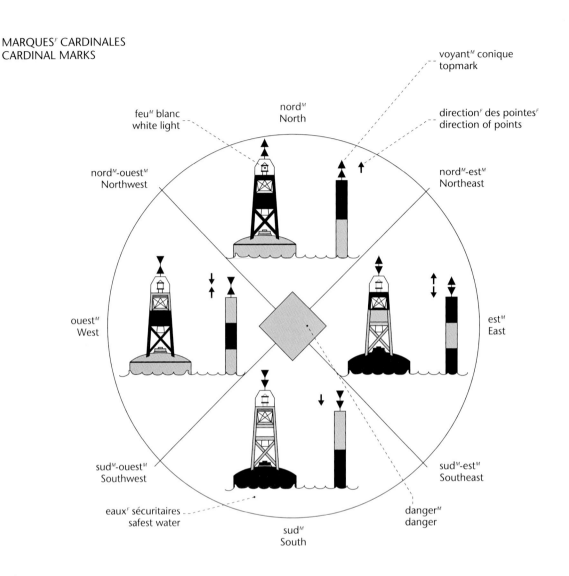

voyant^M conique
topmark

direction^F des pointes^F
direction of points

feu^M blanc
white light

nord^M
North

nord^M-ouest^M
Northwest

nord^M-est^M
Northeast

ouest^M
West

est^M
East

sud^M-ouest^M
Southwest

sud^M-est^M
Southeast

eaux^F sécuritaires
safest water

danger^M
danger

sud^M
South

RÉGIONS^F DE BALISAGE^M
BUOYAGE REGIONS

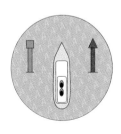

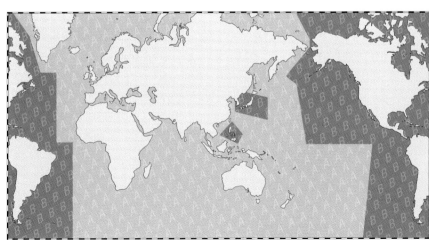

bâbord^M
port hand

tribord^M
starboard hand

488

RYTHME^M DES MARQUES^F DE NUIT^F
RHYTHM OF MARKS BY NIGHT

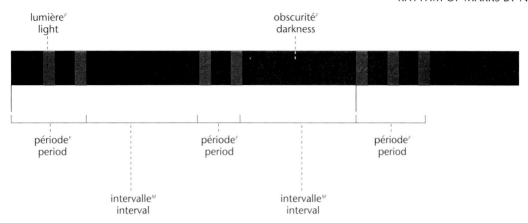

lumière^F
light

obscurité^F
darkness

période^F
period

période^F
period

période^F
period

intervalle^M
interval

intervalle^M
interval

MARQUES^F DE JOUR^M (RÉGION^F B)
DAYMARKS (REGION B)

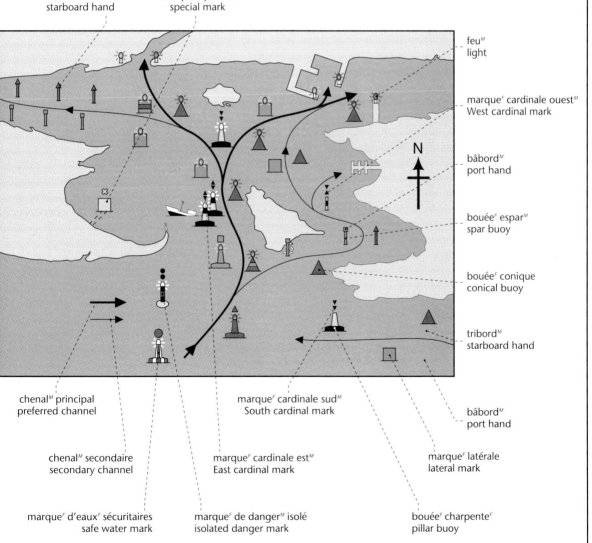

tribord^M
starboard hand

marque^F spéciale
special mark

feu^M
light

marque^F cardinale ouest^M
West cardinal mark

bâbord^M
port hand

bouée^F espar^M
spar buoy

bouée^F conique
conical buoy

tribord^M
starboard hand

chenal^M principal
preferred channel

marque^F cardinale sud^M
South cardinal mark

bâbord^M
port hand

chenal^M secondaire
secondary channel

marque^F cardinale est^M
East cardinal mark

marque^F latérale
lateral mark

marque^F d'eaux^F sécuritaires
safe water mark

marque^F de danger^M isolé
isolated danger mark

bouée^F charpente^F
pillar buoy

PORT^M MARITIME
HARBOR; *HARBOUR*

porte^F
gate

hangar^M de transit^M
transit shed

bassin^M de radoub^M
dry dock

grue^F à flèche^F
quayside crane

quai^M
quay

terminal^M de vrac^M
bulk terminal

écluse^F
canal lock

grue^F sur ponton^M
floating crane

portique^M de chargement^M
de conteneurs^M
container-loading bridge

silos^M
silos

bassin^M
dock

rampe^F de quai^M
quay ramp

terminal^M à céréales^F
grain terminal

navire^M porte-conteneurs^M
container ship

490

entrepôt^M frigorifique
cold shed

transbordeur^M
ferryboat

pétrolier^M
tanker

phare^M
lighthouse

gare^F maritime
passenger terminal

terminal^M pétrolier
oil terminal

voie^F ferrée bord^M à quai^M
quayside railway

transport^M routier
road transport

bureau^M des douanes^F
customs house

portique^M
bridge

bâtiment^M administratif
office building

terminal^M à conteneurs^M
container terminal

parking^M; *stationnement*^M
parking lot

ÉCLUSE[F]
CANAL LOCK

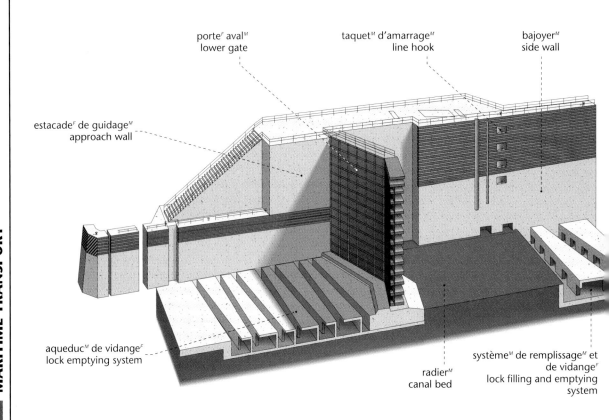

porte[F] aval[M]
lower gate

taquet[M] d'amarrage[M]
line hook

bajoyer[M]
side wall

estacade[F] de guidage[M]
approach wall

aqueduc[M] de vidange[F]
lock emptying system

radier[M]
canal bed

système[M] de remplissage[M] et
de vidange[F]
lock filling and emptying
system

AÉROGLISSEUR[M]
HOVERCRAFT

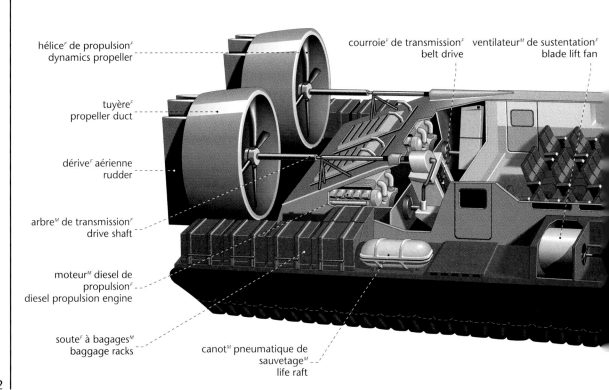

hélice[F] de propulsion[F]
dynamics propeller

courroie[F] de transmission[F]
belt drive

ventilateur[M] de sustentation[F]
blade lift fan

tuyère[F]
propeller duct

dérive[F] aérienne
rudder

arbre[M] de transmission[F]
drive shaft

moteur[M] diesel de
propulsion[F]
diesel propulsion engine

soute[F] à bagages[M]
baggage racks

canot[M] pneumatique de
sauvetage[M]
life raft

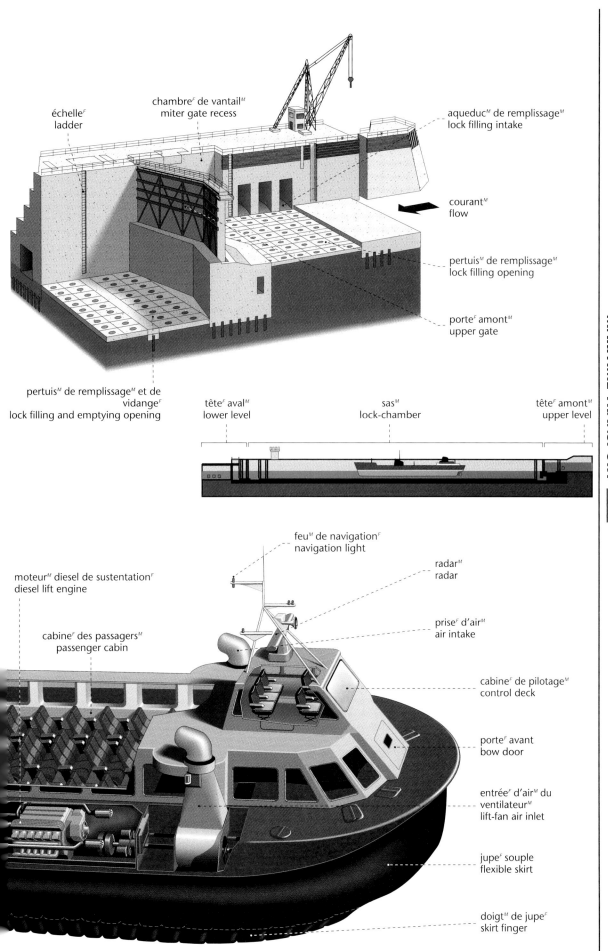

échelle^F
ladder

chambre^F de vantail^M
miter gate recess

aqueduc^M de remplissage^M
lock filling intake

courant^M
flow

pertuis^M de remplissage^M
lock filling opening

porte^F amont^M
upper gate

pertuis^M de remplissage^M et de
vidange^F
lock filling and emptying opening

tête^F aval^M
lower level

sas^M
lock-chamber

tête^F amont^M
upper level

feu^M de navigation^F
navigation light

radar^M
radar

moteur^M diesel de sustentation^F
diesel lift engine

prise^F d'air^M
air intake

cabine^F des passagers^M
passenger cabin

cabine^F de pilotage^M
control deck

porte^F avant
bow door

entrée^F d'air^M du
ventilateur^M
lift-fan air inlet

jupe^F souple
flexible skirt

doigt^M de jupe^F
skirt finger

TRANSBORDEUR^M
FERRY

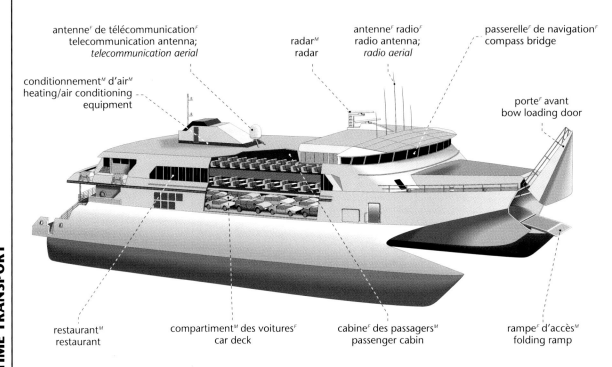

antenne^F de télécommunication^F
telecommunication antenna;
telecommunication aerial

radar^M
radar

antenne^F radio^F
radio antenna;
radio aerial

passerelle^F de navigation^F
compass bridge

conditionnement^M d'air^M
heating/air conditioning
equipment

porte^F avant
bow loading door

restaurant^M
restaurant

compartiment^M des voitures^F
car deck

cabine^F des passagers^M
passenger cabin

rampe^F d'accès^M
folding ramp

CARGO^M PORTE-CONTENEURS^M
CONTAINER SHIP

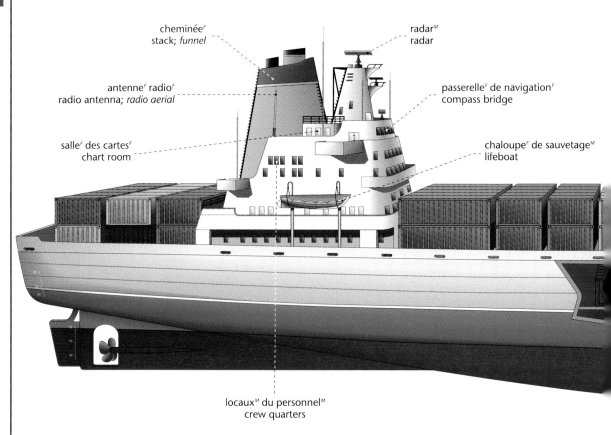

cheminée^F
stack; *funnel*

radar^M
radar

antenne^F radio^F
radio antenna; *radio aerial*

passerelle^F de navigation^F
compass bridge

salle^F des cartes^F
chart room

chaloupe^F de sauvetage^M
lifeboat

locaux^M du personnel^M
crew quarters

HYDROPTÈRE^M
HYDROFOIL BOAT

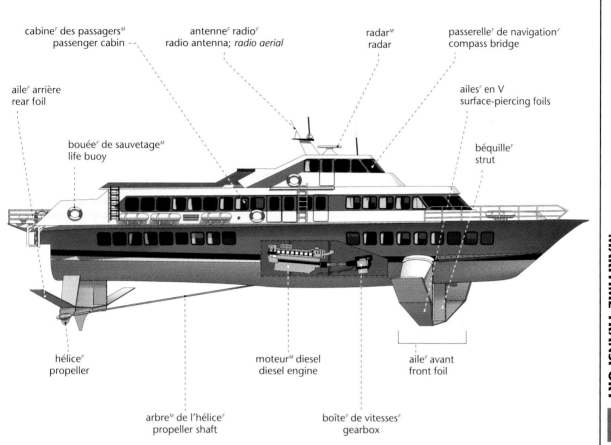

cabine^F des passagers^M
passenger cabin

antenne^F radio^F
radio antenna; *radio aerial*

radar^M
radar

passerelle^F de navigation^F
compass bridge

aile^F arrière
rear foil

ailes^F en V
surface-piercing foils

bouée^F de sauvetage^M
life buoy

béquille^F
strut

hélice^F
propeller

moteur^M diesel
diesel engine

aile^F avant
front foil

arbre^M de l'hélice^F
propeller shaft

boîte^F de vitesses^F
gearbox

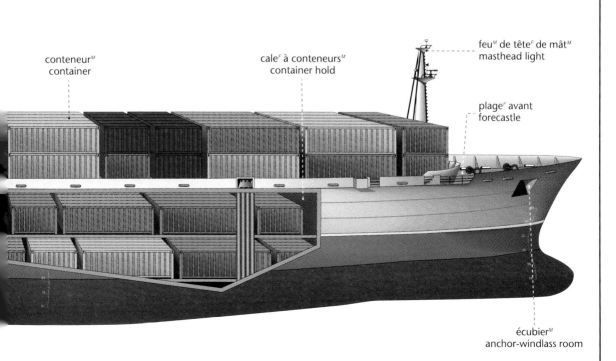

conteneur^M
container

cale^F à conteneurs^M
container hold

feu^M de tête^F de mât^M
masthead light

plage^F avant
forecastle

écubier^M
anchor-windlass room

TRANSPORT MARITIME
MARITIME TRANSPORT

PAQUEBOT^M
PASSENGER LINER

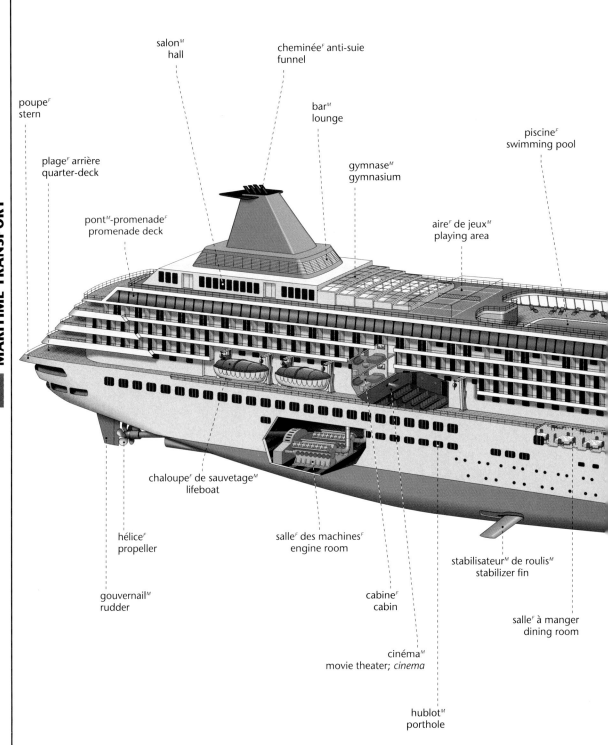

salon^M
hall

cheminée^F anti-suie
funnel

poupe^F
stern

bar^M
lounge

piscine^F
swimming pool

plage^F arrière
quarter-deck

gymnase^M
gymnasium

pont^M-promenade^F
promenade deck

aire^F de jeux^M
playing area

chaloupe^F de sauvetage^M
lifeboat

hélice^F
propeller

salle^F des machines^F
engine room

stabilisateur^M de roulis^M
stabilizer fin

gouvernail^M
rudder

cabine^F
cabin

salle^F à manger
dining room

cinéma^M
movie theater; *cinema*

hublot^M
porthole

antenne^F de télécommunication^F
telecommunication antenna;
telecommunication aerial

antenne^F radio^F
radio antenna; *radio aerial*

pont^M bain^M de soleil^M
sundeck

radar^M
radar

passerelle^F de navigation^F
compass bridge

terrasse^F extérieure
open-air terrace

plage^F avant
forecastle

bâbord^M
port hand

proue^F
bow

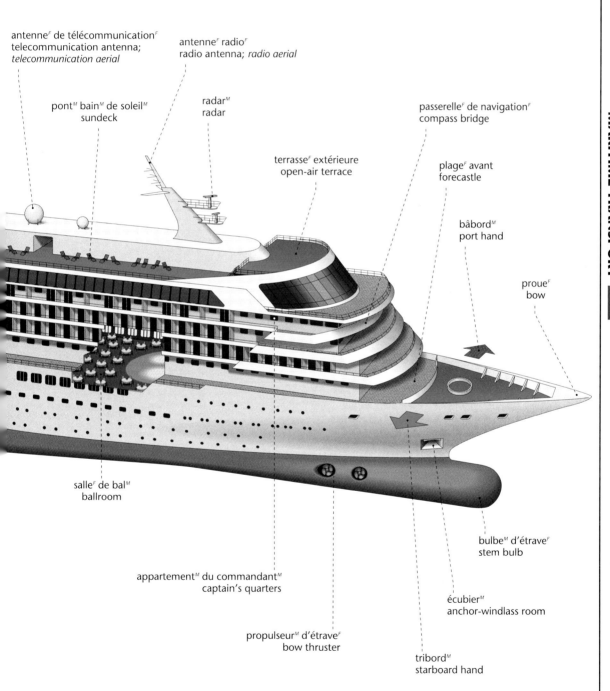

salle^F de bal^M
ballroom

appartement^M du commandant^M
captain's quarters

bulbe^M d'étrave^F
stem bulb

écubier^M
anchor-windlass room

propulseur^M d'étrave^F
bow thruster

tribord^M
starboard hand

497

AVION^M LONG-COURRIER^M
LONG-RANGE JET

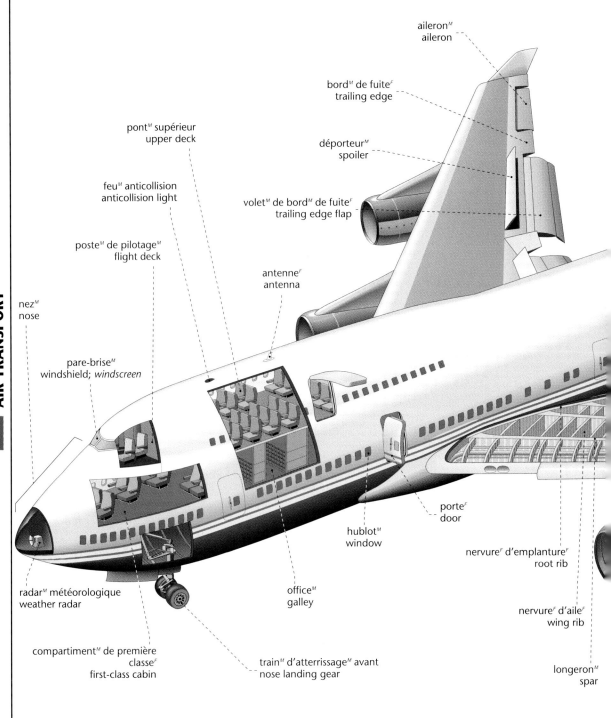

aileron^M
aileron

bord^M de fuite^F
trailing edge

déporteur^M
spoiler

volet^M de bord^M de fuite^F
trailing edge flap

pont^M supérieur
upper deck

feu^M anticollision
anticollision light

poste^M de pilotage^M
flight deck

antenne^F
antenna

nez^M
nose

pare-brise^M
windshield; *windscreen*

porte^F
door

hublot^M
window

nervure^F d'emplanture^F
root rib

radar^M météorologique
weather radar

office^M
galley

nervure^F d'aile^F
wing rib

compartiment^M de première
classe^F
first-class cabin

train^M d'atterrissage^M avant
nose landing gear

longeron^M
spar

TYPES^M D'EMPENNAGES^M
TYPES OF TAIL SHAPES

empennage^M bas
fuselage mounted tail
unit

empennage^M surélevé
fin-mounted tail unit

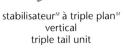

stabilisateur^M à triple plan^M
vertical
triple tail unit

empennage^M en T
T-tail unit

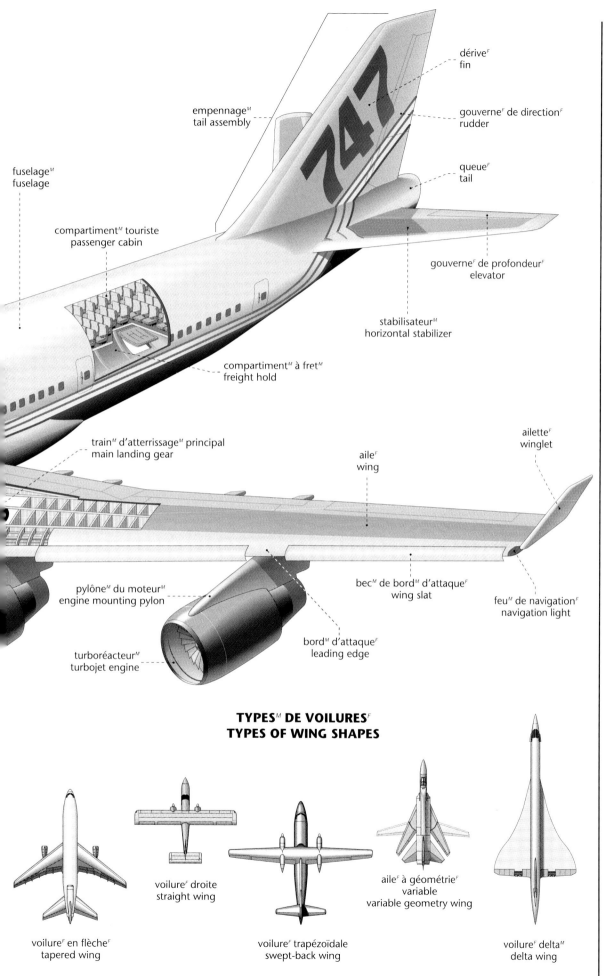

dérive^F
fin

empennage^M
tail assembly

gouverne^F de direction^F
rudder

fuselage^M
fuselage

queue^F
tail

compartiment^M touriste
passenger cabin

gouverne^F de profondeur^F
elevator

stabilisateur^M
horizontal stabilizer

compartiment^M à fret^M
freight hold

ailette^F
winglet

train^M d'atterrissage^M principal
main landing gear

aile^F
wing

pylône^M du moteur^M
engine mounting pylon

bec^M de bord^M d'attaque^F
wing slat

feu^M de navigation^F
navigation light

turboréacteur^M
turbojet engine

bord^M d'attaque^F
leading edge

TYPES^M DE VOILURES^F
TYPES OF WING SHAPES

voilure^F droite
straight wing

aile^F à géométrie^F
variable
variable geometry wing

voilure^F en flèche^F
tapered wing

voilure^F trapézoïdale
swept-back wing

voilure^F delta^M
delta wing

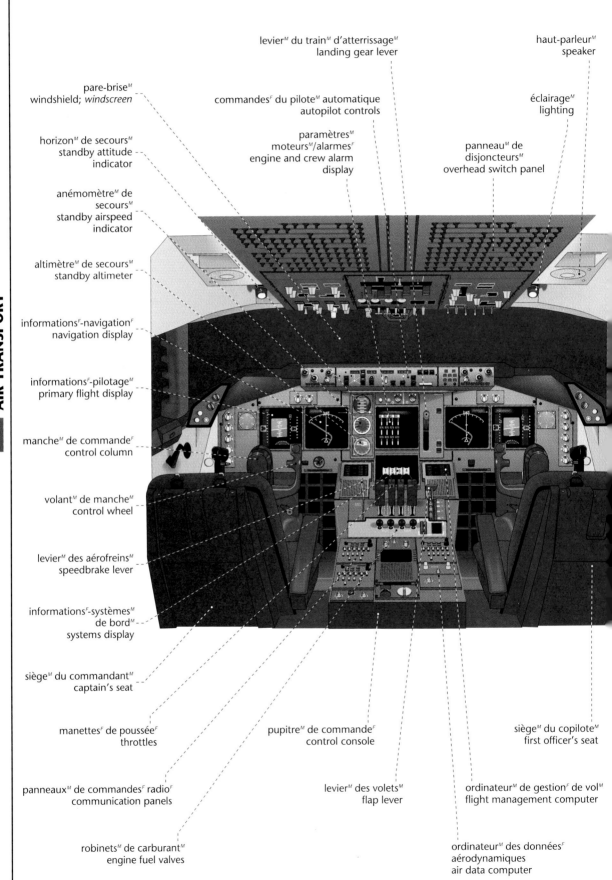

levier^M du train^M d'atterrissage^M
landing gear lever

haut-parleur^M
speaker

pare-brise^M
windshield; *windscreen*

commandes^F du pilote^M automatique
autopilot controls

éclairage^M
lighting

horizon^M de secours^M
standby attitude
indicator

paramètres^M
moteurs^M/alarmes^F
engine and crew alarm
display

panneau^M de
disjoncteurs^M
overhead switch panel

anémomètre^M de
secours^M
standby airspeed
indicator

altimètre^M de secours^M
standby altimeter

informations^F-navigation^F
navigation display

informations^F-pilotage^M
primary flight display

manche^M de commande^F
control column

volant^M de manche^M
control wheel

levier^M des aérofreins^M
speedbrake lever

informations^F-systèmes^M
de bord^M
systems display

siège^M du commandant^M
captain's seat

manettes^F de poussée^F
throttles

pupitre^M de commande^F
control console

siège^M du copilote^M
first officer's seat

panneaux^M de commandes^F radio^F
communication panels

levier^M des volets^M
flap lever

ordinateur^M de gestion^F de vol^M
flight management computer

robinets^M de carburant^M
engine fuel valves

ordinateur^M des données^F
aérodynamiques
air data computer

TURBORÉACTEUR^M À DOUBLE FLUX^M
TURBOFAN ENGINE

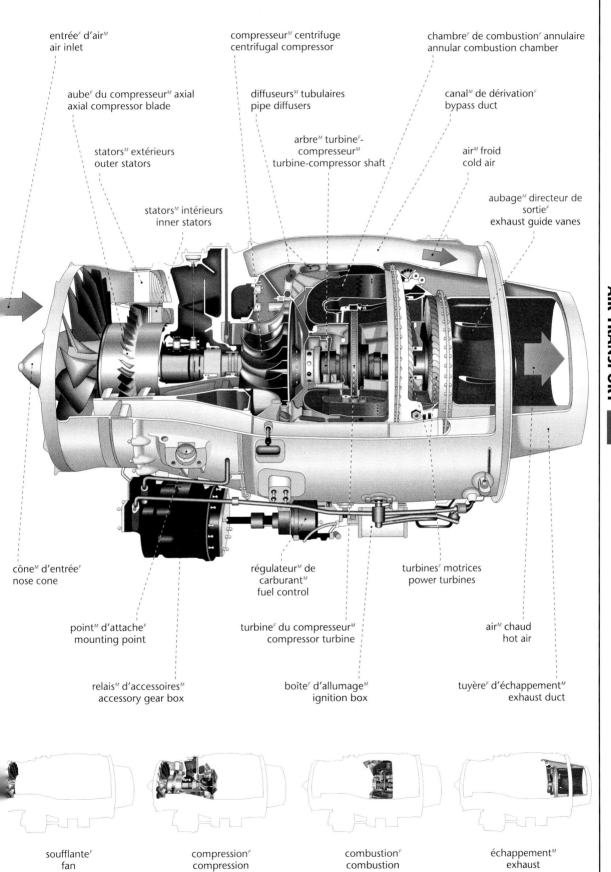

entrée^F d'air^M
air inlet

aube^F du compresseur^M axial
axial compressor blade

stators^M extérieurs
outer stators

stators^M intérieurs
inner stators

compresseur^M centrifuge
centrifugal compressor

diffuseurs^M tubulaires
pipe diffusers

arbre^M turbine^F-
compresseur^M
turbine-compressor shaft

chambre^F de combustion^F annulaire
annular combustion chamber

canal^M de dérivation^F
bypass duct

air^M froid
cold air

aubage^M directeur de
sortie^F
exhaust guide vanes

cône^M d'entrée^F
nose cone

régulateur^M de
carburant^M
fuel control

turbines^F motrices
power turbines

air^M chaud
hot air

point^M d'attache^F
mounting point

turbine^F du compresseur^M
compressor turbine

relais^M d'accessoires^M
accessory gear box

boîte^F d'allumage^M
ignition box

tuyère^F d'échappement^M
exhaust duct

soufflante^F
fan

compression^F
compression

combustion^F
combustion

échappement^M
exhaust

vigie[F]
control tower cab

route[F] d'accès[M]
access road

sortie[F] de piste[F] à grande vitesse[F]
high-speed exit taxiway

tour[F] de contrôle[M]
control tower

voie[F] de circulation[F]
taxiway

bretelle[F]
by-pass taxiway

aire[F] de trafic[M]
apron

aire[F] de manœuvre[F]
apron

voie[F] de circulation[F]
taxiway

voie[F] de service[M]
service road

hangar^M
maintenance hangar

aérogare^F de passagers^M
passenger terminal

aire^F de stationnement^M
parking area

passerelle^F télescopique
telescopic corridor

quai^M d'embarquement^M
boarding walkway

aérogare^F satellite^M
radial passenger loading
area

aire^F de service^M
service area

marques^F de circulation^F
taxiway line

AÉROPORT[M]
AIRPORT

AÉROGARE[F]
PASSENGER TERMINAL

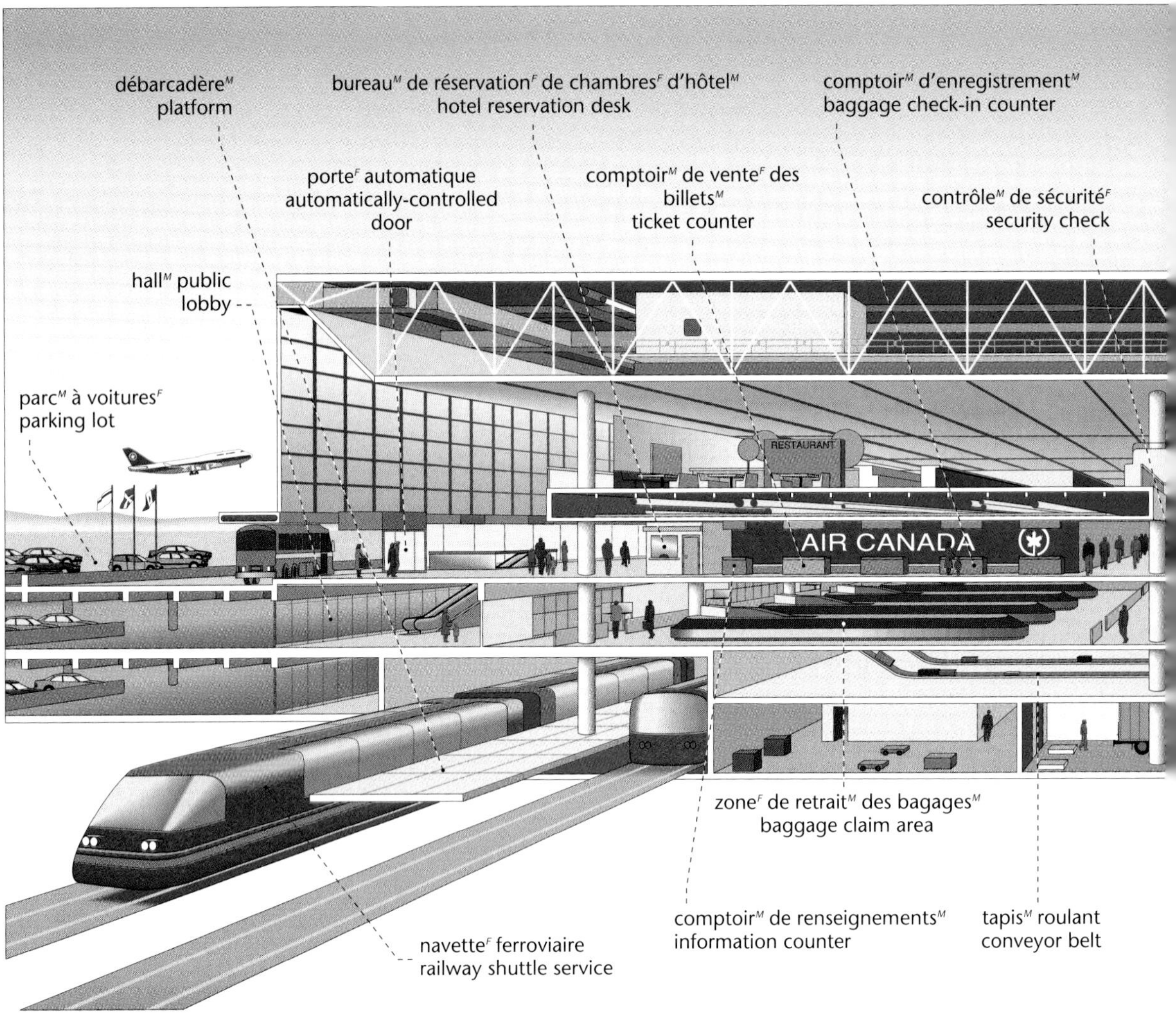
débarcadère[M]
platform
bureau[M] de réservation[F] de chambres[F] d'hôtel[M]
hotel reservation desk
comptoir[M] d'enregistrement[M]
baggage check-in counter
porte[F] automatique
automatically-controlled door
comptoir[M] de vente[F] des billets[M]
ticket counter
contrôle[M] de sécurité[F]
security check
hall[M] public
lobby
parc[M] à voitures[F]
parking lot
RESTAURANT
AIR CANADA
zone[F] de retrait[M] des bagages[M]
baggage claim area
comptoir[M] de renseignements[M]
information counter
tapis[M] roulant
conveyor belt
navette[F] ferroviaire
railway shuttle service

PISTE[F]
RUNWAY

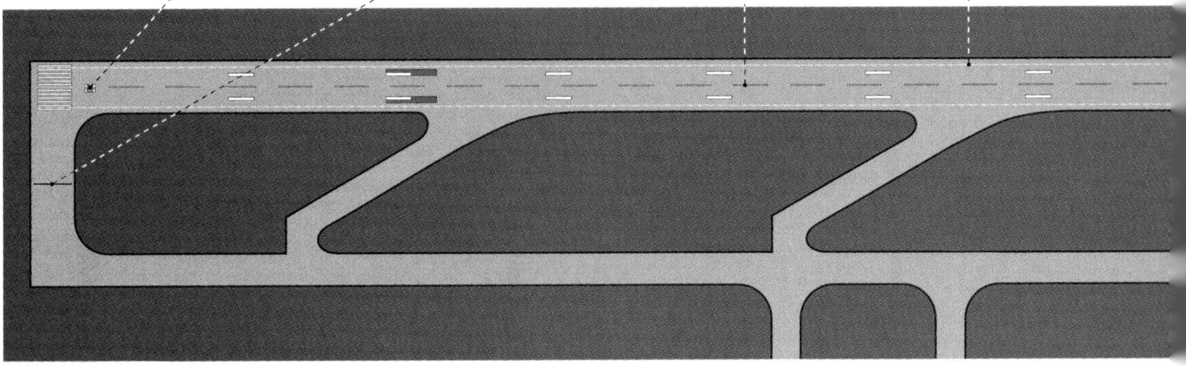
marque[F] d'axe[M] de piste[F]
runway center line markings; *runway centre line markings*
marques[F] d'identification[F]
runway designation marking
marque[F] de point[M] d'attente[F]
holding area marking
marques[F] latérales de piste[F]
runway side stripe markings

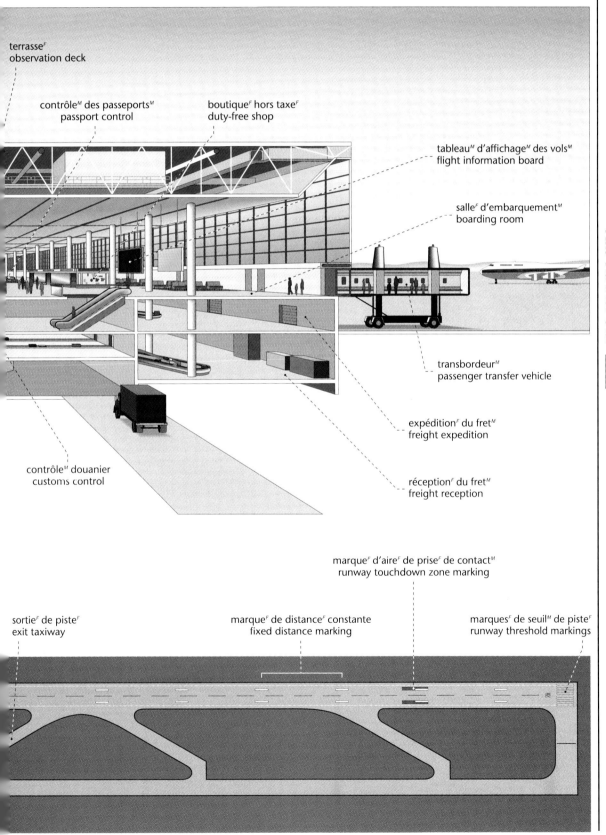

terrasse^F
observation deck

contrôle^M des passeports^M
passport control

boutique^F hors taxe^F
duty-free shop

tableau^M d'affichage^M des vols^M
flight information board

salle^F d'embarquement^M
boarding room

transbordeur^M
passenger transfer vehicle

expédition^F du fret^M
freight expedition

contrôle^M douanier
customs control

réception^F du fret^M
freight reception

marque^F d'aire^F de prise^F de contact^M
runway touchdown zone marking

sortie^F de piste^F
exit taxiway

marque^F de distance^F constante
fixed distance marking

marques^F de seuil^M de piste^F
runway threshold markings

505

ÉQUIPEMENTS^M AÉROPORTUAIRES
GROUND AIRPORT EQUIPMENT

**TRANSPORT AÉRIEN
AIR TRANSPORT**

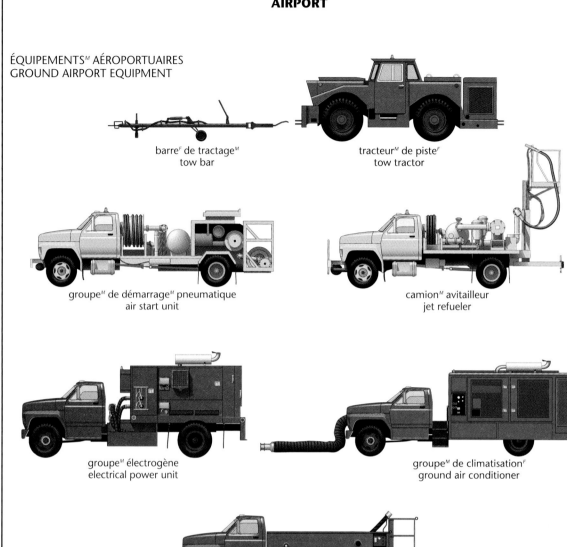

barre^F de tractage^M
tow bar

tracteur^M de piste^F
tow tractor

groupe^M de démarrage^M pneumatique
air start unit

camion^M avitailleur
jet refueler

groupe^M électrogène
electrical power unit

groupe^M de climatisation^F
ground air conditioner

camion^M vide-toilette^M
lavatory truck; *toilet truck*

véhicule^M de service^M technique
aircraft maintenance truck

camion^M-citerne^F d'eau^F potable
potable water truck

cale^F
wheel chock

nacelle^F élévatrice
boom truck

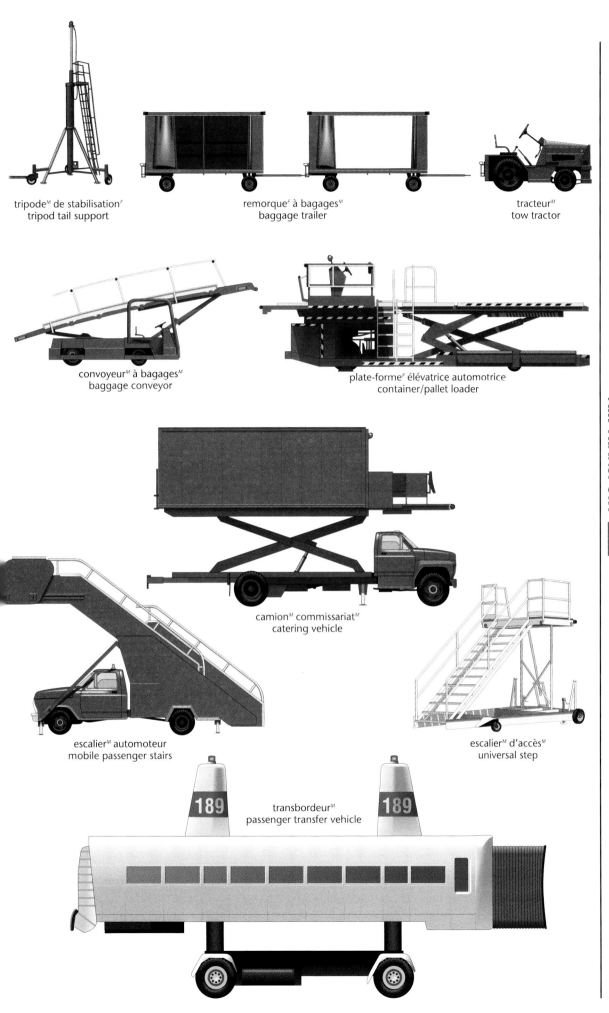

tripode^M de stabilisation^F
tripod tail support

remorque^F à bagages^M
baggage trailer

tracteur^M
tow tractor

convoyeur^M à bagages^M
baggage conveyor

plate-forme^F élévatrice automotrice
container/pallet loader

camion^M commissariat^M
catering vehicle

escalier^M automoteur
mobile passenger stairs

escalier^M d'accès^M
universal step

transbordeur^M
passenger transfer vehicle

HÉLICOPTÈRE^M
HELICOPTER

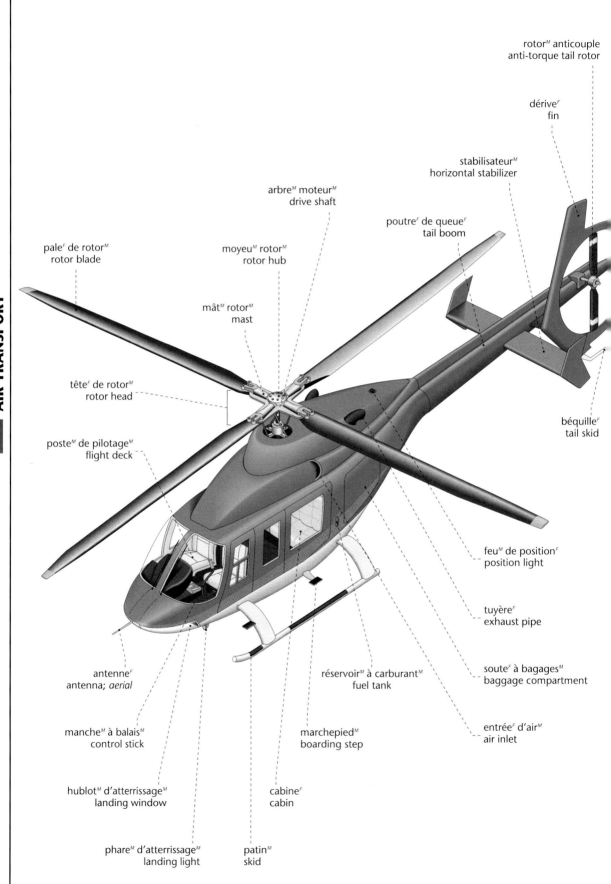

rotor^M anticouple
anti-torque tail rotor

dérive^F
fin

stabilisateur^M horizontal
horizontal stabilizer

arbre^M moteur^M
drive shaft

poutre^F de queue^F
tail boom

pale^F de rotor^M
rotor blade

moyeu^M rotor^M
rotor hub

mât^M rotor^M
mast

béquille^F
tail skid

tête^F de rotor^M
rotor head

poste^M de pilotage^M
flight deck

feu^M de position^F
position light

tuyère^F
exhaust pipe

antenne^F
antenna; *aerial*

soute^F à bagages^M
baggage compartment

réservoir^M à carburant^M
fuel tank

entrée^F d'air^M
air inlet

manche^M à balais^M
control stick

marchepied^M
boarding step

hublot^M d'atterrissage^M
landing window

cabine^F
cabin

phare^M d'atterrissage^M
landing light

patin^M
skid

508

FUSÉE^F
ROCKET

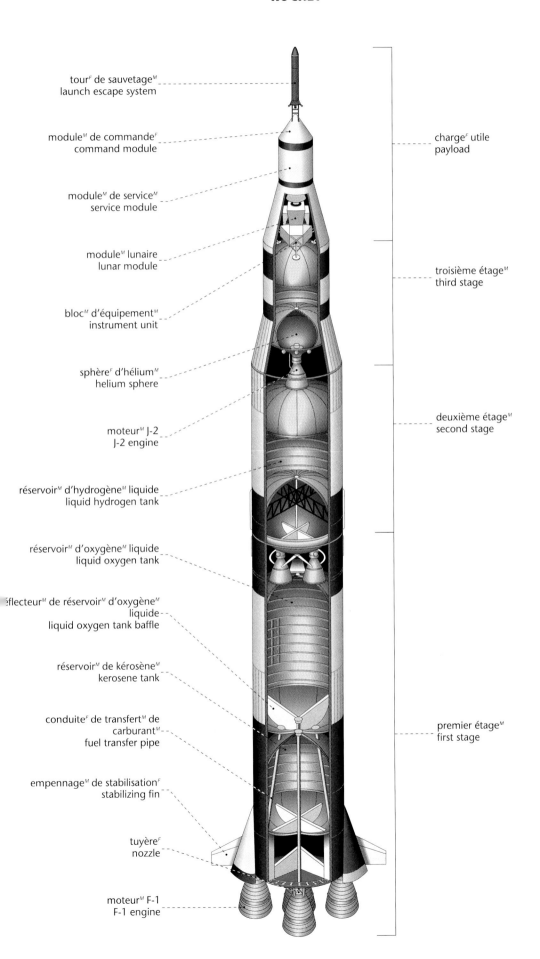

tour^F de sauvetage^M
launch escape system

module^M de commande^F
command module

module^M de service^M
service module

module^M lunaire
lunar module

bloc^M d'équipement^M
instrument unit

sphère^F d'hélium^M
helium sphere

moteur^M J-2
J-2 engine

réservoir^M d'hydrogène^M liquide
liquid hydrogen tank

réservoir^M d'oxygène^M liquide
liquid oxygen tank

déflecteur^M de réservoir^M d'oxygène^M
liquide
liquid oxygen tank baffle

réservoir^M de kérosène^M
kerosene tank

conduite^F de transfert^M de
carburant^M
fuel transfer pipe

empennage^M de stabilisation^F
stabilizing fin

tuyère^F
nozzle

moteur^M F-1
F-1 engine

charge^F utile
payload

troisième étage^M
third stage

deuxième étage^M
second stage

premier étage^M
first stage

509

NAVETTE[F] SPATIALE
SPACE SHUTTLE

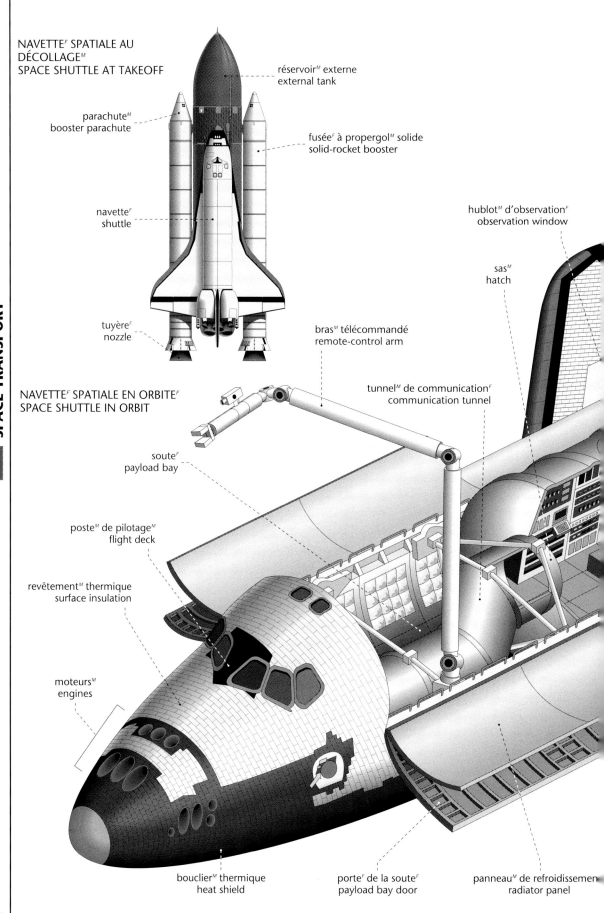

NAVETTE[F] SPATIALE AU DÉCOLLAGE[M]
SPACE SHUTTLE AT TAKEOFF

réservoir[M] externe
external tank

parachute[M]
booster parachute

fusée[F] à propergol[M] solide
solid-rocket booster

navette[F]
shuttle

tuyère[F]
nozzle

hublot[M] d'observation[F]
observation window

sas[M]
hatch

NAVETTE[F] SPATIALE EN ORBITE[F]
SPACE SHUTTLE IN ORBIT

bras[M] télécommandé
remote-control arm

tunnel[M] de communication[F]
communication tunnel

soute[F]
payload bay

poste[M] de pilotage[M]
flight deck

revêtement[M] thermique
surface insulation

moteurs[M]
engines

bouclier[M] thermique
heat shield

porte[F] de la soute[F]
payload bay door

panneau[M] de refroidissement
radiator panel

TRANSPORT SPATIAL
SPACE TRANSPORT

510

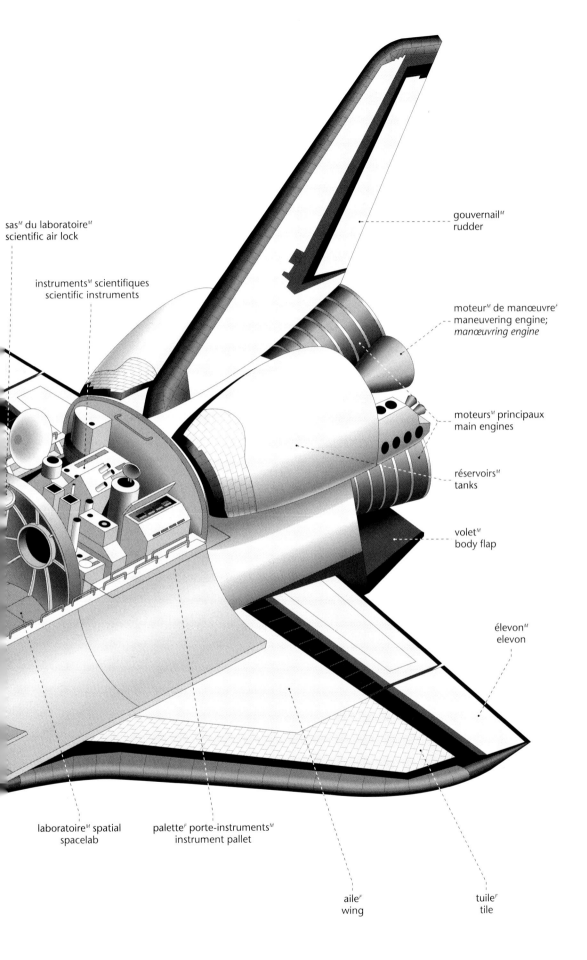

sas^M du laboratoire^M
scientific air lock

instruments^M scientifiques
scientific instruments

gouvernail^M
rudder

moteur^M de manœuvre^F
maneuvering engine;
manœuvring engine

moteurs^M principaux
main engines

réservoirs^M
tanks

volet^M
body flap

élevon^M
elevon

laboratoire^M spatial
spacelab

palette^F porte-instruments^M
instrument pallet

aile^F
wing

tuile^F
tile

SCAPHANDRE^M SPATIAL
SPACESUIT

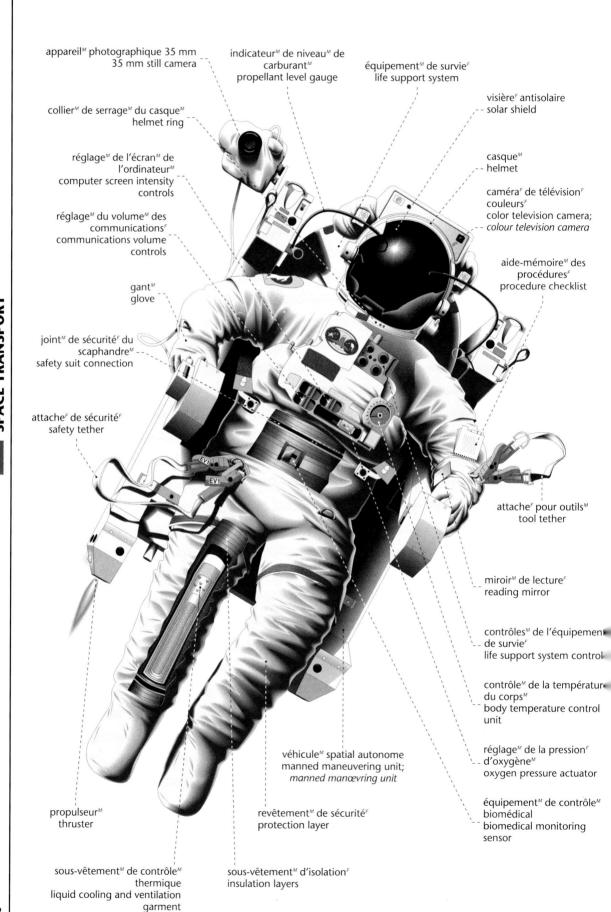

appareil^M photographique 35 mm
35 mm still camera

indicateur^M de niveau^M de
carburant^M
propellant level gauge

équipement^M de survie^F
life support system

collier^M de serrage^M du casque^M
helmet ring

visière^F antisolaire
solar shield

casque^M
helmet

réglage^M de l'écran^M de
l'ordinateur^M
computer screen intensity
controls

caméra^F de télévision^F
couleurs^F
color television camera;
colour television camera

réglage^M du volume^M des
communications^F
communications volume
controls

aide-mémoire^M des
procédures^F
procedure checklist

gant^M
glove

joint^M de sécurité^F du
scaphandre^M
safety suit connection

attache^F de sécurité^F
safety tether

attache^F pour outils^M
tool tether

miroir^M de lecture^F
reading mirror

contrôles^M de l'équipement^M
de survie^F
life support system control

contrôle^M de la température^F
du corps^M
body temperature control
unit

véhicule^M spatial autonome
manned maneuvering unit;
manned manœvring unit

réglage^M de la pression^F
d'oxygène^M
oxygen pressure actuator

propulseur^M
thruster

revêtement^M de sécurité^F
protection layer

équipement^M de contrôle^M
biomédical
biomedical monitoring
sensor

sous-vêtement^M de contrôle^M
thermique
liquid cooling and ventilation
garment

sous-vêtement^M d'isolation^F
insulation layers

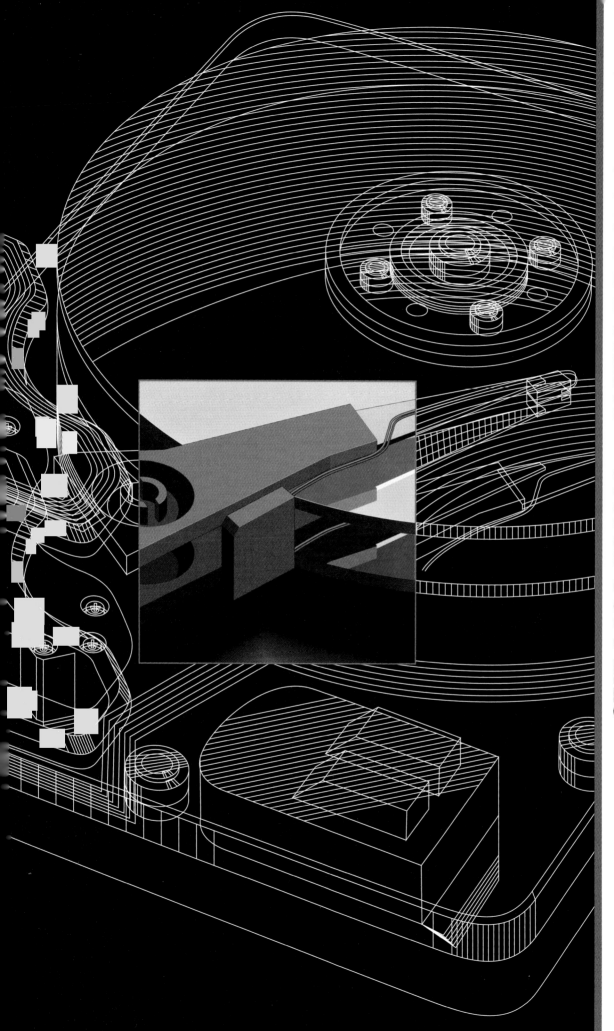

SOMMAIRE

FOURNITURES DE BUREAU

ARTICLES DE BUREAU..515

MOBILIER DE BUREAU 520

CALCULATRICE 523

MACHINE À ÉCRIRE ÉLECTRONIQUE...524

BUREAUTIQUE

CONFIGURATION D'UN SYSTÈME BUREAUTIQUE 526

SYSTÈME DE BASE..528

PHOTOCOPIEUR 532

FOURNITURES DE BUREAU
OFFICE SUPPLIES

ARTICLES^M DE BUREAU^M
STATIONERY

stylo^M-bille^F
ballpoint pen

porte-mine^M
mechanical pencil

crayon^M
pencil

stylo^M-plume^F
fountain pen

porte-gomme^M
eraser holder

crayon^M gomme^F
stick eraser

marqueur^M
marker

gomme^F
eraser

correcteur^M liquide
correction fluid

surligneur^M
highlighter pen

bâtonnet^M de colle^F
glue stick

pince-notes^M
clip

trombones^M
paper clips

agrafeuse^F
stapler

attaches^F parisiennes
paper fasteners

agrafes^F
staples

coupe-papier^M
letter opener

punaises^F
thumb tacks

taille-crayon^M
pencil sharpener

ruban^M correcteur
correction paper

dégrafeuse^F
staple remover

515

FOURNITURES DE BUREAU
OFFICE SUPPLIES

timbre^M caoutchouc^M
rubber stamp

tampon^M encreur
stamp pad

dévidoir^M de ruban^M adhésif
tape dispenser

numéroteur^M
numbering machine

timbre^M dateur
dater

porte-timbres^M
stamp rack

pique-notes^M
bill-file; spike file

pince^F à étiqueter
label maker

perforatrice^F
paper punch

mouilleur^M
moistener

fichier^M rotatif
rotary file

pèse-lettres^M
letter scale

taille-crayon^M
pencil sharpener

répertoire^M téléphonique
telephone index

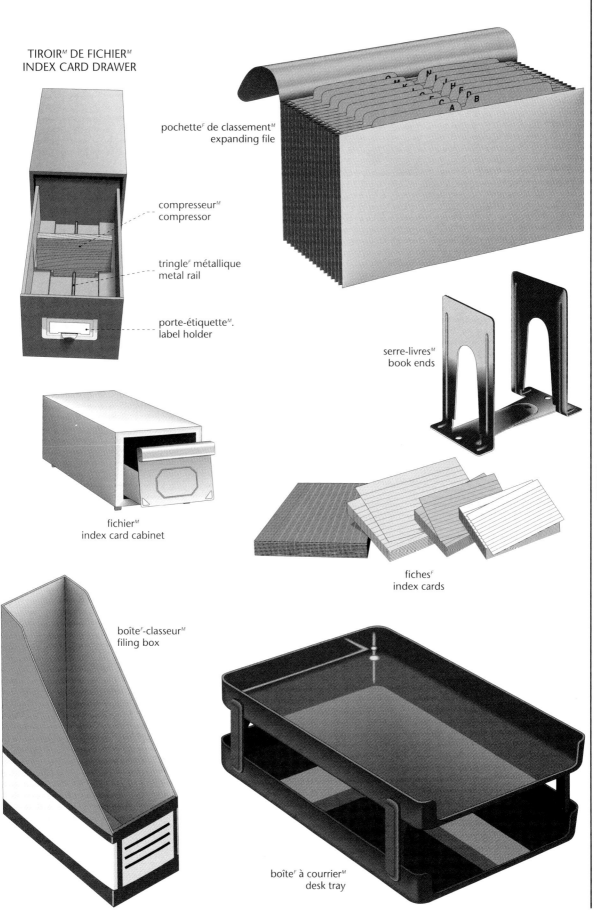

TIROIR^M DE FICHIER^M
INDEX CARD DRAWER

pochette^F de classement^M
expanding file

compresseur^M
compressor

tringle^F métallique
metal rail

porte-étiquette^M.
label holder

serre-livres^M
book ends

fichier^M
index card cabinet

fiches^F
index cards

boîte^F-classeur^M
filing box

boîte^F à courrier^M
desk tray

FOURNITURES DE BUREAU
OFFICE SUPPLIES

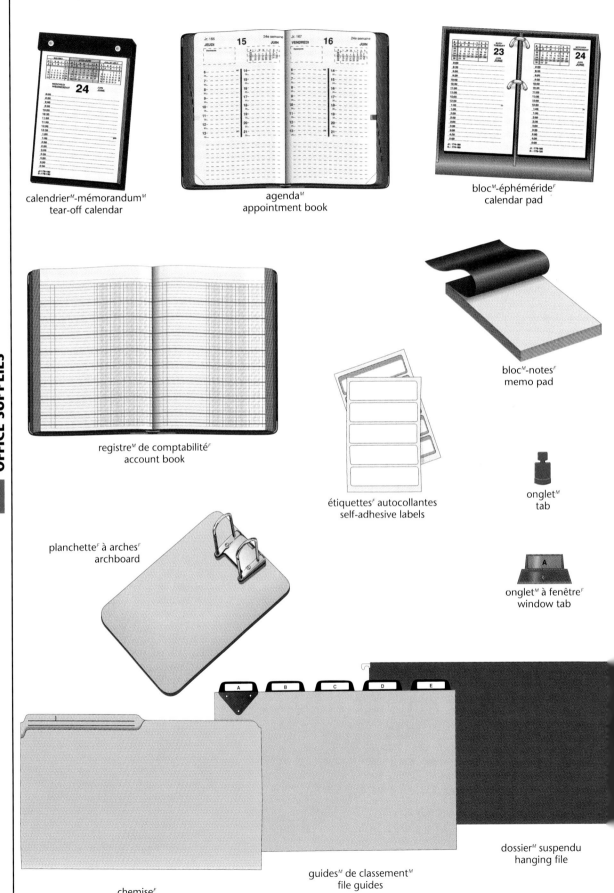

calendrier^M-mémorandum^M
tear-off calendar

agenda^M
appointment book

bloc^M-éphéméride^F
calendar pad

registre^M de comptabilité^F
account book

bloc^M-notes^F
memo pad

étiquettes^F autocollantes
self-adhesive labels

onglet^M
tab

onglet^M à fenêtre^F
window tab

planchette^F à arches^F
archboard

dossier^M suspendu
hanging file

guides^M de classement^M
file guides

chemise^F
folder

518

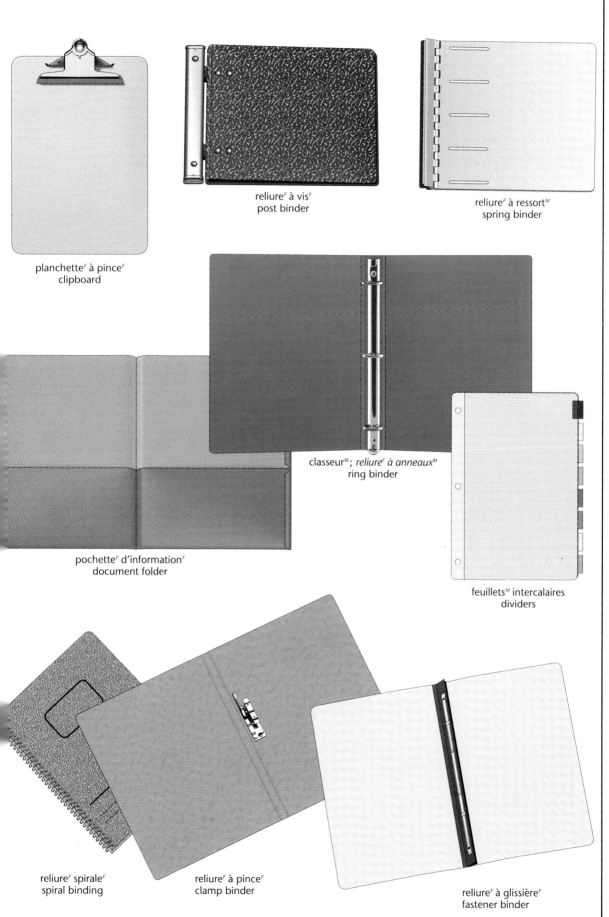

reliure^F à vis^F
post binder

reliure^F à ressort^M
spring binder

planchette^F à pince^F
clipboard

classeur^M; *reliure^F à anneaux^M*
ring binder

pochette^F d'information^F
document folder

feuillets^M intercalaires
dividers

reliure^F spirale^F
spiral binding

reliure^F à pince^F
clamp binder

reliure^F à glissière^F
fastener binder

MOBILIER^M DE BUREAU^M
OFFICE FURNITURE

bureau^M de direction^F
executive desk

fauteuil^M pivotant à bascule^F
swivel-tilter armchair

sous-main^M
desk mat

bahut^M
credenza

cloison^F amovible
partition

classeur^M à clapets^M
lateral filing cabinet

520

TABLE^F D'ORDINATEUR^M
COMPUTER TABLE

TABLE^F D'IMPRIMANTE^F
PRINTER TABLE

panier^M de réception^F
paper catcher

support^M ajustable
adjustable platen

panier^M d'alimentation^F
paper tray

panneau^M de modestie^F
modesty panel

fente^F d'alimentation^F
paper feed channel

classeur^M mobile
mobile filing unit

caisson^M
mobile drawer unit

chaise^F dactylo^M
typist's chair

retour^M
return

BUREAU^M SECRÉTAIRE^M
SECRETARIAL DESK

présentoir^M à revues^F
display cabinet

patère^F
coat hook

armoire^F à papeterie^F
stationery cabinet

porte-manteau^M
coat tree; *hat stand*

armoire^F-vestiaire^M
locker

vestiaire^M de bureau^M
coat rack

CALCULATRICE*F*
CALCULATOR

CALCULETTE*F*
POCKET CALCULATOR

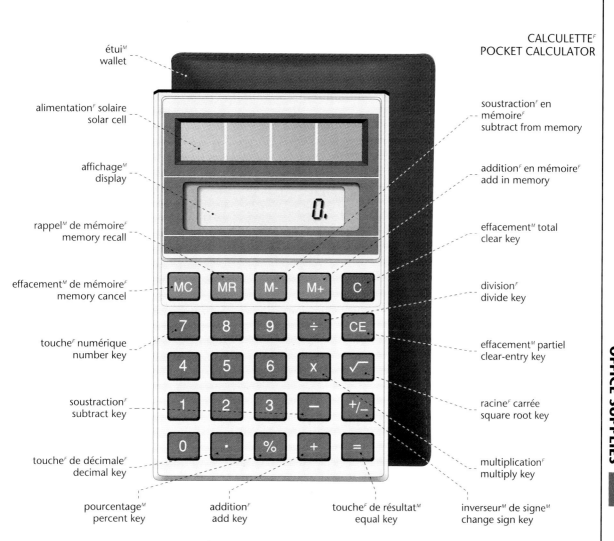

étui*M*
wallet

alimentation*F* solaire
solar cell

affichage*M*
display

rappel*M* de mémoire*F*
memory recall

effacement*M* de mémoire*F*
memory cancel

touche*F* numérique
number key

soustraction*F*
subtract key

touche*F* de décimale*F*
decimal key

soustraction*F* en
mémoire*F*
subtract from memory

addition*F* en mémoire*F*
add in memory

effacement*M* total
clear key

division*F*
divide key

effacement*M* partiel
clear-entry key

racine*F* carrée
square root key

multiplication*F*
multiply key

pourcentage*M*
percent key

addition*F*
add key

touche*F* de résultat*M*
equal key

inverseur*M* de signe*M*
change sign key

CALCULATRICE*F* À IMPRIMANTE*F*
PRINTING CALCULATOR

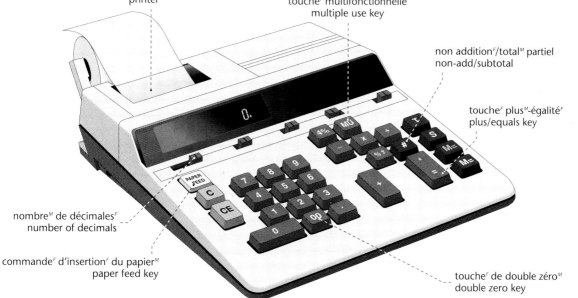

imprimante*F*
printer

touche*F* multifonctionnelle
multiple use key

non addition*F*/total*M* partiel
non-add/subtotal

touche*F* plus*M*-égalité*F*
plus/equals key

nombre*M* de décimales*F*
number of decimals

commande*F* d'insertion*F* du papier*M*
paper feed key

touche*F* de double zéro*M*
double zero key

523

MACHINE[F] À ÉCRIRE ÉLECTRONIQUE
ELECTRONIC TYPEWRITER

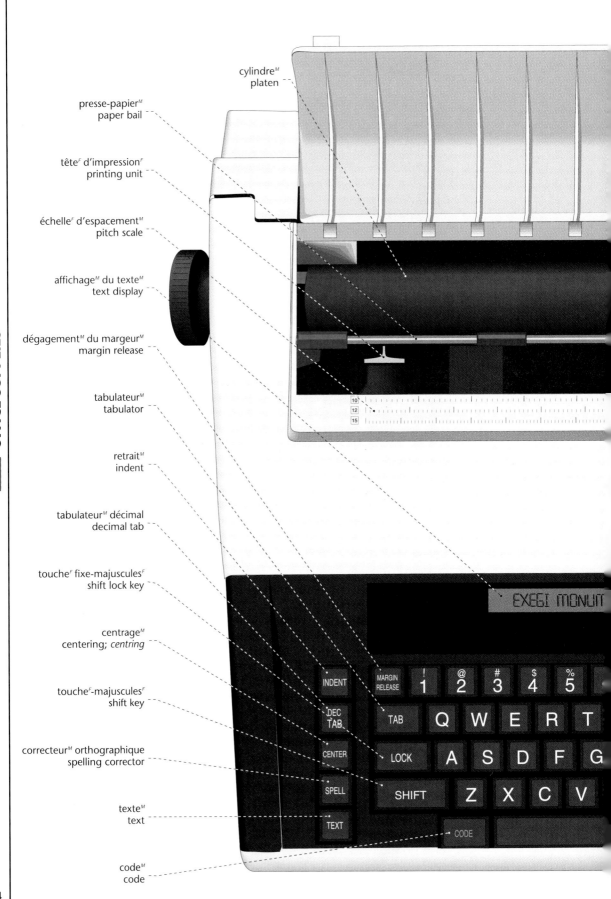

cylindre[M]
platen

presse-papier[M]
paper bail

tête[F] d'impression[F]
printing unit

échelle[F] d'espacement[M]
pitch scale

affichage[M] du texte[M]
text display

dégagement[M] du margeur[M]
margin release

tabulateur[M]
tabulator

retrait[M]
indent

tabulateur[M] décimal
decimal tab

touche[F] fixe-majuscules[F]
shift lock key

centrage[M]
centering; *centring*

touche[F]-majuscules[F]
shift key

correcteur[M] orthographique
spelling corrector

texte[M]
text

code[M]
code

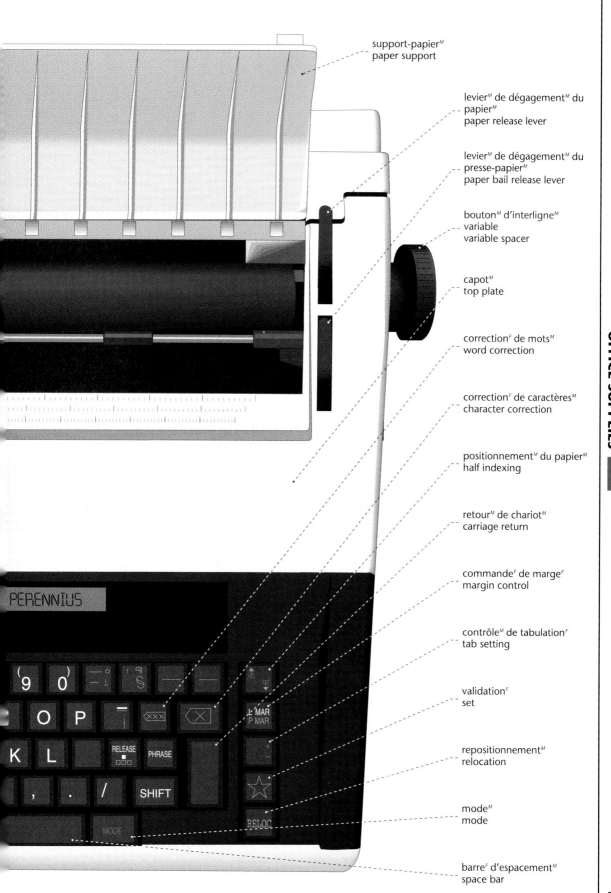

support-papier^M
paper support

levier^M de dégagement^M du papier^M
paper release lever

levier^M de dégagement^M du presse-papier^M
paper bail release lever

bouton^M d'interligne^M variable
variable spacer

capot^M
top plate

correction^F de mots^M
word correction

correction^F de caractères^M
character correction

positionnement^M du papier^M
half indexing

retour^M de chariot^M
carriage return

commande^F de marge^F
margin control

contrôle^M de tabulation^F
tab setting

validation^F
set

repositionnement^M
relocation

mode^M
mode

barre^F d'espacement^M
space bar

PERENNIUS

CONFIGURATION^F D'UN SYSTÈME^M BUREAUTIQUE
CONFIGURATION OF AN OFFICE AUTOMATION SYSTEM

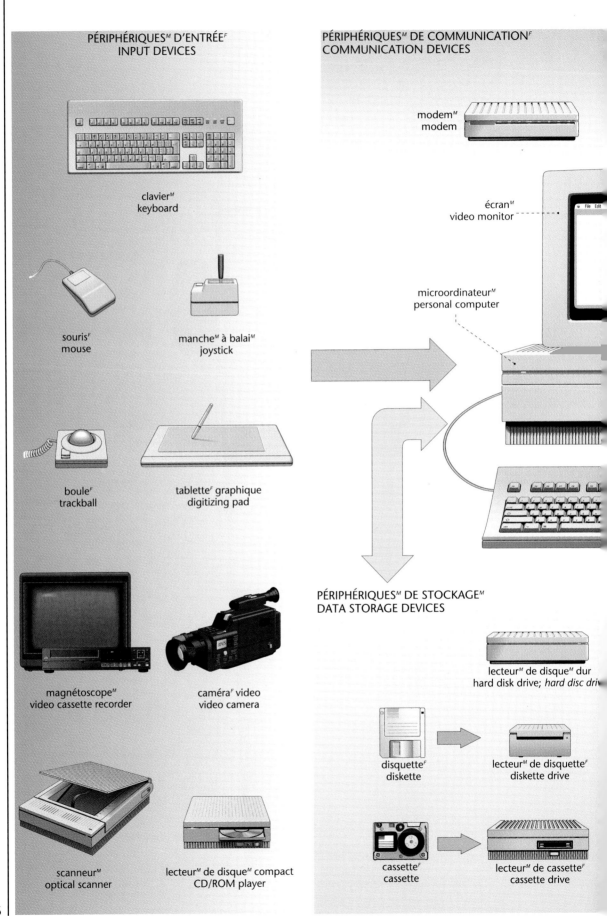

PÉRIPHÉRIQUES^M D'ENTRÉE^F
INPUT DEVICES

clavier^M
keyboard

souris^F
mouse

manche^M à balai^M
joystick

boule^F
trackball

tablette^F graphique
digitizing pad

magnétoscope^M
video cassette recorder

caméra^F video
video camera

scanneur^M
optical scanner

lecteur^M de disque^M compact
CD/ROM player

PÉRIPHÉRIQUES^M DE COMMUNICATION^F
COMMUNICATION DEVICES

modem^M
modem

écran^M
video monitor

microordinateur^M
personal computer

PÉRIPHÉRIQUES^M DE STOCKAGE^M
DATA STORAGE DEVICES

lecteur^M de disque^M dur
hard disk drive; *hard disc dri*

disquette^F
diskette

lecteur^M de disquette^F
diskette drive

cassette^F
cassette

lecteur^M de cassette^F
cassette drive

526

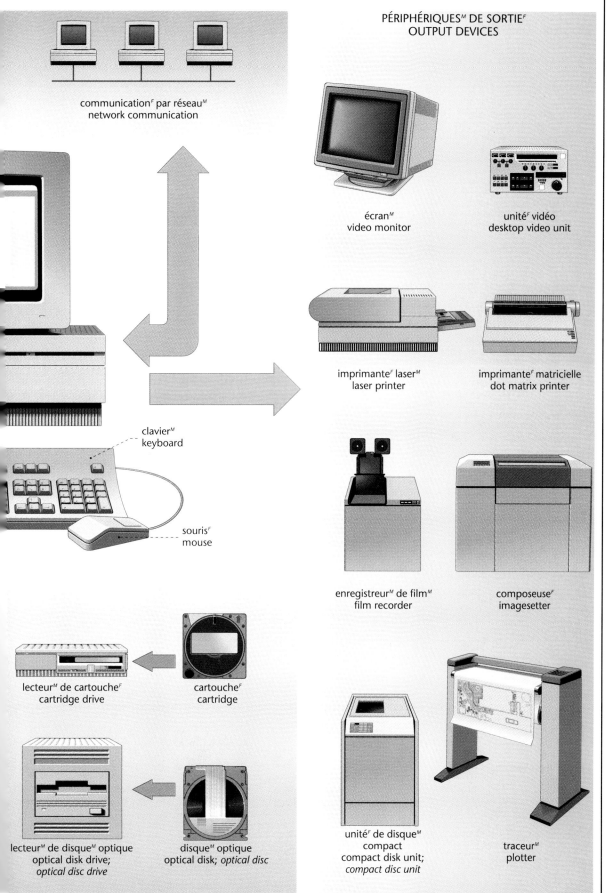

communication^F par réseau^M
network communication

écran^M
video monitor

unité^F vidéo
desktop video unit

imprimante^F laser^M
laser printer

imprimante^F matricielle
dot matrix printer

clavier^M
keyboard

souris^F
mouse

enregistreur^M de film^M
film recorder

composeuse^F
imagesetter

lecteur^M de cartouche^F
cartridge drive

cartouche^F
cartridge

lecteur^M de disque^M optique
optical disk drive;
optical disc drive

disque^M optique
optical disk; *optical disc*

unité^F de disque^M
compact
compact disk unit;
compact disc unit

traceur^M
plotter

BUREAUTIQUE
OFFICE AUTOMATION

SYSTÈME^M DE BASE^F
BASIC COMPONENTS

MICRO-ORDINATEUR^M (VUE^F EN PLONGÉE^F)
PERSONAL COMPUTER (VIEW FROM ABOVE)

BUREAUTIQUE
OFFICE AUTOMATION

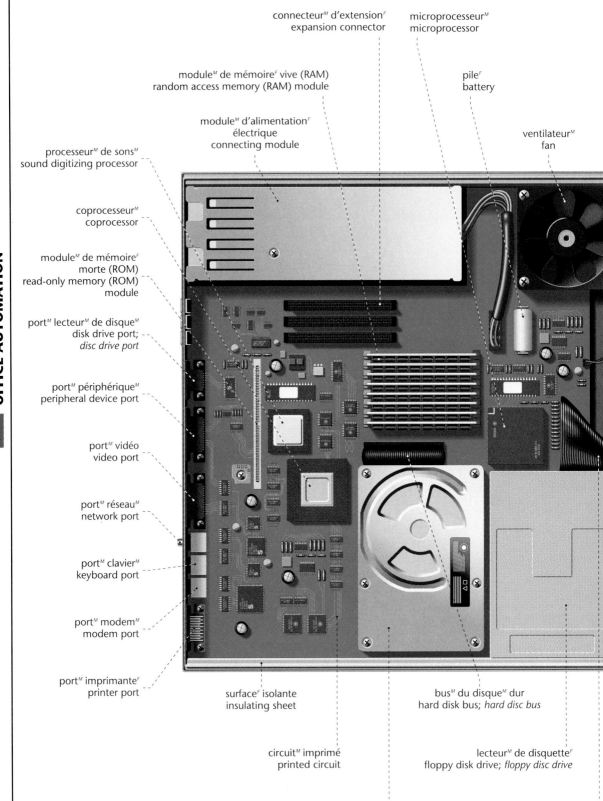

connecteur^M d'extension^F
expansion connector

microprocesseur^M
microprocessor

module^M de mémoire^F vive (RAM)
random access memory (RAM) module

pile^F
battery

module^M d'alimentation^F
électrique
connecting module

ventilateur^M
fan

processeur^M de sons^M
sound digitizing processor

coprocesseur^M
coprocessor

module^M de mémoire^F
morte (ROM)
read-only memory (ROM)
module

port^M lecteur^M de disque^M
disk drive port;
disc drive port

port^M périphérique^M
peripheral device port

port^M vidéo
video port

port^M réseau^M
network port

port^M clavier^M
keyboard port

port^M modem^M
modem port

port^M imprimante^F
printer port

surface^F isolante
insulating sheet

bus^M du disque^M dur
hard disk bus; *hard disc bus*

circuit^M imprimé
printed circuit

lecteur^M de disquette^F
floppy disk drive; *floppy disc drive*

lecteur^M de disque^M dur
hard disk drive; *hard disc drive*

bus^M de données
data bus

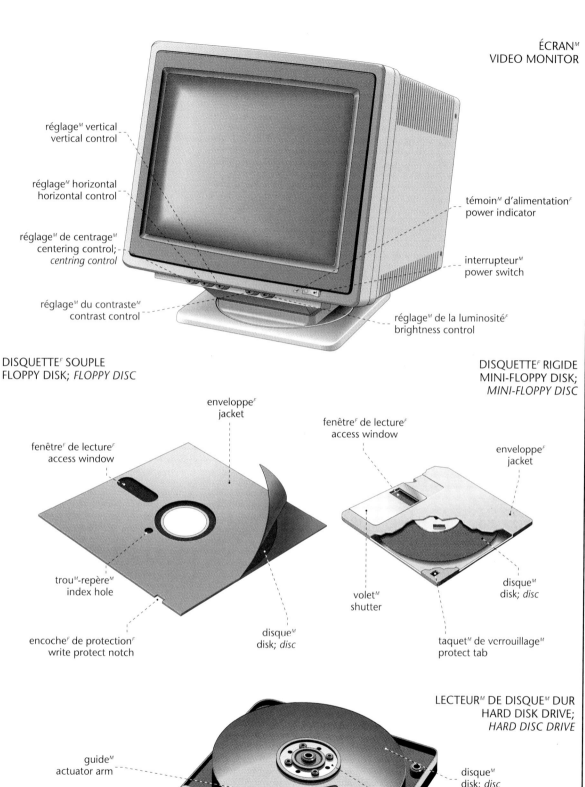

ÉCRAN^M
VIDEO MONITOR

réglage^M vertical
vertical control

réglage^M horizontal
horizontal control

réglage^M de centrage^M
centering control;
centring control

réglage^M du contraste^M
contrast control

témoin^M d'alimentation^F
power indicator

interrupteur^M
power switch

réglage^M de la luminosité^F
brightness control

DISQUETTE^F SOUPLE
FLOPPY DISK; *FLOPPY DISC*

DISQUETTE^F RIGIDE
MINI-FLOPPY DISK;
MINI-FLOPPY DISC

enveloppe^F
jacket

fenêtre^F de lecture^F
access window

fenêtre^F de lecture^F
access window

enveloppe^F
jacket

trou^M-repère^M
index hole

volet^M
shutter

disque^M
disk; *disc*

encoche^F de protection^F
write protect notch

disque^M
disk; *disc*

taquet^M de verrouillage^M
protect tab

LECTEUR^M DE DISQUE^M DUR
HARD DISK DRIVE;
HARD DISC DRIVE

guide^M
actuator arm

disque^M
disk; *disc*

moteur^M de guides^M
actuator arm motor

moteur^M de disques^M
disk motor; *disc motor*

tête^F de lecture^F/écriture^F
read/write head

SYSTÈME^M DE BASE^F
BASIC COMPONENTS

CLAVIER^M
KEYBOARD

touche^F programmable
function key

touche^F de retour^M
return key

touche^F de démarrage^M
start-up key

touche^F de tabulateur^M
tab key

touche^F fixe-majuscules^M
shift lock key

touche^F d'effacement^M
delete key

touche^F d'envoi^M
enter key

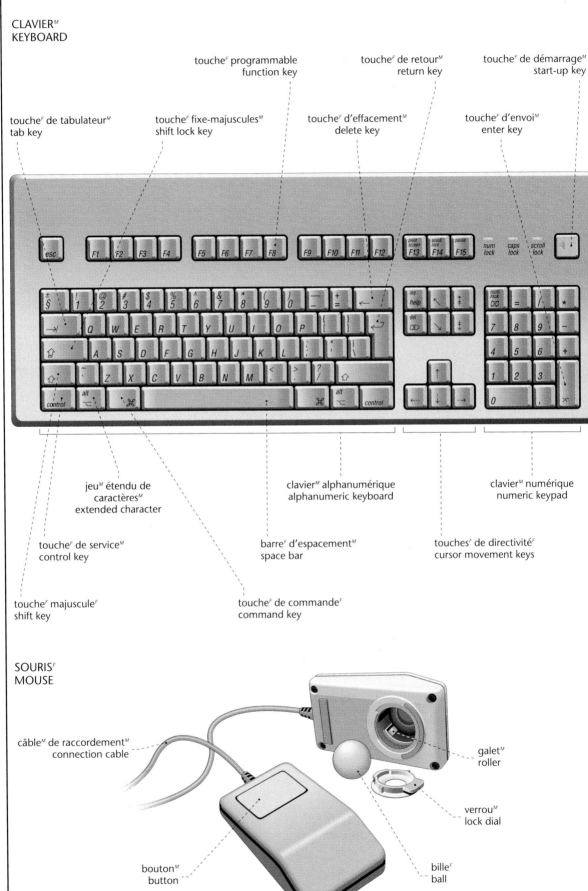

jeu^M étendu de
caractères^M
extended character

clavier^M alphanumérique
alphanumeric keyboard

clavier^M numérique
numeric keypad

touche^F de service^M
control key

barre^F d'espacement^M
space bar

touches^F de directivité^F
cursor movement keys

touche^F majuscule^F
shift key

touche^F de commande^F
command key

SOURIS^F
MOUSE

câble^M de raccordement^M
connection cable

galet^M
roller

verrou^M
lock dial

bouton^M
button

bille^F
ball

cylindre*M*
platen

presse-papier*M*
paper bail

presse-ergots*M*
paper clamp

galet*M* du presse-papier*M*
paper bail roller

molette*F* du cylindre*M*
platen knob

ergot*M* d'entraînement*M*
feed pin

mode*M* d'entraînement*M* du
papier*M*
paper advance setting

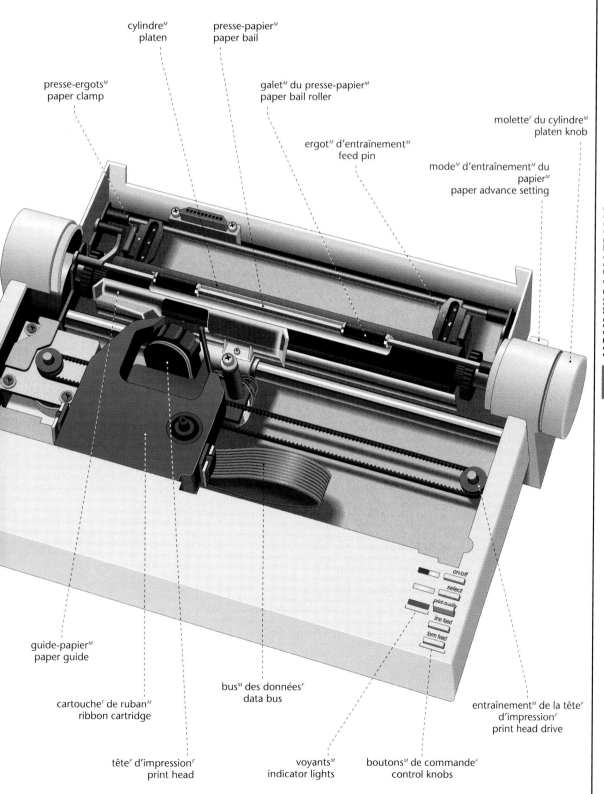

on/off
select
print quality
line feed
form feed

guide-papier*M*
paper guide

bus*M* des données*F*
data bus

cartouche*F* de ruban*M*
ribbon cartridge

entraînement*M* de la tête*F*
d'impression*F*
print head drive

tête*F* d'impression*F*
print head

voyants*M*
indicator lights

boutons*M* de commande*F*
control knobs

531

PHOTOCOPIEUR^M
PHOTOCOPIER

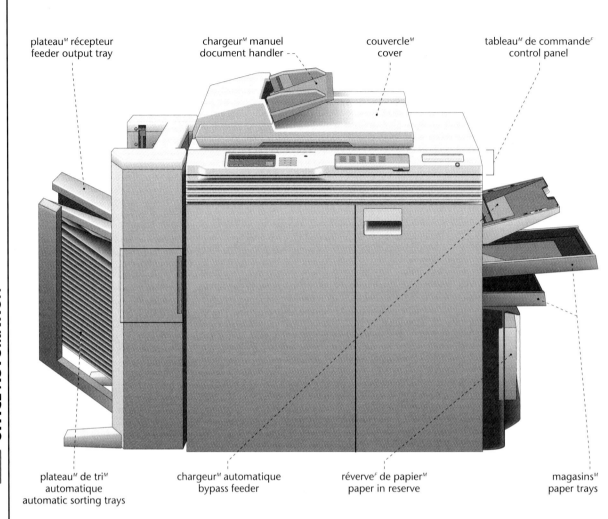

plateau^M récepteur
feeder output tray

chargeur^M manuel
document handler

couvercle^M
cover

tableau^M de commande^F
control panel

plateau^M de tri^M
automatique
automatic sorting trays

chargeur^M automatique
bypass feeder

réserve^F de papier^M
paper in reserve

magasins^M
paper trays

TABLEAU^M DE COMMANDE^F
CONTROL PANEL

écran^M d'affichage^M
message display

contrôle^M de la photocopie^F
photocopy control

réduction^F/agrandissement^M
reduce/enlarge

remise^F à zéro^M
reset

copie^F recto^M/verso^M
two-sided copies

mode^M de sortie^F des
copies^F
copy output mode

contrôle^M de la couleur^F
color control; *colour control*

superposition^F d'originaux^M
original overlay

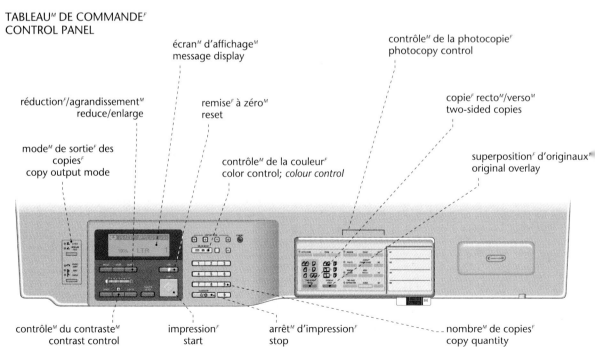

contrôle^M du contraste^M
contrast control

impression^F
start

arrêt^M d'impression^F
stop

nombre^M de copies^F
copy quantity

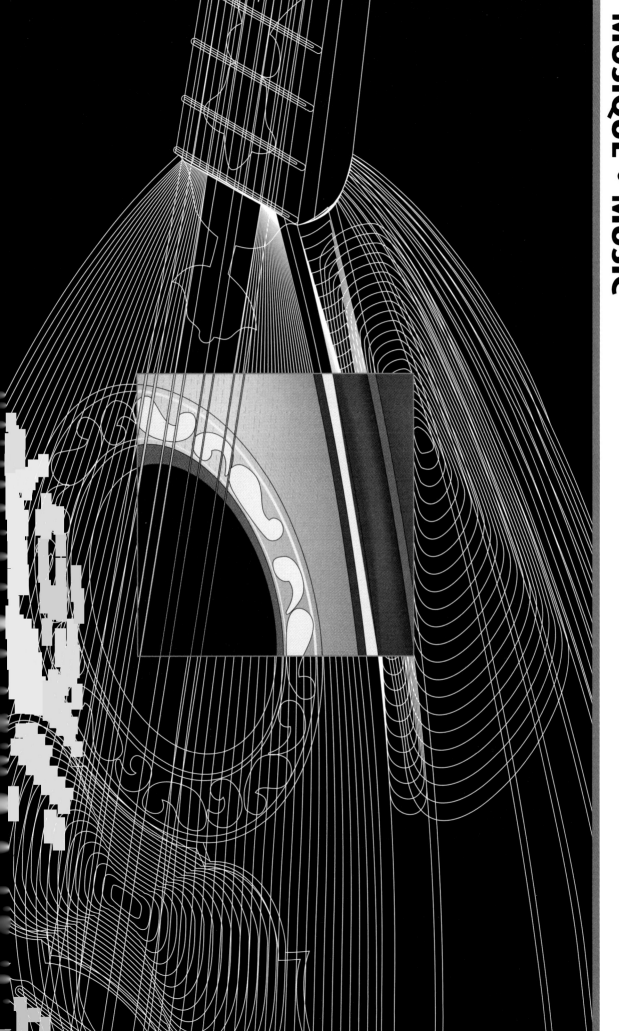

SOMMAIRE

INSTRUMENTS TRADITIONNELS 535

NOTATION MUSICALE 537

ACCESSOIRES...539

INSTRUMENTS À CLAVIER...540

ORGUE..542

INSTRUMENTS À CORDES..544

INSTRUMENTS À VENT 548

INSTRUMENTS À PERCUSSION 552

INSTRUMENTS ÉLECTRONIQUES 555

ORCHESTRE SYMPHONIQUE..556

EXEMPLES DE GROUPES INSTRUMENTAUX 558

**MUSIQUE
MUSIC**

CITHARE^F
ZITHER

LYRE^F
LYRE

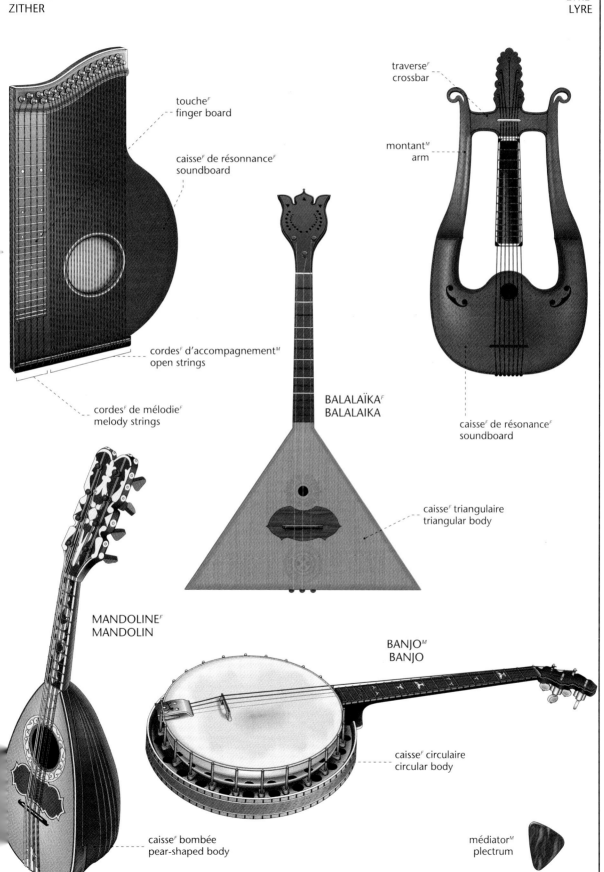

touche^F
finger board

caisse^F de résonnance^F
soundboard

traverse^F
crossbar

montant^M
arm

cordes^F d'accompagnement^M
open strings

cordes^F de mélodie^F
melody strings

BALALAÏKA^F
BALALAIKA

caisse^F de résonance^F
soundboard

MUSIQUE
MUSIC

caisse^F triangulaire
triangular body

MANDOLINE^F
MANDOLIN

BANJO^M
BANJO

caisse^F circulaire
circular body

caisse^F bombée
pear-shaped body

médiator^M
plectrum

535

ACCORDÉON^M
ACCORDION

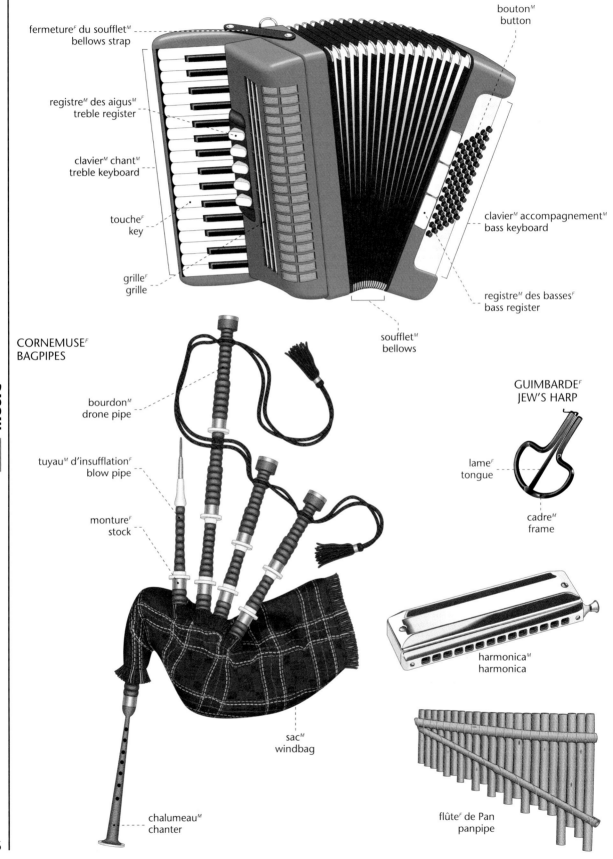

fermeture^F du soufflet^M
bellows strap

registre^M des aigus^M
treble register

clavier^M chant^M
treble keyboard

touche^F
key

grille^F
grille

bouton^M
button

clavier^M accompagnement^M
bass keyboard

registre^M des basses^F
bass register

soufflet^M
bellows

CORNEMUSE^F
BAGPIPES

bourdon^M
drone pipe

tuyau^M d'insufflation^F
blow pipe

monture^F
stock

sac^M
windbag

chalumeau^M
chanter

GUIMBARDE^F
JEW'S HARP

lame^F
tongue

cadre^M
frame

harmonica^M
harmonica

flûte^F de Pan
panpipe

MUSIQUE
MUSIC

NOTATION^F MUSICALE
MUSICAL NOTATION

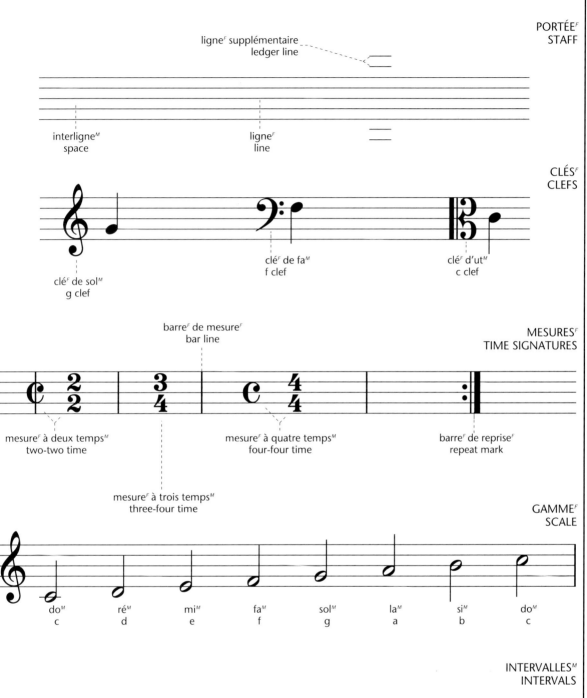

PORTÉE^F
STAFF

ligne^F supplémentaire
ledger line

interligne^M
space

ligne^F
line

CLÉS^F
CLEFS

clé^F de fa^M
f clef

clé^F d'ut^M
c clef

clé^F de sol^M
g clef

barre^F de mesure^F
bar line

MESURES^F
TIME SIGNATURES

mesure^F à deux temps^M
two-two time

mesure^F à quatre temps^M
four-four time

barre^F de reprise^F
repeat mark

mesure^F à trois temps^M
three-four time

GAMME^F
SCALE

do^M   ré^M   mi^M   fa^M   sol^M   la^M   si^M   do^M
c   d   e   f   g   a   b   c

INTERVALLES^M
INTERVALS

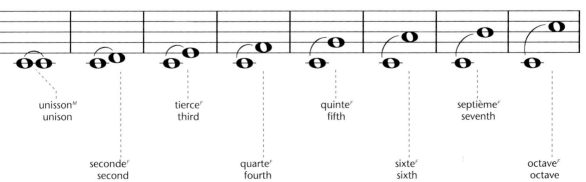

unisson^M
unison

tierce^F
third

quinte^F
fifth

septième^F
seventh

seconde^F
second

quarte^F
fourth

sixte^F
sixth

octave^F
octave

MUSIQUE
MUSIC

537

NOTATION^F MUSICALE
MUSICAL NOTATION

VALEUR^F DES NOTES^F
NOTE SYMBOLS

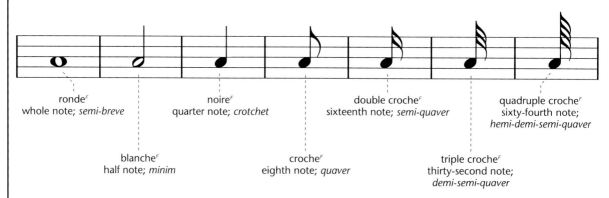

ronde^F
whole note; *semi-breve*

blanche^F
half note; *minim*

noire^F
quarter note; *crotchet*

croche^F
eighth note; *quaver*

double croche^F
sixteenth note; *semi-quaver*

triple croche^F
thirty-second note;
demi-semi-quaver

quadruple croche^F
sixty-fourth note;
hemi-demi-semi-quaver

VALEUR^F DES SILENCES^M
REST SYMBOLS

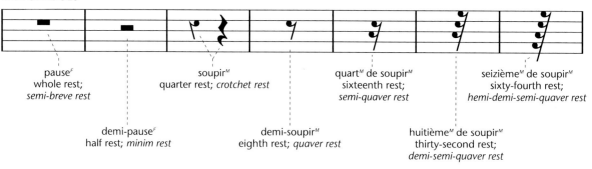

pause^F
whole rest;
semi-breve rest

demi-pause^F
half rest; *minim rest*

soupir^M
quarter rest; *crotchet rest*

demi-soupir^M
eighth rest; *quaver rest*

quart^M de soupir^M
sixteenth rest;
semi-quaver rest

huitième^M de soupir^M
thirty-second rest;
demi-semi-quaver rest

seizième^M de soupir^M
sixty-fourth rest;
hemi-demi-semi-quaver rest

ALTÉRATIONS^F
ACCIDENTALS

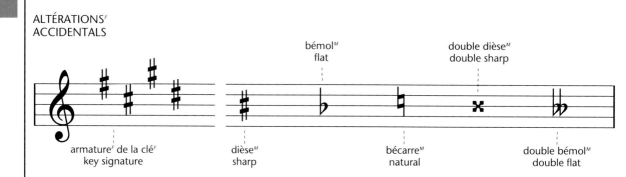

armature^F de la clé^F
key signature

dièse^M
sharp

bémol^M
flat

bécarre^M
natural

double dièse^M
double sharp

double bémol^M
double flat

ORNEMENTS^M
ORNAMENTS

appoggiature^F
appoggiatura

trille^M
trill

gruppetto^M
turn

mordant^M
mordent

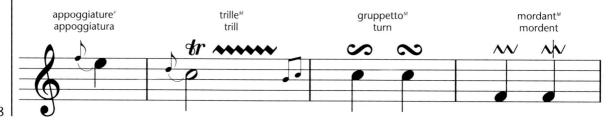

ACCORD^M
CHORD

AUTRES SIGNES^M
OTHER SIGNS

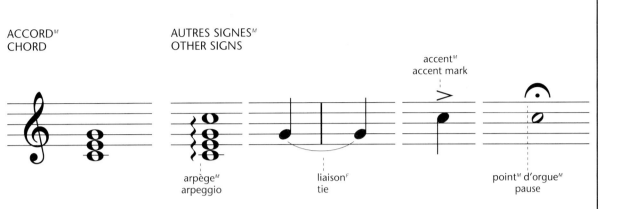

accent^M
accent mark

arpège^M
arpeggio

liaison^F
tie

point^M d'orgue^M
pause

ACCESSOIRES^M
MUSICAL ACCESSORIES

PUPITRE^M À MUSIQUE^F
MUSIC STAND

diapason^M
tuning fork

MÉTRONOME^M À
QUARTZ^M
QUARTZ METRONOME

signal^M lumineux
light signal

la^M universel
standard A

signal^M sonore
sound signal

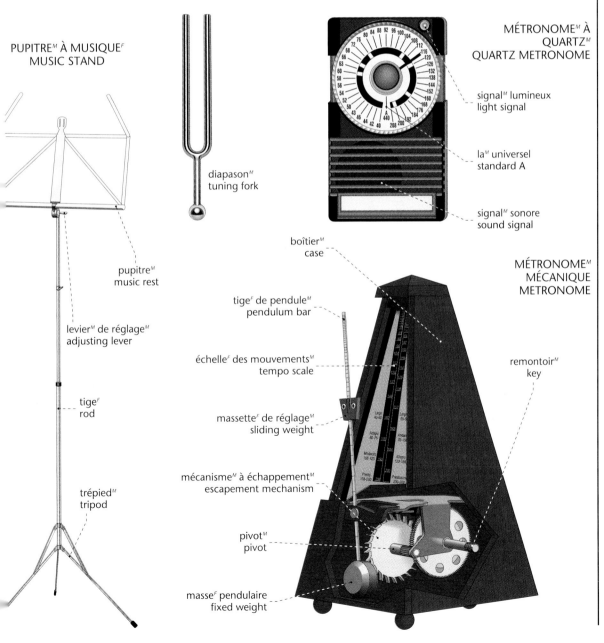

pupitre^M
music rest

levier^M de réglage^M
adjusting lever

tige^F
rod

trépied^M
tripod

boîtier^M
case

tige^F de pendule^M
pendulum bar

échelle^F des mouvements^M
tempo scale

massette^F de réglage^M
sliding weight

mécanisme^M à échappement^M
escapement mechanism

pivot^M
pivot

masse^F pendulaire
fixed weight

MÉTRONOME^M
MÉCANIQUE
METRONOME

remontoir^M
key

PIANO^M DROIT
UPRIGHT PIANO

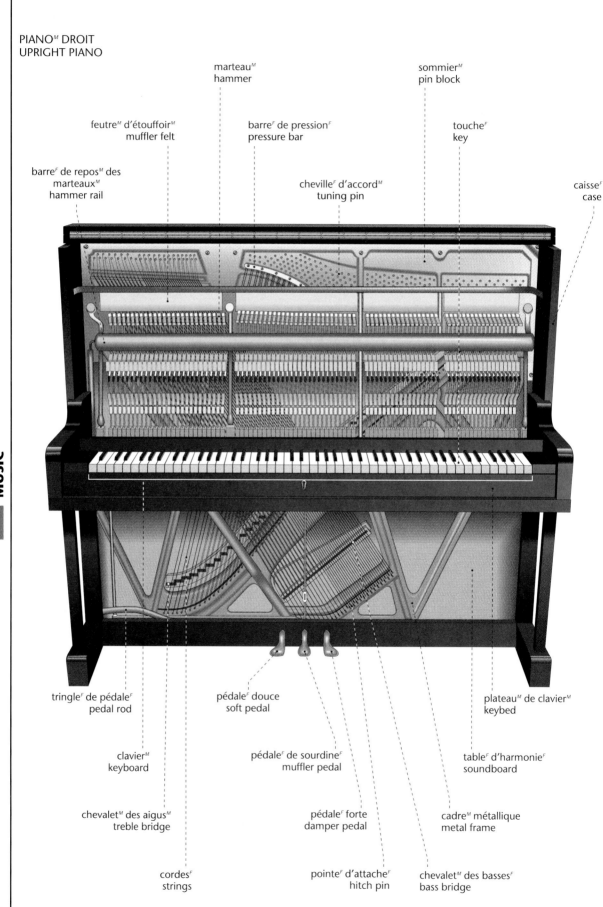

marteau^M
hammer

sommier^M
pin block

feutre^M d'étouffoir^M
muffler felt

barre^F de pression^F
pressure bar

touche^F
key

barre^F de repos^M des
marteaux^M
hammer rail

cheville^F d'accord^M
tuning pin

caisse^F
case

tringle^F de pédale^F
pedal rod

pédale^F douce
soft pedal

plateau^M de clavier^M
keybed

clavier^M
keyboard

pédale^F de sourdine^F
muffler pedal

table^F d'harmonie^F
soundboard

chevalet^M des aigus^M
treble bridge

pédale^F forte
damper pedal

cadre^M métallique
metal frame

cordes^F
strings

pointe^F d'attache^F
hitch pin

chevalet^M des basses^F
bass bridge

MUSIQUE
MUSIC

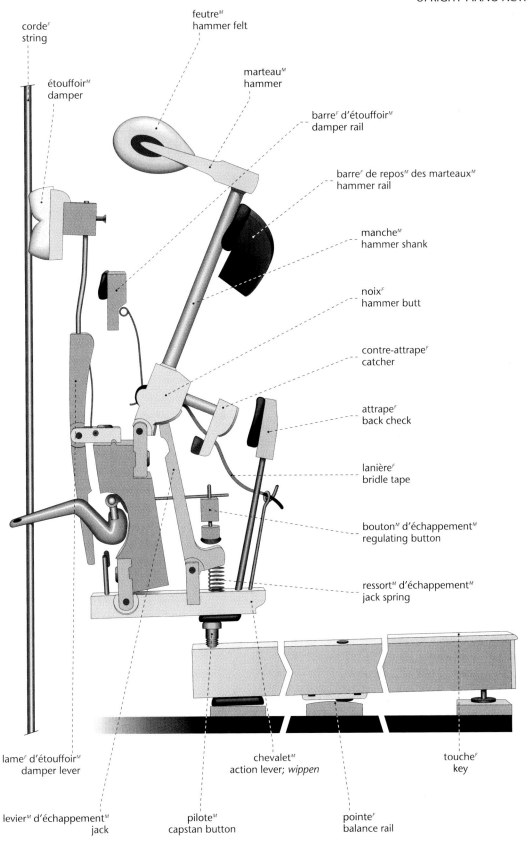

MÉCANIQUE^F DU PIANO^M DROIT
UPRIGHT PIANO ACTION

corde^F
string

feutre^M
hammer felt

marteau^M
hammer

barre^F d'étouffoir^M
damper rail

étouffoir^M
damper

barre^F de repos^M des marteaux^M
hammer rail

manche^M
hammer shank

noix^F
hammer butt

contre-attrape^F
catcher

attrape^F
back check

lanière^F
bridle tape

bouton^M d'échappement^M
regulating button

ressort^M d'échappement^M
jack spring

lame^F d'étouffoir^M
damper lever

chevalet^M
action lever; *wippen*

touche^F
key

levier^M d'échappement^M
jack

pilote^M
capstan button

pointe^F
balance rail

ORGUE^M
ORGAN

CONSOLE^F D'ORGUE^M
ORGAN CONSOLE

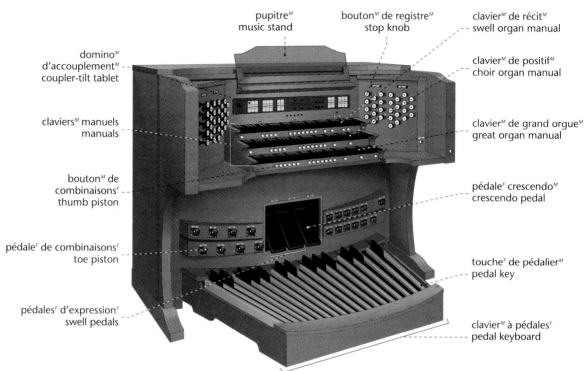

pupitre^M
music stand

bouton^M de registre^M
stop knob

clavier^M de récit^M
swell organ manual

domino^M
d'accouplement^M
coupler-tilt tablet

clavier^M de positif^M
choir organ manual

claviers^M manuels
manuals

clavier^M de grand orgue^M
great organ manual

bouton^M de
combinaisons^F
thumb piston

pédale^F crescendo^M
crescendo pedal

pédale^F de combinaisons^F
toe piston

touche^F de pédalier^M
pedal key

pédales^F d'expression^F
swell pedals

clavier^M à pédales^F
pedal keyboard

TUYAU^M À ANCHE^F
REED PIPE

TUYAU^M À BOUCHE^F
FLUE PIPE

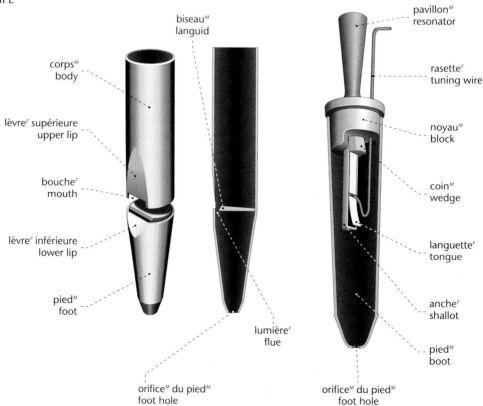

biseau^M
languid

pavillon^M
resonator

corps^M
body

rasette^F
tuning wire

lèvre^F supérieure
upper lip

noyau^M
block

bouche^F
mouth

coin^M
wedge

lèvre^F inférieure
lower lip

languette^F
tongue

pied^M
foot

anche^F
shallot

lumière^F
flue

pied^M
boot

orifice^M du pied^M
foot hole

orifice^M du pied^M
foot hole

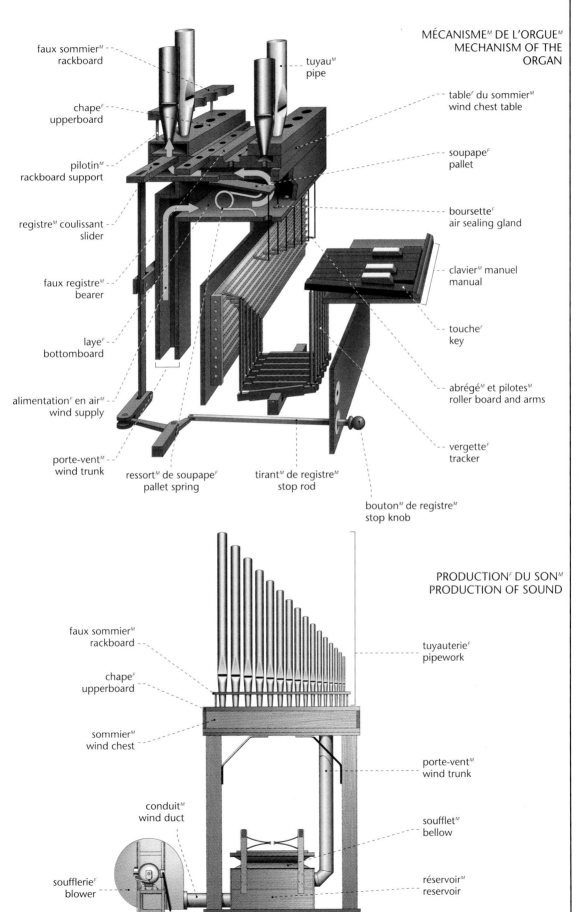

MÉCANISME^M DE L'ORGUE^M
MECHANISM OF THE
ORGAN

faux sommier^M
rackboard

tuyau^M
pipe

chape^F
upperboard

table^F du sommier^M
wind chest table

pilotin^M
rackboard support

soupape^F
pallet

registre^M coulissant
slider

boursette^F
air sealing gland

faux registre^M
bearer

clavier^M manuel
manual

laye^F
bottomboard

touche^F
key

alimentation^F en air^M
wind supply

abrégé^M et pilotes^M
roller board and arms

porte-vent^M
wind trunk

ressort^M de soupape^F
pallet spring

tirant^M de registre^M
stop rod

vergette^F
tracker

bouton^M de registre^M
stop knob

PRODUCTION^F DU SON^M
PRODUCTION OF SOUND

faux sommier^M
rackboard

tuyauterie^F
pipework

chape^F
upperboard

sommier^M
wind chest

porte-vent^M
wind trunk

conduit^M
wind duct

soufflet^M
bellow

soufflerie^F
blower

réservoir^M
reservoir

MUSIQUE
MUSIC

543

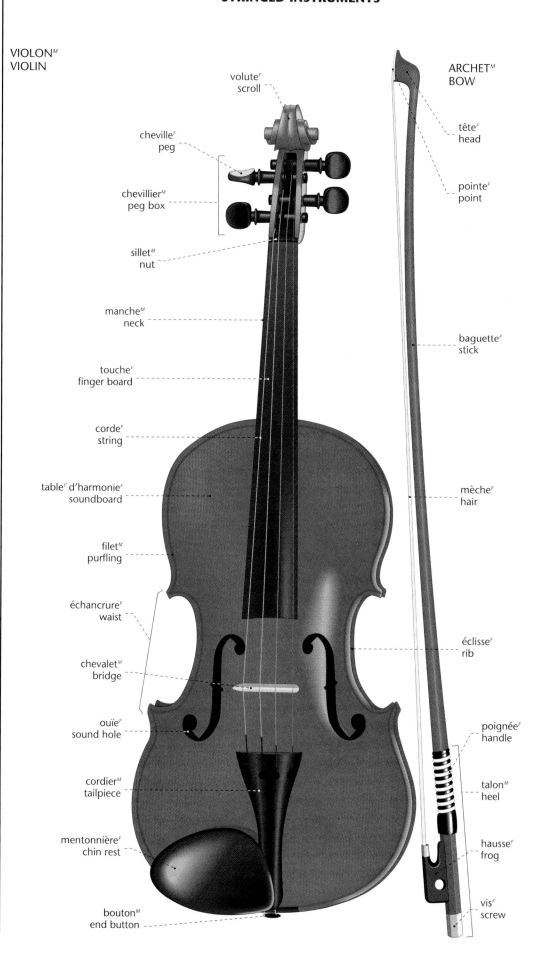

VIOLON^M
VIOLIN

ARCHET^M
BOW

volute^F
scroll

cheville^F
peg

chevillier^M
peg box

sillet^M
nut

manche^M
neck

touche^F
finger board

corde^F
string

table^F d'harmonie^F
soundboard

filet^M
purfling

échancrure^F
waist

chevalet^M
bridge

ouïe^F
sound hole

cordier^M
tailpiece

mentonnière^F
chin rest

bouton^M
end button

tête^F
head

pointe^F
point

baguette^F
stick

mèche^F
hair

éclisse^F
rib

poignée^F
handle

talon^M
heel

hausse^F
frog

vis^F
screw

MUSIQUE
MUSIC

544

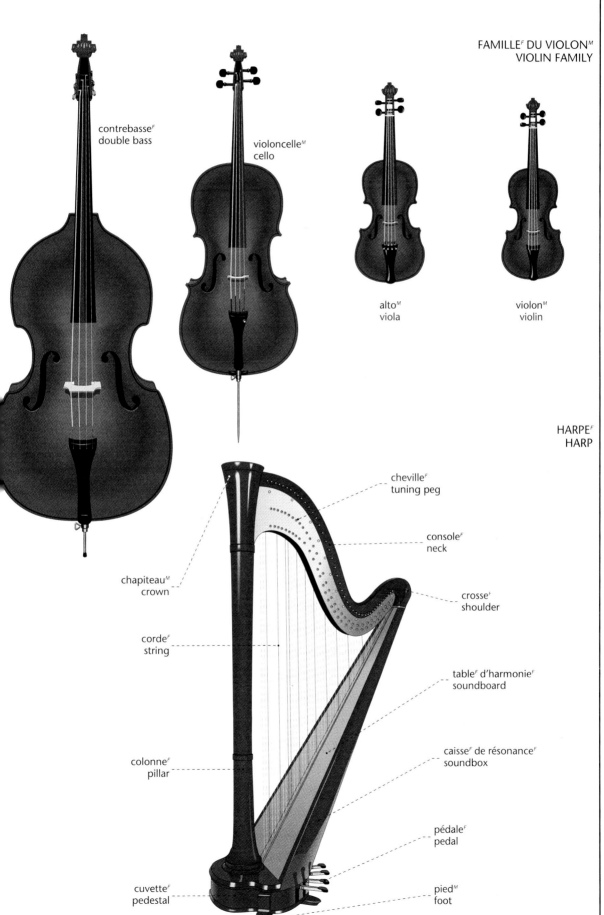

FAMILLE^F DU VIOLON^M
VIOLIN FAMILY

contrebasse^F
double bass

violoncelle^M
cello

alto^M
viola

violon^M
violin

HARPE^F
HARP

cheville^F
tuning peg

console^F
neck

crosse^F
shoulder

chapiteau^M
crown

corde^F
string

table^F d'harmonie^F
soundboard

caisse^F de résonance^F
soundbox

colonne^F
pillar

pédale^F
pedal

cuvette^F
pedestal

pied^M
foot

MUSIQUE
MUSIC

545

GUITARE^F ACOUSTIQUE
ACOUSTIC GUITAR

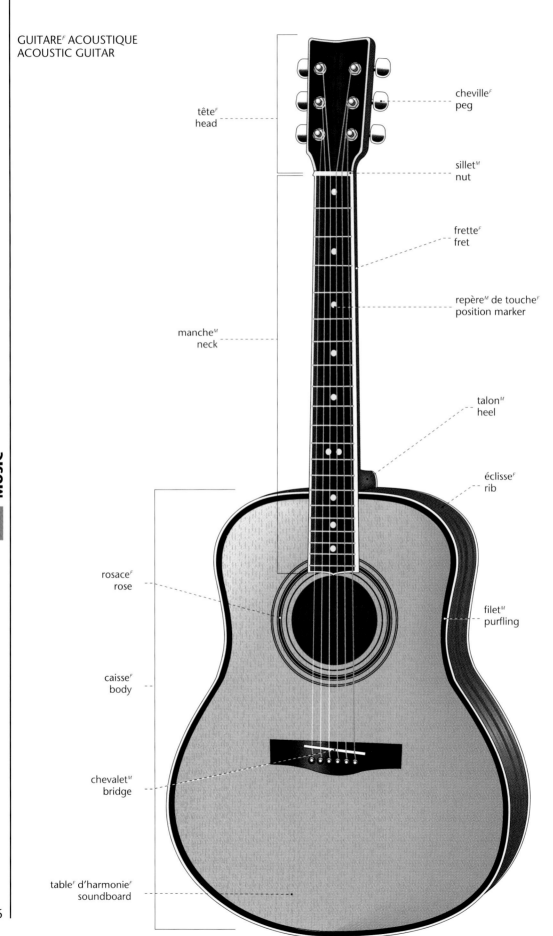

tête^F
head

cheville^F
peg

sillet^M
nut

frette^F
fret

repère^M de touche^F
position marker

manche^M
neck

talon^M
heel

éclisse^F
rib

rosace^F
rose

filet^M
purfling

caisse^F
body

chevalet^M
bridge

table^F d'harmonie^F
soundboard

GUITARE^F ÉLECTRIQUE
ELECTRIC GUITAR

mécanique^F d'accordage^M
tuning peg

tête^F
head

sillet^M
nut

touche^F
finger board

repère^M de touche^F
position marker

frette^F
fret

manche^M
neck

plaque^F de protection^F
pickguard

micro^M de fréquences^F graves
bass pickup

levier^M de vibrato^M
vibrato arm

micro^M de fréquences^F
moyennes
midrange pickup

sélecteur^M de micro^M
pickup selector

micro^M de fréquences^F aiguës
treble pickup

réglage^M du volume^M
volume control

ensemble^M du chevalet^M
bridge assembly

réglage^M de la tonalité^F
tone control

caisse^F pleine
solid body

jack^M de sortie^F
output jack

MUSIQUE
MUSIC

547

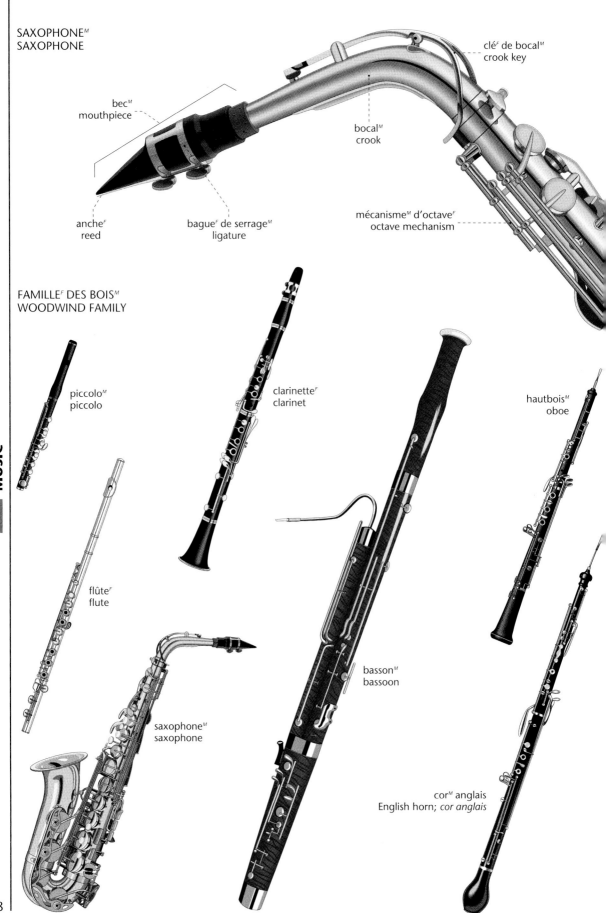

SAXOPHONE^M
SAXOPHONE

clé^F de bocal^M
crook key

bec^M
mouthpiece

bocal^M
crook

anche^F
reed

bague^F de serrage^M
ligature

mécanisme^M d'octave^F
octave mechanism

FAMILLE^F DES BOIS^M
WOODWIND FAMILY

piccolo^M
piccolo

clarinette^F
clarinet

hautbois^M
oboe

flûte^F
flute

saxophone^M
saxophone

basson^M
bassoon

cor^M anglais
English horn; *cor anglais*

MUSIQUE
MUSIC

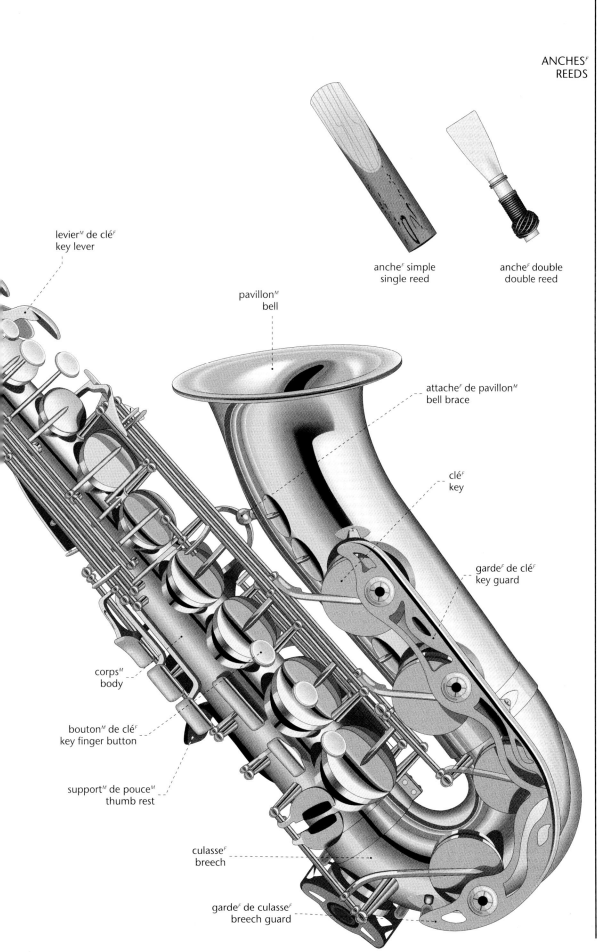

anche^F simple
single reed

anche^F double
double reed

levier^M de clé^F
key lever

pavillon^M
bell

attache^F de pavillon^M
bell brace

clé^F
key

garde^F de clé^F
key guard

corps^M
body

bouton^M de clé^F
key finger button

support^M de pouce^M
thumb rest

culasse^F
breech

garde^F de culasse^F
breech guard

MUSIQUE
MUSIC

549

TROMPETTE^F
TRUMPET

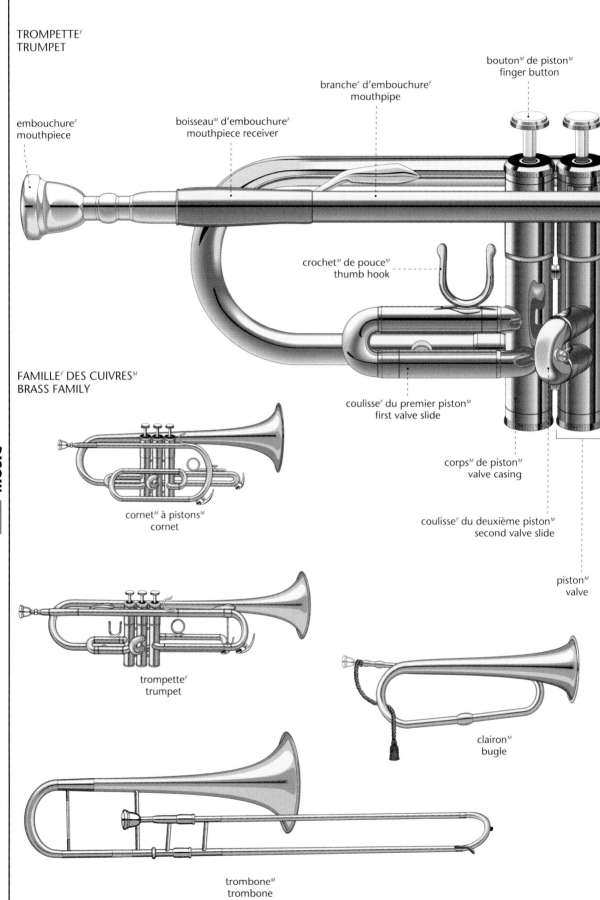

bouton^M de piston^M
finger button

branche^F d'embouchure^F
mouthpipe

embouchure^F
mouthpiece

boisseau^M d'embouchure^F
mouthpiece receiver

crochet^M de pouce^M
thumb hook

FAMILLE^F DES CUIVRES^M
BRASS FAMILY

coulisse^F du premier piston^M
first valve slide

corps^M de piston^M
valve casing

cornet^M à pistons^M
cornet

coulisse^F du deuxième piston^M
second valve slide

piston^M
valve

trompette^F
trumpet

clairon^M
bugle

trombone^M
trombone

MUSIQUE
MUSIC

550

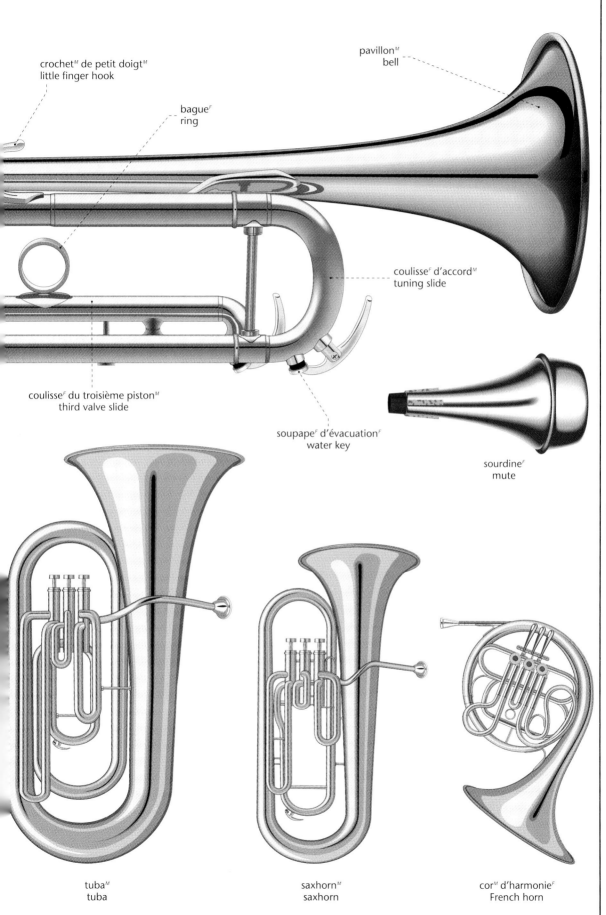

crochet^M de petit doigt^M
little finger hook

bague^F
ring

pavillon^M
bell

coulisse^F d'accord^M
tuning slide

coulisse^F du troisième piston^M
third valve slide

soupape^F d'évacuation^F
water key

sourdine^F
mute

tuba^M
tuba

saxhorn^M
saxhorn

cor^M d'harmonie^F
French horn

BATTERIE^F
DRUMS

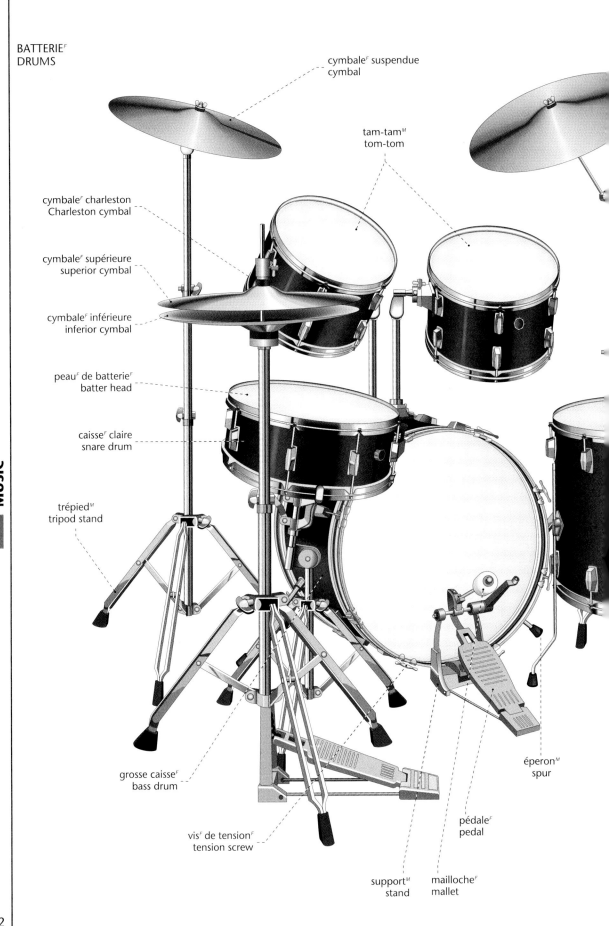

cymbale^F suspendue
cymbal

tam-tam^M
tom-tom

cymbale^F charleston
Charleston cymbal

cymbale^F supérieure
superior cymbal

cymbale^F inférieure
inferior cymbal

peau^F de batterie^F
batter head

caisse^F claire
snare drum

trépied^M
tripod stand

grosse caisse^F
bass drum

vis^F de tension^F
tension screw

support^M
stand

mailloche^F
mallet

pédale^F
pedal

éperon^M
spur

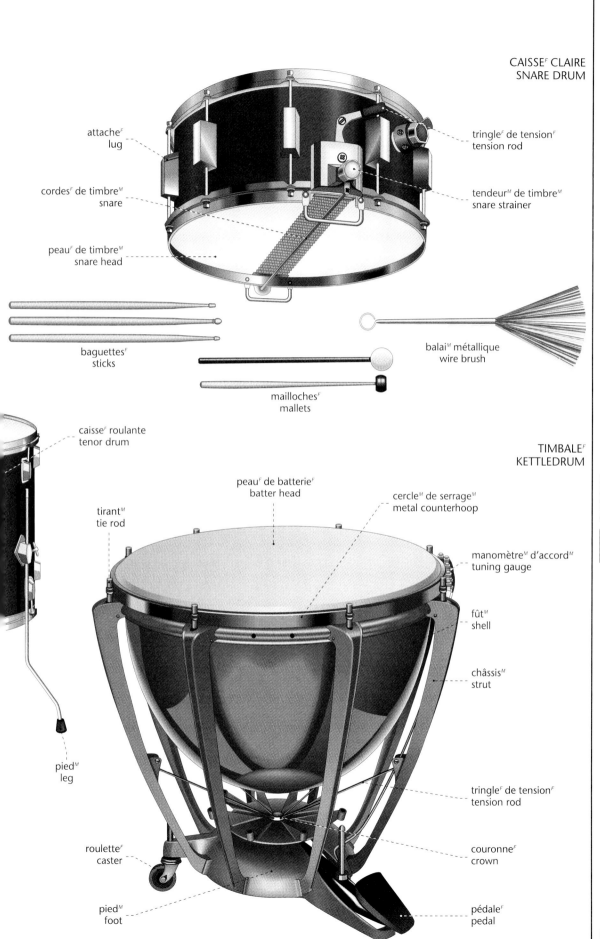

CAISSE^F CLAIRE
SNARE DRUM

attache^F
lug

tringle^F de tension^F
tension rod

cordes^F de timbre^M
snare

tendeur^M de timbre^M
snare strainer

peau^F de timbre^M
snare head

baguettes^F
sticks

balai^M métallique
wire brush

mailloches^F
mallets

caisse^F roulante
tenor drum

TIMBALE^F
KETTLEDRUM

MUSIQUE
MUSIC

peau^F de batterie^F
batter head

cercle^M de serrage^M
metal counterhoop

tirant^M
tie rod

manomètre^M d'accord^M
tuning gauge

fût^M
shell

châssis^M
strut

tringle^F de tension^F
tension rod

pied^M
leg

couronne^F
crown

roulette^F
caster

pied^M
foot

pédale^F
pedal

553

INSTRUMENTS^M À PERCUSSION^F
PERCUSSION INSTRUMENTS

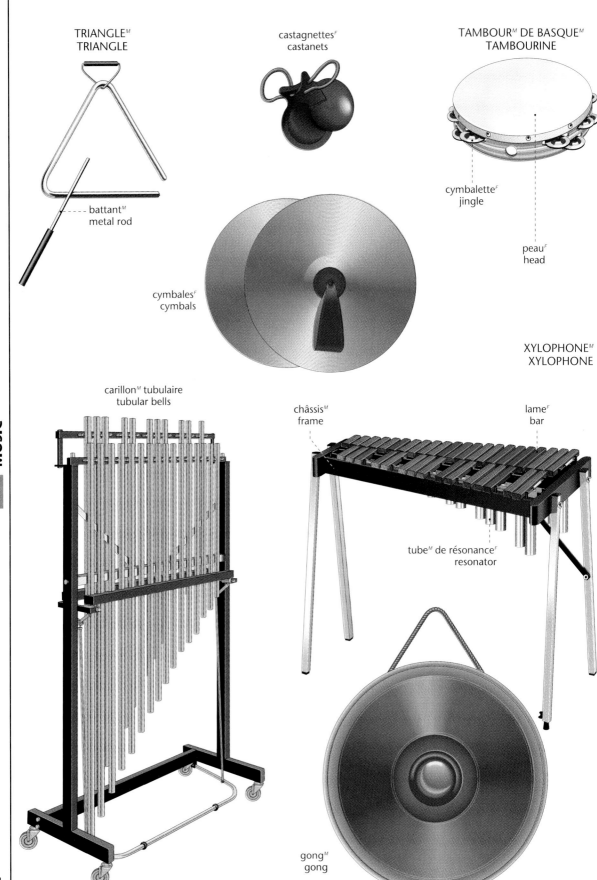

TRIANGLE^M
TRIANGLE

castagnettes^F
castanets

TAMBOUR^M DE BASQUE^M
TAMBOURINE

battant^M
metal rod

cymbalette^F
jingle

peau^F
head

cymbales^F
cymbals

XYLOPHONE^M
XYLOPHONE

carillon^M tubulaire
tubular bells

châssis^M
frame

lame^F
bar

tube^M de résonance^F
resonator

gong^M
gong

MUSIQUE
MUSIC

554

INSTRUMENTS^M ÉLECTRONIQUES
ELECTRONIC INSTRUMENTS

SYNTHÉTISEUR^M
SYNTHESIZER

modulation^F de la hauteur^F du son^M
pitch wheel

contrôle^M du volume^M
volume control

lecteur^M de disquette^F
disk drive; *disc drive*

modification^F rapide des variables^F
fast data entry control

contrôle^M du séquenceur^M
sequencer control

fonctions^F système^M
system buttons

modification^F fine des variables^F
fine data entry control

programmation^F des voix^F
voice edit buttons

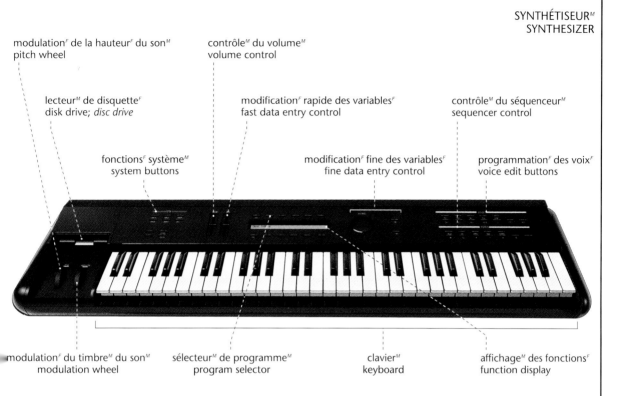

modulation^F du timbre^M du son^M
modulation wheel

sélecteur^M de programme^M
program selector

clavier^M
keyboard

affichage^M des fonctions^F
function display

PIANO^M ÉLECTRONIQUE
ELECTRONIC PIANO

interrupteur^M d'alimentation^F
power switch

pupitre^M
music stand

sélecteur^M de rythme^M
rhythm selector

réglage^M du volume^M
volume control

sélecteur^M de voix^F
voice selector

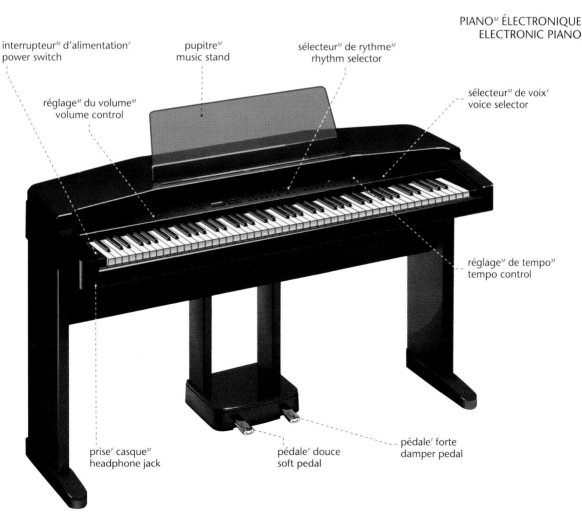

réglage^M de tempo^M
tempo control

prise^F casque^M
headphone jack

pédale^F douce
soft pedal

pédale^F forte
damper pedal

MUSIQUE
MUSIC

ORCHESTRE^M SYMPHONIQUE
SYMPHONY ORCHESTRA

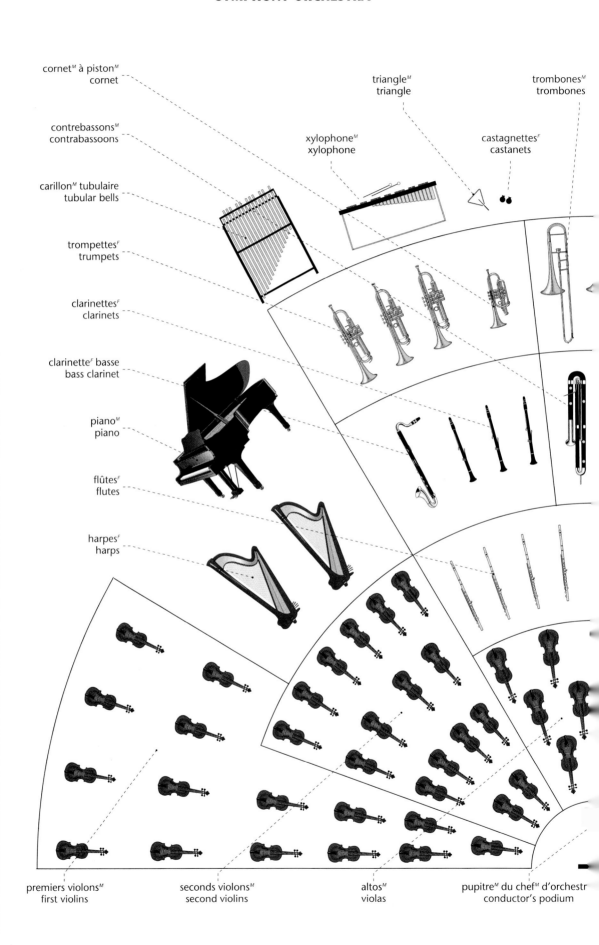

cornet^M à piston^M
cornet

contrebassons^M
contrabassoons

carillon^M tubulaire
tubular bells

trompettes^F
trumpets

clarinettes^F
clarinets

clarinette^F basse
bass clarinet

piano^M
piano

flûtes^F
flutes

harpes^F
harps

triangle^M
triangle

trombones^M
trombones

xylophone^M
xylophone

castagnettes^F
castanets

premiers violons^M
first violins

seconds violons^M
second violins

altos^M
violas

pupitre^M du chef^M d'orchestre
conductor's podium

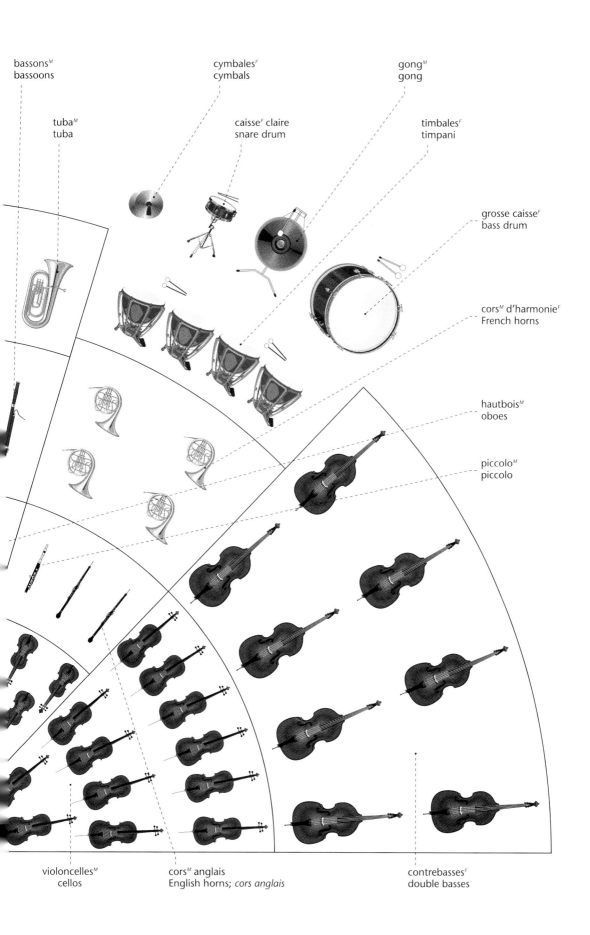

bassons^M
bassoons

tuba^M
tuba

cymbales^F
cymbals

caisse^F claire
snare drum

gong^M
gong

timbales^F
timpani

grosse caisse^F
bass drum

cors^M d'harmonie^F
French horns

hautbois^M
oboes

piccolo^M
piccolo

violoncelles^M
cellos

cors^M anglais
English horns; *cors anglais*

contrebasses^F
double basses

MUSIQUE
MUSIC

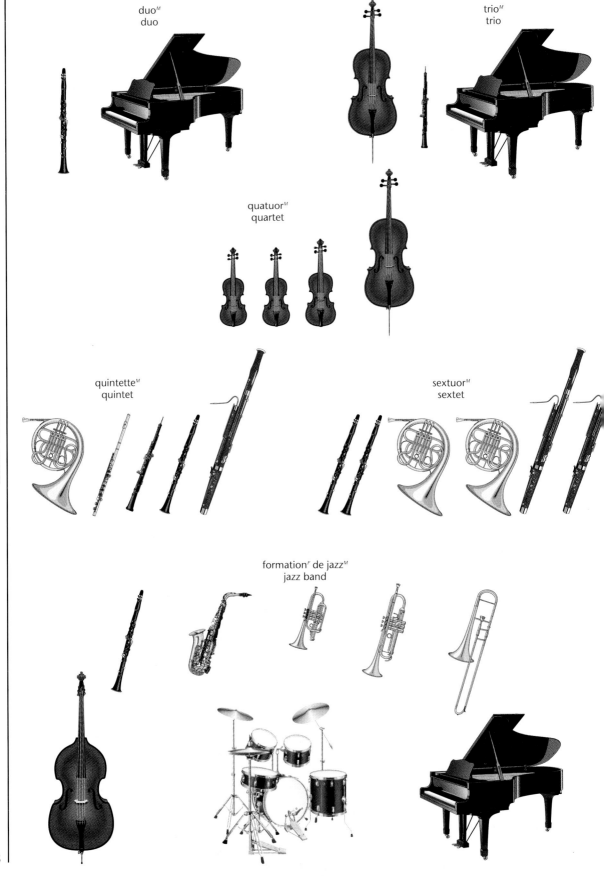

duo ^{M}
duo

trio ^{M}
trio

quatuor ^{M}
quartet

quintette ^{M}
quintet

sextuor ^{M}
sextet

formation ^{F} de jazz ^{M}
jazz band

SOMMAIRE

COUTURE 561

TRICOT 567

MACHINE À TRICOTER...568

DENTELLE AUX FUSEAUX 570

BRODERIE 571

TISSAGE 572

RELIURE D'ART 577

IMPRESSION 580

GRAVURE EN RELIEF 581

GRAVURE EN CREUX 582

LITHOGRAPHIE...583

POTERIE 584

SCULPTURE SUR BOIS 586

PEINTURE ET DESSIN..588

LOISIRS DE CRÉATION
CREATIVE LEISURE ACTIVITIES

COUTURE[F]
SEWING

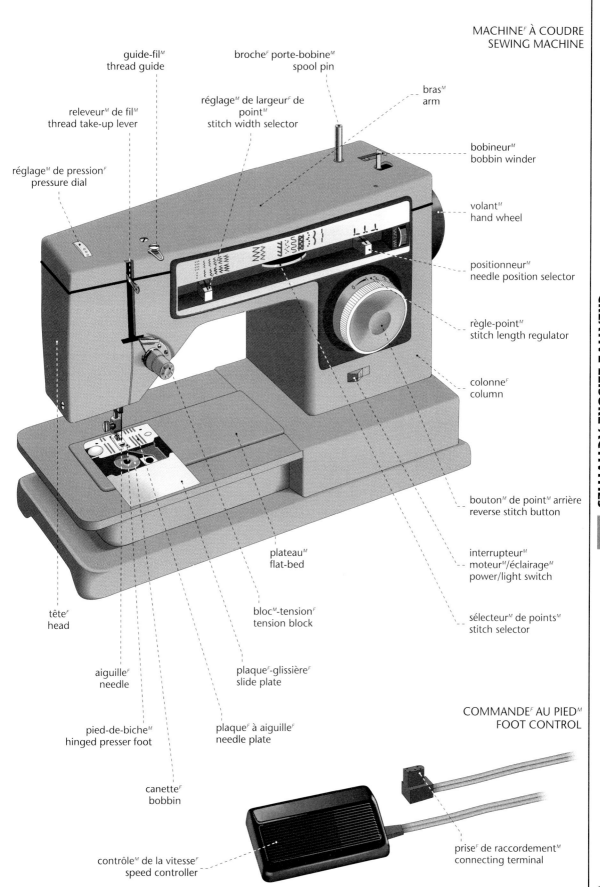

MACHINE[F] À COUDRE
SEWING MACHINE

guide-fil[M]
thread guide

broche[F] porte-bobine[M]
spool pin

bras[M]
arm

réglage[M] de largeur[F] de
point[M]
stitch width selector

releveur[M] de fil[M]
thread take-up lever

bobineur[M]
bobbin winder

réglage[M] de pression[F]
pressure dial

volant[M]
hand wheel

positionneur[M]
needle position selector

règle-point[M]
stitch length regulator

colonne[F]
column

bouton[M] de point[M] arrière
reverse stitch button

plateau[M]
flat-bed

interrupteur[M]
moteur[M]/éclairage[M]
power/light switch

bloc[M]-tension[F]
tension block

sélecteur[M] de points[M]
stitch selector

tête[F]
head

aiguille[F]
needle

plaque[F]-glissière[F]
slide plate

pied-de-biche[M]
hinged presser foot

plaque[F] à aiguille[F]
needle plate

canette[F]
bobbin

COMMANDE[F] AU PIED[M]
FOOT CONTROL

contrôle[M] de la vitesse[F]
speed controller

prise[F] de raccordement[M]
connecting terminal

PIED^M PRESSEUR
PRESSER FOOT

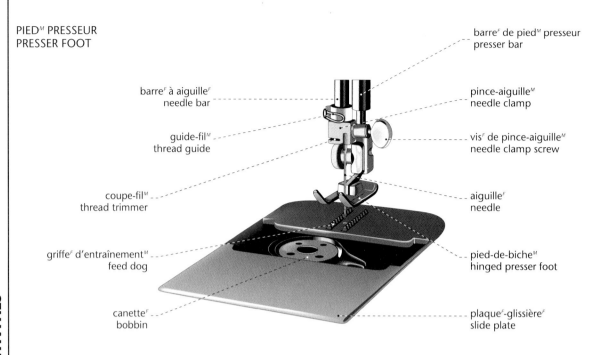

barre^F à aiguille^F
needle bar

guide-fil^M
thread guide

coupe-fil^M
thread trimmer

griffe^F d'entraînement^M
feed dog

canette^F
bobbin

barre^F de pied^M presseur
presser bar

pince-aiguille^M
needle clamp

vis^F de pince-aiguille^M
needle clamp screw

aiguille^F
needle

pied-de-biche^M
hinged presser foot

plaque^F-glissière^F
slide plate

AIGUILLE^F
NEEDLE

talon^M
shank

rainure^F
groove

tige^F
blade

chas^M
eye

pointe^F
point

BLOC^M-TENSION^F
TENSION BLOCK

guide-fil^M
thread guide

disque^M de tension^F
tension disk; *tension disc*

ressort^M compensateur de fil^M
tension spring

indicateur^M de tension^F
tension dial

BOÎTE^F À CANETTE^F
BOBBIN CASE

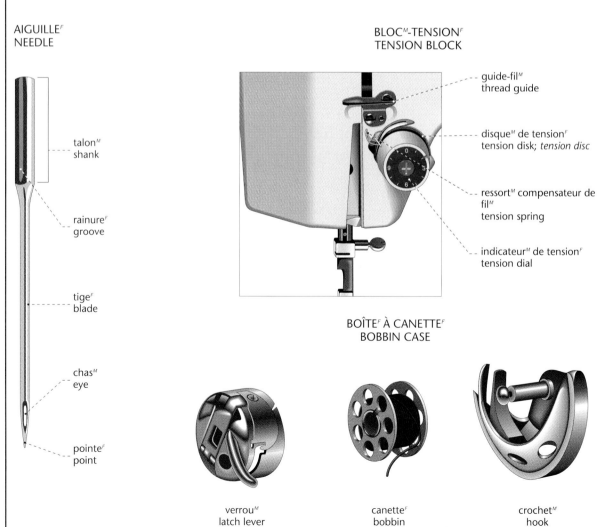

verrou^M
latch lever

canette^F
bobbin

crochet^M
hook

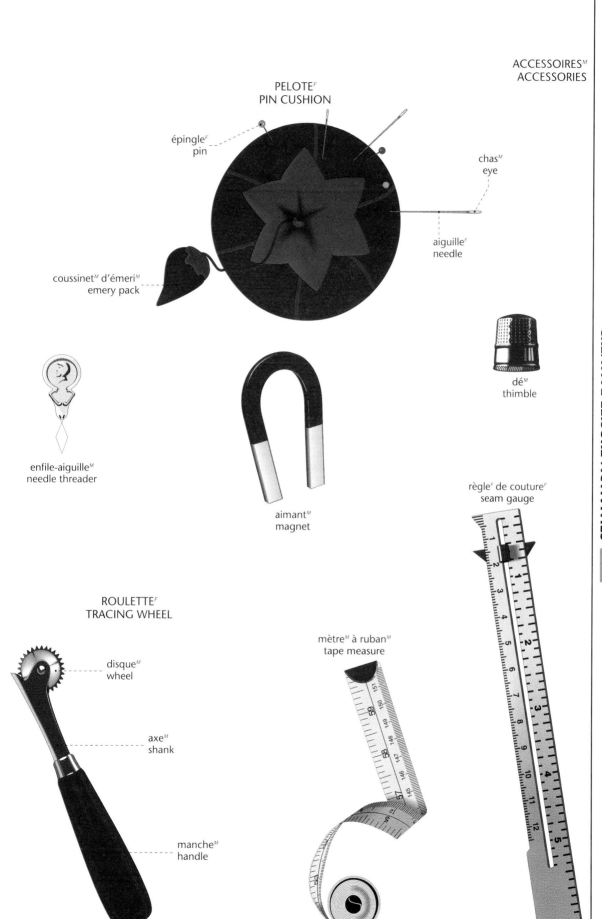

PELOTE^F
PIN CUSHION

épingle^F
pin

chas^M
eye

aiguille^F
needle

coussinet^M d'émeri^M
emery pack

dé^M
thimble

enfile-aiguille^M
needle threader

règle^F de couture^F
seam gauge

aimant^M
magnet

ROULETTE^F
TRACING WHEEL

disque^M
wheel

mètre^M à ruban^M
tape measure

axe^M
shank

manche^M
handle

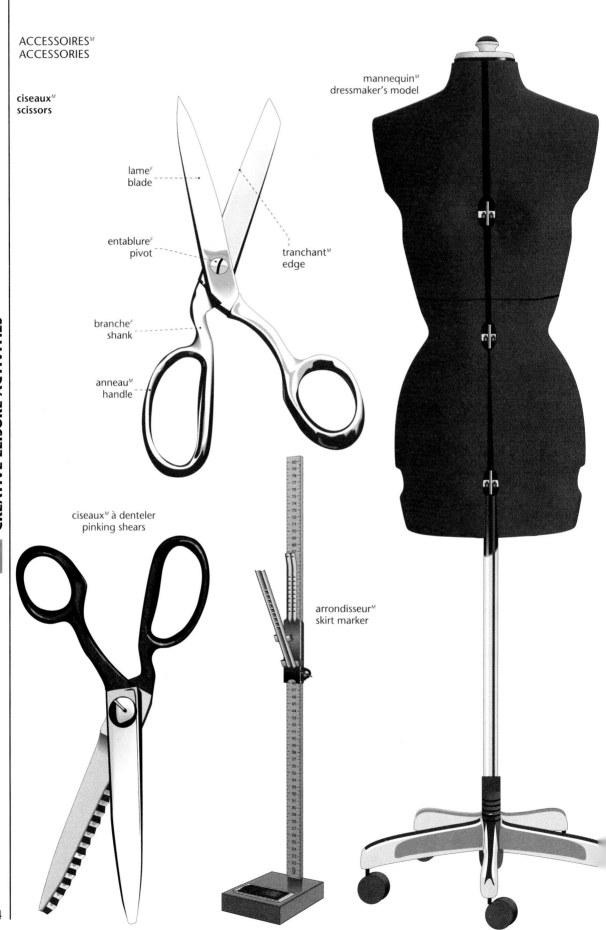

ACCESSOIRES^M
ACCESSORIES

ciseaux^M
scissors

lame^F
blade

entablure^F
pivot

tranchant^M
edge

branche^F
shank

anneau^M
handle

mannequin^M
dressmaker's model

ciseaux^M à denteler
pinking shears

arrondisseur^M
skirt marker

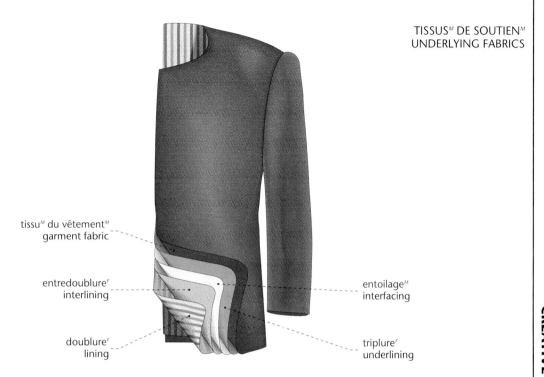

TISSUS^M DE SOUTIEN^M
UNDERLYING FABRICS

tissu^M du vêtement^M
garment fabric

entredoublure^F
interlining

doublure^F
lining

entoilage^M
interfacing

triplure^F
underlining

PATRON^M
PATTERN

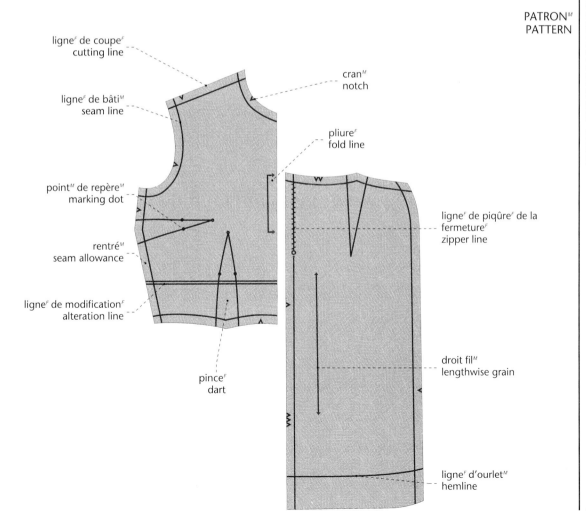

ligne^F de coupe^F
cutting line

ligne^F de bâti^M
seam line

cran^M
notch

pliure^F
fold line

point^M de repère^M
marking dot

rentré^M
seam allowance

ligne^F de modification^F
alteration line

pince^F
dart

ligne^F de piqûre^F de la
fermeture^F
zipper line

droit fil^M
lengthwise grain

ligne^F d'ourlet^M
hemline

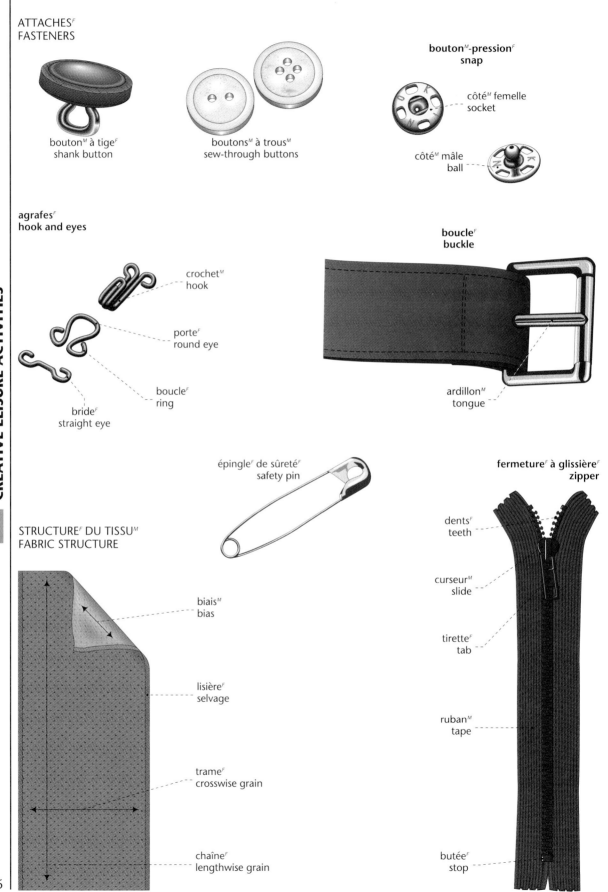

LOISIRS DE CRÉATION
CREATIVE LEISURE ACTIVITIES

ATTACHES^F
FASTENERS

bouton^M à tige^F
shank button

boutons^M à trous^M
sew-through buttons

bouton^M-pression^F
snap

côté^M femelle
socket

côté^M mâle
ball

agrafes^F
hook and eyes

boucle^F
buckle

crochet^M
hook

porte^F
round eye

boucle^F
ring

bride^F
straight eye

ardillon^M
tongue

épingle^F de sûreté^F
safety pin

fermeture^F à glissière^F
zipper

STRUCTURE^F DU TISSU^M
FABRIC STRUCTURE

dents^F
teeth

curseur^M
slide

biais^M
bias

tirette^F
tab

lisière^F
selvage

ruban^M
tape

trame^F
crosswise grain

chaîne^F
lengthwise grain

butée^F
stop

566

TRICOT^M
KNITTING

AIGUILLES^F À TRICOTER
KNITTING NEEDLES

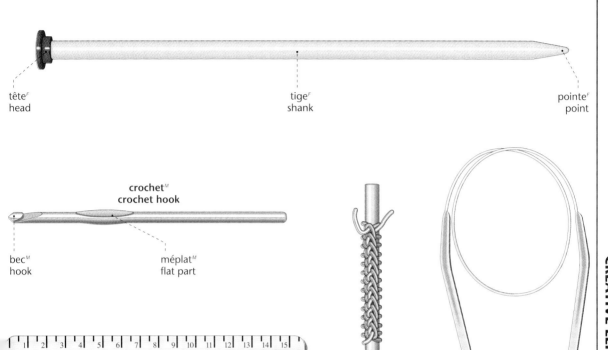

tête^F
head

tige^F
shank

pointe^F
point

crochet^M
crochet hook

bec^M
hook

méplat^M
flat part

jauge^F à aiguilles^F
knitting measure

mailles^F de montage^M
cast-on stitches

aiguille^F circulaire
circular needle

POINTS^M DE TRICOT^M
STITCH PATTERNS

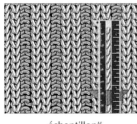

échantillon^M
sample

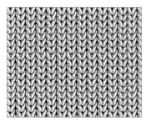

point^M de jersey^M
stocking stitch

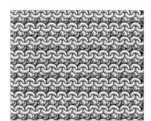

point^M mousse^F
garter stitch

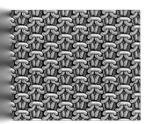

point^M de riz^M
moss stitch

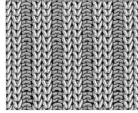

point^M de côtes^F
rib stitch

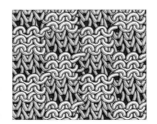

point^M de damier^M
basket stitch

point^M de torsades^F
cable stitch

MACHINE^F À TRICOTER
KNITTING MACHINE

FONTURE^F ET CHARIOTS^M
NEEDLE BED AND CARRIAGES

compte-rangs^M
row counter

chariot^M
main carriage

cadran^M de tension^F
tension dial

rainure^F
needle bed groove

poignée^F de chariot^M
carriage handle

boîte^F d'accessoires^M
accessory box

glissière^F
slide-bar

chariot^M avant
arm

bouton^M d'assemblage^M
arm nut

fonture^F
needle bed

chariot^M à dentelle^F
lace carriage

brosse^F de tissage^M
weaving pattern brush

rail^M
rail

levier^M de tissage^M
weaving pattern lever

AIGUILLE^F À CLAPET^M
LATCH NEEDLE

clapet^M
latch

talon^M
butt

tige^F
shank

crochet^M
hook

LOISIRS DE CRÉATION
CREATIVE LEISURE ACTIVITIES

568

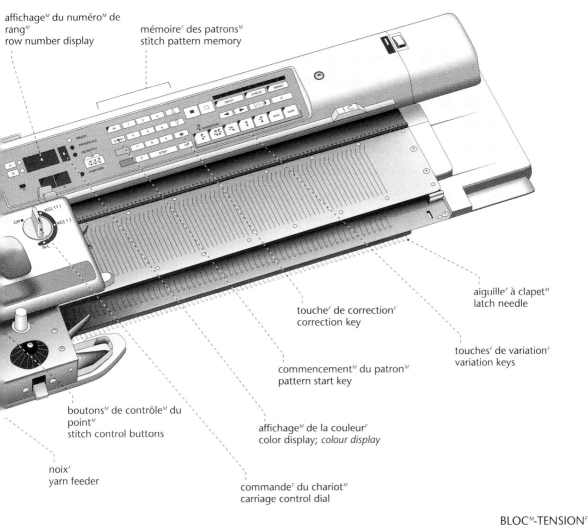

affichage^M du numéro^M de rang^M
row number display

mémoire^F des patrons^M
stitch pattern memory

aiguille^F à clapet^M
latch needle

touche^F de correction^F
correction key

touches^F de variation^F
variation keys

commencement^M du patron^M
pattern start key

boutons^M de contrôle^M du point^M
stitch control buttons

affichage^M de la couleur^F
color display; *colour display*

noix^F
yarn feeder

commande^F du chariot^M
carriage control dial

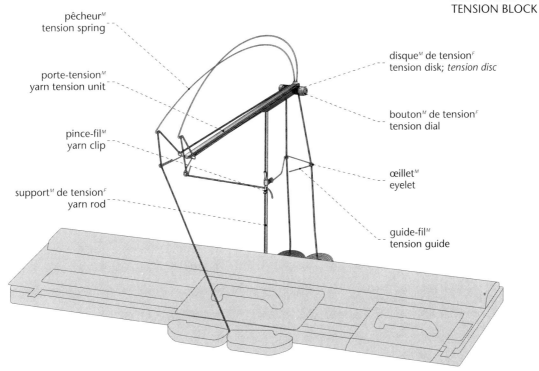

BLOC^M-TENSION^F
TENSION BLOCK

pêcheur^M
tension spring

disque^M de tension^F
tension disk; *tension disc*

porte-tension^M
yarn tension unit

bouton^M de tension^F
tension dial

pince-fil^M
yarn clip

œillet^M
eyelet

support^M de tension^F
yarn rod

guide-fil^M
tension guide

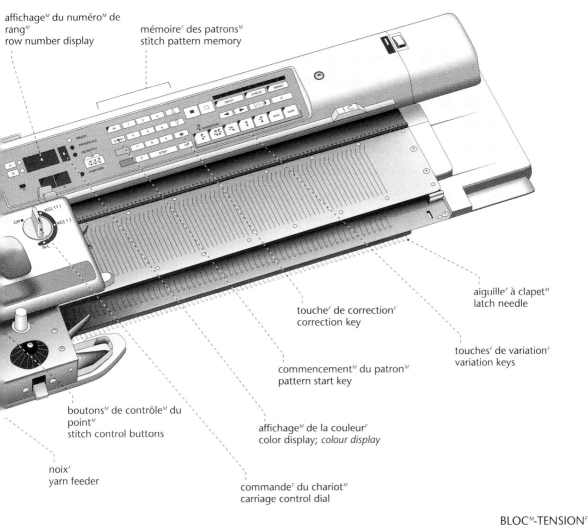

LOISIRS DE CRÉATION
CREATIVE LEISURE ACTIVITIES

569

DENTELLE^F AUX FUSEAUX^M
BOBBIN LACE

CARREAU^M
PILLOW

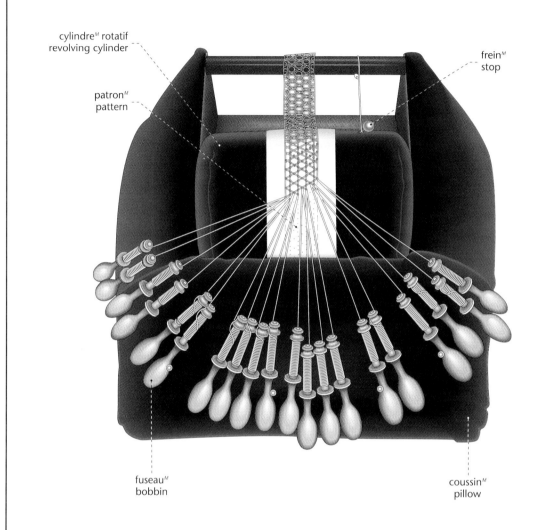

cylindre^M rotatif
revolving cylinder

frein^M
stop

patron^M
pattern

fuseau^M
bobbin

coussin^M
pillow

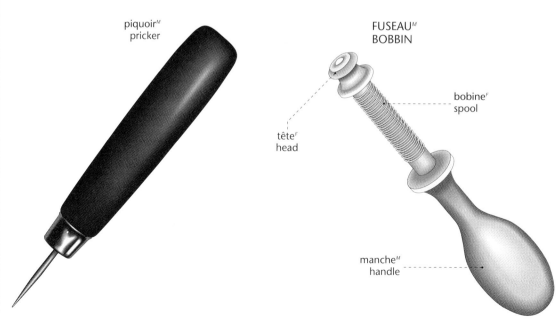

piquoir^M
pricker

FUSEAU^M
BOBBIN

bobine^F
spool

tête^F
head

manche^M
handle

BRODERIE^F
EMBROIDERY

MÉTIER^M À BRODER
FRAME

tissu^M brodé
embroidered fabric

cheville^F
peg

tirette^F
tape

latte^F
slat

tambour^M
hoop

coutisse^F
webbing

CATÉGORIES^F DE POINTS^M
STITCHES

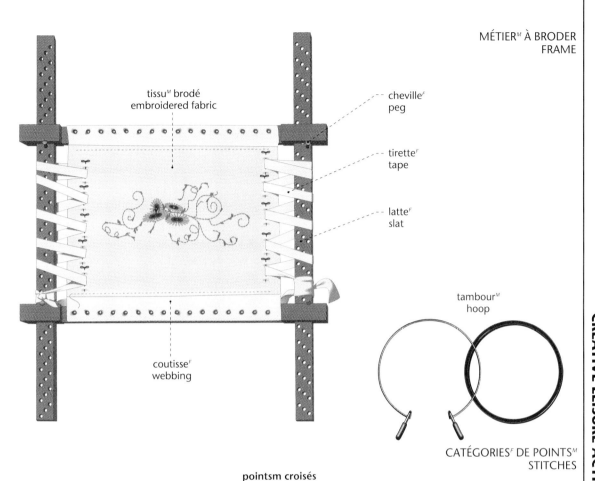

points^m croisés
cross stitches

point^M de chausson^M
herringbone stitch

point^M de chevron^M
chevron stitch

points^m plats
flat stitches

point^M passé empiétant
long and short stitch

point^M d'arête^F
fishbone stitch

points^m couchés
couched stitches

point^M roumain
Romanian couching stitch

point^M d'Orient^M
Oriental couching stitch

points^m noués
knot stitches

point^M de poste^F
bullion stitch

point^M de nœud^M
French knot stitch

points^m bouclés
loop stitches

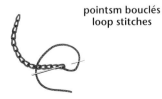

point^M de chaînette^F
chain stitch

point^M d'épine^F
feather stitch

TISSAGE^M
WEAVING

MÉTIER^M DE BASSE LISSE^F
LOW WARP LOOM

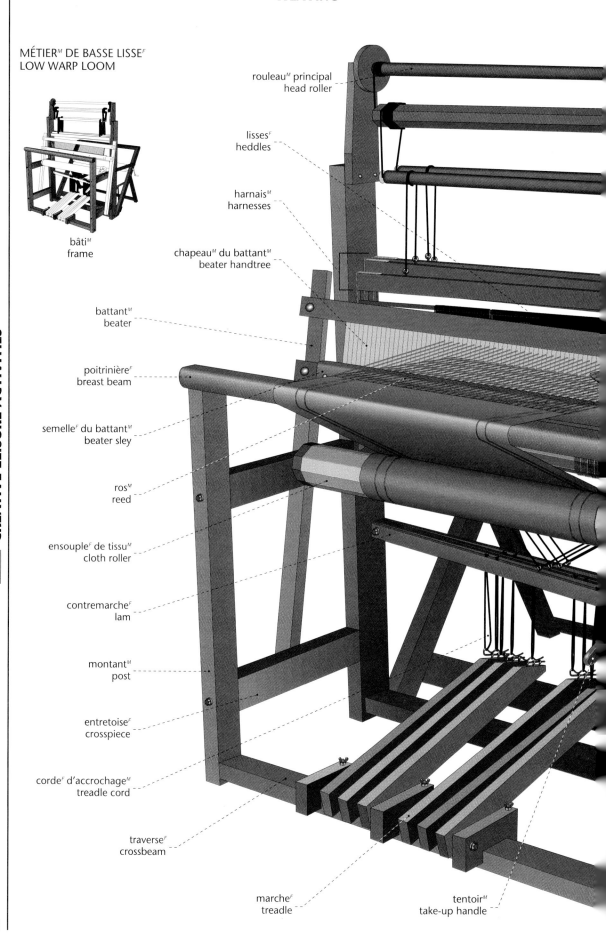

bâti^M
frame

rouleau^M principal
head roller

lisses^F
heddles

harnais^M
harnesses

chapeau^M du battant^M
beater handtree

battant^M
beater

poitrinière^F
breast beam

semelle^F du battant^M
beater sley

ros^M
reed

ensouple^F de tissu^M
cloth roller

contremarche^F
lam

montant^M
post

entretoise^F
crosspiece

corde^F d'accrochage^M
treadle cord

traverse^F
crossbeam

marche^F
treadle

tentoir^M
take-up handle

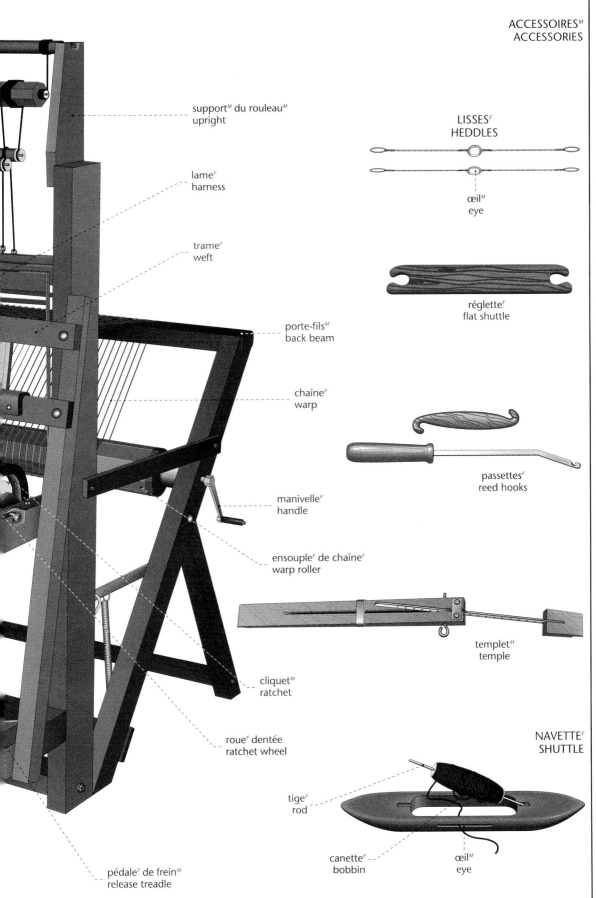

support^M du rouleau^M
upright

lame^F
harness

trame^F
weft

porte-fils^M
back beam

chaîne^F
warp

manivelle^F
handle

ensouple^F de chaîne^F
warp roller

cliquet^M
ratchet

roue^F dentée
ratchet wheel

pédale^F de frein^M
release treadle

LISSES^F
HEDDLES

œil^M
eye

réglette^F
flat shuttle

passettes^F
reed hooks

templet^M
temple

NAVETTE^F
SHUTTLE

tige^F
rod

canette^F
bobbin

œil^M
eye

MÉTIER^M DE HAUTE LISSE^F
HIGH WARP LOOM

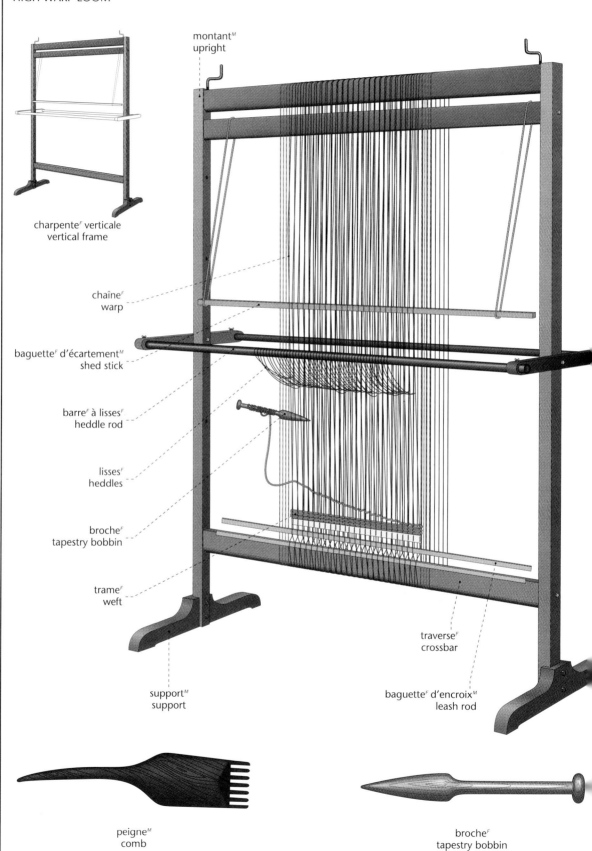

charpente^F verticale
vertical frame

montant^M
upright

chaîne^F
warp

baguette^F d'écartement^M
shed stick

barre^F à lisses^F
heddle rod

lisses^F
heddles

broche^F
tapestry bobbin

trame^F
weft

support^M
support

traverse^F
crossbar

baguette^F d'encroix^M
leash rod

peigne^M
comb

broche^F
tapestry bobbin

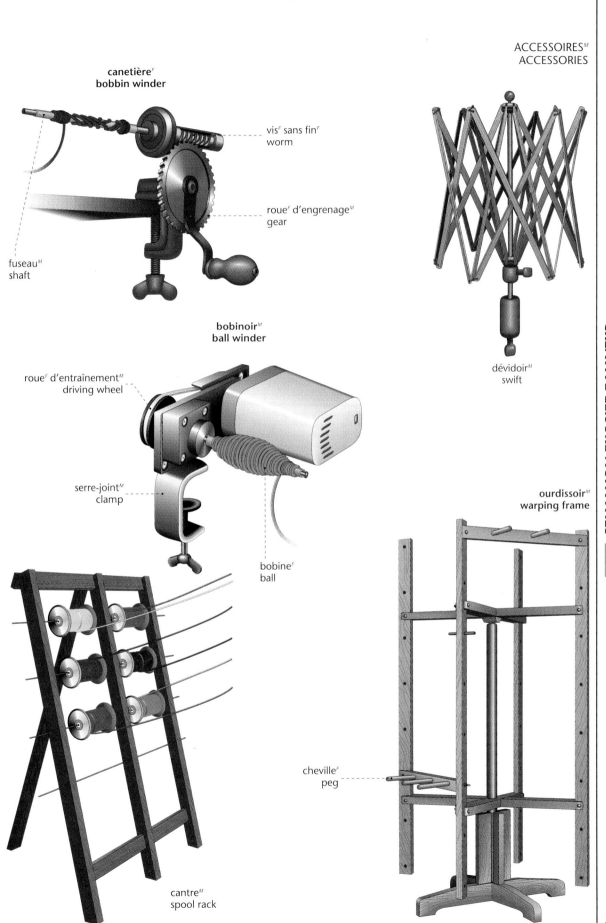

canetière^F
bobbin winder

vis^F sans fin^F
worm

roue^F d'engrenage^M
gear

fuseau^M
shaft

dévidoir^M
swift

bobinoir^M
ball winder

roue^F d'entraînement^M
driving wheel

serre-joint^M
clamp

bobine^F
ball

ourdissoir^M
warping frame

cheville^F
peg

cantre^M
spool rack

SCHÉMA^M DE PRINCIPE^M DU TISSAGE^M
DIAGRAM OF WEAVING PRINCIPLE

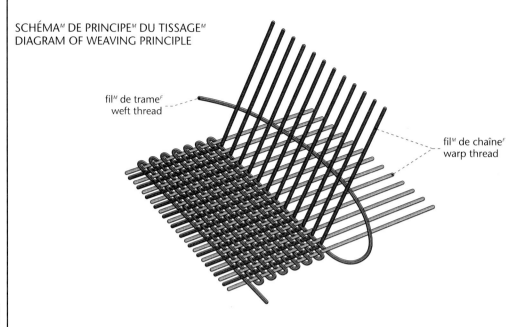

fil^M de trame^F
weft thread

fil^M de chaîne^F
warp thread

ARMURES^F DE BASE^F
BASIC WEAVES

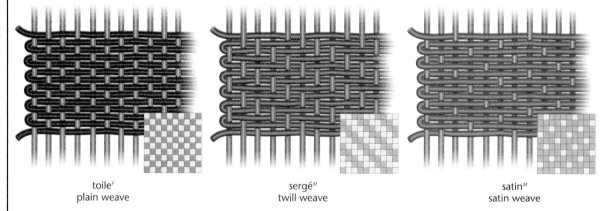

toile^F
plain weave

sergé^M
twill weave

satin^M
satin weave

AUTRES TECHNIQUES^F
OTHER TECHNIQUES

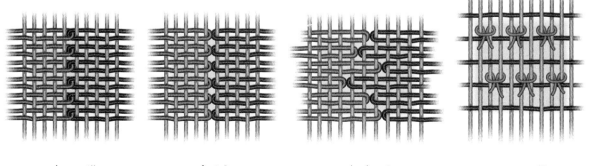

croisement^M
interlock

fente^F
slit

hachure^F
hatching

nœud^M
knot

LOISIRS DE CRÉATION
CREATIVE LEISURE ACTIVITIES

RELIURE^F D'ART^M
FINE BOOKBINDING

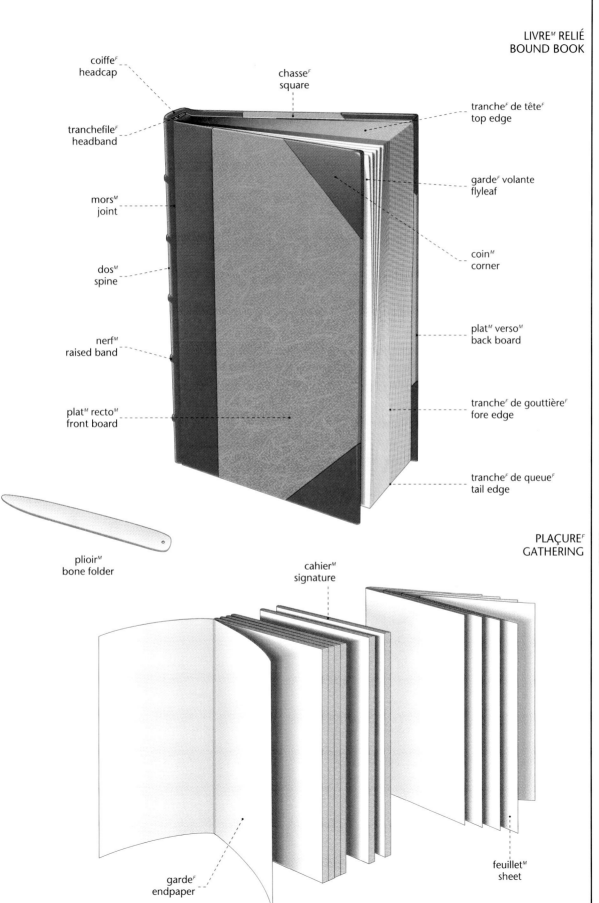

coiffe^F
headcap

chasse^F
square

tranche^F de tête^F
top edge

tranchefile^F
headband

garde^F volante
flyleaf

mors^M
joint

coin^M
corner

dos^M
spine

plat^M verso^M
back board

nerf^M
raised band

tranche^F de gouttière^F
fore edge

plat^M recto^M
front board

tranche^F de queue^F
tail edge

plioir^M
bone folder

PLAÇURE^F
GATHERING

cahier^M
signature

feuillet^M
sheet

garde^F
endpaper

LOISIRS DE CRÉATION
CREATIVE LEISURE ACTIVITIES

577

ÉBARBAGE^M
TRIMMING

cisaille^F
board cutter

lame^F mobile
cutting blade

levier^M de la lame^F
blade lever

lame^F fixe
fixed blade

mordache^F
clamp

plateau^M
table

guide^M
gauge

règle^F d'équerrage^M
cutting guide

règle^F
ruler

guide^M extérieur
exterior gauge

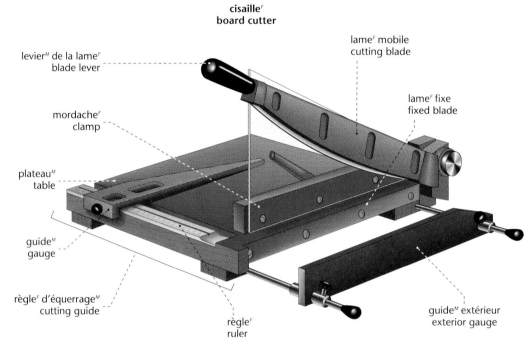

GRECQUAGE^M
SAWING-IN

scie^F à grecquer
tenon saw

grecque^F
groove

COUTURE^F
SEWING

cousoir^M
sewing frame

traverse^F
crossbar

ficelle^F
cord

montant^M
upright

templet^M
temple

fente^F
slot

table^F
bed

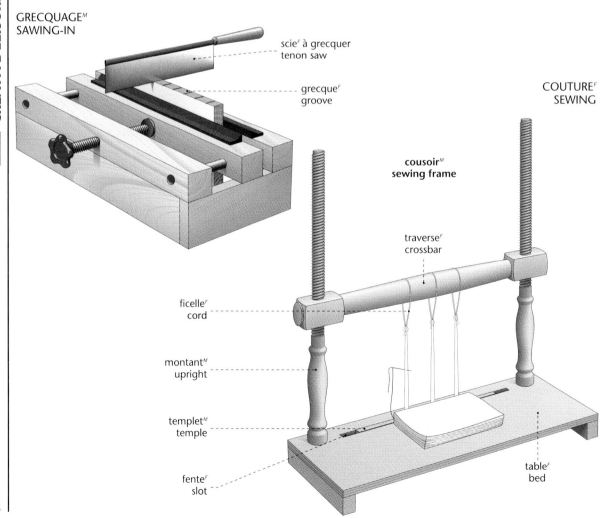

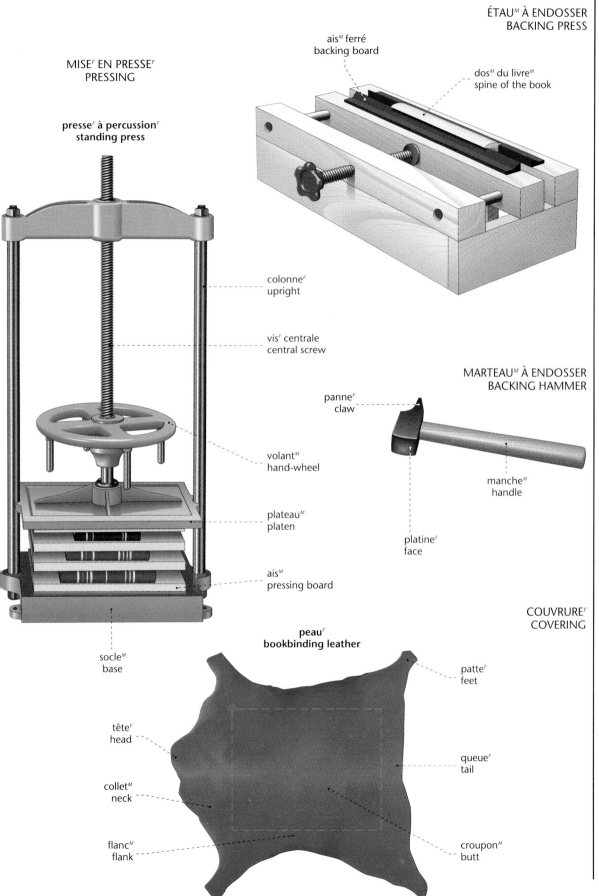

ENDOSSURE^F
BACKING

ÉTAU^M À ENDOSSER
BACKING PRESS

ais^M ferré
backing board

dos^M du livre^M
spine of the book

MISE^F EN PRESSE^F
PRESSING

presse^F à percussion^F
standing press

colonne^F
upright

vis^F centrale
central screw

MARTEAU^M À ENDOSSER
BACKING HAMMER

panne^F
claw

volant^M
hand-wheel

manche^M
handle

plateau^M
platen

platine^F
face

ais^M
pressing board

COUVRURE^F
COVERING

peau^F
bookbinding leather

socle^M
base

patte^F
feet

tête^F
head

queue^F
tail

collet^M
neck

flanc^M
flank

croupon^M
butt

IMPRESSION^F EN RELIEF^M
RELIEF PRINTING

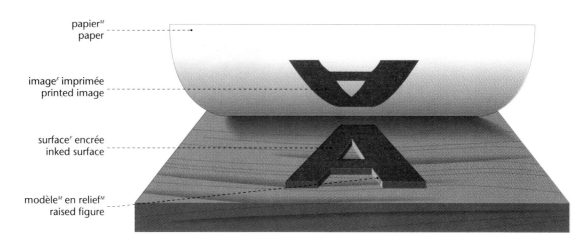

papier^M
paper

image^F imprimée
printed image

surface^F encrée
inked surface

modèle^M en relief^M
raised figure

IMPRESSION^F EN CREUX^M
INTAGLIO PRINTING

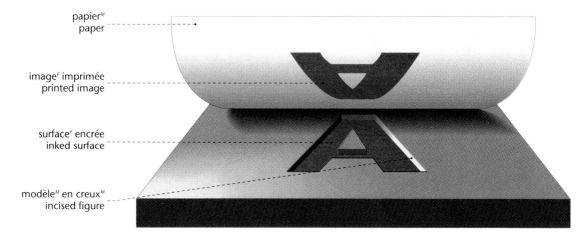

papier^M
paper

image^F imprimée
printed image

surface^F encrée
inked surface

modèle^M en creux^M
incised figure

IMPRESSION^F À PLAT^M
LITHOGRAPHIC PRINTING

image^F imprimée
printed image

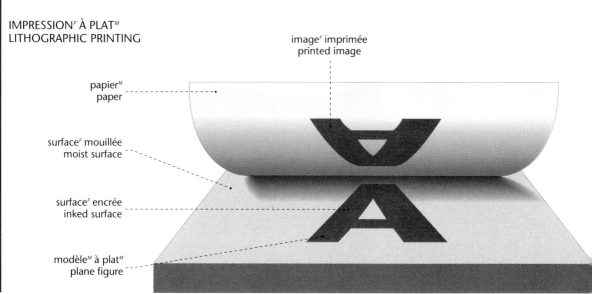

papier^M
paper

surface^F mouillée
moist surface

surface^F encrée
inked surface

modèle^M à plat^M
plane figure

GRAVURE^F EN RELIEF^M
RELIEF PRINTING PROCESS

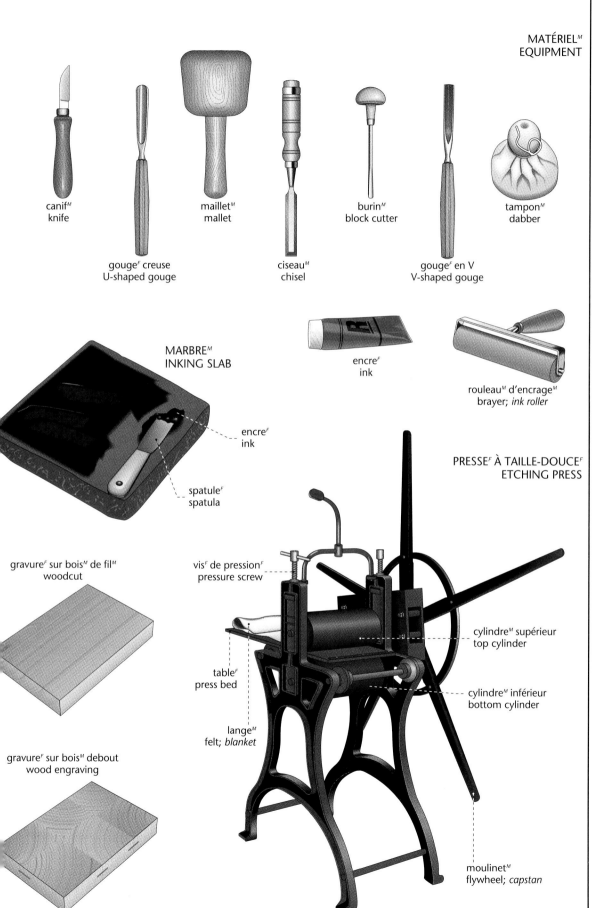

MATÉRIEL^M
EQUIPMENT

canif^M
knife

gouge^F creuse
U-shaped gouge

maillet^M
mallet

ciseau^M
chisel

burin^M
block cutter

gouge^F en V
V-shaped gouge

tampon^M
dabber

MARBRE^M
INKING SLAB

encre^F
ink

rouleau^M d'encrage^M
brayer; *ink roller*

encre^F
ink

spatule^F
spatula

gravure^F sur bois^M de fil^M
woodcut

PRESSE^F À TAILLE-DOUCE^F
ETCHING PRESS

vis^F de pression^F
pressure screw

cylindre^M supérieur
top cylinder

table^F
press bed

cylindre^M inférieur
bottom cylinder

lange^M
felt; *blanket*

gravure^F sur bois^M debout
wood engraving

moulinet^M
flywheel; *capstan*

GRAVURE^F EN CREUX^M
INTAGLIO PRINTING PROCESS

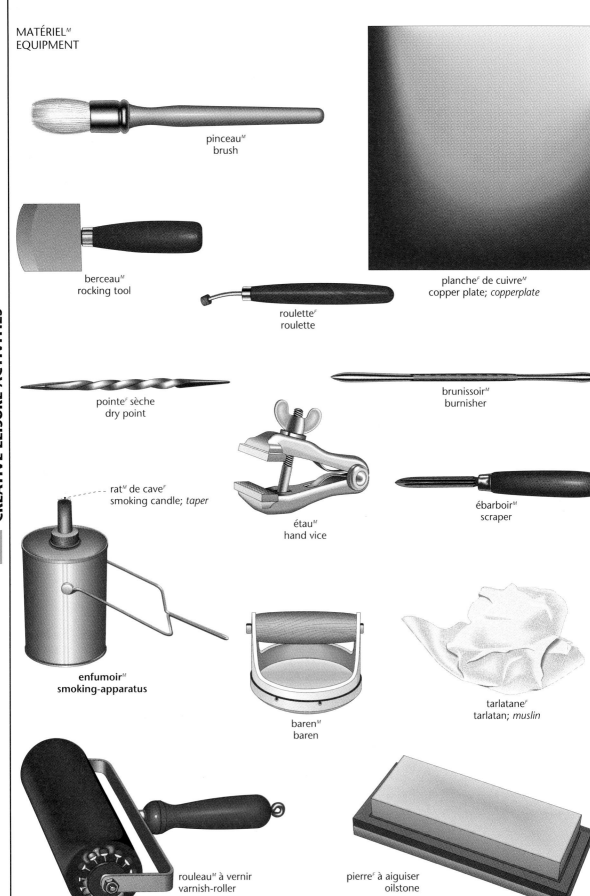

MATÉRIEL^M
EQUIPMENT

pinceau^M
brush

berceau^M
rocking tool

roulette^F
roulette

planche^F de cuivre^M
copper plate; *copperplate*

pointe^F sèche
dry point

brunissoir^M
burnisher

rat^M de cave^F
smoking candle; *taper*

étau^M
hand vice

ébarboir^M
scraper

enfumoir^M
smoking-apparatus

baren^M
baren

tarlatane^F
tarlatan; *muslin*

rouleau^M à vernir
varnish-roller

pierre^F à aiguiser
oilstone

582

LITHOGRAPHIE^F
LITHOGRAPHY

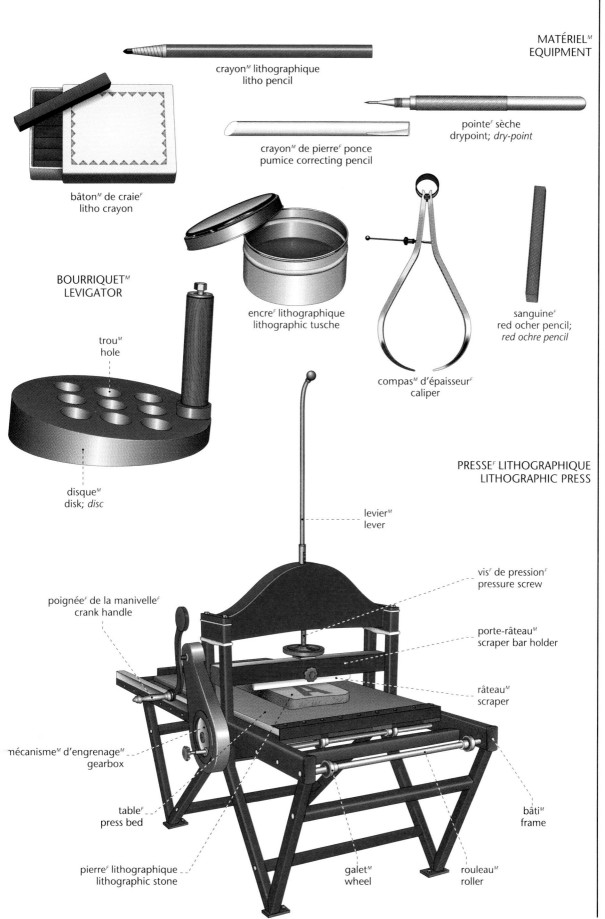

MATÉRIEL^M
EQUIPMENT

crayon^M lithographique
litho pencil

pointe^F sèche
drypoint; *dry-point*

crayon^M de pierre^F ponce
pumice correcting pencil

bâton^M de craie^F
litho crayon

BOURRIQUET^M
LEVIGATOR

encre^F lithographique
lithographic tusche

sanguine^F
red ocher pencil;
red ochre pencil

trou^M
hole

compas^M d'épaisseur^F
caliper

disque^M
disk; *disc*

PRESSE^F LITHOGRAPHIQUE
LITHOGRAPHIC PRESS

levier^M
lever

vis^F de pression^F
pressure screw

poignée^F de la manivelle^F
crank handle

porte-râteau^M
scraper bar holder

râteau^M
scraper

mécanisme^M d'engrenage^M
gearbox

table^F
press bed

bâti^M
frame

pierre^F lithographique
lithographic stone

galet^M
wheel

rouleau^M
roller

583

POTERIE^F
POTTERY

LOISIRS DE CRÉATION
CREATIVE LEISURE ACTIVITIES

TOURNAGE^M
TURNING

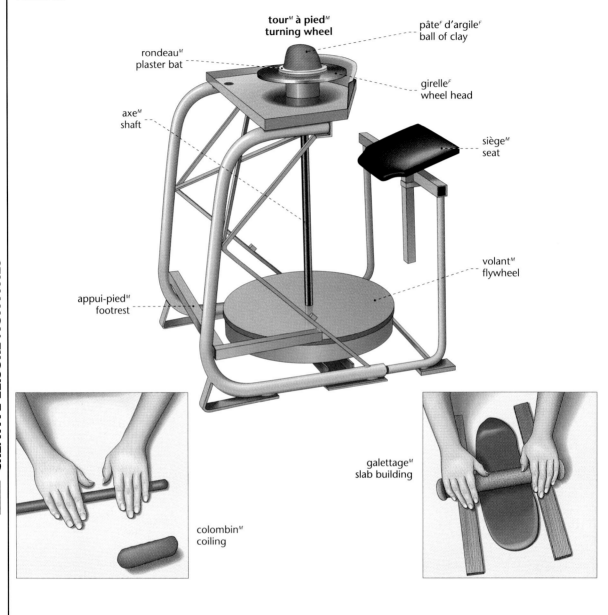

rondeau^M
plaster bat

tour^M à pied^M
turning wheel

pâte^F d'argile^F
ball of clay

girelle^F
wheel head

axe^M
shaft

siège^M
seat

volant^M
flywheel

appui-pied^M
footrest

colombin^M
coiling

galettage^M
slab building

OUTILS^M
TOOLS

esthèques^F
ribs

fil^M à couper la pâte^F
cutting wire

tournette^F
banding wheel

584

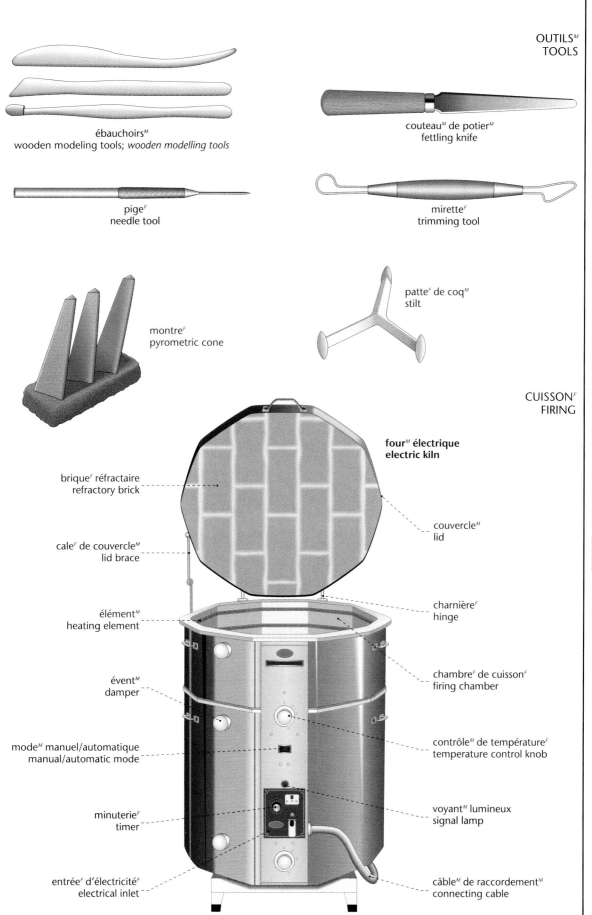

ébauchoirs^M
wooden modeling tools; *wooden modelling tools*

couteau^M de potier^M
fettling knife

pige^F
needle tool

mirette^F
trimming tool

montre^F
pyrometric cone

patte^F de coq^M
stilt

CUISSON^F
FIRING

four^M électrique
electric kiln

brique^F réfractaire
refractory brick

couvercle^M
lid

cale^F de couvercle^M
lid brace

élément^M
heating element

charnière^F
hinge

chambre^F de cuisson^F
firing chamber

évent^M
damper

contrôle^M de température^F
temperature control knob

mode^M manuel/automatique
manual/automatic mode

minuterie^F
timer

voyant^M lumineux
signal lamp

entrée^F d'électricité^F
electrical inlet

câble^M de raccordement^M
connecting cable

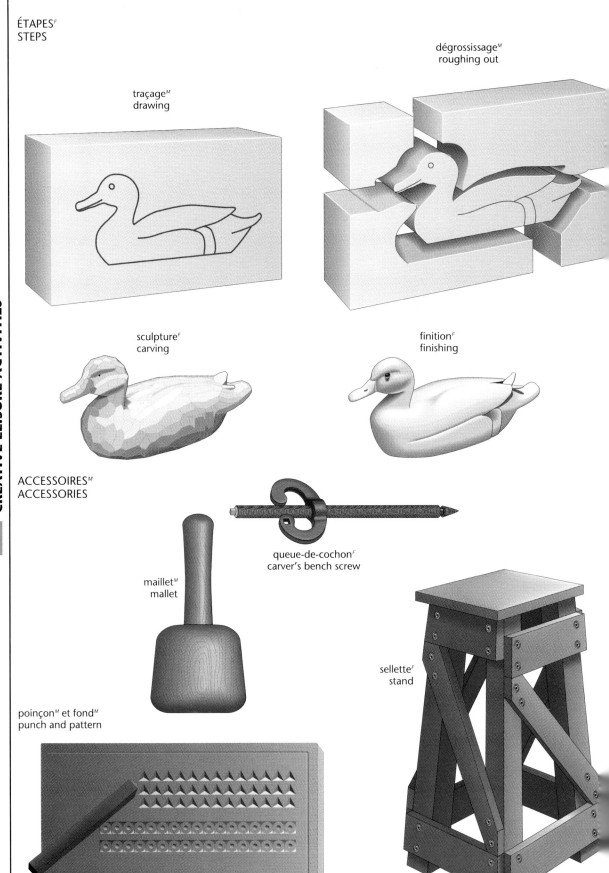

ÉTAPES^F
STEPS

traçage^M
drawing

dégrossissage^M
roughing out

sculpture^F
carving

finition^F
finishing

ACCESSOIRES^M
ACCESSORIES

queue-de-cochon^F
carver's bench screw

maillet^M
mallet

sellette^F
stand

poinçon^M et fond^M
punch and pattern

LOISIRS DE CRÉATION
CREATIVE LEISURE ACTIVITIES

586

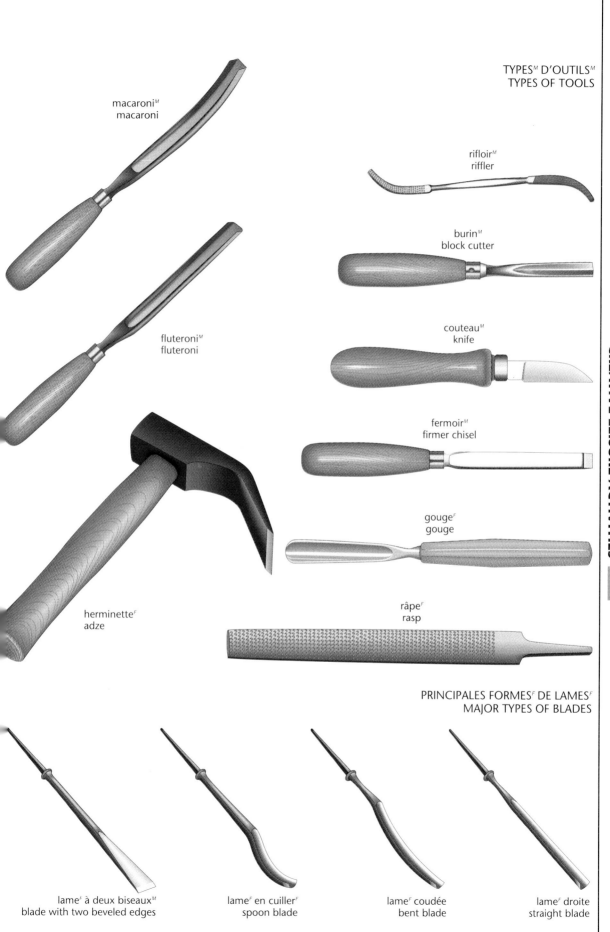

macaroni^M
macaroni

fluteroni^M
fluteroni

herminette^F
adze

rifloir^M
riffler

burin^M
block cutter

couteau^M
knife

fermoir^M
firmer chisel

gouge^F
gouge

râpe^F
rasp

**LOISIRS DE CRÉATION
CREATIVE LEISURE ACTIVITIES**

PRINCIPALES FORMES^F DE LAMES^F
MAJOR TYPES OF BLADES

lame^F à deux biseaux^M
blade with two beveled edges

lame^F en cuiller^F
spoon blade

lame^F coudée
bent blade

lame^F droite
straight blade

PRINCIPALES TECHNIQUES^F
MAJOR TECHNIQUES

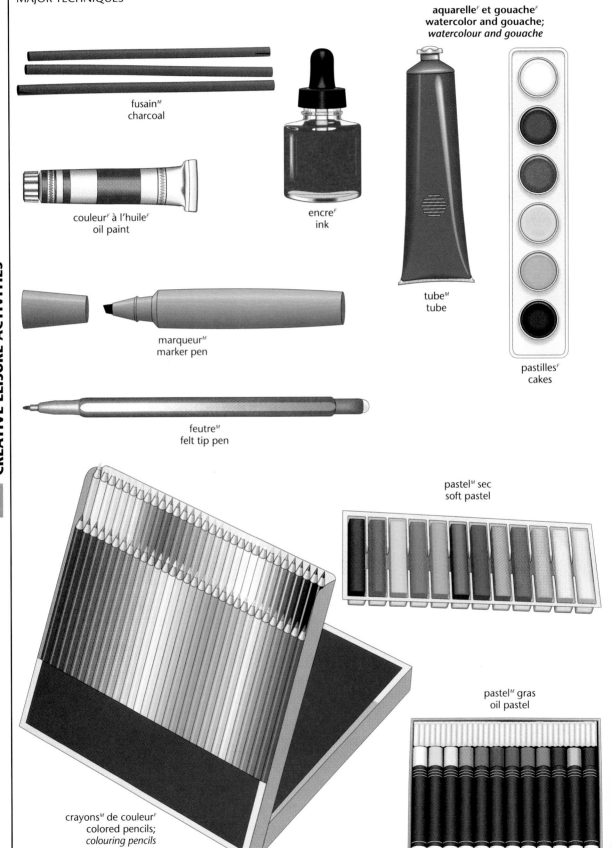

fusain^M
charcoal

couleur^F à l'huile^F
oil paint

encre^F
ink

aquarelle^F et gouache^F
watercolor and gouache;
watercolour and gouache

tube^M
tube

pastilles^F
cakes

marqueur^M
marker pen

feutre^M
felt tip pen

pastel^M sec
soft pastel

pastel^M gras
oil pastel

crayons^M de couleur^F
colored pencils;
colouring pencils

588

plume^F
reservoir-nib pen

pinceau^M à sumie^M
sumie

pinceau^M
brush

couteau^M à peindre
painting knife

brosse^F
flat brush

brosse^F éventail^M
fan brush

spatule^F
spatula

SUPPORTS^M
SUPPORTS

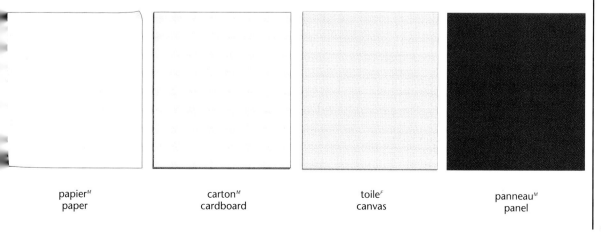

papier^M
paper

carton^M
cardboard

toile^F
canvas

panneau^M
panel

AÉROGRAPHE^M
AIRBRUSH

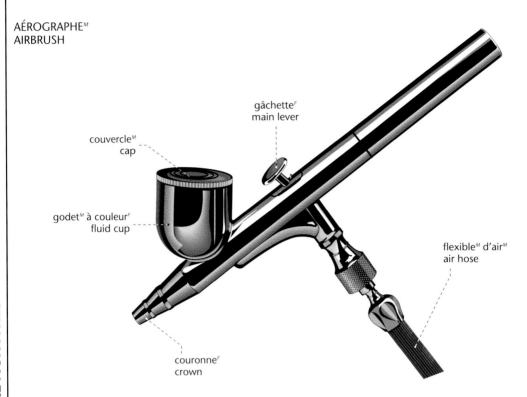

gâchette^F
main lever

couvercle^M
cap

godet^M à couleur^F
fluid cup

flexible^M d'air^M
air hose

couronne^F
crown

COUPE^F D'UN AÉROGRAPHE^M
CROSS SECTION OF AN AIRBRUSH

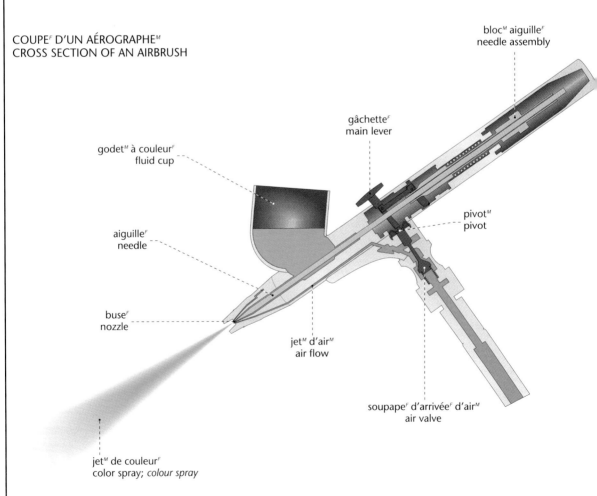

bloc^M aiguille^F
needle assembly

gâchette^F
main lever

godet^M à couleur^F
fluid cup

pivot^M
pivot

aiguille^F
needle

buse^F
nozzle

jet^M d'air^M
air flow

soupape^F d'arrivée^F d'air^M
air valve

jet^M de couleur^F
color spray; *colour spray*

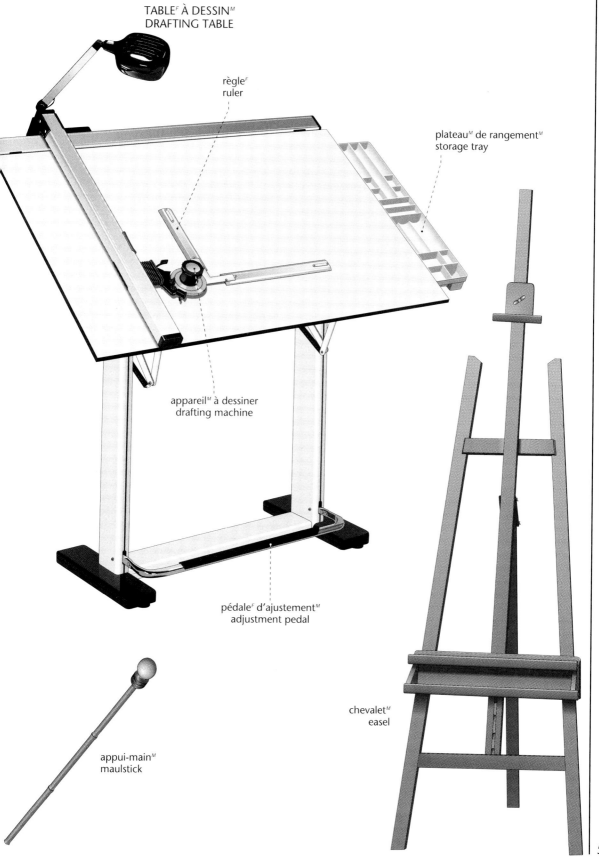

TABLE^F À DESSIN^M
DRAFTING TABLE

règle^F
ruler

plateau^M de rangement^M
storage tray

appareil^M à dessiner
drafting machine

pédale^F d'ajustement^M
adjustment pedal

chevalet^M
easel

appui-main^M
maulstick

LOISIRS DE CRÉATION
CREATIVE LEISURE ACTIVITIES

591

ACCESSOIRES*M*
ACCESSORIES

nuancier*M*
color chart; *colour chart*

palette*F* à alvéoles*F*
palette with hollows

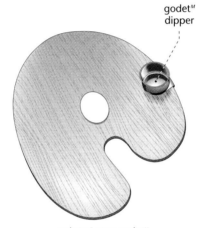

godet*M*
dipper

palette*F* avec godet*M*
palette with dipper

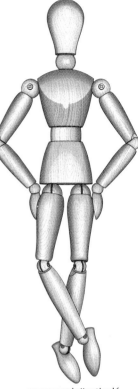

mannequin*M* articulé
articulated mannequin

LIQUIDES*M* D'APPOINT*M*
UTILITY LIQUIDS

vernis*M*
varnish

huile*F* de lin*M*
linseed oil

térébenthine*F*
turpentine

fixatif*M*
fixative

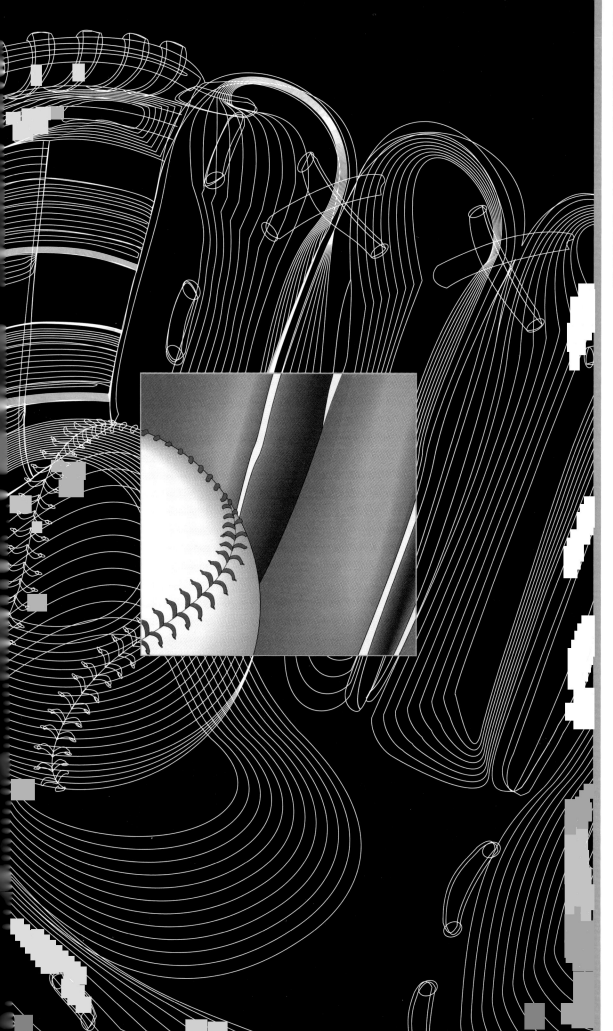

SOMMAIRE

SPORTS D'ÉQUIPE

BASEBALL 595
CRICKET 598
FOOTBALL 600
FOOTBALL AMÉRICAIN 602
RUGBY 606
HOCKEY SUR GAZON 607
HOCKEY SUR GLACE 608
BASKETBALL 610
NETBALL 611
HANDBALL 612
VOLLEYBALL 613
TENNIS 614
SQUASH 616
RACQUETBALL 617
BADMINTON 618
TENNIS DE TABLE 619
CURLING 620

SPORTS NAUTIQUES

NATATION 621
PLONGEON 624
WATER-POLO 626
PLONGÉE SOUS-MARINE 627
VOILE 628
PLANCHE À VOILE 631
AVIRON 632
SKI NAUTIQUE 633

SPORTS AÉRIENS

MONTGOLFIÈRE 634
CHUTE LIBRE 635
PARAPENTE 636
VOL LIBRE 637
VOL À VOILE 638

SPORTS D'HIVER

SKI ALPIN 640
SKI DE FOND 642
BOBSLEIGH 643
LUGE 643
PATINAGE 644
PATIN À ROULETTES 645
RAQUETTE 645

SPORTS ÉQUESTRES

ÉQUITATION 646
TYPES DE MORS 650
COURSE DE CHEVAUX 651
COURSE SOUS HARNAIS 652

SPORTS ATHLÉTIQUES

ATHLÉTISME 654
GYMNASTIQUE 659
HALTÉROPHILIE 662
APPAREILS DE CONDITIONNEMENT PHYSIQUE 663

SPORTS DE COMBAT

ESCRIME 666
JUDO 668
BOXE 669

SPORTS DE LOISIR

PÊCHE 670
BILLARD 673
GOLF 676
ALPINISME 680
BOULES ANGLAISES ET PÉTANQUE 682
JEU DE QUILLES 683
TIR À L'ARC 684

CAMPING

CAMPING 685
NŒUDS 691
CÂBLE 692

BASEBALL^M
BASEBALL

FRAPPEUR^M
BATTER

RECEVEUR^M
CATCHER

grille^F
frame

casque^M de frappeur^M
batter's helmet

chandail^M d'équipe^F
team shirt

bâton^M
bat

masque^M
mask

gant^M de frappeur^M
batting glove

protège-gorge^M
throat protector

chandail^M de dessous^M
undershirt

gant^M de receveur^M
catcher's glove

protège-tibia^M
shin guard

protecteur^M de poitrine^F
chest protector

chaussette^F-étrier^M
stirrup sock

protège-orteils^M
toe guard

genouillère^F
knee pad

pantalon^M
pants

chaussure^F à crampons^M
spiked shoe

SPORTS D'ÉQUIPE
TEAM GAMES

595

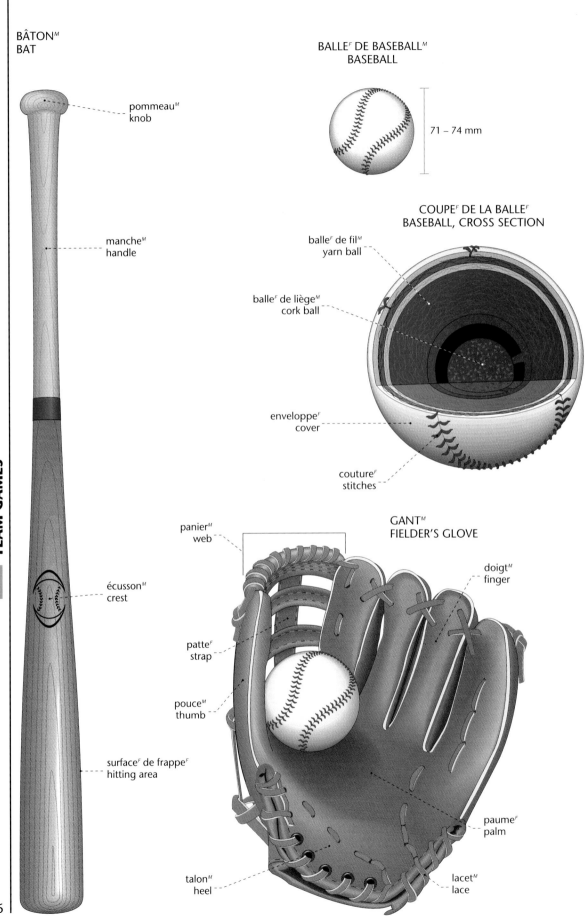

BÂTON^M
BAT

BALLE^F DE BASEBALL^M
BASEBALL

pommeau^M
knob

71 – 74 mm

COUPE^F DE LA BALLE^F
BASEBALL, CROSS SECTION

balle^F de fil^M
yarn ball

balle^F de liège^M
cork ball

manche^M
handle

enveloppe^F
cover

couture^F
stitches

GANT^M
FIELDER'S GLOVE

panier^M
web

doigt^M
finger

écusson^M
crest

patte^F
strap

pouce^M
thumb

paume^F
palm

surface^F de frappe^F
hitting area

talon^M
heel

lacet^M
lace

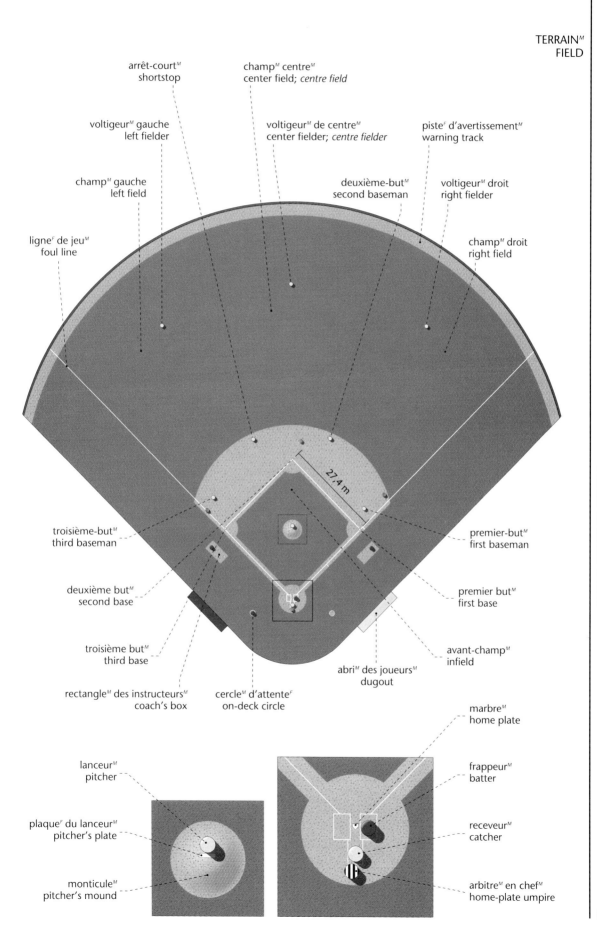

arrêt-court^M
shortstop

champ^M centre^M
center field; *centre field*

voltigeur^M gauche
left fielder

voltigeur^M de centre^M
center fielder; *centre fielder*

piste^F d'avertissement^M
warning track

champ^M gauche
left field

deuxième-but^M
second baseman

voltigeur^M droit
right fielder

ligne^F de jeu^M
foul line

champ^M droit
right field

27,4 m

troisième-but^M
third baseman

premier-but^M
first baseman

deuxième but^M
second base

premier but^M
first base

troisième but^M
third base

avant-champ^M
infield

rectangle^M des instructeurs^M
coach's box

cercle^M d'attente^F
on-deck circle

abri^M des joueurs^M
dugout

marbre^M
home plate

lanceur^M
pitcher

frappeur^M
batter

plaque^F du lanceur^M
pitcher's plate

receveur^M
catcher

monticule^M
pitcher's mound

arbitre^M en chef^M
home-plate umpire

597

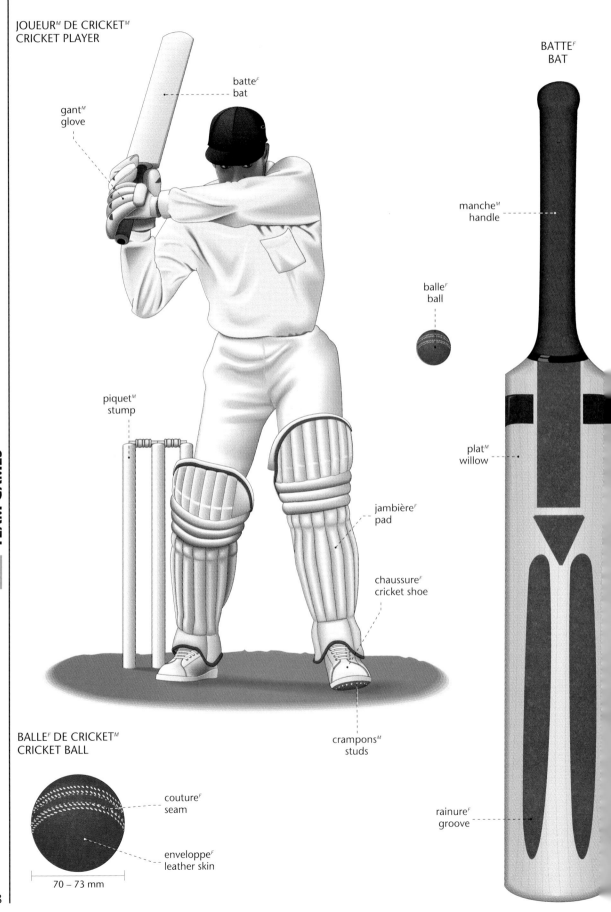

JOUEUR^M DE CRICKET^M
CRICKET PLAYER

batte^F
bat

gant^M
glove

BATTE^F
BAT

manche^M
handle

balle^F
ball

piquet^M
stump

plat^M
willow

jambière^F
pad

chaussure^F
cricket shoe

crampons^M
studs

rainure^F
groove

BALLE^F DE CRICKET^M
CRICKET BALL

couture^F
seam

enveloppe^F
leather skin

70 – 73 mm

SPORTS D'ÉQUIPE
TEAM GAMES

598

GUICHET^M
WICKET

barrette^F
bail

piquet^M
stump

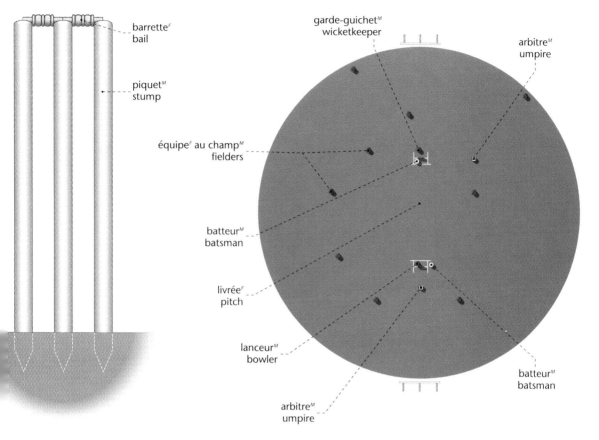

garde-guichet^M
wicketkeeper

arbitre^M
umpire

équipe^F au champ^M
fielders

batteur^M
batsman

livrée^F
pitch

lanceur^M
bowler

arbitre^M
umpire

batteur^M
batsman

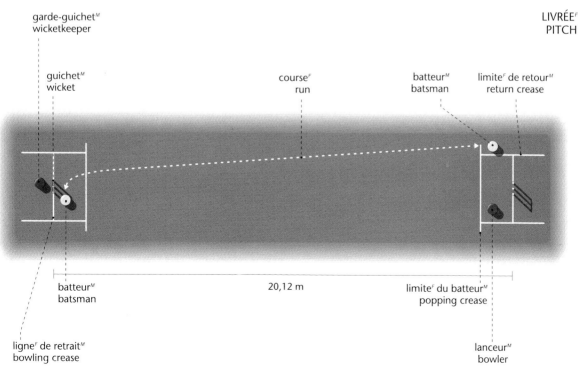

garde-guichet^M
wicketkeeper

guichet^M
wicket

course^F
run

batteur^M
batsman

limite^F de retour^M
return crease

batteur^M
batsman

20,12 m

limite^F du batteur^M
popping crease

ligne^F de retrait^M
bowling crease

lanceur^M
bowler

FOOTBALL^M
SOCCER

FOOTBALLEUR^M
SOCCER PLAYER

BALLON^M DE FOOTBALL^M
SOCCER BALL

chandail^M d'équipe^F
team shirt

218 mm

short^M
shorts

protège-tibia^M
shin guard

chaussure^F de football^M
soccer shoe

crampons^M
interchangeables
interchangeable studs

SPORTS D'ÉQUIPE
TEAM GAMES

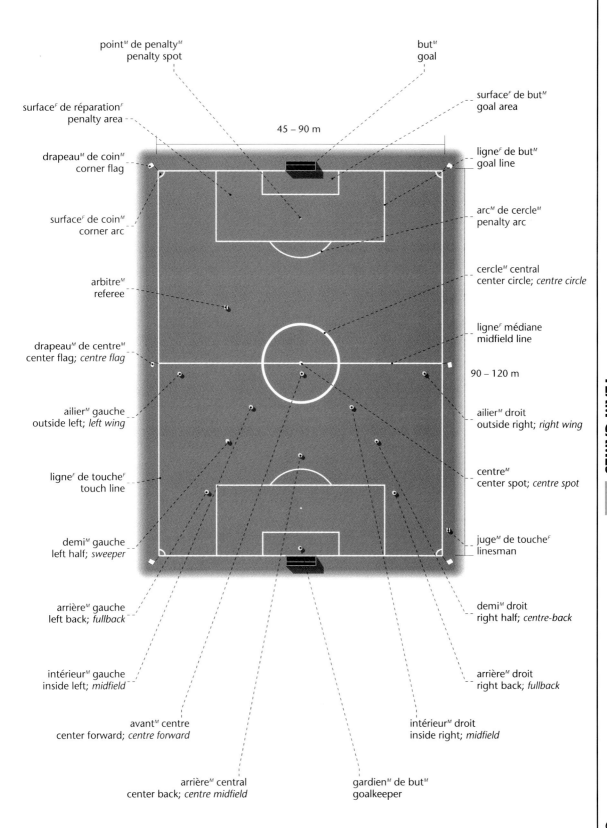

point^M de penalty^M
penalty spot

but^M
goal

surface^F de but^M
goal area

surface^F de réparation^F
penalty area

ligne^F de but^M
goal line

drapeau^M de coin^M
corner flag

arc^M de cercle^M
penalty arc

surface^F de coin^M
corner arc

45 – 90 m

cercle^M central
center circle; *centre circle*

arbitre^M
referee

ligne^F médiane
midfield line

drapeau^M de centre^M
center flag; *centre flag*

90 – 120 m

ailier^M gauche
outside left; *left wing*

ailier^M droit
outside right; *right wing*

ligne^F de touche^F
touch line

centre^M
center spot; *centre spot*

demi^M gauche
left half; *sweeper*

juge^M de touche^F
linesman

arrière^M gauche
left back; *fullback*

demi^M droit
right half; *centre-back*

intérieur^M gauche
inside left; *midfield*

arrière^M droit
right back; *fullback*

avant^M centre
center forward; *centre forward*

intérieur^M droit
inside right; *midfield*

arrière^M central
center back; *centre midfield*

gardien^M de but^M
goalkeeper

601

FOOTBALL^M AMÉRICAIN
FOOTBALL

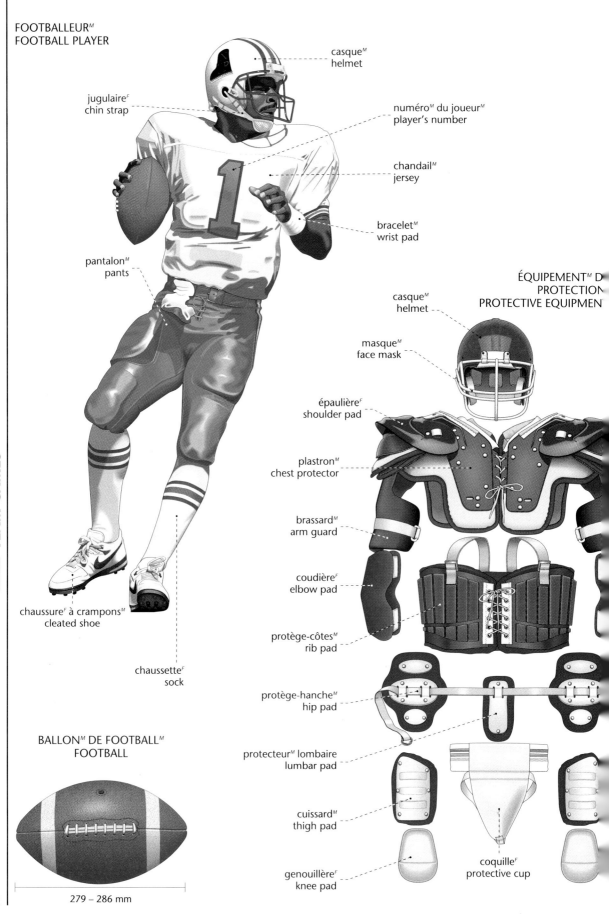

FOOTBALLEUR^M
FOOTBALL PLAYER

casque^M
helmet

jugulaire^F
chin strap

numéro^M du joueur^M
player's number

chandail^M
jersey

bracelet^M
wrist pad

pantalon^M
pants

ÉQUIPEMENT^M D
PROTECTION
PROTECTIVE EQUIPMEN

casque^M
helmet

masque^M
face mask

épaulière^F
shoulder pad

plastron^M
chest protector

brassard^M
arm guard

coudière^F
elbow pad

protège-côtes^M
rib pad

chaussure^F à crampons^M
cleated shoe

protège-hanche^M
hip pad

chaussette^F
sock

protecteur^M lombaire
lumbar pad

cuissard^M
thigh pad

BALLON^M DE FOOTBALL^M
FOOTBALL

coquille^F
protective cup

genouillère^F
knee pad

279 – 286 mm

602

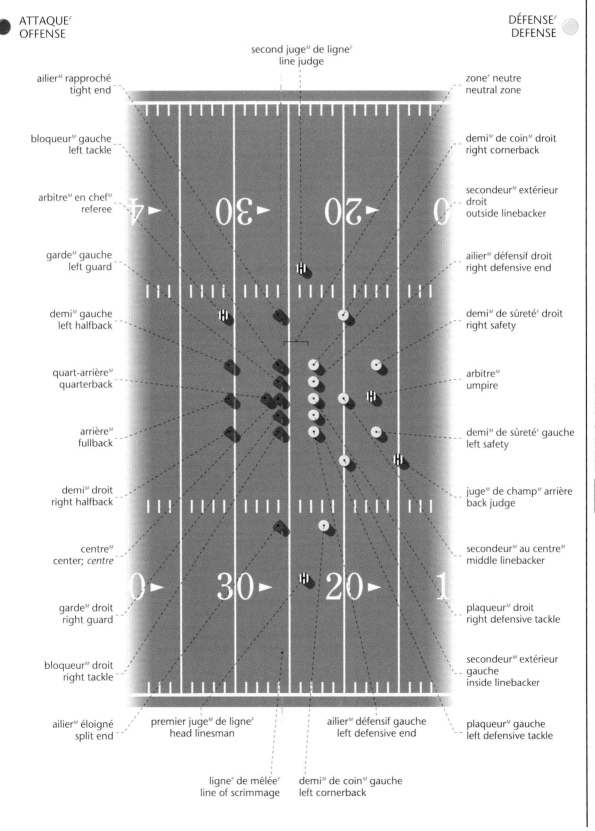

ATTAQUE^F
OFFENSE

DÉFENSE^F
DEFENSE

second juge^M de ligne^F
line judge

ailier^M rapproché
tight end

zone^F neutre
neutral zone

bloqueur^M gauche
left tackle

demi^M de coin^M droit
right cornerback

arbitre^M en chef^M
referee

secondeur^M extérieur
droit
outside linebacker

garde^M gauche
left guard

ailier^M défensif droit
right defensive end

demi^M gauche
left halfback

demi^M de sûreté^F droit
right safety

quart-arrière^M
quarterback

arbitre^M
umpire

arrière^M
fullback

demi^M de sûreté^F gauche
left safety

demi^M droit
right halfback

juge^M de champ^M arrière
back judge

centre^M
center; *centre*

secondeur^M au centre^M
middle linebacker

garde^M droit
right guard

plaqueur^M droit
right defensive tackle

bloqueur^M droit
right tackle

secondeur^M extérieur
gauche
inside linebacker

ailier^M éloigné
split end

premier juge^M de ligne^F
head linesman

ailier^M défensif gauche
left defensive end

plaqueur^M gauche
left defensive tackle

ligne^F de mêlée^F
line of scrimmage

demi^M de coin^M gauche
left cornerback

SPORTS D'ÉQUIPE
TEAM GAMES

603

FOOTBALL^M
FOOTBALL

TERRAIN^M DE FOOTBALL^M AMÉRICAIN
PLAYING FIELD FOR AMERICAN
FOOTBALL

banc^M des joueurs^M
players' bench

ligne^F de touche^F
sideline

poteau^M de but^M
goal post

ligne^F de but^M
goal line

ligne^F de centre^M
fifty-yard line; *centre line*

but^M
goal

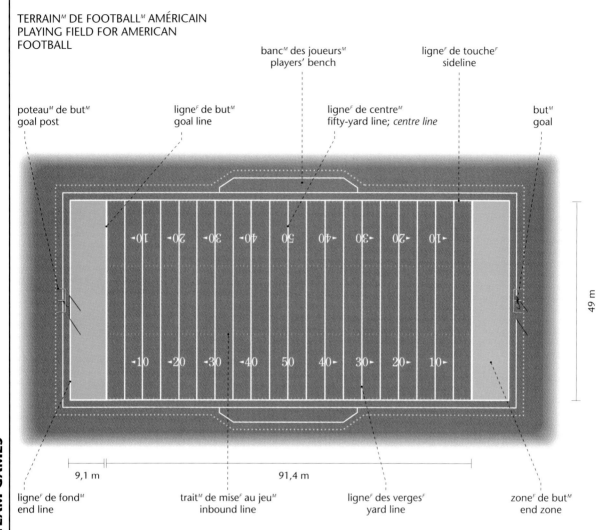

49 m

9,1 m

91,4 m

ligne^F de fond^M
end line

trait^M de mise^F au jeu^M
inbound line

ligne^F des verges^F
yard line

zone^F de but^M
end zone

TERRAIN^M DE FOOTBALL^M CANADIEN
PLAYING FIELD FOR CANADIAN FOOTBALL

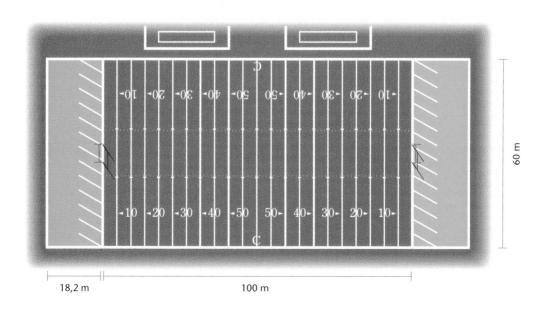

60 m

18,2 m

100 m

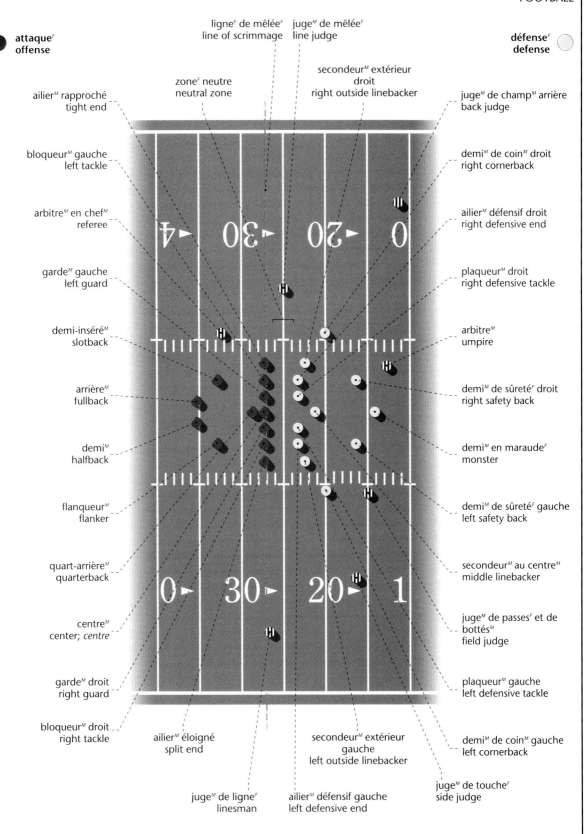

MÊLÉE^F AU FOOTBALL^M CANADIEN
SCRIMMAGE IN CANADIAN
FOOTBALL

ligne^F de mêlée^F
line of scrimmage

juge^M de mêlée^F
line judge

attaque^F
offense

défense^F
defense

secondeur^M extérieur
droit
right outside linebacker

zone^F neutre
neutral zone

ailier^M rapproché
tight end

juge^M de champ^M arrière
back judge

bloqueur^M gauche
left tackle

demi^M de coin^M droit
right cornerback

arbitre^M en chef^M
referee

ailier^M défensif droit
right defensive end

garde^M gauche
left guard

plaqueur^M droit
right defensive tackle

demi-inséré^M
slotback

arbitre^M
umpire

arrière^M
fullback

demi^M de sûreté^F droit
right safety back

demi^M
halfback

demi^M en maraude^F
monster

flanqueur^M
flanker

demi^M de sûreté^F gauche
left safety back

quart-arrière^M
quarterback

secondeur^M au centre^M
middle linebacker

centre^M
center; centre

juge^M de passes^F et de
bottés^M
field judge

garde^M droit
right guard

plaqueur^M gauche
left defensive tackle

bloqueur^M droit
right tackle

ailier^M éloigné
split end

secondeur^M extérieur
gauche
left outside linebacker

demi^M de coin^M gauche
left cornerback

juge^M de ligne^F
linesman

ailier^M défensif gauche
left defensive end

juge^M de touche^F
side judge

SPORTS D'ÉQUIPE
TEAM GAMES

RUGBY^M
RUGBY

TERRAIN^M
FIELD

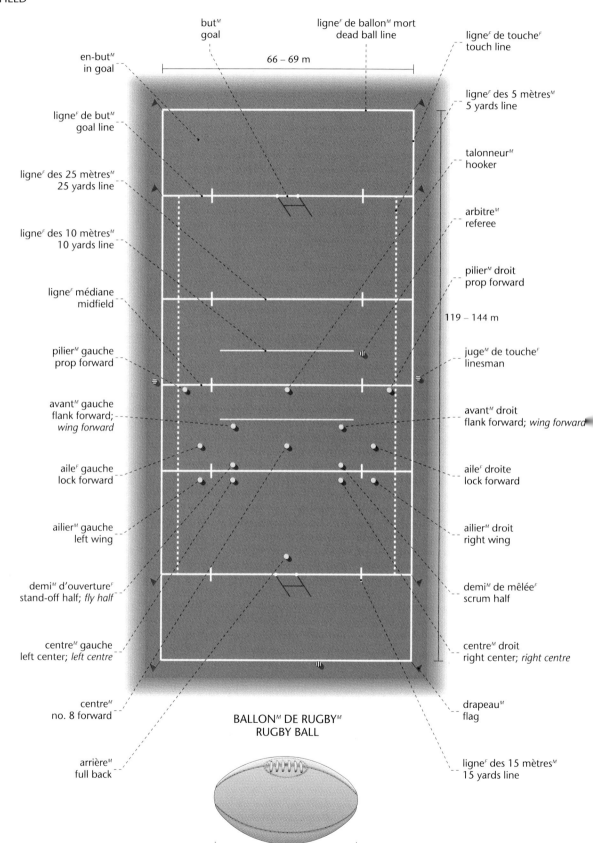

but^M
goal

ligne^F de ballon^M mort
dead ball line

ligne^F de touche^F
touch line

en-but^M
in goal

66 – 69 m

ligne^F des 5 mètres^M
5 yards line

ligne^F de but^M
goal line

talonneur^M
hooker

ligne^F des 25 mètres^M
25 yards line

arbitre^M
referee

ligne^F des 10 mètres^M
10 yards line

pilier^M droit
prop forward

ligne^F médiane
midfield

119 – 144 m

pilier^M gauche
prop forward

juge^M de touche^F
linesman

avant^M gauche
flank forward;
wing forward

avant^M droit
flank forward; *wing forward*

aile^F gauche
lock forward

aile^F droite
lock forward

ailier^M gauche
left wing

ailier^M droit
right wing

demi^M d'ouverture^F
stand-off half; *fly half*

demi^M de mêlée^F
scrum half

centre^M gauche
left center; *left centre*

centre^M droit
right center; *right centre*

centre^M
no. 8 forward

drapeau^M
flag

BALLON^M DE RUGBY^M
RUGBY BALL

arrière^M
full back

ligne^F des 15 mètres^M
15 yards line

28 cm

HOCKEY^M SUR GAZON^M
FIELD HOCKEY

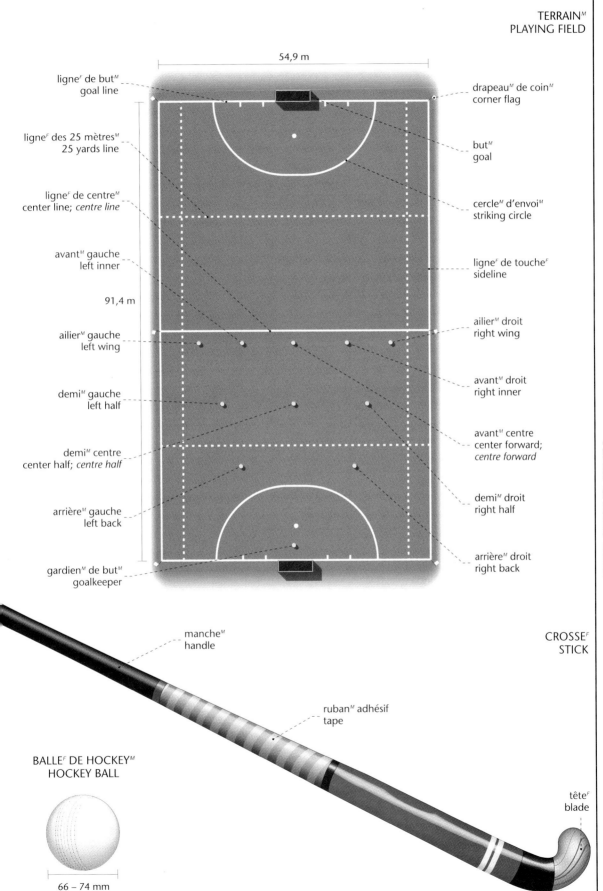

TERRAIN^M
PLAYING FIELD

54,9 m

ligne^F de but^M
goal line

ligne^F des 25 mètres^M
25 yards line

ligne^F de centre^M
center line; *centre line*

avant^M gauche
left inner

91,4 m

ailier^M gauche
left wing

demi^M gauche
left half

demi^M centre
center half; *centre half*

arrière^M gauche
left back

gardien^M de but^M
goalkeeper

drapeau^M de coin^M
corner flag

but^M
goal

cercle^M d'envoi^M
striking circle

ligne^F de touche^F
sideline

ailier^M droit
right wing

avant^M droit
right inner

avant^M centre
center forward;
centre forward

demi^M droit
right half

arrière^M droit
right back

manche^M
handle

CROSSE^F
STICK

ruban^M adhésif
tape

BALLE^F DE HOCKEY^M
HOCKEY BALL

tête^F
blade

66 – 74 mm

HOCKEY^M SUR GLACE^F
ICE HOCKEY

PATINOIRE^F
RINK

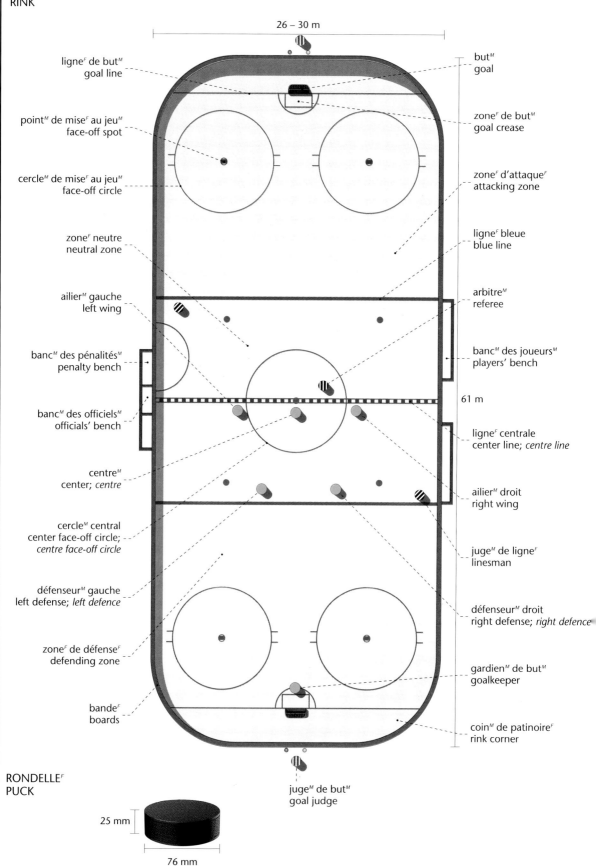

26 – 30 m

ligne^F de but^M
goal line

but^M
goal

point^M de mise^F au jeu^M
face-off spot

zone^F de but^M
goal crease

cercle^M de mise^F au jeu^M
face-off circle

zone^F d'attaque^F
attacking zone

zone^F neutre
neutral zone

ligne^F bleue
blue line

ailier^M gauche
left wing

arbitre^M
referee

banc^M des pénalités^M
penalty bench

banc^M des joueurs^M
players' bench

banc^M des officiels^M
officials' bench

61 m

centre^M
center; *centre*

ligne^F centrale
center line; *centre line*

cercle^M central
center face-off circle;
centre face-off circle

ailier^M droit
right wing

défenseur^M gauche
left defense; *left defence*

juge^M de ligne^F
linesman

zone^F de défense^F
defending zone

défenseur^M droit
right defense; *right defence*

bande^F
boards

gardien^M de but^M
goalkeeper

coin^M de patinoire^F
rink corner

RONDELLE^F
PUCK

juge^M de but^M
goal judge

25 mm

76 mm

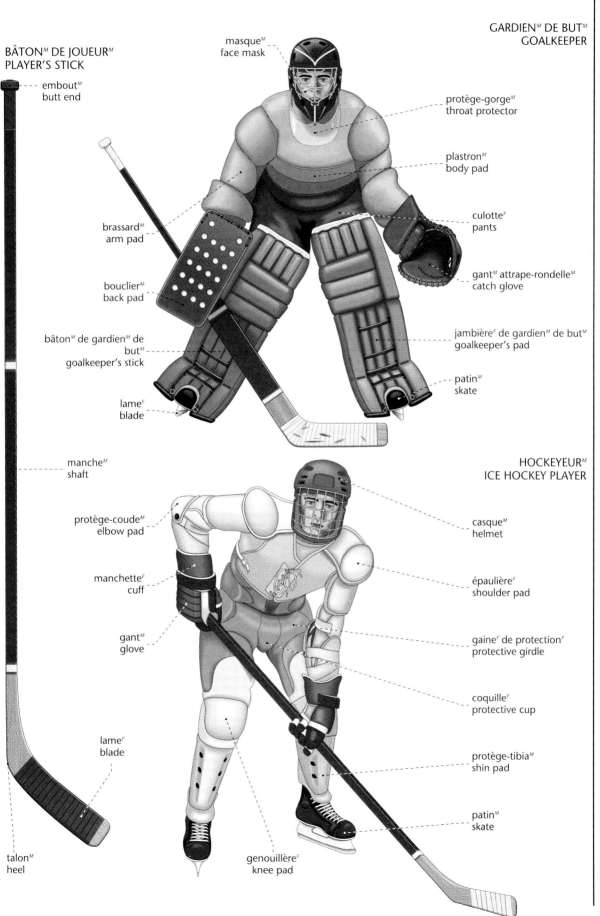

GARDIEN^M DE BUT^M
GOALKEEPER

masque^M
face mask

BÂTON^M DE JOUEUR^M
PLAYER'S STICK

embout^M
butt end

protège-gorge^M
throat protector

plastron^M
body pad

brassard^M
arm pad

culotte^F
pants

bouclier^M
back pad

gant^M attrape-rondelle^M
catch glove

bâton^M de gardien^M de
but^M
goalkeeper's stick

jambière^F de gardien^M de but^M
goalkeeper's pad

lame^F
blade

patin^M
skate

manche^M
shaft

HOCKEYEUR^M
ICE HOCKEY PLAYER

protège-coude^M
elbow pad

casque^M
helmet

manchette^F
cuff

épaulière^F
shoulder pad

gant^M
glove

gaine^F de protection^F
protective girdle

coquille^F
protective cup

lame^F
blade

protège-tibia^M
shin pad

patin^M
skate

talon^M
heel

genouillère^F
knee pad

609

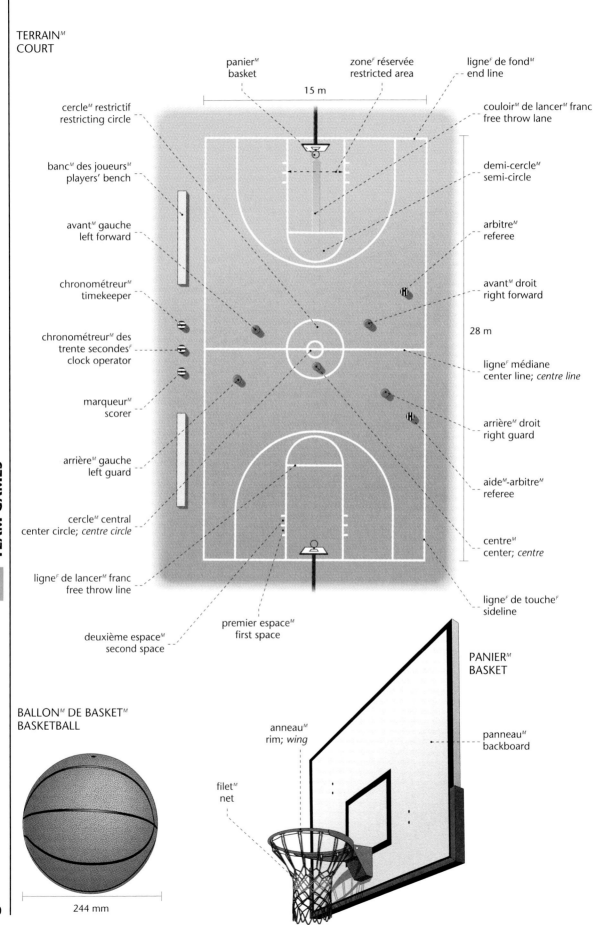

TERRAIN^M
COURT

panier^M
basket

zone^F réservée
restricted area

ligne^F de fond^M
end line

15 m

cercle^M restrictif
restricting circle

couloir^M de lancer^M franc
free throw lane

banc^M des joueurs^M
players' bench

demi-cercle^M
semi-circle

avant^M gauche
left forward

arbitre^M
referee

chronométreur^M
timekeeper

avant^M droit
right forward

chronométreur^M des
trente secondes^F
clock operator

28 m

ligne^F médiane
center line; *centre line*

marqueur^M
scorer

arrière^M droit
right guard

arrière^M gauche
left guard

aide^M-arbitre^M
referee

cercle^M central
center circle; *centre circle*

centre^M
center; *centre*

ligne^F de lancer^M franc
free throw line

ligne^F de touche^F
sideline

premier espace^M
first space

deuxième espace^M
second space

PANIER^M
BASKET

BALLON^M DE BASKET^M
BASKETBALL

anneau^M
rim; *wing*

panneau^M
backboard

filet^M
net

244 mm

SPORTS D'ÉQUIPE
TEAM GAMES

610

NETBALL^M
NETBALL

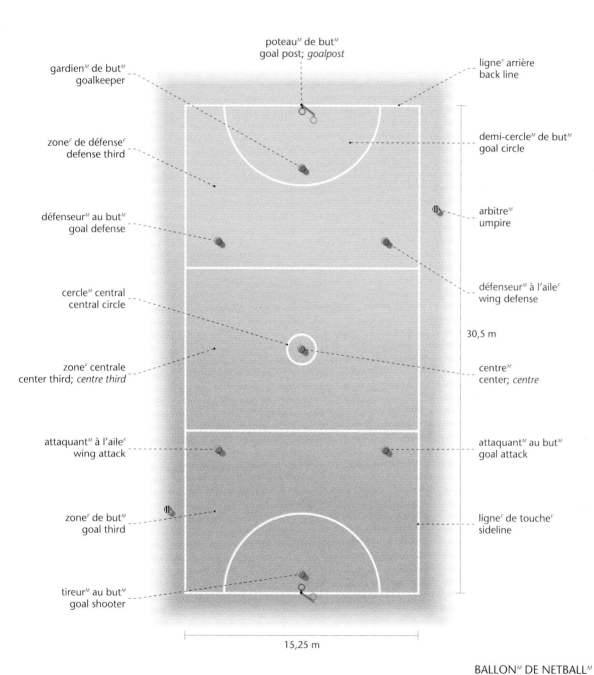

poteau^M de but^M
goal post; *goalpost*

gardien^M de but^M
goalkeeper

ligne^F arrière
back line

zone^F de défense^F
defense third

demi-cercle^M de but^M
goal circle

défenseur^M au but^M
goal defense

arbitre^M
umpire

cercle^M central
central circle

défenseur^M à l'aile^F
wing defense

30,5 m

zone^F centrale
center third; *centre third*

centre^M
center; *centre*

attaquant^M à l'aile^F
wing attack

attaquant^M au but^M
goal attack

zone^F de but^M
goal third

ligne^F de touche^F
sideline

tireur^M au but^M
goal shooter

15,25 m

BALLON^M DE NETBALL^M
NETBALL

218 – 226 mm

HANDBALL^M
HANDBALL

HANDBALL

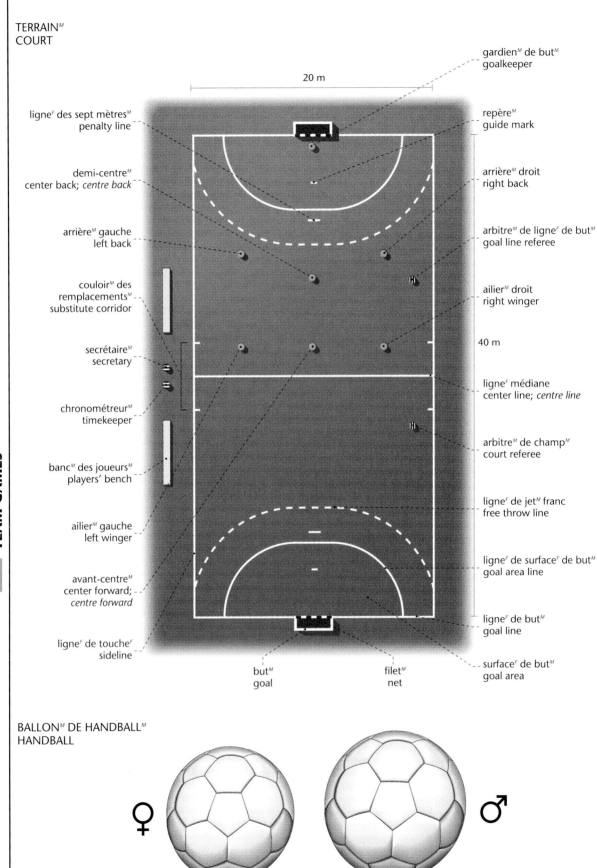

TERRAIN^M
COURT

gardien^M de but^M
goalkeeper

20 m

ligne^F des sept mètres^M
penalty line

repère^M
guide mark

demi-centre^M
center back; *centre back*

arrière^M droit
right back

arrière^M gauche
left back

arbitre^M de ligne^F de but^M
goal line referee

couloir^M des
remplacements^M
substitute corridor

ailier^M droit
right winger

secrétaire^M
secretary

40 m

chronométreur^M
timekeeper

ligne^F médiane
center line; *centre line*

arbitre^M de champ^M
court referee

banc^M des joueurs^M
players' bench

ligne^F de jet^M franc
free throw line

ailier^M gauche
left winger

ligne^F de surface^F de but^M
goal area line

avant-centre^M
center forward;
centre forward

ligne^F de but^M
goal line

ligne^F de touche^F
sideline

surface^F de but^M
goal area

but^M
goal

filet^M
net

BALLON^M DE HANDBALL^M
HANDBALL

♀

173 – 178 mm

♂

183 – 188 mm

VOLLEYBALL^M
VOLLEYBALL

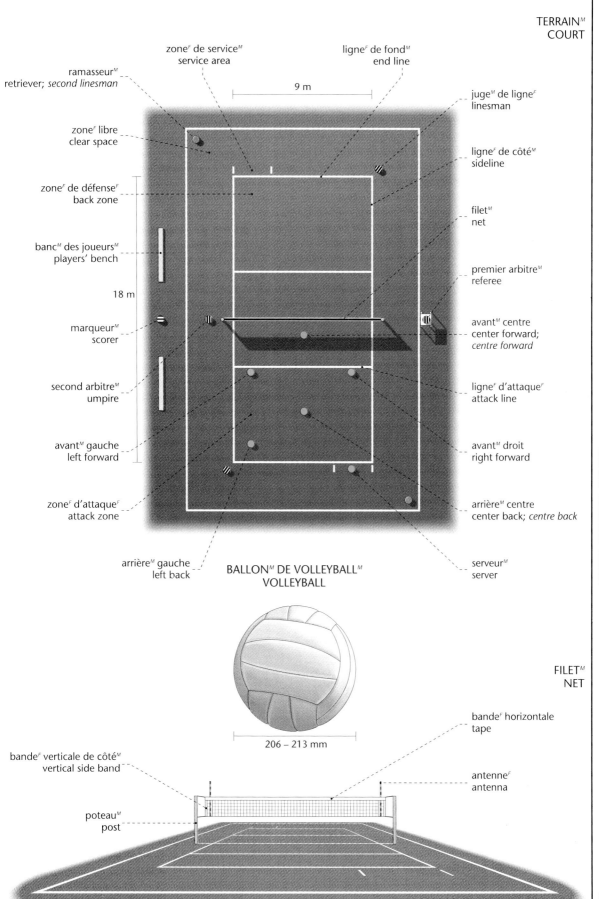

ramasseur^M
retriever; *second linesman*

zone^F de service^M
service area

ligne^F de fond^M
end line

juge^M de ligne^F
linesman

zone^F libre
clear space

9 m

ligne^F de côté^M
sideline

zone^F de défense^F
back zone

filet^M
net

banc^M des joueurs^M
players' bench

premier arbitre^M
referee

18 m

avant^M centre
center forward;
centre forward

marqueur^M
scorer

second arbitre^M
umpire

ligne^F d'attaque^F
attack line

avant^M gauche
left forward

avant^M droit
right forward

zone^F d'attaque^F
attack zone

arrière^M centre
center back; *centre back*

arrière^M gauche
left back

BALLON^M DE VOLLEYBALL^M
VOLLEYBALL

serveur^M
server

206 – 213 mm

FILET^M
NET

bande^F horizontale
tape

bande^F verticale de côté^M
vertical side band

antenne^F
antenna

poteau^M
post

TENNIS*M*
TENNIS

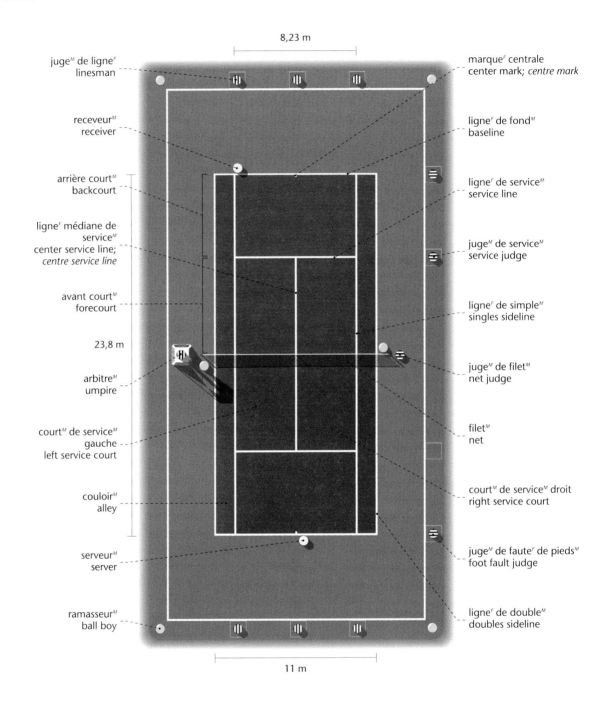

TERRAIN*M*
COURT

8,23 m

juge*M* de ligne*F*
linesman

marque*F* centrale
center mark; *centre mark*

receveur*M*
receiver

ligne*F* de fond*M*
baseline

arrière court*M*
backcourt

ligne*F* de service*M*
service line

ligne*F* médiane de
service*M*
center service line;
centre service line

juge*M* de service*M*
service judge

avant court*M*
forecourt

ligne*F* de simple*M*
singles sideline

23,8 m

juge*M* de filet*M*
net judge

arbitre*M*
umpire

filet*M*
net

court*M* de service*M*
gauche
left service court

couloir*M*
alley

court*M* de service*M* droit
right service court

serveur*M*
server

juge*M* de faute*F* de pieds*M*
foot fault judge

ramasseur*M*
ball boy

ligne*F* de double*M*
doubles sideline

11 m

FILET*M*
NET

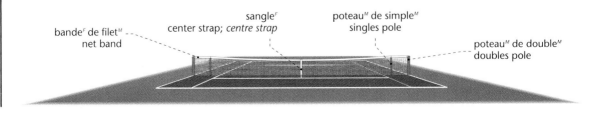

bande*F* de filet*M*
net band

sangle*F*
center strap; *centre strap*

poteau*M* de simple*M*
singles pole

poteau*M* de double*M*
doubles pole

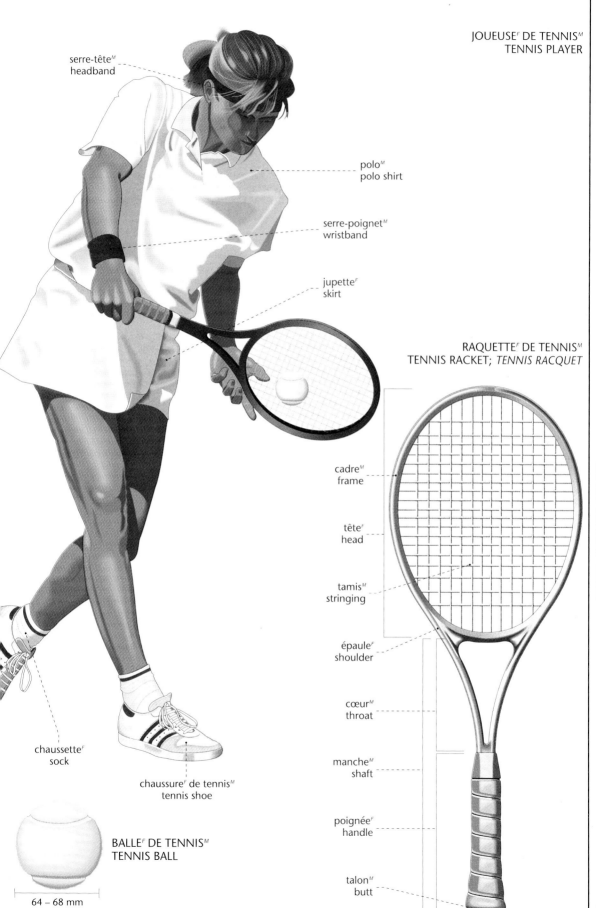

JOUEUSE^F DE TENNIS^M
TENNIS PLAYER

serre-tête^M
headband

polo^M
polo shirt

serre-poignet^M
wristband

jupette^F
skirt

RAQUETTE^F DE TENNIS^M
TENNIS RACKET; *TENNIS RACQUET*

cadre^M
frame

tête^F
head

tamis^M
stringing

épaule^F
shoulder

cœur^M
throat

manche^M
shaft

poignée^F
handle

talon^M
butt

chaussette^F
sock

chaussure^F de tennis^M
tennis shoe

BALLE^F DE TENNIS^M
TENNIS BALL

64 – 68 mm

SPORTS D'ÉQUIPE
TEAM GAMES

615

BALLE^F DE SQUASH^M
SQUASH BALL

RAQUETTE^F DE SQUASH^M
SQUASH RACKET; *SQUASH RACQUET*

45 mm

TERRAIN^M INTERNATIONAL DE SIMPLES^M
INTERNATIONAL SINGLES COURT

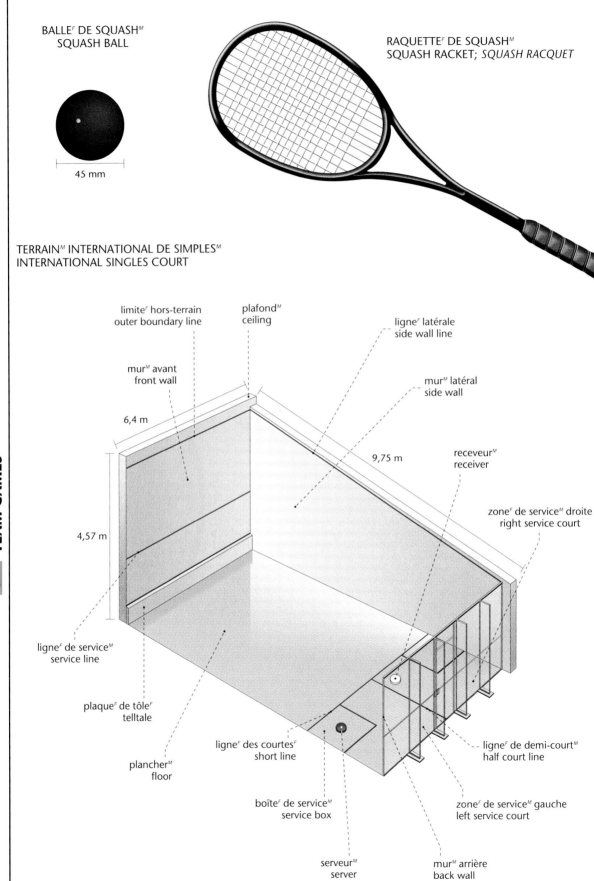

limite^F hors-terrain
outer boundary line

plafond^M
ceiling

ligne^F latérale
side wall line

mur^M avant
front wall

mur^M latéral
side wall

6,4 m

9,75 m

receveur^M
receiver

zone^F de service^M droite
right service court

4,57 m

ligne^F de service^M
service line

plaque^F de tôle^F
telltale

plancher^M
floor

ligne^F des courtes^F
short line

ligne^F de demi-court^M
half court line

boîte^F de service^M
service box

zone^F de service^M gauche
left service court

serveur^M
server

mur^M arrière
back wall

SPORTS D'ÉQUIPE
TEAM GAMES

616

RACQUETBALL^M
RACQUETBALL

RAQUETTE^F DE RACQUETBALL^M
RACQUETBALL RACKET;
RACQUETBALL RACQUET

BALLE^F DE RACQUETBALL^M
RACQUETBALL

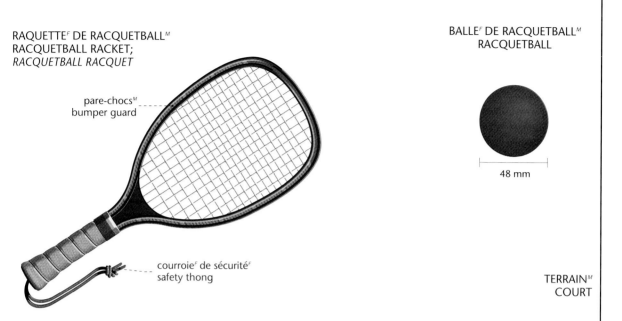

pare-chocs^M
bumper guard

courroie^F de sécurité^F
safety thong

48 mm

TERRAIN^M
COURT

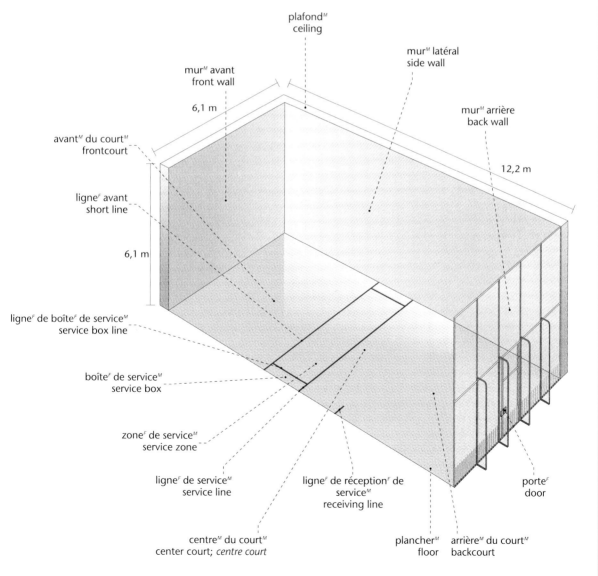

plafond^M
ceiling

mur^M latéral
side wall

mur^M avant
front wall

mur^M arrière
back wall

6,1 m

avant^M du court^M
frontcourt

12,2 m

ligne^F avant
short line

6,1 m

ligne^F de boîte^F de service^M
service box line

boîte^F de service^M
service box

zone^F de service^M
service zone

ligne^F de service^M
service line

ligne^F de réception^F de
service^M
receiving line

porte^F
door

centre^M du court^M
center court; *centre court*

plancher^M
floor

arrière^M du court^M
backcourt

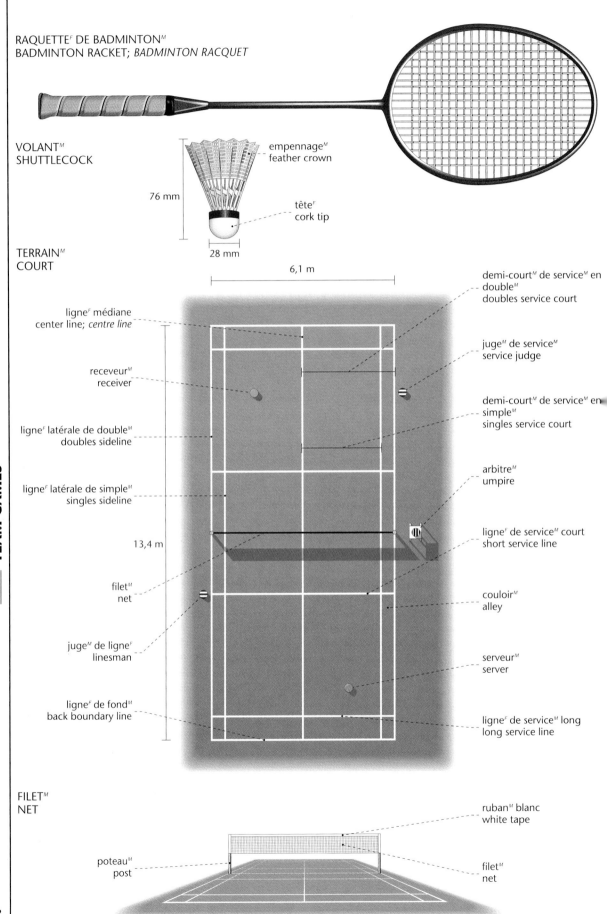

BADMINTON^M
BADMINTON

RAQUETTE^F DE BADMINTON^M
BADMINTON RACKET; *BADMINTON RACQUET*

VOLANT^M
SHUTTLECOCK

empennage^M
feather crown

76 mm

tête^F
cork tip

28 mm

TERRAIN^M
COURT

6,1 m

demi-court^M de service^M en double^M
doubles service court

ligne^F médiane
center line; *centre line*

juge^M de service^M
service judge

receveur^M
receiver

demi-court^M de service^M en simple^M
singles service court

ligne^F latérale de double^M
doubles sideline

ligne^F latérale de simple^M
singles sideline

arbitre^M
umpire

13,4 m

ligne^F de service^M court
short service line

filet^M
net

couloir^M
alley

juge^M de ligne^F
linesman

serveur^M
server

ligne^F de fond^M
back boundary line

ligne^F de service^M long
long service line

FILET^M
NET

ruban^M blanc
white tape

poteau^M
post

filet^M
net

TENNIS^M DE TABLE^F
TABLE TENNIS

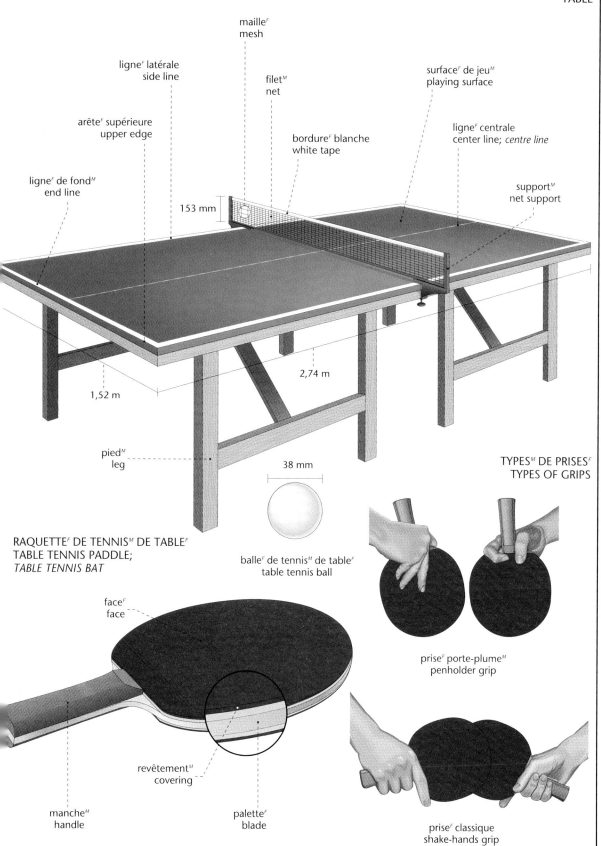

TABLE^F
TABLE

maille^F
mesh

ligne^F latérale
side line

filet^M
net

surface^F de jeu^M
playing surface

arête^F supérieure
upper edge

bordure^F blanche
white tape

ligne^F centrale
center line; *centre line*

ligne^F de fond^M
end line

support^M
net support

153 mm

2,74 m

1,52 m

pied^M
leg

38 mm

TYPES^M DE PRISES^F
TYPES OF GRIPS

RAQUETTE^F DE TENNIS^M DE TABLE^F
TABLE TENNIS PADDLE;
TABLE TENNIS BAT

balle^F de tennis^M de table^F
table tennis ball

prise^F porte-plume^M
penholder grip

face^F
face

revêtement^M
covering

manche^M
handle

palette^F
blade

prise^F classique
shake-hands grip

619

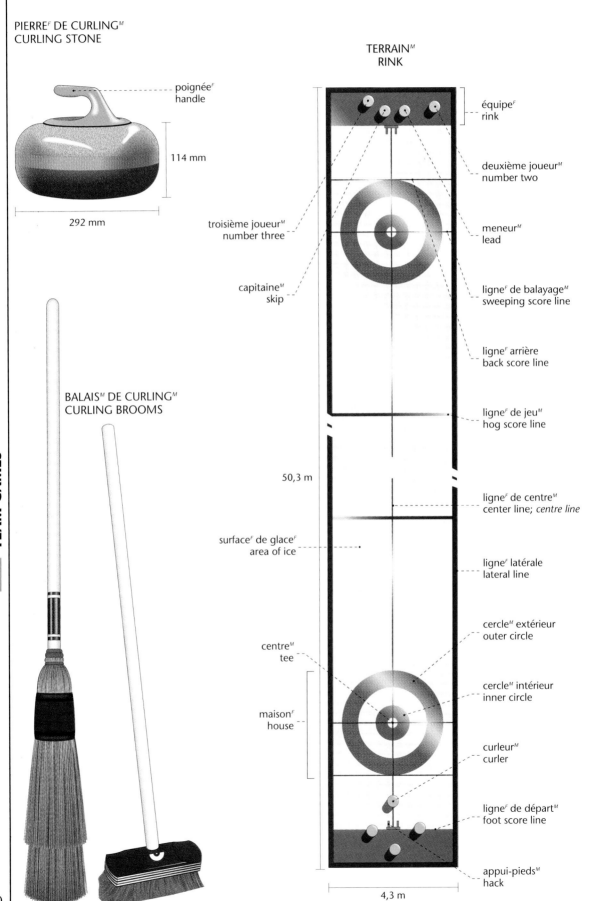

CURLING^M
CURLING

PIERRE^F DE CURLING^M
CURLING STONE

poignée^F
handle

114 mm

292 mm

BALAIS^M DE CURLING^M
CURLING BROOMS

TERRAIN^M
RINK

équipe^F
rink

deuxième joueur^M
number two

troisième joueur^M
number three

meneur^M
lead

capitaine^M
skip

ligne^F de balayage^M
sweeping score line

ligne^F arrière
back score line

ligne^F de jeu^M
hog score line

50,3 m

ligne^F de centre^M
center line; *centre line*

surface^F de glace^F
area of ice

ligne^F latérale
lateral line

cercle^M extérieur
outer circle

centre^M
tee

cercle^M intérieur
inner circle

maison^F
house

curleur^M
curler

ligne^F de départ^M
foot score line

appui-pieds^M
hack

4,3 m

**SPORTS D'ÉQUIPE
TEAM GAMES**

NATATION^F
SWIMMING

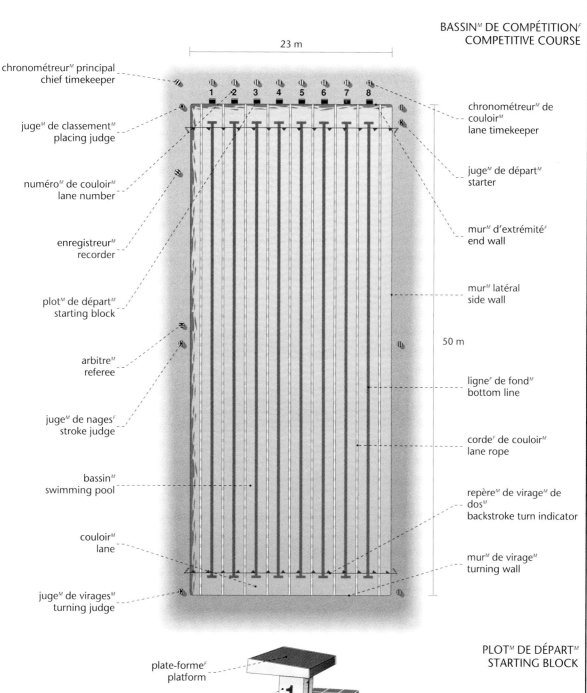

BASSIN^M DE COMPÉTITION^F
COMPETITIVE COURSE

23 m

chronométreur^M principal
chief timekeeper

juge^M de classement^M
placing judge

numéro^M de couloir^M
lane number

enregistreur^M
recorder

plot^M de départ^M
starting block

arbitre^M
referee

juge^M de nages^F
stroke judge

bassin^M
swimming pool

couloir^M
lane

juge^M de virages^M
turning judge

chronométreur^M de
couloir^M
lane timekeeper

juge^M de départ^M
starter

mur^M d'extrémité^F
end wall

mur^M latéral
side wall

50 m

ligne^F de fond^M
bottom line

corde^F de couloir^M
lane rope

repère^M de virage^M de
dos^M
backstroke turn indicator

mur^M de virage^M
turning wall

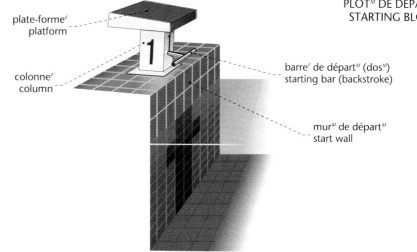

PLOT^M DE DÉPART^M
STARTING BLOCK

plate-forme^F
platform

colonne^F
column

barre^F de départ^M (dos^M)
starting bar (backstroke)

mur^M de départ^M
start wall

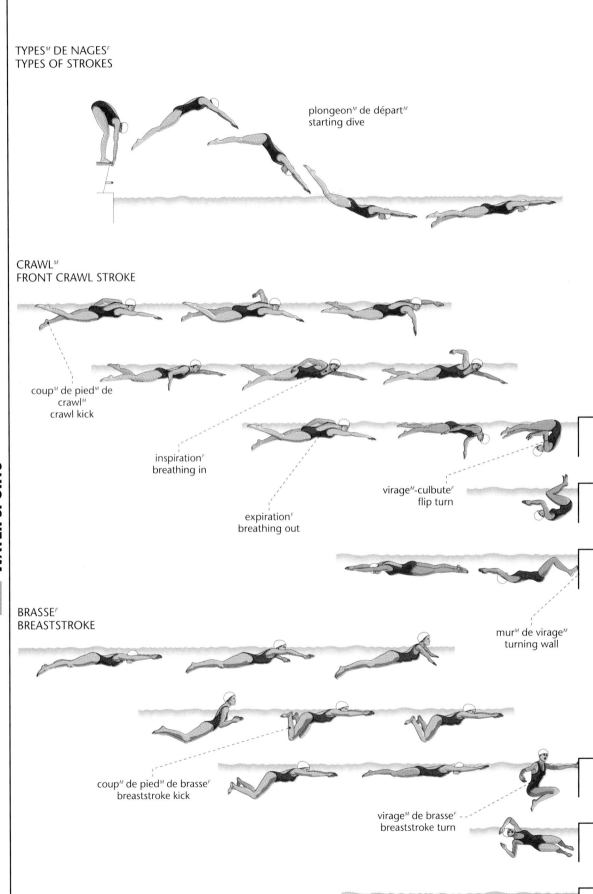

TYPES^M DE NAGES^F
TYPES OF STROKES

plongeon^M de départ^M
starting dive

CRAWL^M
FRONT CRAWL STROKE

coup^M de pied^M de
crawl^M
crawl kick

inspiration^F
breathing in

expiration^F
breathing out

virage^M-culbute^F
flip turn

mur^M de virage^M
turning wall

BRASSE^F
BREASTSTROKE

coup^M de pied^M de brasse^F
breaststroke kick

virage^M de brasse^F
breaststroke turn

SPORTS NAUTIQUES
WATER SPORTS

622

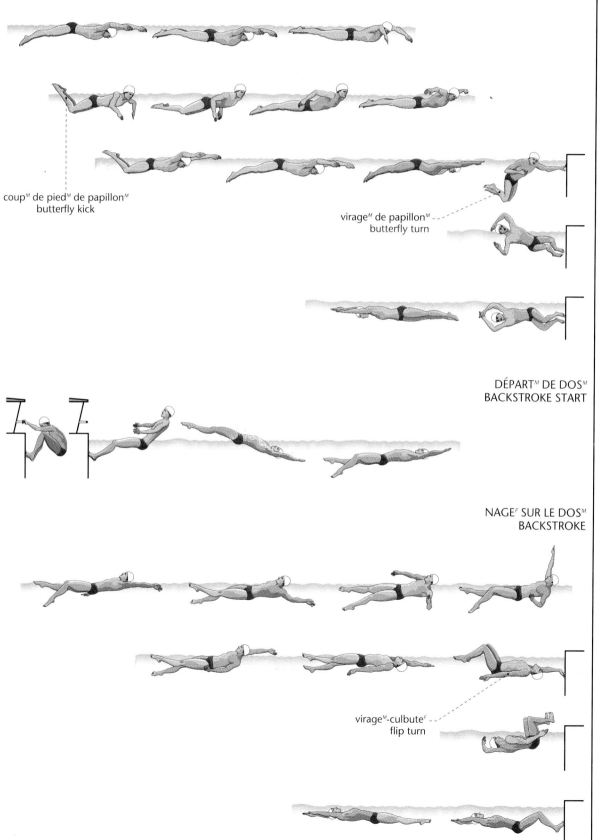

PAPILLON^M
BUTTERFLY STROKE

coup^M de pied^M de papillon^M
butterfly kick

virage^M de papillon^M
butterfly turn

DÉPART^M DE DOS^M
BACKSTROKE START

NAGE^F SUR LE DOS^M
BACKSTROKE

virage^M-culbute^F
flip turn

SPORTS NAUTIQUES
WATER SPORTS

623

PLONGEON^M
DIVING

PLONGEOIR^M
DIVING INSTALLATIONS

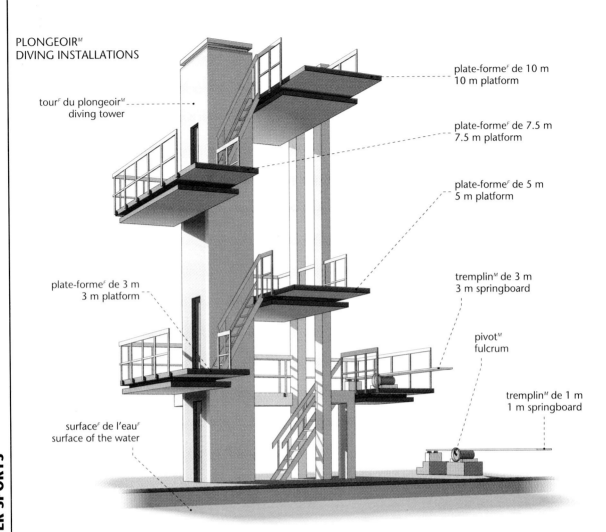

tour^F du plongeoir^M
diving tower

plate-forme^F de 10 m
10 m platform

plate-forme^F de 7.5 m
7.5 m platform

plate-forme^F de 5 m
5 m platform

plate-forme^F de 3 m
3 m platform

tremplin^M de 3 m
3 m springboard

pivot^M
fulcrum

tremplin^M de 1 m
1 m springboard

surface^F de l'eau^F
surface of the water

POSITIONS^F DE DÉPART^M
STARTING POSITIONS

avant
forward

arrière
backward

en équilibre^M
armstand

VOLS^M
FLIGHTS

position^F carpée
pike position

position^F droite
straight position

position^F groupée
tuck position

ENTRÉES^F DANS L'EAU^F
ENTRIES

entrée^F tête^F première
head-first entry

entrée^F pieds^M premiers
feet-first entry

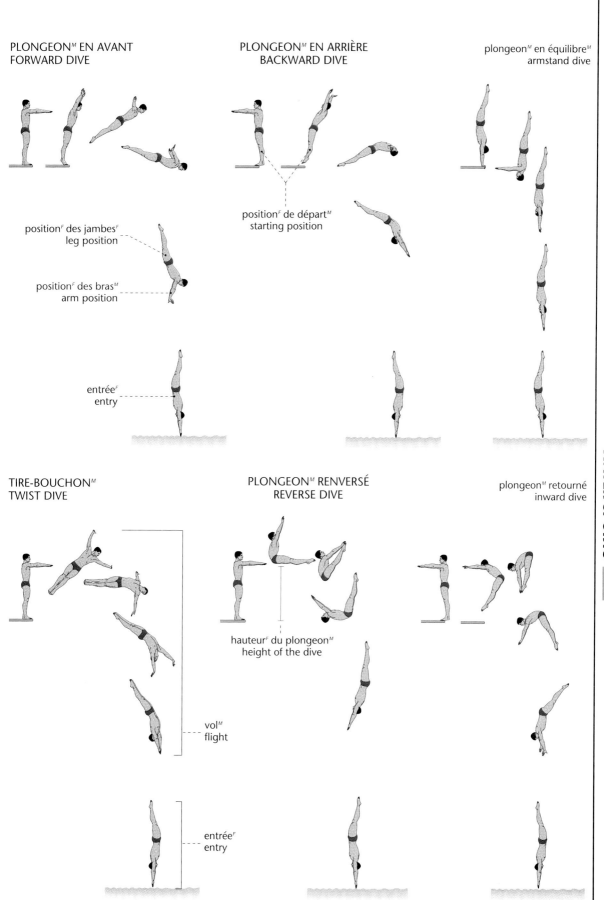

PLONGEON^M EN AVANT
FORWARD DIVE

PLONGEON^M EN ARRIÈRE
BACKWARD DIVE

plongeon^M en équilibre^M
armstand dive

position^F des jambes^F
leg position

position^F des bras^M
arm position

position^F de départ^M
starting position

entrée^F
entry

TIRE-BOUCHON^M
TWIST DIVE

PLONGEON^M RENVERSÉ
REVERSE DIVE

plongeon^M retourné
inward dive

hauteur^F du plongeon^M
height of the dive

vol^M
flight

entrée^F
entry

WATER-POLO^M
WATER POLO

SURFACE^F DE JEU^M
PLAYING AREA

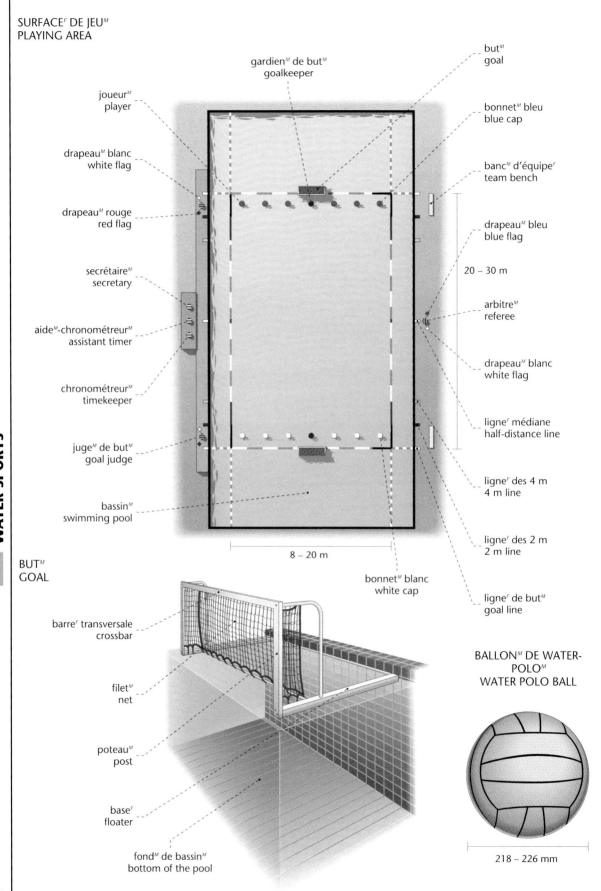

gardien^M de but^M
goalkeeper

but^M
goal

joueur^M
player

bonnet^M bleu
blue cap

drapeau^M blanc
white flag

banc^M d'équipe^F
team bench

drapeau^M rouge
red flag

drapeau^M bleu
blue flag

20 – 30 m

secrétaire^M
secretary

arbitre^M
referee

aide^M-chronométreur^M
assistant timer

drapeau^M blanc
white flag

chronométreur^M
timekeeper

ligne^F médiane
half-distance line

juge^M de but^M
goal judge

ligne^F des 4 m
4 m line

bassin^M
swimming pool

8 – 20 m

ligne^F des 2 m
2 m line

BUT^M
GOAL

bonnet^M blanc
white cap

ligne^F de but^M
goal line

barre^F transversale
crossbar

BALLON^M DE WATER-
POLO^M
WATER POLO BALL

filet^M
net

poteau^M
post

base^F
floater

fond^M de bassin^M
bottom of the pool

218 – 226 mm

626

PLONGÉE^F SOUS-MARINE
SCUBA DIVING

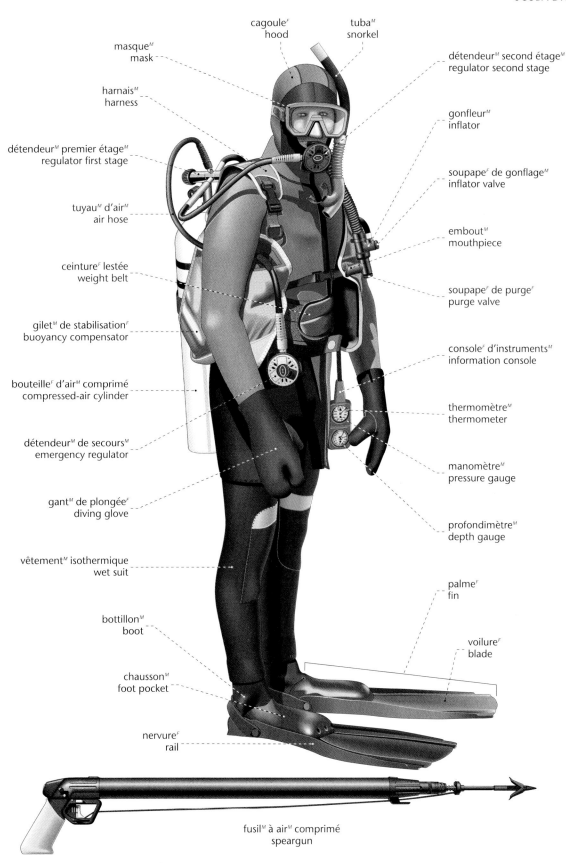

masque^M
mask

cagoule^F
hood

tuba^M
snorkel

détendeur^M second étage^M
regulator second stage

harnais^M
harness

gonfleur^M
inflator

détendeur^M premier étage^M
regulator first stage

soupape^F de gonflage^M
inflator valve

tuyau^M d'air^M
air hose

embout^M
mouthpiece

ceinture^F lestée
weight belt

soupape^F de purge^F
purge valve

gilet^M de stabilisation^F
buoyancy compensator

console^F d'instruments^M
information console

bouteille^F d'air^M comprimé
compressed-air cylinder

thermomètre^M
thermometer

détendeur^M de secours^M
emergency regulator

manomètre^M
pressure gauge

gant^M de plongée^F
diving glove

profondimètre^M
depth gauge

vêtement^M isothermique
wet suit

palme^F
fin

bottillon^M
boot

voilure^F
blade

chausson^M
foot pocket

nervure^F
rail

fusil^M à air^M comprimé
speargun

SPORTS NAUTIQUES
WATER SPORTS

627

DÉRIVEUR^M
SAILBOAT

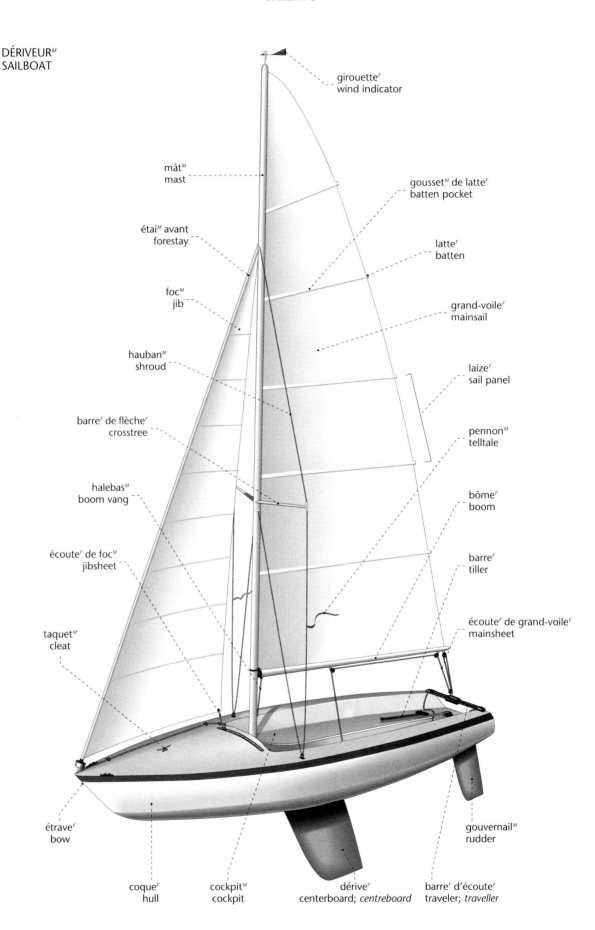

girouette^F
wind indicator

mât^M
mast

gousset^M de latte^F
batten pocket

étai^M avant
forestay

latte^F
batten

foc^M
jib

grand-voile^F
mainsail

hauban^M
shroud

laize^F
sail panel

barre^F de flèche^F
crosstree

pennon^M
telltale

halebas^M
boom vang

bôme^F
boom

écoute^F de foc^M
jibsheet

barre^F
tiller

écoute^F de grand-voile^F
mainsheet

taquet^M
cleat

étrave^F
bow

gouvernail^M
rudder

coque^F
hull

cockpit^M
cockpit

dérive^F
centerboard; *centreboard*

barre^F d'écoute^F
traveler; *traveller*

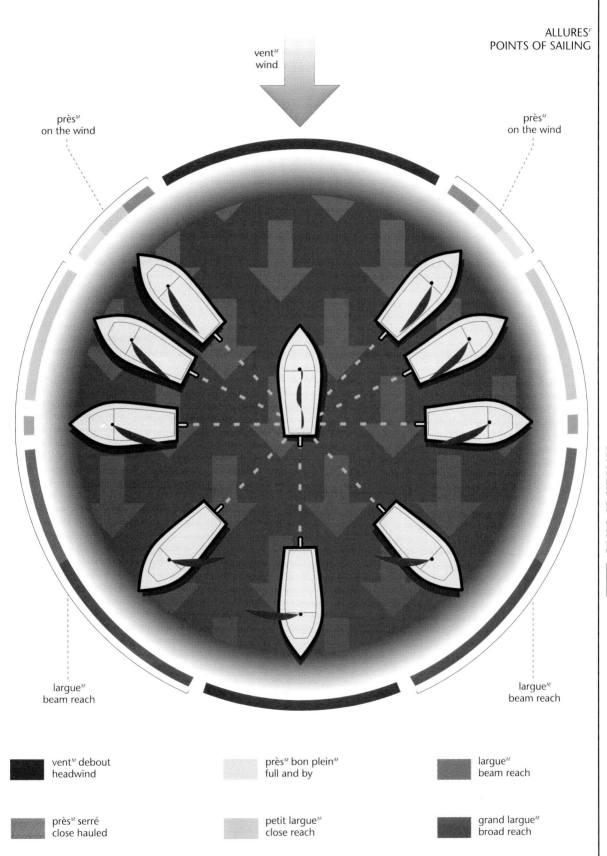

vent^M
wind

près^M
on the wind

près^M
on the wind

largue^M
beam reach

largue^M
beam reach

■ vent^M debout headwind		près^M bon plein^M full and by		largue^M beam reach
■ près^M serré close hauled		petit largue^M close reach		grand largue^M broad reach
près^M on the wind		vent^M de travers^M wind abeam		■ vent^M arrière down wind

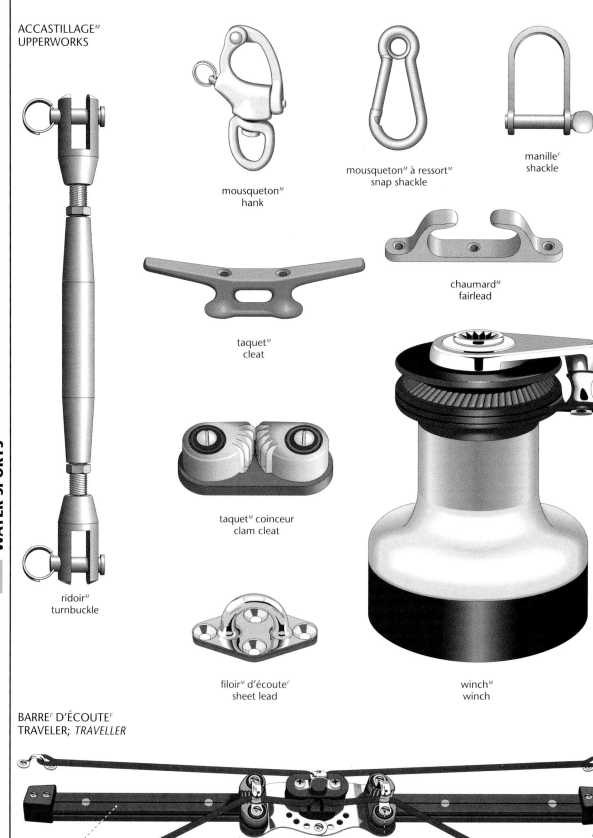

SPORTS NAUTIQUES
WATER SPORTS

ACCASTILLAGE^M
UPPERWORKS

mousqueton^M
hank

mousqueton^M à ressort^M
snap shackle

manille^F
shackle

chaumard^M
fairlead

taquet^M
cleat

taquet^M coinceur
clam cleat

ridoir^M
turnbuckle

filoir^M d'écoute^F
sheet lead

winch^M
winch

BARRE^F D'ÉCOUTE^F
TRAVELER; *TRAVELLER*

rail^M de glissement^M
sliding rail

chariot^M
car

taquet^M coinceur
clam cleat

butée^F
end stop

PLANCHE^F À VOILE^M
SAILBOARD

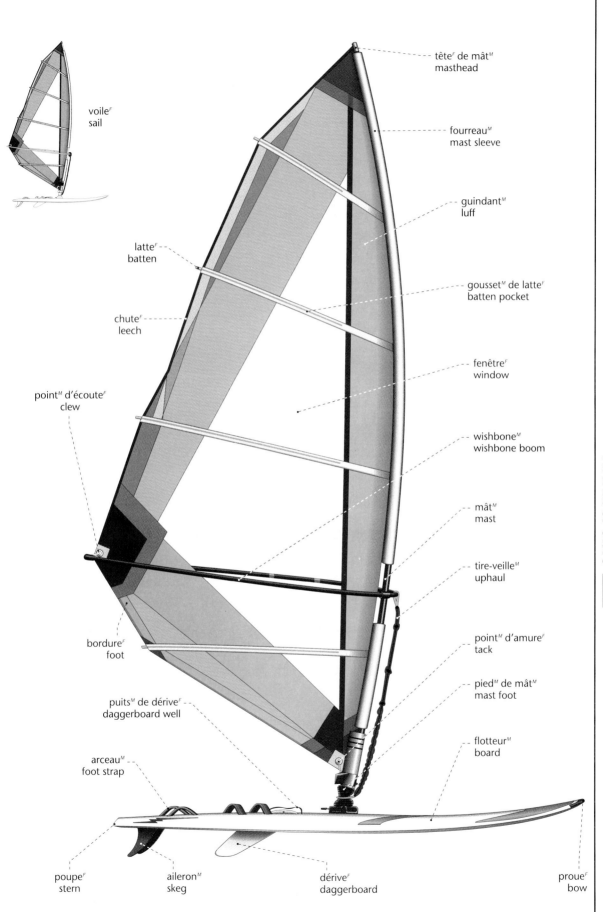

voile^F
sail

tête^F de mât^M
masthead

fourreau^M
mast sleeve

guindant^M
luff

latte^F
batten

gousset^M de latte^F
batten pocket

chute^F
leech

fenêtre^F
window

point^M d'écoute^F
clew

wishbone^M
wishbone boom

mât^M
mast

tire-veille^M
uphaul

bordure^F
foot

point^M d'amure^F
tack

pied^M de mât^M
mast foot

puits^M de dérive^F
daggerboard well

flotteur^M
board

arceau^M
foot strap

poupe^F
stern

aileron^M
skeg

dérive^F
daggerboard

proue^F
bow

AVIRON^M
ROWING AND SCULLING

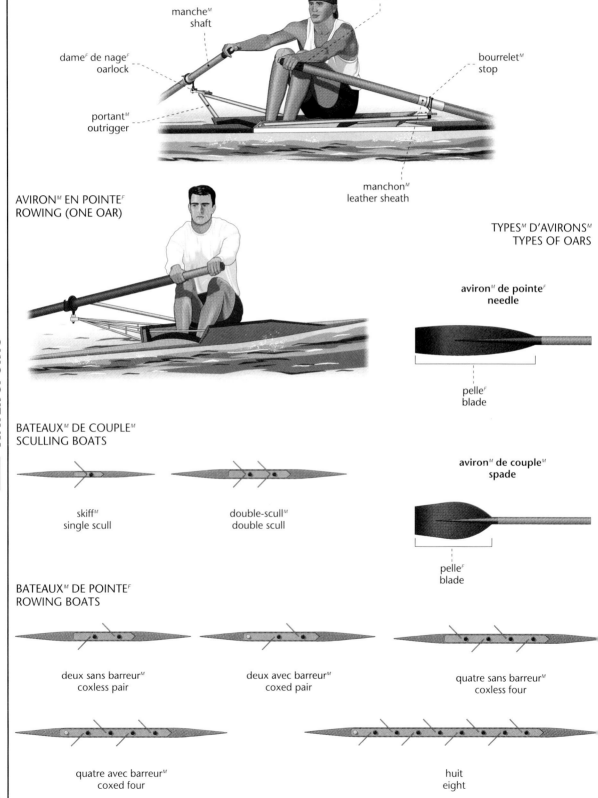

AVIRONS^M À COUPLE^M
SCULLING (TWO OARS)

poignée^F
grip

manche^M
shaft

dame^F de nage^F
oarlock

bourrelet^M
stop

portant^M
outrigger

manchon^M
leather sheath

AVIRON^M EN POINTE^F
ROWING (ONE OAR)

TYPES^M D'AVIRONS^M
TYPES OF OARS

aviron^M de pointe^F
needle

pelle^F
blade

BATEAUX^M DE COUPLE^M
SCULLING BOATS

aviron^M de couple^M
spade

skiff^M
single scull

double-scull^M
double scull

pelle^F
blade

BATEAUX^M DE POINTE^F
ROWING BOATS

deux sans barreur^M
coxless pair

deux avec barreur^M
coxed pair

quatre sans barreur^M
coxless four

quatre avec barreur^M
coxed four

huit
eight

SKI^M NAUTIQUE
WATER SKIING

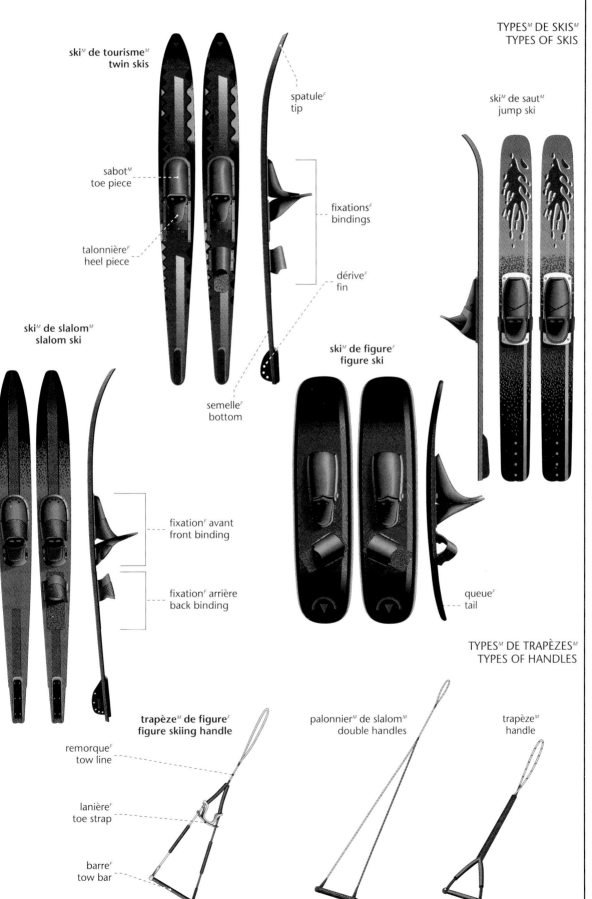

ski^M de tourisme^M
twin skis

spatule^F
tip

ski^M de saut^M
jump ski

sabot^M
toe piece

fixations^F
bindings

talonnière^F
heel piece

dérive^F
fin

ski^M de slalom^M
slalom ski

ski^M de figure^F
figure ski

semelle^F
bottom

fixation^F avant
front binding

fixation^F arrière
back binding

queue^F
tail

TYPES^M DE TRAPÈZES^M
TYPES OF HANDLES

trapèze^M de figure^F
figure skiing handle

palonnier^M de slalom^M
double handles

trapèze^M
handle

remorque^F
tow line

lanière^F
toe strap

barre^F
tow bar

SPORTS NAUTIQUES
WATER SPORTS

633

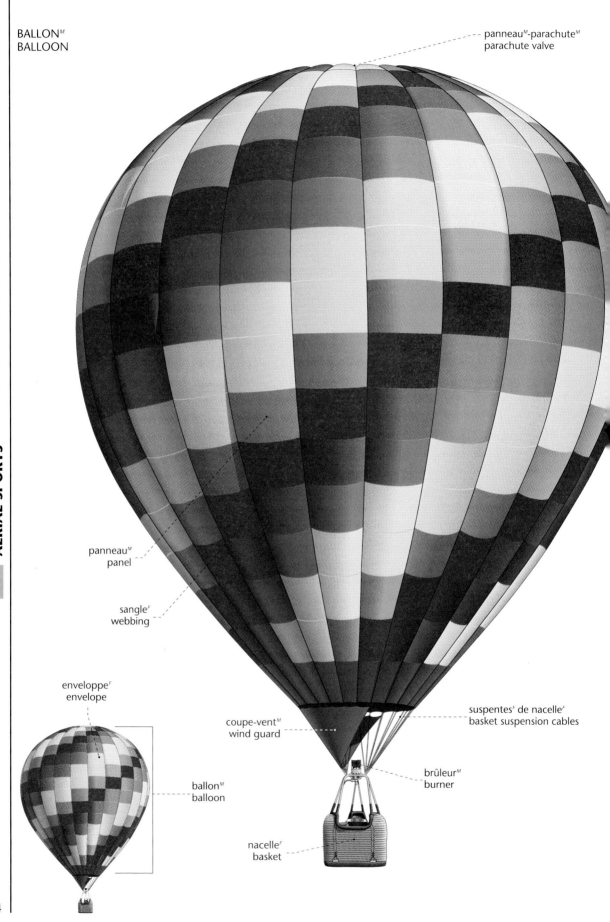

BALLON^M
BALLOON

panneau^M-parachute^M
parachute valve

panneau^M
panel

sangle^F
webbing

enveloppe^F
envelope

coupe-vent^M
wind guard

suspentes^F de nacelle^F
basket suspension cables

ballon^M
balloon

brûleur^M
burner

nacelle^F
basket

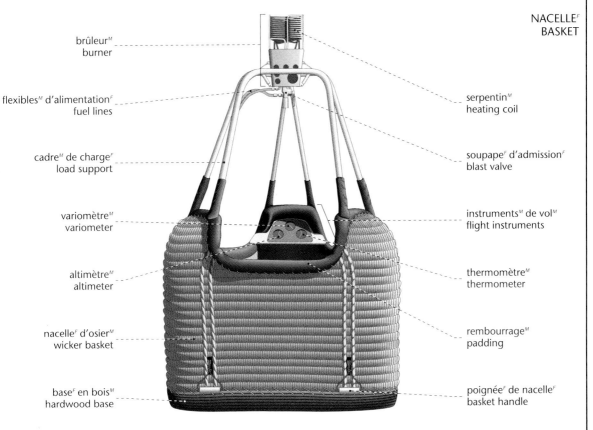

brûleur^M
burner

flexibles^M d'alimentation^F
fuel lines

cadre^M de charge^F
load support

variomètre^M
variometer

altimètre^M
altimeter

nacelle^F d'osier^M
wicker basket

base^F en bois^M
hardwood base

serpentin^M
heating coil

soupape^F d'admission^F
blast valve

instruments^M de vol^M
flight instruments

thermomètre^M
thermometer

rembourrage^M
padding

poignée^F de nacelle^F
basket handle

CHUTE^F LIBRE
SKY DIVING

SAUTEUR^M
SKY DIVER

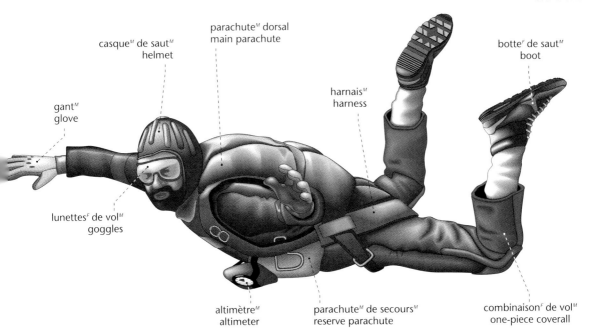

casque^M de saut^M
helmet

parachute^M dorsal
main parachute

botte^F de saut^M
boot

gant^M
glove

harnais^M
harness

lunettes^F de vol^M
goggles

altimètre^M
altimeter

parachute^M de secours^M
reserve parachute

combinaison^F de vol^M
one-piece coverall

AILE^F
CANOPY

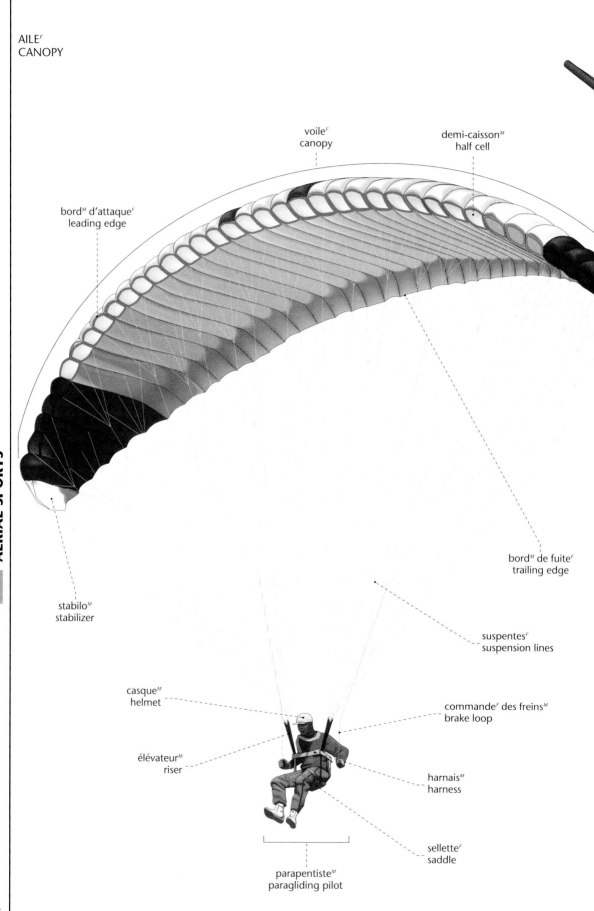

voile^F
canopy

demi-caisson^M
half cell

bord^M d'attaque^F
leading edge

bord^M de fuite^F
trailing edge

stabilo^M
stabilizer

suspentes^F
suspension lines

casque^M
helmet

commande^F des freins^M
brake loop

élévateur^M
riser

harnais^M
harness

sellette^F
saddle

parapentiste^M
paragliding pilot

AILE^F LIBRE
HANG GLIDER

tube^M transversal
crossbar

voilure^F
sail

tube^M de bord^M d'attaque^F
leading edge tube

latte^F
batten

quille^F
keel

mât^M
king post

nez^M
nose

hauban^M
rigging wire

aile^F
wing

trapèze^M
airframe

barre^F de commande^F
control bar

point^M d'ancrage^M
hang point

fourreau^M
flight bag

bord^M de fuite^F
trailing edge

harnais^M
harness

pilote^M
pilot

bout^M d'aile^F
tip

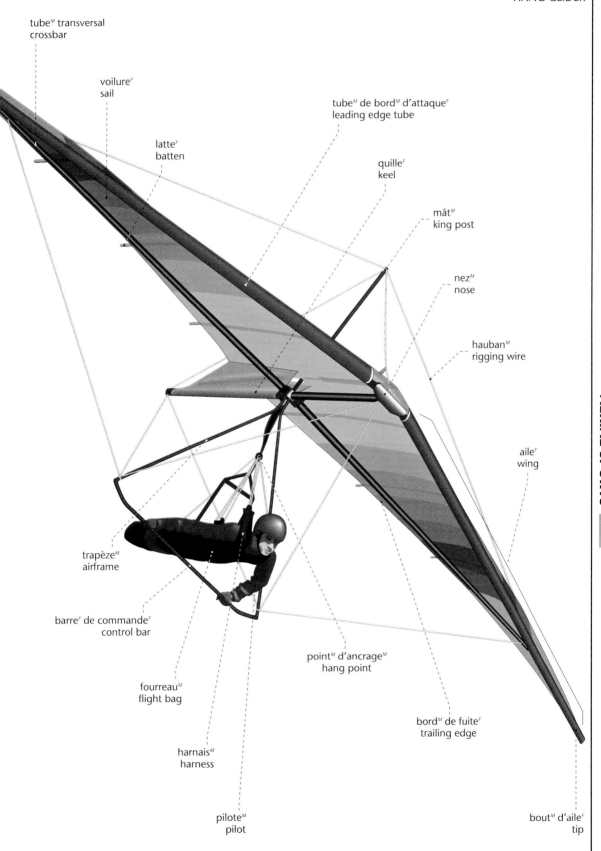

SPORTS AÉRIENS
AERIAL SPORTS

PLANEUR^M
GLIDER

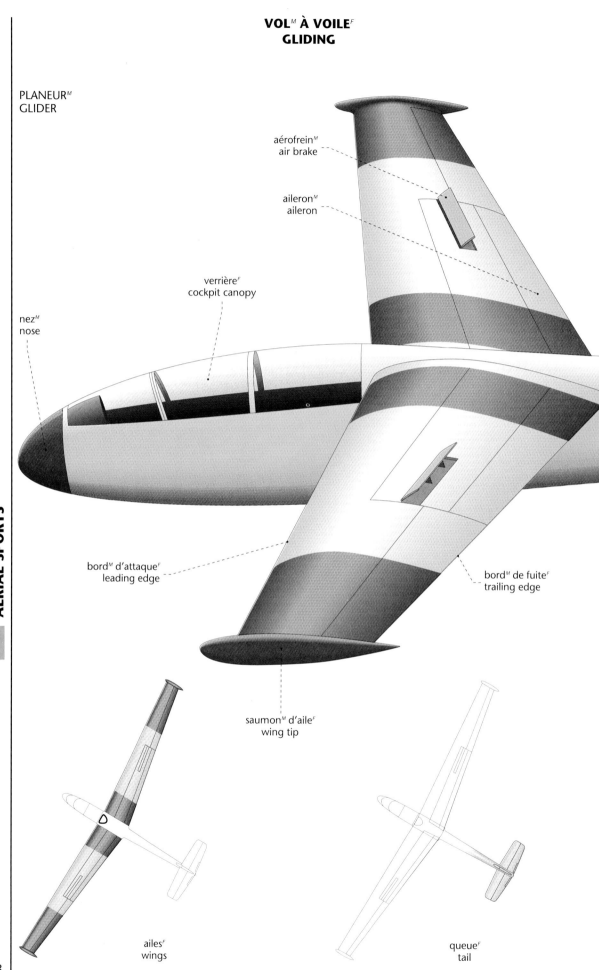

aérofrein^M
air brake

aileron^M
aileron

verrière^F
cockpit canopy

nez^M
nose

bord^M d'attaque^F
leading edge

bord^M de fuite^F
trailing edge

saumon^M d'aile^F
wing tip

ailes^F
wings

queue^F
tail

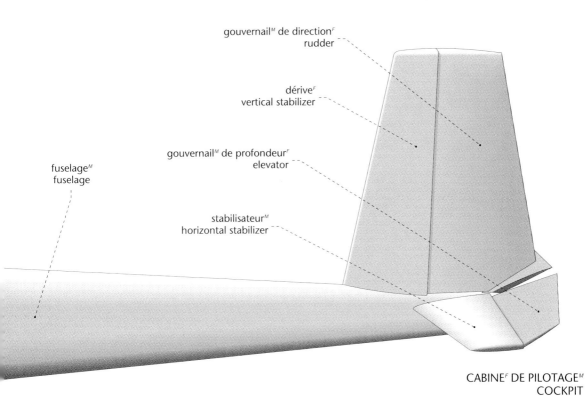

gouvernail^M de direction^F
rudder

dérive^F
vertical stabilizer

gouvernail^M de profondeur^F
elevator

fuselage^M
fuselage

stabilisateur^M
horizontal stabilizer

CABINE^F DE PILOTAGE^M
COCKPIT

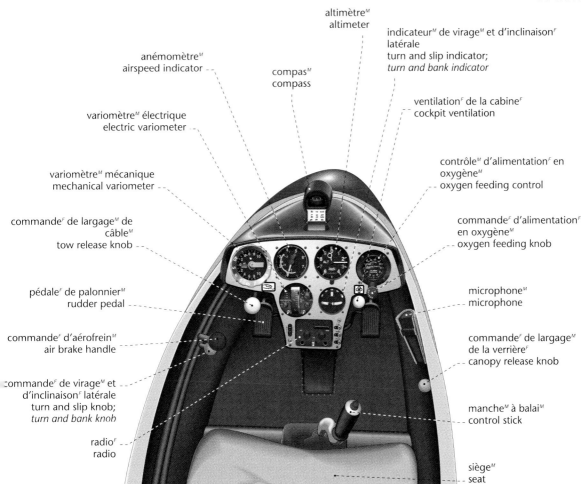

altimètre^M
altimeter

indicateur^M de virage^M et d'inclinaison^F
latérale
turn and slip indicator;
turn and bank indicator

anémomètre^M
airspeed indicator

compas^M
compass

ventilation^F de la cabine^F
cockpit ventilation

variomètre^M électrique
electric variometer

contrôle^M d'alimentation^F en
oxygène^M
oxygen feeding control

variomètre^M mécanique
mechanical variometer

commande^F d'alimentation^F
en oxygène^M
oxygen feeding knob

commande^F de largage^M de
câble^M
tow release knob

microphone^M
microphone

pédale^F de palonnier^M
rudder pedal

commande^F d'aérofrein^M
air brake handle

commande^F de largage^M
de la verrière^F
canopy release knob

commande^F de virage^M et
d'inclinaison^F latérale
turn and slip knob;
turn and bank knob

manche^M à balai^M
control stick

radio^F
radio

siège^M
seat

639

SKIEUR^M ALPIN
ALPINE SKIER

bonnet^M; *tuque*^F
ski hat

lunettes^F de ski^M
ski goggles

combinaison^F de ski^M
ski suit

gant^M de ski^M
ski glove

poignée^F
handle

dragonne^F
wrist strap

bâton^M de ski^M
ski pole

semelle^F
bottom

frein^M
ski stop

spatule^F
shovel

carre^F
edge

talonnière^F
heel piece

chaussure^F de ski^M
ski boot

pointe^F
tip

butée^F
toe piece

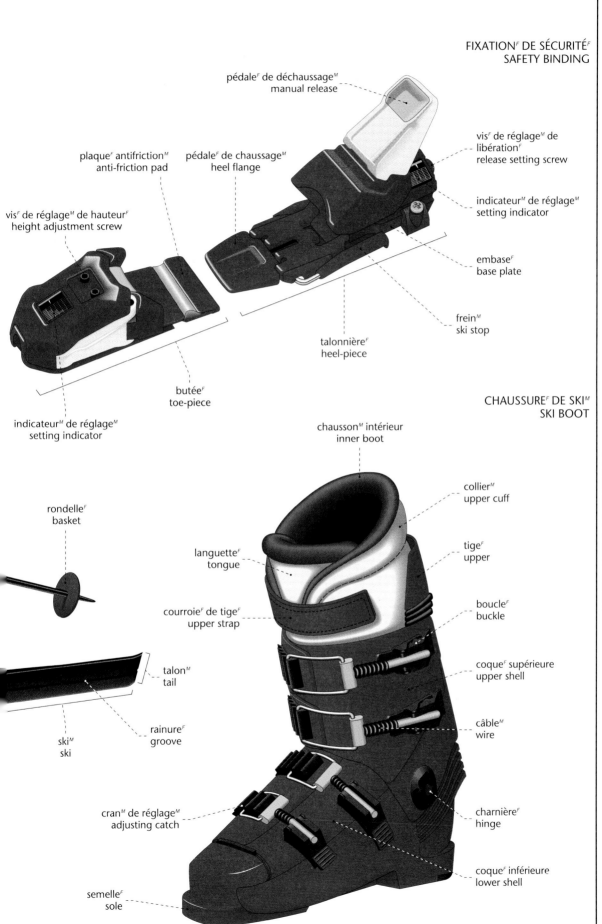

FIXATION^F DE SÉCURITÉ^F
SAFETY BINDING

pédale^F de déchaussage^M
manual release

vis^F de réglage^M de
libération^F
release setting screw

plaque^F antifriction^M
anti-friction pad

pédale^F de chaussage^M
heel flange

indicateur^M de réglage^M
setting indicator

vis^F de réglage^M de hauteur^F
height adjustment screw

embase^F
base plate

frein^M
ski stop

talonnière^F
heel-piece

butée^F
toe-piece

indicateur^M de réglage^M
setting indicator

CHAUSSURE^F DE SKI^M
SKI BOOT

chausson^M intérieur
inner boot

collier^M
upper cuff

rondelle^F
basket

tige^F
upper

languette^F
tongue

boucle^F
buckle

courroie^F de tige^F
upper strap

coque^F supérieure
upper shell

talon^M
tail

câble^M
wire

ski^M
ski

rainure^F
groove

cran^M de réglage^M
adjusting catch

charnière^F
hinge

coque^F inférieure
lower shell

semelle^F
sole

SKI^M DE FOND^M
CROSS-COUNTRY SKIING

SKIEUSE^F DE FOND^M
CROSS-COUNTRY SKIER

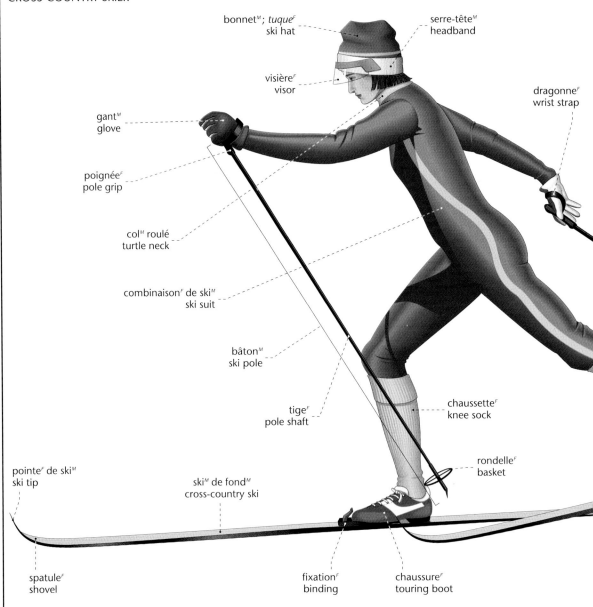

bonnet^M; *tuque^F*
ski hat

serre-tête^M
headband

visière^F
visor

dragonne^F
wrist strap

gant^M
glove

poignée^F
pole grip

col^M roulé
turtle neck

combinaison^F de ski^M
ski suit

bâton^M
ski pole

chaussette^F
knee sock

tige^F
pole shaft

rondelle^F
basket

pointe^F de ski^M
ski tip

ski^M de fond^M
cross-country ski

spatule^F
shovel

fixation^F
binding

chaussure^F
touring boot

SKI^M DE FOND^M
CROSS-COUNTRY SKI

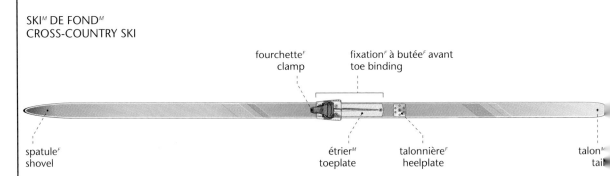

fourchette^F
clamp

fixation^F à butée^F avant
toe binding

spatule^F
shovel

étrier^M
toeplate

talonnière^F
heelplate

talon^M
tail

SPORTS D'HIVER
WINTER SPORTS

LUGE^F
LUGE

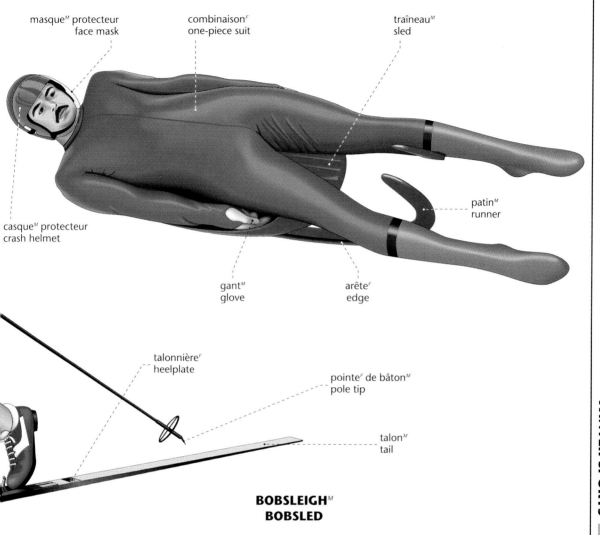

masque^M protecteur
face mask

combinaison^F
one-piece suit

traîneau^M
sled

casque^M protecteur
crash helmet

gant^M
glove

arête^F
edge

patin^M
runner

talonnière^F
heelplate

pointe^F de bâton^M
pole tip

talon^M
tail

BOBSLEIGH^M
BOBSLED

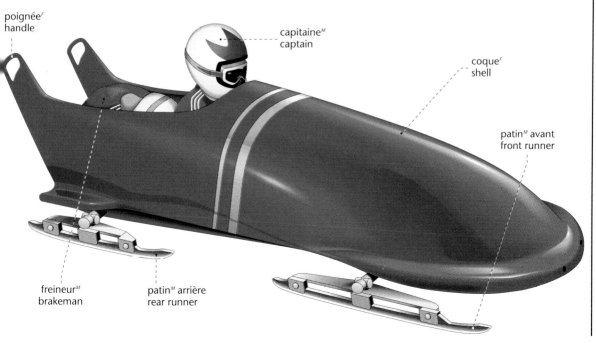

poignée^F
handle

capitaine^M
captain

coque^F
shell

patin^M avant
front runner

freineur^M
brakeman

patin^M arrière
rear runner

PATINAGE^M
SKATING

PATIN^M DE FIGURE^F
FIGURE SKATE

languette^F
tongue

doublure^F
lining

crochet^M
hook

tige^F
backstay

lacet^M
lace

chaussure^F
boot

œillet^M
eyelet

talon^M
heel

semelle^F
sole

montant^M
stanchion

carre^F
edge

dent^F
toe pick

lame^F
blade

PATIN^M DE HOCKEY^M
HOCKEY SKATE

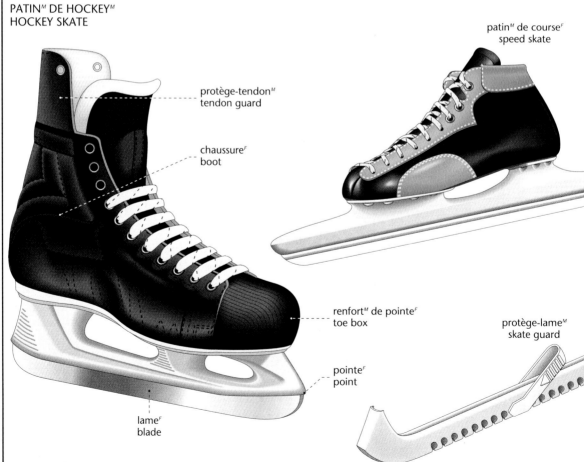

patin^M de course^F
speed skate

protège-tendon^M
tendon guard

chaussure^F
boot

renfort^M de pointe^F
toe box

protège-lame^M
skate guard

pointe^F
point

lame^F
blade

RAQUETTE^F
SNOWSHOE

RAQUETTE^F ALGONQUINE
MICHIGAN SNOWSHOE

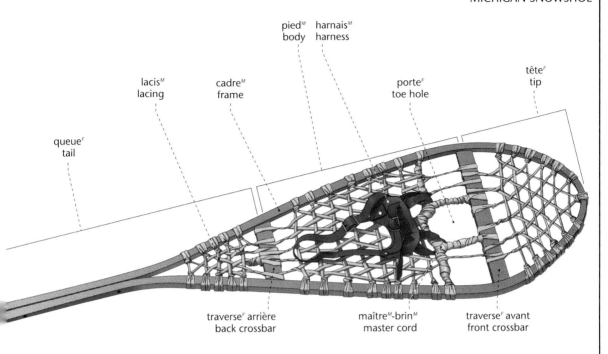

pied^M
body

harnais^M
harness

lacis^M
lacing

cadre^M
frame

porte^F
toe hole

tête^F
tip

queue^F
tail

traverse^F arrière
back crossbar

maître^M-brin^M
master cord

traverse^F avant
front crossbar

PATIN^M À ROULETTES^F
ROLLER SKATE

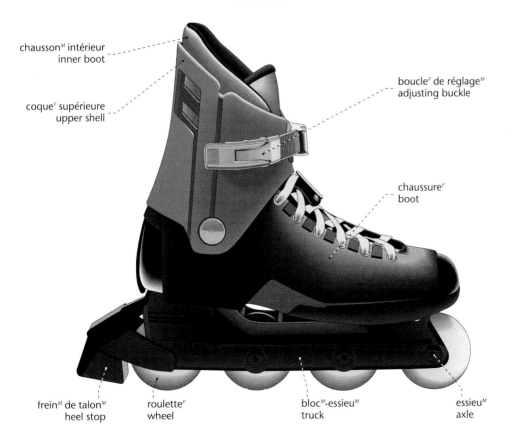

chausson^M intérieur
inner boot

boucle^F de réglage^M
adjusting buckle

coque^F supérieure
upper shell

chaussure^F
boot

frein^M de talon^M
heel stop

roulette^F
wheel

bloc^M-essieu^M
truck

essieu^M
axle

ÉQUITATION^F
RIDING

PARCOURS^M D'OBSTACLES^M
COMPETITION RING

droit^M : stationata^F
straight: post and rail

oxer^M
oxer

mur^M barré
wall and rails

mur^M
wall

palanque^F
post and plank

haie^F barrée
brush and rails

arrivée^F
finish

barrière^F
gate

haie^F rivière^F
water jump

SPORTS ÉQUESTRES
EQUESTRIAN SPORTS

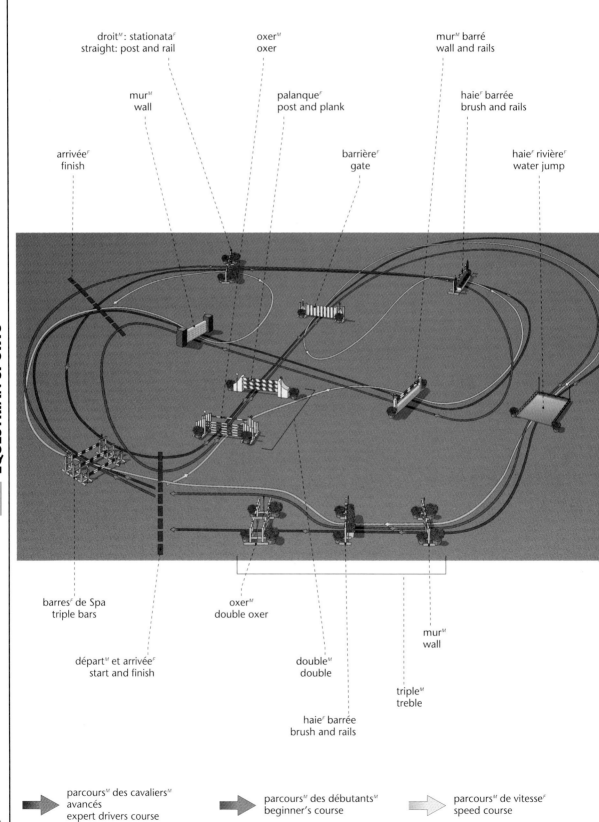

barres^F de Spa
triple bars

oxer^M
double oxer

mur^M
wall

départ^M et arrivée^F
start and finish

double^M
double

triple^M
treble

haie^F barrée
brush and rails

parcours^M des cavaliers^M
avancés
expert drivers course

parcours^M des débutants^M
beginner's course

parcours^M de vitesse^F
speed course

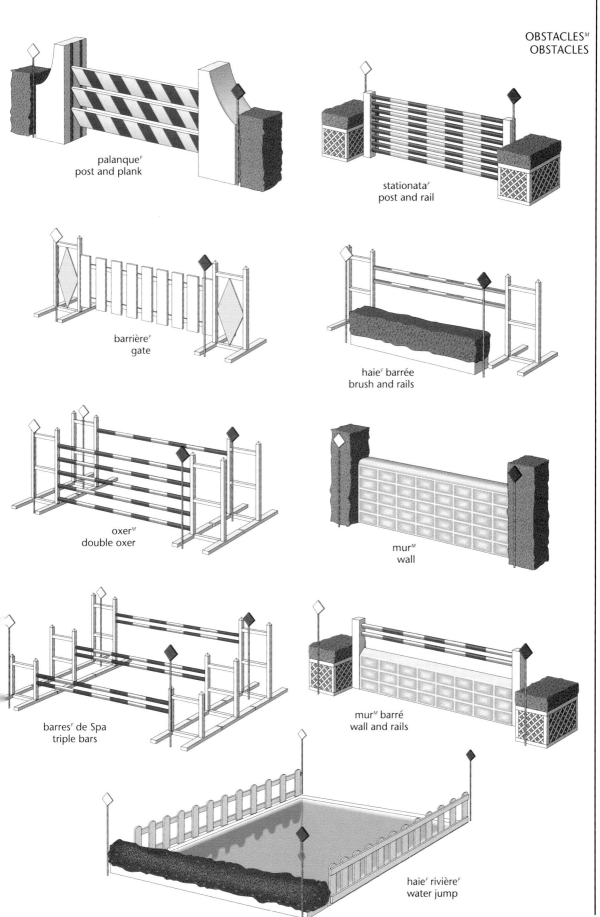

palanque^F
post and plank

stationata^F
post and rail

barrière^F
gate

haie^F barrée
brush and rails

oxer^M
double oxer

mur^M
wall

barres^F de Spa
triple bars

mur^M barré
wall and rails

haie^F rivière^F
water jump

**SPORTS ÉQUESTRES
EQUESTRIAN SPORTS**

CAVALIER^M
RIDER

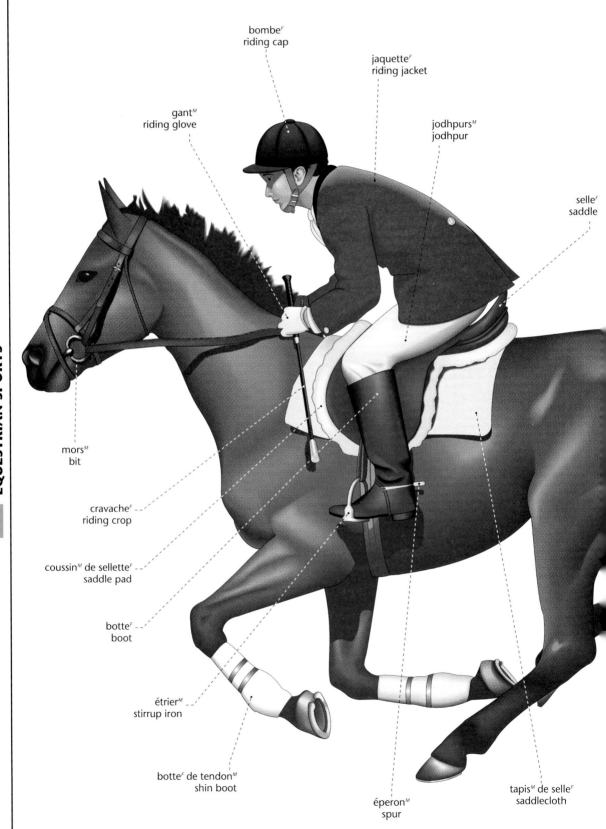

bombe^F
riding cap

jaquette^F
riding jacket

gant^M
riding glove

jodhpurs^M
jodhpur

selle^F
saddle

mors^M
bit

cravache^F
riding crop

coussin^M de sellette^F
saddle pad

botte^F
boot

étrier^M
stirrup iron

botte^F de tendon^M
shin boot

éperon^M
spur

tapis^M de selle^F
saddlecloth

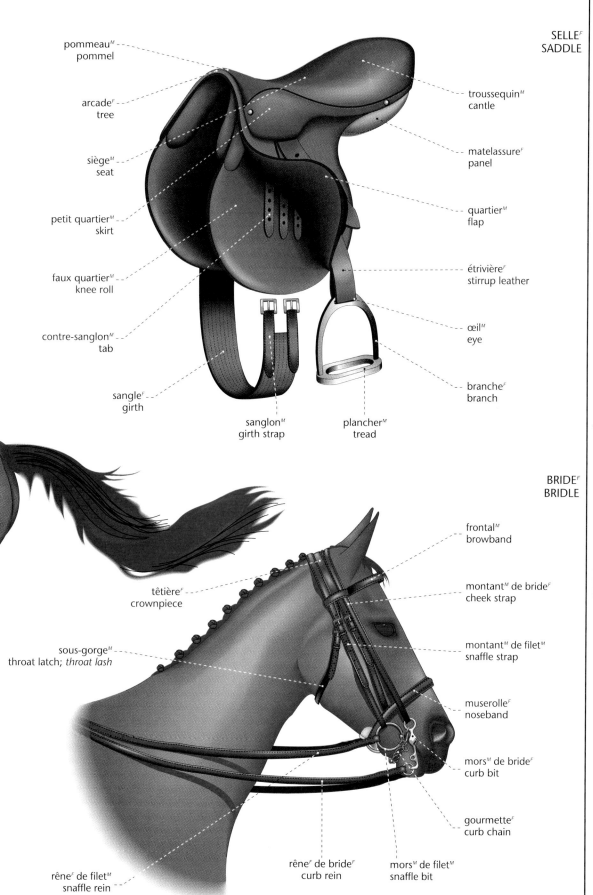

pommeau^M
pommel

arcade^F
tree

siège^M
seat

petit quartier^M
skirt

faux quartier^M
knee roll

contre-sanglon^M
tab

sangle^F
girth

sanglon^M
girth strap

plancher^M
tread

troussequin^M
cantle

matelassure^F
panel

quartier^M
flap

étrivière^F
stirrup leather

œil^M
eye

branche^F
branch

têtière^F
crownpiece

sous-gorge^M
throat latch; *throat lash*

rêne^F de filet^M
snaffle rein

rêne^F de bride^F
curb rein

mors^M de filet^M
snaffle bit

frontal^M
browband

montant^M de bride^F
cheek strap

montant^M de filet^M
snaffle strap

muserolle^F
noseband

mors^M de bride^F
curb bit

gourmette^F
curb chain

TYPES^M DE MORS^M
TYPES OF BITS

MORS^M DE FILET^M
SNAFFLE BIT

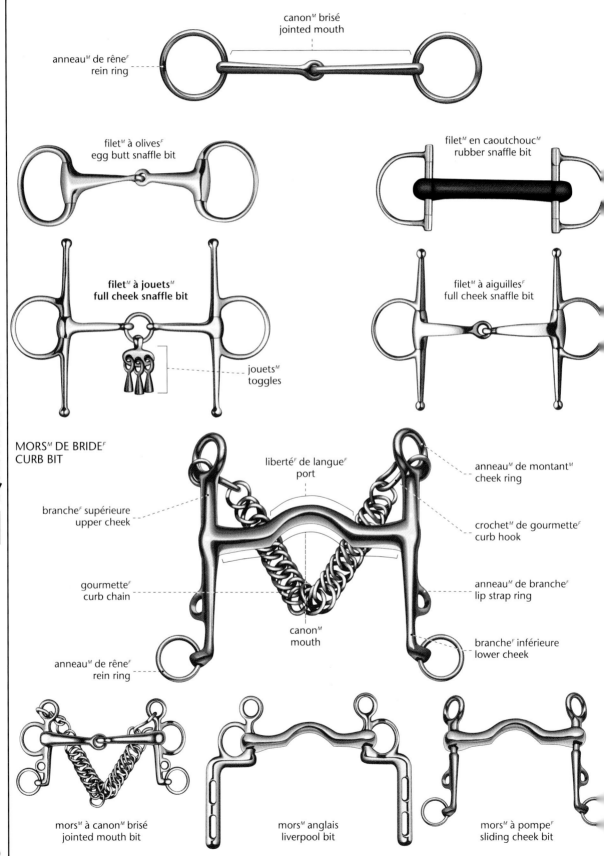

canon^M brisé
jointed mouth

anneau^M de rêne^F
rein ring

filet^M à olives^F
egg butt snaffle bit

filet^M en caoutchouc^M
rubber snaffle bit

filet^M à jouets^M
full cheek snaffle bit

filet^M à aiguilles^F
full cheek snaffle bit

jouets^M
toggles

MORS^M DE BRIDE^F
CURB BIT

liberté^F de langue^F
port

anneau^M de montant^M
cheek ring

branche^F supérieure
upper cheek

crochet^M de gourmette^F
curb hook

gourmette^F
curb chain

anneau^M de branche^F
lip strap ring

canon^M
mouth

branche^F inférieure
lower cheek

anneau^M de rêne^F
rein ring

mors^M à canon^M brisé
jointed mouth bit

mors^M anglais
liverpool bit

mors^M à pompe^F
sliding cheek bit

650

COURSE^F DE CHEVAUX^M
HORSE RACING

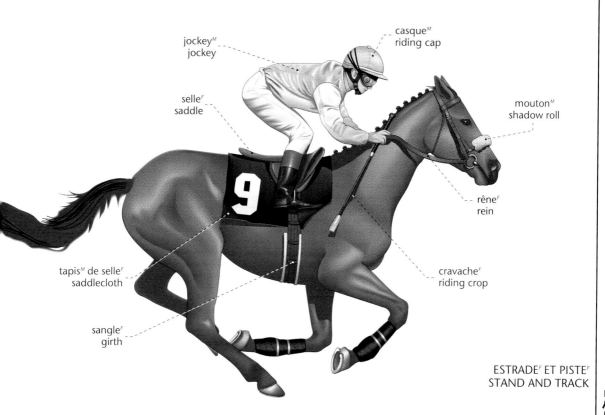

jockey^M
jockey

casque^M
riding cap

selle^F
saddle

mouton^M
shadow roll

rêne^F
rein

tapis^M de selle^F
saddlecloth

cravache^F
riding crop

sangle^F
girth

ESTRADE^F ET PISTE^F
STAND AND TRACK

grand tournant^M
far turn

repère^M de distance^F
length post

montée^F arrière
backstretch; *back straight*

écurie^F
stable

club-house^M
clubhouse

tournant^M de club-house^M
clubhouse turn

tableau^M indicateur^M
tote board

tribune^F des juges^M
judge's stand

fil^M d'arrivée^F
finishing line

paddock^M
paddock

tribune^F populaire
grandstand

dernier droit^M
homestretch; *home straight*

chute^F de départ^M
furlong chute

651

COURSE^F SOUS HARNAIS^M
HARNESS RACING

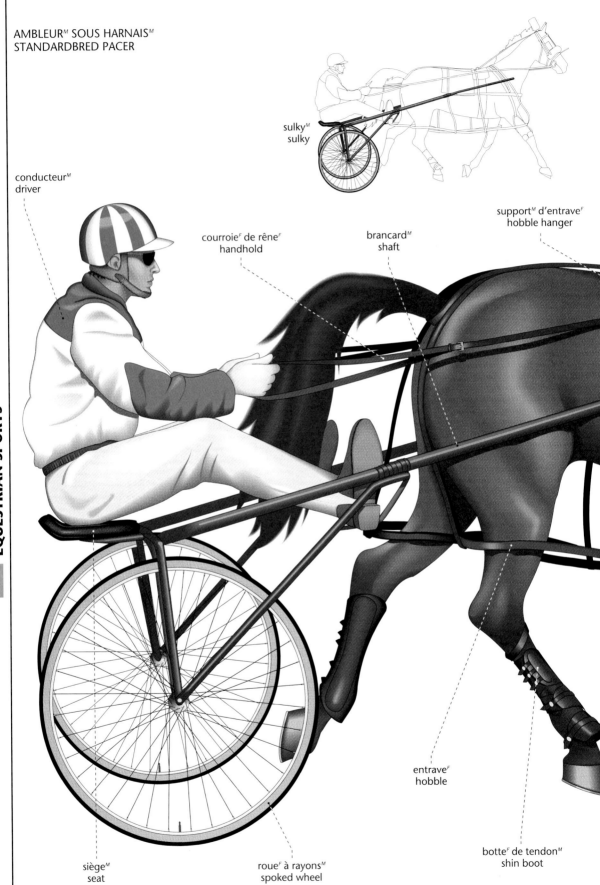

AMBLEUR^M SOUS HARNAIS^M
STANDARDBRED PACER

sulky^M
sulky

conducteur^M
driver

courroie^F de rêne^F
handhold

brancard^M
shaft

support^M d'entrave^F
hobble hanger

entrave^F
hobble

botte^F de tendon^M
shin boot

siège^M
seat

roue^F à rayons^M
spoked wheel

652

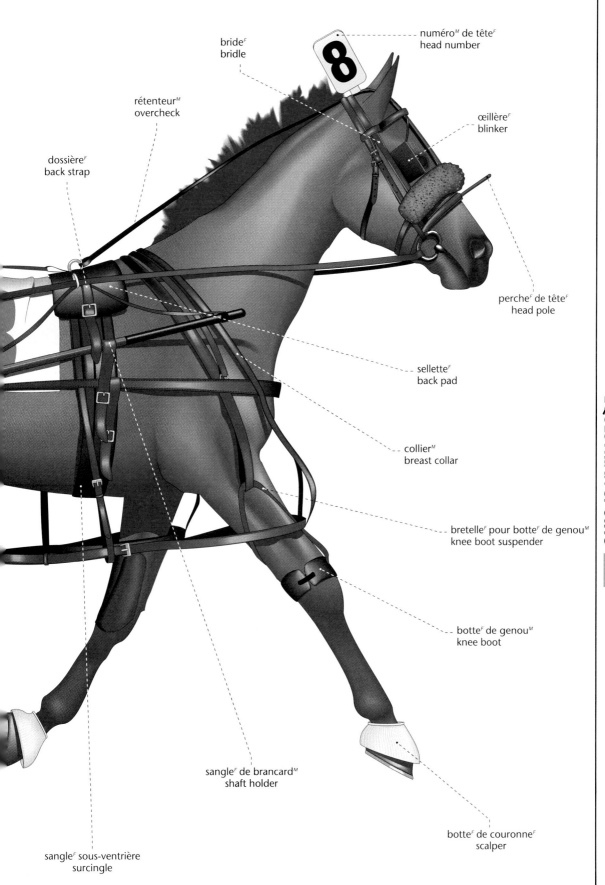

bride^F
bridle

numéro^M de tête^F
head number

rétenteur^M
overcheck

œillère^F
blinker

dossière^F
back strap

perche^F de tête^F
head pole

sellette^F
back pad

collier^M
breast collar

bretelle^F pour botte^F de genou^M
knee boot suspender

botte^F de genou^M
knee boot

sangle^F de brancard^M
shaft holder

botte^F de couronne^F
scalper

sangle^F sous-ventrière
surcingle

STADE^M
ARENA

SPORTS ATHLÉTIQUES
ATHLETICS

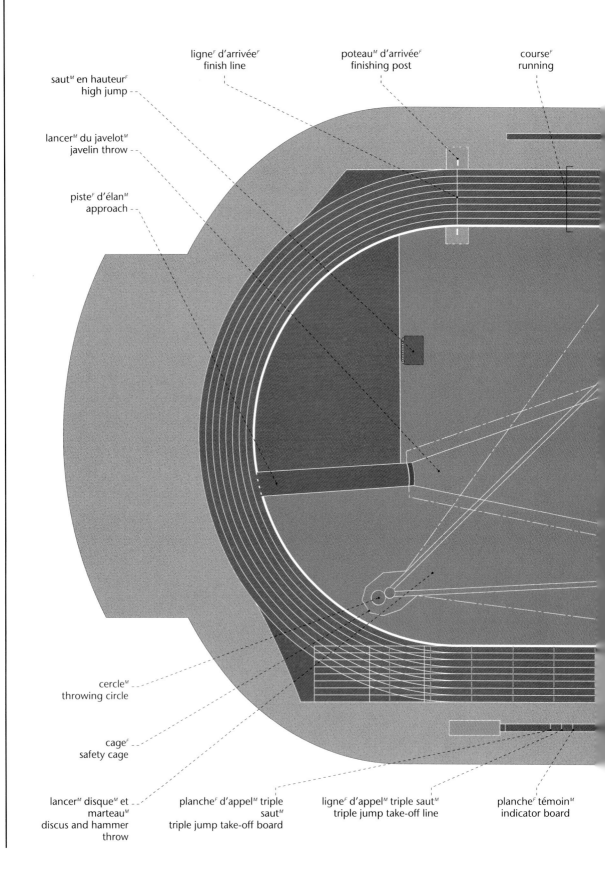

ligne^F d'arrivée^F
finish line

poteau^M d'arrivée^F
finishing post

course^F
running

saut^M en hauteur^F
high jump

lancer^M du javelot^M
javelin throw

piste^F d'élan^M
approach

cercle^M
throwing circle

cage^F
safety cage

lancer^M disque^M et
marteau^M
discus and hammer
throw

planche^F d'appel^M triple
saut^M
triple jump take-off board

ligne^F d'appel^M triple saut^M
triple jump take-off line

planche^F témoin^M
indicator board

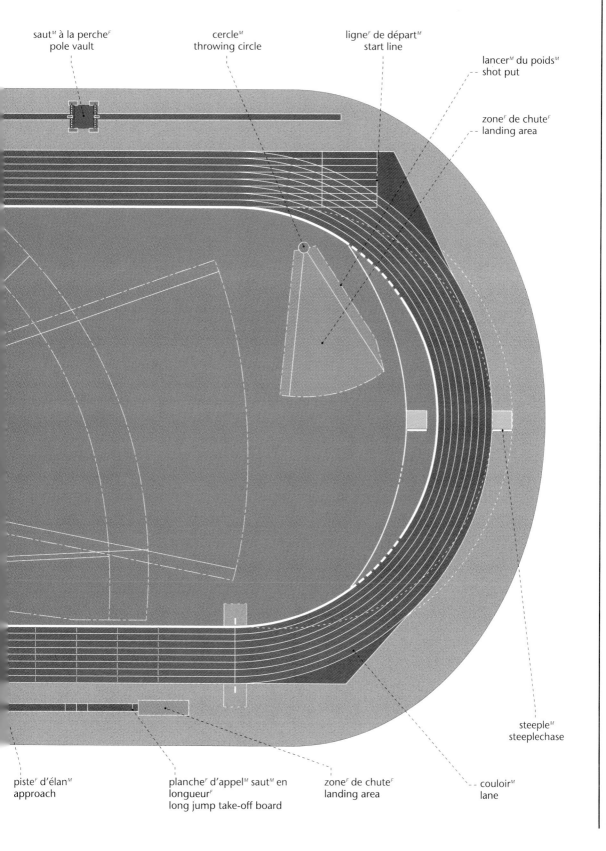

saut^M à la perche^F
pole vault

cercle^M
throwing circle

ligne^F de départ^M
start line

lancer^M du poids^M
shot put

zone^F de chute^F
landing area

steeple^M
steeplechase

couloir^M
lane

zone^F de chute^F
landing area

planche^F d'appel^M saut^M en
longueur^F
long jump take-off board

piste^F d'élan^M
approach

BLOC^M DE DÉPART^M
STARTING BLOCK

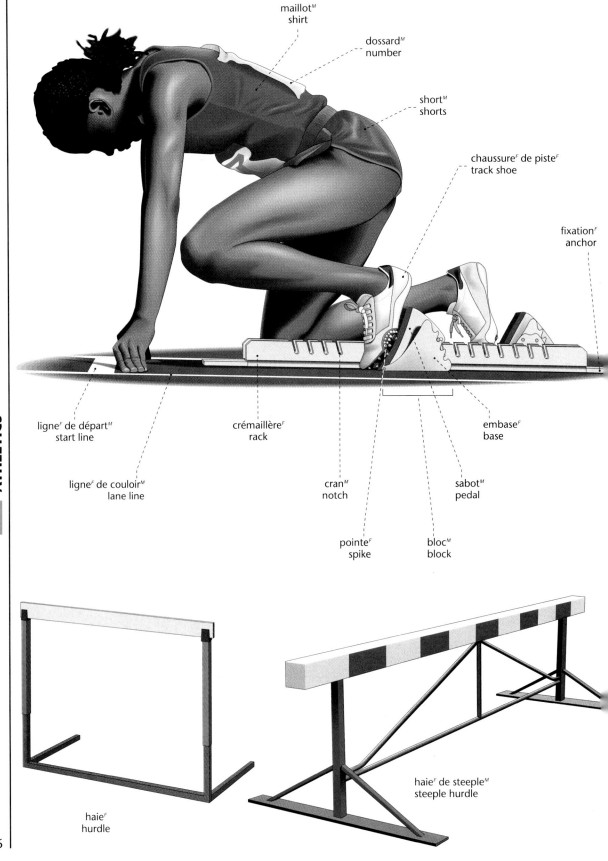

maillot^M
shirt

dossard^M
number

short^M
shorts

chaussure^F de piste^F
track shoe

fixation^F
anchor

ligne^F de départ^M
start line

crémaillère^F
rack

embase^F
base

ligne^F de couloir^M
lane line

cran^M
notch

sabot^M
pedal

pointe^F
spike

bloc^M
block

haie^F de steeple^M
steeple hurdle

haie^F
hurdle

perche^F
pole

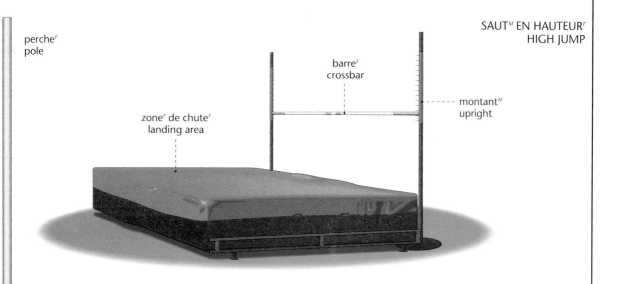

barre^F
crossbar

montant^M
upright

zone^F de chute^F
landing area

SAUT^M À LA PERCHE^F
POLE VAULT

montant^M
upright

barre^F
crossbar

zone^F de chute^F
landing area

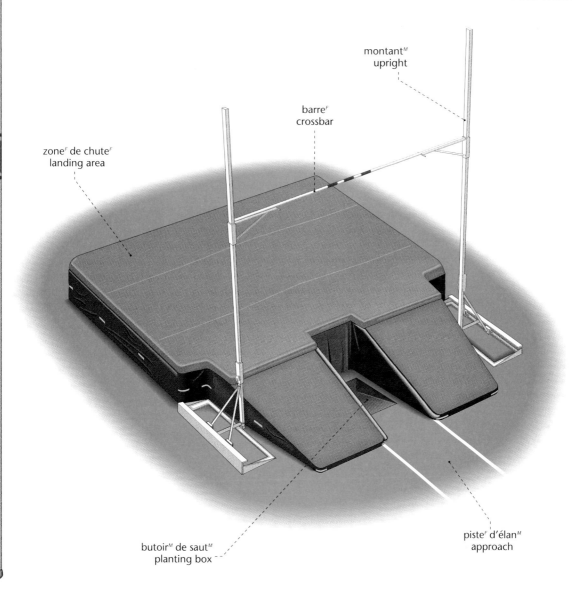

butoir^M de saut^M
planting box

piste^F d'élan^M
approach

**SPORTS ATHLÉTIQUES
ATHLETICS**

657

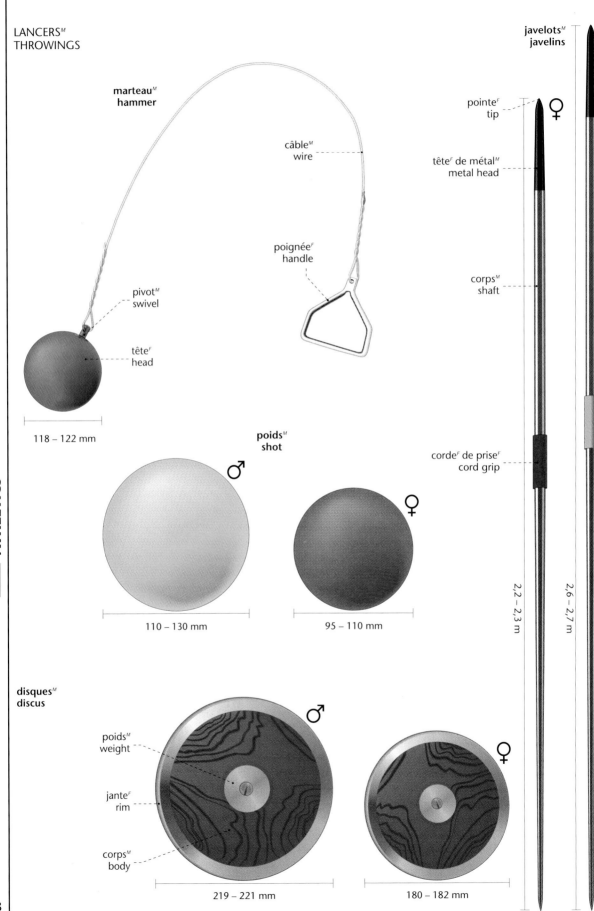

ATHLÉTISME^M
TRACK AND FIELD ATHLETICS

LANCERS^M
THROWINGS

marteau^M
hammer

câble^M
wire

poignée^F
handle

pivot^M
swivel

tête^F
head

118 – 122 mm

poids^M
shot

♂

110 – 130 mm

♀

95 – 110 mm

javelots^M
javelins

pointe^F
tip

♀

tête^F de métal^M
metal head

corps^M
shaft

corde^F de prise^F
cord grip

2,2 – 2,3 m

2,6 – 2,7 m

disques^M
discus

poids^M
weight

jante^F
rim

corps^M
body

♂

219 – 221 mm

♀

180 – 182 mm

SPORTS ATHLÉTIQUES
ATHLETICS

658

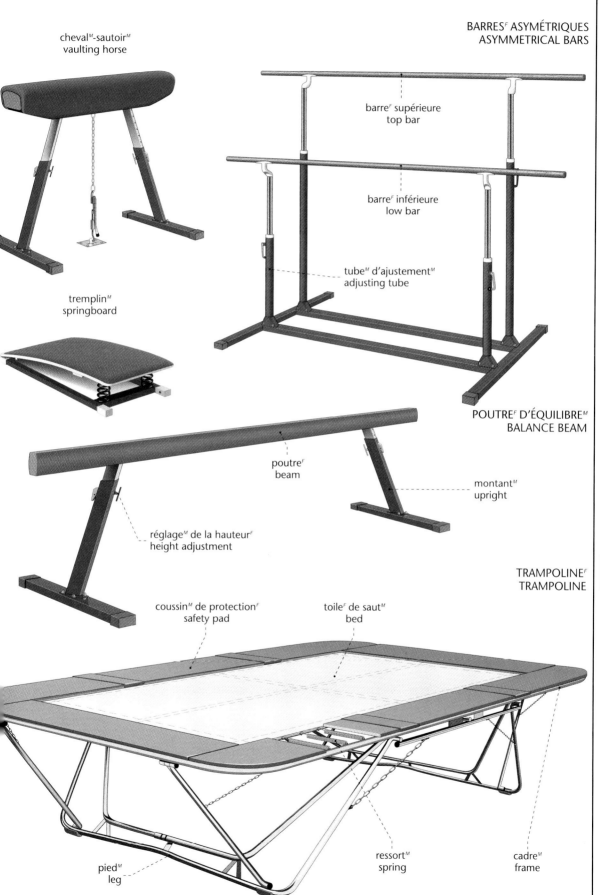

cheval^M-sautoir^M
vaulting horse

BARRES^F ASYMÉTRIQUES
ASYMMETRICAL BARS

barre^F supérieure
top bar

barre^F inférieure
low bar

tube^M d'ajustement^M
adjusting tube

tremplin^M
springboard

POUTRE^F D'ÉQUILIBRE^M
BALANCE BEAM

poutre^F
beam

montant^M
upright

réglage^M de la hauteur^F
height adjustment

TRAMPOLINE^F
TRAMPOLINE

coussin^M de protection^F
safety pad

toile^F de saut^M
bed

pied^M
leg

ressort^M
spring

cadre^M
frame

SPORTS ATHLÉTIQUES
ATHLETICS

659

GYMNASTIQUE^F
GYMNASTICS

ANNEAUX^M
RINGS

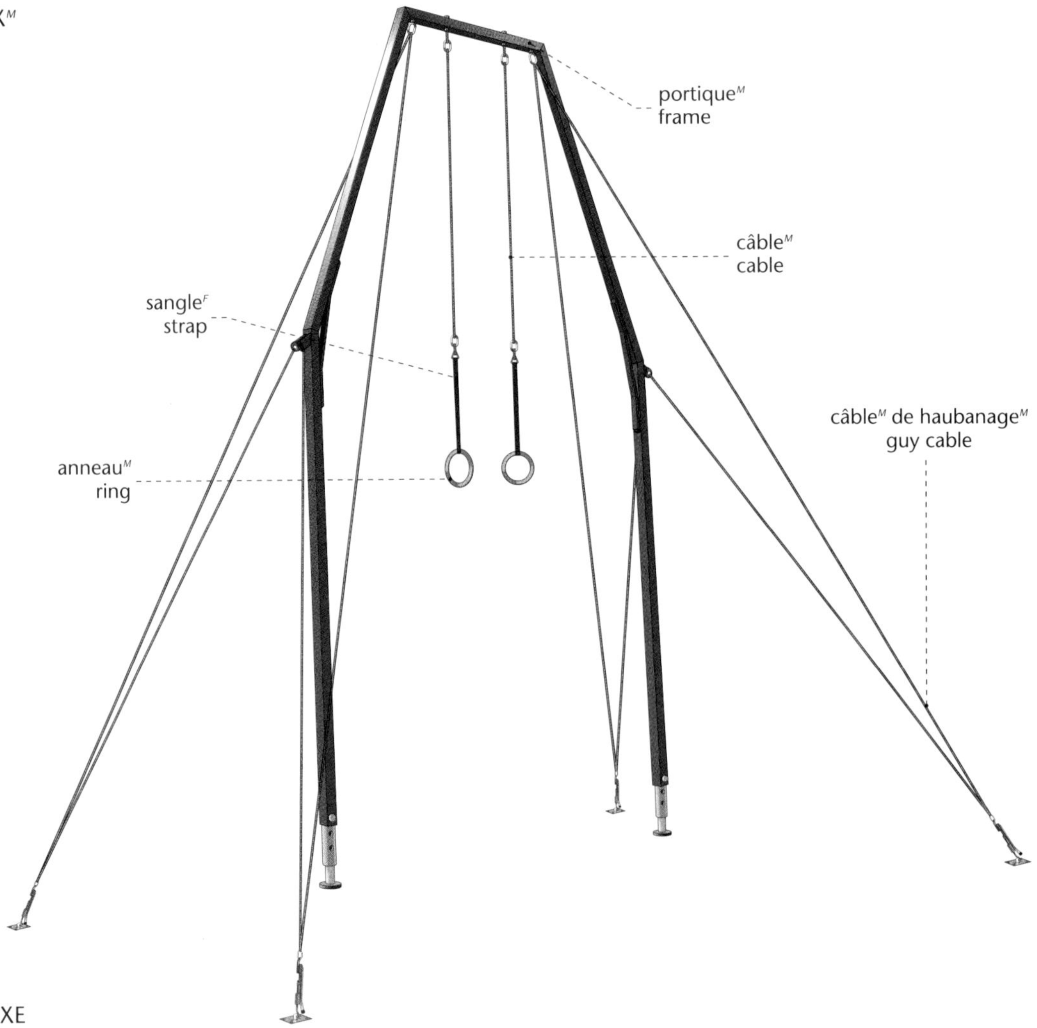

portique^M
frame

câble^M
cable

sangle^F
strap

câble^M de haubanage^M
guy cable

anneau^M
ring

BARRE^F FIXE
HORIZONTAL BAR

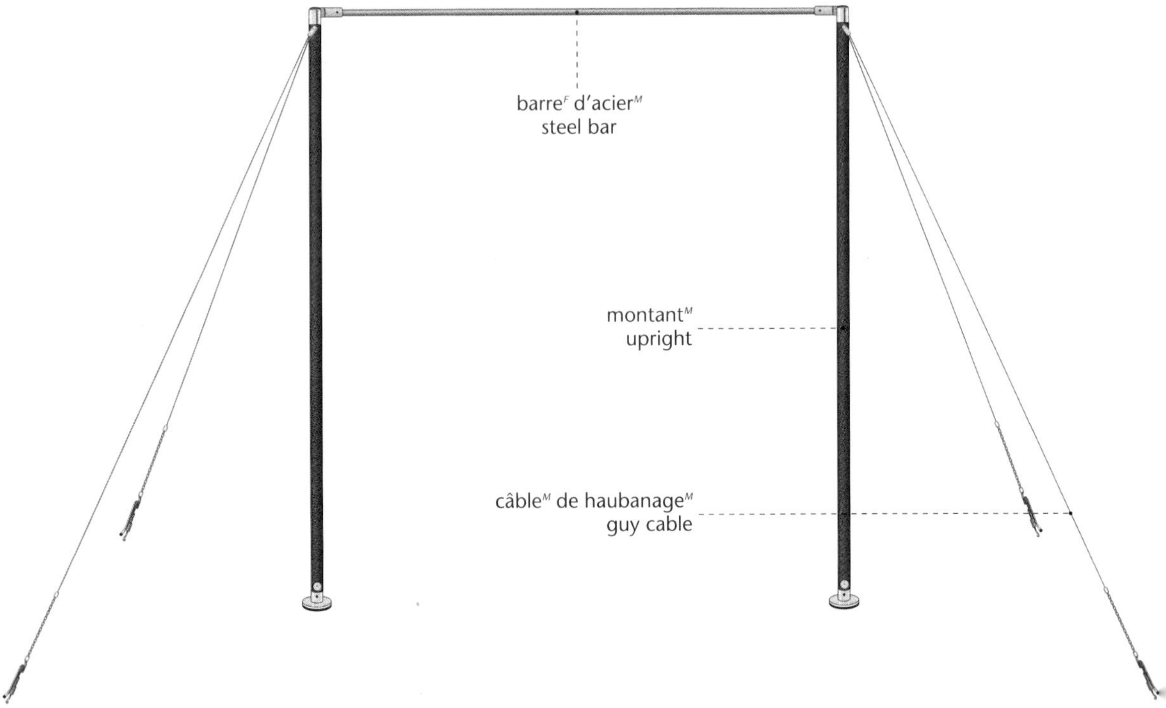

barre^F d'acier^M
steel bar

montant^M
upright

câble^M de haubanage^M
guy cable

660

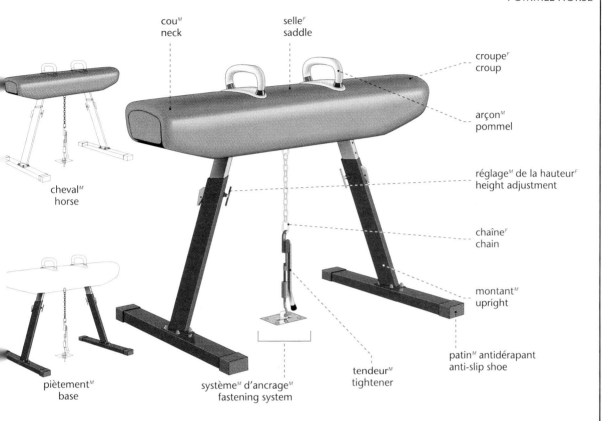

CHEVAL*ᴹ* D'ARÇONS*ᴹ*
POMMEL HORSE

cou*ᴹ*
neck

selle*ᶠ*
saddle

croupe*ᶠ*
croup

arçon*ᴹ*
pommel

cheval*ᴹ*
horse

réglage*ᴹ* de la hauteur*ᶠ*
height adjustment

chaîne*ᶠ*
chain

montant*ᴹ*
upright

patin*ᴹ* antidérapant
anti-slip shoe

piètement*ᴹ*
base

système*ᴹ* d'ancrage*ᴹ*
fastening system

tendeur*ᴹ*
tightener

BARRES*ᶠ* PARALLÈLES
PARALLEL BARS

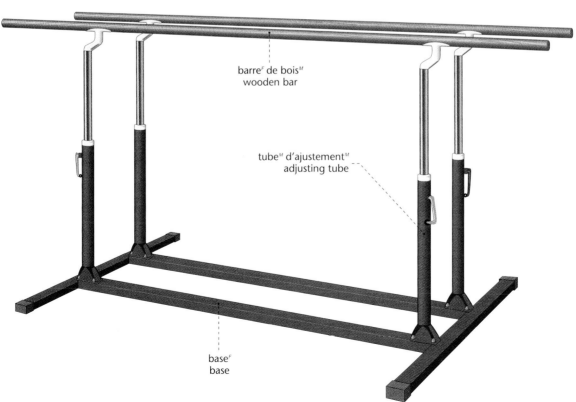

barre*ᶠ* de bois*ᴹ*
wooden bar

tube*ᴹ* d'ajustement*ᴹ*
adjusting tube

base*ᶠ*
base

661

HALTÉROPHILIE^F
WEIGHTLIFTING

HALTÉROPHILE^M
WEIGHTLIFTER

manchon^M
sleeve

bandage^M de gaze^F
gauze bandage

maillot^M de corps^M
sleeveless jersey; *sleeveless singlet*

ceinture^F d'haltérophilie^F
weightlifting belt

culotte^F
trunks

chaussure^F d'haltérophilie^F
weightlifting shoe

lanière^F
strap

ARRACHÉ^M À DEUX BRAS^M
TWO-HAND SNATCH

ÉPAULÉ^M-JETÉ^M À DEUX BRAS^M
TWO-HAND CLEAN AND JERK

662

APPAREILS^M DE CONDITIONNEMENT^M PHYSIQUE
FITNESS EQUIPMENT

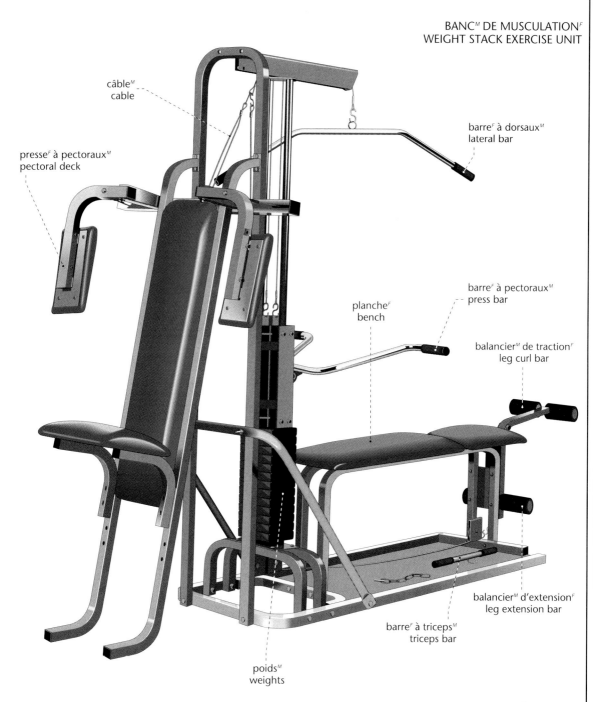

BANC^M DE MUSCULATION^F
WEIGHT STACK EXERCISE UNIT

câble^M
cable

barre^F à dorsaux^M
lateral bar

presse^F à pectoraux^M
pectoral deck

barre^F à pectoraux^M
press bar

planche^F
bench

balancier^M de traction^F
leg curl bar

balancier^M d'extension^F
leg extension bar

barre^F à triceps^M
triceps bar

poids^M
weights

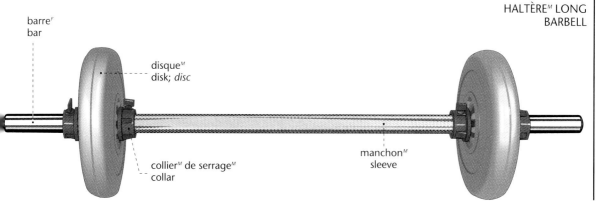

HALTÈRE^M LONG
BARBELL

barre^F
bar

disque^M
disk; *disc*

manchon^M
sleeve

collier^M de serrage^M
collar

APPAREILS^M DE CONDITIONNEMENT^M PHYSIQUE
FITNESS EQUIPMENT

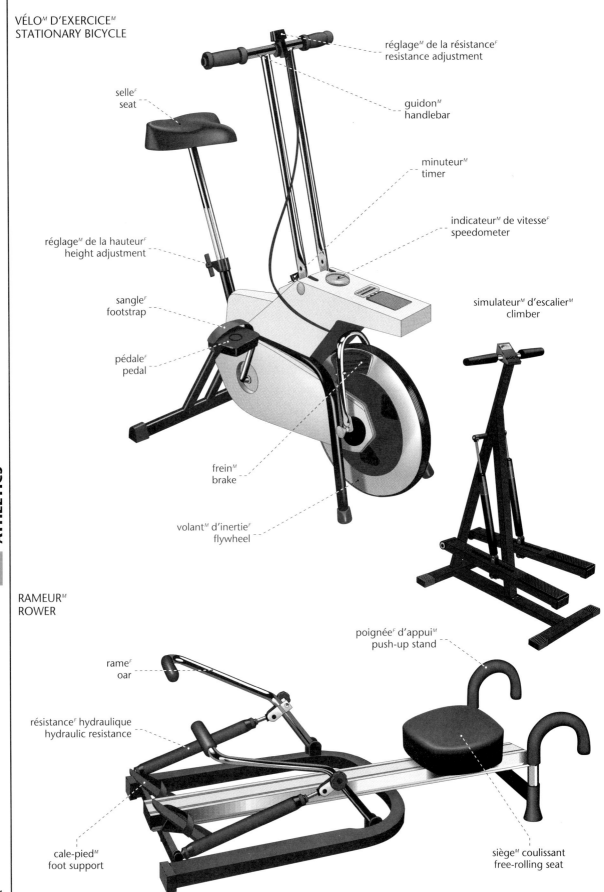

VÉLO^M D'EXERCICE^M
STATIONARY BICYCLE

réglage^M de la résistance^F
resistance adjustment

selle^F
seat

guidon^M
handlebar

minuteur^M
timer

indicateur^M de vitesse^F
speedometer

réglage^M de la hauteur^F
height adjustment

sangle^F
footstrap

simulateur^M d'escalier^M
climber

pédale^F
pedal

frein^M
brake

volant^M d'inertie^F
flywheel

RAMEUR^M
ROWER

poignée^F d'appui^M
push-up stand

rame^F
oar

résistance^F hydraulique
hydraulic resistance

cale-pied^M
foot support

siège^M coulissant
free-rolling seat

**SPORTS ATHLÉTIQUES
ATHLETICS**

664

HALTÈRE^M COURT
DUMBBELL

poignée^F à ressort^M
handgrips

poids^M
weight

barre^F
bar

bracelet^M lesté
ankle/wrist weight

corde^F à sauter
jump rope

RESSORT^M ATHLÉTIQUE
TWIST BAR

poignée^F
grip

ressort^M de tension^F
tension spring

extenseur^M
chest expander

ESCRIME^F
FENCING

PARTIES^F DE L'ARME^F
PARTS OF THE WEAPON

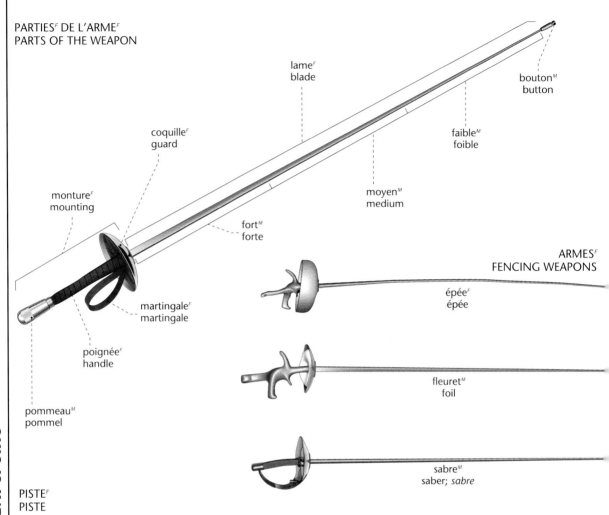

lame^F
blade

bouton^M
button

coquille^F
guard

faible^M
foible

monture^F
mounting

moyen^M
medium

fort^M
forte

ARMES^F
FENCING WEAPONS

épée^F
épée

martingale^F
martingale

poignée^F
handle

fleuret^M
foil

pommeau^M
pommel

sabre^M
saber; *sabre*

PISTE^F
PISTE

ligne^F d'avertissement^M- épée^F et sabre^M
saber and épée warning line;
sabre and épée warning line

ligne^F médiane
center line; *centre line*

ligne^F de mise^F en garde^F
on guard line

compte-touches^M
électrique
electrical scoring
apparatus

ligne^F de limite^F arrière
rear limit line

fleuret^M électrique
electric foil

fil^M de corps^M
body wire

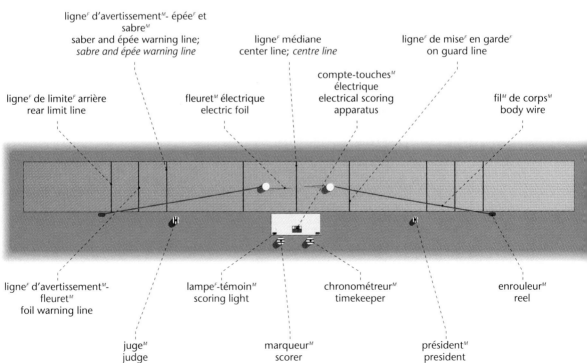

ligne^F d'avertissement^M-
fleuret^M
foil warning line

lampe^F-témoin^M
scoring light

chronométreur^M
timekeeper

enrouleur^M
reel

juge^M
judge

marqueur^M
scorer

président^M
president

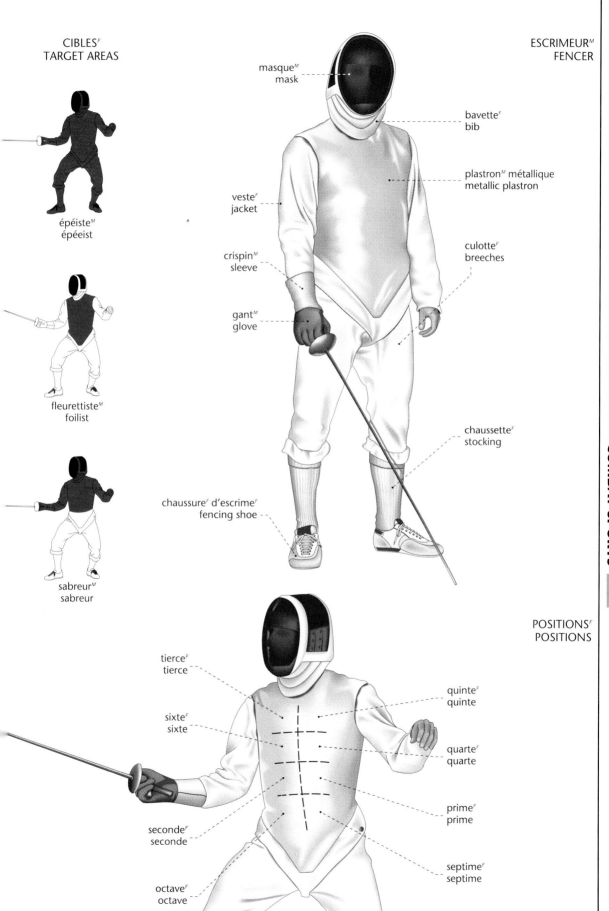

épéiste^M
épéeist

fleurettiste^M
foilist

sabreur^M
sabreur

ESCRIMEUR^M
FENCER

masque^M
mask

bavette^F
bib

plastron^M métallique
metallic plastron

veste^F
jacket

culotte^F
breeches

crispin^M
sleeve

gant^M
glove

chaussette^F
stocking

chaussure^F d'escrime^F
fencing shoe

POSITIONS^F
POSITIONS

tierce^F
tierce

quinte^F
quinte

sixte^F
sixte

quarte^F
quarte

prime^F
prime

seconde^F
seconde

septime^F
septime

octave^F
octave

JUDO^M
JUDO

COSTUME^M DE JUDO^M
JUDO SUIT

veste^F
jacket

ceinture^F
belt

pantalon^M
trousers

EXEMPLES^M DE PRISES^F
EXAMPLES OF HOLDS

clé^F de bras^M
arm lock

immobilisation^F
holding

grand fauchage^M extérieur
major outer reaping throw

projection^F d'épaule^F par un côté^M
one-arm shoulder throw

grand fauchage^M intérieur
major inner reaping throw

étranglement^M
naked strangle

projection^F en cercle^M
stomach throw

hanche^F ailée
sweeping hip throw

TAPIS^M
MAT

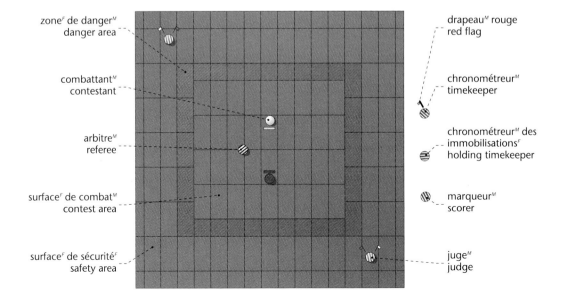

zone^F de danger^M
danger area

combattant^M
contestant

arbitre^M
referee

surface^F de combat^M
contest area

surface^F de sécurité^F
safety area

drapeau^M rouge
red flag

chronométreur^M
timekeeper

chronométreur^M des immobilisations^F
holding timekeeper

marqueur^M
scorer

juge^M
judge

BOXE^F
BOXING

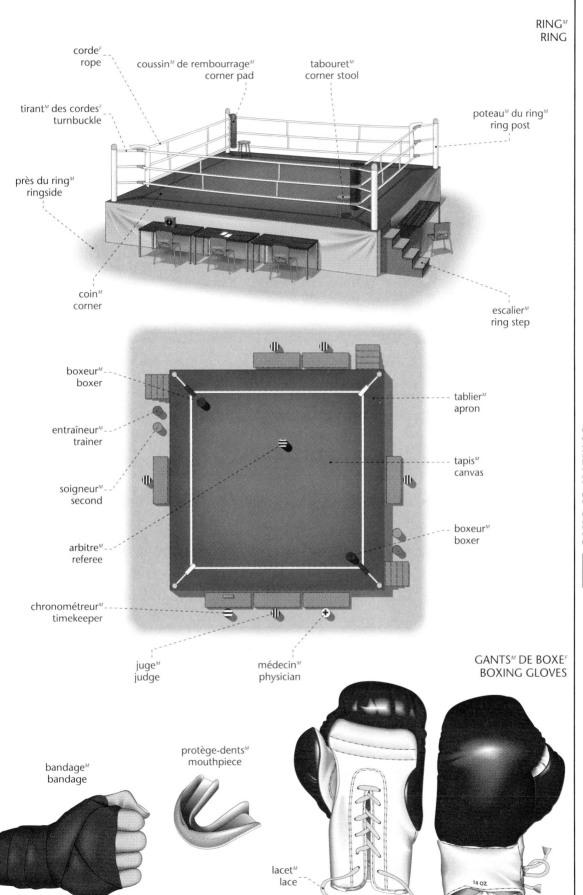

corde^F
rope

coussin^M de rembourrage^M
corner pad

tabouret^M
corner stool

tirant^M des cordes^F
turnbuckle

poteau^M du ring^M
ring post

près du ring^M
ringside

coin^M
corner

escalier^M
ring step

boxeur^M
boxer

tablier^M
apron

entraîneur^M
trainer

tapis^M
canvas

soigneur^M
second

boxeur^M
boxer

arbitre^M
referee

chronométreur^M
timekeeper

juge^M
judge

médecin^M
physician

SPORTS DE COMBAT
COMBAT SPORTS

GANTS^M DE BOXE^F
BOXING GLOVES

protège-dents^M
mouthpiece

bandage^M
bandage

lacet^M
lace

PÊCHE^F
FISHING

CANNE^F À MOUCHE^F
FLY ROD

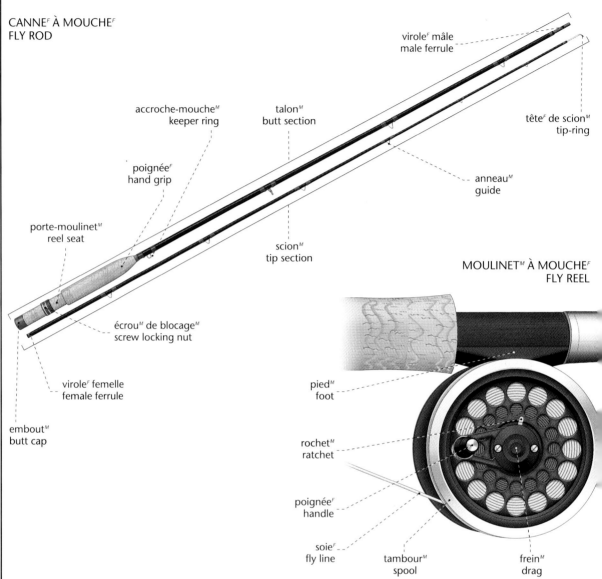

virole^F mâle
male ferrule

accroche-mouche^M
keeper ring

talon^M
butt section

tête^F de scion^M
tip-ring

poignée^F
hand grip

anneau^M
guide

porte-moulinet^M
reel seat

scion^M
tip section

MOULINET^M À MOUCHE^F
FLY REEL

écrou^M de blocage^M
screw locking nut

pied^M
foot

virole^F femelle
female ferrule

rochet^M
ratchet

embout^M
butt cap

poignée^F
handle

soie^F
fly line

tambour^M
spool

frein^M
drag

MOUCHE^F ARTIFICIELLE
ARTIFICIAL FLY

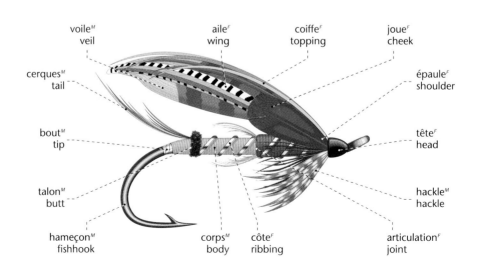

voile^M
veil

aile^F
wing

coiffe^F
topping

joue^F
cheek

cerques^M
tail

épaule^F
shoulder

bout^M
tip

tête^F
head

talon^M
butt

hackle^M
hackle

hameçon^M
fishhook

corps^M
body

côte^F
ribbing

articulation^F
joint

SPORTS DE LOISIR
LEISURE SPORTS

670

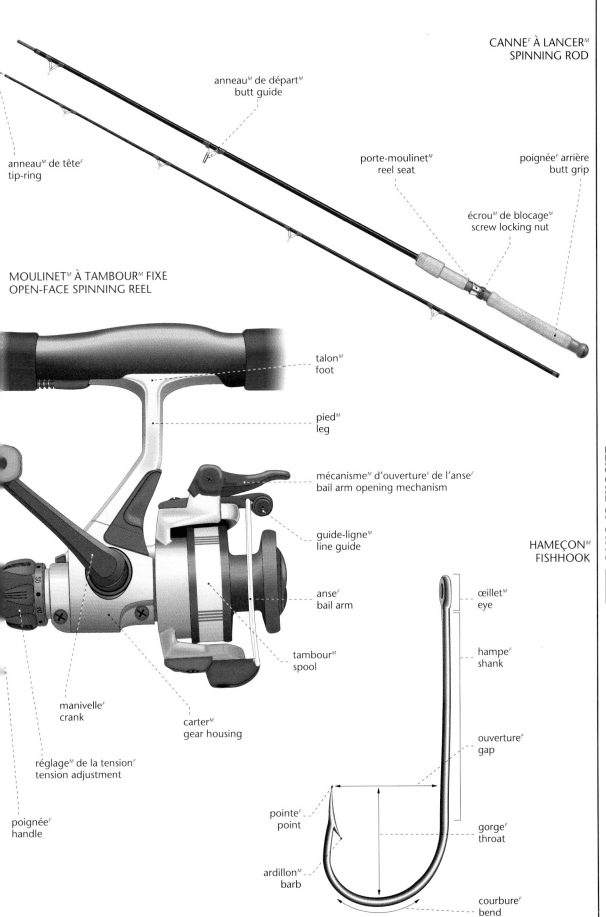

CANNE^F À LANCER^M
SPINNING ROD

anneau^M de départ^M
butt guide

anneau^M de tête^F
tip-ring

porte-moulinet^M
reel seat

poignée^F arrière
butt grip

écrou^M de blocage^M
screw locking nut

MOULINET^M À TAMBOUR^M FIXE
OPEN-FACE SPINNING REEL

talon^M
foot

pied^M
leg

mécanisme^M d'ouverture^F de l'anse^F
bail arm opening mechanism

guide-ligne^M
line guide

HAMEÇON^M
FISHHOOK

anse^F
bail arm

œillet^M
eye

tambour^M
spool

hampe^F
shank

manivelle^F
crank

carter^M
gear housing

ouverture^F
gap

réglage^M de la tension^F
tension adjustment

pointe^F
point

gorge^F
throat

poignée^F
handle

ardillon^M
barb

courbure^F
bend

671

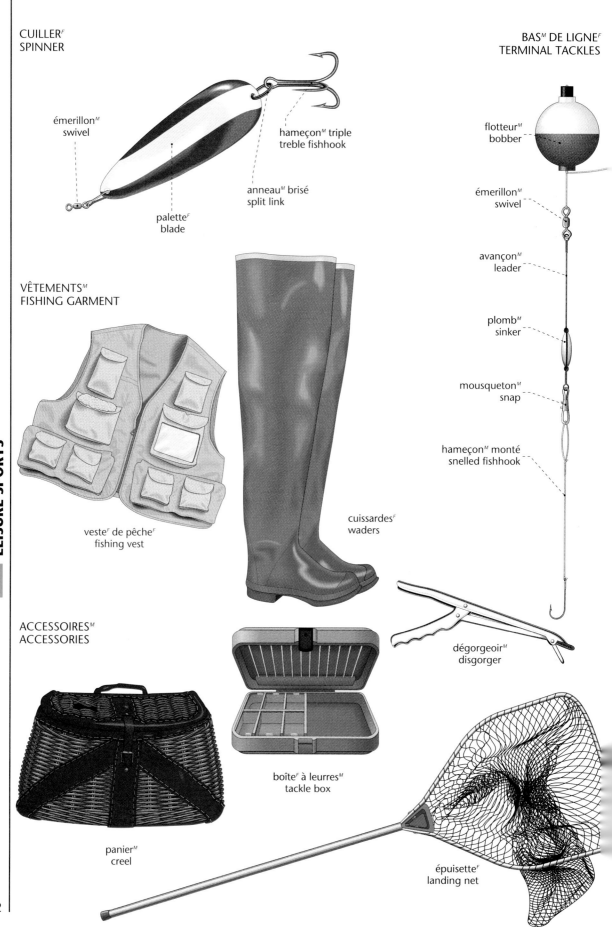

CUILLER*F*
SPINNER

émerillon*M*
swivel

hameçon*M* triple
treble fishhook

anneau*M* brisé
split link

palette*F*
blade

BAS*M* DE LIGNE*F*
TERMINAL TACKLES

flotteur*M*
bobber

émerillon*M*
swivel

avançon*M*
leader

plomb*M*
sinker

mousqueton*M*
snap

hameçon*M* monté
snelled fishhook

VÊTEMENTS*M*
FISHING GARMENT

veste*F* de pêche*F*
fishing vest

cuissardes*F*
waders

dégorgeoir*M*
disgorger

ACCESSOIRES*M*
ACCESSORIES

boîte*F* à leurres*M*
tackle box

panier*M*
creel

épuisette*F*
landing net

BILLARD^M
BILLIARDS

BILLARD^M FRANÇAIS
CAROM BILLIARDS

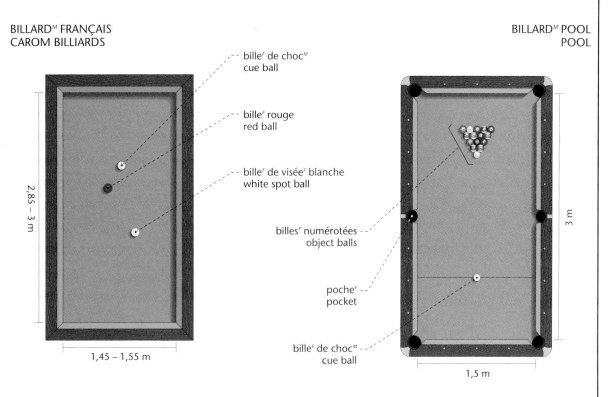

bille^F de choc^M
cue ball

bille^F rouge
red ball

bille^F de visée^F blanche
white spot ball

2,85 – 3 m

1,45 – 1,55 m

BILLARD^M POOL
POOL

billes^F numérotées
object balls

poche^F
pocket

bille^F de choc^M
cue ball

3 m

1,5 m

BILLARD^M ANGLAIS
ENGLISH BILLIARDS

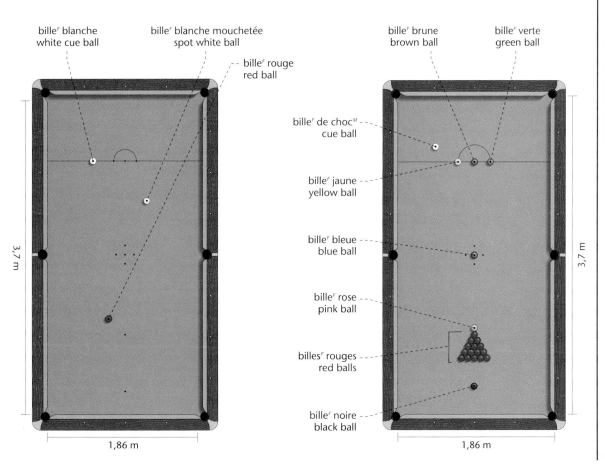

bille^F blanche
white cue ball

bille^F blanche mouchetée
spot white ball

bille^F rouge
red ball

3,7 m

1,86 m

SNOOKER^M
SNOOKER

bille^F brune
brown ball

bille^F verte
green ball

bille^F de choc^M
cue ball

bille^F jaune
yellow ball

bille^F bleue
blue ball

bille^F rose
pink ball

billes^F rouges
red balls

bille^F noire
black ball

3,7 m

1,86 m

TABLE^F
TABLE

mouche^F de ligne^F de cadre^M
balk line spot

mouche^F centrale
center spot; *centre spot*

cadre^M
balk area

«D»^M
«D»

poche^F supérieure
top pocket

coussin^M de tête^F
head cushion

ligne^F de cadre^M
balk line

crochet^M
hook

poche^F centrale
center pocket; *centre pocket*

SPORTS DE LOISIR
LEISURE SPORTS

RÂTEAU^M
BRIDGE

manche^M
shaft

dent^F
notch

tête^F
end-piece

triangle^M
rack

674

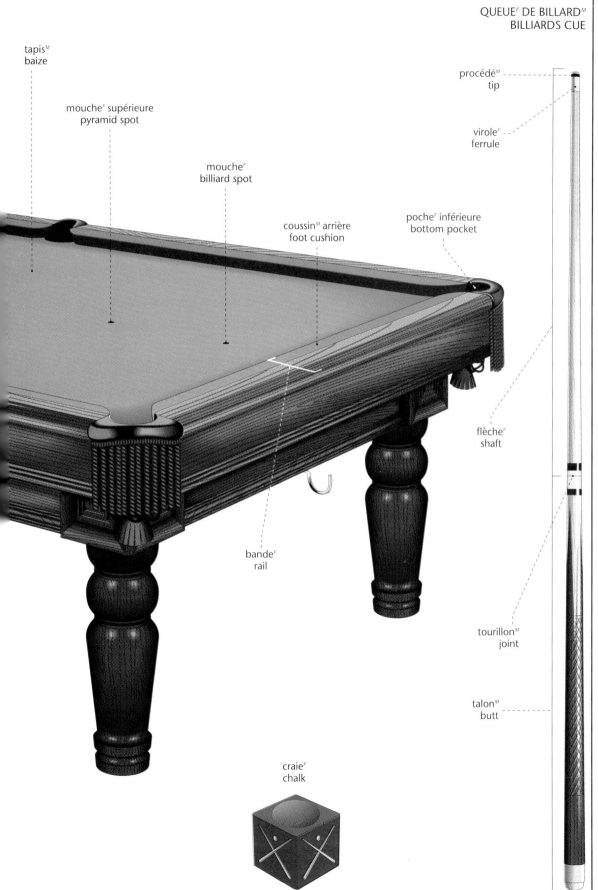

QUEUE^F DE BILLARD^M
BILLIARDS CUE

tapis^M
baize

mouche^F supérieure
pyramid spot

mouche^F
billiard spot

coussin^M arrière
foot cushion

poche^F inférieure
bottom pocket

procédé^M
tip

virole^F
ferrule

flèche^F
shaft

bande^F
rail

tourillon^M
joint

talon^M
butt

craie^F
chalk

PARCOURS^M
COURSE

chemin^M
cart path

vert^M
putting green

trou^M
hole

chalet^M
clubhouse

vert^M d'entraînement^M
practice green

allée^F
fairway

rough^M
rough

obstacle^M d'eau^F
water hazard

ruisseau^M
brook

fosse^F de sable^M
bunker

arbres^M
trees

départ^M
teeing ground

COUPE^F D'UNE BALLE^F DE GOLF^M
CROSS SECTION OF A GOLF BALL

BALLE^F DE GOLF^M
GOLF BALL

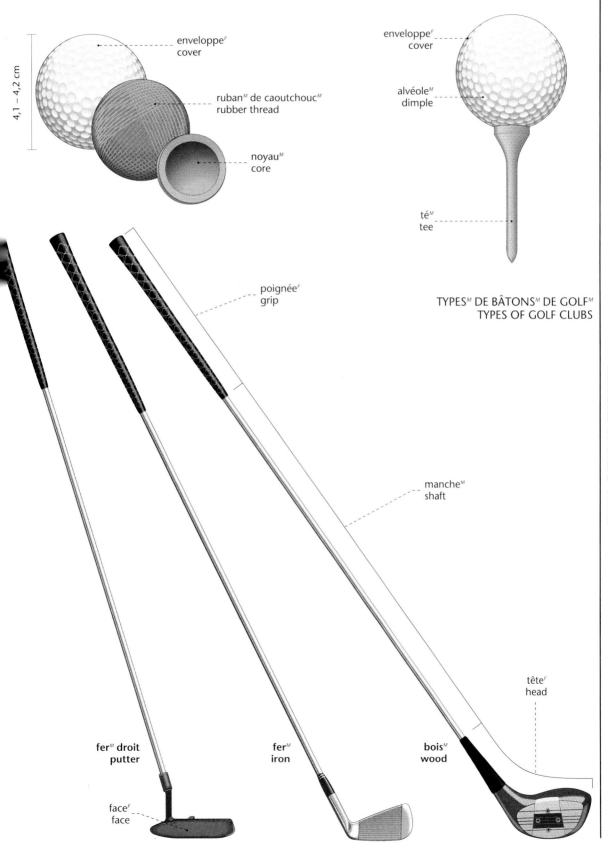

enveloppe^F
cover

ruban^M de caoutchouc^M
rubber thread

noyau^M
core

4,1 – 4,2 cm

enveloppe^F
cover

alvéole^M
dimple

té^M
tee

TYPES^M DE BÂTONS^M DE GOLF^M
TYPES OF GOLF CLUBS

poignée^F
grip

manche^M
shaft

tête^F
head

fer^M droit
putter

fer^M
iron

bois^M
wood

face^F
face

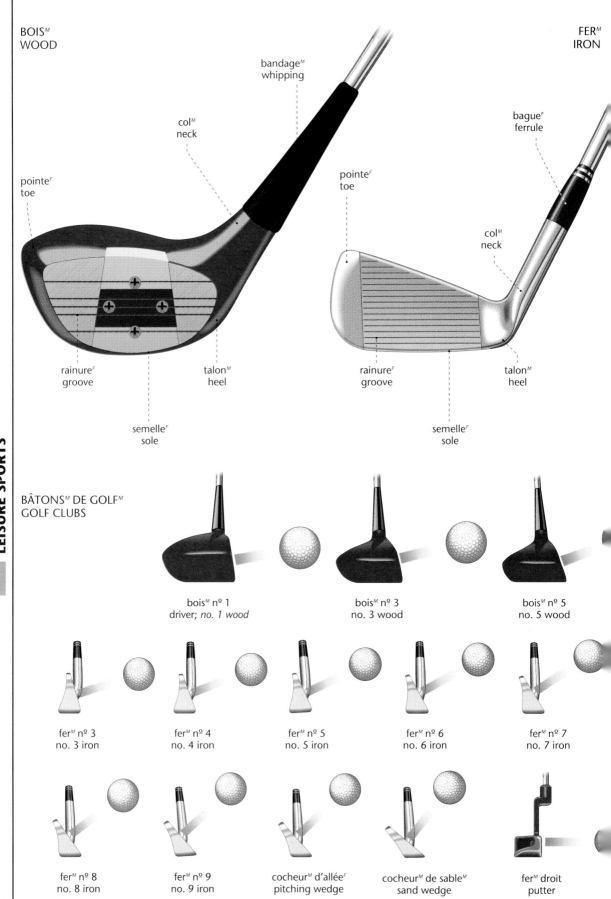

BOIS^M
WOOD

FER^M
IRON

bandage^M
whipping

bague^F
ferrule

col^M
neck

pointe^F
toe

pointe^F
toe

col^M
neck

rainure^F
groove

talon^M
heel

rainure^F
groove

talon^M
heel

semelle^F
sole

semelle^F
sole

BÂTONS^M DE GOLF^M
GOLF CLUBS

bois^M n° 1
driver; *no. 1 wood*

bois^M n° 3
no. 3 wood

bois^M n° 5
no. 5 wood

fer^M n° 3
no. 3 iron

fer^M n° 4
no. 4 iron

fer^M n° 5
no. 5 iron

fer^M n° 6
no. 6 iron

fer^M n° 7
no. 7 iron

fer^M n° 8
no. 8 iron

fer^M n° 9
no. 9 iron

cocheur^M d'allée^F
pitching wedge

cocheur^M de sable^M
sand wedge

fer^M droit
putter

SPORTS DE LOISIR
LEISURE SPORTS

678

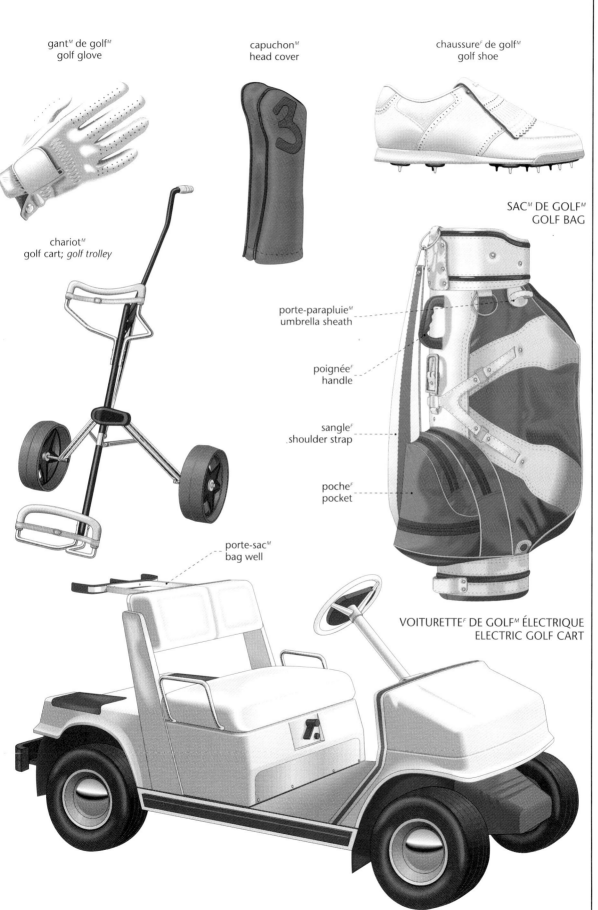

gant^M de golf^M
golf glove

capuchon^M
head cover

chaussure^F de golf^M
golf shoe

SAC^M DE GOLF^M
GOLF BAG

chariot^M
golf cart; *golf trolley*

porte-parapluie^M
umbrella sheath

poignée^F
handle

sangle^F
shoulder strap

poche^F
pocket

porte-sac^M
bag well

VOITURETTE^F DE GOLF^M ÉLECTRIQUE
ELECTRIC GOLF CART

ALPINISTE^M
MOUNTAINEER

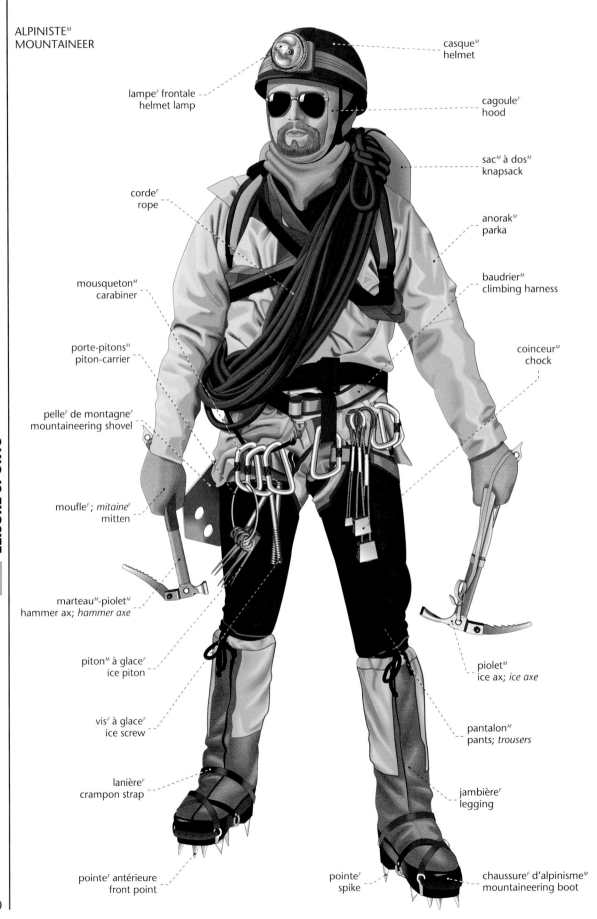

lampe^F frontale
helmet lamp

casque^M
helmet

cagoule^F
hood

sac^M à dos^M
knapsack

corde^F
rope

anorak^M
parka

baudrier^M
climbing harness

mousqueton^M
carabiner

coinceur^M
chock

porte-pitons^M
piton-carrier

pelle^F de montagne^F
mountaineering shovel

moufle^F; *mitaine*^F
mitten

marteau^M-piolet^M
hammer ax; *hammer axe*

piton^M à glace^F
ice piton

piolet^M
ice ax; *ice axe*

vis^F à glace^F
ice screw

pantalon^M
pants; *trousers*

lanière^F
crampon strap

jambière^F
legging

pointe^F antérieure
front point

pointe^F
spike

chaussure^F d'alpinisme^M
mountaineering boot

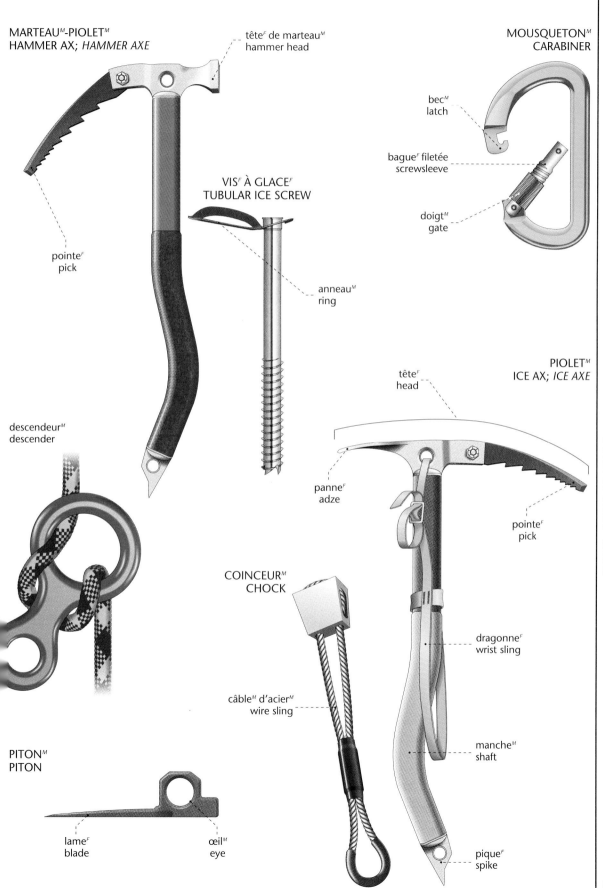

MARTEAU^M-PIOLET^M
HAMMER AX; *HAMMER AXE*

tête^F de marteau^M
hammer head

MOUSQUETON^M
CARABINER

bec^M
latch

bague^F filetée
screwsleeve

doigt^M
gate

VIS^F À GLACE^F
TUBULAR ICE SCREW

pointe^F
pick

anneau^M
ring

descendeur^M
descender

PIOLET^M
ICE AX; *ICE AXE*

tête^F
head

panne^F
adze

pointe^F
pick

COINCEUR^M
CHOCK

dragonne^F
wrist sling

câble^M d'acier^M
wire sling

manche^M
shaft

PITON^M
PITON

lame^F
blade

œil^M
eye

pique^F
spike

BOULES^F ANGLAISES ET PÉTANQUE^F
BOWLS AND PETANQUE

PELOUSE^F
GREEN

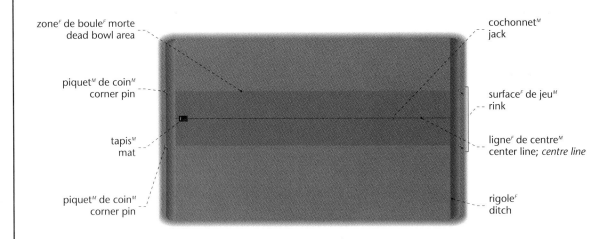

zone^F de boule^F morte
dead bowl area

piquet^M de coin^M
corner pin

tapis^M
mat

piquet^M de coin^M
corner pin

cochonnet^M
jack

surface^F de jeu^M
rink

ligne^F de centre^M
center line; *centre line*

rigole^F
ditch

LANCEMENT^M DE LA BOULE^F
DELIVERY

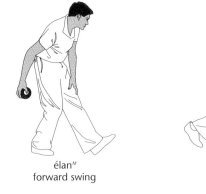

élan^M
forward swing

lancer^M
delivery

accompagnement^M
follow-through

boule^F anglaise
bowl

boule^F de pétanque^F
petanque bowl

cochonnet^M
jack

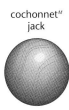

JEU^M DE QUILLES^F
BOWLING

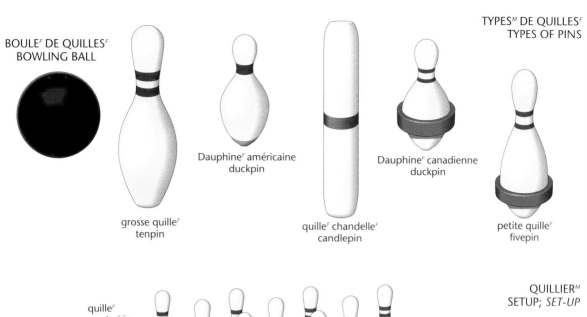

BOULE^F DE QUILLES^F
BOWLING BALL

TYPES^M DE QUILLES^F
TYPES OF PINS

grosse quille^F
tenpin

Dauphine^F américaine
duckpin

quille^F chandelle^F
candlepin

Dauphine^F canadienne
duckpin

petite quille^F
fivepin

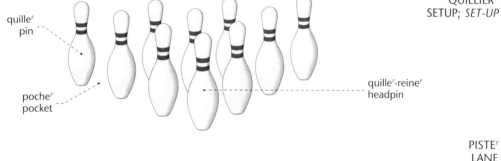

QUILLIER^M
SETUP; *SET-UP*

quille^F
pin

poche^F
pocket

quille^F-reine^F
headpin

PISTE^F
LANE

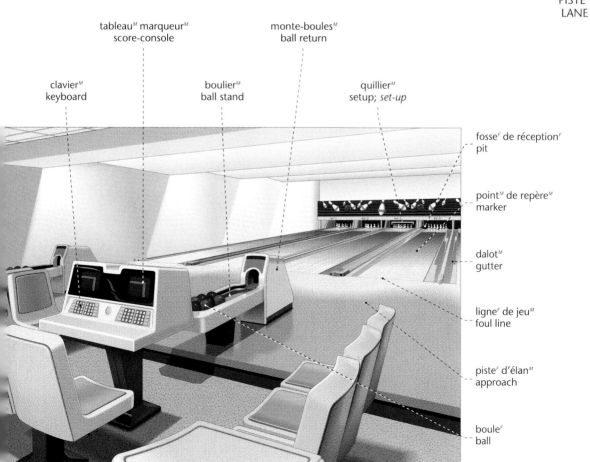

tableau^M marqueur^M
score-console

monte-boules^M
ball return

clavier^M
keyboard

boulier^M
ball stand

quillier^M
setup; *set-up*

fosse^F de réception^F
pit

point^M de repère^M
marker

dalot^M
gutter

ligne^F de jeu^M
foul line

piste^F d'élan^M
approach

boule^F
ball

TIR^M À L'ARC^M
ARCHERY

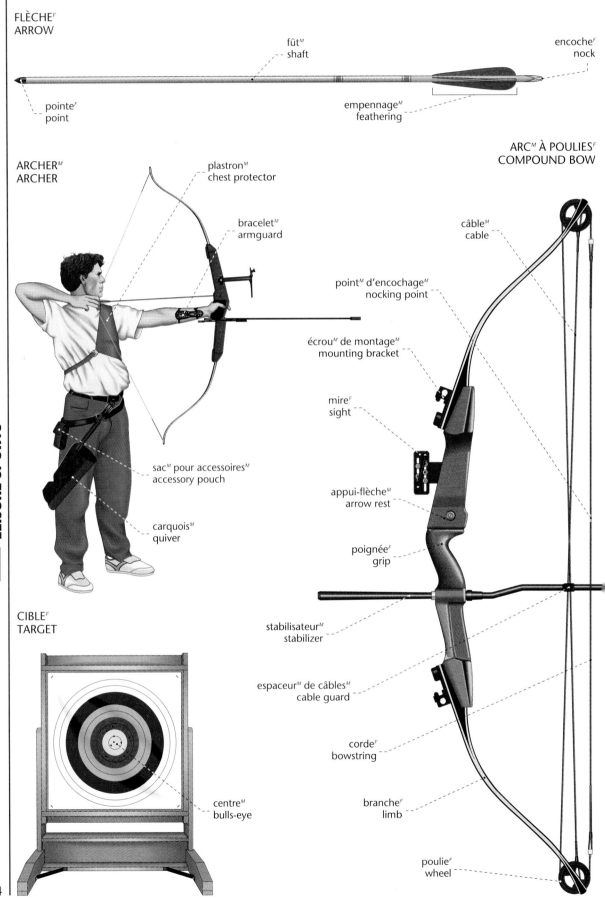

FLÈCHE^F
ARROW

fût^M
shaft

encoche^F
nock

pointe^F
point

empennage^M
feathering

ARC^M À POULIES^F
COMPOUND BOW

ARCHER^M
ARCHER

plastron^M
chest protector

bracelet^M
armguard

câble^M
cable

point^M d'encochage^M
nocking point

écrou^M de montage^M
mounting bracket

mire^F
sight

appui-flèche^M
arrow rest

poignée^F
grip

sac^M pour accessoires^M
accessory pouch

carquois^M
quiver

stabilisateur^M
stabilizer

espaceur^M de câbles^M
cable guard

CIBLE^F
TARGET

corde^F
bowstring

branche^F
limb

centre^M
bulls-eye

poulie^F
wheel

TENTE^F DEUX PLACES^F
TWO-PERSON TENT

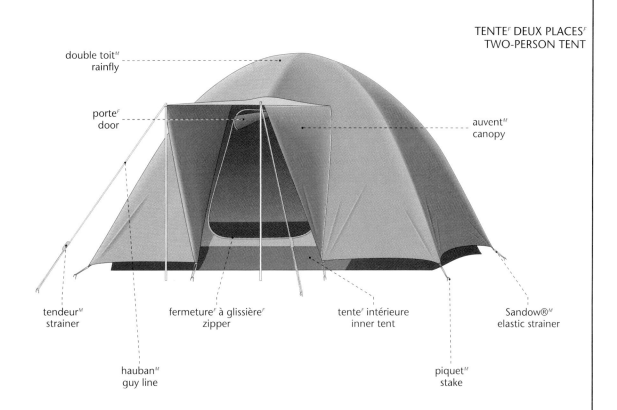

double toit^M
rainfly

porte^F
door

auvent^M
canopy

tendeur^M
strainer

fermeture^F à glissière^F
zipper

tente^F intérieure
inner tent

Sandow®^M
elastic strainer

hauban^M
guy line

piquet^M
stake

TENTE^F FAMILIALE
FAMILY TENT

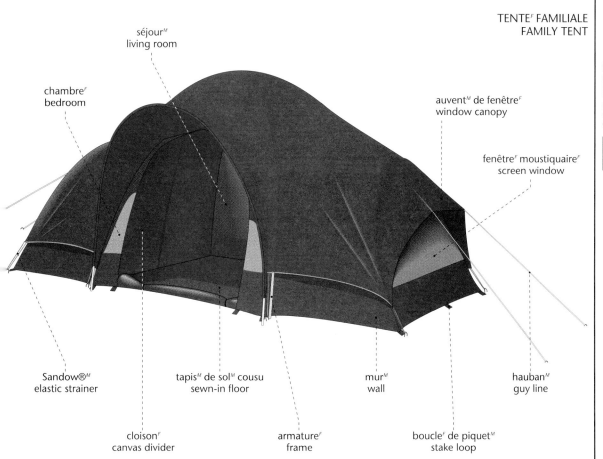

séjour^M
living room

chambre^F
bedroom

auvent^M de fenêtre^F
window canopy

fenêtre^F moustiquaire^F
screen window

Sandow®^M
elastic strainer

tapis^M de sol^M cousu
sewn-in floor

mur^M
wall

hauban^M
guy line

cloison^F
canvas divider

armature^F
frame

boucle^F de piquet^M
stake loop

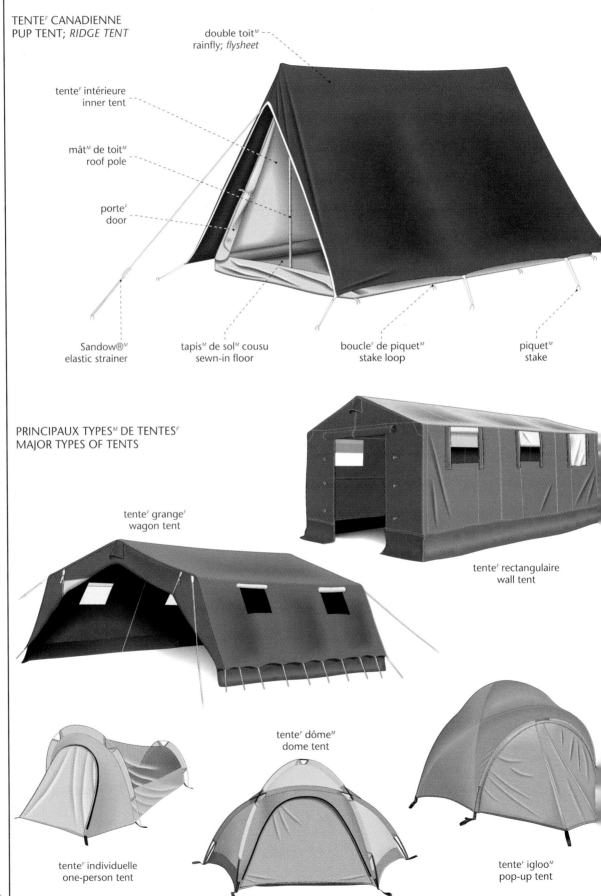

TENTE^F CANADIENNE
PUP TENT; *RIDGE TENT*

double toit^M
rainfly; *flysheet*

tente^F intérieure
inner tent

mât^M de toit^M
roof pole

porte^F
door

Sandow®^M
elastic strainer

tapis^M de sol^M cousu
sewn-in floor

boucle^F de piquet^M
stake loop

piquet^M
stake

PRINCIPAUX TYPES^M DE TENTES^F
MAJOR TYPES OF TENTS

tente^F grange^F
wagon tent

tente^F rectangulaire
wall tent

tente^F dôme^M
dome tent

tente^F individuelle
one-person tent

tente^F igloo^M
pop-up tent

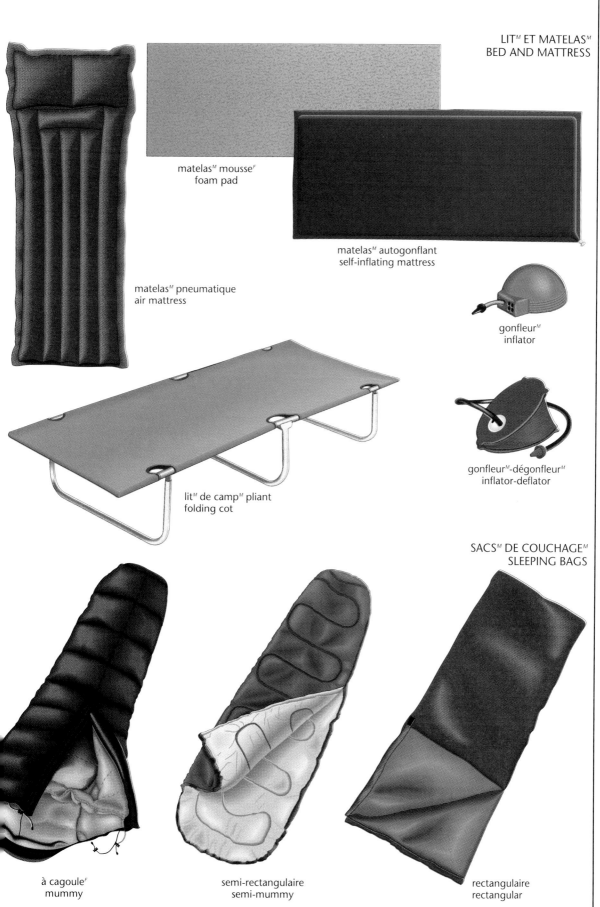

matelas^M mousse^F
foam pad

matelas^M autogonflant
self-inflating mattress

matelas^M pneumatique
air mattress

gonfleur^M
inflator

gonfleur^M-dégonfleur^M
inflator-deflator

lit^M de camp^M pliant
folding cot

SACS^M DE COUCHAGE^M
SLEEPING BAGS

à cagoule^F
mummy

semi-rectangulaire
semi-mummy

rectangulaire
rectangular

MATÉRIEL^M DE CAMPING^M
CAMPING EQUIPMENT

COUTEAU^M SUISSE
SWISS ARMY KNIFE

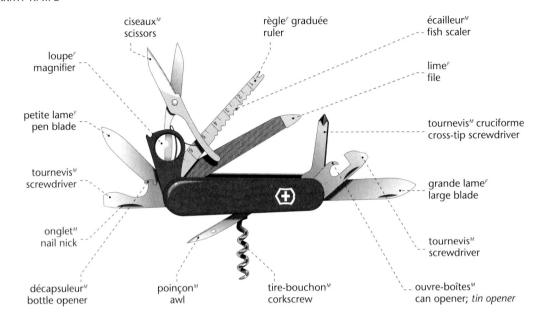

ciseaux^M
scissors

règle^F graduée
ruler

écailleur^M
fish scaler

loupe^F
magnifier

lime^F
file

petite lame^F
pen blade

tournevis^M cruciforme
cross-tip screwdriver

tournevis^M
screwdriver

grande lame^F
large blade

onglet^M
nail nick

tournevis^M
screwdriver

décapsuleur^M
bottle opener

poinçon^M
awl

tire-bouchon^M
corkscrew

ouvre-boîtes^M
can opener; *tin opener*

POPOTE^F
COOKING SET

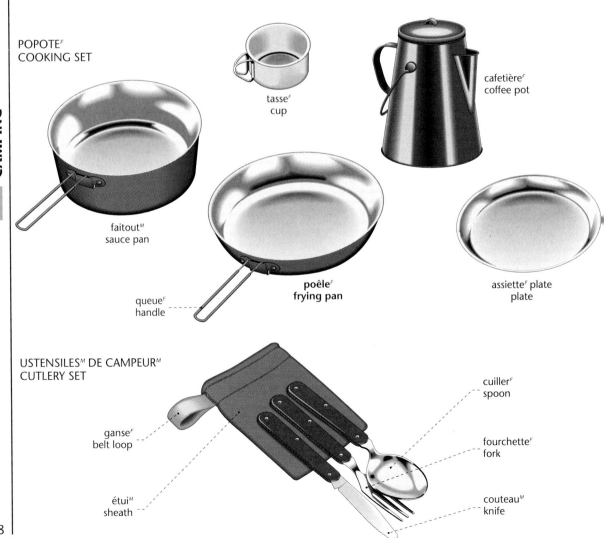

tasse^F
cup

cafetière^F
coffee pot

faitout^M
sauce pan

poêle^F
frying pan

assiette^F plate
plate

queue^F
handle

USTENSILES^M DE CAMPEUR^M
CUTLERY SET

cuiller^F
spoon

ganse^F
belt loop

fourchette^F
fork

étui^M
sheath

couteau^M
knife

lanterne^F
lantern

globe^M
globe

bâti^M du brûleur^M
burner frame

régulateur^M de pression^F
pressure regulator

bouchon^M antifuite
leakproof cap

réservoir^M
tank

pompe^F
pump

chaufferette^F
heater

réchaud^M à un feu^M
single-burner camp stove

réchaud^M à deux feux^M
two-burner camp stove

brûleur^M
burner

robinet^M relais^M
control valve

grille^F stabilisatrice
wire support

réservoir^M
tank

CAMPING
CAMPING

689

MATÉRIEL^M DE CAMPING^M
CAMPING EQUIPMENT

gourde^F
canteen

lampe^F-tempête^F
hurricane lamp

bouteille^F isolante
thermos; *vacuum flask*

cruche^F
water carrier

glacière^F
cooler

gril^M pliant
folding grill

OUTILS^M
TOOLS

hachette^F
hatchet

étui^M de cuir^M
leather sheath

gaine^F
sheath

couteau^M
knife

pelle^F-pioche^F pliante
folding shovel

scie^F de camping^M
bow saw

nœud^M plat
reef knot

nœud^M simple
overhand knot

nœud^M de vache^F
granny knot

nœud^M coulant
running bowline

noeud^M d'écoute^F simple
sheet bend

noeud^M d'écoute^F double
double sheet bend

nœud^M de jambe^F de chien^M
sheepshank

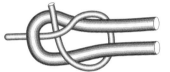

demi-clé^F renversée
cow hitch

noeud^M de Franciscain^M
heaving line knot

nœud^M de pêcheur^M
fisherman's knot

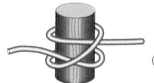

nœud^M de cabestan^M
clove hitch

nœud^M d'arrêt^M
figure-eight knot

surliure^F
common whipping

nœud^M de chaise^F simple
bowline

nœud^M de chaise^F double
bowline on a bight

ÉPISSURE^F COURTE
SHORT SPLICE

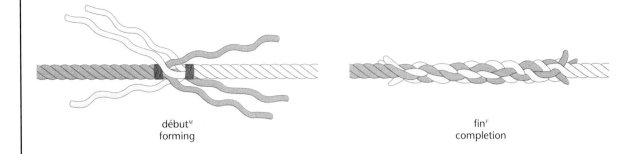

début^M
forming

fin^F
completion

CÂBLE^M
CABLE

CORDAGE^M COMMIS
TWISTED ROPE

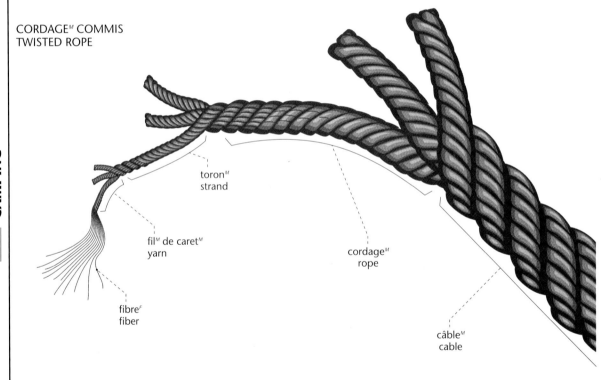

toron^M
strand

fil^M de caret^M
yarn

cordage^M
rope

fibre^F
fiber

câble^M
cable

CORDAGE^M TRESSÉ
BRAIDED ROPE

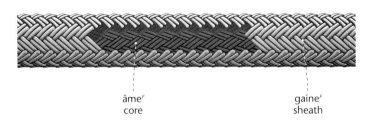

âme^F
core

gaine^F
sheath

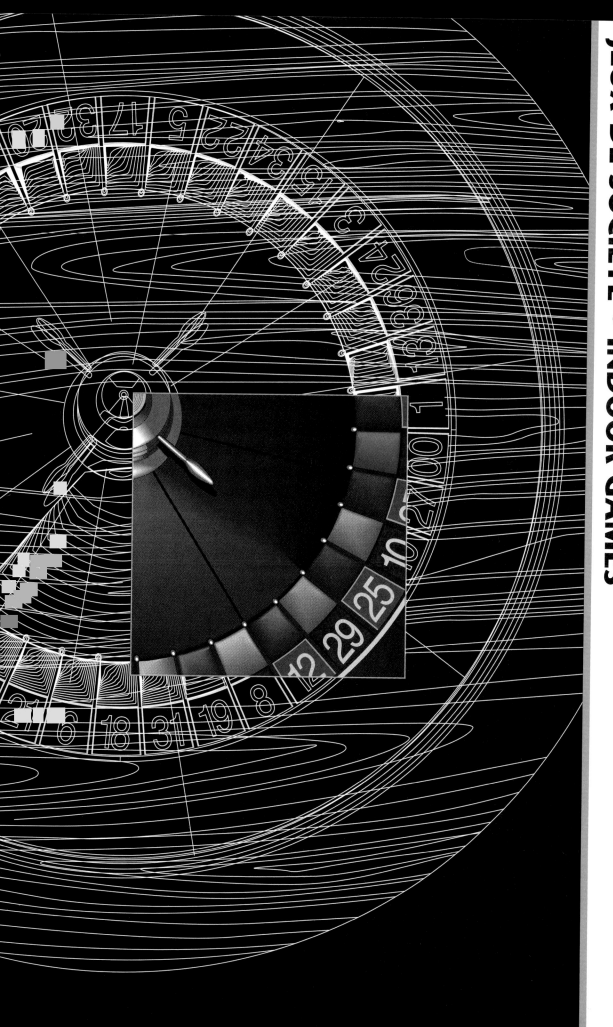

SOMMAIRE

CARTES 695

DOMINOS 695

ÉCHECS..696

JACQUET...697

GO..697

JEU DE FLÉCHETTES..698

SYSTÈME DE JEUX VIDÉO 699

DÉS 699

TABLE DE ROULETTE 700

MACHINE À SOUS..702

JEUX DE SOCIÉTÉ
INDOOR GAMES

CARTES^F
CARD GAMES

SYMBOLES^M
SYMBOLS

cœur^M
heart

carreau^M
diamond

trèfle^M
club

pique^M
spade

Joker^M
Joker

As^M
Ace

Roi^M
King

Dame^F
Queen

Valet^M
Jack

COMBINAISONS^F AU POKER^M
STANDARD POKER HANDS

quinte^F royale
royal flush

quinte^F
straight flush

carré^M
four-of-a-kind

main^F pleine
full house

couleur^F
flush

séquence^F
straight

brelan^M
three-of-a-kind

double paire^F
two pairs

paire^F
one pair

carte^F isolée
high card

DOMINOS^M
DOMINOES

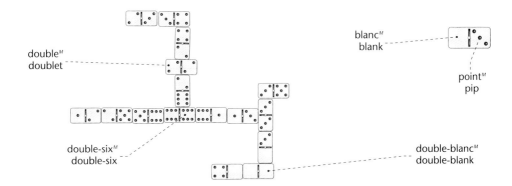

double^M
doublet

blanc^M
blank

point^M
pip

double-six^M
double-six

double-blanc^M
double-blank

ÉCHECS^M
CHESS

ÉCHIQUIER^M
CHESSBOARD

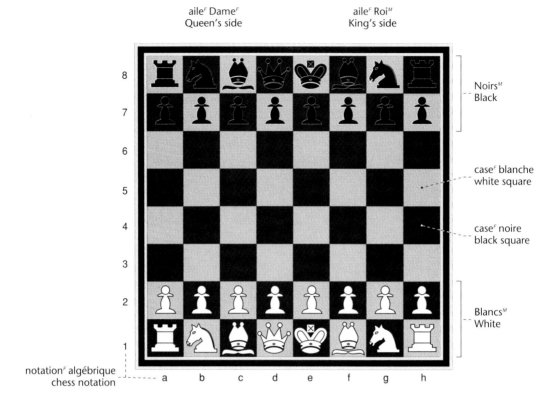

aile^F Dame^F
Queen's side

aile^F Roi^M
King's side

Noirs^M
Black

case^F blanche
white square

case^F noire
black square

Blancs^M
White

notation^F algébrique
chess notation

TYPES^M DE DÉPLACEMENTS^M
TYPES OF MOVEMENTS

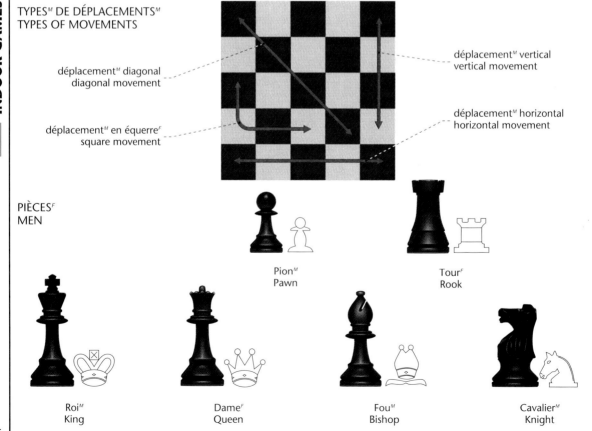

déplacement^M vertical
vertical movement

déplacement^M diagonal
diagonal movement

déplacement^M horizontal
horizontal movement

déplacement^M en équerre^F
square movement

PIÈCES^F
MEN

Pion^M
Pawn

Tour^F
Rook

Roi^M
King

Dame^F
Queen

Fou^M
Bishop

Cavalier^M
Knight

JEUX DE SOCIÉTÉ
INDOOR GAMES

696

JACQUET^M
BACKGAMMON

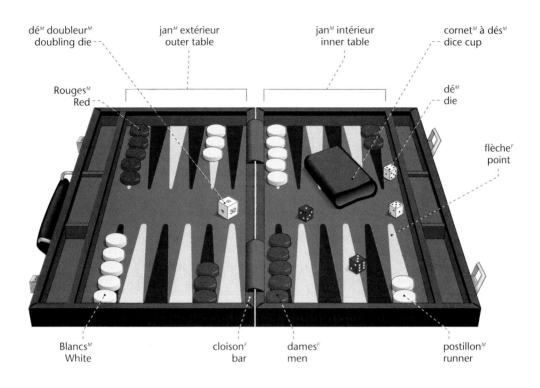

dé^M doubleur^M
doubling die

jan^M extérieur
outer table

jan^M intérieur
inner table

cornet^M à dés^M
dice cup

Rouges^M
Red

dé^M
die

flèche^F
point

Blancs^M
White

cloison^F
bar

dames^F
men

postillon^M
runner

GO^M
GO

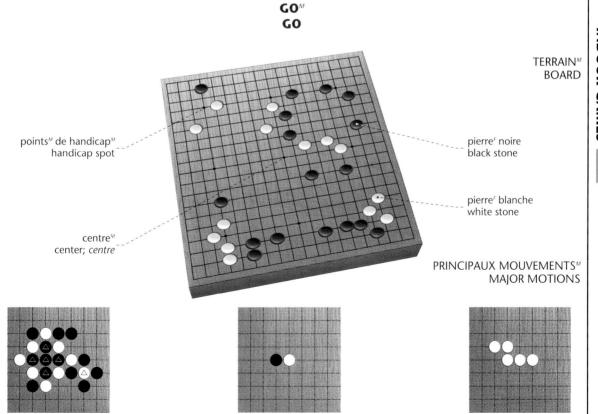

TERRAIN^M
BOARD

points^M de handicap^M
handicap spot

pierre^F noire
black stone

pierre^F blanche
white stone

centre^M
center; *centre*

PRINCIPAUX MOUVEMENTS^M
MAJOR MOTIONS

capture^F
capture

contact^M
contact

connexion^F
connection

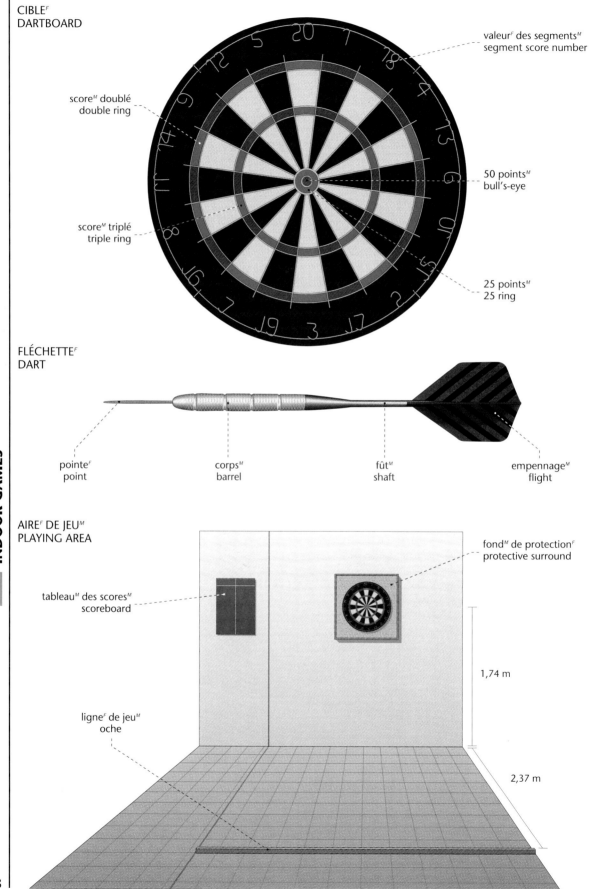

CIBLE^F
DARTBOARD

valeur^F des segments^M
segment score number

score^M doublé
double ring

50 points^M
bull's-eye

score^M triplé
triple ring

25 points^M
25 ring

FLÉCHETTE^F
DART

pointe^F
point

corps^M
barrel

fût^M
shaft

empennage^M
flight

AIRE^F DE JEU^M
PLAYING AREA

fond^M de protection^F
protective surround

tableau^M des scores^M
scoreboard

1,74 m

ligne^F de jeu^M
oche

2,37 m

JEUX DE SOCIÉTÉ
INDOOR GAMES

698

SYSTÈME^M DE JEUX^M VIDÉO
VIDEO ENTERTAINMENT SYSTEM

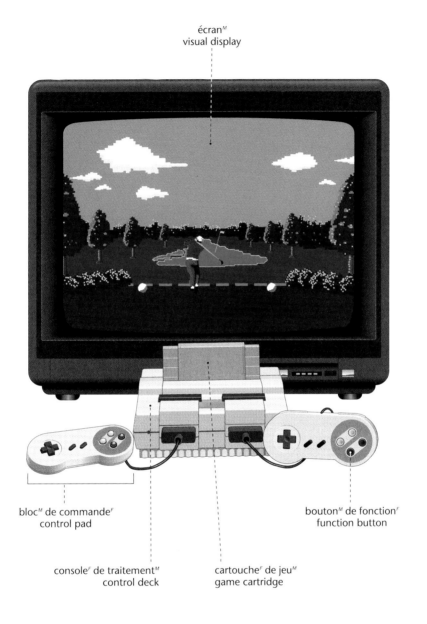

écran^M
visual display

bloc^M de commande^F
control pad

bouton^M de fonction^F
function button

console^F de traitement^M
control deck

cartouche^F de jeu^M
game cartridge

DÉS^M
DICE

dé^M à poker^M
poker die

dé^M régulier
ordinary die

TABLE^F DE ROULETTE
ROULETTE TABLE

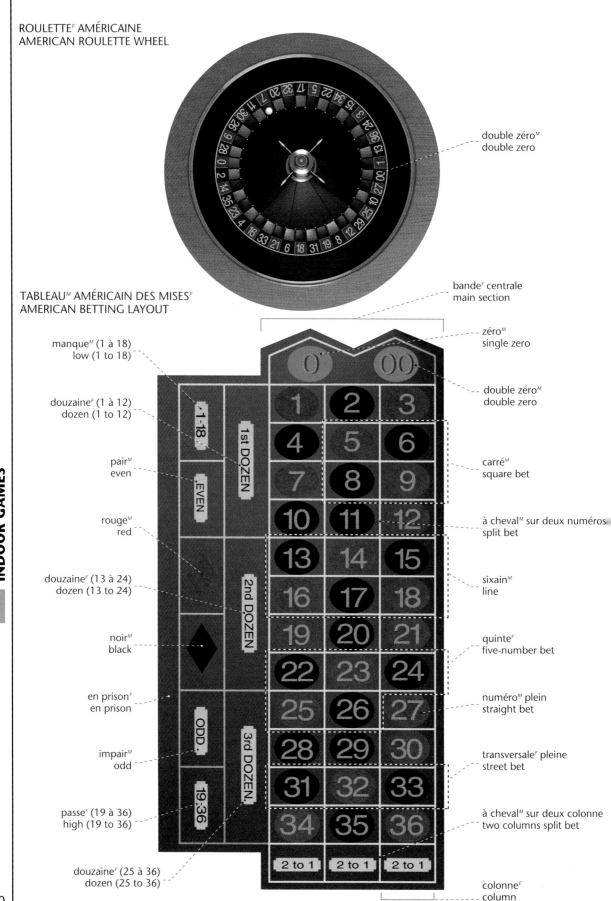

ROULETTE^F AMÉRICAINE
AMERICAN ROULETTE WHEEL

double zéro^M
double zero

TABLEAU^M AMÉRICAIN DES MISES^F
AMERICAN BETTING LAYOUT

bande^F centrale
main section

zéro^M
single zero

manque^M (1 à 18)
low (1 to 18)

double zéro^M
double zero

douzaine^F (1 à 12)
dozen (1 to 12)

carré^M
square bet

pair^M
even

à cheval^M sur deux numéros
split bet

rouge^M
red

sixain^M
line

douzaine^F (13 à 24)
dozen (13 to 24)

noir^M
black

quinte^F
five-number bet

en prison^F
en prison

numéro^M plein
straight bet

impair^M
odd

transversale^F pleine
street bet

passe^F (19 à 36)
high (19 to 36)

à cheval^M sur deux colonne
two columns split bet

douzaine^F (25 à 36)
dozen (25 to 36)

colonne^F
column

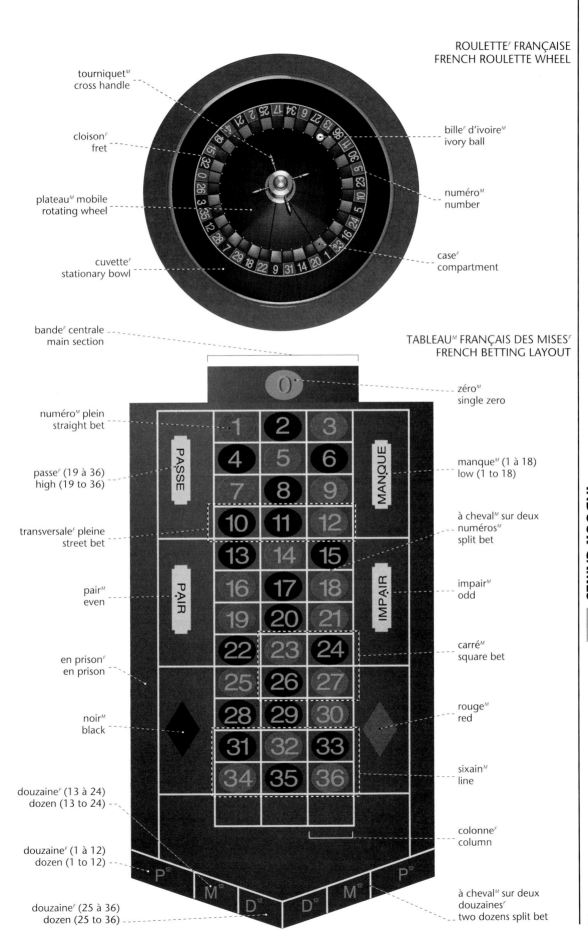

ROULETTE^F FRANÇAISE
FRENCH ROULETTE WHEEL

tourniquet^M
cross handle

cloison^F
fret

plateau^M mobile
rotating wheel

cuvette^F
stationary bowl

bille^F d'ivoire^M
ivory ball

numéro^M
number

case^F
compartment

bande^F centrale
main section

TABLEAU^M FRANÇAIS DES MISES^F
FRENCH BETTING LAYOUT

zéro^M
single zero

numéro^M plein
straight bet

passe^F (19 à 36)
high (19 to 36)

transversale^F pleine
street bet

pair^M
even

en prison^F
en prison

noir^M
black

PASSE

PAIR

MANQUE

IMPAIR

manque^M (1 à 18)
low (1 to 18)

à cheval^M sur deux
numéros^M
split bet

impair^M
odd

carré^M
square bet

rouge^M
red

sixain^M
line

douzaine^F (13 à 24)
dozen (13 to 24)

douzaine^F (1 à 12)
dozen (1 to 12)

douzaine^F (25 à 36)
dozen (25 to 36)

colonne^F
column

à cheval^M sur deux
douzaines^F
two dozens split bet

MACHINE^F À SOUS^M
SLOT MACHINE

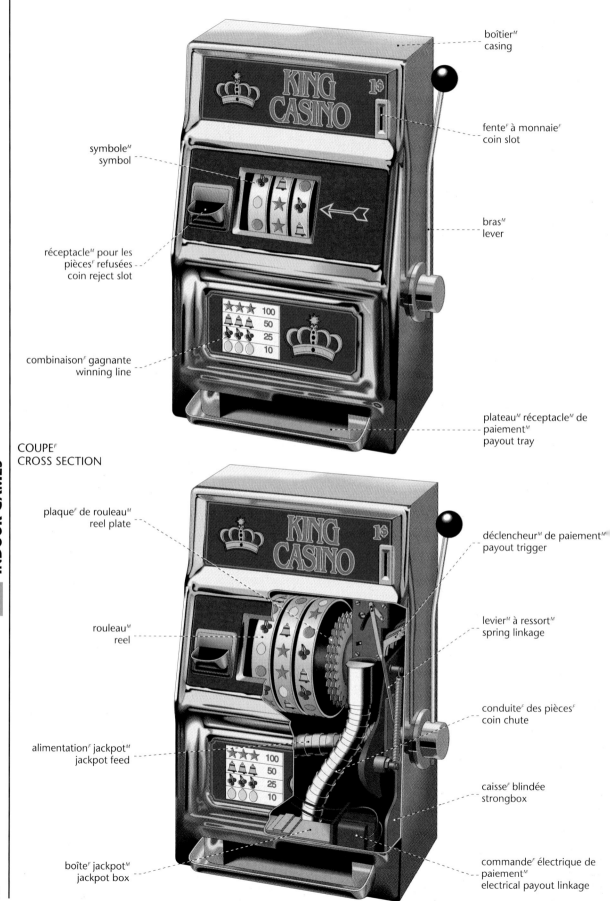

boîtier^M
casing

fente^F à monnaie^F
coin slot

symbole^M
symbol

bras^M
lever

réceptacle^M pour les
pièces^F refusées
coin reject slot

combinaison^F gagnante
winning line

plateau^M réceptacle^M de
paiement^M
payout tray

COUPE^F
CROSS SECTION

plaque^F de rouleau^M
reel plate

déclencheur^M de paiement^M
payout trigger

rouleau^M
reel

levier^M à ressort^M
spring linkage

conduite^F des pièces^F
coin chute

alimentation^F jackpot^M
jackpot feed

caisse^F blindée
strongbox

boîte^F jackpot^M
jackpot box

commande^F électrique de
paiement^M
electrical payout linkage

APPAREILS DE MESURE • MEASURING DEVICES

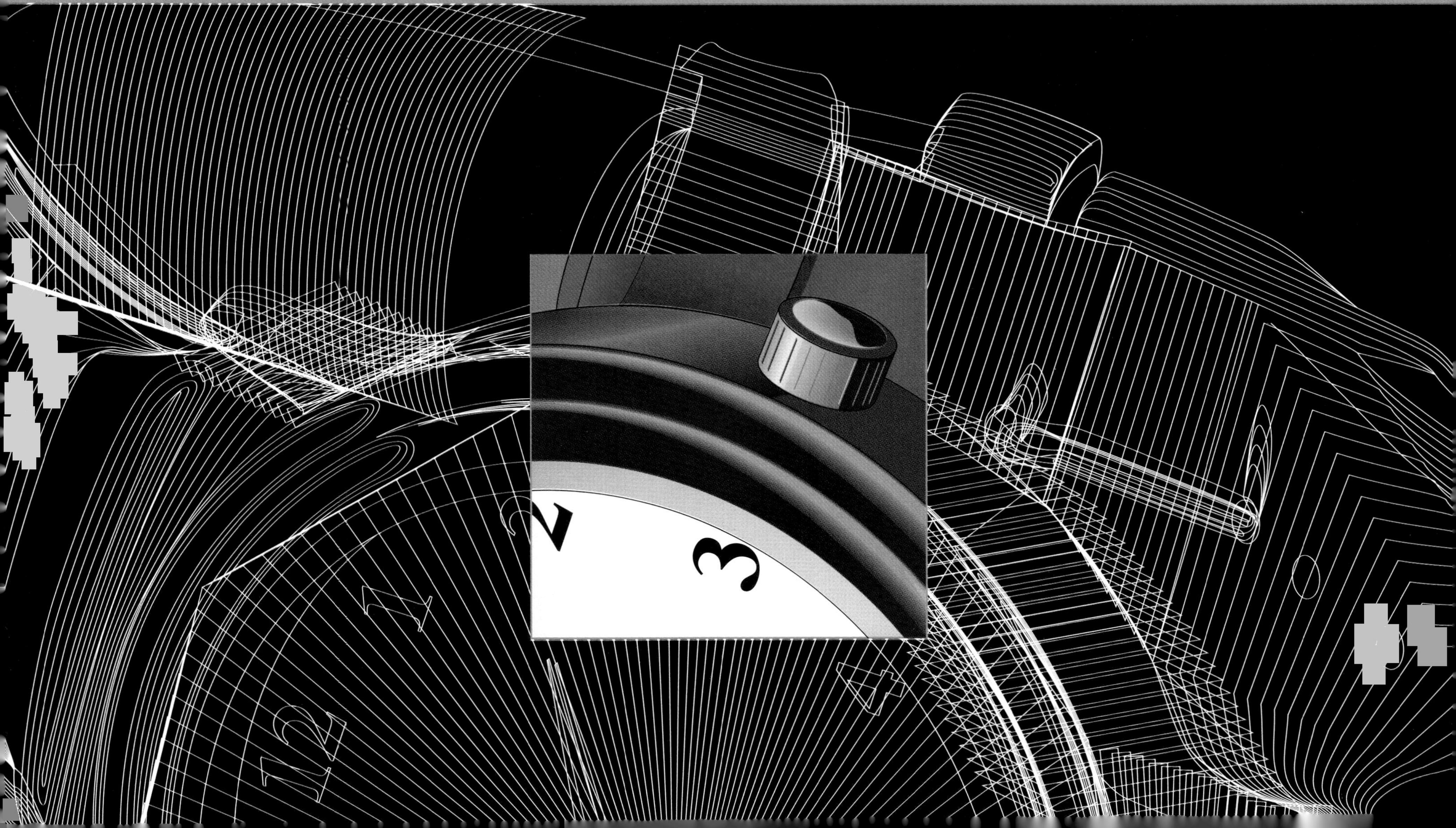

SOMMAIRE

MESURE DE LA TEMPÉRATURE..705

MESURE DU TEMPS..706

MESURE DE LA MASSE 708

MESURE DE LA PRESSION...710

MESURE DE LA LONGUEUR...711

MESURE DE LA DISTANCE...711

MESURE DE L'ÉPAISSEUR..711

WATTHEUREMÈTRE 712

MESURE DES ANGLES 713

MESURE DES ONDES SISMIQUES...714

APPAREILS DE MESURE
MEASURING DEVICES

MESURE^F DE LA TEMPÉRATURE^F
MEASURE OF TEMPERATURE

THERMOMÈTRE^M
THERMOMETER

THERMOMÈTRE^M MÉDICAL
CLINICAL THERMOMETER

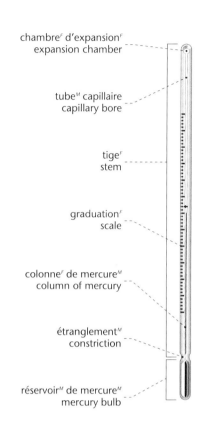

échelle^F Fahrenheit
Fahrenheit scale

échelle^F Celsius
Celsius scale

°F
F degrees

°C
C degrees

colonne^F d'alcool^M
alcohol column

réservoir^M d'alcool^M
alcohol bulb

chambre^F d'expansion^F
expansion chamber

tube^M capillaire
capillary bore

tige^F
stem

graduation^F
scale

colonne^F de mercure^M
column of mercury

étranglement^M
constriction

réservoir^M de mercure^M
mercury bulb

THERMOMÈTRE^M BIMÉTALLIQUE
BIMETALLIC THERMOMETER

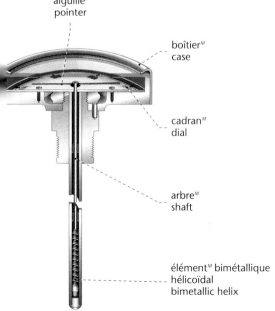

aiguille^F
pointer

boîtier^M
case

cadran^M
dial

arbre^M
shaft

élément^M bimétallique
hélicoïdal
bimetallic helix

THERMOSTAT^M D'AMBIANCE^F
ROOM THERMOSTAT

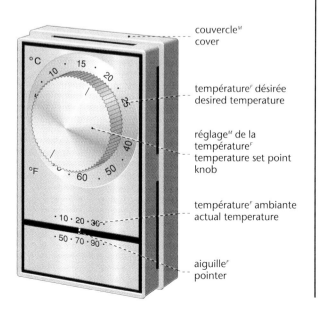

couvercle^M
cover

température^F désirée
desired temperature

réglage^M de la
température^F
temperature set point
knob

température^F ambiante
actual temperature

aiguille^F
pointer

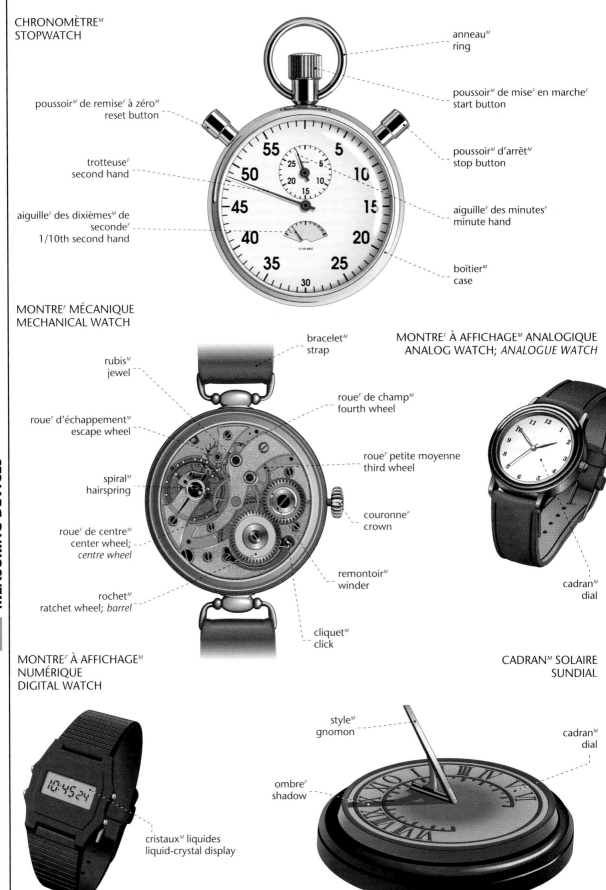

CHRONOMÈTRE^M
STOPWATCH

anneau^M
ring

poussoir^M de mise^F en marche^F
start button

poussoir^M de remise^F à zéro^M
reset button

poussoir^M d'arrêt^M
stop button

trotteuse^F
second hand

aiguille^F des minutes^F
minute hand

aiguille^F des dixièmes^M de
seconde^F
1/10th second hand

boîtier^M
case

MONTRE^F MÉCANIQUE
MECHANICAL WATCH

bracelet^M
strap

MONTRE^F À AFFICHAGE^M ANALOGIQUE
ANALOG WATCH; *ANALOGUE WATCH*

rubis^M
jewel

roue^F de champ^M
fourth wheel

roue^F d'échappement^M
escape wheel

roue^F petite moyenne
third wheel

spiral^M
hairspring

couronne^F
crown

roue^F de centre^M
center wheel;
centre wheel

remontoir^M
winder

rochet^M
ratchet wheel; *barrel*

cadran^M
dial

cliquet^M
click

MONTRE^F À AFFICHAGE^M
NUMÉRIQUE
DIGITAL WATCH

CADRAN^M SOLAIRE
SUNDIAL

style^M
gnomon

cadran^M
dial

ombre^F
shadow

cristaux^M liquides
liquid-crystal display

APPAREILS DE MESURE
MEASURING DEVICES

706

HORLOGE^F DE PARQUET^M
GRANDFATHER CLOCK

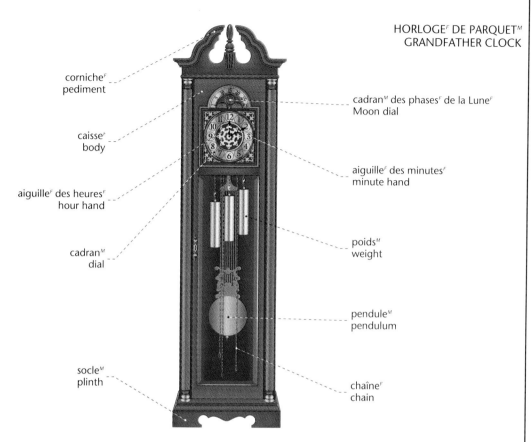

corniche^F
pediment

caisse^F
body

aiguille^F des heures^F
hour hand

cadran^M
dial

socle^M
plinth

cadran^M des phases^F de la Lune^F
Moon dial

aiguille^F des minutes^F
minute hand

poids^M
weight

pendule^M
pendulum

chaîne^F
chain

MÉCANISME^M DE L'HORLOGE^F À POIDS^M
WEIGHT-DRIVEN CLOCK MECHANISM

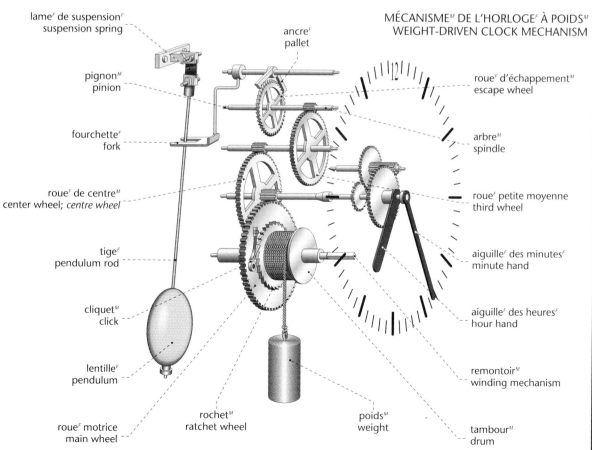

lame^F de suspension^F
suspension spring

pignon^M
pinion

fourchette^F
fork

roue^F de centre^M
center wheel; *centre wheel*

tige^F
pendulum rod

cliquet^M
click

lentille^F
pendulum

roue^F motrice
main wheel

rochet^M
ratchet wheel

poids^M
weight

ancre^F
pallet

roue^F d'échappement^M
escape wheel

arbre^M
spindle

roue^F petite moyenne
third wheel

aiguille^F des minutes^F
minute hand

aiguille^F des heures^F
hour hand

remontoir^M
winding mechanism

tambour^M
drum

707

MESURE^F DE LA MASSE^F
MEASURE OF WEIGHT

BALANCE^F À FLÉAU^M
BEAM BALANCE

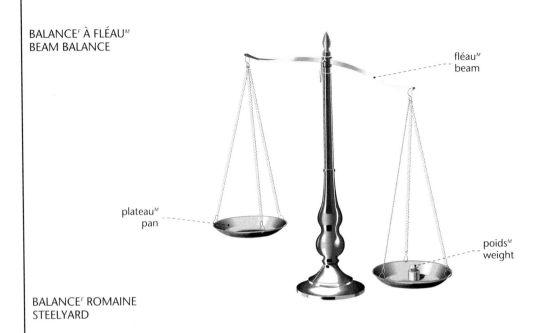

fléau^M
beam

plateau^M
pan

poids^M
weight

BALANCE^F ROMAINE
STEELYARD

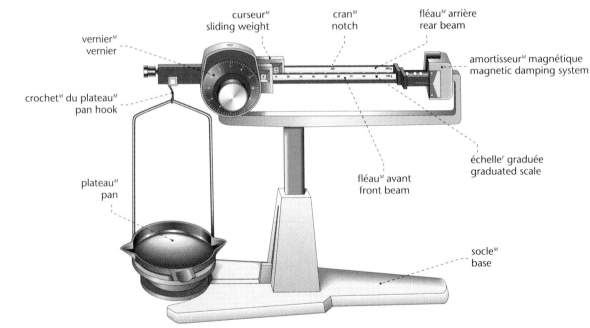

curseur^M
sliding weight

cran^M
notch

fléau^M arrière
rear beam

vernier^M
vernier

amortisseur^M magnétique
magnetic damping system

crochet^M du plateau^M
pan hook

échelle^F graduée
graduated scale

plateau^M
pan

fléau^M avant
front beam

socle^M
base

BALANCE^F DE ROBERVAL
ROBERVAL'S BALANCE

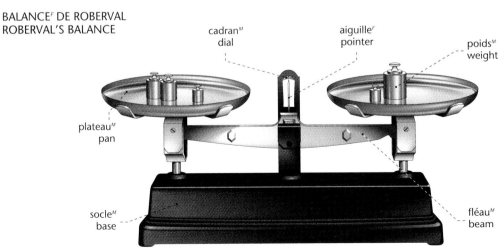

cadran^M
dial

aiguille^F
pointer

poids^M
weight

plateau^M
pan

socle^M
base

fléau^M
beam

PESON^M
SPRING BALANCE

BALANCE^F ÉLECTRONIQUE
ELECTRONIC SCALE

anneau^M
ring

index^M
pointer

échelle^F graduée
graduated scale

crochet^M
hook

poids^M
weight

prix^M à l'unité^F
unit price

afficheur^M
display

prix^M à payer
total

plateau^M
platform

touches^F de fonctions^F
function keys

clavier^M numérique
numeric keyboard

code^M des produits^M
product code

étiquette^F
printout

POIDS/WEIGHT kg
PRIX/PRICE/kg $
TOTAL $

PÈSE-PERSONNE^M
BATHROOM SCALE

BALANCE^F DE PRÉCISION^F
ANALYTICAL BALANCE

affichage^M numérique
digital display

cage^F vitrée
glass case

porte^F
door access

plateau^M
pan

vis^F calante
leveling screw; *levelling screw*

plate-forme^F
weighing platform

44956 g

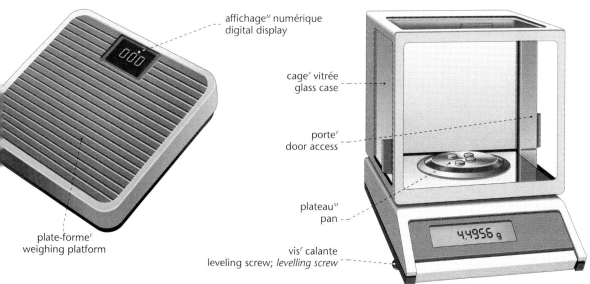

MESURE^F DE LA PRESSION^F
MEASURE OF PRESSURE

BAROMÈTRE^M/THERMOMÈTRE^M
BAROMETER/THERMOMETER

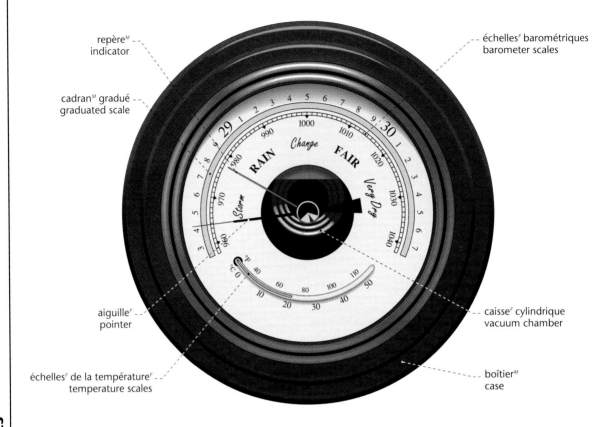

repère^M
indicator

cadran^M gradué
graduated scale

échelles^F barométriques
barometer scales

aiguille^F
pointer

échelles^F de la température^F
temperature scales

caisse^F cylindrique
vacuum chamber

boîtier^M
case

TENSIOMÈTRE^M
TENSIOMETER

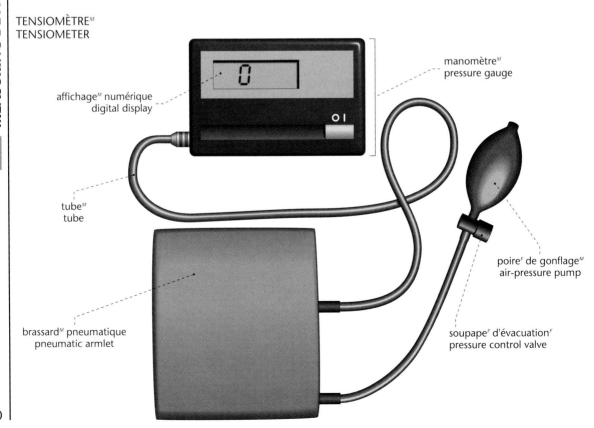

affichage^M numérique
digital display

manomètre^M
pressure gauge

tube^M
tube

poire^F de gonflage^M
air-pressure pump

brassard^M pneumatique
pneumatic armlet

soupape^F d'évacuation^F
pressure control valve

APPAREILS DE MESURE
MEASURING DEVICES

710

MESURE^F DE LA LONGUEUR^F
MEASURE OF LENGTH

MÈTRE^M À RUBAN^M
TAPE MEASURE

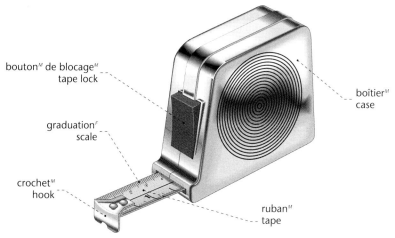

bouton^M de blocage^M
tape lock

graduation^F
scale

crochet^M
hook

boîtier^M
case

ruban^M
tape

MESURE^F DE LA DISTANCE^F
MEASURE OF DISTANCE

PODOMÈTRE^M
PEDOMETER

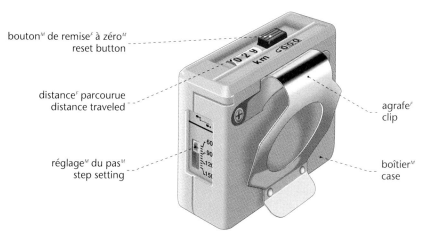

bouton^M de remise^F à zéro^M
reset button

distance^F parcourue
distance traveled

réglage^M du pas^M
step setting

agrafe^F
clip

boîtier^M
case

MESURE^F DE L'ÉPAISSEUR^F
MEASURE OF THICKNESS

MICROMÈTRE^M PALMER^M
MICROMETER CALIPER

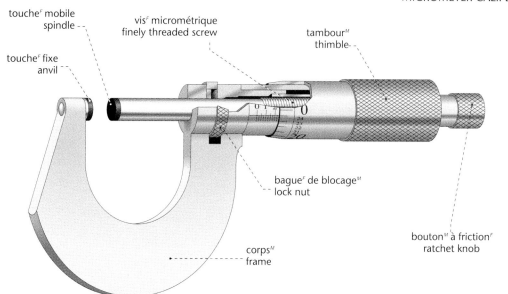

touche^F mobile
spindle

touche^F fixe
anvil

vis^F micrométrique
finely threaded screw

tambour^M
thimble

bague^F de blocage^M
lock nut

bouton^M à friction^F
ratchet knob

corps^M
frame

WATTHEUREMÈTRE^M
WATT-HOUR METER

VUE^F EXTÉRIEURE
EXTERIOR VIEW

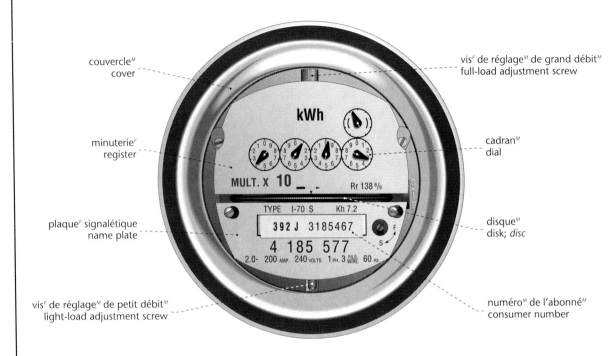

couvercle^M
cover

minuterie^F
register

plaque^F signalétique
name plate

vis^F de réglage^M de petit débit^M
light-load adjustment screw

vis^F de réglage^M de grand débit^M
full-load adjustment screw

cadran^M
dial

disque^M
disk; *disc*

numéro^M de l'abonné^M
consumer number

MÉCANISME^M
MECHANISM

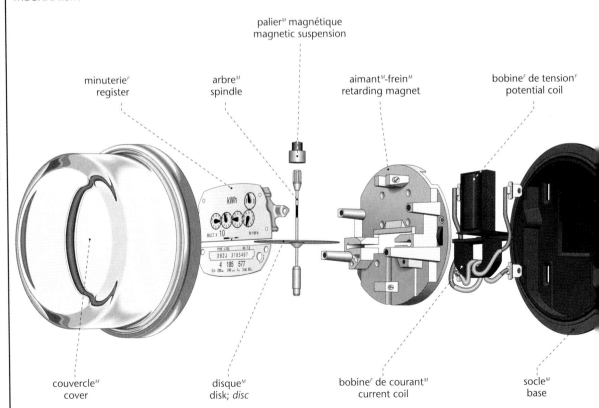

minuterie^F
register

arbre^M
spindle

palier^M magnétique
magnetic suspension

aimant^M-frein^M
retarding magnet

bobine^F de tension^F
potential coil

couvercle^M
cover

disque^M
disk; *disc*

bobine^F de courant^M
current coil

socle^M
base

712

MESURE^F DES ANGLES^M
MEASURE OF ANGLES

THÉODOLITE^M
THEODOLITE

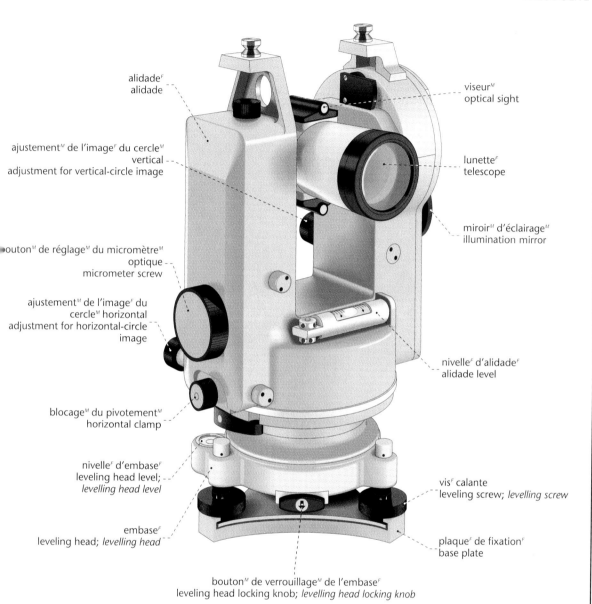

alidade^F
alidade

ajustement^M de l'image^F du cercle^M
vertical
adjustment for vertical-circle image

bouton^M de réglage^M du micromètre^M
optique
micrometer screw

ajustement^M de l'image^F du
cercle^M horizontal
adjustment for horizontal-circle
image

blocage^M du pivotement^M
horizontal clamp

nivelle^F d'embase^F
leveling head level;
levelling head level

embase^F
leveling head; *levelling head*

viseur^M
optical sight

lunette^F
telescope

miroir^M d'éclairage^M
illumination mirror

nivelle^F d'alidade^F
alidade level

vis^F calante
leveling screw; *levelling screw*

plaque^F de fixation^F
base plate

bouton^M de verrouillage^M de l'embase^F
leveling head locking knob; *levelling head locking knob*

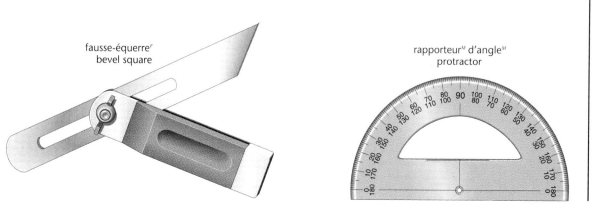

fausse-équerre^F
bevel square

rapporteur^M d'angle^M
protractor

MESURE^F DES ONDES^F SISMIQUES
MEASURE OF SEISMIC WAVES

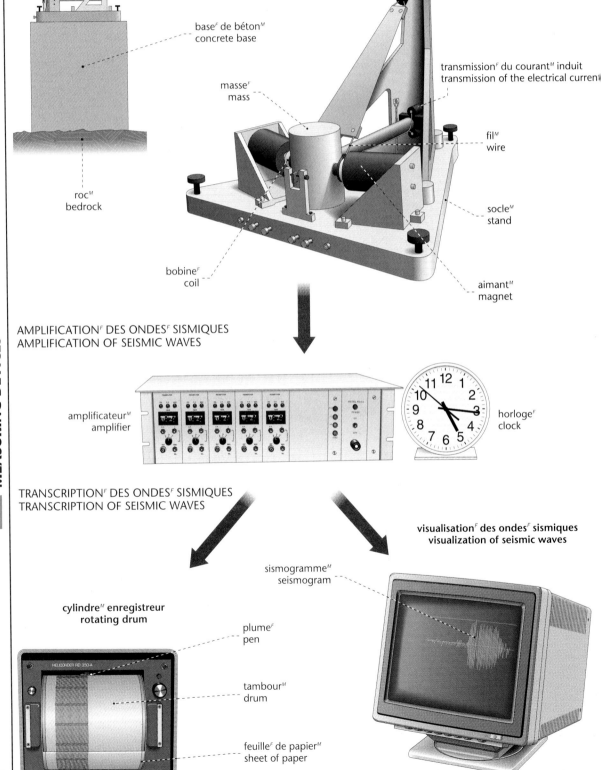

DÉTECTION^F DES ONDES^F SISMIQUES
DETECTION OF SEISMIC WAVES

sismographe^M horizontal
horizontal seismograph

base^F de béton^M
concrete base

pilier^M
pillar

transmission^F du courant^M induit
transmission of the electrical current

masse^F
mass

fil^M
wire

socle^M
stand

roc^M
bedrock

bobine^F
coil

aimant^M
magnet

AMPLIFICATION^F DES ONDES^F SISMIQUES
AMPLIFICATION OF SEISMIC WAVES

amplificateur^M
amplifier

horloge^F
clock

TRANSCRIPTION^F DES ONDES^F SISMIQUES
TRANSCRIPTION OF SEISMIC WAVES

**visualisation^F des ondes^F sismiques
visualization of seismic waves**

sismogramme^M
seismogram

**cylindre^M enregistreur
rotating drum**

plume^F
pen

tambour^M
drum

feuille^F de papier^M
sheet of paper

**APPAREILS DE MESURE
MEASURING DEVICES**

714

APPAREILS DE VISION OPTICAL INSTRUMENTS

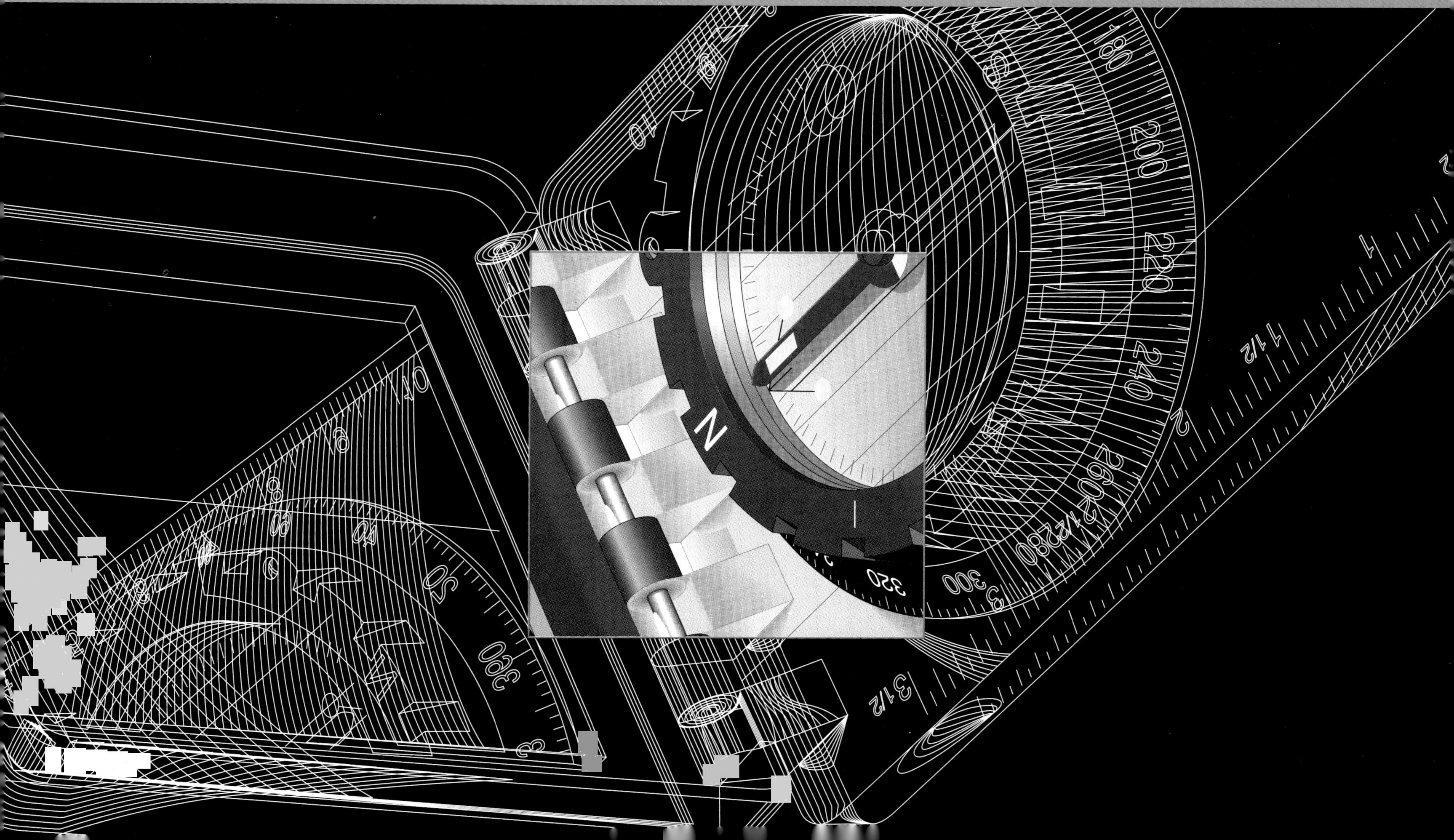

SOMMAIRE

MICROSCOPE ÉLECTRONIQUE 717

MICROSCOPE BINOCULAIRE..718

LUNETTE DE VISÉE 718

JUMELLES À PRISMES 719

BOUSSOLE MAGNÉTIQUE 719

TÉLESCOPE 720

LUNETTE ASTRONOMIQUE...721

RADAR 722

LENTILLES 722

APPAREILS DE VISION
OPTICAL INSTRUMENTS

MICROSCOPE^M ÉLECTRONIQUE
ELECTRON MICROSCOPE

COUPE^F D'UN MICROSCOPE^M ÉLECTRONIQUE
CROSS SECTION OF AN ELECTRON MICROSCOPE

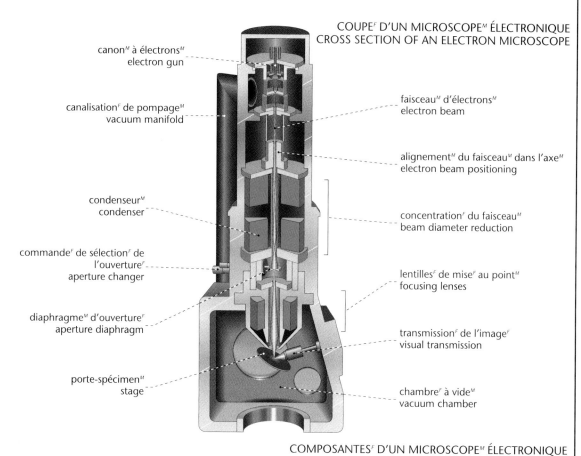

canon^M à électrons^M
electron gun

canalisation^F de pompage^M
vacuum manifold

condenseur^M
condenser

commande^F de sélection^F de
l'ouverture^F
aperture changer

diaphragme^M d'ouverture^F
aperture diaphragm

porte-spécimen^M
stage

faisceau^M d'électrons^M
electron beam

alignement^M du faisceau^M dans l'axe^M
electron beam positioning

concentration^F du faisceau^M
beam diameter reduction

lentilles^F de mise^F au point^M
focusing lenses

transmission^F de l'image^F
visual transmission

chambre^F à vide^M
vacuum chamber

COMPOSANTES^F D'UN MICROSCOPE^M ÉLECTRONIQUE
ELECTRON MICROSCOPE ELEMENTS

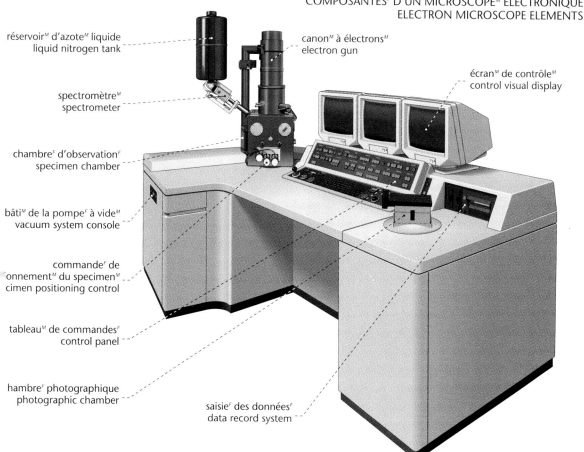

réservoir^M d'azote^M liquide
liquid nitrogen tank

spectromètre^M
spectrometer

chambre^F d'observation^F
specimen chamber

bâti^M de la pompe^F à vide^M
vacuum system console

commande^F de
ⁱonnement^M du specimen^M
cimen positioning control

tableau^M de commandes^F
control panel

hambre^F photographique
photographic chamber

canon^M à électrons^M
electron gun

écran^M de contrôle^M
control visual display

saisie^F des données^F
data record system

MICROSCOPE^M BINOCULAIRE
BINOCULAR MICROSCOPE

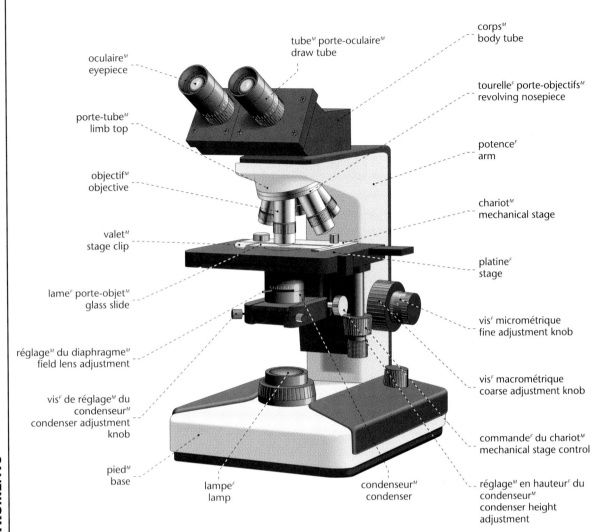

oculaire^M
eyepiece

tube^M porte-oculaire^M
draw tube

corps^M
body tube

tourelle^F porte-objectifs^M
revolving nosepiece

porte-tube^M
limb top

potence^F
arm

objectif^M
objective

chariot^M
mechanical stage

valet^M
stage clip

platine^F
stage

lame^F porte-objet^M
glass slide

vis^F micrométrique
fine adjustment knob

réglage^M du diaphragme^M
field lens adjustment

vis^F macrométrique
coarse adjustment knob

vis^F de réglage^M du
condenseur^M
condenser adjustment
knob

commande^F du chariot^M
mechanical stage control

pied^M
base

lampe^F
lamp

condenseur^M
condenser

réglage^M en hauteur^F du
condenseur^M
condenser height
adjustment

LUNETTE^F DE VISÉE^F
TELESCOPIC SIGHT

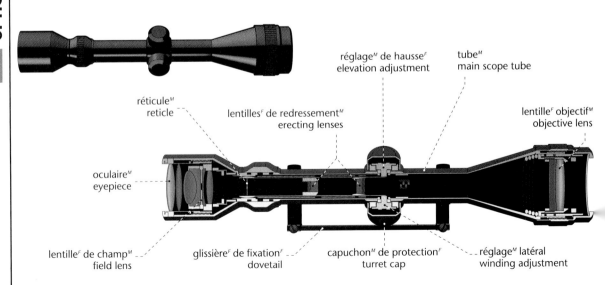

réglage^M de hausse^F
elevation adjustment

tube^M
main scope tube

réticule^M
reticle

lentilles^F de redressement^M
erecting lenses

lentille^F objectif^M
objective lens

oculaire^M
eyepiece

lentille^F de champ^M
field lens

glissière^F de fixation^F
dovetail

capuchon^M de protection^F
turret cap

réglage^M latéral
winding adjustment

718

JUMELLES^F À PRISMES^M
PRISM BINOCULARS

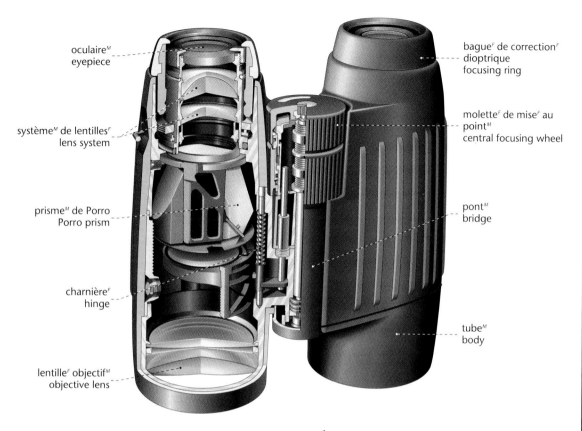

oculaire^M
eyepiece

bague^F de correction^F
dioptrique
focusing ring

système^M de lentilles^F
lens system

molette^F de mise^F au
point^M
central focusing wheel

prisme^M de Porro
Porro prism

pont^M
bridge

charnière^F
hinge

tube^M
body

lentille^F objectif^M
objective lens

BOUSSOLE^F MAGNÉTIQUE
MAGNETIC COMPASS

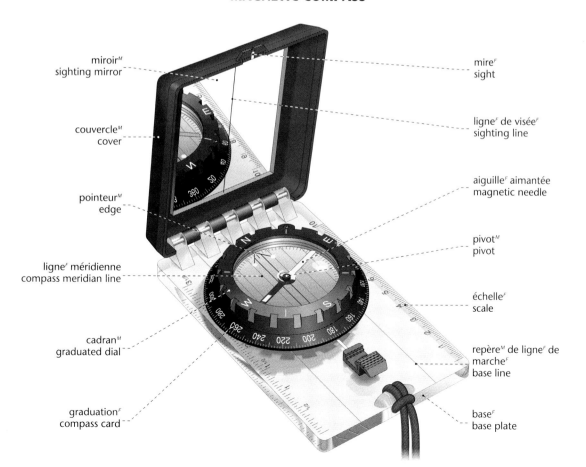

miroir^M
sighting mirror

mire^F
sight

couvercle^M
cover

ligne^F de visée^F
sighting line

pointeur^M
edge

aiguille^F aimantée
magnetic needle

ligne^F méridienne
compass meridian line

pivot^M
pivot

échelle^F
scale

cadran^M
graduated dial

repère^M de ligne^F de
marche^F
base line

graduation^F
compass card

base^F
base plate

TÉLESCOPEᴹ
REFLECTING TELESCOPE

supportᴹ de fixationᶠ
support

chercheurᴹ
finderscope

oculaireᴹ
eyepiece

brideᶠ de fixationᶠ
cradle

tubeᴹ
main tube

boutonᴹ de miseᶠ au
pointᴹ
focusing knob

cercleᴹ de déclinaisonᶠ
declination setting scale

cercleᴹ d'ascensionᶠ droite
right ascension setting scale

visᶠ de blocageᴹ (azimutᴹ)
azimuth clamp

réglageᴹ micrométrique
(azimutᴹ)
azimuth fine adjustment

visᶠ de blocageᴹ (latitudeᶠ)
altitude clamp

réglageᴹ micrométrique
(latitudeᶠ)
altitude fine adjustment

APPAREILS DE VISION
OPTICAL INSTRUMENTS

COUPEᶠ D'UN TÉLESCOPEᴹ
CROSS SECTION OF A REFLECTING TELESCOPE

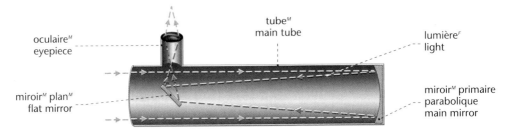

oculaireᴹ
eyepiece

tubeᴹ
main tube

lumièreᶠ
light

miroirᴹ planᴹ
flat mirror

miroirᴹ primaire
parabolique
main mirror

720

LUNETTE^F ASTRONOMIQUE
REFRACTING TELESCOPE

bride^F de fixation^F
cradle

pare-soleil^M
dew shield

chercheur^M
finderscope

tube^M
main tube

lentille^F objectif^M
objective lens

oculaire^M
eyepiece

tube^M porte-oculaire^M
eyepiece holder

cercle^M de déclinaison^F
declination setting scale

oculaire^M coudé
star diagonal

vis^F de blocage^M (azimut^M)
azimuth clamp

bouton^M de mise^F au point^M
focusing knob

vis^F de blocage^M (latitude^F)
altitude clamp

réglage^M micrométrique
(azimut^M)
azimuth fine adjustment

cercle^M d'ascension^F droite
right ascension setting scale

réglage^M micrométrique
(latitude^F)
altitude fine adjustment

contrepoids^M
counterweight

fourche^F
fork

trépied^M
tripod

plateau^M pour
accessoires^M
tripod accessories shelf

COUPE^F D'UNE LUNETTE^F ASTRONOMIQUE
CROSS SECTION OF A REFRACTING TELESCOPE

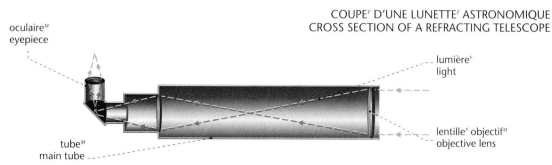

oculaire^M
eyepiece

lumière^F
light

lentille^F objectif^M
objective lens

tube^M
main tube

LENTILLES^F
LENSES

LENTILLES^F CONVERGENTES
CONVERGING LENSES

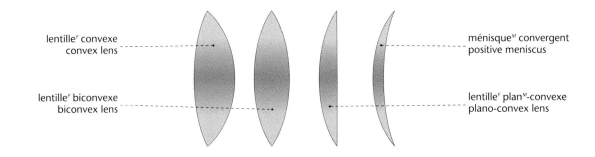

lentille^F convexe
convex lens

ménisque^M convergent
positive meniscus

lentille^F biconvexe
biconvex lens

lentille^F plan^M-convexe
plano-convex lens

LENTILLES^F DIVERGENTES
DIVERGING LENSES

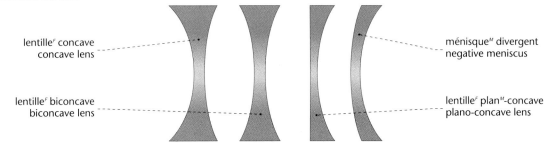

lentille^F concave
concave lens

ménisque^M divergent
negative meniscus

lentille^F biconcave
biconcave lens

lentille^F plan^M-concave
plano-concave lens

RADAR^M
RADAR

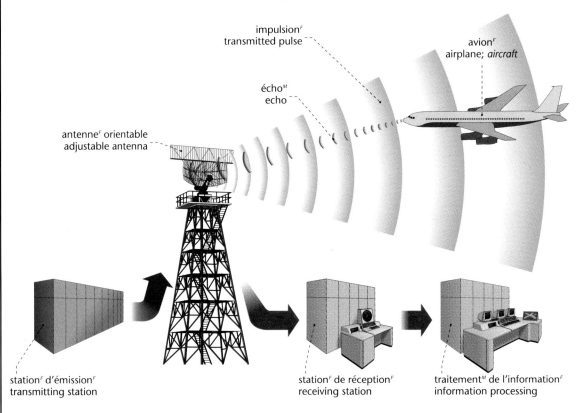

impulsion^F
transmitted pulse

avion^F
airplane; *aircraft*

écho^M
echo

antenne^F orientable
adjustable antenna

station^F d'émission^F
transmitting station

station^F de réception^F
receiving station

traitement^M de l'information^F
information processing

722

SOMMAIRE

TROUSSE DE SECOURS 725

MATÉRIEL DE SECOURS...726

FAUTEUIL ROULANT..727

AIDES À LA MARCHE 728

PROTECTION DE L'OUÏE 729

PROTECTION DES YEUX..729

PROTECTION DE LA TÊTE..729

PROTECTION DES VOIES RESPIRATOIRES 730

GILET DE SÉCURITÉ 730

PROTECTION DES PIEDS 730

SANTÉ ET SÉCURITÉ
HEALTH AND SAFETY

TROUSSE^F DE SECOURS^M
FIRST AID KIT

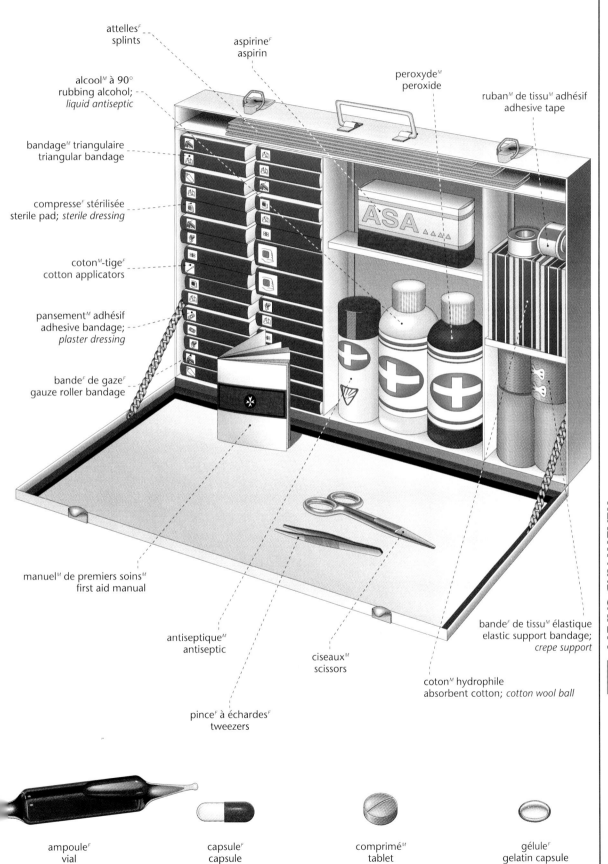

attelles^F
splints

aspirine^F
aspirin

peroxyde^M
peroxide

ruban^M de tissu^M adhésif
adhesive tape

alcool^M à 90°
rubbing alcohol;
liquid antiseptic

bandage^M triangulaire
triangular bandage

compresse^F stérilisée
sterile pad; *sterile dressing*

coton^M-tige^F
cotton applicators

pansement^M adhésif
adhesive bandage;
plaster dressing

bande^F de gaze^F
gauze roller bandage

manuel^M de premiers soins^M
first aid manual

antiseptique^M
antiseptic

ciseaux^M
scissors

bande^F de tissu^M élastique
elastic support bandage;
crepe support

coton^M hydrophile
absorbent cotton; *cotton wool ball*

pince^F à échardes^F
tweezers

ampoule^F
vial

capsule^F
capsule

comprimé^M
tablet

gélule^F
gelatin capsule

MATÉRIEL^M DE SECOURS^M
FIRST AID EQUIPMENT

STÉTHOSCOPE^M
STETHOSCOPE

SERINGUE^F
SYRINGE

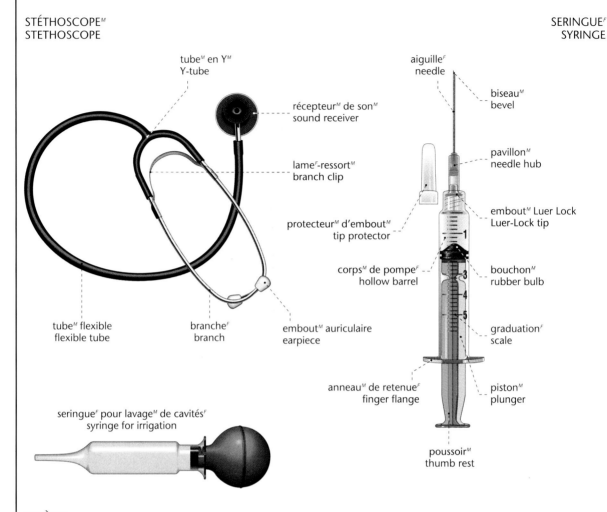

tube^M en Y^M
Y-tube

récepteur^M de son^M
sound receiver

lame^F-ressort^M
branch clip

protecteur^M d'embout^M
tip protector

corps^M de pompe^F
hollow barrel

anneau^M de retenue^F
finger flange

tube^M flexible
flexible tube

branche^F
branch

embout^M auriculaire
earpiece

aiguille^F
needle

biseau^M
bevel

pavillon^M
needle hub

embout^M Luer Lock
Luer-Lock tip

bouchon^M
rubber bulb

graduation^F
scale

piston^M
plunger

poussoir^M
thumb rest

seringue^F pour lavage^M de cavités^F
syringe for irrigation

CIVIÈRE^F
COT

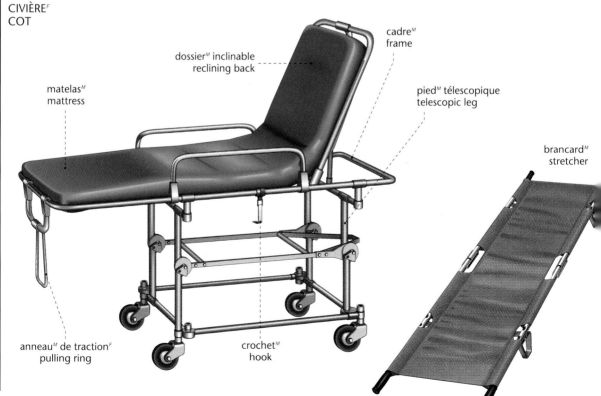

dossier^M inclinable
reclining back

cadre^M
frame

matelas^M
mattress

pied^M télescopique
telescopic leg

brancard^M
stretcher

anneau^M de traction^F
pulling ring

crochet^M
hook

FAUTEUIL^M ROULANT
WHEELCHAIR

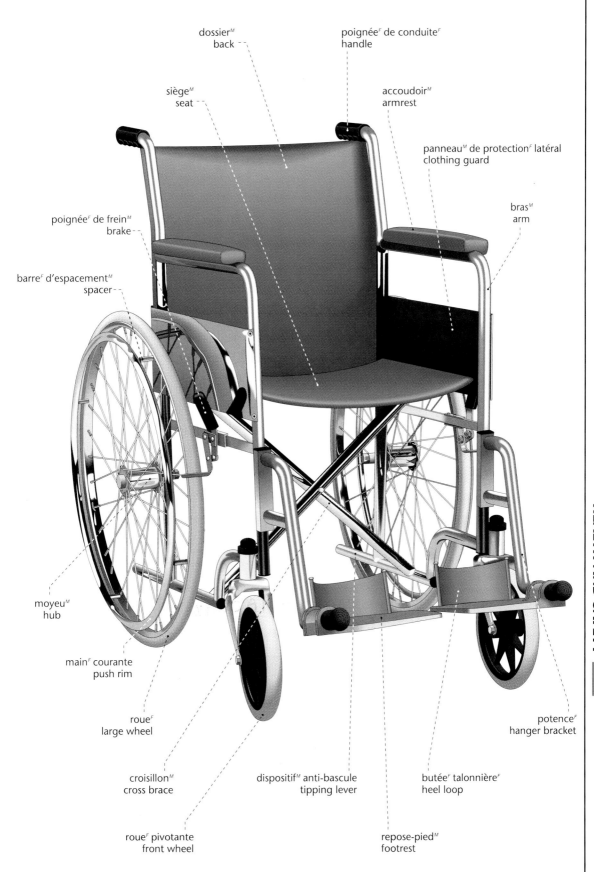

dossier^M
back

poignée^F de conduite^F
handle

siège^M
seat

accoudoir^M
armrest

panneau^M de protection^F latéral
clothing guard

bras^M
arm

poignée^F de frein^M
brake

barre^F d'espacement^M
spacer

moyeu^M
hub

main^F courante
push rim

roue^F
large wheel

croisillon^M
cross brace

dispositif^M anti-bascule
tipping lever

butée^F talonnière^F
heel loop

potence^F
hanger bracket

roue^F pivotante
front wheel

repose-pied^M
footrest

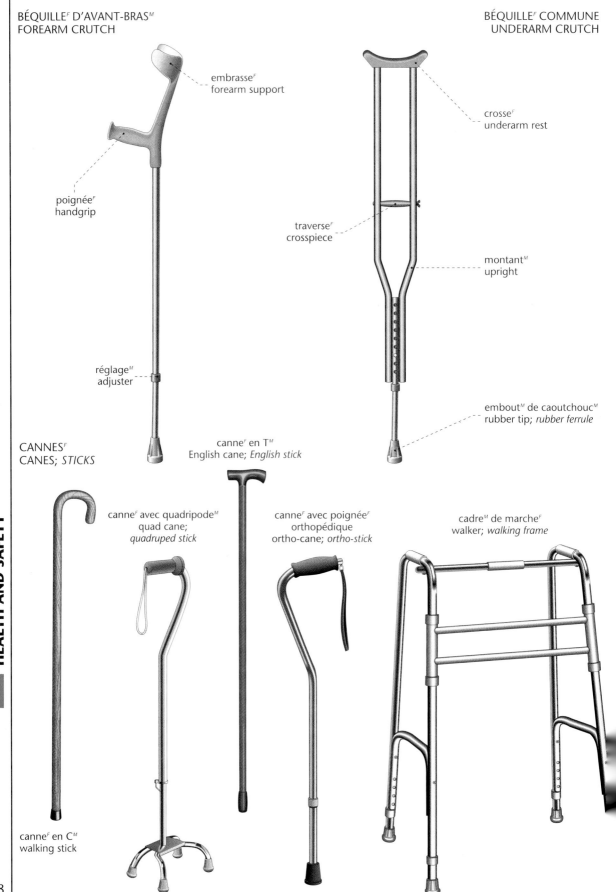

BÉQUILLE^F D'AVANT-BRAS^M
FOREARM CRUTCH

BÉQUILLE^F COMMUNE
UNDERARM CRUTCH

embrasse^F
forearm support

crosse^F
underarm rest

poignée^F
handgrip

traverse^F
crosspiece

montant^M
upright

réglage^M
adjuster

embout^M de caoutchouc^M
rubber tip; *rubber ferrule*

CANNES^F
CANES; *STICKS*

canne^F en T^M
English cane; *English stick*

canne^F avec quadripode^M
quad cane;
quadruped stick

canne^F avec poignée^F
orthopédique
ortho-cane; *ortho-stick*

cadre^M de marche^F
walker; *walking frame*

canne^F en C^M
walking stick

PROTECTION*F* DE L'OUÏE*F*
EAR PROTECTION

SERRE-TÊTE*M* ANTIBRUIT
SAFETY EARMUFF

serre-tête*M*
headband

protège-tympan*M*
ear plugs

coussinet*M* en mousse*F*
foam cushion

PROTECTION*F* DES YEUX*M*
EYE PROTECTION

lunettes*F* de protection*F*
safety goggles

lunettes*F* de sécurité*F*
safety glasses

PROTECTION*F* DE LA TÊTE*F*
HEAD PROTECTION

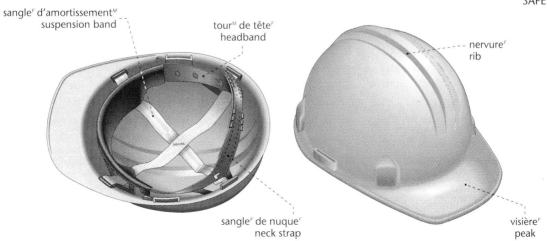

CASQUE*M* DE SÉCURITÉ*F*
SAFETY CAP

sangle*F* d'amortissement*M*
suspension band

tour*M* de tête*F*
headband

nervure*F*
rib

sangle*F* de nuque*F*
neck strap

visière*F*
peak

PROTECTION^F DES VOIES^F RESPIRATOIRES
RESPIRATORY SYSTEM PROTECTION

MASQUE^M RESPIRATOIRE
RESPIRATOR

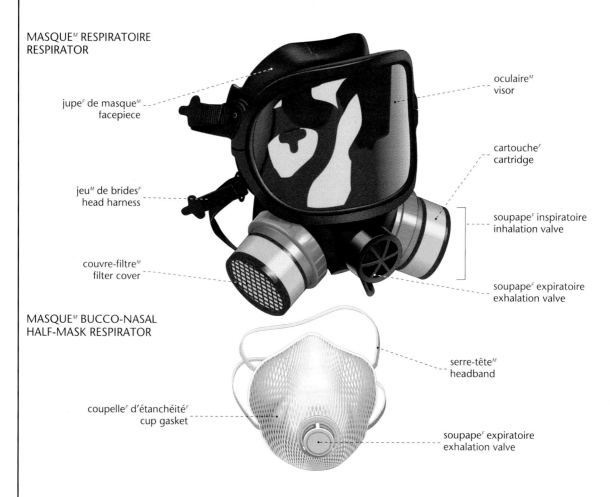

jupe^F de masque^M
facepiece

jeu^M de brides^F
head harness

couvre-filtre^M
filter cover

oculaire^M
visor

cartouche^F
cartridge

soupape^F inspiratoire
inhalation valve

soupape^F expiratoire
exhalation valve

MASQUE^M BUCCO-NASAL
HALF-MASK RESPIRATOR

coupelle^F d'étanchéité^F
cup gasket

serre-tête^M
headband

soupape^F expiratoire
exhalation valve

GILET^M DE SÉCURITÉ^F
SAFETY VEST

bande^F réfléchissante
reflective stripe

PROTECTION^F DES PIEDS^M
FEET PROTECTION

protège-orteils^M
toe guard

BRODEQUIN^M DE SÉCURITÉ^F
SAFETY BOOT

embout^M de protection^F
reinforced toe

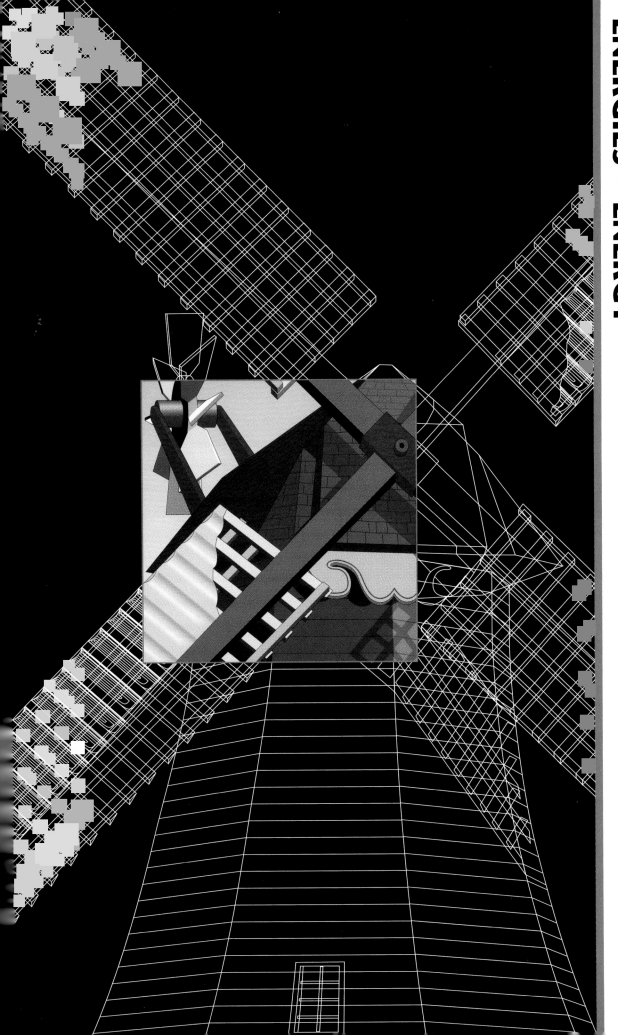

ÈNERGIES • ENERGY

SOMMAIRE

MINE DE CHARBON...733

PÉTROLE 737

ÉLECTRICITÉ..746

ÉNERGIE NUCLÉAIRE 758

ÉNERGIE SOLAIRE...768

ÉNERGIE ÉOLIENNE..773

ÉNERGIES
ENERGY

MINE^F DE CHARBON^M
COAL MINE

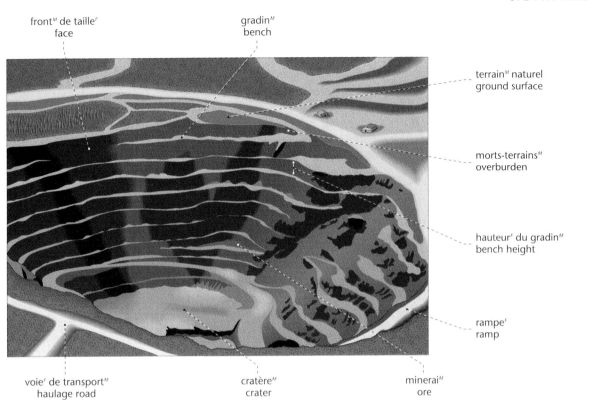

front^M de taille^F
face

gradin^M
bench

terrain^M naturel
ground surface

morts-terrains^M
overburden

hauteur^F du gradin^M
bench height

rampe^F
ramp

voie^F de transport^M
haulage road

cratère^M
crater

minerai^M
ore

CARRIÈRE^F EXPLOITÉE EN CHASSANT
STRIP MINE

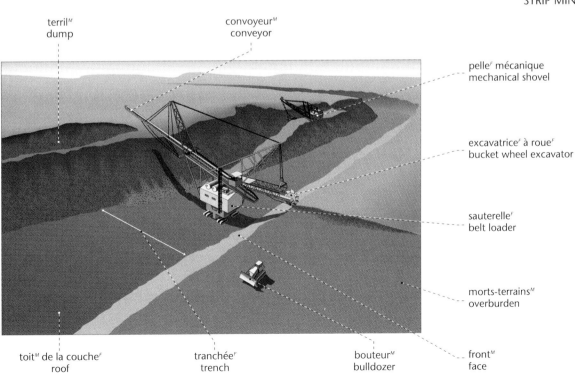

terril^M
dump

convoyeur^M
conveyor

pelle^F mécanique
mechanical shovel

excavatrice^F à roue^F
bucket wheel excavator

sauterelle^F
belt loader

morts-terrains^M
overburden

toit^M de la couche^F
roof

tranchée^F
trench

bouteur^M
bulldozer

front^M
face

**ÉNERGIES
ENERGY**

MINE^F DE CHARBON^M
COAL MINE

MARTEAU^M PERFORATEUR À
POUSSOIR^M PNEUMATIQUE
JACKLEG DRILL

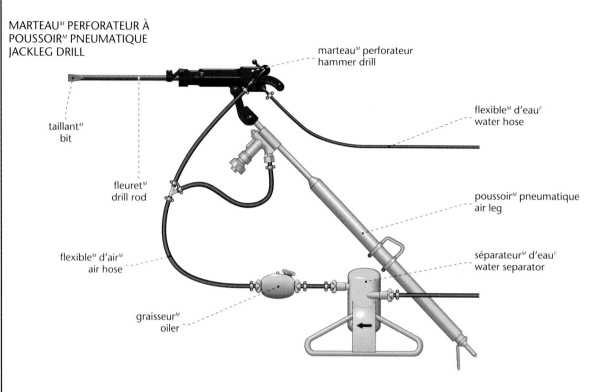

marteau^M perforateur
hammer drill

flexible^M d'eau^F
water hose

taillant^M
bit

fleuret^M
drill rod

poussoir^M pneumatique
air leg

flexible^M d'air^M
air hose

séparateur^M d'eau^F
water separator

graisseur^M
oiler

CARREAU^M DE MINE^F
PITHEAD

atelier^M d'entretien^M
maintenance shop

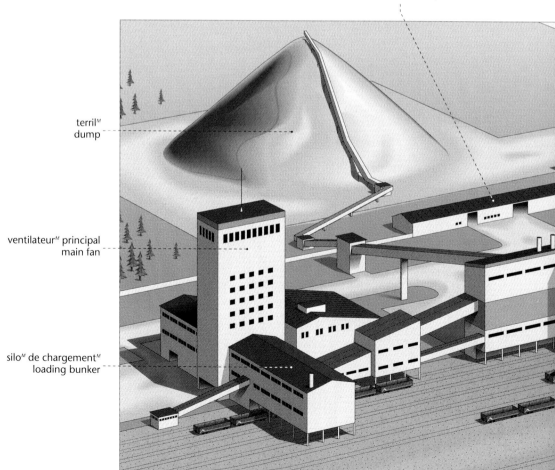

terril^M
dump

ventilateur^M principal
main fan

silo^M de chargement^M
loading bunker

ÉNERGIES
ENERGY

734

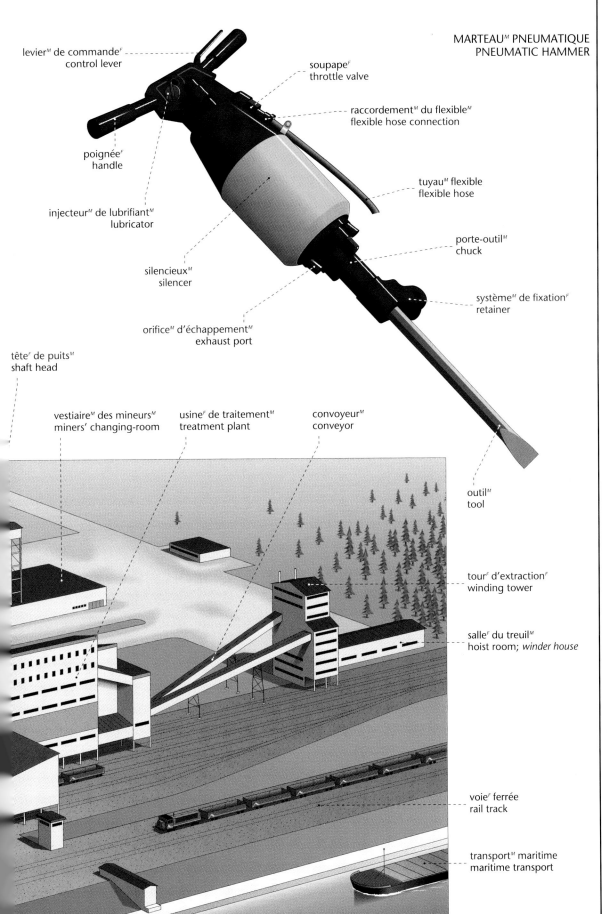

MARTEAU^M PNEUMATIQUE
PNEUMATIC HAMMER

levier^M de commande^F
control lever

soupape^F
throttle valve

raccordement^M du flexible^M
flexible hose connection

poignée^F
handle

tuyau^M flexible
flexible hose

injecteur^M de lubrifiant^M
lubricator

porte-outil^M
chuck

silencieux^M
silencer

système^M de fixation^F
retainer

orifice^M d'échappement^M
exhaust port

tête^F de puits^M
shaft head

vestiaire^M des mineurs^M
miners' changing-room

usine^F de traitement^M
treatment plant

convoyeur^M
conveyor

outil^M
tool

tour^F d'extraction^F
winding tower

salle^F du treuil^M
hoist room; *winder house*

voie^F ferrée
rail track

transport^M maritime
maritime transport

MINE^F DE CHARBON^M
COAL MINE

MINE^F SOUTERRAINE
UNDERGROUND MINE

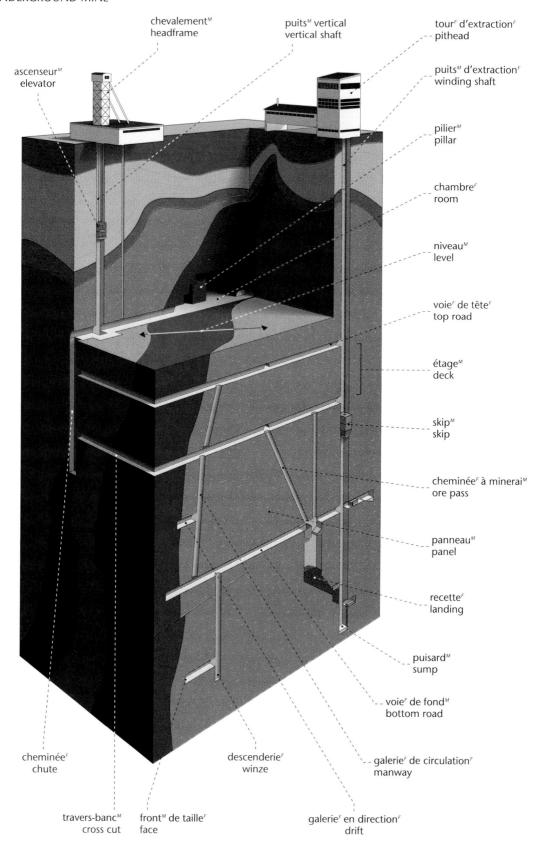

chevalement^M
headframe

puits^M vertical
vertical shaft

tour^F d'extraction^F
pithead

ascenseur^M
elevator

puits^M d'extraction^F
winding shaft

pilier^M
pillar

chambre^F
room

niveau^M
level

voie^F de tête^F
top road

étage^M
deck

skip^M
skip

cheminée^F à minerai^M
ore pass

panneau^M
panel

recette^F
landing

puisard^M
sump

voie^F de fond^M
bottom road

galerie^F de circulation^F
manway

cheminée^F
chute

descenderie^F
winze

travers-banc^M
cross cut

front^M de taille^F
face

galerie^F en direction^F
drift

PÉTROLE^M
OIL

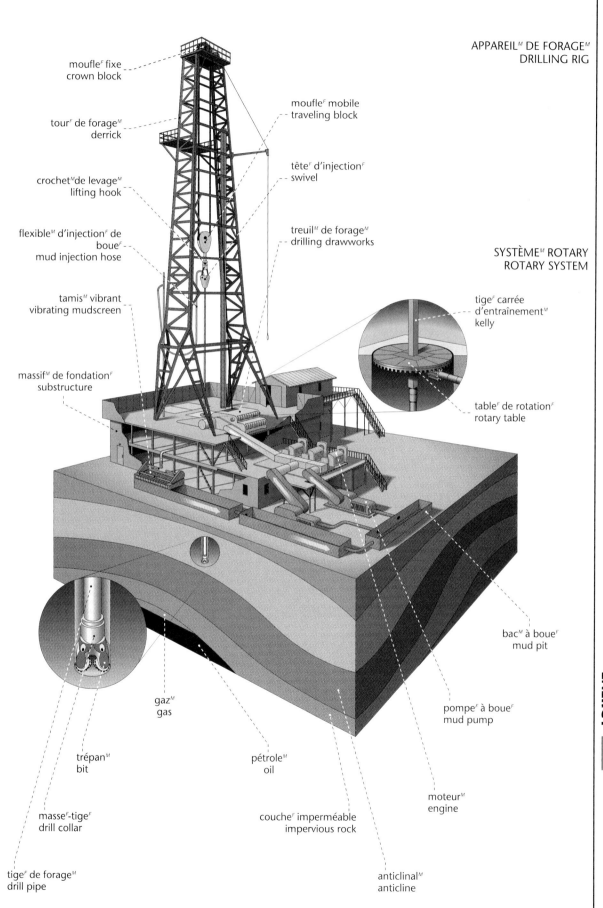

APPAREIL^M DE FORAGE^M
DRILLING RIG

moufle^F fixe
crown block

tour^F de forage^M
derrick

moufle^F mobile
traveling block

tête^F d'injection^F
swivel

crochet^Mde levage^M
lifting hook

treuil^M de forage^M
drilling drawworks

flexible^M d'injection^F de
boue^F
mud injection hose

SYSTÈME^M ROTARY
ROTARY SYSTEM

tamis^M vibrant
vibrating mudscreen

tige^F carrée
d'entraînement^M
kelly

massif^M de fondation^F
substructure

table^F de rotation^F
rotary table

bac^M à boue^F
mud pit

gaz^M
gas

pompe^F à boue^F
mud pump

trépan^M
bit

pétrole^M
oil

masse^F-tige^F
drill collar

moteur^M
engine

couche^F imperméable
impervious rock

tige^F de forage^M
drill pipe

anticlinal^M
anticline

PLATE-FORME^F DE PRODUCTION^F
PRODUCTION PLATFORM

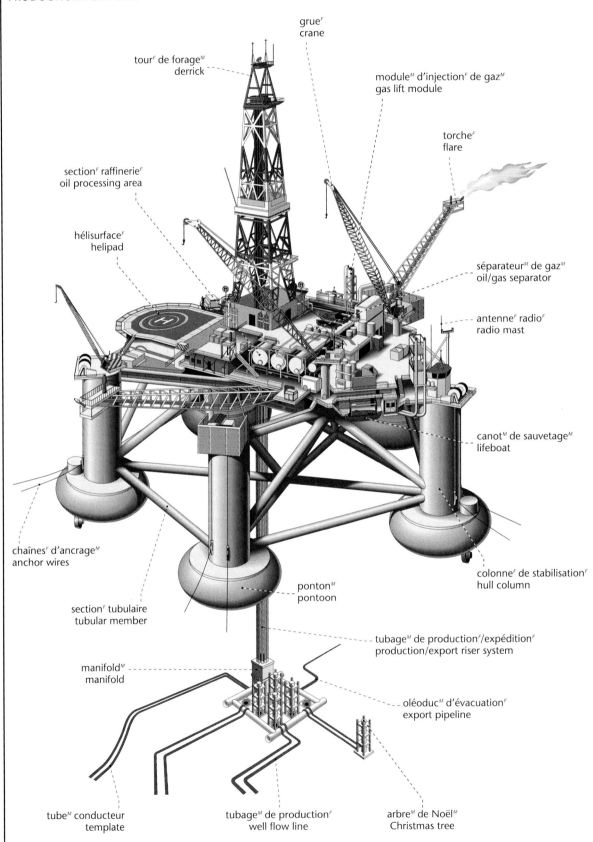

grue^F
crane

tour^F de forage^M
derrick

module^M d'injection^F de gaz^M
gas lift module

torche^F
flare

section^F raffinerie^F
oil processing area

hélisurface^F
helipad

séparateur^M de gaz^M
oil/gas separator

antenne^F radio^F
radio mast

canot^M de sauvetage^M
lifeboat

chaînes^F d'ancrage^M
anchor wires

colonne^F de stabilisation^F
hull column

section^F tubulaire
tubular member

ponton^M
pontoon

tubage^M de production^F/expédition^F
production/export riser system

manifold^M
manifold

oléoduc^M d'évacuation^F
export pipeline

tube^M conducteur
template

tubage^M de production^F
well flow line

arbre^M de Noël^M
Christmas tree

jetée*F*
pier

barge*F* de service*M* d'urgence*F*
emergency support vessel

plate-forme*F* auto-élévatrice
jack-up platform

plate-forme*F* fixe
fixed platform

plate-forme*F* semi-submersible
semi-submersible platform

navire*M* de forage*M*
drill ship

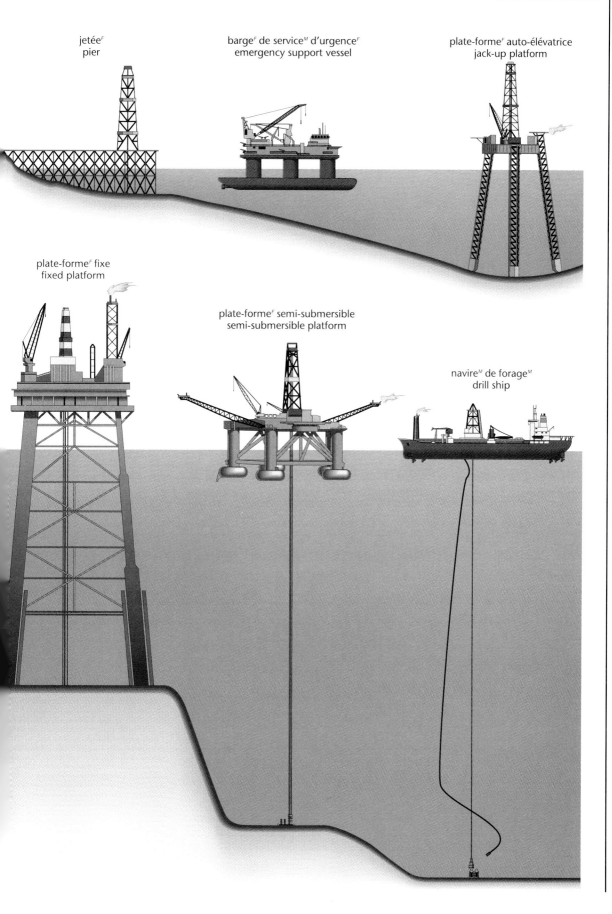

PÉTROLE^M
OIL

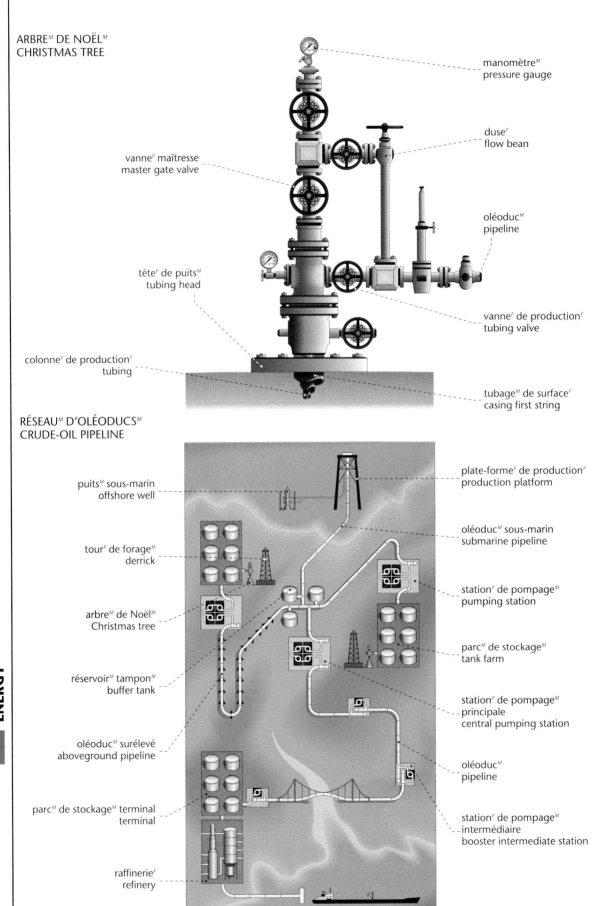

ARBRE^M DE NOËL^M
CHRISTMAS TREE

manomètre^M
pressure gauge

duse^F
flow bean

vanne^F maîtresse
master gate valve

oléoduc^M
pipeline

tête^F de puits^M
tubing head

vanne^F de production^F
tubing valve

colonne^F de production^F
tubing

tubage^M de surface^F
casing first string

RÉSEAU^M D'OLÉODUCS^M
CRUDE-OIL PIPELINE

plate-forme^F de production^F
production platform

puits^M sous-marin
offshore well

oléoduc^M sous-marin
submarine pipeline

tour^F de forage^M
derrick

station^F de pompage^M
pumping station

arbre^M de Noël^M
Christmas tree

parc^M de stockage^M
tank farm

réservoir^M tampon^M
buffer tank

station^F de pompage^M
principale
central pumping station

oléoduc^M surélevé
aboveground pipeline

oléoduc^M
pipeline

parc^M de stockage^M terminal
terminal

station^F de pompage^M
intermédiaire
booster intermediate station

raffinerie^F
refinery

ÉNERGIES
ENERGY

740

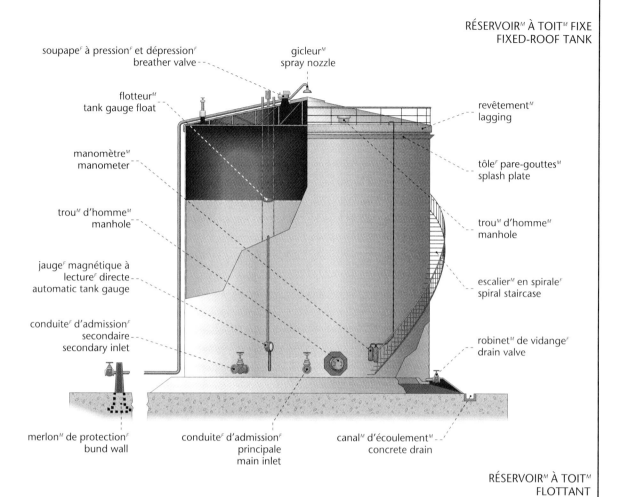

RÉSERVOIR^M À TOIT^M FIXE
FIXED-ROOF TANK

soupape^F à pression^F et dépression^F
breather valve

gicleur^M
spray nozzle

flotteur^M
tank gauge float

manomètre^M
manometer

trou^M d'homme^M
manhole

jauge^F magnétique à
lecture^F directe
automatic tank gauge

conduite^F d'admission^F
secondaire
secondary inlet

merlon^M de protection^F
bund wall

conduite^F d'admission^F
principale
main inlet

revêtement^M
lagging

tôle^F pare-gouttes^M
splash plate

trou^M d'homme^M
manhole

escalier^M en spirale^F
spiral staircase

robinet^M de vidange^F
drain valve

canal^M d'écoulement^M
concrete drain

RÉSERVOIR^M À TOIT^M
FLOTTANT
FLOATING-ROOF TANK

conduite^F à la terre^F
ground

escalier^M
stairs

trou^M d'homme^M
manhole

toit^M flottant
floating roof

robe^F
shell

robinet^M de vidange^F
drain valve

joint^M d'étanchéité^F
sealing ring

pont^M supérieur
top deck

échelle^F
ladder

thermomètre^M
thermometer

pont^M inférieur
bottom deck

remplissage^M
filling inlet

ÉNERGIES
ENERGY

PÉTROLE[M]
OIL

SEMI-REMORQUE[F] CITERNE[F]
TANK TRAILER

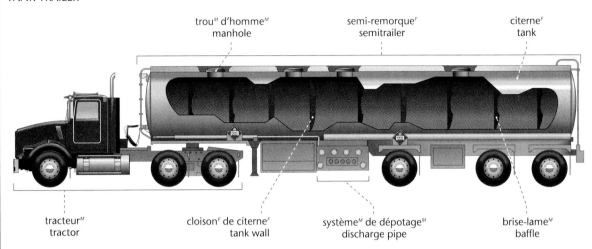

trou[M] d'homme[M]
manhole

semi-remorque[F]
semitrailer

citerne[F]
tank

tracteur[M]
tractor

cloison[F] de citerne[F]
tank wall

système[M] de dépotage[M]
discharge pipe

brise-lame[M]
baffle

PÉTROLIER[M]
TANKER

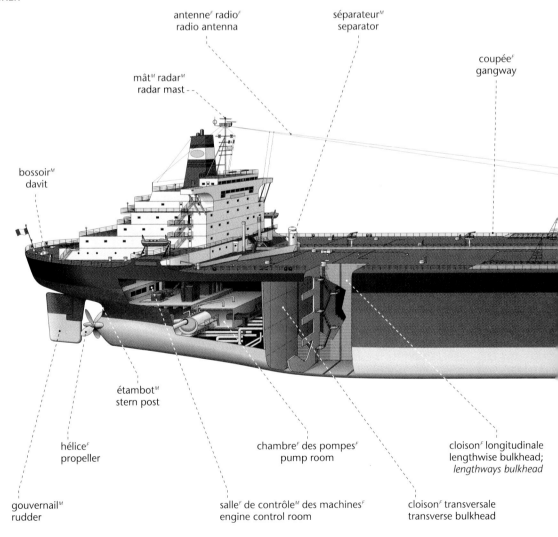

antenne[F] radio[F]
radio antenna

séparateur[M]
separator

coupée[F]
gangway

mât[M] radar[M]
radar mast

bossoir[M]
davit

étambot[M]
stern post

hélice[F]
propeller

chambre[F] des pompes[F]
pump room

cloison[F] longitudinale
lengthwise bulkhead;
lengthways bulkhead

gouvernail[M]
rudder

salle[F] de contrôle[M] des machines[F]
engine control room

cloison[F] transversale
transverse bulkhead

WAGON^M-CITERNE^F
TANK CAR; *TANK WAGON*

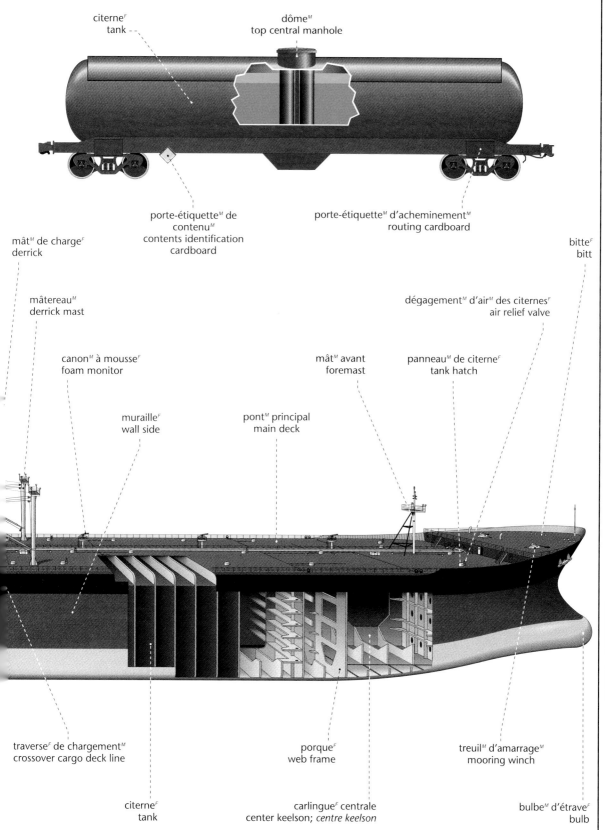

citerne^F
tank

dôme^M
top central manhole

porte-étiquette^M de contenu^M
contents identification cardboard

porte-étiquette^M d'acheminement^M
routing cardboard

mât^M de charge^F
derrick

bitte^F
bitt

mâtereau^M
derrick mast

dégagement^M d'air^M des citernes^F
air relief valve

canon^M à mousse^F
foam monitor

mât^M avant
foremast

panneau^M de citerne^F
tank hatch

muraille^F
wall side

pont^M principal
main deck

traverse^F de chargement^M
crossover cargo deck line

porque^F
web frame

treuil^M d'amarrage^M
mooring winch

citerne^F
tank

carlingue^F centrale
center keelson; *centre keelson*

bulbe^M d'étrave^F
bulb

ÉNERGIES
ENERGY

743

PÉTROLE^M
OIL

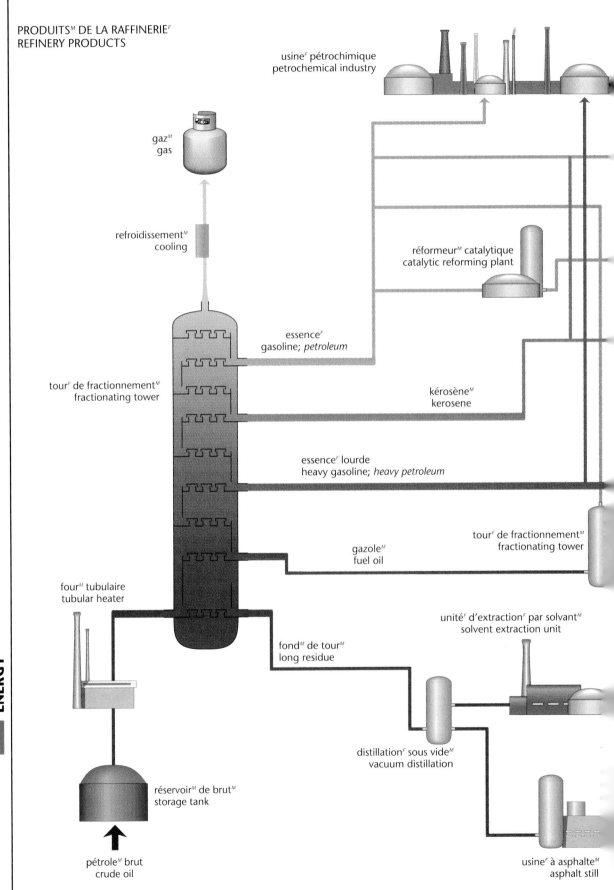

PRODUITS^M DE LA RAFFINERIE^F
REFINERY PRODUCTS

usine^F pétrochimique
petrochemical industry

gaz^M
gas

réformeur^M catalytique
catalytic reforming plant

refroidissement^M
cooling

essence^F
gasoline; *petroleum*

tour^F de fractionnement^M
fractionating tower

kérosène^M
kerosene

essence^F lourde
heavy gasoline; *heavy petroleum*

tour^F de fractionnement^M
fractionating tower

gazole^M
fuel oil

four^M tubulaire
tubular heater

unité^F d'extraction^F par solvant^M
solvent extraction unit

fond^M de tour^M
long residue

distillation^F sous vide^M
vacuum distillation

réservoir^M de brut^M
storage tank

pétrole^M brut
crude oil

usine^F à asphalte^M
asphalt still

ÉNERGIES
ENERGY

744

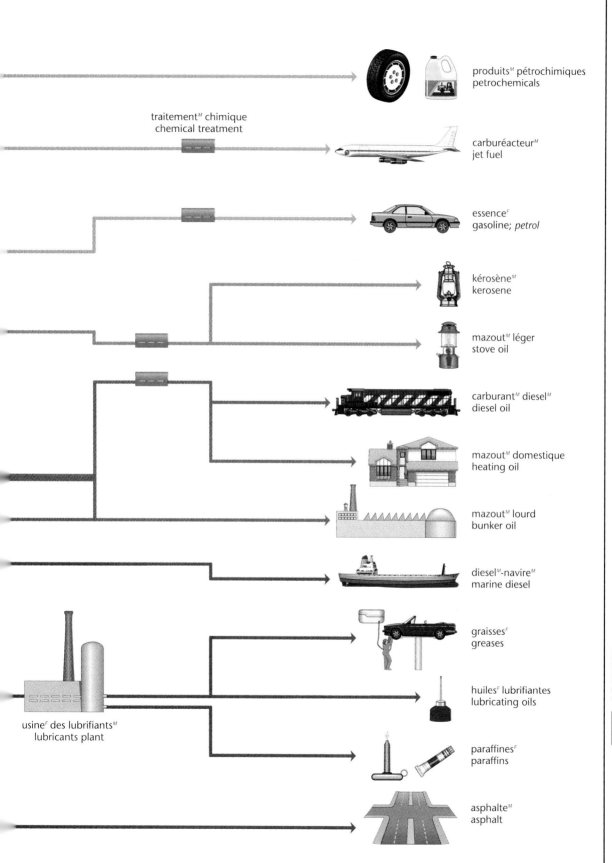

produits^M pétrochimiques
petrochemicals

traitement^M chimique
chemical treatment

carburéacteur^M
jet fuel

essence^F
gasoline; *petrol*

kérosène^M
kerosene

mazout^M léger
stove oil

carburant^M diesel^M
diesel oil

mazout^M domestique
heating oil

mazout^M lourd
bunker oil

diesel^M-navire^M
marine diesel

graisses^F
greases

huiles^F lubrifiantes
lubricating oils

usine^F des lubrifiants^M
lubricants plant

paraffines^F
paraffins

asphalte^M
asphalt

COMPLEXE^M HYDROÉLECTRIQUE
HYDROELECTRIC COMPLEX

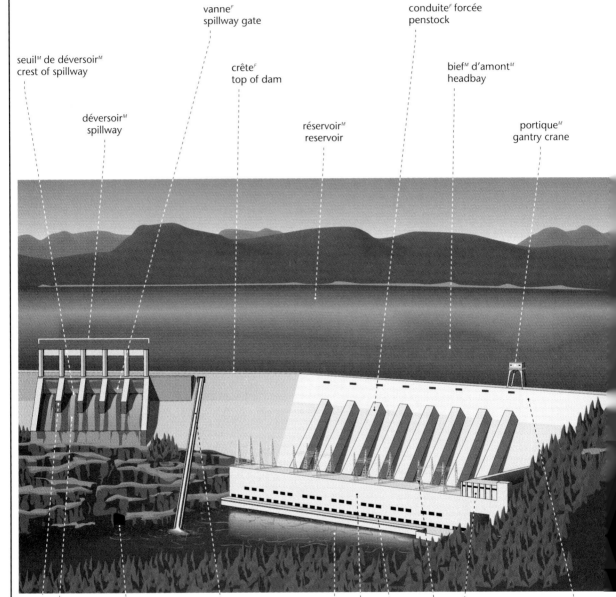

vanne^F
spillway gate

conduite^F forcée
penstock

seuil^M de déversoir^M
crest of spillway

crête^F
top of dam

bief^M d'amont^M
headbay

déversoir^M
spillway

réservoir^M
reservoir

portique^M
gantry crane

passe^F à billes^F
log chute

salle^F de commande^F
control room

canal^M de dérivation^F
diversion canal

barrage^M
dam

coursier^M d'évacuateur^M
spillway chute

bief^M d'aval^M
afterbay

traversée^F de transformateur^M
bushing

mur^M bajoyer^M
training wall

centrale^F
powerhouse

salle^F des machines^F
machine hall

vanne^F
gate

disjoncteur^M
circuit breaker

portique^M
gantry crane

traversée^F de transformateur^M
bushing

transformateur^M
transformer

parafoudre^M
lightning arrester

pont^M roulant
traveling crane;
travelling crane

salle^F des machines^F
machine hall

galerie^F de visite^F
access gallery

portique^M
gantry crane

bâche^F spirale
scroll case

vanne^F
gate

bief^M d'aval^M
afterbay

canal^M de fuite^F
tailrace

groupe^M turbo-
alternateur^M
generator unit

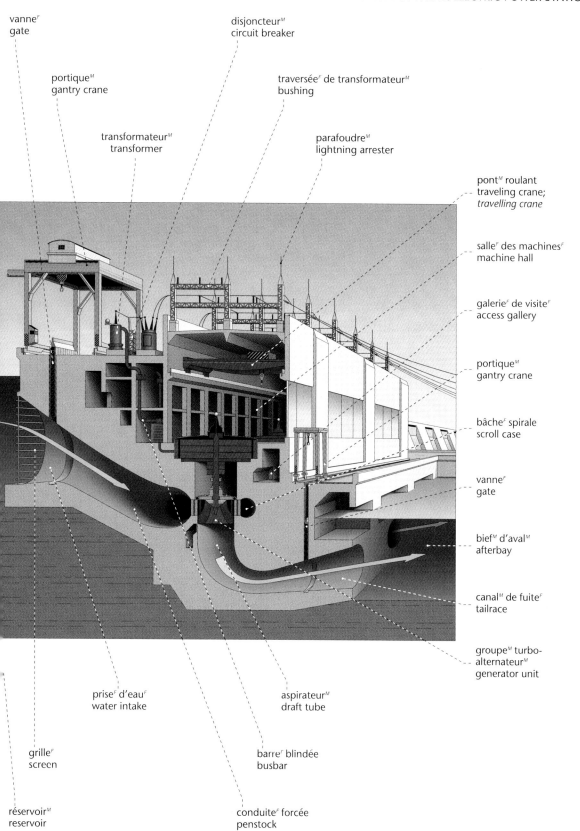

prise^F d'eau^F
water intake

aspirateur^M
draft tube

grille^F
screen

barre^F blindée
busbar

réservoir^M
reservoir

conduite^F forcée
penstock

ÉNERGIES
ENERGY

747

BARRAGE^M EN REMBLAI^M
EMBANKMENT DAM

COUPE^F D'UN BARRAGE^M EN REMBLAI^M
CROSS SECTION OF AN EMBANKMENT DAM

crête^F
top of dam

noyau^M d'argile^F
clay core

perré^M
pitching

mur^M de batillage^M
wave wall

sable^M
sand

réservoir^M
reservoir

risberme^F
berm

couche^F drainante
drainage layer

pied^M aval
downstream toe

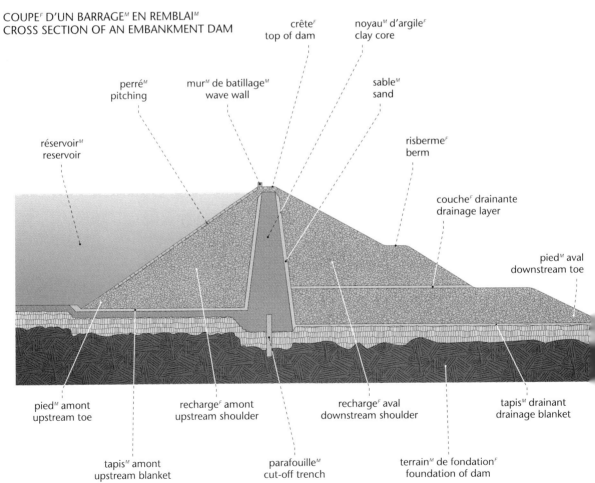

pied^M amont
upstream toe

recharge^F amont
upstream shoulder

recharge^F aval
downstream shoulder

tapis^M drainant
drainage blanket

tapis^M amont
upstream blanket

parafouille^M
cut-off trench^F

terrain^M de fondation^F
foundation of dam

BARRAGE^M-POIDS^M
GRAVITY DAM

COUPE^F D'UN BARRAGE^M-POIDS^M
CROSS SECTION OF A GRAVITY DAM

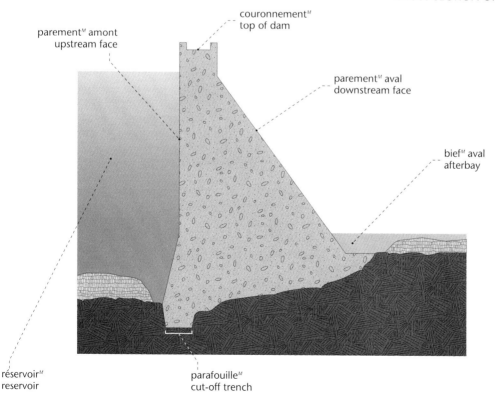

couronnement^M
top of dam

parement^M amont
upstream face

parement^M aval
downstream face

bief^M aval
afterbay

réservoir^M
reservoir

parafouille^M
cut-off trench

BARRAGE^M-VOÛTE^F
ARCH DAM

COUPE^F D'UN BARRAGE^M-VOÛTE^F
CROSS SECTION OF AN ARCH DAM

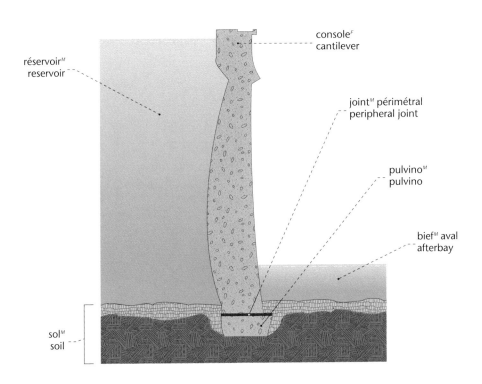

console^F
cantilever

réservoir^M
reservoir

joint^M périmétral
peripheral joint

pulvino^M
pulvino

bief^M aval
afterbay

sol^M
soil

ÉNERGIES
ENERGY

750

BARRAGE^M À CONTREFORTS^M
BUTTRESS DAM

COUPE^F D'UN BARRAGE^M À CONTREFORTS^M
CROSS SECTION OF A BUTTRESS DAM

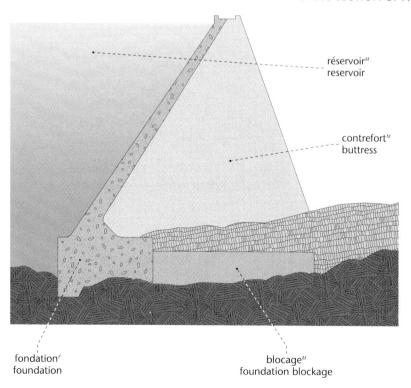

réservoir^M
reservoir

contrefort^M
buttress

fondation^F
foundation

blocage^M
foundation blockage

USINE^F MARÉMOTRICE
TIDAL POWER PLANT

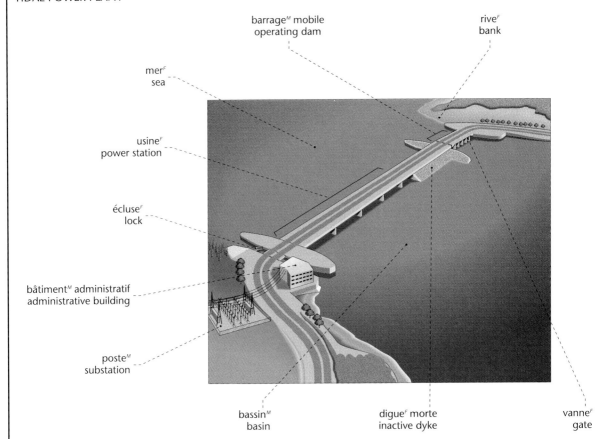

barrage^M mobile
operating dam

rive^F
bank

mer^F
sea

usine^F
power station

écluse^F
lock

bâtiment^M administratif
administrative building

poste^M
substation

bassin^M
basin

digue^F morte
inactive dyke

vanne^F
gate

COUPE^F DE L'USINE^F
CROSS SECTION OF POWER PLANT

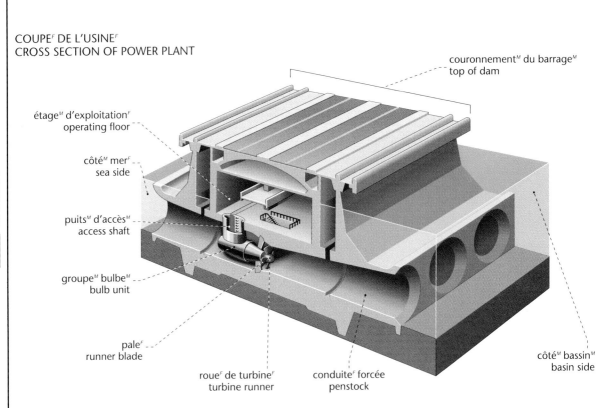

couronnement^M du barrage^M
top of dam

étage^M d'exploitation^F
operating floor

côté^M mer^F
sea side

puits^M d'accès^M
access shaft

groupe^M bulbe^M
bulb unit

pale^F
runner blade

roue^F de turbine^F
turbine runner

conduite^F forcée
penstock

côté^M bassin^M
basin side

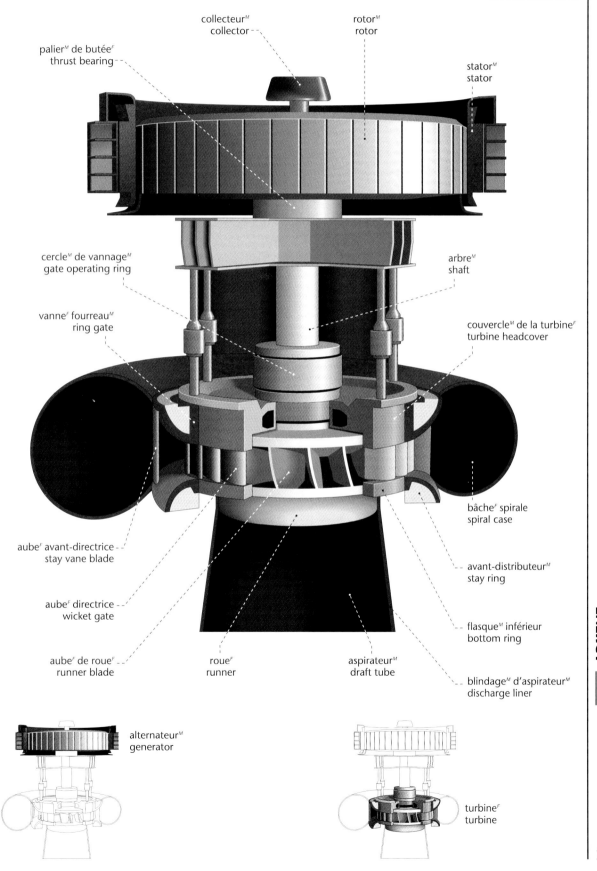

collecteur^M
collector

rotor^M
rotor

palier^M de butée^F
thrust bearing

stator^M
stator

cercle^M de vannage^M
gate operating ring

arbre^M
shaft

vanne^F fourreau^M
ring gate

couvercle^M de la turbine^F
turbine headcover

aube^F avant-directrice
stay vane blade

bâche^F spirale
spiral case

avant-distributeur^M
stay ring

aube^F directrice
wicket gate

flasque^M inférieur
bottom ring

aube^F de roue^F
runner blade

roue^F
runner

aspirateur^M
draft tube

blindage^M d'aspirateur^M
discharge liner

alternateur^M
generator

turbine^F
turbine

ÉNERGIES
ENERGY

TURBINE^F FRANCIS
FRANCIS TURBINE

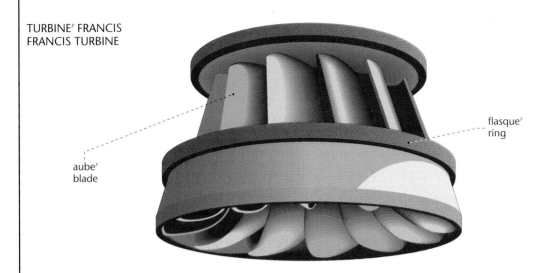

flasque^F
ring

aube^F
blade

TURBINE^F KAPLAN
KAPLAN TURBINE

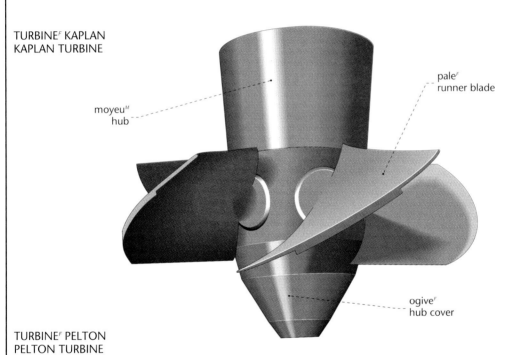

pale^F
runner blade

moyeu^M
hub

ogive^F
hub cover

TURBINE^F PELTON
PELTON TURBINE

couronne^F d'aubage^M
bucket ring

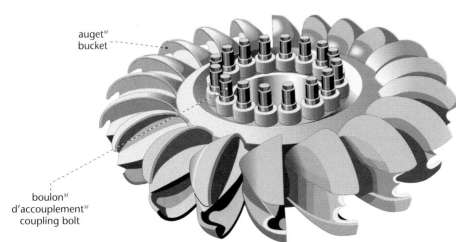

auget^M
bucket

boulon^M
d'accouplement^M
coupling bolt

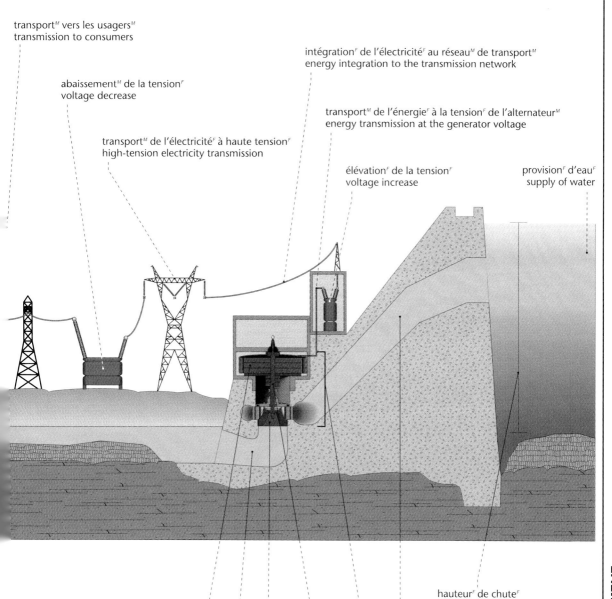

transport^M vers les usagers^M
transmission to consumers

intégration^F de l'électricité^F au réseau^M de transport^M
energy integration to the transmission network

abaissement^M de la tension^F
voltage decrease

transport^M de l'énergie^F à la tension^F de l'alternateur^M
energy transmission at the generator voltage

transport^M de l'électricité^F à haute tension^F
high-tension electricity transmission

élévation^F de la tension^F
voltage increase

provision^F d'eau^F
supply of water

hauteur^F de chute^F
head of water

production^F d'électricité^F par l'alternateur^M
production of electricity by the generator

eau^F sous pression^F
water under pressure

évacuation^F de l'eau^F turbinée
turbined water draining

conversion^F du travail^M mécanique en électricité^F
transformation of mechanical work into electricity

mouvement^M rotatif de la turbine^F
rotation of the turbine

transmission^F du mouvement^M au rotor^M
transmission of the rotative movement to the rotor

ÉNERGIES
ENERGY

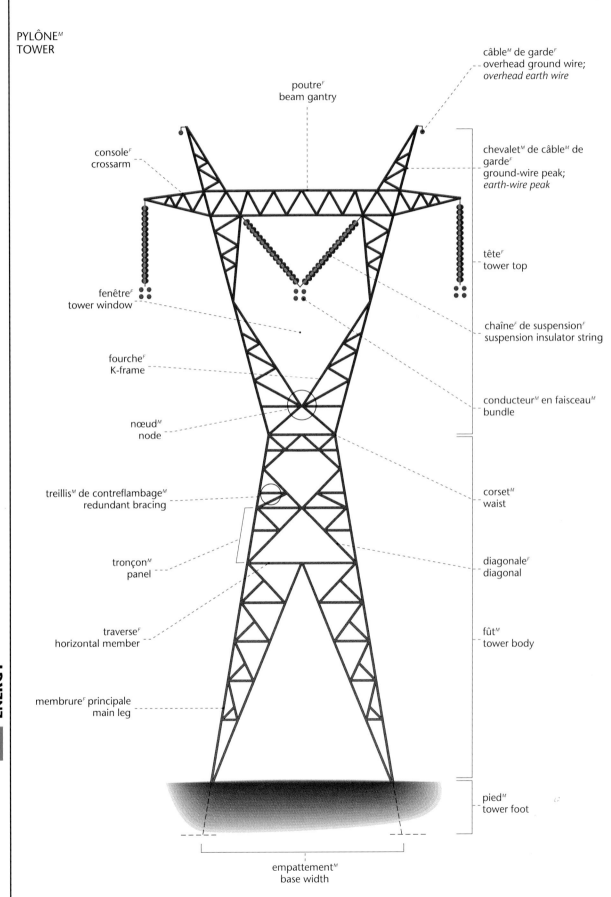

ÉLECTRICITÉ[F]
ELECTRICITY

PYLÔNE[M]
TOWER

poutre[F]
beam gantry

câble[M] de garde[F]
overhead ground wire;
overhead earth wire

console[F]
crossarm

chevalet[M] de câble[M] de
garde[F]
ground-wire peak;
earth-wire peak

tête[F]
tower top

fenêtre[F]
tower window

chaîne[F] de suspension[F]
suspension insulator string

fourche[F]
K-frame

conducteur[M] en faisceau[M]
bundle

nœud[M]
node

corset[M]
waist

treillis[M] de contreflambage[M]
redundant bracing

diagonale[F]
diagonal

tronçon[M]
panel

traverse[F]
horizontal member

fût[M]
tower body

membrure[F] principale
main leg

pied[M]
tower foot

empattement[M]
base width

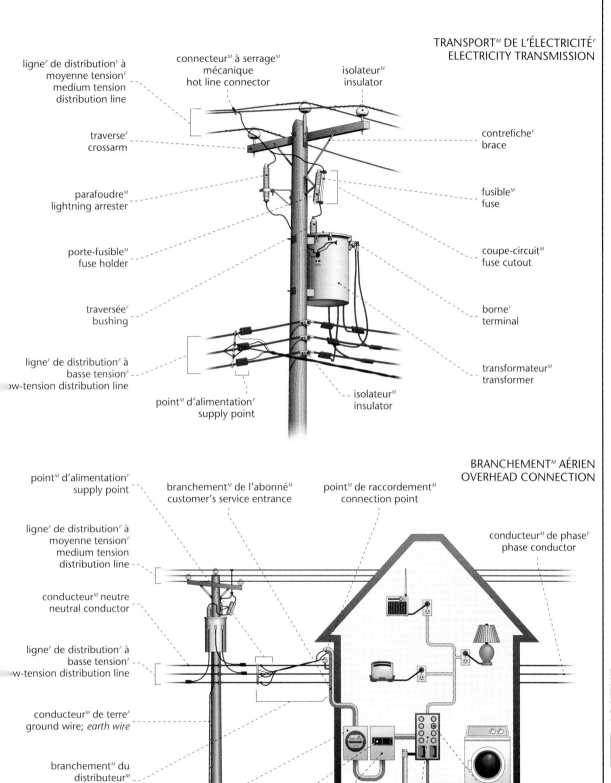

TRANSPORT^M DE L'ÉLECTRICITÉ^F
ELECTRICITY TRANSMISSION

ligne^F de distribution^F à
moyenne tension^F
medium tension
distribution line

connecteur^M à serrage^M
mécanique
hot line connector

isolateur^M
insulator

contrefiche^F
brace

traverse^F
crossarm

parafoudre^M
lightning arrester

fusible^M
fuse

porte-fusible^M
fuse holder

coupe-circuit^M
fuse cutout

traversée^F
bushing

borne^F
terminal

ligne^F de distribution^F à
basse tension^F
ow-tension distribution line

transformateur^M
transformer

point^M d'alimentation^F
supply point

isolateur^M
insulator

BRANCHEMENT^M AÉRIEN
OVERHEAD CONNECTION

point^M d'alimentation^F
supply point

branchement^M de l'abonné^M
customer's service entrance

point^M de raccordement^M
connection point

conducteur^M de phase^F
phase conductor

ligne^F de distribution^F à
moyenne tension^F
medium tension
distribution line

conducteur^M neutre
neutral conductor

ligne^F de distribution^F à
basse tension^F
ow-tension distribution line

conducteur^M de terre^F
ground wire; *earth wire*

branchement^M du
distributeur^M
distributor service loop

compteur^M d'électricité^F
electricity meter

interrupteur^M principal
main switch

coffret^M de branchement^M
service box

tableau^M de distribution^F
distribution board

fusible^M
fuse

ENERGY

757

CENTRALE*F* NUCLÉAIRE
NUCLEAR GENERATING STATION

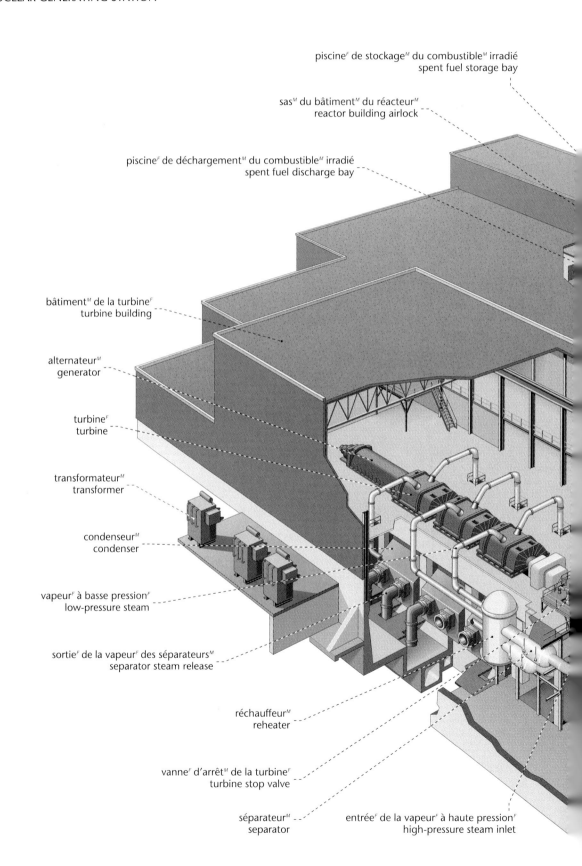

piscine*F* de stockage*M* du combustible*M* irradié
spent fuel storage bay

sas*M* du bâtiment*M* du réacteur*M*
reactor building airlock

piscine*F* de déchargement*M* du combustible*M* irradié
spent fuel discharge bay

bâtiment*M* de la turbine*F*
turbine building

alternateur*M*
generator

turbine*F*
turbine

transformateur*M*
transformer

condenseur*M*
condenser

vapeur*F* à basse pression*F*
low-pressure steam

sortie*F* de la vapeur*F* des séparateurs*M*
separator steam release

réchauffeur*M*
reheater

vanne*F* d'arrêt*M* de la turbine*F*
turbine stop valve

séparateur*M*
separator

entrée*F* de la vapeur*F* à haute pression*F*
high-pressure steam inlet

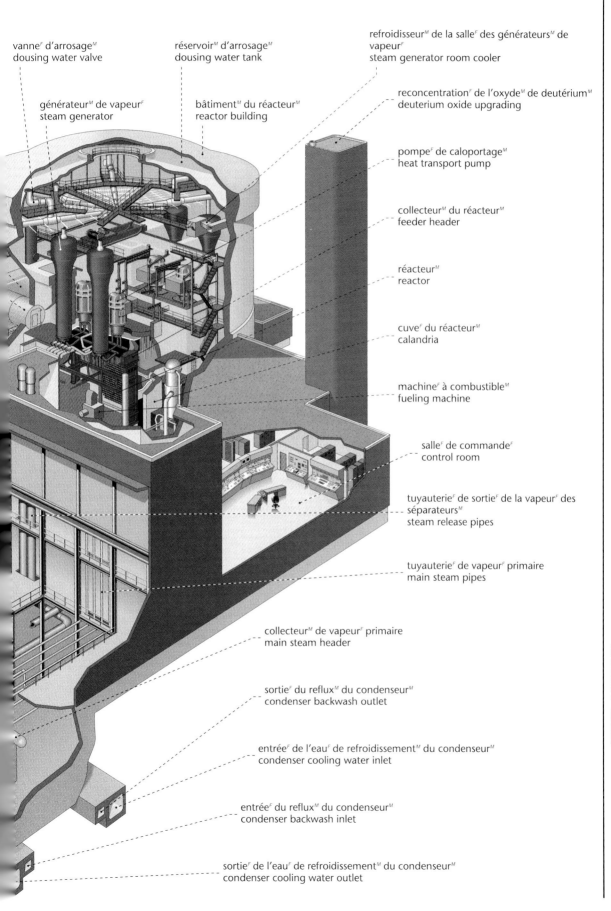

vanne^F d'arrosage^M
dousing water valve

réservoir^M d'arrosage^M
dousing water tank

refroidisseur^M de la salle^F des générateurs^M de vapeur^F
steam generator room cooler

générateur^M de vapeur^F
steam generator

bâtiment^M du réacteur^M
reactor building

reconcentration^F de l'oxyde^M de deutérium^M
deuterium oxide upgrading

pompe^F de caloportage^M
heat transport pump

collecteur^M du réacteur^M
feeder header

réacteur^M
reactor

cuve^F du réacteur^M
calandria

machine^F à combustible^M
fueling machine

salle^F de commande^F
control room

tuyauterie^F de sortie^F de la vapeur^F des séparateurs^M
steam release pipes

tuyauterie^F de vapeur^F primaire
main steam pipes

collecteur^M de vapeur^F primaire
main steam header

sortie^F du reflux^M du condenseur^M
condenser backwash outlet

entrée^F de l'eau^F de refroidissement^M du condenseur^M
condenser cooling water inlet

entrée^F du reflux^M du condenseur^M
condenser backwash inlet

sortie^F de l'eau^F de refroidissement^M du condenseur^M
condenser cooling water outlet

ÉNERGIE^F NUCLÉAIRE
NUCLEAR ENERGY

RÉACTEUR^M AU GAZ^M CARBONIQUE
CARBON DIOXIDE REACTOR

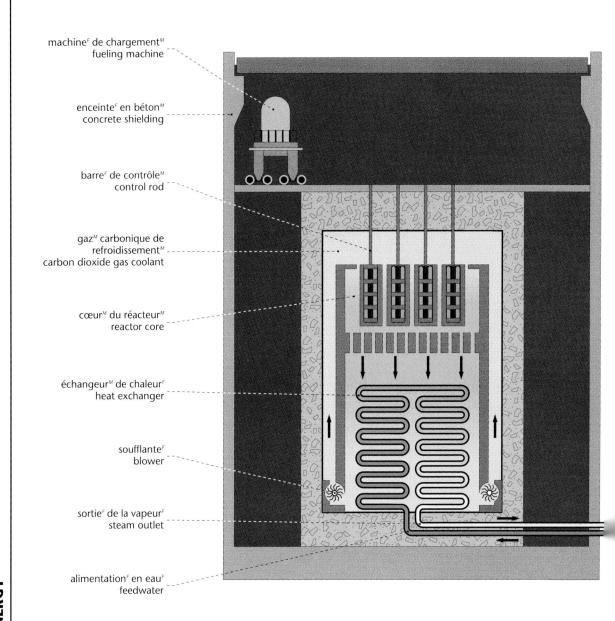

machine^F de chargement^M
fueling machine

enceinte^F en béton^M
concrete shielding

barre^F de contrôle^M
control rod

gaz^M carbonique de
refroidissement^M
carbon dioxide gas coolant

cœur^M du réacteur^M
reactor core

échangeur^M de chaleur^F
heat exchanger

soufflante^F
blower

sortie^F de la vapeur^F
steam outlet

alimentation^F en eau^F
feedwater

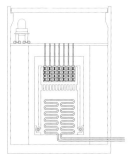

combustible^M: uranium^M naturel
fuel: natural uranium

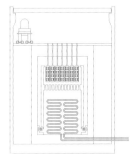

modérateur^M: graphite^M
moderator: graphite

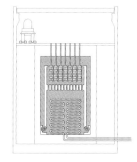

caloporteur^M: gaz^M carbonique
coolant: carbon dioxide

RÉACTEUR^M À EAU^F LOURDE
HEAVY-WATER REACTOR

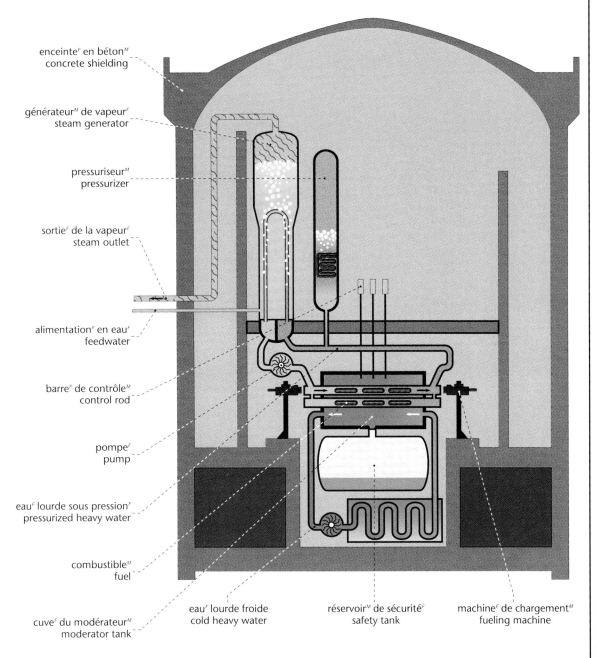

enceinte^F en béton^M
concrete shielding

générateur^M de vapeur^F
steam generator

pressuriseur^M
pressurizer

sortie^F de la vapeur^F
steam outlet

alimentation^F en eau^F
feedwater

barre^F de contrôle^M
control rod

pompe^F
pump

eau^F lourde sous pression^F
pressurized heavy water

combustible^M
fuel

cuve^F du modérateur^M
moderator tank

eau^F lourde froide
cold heavy water

réservoir^M de sécurité^F
safety tank

machine^F de chargement^M
fueling machine

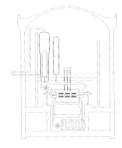

combustible^M: uranium^M naturel
fuel: natural uranium

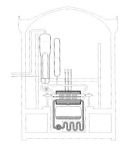

modérateur^M: eau^F lourde
moderator: heavy water

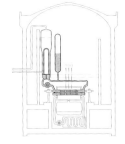

caloporteur^M:
eau^F lourde sous pression^F
coolant: pressurized heavy water

ÉNERGIE^F NUCLÉAIRE
NUCLEAR ENERGY

RÉACTEUR^M À EAU^F SOUS PRESSION^F
PRESSURIZED-WATER REACTOR

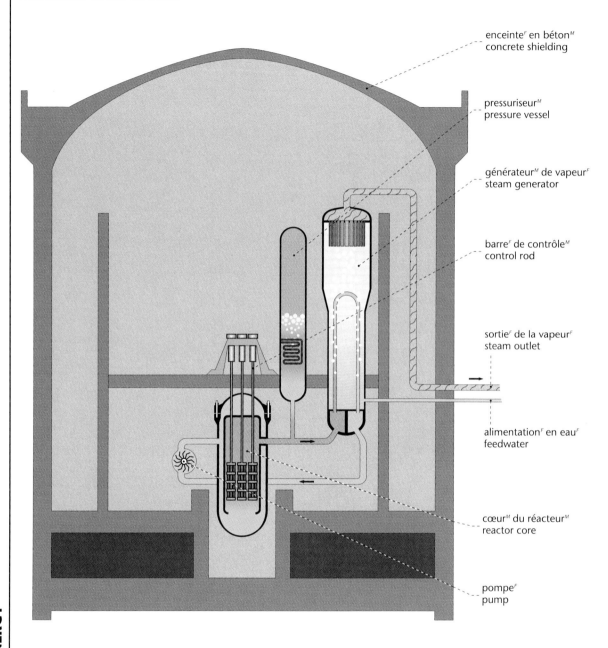

enceinte^F en béton^M
concrete shielding

pressuriseur^M
pressure vessel

générateur^M de vapeur^F
steam generator

barre^F de contrôle^M
control rod

sortie^F de la vapeur^F
steam outlet

alimentation^F en eau^F
feedwater

cœur^M du réacteur^M
reactor core

pompe^F
pump

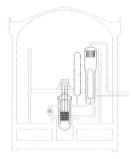

combustible^M : uranium^M enrichi
fuel: enriched uranium

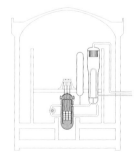

modérateur^M : eau^F naturelle
moderator: natural water

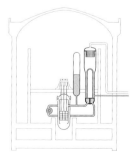

caloporteur^M : eau^F sous pression^F
coolant: pressurized water

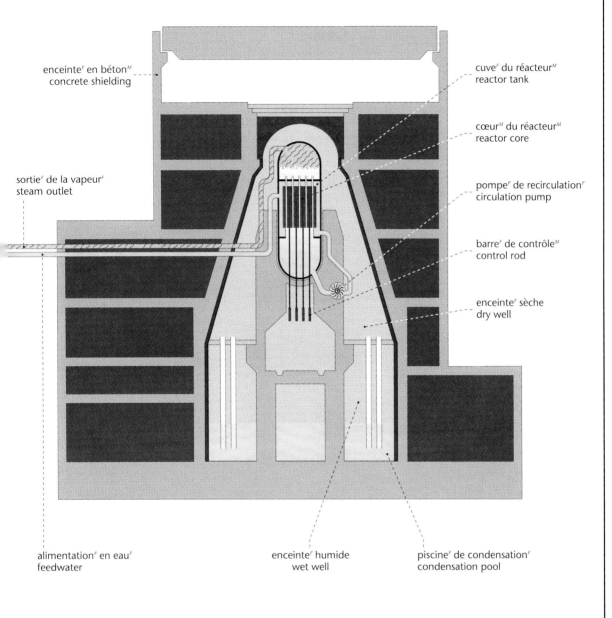

RÉACTEUR^M À EAU^F BOUILLANTE
BOILING-WATER REACTOR

enceinte^F en béton^M
concrete shielding

cuve^F du réacteur^M
reactor tank

cœur^M du réacteur^M
reactor core

pompe^F de recirculation^F
circulation pump

sortie^F de la vapeur^F
steam outlet

barre^F de contrôle^M
control rod

enceinte^F sèche
dry well

alimentation^F en eau^F
feedwater

enceinte^F humide
wet well

piscine^F de condensation^F
condensation pool

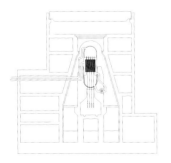

combustible^M : uranium^M enrichi
fuel: enriched uranium

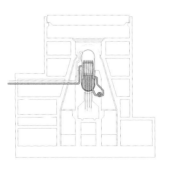

modérateur^M : eau^F naturelle
moderator: natural water

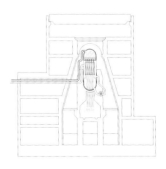

caloporteur^M : eau^F bouillante
coolant: boiling water

**ÉNERGIES
ENERGY**

763

SÉQUENCE^F DE MANIPULATION^F DU COMBUSTIBLE^M
FUEL HANDLING SEQUENCE

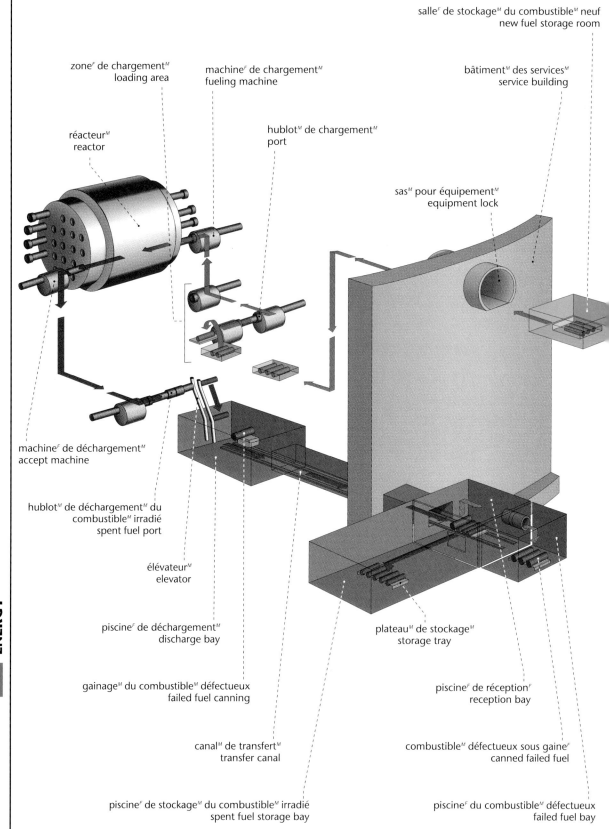

salle^F de stockage^M du combustible^M neuf
new fuel storage room

zone^F de chargement^M
loading area

machine^F de chargement^M
fueling machine

bâtiment^M des services^M
service building

réacteur^M
reactor

hublot^M de chargement^M
port

sas^M pour équipement^M
equipment lock

machine^F de déchargement^M
accept machine

hublot^M de déchargement^M du
combustible^M irradié
spent fuel port

élévateur^M
elevator

plateau^M de stockage^M
storage tray

piscine^F de déchargement^M
discharge bay

gainage^M du combustible^M défectueux
failed fuel canning

piscine^F de réception^F
reception bay

canal^M de transfert^M
transfer canal

combustible^M défectueux sous gaine^F
canned failed fuel

piscine^F de stockage^M du combustible^M irradié
spent fuel storage bay

piscine^F du combustible^M défectueux
failed fuel bay

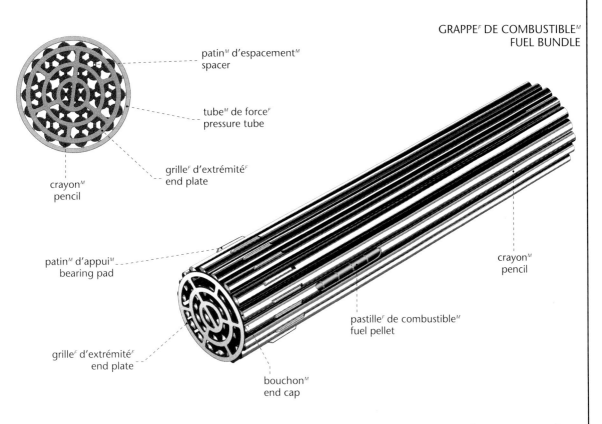

GRAPPE^F DE COMBUSTIBLE^M
FUEL BUNDLE

patin^M d'espacement^M
spacer

tube^M de force^F
pressure tube

grille^F d'extrémité^F
end plate

crayon^M
pencil

patin^M d'appui^M
bearing pad

crayon^M
pencil

grille^F d'extrémité^F
end plate

pastille^F de combustible^M
fuel pellet

bouchon^M
end cap

RÉACTEUR^M NUCLÉAIRE
NUCLEAR REACTOR

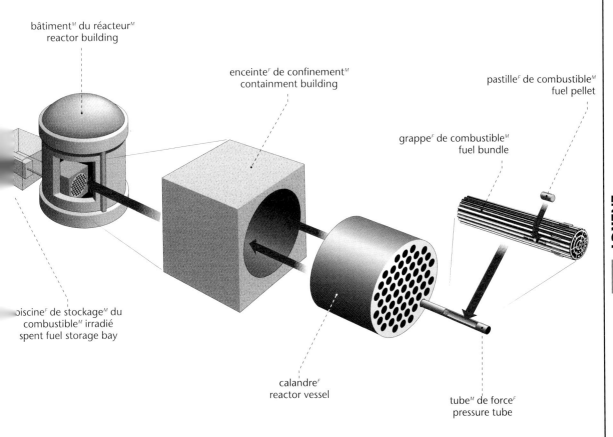

bâtiment^M du réacteur^M
reactor building

enceinte^F de confinement^M
containment building

pastille^F de combustible^M
fuel pellet

grappe^F de combustible^M
fuel bundle

piscine^F de stockage^M du
combustible^M irradié
spent fuel storage bay

calandre^F
reactor vessel

tube^M de force^F
pressure tube

ÉNERGIE[F] NUCLÉAIRE
NUCLEAR ENERGY

PRODUCTION[F] D'ÉLECTRICITÉ[F] PAR ÉNERGIE[F] NUCLÉAIRE
PRODUCTION OF ELECTRICITY FROM NUCLEAR ENERGY

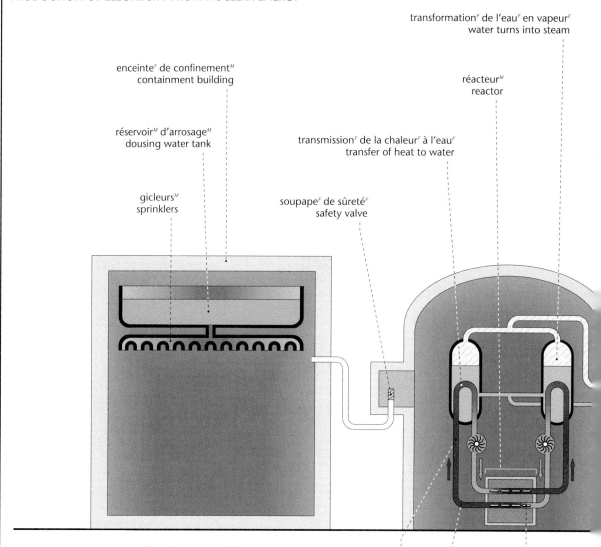

transformation[F] de l'eau[F] en vapeur[F]
water turns into steam

enceinte[F] de confinement[M]
containment building

réacteur[M]
reactor

réservoir[M] d'arrosage[M]
dousing water tank

transmission[F] de la chaleur[F] à l'eau[F]
transfer of heat to water

gicleurs[M]
sprinklers

soupape[F] de sûreté[F]
safety valve

acheminement[M] de la chaleur[F] au générateur[M] de vapeur[F] par le caloporteur[M]
coolant transfers the heat to the steam generator

production[F] de chaleur[F]
heat production

fission[F] de l'uranium[M]
fission of uranium fuel

combustible[M]
fuel

modérateur[M]
moderator

caloporteur[M]
coolant

entraînement^M de la turbine^F par la vapeur^F
steam pressure drives turbine

transport^M de l'électricité^F
electricity transmission

élévation^F de la tension^F
voltage increase

entraînement^M du rotor^M de l'alternateur^M
turbine shaft turns generator

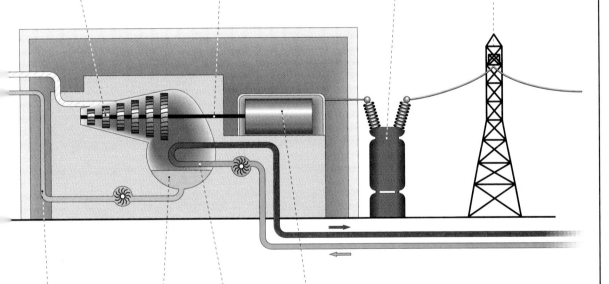

production^F d'électricité^F
electricity production

refroidissement^M de la vapeur^F par l'eau^F
water cools the used steam

condensation^F de la vapeur^F
condensation of steam into water

retour^M de l'eau^F au générateur^M de vapeur^F
water is pumped back into the steam generator

ÉNERGIE^F SOLAIRE
SOLAR ENERGY

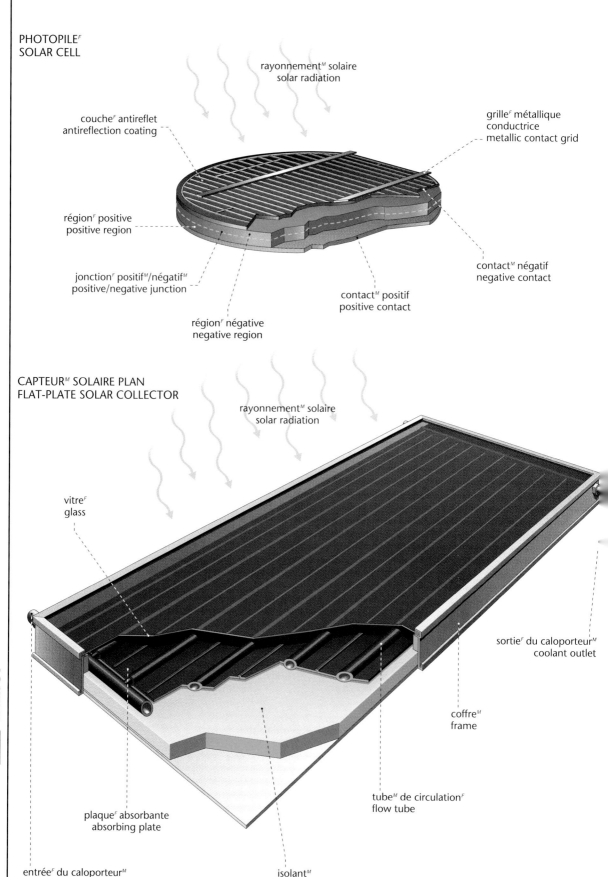

PHOTOPILE^F
SOLAR CELL

rayonnement^M solaire
solar radiation

couche^F antireflet
antireflection coating

grille^F métallique
conductrice
metallic contact grid

région^F positive
positive region

contact^M négatif
negative contact

jonction^F positif^M/négatif^M
positive/negative junction

contact^M positif
positive contact

région^F négative
negative region

CAPTEUR^M SOLAIRE PLAN
FLAT-PLATE SOLAR COLLECTOR

rayonnement^M solaire
solar radiation

vitre^F
glass

sortie^F du caloporteur^M
coolant outlet

coffre^M
frame

tube^M de circulation^F
flow tube

plaque^F absorbante
absorbing plate

entrée^F du caloporteur^M
coolant inlet

isolant^M
insulation

ÉNERGIES
ENERGY

768

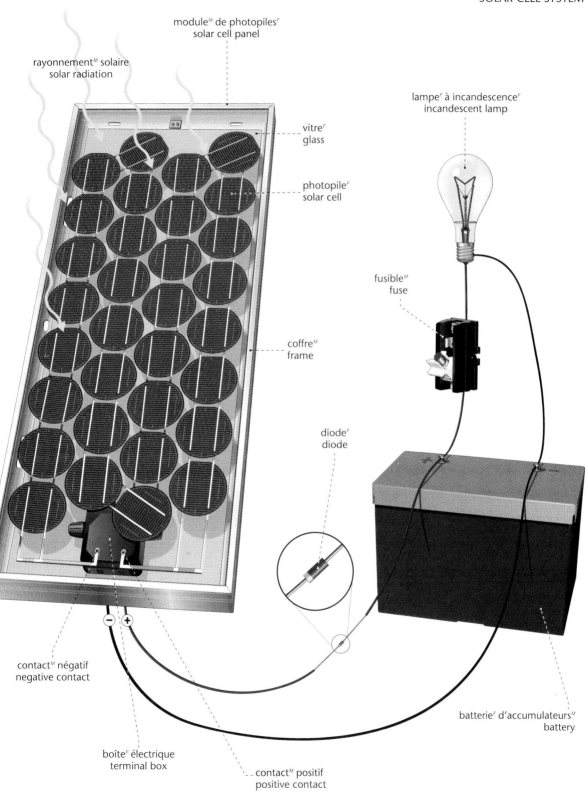

module^M de photopiles^F
solar cell panel

rayonnement^M solaire
solar radiation

lampe^F à incandescence^F
incandescent lamp

vitre^F
glass

photopile^F
solar cell

fusible^M
fuse

coffre^M
frame

diode^F
diode

contact^M négatif
negative contact

batterie^F d'accumulateurs^M
battery

boîte^F électrique
terminal box

contact^M positif
positive contact

ÉNERGIES
ENERGY

769

FOUR[M] SOLAIRE
SOLAR FURNACE

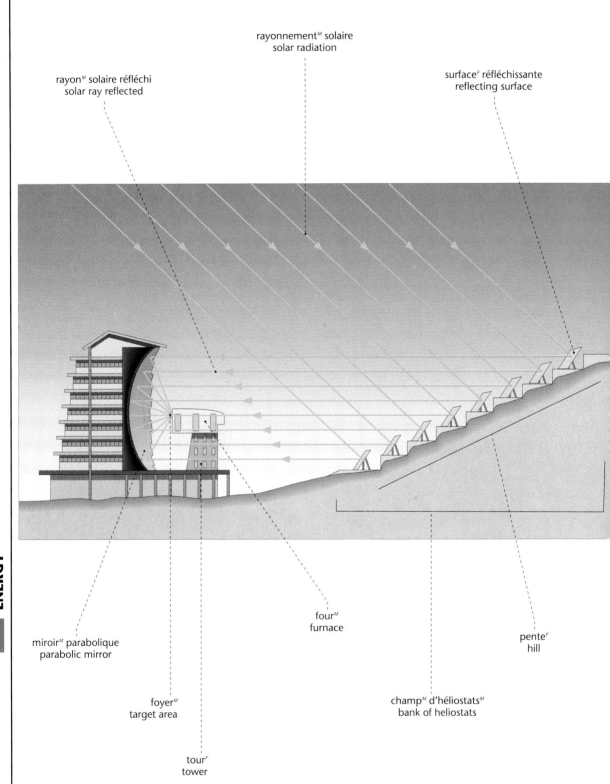

rayonnement[M] solaire
solar radiation

rayon[M] solaire réfléchi
solar ray reflected

surface[F] réfléchissante
reflecting surface

four[M]
furnace

pente[F]
hill

miroir[M] parabolique
parabolic mirror

champ[M] d'héliostats[M]
bank of heliostats

foyer[M]
target area

tour[F]
tower

770

rayon^M solaire réfléchi
solar ray reflected

fluide^M caloporteur
coolant

chaudière^F
boiler

rayonnement^M solaire
solar radiation

tour^F
tower

turbo-alternateur^M
turbo-alternator

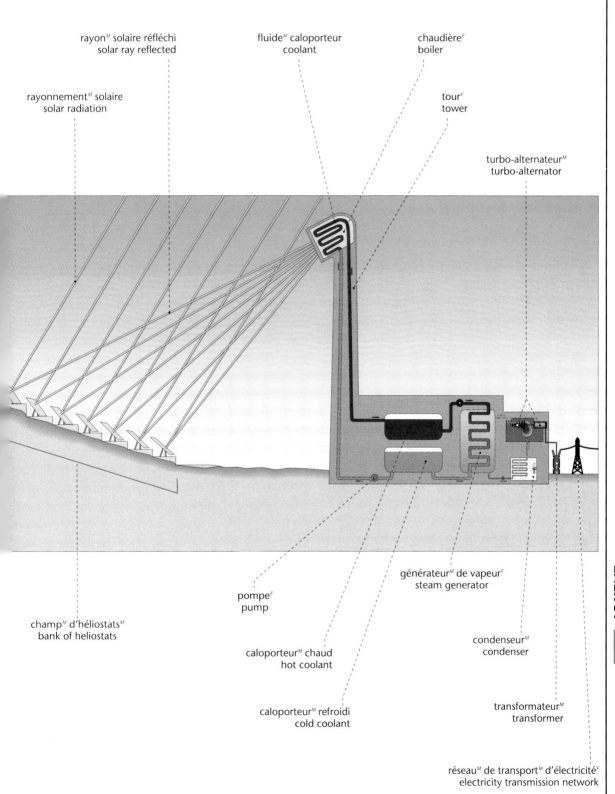

génerateur^M de vapeur^F
steam generator

pompe^F
pump

champ^M d'héliostats^M
bank of heliostats

caloporteur^M chaud
hot coolant

condenseur^M
condenser

caloporteur^M refroidi
cold coolant

transformateur^M
transformer

réseau^M de transport^M d'électricité^F
electricity transmission network

ÉNERGIES
ENERGY

ÉNERGIE[F] SOLAIRE
SOLAR ENERGY

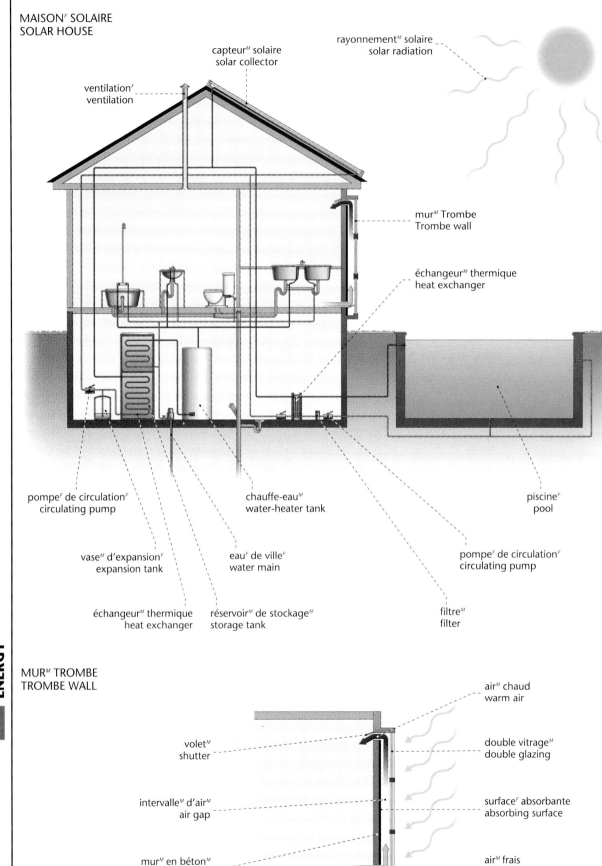

MAISON[F] SOLAIRE
SOLAR HOUSE

capteur[M] solaire
solar collector

rayonnement[M] solaire
solar radiation

ventilation[F]
ventilation

mur[M] Trombe
Trombe wall

échangeur[M] thermique
heat exchanger

pompe[F] de circulation[F]
circulating pump

chauffe-eau[M]
water-heater tank

piscine[F]
pool

vase[M] d'expansion[F]
expansion tank

eau[F] de ville[F]
water main

pompe[F] de circulation[F]
circulating pump

échangeur[M] thermique
heat exchanger

réservoir[M] de stockage[M]
storage tank

filtre[M]
filter

MUR[M] TROMBE
TROMBE WALL

air[M] chaud
warm air

volet[M]
shutter

double vitrage[M]
double glazing

intervalle[M] d'air[M]
air gap

surface[F] absorbante
absorbing surface

mur[M] en béton[M]
concrete wall

air[M] frais
cold air

ÉNERGIE^F ÉOLIENNE
WIND ENERGY

MOULIN^M À VENT^M
WINDMILL

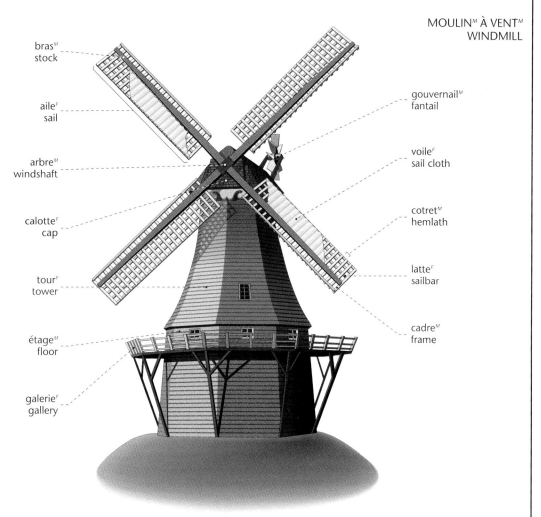

bras^M
stock

aile^F
sail

arbre^M
windshaft

calotte^F
cap

tour^F
tower

étage^M
floor

galerie^F
gallery

gouvernail^M
fantail

voile^F
sail cloth

cotret^M
hemlath

latte^F
sailbar

cadre^M
frame

MOULIN^M PIVOT^M
POST MILL

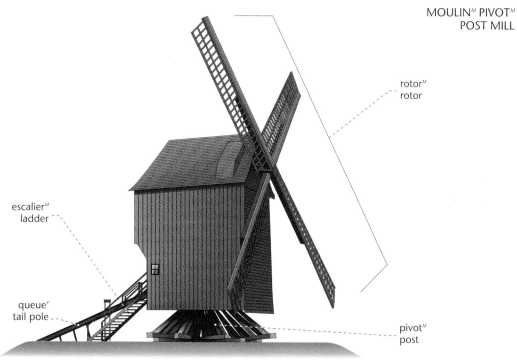

rotor^M
rotor

escalier^M
ladder

queue^F
tail pole

pivot^M
post

ÉNERGIE^F ÉOLIENNE
WIND ENERGY

ÉOLIENNE^F À AXE^M HORIZONTAL
HORIZONTAL-AXIS WIND TURBINE

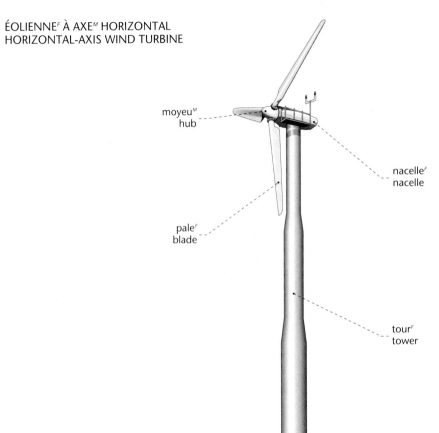

moyeu^M
hub

nacelle^F
nacelle

pale^F
blade

tour^F
tower

ÉOLIENNE^F À AXE^M VERTICAL
VERTICAL-AXIS WIND TURBINE

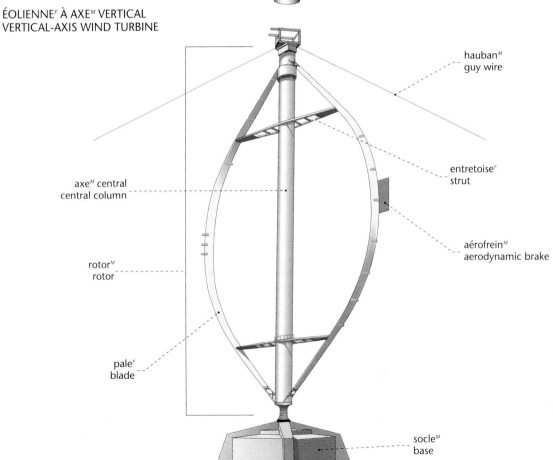

hauban^M
guy wire

entretoise^F
strut

axe^M central
central column

aérofrein^M
aerodynamic brake

rotor^M
rotor

pale^F
blade

socle^M
base

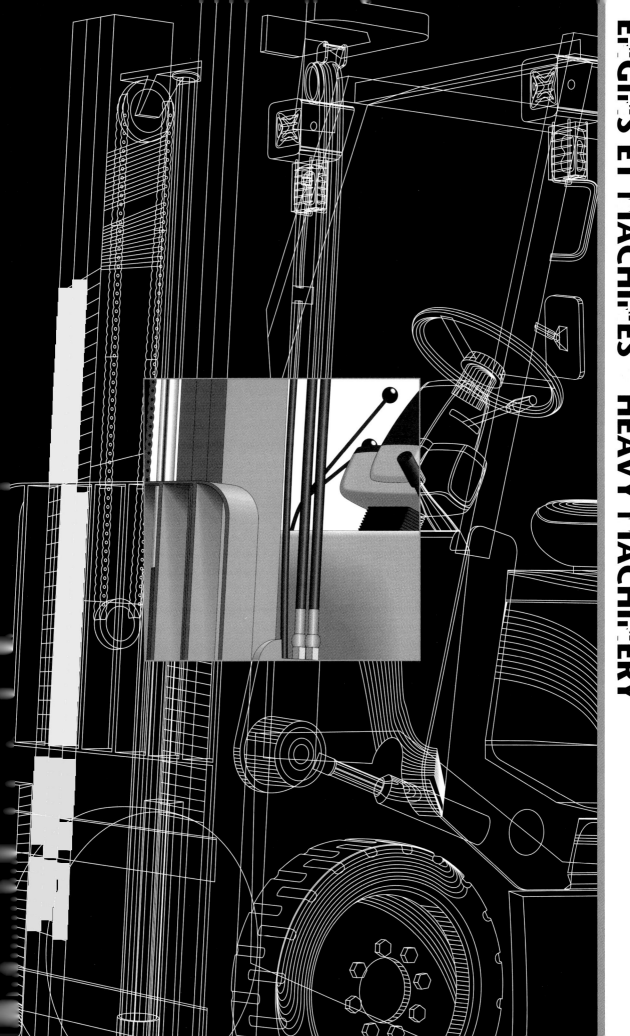

SOMMAIRE

PRÉVENTION DES INCENDIES 777

VÉHICULES D'INCENDIE...778

MANUTENTION...786

**ENGINS ET MACHINES
HEAVY MACHINERY**

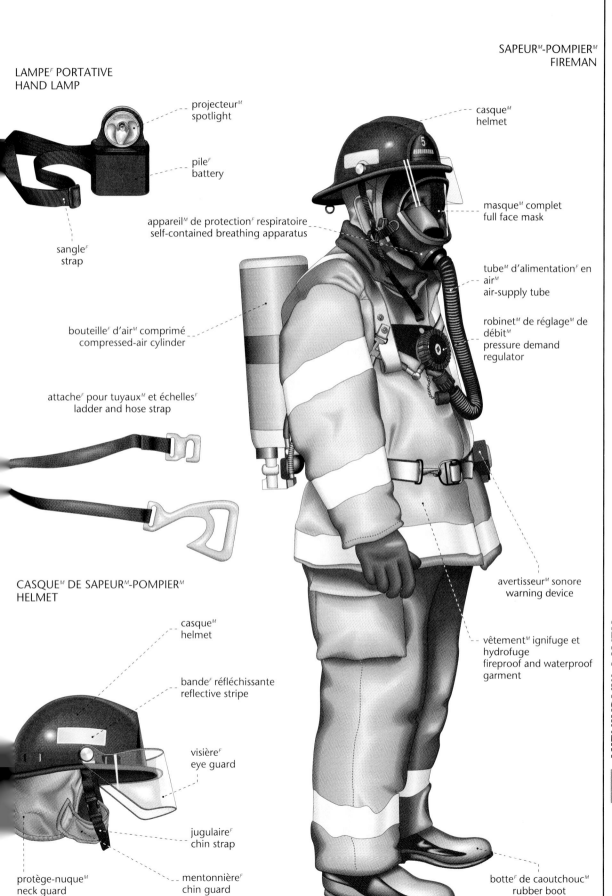

SAPEUR^M-POMPIER^M
FIREMAN

LAMPE^F PORTATIVE
HAND LAMP

projecteur^M
spotlight

pile^F
battery

casque^M
helmet

masque^M complet
full face mask

appareil^M de protection^F respiratoire
self-contained breathing apparatus

tube^M d'alimentation^F en air^M
air-supply tube

sangle^F
strap

robinet^M de réglage^M de débit^M
pressure demand regulator

bouteille^F d'air^M comprimé
compressed-air cylinder

attache^F pour tuyaux^M et échelles^F
ladder and hose strap

avertisseur^M sonore
warning device

CASQUE^M DE SAPEUR^M-POMPIER^M
HELMET

casque^M
helmet

bande^F réfléchissante
reflective stripe

vêtement^M ignifuge et hydrofuge
fireproof and waterproof garment

visière^F
eye guard

jugulaire^F
chin strap

protège-nuque^M
neck guard

mentonnière^F
chin guard

botte^F de caoutchouc^M
rubber boot

FOURGON^M-POMPE^F
PUMPER

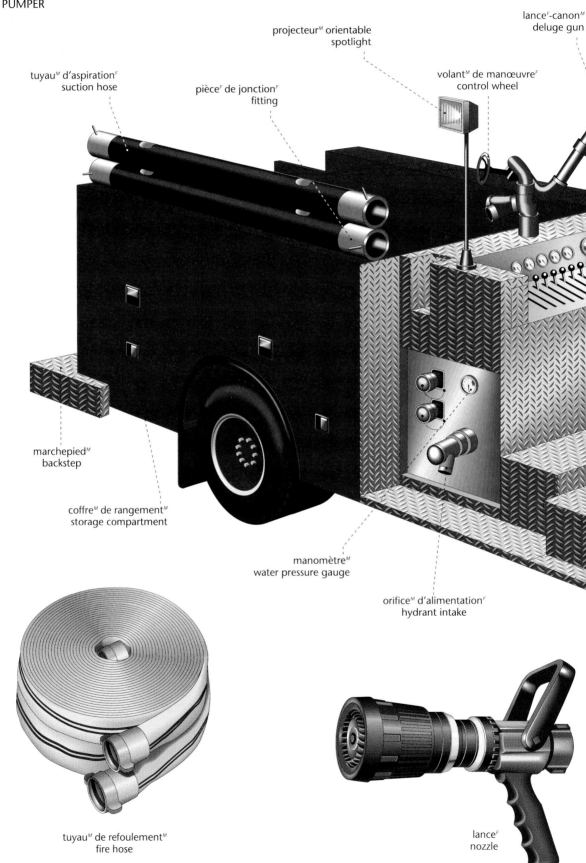

projecteur^M orientable
spotlight

lance^F-canon^M
deluge gun

volant^M de manœuvre^F
control wheel

tuyau^M d'aspiration^F
suction hose

pièce^F de jonction^F
fitting

marchepied^M
backstep

coffre^M de rangement^M
storage compartment

manomètre^M
water pressure gauge

orifice^M d'alimentation^F
hydrant intake

tuyau^M de refoulement^M
fire hose

lance^F
nozzle

ENGINS ET MACHINES
HEAVY MACHINERY

pièce^F d'embranchement^M
dividing breeching

panneau^M de commande^F
control panel

corne^F de feu^M
horn

rampe^F de signalisation^F
light bar

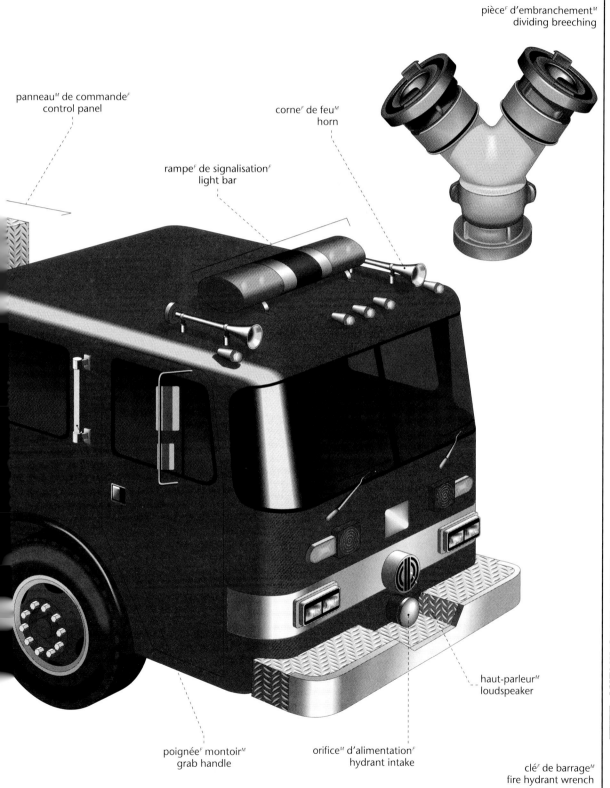

haut-parleur^M
loudspeaker

poignée^F montoir^M
grab handle

orifice^M d'alimentation^F
hydrant intake

clé^F de barrage^M
fire hydrant wrench

VÉHICULES^M D'INCENDIE^M
FIRE ENGINE

GRANDE ÉCHELLE^F
AERIAL LADDER TRUCK

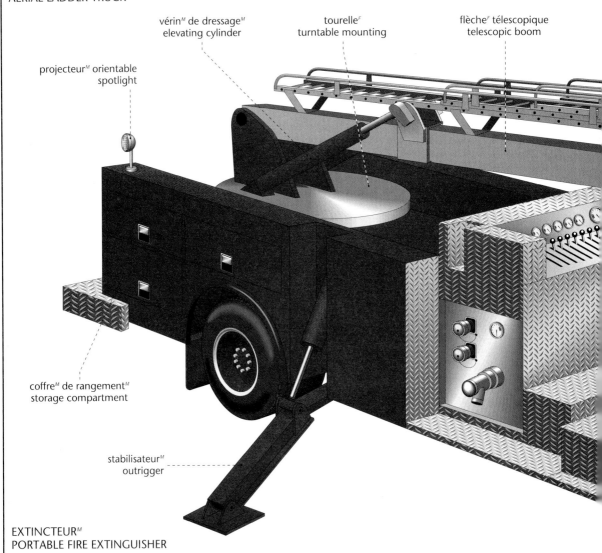

vérin^M de dressage^M
elevating cylinder

tourelle^F
turntable mounting

flèche^F télescopique
telescopic boom

projecteur^M orientable
spotlight

coffre^M de rangement^M
storage compartment

stabilisateur^M
outrigger

EXTINCTEUR^M
PORTABLE FIRE EXTINGUISHER

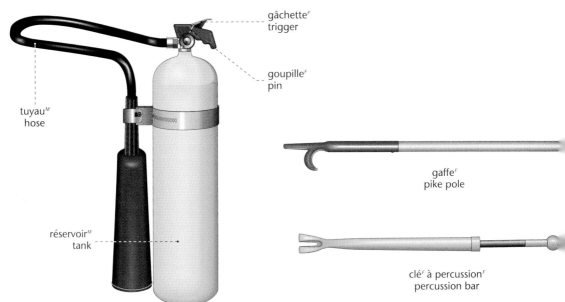

gâchette^F
trigger

goupille^F
pin

tuyau^M
hose

réservoir^M
tank

gaffe^F
pike pole

clé^F à percussion^F
percussion bar

parc^M à échelles^F
tower ladder

gyrophare^M
mars light

échelle^F de tête^F
top ladder

lance^F à eau^F
ladder pipe nozzle

hache^F
fireman's hatchet

échelle^F à crochets^M
hook ladder

CHARGEUSE*F*-PELLETEUSE*F*
WHEEL LOADER

bras*M*
arm

cabine*F*
cab

flèche*F*
boom

vérin*M* du godet*M*
bucket cylinder

vérin*M* du bras*M*
arm cylinder

levier*M* coudé
bucket lever

manœuvre*F* de la pelleteuse*F*
back-hoe controls

godet*M*
bucket

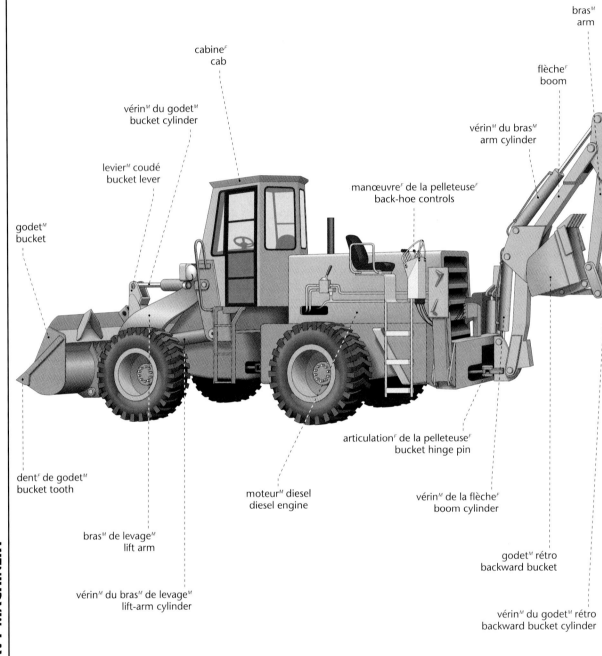

dent*F* de godet*M*
bucket tooth

articulation*F* de la pelleteuse*F*
bucket hinge pin

moteur*M* diesel
diesel engine

vérin*M* de la flèche*F*
boom cylinder

bras*M* de levage*M*
lift arm

godet*M* rétro
backward bucket

vérin*M* du bras*M* de levage*M*
lift-arm cylinder

vérin*M* du godet*M* rétro
backward bucket cylinder

chargeuse*F* frontale
front-end loader

tracteur*M*
wheel tractor

pelleteuse*F*
back-hoe

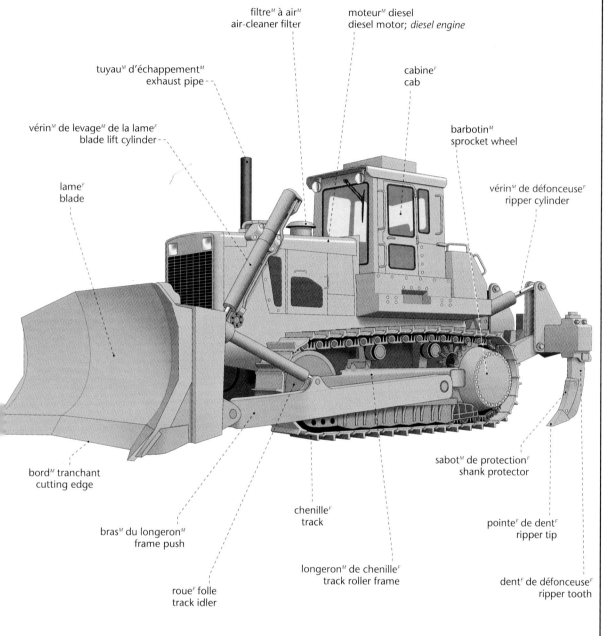

filtre^M à air^M
air-cleaner filter

moteur^M diesel
diesel motor; *diesel engine*

tuyau^M d'échappement^M
exhaust pipe

cabine^F
cab

vérin^M de levage^M de la lame^F
blade lift cylinder

barbotin^M
sprocket wheel

lame^F
blade

vérin^M de défonceuse^F
ripper cylinder

bord^M tranchant
cutting edge

sabot^M de protection^F
shank protector

bras^M du longeron^M
frame push

chenille^F
track

pointe^F de dent^F
ripper tip

roue^F folle
track idler

longeron^M de chenille^F
track roller frame

dent^F de défonceuse^F
ripper tooth

lame^F
blade

tracteur^M à chenilles^F
crawler tractor

défonceuse^F
ripper

MACHINERIE^F LOURDE
HEAVY VEHICLES

DÉCAPEUSE^F
SCRAPER

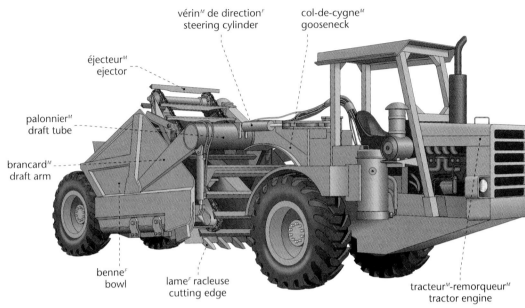

vérin^M de direction^F
steering cylinder

col-de-cygne^M
gooseneck

éjecteur^M
ejector

palonnier^M
draft tube

brancard^M
draft arm

benne^F
bowl

lame^F racleuse
cutting edge

tracteur^M-remorqueur^M
tractor engine

NIVELEUSE^F
GRADER

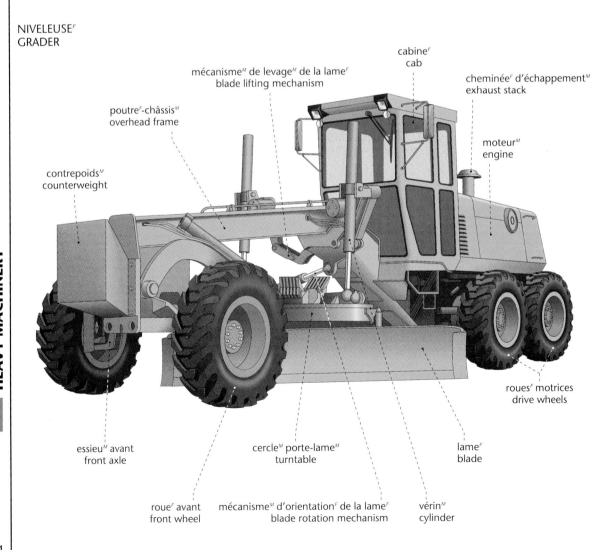

mécanisme^M de levage^M de la lame^F
blade lifting mechanism

cabine^F
cab

cheminée^F d'échappement^M
exhaust stack

poutre^F-châssis^M
overhead frame

moteur^M
engine

contrepoids^M
counterweight

roues^F motrices
drive wheels

essieu^M avant
front axle

cercle^M porte-lame^M
turntable

lame^F
blade

roue^F avant
front wheel

mécanisme^M d'orientation^F de la lame^F
blade rotation mechanism

vérin^M
cylinder

MACHINERIE^F LOURDE
HEAVY MACHINERY

CAMION^M-BENNE^F
DUMP TRUCK;
DUMPER TRUCK

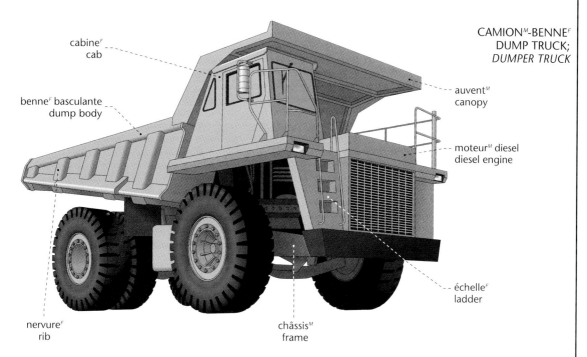

cabine^F
cab

benne^F basculante
dump body

auvent^M
canopy

moteur^M diesel
diesel engine

échelle^F
ladder

nervure^F
rib

châssis^M
frame

PELLE^F HYDRAULIQUE
HYDRAULIC SHOVEL

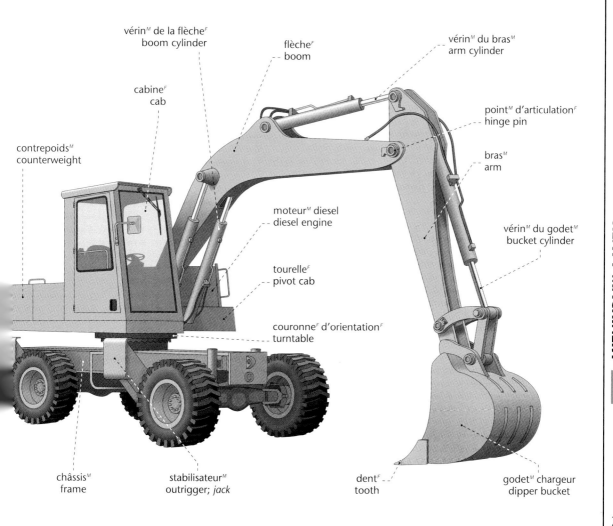

vérin^M de la flèche^F
boom cylinder

flèche^F
boom

vérin^M du bras^M
arm cylinder

cabine^F
cab

point^M d'articulation^F
hinge pin

contrepoids^M
counterweight

bras^M
arm

moteur^M diesel
diesel engine

vérin^M du godet^M
bucket cylinder

tourelle^F
pivot cab

couronne^F d'orientation^F
turntable

châssis^M
frame

stabilisateur^M
outrigger; *jack*

dent^F
tooth

godet^M chargeur
dipper bucket

785

GRUE^F À TOUR^F
TOWER CRANE

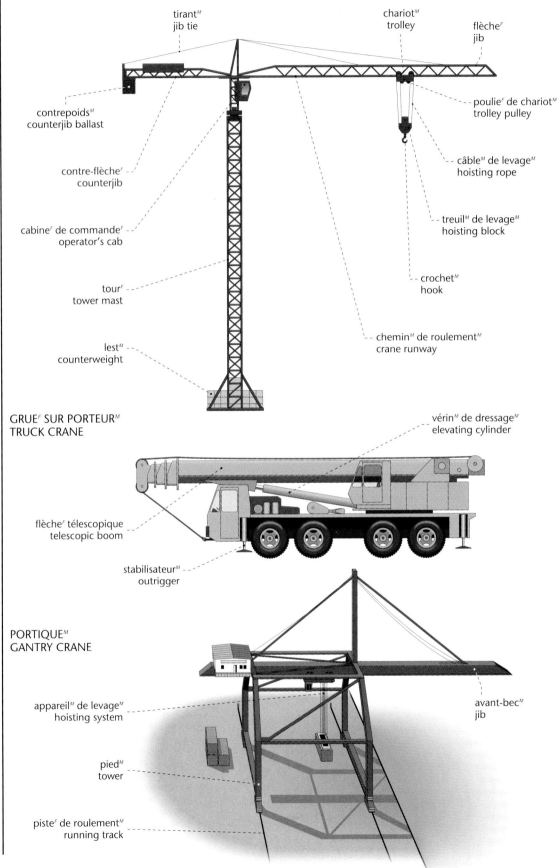

tirant^M
jib tie

chariot^M
trolley

flèche^F
jib

poulie^F de chariot^M
trolley pulley

contrepoids^M
counterjib ballast

câble^M de levage^M
hoisting rope

contre-flèche^F
counterjib

treuil^M de levage^M
hoisting block

cabine^F de commande^F
operator's cab

crochet^M
hook

tour^F
tower mast

chemin^M de roulement^M
crane runway

lest^M
counterweight

GRUE^F SUR PORTEUR^M
TRUCK CRANE

vérin^M de dressage^M
elevating cylinder

flèche^F télescopique
telescopic boom

stabilisateur^M
outrigger

PORTIQUE^M
GANTRY CRANE

appareil^M de levage^M
hoisting system

avant-bec^M
jib

pied^M
tower

piste^F de roulement^M
running track

ENGINS ET MACHINES
HEAVY MACHINERY

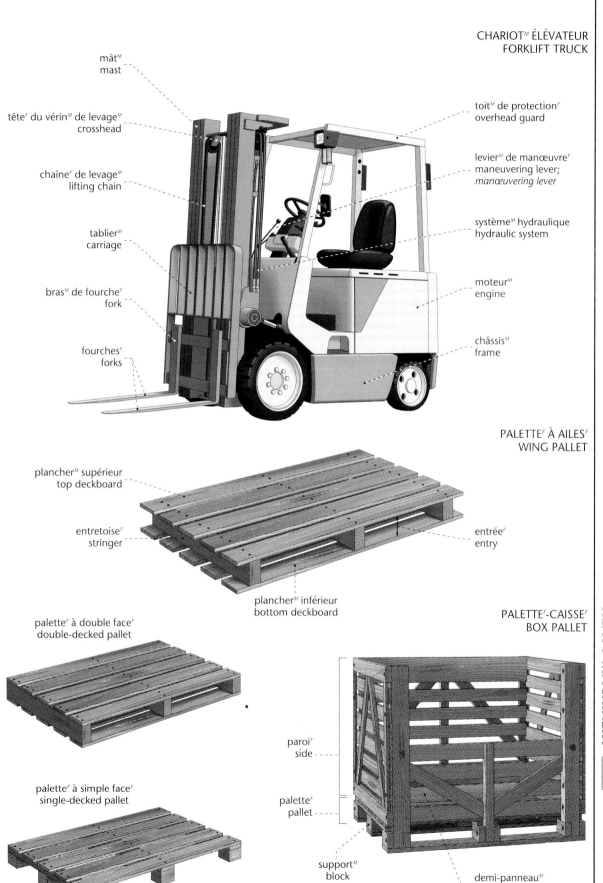

CHARIOT^M ÉLÉVATEUR
FORKLIFT TRUCK

mât^M
mast

tête^F du vérin^M de levage^M
crosshead

chaîne^F de levage^M
lifting chain

tablier^M
carriage

bras^M de fourche^F
fork

fourches^F
forks

toit^M de protection^F
overhead guard

levier^M de manœuvre^F
maneuvering lever;
manœuvering lever

système^M hydraulique
hydraulic system

moteur^M
engine

châssis^M
frame

PALETTE^F À AILES^F
WING PALLET

plancher^M supérieur
top deckboard

entretoise^F
stringer

entrée^F
entry

plancher^M inférieur
bottom deckboard

PALETTE^F-CAISSE^F
BOX PALLET

palette^F à double face^F
double-decked pallet

palette^F à simple face^F
single-decked pallet

paroi^F
side

palette^F
pallet

support^M
block

demi-panneau^M
half-side

MANUTENTION^F
MATERIAL HANDLING

GERBEUR^M
HYDRAULIC PALLET TRUCK

transpalette^F manuel
pallet truck

levier^M de manœuvre^F
maneuvering lever;
manœuvering lever

mât^M
mast

levier^M de conduite^F
steering lever

vérin^M hydraulique
hydraulic cylinder

diable^M
hand truck; *barrow*

fourches^F
forks

bandage^M de roue^F
caoutchoutée
solid rubber tire;
solid rubber tyre

longeron^M stabilisateur
stabilizing shaft

essieu^M directeur
steering axle

châssis^M
frame

roulette^F
roller

chariot^M à palette^F
platform pallet truck

chariot^M à plateau^M
flatbed pushcart; *platform trolley*

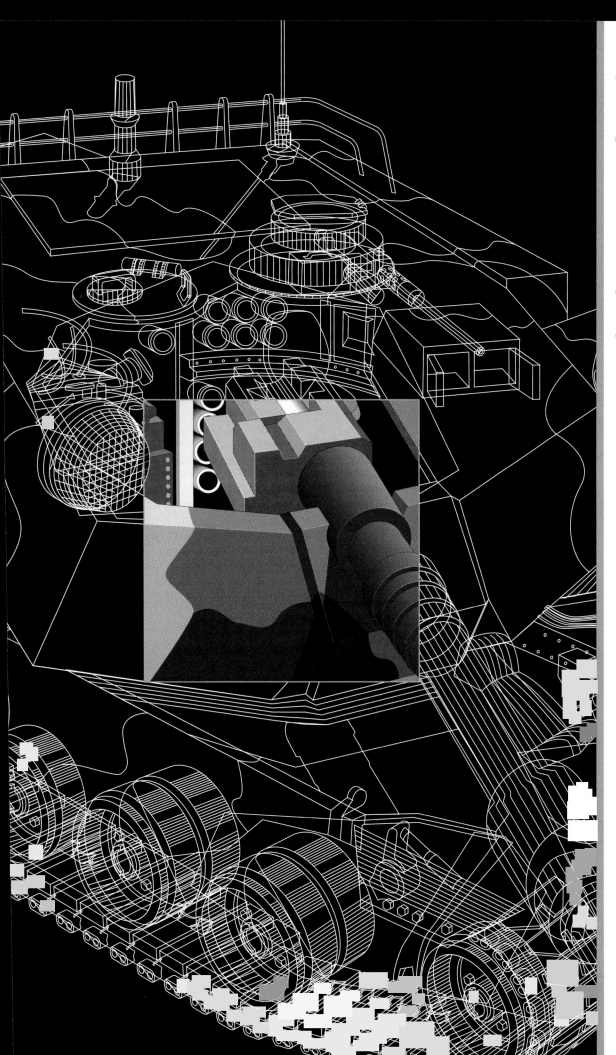

SOMMAIRE

ARMES DE L'ÂGE DE PIERRE 791

ARMES DE L'ÉPOQUE ROMAINE...791

ARMURE...792

ARCS ET ARBALÈTE..793

ARMES BLANCHES 794

ARQUEBUSE 795

PISTOLET MITRAILLEUR...795

FUSIL AUTOMATIQUE 796

FUSIL MITRAILLEUR 796

PISTOLET 797

REVOLVER 797

ARMES DE CHASSE...798

CANON DU XVIIᴱ SIÈCLE...800

OBUSIER MODERNE..802

MORTIER..803

GRENADE À MAIN...804

BAZOOKA 804

CANON SANS RECUL..804

CHAR D'ASSAUT 805

SOUS-MARIN 806

FRÉGATE 808

PORTE-AVIONS 810

AVION DE COMBAT..812

MISSILES 814

ARMES^F DE L'ÂGE^M DE PIERRE^F
STONE AGE ARMS

hache^F en pierre^F polie
polished stone hand axe

pointe^F de flèche^F en silex^M
flint arrowhead

couteau^M en silex^M
flint knife

ARMES^F DE L'ÉPOQUE^F ROMAINE
WEAPONS IN THE AGE OF THE ROMANS

GUERRIER^M GAULOIS
GALLIC WARRIOR

LÉGIONNAIRE^M ROMAIN
ROMAN LEGIONARY

casque^M
helmet

braies^F
breeches

bouclier^M
shield

lance^F
spear

cimier^M
crest

bouclier^M
shield

cuirasse^F
cuirass

glaive^M
gladius

tunique^F
tunic

javelot^M
javelin

sandale^F
sandal

ARMURE^F
ARMOR; *ARMOUR*

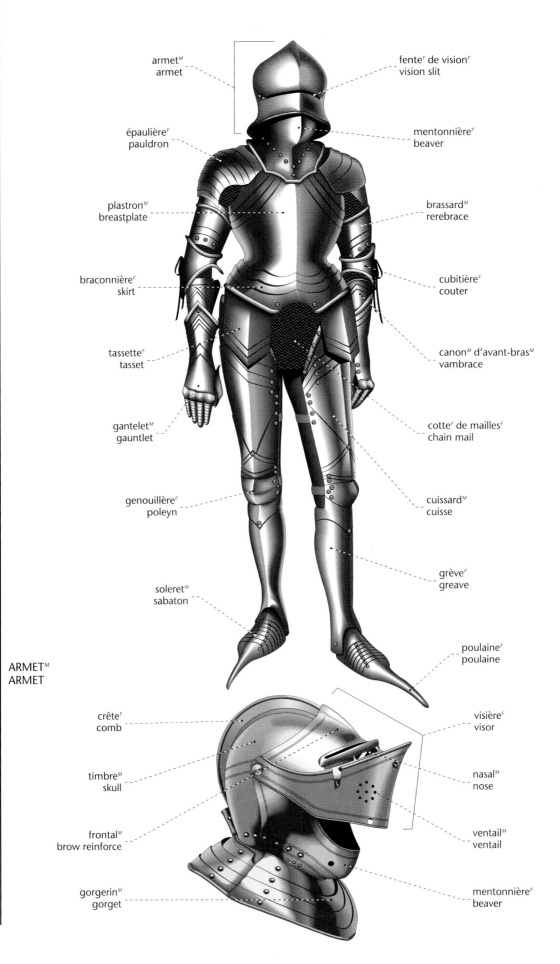

armet^M
armet

fente^F de vision^F
vision slit

épaulière^F
pauldron

mentonnière^F
beaver

plastron^M
breastplate

brassard^M
rerebrace

braconnière^F
skirt

cubitière^F
couter

tassette^F
tasset

canon^M d'avant-bras^M
vambrace

gantelet^M
gauntlet

cotte^F de mailles^F
chain mail

genouillère^F
poleyn

cuissard^M
cuisse

grève^F
greave

soleret^M
sabaton

poulaine^F
poulaine

ARMET^M
ARMET

crête^F
comb

visière^F
visor

timbre^M
skull

nasal^M
nose

frontal^M
brow reinforce

ventail^M
ventail

gorgerin^M
gorget

mentonnière^F
beaver

ARCS^M ET ARBALÈTE^F
BOWS AND CROSSBOW

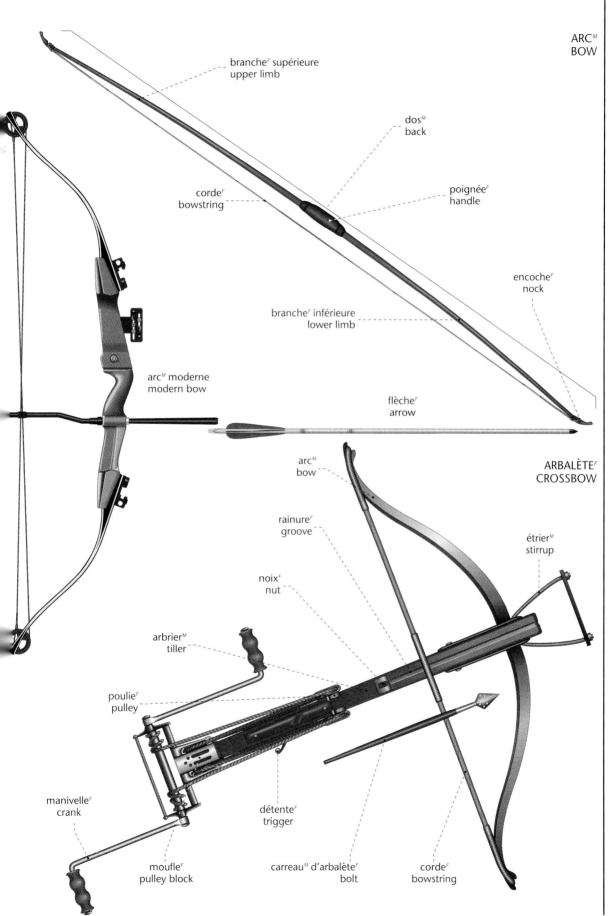

ARC^M
BOW

branche^F supérieure
upper limb

dos^M
back

corde^F
bowstring

poignée^F
handle

encoche^F
nock

branche^F inférieure
lower limb

arc^M moderne
modern bow

flèche^F
arrow

ARBALÈTE^F
CROSSBOW

arc^M
bow

rainure^F
groove

étrier^M
stirrup

noix^F
nut

arbrier^M
tiller

poulie^F
pulley

manivelle^F
crank

détente^F
trigger

moufle^F
pulley block

carreau^M d'arbalète^F
bolt

corde^F
bowstring

ARMES
WEAPONS

793

sabre^M
saber; *sabre*

rapière^F
rapier

épée^F à deux mains^F
broadsword

stylet^M
stiletto

poignard^M
poniard

dague^F
dagger

machette^F
machete

couteau^M de combat^M
commando knife

baïonnette^F à poignée^F
hilted bayonet

baïonnette^F incorporée
integral bayonet

baïonnette^F à manche^M
plug bayonet

baïonnette^F à douille^F
socket bayonet

ARQUEBUSE^F
HARQUEBUS; *ARQUEBUS*

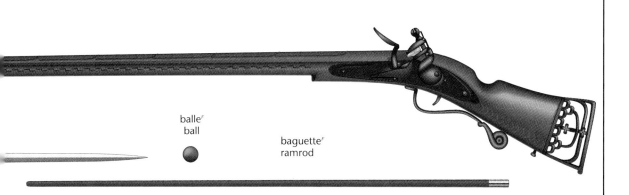

balle^F
ball

baguette^F
ramrod

PLATINE^F À SILEX^M
FLINTLOCK

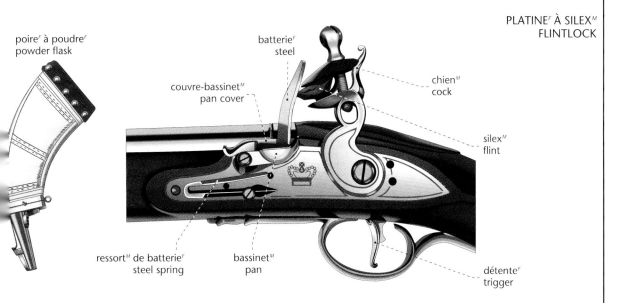

poire^F à poudre^F
powder flask

batterie^F
steel

chien^M
cock

couvre-bassinet^M
pan cover

silex^M
flint

ressort^M de batterie^F
steel spring

bassinet^M
pan

détente^F
trigger

PISTOLET^M MITRAILLEUR^M
SUBMACHINE GUN

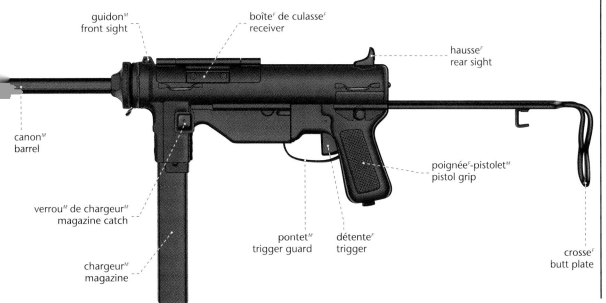

guidon^M
front sight

boîte^F de culasse^F
receiver

hausse^F
rear sight

canon^M
barrel

poignée^F-pistolet^M
pistol grip

verrou^M de chargeur^M
magazine catch

pontet^M
trigger guard

détente^F
trigger

crosse^F
butt plate

chargeur^M
magazine

FUSIL^M AUTOMATIQUE
AUTOMATIC RIFLE

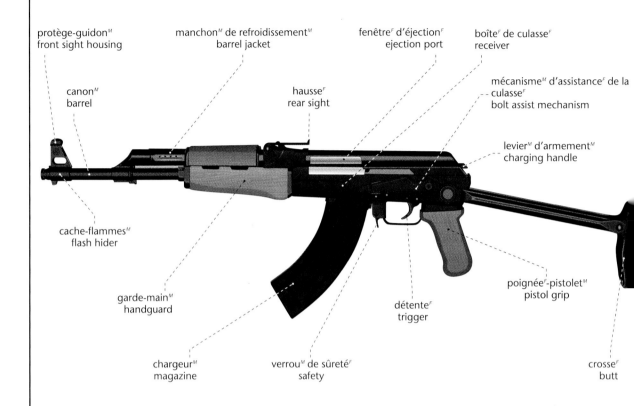

protège-guidon^M
front sight housing

manchon^M de refroidissement^M
barrel jacket

fenêtre^F d'éjection^F
ejection port

boîte^F de culasse^F
receiver

canon^M
barrel

hausse^F
rear sight

mécanisme^M d'assistance^F de la
culasse^F
bolt assist mechanism

levier^M d'armement^M
charging handle

cache-flammes^M
flash hider

poignée^F-pistolet^M
pistol grip

garde-main^M
handguard

détente^F
trigger

chargeur^M
magazine

verrou^M de sûreté^F
safety

crosse^F
butt

FUSIL^M MITRAILLEUR^M
LIGHT MACHINE GUN

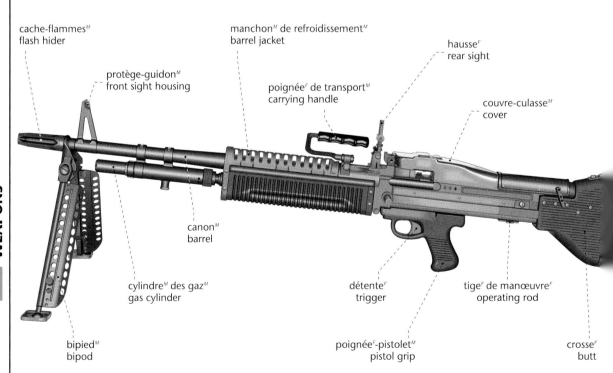

cache-flammes^M
flash hider

manchon^M de refroidissement^M
barrel jacket

hausse^F
rear sight

protège-guidon^M
front sight housing

poignée^F de transport^M
carrying handle

couvre-culasse^M
cover

canon^M
barrel

cylindre^M des gaz^M
gas cylinder

détente^F
trigger

tige^F de manœuvre^F
operating rod

bipied^M
bipod

poignée^F-pistolet^M
pistol grip

crosse^F
butt

REVOLVER^M
REVOLVER

chien^M
hammer

canon^M
barrel

guidon^M
front sight

bouche^F
muzzle

barillet^M
cylinder

pontet^M
trigger guard

crosse^F
butt

détente^F
trigger

PISTOLET^M
PISTOL

chien^M
hammer

cran^M de mire^F
rear sight

canon^M
barrel

guidon^M
front sight

chargeur^M
magazine

glissière^F
slide

pontet^M
trigger guard

détente^F
trigger

semelle^F de chargeur^M
magazine base

crosse^F
butt

arrêtoir^M de chargeur^M
magazine catch

cartouche^F
cartridge

ARMES
WEAPONS

797

ARMES^F DE CHASSE^F
HUNTING WEAPONS

CARTOUCHE^F (CARABINE^F)
CARTRIDGE (RIFLE)

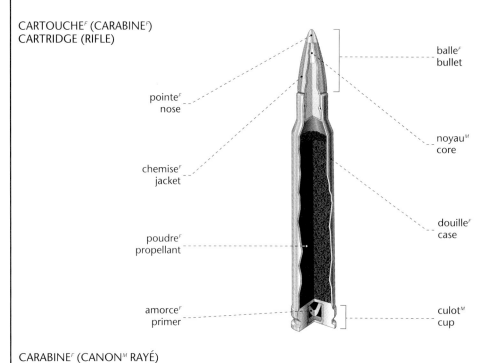

pointe^F
nose

chemise^F
jacket

poudre^F
propellant

amorce^F
primer

balle^F
bullet

noyau^M
core

douille^F
case

culot^M
cup

CARABINE^F (CANON^M RAYÉ)
RIFLE (RIFLED BORE)

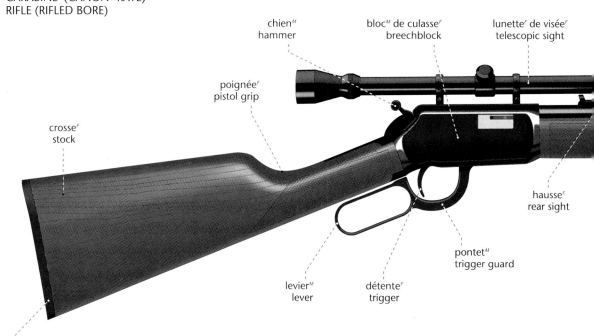

chien^M
hammer

bloc^M de culasse^F
breechblock

lunette^F de visée^F
telescopic sight

poignée^F
pistol grip

crosse^F
stock

hausse^F
rear sight

pontet^M
trigger guard

levier^M
lever

détente^F
trigger

plaque^F de couche^F
butt plate

guidon^M
front sight

bouche^F
muzzle

bande^F ventilée
ventilated rib

canon^M
barrel

fût^M
forearm

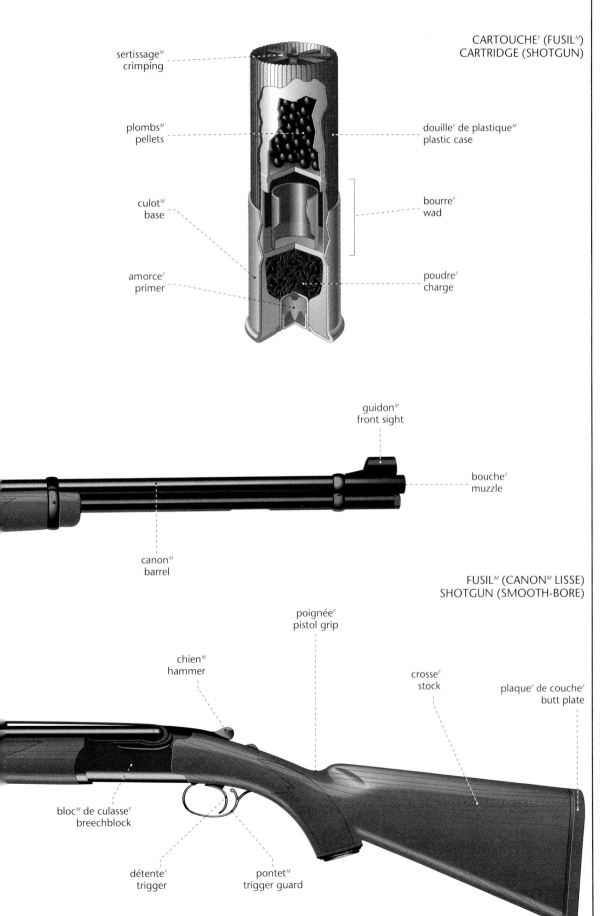

CARTOUCHE^F (FUSIL^M)
CARTRIDGE (SHOTGUN)

sertissage^M
crimping

plombs^M
pellets

douille^F de plastique^M
plastic case

culot^M
base

bourre^F
wad

amorce^F
primer

poudre^F
charge

guidon^M
front sight

bouche^F
muzzle

canon^M
barrel

FUSIL^M (CANON^M LISSE)
SHOTGUN (SMOOTH-BORE)

poignée^F
pistol grip

chien^M
hammer

crosse^F
stock

plaque^F de couche^F
butt plate

bloc^M de culasse^F
breechblock

détente^F
trigger

pontet^M
trigger guard

CANON^M DU XVIIE SIÈCLE^M
SEVENTEENTH CENTURY CANNON

BOUCHE^F À FEU^M
MUZZLE LOADING

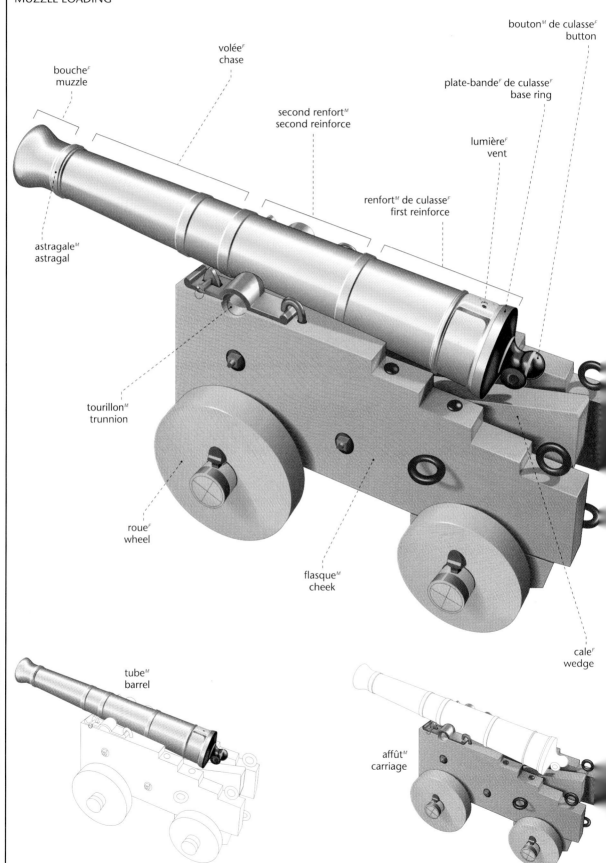

bouton^M de culasse^F
button

volée^F
chase

bouche^F
muzzle

plate-bande^F de culasse^F
base ring

second renfort^M
second reinforce

lumière^F
vent

renfort^M de culasse^F
first reinforce

astragale^M
astragal

tourillon^M
trunnion

roue^F
wheel

flasque^M
cheek

cale^F
wedge

tube^M
barrel

affût^M
carriage

COUPE^F D'UNE BOUCHE^F À FEU^M
CROSS SECTION OF A MUZZLE LOADING

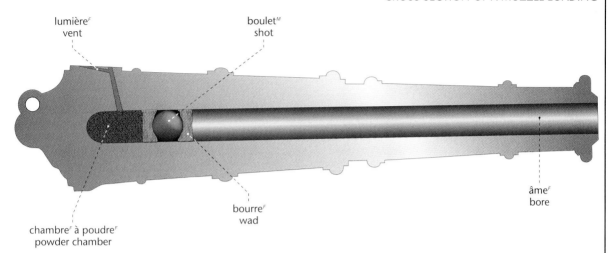

lumière^F
vent

boulet^M
shot

âme^F
bore

bourre^F
wad

chambre^F à poudre^F
powder chamber

ACCESSOIRES^M DE MISE^F À FEU^M
FIRING ACCESSORIES

refouloir^M
rammer

boutefeu^M
linstock

tire-bourre^M
worm

lanterne^F
ladle

écouvillon^M
sponge

PROJECTILES^M
PROJECTILES

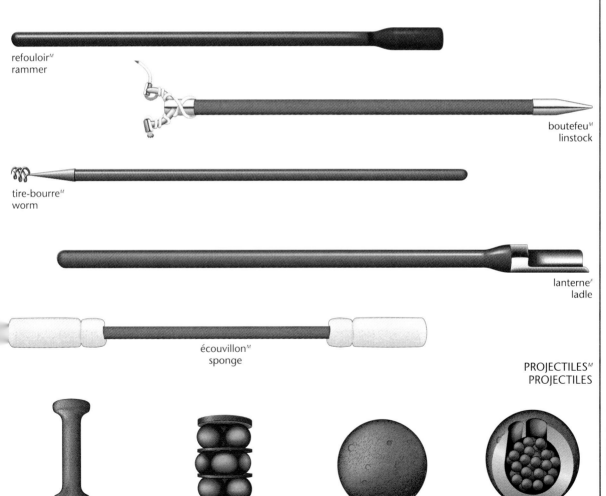

boulet^M ramé
bar shot

grappe^F de raisin^M
grapeshot

boulet^M
solid shot

boulet^M creux
hollow shot

OBUSIER^M MODERNE
MODERN HOWITZER

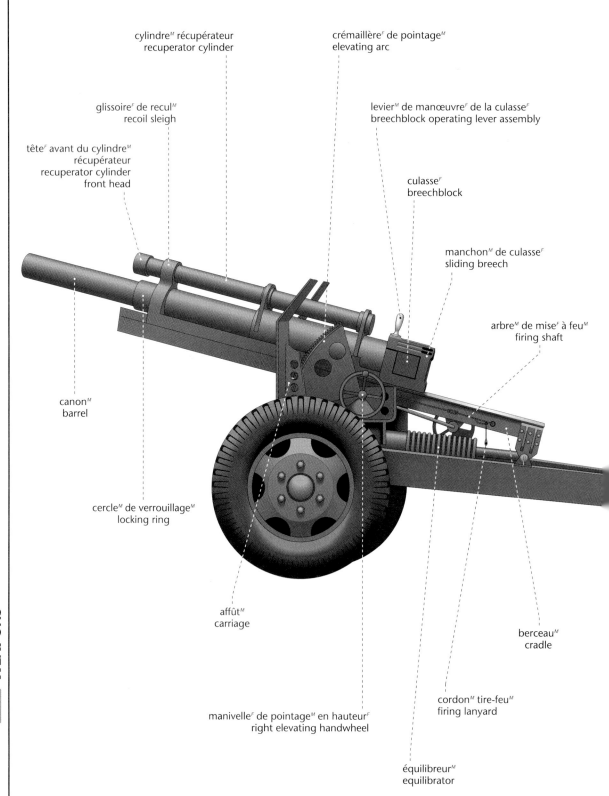

cylindre^M récupérateur
recuperator cylinder

crémaillère^F de pointage^M
elevating arc

glissoire^F de recul^M
recoil sleigh

levier^M de manœuvre^F de la culasse^F
breechblock operating lever assembly

tête^F avant du cylindre^M
récupérateur
recuperator cylinder
front head

culasse^F
breechblock

manchon^M de culasse^F
sliding breech

arbre^M de mise^F à feu^M
firing shaft

canon^M
barrel

cercle^M de verrouillage^M
locking ring

berceau^M
cradle

affût^M
carriage

cordon^M tire-feu^M
firing lanyard

manivelle^F de pointage^M en hauteur^F
right elevating handwheel

équilibreur^M
equilibrator

MORTIER^M
MORTAR

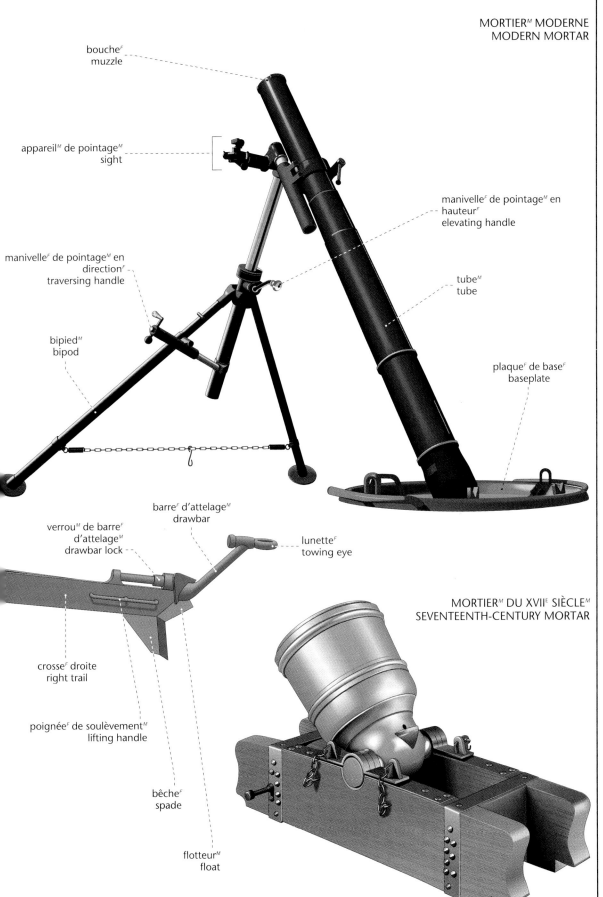

MORTIER^M MODERNE
MODERN MORTAR

bouche^F
muzzle

appareil^M de pointage^M
sight

manivelle^F de pointage^M en
hauteur^F
elevating handle

manivelle^F de pointage^M en
direction^F
traversing handle

tube^M
tube

bipied^M
bipod

plaque^F de base^F
baseplate

barre^F d'attelage^M
drawbar

verrou^M de barre^F
d'attelage^M
drawbar lock

lunette^F
towing eye

MORTIER^M DU XVIIE SIÈCLE^M
SEVENTEENTH-CENTURY MORTAR

crosse^F droite
right trail

poignée^F de soulèvement^M
lifting handle

bêche^F
spade

flotteur^M
float

GRENADE*F* À MAIN*F*
HAND GRENADE

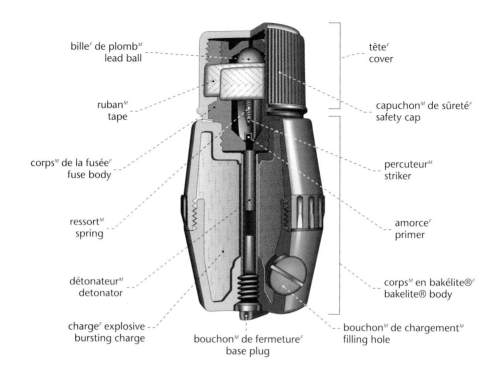

bille*F* de plomb*M*
lead ball

ruban*M*
tape

corps*M* de la fusée*F*
fuse body

ressort*M*
spring

détonateur*M*
detonator

charge*F* explosive
bursting charge

bouchon*M* de fermeture*F*
base plug

tête*F*
cover

capuchon*M* de sûreté*F*
safety cap

percuteur*M*
striker

amorce*F*
primer

corps*M* en bakélite®*F*
bakelite® body

bouchon*M* de chargement*M*
filling hole

BAZOOKA*M*
BAZOOKA

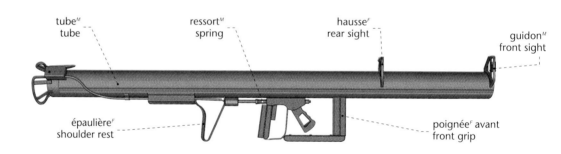

tube*M*
tube

ressort*M*
spring

hausse*F*
rear sight

guidon*M*
front sight

épaulière*F*
shoulder rest

poignée*F* avant
front grip

CANON*M* SANS RECUL*M*
RECOILLESS RIFLE

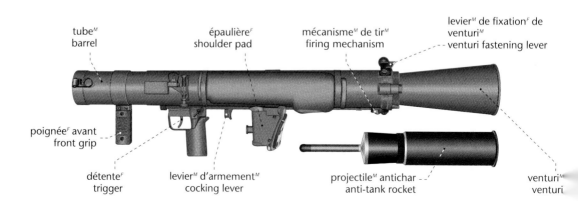

tube*M*
barrel

épaulière*F*
shoulder pad

mécanisme*M* de tir*M*
firing mechanism

levier*M* de fixation*F* de
venturi*M*
venturi fastening lever

poignée*F* avant
front grip

détente*F*
trigger

levier*M* d'armement*M*
cocking lever

projectile*M* antichar
anti-tank rocket

venturi*M*
venturi

CHAR^M D'ASSAUT^M
TANK

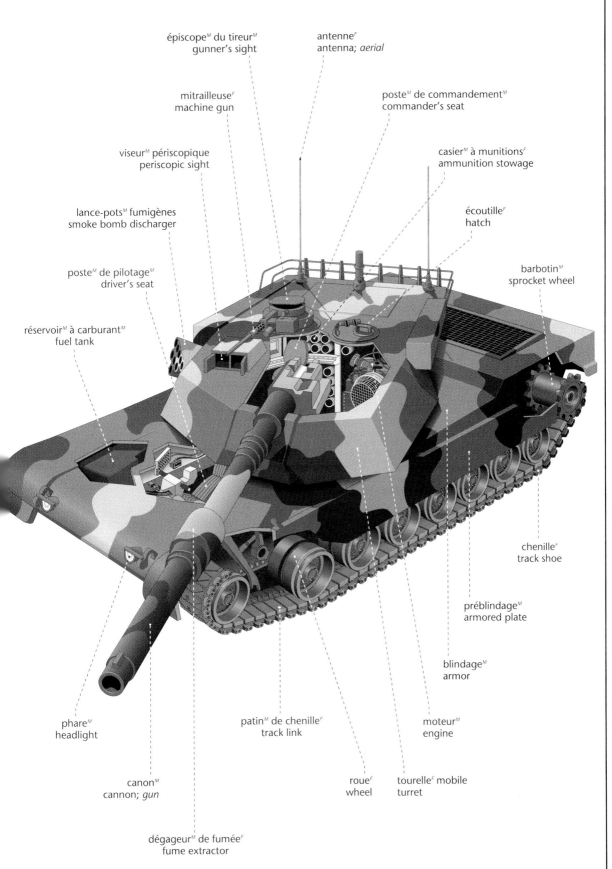

épiscope^M du tireur^M
gunner's sight

antenne^F
antenna; *aerial*

mitrailleuse^F
machine gun

poste^M de commandement^M
commander's seat

viseur^M périscopique
periscopic sight

casier^M à munitions^F
ammunition stowage

lance-pots^M fumigènes
smoke bomb discharger

écoutille^F
hatch

poste^M de pilotage^M
driver's seat

barbotin^M
sprocket wheel

réservoir^M à carburant^M
fuel tank

chenille^F
track shoe

préblindage^M
armored plate

blindage^M
armor

phare^M
headlight

patin^M de chenille^F
track link

moteur^M
engine

canon^M
cannon; *gun*

roue^F
wheel

tourelle^F mobile
turret

dégageur^M de fumée^F
fume extractor

SOUS-MARIN^M
SUBMARINE

poste^M de conduite^F de la propulsion^F
propulsion machinery control room

gouvernail^M de direction^F
rudder

sas^M d'accès^M arrière
air lock

générateur^M de vapeur^F
steam generator

hélice^F
propeller

moteur^M électrique auxiliaire
emergency electric motor

turbo-alternateur^M
turbo-alternator

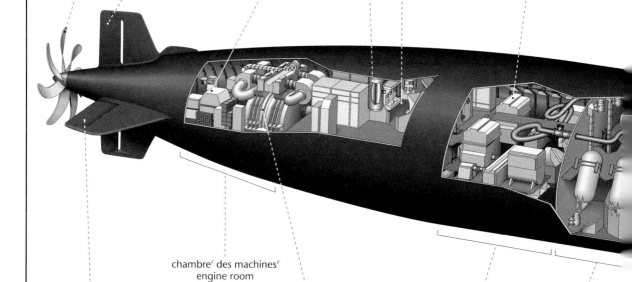

chambre^F des machines^F
engine room

barre^F de plongée^F
diving plane

moteur^M électrique principal
main electric motor

compartiment^M de la
production^F d'électricité^F
electricity production room

compartiment^M du réacteur^M
nuclear boiler room

réacteur^M
reactor

ARMES
WEAPONS

806

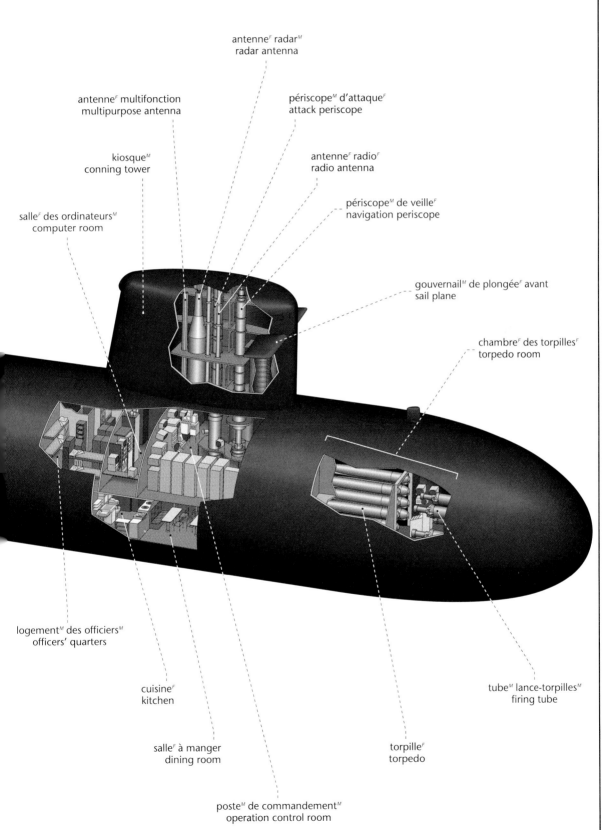

antenne^F radar^M
radar antenna

antenne^F multifonction
multipurpose antenna

périscope^M d'attaque^F
attack periscope

kiosque^M
conning tower

antenne^F radio^F
radio antenna

salle^F des ordinateurs^M
computer room

périscope^M de veille^F
navigation periscope

gouvernail^M de plongée^F avant
sail plane

chambre^F des torpilles^F
torpedo room

logement^M des officiers^M
officers' quarters

cuisine^F
kitchen

salle^F à manger
dining room

poste^M de commandement^M
operation control room

torpille^F
torpedo

tube^M lance-torpilles^M
firing tube

FRÉGATE^F
FRIGATE

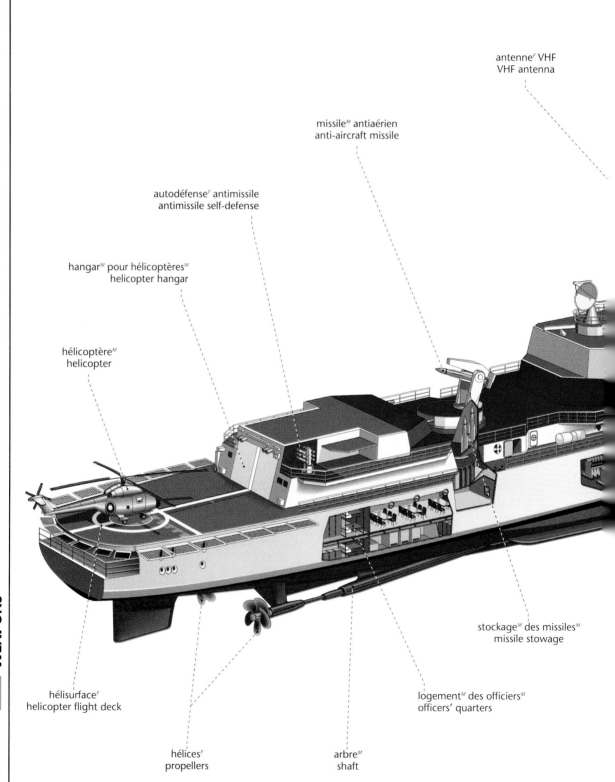

antenne^F VHF
VHF antenna

missile^M antiaérien
anti-aircraft missile

autodéfense^F antimissile
antimissile self-defense

hangar^M pour hélicoptères^M
helicopter hangar

hélicoptère^M
helicopter

stockage^M des missiles^M
missile stowage

hélisurface^F
helicopter flight deck

logement^M des officiers^M
officers' quarters

hélices^F
propellers

arbre^M
shaft

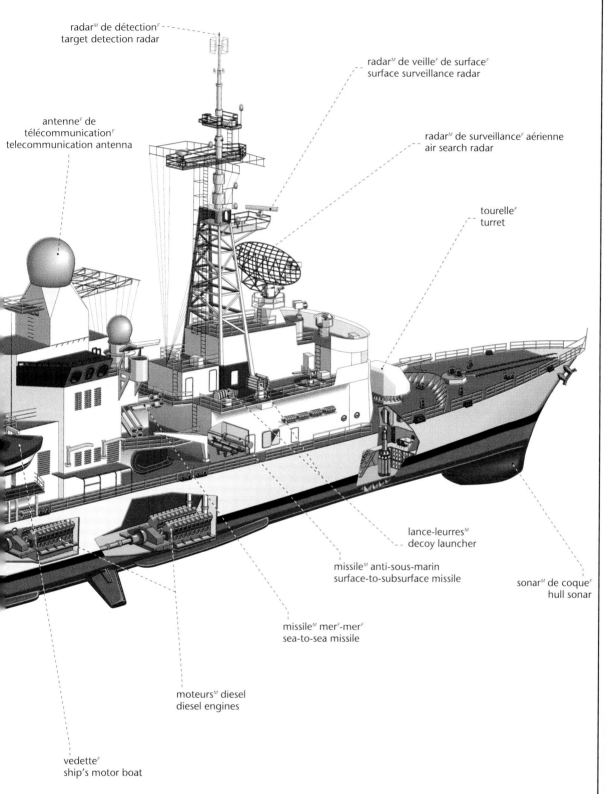

radar^M de détection^F
target detection radar

radar^M de veille^F de surface^F
surface surveillance radar

antenne^F de
télécommunication^F
telecommunication antenna

radar^M de surveillance^F aérienne
air search radar

tourelle^F
turret

lance-leurres^M
decoy launcher

missile^M anti-sous-marin
surface-to-subsurface missile

sonar^M de coque^F
hull sonar

missile^M mer^F-mer^F
sea-to-sea missile

moteurs^M diesel
diesel engines

vedette^F
ship's motor boat

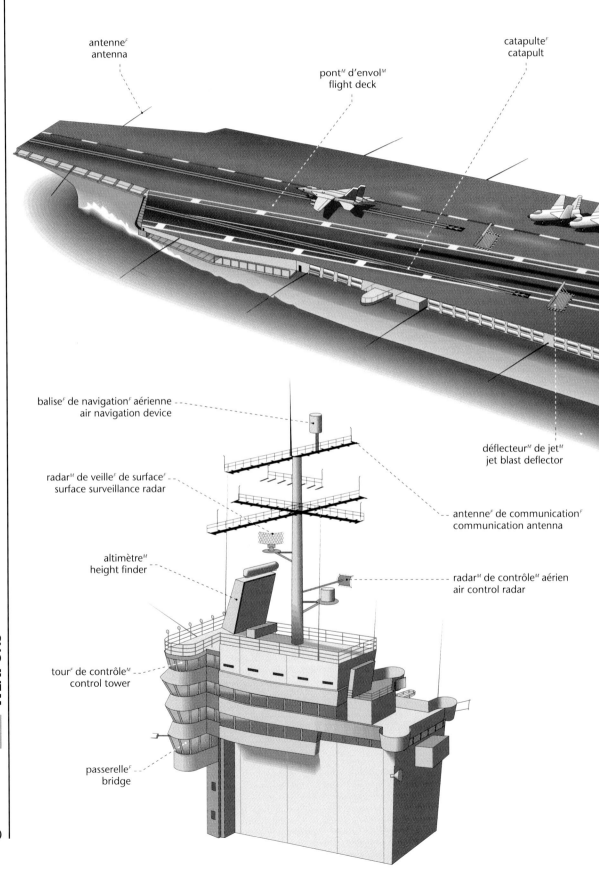

antenne^F
antenna

pont^M d'envol^M
flight deck

catapulte^F
catapult

balise^F de navigation^F aérienne
air navigation device

déflecteur^M de jet^M
jet blast deflector

radar^M de veille^F de surface^F
surface surveillance radar

antenne^F de communication^F
communication antenna

altimètre^M
height finder

radar^M de contrôle^M aérien
air control radar

tour^F de contrôle^M
control tower

passerelle^F
bridge

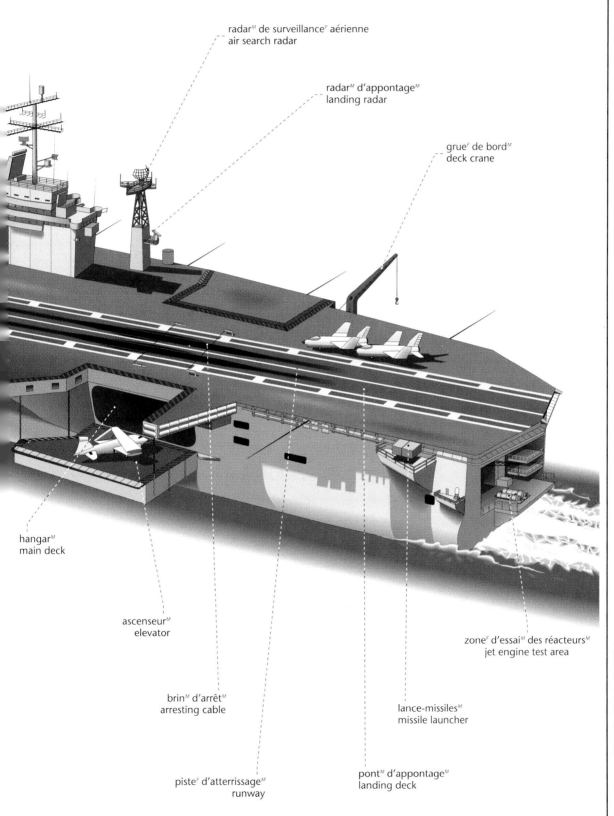

radar^M de surveillance^F aérienne
air search radar

radar^M d'appontage^M
landing radar

grue^F de bord^M
deck crane

hangar^M
main deck

ascenseur^M
elevator

zone^F d'essai^M des réacteurs^M
jet engine test area

brin^M d'arrêt^M
arresting cable

lance-missiles^M
missile launcher

piste^F d'atterrissage^M
runway

pont^M d'appontage^M
landing deck

AVION^M DE COMBAT^M
COMBAT AIRCRAFT

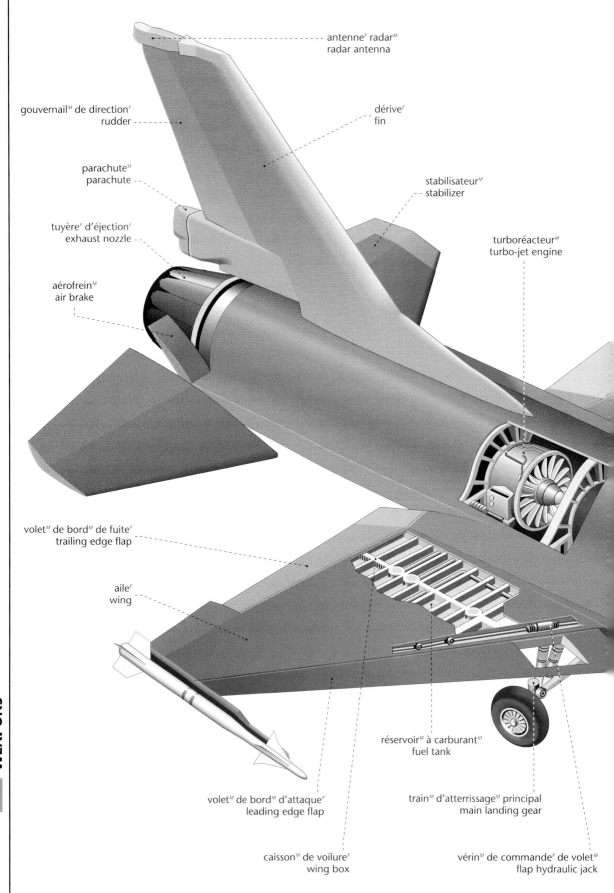

antenne^F radar^M
radar antenna

gouvernail^M de direction^F
rudder

dérive^F
fin

parachute^M
parachute

stabilisateur^M
stabilizer

tuyère^F d'éjection^F
exhaust nozzle

turboréacteur^M
turbo-jet engine

aérofrein^M
air brake

volet^M de bord^M de fuite^F
trailing edge flap

aile^F
wing

réservoir^M à carburant^M
fuel tank

volet^M de bord^M d'attaque^F
leading edge flap

train^M d'atterrissage^M principal
main landing gear

caisson^M de voilure^F
wing box

vérin^M de commande^F de volet^M
flap hydraulic jack

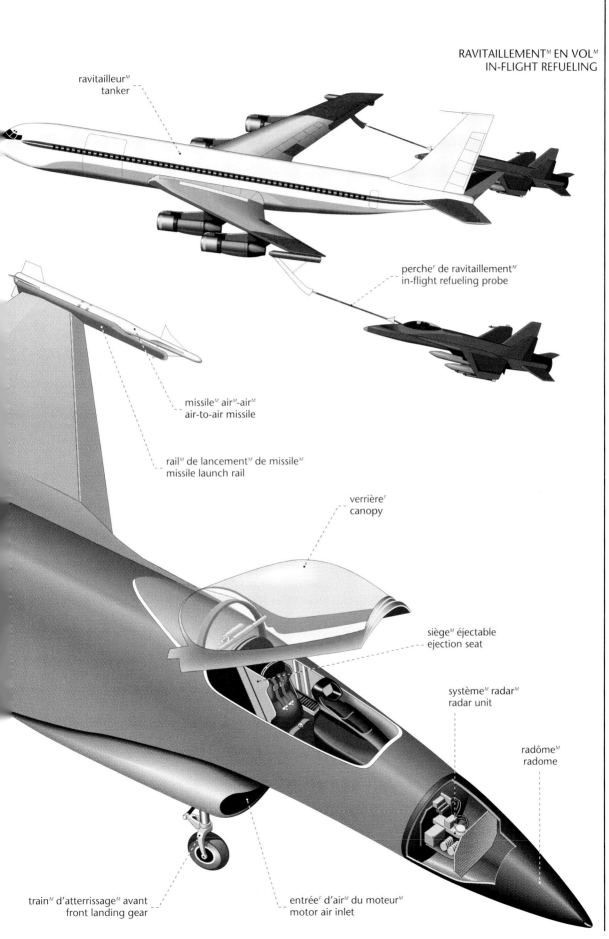

ravitailleur^M
tanker

perche^F de ravitaillement^M
in-flight refueling probe

missile^M air^M-air^M
air-to-air missile

rail^M de lancement^M de missile^M
missile launch rail

verrière^F
canopy

siège^M éjectable
ejection seat

système^M radar^M
radar unit

radôme^M
radome

train^M d'atterrissage^M avant
front landing gear

entrée^F d'air^M du moteur^M
motor air inlet

ARMES
WEAPONS

813

STRUCTURE^F D'UN MISSILE^M
STRUCTURE OF A MISSILE

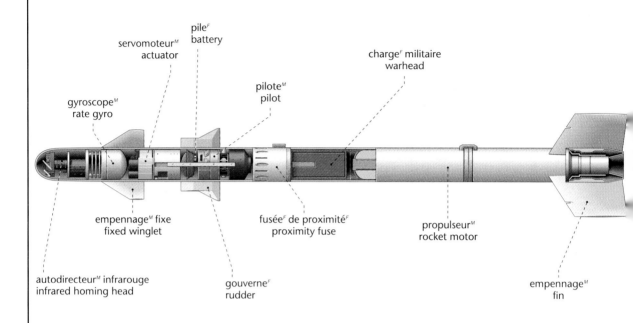

servomoteur^M
actuator

pile^F
battery

charge^F militaire
warhead

pilote^M
pilot

gyroscope^M
rate gyro

empennage^M fixe
fixed winglet

fusée^F de proximité^F
proximity fuse

propulseur^M
rocket motor

autodirecteur^M infrarouge
infrared homing head

gouverne^F
rudder

empennage^M
fin

PRINCIPAUX TYPES^M DE MISSILES^M
MAJOR TYPES OF MISSILES

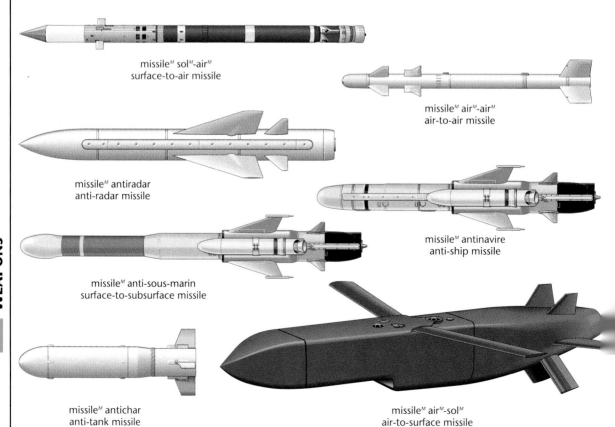

missile^M sol^M-air^M
surface-to-air missile

missile^M air^M-air^M
air-to-air missile

missile^M antiradar
anti-radar missile

missile^M antinavire
anti-ship missile

missile^M anti-sous-marin
surface-to-subsurface missile

missile^M antichar
anti-tank missile

missile^M air^M-sol^M
air-to-surface missile

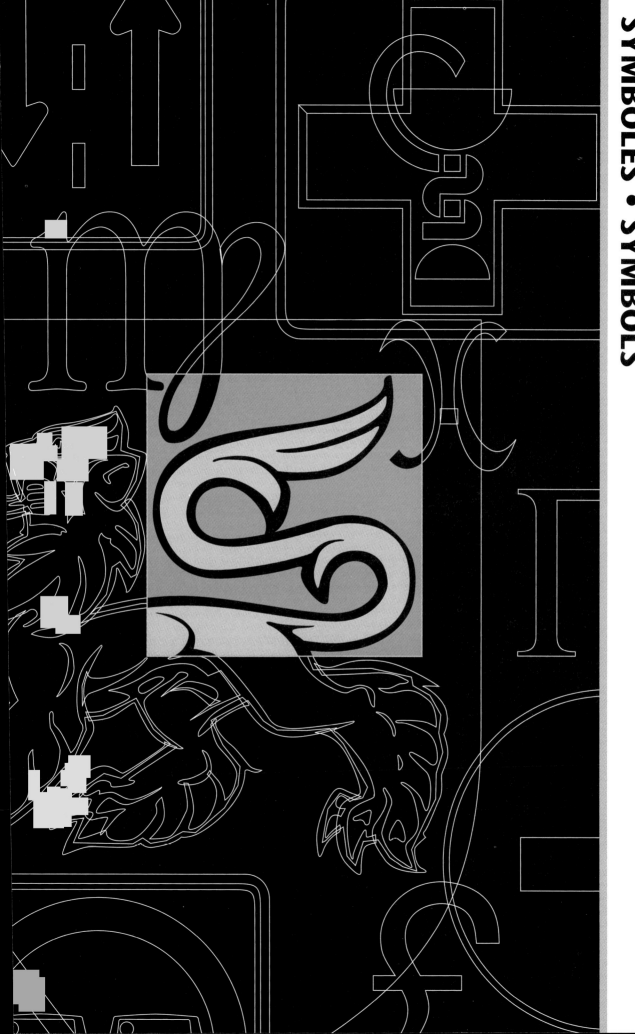

SOMMAIRE

HÉRALDIQUE..817

SIGNES DU ZODIAQUE..820

SYMBOLES DE SÉCURITÉ..821

SYMBOLES D'USAGE COURANT...822

SIGNALISATION ROUTIÈRE...824

ENTRETIEN DES TISSUS..829

SYMBOLES SCIENTIFIQUES USUELS..830

SIGNES DIACRITIQUES...832

SIGNES DE PONCTUATION..832

EXEMPLES D'UNITÉS MONÉTAIRES..832

HÉRALDIQUE^F
HERALDRY

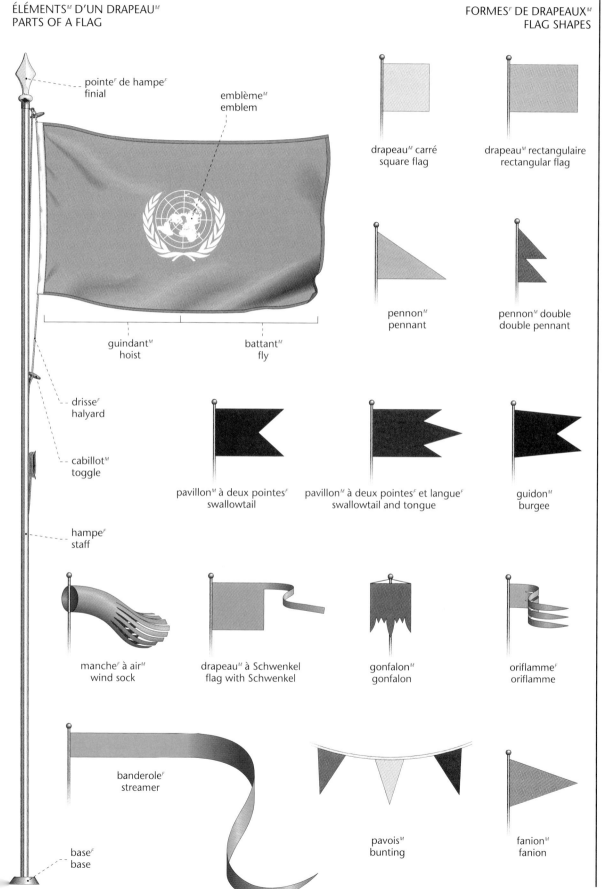

ÉLÉMENTS^M D'UN DRAPEAU^M
PARTS OF A FLAG

pointe^F de hampe^F
finial

emblème^M
emblem

guindant^M
hoist

battant^M
fly

drisse^F
halyard

cabillot^M
toggle

hampe^F
staff

manche^F à air^M
wind sock

banderole^F
streamer

base^F
base

FORMES^F DE DRAPEAUX^M
FLAG SHAPES

drapeau^M carré
square flag

drapeau^M rectangulaire
rectangular flag

pennon^M
pennant

pennon^M double
double pennant

pavillon^M à deux pointes^F
swallowtail

pavillon^M à deux pointes^F et langue^F
swallowtail and tongue

guidon^M
burgee

drapeau^M à Schwenkel
flag with Schwenkel

gonfalon^M
gonfalon

oriflamme^F
oriflamme

pavois^M
bunting

fanion^M
fanion

HÉRALDIQUE^F
HERALDRY

DIVISIONS^F DE L'ÉCU^M
SHIELD DIVISIONS

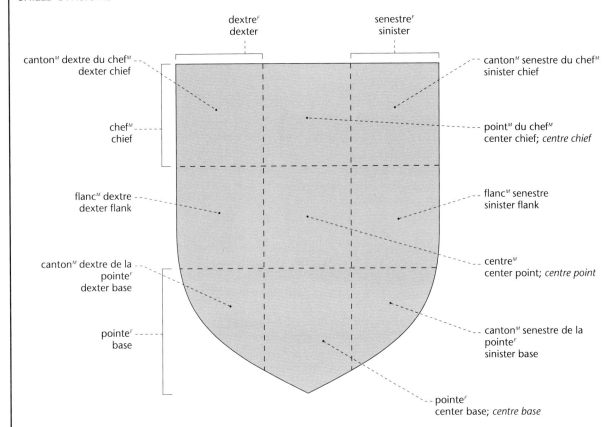

dextre^F
dexter

senestre^F
sinister

canton^M dextre du chef^M
dexter chief

canton^M senestre du chef^M
sinister chief

chef^M
chief

point^M du chef^M
center chief; *centre chief*

flanc^M dextre
dexter flank

flanc^M senestre
sinister flank

canton^M dextre de la
pointe^F
dexter base

centre^M
center point; *centre point*

pointe^F
base

canton^M senestre de la
pointe^F
sinister base

pointe^F
center base; *centre base*

EXEMPLES^M DE PARTITIONS^F
EXAMPLES OF PARTITIONS

coupé
per fess

parti
party; *per pale*

tranché
per bend

écartelé
quarterly

EXEMPLES^M DE PIÈCES^F HONORABLES
EXAMPLES OF ORDINARIES

chef^M
chief

chevron^M
chevron

pal^M
pale

croix^F
cross

EXEMPLES^M DE MEUBLES^M
EXAMPLES OF CHARGES

fleur^F de lis^M
fleur-de-lis

croissant^M
crescent

lion^M passant
lion passant

aigle^M
eagle

étoile^F
mulet

EXEMPLES^M DE MÉTAUX^M
EXAMPLES OF METALS

argent^M
argent

or^M
or

EXEMPLES^M DE FOURRURES^F
EXAMPLES OF FURS

hermine^F
ermine

vair^M
vair

EXEMPLES^M DE COULEURS^F
EXAMPLES OF COLORS; *EXAMPLES OF COLOURS*

azur^M
azure

gueules^M
gules

sinople^M
vert

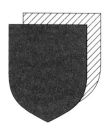

pourpre^M
purpure

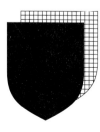

sable^M
sable

SYMBOLES
SYMBOLS

819

SIGNES^M DU ZODIAQUE^M
SIGNS OF THE ZODIAC

SIGNES^M DE FEU^M
FIRE SIGNS

Bélier^M (21 mars)
Aries the Ram (March 21)

Lion^M (23 juillet)
Leo the Lion (July 23)

Sagittaire^M (22 novembre)
Sagittarius the Archer (November 22)

SIGNES^M DE TERRE^F
EARTH SIGNS

Taureau^M (20 avril)
Taurus the Bull (April 20)

Vierge^F (23 août)
Virgo the Virgin (August 23)

Capricorne^M (22 décembre)
Capricorn the Goat (December 22)

SIGNES^M D'AIR^M
AIR SIGNS

Balance^F (23 septembre)
Libra the Balance (September 23)

Verseau^M (20 janvier)
Aquarius the Water Bearer (January 20)

Gémeaux^M (21 mai)
Gemini the Twins (May 21)

SIGNES^M D'EAU^F
WATER SIGNS

Cancer^M (22 juin)
Cancer the Crab (June 22)

Scorpion^M (24 octobre)
Scorpio the Scorpion (October 24)

Poissons^M (19 février)
Pisces the Fishes (February 19)

SYMBOLES^M DE SÉCURITÉ^F
SAFETY SYMBOLS

matières^F corrosives
corrosive

danger^M électrique
electrical hazard

matières^F explosives
explosive

matières^F inflammables
flammable

matières^F radioactives
radioactive

matières^F toxiques
poison

PROTECTION^F
PROTECTION

protection^F obligatoire de la vue^F
eye protection

protection^F obligatoire de l'ouïe^F
ear protection

protection^F obligatoire de la tête^F
head protection

protection^F obligatoire des mains^F
hand protection

protection^F obligatoire des pieds^M
feet protection

protection^F obligatoire des voies^F
respiratoires
respiratory system protection

SYMBOLES
SYMBOLS

821

SYMBOLES^M D'USAGE^M COURANT
COMMON SYMBOLS

casse-croûte^M
coffee shop; *buffet*

téléphone^M
telephone

restaurant^M
restaurant

toilettes^F pour hommes^M
men's rest room

toilettes^F pour dames^F
women's rest room

accès^M pour handicapés^M physiques
access for physically handicapped

pharmacie^F
pharmacy

ne pas utiliser avec une chaise^F roulante
no access for wheelchairs

premiers soins^M
first aid

hôpital^M
hospital

police^F
police

transport^M par taxi^M
taxi transportation

camping^M
camping (tent)

camping^M interdit
camping prohibited

caravaning^M
camping (trailer)

camping^M et caravaning^M
camping (trailer and tent)

pique-nique^M interdit
picnics prohibited

pique-nique^M
picnic area

poste^M de carburant^M
service station

renseignements^M
information

renseignements^M
information

change^M
currency exchange

articles^M perdus et retrouvés
lost and found articles

extincteur^M d'incendie^M
fire extinguisher

PRINCIPAUX PANNEAUX*ᴹ* NORD-AMÉRICAINS
MAJOR NORTH AMERICAN ROAD SIGNS

arrêt*ᴹ* à l'intersection*ᶠ*
stop at intersection

accès*ᴹ* interdit
no entry

cédez le passage*ᴹ*
yield

voie*ᶠ* à sens*ᴹ* unique
one-way traffic

direction*ᶠ* obligatoire
direction to be followed

direction*ᶠ* obligatoire
direction to be followed

direction*ᶠ* obligatoire
direction to be followed

direction*ᶠ* obligatoire
direction to be followed

interdiction*ᶠ* de faire demi-tour*ᴹ*
no U-turn

interdiction*ᶠ* de dépasser
passing prohibited

circulation*ᶠ* dans les deux sens*ᴹ*
two-way traffic

intersection*ᶠ* avec priorité*ᶠ*
merging traffic

arrêt^M à l'intersection^F
stop at intersection

accès^M interdit
no entry

cédez le passage^M
yield

voie^F à sens^M unique
one-way traffic

direction^F obligatoire
direction to be followed

direction^F obligatoire
direction to be followed

direction^F obligatoire
direction to be followed

direction^F obligatoire
direction to be followed

interdiction^F de faire demi-tour^M
no U-turn

interdiction^F de dépasser
passing prohibited

circulation^F dans les deux sens^M
two-way traffic

intersection^F avec priorité^F
priority intersection

SYMBOLES
SYMBOLS

PRINCIPAUX PANNEAUX*M* NORD-AMÉRICAINS
MAJOR NORTH AMERICAN ROAD SIGNS

virage*M* à droite*F*
right bend

double virage*M*
double bend

chaussée*F* rétrécie
roadway narrows

chaussée*F* glissante
slippery road

chaussée*F* cahoteuse
bumps

descente*F* dangereuse
steep hill

chutes*F* de pierres*F*
falling rocks

limitation*F* de hauteur*F*
overhead clearance

signalisation*F* lumineuse
signal ahead

zone*F* scolaire
school zone

passage*M* pour piétons*M*
pedestrian crossing

travaux*M*
road work ahead

virage^M à droite^F
right bend

double virage^M
double bend

chaussée^F rétrécie
roadway narrows

chaussée^F glissante
slippery road

chaussée^F cahoteuse
bumps

descente^F dangereuse
steep hill

chutes^F de pierres^F
falling rocks

limitation^F de hauteur^F
overhead clearance

signalisation^F lumineuse
signal ahead

zone^F scolaire
school zone

passage^M pour piétons^M
pedestrian crossing

travaux^M
road work ahead

SIGNALISATION*^F* ROUTIÈRE
ROAD SIGNS

PRINCIPAUX PANNEAUX*^M* NORD-AMÉRICAINS
MAJOR NORTH AMERICAN ROAD SIGNS

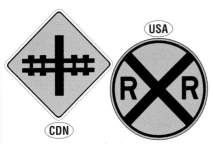

passage*^M* à niveau*^M*
railroad crossing

passage*^M* d'animaux*^M* sauvages
deer crossing

accès*^M* interdit aux piétons*^M*
closed to pedestrians

accès*^M* interdit aux bicyclettes*^F*
closed to bicycles

accès*^M* interdit aux motocycles*^M*
closed to motorcycles

accès*^M* interdit aux camions*^M*
closed to trucks

PRINCIPAUX PANNEAUX*^M* INTERNATIONAUX
MAJOR INTERNATIONAL ROAD SIGNS

passage*^M* à niveau*^M*
railroad crossing

passage*^M* d'animaux*^M* sauvages
deer crossing

accès*^M* interdit aux piétons*^M*
closed to pedestrians

accès*^M* interdit aux bicyclettes*^F*
closed to bicycles

accès*^M* interdit aux motocycles*^M*
closed to motorcycles

accès*^M* interdit aux camions*^M*
closed to trucks

SYMBOLES
SYMBOLS

ENTRETIEN[M] DES TISSUS[M]
FABRIC CARE

ne pas laver
do not wash

laver à la main[F] à l'eau[F] tiède
hand wash in lukewarm water

laver à la machine[F] à l'eau[F] tiède avec agitation[F] réduite
machine wash in lukewarm water at a gentle setting/reduced agitation

laver à la machine[F] à l'eau[F] chaude avec agitation[F] réduite
machine wash in warm water at a gentle setting/reduced agitation

laver à la machine[F] à l'eau[F] chaude avec agitation[F] normale
machine wash in warm water at a normal setting

laver à la machine[F] à l'eau[F] très chaude avec agitation[F] normale
machine wash in hot water at a normal setting

ne pas utiliser de chlorure[M] décolorant
do not use chlorine bleach

utiliser un chlorure[M] décolorant suivant les indications[F]
use chlorine bleach as directed

SÉCHAGE[M]
DRYING

suspendre pour sécher
hang to dry

sécher à plat
dry flat

sécher par culbutage[M] à moyenne ou haute température[F]
tumble dry at medium to high temperature

sécher par culbutage[M] à basse température[F]
tumble dry at low temperature

suspendre pour sécher sans essorer
drip dry

REPASSAGE[M]
IRONING

ne pas repasser
do not iron

repasser à basse température[F]
iron at low setting

repasser à moyenne température[F]
iron at medium setting

repasser à haute température[F]
iron at high setting

SYMBOLES^M SCIENTIFIQUES USUELS
COMMON SCIENTIFIC SYMBOLS

MATHÉMATIQUES^F
MATHEMATICS

soustraction^F
subtraction

addition^F
addition

multiplication^F
multiplication

division^F
division

égale
is equal to

n'égale pas
is not equal to

égale à peu près
is approximately equal to

équivaut à
is equivalent to

est identique à
is identical with

n'est pas identique à
is not identical with

plus ou moins
plus or minus

ensemble^M vide
empty set

plus grand que
is greater than

égal ou plus grand que
is equal to or greater
than

plus petit que
is less than

égal ou plus petit que
is equal to or less than

réunion^F
union

intersection^F
intersection

inclusion^F
is contained in

pourcentage^M
percent

appartenance^F
belongs to

non-appartenance^F
does not belong to

racine^F carrée de
square root of

sommation^F
sum

infini^M
infinity

intégrale^F
integral

factorielle^F
factorial

GÉOMÉTRIE^F
GEOMETRY

degré^M
degree

minute^F
minute

seconde^F
second

pi^M
pi

perpendiculaire^F
perpendicular

angle^M aigu
acute angle

angle^M droit
right angle

angle^M obtu
obtuse angle

parallèle
is parallel to

non-parallèle
is not parallel to

mâle*M*
male

femelle*F*
female

naissance*F*
birth

facteur*M* Rhésus positif
blood factor positive

Rh-

facteur*M* Rhésus négatif
blood factor negative

mort*F*
death

CHIMIE*F*
CHEMISTRY

négatif*M*
negative charge

positif*M*
positive charge

réaction*F* réversible
reversible reaction

direction*F* d'une réaction*F*
reaction direction

DIVERS*M*
MISCELLANEOUS

recyclé
recycled

recyclable
recyclable

&

esperluette*F*
ampersand

®

marque*F* déposée
registered trademark

©

copyright*M*
copyright

℞

ordonnance*F*
prescription

pause*F*/arrêt*M* sur l'image*F*
pause/still

arrêt*M*
stop

rebobinage*M*
rewind

lecture*F*
play

avance*F* rapide
fast forward

SIGNES^M DIACRITIQUES
DIACRITIC SYMBOLS

accent^M aigu
acute accent

tréma^M
umlaut

accent^M grave
grave accent

accent^M circonflexe
circumflex accent

cédille^F
cedilla

tilde^M
tilde

SIGNES^M DE PONCTUATION^F
PUNCTUATION MARKS

point^M-virgule^F
semicolon

point^M
period; *full stop*

virgule^F
comma

points^M de suspension^F
ellipses; *ellipsis*

deux-points^M
colon

astérisque^M
asterisk

guillemets^M
quotation marks
(French)

guillemets^M
single quotation marks

guillemets^M
quotation marks

tiret^M
dash

parenthèses^F
parentheses

barre^F oblique
virgule; *slash*

point^M d'exclamation^F
exclamation point;
exclamation mark

point^M d'interrogation^F
question mark

crochets^M
square brackets

EXEMPLES^M D'UNITÉS^F MONÉTAIRES
EXAMPLES OF CURRENCY ABBREVIATIONS

dollar^M
dollar

cent^M
cent

livre^F
pound

yen^M
yen

F
franc^M
franc

DM
mark^M
deutsche mark

Dr
drachme^M
drachma

L
lire^F
lira

Kr
couronne^F
krone

IS
shekel^M
shekel

ECU
écu^M
European Community
Currency

Esc
escudo^M
escudo

Pta
peseta^F
peseta

florin^M
florin

°C 705.
°F 705.
«D»(m) 674.
25 points(m) 698.
2e métacarpien(m) 112.
3e métacarpien(m) 112.
4e métacarpien(m) 112.
50 points(m) 698.
5e métacarpien(m) 112.

A

A 38.
à cagoule(f) 687.
à cheval(m) sur deux colonnes(f) 700.
à cheval(m) sur deux douzaines(f) 701.
à cheval(m) sur deux numéros(m) 700, 701.
abaque(m) 166, 167.
abat-jour(m) 234, 236.
abat-son(m) 175.
abattant(m) 219, 226, 292.
abdomen(m) 78, 79, 81, 91, 108.
abeille(f) 80, 82.
abeille(f), ouvrière(f) 80.
abeille(f), patte(f) antérieure 80.
abeille(f), patte(f) médiane 80.
abeille(f), patte(f) postérieure 81.
about(m) 296.
abrégé(m) et pilotes(m) 543.
abri(m) 464.
abri(m) des joueurs(m) 597.
abri(m) météorologique 41.
abribus(m) 186.
abricot(m) 63.
abside(f) 177.
absidiole(f) 177.
accastillage(m) 630.
accent(m) 539.
accent(m) aigu 832.
accent(m) circonflexe 832.
accent(m) grave 832.
accès(m) à la grille(f) d'éclairage(m) 412.
accès(m) au garage(m) 196.
accès(m) au réservoir(m) à essence(f) 427.
accès(m) aux quais(m) 463.
accès(m) interdit 824, 825.
accès(m) interdit aux bicyclettes(f) 828.
accès(m) interdit aux camions(m) 828.
accès(m) interdit aux motocycles(m) 828.
accès(m) interdit aux piétons(m) 828.
accès(m) pour handicapés(m) physiques 822.
accessoires(m) de coiffure(f) 369.
accessoires(m) de manucure(f) 365.
accessoires(m) photographiques 393.
accessoires(m), aspirateur(m) 260.
accompagnement(m) 682.
accord(m) 539.
accordéon(m) 536.
accotement(m) 451.
accotoir(m) 220.
accoudoir(m) 727.
accouplement(m) électrique 441.
accroche-mouche(m) 670.
acheminement(m) de la chaleur(f) au générateur(m) de vapeur(f) par le caloporteur(m) 766.
acier(m) 286.
acromion(m) 123.
acrotère(m) 167, 168.
action(f) du vent(m) 35.
adaptateur(m) de fiche(f) 374.
adaptateurs(m) 301.
addition(f) 830.
addition(f) 523.
addition(f) en mémoire(f) 523.
admission(f) 436, 437.
admission(f) d'air(m) refroidi 438.
aérateur(m) 294, 295.
aérateur(m) à gazon(m) 266.
aérateur(m) de toit(m) 449.
aérateur(m) latéral 449.
aérofrein(m) 638, 774, 812.
aérogare(f) 504.
aérogare(f) de passagers(m) 503.
aérogare(f) satellite 503.
aéroglisseur(m) 492.
aérographe(m) 590.
aérographe(m), coupe(f) 590.
aéroport(m) 502, 504, 506.
aéroport(m) 52.

affichage(m) 523.
affichage(m) de l'heure(f) de départ(m) 463.
affichage(m) de la couleur(f) 569.
affichage(m) des données(f) 409, 411.
affichage(m) des fonctions(f) 555.
affichage(m) du numéro(m) de rang(m) 569.
affichage(m) du texte(m) 524.
affichage(m) numérique 709, 710.
affichage(m) numérique des stations(f) 402.
affichage(m) ouverture(f)/temps(m) d'exposition(f) 396.
affiche(f) publicitaire 477.
afficheur(m) 420, 709.
afficheur(m) numérique 310.
afficheur(m) prix(m) 453.
afficheur(m) totaliseur 453.
afficheur(m) volume(m) 453.
affût(m) 800.
affût(m) 802.
Afrique(f) 21.
age(m) 156.
agenda(m) 518.
agitateur(m) 258.
agneau(m) 150.
agrafe(f) 230, 389, 711.
agrafes(f) 515, 566.
agrafeuse(f) 515.
agrandisseur(m) 399.
agrume(m), coupe(f) 65.
agrumes(m) 65.
agrumes(m), principales variétés(f) 65.
aide(m)-arbitre(m) 610.
aide(m)-chronométreur(m) 626.
aide-mémoire(m) des procédures(f) 512.
aides(f) à la marche(f) 728.
aigle(m) 819.
Aigle(f) 11.
aigue-marine(f) 362.
aiguillage(m) 464.
aiguillage(m) manœuvré à distance(f) 467.
aiguillage(m) manœuvré à pied(m) d'œuvre(f) 467.
aiguille(f) 562.
aiguille(f) 30, 36, 213, 396, 467, 561, 562, 563, 590, 705, 708, 710, 726.
aiguille(f) à clapet(m) 568.
aiguille(f) à clapet(m) 569.
aiguille(f) aimantée 719.
aiguille(f) circulaire 567.
aiguille(f) des dixièmes(m) de seconde(f) 706.
aiguille(f) des heures(f) 707.
aiguille(f) des minutes(f) 706, 707.
aiguilles(f) à tricoter 567.
aiguilles(f) de nettoyage(m) 307.
aiguilles(f) de pin(m) 58.
aiguilles(f) de sapin(m) 58.
aiguilleur(m) vidéo de production(f) 413.
aiguillon(m) 81.
ail(m) 70.
aile(f) 636.
aile(f) 78, 108, 426, 440, 499, 511, 637, 670, 773, 812.
aile(f) à géométrie(f) variable 499.
aile(f) antérieure 79, 81.
aile(f) arrière 495.
aile(f) avant 495.
aile(f) Dame(f) 696.
aile(f) de quartier(m) 352, 354.
aile(f) droite 606.
aile(f) du nez(m) 141.
aile(f) gauche 606.
aile(f) libre 637.
aile(f) postérieure 79, 81.
aile(f) Roi(m) 696.
aile(f), oiseau(m) 110.
aileron(m) 316.
aileron(m) 498, 631, 638.
ailes(f) 112, 638.
ailes(f) en V 495.
ailes(f), chauve-souris(f) 112.
ailette(f) 210, 259, 499.
ailette(f) à ressort(m) 276.
ailier(m) défensif droit 603, 605.
ailier(m) défensif gauche 603, 605.
ailier(m) droit 601, 606, 607, 608, 612.
ailier(m) éloigné 603, 605.
ailier(m) gauche 601, 606, 607, 608, 612.
ailier(m) rapproché 603, 605.
aimant(m) 563.
aimant(m) 406, 485, 714.
aimant(m) de retenue(f) 256.

aimant(m)-frein(m) 712.
aine(f) 116, 118.
air(m) 437.
air(m) calme 38.
air(m) chaud 501, 772.
air(m) frais 772.
air(m) froid 501.
air(m), pollution(f) 34.
aire(f) de jeux(m) 496.
aire(f) de manœuvre(f) 502.
aire(f) de ravitaillement(m) 453.
aire(f) de repos(m) 52.
aire(f) de service(m) 52, 503.
aire(f) de stationnement(m) 185, 503.
aire(f) de trafic(m) 502.
airelle(f) 62.
ais(m) 579.
ais(m) ferré 579.
aisselle(f) 116, 118.
ajustement(m) de l'image(f) du cercle(m) horizontal 713.
ajustement(m) de l'image(f) du cercle(m) vertical 713.
ajustement(m) de la hauteur(f) 157, 159.
akène(m) 62, 66.
alarme(f) sonore 485.
albumen(m) 109.
albumen(m) farineux 152.
alcool(m) à 90° 725.
alidade(f) 41, 484, 713.
alignement(m) du faisceau(m) dans l'axe(m) 717.
alimentation(f) en air(m) 543.
alimentation(f) en eau(f) 760, 761, 762, 763.
alimentation(f) jackpot(m) 702.
alimentation(f) solaire 523.
alimentation(f) sur secteur(m) 408.
aliments(m), pollution(f) 32.
allée(f) 193, 263, 676.
alliance(f) 364.
allumage(m) manuel 297.
allumette(f) de sûreté(f) 386.
allumeur(m) 435.
allures(f), cheval(m) 101.
allures(f), voile(f) 629.
alpinisme(m) 680.
alpinisme(m), équipement(m) 681.
alpinisme(m), matériel(m) 681.
alpiniste(m) 680.
altérations(f) 538.
alternateur(m) 753.
alternateur(m) 434, 468, 758.
altimètre(m) 635, 639, 810.
altimètre(m) de secours(m) 500.
alto(m) 545.
alto-cumulus(m) 44.
alto-stratus(m) 44.
altos(m) 556.
alule(f) 110.
alvéole(f) 82.
alvéole(f) de plaque(f) 439.
alvéole(f) dentaire 144.
alvéole(f) 677.
alvéole(f) à miel(m) 82.
alvéole(f) à pollen(m) 82.
alvéole(f) operculé 82.
amande(f) 63, 66.
amanite(f) vireuse 55.
amble(m) 101.
ambleur(m) sous harnais(m) 652.
âme(f) 466, 692, 801.
Amérique(f) centrale 20.
Amérique(f) du Nord(m) 20.
Amérique(f) du Sud(m) 20.
améthyste(f) 362.
ameublir la terre(f) 154, 157.
amorce(f) 395, 798, 799, 804.
amortisseur(m) 369, 445.
amortisseur(m) arrière 443.
amortisseur(m) magnétique 708.
amphibiens(m) 84.
amplificateur(m) 402.
amplificateur(m) 714.
amplification(f) des ondes(f) sismiques 714.
ampoule(f) 725.
ampoule(f) 232, 233.
ampoule(f) de la trompe(f) utérine 129.
amygdale(f) 142.
amygdale(f) linguale 143.
amygdale(f) palatine 143.
ananas(m) 68.
anche(f) 542, 548.
anche(f) double 549.
anche(f) simple 549.
anches(f) 549.
anconé(m) 121.

ancrage(m) des haubans(m) 456.
ancre(f) 483.
ancre(f) 707.
ancre(f) à champignon(m) 483.
ancre(f) à jas(m) 483.
ancre(f) charrue(f) 483.
ancre(f) de marine(f) 483.
ancre(f) flottante 483.
ancre(f) sans jas(m) 483.
ancres(f), types(m) 483.
andouiller(m) de massacre(m) 105.
Andromède 11.
anémomètre(m) 41, 639.
anémomètre(m) de secours(m) 500.
aneth(m) 74.
angle(m) aigu 830.
angle(m) droit 830.
angle(m) obtu 830.
Anik-E 418.
animaux(m) de la ferme(f) 150.
anis(m) étoilé 67.
anneau(m) 55, 230, 255, 290, 369, 374, 564, 610, 660, 670, 681, 706, 709.
anneau(m) brisé 672.
anneau(m) d'étanchéité(f) 295.
anneau(m) d'étanchéité(f) en cire(f) 293.
anneau(m) de branche(f) 650.
anneau(m) de départ(m) 671.
anneau(m) de montant(m) 650.
anneau(m) de rêne(f) 650.
anneau(m) de retenue(f) 726.
anneau(m) de suspension(f) 370.
anneau(m) de tête(f) 671.
anneau(m) de tête(f) amovible 14.
anneau(m) de traction(f) 726.
anneau(m) dioptrique 486.
anneau(m) du cliquet(m) 281.
anneau(m) oculaire 109.
anneaux(m) 361, 660.
annelet(m) 167.
annulaire(m) 137.
anode(f) 297.
anorak(m) 353, 680.
anse(f) 265, 671.
Antarctique(f) 20.
antéfixe(f) 169.
antenne(f) 16, 43, 78, 79, 80, 81, 91, 408, 427, 498, 508, 613, 805, 810.
antenne(f) AM 400.
antenne(f) d'émission(f) 43, 418.
antenne(f) d'émission(f) à haut gain(m) 42.
antenne(f) d'émission(f) équidirective 42.
antenne(f) d'émission(f)/réception(f) 418.
antenne(f) de bande(f) S au zénith(m) 49.
antenne(f) de communication(f) 810.
antenne(f) de télécommande(f) 49.
antenne(f) de télécommunication(f) 494, 497, 809.
antenne(f) en bande(f) X 49.
antenne(f) FM 400.
antenne(f) multifonction 807.
antenne(f) orientable 722.
antenne(f) parabolique 415.
antenne(f) radar(m) 48, 807, 812.
antenne(f) radio(f) 494, 495, 497, 738, 742, 807.
antenne(f) UHF 42.
antenne(f) VHF 808.
antennule(f) 90.
anthélix(m) 139.
anthère(f) 60.
anticlinal(m) 737.
anticyclone(m) 38.
antiseptique(m) 725.
antitragus(m) 139.
anus(m) 89, 92, 127, 128, 131.
aorte(f) 125, 130.
aorte(f) abdominale 126, 132.
aorte(f) ascendante 124.
aorte(f) descendante 124.
aorte(f) ventrale 88.
apex(m) 83, 94, 143, 144.
apophyse(f) épineuse 135.
apophyse(f) transverse 135.
appareil(m) à dessiner 591.
appareil(m) à télémètre(m) couplé 394.
appareil(m) à visée(f) reflex mono-objectif(m) 391, 394.
appareil(m) de forage(m) 737.
appareil(m) de Golgi 115.
appareil(m) de levage(m) 786.
appareil(m) de plongée(f) 394.
appareil(m) de pointage(m) 803.

appareil(m) de protection(f) respiratoire 777.
appareil(m) de videophoto(f) 395.
appareil(m) digestif 131.
appareil(m) enregistreur 40.
appareil(m) jetable 394.
appareil(m) petit-format(m) 395.
appareil(m) photographique 35 mm 512.
appareil(m) pour photodisque(m) 395.
appareil(m) reflex 6 X 6 mono-objectif(m) 395.
appareil(m) reflex à deux objectifs(m) 394.
appareil(m) reflex, coupe(f) 390.
appareil(m) respiratoire 130.
appareil(m) stéréoscopique 395.
appareil(m) urinaire 132.
appareils(m) de conditionnement(m) physique 663, 664.
appareils(m) de navigation(f) 484.
appareils(m) de son(m) portatifs 408.
appareils(m) électroménagers 250, 252, 254, 256, 257, 258, 260.
appareils(m) photographiques 394, 395.
appareils(m) scientifiques 16.
appartement(m) du commandant(m) 497.
appartements(m) en copropriété(f) 187.
appartenance(f) 830.
appel(m) suivant 422.
appendice(m) nasal 112.
appendice(m) vermiculaire 131.
applicateur(m)-mousse(f) 367.
applique(f) 234.
applique(f) d'extérieur(m) 196.
applique(f) du robinet(m) 295, 296.
applique(f) orientale 234.
appoggiature(f) 538.
appui(m) de fenêtre(f) 198.
appui-bras(m) 428, 429.
appui-flèche(m) 684.
appui-main(m) 591.
appui(m)-pied(m) 584.
appui-pieds(m) 620.
appui-tête(m) 428.
aquarelle(f) et gouache(f) 588.
aquastat(m) 209.
aqueduc(m) de remplissage(m) 493.
aqueduc(m) de vidange(f) 492.
arachide(f) 66.
araignée(f) 77.
araignée(f) 77.
arbalète(f) 793, 793.
arbalétrier(m) 199.
arbitre(m) 599, 601, 603, 605, 606, 608, 610, 611, 614, 618, 621, 626, 668, 669.
arbitre(m) de champ(m) 612.
arbitre(m) de ligne(f) de but(m) 612.
arbitre(m) en chef(m) 597, 603, 605.
arborisation(f) terminale 135.
arbre(m) 59.
arbre(m) 251, 705, 707, 712, 753, 773, 808.
arbre(m) à cames(f) 434.
arbre(m) cannelé 431.
arbre(m) d'ornement(m) 148, 263.
arbre(m) de l'hélice(f) 495.
arbre(m) de mise(f) à feu(m) 802.
arbre(m) de Noël(m) 740.
arbre(m) de Noël(m) 738, 740.
arbre(m) de transmission(f) 492.
arbre(m) fruitier 149.
arbre(m) moteur 508.
arbre(m) turbine(f)-compresseur(m) 501.
arbre(m), structure(f) 59.
arbre(m), tronc(m) 59.
arbres(m) 676.
arbrier(m) 793.
arbuste(m) 263.
arc(m) 174, 793.
arc(m) 793.
arc(m) à deux articulations(f) 455.
arc(m) à poulies(f) 684.
arc(m) à trois articulations(f) 455.
arc(m) branchial inférieur 87.
arc(m) branchial supérieur 87.
arc(m) de cercle(m) 601.
arc(m) de l'aorte(f) 124, 125, 126.

arc(m) diagonal 177.
arc(m) en plein cintre(m) 174.
arc(m) encastré 455.
arc(m) métallique à treillis(m) 455.
arc(m) moderne 793.
arc(m)-boutant 175, 176.
arc(m)-doubleau 177.
arc(m)-formeret(m) 177.
arc-en-ciel(m) 36.
arcade(f) 176, 649.
arcade(f) dentaire inférieure 142.
arcade(f) dentaire supérieure 142.
arceau(m) 263, 631.
arche(f) 14, 455.
arche(f) naturelle 30.
archer(m) 684.
archet(m) 544.
archipel(m) 51.
architecture(f), styles(m) 166.
architrave(f) 166, 168.
arçon(m) 661.
arcs(m) 793.
arcs(m), types(m) 174, 455.
Arctique(f) 20.
ardillon(m) 323, 566, 671.
aréole(f) 129.
arête(f) 27, 643.
arête(f) neurale 89.
arête(f) plate 166, 167.
arête(f) supérieure 619.
arête(f) vive 167.
argent(m) 819.
armature(f) 304, 347, 382, 685.
armature(f) de la clé(f) 538.
armes(f) 666.
armes(f) blanches 794.
armes(f) de chasse(f) 798.
armes(f) de l'âge(m) de pierre(f) 791.
armes(f) de l'époque(f) romaine 791.
armet(m) 792.
armet(m) 792.
armoire(f) 225.
armoire(f) à papeterie(f) 522.
armoire(f) de séchage(m) 398.
armoire(f)-penderie(f) 226.
armoire(f)-vestiaire(m) 522.
armure(f) 792.
armures(f) de base(f) 576.
arpège(m) 539.
arquebuse(f) 795.
arraché(m) à deux bras(m) 662.
arrache-bottes(m) 358.
arrache-clou(m) 275.
arrêt(m) 831.
arrêt(m) 403, 411, 420.
arrêt(m) à l'intersection(f) 824, 825.
arrêt(m) d'autobus(m) 186.
arrêt(m) d'impression(f) 532.
arrêt(m)/effacement(m) de mémoire(f) 405.
arrêt-court(m) 597.
arrêtoir(m) de chargeur(m) 797.
arrière 624.
arrière court(m) 614.
arrière(m) 603, 605, 606.
arrière(m) central 601.
arrière(m) centre 613.
arrière(m) droit 601, 607, 610, 612.
arrière(m) du court(m) 617.
arrière(m) gauche 601, 607, 610, 612, 613.
arrière-champ(m) 597.
arrivée(f) 646.
arrivée(f) d'eau(f) chaude 298.
arrivée(f) du mazout(m) 209.
arrondie 56.
arrondissement(m) 52.
arrondisseur(m) 564.
arroseur(m) canon(m) 264.
arroseur(m) oscillant 264.
arroseur(m) rotatif 264.
arrosoir(m) 265.
artère(f) arquée 126.
artère(f) axillaire 126.
artère(f) brachiale 126.
artère(f) carotide primitive 126.
artère(f) dorsale du pied(m) 126.
artère(f) fémorale 126.
artère(f) iliaque 124.
artère(f) iliaque commune 126, 132.
artère(f) iliaque interne 126, 132.
artère(f) mésentérique inférieure 132.
artère(f) mésentérique supérieure 126, 132.
artère(f) pulmonaire 125, 126, 130.
artère(f) rénale 126, 132.
artère(f) sous-clavière 126.

artère(f) tibiale antérieure 126.
artères(f) 126.
artichaut(m) 69.
articles(m) de bureau(m) 515, 516, 518.
articles(m) de fumeur(m) 384, 386.
articles(m) de maroquinerie(f) 378.
articles(m) perdus et retrouvés 823.
articulation(f) 431, 670.
articulation(f) de la pelleteuse(f) 782.
As(m) 695.
ascenseur(m) 15, 190, 736, 811.
ascension(f) droite 3.
Asie(f) 21.
asperge(f) 72.
aspérité(f) 405.
asphalte(f) 745.
aspirateur(m) 747, 753.
aspirateur(m) à main(f) 260.
aspirateur(m)-traîneau(m) 260.
aspirine(f) 725.
assiette(f) à dessert(m) 238.
assiette(f) à salade(f) 238.
assiette(f) creuse 238.
assiette(f) plate 238, 688.
assistant(m) à la réalisation(f) 412.
astérisque(f) 832.
astéroïdes(m) 4.
asthénosphère(f) 22.
astragale(m) 123, 167, 800.
atelier(m) d'entretien(m) 734.
atelier(m) de mécanique(f) 453.
atelier(m) de réparation(f) des wagons(m) 465.
atelier(m) diesel(m) 464.
athlétisme(m) 654, 656, 658.
atlas(m) 102, 123.
atmosphère(f) 22, 31.
atmosphère(f) terrestre, coupe(f) 19.
atoll(m) 28.
âtre(m) 204.
atrium(m) 170.
attache(f) 375, 553.
attache(f) de pavillon(m) 549.
attache(f) de sécurité(f) 512.
attache(f) du tube(m) 233.
attache(f) pour outils(m) 512.
attache(f) pour tuyaux(m) et échelles(f) 777.
attaches(f) 566.
attaches(f) parisiennes 515.
attaquant(m) à l'aile(f) 611.
attaquant(m) au but(m) 611.
attaque(f) 603, 605.
atteinte(f) à la nature(f) 35.
atteinte(f) à la personne(f) 35.
attelles(f) 725.
attrape(f) 541.
aubage(m) directeur de sortie(f) 501.
aube(f) 754.
aube(f) avant-directrice 753.
aube(f) de roue(f) 753.
aube(f) directrice 753.
aube(f) du compresseur(m) axial 501.
aubergine(f) 69.
aubier(m) 59.
auget(m) 754.
aumônière(f) 380.
auriculaire(m) 137.
aurore(f) polaire 19.
Australie(f) 21.
Autel(m) 13.
auto-caravane(f) 449.
auto-inversion(f) 408.
autobus(m) 190.
autocuiseur(m) 248.
autodéfense(f) antimissile 808.
autodirecteur(m) infrarouge 814.
automne(m) 8.
automobile(f) 425, 426, 428, 430, 432, 434, 438.
autoroute(f) 52, 184, 452.
autoroute(f) de ceinture(f) 52.
auvent(m) 426, 685, 785.
auvent(m) de fenêtre(f) 685.
avance(f) 408.
avance(f) rapide 831.
avance(f) rapide 403, 408, 411, 420.
avançon(m) 672.
avant 624.
avant court(m) 614.
avant(m) centre 601, 607, 613.
avant(m) droit 606, 607, 610, 613.
avant(m) du court(m) 617.
avant(m) gauche 606, 607, 610, 613.
avant-bec(m) 786.

avant-bras(m) 106, 117, 119.
avant-centre(m) 612.
avant-champ(m) 597.
avant-distributeur(m) 753.
avant-scène(m) 188.
aven(m) 24.
avenue(f) 52.
averse(f) de grêle(f) 39.
averse(f) de neige(f) 39.
averse(f) de pluie(f) 39.
avertisseur(m) 430, 444, 468.
avertisseur(m) pneumatique 440.
avertisseur(m) sonore 777.
avion(f) 722.
avion(m) de combat(m) 812.
avion(m) long-courrier(m) 498.
aviron(m) 632.
aviron(m) de couple(m) 632.
aviron(m) de pointe(f) 632.
aviron(m) en pointe(f) 632.
avirons(m) à couple(m) 632.
avirons(m), types(m) 632.
avocat(m) 68.
avoine(f) 152.
axe(m) 290, 404, 563, 584.
axe(m) central 774.
axe(m) d'attelage(m) 471.
axe(m) de déclinaison(f) 14.
axe(m) du pédalier(m) 448.
axe(m) horaire 14.
axe(m) principal 61.
axis(m) 123.
axone(m) 135.
azur(m) 819.

B

babines(f) 106.
bâbord(m) 488, 489, 497.
bac(m) 304.
bac(m) à boue(f) 737.
bac(m) à glaçons(m) 254.
bac(m) à légumes(m) 254.
bac(m) à plante(f) 263.
bac(m) à viande(f) 254.
bac(m) de ramassage(m) 271.
bâche(f) spirale 747, 753.
badine(f) 375.
badminton(m) 618.
badminton(m), filet(m) 618.
badminton(m), raquette(f) 618.
badminton(m), terrain(m) 618.
bagages(m) 382.
bague(f) 384, 551, 678.
bague(f) de blocage(m) 276, 711.
bague(f) de correction(f) dioptrique 719.
bague(f) de fiançailles(f) 364.
bague(f) de finissant(m) 364.
bague(f) de fond(m) 294.
bague(f) de mise(f) au point(m) 392.
bague(f) de réglage(f) 264.
bague(f) de serrage(m) 295, 393, 548.
bague(f) filetée 681.
bague(f) inférieure de blocage(m) de la sphère(f) 40.
bague(f) solitaire(m) 364.
bague(f) supérieure de blocage(m) de la sphère(f) 40.
bagues(f) 364.
baguette(f) 795.
baguette(f) 327, 544.
baguette(f) d'apport(m) 307.
baguette(f) d'écartement(m) 574.
baguette(f) d'encroix(m) 574.
baguette(f) de flanc(m) 427.
baguette(f) épi(m) 153.
baguette(f) parisienne 153.
baguettes(f) 553.
bahut(m) 520.
baie(f) 7, 51.
baie(f) de contrôle(m) 412, 413, 415.
baie(f) de jacks(m) 407.
baie(f), coupe(f) 62.
baies(f) 62.
baies(f), principales variétés(f) 62.
baignoire(f) 194, 215, 292.
bain(m) d'arrêt(m) 399.
bain(m) de fixation(f) 399.
bain(m) de révélateur(m) 399.
bain-marie(m) 249.
bains(m) de développement(m) 399.
baïonnette(f) à douille(f) 794.
baïonnette(f) à manche(m) 794.
baïonnette(f) à poignée(f) 794.
baïonnette(f) incorporée 794.
bajoyer(m) 492.
baladeur(m) 408.

INDEX FRANÇAIS

Les termes en **caractères gras** renvoient à une illustration; les termes en *italique* indiquent l'usage québécois

baladeuse(f) 310.
balai(m) 205.
balai(m) à feuilles(f) 267.
balai(m) d'essuie-glace(m) 431.
balai(m) métallique 553.
balais(m) de curling(m) 620.
balalaïka(f) 535.
Balance(f) 13.
balance(f) à fléau(m) 708.
balance(f) de cuisine(f) 244.
balance(f) de précision(f) 709.
balance(f) de Roberval 708.
balance(f) électronique 709.
balance(f) romaine 708.
Balance(f)(23 septembre) 820.
balancier(m) 264.
balancier(m) d'extension(f) 663.
balancier(m) de traction(f) 663.
balancine(f) 478.
balayage(m) automatique des
    stations(f) 402.
balcon(m) 189.
balcon(m) de veille(f) 486.
balconnet(m) 254.
Baleine(f) 11, 13, 346, 375.
baleine(f) de col(m) 324.
baleinière(f) 482.
**balisage(m) maritime,
    système(m)** 488.
balise(f) de navigation(f) aérienne 810.
ballast(m) 466.
ballast(m) électronique 233.
balle(f) 598, 795.
balle(f) 798.
balle(f) de baseball(m) 596.
balle(f) de baseball(m), coupe(f)
    596.
balle(f) de fil(m) 596.
balle(f) de golf(m) 677.
balle(f) de golf(m), coupe(f) 677.
balle(f) de hockey(m) 607.
balle(f) de liège(m) 596.
balle(f) de racquetball(m) 617.
balle(f) de squash(m) 616.
balle(f) de tennis(m) 615.
balle(f) de tennis(m) de table(f)
    619.
ballerine(f) 356.
ballon(m) 634.
ballon(m) 247, 634.
ballon(m) de basket(m) 610.
ballon(m) de football(m) 600, 602.
ballon(m) de handball(m) 612.
ballon(m) de netball(m) 611.
ballon(m) de rugby(m) 606, 606.
ballon(m) de volleyball(m) 613.
ballon(m) de water-polo(m) 626.
balluchon(m) 380.
balustrade(f) 194.
banane(f) 68.
banc(m) 222.
banc(m) 475.
banc(m) d'équipe(f) 626.
banc(m) de musculation(f) 663.
banc(m) de sable(m) 30.
banc(m) des joueurs 604, 608, 610,
    612, 613.
banc(m) des officiels(m) 608.
banc(m) des pénalités(m) 608.
bandage(m) 669, 678.
bandage(m) de gaze(f) 662.
bandage(m) de roue(f) caoutchoutée
    788.
bandage(m) triangulaire 725.
bande(f) 452, 608, 675.
bande(f) centrale 700, 701.
bande(f) d'identification(f) technique
    405.
bande(f) de filet(m) 614.
bande(f) de gaze(f) 725.
bande(f) de pourpre(f) 315.
bande(f) de ris(m) 480.
bande(f) de roulement(m) 433.
bande(f) de tissu(m) élastique 725.
bande(f) élastique 323.
bande(f) horizontale 613.
bande(f) magnétique 403.
bande(f) réfléchissante 730, 777.
bande(f) ventilée 798.
bande(f) verticale de côté(m) 613.
bandeau(m) 229.
bandelette(f) d'arrachage(f) 384.
banderole(f) 817.
bandoulière(f) 375, 380, 382.
banjo(m) 535.
banlieue(f) 52.
banquette(f) 222.
banquette(f) 292, 428.
banquette(f) arrière 428.
bar(m) 227.

bar(m) 496.
barbacane(f) 180.
barbe(f) 72, 110.
barboteuse(f) 351.
barbotin(m) 783, 805.
barbule(f) 38.
bardeau(m) 286.
bardeau(m) d'asphalte(m) 286.
baren(m) 582.
**barge(f) de service(m)
    d'urgence(f)** 739.
barillet(m) 290, 797.
baromètre(m) à mercure(m) 41.
baromètre(m) enregistreur 41.
baromètre(m)/thermomètre(m)
    710.
barrage(m) 746.
barrage(m) à contreforts(m) 750.
**barrage(m) à contreforts(m),
    coupe(f)** 750.
barrage(m) en remblai(m) 748.
**barrage(m) en remblai(m),
    coupe(f)** 748.
barrage(m) mobile 752.
barrage(m)-poids(m) 749.
barrage(m)-poids(m), coupe(f)
    749.
barrage(m)-voûte(f) 750.
barrage(m)-voûte(f), coupe(f)
    750.
barre(f) 98, 104, 230, 376, 628, 633,
    657, 663, 665.
barre(f) à aiguille(f) 562.
barre(f) à dorsaux(m) 663.
barre(f) à lisses(f) 574.
barre(f) à pectoraux(m) 663.
barre(f) à triceps(m) 663.
barre(f) cannelée 230.
barre(f) collectrice neutre 312.
barre(f) collectrice thermique 312.
barre(f) d'acier(m) 660.
barre(f) d'attelage(m) 803.
barre(f) d'écoute(f) 630.
barre(f) d'écoute(f) 628.
barre(f) d'espacement(m) 525, 530,
    727.
barre(f) d'étouffoir(m) 541.
barre(f) de bois(m) 661.
barre(f) de commande(f) 637.
barre(f) de contrôle(m) 760, 761, 762,
    763.
barre(f) de coupe(f) 158, 160.
barre(f) de départ(m)(dos(m)) 621.
barre(f) de flèche(f) 628.
barre(f) de guidage(m) et de prise(f) de
    courant(m) 476.
barre(f) de manœuvre(f) 162.
barre(f) de mesure(f) 537.
barre(f) de pied(m) presseur 562.
barre(f) de plongée(f) 806.
barre(f) de pression(f) 540.
barre(f) de repos(m) des marteaux(m)
    540, 541.
barre(f) de reprise(f) 537.
barre(f) de retenue(f) 254.
barre(f) de tractage(m) 506.
barre(f) fixe 660.
barre(f) inférieure 231, 659.
barre(f) lisse 230.
barre(f) oblique 832.
barre(f) supérieure 659.
barre(f) transversale 626.
barreau(m) 201, 223.
barres(f) asymétriques 659.
barres(f) de Spa 647.
barres(f) de Spa 646.
barres(f) parallèles 661.
barrette(f) 369.
barrette(f) 599.
barrette(f) négative 439.
barrette(f) positive 439.
barrière(f) 647.
barrière(f) 186, 462, 646.
barrière(f) thermique 42.
bas(m) 344.
bas(m) 347.
bas(m) de ligne(f) 672.
bas(m) résille(f) 344.
bas(m)-cuissarde(f) 344.
bas-mât(m) 478.
base(f) 14, 40, 143, 166, 283, 368,
    446, 471, 626, 661, 719, 817.
base(f) de béton(m) 714.
base(f) de dormant(m) 203.
base(f) de la vague(f) 30.
base(f) en bois(m) 533.
baseball(m) 595, 596.
baseball(m), balle(f) 596.
baseball(m), terrain(m) 597.

basilaire(m) 190.
basilaire(m) 190.
basilic(m) 74.
basket(m), ballon(m) 610.
basketball(m) 610.
basketball(m), terrain(m) 610.
basque(f) 346.
bassin(m) 103, 263, 490, 621, 626,
    752.
bassin(m) de compétition(f) 621.
bassin(m) de radoub(m) 490.
bassinet(m) 132, 795.
basson(m) 548.
bassons(m) 557.
bastion(m) 179.
bateaux(m) de couple(m) 632.
bateaux(m) de pointe(m) 632.
bâti(m) 572.
bâti(m) 225, 484, 583.
bâti(m) d'équipement(m) 412, 415.
bâti(m) de la pompe(f) à vide(m) 717.
bâti(m) du brûleur(m) 689.
bâtiment(m) administratif 491, 752.
bâtiment(m) de la turbine(f) 758.
bâtiment(m) des services(m) 764.
bâtiment(m) du réacteur(m) 759, 765.
bâton(m) 596.
bâton(m) 595, 642.
bâton(m) de craie(f) 583.
bâton(m) de gardien(m) de but(m)
    609.
bâton(m) de joueur(m) 609.
bâton(m) de ski(m) 640.
bâtonnet(m) de colle(f) 515.
bâtons(m) de golf(m) 678.
bâtons(m) de golf(m), types(m)
    677.
battant(m) 203, 554, 572, 817.
batte(f) 598.
batte(f) 160, 598.
batterie(f) 552.
batterie(f) 468, 795.
batterie(f) d'accumulateurs(m)
    439.
batterie(f) d'accumulateurs(m) 769.
batterie(f) de cuisine(f) 248.
batteries 43.
batteur(m) 599.
batteur(m) à main(f) 250.
batteur(m) à œufs(m) 245.
batteur(m) sur socle(m) 250.
baudrier(m) 428, 680.
bavette(f) 350, 351, 667.
bavette(f) garde-boue(f) 427, 440,
    441.
bavette(f) garde-neige(m) 445.
bavoir(m) 349.
bavolet(m) 319.
bazooka(m) 804.
bec(m) 108, 241, 291, 294, 295, 296,
    483, 548, 567, 681.
bec(m) corné 97.
bec(m) de bord(m) d'attaque(f) 499.
bec(m) verseur 252.
bec(m) verseur(m) 247.
bec-de-cane(m) 289.
bécarre(m) 538.
bêche(f) 266.
bêche(f) 803.
becs(m), principaux types(m) 111.
Bélier(m) 11.
Bélier(m)(21 mars) 820.
bémol(m) 538.
benne(f) 784.
benne(f) basculante 785.
béquet(m) 442.
béquille(f) 382, 441, 495, 508.
béquille(f) centrale 443.
béquille(f) commune 728.
béquille(f) d'appui(m) 156, 449.
béquille(f) d'avant-bras(m) 728.
béquille(f) latérale 443.
berceau(m) 582.
herceau(m) 802.
berceuse(f) 221.
béret(m) 329.
berge(f) 451.
bergère(f) 220.
bergerie(f) 149.
berline(f) 425.
bermuda(m) 336.
bésicles(f) à pont(m) élastique
    377.
béton(m) armé 286.
béton(m) précontraint 286.
bette(f) à carde(f) 72.
betterave(f) 71.
beurrier(m) 238.
bezel(m)(8) 363.
biais(m) 349, 566.

biceps(m) brachial 120.
biceps(m) crural 121.
bicorne(m) 318.
bicyclette(f) 446, 448.
bicyclette(f), accessoires(m) 448.
bidet(m) 292.
bidon(m) 447.
bief(m) aval 749, 750.
bief(m) d'amont(m) 746.
bief(m) d'aval(m) 746, 747.
bielle(f) 436.
bielle(f) de compression(f) 147.
bielle(m) 434.
bigorneau(m) 83.
bigoudi(m) 369.
bijouterie(f) 361, 362, 364.
billard(m) 673.
billard(m) anglais 673.
billard(m) anglais et snooker(m)
    674.
billard(m) français 673.
billard(m) pool 673.
bille(f) 288, 389, 530.
bille(f) blanche 673.
bille(f) blanche mouchetée 673.
bille(f) bleue 673.
bille(f) brune 673.
bille(f) creuse 294.
bille(f) d'ivoire(m) 701.
bille(f) de choc(m) 673.
bille(f) de plomb(m) 804.
bille(f) de visée(f) blanche 673.
bille(f) jaune 673.
bille(f) noire 673.
bille(f) rose 673.
bille(f) rouge 673.
bille(f) verte 673.
bille(f), coupe(f) 288.
billes(f) numérotées 673.
billes(f) rouges 673.
binette(f) 266.
binocle(m) 377.
biologie(f) 831.
biosphère(f), structure(f) 31.
bipied(m) 796, 803.
biseau(m) 542, 726.
bitte(f) 743.
blague(f) à tabac(m) 385.
blaireau(m) 374.
blanc(m) 695.
blanche(f) 538.
Blancs(m) 696, 697.
blazer(m) 338.
blé(m) 152.
blé(m), grain(m) 152.
bleuet(m) 62.
blindage(m) 805.
blindage(m) d'aspirateur(m) 753.
bloc(m) 656.
bloc(m) aiguille(f) 590.
bloc(m) d'arrêt(m) 277.
bloc(m) d'équipement(m) 509.
bloc(m) de béton(m) 286.
bloc(m) de commande(f) 699.
bloc(m) de commande(f) des
    caméras(f) 412, 415.
bloc(m) de culasse(f) 798, 799.
bloc(m) de départ(m) 656.
bloc(m) pneumatique 458.
bloc(m)-cylindres(m) 435.
bloc(m)-éphéméride(f) 518.
bloc(m)-essieu(m) 645.
bloc(m)-moteur(m) 250, 251, 256,
    260, 373, 458.
bloc(m)-notes(f) 518.
bloc(m)-tension(f) 562, 569.
bloc(m)-tension(f) 561.
blocage(m) 750.
blocage(m) de l'inclinaison(f) 284.
blocage(m) de l'interrupteur(m) 280.
blocage(m) de la colonne(f) 393.
blocage(m) de la plate-forme(f) 393.
blocage(m) de profondeur(f) 283.
blocage(m) du cordon(m) de tirage(m)
    231.
blocage(m) du guide(m) 285.
blocage(m) du pivot(m) 282.
blocage(m) du pivotement(m) 713.
blocage(m) horizontal 393.
blocage(m) vertical 393.
bloqueur(m) droit 603, 605.
bloqueur(m) gauche 603, 605.
blouson(m) court 321.
blouson(m) long 320.
bob(m) 329.
bobine(f) 570, 575, 714.
bobine(f) de courant(m) 712.
bobine(f) de tension(f) 712.
bobine(f) mobile 406.
bobine(f) réceptrice 390, 403.

Les termes en **caractères gras** renvoient à une illustration; les termes en *italique* indiquent l'usage québécois

bobineur(m) 561.
bobinoir(m) 575.
bobsleigh(m) 643.
bocal(m) 548.
body(m) 345.
bœuf(m) 151.
bogie(m) 476.
bogie(m) 468.
bogie(m) moteur 459.
bogie(m) porteur 458.
bois(m) 288, 677.
bois(m) 52.
bois(m) de bout(m) 288.
bois(m) de cerf(m) 105.
bois(m) de cœur(m) 59.
bois(m) nº 1 678.
bois(m) nº 3 678.
bois(m) nº 5 678.
bois(m), dérivés(m) 288, 289.
bois(m), famille(f) 548.
bois(m), golf(m) 678.
boisseau(m) d'embouchure(f) 550.
boîte(f) à canette(f) 562.
boîte(f) à courrier(m) 517.
boîte(f) à gants(m) 430.
boîte(f) à leurres(m) 672.
boîte(f) à lumière(f) 399.
boîte(f) à lumière(f), ouverture(f) de la 399.
boîte(f) crânienne 134.
boîte(f) d'accessoires(m) 568.
boîte(f) d'allumage(m) 501.
boîte(f) d'allumettes(f) 386.
boîte(f) d'essieu(m) 468.
boîte(f) de cirage(m) 358.
boîte(f) de contrôle(m) 297.
boîte(f) de culasse(f) 795.
boîte(f) de culasse(m) 796.
boîte(f) de jonction(f) 471.
boîte(f) de raccordement(m) 412.
boîte(f) de service(m) 616, 617.
boîte(f) de vitesses(f) 495.
boîte(f) électrique 309.
boîte(f) électrique 769.
boîte(f) jackpot(m) 702.
boîte(f)-classeur(m) 517.
boîtier(m) 214, 231, 233, 280, 305, 310, 374, 391, 403, 406, 422, 485, 486, 539, 702, 705, 706, 710, 711.
boîtier(m) de batterie(f) 439, 441.
boîtier(m) du moteur(m) 272.
boîtier(m) du ventilateur(m) 370.
bol(m) 238.
bol(m) 250, 251.
bol(m) à raser 374.
bol(m) à salade(f) 238.
bol(m) verseur 251.
boléro(m) 338.
bols(m) à mélanger 245.
bombe(f) 648.
bombe(f) volcanique 25.
bôme(f) 628.
bonbout(m) 354.
bonde(f) 296.
bonnet(m) 329.
bonnet(m) 346, 640, 642.
bonnet(m) blanc 626.
bonnet(m) bleu 626.
bonnet(m) pompon(m) 329.
bord(m) 57, 328, 329, 479.
bord(m) antérieur 95.
bord(m) crénelé 95.
bord(m) d'attaque(f) 499, 636, 638.
bord(m) d'une feuille(f) 56.
bord(m) de fuite(f) 498, 636, 637, 638.
bord(m) de pli(m) 341.
bord(m) du manteau(m) 92.
bord(m) externe 94.
bord(m) interne 94.
bord(m) libre 137.
bord(m) postérieur 95.
bord(m) tranchant 783.
bord(m)-côte(f) 325, 326, 350.
bordure(f) 631.
bordure(f) blanche 619.
bordure(f) d'allée(f) 263.
bordure(f) de quai(m) 462, 475.
bordure(f) de trottoir(m) 186.
borne(f) 255, 309, 312, 439, 757.
borne(f) d'entrée(f) 310.
borne(f) d'incendie 186.
borne(f) de gonflage(m) 453.
borne(f) négative 439.
borne(f) positive 439.
bossoir(m) 478, 742.
botte(f) 356.
botte(f) 72, 648.
botte(f) de caoutchouc(m) 777.

botte(f) de couronne(f) 653.
botte(f) de genou(m) 653.
botte(f) de saut(m) 635.
botte(f) de tendon(m) 648, 652.
bottillon(m) 354.
bottillon(m) 627.
bottine(f) 357.
bouche(f) 142.
bouche(f) 83, 84, 92, 118, 542, 797, 798, 799, 800, 803.
bouche(f) à feu(m) 800.
bouche(f) à feu(m), coupe(f) 801.
bouche(f) à induction(f) 207.
bouche(f) d'air(m) 430.
bouche(f) d'extraction(f) 207.
bouche(f) de soufflage(m) 207.
bouche(f) de soufflage(m) 206.
bouches(f), types(m) 207.
bouchon(m) 250, 726, 765.
bouchon(m) antifuite 689.
bouchon(m) d'air(m) 304.
bouchon(m) de chargement(m) 804.
bouchon(m) de dégorgement(m) 296.
bouchon(m) de fermeture(f) 804.
bouchon(m) de remplissage(m) 271, 438, 444.
bouchon(m) de vidange(m) 215.
bouchon(m) de vidange(f) d'huile(f) 434.
bouchon(m) du réservoir(m) 440.
bouchon(m) femelle 301.
bouchon(m) femelle à visser 301.
bouchon(m) mâle sans bourrelet(m) 301.
boucle(f) 566.
boucle(f) 323, 380, 428, 452, 566, 641.
boucle(f) de ceinture(f) 319, 323.
boucle(f) de piquet(m) 685, 686.
boucle(f) de réglage(m) 321, 645.
boucles(f) d'oreille(f) 361.
boucles(f) d'oreille(f) à pince(f) 361.
boucles(f) d'oreille(f) à tige(f) 361.
boucles(f) d'oreille(f) à vis(f) 361.
bouclier(m) 268, 426, 609, 791.
bouclier(m) annulaire 15.
bouclier(m) arrière 16.
bouclier(m) thermique 510.
bouef(f) 216.
bouée(f) à plan(m) focal élevé 487.
bouée(f) charpente(f) 487.
bouée(f) charpente(f) 489.
bouée(f) conique 487.
bouée(f) conique 489.
bouée(f) cylindrique 486.
bouée(f) de sauvetage(m) 495.
bouée(f) espar(m) 489.
bougie(f) 271.
bougie(f) d'allumage(m) 439.
bougie(f) d'allumage(m) 435, 437.
bouilloire(f) 252.
boule(f) 526, 683.
boule(f) à thé(m) 246.
boule(f) anglaise 682.
boule(f) de pétanque(f) 682.
boule(f) de quilles(f) 683.
boules(f) anglaises et pétanque(f) 682.
boulet(m) 801.
boulet(m) 101, 801.
boulet(m) creux 801.
boulet(m) ramé 801.
boulevard(m) 52, 184.
boulevard(m) périphérique 52.
boulier(m) 683.
boulon(m) 279.
boulon(m) 278, 282, 290.
boulon(m) à ailettes(f) 276.
boulon(m) à épaulement(m) 279.
boulon(m) à gaine(f) d'expansion(f) 276.
boulon(m) d'accouplement(m) 754.
boulon(m) d'éclisse(f) 466.
bourdalou(m) 328.
bourdon(m) 536.
bourgeon(m) axillaire 57.
bourgeon(m) terminal 57.
bourrache(f) 74.
bourre(f) 799, 801.
bourre-pipe(m) 385.
bourre-pipe(m) 385.
bourrelet(m) 104, 433, 632.
bourriquet(m) 583.
bourse(f) à monnaie(f) 379.
boursette(f) 543.
Boussole(f) 13.

boussole(f) magnétique 719.
bout(m) 239, 670.
bout(m) d'aile(f) 637.
bout(m) du nez(m) 100.
bout(m) fleuri 355.
bout(m)-filtre 384.
boutefeu(m) 801.
bouteille(f) d'acétylène(m) 306.
bouteille(f) d'air(m) comprimé 627, 777.
bouteille(f) d'oxygène(m) 306.
bouteille(f) isolante 690.
bouteur(m) 783.
bouteur(m) 733.
boutique(f) 170.
boutique(f) hors taxe(f) 505.
bouton(m) 219, 232, 324, 326, 530, 536, 544, 666.
bouton(m) à friction(f) 711.
bouton(m) à tige(f) 566.
bouton(m) d'arrêt(m) 272.
bouton(m) d'assemblage(m) 568.
bouton(m) d'échappement(m) 541.
bouton(m) d'éjection(f) 403.
bouton(m) d'interligne(m) variable 525.
bouton(m) de blocage(m) 711.
bouton(m) de clé(f) 549.
bouton(m) de combinaisons(f) 542.
bouton(m) de commande(f) 255.
bouton(m) de culasse(f) 800.
bouton(m) de démarreur(m) 444.
bouton(m) de fonction(f) 699.
bouton(m) de manchette(f) 339.
bouton(m) de mise(f) au point(m) 720, 721.
bouton(m) de mise(f) au point(m) manuelle 397.
bouton(m) de mise(f) en circuit(m) 396, 420.
bouton(m) de piston(m) 550.
bouton(m) de point(m) arrière 561.
bouton(m) de registre(m) 542, 543.
bouton(m) de réglage(m) du micromètre(m) optique 713.
bouton(m) de remise(f) à zéro(m) 403, 711.
bouton(m) de tension(f) 569.
bouton(m) de vaporisation(f) 256.
bouton(m) de verrouillage(m) 429.
bouton(m) de verrouillage(m) de l'embase(f) 713.
bouton(m) extérieur 290.
bouton(m) floral 57.
bouton(m) intérieur 290.
bouton(m) marche/arrêt(m) 256.
bouton(m) moleté 304.
bouton(m)-guide(m) 284.
bouton(m)-poussoir(m) 250, 257, 389, 397.
bouton(m)-pression(f) 566.
bouton(m)-pression(f) 321, 327.
boutonnage(m) sous patte(f) 330.
boutonnière(f) 319, 323.
boutons(m) à trous(m) 566.
boutons(m) de commande(f) 531.
boutons(m) de contrôle(m) du point(m) 569.
boutons(m) de réglage(m) 410.
Bouvier(m) 11.
boxe(f) 669.
boxeur(m) 669.
bracelet(m) 602, 684, 706.
bracelet(m) lesté 665.
bracelet(m) tubulaire 364.
bracelets(m) 364.
brachial(m) antérieur 120.
braconnière(f) 792.
bractée(f) 66.
braguette(f) 323, 325, 350.
braies(f) 791.
brancard(m) 270, 652, 726, 784.
branche(f) 72, 104, 278, 369, 376, 564, 649, 684, 726.
branche(f) à fruits(m) 61.
branche(f) d'embouchure(f) 550.
branche(f) inférieure 650, 793.
branche(f) maîtresse 59.
branche(f) supérieure 650, 793.
branche(f) télescopique 393.
branchement(m) aérien 757.
branchement(m) de l'abonné(m) 757.
branchement(m) du distributeur(m) 757.
branchement(m) pluvial 186.
branchement(m), plomberie(f) 298.
branchicténie(f) 87.
branchies(f) 87.
branchies(f) 88, 92.

branchies(f) externes 84.
brandebourg(m) 320.
bras(m) 100, 117, 119, 157, 234, 264, 483, 561, 702, 727, 773, 782, 785.
bras(m) d'essuie-glace(m) 431.
bras(m) de coutre(f) 156.
bras(m) de fourche(f) 787.
bras(m) de grand cacatois(m) arrière 480.
bras(m) de lecture(f) 404.
bras(m) de levage(m) 782.
bras(m) de plaquette(f) 376.
bras(m) de relevage(m) 147.
bras(m) de suspension(f) 258.
bras(m) du longeron(m) 783.
bras(m) gicleur(m) 257.
bras(m) spiral 9.
bras(m) télécommandé 510.
brassard(m) 602, 609, 792.
brassard(m) pneumatique 710.
brasse(f) 622.
brassière(f) 349.
break(m) 425.
brelan(m) 695.
breloques(f) 364.
bretèche(f) 181.
bretelle(f) 346, 452, 464, 502.
bretelle(f) boutonnée 351.
bretelle(f) de raccordement(m) 452.
bretelle(f) pour botte(f) de genou(m) 653.
bretelle(f) réglable 350.
bretelles(f) 323.
brick(m) 482.
bride(f) 649.
bride(f) 365, 566, 653.
bride(f) de corps-mort(m) 486.
bride(f) de fixation(f) 720, 721.
bride(f) de raccord(m) 230.
bride(f) de suspension(f) 326.
brigantin(m) 482.
brigantine(f) 480.
brin(m) d'arrêt(m) 811.
brique(f) 286.
brique(f) réfractaire 204, 585.
briquet(m) 307.
briquet(m) à gaz(m) 386.
brise-jet(m) 264.
brise-lame(m) 742.
broche(f) 364, 574.
broche(f) 232, 233, 309, 574.
broche(f) épingle(f) 364.
broche(f) porte-bobine(f) 561.
brocoli(m) 69.
brodequin(m) 355.
brodequin(m) de sécurité(f) 730.
broderie(f) 571.
bronche(f) droite 130.
bronchiole(f) terminale 130.
brosse(f) 589.
brosse(f) 152, 373.
brosse(f) à chaussure(f) 358.
brosse(f) à coiffer 370.
brosse(f) à dents(f) 373.
brosse(f) à dents(f) 373.
brosse(f) à épousseter 260.
brosse(f) à légumes(m) 246.
brosse(f) à mascara(m) 367.
brosse(f) à peignes(m) 370.
brosse(f) à planchers(m) 260.
brosse(f) à pollen(m) 80, 81.
brosse(f) anglaise 368.
brosse(f) d'antennes(f) 80.
brosse(f) de nettoyage(m) 374.
brosse(f) de tissage(m) 568.
brosse(f) éventail(m) 589.
brosse(f) pneumatique 368.
brosse(f) ronde 368.
brosse(f)-araignée(f) 368.
brosse(f)-peigne(m) pour cils(m) et sourcils(m) 367.
brosses(f) à cheveux(m) 368.
brou(m) 66.
brouette(f) 270.
brouillard(m) 37, 39.
broyer, ustensils(m) pour 243.
broyeur(m) 296.
bruine(f) continue 39.
bruine(f) intermittente 39.
brûleur(m) 209, 297, 634, 635, 689.
brûleur(m) à mazout(m) 209.
brûleur(m) bec(m) plat 307.
brûleur(m) flamme(f) crayon(m) 299, 307.
brume(f) 37, 39.
brunissoir(m) 582.
buanderie(f) 194.
buccin(m) 83.
bûcher(m) 204.
bûchette(f) 320.

buffet(m) 227.
buffet(m)-vaisselier(m) 227.
bulbe(m) 72, 136.
bulbe(m) d'étrave(f) 497, 743.
bulbe(m) olfactif 88, 142.
bulbe(m) rachidien 134.
bulbe(m), coupe(f) 70.
bureau(m) 453.
bureau(m) de direction(f) 520.
bureau(m) de réservation(f) de chambres(f) d'hôtel(m) 504.
bureau(m) des douanes(f) 491.
bureau(m) du changeur(m) 474.
bureau(m) secrétaire(m) 521.
burin(m) 581, 587.
Burin(m) 13.
bus de données(f) 528.
bus(m) des données(f) 531.
bus(m) du disque(m) dur 528.
buse(f) 370.
buse(f) 264, 291, 306, 373, 590.
buse(f) à fluide(m) 304.
bustier(m) 346.
but(m) 601, 604, 606, 607, 608, 612, 626.
butée(f) 455, 566, 630, 640, 641.
butée(f) de porte(f) 254, 471.
butée(f) talonnière 727.
butoir(m) 230, 464.
butoir(m) de saut(m) 657.
butte(f) 46.
butte(f) de débranchement(m) 465.

C

caban(m) 330.
cabas(m) 381.
cabillot(m) 817.
cabine(f) 496, 508, 782, 783, 784, 785.
cabine(f) de commande(f) 786.
cabine(f) de commandes(f) 15.
cabine(f) de conduite(f) 147, 160, 459, 468.
cabine(f) de douche(f) 292.
cabine(f) de pilotage(m) 639.
cabine(f) de pilotage(m) 493.
cabine(f) des passagers(m) 493, 494, 495.
câble(m) 692.
câble(m) 280, 641, 658, 660, 663, 684, 692.
câble(m) d'accélération(f) 271.
câble(m) d'acier(m) 681.
câble(m) d'alimentation(f) de 240 V 312.
câble(m) d'alimentation(f) de l'électrode(f) 305.
câble(m) de bougie(f) 435.
câble(m) de commande(m) 270, 448.
câble(m) de frein(m) 447.
câble(m) de garde(f) 756.
câble(m) de haubanage(m) 660.
câble(m) de levage(m) 786.
câble(m) de masse(f) 305.
cable(m) de raccordement(m) 406.
câble(m) de raccordement(m) 400, 530, 585.
câble(m) de traction(f) 311.
câble(m) de transmission(f) 485.
câble(m) du démarreur(m) 270.
câble(m) électrique 186.
câble(m) porteur 456.
câble(m) téléphonique 186.
câbles(m) 414.
câblodistributeur(m) 416.
cabriolet(m) 220, 425.
cache-cœur(m) 337.
cache-flammes(m) 796.
cache-oreilles(m) abattant 328.
cadenas(m) 448.
cadence(f) images(f)/seconde(f) 396.
cadran(m) 705, 706, 707, 708, 712, 719.
cadran(m) de tension(f) 568.
cadran(m) des phases(f) de la Lune(f) 707.
cadran(m) gradué 710.
cadran(m) solaire 706.
cadre(m) 82, 378, 383, 443, 536, 615, 645, 659, 674, 726, 773.
cadre(m) de charge(f) 635.
cadre(m) de marche(f) 728.
cadre(m) métallique 540.
cadre(m) porte-épreuves(m) 399.
cadre(m)-cache 397.
cæcum(m) 131.
cæcum(m) pylorique 88.
cafetière(f) 688.
cafetière(f) à infusion(f) 247.

cafetière(f) à piston(m) 247.
cafetière(f) espresso(m) 247.
cafetière(f) filtre 247.
cafetière(f) napolitaine 247.
cafetières(f) 247.
cage(f) 654.
cage(f) d'escalier(m) 194.
cage(f) de battage(m) 161.
cage(f) vitrée 709.
cagoule(f) 329.
cagoule(f) 627, 680.
cahier(m) 577.
caïeu(m) 70.
caisse(f) 270, 540, 546, 707.
caisse(f) blindée 702.
caisse(f) bombée 535.
caisse(f) circulaire 535.
caisse(f) claire 553.
caisse(f) claire 552, 557.
caisse(f) cylindrique 710.
caisse(f) de résonance(f) 535, 545.
caisse(f) de résonnance(f) 535.
caisse(f) pleine 547.
caisse(f) roulante 553.
caisse(f) triangulaire 535.
caisson(m) 521.
caisson(m) 204, 209.
caisson(m) de porte(f) 429.
caisson(m) de voilure(f) 812.
calame(m) 389.
calamus(m) 110.
calandre(f) 426, 440, 765.
calcanéum(m) 103, 123.
calculatrice(f) 523.
calculatrice(f) à imprimante(f) 523.
calculette(f) 523.
calculette(f) 379.
cale(f) 506.
cale(f) 800.
cale(f) à conteneurs(m) 495.
cale(f) de couvercle(m) 585.
cale-pied(m) 446, 448, 664.
caleçon(m) 325.
caleçon(m) long 325.
calendrier(m)-mémorandum(m) 518.
calice(m) 60, 62, 67, 132.
calicule(m) 62.
Callisto 4.
caloporteur(m) 766.
caloporteur(m) chaud 771.
caloporteur(m) refroidi 771.
caloporteur(m): eau(f) bouillante 763.
caloporteur(m): eau(f) lourde sous pression(f) 761.
caloporteur(m): eau(f) sous pression(f) 762.
caloporteur(m): gaz(m) carbonique 760.
calot(m) 328.
calotte(f) 328.
calotte(f) 109, 328, 329, 773.
calotte(f) glaciaire 45.
cambium (m) 59.
cambre(f) 376.
cambrure(f) 354.
Caméléon(m) 13.
caméra(f) 414.
caméra(f) 16, 412, 414.
caméra(f) de télévision(f) couleurs(f) 512.
caméra(f) vidéo 526.
caméra(m) vidéo 409.
camion(m) avitailleur 506.
camion(m) commissariat(m) 507.
camion(m) vide-toilette(m) 506.
camion(m)-benne(f) 785.
camion(m)-citerne(f) d'eau(f) potable 506.
camionnage(m) 440.
camionnette(f) 425.
camisole(f) 345, 349.
camping(m) 685, 686, 690, 823.
camping(m) et caravaning(m) 823.
camping(m) interdit 823.
camping(m), accessoires(m) 689.
camping(m), matériel(m) 690.
camping(m), outils(m) 690.
canadienne(f) 321.
canal(m) 96.
canal(m) à venin(m) 96.
canal(m) d'admission(f) 436.
canal(m) d'échappement(m) 436.
canal(m) d'écoulement(m) 741.
canal(m) de dérivation(f) 501, 746.
canal(m) de fuite(f) 747.
canal(m) de transfert(m) 436, 764.
canal(m) déférent 127.

canal(m) droit 401.
canal(m) éjaculateur 127.
canal(m) gauche 401.
canal(m) radiculaire 144.
canal(m) semi-circulaire antérieur 139.
canal(m) semi-circulaire externe 139.
canal(m) semi-circulaire postérieur 139.
canal(m) siphonal 94.
canal(m) sudoripare 136.
canalisation (f) de retour(m) 208.
canalisation(f) 432.
canalisation(f) d'alimentation(f) 208, 209.
canalisation(f) de branchement(m) 215.
canalisation(f) de la veilleuse(f) 297.
canalisation(f) de pompage(m) 717.
canalisation(f) de refoulement(m) 216.
canalisation(f) du brûleur(m) 297.
canapé(m) 221.
canapé(m) capitonné 221.
canard(m) 150.
Cancer(m) 11.
Cancer(m)(22 juin) 820.
canetière(f) 575.
canette(f) 561, 562, 573.
canif(m) 581.
canine(f) 98, 144.
canne(f) 375, 375.
canne(f) à lancer(m) 671.
canne(f) à mouche(f) 670.
canne(f) avec poignée(f) orthopédique 728.
canne(f) avec quadripode(m) 728.
canne(f) en C(m) 728.
canne(f) en T(m) 728.
canneberge(f) 62.
cannelure(f) 166, 167, 439.
cannes(f) 728.
canon(m) 101, 650, 795, 796, 797, 798, 799, 802, 805.
canon(m) à électrons(m) 410.
canon(m) à électrons(m) 410, 717.
canon(m) à mousse(f) 743.
canon(m) brisé 650.
canon(m) d'avant-bras(m) 792.
canon(m) du XVIIe siècle(m) 800.
canon(m) sans recul(m) 804.
canot(m) de sauvetage(m) 478, 738.
canot(m) pneumatique de sauvetage(m) 492.
canotier(m) 328.
cantaloup(m) 69.
canton(m) dextre de la pointe(f) 818.
canton(m) dextre du chef(m) 818.
canton(m) senestre de la pointe(f) 818.
canton(m) senestre du chef(m) 818.
cantonnière(f) 228, 383.
cantonnière(f) drapée 229.
cantre(m) 575.
canyon(m) sous-marin 29.
cap(m) 51.
cape(f) 331.
cape(f) 384.
cape(f) de bain(m) 349.
capeline(f) 329.
capitaine(m) 620, 643.
capitale(f) 51.
capitule(m) 60.
caponnière(f) 179.
capot(m) 256, 260, 426, 440, 445, 525.
Capricorne(m) 13.
Capricorne(m)(22 décembre) 820.
capsule(f) 725.
capsule(f) à membrane(f) 435.
capsule(f), coupe(f) 67.
capteur(m) de radiations(f) terrestres 43.
capteur(m) de signaux(m) de détresse(f) 43.
capteur(m) de télécommande(f) 405, 410.
capteur(m) solaire 772.
capteur(m) solaire plan 768.
capture(f) 697.
capuche(f) 349.
capuche(f) coulissée 351.
capuchon(m) 309, 320, 389, 398, 679.
capuchon(m) d'objectif(m) 392.
capuchon(m) de protection(f) 718.
capuchon(m) de protection(f) 804.
capuchon(m) de ventilation(f) 486.
capuchon(m) du levier(m) 295.
capucin(m) 323.
caquelon(m) 248.
car(m) de reportage(m) 415.
car(m) de reportage(m) 416.
carabine(f) (canon(m) rayé) 798.
caraco(m) 345.

caraco(m) 316.
carafe(f) 237.
carafon(m) 237.
carapace(f) 96.
carapace(f) 91.
caravane(f) 449.
caravane(f) tractée 449.
caravaning(m) 823.
carburant(m) diesel 745.
carburateur(m) 442.
carburéacteur(m) 745.
cardan(m) 156, 159, 162.
carde(f) 72.
cardigan(m) 326.
cardon(m) 72.
carénage(m) 442.
Carène(f) 13.
cargo(m) porte-conteneurs(m) 494.
cargue(f) 480.
cargue-point(m) 481.
caribou(m) 105.
carillon(m) tubulaire 554.
carillon(m) tubulaire 556.
carlingue(f) centrale 743.
carnassière(f) 98.
carnivore(m), mâchoire(f) 98.
carnivores(m) 31, 33.
caroncule(f) lacrymale 140.
carotte(f) 71.
carpe(m) 102, 122.
carquois(m) 684.
carre(f) 640, 644.
carré(m) 640.
carré(m) 700, 701.
carreau(m) 286, 570, 695.
carreau(m) 203.
carreau(m) d'arbalète(f) 793.
carreau(m) de mine(f) 734.
carreau(m) de plâtre(m) 286.
carrefour(m) giratoire 450.
carrière(f) en entonnoir(m) 733.
carrière(f) exploitée en chassant 733.
carrosserie(f) 426.
carrosserie(f) 258, 259.
carrosseries(f), types(m) 425.
carte(f) de ligne(f) 474.
carte(f) de réseau(m) 475, 477.
carte(f) isolée 695.
carte(f) météorologique 38.
carte(f) physique 51.
carte(f) politique 51.
carte(f) routière 52.
carter(m) 211, 271, 397, 434, 436, 671.
carter(m) d'embrayage(m) 444.
carter(m) d'engrenage(m) de frein(m) à main(f) 470.
carter(m) de sûreté(f) 271.
cartes(f) 695.
cartes(f), symboles(m) 695.
cartilage(m) de l'aile(f) du nez(m) 141.
cartilage(m) de la cloison(f) 141.
cartographie(f) 47, 50, 52.
carton(m) 589.
cartouche(f) 384, 797.
cartouche(f) 291, 295, 389, 404, 527, 730.
cartouche(f) (carabine(f)) 798.
cartouche(f) (fusil(m)) 799.
cartouche(f) de jeu(m) 699.
cartouche(f) de pellicule(f) 395.
cartouche(f) de ruban(m) 531.
cartouche(f) jetable 299, 307.
casaque(f) 337.
case(f) 165.
case(f) 701.
case(f) à bagages(m) 461.
case(f) blanche 696.
case(f) d'équipement(m) 16.
case(f) noire 696.
casernement(m) 179.
casier(m) 226.
casier(m) à beurre(m) 254.
casier(m) à munitions(f) 805.
casier(m) laitier 254.
casque(m) 308.
casque(m) 512, 602, 609, 636, 651, 680, 777, 791.
casque(m) d'écoute(f) 406.
casque(m) d'écoute(f) 408.
casque(m) de frappeur(m) 595.
casque(m) de protection(f) 443.
casque(m) de protection(f) 448.
casque(m) de sapeur(m)-pompier(m) 777.
casque(m) de saut(m) 635.
casque(m) de sécurité(f) 729.
casque(m) protecteur 643.

casquette(f) 328.
casquette(f) norvégienne 328.
casse-croûte(m) 822.
casse-noix(m) 243.
casserole(f) 249.
cassette(f) 403.
cassette(f) 408, 526.
cassette(f) annonce(f) 420.
cassette(f) de pellicule(f) 395.
cassette(f) messages(m) 420.
Cassiopée 11.
cassis(m) 62.
cassure(f) 341.
castagnettes(f) 554.
castagnettes(f) 556.
castor(m) 98.
catadioptre(m) 445, 446.
catapulte(f) 810.
caténaire(f) 459.
cathédrale(f) 176.
cathédrale(f) 184.
cathédrale(f) gothique 175, 176.
cathédrale(f), plan(m) 177.
causeuse(f) 221.
cavalier(m) 648.
cavalier(m) 178, 696.
cavité(f) abdominale 127, 128.
cavité(f) buccale 130, 131.
cavité(f) nasale 130.
cavité(f) pleurale 130.
cédez le passage(m) 824, 825.
cédille(f) 832.
ceinture(f) 323.
ceinture(f) 219, 220, 223, 319, 433,
 668.
ceinture(f) d'haltérophilie(f) 662.
ceinture(f) de sécurité(f) 428.
ceinture(f) élastique 321, 325.
ceinture(f) lestée 627.
ceinture(f) montée 320, 323.
céleri(m) 72.
céleri(m)-rave(f) 71.
cellule(f) 79.
cellule(f) animale 115.
cellule(f) photoélectrique 393.
cellule(f) royale 82.
cellule(f) végétale 115.
cellules(f) solaires 42.
cément(m) 144.
cendre(f) 386.
cendrier(m) 386.
cent(m) 832.
Centaure(m) 13.
centrage(m) 524.
centrale(f) 746.
centrale(f) hydroélectrique,
 coupe(f) 747.
centrale(f) nucléaire 758.
centre(m) 601, 603, 605, 606, 608,
 610, 611, 620, 684, 697, 818.
centre(m) de gravité(f) 483.
centre(m) droit 606.
centre(m) du court(m) 617.
centre(m) gauche 606.
centre(m)-ville(f) 184.
centrifugeuse(f) 251.
centriole(m) 115.
cep(m) de vigne(f) 61.
cèpe(m) 55.
céphalothorax(m) 90.
Céphée 11.
cercle(m) 376, 654, 655.
cercle(m) central 601, 608, 610, 611.
cercle(m) d'ascension(f) droite 720,
 721.
cercle(m) d'attente(f) 597.
cercle(m) d'envoi(m) 607.
cercle(m) de déclinaison(f) 720, 721.
cercle(m) de la station(f) 38.
cercle(m) de mise(f) au jeu(m) 608.
cercle(m) de serrage(m) 553.
cercle(m) de vannage(m) 753.
cercle(m) de verrouillage(m) 802.
cercle(m) extérieur 620.
cercle(m) intérieur 620.
cercle(m) polaire antarctique 3.
cercle(m) polaire arctique 3, 47.
cercle(m) porte-lame(f) 784.
cercle(m) restrictif 610.
céréales(f), principales variétés(f)
 152.
cerf(m) de Virginie 105.
cerf(m) du Canada 105.
cerf(m), bois(m) 105.
cerfeuil(m) 74.
cerise(f) 63.
cerne(m) annuel 59.
cerneau(m) 66.
cerques(m) 670.
cerveau(m) 88, 134.

cervelet(m) 134.
cervidés(m) 105.
cervidés(m), principaux 105.
chaîne(f) 446, 448, 566, 573, 574,
 661, 707.
chaîne(f) alimentaire 31.
chaîne(f) coupante 272.
chaîne(f) d'entraînement(m) 158.
chaîne(f) de levage(m) 787.
chaîne(f) de montagnes(f) 7, 23, 51.
chaîne(f) de mouillage(m) 486.
chaîne(f) de neurones(m) 135.
chaîne(f) de sureté(f) 449.
chaîne(f) de suspension(f) 756.
chaîne(f) stéréo 400, 402, 404.
chaîne(f) stéréo, composantes(f)
 400.
chaînes(f) d'ancrage(m) 738.
chaînette(f) de levage(m) 293.
chaise(f) 223.
chaise(f) berçante 223.
chaise(f) dactylo(m) 521.
chaise(f) longue 223.
chaise(f) pliante 223.
chaise(f)-escabeau(m) 222.
chaises(f) empilables 223.
chaises(f), types(m) 223.
chalaze(f) 109.
chalet(m) 676.
chaloupe(f) de sauvetage(m) 494,
 496.
chalumeau(m) 306, 536.
chalumeau(m) coupeur 306.
chalumeau(m) soudeur 306.
chalumeau(m) soudeur 307.
chambranle(m) 202, 203.
chambre(f) 194, 195, 460, 685, 736.
chambre(f) à air(m) 109.
chambre(f) à poudre(f) 801.
chambre(f) à vide(m) 717.
chambre(f) antérieure 140.
chambre(f) d'expansion(f) 705.
chambre(f) d'observation(f) 717.
chambre(f) de combustion(f) 204,
 209, 434, 438.
chambre(f) de combustion(f) annulaire
 501.
chambre(f) de cuisson(f) 585.
chambre(f) de dilatation(f) 485.
chambre(f) de mélange(m) 306.
chambre(f) de vantail(m) 493.
chambre(f) des machines(f) 806.
chambre(f) des pompes(f) 742.
chambre(f) des torpilles(f) 807.
chambre(f) photographique 394.
chambre(f) photographique 717.
chambre(f) postérieure 140.
chambre(f) principale 194.
chambre(f) pulpaire 144.
champ(m) centre(m) 597.
champ(m) d'épandage(m) 216.
champ(m) d'héliostats(m) 770, 771.
champ(m) droit 597.
champ(m) gauche 597.
champ(m) magnétique 410.
champignon(m) 55.
champignon(m) 466.
champignon(m) de couche(m) 55.
champignon(m) mortel 55.
champignon(m) vénéneux 55.
champignon(m), structure(f) 55.
champignons(m) comestibles 55.
chandail(m) 602.
chandail(m) d'équipe(f) 595, 600.
chandail(m) de dessous(m) 595.
chanfrein(m) 100.
change(m) 823.
changement(m) de piste(f) 405.
chanterelle(f) commune 55.
chape(f) 200, 230, 485, 543.
chapeau(m) 55.
chapeau(m) d'angle(m) 470.
chapeau(m) de feutre(m) 328.
chapeau(m) de ventilation(f) 215.
chapeau(m) du battant(m) 572.
chapelle(f) 181.
chapelle(f) axiale 177.
chapelle(f) latérale 176.
chapiteau(m) 166, 545.
chapka(f) 328.
char(m) d'assaut(m) 805.
charge(f) explosive 804.
charge(f) militaire 814.
charge(f) utile 509.
chargeur(m) 795, 796, 797.
chargeur(m) automatique 532.
chargeur(m) manuel 532.
chargeuse(f) frontale 782.
chargeuse(f)-pelleteuse(f) 782.

chariot(m) 230, 306, 568, 630, 679,
 718, 786.
chariot(m) à bagages(m) 463.
chariot(m) à dentelle(f) 568.
chariot(m) à pallette(f) 788.
chariot(m) à plateau(m) 788.
chariot(m) avant 568.
chariot(m) d'entraînement(m) 230.
chariot(m) de croisement(m) 230.
chariot(m) élévateur 787.
chariot(m) transbordeur 457.
chariots(m) 568.
Charles IX(m) 356.
charnière(f) 253, 257, 378, 382, 404,
 429, 585, 641, 719.
charnière(f) de la visière(f) 443.
Charon 5.
charpente(f) 198.
charpente(f) 168, 170.
charpente(f) verticale 574.
charrue(f) à soc(m) 156.
charrue(f) à soc(m) 154.
chas(m) 562, 563.
chasse(f) 577.
chasse-neige(f) faible basse 39.
chasse-neige(f) forte basse 39.
chasse-pierres(m) 459, 469.
châssis(m) 156, 157, 159, 272, 453,
 553, 554, 785, 787, 788.
châssis(m) de bogie(m) 468.
châssis(m)-presse(f) 398.
chasuble(f) 333.
chat(m) 107.
chat(m), tête(f) 107.
châtaigne(f) 100.
château(m) d'eau(f) 465.
château(m) fort 180.
chatière(f) 196.
chaton(m) 364.
chaudière(f) 209.
chaudière(f) 208, 771.
chauffage(m) 204, 206, 208, 210,
 212.
chauffage(m) à air(m) chaud
 pulsé 206.
chauffage(m) à eau(f) chaude
 208.
chauffage(m) d'appoint(m) 211.
chauffage(m), bouches(f) 207.
chauffe-eau(m) 215, 772.
chauffe-eau(m) au gaz(m) 297.
chaufferette(f) 689.
chaumard(m) 630.
chausse-pied(m) 358.
chaussée(f) 186, 450.
chaussée(f) cahoteuse 826, 827.
chaussée(f) glissante 826, 827.
chaussée(f) rétrécie 826, 827.
chaussette(f) 325, 344.
chaussette(f) 602, 615, 642, 667.
chaussette(f)-étrier(m) 595.
chaussettes(f) 325.
chausson(m) 627.
chausson(m) intérieur 641, 645.
chaussure(f) 598, 642, 644, 645.
chaussure(f) à crampons(m) 595, 602.
chaussure(f) d'alpinisme(m) 680.
chaussure(f) d'escrime(f) 667.
chaussure(f) d'haltérophilie(f) 662.
chaussure(f) de football(m) 600.
chaussure(f) de golf(m) 679.
chaussure(f) de piste(f) 656.
chaussure(f) de ski(m) 641.
chaussure(f) de ski(m) 640.
chaussure(f) de sport(m) 352.
chaussure(f) de tennis(m) 615.
chaussure(f), parties(f) 354.
chaussures(f) 354, 356, 358.
chaussures(f), principaux
 types(m) 354, 355, 356.
chaussures, accessoires(m) 358.
chauve-souris(f) 112.
chef(m) 818.
chef(m) 818.
chemin(m) 676.
chemin(m) couvert 178.
chemin(m) de fer(m) 52.
chemin(m) de fer(m)
 métropolitain 474, 476.
chemin(m) de ronde(f) 181.
chemin(m) de ronde(f) couvert 180.
chemin(m) de roulement(m) 786.
cheminée(f) 205.
cheminée(f) 25, 195, 197, 209, 297,
 494, 736.
cheminée(f) à foyer(m) ouvert
 204.
cheminée(f) à minerai(m) 736.
cheminée(f) anti-suie 496.

cheminée(f) d'échappement(m) 147,
 440, 784.
chemise(f) 324, 518.
chemise(f) 798.
chemise(f) de nuit(f) 348.
chemise(f) du donjon(m) 181.
chemisier(m) classique 337.
chemisiers(m), types(m) 337.
chenal(m) principal 489.
chenal(m) secondaire 489.
chenêts(m) 205.
chenille(f) 78.
chenille(f) 445, 783, 805.
chéquier(m) 379.
chercheur(m) 720, 721.
chérimole(f) 68.
cheval(m) 98, 100, 102, 104.
cheval(m) 661.
cheval(m) d'arçons(m) 661.
cheval(m)-sautoir(m) 659.
cheval(m), allures(f) 101.
cheval(m), morphologie(f) 100.
cheval(m), squelette(m) 102.
chevalement(m) 736.
chevalet(m) 591.
chevalet(m) 541, 544, 546.
chevalet(m) de câble(m) de garde(f)
 756.
chevalet(m) des aigus(m) 540.
chevalet(m) des basses(f) 540.
Chevalet(m) du Peintre(m) 13.
chevalière(f) 364.
chevelu(m) 59.
chevelure(f) 9.
Chevelure(f) de Bérénice 11.
chevet(m) 177.
cheveux(m) 117, 119.
cheville(f) 116, 118, 225, 544, 545,
 546, 571, 575.
cheville(f) d'accord(m) 540.
chevillier(m) 544.
chevillure(f) 105.
chèvre(f) 150.
chevreuil(m) 105.
chevron(m) 818.
chevron(m) 198.
chiasma(m) optique 134.
chicorée(f) 73.
chien(m) 106.
chien(m) 795, 797, 798, 799.
chien(m), morphologie(f) 106.
Chiens(m) de chasse(f) 11.
chiffonnier(m) 226.
chignole(f) 280.
chimie(f) 831.
chloroplaste(m) 115.
chœur(m) 177.
choix(m) de la langue(f)
 d'affichage(m) 422.
chope(f) à bière(f) 237.
chope(f) à café(m) 238.
choroïde(f) 140.
chou(m) chinois 73.
chou(m) frisé 73.
chou(m) pommé blanc 73.
chou(m) pommé vert 73.
chou(m)-fleur(m) 69.
chou(m)-rave(f) 71.
choux(m) de Bruxelles 73.
chromatine(f) 115.
chromosphère(f) 6.
chronomètre(m) 706.
chronomètre(m) 407.
chronométreur(m) 610, 612, 626,
 666, 668, 669.
chronométreur(m) de couloir(m) 621.
chronométreur(m) des
 immobilisations(f) 668.
chronométreur(m) des trente
 secondes(f) 610.
chronométreur(m) principal 621.
chrysalide(f) 78.
chukka(m) 354.
chute(f) 27, 341, 631.
chute(f) de départ(m) 651.
chute(f) libre 635.
chutes(f) de pierres(f) 826, 827.
cible(f) 684, 698.
cibles(f) 667.
ciboulette(f) 70.
ciel(m) à nébulosité(f) dispersée 39.
ciel(m) clair 39.
ciel(m) couvert 39.
ciel(m) d'orage(m) 36.
ciel(m) noir 39.
ciel(m) nuageux 39.
ciel(m) peu nuageux 39.
ciel(m) très nuageux 39.
cigale(f) 77.
cigare(m) 384.

INDEX FRANÇAIS

Les termes en **caractères gras** renvoient à une illustration; les termes en *italique* indiquent l'usage québécois

cigarette(f) 384.
cil(m) 140.
cilié 56.
cils(m) 107.
cimaise(f) 166.
cime(f) 59.
cimetière(m) 52.
cimier(m) 791.
cimier(m) mobile 14.
cinéma(m) 496.
cintres(m) 188.
circuit(m) d'eau(f) chaude 215.
circuit(m) d'eau(f) froide 215.
circuit(m) d'évacuation(f) 215.
circuit(m) de 120 V 312.
circuit(m) de 240 V 312.
circuit(m) de photopiles(f) 769.
circuit(m) de plomberie(f) 215.
circuit(m) de ventilation(f) 215.
circuit(m) électrique 233.
circuit(m) imprimé 528.
circulation(f) dans les deux sens(m) 824, 825.
circulation(f) sanguine 124, 126.
circulation(f) sanguine, schéma(m) 124.
cireur(m) 358.
cirque(m) 7.
cirque(m) glaciaire 26.
cirro-cumulus(m) 44.
cirro-stratus(m) 44.
cirrus(m) 44.
cisaille(f) 398, 578.
cisaille(f) à haies(f) 269.
cisaille(f) à volaille(f) 246.
ciseau(m) 581.
ciseau(m) à bois(m) 275.
ciseaux(m) 564.
ciseaux(m) 688, 725.
ciseaux(m) à cuticules(m) 365.
ciseaux(m) à denteler 564.
ciseaux(m) à effiler 369.
ciseaux(m) à ongles(m) 365.
ciseaux(m) de coiffeur(m) 369.
ciseaux(m) de pédicure(m) 365.
ciseaux(m) de sûreté(f) 365.
ciseaux(m) sculpteurs 369.
citerne(f) 742, 743.
cithare(f) 535.
citron(m) 65.
citrouille(f) 69.
civière(f) 726.
clairon(m) 550.
clapet(m) 293, 294, 568.
clapet(m) de non-retour(m) 306.
clapet(m) de retenue(f) 216.
claque(f) 355.
claque(f) 353, 355.
clarinette(f) 548.
clarinette(f) basse 556.
clarinettes(m) 556.
classeur(m) 519.
classeur(m) à clapets(m) 520.
classeur(m) à soufflets(m) 378.
classeur(m) mobile 521.
classification(f) de Hubble 9.
claveau(m) 174.
clavette(f) 290.
clavicule(f) 122.
clavier(m) 530.
clavier(m) 420, 422, 526, 527, 540, 555, 683.
clavier(m) à pédales(f) 542.
clavier(m) accompagnement 536.
clavier(m) alphanumérique 422, 530.
clavier(m) chant(m) 536.
clavier(m) de grand orgue(m) 542.
clavier(m) de positif(m) 542.
clavier(m) de récit(m) 542.
clavier(m) manuel 543.
clavier(m) numérique 422, 530, 709.
claviers(m) manuels 542.
clayette(f) 254.
clé(f) 290, 549.

clé(f) de sol(m) 537.
clé(f) de voûte(f) 174, 177.
clé(f) mixte 279.
clé(f) polygonale 279.
clé(f) polygonale à têtes(f) fendues 279.
clés(f) 537.
client(m) 417.
clignotant(m) 441.
clignotant(m) arrière 443.
climatisation(f) 214.
climatiseur(m) 449.
climatiseur(m) de fenêtre(f) 214.
climats(m) continentaux 45.
climats(m) de montagne(f) 45.
climats(m) de montagne(f) 45.
climats(m) du monde(m) 45.
climats(m) polaires 45.
climats(m) subarctiques 45.
climats(m) subarctiques 45.
climats(m) subtropicaux 45.
climats(m) tempérés 45.
climats(m) tropicaux 45.
clin foc(m) 481.
cliquet(m) 276, 281, 573, 706, 707.
clitoris(m) 128.
cloche(f) 329.
clocher(m) 175.
clocheton(m) 175, 176, 181.
cloison(f) amovible 520.
cloison(f) de citerne(f) 742.
cloison(f) longitudinale 742.
cloison(f) transversale 743.
clôture(f) 148.
clôture(f) en lattis(m) 263.
clou(m) 275.
clou(m) 104.
clou(m) millésimé 466.
club-house(m) 651.
coach(m) 425.
coccinelle(f) 77.
coccyx(m) 122.
Cocher(m) 11.
cocheur(m) d'allée(f) 678.
cocheur(m) de sable(m) 678.
cochonnet(m) 682.
cochonnet(m) 682.
cockpit(m) 628.
code(m) 524.
code(m) des produits(m) 709.
cœur(m) 125, 695.
cœur(m) 64, 88, 92, 97, 130, 204, 615.
cœur(m) de croisement(m) 467.
cœur(m) du réacteur(m) 760, 762, 763.
coffre(m) 226.
coffre(m) 427, 768, 769.
coffre(m) à bagages(m) 449.
coffre(m) d'appareillage(m) 458.
coffre(m) de rangement(m) 440, 778, 780.
coffret(m) 410.
coffret(m) de branchement(m) 757.
coiffe(f) 57, 577, 670.
coiffeuse(f) 292.
coiffure(f) 328, 368, 370.
coiffure(f), accessoires(m) 369.
coin(m) 542, 577, 669.
coin(m) de patinoire(f) 608.
coinceur(m) 681.
coinceur(m) 680.
coing(m) 64.
col(m) 341.
col(m) 27, 319, 322, 324, 352, 410, 678.
col(m) banane(f) 341.
col(m) berthe(f) 342.
col(m) cagoule(f) 342.
col(m) châle(m) 341.
col(m) chemisier(m) 341.
col(m) chinois 342.
col(m) Claudine 341.
col(m) cravate(f) 342.
col(m) de l'utérus(m) 128.
col(m) du fémur(m) 123.
col(m) italien 324.
col(m) marin 342.
col(m) officier(m) 342.
col(m) pointes(f) boutonnées 324.
col(m) polo(m) 342.
col(m) roulé 326, 342.
col(m) roulé 338, 642.
col(m) tailleur(m) 341.
col(m) tailleur(m) 330.
col(m) transformable 319.
col(m)-de-cygne(m) 201.
col-de-cygne(m) 784.
colette(f) 363.

collant(m) 344.
collant(m) fantaisie(f) 349.
collant(m) sans pied(m) 353.
collatéral(m) 177.
collatérale(f) 135.
colle(f) 200.
collecteur(m) 753.
collecteur(m) d'appareil(m) 215.
collecteur(m) d'échappement(m) 435, 438, 439.
collecteur(m) d'évacuation(f) 215.
collecteur(m) de graisse(f) 253.
collecteur(m) de vapeur(f) primaire 759.
collecteur(m) du réacteur(m) 759.
collecteur(m) principal 215, 216.
collerette(f) 318, 341.
collet(m) 57, 144, 205, 240, 241, 283, 483, 579.
collet(m) de l'axone(m) 135.
collet(m) repoussé 300.
collier(m) 248, 641, 653.
collier(m) coupe-feu(m) 205.
collier(m) de perles(f), longueur(f) matinée(f) 361.
collier(m) de serrage(m) 40, 663.
collier(m) de serrage(m) du casque(m) 512.
collier(m) de soirée(f) 361.
collier(m)-de-chien(m) 361.
colliers(m) 361.
colline(f) 27.
colline(f) abyssale 29.
Colombe(f) 13.
colombin(m) 584.
côlon(m) ascendant 131.
côlon(m) descendant 131.
côlon(m) pelvien 131.
côlon(m) transverse 131.
colonne(f) 24, 36, 166, 168, 169, 283, 393, 399, 477, 545, 561, 579, 621, 700, 701.
colonne(f) ascendante 208.
colonne(f) avec capuchon(m) 37.
colonne(f) d'air(m) 705.
colonne(f) d'alcool(m) 705.
colonne(f) de mercure(m) 705.
colonne(f) de production(f) 740.
colonne(f) de radiateur(m) 208.
colonne(f) de stabilisation(f) 738.
colonne(f) de ventilation(f) 215.
colonne(f) de ventilation(f) principale 215.
colonne(f) descendante 208.
colonne(f) montante d'eau(f) chaude 215.
colonne(f) montante d'eau(f) froide 215.
colonne(f) vertébrale 89, 122, 134.
cols(m), types(m) 341, 342.
combattant(m) 668.
combinaison(f) 325, 351.
combinaison(f) 643.
combinaison(f) de nuit(f) 350.
combinaison(f) de ski(m) 640, 642.
combinaison(f) de vol(m) 635.
combinaison(f) gagnante 702.
combinaison(f)-culotte(f) 345.
combinaison(f)-jupon(m) 345.
combinaison(f)-pantalon(m) 336.
combiné(m) 347.
combiné(m) 420, 422.
combiné(m) 2 dans 1 368.
combiné(m) bucco-dentaire 373.
combiné(m)-culotte(f) 347.
combiné-slip(m) 345.
combustible(m) 766.
combustible(m) 761.
combustible(m) défectueux sous gaine(f) 764.
combustible(m) nucléaire, manipulation(f) 764.
combustible(m): uranium(m) enrichi 762.
combustible(m): uranium(m) enrichi 763.
combustible(m): uranium(m) naturel 760.
combustible(m): uranium(m) naturel 761.
combustion(f) 436, 437, 501.
commande(f) amovible 253.
commande(f) au pied(m) 561.
commande(f) d'accélération(f) 272.
commande(f) d'aérofrein(m) 639.
commande(f) d'alimentation(f) en oxygène(m) 639.
commande(f) d'arrêt(m) 411.

commande(f) d'avance(f) rapide 411.
commande(f) d'éjection(f) de la cassette(f) 409, 411.
commande(f) d'éjection(f) de la pile(f) 409.
commande(f) d'enregistrement(m) 411.
commande(f) d'essuie-glace(m) 430.
commande(f) d'insertion(f) du papier(m) 523.
commande(f) de barrières(f) 471.
commande(f) de chauffage(m) 430.
commande(f) de dossier(m) 428.
commande(f) de largage(m) de câble(m) 639.
commande(f) de largage(m) de la verrière(f) 639.
commande(f) de lecture(f) 411.
commande(f) de marche(f) arrière 397.
commande(f) de marche(f) avant 397.
commande(f) de marge(f) 525.
commande(f) de mémoire(f) 396.
commande(f) de panneau(m) solaire 42.
commande(f) de positionnement(m) du specimen(m) 717.
commande(f) de rebobinage(m) 411.
commande(f) de réglage(m) macro(f) 409.
commande(f) de remise(f) à zéro(m) 411.
commande(f) de sélection(f) de l'ouverture(f) 717.
commande(f) de sélection(f) manuelle 397.
commande(f) de température(f) 254.
commande(f) de ventilateur(m) 214.
commande(f) de virage(m) et d'inclinaison(f) latérale 639.
commande(f) de vitesse(f) 250.
commande(f) de volume(m) 420.
commande(f) de volume(m) de la sonnerie(f) 420.
commande(f) de volume(m) du récepteur(m) 420.
commande(f) des freins(m) 636.
commande(f) du chariot(m) 569, 718.
commande(f) du rétroviseur(m) 429.
commande(f) électrique de paiement(m) 702.
commande(f) électrique du zoom(m) 409.
commande(f) mémoire(f) 420.
commandes(f) de la bande(f) vidéo 409.
commandes(f) de montage(m) 409.
commandes(f) de préréglage(m) 411.
commandes(f) de prise(f) de vue(f) 409.
commandes(f) du magnétoscope(m) 411.
commandes(f) du pilote(m) automatique 500.
commencement(m) du patron(m) 569.
commissure(f) labiale 142.
commode(f) 226.
communication(f) par réseau(m) 527.
communications(f) aériennes 417.
communications(f) individuelles 417.
communications(f) industrielles 417.
communications(f) maritimes 417.
communications(f) militaires 417.
communications(f) routières 417.
commutateur(m) 310, 397.
commutateur(m) d'entrée(m) 402.
commutateur(m) de fonctions(m) 402.
commutateur(m) marche/arrêt(m) 391.
commutateur(m) mono(f)/stéréo(f) 402.
compartiment(m) à fret(m) 499.
compartiment(m) bagages(m) 458.
compartiment(m) de la production(f) d'électricité(f) 806.
compartiment(m) de première classe(f) 498.
compartiment(m) des instruments(m) 43.
compartiment(m) des voitures(f) 494.
compartiment(m) du réacteur(m) 806.
compartiment(m) touriste 499.
compartiment(m) voyageurs(m) 458.
compartiment(m)-couchette(f) 440.
compas(m) 639.
compas(m) d'épaisseur(f) 583.
compas(m) magnétique liquide 484.
compas(m) magnétique liquide, coupe(f) 485.

Les termes en **caractères gras** renvoient à une illustration; les termes en *italique* indiquent l'usage québécois

compensateur(m) de poussée(f) latérale 404.
complexe(m) hydroélectrique 746.
compluvium(m) 170, 171.
composeuse(f) 527.
compresse(f) stérilisée 725.
compresseur(m) 212, 517.
compresseur(m) centrifuge 501.
compresseur(m) d'air(m) 469.
compresseur(m) du climatiseur(m) 435.
compression(f) 436, 437, 501.
compression(f)/admission(f 436.
comprimé(m) 725.
compte-pose(m) 399.
compte-rangs(m) 568.
compte-touches(m) électrique 666.
compte-tours(m) 431.
compteur(m) 215, 403.
compteur(m) d'électricité(f) 757.
compteur(m) kilométrique 431.
comptoir(m) d'enregistrement(m) 504.
comptoir(m) de renseignements(m) 504.
comptoir(m) de vente(f) des billets(m) 504.
concentration(f) du faisceau(m) 717.
concombre(m) 69.
Concorde(m) 19.
condensation(f) 35.
condensation(f) de la vapeur(f) 767.
condenseur(m) 717, 718, 758, 771.
conditionnement(m) d'air(m) 494.
conditionnement(m) physique, appareils(m) 664.
conducteur(m) 652.
conducteur(m) de phase(f) 757.
conducteur(m) de terre(f) 757.
conducteur(m) du thermocouple(m) 297.
conducteur(m) en faisceau(m) 756.
conducteur(m) neutre 757.
conduit(m) 543.
conduit(m) auditif 138.
conduit(m) de chauffage(m) 259.
conduit(m) de distribution(f) vertical 206.
conduit(m) de la glande(f) 96.
conduit(m) de raccordement(m) 204.
conduit(m) hydraulique 156, 157, 158.
conduit(m) lactifère 129.
conduite(f) à la terre(f) 741.
conduite(f) d'admission(f) principale 741.
conduite(f) d'admission(f) secondaire 741.
conduite(f) d'alimentation(f) 215.
conduite(f) d'eau(f) 257.
conduite(f) d'eau(f) chaude 296, 298.
conduite(f) d'eau(f) froide 296, 298.
conduite(f) d'eau(f) potable 186.
conduite(f) de gaz(m) 186.
conduite(f) de transfert(m) de carburant(m) 509.
conduite(f) des pièces(m) 702.
conduite(f) forcée 746, 747, 752.
conduite(f) principale 293.
condyle(m) externe 123.
condyle(m) interne 123.
cône(m) 24, 58, 410.
cône(m) adventif 25.
cône(m) d'entrée(f) 501.
cône(m) d'ombre(f) 8.
cône(m) de pénombre(f) 8.
cône(m) femelle 58.
cône(m) mâle 58.
configuration(f) d'un système(m) bureautique 526.
congélateur(m) 254.
conifère(m) 58.
conjonctive(f) 140.
connecteur(m) 312, 406.
connecteur(m) à serrage(m) mécanique 757.
connecteur(m) d'extension(f) 528.
connecteur(m) de liaison(f) 312.
connexion(f) 697.
conque(f) 139.
conseiller(m) de production(f) 412.
conseillers(m) musicaux 412.
consigne(f) automatique 463.
console(f) 545, 750, 756.
console(f) centrale 430.
console(f) d'accotoir(m) 220.
console(f) d'instruments(m) 627.
console(f) d'orgue(m) 542.
console(f) de traitement(m) 699.

consolette(f) de l'annonceur(m) 407.
consolette(f) du réalisateur(m) 407.
consommateurs(m) primaires 31.
consommateurs(m) secondaires 31.
consommateurs(m) tertiaires 31.
constellations(f) de l'hémisphère(m) austral 12.
constellations(f) de l'hémisphère(m) boréal 10.
construction(f), matériaux(m) 286, 288.
contact(m) 697.
contact(m) électrique 391.
contact(m) négatif 768, 769.
contact(m) positif 768, 769.
contacteur(m) 216.
conteneur(m) 470.
conteneur(m) 495.
continent(m) 29.
continental arctique 38.
continental aride 45.
continental semi-aride 45.
continents(m), configuration(f) 20.
contre-attrape(f) 541.
contre-batteur(m) 160.
contre-fer(m) 277.
contre-fiche(f) 199.
contre-flèche(f) 786.
contre-garde(f) 179.
contre-plaqué(m) multiplis 288.
contre-platine(f) 404.
contre-rail(m) 467.
contre-sanglon(m) 649.
contrebasse(f) 545.
contrebasses(f) 557.
contrebassons(m) 556.
contrefiche(f) 757.
contrefort(m) 27, 176, 352, 750.
contremarche(f) 201, 572.
contreparement(m) 288.
contrepoids(m) 15, 147, 404, 457, 471, 721, 784, 785, 786.
contrescarpe(f) 178.
contrevent(m) 203.
contrôle(m) d'alimentation(f) en oxygène(m) 639.
contrôle(m) d'enregistrement(m) 402.
contrôle(m) de la couleur(f) 532.
contrôle(m) de la photocopie(f) 532.
contrôle(m) de la stéréophonie(f) 408.
contrôle(m) de la température(f) 297.
contrôle(m) de la température(f) du corps(m) 512.
contrôle(m) de la vapeur(f) 256.
contrôle(m) de la vitesse(f) 561.
contrôle(m) de sécurité(f) 504.
contrôle(m) de tabulation(f) 525.
contrôle(m) de température(f) 585.
contrôle(m) de tonalité(f) des aigus(m) 402.
contrôle(m) de tonalité(f) des graves(m) 402.
contrôle(m) des billets(m) 463.
contrôle(m) des passeports(m) 505.
contrôle(m) douanier 505.
contrôle(m) du contraste(m) 532.
contrôle(m) du gain(m) 485.
contrôle(m) du plateau(m) 405.
contrôle(m) du séquenceur(m) 555.
contrôle(m) du volume(m) 422, 555.
contrôle(m) thermique 209.
contrôles(m) de l'équipement(m) de survie(f) 512.
contrôles(m) du lecteur(m) de cassette(f) 408.
contrôles(m) du lecteur(m) laser(m) 408.
contrôleur(m) 463.
contrôleur(m) d'images(f) 412, 415.
convecteur(m) 211.
convertisseur(m) catalytique 439.
convertisseur(m) de couple(m) 258.
convoyeur(m) 160, 733, 735.
convoyeur(m) à bagages(m) 507.
coordonnées(f) célestes 3.
coordonnées(f) terrestres 3.
copie(f) recto/verso(m) 532.
coprocesseur(m) 528.
copyright(m) 831.
coq(m) 150.
coque(f) 66, 93, 383, 443, 445, 449, 628, 643.
coque(f) inférieure 641.
coque(f) supérieure 641, 645.
coquille(f) 83, 92, 109, 220, 602, 609, 666.
coquille(f) bivalve 95.
coquille(f) Saint-Jacques 93.

coquille(f) univalve 94.
coquille(f), valve 95.
coquilleur(m) à beurre(m) 242.
cor(m) anglais 548.
cor(m) d'harmonie(f) 551.
Corbeau(m) 13, 180, 181, 204.
corbeille(f) à pollen(m) 81.
corbeille(f) suspendue 263.
cordage(m) 692.
cordage(m) commis 692.
cordage(m) tressé 692.
corde(f) 541, 544, 545, 669, 680, 684, 793.
corde(f) à sauter 665.
corde(f) d'accrochage(m) 572.
corde(f) de couloir(m) 621.
corde(f) de prise(f) 658.
corde(f) de tirage(m) 302.
corde(f) vocale 130.
cordeau(m) 268.
cordée 56.
cordelière(f) 229.
cordes(f) 540.
cordes(f) d'accompagnement(m) 535.
cordes(f) de mélodie(f) 535.
cordes(f) de timbre(m) 553.
cordier(m) 544.
cordon(m) 231, 256, 260, 268, 271, 310, 406, 408.
cordon(m) à gaine(f) métallique 422.
cordon(m) coulissant 320.
cordon(m) d'alimentation(f) 374.
cordon(m) d'alimentation(f) 370, 401.
cordon(m) d'alimentation(f) pivotant 370.
cordon(m) de combiné(m) 420.
cordon(m) de dunes(f) 46.
cordon(m) de soudure(f) 307.
cordon(m) de tirage(m) 230, 231.
cordon(m) spermatique 127.
cordon(m) tire-feu(m) 802.
coriandre(f) 74.
corne(f) 364.
corne(f) 478.
corne(f) de feu(m) 779.
corne(f) de guidage(m) de l'attelage(m) 459.
cornée(f) 140.
cornemuse(f) 536.
cornes(f) 83.
cornes(f) de girafe(f) 99.
cornes(f) de mouflon(m) 99.
cornes(f) de rhinocéros(m) 99.
cornes(f), principaux types(m) 99.
cornet(m) à dés(m) 697.
cornet(m) à piston(m) 556.
cornet(m) à pistons(m) 550.
cornet(m) inférieur 141.
cornet(m) moyen 141.
cornet(m) supérieur 141.
corniche(f) 166, 168, 196, 202, 225, 707.
corolle(f) 60.
corona(f) radiata 128.
corps(m) 143, 252, 281, 294, 295, 370, 384, 389, 542, 549, 658, 670, 698, 711, 718.
corps(m) calleux 134.
corps(m) caverneux 127.
corps(m) cellulaire 135.
corps(m) ciliaire 140.
corps(m) de garde(f) 178, 180.
corps(m) de l'ongle(m) 137.
corps(m) de la fusée(f) 804.
corps(m) de piston(m) 550.
corps(m) de pompe(f) 726.
corps(m) de ruche(f) 82.
corps(m) du fornix(m) 134.
corps(m) du pistolet(m) 304.
corps(m) en bakélite(f) 804.
corps(m) humain 116, 118.
corps(m) vertébral 135.
corps(m) vitré 140.
corps-mort(m) 486.
corpuscule(m) de Meissner 136.
corpuscule(m) de Pacini 136.
corpuscule(m) de Ruffini 136.
correcteur(m) liquide 515.
correcteur(m) orthographique 524.
correction(f) d'exposition(f) 391.
correction(f) de caractères(m) 525.
correction(f) de mots(m) 525.
cors(m) anglais 557.
cors(m) d'harmonie(f) 557.
corsage(m)-culotte(f) 337.
corsaire(f) 336.
corset(m) 346.
corset(m) 756.
corvette(f) 320.

corymbe(m) 60.
cosse(f) 67.
costume(m) ancien, éléments(m) 315, 316, 318.
costume(m) de judo(m) 668.
cotardie(f) 316.
côte(f) 30, 97, 102, 129, 670.
côte(f) axiale 94.
côte(f) flottante 122.
côte(f) spiralée 94.
côté(m) bassin(m) 752.
côté(m) cour 189.
côté(m) femelle 566.
côté(m) jardin(m) 189.
côté(m) mâle 566.
côté(m) mer(f) 752.
côtes(f) 122.
coton(m) hydrophile 725.
coton(m)-tige(f) 725.
cotre(m) Marconi 482.
cotret(m) 773.
cottage(m) 187.
cotte(f) de mailles(f) 792.
cotylédon(m) 57.
cou(m) 97, 117, 118, 119, 127, 661.
couche(f) 349.
couche(f) antireflet 768.
couche(f) basale 136.
couche(f) claire 136.
couche(f) cornée 136.
couche(f) d'aluminium(m) 405.
couche(f) de base(f) 451.
couche(f) de cendres(f) 25.
couche(f) de fondation(f) 451.
couche(f) de laves(f) 25.
couche(f) de Malpighi 136.
couche(f) de surface(f) 450.
couche(f) drainante 748.
couche(f) fluorescente 232.
couche(f) granuleuse 136.
couche(f) imperméable 737.
couchette(f) 460.
coude(m) 301.
coude(m) 100, 106, 112, 117, 119, 206, 376.
coude(m) à 180° 301.
coude(m) à 45° 301.
coude(m) de renvoi(m) 301.
coudière(f) 602.
coulant(m) 375.
coulée(f) de laves(f) 25.
couleur(f) 695.
couleur(f) à l'huile(f) 588.
couleurs(f), exemples(m) 819.
coulisse(f) 323.
coulisse(f) d'accord(m) 551.
coulisse(f) d'entrée(f) 82.
coulisse(f) du deuxième piston(m) 550.
coulisse(f) du premier piston(m) 550.
coulisse(f) du troisième piston(m) 551.
coulisses(f) 189.
couloir(m) 194, 614, 618, 621, 655.
couloir(m) central 460.
couloir(m) d'intercommunication(f) 461.
couloir(m) de lancer(m) franc 610.
couloir(m) des remplacements(m) 612.
coup(m) de pied(m) de brasse(f) 622.
coup(m) de pied(m) de crawl(m) 622.
coup(m) de pied(m) de papillon(m) 623.
Coupe(f) 13.
coupe(f) à mousseux(m) 237.
coupe(f) d'un microscope(m) électronique 717.
coupe(f) d'une noisette(f) 66.
coupé(m) 818.
coupe-bordures(m) 266.
coupe-circuit(m) 757.
coupe-circuit(m) d'urgence(f) 444.
coupe-cuticules(m) 365.
coupe-feu(m) 198.
coupe-fil(m) 311, 562.
coupe-œuf(m) 246.
coupe-ongles(m) 365.
coupe-papier(m) 515.
coupe-tube(m) 299.
coupe-vent(m) 634.
coupée(f) 742.
coupelle(f) 236.
coupelle(f) d'étanchéité(f) 730.
couperet(m) 242.
coupleur(m) hydraulique 147.
coupole(f) 486.
coupole(f) du mihrab(m) 173.
coupole(f) du porche(m) 172, 173.
coupole(f) rotative 14.
cour(f) 148, 172, 173, 180.

courant(m) 493.
courbure(f) 671.
courge(f) 69.
courgette(f) 69.
couronne(f) 832.
couronne(f) 6, 101, 144, 553, 590, 706.
Couronne(f) australe 13.
Couronne(f) boréale 11.
couronne(f) d'aubage(m) 754.
couronne(f) d'orientation(f) 785.
couronne(f) de base(f) 14.
couronne(f) de table(f) 363.
couronnement(m) 201, 749.
couronnement(m) du barrage(m) 752.
courroie(f) d'attache(f) 375.
courroie(f) d'entraînement(m) 258.
courroie(f) de distribution(f) 434.
courroie(f) de rêne(f) 652.
courroie(f) de sécurité(f) 617.
courroie(f) de tige(f) 641.
courroie(f) de transmission(f) 492.
courroie(f) du ventilateur(m) 434.
course(f) 599, 654.
course(f) de chevaux(m) 651.
course(f) sous harnais(m) 652.
coursier(m) d'évacuateur(m) 746.
court péronier(m) latéral 121.
court(m) de service(m) droit 614.
court(m) de service(m) gauche 614.
courtine(f) 178, 180.
couscoussier(m) 249.
cousoir(m) 578.
coussin(m) 570.
coussin(m) arrière 675.
coussin(m) carré 224.
coussin(m) d'air(m) 352.
coussin(m) de protection(f) 659.
coussin(m) de rembourrage(m) 669.
coussin(m) de sellette(f) 648.
coussin(m) de tête(f) 674.
coussinet(m) 406.
coussinet(m) carpien 106.
coussinet(m) d'émeri(m) 563.
coussinet(m) de glissement(m) 467.
coussinet(m) de l'ergot(m) 106.
coussinet(m) digité 106, 107.
coussinet(m) en mousse(f) 729.
coussinet(m) palmaire 106.
coussinet(m) plantaire 107.
couteau(m) 239, 587, 690.
couteau(m) 93, 250, 251, 256, 688.
couteau(m) à beurre(m) 239.
couteau(m) à bifteck(m) 239.
couteau(m) à découper 242.
couteau(m) à désosser 242.
couteau(m) à dessert(m) 239.
couteau(m) à filets(m) de sole(f) 242.
couteau(m) à fromage(m) 239.
couteau(m) à huîtres(f) 242.
couteau(m) à jambon(m) 242.
couteau(m) à pain(m) 242.
couteau(m) à pamplemousse(m) 242.
couteau(m) à peindre 589.
couteau(m) à poisson(m) 239.
couteau(m) à zester 242.
couteau(m) d'électricien(m) 311.
couteau(m) d'office(m) 242.
couteau(m) de chef(m) 242.
couteau(m) de combat(m) 794.
couteau(m) de cuisine(f) 242.
couteau(m) de potier(m) 585.
couteau(m) de table(f) 239.
couteau(m) en silex(m) 791.
couteau(m) suisse 688.
couteaux(m) de cuisine(f), types(m) 242.
couteaux(m), principaux types(m) 239.
coutisse(f) 571.
coutre(m) 156, 158.
couture(f) 561, 562, 564, 566, 578.
couture(f) 384, 596, 598.
couture(f) d'assemblage(m) 327.
couture(f) médiane 324.
couture(f), accessoires(m) 563, 564.
couturier(m) 120.
couvercle(m) 16, 213, 247, 248, 251, 252, 253, 256, 258, 293, 309, 386, 398, 404, 532, 585, 590, 705, 712, 719.
couvercle(m) coulissant 484.
couvercle(m) de batterie(f) 439.
couvercle(m) de culasse(f) 435.
couvercle(m) de la turbine(f) 753.
couvercle(m) de réservoir(m) 293.
couvercle(m) du chargeur(m) 397.

couvert(m) 239, 240.
couverture(f) 224.
couvre-bassinet(m) 795.
couvre-culasse(f) 796.
couvre-filtre(m) 730.
couvre-oreiller(m) 224.
couvre-plateau(m) 404.
couvrure(f) 579.
crabe(m) 90.
cracker(m) de seigle(m) 153.
cracker(m) scandinave 153.
craie(f) 675.
crampon(m) 358.
crampon(m) 353, 466.
crampon(m) de fermeture(f) 383.
crampons(m) 598.
crampons(m) interchangeables 600.
cran(m) 322, 323, 341, 565, 656, 708.
cran(m) de mire(f) 797.
cran(m) de réglage(m) 278, 641.
crâne(m) 88, 102, 116.
crapaud(m) 85.
cratère(m) 7, 25, 733.
cravache(f) 648, 651.
cravate(f) 324.
crawl(m) 622.
crayon(m) 389, 515.
crayon(m) 765.
crayon(m) à sourcils(m) 367.
crayon(m) blanchisseur d'ongles(m) 365.
crayon(m) contour(m) des lèvres(f) 366.
crayon(m) de pierre(f) ponce 583.
crayon(m) en plomb(m) 389.
crayon(m) gomme(f) 515.
crayon(m) lithographique 583.
crayons(m) de couleur(f) 588.
crémaillère(f) 201, 252, 254, 656.
crémaillère(f) de pointage(m) 802.
crémaster(m) 78.
crémier(m) 238.
créneau(m) 181.
crénelé 56.
crépis(f) 166, 168, 169.
cresson(m) de fontaine(f) 73.
crête(f) 27, 30, 746, 748, 792.
crêtemètre(m) graphique 407.
creux(m) 30, 241.
creux(m) barométrique 38.
crevasse(f) 26.
crevette(f) 90.
crible(m) 161.
cricket 598.
cricket(m), balle(f) 598, 598.
cricquet(m), terrain(m 599.
crinière(f) 100.
crispin(m) 667.
cristallin(m) 140.
cristaux(m) de neige(f), classification(f) 36.
cristaux(m) irréguliers 37.
cristaux(m) liquides 706.
croc(m) à défricher 267.
croche(f) 538.
crochet(m) 567.
crochet(m) 95, 203, 310, 397, 562, 566, 568, 644, 674, 709, 711, 726, 786.
crochet(m) à venin(m) 96.
crochet(m) d'attelage(m) 147.
crochet(m) de gourmette(f) 650.
crochet(m) de petit doigt(m) 551.
crochet(m) de pouce(m) 550.
crochet(m) du plateau(m) 708.
crochet(m) pétrisseur 250.
crochet(m)de levage(m) 737.
crochets(m) 832.
croisés(f) 176.
croisée(f) du transept(m) 177.
croisement(m) 576.
croisillon(m) 727.
croissant(m) 153, 819.
croix(f) 818.
croix(f) de Saint-André 198, 471.
Croix(f) du Sud(m) 13.
crosse(f) 607.
crosse(f) 545, 728, 795, 796, 797, 798, 799.
crosse(f) droite 803.
croupe(f) 101, 661.
croupion(m) 109.
croupon(m) 579.
croûte(f) basaltique 22.
croûte(f) de cuir(m) 323.
croûte(f) granitique 22.
croûte(f) terrestre 22, 23.
croûte(f) terrestre, coupe(f) 22.
cruche(f) 690.
crustacé(m) 90.

crustacés(m) comestibles 90.
cubiculum(m) 170.
cubital(m) antérieur 120, 121.
cubital(m) postérieur 121.
cubitière(f) 792.
cubitus(m) 102, 122.
cuiller(f) 241, 672.
cuiller(f) 688.
cuiller(f) à café(m) 241.
cuiller(f) à crème(f) glacée 246.
cuiller(f) à dessert(m) 241.
cuiller(f) à égoutter 244.
cuiller(f) à glace(f) 246.
cuiller(f) à soda(m) 241.
cuiller(f) à soupe(f) 241.
cuiller(f) à thé(m) 241.
cuiller(f) de table(f) 241.
cuilleron(m) 241.
cuillers(f) doseuses 244.
cuillers(f), principaux types(m) 241.
cuirasse(f) 791.
cuisine(f) 171, 195, 460, 807.
cuisinière(f) électrique 255.
cuissard(m) 602, 792.
cuissarde(f) 357.
cuissardes(f) 672.
cuisse(f) 101, 106, 117, 119, 127, 128.
cuisson(f) 585.
cuivre(m) et acier(m) 301.
cuivres(m), famille(f) 550.
cul-de-sac(m) de Douglas 128.
cul-de-sac(m) dural 134.
cul-de-sac(m) vésico-utérin 128.
culasse(f) 363, 549, 802.
culbuteur(m) 435.
culée(f) 176, 454, 455, 456.
culot(m) 232, 233, 410, 439, 486, 798, 799.
culot(m) à baïonnette(f) 232.
culot(m) à broches(f) 232.
culot(m) à vis(f) 232.
culotte(f) 301, 315, 346.
culotte(f) 317, 609, 662, 667.
culotte(f) à ruchés(m) 349.
culotte(f) plastique 349.
cultivateur(m) 157.
cultivateur(m) 154.
culture(f) du sol(m), étapes(f) 154.
cumulo-nimbus(m) 44.
cumulus(m) 44.
cupule(f) 66.
cure-ongles(m) 365.
curette(f) 385.
curiosité(f) 52.
curleur(m) 620.
curling(m) 620.
curling(m), balais(m) 620.
curling(m), pierre(f) 620.
curling(m), terrain(m) 620.
curseur(m) 566, 708.
cuve(f) 257, 258, 398.
cuve(f) de développement(m) 398.
cuve(f) du modérateur(m) 761.
cuve(f) du réacteur(m) 759, 763.
cuve(f) vitrifiée 297.
cuvette(f) 255, 293, 484, 545, 701.
cuvette(f) porte-clapet(m) 294.
cycle(m) de l'eau(f) 34.
cycle(m) des saisons(f) 8.
cyclorama(m) 414.
Cygne(m) 11.
cylindre(m) 295, 436, 524, 531.
cylindre(m) de coupe(f) 271.
cylindre(m) de roue(f) 432.
cylindre(m) des gaz(m) 796.
cylindre(m) enregistreur 714.
cylindre(m) guide(m)-film 390.
cylindre(m) inférieur 581.
cylindre(m) récupérateur 802.
cylindre(m) rotatif 570.
cylindre(m) supérieur 581.
cymbale(f) charleston 552.
cymbale(f) inférieure 552.
cymbale(f) supérieure 552.
cymbale(f) suspendue 552.
cymbales(f) 554.
cymbales(f) 557.
cymbalette(f) 554.
cyme(f) bipare 60.
cyme(f) unipare 60.
cytoplasme(m) 115, 128.

D

D 38.
dague(f) 794.
dalle(f) 263.
dalot(m) 683.

Dame(f) 695.
Dame(f) 696.
dame(f) de nage(f) 632.
dames(f) 697.
danger(m) 488.
danger(m) électrique 821.
datte(f) 63.
Dauphin(m) 11.
Dauphine(f) américaine 683.
Dauphine(f) canadienne 683.
dé(m) 563.
dé(m) 697.
dé(m) à poker(m) 699.
dé(m) doubleur(m) 697.
dé(m) régulier 699.
déambulatoire(m) 177.
débarcadère(m) 504.
débardeur(m) 326.
débardeur(m) 351, 353.
déblocage(m) instantané 393.
débouchure(f) 312.
début(m) 692.
début(m) de lecture(f) 405.
décapeuse(f) 784.
décapotable(f) 425.
décapsuleur(m) 244, 688.
déclencheur(m) 391.
déclencheur(m) de paiement(m) 702.
déclencheur(m) pneumatique 393.
déclencheur(m) souple 393.
déclinaison(f) 3.
déclivité(f) du terrain(m) 193.
décolleté(m) carré 343.
décolleté(m) drapé 343.
décolleté(m) en cœur(m) 343.
décolleté(m) en V 343.
décolleté(m) plongeant 343.
décolletés(m) 343.
découpe(f) 322.
découpe(f) princesse(f) 345.
défense(f) 603, 605.
défenses(f) d'éléphant(m) 99.
défenses(f) de morse(m) 99.
défenses(f) de phacochère(m) 99.
défenses(f), principaux types(m) 99.
défenseur(m) à l'aile(m) 611.
défenseur(m) au but(m) 611.
défenseur(m) droit 608.
défenseur(m) gauche 608.
déflecteur(m) 210, 214, 264, 271, 440.
déflecteur(m) d'air(m) chaud 204.
déflecteur(m) de chaleur(f) 232.
déflecteur(m) de fumée(f) 204.
déflecteur(m) de jet(m) 811.
déflecteur(m) de réservoir(m) d'oxygène(m) liquide 509.
défonceuse(f) 783.
dégagement(m) d'air(m) des citernes(f) 743.
dégagement(m) du margeur(m) 524.
dégagement(m) du piston(m) 291.
dégaueur(m) de fumée(f) 805.
dégorgeoir(m) 672.
dégrafeuse(f) 515.
degré(m) 830.
dégrossissage(m) 586.
Deimos 4.
deltoïde(m) 120.
démarreur(m) électrique 430, 445.
démarreur(m) manuel 271, 272.
démêloir(m) 368.
demeure(f) seigneuriale 180.
demi(m) 605.
demi(m) centre 607.
demi(m) d'ouverture(f) 606.
demi(m) de coin(m) droit 603, 605.
demi(m) de coin(m) gauche 603, 605.
demi(m) de mêlée(f) 606.
demi(m) de sûreté(f) droit 603, 605.
demi(m) de sûreté(f) gauche 603, 605.
demi(m) droit 601, 603, 607.
demi(m) en maraude(f) 605.
demi(m) gauche 601, 603, 607.
demi-barbule(f) 38.
demi-caisson(m) 636.
demi-centre(m) 610.
demi-cercle(m) 610.
demi-cercle(m) de but(m) 611.
demi-clé(f) renversée 691.
demi-court(m) de service(m) en double(m) 618.
demi-court(m) de service(m) en simple(m) 618.
demi-inséré(m) 605.
demi-lune(f) 377.
demi-lune(f) 179.
demi-manche(m) 242.
demi-membraneux(m) 121.
demi-panneau(m) 787.

INDEX FRANÇAIS

Les termes en **caractères gras** renvoient à une illustration; les termes en *italique* indiquent l'usage québécois

demi-pause(f) 538.
demi-soupir(m) 538.
demi-tendineux(m) 121.
dendrite(m) 135.
dendrite(f) spatiale 36.
dénoyauteur(m) 246.
dent(f) 96, 158, 159, 160, 162, 240,
268, 272, 277, 284, 644, 674, 785.
dent(f) de défonceuse(f) 783.
dent(f) de godet(m) 782.
dent(f) de la charnière(f) 95.
dent(f) de sagesse(f) 144.
dent(m) 157.
denté 56.
dentelle(f) aux fuseaux(m) 570.
denticule(m) 166, 167.
dentifrice(m) 373.
dents(f) 144.
dents(f) 369, 566.
denture(f) humaine 144.
dénude-fil(m) 311.
départ(m) 676.
départ(m) de dos(m) 623.
départ(m) et arrivée(f) 646.
déplacement(m) diagonal 696.
déplacement(m) en équerre(f) 696.
déplacement(m) horizontal 696.
déplacement(m) vertical 696.
déploiement(m) du panneau(m)
solaire 419.
déploiement(m) du réflecteur(m) est
419.
déporteur(m) 498.
dépôt(m) des décors(m) 188.
dépression(f) 38.
dérailleur(m) arrière 446, 448.
dérailleur(m) avant 446, 448.
derby(m) 355.
dérive(f) 499, 508, 628, 631, 633,
639, 812.
dérive(f) aérienne 492.
dérivés(m) du bois(m) 288, 289.
dériveur(m) 628.
dériveur(m) de tirage(m) 297.
derme(f) 137.
dernier croissant(m) 7.
dernier droit(m) 651.
dernier quartier(m) 7.
dernier tour(m) 94.
dés(m) 699.
descenderie(f) 736.
descendeur(m) 681.
descente(f) dangereuse 826, 827.
descente(f) de gouttière(f) 197.
désert(m) 46.
désert(m) 45.
désert(m) de pierres(f) 46.
désert(m) de sable(m) 46.
déshabillé(m) 348.
desserte(f) 219.
desserte(f) 461.
dessin(m) 588, 590, 592.
dessin(m), accessoires(m) 591,
592.
dessin(m), matériel(m) 589.
destination 463.
détecteur(m) à infrarouge(m) 43.
détecteur(m) d'horizon(m) terrestre
49.
détecteur(m) de particules(f) 42.
détecteur(m) solaire 42, 43, 49.
détecteur(m) terrestre 42, 43.
**détection(f) des ondes(f)
sismiques** 714.
détendeur(m) de secours(m) 627.
détendeur(m) premier étage(m) 627.
détendeur(m) second étage(m) 627.
détente(f) 453, 793, 795, 796, 797,
798, 799, 804.
détonateur(m) 804.
détroit(m) 51.
deux avec barreur(m) 632.
deux sans barreur(m) 632.
deux-points(m) 832.
deuxième but(m) 597.
deuxième cabine(f) focale 15.
deuxième espace(m) 610.
deuxième étage(m) 509.
deuxième joueur(m) 620.
deuxième molaire(f) 144.
deuxième phalange(f) 103.
deuxième prémolaire(f) 144.
deuxième radial(m) externe 121.
deuxième-but(m) 597.
devant(m) 322, 324.
déverrouillage(m) de l'objectif(m) 391.
déversoir(m) 746.
dévidoir(m) 575.
dévidoir(m) 265.

dévidoir(m) de ruban(m) adhésif
516.
dévidoir(m) sur roues(f) 265.
dextre(f) 818.
diable(m) 788.
diagonale(f) 756.
diamant(m) 362.
diamant(m) 483.
diapason(m) 539.
diaphragme(m) 130, 390.
diaphragme(m) d'ouverture(f) 717.
diaphragme(m) de dilatation(f) 485.
diapositive(f) 397.
diapositive(f) 397.
dièse(m) 538.
diesel(m)-navire(m) 745.
diffuseurs(m) tubulaires 501.
digue(f) morte 752.
dindon(m) 150.
dinette(f) 195.
diode(f) 769.
dioxyne(f) 33.
directeur(m) technique 412, 415.
direction(f) d'une réaction(f) 831.
direction(f) de la Mecque(f) 173.
direction(f) des pointes(f) 488.
direction(f) du vent(m) 38.
direction(f) et force(f) du vent(m) 38.
direction(f) obligatoire 824, 825.
discontinuité(f) de Gutenberg 22.
discontinuité(f) de Mohorovicic 22.
disjoncteur(m) 212, 747.
disjoncteur(m) bipolaire 312.
disjoncteur(m) de fuite(f) de terre(f)
312.
disjoncteur(m) principal 312.
disjoncteur(m) unipolaire 312.
dispositif(m) anti-bascule 727.
dispositif(m) antidébordement(m)
257.
dispositif(m) contrarotatif 42.
dispositif(m) de blocage(m) 302.
dispositif(m) de poussée(f) 389.
disque(m) 404.
disque(m) 157, 432, 529, 563, 583,
663, 712.
disque(m) compact 405.
disque(m) compact 408.
disque(m) d'enterrage(m) 158.
disque(m) de papier(m)-
diagramme(m) 441.
disque(m) de réglage(m) 396.
disque(m) de tension(f) 562, 569.
disque(m) optique 527.
disque(m) videophoto(m) 395.
disques(m) 251, 658.
disquette(f) 526.
disquette(f) rigide 529.
disquette(f) souple 529.
distance(f) parcourue 711.
distillation(f) sous vide(m) 744.
distributeur(m) 216.
distributeur(m) d'essence(f) 453.
distributeur(m) d'essence(f) 453.
distributeur(m) de boissons(f) 453.
distributeur(m) de correspondances(f)
475.
distributeur(m) de détergent(m) 257.
distributeur(m) de glaçons(m) 453.
distributeur(m) de lames(f) 374.
distributeur(m) de produit(m) de
rinçage(m) 257.
diviseur(m) 160.
division(f) 830.
division(f) 523.
division(f) territoriale 51.
divisions(f) cartographiques 47.
divisions(f) de l'écu(m) 818.
do(m) 537.
doigt(m) 137.
doigt(m) 84, 111, 327, 596, 681.
doigt(m) de jupe(f) 493.
doigt(m) externe 108.
doigt(m) interne 108.
doigt(m) lobé 111.
doigt(m) médian 108.
doigt(m) palmé 84, 111.
doigt(m) postérieur 108.
doline(f) 24.
dollar(m) 832.
dôme(m) 743.
domino(m) d'accouplement(m) 542.
dominos(m) 695.
donjon(m) 181.
Dorade(f) 13.
dormant(m) 203, 225.
dormeuse(f) 350.
dormeuse(f) de croissance(f) 350.
dormeuse(f)-couverture(f) 350.
dos(m) 322.

dos(m) 101, 106, 108, 117, 119, 239,
240, 241, 242, 277, 386, 577, 793.
dos(m) de l'amplificateur(m) 400.
dos(m) de l'appareil(m) 390.
dos(m) du livre(m) 579.
dos(m) du nez(m) 141.
dossard(m) 656.
dosse(f) 288.
dosseret(m) 255, 258, 259.
dossier(m) 223, 428, 445, 727.
dossier(m) inclinable 726.
dossier(m) suspendu 518.
dossière(f) 96, 653.
double bémol(m) 538.
double boutonnage(m) 319.
double croche(f) 538.
double dièse(m) 538.
double paire(f) 695.
double rideau(m) 229.
double toit(m) 685, 686.
double virage(m) 826, 827.
double vitrage(m) 772.
double zéro(m) 700.
double(m) 646, 695.
double-blanc(m) 695.
double-scull(m) 632.
double-six(m) 695.
doublement denté 56.
doublure(f) 322, 324, 352, 354, 378,
565, 644.
douche(f) 194.
douchette(f) 292, 296.
douille(f) de lampe(f) 309.
douille(f) de plastique(m) 799.
douve(f) 181.
douzaine(f)(1 à 12) 700, 701.
douzaine(f)(13 à 24) 700, 701.
douzaine(f)(25 à 36) 700, 701.
drachme(m) 832.
Dragon(m) 11.
dragonne(f) 383, 640, 642, 681.
draille(f) 479.
drain(m) 199, 216.
drap(m) 224.
drap(m)-housse(f) 224.
drapeau(m) 606.
drapeau(m) à Schwenkel 817.
drapeau(m) blanc 626.
drapeau(m) bleu 626.
drapeau(m) carré 817.
drapeau(m) de centre(m) 601.
drapeau(m) de coin(m) 601, 607.
drapeau(m) rectangulaire 817.
drapeau(m) rouge 626, 668.
drapeau(m), éléments(m) 817.
drapeaux(m), formes(f) 817.
drisse(f) 480, 817.
droit fil(m) 565.
droit(m) antérieur de la cuisse(f) 120.
droit(m) interne 121.
droit(m): stationata(f) 646.
drupéole(f) 62.
duffle-coat(m) 320.
dune(f) 30.
dune(f) complexe 46.
dune(f) en croissant(m) 46.
dune(f) parabolique 46.
dunes(f) longitudinales 46.
dunes(f) transversales 46.
dunette(f) 478.
duo(m) 558.
duodénum(m) 131.
dure-mère(f) 134, 135.
durite(f) de radiateur(m) 438.
duse(f) 740.
duvet(m) 110.
dyke(m) 25.
dynamo(f) 446.

E

eau(f) de fonte(f) 27.
eau(f) de ville(f) 772.
eau(f) lourde froide 761.
eau(f) lourde sous pression(f) 761.
eau(f)/alcool(m) 485.
eau(f), cycle(m) 34.
eaux(f) sécuritaires 488.
ébarbage(m) 578.
ébarboir(m) 582.
ébauchoirs(m) 585.
ébrancheur(m) 269.
ébrasement(m) 175.
écaille(f) 70, 87, 96, 97, 111.
écaille(f) ventrale 97.
écailles(f) de cyprès(m) 58.
écailleur(m) 688.
écartelé(m) 818.
écartement(m) des électrodes(f) 439.

échalote(f) 70.
échalote(f) nouvelle 70.
échancrure(f) 544.
échancrure(f) de la conque(f) 139.
échangeur(m) de chaleur(m) 209, 760.
échangeur(m) en losange(m) 451.
échangeur(m) en trèfle(m) 452.
échangeur(m) en trèfle(m) 450.
échangeur(m) en trompette(m) 451.
échangeur(m) extérieur 212.
échangeur(m) intérieur 213.
échangeur(m) thermique 772.
**échangeurs(m), principaux
types(m)** 450.
échantillon(m) 567.
échappement(m) 436, 437, 501.
échauguette(f) 178, 181.
échecs(m) 696.
échecs(m), déplacements(m) 696.
échecsm, pièces(f) 696.
échelle(f) 449, 487, 493, 719, 741,
785.
échelle(f) à crochets(m) 303.
échelle(f) à crochets(m) 781.
échelle(f) Celsius 705.
échelle(f) coulissante 302.
échelle(f) d'échafaudage(m) 303.
échelle(f) d'espacement(m) 524.
échelle(f) d'ouverture(f) 396.
**échelle(f) d'ouverture(f) de
diaphragme(m)** 392.
échelle(f) de bout(m) 470.
échelle(f) de corde(f) 303.
échelle(f) de hauteur(f) 399.
échelle(f) de latitude(f) 40.
échelle(f) de lecture(f) de la
luminosité(f) 396.
échelle(f) de profondeur(f) 284.
échelle(f) de profondeur(f) de
champ(m) 392.
échelle(f) de profondeur(f) en m 485.
échelle(f) de tête(f) 781.
échelle(f) des altitudes(f) 19.
échelle(f) des distances(f) 392.
échelle(f) des mouvements(m) 539.
échelle(f) des températures(f) 19.
échelle(f) des temps(m) d'exposition(f)
396.
échelle(f) droite 303.
échelle(f) escamotable 303.
échelle(f) Fahrenheit 705.
échelle(f) fruitière 303.
échelle(f) graduée 708, 709.
échelle(f) latérale 470.
échelle(f) roulante 303.
échelle(f) transformable 303.
échelles(f) 302.
échelles(f) barométriques 710.
échelles(f) de la température(f) 710.
échelon(m) 302.
échenilloir(m)-élagueur(m) 269.
échine(f) 167.
échiquier(m) 696.
écho(m) 722.
éclair(m) 36.
éclairage(m) 368, 477, 500.
éclairage(m) de l'écran(m)
d'affichage(m) 396.
éclairage(m) inactinique 398.
éclairage(m)/clignotant(m) 430.
éclairagiste(m) 412.
éclipse(f) annulaire 8.
éclipse(f) de Lune(f) 8.
éclipse(f) de Soleil(m) 8.
éclipse(f) partielle 8.
éclipse(f) totale 8.
éclipses(f), types 8.
éclipses(f), types(m) 8.
écliptique(m) 3.
éclisse(f) 466, 544, 546.
écluse(f) 492.
écluse(f) 490, 752.
écoinçon(m) 174.
écologie(f) 31, 32, 34.
écorce(f) 59, 65.
écoulement(m) souterrain 32, 35.
écoute(f) 420, 480.
écoute(f) de foc(m) 628.
écoute(f) de grand-voile(m) 628.
écouteur(m) 406.
écoutille(f) 805.
écouvillon(m) 801.
écran(m) 529.
écran(m) 410, 422, 485, 526, 527,
532.
écran(m) à main(f) 308.
écran(m) d'affichage(m) 396, 421,
532.
écran(m) de contrôle(m) 391, 717.
écran(m) de précontrôle(m) 415.

INDEX FRANÇAIS

Les termes en **caractères gras** renvoient à une illustration; les termes en *italique* indiquent l'usage québécois

écran(m) de projection(f) 397.
écran(m) de sortie(f) 413, 415.
écran(m) de soudeur(m) 308.
écran(m) de visibilité(f) 471.
écran(m) du directeur(m) technique 413.
écran(m) du truqueur(m) numérique 413.
écran(m) principal de précontrôle(m) 413.
écran(m) protecteur 16.
écrans(m) d'entrée(f) 413.
écrans(m) de précontrôle(m) 413.
écrevisse(f) 90.
écritoire(f) 378.
écriture(f), instruments(m) 389.
écrou(m) 279.
écrou(m) 278, 279, 290, 300, 466.
écrou(m) à cabestan(m) 40.
écrou(m) à collet(m) 296.
écrou(m) à oreilles(f) 279.
écrou(m) borgne 279.
écrou(m) de blocage(m) 670, 671.
écrou(m) de bonde(f) 296.
écrou(m) de contrôle(m) 40.
écrou(m) de fixation(f) 296.
écrou(m) de la lame(f) 284.
écrou(m) de montage(m) 684.
écrou(m) de serrage(m) 300.
écrou(m) du presse-étoupe(m) 294.
écrou(m) hexagonal 439.
écu(m) 832.
écu(m), divisions(f) 818.
écubier(m) 495, 497.
écume(f) 30.
écumoire(f) 244.
écurie(f) 651.
écusson(m) 95, 289, 596.
édicule(m) 474.
édifice(m) à bureaux(m) 190.
édifice(m) public 52.
édredon(m) 224.
effacement(m) 420.
effacement(m) de mémoire(f) 396, 523.
effacement(m) partiel 523.
effacement(m) total 523.
égal ou plus grand que 830.
égal ou plus petit que 830.
égale 830.
égale à peu près 830.
égaliseur(m) graphique 400.
église(f) 185.
égout(m) 186.
égout(m) collecteur 186.
égoutter, ustensils(m) pour 243.
éjecteur(m) 784.
éjecteur(m) de fouets(m) 250.
élan(m) 682.
élan(m) 105.
élastique(m) 224.
électricité(f) 309, 310, 312, 746, 748, 750, 752, 754, 756.
électricité(f), outils(m) 310, 311.
électrode(f) 232, 305.
électrode(f) centrale 439.
électrode(f) d'allumage(m) 209.
électrode(f) de masse(f) 439.
élément(m) 585.
élément(m) bimétallique hélicoïdal 705.
élément(m) chauffant 257, 259, 305.
élément(m) de chauffe(f) 207, 209.
élément(m) tubulaire 255.
élévateur(m) 636, 764.
élévateur(m) à grain(m) 161.
élévateur(m) de décors(m) 188.
élévation(f) 193.
élévation(f) de la tension(f) 767.
élevon(m) 511.
émail(m) 144.
embase(f) 393, 641, 656, 713.
embase(f) de plat(m) de dos(m) 220.
embauchoir(m) 358.
emblème(m) 817.
embouchure(f) 550.
embout(m) 230, 302, 375, 397, 439, 609, 627, 670.
embout(m) auriculaire 726.
embout(m) de baleine(f) 375.
embout(m) de caoutchouc(m) 728.
embout(m) de protection(f) 730.
embout(m) isolant 370.
embout(m) Luer Lock 726.
embrasse(f) 228, 728.
embrasure(f) 179.
émeraude(f) 362.
émerillon(m) 672.
émetteur(m) micro-ondes(f) 415.
émetteur(m)/récepteur(m) 485.

emmanchure(f) 325.
emmarchement(m) 201.
empattement(m) 756.
empaumure(f) 105.
empennage(m) 499, 618, 684, 698, 814.
empennage(m) bas 498.
empennage(m) de stabilisation(f) 509.
empennage(m) en T 498.
empennage(m) fixe 814.
empennage(m) surélevé 498.
empennages(m), types(m) 498.
empiècement(m) 320, 324, 337.
emplacement(m) de la statue(f) 169.
emporte-pièces(m) 245.
empreinte(f) musculaire 95.
empreinte(f) palléale 95.
en accolade(f) 174.
en équilibre(m) 624.
en fer(m) à cheval(m) 174.
en lancette(f) 174.
en ogive(f) 174.
en prison(f) 700, 701.
en-but(m) 606.
encadrement(m) 204.
enceinte(f) acoustique 400.
enceinte(f) de confinement(m) 765, 766.
enceinte(f) en béton(m) 760, 761, 762, 763.
enceinte(f) humide 763.
enceinte(f) sèche 763.
enclos(m) 149.
enclume(f) 138.
encoche(f) 684, 793.
encoche(f) de protection(f) 529.
encoignure(f) 227.
encolure(f) 100, 325.
encolure(f) bateau(m) 343.
encolure(f) drapée 343.
encolure(f) en V 322, 326.
encolure(f) ras-de-cou(m) 343.
encolure(f) ras-de-cou(m) 350.
encolures(f) 343.
encre(f) 581, 588.
encre(f) 389, 581.
encre(f) lithographique 583.
endive(f) 73.
endocarpe(m) 63, 64.
endossure(f) 579.
énergie(f) éolienne 773, 774.
énergie(f) nucléaire 758, 760, 762, 764, 766.
énergie(f) solaire 768, 770, 772.
énergie(f) solaire, production(f) d'électricité(f) 771.
enfile-aiguille(m) 563.
enfourchure(f) 105, 325.
enfumoir(m) 582.
engageante(f) 317.
engrenage(m) horaire 14.
engreneur(m) 160.
enjoliveur(m) 294, 295, 427.
enregistrement(m) 403, 411, 420.
enregistrement(m) des bagages(m) 462.
enregistreur(m) 621.
enregistreur(m) de film(m) 527.
enrouleur(m) 666.
enseigne(f) directionnelle 475.
enseigne(f) extérieure 474.
ensemble(m) du chevalet(m) 547.
ensemble(m) vide 830.
ensiler 155, 162.
ensoleillement(m), mesure(f) 40.
ensouple(f) de chaîne(f) 573.
ensouple(f) de tissu(m) 572.
entablement(m) 166, 168, 202.
entablure(f) 564.
entier 56.
entoilage(m) 565.
entonnoir(m) 243.
entonnoir(m) 251.
entonnoir(m) collecteur 40.
entraînement(m) de la chaîne(f) 156.
entraînement(m) de la tête(f) d'impression(f) 531.
entraînement(m) de la turbine(f) par la vapeur(f) 767.
entraînement(m) du rotor(m) de l'alternateur(m) 767.
entraîneur(m) 669.
entrait(m) 199.
entrave(f) 652.
entre-nœud(m) 57.
entredent(m) 240.
entredoublure(f) 565.
entrée(f) 82, 452, 625, 787.
entrée(f) d'air(m) 501, 508.
entrée(f) d'air(m) du moteur(m) 813.

entrée(f) d'air(m) du ventilateur(m) 493.
entrée(f) d'eau(f) 295.
entrée(f) d'électricité(f) 585.
entrée(f) de clé(f) 290.
entrée(f) de courant(m) 232.
entrée(f) de l'eau(f) de refroidissement(m) du condenseur(m) 759.
entrée(f) de la vapeur(f) à haute pression(f) 758.
entrée(f) des gaz(m) d'échappement(m) 438.
entrée(f) des marchandises(f) 190.
entrée(f) des originaux(m) 421.
entrée(f) du caloporteur(m) 768.
entrée(f) du reflux(m) du condenseur(m) 759.
entrée(f) électrique 207.
entrée(f) pieds(m) premiers 624.
entrée(f) principale 190, 194.
entrée(f) tête(f) première 624.
entrées(f) dans l'eau(f) 624.
entrejambe(m) 219.
entrejambe(m) pressionné 350.
entrepôt(m) frigorifique 491.
entretien(m) des tissus(m) 829.
entretoise(f) 302, 572, 774, 787.
enveloppe(f) 309, 529, 596, 598, 634, 677.
enveloppe(f) extérieure 14, 297.
enveloppe(f) intérieure 14.
éolienne(f) à axe(m) horizontal 774.
éolienne(f) à axe(m) vertical 774.
épandeur(m) 270.
épandeur(m) de fumier(m) 156.
épandeur(m) de fumier(m) 154.
éparpilleur(m) 156.
éparpilleur(m) de paille(f) 161.
épaule(f) 100, 106, 116, 118, 615, 670.
épaulé(m)-jeté(m) à deux bras(m) 662.
épaulement(m) 242, 279.
épaulière(f) 602, 609, 792, 804.
épée(f) 666.
épée(f) à deux mains(f) 794.
épéiste(m) 667.
éperon(m) 80, 552, 648.
éperon(m) calcanéen 112.
épi(m) 60, 72.
épicarpe(m) 62, 63, 64.
épicentre(m) 23.
épicondyle(m) 123.
épiderme(m) 137.
épiglotte(f) 130, 142, 143.
épinard(m) 73.
épine(f) de l'omoplate(f) 123.
épingle(f) 563.
épingle(f) à bigoudi(m) 369.
épingle(f) à cheveux(m) 369.
épingle(f) à cravate(f) 364.
épingle(f) de sûreté(f) 566.
épingles(f) 364.
épiphyse(f) 134.
épiscope(m) du tireur(m) 805.
épissure(f) courte 692.
épithélium(m) olfactif 142.
épitrochlée(f) 123.
éplucheur(m) 242.
époi(m) 105.
éponge(f) 104.
éponge(f) de mer(f) 367.
éponge(f) synthétique 367.
éponge(f) végétale 367.
éponges(f) 367.
éprouvette(f) graduée 40.
épuisette(f) 672.
équateur(m) 3, 47.
équateur(m) céleste 3.
équerre(f) 275.
équilibrage(m) des haut-parleurs(m) 402.
équilibreur(m) 802.
équinoxe(f) d'automne(m) 8.
équinoxe(f) de printemps(m) 8.
équipe(f) 620.
équipe(f) au champ(m) 599.
équipement(m) de contrôle(m) biomédical 512.
équipement(m) de protection(f) 602.
équipement(m) de protection(f), soudage(m) 308.
équipement(m) de survie(f) 512.
équipements(m) aéroportuaires 506.
équitation(f) 646, 648.
équivaut à 830.

ergot(m) 106.
ergot(m) d'entraînement(m) 531.
Éridan 13.
éruption(f) 6.
escabeau(m) 302.
escabeaux(m) 302.
escalier(m) 201.
escalier(m) 194, 474, 669, 741, 773.
escalier(m) automoteur 507.
escalier(m) d'accès(m) 507.
escalier(m) de la mezzanine(f) 195.
escalier(m) en spirale(f) 741.
escalier(m) mécanique 474.
escalier(m) mobile 189, 190.
escargot(m) 83.
escarpe(f) 178.
escarpin(m) 356.
escarpin(m)-sandale(f) 356.
escrime(f) 666.
escrime(f) piste(f) 666.
escrime(f)armes(f) 666.
escrime(f), cibles(f) 667.
escrime(f), parties(f) de l'arme(f), 666.
escrime(f), positions(f) 667.
escrimeur(m) 667.
escudo(m) 832.
espace(m) vert 184.
espaceur(m) de câbles(m) 684.
espadrille(f) 357.
esperluette(f) 831.
esquimau(m) 351.
essence(f) 744, 745.
essence(f) lourde 744.
essieu(m) 468, 645.
essieu(m) avant 784.
essieu(m) directeur 788.
essoreuse(f) à salade(f) 243.
essuie-glace(m) 431.
essuie-glace(m) 426.
est identique à 830.
est 488.
estacade(f) de guidage(m) 492.
esthèques(f) 584.
estomac(m) 88, 92, 97, 124, 131.
estrade(f) 651.
estragon(m) 74.
estuaire(m) 30, 51.
établi(m) 149.
étage(m) 194.
étage(m) 196, 736, 773.
étage(m) d'exploitation(f) 752.
étai(m) 198, 479.
étai(m) avant 628.
étambot(m) 742.
étamine(f) 60, 64.
étampure(f) 104.
étançon(m) 156.
état(m) 51.
état(m) présent du temps(m) 38.
étau(m) 282, 582.
étau(m) à endosser 579.
été(m) 8.
étincelle(f) 436.
étiquette(f) 404, 709.
étiquettes(f) autocollantes 518.
étoile(f) 819.
étoile(f) 36.
étoile(f) filante 19.
étoile(f) Polaire 11.
étoile(f)(8) 363.
étouffoir(m) 541.
étranglement(m) 668.
étranglement(m) 705.
étrave(f) 479, 628.
étrier(m) 138, 309, 432, 442, 642, 648, 793.
étrier(m) du flotteur(m) 216.
étrivière(f) 649.
étui(m) 358, 365, 523, 688.
étui(m) à lunettes(f) 379.
étui(m) de cuir(m) 690.
étuveuse(f) 249.
Eurasie(f) 21.
Europe 4.
Europe(f) 21.
Eutelsat II 418.
euthynterie(f) 166, 168.
évaporation(f) 34, 35.
évaseur(m) 299.
évent(m) 389, 585.
évent(m) de pignon(m) 197.
évent(m) latéral 214.
évier(m) 296.
évier(m) double 215.
évier(m)-broyeur(m) 296.
évolution(f) de la pression(f) 38.
excavatrice(f) à roue(f) 733.
exemples(m) de groupes(m) instrumentaux 558.

exosphère(f) 19.
expédition(f) du fret(m) 505.
expédition(f)/réception(f) des
  messages(m) 421.
expiration(f) 622.
explosion(f) 436.
extenseur(m) 665.
extenseur(m) commun des doigts(m)
  121.
extenseur(m) commun des orteils(m)
  120.
extérieur(m) d'une maison(f)
  196.
extincteur(m) 780.
extincteur(m) d'incendie(m) 823.
extrados(m) 174.
eye-liner(m) liquide 367.

F

fa(m) 537.
façade(f) 175.
face(f) 179, 239, 619, 677.
face(f) plantaire du sabot(m)
  104.
face-à-main(m) 377.
facteur(m) Rhésus négatif 831.
facteur(m) Rhésus positif 831.
factorielle(f) 830.
facule(f) 6.
faible(m) 666.
faille(f) 23.
faille(f) transformante 28.
faisceau(m) bleu 410.
faisceau(m) d'électrons(m) 410, 717.
faisceau(m) laser(m) 405.
faisceau(m) rouge 410.
faisceau(m) vert 410.
faîtage(m) 198.
faitout(m) 249, 688.
familiale(f) 425.
faner 155, 159.
fanion(m) 817.
fanion(m) 38.
fanon(m) 101.
fard(m) à joues(f) en poudre(f)
  366.
fasce(f) 166.
faucher 154, 158.
faucheuse(f)-conditionneuse(f)
  158.
faucheuse(f)-conditionneuse(f) 154.
faucille(f) 269.
fausse côte(f) (3) 123.
fausse oronge(f) 55.
fausse poche(f) 330.
fausse-équerre(f) 713.
fauteuil(m) 220.
fauteuil(m) club(m) 221.
**fauteuil(m) metteur(m) en
  scène(f)** 220.
fauteuil(m) pivotant à bascule(f)
  520.
fauteuil(m) roulant 727.
fauteuil(m) roulant 461.
fauteuil(m) Wassily 221.
fauteuil(m)-sac(m) 222.
fauteuils(m) d'orchestre(m) 188.
**fauteuils(m), principaux
  types(m)** 220.
faux bourdon(m) 81.
faux foc(m) 481.
faux quartier(m) 649.
faux registre(m) 543.
faux sommier(m) 543.
faux(f) 267.
femelle(f) 831.
fémur(m) 78, 80, 103, 122.
fenêtre(f) 203.
fenêtre(f) 194, 195, 327, 399, 477,
  631, 756.
fenêtre(f) à guillotine(f) 203.
fenêtre(f) à jalousies(f) 203.
fenêtre(f) à l'anglaise(f) 203.
fenêtre(f) à la française(f) 203.
fenêtre(f) basculante 203.
fenêtre(f) coulissante 203.
fenêtre(f) d'éjection(f) 796.
fenêtre(f) de lecture(f) 403, 529.
fenêtre(f) de sous-sol(m) 197.
fenêtre(f) en accordéon(m) 203.
fenêtre(f) en baie(f) 197.
fenêtre(f) en saillie(f) 197.
fenêtre(f) moustiquaire(f) 685.
fenêtre(f) panoramique 190, 460.
fenêtre(f) pivotante 203.
fenêtres(f), types(m) 203.
fenil(m) 148.
fenouil(m) 72.

fente(f) 576.
fente(f) 252, 276, 379, 578.
fente(f) à monnaie(f) 422, 702.
fente(f) d'alimentation(f) 521.
fente(f) de vision(f) 792.
fente(f) latérale 322.
fente(f) médiane 322.
fer(m) 677.
fer(m) 104, 277.
fer(m) à cheval(m) 104, 364.
fer(m) à friser 370.
fer(m) à souder 305.
fer(m) à vapeur(f) 256.
fer(m) droit 677.
fer(m) droit 678.
fer(m) n° 3 678.
fer(m) n° 4 678.
fer(m) n° 5 678.
fer(m) n° 6 678.
fer(m) n° 7 678.
fer(m) n° 8 678.
fer(m) n° 9 678.
fer(m), golf(m) 678.
ferme(f) 148.
ferme(f) de toit(m) 199.
ferme(f), animaux(m) 150.
fermeture(f) à glissière(f) 566.
fermeture(f) à glissière(f) 321, 350,
  365, 382, 685.
fermeture(f) du soufflet(m) 536.
fermeture(f) sous patte(f) 351.
fermeture(f) Velcro® 349.
fermoir(m) 587.
fermoir(m) 378, 380.
ferret(m) 352, 354, 375.
ferrure(f) 383.
fertiliser la terre(f) 154, 156.
fesse(f) 117, 119, 127, 128.
feu(m) 486, 487, 489.
feu(m) anticollision 498.
feu(m) arrière 443, 444, 446.
feu(m) blanc 488.
feu(m) clignotant 471.
feu(m) clignotant arrière 444.
feu(m) clignotant avant 442, 444.
feu(m) de gabarit(m) 440, 441.
feu(m) de lisse(f) 471.
feu(m) de navigation(f) 493, 499.
feu(m) de plaque(f) 429.
feu(m) de position(f) 459, 508.
feu(m) de tête(f) de mât(m) 495.
feu(m) rouge arrière 441.
feu(m) stop(m) 429.
feuillage(m) 59.
feuille(f) 56.
feuille(f) 57, 72.
feuille(f) d'acanthe(f) 167, 220.
feuille(f) de papier(m) 714.
feuille(f) de vigne(f) 61.
feuille(f) de vigne(f) 73.
feuille(f), bord(m) 56.
feuilles(f) composées 56.
feuilles(f) simples 56.
feuilles(f), types(m) 56, 58.
feuillet(m) 577.
feuillet(m) 379.
feuillets(m) intercalaires 519.
feutre(m) 329, 588.
feutre(m) 541.
feutre(m) d'étouffoir(m) 540.
feux(m) 429.
feux(m) arrière 429.
feux(m) avant 429.
feux(m) clignotants 429.
feux(m) de brouillard(m) 429.
feux(m) de circulation(f) 186.
feux(m) de croisement(m) 429.
feux(m) de gabarit(m) 429.
feux(m) de recul(m) 429.
feux(m) de route(f) 429.
feux(m) rouges arrière 429.
feux(m) stop(m) 429.
fèves(f) 72.
fibre(f) 692.
fibre(f) musculaire 134.
fibre(f) nerveuse 136.
fibule(f) 315.
ficelle(f) 578.
fiche(f) 280, 310, 485.
fiche(f) américaine 309.
fiche(f) européenne 309.
fiche(f) pour jack(m) 400, 406.
fiches(f) 517.
fichier(m) 517.
fichier(m) rotatif 516.
figue(f) de Barbarie 68.
fil(m) 288, 714.
fil(m) à couper la pâte(f) 584.
fil(m) d'arrivée(f) 651.

fil(m) de caret(m) 692.
fil(m) de chaîne(f) 576.
fil(m) de corps(m) 666.
fil(m) de liaison(f) 312.
fil(m) de nylon(m) 271.
fil(m) de service(m) neutre 312.
fil(m) de terre(f) 312.
fil(m) de trame(f) 576.
fil(m) neutre 312.
fil(m) thermique 312.
filament(m) 6, 232.
filament(m) branchial 87.
filament(m) de tungstène(m) 233.
filet(m) 613, 614, 618.
filet(m) 60, 167, 276, 544, 546, 610,
  612, 613, 614, 618, 619, 626.
filet(m) à aiguilles(f) 650.
filet(m) à jouets(m) 650.
filet(m) à olives(f) 650.
filet(m) en caoutchouc(m) 650.
filetage(m) 294.
filière(f) 299.
film(m) 390.
film(m)-disque(m) 395.
film(m)-pack(m) 395.
filoir(m) d'écoute(f) 630.
filtre(m) 252, 255, 772.
filtre(m) à air(m) 207, 210, 272, 469,
  783.
filtre(m) à charpie(f) 258, 259.
filtre(m) coloré 484.
filtre(m) de couleur(f) 392.
filtre(m) de polarisation(f) 392.
filtre(m) rouge inactinique 399.
filum(m) terminal 134.
fin(f) 692.
fines herbes(f) 74.
finition(f) 586.
fission(f) de l'uranium(m) 766.
fixatif(m) 592.
fixation(f) 230, 633, 642, 656.
fixation(f) à butée(f) avant 642.
fixation(f) arrière 633.
fixation(f) avant 633.
fixation(f) de sécurité(f) 641.
fixe-lecture(m) 396.
flanc(m) 101, 108, 179, 433, 579.
flanc(m) dextre 818.
flanc(m) senestre 818.
flâneur(m) 355.
flanqueur(m) 605.
flash(m) électronique 393.
flash(m)-cube(m) 393.
flasque(f) 754.
flasque(f) 800.
flasque(m) inférieur 753.
fléau(m) 708.
fléau(m) arrière 708.
fléau(m) avant 708.
flèche(f) 684.
Flèche(f) 11, 175, 675, 697, 782, 785,
  786, 793.
flèche(f) de transept(m) 176.
flèche(f) du vent(m) 38.
flèche(f) littorale 30.
flèche(f) télescopique 780, 786.
fléchette(f) 698.
fléchette(f), aire(f) de jeu(m)
  698.
fleur(f) 57.
fleur(f) de lis(m) 819.
fleur(f), inflorescence(f), 60.
fleur(f), structure(f) 60.
fleuret(m) 666, 734.
fleuret(m) électrique 666.
fleurettiste(m) 667.
fleuve(m) 51, 52.
flexible(m) 292, 296.
flexible(m) d'air(m) 590, 734.
flexible(m) d'eau(f) 734.
flexible(m) d'injection(f) de boue(f)
  737.
flexible(m) de branchement(m) 399.
flexible(m) de distribution(f) 453.
flexibles(m) d'alimentation(f) 635.
floraison(f) 61.
florin(m) 832.
flotteur(m) 216, 293, 485, 486, 631,
  672, 741, 803.
fluide(m) caloporteur 771.
flûte(f) 548.
flûte(f) à champagne(m) 237.
flûte(f) de Pan 536.
fluteroni(m) 587.
flûtes(f) 556.
foc(m) 628.
foie(m) 88, 97, 124, 131.
follicule(m) 67, 136.
follicule(m), coupe(f) 67.
fonctions(f) système(m) 555.

fond(m) 586.
fond(m) d'yeux(m) 240.
fond(m) de bassin(m) 626.
fond(m) de l'océan(m) 28.
fond(m) de l'océan(m) 22.
fond(m) de protection(f) 698.
fond(m) de robe(f) 345.
fond(m) de teint(m) liquide 366.
fond(m) de tour(m) 744.
fondation(f) 750.
fondation(f) de pylône(m) 456.
fondations(f) 199.
fontaine(f) des ablutions(f) 172, 173.
fonture(f) 568.
fonture(f) 568.
football(m) 600, 604.
football(m) américain 602.
**football(m) américain,
  terrain(m)** 604.
football(m) canadien, terrain(m)
  604.
football(m), ballon(m) 600, 602.
football(m), terrain(m) 601.
footballeur(m) 600, 602.
forage(m) en mer(f) 739.
foramen(m) apical 144.
foramen(m) cæcum 143.
force(f) du vent(m) 38.
forêt(f) 27.
forêt(f) tropicale 45.
foret(m) 280.
foret(m) hélicoïdal 281.
formation(f) de jazz(m) 558.
fort(m) 666.
fortification(f) à la Vauban 178.
fosse(f) abyssale 28.
fosse(f) d'orchestre(m) 188.
fosse(f) de réception(f) 683.
fosse(f) de sable(m) 676.
fosse(f) septique 216.
fossé(m) 178, 451.
fosses(f) nasales 141.
fossette(f) 96.
fossette(f) de l'anthélix(m) 139.
Fou(m) 696.
fouet(m) 245.
fouet(m) 250.
fouet(m) à fil(m) 250.
fouet(m) en spirale(f) 250.
fouet(m) quatre pales(f) 250.
fouets(m) 250.
foulon(m) 159.
four(m) 255, 770.
four(m) à micro-ondes(f) 253.
four(m) électrique 585.
four(m) solaire 770.
four(m) tubulaire 744.
fourche(f) 447, 721, 756.
fourche(f) à bêcher 266.
fourche(f) à fleurs(f) 268.
fourche(f) télescopique hydraulique
  442.
fourches(f) 787, 788.
fourchette(f) 240.
fourchette(f) 104, 327, 642, 688, 707.
fourchette(f) à découper 242.
fourchette(f) à dessert(m) 240.
fourchette(f) à fondue(f) 240.
fourchette(f) à huîtres(f) 240.
fourchette(f) à poisson(m) 240.
fourchette(f) à salade(f) 240.
fourchette(f) de table(f) 240.
**fourchettes(f), principaux
  types(m)** 240.
fourgon(m)-pompe(f) 778.
fourgonnette(f) 425.
fourmi(f) 77.
Fourneau(m) 13, 385.
fourragère(f) 162.
fourragère(f) 155.
fourreau(m) 375.
fourreau(m) 101, 106, 281, 283, 631,
  637.
fourreau(m) de la langue(f) 96.
fourrure(f) 107.
fourrures(f), exemples(m) 819.
foyer(m) 23, 189, 770.
foyer(m) primaire 14.
foyer(m), accessoires(m) 205.
frac(m) 317.
fraise(f) 281, 318.
fraise(f), coupe(f) 62.
framboise(f), coupe(f) 62.
franc(m) 832.
frange(f) 318.
frange(f) de passementerie(f) 229.
frappeur(m) 595.
frappeur(m) 597.
frégate(f) 808.
frein(m) 570, 640, 641, 664, 670.

INDEX FRANÇAIS

Les termes en **caractères gras** renvoient à une illustration; les termes en *italique* indiquent l'usage québécois

frein(m) à disque(m) 432.
frein(m) à disque(m) 442.
frein(m) à tambour(m) 432.
frein(m) arrière 446.
frein(m) avant 447.
frein(m) d'urgence(f) 477.
frein(m) de chaîne(f) 272.
frein(m) de talon(m) 645.
frein(m) direct 468.
freineur(m) 643.
fresque(f) 170.
frette(f) 546, 547.
frise(f) 166, 168, 188, 189, 202, 225.
friteuse(f) 252.
fronçage(m) tuyauté 229.
fronce(f) 337.
front(m) 109, 116, 733.
front(m) chaud en altitude(f) 39.
front(m) chaud en surface(f) 39.
front(m) de taille(f) 733, 736.
front(m) froid en altitude(f) 39.
front(m) froid en surface(f) 39.
front(m) occlus 39.
front(m) stationnaire 39.
frontal(m) 120, 122, 649, 792.
frontière(f) 51.
fronton(m) 166, 168.
fronts(m) 39.
frotteur(m) 476.
frottoir(m) 307, 386.
fruit(m) à noyau(m), coupe(f) 63.
fruit(m) à pépins(m), coupe(f) 64.
fruits(m) à noyau(m), principales variétés(f) 63.
fruits(m) à pépins(m), principales variétés(f) 64.
fruits(m) charnus 62, 65.
fruits(m) charnus à noyau(m) 63.
fruits(m) charnus à pépins(m) 64.
fruits(m) secs 66.
fruits(m) secs divers 67.
fruits(m) tropicaux 68.
fruits(m) tropicaux, principaux 68.
fume-cigarettes(m) 384.
fumée(f) 39.
fumerolle(f) 24.
funicule(m) 62, 67.
furet(m) de dégorgement(m) 299.
fusain(m) 588.
fuseau(m) 336, 570.
fuseau(m) 570, 575.
fusée(f) 509.
fusée(f) 479.
fusée(f) à propergol(m) solide 510.
fusée(f) de proximité(f) 814.
fuselage(m) 499, 639.
fusible(m) 757, 769.
fusible(m) à culot(m) 312.
fusible(m)-cartouche(f) 312.
fusible(m)-cartouche(f) à lames(f) 312.
fusibles(m) 312.
fusil(m) 242.
fusil(m) (canon(m) lisse) 799.
fusil(m) à air(m) comprimé 627.
fusil(m) automatique 796.
fusil(m) mitrailleur(m) 796.
fût(m) 59, 166, 236, 276, 553, 684, 698, 756, 798.

G

gâble(m) 175.
gâche(f) 290.
gâchette(f) 780.
gâchette(f) 268, 304, 590.
gâchette(f) de sécurité(f) 272.
gadelle(f) 62.
gaffe(f) 780.
gainage(m) du combustible(m) défectueux 764.
gaine(f) 346, 690.
gaine(f) 56, 692.
gaine(f) de dérivation(f) 206.
gaine(f) de distribution(f) 213.
gaine(f) de myéline(f) 135.
gaine(f) de protection(f) 609.
gaine(f) de rancher(m) 441.
gaine(f) de Schwann 135.
gaine(f) du ressort(m) 230.
gaine(f) isolante 309.
gaine(f) principale 206.
gaine(f)-culotte(f) 346.
galaxie(f) 9.
galaxie(f) elliptique 9.
galaxie(f) irrégulière 9.
galaxie(f) lenticulaire 9.
galaxie(f) spirale 9.
galaxie(f) spirale barrée 9.

galaxie(f), classification(f) 9.
galerie(f) 175, 189, 773.
galerie(f) de circulation(f) 736.
galerie(f) de visite(f) 747.
galerie(f) en direction(f) 736.
galerie(f) marchande 190.
galerie(f) sèche 24.
galet(m) 230, 403, 530, 583.
galet(m) du presse-papier(m) 531.
galets(m) tendeurs 448.
galettage(m) 584.
galhauban(m) 479.
galon(m) 328.
galon(m) d'ornement(m) 349.
galop(m) 101.
gamme(f) 537.
ganache(f) 100.
ganglion(m) du tronc(m) sympathique 135.
ganglion(m) spinal 135.
ganse(f) 688.
gant(m) 596.
gant(m) 512, 598, 609, 635, 642, 643, 648, 667.
gant(m) à crispin(m) 308, 327.
gant(m) attrape-rondelle(f) 609.
gant(m) court 327.
gant(m) de conduite(f) 327.
gant(m) de frappeur(m) 595.
gant(m) de golf(m) 679.
gant(m) de plongée(f) 627.
gant(m) de receveur(m) 595.
gant(m) de ski(m) 640.
gant(m) long 327.
gant(m) saxe 327.
gantelet(m) 792.
gants(m) 327.
gants(m) de boxe(f) 669.
Ganymède 4.
garage(m) 196.
garant(m) 354.
garcette(f) de ris(m) 480.
garde(f) 577.
garde(f) de clé(f) 549.
garde(f) de culasse(f) 549.
garde(f) volante 577.
garde(f) droit 603, 605.
garde(f) gauche 603, 605.
garde-boue(m) 147, 446.
garde-boue(m) avant 442.
garde-corps(m) 302, 454, 457, 468.
garde-guichet(m) 599.
garde-main(m) 796.
garde-manger(m) 195.
garde-robe(f) 195.
gardien(m) de but(m) 609.
gardien(m) de but(m) 601, 607, 608, 611, 612, 626.
gare(f) 464.
gare(f) 52, 184.
gare(f) de marchandises(f) 464.
gare(f) de triage(m) 465.
gare(f) de voyageurs(m) 462.
gare(f) de voyageurs(m) 464.
gare(f) maritime 491.
garniture(f) 300, 383.
garniture(f) de frein(m) 432.
garrot(m) 100, 106.
gastéropode(m) 83.
gastéropodes(m) comestibles 83.
gastrocnémien(m) 121.
gaufrier(m)-gril(m) 253.
gaz(m) 34, 35, 232, 737, 744.
gaz(m) brûlés 436.
gaz(m) carbonique de refroidissement(m) 760.
gaz(m) inerte 232, 233.
gazole(m) 744.
gazon(m) 263.
gélule(f) 725.
Gémeaux(m) 11.
Gémeaux(m)(21 mai) 820.
gencive(f) 142, 144.
générateur(m) d'air(m) chaud 206.
générateur(m) d'air(m) chaud électrique 207.
générateur(m) de tonalités(f) d'amorces(f) 407.
générateur(m) de vapeur(f) 759, 761, 762, 771, 806.
genou(m) 100, 106, 116, 118.
genouillère(f) 595, 602, 609, 792.
géométrie(f) 830.
gerbeur(m) 788.
germe(m) 109, 152.
germes(m) de soja(m) 72.
geyser(m) 25.
gibbeuse(f) croissante 6.
gibbeuse(f) décroissante 7.
gicleur(m) 209, 741.

gicleur(m) de lave-glace(m) 426.
gicleurs(m) 766.
gilet(m) 322, 338.
gilet(m) 317.
gilet(m) athlétique 325.
gilet(m) de laine(f) 326.
gilet(m) de laine(f) 338.
gilet(m) de sécurité(f) 730.
gilet(m) de stabilisation(f) 627.
Girafe(f) 11.
girelle(f) 584.
giron(m) 201.
girouette(f) 41, 628.
glace(f) 34, 427, 429, 484.
glace(f) de custode(f) 427.
glacier(m) 26.
glacier(m) de piémont(m) 27.
glacier(m) suspendu 26.
glacière(f) 690.
glacis(m) 178.
glaive(m) 791.
gland(m) 127, 229, 231.
glande(f) à venin(m) 96.
glande(f) de Cowper 127.
glande(f) digestive 92.
glande(f) mammaire 129.
glande(f) sébacée 136.
glande(f) sudoripare apocrine 136.
glande(f) sudoripare eccrine 136.
glande(f) surrénale 132.
glandes(f) salivaires 131.
glissière(f) 257, 470, 568, 797.
glissière(f) d'ajustement(m) 406.
glissière(f) d'auvent(m) 449.
glissière(f) de fixation(f) 718.
glissière(f) du guide(m) 285.
glissoir(m) 354.
glissoire(f) de recul(m) 802.
globe(m) 689.
globe(m) oculaire 140.
globe(m) oculaire 84.
glome(m) 104.
glotte(f) 96, 142.
go(m) 697.
go(m), terrain(m) 697.
godet(m) 304, 592, 782.
godet(m) à couleur(f) 590.
godet(m) à poussière(m) 260.
godet(m) chargeur 785.
godet(m) rétro 782.
goélette(f) 482.
golf(m) 676, 678.
golf(m), bâtons(m) 678.
golf(m), bois(m) 678.
golf(m), fer(m) 678.
golf(m), parcours(m) 676.
golfe(m) 51.
gombo(m) 69.
gomme(f) 515.
gond(m) 202, 225.
gonfalon(m) 817.
gonfleur(m) 687.
gonfleur(m) 627.
gonfleur(m)-dégonfleur(m) 687.
gong(m) 554.
gong(m) 557.
gorge(f) 24, 108, 282, 671.
gorgerin(m) 792.
gouge(f) 587.
gouge(f) creuse 581.
gouge(f) en V 581.
goujon(m) 432.
goujure(f) 281.
goupille(f) 780.
gour(m) 24.
gourde(f) 690.
gourmand(m) 61.
gourmette(f) 364.
gourmette(f) 649, 650.
gourmette(f) d'identité(f) 364.
gousse(f), coupe(f) 67.
gousset(m) de latte(f) 628, 631.
goutte(f) 167.
goutte(f) de pluie(f) 36.
gouttelette(f) lipidique 115.
gouttière(f) 105, 197, 235, 427.
gouvernail(m) 496, 511, 628, 742, 773.
gouvernail(m) de direction(f) 639, 806, 812.
gouvernail(m) de plongée(f) avant 807.
gouvernail(m) de profondeur(f) 639.
gouverne(f) 814.
gouverne(f) de direction(f) 499.
gouverne(f) de profondeur(f) 499.
goyave(f) 68.
gradin(m) 733.
graduation(f) 705, 711, 719, 726.
grain(m) 39, 72.

grain(m) d'amidon(m) 115.
grain(m) de blé(m), coupe(f) 152.
graine(f) 62, 63, 64, 65, 66, 67.
grains(f) de soja(m) 72.
graisses(f) 745.
graisseur(m) 734.
grand adducteur(m) 121.
grand cacatois(m) avant 481.
Grand Chien(m) 13.
grand complexus(m) 121.
grand dorsal(m) 121.
grand droit(m) de l'abdomen(m) 120.
grand fauchage(m) extérieur 668.
grand fauchage(m) intérieur 668.
grand fessier(m) 121.
grand foc(m) 481.
grand hunier(m) fixe avant 481.
grand hunier(m) volant avant 481.
grand largue(m) 629.
grand mât(m) arrière 478.
grand mât(m) avant 479.
grand miroir(m) 484.
grand oblique(m) de l'abdomen(m) 120, 121.
grand palmaire(m) 120.
grand pectoral(m) 120.
grand perroquet(m) fixe avant 481.
grand perroquet(m) volant avant 481.
grand rabat(m) 386.
grand rond(m) 121.
grand sésamoïde(m) 102.
grand tournant(m) 651.
grand trochanter(m) 123.
grand-voile(f) 628.
grand-voile(f) arrière 480.
grand-voile(f) avant 481.
grand-voile(f) d'étai(m) arrière 480.
grande échelle(f) 780.
grande lame(f) 688.
grande lèvre(f) 128, 129.
Grande Ourse(f) 11.
grande sus-alaire(f) 110.
grande ville(f) 51.
grandes lignes(f) 464.
grange(f) 148.
granulation(f) 6.
grappe(f) 60.
grappe(f) de combustible(m) 765.
grappe(f) de combustible(m) 765.
grappe(f) de raisin(m) 801.
grappe(f) de raisins(m) 61.
grappin(m) 483.
grasset(m) 101.
gratte-ciel(m) 185.
gratte-ongles(m) 365.
grattoir(m) 304.
gravier(m) 199, 216.
gravure(f) en creux(m) 582.
gravure(f) en creux(m), matériel(m) 582.
gravure(f) en relief(m) 581.
gravure(f) en relief(m), matériel(m) 581.
gravure(f) sur bois(m) de fil(m) 581.
gravure(f) sur bois(m) debout 581.
grébiche(f) 379.
grecquage(m) 578.
grecque(f) 578.
gréement(m) 478.
gréements(m), types(m) 482.
greffoir(m) 269.
grêlon(m) 37.
grenade(f) 68.
grenade(f) à main(f) 804.
grenat(m) 362.
grenouille(f) 84.
grenouille(f), métamorphose(f) 84.
grenouillère(f) 349.
grésil(m) 37, 39.
grève(f) 792.
griffe(f) 78, 80, 91, 97, 106, 107, 108, 112, 364.
griffe(f) à fleurs(f) 268.
griffe(f) abaissée, chat(m) 107.
griffe(f) d'entraînement(m) 562.
griffe(f) porte-accessoires(m) 391, 409.
griffe(f) rétractable, chat(m) 107.
gril(m) 188.
gril(m) électrique 253.
gril(m) pliant 690.
grillage(m) 211, 214.
grillage(m) de protection(f) 310.
grille(f) 161, 168, 248, 255, 374, 410, 438, 536, 595, 747.
grille(f) à reine(f) 82.
grille(f) d'aération(f) 257, 477.
grille(f) d'aspiration(f) 370.

...es termes en **caractères gras** renvoient à une illustration; les termes en *italique* indiquent l'usage québécois

grille(f) d'éclairage(m) 414.
grille(f) d'entrée(f) d'air(m) 443.
grille(f) d'extrémité(f) 765.
grille(f) d'habillage(m) 208.
grille(f) de chauffage(m) 477.
grille(f) de sortie(f) d'air(m) 370.
grille(f) de vaporisation(f) 210.
grille(f) de ventilation(f) 260.
grille(f) métallique conductrice 768.
grille(f) stabilisatrice 689.
grille-pain(m) 252.
gros intestin(m) 131.
groseille(f) à grappes(f) 62.
groseille(f) à maquereau(m) 62.
grosse caisse(f) 552, 557.
grosse quille(f) 683.
grotte(f) 24.
grotte(f) 30.
groupe(m) bulbe(m) 752.
groupe(m) de climatisation(f) 506.
groupe(m) de démarrage(m) pneumatique(m) 506.
groupe(m) électrogène 506.
groupe(m) frigorifique 441.
groupe(m) turbo-alternateur(m) 753.
groupe(m) turbo-alternateur(m) 747.
Grue(f) 13, 738.
grue(f) à flèche 490.
grue(f) à tour(f) 786.
grue(f) de bord(m) 811.
grue(f) sur ponton(m) 490.
grue(f) sur porteur(m) 786.
gruppetto(m) 538.
guêpière(f) 347.
guerrier(m) gaulois 791.
gueules(m) 819.
gui(m) 478.
guichet(m) 599.
guichet(m) 599.
guide(m) 252, 529, 578.
guide(m) à onglet(m) 285.
guide(m) d'ondes(f) 415.
guide(m) de refend(m) 284, 285.
guide(m) des températures(f) 256.
guide(m) extérieur 578.
guide-bande(m) 403.
guide-chaîne(m) 272, 448.
guide-fil(m) 561, 562, 569.
guide-ligne(m) 671.
guide-papier(m) 421, 531.
guides(m) de classement(m) 518.
guidon(m) 817.
guidon(m) 271, 445, 447, 664, 795, 797, 798, 799, 804.
guillemets(m) 832.
guimbarde(f) 536.
guindant(m) 631, 817.
guitare(f) acoustique 546.
guitare(f) électrique 547.
guyot(m) 28.
gymnase(m) 496.
gymnastique(f) 659, 660.
gyrophare(m) 781.
gyroscope(m) 814.

H

habitation(f) 148.
hache(f) 781.
hache(f) en pierre(f) polie 791.
hachette(f) 690.
hachoir(m) 243.
hachure(f) 576.
hackle(m) 670.
haie(f) 656.
haie(f) 263.
haie(f) barrée 647.
haie(f) barrée 646.
haie(f) de steeple(m) 656.
haie(f) rivière(f) 647.
haie(f) rivière(f) 646.
halebas(m) 628.
halefis(m) de culasse(f)(16) 363.
halefis(m) de table(f)(16) 363.
hall(m) 190.
hall(m) public 504.
haltère(m) court 665.
haltère(m) long 663.
haltérophile(m) 662.
haltérophilie(f) 662.
hameçon(m) 671.
hameçon(m) 670.
hameçon(m) monté 672.
hameçon(m) triple 672.
hampe(f) 38, 671, 817.
hanche(f) 78, 80, 117, 119.
hanche(f) ailée 668.
handball(m) 612.

handball(m), ballon(m) 612.
handball(m), terrain(m) 612.
hangar(m) 148, 503, 811.
hangar(m) de transit(m) 490.
hangar(m) pour hélicoptères(m) 808.
haricot(m) vert 69.
harmonica(m) 536.
harnais(m) 572, 627, 635, 636, 637, 645.
harpe(f) 545.
harpes(f) 556.
hastée 56.
hauban(m) 446, 479, 628, 637, 685, 774.
haubans(m) 456.
haubans(m) en éventail(m) 456.
haubans(m) en harpe(f) 456.
hausse(f) 82, 544, 795, 796, 798, 804.
haut-de-chausse(m) 316.
haut-de-forme(m) 328.
haut-parleur(m) 408, 420, 500, 779.
haut-parleur(m) d'aigus(m) 16, 400.
haut-parleur(m) de contrôle(m) 407, 412, 413, 415.
haut-parleur(m) de graves(m) 16, 400.
haut-parleur(m) de médiums(m) 16, 400.
haut-parleur(m) de médiums(m) 16.
hautbois(m) 548, 557.
hauteur(f) de la vague(f) 30.
hauteur(f) de marche(f) 201.
hauteur(f) du gradin(m) 733.
hauteur(f) du plongeon(m) 625.
hélice(f) 160, 495, 496, 742, 806.
hélice(f) de propulsion(f) 492.
hélices(f) 808.
hélicoptère(m) 508.
hélicoptère(m) 808.
héliographe(m) 40.
hélisurface(f) 738, 808.
hélix(m) 139.
hémisphère Est 47.
hémisphère(m) austral 3.
hémisphère(m) boréal 3.
hémisphère(m) Nord 47.
hémisphère(m) Ouest 47.
hémisphère(m) Sud 47.
hémisphères(f) 47.
hennin(m) 318.
héraldique(f) 817, 818.
herbivores(m) 31, 33.
herbivore(m), mâchoire(f) 98.
Hercule 11.
hermine(f) 819.
herminette(f) 587.
herse(f) 188.
hile(m) du rein(m) 132.
hiver(m) 8.
hockey(m) sur gazon(m) 607.
hockey(m) sur gazon(m), terrain(m) 607.
hockey(m) sur glace(f) 608.
hockey(m), balle(f) 607.
hockeyeur(m) 609.
homard(m) 90.
hôpital(m) 822.
horizon(m) de secours(m) 500.
horloge(f) 407, 413, 415, 714.
horloge(f) de parquet(m) 707.
horloge(f) programmatrice 253, 255.
hôtel(m) 185.
hotte(f) 255.
hotte(f) 204.
houe(f) 267.
houe(f) rotative 157.
houpette(f) 366.
houppelande(f) 317.
houppier(m) 59.
housse(f) à vêtements(m) 382.
housse(f) d'oreiller(m) 224.
hublot(m) 253, 255, 496, 498.
hublot(m) d'atterrissage(m) 508.
hublot(m) d'observation(f) 510.
hublot(m) de chargement(m) 764.
hublot(m) de déchargement(m) du combustible(m) irradié 764.
huile(f) de lin(m) 592.
huiles(f) lubrifiantes 745.
huit 632.
huitième(m) de soupir(m) 538.
huître(f) 92.
huître(f) 93.
huméro-stylo-radial(m) 120.
humérus(m) 102, 122.
humeur(f) aqueuse 140.
humide, à été(m) court 45.
humide, à été(m) long 45.
humidificateur(m) 210.
humidité(f) 210.
humidité(f) de l'air(m) 34.
humidité(f), mesure(f) 41.

hune(f) 478.
hutte(f) 165.
Hydre(f) femelle 11, 13.
Hydre(f) mâle 13.
hydromètre(m) 439.
hydroptère(m) 495.
hydrosphère(f) 31.
hygiène(f) dentaire 373.
hygromètre(m) 210.
hygromètre(m) enregistreur 41.
hypergone(m) 392.
hyphe(m) 55.
hypoderme(m) 137.
hypophyse(f) 134.
hysope(f) 74.

I

igloo(m) 165.
île(f) 51.
île(f) de sable(m) 30.
île(f) volcanique 28.
iléon(m) 131.
îlot(m) 452.
îlot(m) refuge(m) 184.
îlôt(m) rocheux 30.
image(f) imprimée 580.
immeuble(m) à bureaux(m) 185.
immeuble(m) commercial 185.
immobilisation(f) 668.
impair(m) 700, 701.
imparipennée 56.
imperméable(m) 319.
impluvium(m) 170, 171.
imposte(f) 174.
impression(f) 580.
impression(f) 532.
impression(f) à plat(m) 580.
impression(f) des messages(m) 421.
impression(f) en creux(m) 580.
impression(f) en relief(m) 580.
imprimante(f) 421.
imprimante(f) 523.
imprimante(f) laser(m) 527.
imprimante(f) matricielle 531.
imprimante(f) matricielle 527.
impulsion(f) 722.
incisive(f) 98.
incisive(f) centrale 144.
incisive(f) latérale 144.
incisives(f) 144.
inclinaison(f) de la lame(f) 284, 285.
inclusion(f) 830.
index(m) 137, 709.
index(m) de composition(f) automatique 420.
indicateur(m) de charge(f) 374.
indicateur(m) de niveau(m) 403.
indicateur(m) de niveau(m) de carburant(m) 431, 512.
indicateur(m) de réglage(m) 641.
indicateur(m) de température(f) 431.
indicateur(m) de tension(f) 562.
indicateur(m) de virage(m) et d'inclinaison(f) latérale 639.
indicateur(m) de vitesse(f) 431, 445, 664.
indice(f) d'exposition(f) 396.
Indien(m) 13.
infiltration(f) 34.
infini(m) 830.
inflorescence(f), modes(m) 60.
influx(m) nerveux 135.
informations(f)-navigation(f) 500.
informations(f)-pilotage(m) 500.
informations(f)-systèmes(m) de bord(m) 500.
infrastructure(f) 450.
injecteur(m) 434, 437.
injecteur(m) de lubrifiant(m) 735.
injection(f)/explosion(f) 437.
insectes(m) 77.
insectivores(m) 31.
inspiration(f) 622.
installation(f) à air(m) chaud pulsé 206.
installation(f) à eau(f) chaude 208.
instruments(m) à clavier(m) 540.
instruments(m) à cordes(f) 544, 546.
instruments(m) à percussion(f) 552, 554.
instruments(m) à vent(m) 548, 550.
instruments(m) d'écriture(f) 389.
instruments(m) de bord(m) 431.
instruments(m) de bord(m) 430.
instruments(m) de vol(m) 635.

instruments(m) électroniques 555.
instruments(m) scientifiques 511.
instruments(m) traditionnels 535, 536.
intégrale(f) 830.
Intelsat VII 418.
interdiction(f) de dépasser 824, 825.
interdiction(f) de faire demi-tour(m) 824, 825.
intérieur(m) droit 601.
intérieur(m) gauche 601.
interligne(m) 537.
interosseux(m) 120.
interphone(m) 413.
interrupteur(m) 309.
interrupteur(m) 234, 247, 254, 260, 280, 283, 285, 305, 370, 373, 374, 406, 485, 529.
interrupteur(m) à gâchette(f) 284.
interrupteur(m) d'accord(m) 403.
interrupteur(m) d'alimentation(f) 402, 405, 410, 411, 555.
interrupteur(m) d'éclairage(m) 368.
interrupteur(m) de démarrage(m) 259.
interrupteur(m) de la porte(f) 259.
interrupteur(m) de mise(f) au point(m) automatique 397.
interrupteur(m) du magnétoscope(m) 411.
interrupteur(m) du téléviseur(m) 411.
interrupteur(m) moteur(m)/éclairage(m) 561.
interrupteur(m) principal 757.
intersection(f) 830.
intersection(f) avec priorité(f) 824, 825.
intervalle(m) 489.
intervalle(m) d'air(m) 772.
intervalles(m) 537.
intestin(m) 88, 92, 97, 124.
intestin(m) grêle 131.
intrados(m) 174.
inverseur(m) 212.
inverseur(m) de signe(m) 523.
inverseur(m) route(f)-croisement(m) 444.
Io 4.
iris(m) 140.
isba(f) 165.
ischion(m) 123.
isobare(f) 38.
isolant(m) 199, 200, 209, 257, 297, 768.
isolant(m) de ruban(m) métallique 287.
isolant(m) en caoutchouc(m)-mousse(f) 287.
isolant(m) en coquille(f) 287.
isolant(m) en panneau(m) 287.
isolant(m) en plastique(m) 312.
isolant(m) en rouleau(m) 287.
isolant(m) en ruban(m) 287.
isolant(m) en vinyle(m) 287.
isolant(m) en vrac(m) 287.
isolant(m) moussé 287.
isolants(m) 287.
isolateur(m) 439, 757.
isthme(m) 51.
isthme(m) de la trompe(f) utérine 129.
isthme(m) du gosier(m) 142.
ivoire(m) 144.

J

jabot(m) 342.
jachère(f) 148.
jack(m) 400.
jack(m) de sortie(f) 547.
jacquet(m) 697.
jambage(m) 204.
jambe(f) 101, 117, 119, 325.
jambe(f) élastique 325.
jambette(f) 199.
jambier(m) antérieur 120.
jambière(f) 353, 598, 680.
jambière(f) de gardien(m) de but(m) 609.
jan(m) extérieur 697.
jan(m) intérieur 697.
jante(f) 147, 433, 442, 447, 658.
jaquette(f) 648.
jardin(m) 171.
jardin(m) d'agrément(m) 263.
jardin(m) d'agrément(m) 193.
jardin(m) potager 148, 193.
jardin(m) public 190.
jardin(m), outillage(m) 264, 266, 268, 270, 272.

848

jarret(m) 101, 106.
jarretelle(f) 347.
jas(m) 483.
jauge(f) à aiguilles(f) 567.
jauge(f) magnétique à lecture(f) directe 741.
jaune(m) 109.
javelot(m) 791.
javelots(m) 658.
jean(m) 336.
jéjunum(m) 131.
jet(m) d'air(m) 590.
jet(m) d'eau(f) 202, 203.
jet(m) de couleur(f) 590.
jet(m) dentaire 373.
jetée(f) 739.
jeu(m) d'ustensiles(m) 244.
jeu(m) de brides(f) 730.
jeu(m) de dilatation(f) 466.
jeu(m) de fléchettes(f) 698.
jeu(m) de quilles(f) 683.
jeu(m) étendu de caractères(m) 530.
jeux(m) vidéo, système(m) 699.
jockey(m) 651.
jodhpurs(m) 648.
joint(m) 257, 389.
joint(m) à coulisse(f) 278.
joint(m) d'étanchéité(f) 296, 741.
joint(m) de bougie(f) 439.
joint(m) de carter(m) 434.
joint(m) de sécurité(f) du scaphandre(m) 512.
joint(m) magnétique 254.
joint(m) périmétral 750.
joint(m) torique 294, 295.
Joker(m) 695.
jonc(m) 364.
jonction(f) positif(m)/négatif(m) 768.
joue(f) 106, 118, 275, 670.
joue(f) de jante(f) 433.
jouets(m) 650.
joueur(m) 626.
joueur(m) de cricket(m) 598.
joueuse(f) de tennis(m) 615.
judo(m) 668.
juge(m) 666, 668, 669.
juge(m) de but(m) 608, 626.
juge(m) de champ(m) arrière 603, 605.
juge(m) de classement(m) 621.
juge(m) de départ(m) 621.
juge(m) de faute(f) au jeu(m) 614.
juge(m) de filet(m) 614.
juge(m) de ligne(f) 605, 608, 613, 614, 618.
juge(m) de mêlée(f) 605.
juge(m) de nages(f) 621.
juge(m) de passes(f) et de bottés(m) 605.
juge(m) de service(m) 614, 618.
juge(m) de touche(f) 601, 605, 606.
juge(m) de virages(m) 621.
jugulaire(f) 602, 777.
jumeau(m) 120.
jumelles(f) à prismes(m) 719.
jupe(f) 331.
jupe(f) à empiècement(m) 334.
jupe(f) à lés(f) 334.
jupe(f) à volants(m) étagés 334.
jupe(f) de masque(m) 730.
jupe(f) de piston(m) 434.
jupe(f) droite 334.
jupe(f) fourreau(m) 334.
jupe(f) froncée 335.
jupe(f) portefeuille(m) 334.
jupe(f) souple 493.
jupe(f)-culotte(f) 334.
jupes(f), types(m) 334.
jupette(f) 615.
jupon(m) 345.
justaucorps(m) 315.
justaucorps(m) 353.

K

kaki(m) 68.
kérosène(m) 744, 745.
ketch(m) 482.
kilt(m) 335.
kimono(m) 348.
kiosque(m) 453, 475, 807.
kiwi(m) 68.
knicker(m) 336.
kumquat(m) 65.

L

la(m) 537.
la(m) universel 539.
laboratoire(m) 15.

laboratoire(m) spatial 511.
laboratoire(m) supérieur 15.
lac(m) 7, 27, 51.
lac(m) salé 46.
laccolite(f) 25.
lacet(m) 354.
lacet(m) 352, 596, 644, 669.
lacet(m) de serrage(m) 381.
lacis(m) 645.
lactaire(m) délicieux 55.
lacune(f) latérale 104.
lacune(f) médiane 104.
lagune(f) 30.
laie(f) 628.
laiterie(f) 149.
laitue(f) pommée 73.
laize(f) 628.
lambourde(f) 198.
lame(f) 783.
lame(f) 200, 231, 239, 242, 268, 271, 276, 277, 284, 285, 291, 304, 309, 369, 374, 431, 536, 554, 564, 573, 609, 644, 666, 681, 783, 784.
lame(f) à deux biseaux(m) 587.
lame(f) à double tranchant(m) 374.
lame(f) coudée 587.
lame(f) criblée de l'ethmoïde(m) 141.
lame(f) d'étouffoir(m) 541.
lame(f) de coupe(f) 256.
lame(f) de scie(f) circulaire 284.
lame(f) de suspension(f) 707.
lame(f) dentée 369.
lame(f) droite 587.
lame(f) droite 369.
lame(f) en cuiller(f) 587.
lame(f) fixe 578.
lame(f) isolée 310.
lame(f) mobile 578.
lame(f) porte-objet(m) 718.
lame(f) racleuse 784.
lame(f)-ressort(m) 726.
lames(f), principales formes(f) 587.
lampadaire(m) 236.
lampadaire(m) 185.
lampe(f) 310, 718.
lampe(f) à économie(f) d'énergie(f) 233.
lampe(f) à halogène(m) 233.
lampe(f) à incandescence(f) 232.
lampe(f) à incandescence(f) 486, 769.
lampe(f) à souder 299, 307.
lampe(f) au néon(m) 310.
lampe(f) d'architecte(m) 234.
lampe(f) de bureau(m) 234.
lampe(f) de table(f) 236.
lampe(f) frontale 680.
lampe(f) liseuse 234.
lampe(f) portative 777.
lampe(f)-éclair(m) 393.
lampe(f)-témoin(m) 666.
lampe(f)-tempête(f) 690.
lampes(f) témoins(m) 410, 431.
lance(f) 306, 778, 791.
lance(f) à eau(f) 781.
lance(f) d'arrosage(m) 265.
lance(f)-canon(m) 778.
lance-missiles(m) 811.
lance-pots(m) fumigènes 805.
lancement(m) de la boule(f) 682.
lancéolée 56.
lancer(m) 682.
lancer(m) disque(m) et marteau(m) 654.
lancer(m) du javelot(m) 654.
lancer(m) du poids(m) 655.
lancers(m) 658.
lanceur(m) 597, 599.
lange(m) 581.
langouste(f) 91.
langoustine(f) 91.
langue(f) 81, 88, 131, 142.
langue(f) bifide 96.
langue(f) glaciaire 26.
langue(f), dos(m) 143.
languette(f) 352, 354, 542, 641, 644.
lanière(f) 541, 633, 662, 680.
lanterne(f) 689, 801.
lanterne(f) 263, 486.
lanterne(f) de phare(m) 486.
lanterne(f) de pied(m) 235.
lanterne(f) murale 235.
lapiaz(m) 24.
lapis-lazuli(m) 362.
largue(f) 629.
larve(f) 82.
larynx(m) 130, 142.
latitude(f) 47.

latitude(f) 3.
latrines(f) 171.
latte(f) 231, 571, 628, 631, 637, 773.
lattis(m) de plâtre(m) lisse 286.
lattis(m) métallique à losanges(m) 286.
laurier(m) 74.
lavabo(m) 215, 292.
lavage(m) 829.
lavallière(f) 324.
lave-auto(m) 453.
lave-linge(m) 258, 298.
lave-linge(m) 215, 298.
lave-vaisselle(m) 257, 298.
lave-vaisselle(m) 298.
laver à la machine(f) à l'eau(f) chaude avec agitation(f) normale 829.
laver à la machine(f) à l'eau(f) chaude avec agitation(f) réduite 829.
laver à la machine(f) à l'eau(f) tiède avec agitation(f) réduite 829.
laver à la machine(f) à l'eau(f) très chaude avec agitation(f) normale 829.
laver à la main(f) à l'eau(f) tiède 829.
laveuse(f) 258, 298.
laveuse(f) 298.
laveuse(f) pour épreuves(f) 399.
laye(f) 543.
lecteur(m) de carte(f) 422.
lecteur(m) de cartouche(f) 527.
lecteur(m) de cassette(f) 408, 526.
lecteur(m) de disque(m) compact 405.
lecteur(m) de disque(m) compact 400, 407, 408, 526.
lecteur(m) de disque(m) dur 529.
lecteur(m) de disque(m) dur 526, 528.
lecteur(m) de disque(m) optique 527.
lecteur(m) de disquette(f) 526, 528, 555.
lecture(f) 831.
lecture(f) 403, 411.
lecture(f) automatique/manuelle 310.
lecture(f) de plans(m) 193, 195.
lecture(f) rapide 405.
lecture(f)/pause(f) 405.
légionnaire(m) romain 791.
légumes(m) 69, 70, 71, 72, 73.
légumes(m) 33.
légumes(m) bulbes(f) 70.
légumes(m) feuilles(f) 73.
légumes(m) fleurs(f) 69.
légumes(m) fruits(m) 69.
légumes(m) graines(f) 72.
légumes(m) racines(f) 71.
légumes(m) tiges(f) 72.
légumes(m) tubercules(m) 71.
légumier(m) 238.
lentille(f) 385, 390, 392, 707.
lentille(f) biconcave 722.
lentille(f) biconvexe 722.
lentille(f) concave 722.
lentille(f) convexe 722.
lentille(f) de champ 718.
lentille(f) de macrophotographie(f) 392.
lentille(f) objectif(m) 718, 719, 721.
lentille(f) plan(m)-concave 722.
lentille(f) plan(m)-convexe 722.
lentilles(f) 722.
lentilles(f) 72.
lentilles(f) convergentes 722.
lentilles(f) de mise(f) au point(m) 717.
lentilles(f) de redressement(m) 718.
lentilles(f) divergentes 722.
lest(m) 786.
leucoplaste(m) 115.
lève-fil(m) 256.
lève-soupape(m) 299.
levier(m) 278, 294, 295, 296, 365, 370, 583, 798.
levier(m) à ressort(m) 702.
levier(m) coudé 782.
levier(m) d'armement(m) 796, 804.
levier(m) d'écartement(m) 158.
levier(m) d'échappement(m) 541.
levier(m) d'embrayage(m) 272, 442, 444.
levier(m) de clé(f) 549.
levier(m) de commande(f) 283, 735.
levier(m) de commande(f) manuelle 467.
levier(m) de conduite(f) 788.
levier(m) de déclenchement(m) 293.
levier(m) de dégagement(m) 278.

levier(m) de dégagement(m) du papier(m) 525.
levier(m) de dégagement(m) du presse-papier(m) 525.
levier(m) de fixation(f) de venturi(m) 804.
levier(m) de frein(m) à main(f) 430, 470.
levier(m) de frein(m) avant 444.
levier(m) de la lame(f) 578.
levier(m) de manœuvre(f) 787, 788.
levier(m) de manœuvre(f) de la culasse(f) 802.
levier(m) de perçage(m) 256.
levier(m) de réglage(m) 539.
levier(m) de réglage(m) latéral 277.
levier(m) de relevage(m) 147.
levier(m) de serrage(m) 282.
levier(m) de tissage(m) 568.
levier(m) de verrouillage(m) 471.
levier(m) de vibrato(m) 547.
levier(m) de vitesse(f) 430.
levier(m) des aérofreins(m) 500.
levier(m) des volets(m) 500.
levier(m) du bloc(m) 277.
levier(m) du piston(m) 291.
levier(m) du protège-lame(m) inférieur 284.
levier(m) du train(m) d'atterrissage(m) 500.
levier(m) télescopique de dételage(m) 470.
lèvre(f) 100, 107, 281.
lèvre(f) inférieure 142, 542.
lèvre(f) supérieure 81, 142, 542.
Lézard(m) 11.
liaison(f) 539.
liaison(f) électrique 213.
liaison(f) frigorifique 213.
libellule(f) 77.
liber(m) 59.
liberté(f) de langue(f) 650.
lice(f) 181.
lierne(f) 177.
lieuse(f) 159.
Lièvre(m) 13.
ligament(m) 95.
ligament(m) alvéolo-dentaire 144.
ligament(m) élastique 92, 107.
ligament(m) large de l'utérus(m) 129.
ligament(m) rond de l'utérus(m) 129.
ligament(m) suspenseur 140.
ligne(f) 537.
ligne(f) arrière 611, 620.
ligne(f) avant 611.
ligne(f) blanche 104.
ligne(f) bleue 608.
ligne(f) centrale 608, 619.
ligne(f) d'appel(m) triple saut(m) 654.
ligne(f) d'arrivée(f) 654.
ligne(f) d'attaque(f) 613.
ligne(f) d'avertissement(m)- épée(f) et sabre(m) 666.
ligne(f) d'avertissement(m)- fleuret(m) 666.
ligne(f) d'ourlet(m) 565.
ligne(f) de balayage(m) 620.
ligne(f) de ballon(m) mort 606.
ligne(f) de bâti(m) 565.
ligne(f) de boîte(f) de service(m) 617.
ligne(f) de but(m) 601, 604, 606, 607, 608, 612, 626.
ligne(f) de cadre(m) 674.
ligne(f) de centre(m) 604, 607, 620, 682.
ligne(f) de côté(f) 613.
ligne(f) de couloir(m) 656.
ligne(f) de coupe(f) 565.
ligne(f) de croissance(f) 83, 95.
ligne(f) de demi-court(f) 616.
ligne(f) de départ(m) 620, 655, 656.
ligne(f) de distribution(f) à basse tension(f) 757.
ligne(f) de distribution(f) à moyenne tension(f) 757.
ligne(f) de double(m) 614.
ligne(f) de foi(f) 485.
ligne(f) de fond(m) 604, 610, 613, 614, 618, 619, 621.
ligne(f) de jet(m) franc 612.
ligne(f) de jeu(m) 597, 620, 683, 698.
ligne(f) de lancer(m) franc 610.
ligne(f) de limite(f) arrière 666.
ligne(f) de mêlée(f) 603, 605.
ligne(f) de mise(f) en garde(f) 666.
ligne(f) de modification(f) 565.
ligne(f) de piqûre(f) de la fermeture(f) 565.
ligne(f) de réception(f) de service(m) 617.

Les termes en **caractères gras** renvoient à une illustration; les termes en *italique* indiquent l'usage québécois

ligne(f) de retrait(m) 599.
ligne(f) de sécurité(f) 475.
ligne(f) de service(m) 614, 616, 617.
ligne(f) de service(m) court 618.
ligne(f) de service(m) long 618.
ligne(f) de simple(m) 618.
ligne(f) de surface(f) de but(m) 612.
ligne(f) de suture(f) 94.
ligne(f) de touche(f) 601, 604, 606, 607, 610, 611, 612.
ligne(f) de visée(f) 719.
ligne(f) des 10 mètres(m) 606.
ligne(f) des 15 mètres(m) 606.
ligne(f) des 2 m 626.
ligne(f) des 25 mètres(m) 606, 607.
ligne(f) des 4 m 626.
ligne(f) des 5 mètres(m) 606.
ligne(f) des courtes(f) 616.
ligne(f) des sept mètres(m) 612.
ligne(f) des verges(f) 604.
ligne(f) isosiste 23.
ligne(f) latérale 87, 616, 619, 620.
ligne(f) latérale de double(m) 618.
ligne(f) latérale de simple(m) 618.
ligne(f) médiane 601, 606, 610, 612, 618, 626, 666.
ligne(f) médiane de service(m) 614.
ligne(f) méridienne 719.
ligne(f) supplémentaire 537.
ligneur(m) 367.
limaçon(m) 139.
limbe(m) 57, 484.
lime(f) 277.
lime(f) 365, 688.
lime(f) à ongles(m) 365.
limes(f)-émeri(m) 365.
limitation(f) de hauteur(f) 826, 827.
limite(f) d'arrondissement(m) 52.
limite(f) de la ville(f) 52.
limite(f) de retour(m) 599.
limite(f) du batteur(m) 599.
limite(f) du terrain(m) 193.
limite(f) hors-terrain 616.
limiteur(m) de surchauffe(f) 259.
limon(m) 201.
limousine(f) 425.
linéaire 56.
lingerie(f) 460.
linteau(m) 175, 198, 202, 204.
lion(m) 98.
Lion(m) 11.
lion(m) passant 819.
Lion(m)(23 juillet) 820.
liquette(f) 337.
liquide(f) 216.
liquides(m) d'appoint(m) 592.
lire(f) 832.
lisière(f) 566.
lisse(f) 199, 471.
lisse(f) d'assise(f) 198, 199.
lisses(f) 573.
lisses(f) 572, 574.
listel 281.
lit(m) 224, 687.
lit(m) de camp(m) pliant 687.
lit(m) de l'ongle(m) 137.
litchi(m) 68.
literie(f) 224.
lithographie(f) 583.
lithographie(f), matériel(m) 583.
lithosphère(f) 31.
littoral(m), configuration(f) de 30.
livèche(f) 74.
livre(f) 832.
livre(m) relié 577.
livrée(f) 599.
livrée(f) 599.
loafer(m) 355.
lobé 56.
lobe(m) 111.
lobe(m) du nez(m) 141.
lobe(m) inférieur 130.
lobe(m) latéral inférieur 61.
lobe(m) latéral supérieur 61.
lobe(m) moyen 130.
lobe(m) supérieur 130.
lobe(m) terminal 61.
lobule(m) 139.
locaux(m) administratifs 462.
locaux(m) de service 172, 173.
locaux(m) du personnel(m) 494.
locomotive(f) diesel-électrique 468.
loge(f) 64, 65, 189.
loge(f) d'artiste(m) 189.
logement(m) de cassette(f) 403.
logement(m) de la bobine(f) 390.
logement(m) de la cassette(f) 409, 411.

logement(m) de rangement(m) 397.
logement(m) des officiers(m) 807, 808.
logement(m) du barillet(m) 290.
logement(m) du plateau(m) 405.
lointain(m) 188, 189.
long péronier(m) latéral 120.
long supinateur(m) 121.
longeron(m) 441, 498.
longeron(m) de chenille(f) 783.
longeron(m) latéral inférieur 470.
longeron(m) stabilisateur 788.
longitude(f) 47.
longitude(f) 3.
longueur(f) de la vague(f) 30.
loquet(m) 253, 257.
lorgnette(f) 377.
lorum(m) 109.
louche(f) 244.
loupe(f) 688.
loupe(f) de mise(f) au point(m) 399.
luette(f) 141, 142.
luge(f) 643.
lumière(f) 489, 542, 720, 721, 800, 801.
luminaires(m) 232, 234, 236.
Lune(f) 7.
Lune(f) 4, 8.
Lune(f), éclipse(f) de 8.
Lune(f), phases(f) de 6.
lunette(f) 713, 803.
lunette(f) astronomique 721.
lunette(f) astronomique, coupe(f) 721.
lunette(f) de visée(f) 718.
lunette(f) de visée(f) 798.
lunette(f) prismatique 484.
lunettes(f) 308, 376.
lunettes(f) de protection(f) 729.
lunettes(f) de sécurité(f) 729.
lunettes(f) de ski(m) 640.
lunettes(f) de soleil(m) 377.
lunettes(f) de vol(m) 635.
lunettes(f), parties(f) 376.
lunettes(f), principaux types(m) 377.
lunule(f) 95, 137.
lustre(m) 236.
Lynx(m) 11.
lyre(f) 535.
Lyre(f) 11.
lysosome(m) 115.

M

macaroni(m) 587.
mâche(f) 73.
machette(f) 794.
mâchicoulis(m) 181.
mâchicoulis(m) 180.
machine(f) à combustible(m) 759.
machine(f) à coudre 561.
machine(f) à écrire électronique 524.
machine(f) à faire les pâtes(f) 243.
machine(f) à sous(m) 702.
machine(f) à tricoter 568.
machine(f) de chargement(m) 760, 761, 764.
machine(f) de déchargement(m) 764.
machinerie(f) lourde 782, 784, 785.
mâchoire(f) 81, 311.
mâchoire(f) d'attelage(m) 471.
mâchoire(f) d'herbivore(m) 98.
mâchoire(f) de carnivore(m) 98.
mâchoire(f) de rongeur(m) 98.
mâchoire(f) dentée 278.
mâchoire(f) droite 278.
mâchoire(f) fixe 279.
mâchoire(f) incurvée 278.
mâchoire(f) mobile 279.
mâchoires(f), types(m) 98.
maçonnerie(f) 291.
magasins(m) 532.
magma(m) 25, 28.
magnétomètre(m) 42.
magnétophone(m) à cartouches(f) 407.
magnétophone(m) à cassette(f) numérique 407.
magnétoscope(m) 411.
magnétoscope(m) 401, 526.
maille(f) 619.
mailles(f) de montage(m) 567.
maillet(m) 275, 581, 586.
mailloche(f) 552.
mailloches(f) 553.

maillon(m)-gouge(f) 272.
maillot(m) 656.
maillot(m) de bain(m) 353.
maillot(m) de corps(m) 662.
main(f) 137.
main(f) 117, 119.
main(f) courante 201, 470, 727.
main(f) pleine 695.
maïs(m) 72, 152.
maïs(m) fourrager 149.
maison(f) 193, 620.
maison(f) individuelle 187.
maison(f) individuelle jumelée 187.
maison(f) romaine 170.
maison(f) solaire 772.
maison(f) sur pilotis(m) 165.
maison(f), charpente(f) 198.
maison(f), extérieur(m) 196.
maison(f), fondations(f) 199.
maison(f), structure(f) 198.
maisons(f) de ville(f) 187.
maisons(f) en rangée(f) 187.
maisons(f) traditionnelles 165.
maître(m)-brin(m) 645.
majeur(m) 137.
malaire(m) 122.
mâle(m) 831.
malle(f) 383.
mallette(f) de toilette(f) 382.
mallette(f) porte-documents(m) 378.
mamelle(f) 104.
mamelon(m) 116, 118, 129.
mamelon(m) double 301.
manche(f) 318, 322.
manche(f) à air(m) 817.
manche(f) ballon(m) 340.
manche(f) bouffante 340.
manche(f) chauve-souris(f) 339.
manche(f) chemisier(m) 340.
manche(f) flottante 316.
manche(f) gigot(m) 340.
manche(f) kimono(m) 340.
manche(f) marteau(m) 340.
manche(f) montée 324, 326.
manche(f) pagode(f) 340.
manche(f) pendante 316.
manche(f) raglan 340.
manche(f) raglan 319, 330, 350.
manche(f) tailleur(m) 340.
manche(f) trois-quarts 339.
manche(m) 239, 240, 241, 275, 276, 279, 291, 304, 306, 310, 373, 374, 375, 541, 544, 546, 547, 563, 570, 579, 596, 598, 607, 609, 615, 619, 632, 674, 677, 681.
manche(m) à balai(m) 526, 639.
manche(m) à balais(m) 508.
manche(m) de commande(f) 500.
manche(m) isolant 311.
manche(m) isolé 310.
mancheron(m) 339.
mancheron(m) 270, 272, 318.
manches(f), types(m) 339, 340.
manchette(f) 609.
manchon(m) 381.
manchon(m) 209, 301, 304, 632, 662, 663.
manchon(m) de câble(m) 280.
manchon(m) de culasse(f) 802.
manchon(m) de refroidissement(m) 796.
manchon(m) du cordon(m) 283, 305.
mandarine(f) 65.
mandibule(f) 80, 81, 86, 102, 109.
mandibule(f) 78.
mandoline(f) 535.
mandrin(m) 276, 280, 281, 283.
manette(f) 252.
manette(f) d'admission(f) d'air(m) 204.
manette(f) de blocage(m) du plateau(m) 283.
manette(f) de chasse(f) d'eau(m) 293.
manette(f) de contact(m) 235.
manette(f) de dérailleur(m) 447, 448.
manette(f) de glissement(m) 428.
manette(f) du frein(m) 445.
manettes(f) de poussée(f) 500.
mangue(f) 63.
manille(f) 630.
manifold(m) 738.
manivelle(f) 265, 280, 281, 441, 448, 573, 671, 793.
manivelle(f) d'orientation(f) des lames(f) 231.
manivelle(f) de la colonne(f) 393.
manivelle(f) de lève-glace(m) 429.

manivelle(f) de pointage(m) en direction(f) 803.
manivelle(f) de pointage(m) en hauteur(f) 802, 803.
mannequin(m) 564.
mannequin(m) articulé 592.
manœuvre(f) de la pelleteuse(f) 782.
manœuvres(f) d'apogée(m) 419.
manomètre(m) 627, 710, 740, 741, 778.
manomètre(m) d'accord(m) 553.
manomètre(m) de bouteille(f) 306.
manomètre(m) de chalumeau(m) 306.
manque(m)(1 à 18) 700, 701.
manteau(m) 331.
manteau(m) 204.
manteau(m) inférieur 22.
manteau(m) supérieur 22.
manteaux(m), types(m) 330.
manucure(f) 365.
manucure(f), accessoires(m) 365.
manuel(m) de premiers soins(m) 725.
manutention(f) 786, 788.
maquillage(m) 366.
maquillage(m) des lèvres(f) 366.
maquillage(m) des yeux(m) 367.
marais(m) salant 30.
marbre(m) 581.
marbre(m) 597.
marche(f) 201, 302, 572.
marche(f) avant/marche(f) arrière 272.
marche(f) de départ(m) 201.
marche(f)/arrêt(m) 408.
marche(f)/arrêt(m)/volume(m) 408.
marchepied(m) 302.
marchepied(m) 147, 440, 445, 478, 508, 778.
marchepied(m) en étrier(m) 470.
marchepied(m) escamotable 449.
marchepied(m) latéral 469.
marette(f) 311.
marge(f) continentale 29.
margeur(m) 398.
marinière(f) 337.
maritime arctique 38.
maritime polaire 38.
maritime tropical 38.
mark(m) 832.
marmite(f) 249.
marque(f) cardinale est(m) 489.
marque(f) cardinale ouest(m) 489.
marque(f) cardinale sud(m) 489.
marque(f) centrale 614.
marque(f) d'aire(f) de prise(f) de contact(m) 505.
marque(f) d'axe(m) de piste(f) 504.
marque(f) d'eaux(f) sécuritaires 489.
marque(f) de danger(m) isolé 489.
marque(f) de distance(f) constante 505.
marque(f) de jour(m) 486, 487.
marque(f) de point(m) d'attente(f) 504.
marque(f) déposée 831.
marque(f) déposée 384.
marque(f) latérale 489.
marque(f) spéciale 489.
marques(f) cardinales 488.
marques(f) d'identification(f) 504.
marques(f) de circulation(f) 503.
marques(f) de jour(m)(région(f) B) 489.
marques(f) de nuit(f), rythme(m) 489.
marques(f) de seuil(m) de piste(f) 505.
marques(f) latérales de piste(f) 504.
marqueur(m) 389, 515, 588.
marqueur(m) 610, 613, 666, 668.
marquise(f) 480.
marron(m) 66.
Mars 4.
marteau(m) 658.
marteau(m) 138, 540, 541.
marteau(m) à endosser 579.
marteau(m) à panne(f) ronde 275.
marteau(m) d'électricien(m) 311.
marteau(m) de charpentier(m) 275.
marteau(m) de maçon(m) 291.
marteau(m) de menuisier(m) 275.
marteau(m) perforateur 734.
marteau(m) perforateur à poussoir(m) pneumatique 734.
marteau(m) pneumatique 735.
marteau(m)-piolet(m) 681.
marteau(m)-piolet(m) 680.
martinet(m) 478.
martingale(f) 330.
martingale(f) 479, 666.

INDEX FRANÇAIS

Les termes en **caractères gras** renvoient à une illustration; les termes en *italique* indiquent l'usage québécois

mascara(m) en pain(m) 367.
mascara(m) liquide 367.
masque(m) 595, 602, 609, 627, 667.
masque(m) bucco-nasal 730.
masque(m) complet 777.
masque(m) de sélection(f) des couleurs(f) 410.
masque(m) protecteur 643.
masque(m) respiratoire 730.
masse(f) 714.
masse(f) pendulaire 539.
masse(f)-tige(f) 737.
masséter(m) 120.
massette(f) de réglage(m) 539.
massif(m) d'ancrage(m) des câbles(m) 456.
massif(m) de fleurs(f) 263.
massif(m) de fondation(f) 737.
massif(m) montagneux 51.
mât(m) 471, 628, 631, 637, 787, 788.
mât(m) avant 743.
mât(m) d'artimon(m) 478.
mât(m) de beaupré(m) 479.
mât(m) de cacatois(m) 479.
mât(m) de charge(f) 743.
mât(m) de hune(f) 479.
mât(m) de misaine(f) 479.
mât(m) de perroquet(m) 479.
mât(m) de toit(m) 686.
mât(m) radar(m) 742.
mât(m) rotor(m) 508.
matelas(m) 687.
matelas(m) 224, 726.
matelas(m) autogonflant 687.
matelas(m) mousse(f) 687.
matelas(m) pneumatique 687.
matelassure(f) 649.
mâtereau(m) 743.
matériaux(m) de base(f) 286.
matériaux(m) de construction(f) 286, 288.
matériaux(m) de revêtement(m) 286.
matériel(m) de camping(m) 688.
matériel(m) de secours(m) 726.
mathématiques(f) 830.
matières(f) corrosives 821.
matières(f) explosives 821.
matières(f) inflammables 821.
matières(f) radioactives 821.
matières(f) toxiques 821.
matrice(f) de l'ongle(m) 137.
maturation(f), vigne(f) 61.
mâture(f) 478.
maturité(f) 61.
maxillaire(m) 86, 109, 141.
maxillaire(m) basculant 96.
maxillaire(m) inférieur 122.
maxillaire(m) supérieur 122.
maxille(f) 90.
mazout(m) domestique 745.
mazout(m) léger 745.
mazout(m) lourd 745.
méat(m) de l'urètre(m) 127.
mécanique(f) d'accordage(m) 547.
mécanisme(m) à échappement(m) 539.
mécanisme(m) d'assistance(f) de la culasse(f) 796.
mécanisme(m) d'engrenage(m) 583.
mécanisme(m) d'enroulement(m) 231.
mécanisme(m) d'octave(f) 548.
mécanisme(m) d'orientation(f) de la lame(f) 784.
mécanisme(m) d'ouverture(f) de l'anse(f) 671.
mécanisme(m) de déploiement(m) 49.
mécanisme(m) de l'horloge(f) à poids(m) 707.
mécanisme(m) de levage(m) de la lame(f) 784.
mécanisme(m) de propulsion(f) 448.
mécanisme(m) de rebobinage(m) 390.
mécanisme(m) de tir(m) 804.
mèche(f) 544.
mèche(f) de tarière(f) 270.
mèche(f) double torsade(f) 281.
mèche(f) hélicoïdale 281.
médaillon(m) 361.
médecin(m) 669.
médiator(m) 535.
méditerranéen 45.
mégot(m) 386.
mélange(m) air(m)/carburant(m) 436.
mélangeur(m) 250.
mélangeur(m) à main(f) 250.
mélangeur(m) bain(m)-douche(f) 215.
mêlée(f) 603.

mêlée(f) au football(m) canadien 605.
mélèze(m) 58.
melon(m) 328.
melon(m) brodé 69.
membrane(f) 400, 406.
membrane(f) alaire 112.
membrane(f) coquillière 109.
membrane(f) cytoplasmique 115.
membrane(f) du tympan(m) 139.
membrane(f) interfémorale 112.
membrane(f) médiane 67.
membrane(f) nucléaire 115.
membrane(f) pellucide 128.
membrane(f) squelettique 115.
membrane(f) vitelline 109.
membre(m) inférieur 124.
membre(m) supérieur 124.
membrure(f) inférieure 455.
membrure(f) principale 756.
membrure(f) supérieure 455.
mémoire(f) des patrons(m) 569.
mémorisation(f) des données(f) 310.
meneur(m) 620.
ménisque(m) convergent 722.
ménisque(m) divergent 722.
menthe(f) 74.
menton(m) 108, 118.
mentonnière(f) 544, 777, 792.
menuiserie(f): outils(m) 275.
menuiserie(f): outils(m) 276.
menuiserie(f): outils(m) 278.
menuiserie(f): outils(m) 280.
menuiserie(f): outils(m) 282.
menuiserie(f): outils(m) 284.
méplat(m) 567.
mer(f) 7, 51, 752.
mer(f) Caspienne 21.
mer(f) de Béring 21.
mer(f) de Chine(f) 21.
mer(f) des Antilles(f) 20.
mer(f) du Groenland(m) 20.
mer(f) du Nord(m) 21.
mer(f) Méditerranée(f) 21.
mer(f) Noire 21.
mer(f) Rouge 21.
Mercure 4.
mercure(m) 232.
méridien(m) céleste 3.
méridien(m) de Greenwich 47.
méridien(m) est 47.
méridien(m) ouest 47.
méridienne(f) 221.
merlon(m) 181.
merlon(m) de protection(f) 741.
merrain(m) 105.
mésa(f) 46.
mésocarpe(m) 62, 63, 64, 65.
mésosphère(f) 19.
mésothorax(m) 78.
mesure(f) à deux temps(m) 537.
mesure(f) à quatre temps(m) 537.
mesure(f) à trois temps(m) 537.
mesure(f) de l'ensoleillement(m) 40.
mesure(f) de l'épaisseur(f) 711.
mesure(f) de l'humidité(f) 41.
mesure(f) de la direction(f) du vent(m) 41.
mesure(f) de la distance(f) 711.
mesure(f) de la hauteur(f) des nuages(m) 41.
mesure(f) de la longueur(f) 711.
mesure(f) de la masse(f) 708.
mesure(f) de la neige(f) 41.
mesure(f) de la pluviosité(f) 40.
mesure(f) de la pression(f) 41, 710.
mesure(f) de la température(f) 41, 705.
mesure(f) de la vitesse(f) du vent(m) 41.
mesure(f) des angles(m) 713.
mesure(f) des ondes(f) sismiques 714.
mesure(f) du temps(m) 706.
mesure(f) météorologique 40.
mesurer, ustensils(m) 244.
mesures(f) 537.
mesures(f) 244.
métacarpe(m) 102, 107, 122.
métal(m) A 307.
métal(m) B 307.
métatarse(m) 80, 103, 122.
métathorax(m) 78.
métaux(m) 33.
métaux(m), exemples(m) 819.
météores(m) 39.
météorologie(f) 38.

météorologie(f), instruments(m) de mesure(f) 40.
météorologie(f), station(f) 38.
métier(m) à broder 571.
métier(m) de basse lisse(f) 572.
métier(m) de haute lisse(f) 574.
métope(m) 167.
mètre(m) à ruban(m) 563, 711.
métro(m) 190.
métronome(m) à quartz(m) 539.
métronome(m) mécanique 539.
meubles(m) de rangement(m) 225, 226.
meubles(m), exemples(m) 819.
meule(f) 105.
meurtrière(f) 181.
mezzanine(f) 194.
mezzanine(f) 195, 474.
mi(m) 537.
mi-bas(m) 325, 344.
mi-chaussette(f) 325, 344.
micro(m) de fréquences(f) aiguës 547.
micro(m) de fréquences(f) graves 547.
micro(m) de fréquences(f) moyennes 547.
micro-ordinateur(m)(vue(f) en plongée(f)) 528.
micromètre(m) palmer(m) 711.
microordinateur(m) 526.
microphone(m) 407, 414, 420, 639.
microphone(m) d'interphone(m) 413.
microphone(m) dynamique 406.
microphone(m) incorporé 409.
microprocesseur(m) 528.
microscope(m) binoculaire 718.
microscope(m) électronique 717.
microscope(m) électronique, composantes(f) 717.
mihrab(m) 173.
millet(m) 152.
minaret(m) 172, 173.
minbar(m) 173.
mine(f) de charbon(m) 733, 734, 736.
mine(f) souterraine 736.
minerai(m) 733.
mini-slip(m) 325.
minute(f) 830.
minuterie(f) 398.
minuterie(f) 252, 585, 712.
minuteur(m) 244, 664.
mire(f) 684, 719.
mire(f) de réglage(m) 414.
mirette(f) 585.
miroir(m) 292, 382, 719.
miroir(m) d'éclairage(m) 713.
miroir(m) de courtoisie(f) 430.
miroir(m) de lecture(f) 512.
miroir(m) double pivotant 368.
miroir(m) latéral 368.
miroir(m) lumineux 368.
miroir(m) parabolique 770.
miroir(m) plan(m) 720.
miroir(m) plan(m) rétractable 14.
miroir(m) primaire 16.
miroir(m) primaire concave 14.
miroir(m) primaire parabolique 720.
miroir(m) principal 390.
miroir(m) secondaire 16, 390.
misaine(f) 481.
mise(f) à feu(m), accessoires(m) 801.
mise(f) en marche(f) 420, 421.
mise(f) en orbite(f) 419.
mise(f) en presse(f) 579.
missile(m) air(m)-air(m) 813, 814.
missile(m) air(m)-sol(m) 814.
missile(m) anti-sous-marin 809, 814.
missile(m) antiaérien 808.
missile(m) antichar 814.
missile(m) antinavire 814.
missile(m) antiradar 814.
missile(m) mer(f)-mer(f) 809.
missile(m) sol(m)-air(m) 814.
missile(m), structure(f) 814.
missiles(m) 814.
missiles(m), principaux types(m) 814.
mitaine(f) 327.
mitaine(f) 308, 327.
mitaine(f) 680.
mitigeur(m) à bille(f) creuse 294.
mitigeur(m) à cartouche(f) 295.
mitigeur(m) à disque(m) 295.
mitigeur(m) d'évier(m) 296.
mitochondrie(f) 115.
mitrailleuse(f) 805.
mitre(f) 205, 239, 242.
mitron(m) 197.

mobilier(m) de bureau(m) 520, 522.
mocassin(m) 355.
mode(m) 525.
mode(m) d'entraînement(m) du film(m) 391.
mode(m) d'entraînement(m) du papier(m) 531.
mode(m) d'exposition(f) 391.
mode(m) de mise(f) au point(m) 391.
mode(m) de sélection(f) des stations(f) 402.
mode(m) de sortie(f) des copies(f) 532.
mode(m) magnétoscope(m) 411.
mode(m) manuel/automatique 585.
mode(m) télévision(f) 411.
modèle(m) à plat(m) 580.
modèle(m) en creux(m) 580.
modèle(m) en relief(m) 580.
modem(m) 526.
modérateur(m) 766.
modérateur(m): eau(f) lourde 761.
modérateur(m): eau(f) naturelle 762.
modérateur(m): eau(f) naturelle 763.
modérateur(m): graphite(m) 760.
modification(f) fine des variables(f) 555.
modification(f) rapide des variables(f) 555.
modillon(m) 167.
modulation(f) de la hauteur(f) du son(m) 555.
modulation(f) du timbre(m) du son(m) 555.
module(m) d'alimentation(f) électrique 528.
module(m) d'injection(f) de gaz(m) 738.
module(m) de charge(f) utile 49.
module(m) de commande(f) 509.
module(m) de communication(f) 418.
module(m) de mémoire(f) morte (ROM) 528.
module(m) de mémoire(f) vive (RAM) 528.
module(m) de photopiles(f) 769.
module(m) de propulsion(f) 418.
module(m) de service(m) 418, 509.
module(m) extérieur 212.
module(m) intérieur 213.
module(m) lunaire 509.
moelle(f) 59.
moelle(f) épinière 89, 134, 135.
moissonneuse(f)-batteuse(f) 160.
moissonneuse(f)-batteuse(f) 155.
molaire(f) 98.
molaire(f), coupe(f) 144.
molaires(f) 144.
molette(f) 279, 386.
molette(f) d'entraînement(m) 256.
molette(f) de mise(f) au point(m) 719.
molette(f) de réglage(m) 311.
molette(f) de réglage(m) de la flamme(f) 386.
molette(f) du cylindre(m) 531.
mollet(m) 117, 119.
mollusque(m) 92.
mollusques(m) comestibles 93.
monocle(m) 377.
mont(m) de Vénus 128.
montagne(f) 27.
montant(m) 198, 223, 302, 341, 535, 572, 574, 578, 644, 657, 659, 660, 661, 728.
montant(m) d'angle(m) 470.
montant(m) de bâti(m) 225.
montant(m) de bride(f) 649.
montant(m) de ferrage(m) 202, 225.
montant(m) de filet(m) 649.
montant(m) de la serrure(f) 202.
montant(m) de rive(f) 203.
montant(m) embrevé 203.
montant(m) latéral 427.
montant(m) mouton(m) 203.
monte-boules(m) 683.
monte-charge(m) 188.
montée(f) arrière 651.
montgolfière(f) 634.
monticule(m) 597.
montre(f) 585.
montre(f) 430.
montre(f) à affichage(m) analogique 706.
montre(f) à affichage(m) numérique 706.
montre(f) mécanique 706.
monture(f) 376.

monture(f) 282, 536, 666.
monture(f) altazimutale 15.
monture(f) baïonnette(f) 392.
monture(f) d'objectif(m) 390.
monture(f) en fer(m) à cheval(m) 14.
monture(f) réglable 277.
monument(m) 52.
moraillon(m) 383.
moraine(f) de fond(m) 26.
moraine(f) frontale 27.
moraine(f) latérale 27.
moraine(f) médiane 26.
mordache(f) 578.
mordant(m) 538.
morille(f) 55.
mors(m) 276, 280, 281, 365, 577, 648.
mors(m) à canon(m) brisé 650.
mors(m) à pompe(f) 650.
mors(m) anglais 650.
mors(m) de bride(f) 650.
mors(m) de bride(f) 649.
mors(m) de filet(m) 650.
mors(m) de filet(m) 649.
mors(m) fixe 282.
mors(m) mobile 282.
mors(m), types(m) 650.
mort(f) 831.
mortaise(f) 385.
mortier(m) 243, 803.
mortier(m) du XVIIe siècle(m) 803.
mortier(m) moderne 803.
morts-terrains(m) 733.
mosaïque(f) 171.
mosquée(f) 172.
mosquée(f), plan(m) 173.
moteur(m) 147, 161, 207, 214, 257, 258, 259, 270, 271, 272, 283, 284, 442, 737, 784, 787, 805.
moteur(m) à deux temps(m) 436.
moteur(m) à essence(f) 434.
moteur(m) à quatre temps(m) 436.
moteur(m) à turbocompression(f) 438.
moteur(m) d'aiguillage(m) 467.
moteur(m) de disques(m) 529.
moteur(m) de guides(m) 529.
moteur(m) de manœuvre(f) 511.
moteur(m) diesel 437.
moteur(m) diesel 469, 495.
moteur(m) diesel de propulsion(f) 492.
moteur(m) diesel de sustentation(f) 493.
moteur(m) diesel(m) 782, 783, 785.
moteur(m) du ventilateur(m) 214.
moteur(m) électrique 209, 216, 268, 271, 438.
moteur(m) électrique auxiliaire 806.
moteur(m) électrique principal 806.
moteur(m) F-1 509.
moteur(m) J-2 509.
moteur(m) rotatif 437.
moteur(m)-fusée(f) 43.
moteurs(m) 510.
moteurs(m) diesel(m) 809.
moteurs(m) principaux 511.
moteurs(m), types(m) 436.
motif(m) 350.
moto(f) 442, 444.
moto(m), tableau(m) de bord(m) 445.
motoculteur(m) 272.
motoneige(f) 445.
motrice(f) 459, 476, 477.
Mouche(f) 13, 77, 675.
mouche(f) artificielle 670.
mouche(f) centrale 674.
mouche(f) de ligne(f) de cadre(m) 674.
mouche(f) supérieure 674.
moufle(f) 308, 327.
moufle(f) 680, 793.
moufle(f) fixe 737.
moufle(f) mobile 737.
mouilleur(m) 516.
moule(f) 93.
moule(m) à fond(m) amovible 245.
moule(m) à gâteau(m) 245.
moule(m) à muffins(m) 245.
moule(m) à quiche(f) 245.
moule(m) à tarte(f) 245.
moulin(m) à café(m) 256.
moulin(m) à vent(m) 773.
moulin(m) pivot(m) 773.
moulinet(m) 581.
moulinet(m) à mouche(f) 670.

moulinet(m) à tambour(m) fixe 671.
moulure(f) de protection(f) 449.
mousqueton(m) 630, 681.
mousqueton(m) 672, 680.
mousqueton(m) à ressort(m) 630.
mousse(f) graisseuse 216.
moustaches(f) 107.
moutarde(f) 67.
mouton(m) 150.
mouton(m) 651.
moyen adducteur(m) 120.
moyen(m) 666.
moyenne sus-alaire(f) 110.
moyenne tectrice(f) primaire 110.
moyeu(m) 447, 727, 754, 774.
moyeu(m) rotor(m) 508.
Mt Everest(m) 19.
mule(f) 355.
multimètre(m) 310.
multiplicateur(m) de focale(f) 392.
multiplication(f) 830.
multiplication(f) 523.
muqueuse(f) olfactive 142.
mur(m) 647.
mur(m) 646, 685.
mur(m) arrière 616, 617.
mur(m) avant 616, 617.
mur(m) bajoyer(m) 746.
mur(m) barré 647.
mur(m) barré 646.
mur(m) d'extrémité(f) 621.
mur(m) de batillage(m) 748.
mur(m) de briques(f) 199.
mur(m) de départ(m) 621.
mur(m) de fondation(f) 198, 199.
mur(m) de la qibla(f) 173.
mur(m) de virage(m) 621, 622.
mur(m) en béton(m) 772.
mur(m) fortifié 172.
mur(m) latéral 616, 617, 621.
mur(m) Trombe 772.
mur(m) Trombe 772.
muraille(f) 743.
muscle(m) adducteur 92.
muscle(m) arrecteur 136.
muscle(m) bulbo-caverneux 127.
muscle(m) droit externe 140.
muscle(m) droit interne 140.
muscle(m) papillaire 125.
muscles(m) 120.
museau(m) 84, 106, 107.
musée(m) 185.
muserolle(f) 649.
musique(f), accessoires(m) 539.
mutule(f) 167.
mycélium(m) 55.
mye(f) 93.
myomère(m) 89.
myrtille(f) 62.

N

n'égale pas 830.
n'est pas identique à 830.
nacelle(f) 635.
nacelle(f) 457, 634, 774.
nacelle(f) d'observation(f) 14.
nacelle(f) d'osier(m) 635.
nacelle(f) élévatrice 506.
nage(f) sur le dos(m) 623.
nageoire(f) anale 87.
nageoire(f) caudale 87, 91.
nageoire(f) pectorale 86.
nageoire(f) pelvienne 86.
nages(f), types(m) 622.
naissance(f) 831.
naos(m) 169.
nappe(f) phréatique 24.
narine(f) 84, 86, 96, 109, 141.
nasal(m) 792.
naseau(m) 100.
natation(f) 621, 622.
navet(m) 71.
navette(f) 573.
navette(f) 510.
navette(f) ferroviaire 504.
navette(f) spatiale 510.
navette(f) spatiale au décollage(m) 510.
navette(f) spatiale en orbite(f) 510.
navigation(f), appareils(m) 484.
navire(m) de forage(m) 739.
navire(m) porte-conteneurs(m) 490.
ne pas laver 829.
ne pas repasser 829.
ne pas utiliser avec une chaise(f) roulante 822.

ne pas utiliser de chlorure(m) décolorant 829.
nébulosité(f) 39.
nécessaire(m) à chaussures(f) 358.
nectarine(f) 63.
nef(f) 177.
nef(f) centrale 173.
nèfle(f) du Japon(m) 64.
négatif(m) 831.
négatif(m) 399.
négatoscope(m) 398.
neige(f) 34.
neige(f) continue 39.
neige(f) intermittente 39.
neige(f) roulée 37.
neige(f), classification(f) des cristaux(m) 36.
neige(f), mesure(f) 41.
neiges(f) éternelles 27.
Neptune 5.
nerf(m) 136, 577.
nerf(m) circonflexe 133.
nerf(m) cochléaire 139.
nerf(m) crural 133.
nerf(m) cubital 133.
nerf(m) digital 133.
nerf(m) facial 139.
nerf(m) fémoro-cutané 133.
nerf(m) fessier 133.
nerf(m) grand abdomino-génital 133.
nerf(m) grand sciatique 133.
nerf(m) intercostal 133.
nerf(m) médian 133.
nerf(m) musculo-cutané 133.
nerf(m) obturateur 133.
nerf(m) olfactif 88, 142.
nerf(m) optique 140.
nerf(m) petit abdomino-génital 133.
nerf(m) petit sciatique 133.
nerf(m) rachidien 135.
nerf(m) radial 133.
nerf(m) saphène externe 133.
nerf(m) saphène interne 133.
nerf(m) sciatique poplité externe 133.
nerf(m) sciatique poplité interne 133.
nerf(m) tibial antérieur 133.
nerf(m) vestibulaire 139.
nerfs(m) crâniens 133.
nervure(f) 79, 627, 729, 785.
nervure(f) d'aile(f) 498.
nervure(f) d'emplanture(f) 498.
nervure(f) principale 56, 67.
nervure(f) secondaire 56.
netball(m) 611.
netball(m), ballon(m) 611.
netball(m), terrain(m) 611.
nettoie-pipes(m) 385.
neurone(m) moteur 135.
neurone(m) sensoriel 134.
neurones(m) 135.
névé(m) 26.
nez(m) 118, 277, 498, 637, 638.
nez(m) du guide(m) 272.
nez(m)-de-marche(f) 201.
nez(m), parties(f) externes 141.
nid(m) à couvain(m) 82.
nid(m) d'ange(m) 349.
nimbo-stratus(m) 44.
niveau(m) 736.
niveau(m) à bulle(f) 291.
niveau(m) d'eau(f) 210, 247.
niveau(m) d'équilibre(m) 30.
niveau(m) de la mer(f) 22, 28.
niveleuse(f) 784.
nivelle(f) d'alidade(f) 713.
nivelle(f) d'embase(f) 713.
nivomètre(m) 41.
nœud(m) 576.
nœud(m) 57, 756.
nœud(m) coulant 691.
nœud(m) d'arrêt(m) 691.
nœud(m) d'écoute(f) double 691.
nœud(m) d'écoute(f) simple 691.
nœud(m) de cabestan(m) 691.
nœud(m) de chaise(f) double 691.
nœud(m) de chaise(f) simple 691.
nœud(m) de Franciscain(m) 691.
nœud(m) de jambe(f) de chien(m) 691.
nœud(m) de pêcheur(m) 691.
nœud(m) de Ranvier 135.
nœud(m) de vache(f) 691.
nœud(m) papillon(m) 324.
nœud(m) plat 691.
nœud(m) plat 328.
nœud(m) simple 691.
nœuds(m) 691, 692.
noir(m) 700, 701.
noire(f) 538.

Noirs(m) 696.
noisette(f) 66.
noix(f) 66.
noix(f) 66, 541, 569, 793.
noix(f) de cajou(m) 66.
noix(f) de coco(m) 66.
noix(f) de pacane(f) 66.
noix(f) du Brésil(m) 66.
noix(f), coupe(f) 66.
noix(f), principales variétés(f) 66.
nom(m) de la station(f) 474.
nombre(m) de copies(f) 532.
nombre(m) de décimales(f) 523.
nombril(m) 116, 118.
non addition(f)/total(m) partiel 523.
non-appartenance(f) 830.
non-parallèle 830.
nord 488.
nord(m)-est(m) 488.
nord(m)-ouest(m) 488.
notation(f) algébrique 696.
notation(f) musicale 537, 538.
nouaison(f) 61.
nouvelle lune(f) 6.
noyau(m) 6, 9, 63, 115, 128, 135, 542, 677, 798.
noyau(m) d'argile(f) 748.
noyau(m) externe 22.
noyau(m) galactique 9.
noyau(m) interne 22.
nu-pied(m) 357.
nuage(m) 36.
nuage(m) de cendres(f) 25.
nuage(m) nacré 19.
nuage(m) nocturne lumineux 19.
nuages(m) 44.
nuages(m) à développement(m) vertical 44.
nuages(m) de basse altitude(f) 44.
nuages(m) de haute altitude(f) 44.
nuages(m) de moyenne altitude(f) 44.
nuages(m), mesure(f) de la hauteur(f) 41.
nuancier(m) 592.
nucléole(m) 115, 128.
nuisette(f) 348.
numéro(m) 701.
numéro(m) d'autoroute(f) 52.
numéro(m) de couloir(m) 621.
numéro(m) de l'abonné(m) 712.
numéro(m) de la piste(f) 405.
numéro(m) de quai(m) 462.
numéro(m) de route(f) 52.
numéro(m) de tête(f) 653.
numéro(m) du joueur(m) 602.
numéro(m) plein 700, 701.
numéroteur(m) 516.
nuque(f) 108, 117, 119.
nymphe(f) 82.

O

oasis(f) 46.
objectif(m) 391, 392, 396, 397, 405, 718.
objectif(m) d'agrandissement(m) 399.
objectif(m) grand-angulaire 392.
objectif(m) normal 392.
objectif(m) super-grand-angle(m) 392.
objectif(m) zoom(m) 392.
objectif(m) zoom(m) 409.
objectif(m), accessoires(m) 392.
objectifs(m) 392.
obscurité(f) 489.
observatoire(m) 14.
observatoire(m) astronomique 14.
obstacle(m) d'eau(f) 676.
obstacles(m) 647.
obusier(m) moderne 802.
occipital(m) 121, 123.
océan(m) 7, 35, 51.
océan(m) Arctique 21.
océan(m) Atlantique 20.
océan(m) Indien 21.
océan(m) Pacifique 20.
océan(m), dorsale(f) 28.
océan(m), fond(m) 28.
océan(m), topographie 28.
Océanie(f) 21.
océanique 45.
octave(f) 537, 667.
oculaire(m) 390, 396, 409, 718, 719, 720, 721, 730.
oculaire(m) coudé 721.
odorat(m) 141.

œil(m) 107.
œil(m) 140.
œil(m) 83, 90, 96, 97, 118, 275, 573, 649, 681.
œil(m) composé 79, 80, 81.
œil(m) simple 78, 80, 81.
œil(m) témoin(m) 471.
œillère(f) 653.
œillet(m) 230, 353, 354, 381, 569, 644, 671.
œillet(m) d'attache(f) 390.
œsophage(m) 88, 92, 97, 130, 131, 142.
œuf(m) 109.
œuf(m) 82.
œufrier(m) 254.
œufs(m) 84, 89.
office(m) 498.
ogive(f) 754.
oie(f) 150.
oignon(m) 70.
oignon(m) jaune 70.
oiseau(m) 108, 110.
oiseau(m) aquatique 111.
oiseau(m) aquatique 111.
Oiseau(m) de Paradis(m) 13.
oiseau(m) de proie(f) 111.
oiseau(m) de proie(f) 111.
oiseau(m) échassier 111.
oiseau(m) granivore 111.
oiseau(m) insectivore 111.
oiseau(m) percheur 111.
oiseau(m), morphologie(f) 108.
olécrane(m) 102.
olécrâne(m) 123.
oléoduc(m) 740.
oléoduc(m) d'évacuation(f) 738.
oléoduc(m) sous-marin 740.
oléoduc(m) surélevé 740.
olive(f) 63.
ombelle(f) 60.
ombilic(m) 26.
ombilic(m) inférieur 110.
ombilic(m) supérieur 110.
ombre(f) 706.
ombre(f) à paupières(f) 367.
omoplate(f) 102, 117, 119, 122, 123.
onde(f) radio 15.
onde(f) sismique 23.
ongle(m) 137.
onglet(m) 518.
onglet(m) 688.
onglet(m) à fenêtre(f) 518.
opale(f) 362.
opérateur(m) de régie(f) d'éclairage(m) 412.
opercule(m) 84, 86.
Ophiucus 11, 13.
opisthodome(m) 169.
or(m) 819.
orage(m) 39.
orage(m) violent 39.
orange(f) 65.
orange(f) 65.
orbiculaire(m) des paupières(f) 120.
orbite(f) de lancement(m) 48.
orbite(f) des satellites(m) 43.
orbite(f) géostationnaire 43.
orbite(f) lunaire 43.
orbite(f) polaire 43.
orbite(f) présélectionnée 48.
orbites(f) des planètes(f) 4.
orbitre(f) lunaire 8.
orchestre(m) symphonique 556.
ordinateur(m) de gestion(f) de vol(m) 500.
ordinateur(m) des données(f) aérodynamiques 500.
ordonnance(f) 831.
ordre(m) corinthien 167.
ordre(m) dorique 167.
ordre(m) ionique 166.
oreille(f) 107, 112, 116, 223, 483.
oreille(f) externe 138.
oreille(f) interne 138.
oreille(f) moyenne 138.
oreille(f), parties(f) 138.
oreille(f), pavillon(m) 139.
oreiller(m) 224.
oreillette(f) droite 124, 125.
oreillette(f) gauche 124, 125.
organeau(m) 483.
organeau(m) de hissage(m) 483.
organes(m) des sens(m) 136, 138, 140, 141.
organes(m) génitaux féminins 128, 129.
organes(m) génitaux masculins 127.
orge(f) 152.

orgue(m) 542.
orgue(m), mécanisme(m) 543.
orgue(m), production(f) du son(m) 543.
orifice(m) d'aération(f) 304.
orifice(m) d'alimentation 779.
orifice(m) d'alimentation(f) 778.
orifice(m) d'échappement(m) 735.
orifice(m) de l'intestin(m) 83.
orifice(m) de remplissage(m) 256.
orifice(m) du conduit(m) auditif 139.
orifice(m) du pied(m) 542.
orifice(m) du poumon(m) 83.
orifice(m) génital 83.
orifice(m) uro-génital 89.
oriflamme(f) 817.
origan(m) 74.
orignal(m) 105.
Orion 11, 13.
ornements(m) 538.
oronge(f) vraie 55.
orteil(m) 106, 116, 118.
os(m) alvéolaire 144.
os(m) iliaque 122.
os(m) maxillaire 144.
os(m) propre du nez(m) 141.
oscilloscope(m) de phase(f) audio 413.
oscilloscope(m)/vectoscope(m) 413.
oseille(f) 73.
osselets(m) 138.
osselets(m) 139.
otolithe(m) 88.
ouest(m) 488.
ouïe(f) 138.
ouïe(f) 544.
ouragan(m) 39.
ourdissoir(m) 575.
ourlet(m) 231.
outil(m) 735.
outillage(m) de jardin(m) 264, 266, 268, 270, 272.
outils(m), électricité(f) 310, 311.
outils(m), menuiserie(f) 275, 276, 278, 280, 282, 284.
outils(m), plomberie(f) 299.
outils(m), sculpture(f) 587.
ouverture(f) 94, 671.
ouvre-boîtes(m) 256.
ouvre-boîtes(m) 244, 688.
ouvrière(f), abeille(f) 80.
ouvrière(f), abeille(f) 81.
ouvrir, ustensils(m) 244.
ovaire(m) 60, 128, 129.
ovoïde 56.
ovule(m) 128.
ovule(m) 60.
oxer(m) 647.
oxer(m) 646.
ozone(f) 19.

P

paddock(m) 651.
pain(m) 153.
pain(m) au lait(m) 153.
pain(m) azyme 153.
pain(m) bâtard 153.
pain(m) blanc 153.
pain(m) chapati indien 153.
pain(m) complet 153.
pain(m) de blé(m) entier 153.
pain(m) de campagne(f) 153.
pain(m) de maïs(m) américain 153.
pain(m) de mie(f) 153.
pain(m) de seigle(m) allemand 153.
pain(m) de seigle(m) danois 153.
pain(m) de seigle(m) noir 153.
pain(m) de seigle(m)/ graines(f) de carvi(m) 153.
pain(m) grec 153.
pain(m) irlandais 153.
pain(m) naan indien 153.
pain(m) noir russe 153.
pain(m) parisien 153.
pain(m) pita 153.
pain(m) pita/ graines(f) de sésame(m) 153.
pain(m) pumpernickel(m) 153.
pain(m) tchallah juif 153.
pair(m) 700, 701.
paire(f) 695.
pal(m) 818.
palais(m) des congrès(m) 184.
palanque(f) 647.
palanque(f) 646.
pale(f) 214, 752, 754, 774.
pale(f) de rotor(m) 508.
paletot(m) 321, 330.

palette(f) 619, 672, 787.
palette(f) à ailes(f) 787.
palette(f) à alvéoles(f) 592.
palette(f) à double face(f) 787.
palette(f) à simple face(f) 787.
palette(f) avec godet(m) 592.
palette(f) porte-instruments(m) 511.
palette(f)-caisse(f) 787.
palier(m) 194, 201.
palier(m) de butée(f) 753.
palier(m) magnétique 712.
palissade(f) 181.
palme(f) 627.
palmée 56.
palmeraie(f) 46.
palmette(f) 220.
palmure(f) 84, 111.
palonnier(m) 784.
palonnier(m) de slalom(m) 633.
palourde(f) 93.
palpe(m) labial 79, 81, 92.
pampille(f) 236.
pamplemousse(f) 65.
pan(m) 319, 324, 337.
pan(m) arrière 324.
pan(m) avant 324.
panais(m) 71.
panama(m) 328.
pancréas(m) 131.
panier(m) 610.
panier(m) 247, 252, 257, 596, 610, 672.
panier(m) à couverts(m) 257.
panier(m) d'alimentation(f) 521.
panier(m) de lavage(m) 258.
panier(m) de projection(f) 397.
panier(m) de réception(f) 521.
panne(f) 305, 579, 681.
panne(f) ronde 275.
panneau(m) 589.
panneau(m) 202, 229, 610, 634, 736.
panneau(m) à âme(f) lamellée 288.
panneau(m) à âme(f) lattée 288.
panneau(m) d'accès(m) 207.
panneau(m) de citerne(f) 743.
panneau(m) de commande(f) 210, 421, 779.
panneau(m) de copeaux(f) 288.
panneau(m) de disjoncteurs(m) 500.
panneau(m) de fibres(f) 289.
panneau(m) de fibres(f) perforé 289.
panneau(m) de fonctions(f) 421.
panneau(m) de garnissage(m) 429.
panneau(m) de modestie(f) 521.
panneau(m) de particules(f) 289.
panneau(m) de particules(f) lamifié 289.
panneau(m) de protection(f) latéral 727.
panneau(m) de raccordement(m) électrique 415.
panneau(m) de raccordement(m) vidéo 415.
panneau(m) de refroidissement(m) 510.
panneau(m) de séparation(f) 383.
panneau(m) de vantail(m) 225.
panneau(m) indicateur 462.
panneau(m) nombre(m) de voies(f) 471.
panneau(m) photovoltaïque 486, 487.
panneau(m) publicitaire 474.
panneau(m) solaire 16, 42, 48, 418.
panneau(m)-parachute 634.
panneaux(m) de commandes(f) radio(f) 500.
panneaux(m) internationaux 825, 827, 828.
panneaux(m) nord-américains 824, 826, 828.
pansement(m) adhésif 725.
pantalon(m) 323.
pantalon(m) 353, 595, 602, 668, 680.
pantalon(m) molleton(m) 352.
pantalon(m) pattes(f) d'éléphant(m) 336.
pantalons(m), types(m) 336.
pantographe(m) 458.
Paon(m) 13.
papaye(f) 68.
papier(m) 589.
papier(m) 384, 580.
papier(m) à cigarettes(f) 384.
papier(m) goudronné 286.
papille(f) 136, 140.
papille(f) rénale 132.
papilles(f) linguales 143.
papillon(m) 78, 79, 623.

papillon(m), patte(f) postérieure 78.
paquebot(m) 496.
paquet(m) de cigarettes(f) 384.
parachute(m) 510, 812.
parachute(m) de secours(m) 635.
parachute(m) dorsal 635.
paraffines(f) 745.
parafoudre(m) 747, 757.
parafouille(m) 748, 749.
parallèle 830.
parallèle(f) 47.
paramètres(m) moteurs(m)/alarmes(f) 500.
parapente(m) 636.
parapentiste(m) 636.
parapet(m) 179, 181.
parapluie(m) 375.
parapluie(m) télescopique 375.
parapluie(m)-canne(f) 375.
parasoleil(m) 392.
paratonnerre(m) 197.
parc(m) 52, 184.
parc(m) à échelles(f) 781.
parc(m) à voitures(f) 504.
parc(m) de stockage(m) 740.
parc(m) de stockage(m) terminal 740.
parc(m) national 52.
parcours(m) d'obstacles(m) 646.
parcours(m) de golf(m) 676.
parcours(m) de vitesse(f) 646.
parcours(m) des cavaliers(m) avancés 646.
parcours(m) des débutants(m) 646.
parcours(m) pittoresque 52.
pardessus(m) 320.
pare-brise(m) 426, 440, 442, 445, 498, 500.
pare-chocs(m) 260, 426, 440, 441, 617.
pare-chocs(m) arrière 445.
pare-soleil(m) 42, 409, 430, 449, 484, 721.
parement(m) 315.
parement(m) 288.
parement(m) amont 749.
parement(m) aval 749.
parenthèses(f) 832.
paréo(m) 334.
pariétal(m) 123.
paripennée 56.
parka(f) 321.
parka(m) 321.
parking(m) 464, 491.
paroi(f) 104, 787.
paroi(f) avant 441.
paroi(f) de bout(m) 441.
paroi(f) latérale 441, 470.
parquet(m) 200.
parquet(m) 199.
parquet(m) à bâtons(m) rompus 200.
parquet(m) à coupe(f) de pierre(f) 200.
parquet(m) à coupe(f) perdue 200.
parquet(m) Chantilly 200.
parquet(m) d'Arenberg 200.
parquet(m) en chevrons(m) 200.
parquet(m) en vannerie(f) 200.
parquet(m) mosaïque(f) 200.
parquet(m) sur chape(f) de ciment(m) 200.
parquet(m) sur ossature(f) de bois(m) 200.
parquet(m) Versailles 200.
parquets(m), arrangements(m) 200.
parterre(m) 189.
parti(m) 818.
partitions(f), exemples(m) 818.
parures(f) de fenêtre(f) 228, 230.
pas(m) 101.
passage(m) à niveau(m) 471, 828.
passage(m) à niveau(m) 464.
passage(m) d'animaux(m) sauvages 828.
passage(m) de fourche(f) 470.
passage(m) en apogée(m) 419.
passage(m) en éclipse(f) 419.
passage(m) inférieur 454.
passage(m) pour piétons(m) 826, 827.
passage(m) pour piétons(m) 186.
passage(m) souterrain 454.
passage(m) supérieur 452, 454.
passant(m) 319, 323, 324.
passant(m) tunnel(m) 323.
passe(f) à billes(f) 746.
passe(f)(19 à 36) 700, 701.

853

Les termes en **caractères gras** renvoient à une illustration; les termes en *italique* indiquent l'usage québécois

passe-bras(m) 331.
passerelle(f) 180, 464, 475, 810.
passerelle(f) de manœuvre(f) 188.
passerelle(f) de navigation(f) 494, 495, 497.
passerelle(f) télescopique 503.
passer, ustensils(m) pour 243.
passettes(f) 573.
passoire(f) 243.
passoire(f) 251.
pastel(m) gras 588.
pastel(m) sec 588.
pastèque(f) 69.
pastille(f) de combustible(m) 765.
pastilles(f) 588.
patate(f) 71.
pâte(f) d'argile(f) 584.
patelle(f) 83.
patère(f) 522.
patère(f) 220.
patère(f) à embrasse(f) 229.
patin(m) 466, 508, 609, 643.
patin(m) à roulettes(f) 645.
patin(m) antidérapant 302, 661.
patin(m) arrière 643.
patin(m) avant 643.
patin(m) d'appui(m) 765.
patin(m) de chenille(f) 805.
patin(m) d'espacement(m) 765.
patin(m) de course(f) 644.
patin(m) de figure(f) 644.
patin(m) de hockey(m) 644.
patin(m) hydrostatique 14.
patinage(m) 644.
patinoire(f) 608.
pâtisserie(f), ustensils(m) 245.
patron(m) 565.
patron(m) 570.
patte(f) 97, 319, 322, 323, 378, 379, 483, 579, 596.
patte(f) à boutons(m)-pression(f) 321.
patte(f) ambulatoire 78.
patte(f) anale 78.
patte(f) antérieure 79, 80, 84.
patte(f) antérieure, abeille(f) 80.
patte(f) antérieure, chien(m) 106.
patte(f) boutonnée 323.
patte(f) capucin(m) 324, 339.
patte(f) d'entrejambe(m) 337.
patte(f) d'épaule(f) 319.
patte(f) de boutonnage(m) 324.
patte(f) de coq(m) 585.
patte(f) de serrage(m) 319.
patte(f) médiane 79, 80.
patte(f) médiane, abeille(f) 80.
patte(f) polo(m) 326.
patte(f) postérieure 79, 81, 84, 85.
patte(f) postérieure, abeille(f) 81.
patte(f) postérieure, papillon(m) 78.
patte(f) ventouse 78.
pattes(f) abdominales 91.
pattes(f) thoraciques 90.
pattes(f)-mâchoires(f) 90.
pattes(f), principaux types(m) 111.
pâturage(m) 148.
paturon(m) 101.
paume(f) 137, 327, 596.
paumelle(f) 203.
paupière(f) 97.
paupière(f) inférieure 84, 107, 140.
paupière(f) interne 107.
paupière(f) supérieure 84, 107, 140.
pause(f) 403, 538.
pause(f)/arrêt(m) sur l'image(f) 411, 831.
pavillon(m) 138, 427, 542, 549, 551, 726.
pavillon(m) à deux pointes(f) 817.
pavillon(m) à deux pointes(f) et langue(f) 817.
pavillon(m) de la trompe(f) utérine 129.
pavillon(m)(8) 363.
pavillon(m), oreille(f) 139.
pavois(m) 817.
pavois(m) 478.
pavot(m) 67.
pays(m) 51.
peau(f) 136, 579.
peau(f) 62, 63, 64, 84, 134, 554.
peau(f) de batterie(f) 552, 553.
peau(f) de chamois(m) 358.
peau(f) de timbre(m) 553.
peau(f) verruqueuse 85.
pêche(f) 63, 670, 672.
pêche(f) 63.
pêche(f), vêtements(m) 672.

pêcheur(m) 569.
pédale(f) 446, 448, 545, 552, 553, 664.
pédale(f) crescendo(m) 542.
pédale(f) d'accélérateur(m) 430.
pédale(f) d'ajustement(m) 591.
pédale(f) de chaussage(m) 641.
pédale(f) de combinaisons(f) 542.
pédale(f) de débrayage(m) 430.
pédale(f) de déchaussage(m) 641.
pédale(f) de frein(m) 430, 573.
pédale(f) de frein(m) arrière 444.
pédale(f) de palonnier(m) 639.
pédale(f) de sourdine(f) 540.
pédale(f) douce 540, 555.
pédale(f) forte 540, 555.
pédales(f) d'expression(f) 542.
pédieux(m) 120.
pédoncule(m) 60, 61, 62, 63, 64.
Pégase(m) 11.
peigne(m) 574.
peigne(m) 159.
peigne(m) à crêper 368.
peigne(m) à pollen(m) 81.
peigne(m) à tige(f) 368.
peigne(m) afro 368.
peigne(m) de coiffeur(m) 368.
peignes(m) 368.
peignoir(m) 348.
peinture(f) 588, 590, 592.
peinture(f) d'entretien(m) 304.
peinture(f), accessoires(m) 591, 592.
peinture(f), matériel(m) 589.
pèlerine(f) 330.
pèlerine(f) 330.
pelle(f) 205, 266.
pelle(f) 244, 632.
pelle(f) de montagne(f) 680.
pelle(f) hydraulique 785.
pelle(f) mécanique 733.
pelle(f)-pioche(f) pliante 690.
pelleteuse(f) 782.
pellicule(f) en feuille(f) 395.
pellicules(f) 395.
pelote(f) 563.
pelouse(f) 682.
pelouse(f) 193.
peltée 56.
pendants(m) d'oreille(f) 361.
pendeloque(f) 236.
pendentif(m) 361.
penderie(f) 226.
pendule(m) 707.
pêne(m) demi-tour(m) 289, 290.
pêne(m) dormant 289, 290.
péninsule(f) 51.
pénis(m) 116.
penne(f) 110.
pennée 56.
pennon(m) 817.
pennon(m) 628.
pennon(m) double 817.
pente(f) 770.
pépin(m) 62, 64, 65.
péplos(m) 315.
perception(f) des saveurs(f) 143.
perceuse(f) à colonne(f) 283.
perceuse(f) à main(m) 280.
perceuse(f) électrique 280.
perche(f) 657.
perche(f) 412, 414.
perche(f) de ravitaillement(m) 813.
perche(f) de tête(f) 653.
percolateur(m) 247.
percuteur(m) 804.
perforation(f) 353, 355, 395.
perforation(f) 238.
perforatrice(f) 516.
pergola(f) 263.
péricarde(m) 130.
péricarpe(m) 65, 66.
période(f) 489.
périphériques(m) d'entrée(f) 526.
périphériques(m) de communication(f) 526.
périphériques(m) de sortie(f) 527.
périphériques(m) de stockage(m) 526.
périscope(m) d'attaque(f) 807.
périscope(m) de veille(f) 807.
péristyle(m) 168, 169, 171.
péritoine(m) 127, 128.
perlure(f) 105.
péroné(m) 102, 122.
peroxyde(m) 725.
perpendiculaire(f) 830.
perré(m) 748.
perron(m) 196.

Persée 11.
persienne(f) 203.
persil(m) 74.
personnel(m) additionnel de production(f) 412.
pertuis(m) de remplissage(f) 493.
pertuis(m) de remplissage(m) et de vidange(f) 493.
pèse-lettres(m) 516.
pèse-personne(m) 709.
peseta(f) 832.
peson(m) 709.
pesticides(m) 32.
pétale(m) 60.
pétiole(m) 56.
petit bois(m) 203.
petit cacatois(m) 481.
Petit Cheval(m) 11.
Petit Chien(m) 11.
petit foc(m) 481.
petit hunier(m) fixe 481.
petit hunier(m) volant 481.
petit largue(m) 629.
Petit Lion(m) 11.
petit miroir(m) 484.
petit montant(m) 202.
petit palmaire(m) 120.
petit perroquet(m) fixe 481.
petit perroquet(m) volant 481.
petit quartier(m) 649.
petit rabat(m) 386.
petit rond(m) 121.
petit sésamoïde(m) 102.
petite lame(f) 688.
petite quille(f) 683.
petite sus-alaire(f) 110.
petits pois(m) 72.
pétoncle(m) 93.
pétrole(m) 737, 738, 740, 742, 744.
pétrole(m) 737.
pétrole(m) brut 744.
pétrolier(m) 742.
pétrolier(m) 491.
phalange(f) 107, 122, 123.
phalangette(f) 107, 122, 123, 137.
phalangine(f) 107, 122, 123, 137.
phare(m) 486.
phare(m) 147, 426, 440, 442, 444, 445, 469, 491, 805.
phare(m) antibrouillard 440.
phare(m) arrière 147.
phare(m) central 459.
phare(m) d'atterrissage(m) 508.
pharmacie(f) 822.
pharynx(m) 130, 131.
phases(f) de la Lune(f) 6.
Phénix(m) 13.
Phobos 4.
photocopieur(m) 532.
photodiode(f) 390.
photographie(f) 390, 392, 394, 396, 398.
photopile(f) 768.
photopile(f) 769.
photopiles(f), circuit(m) 769.
photosphère(f) 6.
phototype(m) 397.
pi(m) 830.
piano(m) 556.
piano(m) droit 540.
piano(m) droit, mécanique(f) 541.
piano(m) électronique 555.
pic(m) 27.
piccolo(m) 548, 557.
pichet(m) 251.
pichet(m) 251.
pièce(f) d'embranchement(m) 779.
pièce(f) d'estomac(m) 317.
pièce(f) de coin(m) 470.
pièce(f) de jonction(f) 778.
pièce(f) intermédiaire 127.
pièce(f) terminale 127.
pièces(f) buccales 81.
pièces(f) honorables, exemples(m) 818.
pied(m) 55, 72, 83, 112, 116, 117, 118, 119, 219, 224, 225, 232, 236, 270, 325, 350, 384, 542, 545, 553, 619, 645, 659, 670, 671, 718, 756, 786.
pied(m) amont 748.
pied(m) arrière 223.
pied(m) aval 748.
pied(m) avant 223.
pied(m) cambré 220.
pied(m) de fixation(f) 393.
pied(m) de lit(m) 224.

pied(m) de mât(m) 631.
pied(m) de nivellement(m) 257, 258, 259.
pied(m) presseur 562.
pied(m) télescopique 726.
pied(m)-mélangeur(m) 250.
pied-de-biche(f) 561, 562.
piedroit(m) 175.
piédroit(m) 174.
pierre(f) 286.
pierre(f) 307, 364.
pierre(f) à aiguiser 582.
pierre(f) blanche 697.
pierre(f) de curling(m) 620.
pierre(f) lithographique 583.
pierre(f) noire 697.
pierres(f) fines 362.
pierres(f) précieuses 362.
pierrures(f) 105.
piètement(m) 223, 302, 661.
pige(f) 585.
pignon(m) 58, 66, 197, 280, 707.
pilastre(m) 201.
pile(f) 393.
pile(f) 409, 454, 455, 528, 777, 814.
pilier(m) 176, 714, 736.
pilier(m) droit 606.
pilier(m) du voile(m) 142.
pilier(m) gauche 606.
pilon(m) 243.
pilon(m) 244.
pilote(m) 541, 637, 814.
pilotin(m) 543.
piment(m) 69.
pin(m) parasol(m) 58.
pinacle(m) 176.
pince(f) 205, 246, 323.
pince(f) 90, 104, 230, 370, 565.
pince(f) à boucles(f) de cheveux(m) 369.
pince(f) à cheveux(m) 369.
pince(f) à cravate(f) 364.
pince(f) à cuticules(m) 365.
pince(f) à dénuder 311.
pince(f) à échardes(f) 725.
pince(f) à épiler 365.
pince(f) à escargots(m) 246.
pince(f) à étiqueter 516.
pince(f) à fusible(m) 311.
pince(f) à long bec(m) 311.
pince(f) à spaghettis(m) 246.
pince(f) d'électricien(m) 311.
pince(f) de mise(f) en plis(m) 369.
pince(f) de taille(f) 320.
pince(f) motoriste 278.
pince(f) multiprise 278.
pince(f) tibio-tarsienne 81.
pince(f) universelle 311.
pince(f)-étau(m) 278.
pince-aiguille(m) 562.
pince-fil(m) 569.
pince-notes(m) 515.
pinceau(m) 304, 389, 582, 589.
pinceau(m) à lèvres(f) 366.
pinceau(m) à pâtisserie(f) 245.
pinceau(m) à sumie(m) 589.
pinceau(m) éventail(m) 366.
pinceau(m) pour fard(m) à joues(f) 366.
pinceau(m) pour poudre(f) libre 366.
pincement(m) 232.
pinçon(m) 104.
pioche(f) 267.
piolet(m) 681.
piolet(m) 680.
Pion(m) 696.
pipe(f) 385.
pipe(f), coupe(f) 385.
pique(f) 681.
pique(m) 695.
pique-nique(m) 823.
pique-nique(m) interdit 823.
pique-notes(m) 516.
piquet(m) 598, 599, 685, 686.
piquet(m) de coin(m) 682.
piquoir(m) 570.
piscine(f) 496, 772.
piscine(f) de condensation(f) 763.
piscine(f) de déchargement(m) 764.
piscine(f) de déchargement(m) du combustible(m) irradié 758.
piscine(f) de réception(f) 764.
piscine(f) de stockage(m) du combustible(m) irradié 758, 764, 765.
piscine(f) du combustible(m) défectueux 764.
pissenlit(m) 73.

854

Les termes en **caractères gras** renvoient à une illustration; les termes en *italique* indiquent l'usage québécois

pistache(f) 66.
piste(f) 504, 651, 666, 683.
piste(f) d'atterrissage(m) 811.
piste(f) d'avertissement(m) 597.
piste(f) d'élan(m) 654, 655, 657, 683.
piste(f) de roulement(m) 476, 786.
pistil(m) 60.
pistolet(m) 797.
pistolet(m) 291.
pistolet(m) à calfeutrer 291.
pistolet(m) à peinture(f) 304.
pistolet(m) à souder 305.
pistolet(m) arrosoir(m) 264.
pistolet(m) d'arrosage(m) 264.
pistolet(m) de distribution(f) 453.
pistolet(m) mitrailleur(m) 795.
piston(m) 432, 435, 436, 438, 550, 726.
piston(m) à décorer 245.
piton(m) 681.
piton(m) à glace(f) 680.
piton(m) sous-marin 29.
pivot(m) 105, 311, 369, 374, 484, 485, 539, 590, 624, 658, 719, 773.
pivot(m) d'accouplement(m) 441.
placage(m) déroulé 288.
place(f) d'armes(f) 178.
plaçure(f) 577.
plafond(m) 205, 616, 617.
plafond(m) acoustique 189.
plafonnier(m) 236.
plage(f) 23, 30.
plage(f) arrière 496.
plage(f) avant 495, 497.
plage(f) de séparation(f) 404.
plaine(f) 51.
plaine(f) abyssale 29.
plaine(f) abyssale 29.
plaine(f) fluvio-glaciaire 27.
plan(m) du terrain(m) 193.
plan(m) urbain 52.
plan(m), élévation(f) 193.
planche(f) 288.
planche(f) 288, 663.
planche(f) à voile(f) 631.
planche(f) d'appel(m) saut(m) en longueur(f) 655.
planche(f) d'appel(m) triple saut(m) 654.
planche(f) de cuivre(m) 582.
planche(f) de vol(m) 82.
planche(f) témoin(m) 654.
plancher(m) 205, 616, 617, 649.
plancher(m) inférieur 787.
plancher(m) supérieur 787.
planchette(f) à arches(f) 518.
planchette(f) à pince(f) 519.
planétaire(m) 16.
planétarium(m) 16.
planétarium(m) 184.
planètes(f) 4.
planètes(f), orbites(f) 4.
planeur(m) 638.
plans(m), lecture(f) 193, 195.
plantaire(m) grêle 121.
plante(f) grimpante 263.
plante(f), structure(f) 57.
plantoir(m) 268.
plantoir(m) à bulbes(m) 268.
plaque(f) 253.
plaque(f) à biscuits(m) 245.
plaque(f) absorbante 768.
plaque(f) antifriction(m) 641.
plaque(f) chauffante 247.
plaque(f) costale 97.
plaque(f) d'identité(f) 364.
plaque(f) d'instructions(f) 280.
plaque(f) de base(f) 803.
plaque(f) de commutateur(m) 309.
plaque(f) de couche(f) 798, 799.
plaque(f) de fixation(f) 713.
plaque(f) de montage(f) 233.
plaque(f) de protection(f) 547.
plaque(f) de rouleau(m) 702.
plaque(f) de tôle(f) 616.
plaque(f) du lanceur(m) 597.
plaque(f) marginale 96.
plaque(f) motrice 134.
plaque(f) négative 439.
plaque(f) nucale 97.
plaque(f) positive 439.
plaque(f) signalétique 280, 712.
plaque(f) supra-caudale 96.
plaque(f) tournante 457.
plaque(f) vertébrale 97.
plaque(f)-glissière(f) 561, 562.
plaquette(f) 36, 376, 432.
plaqueur(m) droit 603, 605.

plaqueur(m) gauche 603, 605.
plasmodesme(m) 115.
plastique(m) et acier(m) 301.
plastique(m) et cuivre(m) 301.
plastron(m) 96, 346, 602, 609, 684, 792.
plastron(m) métallique 667.
plat(m) 195.
plat(m) à escargots(m) 246.
plat(m) à poisson(m) 238.
plat(m) de dos(m) 220.
plat(m) ovale 238.
plat(m) recto(m) 577.
plat(m) verso(m) 577.
plate-bande(f) 263.
plate-bande(f) de culasse(f) 800.
plate-forme(f) 49, 302, 393, 441, 461, 621, 709.
plate-forme(f) auto-élévatrice 739.
plate-forme(f) de 10 m 624.
plate-forme(f) de 3 m 624.
plate-forme(f) de 5 m 624.
plate-forme(f) de 7.5 m 624.
plate-forme(f) de production(f) 738.
plate-forme(f) de production(f) 740.
plate-forme(f) élévatrice automotrice 507.
plate-forme(f) fixe 739.
plate-forme(f) semi-submersible 739.
plateau(m) 27, 51, 70, 210, 219, 283, 285, 302, 382, 383, 399, 404, 412, 561, 578, 579, 708, 709.
plateau(m) A 448.
plateau(m) B 448.
plateau(m) continental 22, 29.
plateau(m) de clavier(m) 540.
plateau(m) de frein(m) 432.
plateau(m) de rangement(m) 591.
plateau(m) de sciage(m) 285.
plateau(m) de stockage(m) 764.
plateau(m) de tri(m) automatique 532.
plateau(m) mobile 701.
plateau(m) pour accessoires(m) 721.
plateau(m) réceptacle(m) de paiement(m) 702.
plateau(m) récepteur 532.
plateau(m) tournant 250.
plateau(m), télévision(f) 412, 414.
platine(f) 579, 718.
platine(f) à silex(m) 795.
platine(f) cassette(f) 403.
platine(f) cassette(f) 400, 407.
platine(f) tourne-disque(m) 404.
platine(f) tourne-disque(m) 400, 407.
plats(m) à four(m) 248.
pleine lune(f) 7.
plénum(m) 206, 207.
pleurote(m) en huître(f) 55.
plèvre(f) pariétale 130.
plexus(m) brachial 133.
plexus(m) lombaire 133.
plexus(m) sacré 133.
pli(m) 288, 323, 433.
pli(m) creux 228, 335.
pli(m) d'aisance(f) 335.
pli(m) de la columelle(f) 94.
pli(m) pincé 228.
pli(m) plat 335.
pli(m) plat 323.
pli(m) rond 228.
pli(m) surpiqué 335.
plinthe(f) 199, 201.
plinthe(f) chauffante électrique 210.
plioir(m) 577.
plis(m), types(m) 228, 335.
plissé(f) accordéon(m) 335.
pliure(f) 565.
plomb(m) 672.
plomberie(f) 292, 294, 296, 298, 299, 300.
plomberie(f), circuit(m) 215.
plomberie(f), outils(m) 299.
plombs(m) 799.
plongée(f) sous-marine 627.
plongeoir(m) 624.
plongeon(m) 624.
plongeon(m) de départ(m) 622.
plongeon(m) en arrière 625.
plongeon(m) en avant 625.
plongeon(m) en équilibre(m) 625.
plongeon(m) en renversé 625.
plongeon(m) retourné 625.
plongeon(m), départ(m) 624.
plongeon(m), entrées(f) 624.
plongeon(m), vols(m) 624.
plongeur(m) 627.

plot(m) 233.
plot(m) de départ(m) 621.
plot(m) de départ(m) 621.
pluie(f) 36.
pluie(f) acide 32, 33, 35.
pluie(f) continue 39.
pluie(f) intermittente 39.
pluie(f) verglaçante 39.
plume(f) 589.
plume(f) 389, 714.
plume(f) creuse de roseau(m) 389.
plume(f) d'oie(f) 389.
plume(f) métallique 389.
plume(f) métallique romaine 389.
plus grand que 830.
plus ou moins 830.
plus petit que 830.
Pluton 5.
pluviomètre(m) à lecture(f) directe 40.
pluviomètre(m) enregistreur 40.
pluviosité(f), mesure(f) 40.
pneu(m) 433.
pneu(m) 440, 447.
pneu(m) à carcasse(f) diagonale 433.
pneu(m) à carcasse(f) radiale 433.
pneu(m) à carcasse(f) radiale ceinturée 433.
pneumatique(m) de guidage(m) 476, 477.
pneumatique(m) porteur 476, 477.
poche(f) 673, 679, 683.
poche(f) à douilles(f) 245.
poche(f) à rabat(m) 339.
poche(f) à rabat(m) 320.
poche(f) américaine 323.
poche(f) cavalière 323.
poche(f) centrale 674.
poche(f) extérieur 378, 382.
poche(f) frontale 381.
poche(f) gilet(m) 322.
poche(f) inférieur 675.
poche(f) intérieur 383.
poche(f) intérieure isolante 349.
poche(f) manchon(m) 339.
poche(f) passepoilée 339.
poche(f) passepoilée 326.
poche(f) plaquée 339.
poche(f) plaquée 320, 322, 350.
poche(f) poitrine(f) 320, 324.
poche(f) prise dans une couture(f) 339.
poche(f) prise dans une couture(f) 330.
poche(f) prise dans une découpe(f) 339.
poche(f) raglan 339.
poche(f) raglan 319, 330.
poche(f) repose-bras(m) 321, 330.
poche(f) secrète 379.
poche(f) soufflet(m) 339.
poche(f) soufflet(m) 338.
poche(f) supérieur 675.
poche(f) tiroir(m) 322.
poche(f) verticale 316.
poche(f)-revolver(m) 323.
poche(f)-ticket(m) 322.
poches(f), types(m) 339.
pochette(f) 381.
pochette(f) 322, 378.
pochette(f) d'allumettes(f) 386.
pochette(f) d'homme(m) 380.
pochette(f) d'information(f) 519.
pochette(f) de classement(m) 517.
pocheuse(f) 249.
podomètre(m) 711.
poêle(f) 688.
poêle(f) à crêpes(f) 249.
poêle(f) à frire 249.
poêle(m) à combustion(f) lente 204.
poids(m) 658.
poids(m) 658, 663, 665, 707, 708, 709.
poignard(m) 794.
poignée(f) 204, 224, 250, 251, 252, 253, 254, 255, 256, 260, 272, 276, 277, 281, 284, 294, 304, 370, 375, 378, 380, 382, 383, 397, 408, 442, 477, 544, 615, 620, 632, 640, 642, 643, 658, 665, 666, 670, 671, 677, 679, 684, 728, 735, 793, 798, 799.
poignée(f) à ressort(m) 665.
poignée(f) antivibrations(f) 272.
poignée(f) arrière 671.
poignée(f) auxiliaire 280.
poignée(f) avant 804.
poignée(f) d'appui(m) 664.
poignée(f) de chariot(m) 568.
poignée(f) de conduite(f) 727.

poignée(f) de frein(m) 447, 727.
poignée(f) de guidage(m) 283.
poignée(f) de la manivelle(f) 583.
poignée(f) de maintien(m) 429.
poignée(f) de nacelle(f) 635.
poignée(f) de porte(f) 202, 427.
poignée(f) de sécurité(f) 271.
poignée(f) de soulèvement(m) 803.
poignée(f) de transport(m) 796.
poignée(f) des gaz(m) 444.
poignée(f) du démarreur(m) 272.
poignée(f) intérieure 429.
poignée(f) latérale 280.
poignée(f) montoir(m) 440, 449, 461, 779.
poignée(f) pistolet(m) 305.
poignée(f) profilée 370.
poignée(f) rentrante 378.
poignée(f) supérieure 280.
poignée(f)-oxygène(m) de coupe(f) 306.
poignée(f)-pistolet(m) 280, 795, 796.
poignet(m) 106, 112, 117, 119, 137, 324.
poignet(m) mousquetaire(m) 339.
poil(m) 136, 373.
poils(m) absorbants 57.
poinçon(m) 586.
poinçon(m) 199, 688.
point(m) 832.
point(m) 695.
point(m) d'alimentation(f) 757.
point(m) d'amure(f) 631.
point(m) d'ancrage(m) 637.
point(m) d'arête(f) 571.
point(m) d'articulation(f) 785.
point(m) d'attache(f) 56, 501.
point(m) d'écoute(f) 631.
point(m) d'encochage(m) 684.
point(m) d'épine(f) 571.
point(m) d'exclamation(f) 832.
point(m) d'interrogation(f) 832.
point(m) d'orgue(m) 539.
point(m) d'Orient(m) 571.
point(m) de chaînette(f) 571.
point(m) de chausson(m) 571.
point(m) de chevron(m) 571.
point(m) de côtes(f) 567.
point(m) de damier(m) 567.
point(m) de jersey(m) 567.
point(m) de mise(f) au jeu(m) 608.
point(m) de nœud(m) 571.
point(m) de penalty(m) 601.
point(m) de poste(f) 571.
point(m) de raccordement(m) 757.
point(m) de repère(m) 565, 683.
point(m) de riz(m) 567.
point(m) de torsades(f) 567.
point(m) du chef(m) 818.
point(m) fixe 432.
point(m) indicateur(m) de température(f) 370.
point(m) mousse(f) 567.
point(m) passé empiétant 571.
point(m) roumain 571.
point(m) vernal 3.
point(m)-virgule(f) 832.
pointe(f) 30, 57, 72, 240, 242, 275, 276, 277, 284, 325, 341, 385, 389, 541, 544, 562, 567, 640, 644, 656, 658, 671, 678, 680, 681, 684, 698, 798, 818.
pointe(f) antérieure 680.
pointe(f) avant 256.
pointe(f) carrée 276.
pointe(f) cruciforme 276.
pointe(f) d'attache(f) 540.
pointe(f) de bâton(m) 643.
pointe(f) de centrage(m) 281.
pointe(f) de col(m) 324.
pointe(f) de dent(f) 783.
pointe(f) de diamant(m) 225.
pointe(f) de flèche(f) en silex(m) 791.
pointe(f) de hampe(f) 817.
pointe(f) de ski(m) 642.
pointe(f) plate 276.
pointe(f) plate 231.
pointe(f) ronde 231.
pointe(f) sèche 582, 583.
pointeur(m) 719.
points(m) bouclés 571.
points(m) couchés 571.
points(m) croisés 571.
point(m) de handicap(m) 697.
points(m) de suspension(f) 832.
points(m) de tricot(m) 567.
points(m) noués 571.
points(m) plats 571.
points(m), broderie(f) 571.

Les termes en **caractères gras** renvoient à une illustration; les termes en *italique* indiquent l'usage québécois

poire(f) 64.
poire(f) à jus(m) 246.
poire(f) à poudre(f) 795.
poire(f) de gonflage(m) 710.
poireau(m) 70.
pois(m) 67.
pois(m) 67.
pois(m) chiches 72.
pois(m) mange-tout(m) 72.
poisson(m) 86, 88.
Poisson(m) austral 13.
Poisson(m) volant 13.
poisson(m), anatomie(f) 88.
poisson(m), morphologie(f) 86.
poissonnière(f) 248.
Poissons(m) 11.
Poissons(m)(19 février) 820.
poitrail(m) 100.
poitrine(f) 108, 116, 118.
poitrinière(f) 572.
poivrière(f) 238.
poivron(m) 69.
poker(m), combinaisons(f) 695.
Polaroid®(m) 394.
pôle(m) Nord 3.
pôle(m) Nord céleste 3.
pôle(m) Sud 3.
pôle(m) Sud céleste 3.
police(f) 822.
pollution(f) agricole 32.
pollution(f) de l'air(m) 34.
pollution(f) des aliments(m) 32.
pollution(f) industrielle 32, 33.
polo(m) 326, 337.
polo(m) 615.
polochon(m) 224.
polojama(m) 351.
pomme(f) 64.
pomme(f) 64, 265.
pomme(f) d'Adam 116.
pomme(f) de douche(f) 292.
pomme(f) de terre(f) 71.
pommeau(m) 277, 281, 596, 649,
    666.
pompe(f) 209, 257, 258, 446, 689,
    761, 762, 771.
pompe(f) à boue(f) 737.
pompe(f) à chaleur(f) 212.
pompe(f) de caloportage(m) 759.
pompe(f) de circulation(f) 208, 772.
pompe(f) de puisard(m) 216.
pompe(f) de recirculation(f) 763.
poncho(m) 331.
pont(m) 52, 376, 719.
pont(m) à béquilles(f) 455.
pont(m) à poutre(f) 454.
pont(m) à poutre(f) simple 454.
**pont(m) à poutres(f)
    indépendantes** 454.
pont(m) à tablier(m) inférieur
    455.
**pont(m) à tablier(m)
    intermédiaire** 455.
pont(m) à tablier(m) supérieur
    455.
pont(m) Bailey 457.
pont(m) bain(m) de soleil(m) 497.
**pont(m) basculant à double
    volée(f)** 457.
**pont(m) basculant à simple
    volée(f)** 457.
pont(m) cantilever 454.
pont(m) d'appontage(m) 811.
pont(m) d'envol(m) 810.
pont(m) de Varole 134.
pont(m) en arc(m) 455.
pont(m) flottant 457.
pont(m) inférieur 741.
pont(m) levant 457.
pont(m) principal 743.
pont(m) roulant 747.
pont(m) supérieur 498, 741.
**pont(m) suspendu à câble(m)
    porteur** 456.
pont(m) tournant 457.
pont(m) transbordeur 457.
pont(m)-promenade(f) 496.
pont-levis(m) 180.
pontet(m) 795, 797, 798, 799.
ponton(m) 457, 738.
ponts(m) à poutre(f), types(m)
    454.
ponts(m) en arc(m), types(m)
    455.
ponts(m) fixes 454, 456.
ponts(m) mobiles 457.
**ponts(m) suspendus à
    haubans(m)** 456.
popote(f) 688.
porc(m) 151.

porche(m) 172, 177.
porcherie(f) 149.
pore(m) 67, 115.
pore(m) sudoripare 136.
porque(f) 743.
port(m) clavier(m) 528.
port(m) imprimante(f) 528.
port(m) maritime 490.
port(m) modem(m) 528.
port(m) périphérique(m) 528.
port(m) réseau(m) 528.
port(m) vidéo 528.
portail(m) 175.
portant(m) 632.
porte(f) 202.
porte(f) 173, 253, 254, 259, 449, 490,
    498, 566, 617, 645, 685, 686, 709.
porte(f) à charnière(f) 195.
porte(f) accordéon(m) 202.
porte(f) amont(m) 493.
porte(f) automatique 504.
porte(f) aval(m) 492.
porte(f) avant 493, 494.
porte(f) coulissante 202.
porte(f) coulissante 292.
porte(f) d'accès(m) de plate-forme(f)
    461.
porte(f) d'extrémité(f) 470.
porte(f) de la soute(f) 510.
porte(f) étagère(f) 254.
porte(f) extérieure 202.
porte(f) latérale 477.
porte(f) pliante 202.
porte(f) pliante 194.
porte(f) tournante 202.
porte(f)-fenêtre(f) 195.
porte(f)-foyer(m) 204.
porte-adresse(m) 383.
porte-avions(m) 810.
porte-bagages(m) 382.
porte-bagages(m) 446, 449.
porte-bidon(m) 447.
porte-bûches(m) 205.
porte-cartes(m) 379.
porte-cartes(m) 40, 379.
porte-chaussures(m) 358.
porte-chéquier(m) 379.
porte-clés(m) 379.
porte-coupures(m) 379.
**porte-documents(m) à
    soufflet(m)** 378.
porte-documents(m) plat 378.
porte-électrode(m) 305.
porte-étiquette(m) 471.
porte-étiquette(m)
    d'acheminement(m) 471.
porte-étiquette(m) de contenu(m)
    743.
porte-étiquette(m) de
    d'acheminement(m) 743.
porte-étiquette(m). 517.
porte-fils(m) 573.
porte-fusible(m) 757.
porte-gomme(m) 515.
porte-jarretelles(m) 347.
porte-manteau(m) 522.
porte-mine(m) 389, 515.
porte-monnaie(m) 379.
porte-moulinet(m) 670, 671.
porte-négatif(m) 399.
porte-négatif(m) 399.
porte-outil(m) 283, 735.
porte-parapluie(m) 679.
porte-parapluies(m) 375.
porte-passeport(m) 379.
porte-pipes(m) 385.
porte-pitons(m) 680.
porte-râteau(m) 583.
porte-rouleau(m) 292.
porte-sac(m) 679.
porte-savon(m) 292.
porte-serviettes(m) 292.
porte-spécimen(m) 717.
porte-stylo(m) 379.
porte-stylo(m) 378.
porte-tension(m) 569.
porte-timbres(m) 516.
porte-tube(m) 718.
porte-vent(m) 543.
portée(f) 537.
portefeuille(m) 379.
portefeuille(m) chéquier(m) 379.
portes(f), types(m) 202.
portière(f) 429.
portière(f) 427.
portique(m) 786.
portique(m) 172, 173, 455, 491, 660,
    746, 747.

portique(m) de chargement(m) de
    conteneurs(m) 490.
portique(m) de signalisation(f) 464.
posemètre(m) à visée(f) reflex
    396.
posemètre(m) photo-électrique
    396.
positif(m) 831.
position(f) carpée 624.
position(f) de départ(m) 625.
position(f) des bras(m) 625.
position(f) des jambes(m) 625.
position(f) droite 624.
position(f) du ligament(m) 95.
position(f) en mode(m) solaire 419.
position(f) groupée 624.
positionnement(m) du papier(m) 525.
positionneur(m) 561.
poste(m) 752.
poste(m) à clavier(m) 422.
poste(m) d'aiguillage(m) 464.
poste(m) de carburant(m) 823.
poste(m) de commandement(m) 805,
    807.
poste(m) de communication(f) 477.
poste(m) de conduite(f) de la
    propulsion(f) 806.
poste(m) de contrôle(m) audio/vidéo
    413.
poste(m) de pilotage(m) 500.
poste(m) de pilotage(m) 498, 508,
    510, 805.
poste(m) de débranchement(m) 465.
poste(m) de soudage(m) 305.
poste(m) sans cordon(m) 422.
poste(m) téléphonique 420.
poste(m) téléphonique 413, 415, 417.
**postes(m) téléphoniques,
    types(m)** 422.
postillon(m) 697.
pot(m) d'échappement(m) 439, 443,
    444.
poteau(m) 198, 455, 613, 618, 626.
poteau(m) cornier 198.
poteau(m) d'arrivée(f) 654.
poteau(m) de but(m) 604, 611.
poteau(m) de double(m) 614.
poteau(m) de simple(m) 614.
poteau(m) du ring(m) 669.
poteau(m) mural 199.
potence(f) 397, 447, 718, 727.
poterie(f) 584.
poterie(f), outils(m) 584, 585.
poterne(f) 179, 181.
potiron(m) 69.
pouce(m) 111, 112, 137, 327, 596.
poudre(f) 798, 799.
poudre(f) libre 366.
poudre(f) pressée 366.
poudrier(m) 366.
pouf(m) 222.
poulailler(m) 148.
poulaine(f) 792.
poule(f) 150.
poulie(f) 230, 302, 434, 684, 793.
poulie(f) de chariot(m) 786.
poumon(m) 97.
poumon(m) droit 124, 130.
poumon(m) gauche 124, 130.
Poupe(f) 13, 496, 631.
pourcentage(m) 830.
pourcentage(m) 523.
pourpoint(m) 316.
pourpre(m) 819.
pousse(f) 57.
poussière(f) 34, 35.
poussin(m) 150.
poussoir(m) 251, 290, 726.
poussoir(m) à pollen(m) 81.
poussoir(m) d'arrêt(m) 706.
poussoir(m) d'ouverture(f) 375.
poussoir(m) de mise(f) en marche(f)
    706.
poussoir(m) de remise(f) à zéro(m)
    706.
poussoir(m) pneumatique 734.
poutre(f) 198, 659, 756.
poutre(f) cantilever 454.
poutre(f) continue 454.
poutre(f) d'équilibre(m) 659.
poutre(f) de queue(f) 508.
poutre(f) suspendue 454.
poutre(f)-châssis(m) 784.
praire(f) 93.
prairie(f) 51, 149.
préblindage(m) 805.
précipitation(f) 34, 35.
précipitations(f) 36.
prémaxillaire(m) 86.
premier arbitre(m) 613.

premier but(m) 597.
premier croissant(m) 6.
premier espace(m) 610.
premier étage(m) 509.
premier juge(m) de ligne(f) 603.
premier quartier(m) 6.
premier radial(m) externe 121.
premier-but(m) 597.
première cabine(f) focale 15.
première molaire(f) 144.
première nageoire(f) dorsale 86.
première phalange(f) 103.
première prémolaire(f) 144.
premiers soins(m) 822.
premiers violons(m) 556.
prémolaire(f) 98.
prémolaires(f) 144.
preneur(m) de son(m) 412, 415.
préparation(f) avant éclipse(f) 419.
prépuce(m) 127.
près du ring(m) 669.
près(m) 629.
près(m) bon plein(m) 629.
près(m) serré 629.
présentoir(m) à revues(f) 522.
président(m) 666.
presse(f) 159.
presse(f) à pectoraux(m) 663.
presse(f) à percussion(f) 579.
presse(f) à taille-douce(f) 581.
presse(f) lithographique 583.
presse-agrumes(m) 243, 251.
presse-ail(m) 243.
presse-ergots(m) 531.
presse-étoupe(m) 294.
presse-papier(m) 524, 531.
presseur(m) 390.
pression(f) à la taille(f) 350.
pression(f) au niveau(m) de la mer(f)
    38.
pression(f) barométrique 38.
pression(f) devant 350.
pression(f), mesure(f) 41.
pressuriseur(m) 761, 762.
prévention(f) des incendies(m)
    777.
prime(f) 667.
principaux amphibiens(m) 85.
printemps(m) 8.
prise(f) avec borne(f) de terre(f) 216.
prise(f) casque(m) 402, 408, 555.
prise(f) chronométrée 255.
prise(f) classique 619.
prise(f) d'air(m) 445, 493.
prise(f) d'air(m) de ventilation(f) 14.
prise(f) d'eau(f) 747.
prise(f) de charge(f) 374.
prise(f) de courant(m) 309.
prise(f) de courant(m) 310, 401.
prise(f) de force(f) 147.
prise(f) de la sonde(f) thermique 253.
prise(f) de masse(f) 305.
prise(f) de raccordement(m) 561.
prise(f) de télécommande(f) 391.
prise(f) de terre(f) 309, 312, 400.
prise(f) électrique 449.
prise(f) porte-plume(f) 619.
prises(f), judo(m) 668.
prises(f), tennis(m) sur table(f)
    619.
prises(f), types(m) 619.
prisme(m) de Porro 719.
prisme(m) pentagonal 390.
prix(m) à l'unité(f) 709.
prix(m) à payer 709.
procédé(m) 675.
processeur(m) de sons(m) 528.
production(f) d'électricité(f) 767.
**production(f) d'électricité(f) par
    énergie(f) nucléaire** 766.
**production(f) d'électricité(f) par
    énergie(f) solaire** 771.
production(f) de chaleur(f) 766.
**production(f) de l'électricité(f),
    étapes(f)** 755.
produits(m) de la raffinerie(f)
    744.
produits(m) laitiers 33.
produits(m) pétrochimiques 745.
profondeur(f) du foyer(m) 23.
profondimètre(m) 627.
programmateur(m) 257, 258, 259.
programmation(f) des voix(f) 555.
projecteur(m) 447, 459, 777.
projecteur(m) à faisceau(m) concentré
    414.
projecteur(m) auxiliaire 16.
projecteur(m) d'ambiance(f) 414.
projecteur(m) d'ambiance(f) sur
    pantographe(m) 414.

projecteur(m) de diapositives(f) 397.
projecteur(m) de plafond(m) 41.
projecteur(m) orientable 778, 780.
projecteurs(m) 189.
projectile(m) antichar 804.
projectiles(m) 801.
projection(f) conique 50.
projection(f) cylindrique 50.
projection(f) d'épaule(f) par un côté(m) 668.
projection(f) en cercle(m) 668.
projection(f) horizontale 50.
projection(f) interrompue 50.
projections(f) cartographiques 50.
pronaos(m) 168, 169.
propulseur(m) 49, 512, 814.
propulseur(m) d'étrave(f) 497.
propulseur(m) radial 42.
prostate(f) 127.
protecteur(m) d'embout(m) 726.
protecteur(m) de poitrine(f) 595.
protecteur(m) lombaire 602.
protection(f) de l'ouïe(f) 729.
protection(f) de la tête(f) 729.
protection(f) des pieds(m) 730.
protection(f) des voies(f) respiratoires 730.
protection(f) des yeux(m) 729.
protection(f) obligatoire de l'ouïe(f) 821.
protection(f) obligatoire de la tête(f) 821.
protection(f) obligatoire de la vue(f) 821.
protection(f) obligatoire des mains(f) 821.
protection(f) obligatoire des pieds(m) 821.
protection(f) obligatoire des voies(f) respiratoires 821.
protège-côtes(m) 602.
protège-coude(m) 609.
protège-dents(m) 669.
protège-gorge(m) 595, 609.
protège-guidon(m) 796.
protège-hanche(m) 602.
protège-lame(m) 285, 644.
protège-lame(m) inférieur 284.
protège-lame(m) supérieur 284.
protège-matelas(m) 224.
protège-nuque(m) 777.
protège-orteils(m) 730.
protège-orteils(m) 595.
protège-poulie(m) 283.
protège-tendon(m) 644.
protège-tibia(m) 595, 600, 609.
protège-tympan(m) 729.
prothorax(m) 78.
protoneurone(m) sensitif 135.
protubérance(f) 6.
proue(f) 497, 631.
province(f) 51.
prune(f) 63.
psychromètre(m) 41.
pubis(m) 116, 118.
puisard(m) 215, 216, 736.
puits(m) d'accès(m) 752.
puits(m) d'extraction(f) 736.
puits(m) de dérive(f) 631.
puits(m) de lumière(f) 194.
puits(m) sous-marin 740.
puits(m) vertical 736.
pull(m) à capuche(f) 352.
pull(m) d'entraînement(m) 352.
pulls(m) 338.
pulpe(f) 62, 63, 64, 65, 137, 144.
pulvérisateur(m) 265.
pulvérisateur(m) tandem(m) 154.
pulvériseur(m) tandem(m) 157.
pulvino(m) 750.
punaises(f) 515.
pupille(f) 107, 140.
pupille(f) verticale 96.
pupitre(m) 539, 542, 555.
pupitre(m) à musique(f) 539.
pupitre(m) d'éclairage(m) 412.
pupitre(m) de commande(f) 500.
pupitre(m) de commandes(m) 16.
pupitre(m) de conduite(f) 468.
pupitre(m) de son(m) 407, 412, 415.
pupitre(m) dirigeur 422.
pupitre(m) du chef(m) d'orchestre(m) 556.
purgeur(m) 208.
purificateur(m) d'air(m) 210.
pyjama(m) 348.
pylône(m) 756.
pylône(m) 456, 464.
pylône(m) du moteur(m) 499.

Q

quadruple croche(f) 538.
quai(m) 464, 475, 490.
quai(m) d'embarquement(m) 503.
quai(m) de chargement(m) 190.
quai(m) de gare(f) 462.
quart(m) de soupir(m) 538.
quart-arrière(m) 603, 605.
quart-de-rond(m) 199.
quarte(f) 537, 667.
quartier(m) 65, 104, 352, 354, 649.
quatre avec barreur(m) 632.
quatre sans barreur(m) 632.
quatre-mâts(m) barque(f) 478, 480.
quatuor(m) 558.
queue(f) 62, 63, 64, 96, 97, 101, 106, 107, 112, 127, 281, 499, 579, 633, 638, 645, 688, 773.
queue(f) de billard(m) 675.
queue(f) de gaz(m) 9.
queue(f) de l'hélix(m) 139.
queue(f) de poussières(f) 9.
queue-de-cochon(f) 586.
queusot(m) 232.
quille(f) 637, 683.
quille(f) chandelle(f) 683.
quille(f)-reine(f) 683.
quilles(f), piste(f) 683.
quilles(f), types(m) 683.
quillier(m) 683.
quillier(m) 683.
quinte(f) 695.
quinte(f) 537, 667, 700.
quinte(f) royale 695.
quintette(m) 558.

R

rabat(m) 322, 380.
rabatteur(m) 158, 160.
rabot(m) 277.
raccord(m) 300, 399.
raccord(m) à collet(m) repoussé 300.
raccord(m) à compression(f) 300.
raccord(m) à compression(f) 296.
raccord(m) d'arrivée(f) d'air(m) 304.
raccord(m) de réduction(f) 301.
raccord(m) de robinet(m) 265.
raccord(m) de signalisation(f) 449.
raccord(m) de tuyau(m) 264.
raccord(m) femelle 300.
raccord(m) mâle 300.
raccord(m) té(m) 298.
raccord(m) té(m) d'égout(m) 298.
raccord(m) union(f) 300.
raccordement(m) du flexible(m) 735.
raccords(m) 301.
raccords(m) mécaniques 300.
rachis(m) 110.
racine(f) 70, 144.
racine(f) antérieure 135.
racine(f) carrée 523.
racine(f) carrée de 830.
racine(f) de l'hélix(m) 139.
racine(f) de l'ongle(m) 137.
racine(f) du nez(m) 141.
racine(f) motrice 135.
racine(f) pivotante 59.
racine(f) postérieure 135.
racine(f) principale 57.
racine(f) secondaire 57.
racine(f) sensitive 135.
racine(f) traçante 59.
racquetball(m) 617.
racquetball(m), balle(f) 617.
racquetball(m), raquette(f) 617.
racquetball(m), terrain(m) 617.
radar(m) 722.
radar(m) 493, 494, 495, 497.
radar(m) d'appontage(m) 811.
radar(m) de contrôle(m) aérien 810.
radar(m) de détection(f) 809.
radar(m) de surveillance(f) aérienne 809, 811.
radar(m) de veille(f) de surface(f) 809, 810.
radar(m) météorologique 498.
radiateur(m) 438.
radiateur(m) 16, 208, 469.
radiateur(m) à colonnes(f) 208.
radiateur(m) bain(m) d'huile(f) 211.
radiateur(m) de batterie(f) 49.
radiateur(m) rayonnant 211.
radiateur(m) soufflant 211.
radicelle(f) 57, 59.

radier(m) 476, 492.
radio(f) 408, 639.
radiocassette(f) 408.
radiomètre(m) 42, 43.
radiotélescope(m) 15.
radis(m) 71.
radius(m) 102, 112, 122.
radôme(m) 813.
raffinerie(f) 740.
raffinerie(f), produits(m) 744.
raglan(m) 330.
raie(f) des fesses(f) 117, 119.
raie(f) sourcilière 109.
raifort(m) 71.
rail(m) 230, 466, 568.
rail(m) d'éclairage(m) 235.
rail(m) de glissement(m) 428, 630.
rail(m) de guidage(m) 15, 441.
rail(m) de lancement(m) de missile(m) 813.
rail(m) de raccord(m) 467.
rail(m) et retour(m) de courant(m) 476.
rail(m) guide(m)-film(m) 390.
rail(m), joint(m) 466.
rail(m), profil(m) 466.
rainette(f) 85.
rainure(f) 562, 568, 598, 641, 678, 793.
rainure(f) du guide(m) à onglet(m) 285.
rainure(f) du guide(m) de refend(m) 285.
raisin(m) 62.
raisin(m) 61, 62.
ralenti(m) 411.
rallonge(f) 219, 260.
rallonge(f) du plateau(m) 285.
ramasseur(m) 159, 162, 613, 614.
ramasseuse(f)-presse(f) 159.
ramasseuse(f)-presse(f) 155.
rame(f) 664.
rame(f) de métro(m) 476.
rame(f) de métro(m) 474.
rameau(m) 58.
rameau(m) 57, 59, 61.
rameau(m) communicant 135.
ramequin(m) 238.
rameur(m) 664.
ramille(f) 59.
rampant(m) 168.
rampe(f) 168, 188, 201, 733.
rampe(f) d'accès(m) 456, 494.
rampe(f) d'éclairage(m) 235.
rampe(f) de livraison(f) 184.
rampe(f) de quai(m) 490.
rampe(f) de signalisation(f) 779.
ramure(f) 59.
rang(m) 373.
rangement(m) 461.
râpe(f) 243, 587.
râper, ustensils(m) pour 243.
rapière(f) 794.
rappel(m) de mémoire(f) 396, 523.
rapporteur(m) d'angle(m) 713.
raquette(f) 645.
raquette(f) algonquine 645.
raquette(f) de badminton(m) 618.
raquette(f) de racquetball(m) 617.
raquette(f) de squash(m) 616.
raquette(f) de tennis(m) 615.
raquette(f) de tennis(m) de table(f) 619.
ras-de-cou(m) 326, 361.
rasette(f) 542.
rasoir(m) à double tranchant(m) 374.
rasoir(m) à manche(m) 374.
rasoir(m) effileur 369.
rasoir(m) électrique 374.
rasoir(m) jetable 374.
rasoirs(m) 374.
rat(m) de cave(f) 582.
rate(f) 88, 124.
râteau(m) 159, 267, 674.
râteau(m) 155, 583.
ratissoire(f) 266.
ravier(m) 238.
ravitaillement(m) en vol(m) 813.
ravitailleur(m) 813.
rayon(m) 375, 447.
rayon(m) de miel(m) 82.
rayon(m) de miel(m), coupe(f) 82.
rayon(m) épineux 86.
rayon(m) médullaire 59.
rayon(m) mou 87.
rayon(m) solaire réfléchi 770, 771.
rayonnement(m) solaire 768, 769, 770, 771, 772.

ré(m) 537.
réacteur(m) 759, 764, 766, 806.
réacteur(m) à eau(f) bouillante 763.
réacteur(m) à eau(f) lourde 761.
réacteur(m) à eau(f) sous pression(f) 762.
réacteur(m) au gaz(m) carbonique 760.
réacteur(m) nucléaire 765.
réaction(f) réversible 831.
réalisateur(m) 412, 415.
rebobinage(m) 831.
rebobinage(m) 391, 403, 408, 411, 420.
rebord(m) 255.
rebord(m) de cuve(f) 258.
rebras(m) 327.
récamier(m) 221.
réceptacle(m) 60, 62.
réceptacle(m) de brosses(f) 373.
réceptacle(m) pour les pièces(f) refusées 702.
récepteur(m) 15, 420.
récepteur(m) de grain(m) 161.
récepteur(m) de son(m) 726.
récepteur(m) sensoriel 134.
réception(f) des messages(m) 421.
réception(f) directe 416.
réception(f) du fret(m) 505.
recette(f) 736.
receveur(m) 595.
receveur(m) 597, 614, 616, 618.
recharge(f) 389.
recharge(f) amont 748.
recharge(f) aval 748.
réchaud(m) 248.
réchaud(m) à deux feux(m) 689.
réchaud(m) à un feu(m) 689.
réchauffeur(m) 758.
recherche(f) des canaux(m) 411.
récipient(m) 40, 250.
récipient(m) collecteur 40.
récolter 155, 159, 160, 162.
reconcentration(f) de l'oxyde(m) de deutérium(m) 759.
recourbe-cils(m) 367.
rectangle(m) des instructeurs(m) 597.
rectangulaire 687.
rectrice(f) 109.
rectum(m) 127, 128, 131.
recyclable 831.
recyclé 831.
redingote(f) 331.
réduction(f) mâle-femelle 301.
réduction(f) mâle-femelle hexagonale 301.
réduction(f)/agrandissement(m) 532.
réflecteur(m) 310, 393, 441.
réflecteur(m) parabolique 15, 415.
réflecteur(m) radar(m) 487.
réflecteur(m) secondaire 15.
réflecteurs(m) solaires 418.
réformeur(m) catalytique 744.
refouloir(m) 801.
réfrigérateur(m) 254.
réfrigérateur(m) 254.
refroidissement(m) 744.
refroidissement(m) de la vapeur(f) par l'eau(f) 767.
refroidisseur(m) d'air(m) 438.
refroidisseur(m) de la salle(f) des générateurs(m) de vapeur(f) 759.
regard(m) 209.
regard(m) de prélèvement(m) 216.
regard(m) de visite(f) 186.
régie(f) 189, 407.
régie(f) de production(f) 413.
régie(f) de production(f) 412, 415.
régie(f) du son(m) 412, 415.
régie(f) image(f) 415.
régie(f) image(f)/éclairage(m) 412.
régie(f), radio(f) 407.
régies(f), télévision 412.
région(f) auriculaire 109.
région(f) malaire 109.
région(f) négative 768.
région(f) positive 768.
régions(f) de balisage(m) 488.
registre(f) coulissant 543.
registre(m) de comptabilité(f) 518.
registre(m) de réglage(m) 206.
registre(m) des aigus(m) 536.
registre(m) des basses(f) 536.
réglage(m) 728.
réglage(m) de centrage(m) 529.
réglage(m) de hausse(f) 718.
réglage(m) de l'afficheur(m) 420.
réglage(m) de l'angle(m) 277.

réglage(m) de l'écran(m) de l'ordinateur(m) 512.
réglage(m) de la hauteur(f) 659, 661, 664.
réglage(m) de la luminosité(f) 529.
réglage(m) de la pression(f) 373.
réglage(m) de la pression(f) d'oxygène(m) 512.
réglage(m) de la profondeur(f) 277.
réglage(m) de la résistance(f) 664.
réglage(m) de la température(f) 213, 705.
réglage(m) de la tension(f) 671.
réglage(m) de la tonalité(f) 547.
réglage(m) de la vitesse(f) d'obturation(f) 396.
réglage(m) de largeur(f) de point(m) 561.
réglage(m) de niveau(m) d'enregistrement(m) 403.
réglage(m) de pression(f) 561.
réglage(m) de profondeur(f) 283.
réglage(m) de tempo(m) 555.
réglage(m) des températures(f) 256.
réglage(m) du contraste(m) 529.
réglage(m) du diaphragme(m) 718.
réglage(m) du four(m) 255.
réglage(m) du pas(m) 711.
réglage(m) du pointeau(m) du fluide(m) 304.
réglage(m) du seuil(m) d'alarme(f) 485.
réglage(m) du viseur(m) 409.
réglage(m) du volume(m) 402, 408, 411, 547, 555.
réglage(m) du volume(m) des communications(f) 512.
réglage(m) en hauteur(f) 397, 399.
réglage(m) en hauteur(f) du condenseur(m) 718.
réglage(m) horizontal 529.
réglage(m) latéral 718.
réglage(m) micrométrique (azimut(m)) 720, 721.
réglage(m) micrométrique (latitude(f)) 720, 721.
réglage(m) sur demi-teinte(f) 396.
réglage(m) sur haute lumière(f) 396.
réglage(m) sur ombre(f) 396.
réglage(m) vertical 529.
règle(f) 578, 591.
règle(f) de couture(f) 563.
règle(f) du guide(m) de refend(m) 285.
règle(f) graduée 688.
règle-point(m) 561.
réglette(f) 573.
régulateur(m) 297.
régulateur(m) de carburant(m) 501.
régulateur(m) de pression(f) 306.
régulateur(m) de pression(f) 248, 306, 689.
rein(m) 89, 97, 101, 117, 124.
rein(m) droit 132.
rein(m) gauche 132.
reine(f), abeille(f) 81.
reins(m) 119.
rejet(m) 59.
relais(m) d'accessoires(m) 501.
relève-bras(m) 404.
relèvement(m) de la lame(f) 285.
releveur(m) de fil(m) 561.
relief(m) lunaire 7.
reliure(f) à anneaux(m) 519.
reliure(f) à glissière(f) 519.
reliure(f) à pince(f) 519.
reliure(f) à ressort(m) 519.
reliure(f) à vis(f) 519.
reliure(f) d'art(m) 577, 578.
reliure(f) spirale(f) 519.
rembourrage(m) 635.
rémige(f) primaire 110.
rémige(f) secondaire 110.
rémige(f) tertiaire 110.
remise(f) 193, 263.
remise(f) à zéro(m) 532.
remontée(f) continentale 29.
remontoir(m) 539, 706, 707.
remorque(f) 156, 162, 440, 476, 633.
remorque(f) à bagages(m) 507.
rempart(m) 7, 178, 180.
remplage(m) 175, 176.
remplissage(m) 741.
rêne(f) 651.
rêne(f) de bride(f) 649.
rêne(f) de filet(f) 649.
renfort(m) de culasse(f) 800.
renfort(m) de pointe(f) 644.
réniforme 56.

renne(m) 105.
renseignements(m) 823.
rentré(m) 565.
renvoi(m) 215, 298.
renvoi(m) d'eau(f) 399.
repassage(m) 829.
repasser à basse température(f) 829.
repasser à haute température(f) 829.
repasser à moyenne température(f) 829.
repère(m) 612, 710.
repère(m) de distance(f) 651.
repère(m) de ligne(f) de marche(f) 719.
repère(m) de niveau(m) d'eau(f) 256.
repère(m) de touche(f) 546, 547.
repère(m) de virage(m) de dos(m) 621.
répertoire(m) téléphonique 516.
répertoire(m) téléphonique 420.
repli(m) 315.
répondeur(m) téléphonique 420.
report(m) de lecture(f) 396.
repose-bras(m) 404.
repose-pied(m) 727.
repose-pied(m) du passager(m) 443, 444.
repose-pied(m) du pilote(m) 443, 444.
repositionnement(m) 525.
repousse-chair(m) 365.
reprise(f) d'air(m) 206, 207.
reptile(m) 96.
réseau(m) d'oléoducs(m) 740.
réseau(m) de transport(m) d'électricité(f) 771.
réseau(m) national 416.
réseau(m) nerveux 144.
réseau(m) privé 416.
réseau(m) téléphonique 417.
réserve(f) d'eau(f) 373.
réservoir(m) 216, 247, 386, 399, 543, 689, 746, 747, 748, 749, 750, 780.
réservoir(m) à carburant(m) 440, 468, 508, 805, 812.
réservoir(m) à essence(f) 442.
réservoir(m) à grain(m) 160.
réservoir(m) à toit(m) fixe 741.
réservoir(m) à toit(m) flottant 741.
réservoir(m) auxiliaire 441.
réservoir(m) d'air(m) comprimé 469.
réservoir(m) d'alcool(m) 705.
réservoir(m) d'arrosage(m) 759, 766.
réservoir(m) d'azote(m) liquide 717.
réservoir(m) d'eau(f) 210.
réservoir(m) d'essence(f) 272.
réservoir(m) d'huile(f) 272.
réservoir(m) d'hydrogène(m) liquide 509.
réservoir(m) d'oxygène(m) liquide 509.
réservoir(m) de brut(m) 744.
réservoir(m) de chasse(f) d'eau(f) 292.
réservoir(m) de fluide(m) 212.
réservoir(m) de kérosène(m) 509.
réservoir(m) de mercure(m) 705.
réservoir(m) de sécurité(f) 761.
réservoir(m) de stockage(m) 772.
réservoir(m) externe 510.
réservoir(m) magmatique 25.
réservoir(m) propane(m) 449.
réservoir(m) tampon(m) 740.
réservoirs(m) 511.
résistance(f) hydraulique 664.
résonnateur(m) 406.
ressort(m) 234, 278, 290, 294, 389, 659, 804.
ressort(m) athlétique 665.
ressort(m) compensateur de fil(m) 562.
ressort(m) d'échappement(m) 541.
ressort(m) de batterie(f) 795.
ressort(m) de rappel(m) 432.
ressort(m) de soupape(f) 434, 543.
ressort(m) de suspension(f) 258, 469.
ressort(m) de tension(f) 431, 665.
ressort(m) en spirale(f) 231.
restaurant(m) 822.
restaurant(m) 185, 190, 494.
rétenteur(m) 653.
Réticule(f) 13.
réticule(m) 718.
réticulum(m) endoplasmique 115.
rétine(f) 140.
retombées(f) 35.
retour(m) 521.
retour(m) de chariot(m) 525.

retour(m) de l'eau(f) au générateur(m) de vapeur(f) 767.
retourner la terre(f) 154, 156.
retrait(m) 524.
rétroviseur(m) 430, 440, 442, 444.
rétroviseur(m) extérieur 426.
réunion(f) 830.
réverbère(m) 186.
revers(m) 322, 323, 341, 354.
revers(m) à cran(m) aigu 322.
revers(m) cranté 319, 320.
revêtement(m) 198, 199, 619, 741.
revêtement(m) de sécurité(f) 512.
revêtement(m) intérieur 433.
revêtement(m) thermique 510.
revêtement(m), matériaux(m) 286.
revolver(m) 797.
rez-de-chaussée(m) 194.
rez-de-chaussée(m) 197.
rhéostat(m) 309.
rhino-pharynx(m) 141.
rhubarbe(f) 72.
ribosome(m) 115.
richelieu(m) 354.
rideau(m) 229.
rideau(m) 229, 414.
rideau(m) ballon(m) 229.
rideau(m) bonne femme(f) 228.
rideau(m) brise-bise(m) 228.
rideau(m) coulissé 228.
rideau(m) d'obturateur(m) 390.
rideau(m) de fer(m) 188.
rideau(m) de scène(f) 188, 189.
rideau(m) de vitrage(m) 228.
rideau(m) flottant 228.
rideau(m) pare-vent(m) 14.
rideaux(m) croisés 229.
rideaux(m), types(m) 228.
ridoir(m) 630.
rifloir(m) 587.
rift(f) 28.
rigole(f) 682.
rimaye(f) 26.
rinceau(m) 220.
ring(m) 669.
risberme(f) 748.
rive(f) 288, 752.
rive(f) externe 104.
rive(f) interne 104.
rivet(m) 242, 278.
rivière(f) 51.
rivière(f) souterraine 24.
riz(m) 152.
robe(f) 741.
robe(f) à crinoline(f) 318.
robe(f) à paniers(m) 317.
robe(f) à tournure(f) 316.
robe(f) bain(m)-de-soleil(m) 332.
robe(f) chemisier(f) 333.
robe(f) de maison(f) 333.
robe(f) enveloppe(f) 333.
robe(f) fourreau(m) 332.
robe(f) princesse(f) 332.
robe(f) taille(f) basse 332.
robe(f) tee-shirt(m) 351.
robe(f) trapèze(f) 332.
robe(f) tunique(f) 333.
robe(f)-manteau(m) 332.
robe(f)-polo(m) 333.
robes(f), types(m) 332.
robinet(m) 294.
robinet(m) 292.
robinet(m) d'acétylène(m) 306.
robinet(m) d'arrêt(m) 293, 296, 298.
robinet(m) d'arrêt(m) général 215.
robinet(m) d'oxygène(m) 306.
robinet(m) de réglage(m) de débit(m) 777.
robinet(m) de vidange(f) 297, 741.
robinet(m) flotteur à clapet(m) 293.
robinet(m) relais(m) 689.
robinets(m) de carburant(m) 500.
robot(m) de cuisine(f) 251.
rocaille(f) 263.
roches(f) d'intrusion(f) 23.
roches(f) ignées 23.
roches(f) métamorphiques 23.
roches(f) sédimentaires 23.
rochet(m) 281, 670, 706, 707.
Roi(m) 695.
Roi(m) 696.
romaine(f) 73.
romarin(m) 74.
rond pronateur(m) 120.
rond-point(m) 52.
ronde(f) 538.
rondeau(m) 584.
rondelle(f) 608.

rondelle(f) 294, 641, 642.
rondelle(f) à denture(f) extérieure 278.
rondelle(f) à denture(f) intérieure 278.
rondelle(f) à ressort(m) 278.
rondelle(f) conique 293.
rondelle(f) de fibre(f) 300.
rondelle(f) plate 278.
rondelles(f) 278.
rondiste(m) 363.
rongeur(m), mâchoire(f) 98.
ros(m) 572.
rosace(f) 546.
rose(f) 175.
rose(f) des vents(m) 484.
rosée(f) 37.
rosette(f) 167, 289, 290.
rostre(m) 90.
rotonde(f) 190.
rotor(m) 161, 290, 437, 753, 773, 774.
rotor(m) anticouple 508.
rotule(f) 103, 122, 282.
roue(f) 433.
roue(f) 270, 427, 440, 727, 753, 800, 805.
roue(f) à rayons(m) 652.
roue(f) avant 147, 784.
roue(f) d'échappement(m) 706, 707.
roue(f) d'engrenage(m) 280, 575.
roue(f) d'entraînement(m) 575.
roue(f) de centre(m) 706, 707.
roue(f) de champ(m) 706.
roue(f) de poulie(f) 230.
roue(f) de pression(f) 158.
roue(f) de sécurité(f) 476.
roue(f) de support(m) 445.
roue(f) de turbine(f) 752.
roue(f) dentée 445, 573.
roue(f) folle 783.
roue(f) libre 448.
roue(f) motrice 147, 707.
roue(f) petite moyenne 706, 707.
roue(f) pivotante 727.
roues(f) motrices 784.
rouge(m) 700, 701.
rouge(m) à lèvres(f) 366.
Rouges(m) 697.
rough(m) 676.
rouleau(m) 270, 304.
rouleau(m) 231, 369, 583, 702.
rouleau(m) à pâtisserie(f) 245.
rouleau(m) à vernir 582.
rouleau(m) conditionneur 158.
rouleau(m) d'encrage(m) 581.
rouleau(m) de pellicule(f) 395.
rouleau(m) principal 572.
roulette(f) 563, 582.
roulette(f) 260, 383, 553, 645, 788.
roulette(f) américaine 700.
roulette(f) de pâtissier(m) 245.
roulette(f) française 701.
route(f) 52, 452.
route(f) d'accès(m) 502.
route(f) secondaire 52.
route(f), coupe(f) 450.
ruban(m) 566, 711, 804.
ruban(m) adhésif 426.
ruban(m) blanc 618.
ruban(m) correcteur 515.
ruban(m) de caoutchouc(m) 677.
ruban(m) de tissu(m) adhésif 725.
rubis(m) 362.
rubis(m) 706.
ruche(f) 82.
ruche(f) 149.
ruché(m) 349.
rue(f) 52, 184, 190.
rue(f), coupe(f) 186.
rugby(m) 606.
rugby(m), terrain(m) 606.
ruisseau(m) 676.
ruissellement(m) 32, 34.
russule(f) verdoyante 55.
rutabaga(m) 71.

S

sable(m) 819.
sable(m) 748.
sablier(m) 244.
sablière(f) 469.
sablière(f) double 198.
sabot(m) 104.
sabot(m) 101, 441, 633, 656.
sabot(m) à 1 doigt(m) 99.
sabot(m) à 2 doigts(m) 99.
sabot(m) à 3 doigts(m) 99.
sabot(m) à 4 doigts(m) 99.

sabot(m) de protection(f) 783.
sabot(m), face(f) plantaire 104.
sabots(m), types(m) 99.
sabre(m) 794.
sabre(m) 666.
sabreur(m) 667.
sac(m) 536.
sac(m) à bandoulière(f) 380.
sac(m) à dos(m) 680.
sac(m) à provisions(f) 381.
sac(m) accordéon(m) 380.
sac(m) besace(f) 380.
sac(m) boîte(f) 381.
sac(m) cartable(m) 380.
sac(m) de golf(m) 679.
sac(m) de vol(m) 382.
sac(m) fourre-tout(m) 380, 382.
sac(m) marin(m) 381.
sac(m) polochon(m) 381.
sac(m) pour accessoires(m) 684.
sac(m) seau(m) 381.
sacoche(f) 448.
sacrum(m) 122, 123.
sacs(m) à main(f) 380.
sacs(m) de couchage(m) 687.
Sagittaire(m) 13.
Sagittaire(m)(22 novembre) 820.
saharienne(f) 338.
saillant(m) 178.
saisie(f) des données(f) 717.
saisons(f), cycle(m) 8.
saladier(m) 238.
salamandre(f) 85.
salière(f) 238.
salle(f) 189.
salle(f) à manger 195, 460, 496, 807.
salle(f) d'embarquement(m) 505.
salle(f) de bains(m) 292.
salle(f) de bains(m) 194, 195.
salle(f) de bal(m) 497.
salle(f) de commande 746, 759.
salle(f) de commandes(f) 14.
salle(f) de contrôle(m) 16.
salle(f) de contrôle(m) des machines(f) 742.
salle(f) de prière(f) 172, 173.
salle(f) de projection(f) 16.
salle(f) de réception(f) 172, 173.
salle(f) de répétition(f) 188.
salle(f) de séjour(m) 195.
salle(f) de spectacle(m) 188.
salle(f) de stockage(m) du combustible(m) neuf 764.
salle(f) de toilettes(f) 195.
salle(f) des cartes(f) 494.
salle(f) des gradateurs(m) 412.
salle(f) des machines(f) 496, 746, 747.
salle(f) des ordinateurs(m) 807.
salle(f) des pas(m) perdus 462.
salle(f) du treuil(m) 735.
salle(f) polyvalente 412.
salomé(m) 356.
salon(m) 195, 496.
salopette(f) 336.
salopette(f) à bretelles(f) croisées 351.
salopette(f) à dos(m) montant 350.
salsifis(m) 71.
sandale(f) 356.
sandale(f) 791.
sandalette(f) 357.
Sandow®(m) 685, 686.
sangle(f) 428, 614, 634, 649, 651, 660, 664, 679, 777.
sangle(f) d'amortissement(m) 729.
sangle(f) de brancard(m) 653.
sangle(f) élastique 382.
sangle(f) serre-vêtements(m) 383.
sangle(f) sous-ventrière 653.
sanglon(m) 649.
sanguine(f) 583.
sapeur(m)-pompier(m) 777.
saphir(m) 362.
sarcloir(m) 266.
sarment(m) 61.
sarriette(f) 74.
sas(m) 14, 493, 510.
sas(m) d'accès(m) arrière 806.
sas(m) du bâtiment(m) du réacteur(m) 758.
sas(m) du laboratoire(m) 511.
sas(m) pour équipement(m) 764.
satellite(m) 416.
satellite(m) à défilement(m) 43.
satellite(m) artificiel 19.
satellite(m) de télédétection(f) 48.

satellite(m) géostationnaire 42.
satellite(m) météorologique 42.
satellite(m) Radarsat 49.
satellites(m) 4.
satellites(m) de télécommunications(f) 418.
satellites(m) de télécommunications(f), exemples(m) 418.
satin(m) 576.
Saturne 5.
saucière(f) 238.
sauge(f) 74.
saumon(m) d'aile(f) 638.
saupoudreuse(f) 246.
saut(m) à la perche(f) 657.
saut(m) à la perche(f) 655.
saut(m) en hauteur(f) 657.
saut(m) en hauteur(f) 654.
sauterelle(f) 77, 733.
sauteur(m) 635.
sauteuse(f) 249.
sautoir(m) 361.
sautoir(m), longueur(f) opéra(m) 361.
savane(f) 45.
saveur(f) acide 143.
saveur(f) amère 143.
saveur(f) salée 143.
saveur(f) sucrée 143.
saxhorn(m) 551.
saxophone(m) 548.
saxophone(m) 548.
scanneur(m) 526.
scanneur(m) à hyperfréquences(f) 43.
scanneur(m) de radiations(f) terrestres 43.
scaphandre(m) spatial 512.
scapulaire(f) 110.
scarole(f) 73.
scène(f) 189.
scène(f) 188.
scie(f) à chaîne(f) 272.
scie(f) à grecquer 578.
scie(f) à métaux(m) 277, 299.
scie(f) circulaire 284.
scie(f) d'élagage(m) 269.
scie(f) de camping(m) 690.
scie(f) égoïne 277.
scion(m) 670.
sclérotique(f) 140.
score(m) doublé 698.
score(m) triplé 698.
Scorpion(m) 13.
Scorpion(m)(24 octobre) 820.
scorsonère(f) 71.
scotie(f) 166, 167.
scrotum(m) 116, 127.
sculpture(f) 586.
sculpture(f) 147.
sculpture(f) sur bois(m) 586.
sculptures(f) 433.
seau(m) isotherme 251.
sébile(f) de remboursement(m) 422.
sécateur(m) 269.
séchage(m) 829.
sèche-cheveux(m) 370.
sèche-linge(m) électrique 259.
sécher à plat 829.
sécher par culbutage(m) à basse température(f) 829.
sécher par culbutage(m) à moyenne ou haute température(f) 829.
sécheuse(f) 259.
séchoir(m) d'épreuves(f) 399.
second arbitre(m) 613.
second juge(m) de ligne(f) 603.
second renfort(m) 800.
seconde nageoire(f) dorsale 86.
seconde(f) 830.
seconde(f) 537, 667.
secondeur(m) au centre(m) 603, 605.
secondeur(m) extérieur droit 603, 605.
secondeur(m) extérieur gauche 603, 605.
seconds violons(m) 556.
secrétaire(m) 226.
secrétaire(m) 612, 626.
secteur(m) maintenance(f) 415.
section(f) de conduit(m) 205.
section(f) raffinerie(f) 738.
section(f) tubulaire 738.
segment(m) 432, 434.
segment(m) abdominal 78.
segment(m) de loin 376.
segment(m) de près 376.
seigle(m) 152.
sein(m) 129.
sein(m) 116, 118.

séisme(m) 23.
seizième(m) de soupir(m) 538.
séjour(m) 685.
sélecteur(m) 214.
sélecteur(m) d'enceintes(f) 402.
sélecteur(m) de bandes(f) 403.
sélecteur(m) de contrôle(m) audio 413.
sélecteur(m) de contrôle(m) vidéo 413.
sélecteur(m) de coupe(f) 374.
sélecteur(m) de fonctions(f) 391.
sélecteur(m) de micro(m) 547.
sélecteur(m) de niveau(m) d'eau(f) 258.
sélecteur(m) de points(m) 561.
sélecteur(m) de programme(m) 555.
sélecteur(m) de régime(m) 271.
sélecteur(m) de rythme(m) 555.
sélecteur(m) de stations(f) 402, 408.
sélecteur(m) de température(f) 253, 258, 259, 370.
sélecteur(m) de vitesse(f) 251, 370, 404.
sélecteur(m) de vitesses(f) 443, 444.
sélecteur(m) de voix(f) 555.
sélecteur(m) télé(f)/vidéo(f) 411.
sélecteur(m) vidéo auxiliaire 413.
sélecteurs(m) de fonctions(f) 420.
sélecteurs(m) de mode(m) 408.
sélection(f) des canaux(m) 411.
selle(f) 649.
selle(f) 445, 446, 648, 651, 664.
selle(f) biplace 443.
selle(f) de rail(m) 466.
sellette(f) 586, 636, 653.
sellette(f) d'attelage(m) 440.
sémaphore(m) 464.
semelle(f) 358.
semelle(f) 198, 199, 256, 277, 284, 325, 633, 640, 641, 644, 678.
semelle(f) antidérapante 350.
semelle(f) d'usure(f) 353, 355.
semelle(f) de chargeur(m) 797.
semelle(f) du battant(m) 572.
semelle(f) intercalaire 352.
semelle(f) pivotante 282.
semer 154, 158.
semi-rectangulaire 687.
semi-remorque(f) 441.
semi-remorque(f) 440, 742.
semi-remorque(f) citerne(f) 742.
semi-remorque(f) plate-forme(f) 441.
semoir(m) à main(f) 268.
semoir(m) en lignes(f) 158.
semoir(m) en lignes(f) 154.
senestre(f) 818.
sens(m) de l'odorat(m) 142.
sens(m) du goût(m) 142.
senseur(m) d'équilibrage(m) des blancs(m) 409.
senseur(m) stellaire 16.
sensibilité(f) du film(m) 391, 396.
sep(m) 156.
sépale(m) 60, 62, 64.
séparateur(m) 216, 439, 742, 758.
séparateur(m) d'eau(f) 734.
séparateur(m) de gaz(m) 738.
séparateur(m) liquide(m)/gaz(m) 439.
séparation(f) lanceur(m)/satellite(m) 419.
séparation(f)-classeur(m) 378.
septième(m) 537.
septime(f) 667.
septum(m) interventriculaire 125.
septum(m) lucidum 134.
séquence(f) 695.
séquence(f) de manipulation(f) du combustible(m) 764.
sérac(m) 26.
serfouette(f) 266.
sergé(m) 576.
seringue(f) 726.
seringue(f) pour lavage(m) de cavités(f) 726.
serpe(f) 269.
Serpent(m) 11, 13.
serpent(m) à sonnettes(f) 97.
serpent(m) venimeux, tête(f) 96.
serpentin(m) 255, 635.
serpentin(m) de l'évaporateur(m) 214.
serpentin(m) du condenseur(m) 214.
serpette(f) 269.
serre(f) 111, 149.
serre-joint(m) 282.
serre-joint(m) 575.
serre-livres(m) 517.
serre-poignet(m) 615.
serre-tête(m) 406, 408, 615, 642, 729, 730.
serre-tête(m) antibruit 729.

serrure(f) 289, 290.
serrure(f) 202, 225, 289, 380, 383, 429.
serrure(f) à clé(f) 378.
serrure(f) à combinaison(f) 378.
serrure(f) à mortaiser 290.
serrure(f) de porte(f) 427.
serrure(f) tubulaire 290.
sertissage(m) 799.
sertissure(f) 364.
serveur(m) 613, 614, 616, 618.
service(m) à fondue(f) 248.
service(m) d'entretien(m) 453.
service(m) de colis(m) 462.
serviette(f) 378.
servomoteur(m) 814.
seuil(m) 202.
seuil(m) de déversoir(m) 746.
sextant(m) 484.
Sextant(m) 13.
sextuor(m) 558.
shekel(m) 832.
short(m) 336.
short(m) 351, 600, 656.
short(m) boxeur(m) 353.
si(m) 537.
siège(m) 220, 223, 293, 294, 428, 584, 639, 649, 652, 727.
siège(m) coulissant 664.
siège(m) double 477.
siège(m) du commandant(m) 500.
siège(m) du copilote(m) 500.
siège(m) éjectable 813.
siège(m) réglable 460.
siège(m) simple 477.
siège(m)-baquet(m) 428.
sièges(m) 222.
sifflet(m) 252.
signal(m) de position(f) d'aiguille(f) 467.
signal(m) lumineux 539.
signal(m) sonore 539.
signalisation(f) lumineuse 826, 827.
signalisation(f) maritime 486.
signalisation(f) routière 824, 826, 828.
signes(m) d'air(m) 820.
signes(m) d'eau(f) 820.
signes(m) de feu(m) 820.
signes(m) de ponctuation(f) 832.
signes(m) de terre(f) 820.
signes(m) diacritiques 832.
signes(m) du zodiaque(m) 820.
silencieux(m) 735.
silex(m) 795.
silique(f), coupe(f) 67.
sill(m) 24.
sillet(m) 544, 546, 547.
sillon(m) antérieur 139.
sillon(m) concentrique 404.
sillon(m) de départ(m) 404.
sillon(m) de sortie(f) 404.
sillon(m) médian 143.
sillon(m) naso-labial 141.
sillon(m) terminal 143.
silo(m) de chargement(m) 734.
silo(m)-couloir(m) 149.
silo(m)-tour(f) 149.
silos(m) 490.
simple torsade(f) 281.
simulateur(m) d'escalier(m) 664.
sinople(m) 819.
sinus(m) 315.
sinus(m) frontal 141.
sinus(m) latéral inférieur 61.
sinus(m) latéral supérieur 61.
sinus(m) palléal 95.
sinus(m) pétiolaire 61.
sinus(m) sphénoidal 141.
siphon(m) 301.
siphon(m) 24, 215, 293, 296.
sismogramme(m) 714.
sismographe(m) horizontal 714.
sixain(m) 700, 701.
sixte(f) 537, 667.
ski(m) 445, 641.
ski(m) alpin 640.
ski(m) de figure(f) 633.
ski(m) de fond(m) 642.
ski(m) de fond(m) 642.
ski(m) de saut(m) 633.
ski(m) de slalom(m) 633.
ski(m) de tourisme(m) 633.
ski(m) nautique 633.
skieur(m) alpin 640.
skieuse(f) de fond(m) 642.
skiff(m) 632.
skip(m) 736.
skis(m) nautiques, types(m) 633.

INDEX FRANÇAIS

859

Les termes en **caractères gras** renvoient à une illustration; les termes en *italique* indiquent l'usage québécois

slip(m) 347.
slip(m) de bain(m) 353.
slip(m) ouvert 325.
soc(m) 156.
socle(m) 40, 204, 236, 250, 252, 283, 404, 453, 579, 707, 708, 712, 714, 774.
socle(m) fixe 282.
socle(m)-chargeur(m) 260.
socque(m) 357.
socquette(f) 344.
soie(f) 239, 242, 291, 374, 670.
soie(f) dentaire 373.
soies(f) 304.
soigneur(m) 669.
sol(m) 537, 714, 750.
sol(m) naturel 450.
sole(f) 104.
soléaire(m) 120.
Soleil(m). 6.
Soleil(m) 8.
Soleil(m), éclipse(f) 8.
Soleil(m), structure(f) 6.
soleret(m) 792.
solin(m) 205.
solive(f) 200.
solive(f) de plafond(m) 198.
solive(f) de plancher(m) 198, 199.
solive(f) de rive(f) 198, 199.
solstice(m) d'été(m) 8.
solstice(m) d'hiver(m) 8.
sommation(f) 830.
sommet(m) 27.
sommier(m) 174, 540, 543.
sommier(m) tapissier(m) 224.
sonar(m) de coque(f) 809.
sonde(f) 485.
sonde(f) spatiale 19.
sonde(f) thermique 253.
sondeur(m) à éclats(m) 485.
sonnerie(f) de passage(m) à niveau(m) 471.
sonnette(f) 97.
sorbetière(f) 251.
sorgho(m) 152.
sortie(f) 82, 452.
sortie(f) d'air(m) chaud 204, 207, 438.
sortie(f) d'eau(f) chaude 208.
sortie(f) de l'eau(f) de refroidissement(m) du condenseur(m) 759.
sortie(f) de la vapeur(f) 760, 761, 762, 763.
sortie(f) de la vapeur(f) des séparateurs(m) 758.
sortie(f) de piste(f) 505.
sortie(f) de piste(f) à grande vitesse(f) 502.
sortie(f) des originaux(m) 421.
sortie(f) du caloporteur(m) 768.
sortie(f) du reflux(m) du condenseur(m) 759.
soubassement(m) 225.
souche(f) 59.
souche(f) 197.
soudage(m) 305, 306.
soudage(m) à l'arc(m) 305.
soudage(m) bout(m) à bout(m) 307.
soudage(m) oxyacétylénique 306.
soudage(m), équipement(m) de protection(f) 308.
soudure(f) 307.
soufflante(f) 501, 760.
soufflerie(f) 543.
soufflet(m) 378, 380, 399, 536, 543.
souffleuse(f) 162.
souffleuse(f) de fourrage(m) 162.
souffleuse(f) de fourrage(m) 155.
soulier(m) à la poulaine(f) 318.
soulier(m) à talon(m) 318.
soupape(f) 248, 543, 735.
soupape(f) à air(m) 304.
soupape(f) à pression(f) et dépression(f) 741.
soupape(f) d'admission(f) 434, 436, 635.
soupape(f) d'arrivée(f) d'air(m) 590.
soupape(f) d'échappement(m) 435, 436, 438.
soupape(f) d'évacuation(f) 551, 710.
soupape(f) de gonflage(m) 627.
soupape(f) de purge(f) 627.
soupape(f) de réglage(m) du fluide(m) 304.
soupape(f) de sureté(f) 209.
soupape(f) de sûreté(f) 297, 766.
soupape(f) expiratoire 730.
soupape(f) inspiratoire 730.

soupière(f) 238.
soupir(m) 538.
source(f) alimentaire fondamentale 31.
sources(f) de pollution(f) 34.
sourcil(m) 140.
sourcils(m) 107.
sourdine(f) 551.
souris(f) 530.
souris(f) 526, 527.
sous-épineux(m) 121.
sous-fondation(f) 451.
sous-gorge(f) 649.
sous-main(m) 520.
sous-marin(m) 806.
sous-pied(m) 336.
sous-plancher(m) 198, 199, 200.
sous-sol(m) 190.
sous-sol(m) 197.
sous-vêtement(m) d'isolation(f) 512.
sous-vêtement(m) de contrôle(m) thermique 512.
sous-vêtements(m) 325, 345, 346.
soustraction(f) 830.
soustraction(f) 523.
soustraction(f) en mémoire(f) 523.
soute(f) 510.
soute(f) à bagages(m) 492, 508.
soute(f) à eau(f) 469.
soute(f) d'équipement(m) technique 415.
soute(f) des bobines(f) de câbles(m) 415.
soutien-gorge(m) 346.
soutien-gorge(m) balconnet(m) 347.
soutien-gorge(m) corbeille(f) 346.
spadice(m) 60.
spatule(f) 589.
spatule(f) 244, 581, 633, 640, 642.
spatulée 56.
spécifications(f) techniques 433.
spectromètre(m) 717.
spectromètre(m) à ultraviolet(m) 43.
spencer(m) 338.
spermatozoïde(m) 127.
sphère(f) céleste 3.
sphère(f) d'hélium(m) 509.
sphère(f) de verre(m) 40.
sphère(f) terrestre 3.
sphincter(m) anal 131.
spicule(m) 6.
spiral(m) 706.
spirale(f) 276, 398.
spire(f) 94.
splénius(m) de la tête(f) 121.
spores(f) 55.
spot(m) 235.
spot(m) à pince(f) 235.
squash(m) 616.
squash(m), balle(f) 616.
squash(m), raquette(f) 616.
squash(m), terrain(m) 616.
squelette(m) 122.
squelette(m), cheval(m) 102.
stabilisateur(m) 499, 508, 639, 684, 780, 785, 786, 812.
stabilisateur(m) à triple plan(m) vertical 498.
stabilisateur(m) de roulis(m) 496.
stabilo(m) 636.
stade(m) 654.
stade(m) 185.
stade(m) final de déploiement(m) 419.
stalactite(f) 24.
stalagmite(f) 24.
station(f) d'émission(f) 722.
station(f) de métro(m) 474.
station(f) de pompage(m) 740.
station(f) de pompage(m) intermédiaire 740.
station(f) de pompage(m) principale 740.
station(f) de réception(f) 722.
station(f) locale 416.
station(f) météorologique 38.
station(f)-service(m) 453.
stationata(f) 647.
stationnement(m) 190, 193.
stationnement(m) 464, 491.
stator(m) 290, 753.
stators(m) extérieurs 501.
stators(m) intérieurs 501.
steeple(m) 655.
steppe(f) 45.
sterno-cléido-mastoïdien(m) 120.
sternum(m) 102, 122.
stéthoscope(m) 726.
stigmate(m) 60, 66, 78, 79.
stimulateur(m) de gencives(f) 373.

stipule(f) 56.
stockage(m) des missiles(m) 808.
stop(m) 106.
store(m) à enroulement(m) automatique 231.
store(m) à enroulement(m) manuel 231.
store(m) bateau(m) 231.
store(m) romain 231.
store(m) vénitien 231.
strato-cumulus(m) 44.
stratosphère(f) 19.
stratus(m) 44.
structure(f) 450.
structure(f) du Soleil(m) 6.
structure(f) du support(m) 48.
structure(f) du tissu(m) 566.
structure(f) tubulaire 487.
structure(f) métallique 463.
studio(m) 407.
studio(m), radio(f) 407.
style(m) 60, 62, 63, 64, 67, 706.
styles(m) d'architecture(f) 166.
stylet(m) 389, 794.
stylo(m)-bille(f) 389, 515.
stylo(m)-plume(f) 389, 515.
stylobate(m) 166, 168.
sublimation(f) 34.
substance(f) blanche 135.
substance(f) corticale 132.
substance(f) grise 135.
substance(f) médullaire 132.
subtropical humide 45.
subtropical sec 45.
suceur(m) à tapis(m) et planchers(m) 260.
suceur(m) plat 260.
suceur(m) triangulaire à tissus(m) 260.
sucrier(m) 238.
sud(m) 488.
sud(m)-est(m) 488.
sud(m)-ouest(m) 488.
sulky(m) 652.
superposition(f) d'originaux(m) 532.
superstructure(f) 486.
support(m) 40, 230, 231, 232, 248, 370, 397, 552, 574, 619, 787.
support(m) à bagages(m) 445.
support(m) ajustable 521.
support(m) d'entrave(f) 652.
support(m) d'extrémité(f) 230.
support(m) de fixation(f) 230, 234, 720.
support(m) de lisse(f) 471.
support(m) de plafond(m) 230.
support(m) de plaquette(f) 376.
support(m) de pouce(m) 549.
support(m) de sphère(f) 40.
support(m) de tension(f) 569.
support(m) du filament(m) 233.
support(m) du rouleau(m) 573.
support(m) mural 230.
support-papier(m) 525.
supports(m) 589.
surandouiller(m) 105.
surbaissé 174.
surface(f) absorbante 772.
surface(f) de but(m) 601, 612.
surface(f) de coin(m) 601.
surface(f) de combat(m) 668.
surface(f) de cuisson(f) 253, 255.
surface(f) de frappe(f) 596.
surface(f) de glace(f) 620.
surface(f) de jeu(m) 619, 682.
surface(f) de l'eau(f) 487, 624.
surface(f) de la peau(f) 137.
surface(f) de réparation(f) 601.
surface(f) de résine(f) 405.
surface(f) de sécurité(f) 668.
surface(f) encrée 580.
surface(f) gravée 404.
surface(f) isolante 528.
surface(f) mouillée 580.
surface(f) pressée 405.
surface(f) réfléchissante 770.
surhaussé 174.
surimpression(f) 391.
surligneur(m) 515.
surliure(f) 691.
suroît(m) 329.
surpiqûre(f) 323, 350, 352, 355.
survêtement(m) 352.
suspendre pour sécher 829.
suspendre pour sécher sans essorer 829.
suspension(f) 236.
suspension(f) 477.
suspension(f) à la Cardan 485.
suspente(f) 456.
suspentes(f) 636.

suspentes(f) de nacelle(f) 634.
suture(f) 67.
symbole(m) 702.
symboles(m) d'usage(m) courant 822.
symboles(m) de sécurité(f) 821.
symboles(m) des nuages 44.
symboles(m) météorologiques internationaux 39.
symboles(m) scientifiques usuels 830.
symboles(m), matières(f) dangereuses 821.
symboles(m), protection(f) 821.
symphyse(f) pubienne 127, 128.
synapse(f) 135.
synapse(m) 135.
synthétiseur(m) 555.
système(m) audio 430.
système(m) d'ancrage(m) 661.
système(m) d'échappement(m) 439.
système(m) de base(f) 528, 530.
système(m) de climatisation(f) 415.
système(m) de dépotage(m) 742.
système(m) de fixation(f) 735.
système(m) de lentilles(f) 719.
système(m) de lubrification(f) 469.
système(m) de pointage(m) fin 16.
système(m) de remplissage(m) et de vidange(f) 492.
système(m) de verrouillage(m) 260.
système(m) filtre(m) 385.
système(m) hydraulique 787.
système(m) nerveux 133, 134.
système(m) nerveux central 134.
système(m) nerveux périphérique 133.
système(m) racinaire 57, 61.
système(m) radar(m) 813.
système(m) rotary(m) 737.
système(m) routier 450, 452.
système(m) solaire 4.

T

T.G.V. 458.
tabac(m) 384.
tabatière(f) 197.
table(f) 219, 674.
table(f) 363, 578, 581, 583.
table(f) à abattants(m) 219.
table(f) à dessin(m) 591.
table(f) à rallonges(f) 219.
table(f) d'alimentation(f) 162.
table(f) d'harmonie(f) 540, 544, 545, 546.
table(f) d'imprimante(f) 521.
table(f) d'ordinateur(m) 521.
table(f) de production(f) 413.
table(f) de rotation(f) 737.
table(f) de roulement(f) 466.
table(f) de roulette 700.
table(f) du sommier(m) 543.
table(f), tennis 619.
tableau(m) américain des mises(f) 700.
tableau(m) d'affichage(m) des vols(m) 505.
tableau(m) de bord(m) 430, 445.
tableau(m) de bord(m) 442.
tableau(m) de commande(f) 257, 532.
tableau(m) de commande(f) 214, 253, 255, 258, 259, 532.
tableau(m) de commandes(f) 717.
tableau(m) de distribution(f) 312.
tableau(m) de distribution(f) 757.
tableau(m) des scores(m) 698.
tableau(m) français des mises(f) 701.
tableau(m) horaire 463.
tableau(m) indicateur(m) 651.
tableau(m) marqueur(m) 683.
tables(f) gigognes 219.
tables(f), principaux types(m) 219.
tablette(f) 204, 226, 302.
tablette(f) de verre(m) 254.
tablette(f) graphique 526.
tablette(f) porte-outil(m) 302.
tablier(m) 161.
tablier(m) 454, 455, 456, 669, 787.
tablier(m)-blouse(f) 337.
tablinum(m) 170.
tabouret(m) 222.
tabouret(m) 669.
tabouret(m)-bar(m) 222.
tabouret(m)-escabeau(m) 302.

Les termes en **caractères gras** renvoient à une illustration; les termes en *italique* indiquent l'usage québécois

tabulateur(m) 524.
tabulateur(m) décimal 524.
tache(f) 6.
tache(f) jaune 140.
tachymètre(m) 445.
taie(f) d'oreiller(m) 224.
taillant(m) 734.
taille(f) 117, 119.
taille(f) baguette(f) 363.
taille(f) brillant(m) 362.
taille(f) cabochon(m) 363.
taille(f) d'un diamant(m) 363.
taille(f) des pierres(f) 363.
taille(f) émeraude(f) 362.
taille(f) en ciseaux(m) 362.
taille(f) en escalier(m) 363.
taille(f) en goutte(f) 363.
taille(f) en poire(f) 363.
taille(f) en rose(f) 363.
taille(f) en table(f) 363.
taille(f) française 363.
taille(f) huit facettes(f) 362.
taille(f) marquise(f) 363.
taille(f) ovale 363.
taille-bordures(m) 271.
taille-crayon(m) 515, 516.
taille-haies(m) 268.
tailleur(m) 331.
taloche(f) 291.
talon(m) 104, 117, 119, 156, 242,
    277, 325, 352, 354, 376, 385, 433,
    544, 546, 562, 568, 596, 609, 615,
    641, 642, 643, 644, 670, 671, 675,
    678.
talon(m) d'appui(m) 250, 256.
talonnette(f) de dessus(m) 354.
talonneur(m) 606.
talonnière(f) 633, 640, 641, 642, 643.
talus(m) 451.
talus(m) continental 22, 29.
tam-tam(m) 552.
tambour(m) 167, 231, 259, 432, 484,
    571, 670, 707, 711, 714.
tambour(m) d'entraînement(m) 390.
tambour(m) de basque(m) 554.
tambourin(m) 329.
tamis(m) 615.
tamis(m) à farine(f) 245.
tamis(m) vibrant 737.
tampon(m) 581.
tampon(m) encreur 516.
tandem(m) 338.
tapis(m) 668.
tapis(m) 669, 675, 682.
tapis(m) amont 748.
tapis(m) de selle(f) 648, 651.
tapis(m) de sol(m) cousu 685, 686.
tapis(m) drainant 748.
tapis(m) roulant 504.
taquet(m) 630.
taquet(m) 628.
taquet(m) coinceur 630.
taquet(m) coinceur 630.
taquet(m) d'amarrage(m) 492.
taquet(m) de verrouillage(m) 529.
tarière(f) motorisée 270.
tarlatane(f) 582.
tarse(m) 78, 80, 103, 108, 122.
tasse(f) 688.
tasse(f) à café(m) 238.
tasse(f) à thé(m) 238.
tassette(f) 792.
Taureau(m) 11.
Taureau(m)(20 avril) 820.
té(m) 301.
té(m) 677.
té(m) de base(f) 205.
technicien(m) aiguilleur(m) 412, 415.
tectrice(f) primaire 110.
tectrice(f) sous-caudale 109.
tectrice(f) sus-alaire 108.
tectrice(f) sus-caudale 109.
teddy(m) 345.
tégument(m) 152.
tégument(m) de la graine(f) 63.
télécommande(f) 411.
télécommande(f) 397.
**télécommunications(f) par
    ligne(f) téléphonique** 417.
**télécommunications(f) par
    satellite(f)** 417.
télécopieur(m) 421.
télécopieur(m) 417.
télédiffusion(f) par satellite(m)
    416.
téléinformatique(f) 417.
téléobjectif(m) 392.
téléphone(m) 822.
téléphone(m) cellulaire 417.

téléphone(m) cellulaire portatif
    422.
téléphone(m) public 422.
téléphone(m), communication(f)
    420, 422.
téléport(m) 417.
télescope(m) 14, 720.
télescope(m) 14, 42.
télescope(m) spatial Hubble 16.
télescope(m), coupe(f) 720.
télésouffleur(m) 414.
téléviseur(m) 410.
téléviseur(m) 401.
télévision(f) 410, 412, 414.
télex(m) 421.
télex(m) 417.
telson(m) 91.
témoin(m) d'alimentation(f) 529.
témoin(m) d'ouverture(f) de porte(f)
    431.
témoin(m) de bas niveau(m) de
    carburant(m) 431.
témoin(m) de ceinture(f) de sécurité(f)
    431.
témoin(m) de charge(f) 431.
témoin(m) de clignotants(m) 431, 445.
témoin(m) de l'amorce(f) du film(m)
    390.
témoin(m) de niveau(m) d'huile(f) 431.
témoin(m) de phare(m) 445.
témoin(m) de position(f) neutre 445.
témoin(m) de pression(f) d'huile(f)
    445.
témoin(m) des feux(m) de route(f)
    431.
témoin(m) du retardateur(m) 391.
tempe(f) 116.
température(f) 210.
température(f) ambiante 213, 705.
température(f) de l'air(m) 38.
température(f) désirée 213, 705.
température(f) du point(m) de rosée(f)
    38.
température(f), mesure(f) 41.
tempête(f) de sable(m) ou de
    poussière(f) 39.
tempête(f) tropicale 39.
temple(m) grec 168.
temple(m) grec, plan(m) 169.
templet(m) 573.
templet(m) 578.
temporal(m) 122.
tenaille(f) 179.
tendance(f) barométrique 38.
tendeur(m) 661, 685.
tendeur(m) de timbre(m) 553.
tendon(m) 107.
tennis(m) 355, 614.
tennis(m) de table(f) 619.
tennis(m), balle(f) 615.
tennis(m), filet(m) 614.
tennis(m), raquette(f) 615.
tennis(m), terrain(m) 614.
tenon(m) 376, 385.
tenseur(m) du fascia lata(m) 120.
tensiomètre(m) 710.
tentacule(m) oculaire 83.
tentacule(m) tactile 83.
tente(f) canadienne 686.
tente(f) deux places(f) 685.
tente(f) dôme(m) 686.
tente(f) familiale 685.
tente(f) grange(f) 686.
tente(f) igloo(m) 686.
tente(f) individuelle 686.
tente(f) intérieure 685, 686.
tente(f) rectangulaire 686.
tentes(f), principaux types(m)
    686.
tentoir(m) 572.
tenue(f) d'exercice(m) 351, 352.
térébenthine(f) 592.
terminaison(f) nerveuse 136.
terminal(m) 421.
terminal(m) à céréales(f) 490.
terminal(m) à conteneurs(m) 491.
**terminal(m) de
    télécommunication(f)** 422.
terminal(m) de vrac(m) 490.
terminal(m) pétrolier 491.
terrain(m) de fondation(f) 748.
terrain(m) naturel 733.
terrasse(f) 193, 263, 505.
terrasse(f) extérieure 497.
terrassement(m) 450.
Terre(f) 4, 8.
Terre(f), structure(f) de la 22.
terre-plein(m) 179, 184, 186.
terre-plein(m) central 452.
terril(m) 733, 734.

testicule(m) 127.
têtard(m) 84.
tête(f) 107, 112.
tête(f) 9, 78, 79, 80, 83, 117, 119,
    124, 127, 275, 276, 279, 283, 373,
    374, 384, 385, 386, 544, 546, 547,
    561, 567, 570, 579, 607, 615, 618,
    645, 658, 670, 674, 677, 681, 756,
    804.
tête(f) à sens(m) unique 276.
tête(f) amont 493.
tête(f) aval 493.
tête(f) avant du cylindre(m)
    récupérateur 802.
tête(f) basculante 250.
tête(f) bombée 276.
tête(f) creuse 276.
tête(f) cruciforme 276.
tête(f) d'aspiration(f) 216.
tête(f) d'attelage(m) 471.
tête(f) d'attelage(m) 147, 156, 157,
    158, 159, 162, 449, 469.
tête(f) d'impression(f) 524, 531.
tête(f) d'injection(f) 737.
tête(f) de coupe(f) 306.
tête(f) de dormant(m) 203.
tête(f) de frappe(f) 275.
tête(f) de l'humérus(m) 123.
tête(f) de lecture(f) 404.
tête(f) de lecture(f)/écriture(f) 529.
tête(f) de lit(m) 224.
tête(f) de marteau(m) 681.
tête(f) de mât(m) 631.
tête(f) de métal(m) 658.
tête(f) de puits(m) 734, 740.
tête(f) de rotor(m) 508.
tête(f) de scion(m) 670.
tête(f) diffusante 396.
tête(f) du fémur(m) 123.
tête(f) du vérin(m) de levage(m) 787.
tête(f) flottante 374.
tête(f) froncée 229.
tête(f) panoramique 393.
tête(f) plate 276.
tête(f) plissée 229.
tête(f) ronde 276.
tête(f), chauve-souris(f) 112.
tête(f), oiseau(m) 109.
têtes(f), types(m) 229.
têtière(f) 289, 290, 649.
texte(m) 524.
théière(f) 238.
théodolite(m) 713.
théodolite(m) 41.
thermocontact(m) 438.
thermocouple(m) 297.
thermomètre(m) 705.
thermomètre(m) 627, 635, 741.
thermomètre(m) à maxima(m) 41.
thermomètre(m) à minima(m) 41.
thermomètre(m) à viande(f) 244.
thermomètre(m) bimétallique
    705.
thermomètre(m) médical 705.
thermosphère(f) 19.
thermostat(m) 210, 214, 252, 297.
thermostat(m) d'ambiance(f) 213,
    705.
thorax(m) 78, 79, 80, 116, 118.
thym(m) 74.
tibia(m) 78, 80, 103, 108, 112, 122.
tierce(f) 537, 667.
tierceron(m) 177.
tige(f) 57, 70, 72, 214, 247, 275, 276,
    294, 295, 373, 385, 386, 539, 562,
    567, 568, 573, 641, 642, 644, 705,
    707.
tige(f) carrée d'entraînement(m) 737.
tige(f) de forage(m) 737.
tige(f) de manœuvre(m) 796.
tige(f) de pendule(m) 539.
tige(f) de selle(f) 446.
tige(f) du poil(m) 136.
tige(f) filetée 279.
tige(f) pour col(m) 364.
tilde(m) 832.
timbale(f) 553.
timbales(f) 557.
timbre(m) 384, 792.
timbre(m) caoutchouc(m) 516.
timbre(m) dateur 516.
timon(m) 158, 159, 162, 449.
tipi(m) 165.
tir(m) à l'arc(m) 684.
tirant(m) 553, 786.
tirant(m) de registre(m) 543.
tirant(m) de réglage(m) 322.
tirant(m) des cordes(m) 669.
tire-bouchon(m) 625.
tire-bouchon(m) 688.

tire-bouchon(m) à levier(m) 244.
tire-bouchon(m) de sommelier(m) 244.
tire-bourre(m) 801.
tire-joint(m) 291.
tire-racine(m) 268.
tire-veille(m) 631.
tiret(m) 832.
tirette(f) 566, 571.
tireur(m) au but(m) 611.
tiroir(m) 219, 226, 255.
tiroir(m) de fichier(m) 517.
tisonnier(m) 205.
tissage(m) 572, 574, 576.
tissage(m), accessoires(m) 573,
    575.
**tissage(m), schéma(m) de
    principe(m)** 576.
tissu(m) adipeux 129, 136.
tissu(m) brodé 571.
tissu(m) conjonctif 137.
tissu(m) du vêtement(m) 565.
tissus(m) de soutien(m) 565.
Titan 5.
toge(f) 315.
toile(f) 576, 589.
toile(f) 231, 375, 397.
toile(f) de fond(m) 188.
toile(f) de saut(m) 659.
toilettes(f) 293.
toilettes(f) 461.
toilettes(f) 215, 292.
toilettes(f) pour dames(f) 822.
toilettes(f) pour hommes(m) 822.
toit(m) 82, 171, 197, 205, 470.
toit(m) à deux croupes(f) 182.
toit(m) à l'impériale(f) 183.
toit(m) à la Mansard 183.
toit(m) à pignon(m) 182.
toit(m) à quatre versants(m) 183.
toit(m) à tourelle(f) à pans(m)
    183.
toit(m) avec lanterneau(m) 182.
toit(m) de la couche(f) 733.
toit(m) de protection(f) 787.
toit(m) en appentis(m) 182.
toit(m) en carène(f) 182.
toit(m) en coupole(f) 183.
toit(m) en dôme(m) 183.
toit(m) en flèche(f) 183.
toit(m) en pavillon(m) 183.
toit(m) en pente(f) 182.
toit(m) en poivrière(f) 183.
toit(m) en rotonde(f) 183.
toit(m) en shed(m) 182.
toit(m) flottant 741.
toit(m) ouvrant 427.
toit(m) plat 182.
toits(m) 182.
toiture(f) 82.
tôle(f) pare-gouttes(m) 741.
tomate(f) 69.
tombant(m) 341.
tombolo(m) 30.
ton(m) de mât(m) 479.
tondeuse(f) 369.
tondeuse(f) 374.
tondeuse(f) à moteur(m) 271.
tondeuse(f) mécanique 271.
tong(m) 357.
topaze(f) 362.
topinambour(m) 71.
toque(f) 329.
torche(f) 738.
tore(m) 166, 167.
toron(m) 692.
torpille(f) 807.
torrent(m) 27.
tortue(f) 97.
totalisateur(m) journalier 431.
Toucan(m) 13.
touche(f) 535, 536, 540, 541, 543,
    544, 547.
touche(f) d'effacement(m) 530.
touche(f) d'envoi(m) 530.
touche(f) de commande(f) 530.
touche(f) de composition(f)
    automatique 421.
touche(f) de correction(f) 421, 569.
touche(f) de décimale(f) 523.
touche(f) de démarrage(m) 530.
touche(f) de double zéro(m) 523.
touche(f) de modulation(f) 402.
touche(f) de pédalier(m) 542.
touche(f) de présélection(f) 402.
touche(f) de résultat(m) 523.
touche(f) de retour(m) 530.
touche(f) de service(m) 530.
touche(f) de tabulateur(m) 530.
touche(f) fixe 711.
touche(f) fixe-majuscules(f) 524.

Les termes en **caractères gras** renvoient à une illustration; les termes en *italique* indiquent l'usage québécois

touche(f) fixe-majuscules(m) 530.
touche(f) majuscule(f) 530.
touche(f) mémoire(f) 402, 405.
touche(f) mobile 711.
touche(f) multifonctionnelle 523.
touche(f) numérique 523.
touche(f) plus(m)-égalité(f) 523.
touche(f) programmable 530.
touche(f)-majuscules(f) 524.
toucher(m) 136.
touches(f) de commande(f) 422.
touches(f) de directivité(f) 530.
touches(f) de fonctions(f) 422, 709.
touches(f) de répétition(f) 405.
touches(f) de variation(f) 569.
toundra(f) 45.
toupet(m) 100.
toupie(f) 283.
toupie(f) 251.
tour(f) 176, 486, 696, 770, 771, 773, 774, 786.
tour(f) à bureaux(m) 184, 190.
tour(f) d'angle(m) 180.
tour(f) d'extraction(f) 735, 736.
tour(f) d'habitation(f) 187.
tour(f) d'habitation(f) 185.
tour(f) de contrôle(m) 502, 810.
tour(f) de flanquement(m) 180.
tour(f) de forage(m) 737, 738, 740.
tour(f) de fractionnement(m) 744.
tour(f) de guidage(m) 457.
tour(f) de sauvetage(m) 509.
tour(f) du plongeoir(m) 624.
tour(m) à pied(m) 584.
tour(m) de coquille(f) 83.
tour(m) de cou(m) 324.
tour(m) de spire(f) 94.
tour(m) de tête(f) 729.
tour(m) embryonnaire 94.
tourelle(f) 180, 257, 780, 785, 809.
tourelle(f) mobile 805.
tourelle(f) porte-objectifs(m) 718.
tourillon(m) 675, 800.
tourmaline(f) 362.
tournage(m) 584.
tournant(m) de club-house(m) 651.
tournette(f) 584.
tournevis(m) 276.
tournevis(m) 688.
tournevis(m) à spirale(f) 276.
tournevis(m) cruciforme 688.
tourniquet(m) 701.
tourniquet(m) d'accès(m) 474.
tourniquet(m) de sortie(f) 474.
tournure(f) 316.
traçage(m) 586.
traceur(m) 527.
trachée(f) 130.
traçoir(m) 281.
tracteur(m) 507, 782.
tracteur(m) 440, 742.
tracteur(m) à chenilles(f) 783.
tracteur(m) agricole 147.
tracteur(m) de piste(f) 506.
tracteur(m) routier 440.
tracteur(m)-remorqueur(m) 784.
tragus(m) 112, 139.
train(m) 462.
train(m) à grande vitesse(f) 458.
train(m) d'atterrissage(m) avant 498, 813.
train(m) d'atterrissage(m) principal 499, 812.
train(m) de banlieue(f) 464.
train(m) routier 440.
traîneau(m) 264, 643.
trait(m) de mise(f) au jeu(m) 604.
traitement(m) chimique 745.
traitement(m) de l'information(f) 722.
trame(f) 566, 573, 574.
trampoline(f) 659.
tranchant(m) 239, 242, 369, 564.
tranche(f) de gouttière(f) 577.
tranche(f) de queue(f) 577.
tranche(f) de tête(f) 577.
tranché(m) 818.
tranchée(f) 733.
tranchefile(f) 577.
transbordeur(m) 494, 507.
transbordeur(m) 491, 505.
transcription(f) des ondes(f) sismiques 714.
transept(m) 177.
transformateur(m) 209, 235, 747, 757, 758, 771.
transformateur(m) principal 458.
transformation(f) de l'eau(f) en vapeur(m) 766.
transmission(f) 258.
transmission(f) de l'image(f) 717.

transmission(f) de la chaleur(f) à l'eau(f) 766.
transmission(f) du courant(m) induit 714.
transmission(f) funiculaire 467.
transmission(f) hertzienne 416.
transmission(f) par câble(m) 416.
transpalette(f) manuel 788.
transpiration(f) 35.
transplantoir(m) 268.
transport(m) de l'électricité(f) 757.
transport(m) de l'électricité(f) 767.
transport(m) maritime 735.
transport(m) par taxi(m) 822.
transport(m) routier 491.
transversale(f) pleine 700, 701.
trapèze(m) 633.
trapèze(m) 120, 121, 637.
trapèze(m) de figure(f) 633.
trapèzes(m), types(m) 633.
trapillon(m) 188.
trappe(f) acoustique 412.
travaux(m) 826, 827.
travée(f) centrale 456.
travée(f) latérale 456.
travée(f) levante 457.
travers-banc(m) 736.
traverse(f) 178, 219, 225, 466, 535, 572, 574, 578, 728, 756, 757.
traverse(f) arrière 645.
traverse(f) avant 645.
traverse(f) d'extrémité(f) inférieure 470.
traverse(f) d'extrémité(f) supérieure 470.
traverse(f) de chargement(m) 743.
traverse(f) inférieure 202, 225.
traverse(f) intermédiaire 202.
traverse(f) médiane 223.
traverse(f) supérieure 202, 223, 225.
traverse(f) supérieure d'ouvrant(m) 203.
traversée(f) 757.
traversée(f) de transformateur(m) 746, 747.
traversin(m) 224.
trèfle(m) 695.
trèfle(m) 175.
treillis(m) 263, 400.
treillis(m) de contreflambage(m) 756.
treillis(m) de protection(f) 406.
tréma(m) 832.
trémie(f) 158, 162.
tremplin(m) 659.
tremplin(m) de 1 m 624.
tremplin(m) de 3 m 624.
trench(m) 319.
trépan(m) 737.
trépied(m) 393.
trépied(m) 397, 415, 539, 552, 721.
trépied(m) de caméra(f) 414.
trépied(m) de perche(f) 414.
trépointe(f) 355.
tréteau(m) 219.
treuil(m) 14.
treuil(m) d'amarrage(m) 743.
treuil(m) de forage(m) 737.
treuil(m) de levage(m) 786.
triangle(m) 554, 674.
Triangle(m) 11, 556.
Triangle(m) austral 13.
tribord(m) 488, 489, 497.
tribune(f) des juges(m) 651.
tribune(f) populaire 651.
triceps(m) brachial 121.
triclinium(m) 171.
tricorne(m) 318.
tricot(m) 567.
tricots(m) 326.
trifoliée 56.
triglyphe(m) 167.
trille(m) 538.
trilobé 174.
tringle(f) 433.
tringle(f) d'écartement(m) 467.
tringle(f) de commande(f) 467.
tringle(f) de pédale(f) 540.
tringle(f) de tension(f) 553.
tringle(f) double 230.
tringle(f) extensible 230.
tringle(f) métallique 517.
tringle(f) simple 230.
tringle(f)-barre(f) 230.
tringle(f)-rail(m) 230.
trio(m) 558.
tripe(f) 384.
triple croche(f) 538.
triple(m) 646.
triplure(f) 565.

tripode(m) de stabilisation(f) 507.
Triton 5.
trochanter(m) 78, 80.
trochure(f) 105.
trois-portes(f) 425.
troisième but(m) 597.
troisième étage(m) 509.
troisième joueur(m) 620.
troisième phalange(f) 103.
troisième-but(m) 597.
trombone(m) 550.
trombones(m) 515.
trombones(m) 556.
trompe(f) 79.
trompe(f) d'Eustache 139, 141.
trompe(f) de Fallope 128.
trompes(f) de Fallope 128.
trompette(f) 550.
trompette(f) 550.
trompettes(f) 556.
tronc(m) 59, 61, 117, 119.
tronc(m) cœliaque 124, 132.
tronc(m), coupe(f) transversale 59.
tronçon(m) 756.
trop-plein(m) 215, 292, 293, 297, 399.
tropique(m) du Cancer(m) 3, 47.
tropique(m) du Capricorne(m) 3, 47.
troposphère(f) 19.
trot(m) 101.
trotteur(m) 356.
trotteuse(f) 706.
trottoir(m) 186.
trou(m) 583, 676.
trou(m) central 404.
trou(m) d'homme(m) 741, 742.
trou(m) de l'embout(m) 385.
trou(m) du souffleur(m) 188.
trou(m)-repère(m) 529.
trousse(f) de manucure(f) 365.
trousse(f) de secours(m) 725.
trousse(f) de toilette(f) 382.
troussequin(m) 649.
truelle(f) de maçon(m) 291.
truelle(f) de plâtrier(m) 291.
truffe(f) 55, 107.
truie(f) 151.
trumeau(m) 175.
truqueur(m) numérique 413.
tuba(m) 551, 557, 627.
tubage(m) de production(f) 738.
tubage(m) de production(f)/expédition(f) 738.
tubage(m) de surface(f) 740.
tube(m) 588, 800.
tube(m) 232, 370, 710, 718, 719, 720, 721, 803, 804.
tube(m) A 300.
tube(m) B 300.
tube(m) capillaire 705.
tube(m) conducteur 738.
tube(m) d'ajustement(m) 659, 661.
tube(m) d'alimentation(f) en air(m) 777.
tube(m) d'arrivée(f) 296.
tube(m) d'ensemencement(m) 158.
tube(m) d'orientation(f) des lames(f) 231.
tube(m) de bord(m) d'attaque(f) 637.
tube(m) de circulation(f) 768.
tube(m) de déchargement(m) 161.
tube(m) de direction(f) 447.
tube(m) de force(f) 765.
tube(m) de poussée(f) 389.
tube(m) de remplissage(m) de la cuvette(f) 293.
tube(m) de remplissage(m) du réservoir(m) 293.
tube(m) de résonance(f) 554.
tube(m) de selle(f) 446.
tube(m) droit 260.
tube(m) en Y(m) 726.
tube(m) flexible 538.
tube(m) fluorescent 232.
tube(m) fluorescent 233.
tube(m) horizontal 446.
tube(m) lance-torpilles(m) 807.
tube(m) oblique 447.
tube(m) porte-oculaire(m) 718, 721.
tube(m) transversal 637.
tube(m)-image(f) 410.
tubulure(f) d'admission(f) 434, 437.
tubulure(f) d'échappement(m) 437.
Tudor 174.
tuile(f) 286.
tuile(f) 169, 170, 511.
tulipe(f) 247.
tuner(m) 400, 402.

tunique(f) 337.
tunique(f) 70, 791.
tunnel(m) 474.
tunnel(m) de communication(f) 510.
tuque(f) 329.
tuque(f) 640, 642.
turban(m) 329.
turbine(f) 753.
turbine(f) 758.
turbine(f) d'entraînement(m) 438.
turbine(f) du compresseur(m) 438, 501.
turbine(f) Francis 754.
turbine(f) Kaplan 754.
turbine(f) Pelton 754.
turbines(f) motrices 501.
turbo-alternateur(m) 771, 806.
turboréacteur(m) 499, 812.
turboréacteur(m) à double flux(m) 501.
turion(m) 72.
turquoise(f) 362.
tuteur(m) 263.
tuyau(m) 306, 385, 543, 780.
tuyau(m) à anche(f) 542.
tuyau(m) à bouche(f) 542.
tuyau(m) arrière 439.
tuyau(m) d'air(m) 627.
tuyau(m) d'arrosage(m) 265.
tuyau(m) d'aspiration(f) 778.
tuyau(m) d'eau(f) chaude 297.
tuyau(m) d'eau(f) froide 297.
tuyau(m) d'échappement(m) 438, 439, 783.
tuyau(m) d'ensilage(m) 162.
tuyau(m) d'évacuation(f) 258, 298.
tuyau(m) d'insufflation(f) 536.
tuyau(m) de chute(f) 215, 293, 298.
tuyau(m) de refoulement(m) 778.
tuyau(m) de vidange(f) 257, 258, 298.
tuyau(m) du ventilateur(m) 162.
tuyau(m) flexible 260, 735.
tuyau(m) perforé 265.
tuyau(m) souple d'arrivée(f) 298.
tuyauterie(f) 503.
tuyauterie(f) de sortie(f) de la vapeur(f) des séparateurs(m) 759.
tuyauterie(f) de vapeur(f) primaire 759.
tuyère(f) 492, 508, 509, 510.
tuyère(f) d'échappement(m) 501.
tuyère(f) d'éjection(f) 812.
tympan(m) 84, 97, 166, 168, 175.
type(m) de carburant(m) 453.
type(m) de la masse(f) d'air(m) 38.
type(m) de nuage(m) bas 38.
type(m) de nuage(m) élevé 38.
type(m) de nuage(m) moyen 38.
types(m) de têtes(f) 276.
types(m) de voitures(f) 460.

U

unisson(m) 537.
unité(f) d'extraction(f) par solvant(m) 744.
unité(f) de disque(m) compact 527.
unité(f) vidéo 527.
unités(f) monétaires, exemples(m) 832.
Uranus 5.
uretère(m) 132.
urètre(m) 128, 129, 132.
urètre(m) pénien 127.
uropode(m) 91.
usine(f) 752.
usine(f) à asphalte(m) 745.
usine(f) de traitement(m) 735.
usine(f) des lubrifiants(m) 744.
usine(f) marémotrice 752.
usine(f) marémotrice, coupe(f) 752.
usine(f) pétrochimique 744.
ustensiles(m) de campeur(m) 688.
ustensiles(m) de cuisine(f) 242, 244, 246.
ustensiles(m), jeu(m) d' 244.
utérus(m) 128, 129.
utiliser un chlorure(m) décolorant suivant les indications(f) 829.

V

vache(f) 151.
vacuole(f) 115.
vagin(m) 128, 129.
vague(f) 30.
vague(f) d'oscillation(f) 30.

vague(f) de translation(f) 30.
vague(f) déferlante 30.
vair(m) 819.
vaisseau(m) capillaire 137.
vaisseau(m) sanguin 136.
vaisseaux(m) sanguins 112.
vaisselle(f) 238.
Valet(m) 695.
valet(m) 718.
valeur(f) des notes(f) 538.
valeur(f) des segments(m) 698.
valeur(f) des silences(m) 538.
validation(f) 525.
valise(f) fin(f) de semaine(f) 383.
valise(f) pullman(m) 383.
vallée(f) 27.
valve(f) 67, 95, 447.
valve(f) de l'aorte(f) 125.
valve(f) de réglage(m) 208.
valve(f) du tronc(m) pulmonaire 125.
valve(f) gauche, coquille(f) 95.
valvule(f) mitrale 125.
valvule(f) tricuspide 125.
vanne(f) 746, 747, 752.
vanne(f) d'arrêt(m) de la turbine(f) 758.
vanne(f) d'arrosage(f) 759.
vanne(f) de production(f) 740.
vanne(f) fourreau(m) 753.
vanne(f) maîtresse 740.
vantail(m) 225.
vapeur(f) à basse pression(f) 758.
vaporisateur(m) 264.
vaporisateur(m) 256.
vaporiseur(m) 210.
variomètre(m) 635.
variomètre(m) électrique 639.
variomètre(m) mécanique 639.
vase(m) d'expansion(f) 208, 772.
vaste(m) externe du membre(m) inférieur 120, 121.
vaste(m) interne du membre(m) inférieur 120.
veau(m) 151.
vedette(f) 809.
véhicule(m) de service(m) technique 506.
véhicule(m) spatial autonome 512.
véhicule(m) tout-terrain(m) 425.
véhicules(m) d'incendie(m) 778, 780.
veine(f) axillaire 126.
veine(f) basilique 126.
veine(f) cave inférieure 124, 125, 126, 132.
veine(f) cave supérieure 124, 125, 126, 130.
veine(f) céphalique 126.
veine(f) fémorale 126.
veine(f) iliaque 124.
veine(f) iliaque commune 132.
veine(f) jugulaire externe 126.
veine(f) jugulaire interne 126.
veine(f) mésentérique supérieure 126.
veine(f) porte 124, 126.
veine(f) pulmonaire 126.
veine(f) pulmonaire droite 125.
veine(f) pulmonaire gauche 125.
veine(f) rénale 126.
veine(f) saphène interne 126.
veine(f) sous-clavière 126.
veine(f) sus-hépatique 124.
veines(f) 126.
vélo(m) d'exercice(m) 664.
vélum(m) 80.
vent(m) 38.
vent(m) 629.
vent(m) arrière 629.
vent(m) de travers(m) 629.
vent(m) debout 629.
vent(m), mesure(f) de la direction(f) 41.
vent(m), mesure(f) de la vitesse(f) 41.
ventail(m) 792.
ventilateur(m) 161, 162, 207, 209, 213, 259, 434, 438, 528.
ventilateur(m) de l'évaporateur(m) 214.
ventilateur(m) de moteur(m) diesel 468.
ventilateur(m) de plafond(m) 214.
ventilateur(m) de sustentation(f) 492.
ventilateur(m) des radiateurs(m) 469.
ventilateur(m) du condenseur(m) 214.
ventilateur(m) hélicoïde 212.
ventilateur(m) principal 734.
ventilation(f) 772.
ventilation(f) de la cabine(f) 639.

ventouse(f) 299.
ventouse(f) 85.
ventre(m) 101, 116, 118.
ventricule(m) droit 124, 125.
ventricule(m) gauche 124, 125.
venturi(m) 804.
Vénus 4.
véraison(f) 61.
verge(f) 127, 483.
verger(m) 149.
vergette(f) 543.
verglas(m) 37.
vergue(f) 478.
vérificateur(m) de circuit(m) 310.
vérificateur(m) de continuité(f) 310.
vérificateur(m) de haute tension(f) 310.
vérificateur(m) de prise(f) de courant(m) 310.
vérificateur(m) de tension(f) 310.
vérification(f) de la profondeur(f) de champ(m) 391.
vérin(m) 784.
vérin(m) de commande(f) de volet(m) 812.
vérin(m) de défonceuse(f) 783.
vérin(m) de direction(f) 784.
vérin(m) de dressage(m) 780, 786.
vérin(m) de la flèche(f) 782, 785.
vérin(m) de levage(m) de la lame(f) 783.
vérin(m) du bras(m) 782, 785.
vérin(m) du bras(m) de levage(m) 782.
vérin(m) du godet(m) 782, 785.
vérin(m) du godet(m) rétro 782.
vérin(m) hydraulique 147, 449, 788.
vernier(m) 484, 708.
vernis(m) 592.
verre(m) 376.
verre(m) à bordeaux(m) 237.
verre(m) à bourgogne(m) 237.
verre(m) à cocktail(m) 237.
verre(m) à cognac(m) 237.
verre(m) à eau(f) 237.
verre(m) à gin(m) 237.
verre(m) à liqueur(f) 237.
verre(m) à porto(m) 237.
verre(m) à vin(m) blanc 237.
verre(m) à vin(m) d'Alsace 237.
verre(m) à whisky(m) 237.
verre(m) bifocal 376.
verre(m) de visée(f) 390.
verres(m) 237.
verrière(f) 190, 195, 462, 638, 813.
verrou(m) 530, 562.
verrou(m) de barre(f) d'attelage(m) 803.
verrou(m) de chargeur(m) 795.
verrou(m) de sûreté(f) 796.
verrou(m) glaciaire 26.
verrouillage(m) 260.
versant(m) 27.
Verseau(m) 13.
Verseau(m)(20 janvier) 820.
verseuse(f) 247.
versoir(m) 156.
vert(m) 676.
vert(m) d'entraînement(m) 676.
vertèbre(f) cervicale (7) 123.
vertèbre(f) dorsale (12) 123.
vertèbre(f) lombaire 135.
vertèbre(f) lombaire (5) 123.
vertèbres(f) cervicales 102.
vertèbres(f) coccygiennes 103.
vertèbres(f) dorsales 102.
vertèbres(f) lombaires 103.
vertèbres(f) sacrées 103.
vésicule(f) biliaire 97, 131.
vésicule(f) de pinocytose(f) 115.
vésicule(f) séminale 127.
vessie(f) 89, 127, 128, 132.
vessie(f) natatoire 89.
veste(f) 315, 331.
veste(f) 331, 667, 668.
veste(f) de pêche(f) 672.
veste(f) droite 322.
vestes(f) 338.
vestiaire(m) 194.
vestiaire(m) de bureau(m) 522.
vestiaire(m) des mineurs(m) 735.
vestiaire(m) du personnel(m) 461.
vestibule(m) 139, 170, 194.
veston(m) croisé 322.
vêtement(m) d'exercice(m) 353.
vêtement(m) ignifuge et hydrofuge 777.
vêtement(m) isothermique 627.

vêtements(m) d'enfant(m) 349, 350.
vêtements(m) d'homme(m) 319, 320, 322, 324.
vêtements(m) de femme(f) 330, 332, 334, 336, 338, 340, 342, 344, 346, 348.
vêtements(m) de nuit(m) 348.
vêtements(m), pêche(f) 672.
vexille(m) 110.
viaduc(m) 454.
viande(f) 33.
vide(m) 14.
vide-poches(m) 429.
Vierge(f) 11, 13.
Vierge(f)(23 août) 820.
vigie(f) 502.
vigne(f) 61.
vilebrequin(m) 281.
vilebrequin(m) 434, 436.
villa(f) 187.
violon(m) 544.
violon(m) 545.
violon(m), famille(f) 545.
violoncelle(f) 545.
violoncelles(f) 557.
virage(m) à droite(f) 826, 827.
virage(m) de brasse(f) 622.
virage(m) de papillon(m) 623.
virage(m)-culbute(f) 622, 623.
virgule(f) 832.
virole(f) 304, 675.
virole(f) femelle 670.
virole(f) mâle 670.
vis(f) 276.
vis(f) 544.
vis(f) à glace(f) 681.
vis(f) à glace(f) 680.
vis(f) à grain(m) 161.
vis(f) à otons(m) 161.
vis(f) calante 709, 713.
vis(f) centrale 579.
vis(f) d'alimentation(f) 160, 162.
vis(f) de blocage(m)(azimut(m)) 720, 721.
vis(f) de blocage(m)(latitude(f)) 720, 721.
vis(f) de fixation(f) 393.
vis(f) de nivellement(m) 40.
vis(f) de pince-aiguille(m) 562.
vis(f) de pression(f) 581, 583.
vis(f) de réglage(m) 278, 306.
vis(f) de réglage(m) de grand débit(m) 712.
vis(f) de réglage(m) de hauteur(f) 641.
vis(f) de réglage(m) de libération(f) 641.
vis(f) de réglage(m) de petit débit(m) 712.
vis(f) de réglage(m) du conpenseur(m) 718.
vis(f) de réglage(m) du niveau(m) 40.
vis(f) de serrage(m) 282.
vis(f) de support(m) inférieure 40.
vis(f) de support(m) supérieure 40.
vis(f) de tension(f) 552.
vis(f) macrométrique 718.
vis(f) micrométrique 484, 711, 718.
vis(f) sans fin(f) 575.
visage(m) 116.
viseur(m) 390, 713.
viseur(m) de caméra(f) 414.
viseur(m) électronique 409.
viseur(m) périscopique 805.
visière(f) 328, 329, 443, 471, 642, 729, 777, 792.
visière(f) antisolaire 512.
visualisation(f) des ondes(f) sismiques 714.
visualisation(f) du seuil(m) d'alarme(f) 485.
vitrage(m) 486.
vitrail(m) 175.
vitre(f) 768, 769.
vitre(f) protectrice 410.
vitrine(f) 227.
voie(f) 476.
voie(f) 474.
voie(f) à sens(m) unique 824, 825.
voie(f) d'accélération(f) 452.
voie(f) de banlieue(f) 464.
voie(f) de butte(f) 465.
voie(f) de circulation(f) 452, 502.
voie(f) de circulation(f) des locomotives(f) 465.
voie(f) de décélération(f) 452.
voie(f) de dépassement(f) 452.
voie(f) de fond(m) 736.

voie(f) de service(m) 464, 502.
voie(f) de sortie(f) 465.
voie(f) de tête(f) 736.
voie(f) de transport(m) 733.
voie(f) de tri(m) primaire 465.
voie(f) de tri(m) secondaire 465.
voie(f) ferrée 466.
voie(f) ferrée 184, 463, 735.
voie(f) ferrée bord(m) à quai(m) 491.
Voie(f) lactée 11.
voie(f) latérale 452.
voie(f) pour véhicules(m) lents 452.
voies(f) principales 452.
voilage(m) 229.
voile(f) 628, 629, 630.
voile(f) 631, 636, 773.
voile(f) aurique 482.
voile(f) bermudienne 482.
voile(f) carrée 482.
voile(f) d'étai(m) de flèche(f) 480.
voile(f) d'étai(m) de grand perroquet(m) arrière 480.
voile(f) d'étai(m) de hune(f) arrière 480.
voile(f) de flèche(f) 480.
voile(f) latine 482.
voile(f) 433, 670.
voile(f) du palais(m) 141, 142.
Voiles(f) 13.
voiles(f), types(m) 482.
voilure(f) 480.
voilure(f) 627, 637.
voilure(f) delta(m) 499.
voilure(f) droite 499.
voilure(f) en flèche(f) 499.
voilure(f) trapézoïdale 499.
voilures(f), types(m) 499.
voiture(f) 477.
voiture(f) sport(m) 425.
voiture(f)-coach(m) 460.
voiture(f)-lit(m) 460.
voiture(f)-restaurant(m) 460.
voiturette(f) de golf(m) électrique 679.
vol(m) 625.
vol(m) à voile(f) 638.
vol(m) libre 637.
volant(m) 618.
volant(m) 147, 224, 228, 430, 435, 561, 579, 584.
volant(m) d'inertie(f) 664.
volant(m) de frein(m) à main(f) 470.
volant(m) de manche(m) 500.
volant(m) de manœuvre(f) 778.
volcan(m) 25.
volcan(m) 23.
volcan(m) au repos(m) 24.
volcan(m) en éruption(f) 25.
volée(f) 201, 800.
volet(m) 511, 529, 772.
volet(m) d'air(m) 441.
volet(m) de bord(m) d'attaque(f) 812.
volet(m) de bord(m) de fuite(f) 498, 812.
volet(m) de contrôle(m) thermique 43.
volet(m) transparent 379.
volets(m) d'intérieur(m) 231.
volleyball(m) 613.
volleyball(m), ballon(m) 613.
volleyball(m), filet(m) 613.
volleyball(m), terrain(m) 613.
vols(m) 624.
voltigeur(m) de centre(m) 597.
voltigeur(m) droit 597.
voltigeur(m) gauche 597.
volute(f) 166, 167, 220, 544.
volve(f) 55.
voussure(f) 175.
voûte(f) 177.
voûte(f) de projection(f) 16.
voûte(f) du palais(m) 141, 142.
voyant(m) conique 486, 488.
voyant(m) de charge(f) 374.
voyant(m) de mise(f) en circuit(m) 420.
voyant(m) de mise(f) en ondes(f) 407.
voyant(m) de réception(f) de messages(m) 420.
voyant(m) de réponse(f) automatique 420.
voyant(m) lumineux 247, 252, 255, 256, 257, 370, 585.
voyants(m) 531.
voyants(m) de contrôle(m) 405.
vrille(f) 61.
vue(f) 140.
vulve(f) 118, 128.
vumètres(m) 407.
vumètres(m) audio 413.

Les termes en **caractères gras** renvoient à une illustration; les termes en *italique* indiquent l'usage québécois

W

w.c.(m) 293.
w.c.(m) 195, 215, 292.
wagon(m) 470.
wagon(m) 464.
wagon(m) à bestiaux(m) 472.
wagon(m) à copeaux(m) 472.
wagon(m) couvert 470, 472.
wagon(m) de queue(f) 473.
wagon(m) plat 473.
wagon(m) plat à parois(f) de bout 473.
wagon(m) plat surbaissé 473.
wagon(m) porte-automobiles(m) 473.
wagon(m) porte-conteneurs(m) 473.
wagon(m) rail(m)-route(f) 473.
wagon(m) réfrigérant 472.
wagon(m)-citerne(f) 472, 743.
wagon(m)-tombereau(m) 473.
wagon(m)-tombereau(m) couvert 472.

wagon(m)-trémie(f) 472.
wagon(m)-trémie(f) à minerai(m) 472.
wagons(m), types(m) 472.
wapiti(m) 105.
water-polo(m) 626.
water-polo(m), ballon(m) 626.
water-polo(m), but(m) 626.
water-polo(m), surface(f) de jeu(m) 626.
wattheuremètre(m) 712.
wattheuremètre(m), mécanisme(m) 712.
wigwam(m) 165.
winch(m) 630.
wishbone(m) 631.
wok(m) 248.
wok(m) 248.

X

xylophone(m) 554.
xyl
ophone(m) 556.

Y

yen(m) 832.
yourte(f) 165.

Z

zénith(m) 16.
zéro(m) 700, 701.
zeste(m) 65, 66.
zone(f) centrale 611.
zone(f) d'attaque(f) 608, 613.
zone(f) d'essai(m) des réacteurs(m) 811.
zone(f) de boule(f) morte 682.
zone(f) de but(m) 604, 608, 611.
zone(f) de chargement(m) 764.
zone(f) de chute(f) 655, 657.
zone(f) de convection(f) 6.
zone(f) de danger(m) 668.
zone(f) de défense(f) 608, 611, 613.
zone(f) de lavage(m) des wagons(m) 465.
zone(f) de manœuvre(f) 16.

zone(f) de précipitation(f) 38.
zone(f) de radiation(f) 6.
zone(f) de réception(f) 465.
zone(f) de retrait(m) des bagages(m) 504.
zone(f) de service(m) 613, 617.
zone(f) de service(m) droite 616.
zone(f) de service(m) gauche 616.
zone(f) de triage(m) 465.
zone(f) libre 613.
zone(f) neutre 603, 605, 608.
zone(f) réservée 610.
zone(f) scolaire 826, 827.
zoom(m) 414.

Les termes en **caractères gras** renvoient à une illustration; les termes en *italique* indiquent l'usage québécois

«D» 674.
1 m springboard 624.
1/10th second hand 706.
10 m platform 624.
10 yards line 606.
120-volt circuit 312.
15 yards line 606.
2 m line 626.
240-volt circuit 312.
240-volt feeder cable 312.
25 ring 698.
25 yards line 606, 607.
2nd metacarpal 112.
3 m platform 624.
3 m springboard 624.
35 mm still camera 512.
3rd metacarpal 112.
4 m line 626.
4th metacarpal 112.
5 m platform 624.
5 yards line 606.
5th metacarpal 112.
7.5 m platform 624.

A

a 537.
abacus 166, 167.
abdomen 78, 79, 81, 91, 108, 116, 118.
abdominal aorta 126, 132.
abdominal cavity 127, 128.
abdominal rectus 120.
abdominal segment 78.
ablutions fountain 172, 173.
aboveground pipeline 740.
abruptly pinnate 56.
absorbent cotton 725.
absorbing plate 768.
absorbing surface 772.
abutment 176, 454, 455, 456.
abyssal hill 29.
abyssal plain 29.
abyssal plain 29.
acanthus leaf 167, 220.
acceleration lane 452.
accelerator cable 271.
accelerator control 272.
accelerator pedal 430.
accent mark 539.
accept machine 764.
access for physically handicapped 822.
access gallery 747.
access panel 207.
access road 502.
access shaft 752.
access window 529.
accessory box 568.
accessory gear box 501.
accessory pocket 429.
accessory pouch 684.
accessory shoe 391, 409.
accidentals 538.
accordion 536.
accordion bag 380.
accordion pleat 335.
account book 518.
Ace 695.
acetylene cylinder 306.
acetylene valve 306.
achene 62, 66.
acid precipitation 32, 33, 35.
acorn nut 279.
acoustic ceiling 189.
acoustic guitar 546.
acoustic meatus 138, 139.
acromion 123.
acroterion 167, 168.
action lever 541.
action of wind 35.
active tracking 402.
actual temperature 213, 705.
actuator 814.
actuator arm 529.
actuator arm motor 529.
acute accent 832.
acute angle 830.
Adam's apple 116.
adaptor 399.
add in memory 523.
add key 523.
addition 830.
additional production personnel 412.
adductor muscle 92.
adhesive bandage 725.
adhesive disc 85.
adhesive disk 85.
adhesive tape 725.
adipose tissue 129, 136.

adjustable antenna 722.
adjustable channel 278.
adjustable clamp 234.
adjustable frame 277.
adjustable lamp 234.
adjustable platen 521.
adjustable seat 460.
adjustable spanner 279.
adjustable spud wrench 299.
adjustable strap 350.
adjustable waist tab 322.
adjuster 728.
adjusting band 406.
adjusting buckle 645.
adjusting catch 641.
adjusting lever 539.
adjusting screw 278, 282, 306.
adjusting tube 659, 661.
adjustment for horizontal-circle image 713.
adjustment for vertical-circle image 713.
adjustment knob 428.
adjustment pedal 591.
adjustment slide 323.
adjustment wheel 311.
administrative building 752.
advertising panel 474.
advertising sign 477.
adze 587.
adze 681.
aerator 294, 295.
aerial 427, 508.
aerial ladder truck 780.
aerodynamic brake 774.
Africa 21.
Afro pick 368.
aft shroud 16.
afterbay 746, 747, 749, 750.
afterfeather 110.
aftermast 478.
agitator 258.
aileron 498, 638.
air 437.
air bladder 89.
air brake 638, 812.
air brake handle 639.
air bulb shutter release 393.
air cap 304.
air chamber 298.
air communications 417.
air compression unit 458.
air compressor 469.
air concentrator 370.
air conditioner 449.
air conditioner compressor 435.
air conditioning 214.
air conditioning unit 415.
air control radar 810.
air data computer 500.
air fan 161.
air filter 210, 272, 469.
air flow 590.
air gap 772.
air hole 385, 389.
air horn 440.
air hose 590, 627, 734.
air hose connection 304.
air inlet 443, 501, 508.
air inlet control 204.
air intake 14, 493.
air leg 734.
air lock 806.
air mattress 687.
air navigation device 810.
air pressure, measure 41.
air pump 453.
air purifier 210.
air relief valve 743.
air scoop 445.
air sealing gland 543.
air search radar 809, 811.
air signs 820.
air space 14, 109.
air start unit 506.
air temperature 38.
air tube 209.
air unit 352.
air valve 304, 590.
air vent 257.
air-cleaner filter 783.
air-inlet grille 370.
air-outlet grille 370.
air-pressure pump 710.
air-supply tube 777.
air-to-air missile 813, 814.
air-to-surface missile 814.
air/fuel mixture 436.

airbrush 590.
airbrush, cross section 590.
aircraft 722.
aircraft carrier 810.
aircraft maintenance truck 506.
airframe 637.
airlock 14.
airplane 722.
airport 502, 504, 506.
airport 52.
airspeed indicator 639.
aisle 177.
ala 141.
alarm threshold display button 485.
alarm threshold setting 485.
albumen 109.
alcohol bulb 705.
alcohol column 705.
alidade 41, 713.
alidade level 713.
alighting board 82.
all-in-one pyjama suit 325.
all-terrain vehicle 425.
alley 614, 618.
almond 63, 66.
alpine skier 640.
alpine skiing 640.
Alsace glass 237.
Altar 13.
altazimuth mounting 15.
alteration line 565.
alternator 434, 468.
alternator warning light 431.
altimeter 635, 639.
altitude clamp 720, 721.
altitude fine adjustment 720, 721.
altitude scale 19.
altocumulus 44.
altostratus 44.
alula 110.
aluminum layer 405.
alveolar bone 144.
AM antenna 400.
ambulatory 177.
American betting layout 700.
American corn bread 153.
American football, playing field 604.
american plug 309.
American roulette wheel 700.
American white bread 153.
amethyst 362.
ammunition stowage 805.
ampersand 831.
amphibians 84.
amplification of seismic waves 714.
amplifier 402.
amplifier 714.
amplifier's back 400.
ampulla of fallopian tube 129.
anal fin 87.
anal proleg 78.
analog watch 706.
analogue watch 706.
analytical balance 709.
anchor 483.
anchor 656.
anchor pin 432.
anchor wires 738.
anchor-windlass room 495, 497.
anchorage block 456.
anchors, types 483.
ancient costume, elements 315, 316, 318.
anconeus 121.
andirons 205.
Andromeda 11.
anemometer 41.
Anik-E 418.
animal cell 115.
ankle 116, 118.
ankle boot 357.
ankle length 325.
ankle sock 344.
ankle-strap 356.
ankle/wrist weight 665.
anklet 344.
announcer turret 407.
annual ring 59.
annular combustion chamber 501.
annular eclipse 8.
annulet 167.
anode rod 297.
anorak 353.
ant 77.
Antarctic Circle 3.
Antarctica 20.
antefix 169.

antenna 16, 43, 78, 79, 80, 81, 91, 408, 427, 498, 508, 613, 805, 810.
antennae cleaner 80.
antennule 90.
anterior chamber 140.
anterior end 95.
anterior notch 139.
anterior root 135.
anterior tibial 120.
anterior tibial artery 126.
anther 60.
anti-aircraft missile 808.
anti-friction pad 641.
anti-radar missile 814.
anti-ship missile 814.
anti-skating device 404.
anti-slip shoe 302, 661.
anti-tank missile 814.
anti-tank rocket 804.
anti-torque tail rotor 508.
anti-vibration handle 272.
anticline 737.
anticollision light 498.
antihelix 139.
antimissile self-defense 808.
antireflection coating 768.
antiseptic 725.
antitragus 139.
anus 89, 92, 127, 128, 131.
anvil 711.
aorta 125, 130.
aortic valve 125.
aperture 94.
aperture changer 717.
aperture diaphragm 717.
aperture door 16.
aperture scale 396.
aperture/exposure value display 396.
apex 83, 94, 143, 144.
apical foramen 144.
apocrine sweat gland 136.
apogee motor firing 419.
apogee passage 419.
apple 64.
apple 64.
appoggiatura 538.
appointment book 518.
approach 654, 655, 657, 683.
approach ramp 456.
approach wall 492.
apricot 63.
apron 219, 220, 223, 502, 669.
apse 177.
apsidiole 177.
aquamarine 362.
Aquarius the Water Bearer(January 20) 820.
aquastat 209.
aquatic bird 111.
aquatic bird 111.
aqueous humor 140.
aqueous humour 140.
arbor 263.
arc welding 305.
arc welding machine 305.
arcade 176.
arch 174.
arch 14, 455.
arch bridge 455.
arch bridges, types 455.
arch dam 750.
arch dam, cross section 750.
arch of aorta 125, 126.
arch of foot artery 126.
arch of the aorta 124.
archboard 518.
archer 684.
Archer 13.
archery 684.
arches, types 174, 455.
archipelago 51.
architectural styles 166.
architrave 166, 168.
Arctic 20.
Arctic Circle 3, 47.
Arctic Ocean 21.
area of ice 620.
arena 654.
Arenberg parquet 200.
areola 129.
argent 819.
Aries the Ram (March 21) 820.
arm 100, 117, 119, 157, 220, 234, 264, 483, 535, 561, 568, 718, 727, 782, 785.
arm cylinder 782, 785.
arm elevator 404.
arm guard 602.
arm lock 668.
arm nut 568.

The terms in **bold type** indicate the title of an illustration; those in *italic* correspond to the British terminology

arm pad 609.
arm position 625.
arm rest 404.
arm slit 331.
arm stump 220.
armchair 220.
armchairs, principal types 220.
armet 792.
armet 792.
armguard 684.
armhole 325.
armoire 225.
armor 792.
armor 805.
armored cord 422.
armored plate 805.
armour 792.
armpit 116, 118.
armrest 428, 429, 727.
armstand 624.
armstand dive 625.
arpeggio 539.
arquebus 795.
arresting cable 811.
arris 167.
arrow 684.
Arrow 11, 793.
arrow rest 684.
arteries 126.
artichoke 69.
articulated mannequin 592.
articulated road train 440.
articulated vehicle 440.
articulation 431.
artificial fly 670.
artificial satellite 19.
ascending aorta 124.
ascending colon 131.
ascot tie 324.
ash 386.
ash layer 25.
ashtray 386.
Asia 21.
asparagus 72.
asphalt 745.
asphalt shingle 286.
asphalt still 745.
aspirin 725.
assist grip 429.
assistant timer 626.
asterisk 832.
asteroid belt 4.
asthenosphere 22.
astragal 167, 800.
astrakhan cap 328.
astronomical observatory 14.
asymmetrical bars 659.
athletic shirt 325.
Atlantic Ocean 20.
atlas 102, 123.
atmosphere 22, 31.
atoll 28.
atrium 170.
attaché case 378.
attached curtain 228.
attack line 613.
attack on human being 35.
attack on nature 35.
attack periscope 807.
attack zone 613.
attacking zone 608.
aubergine 69.
audio console 407, 412, 415.
audio control room 412, 415.
audio monitor 407, 412, 413, 415.
audio monitoring selector 413.
audio system 430.
audio technician 412, 415.
audio volume unit meters 413.
audio/video preview unit 413.
auditorium 16.
auditory ossicles 138.
auditory ossicles 139.
auger bit 281.
auger bit 270.
auricle 81, 138.
auricle 81, 138.
auricle, ear 139.
auriculars 109.
Australia 21.
auto answer indicator 420.
auto reverse 408.
auto/manual range 310.
autofocus on/off switch 397.
automatic dialer index 420.
automatic drip coffee maker 247.
automatic filter coffee maker 247.
automatic rifle 796.
automatic sorting trays 532.
automatic tank gauge 741.
automatically-controlled door 504.

automobile 425, 426, 428, 430,
    432, 434, 438.
automobile car 473.
autopilot controls 500.
autumn 8.
autumn squash 69.
autumnal equinox 8.
auxiliary facilities room 412.
auxiliary handle 280.
auxiliary heating 211.
auxiliary projector 16.
auxiliary tank 441.
auxiliary video switcher 413.
avenue 52.
average key 396.
avocado 68.
awl 688.
awning channel 449.
axial compressor blade 501.
axial rib 94.
axillary artery 126.
axillary bud 57.
axillary nerve 133.
axillary vein 126.
axis 123.
axle 468, 645.
axon 135.
axon hillock 135.
azimuth clamp 720, 721.
azimuth fine adjustment 720, 721.
azure 819.

B

b 537.
baby doll 348.
babygro 350.
back 322.
back 101, 106, 108, 117, 119, 223,
    239, 240, 241, 242, 277, 288, 727,
    793.
back beam 573.
back belt 330.
back binding 633.
back board 577.
back boundary line 618.
back check 541.
back crossbar 645.
back judge 603, 605.
back line 611.
back pad 609, 653.
back pocket 323.
back score line 620.
back straight 651.
back strap 653.
back wall 616, 617.
back zone 613.
back-hoe 782.
back-hoe controls 782.
backboard 610.
backcourt 614, 617.
backdrop 188.
backgammon 697.
backguard 255, 258, 259.
backing 579.
backing board 579.
backing hammer 579.
backing plate 432.
backing press 579.
backrest 428, 445.
backstay 479, 644.
backstep 778.
backstretch 651.
backstroke 623.
backstroke start 623.
backstroke turn indicator 621.
backup light 429.
backward 624.
backward bucket 782.
backward bucket cylinder 782.
backward dive 625.
badminton 618.
badminton racket 618.
badminton racquet 618.
badminton, court 618.
badminton, net 618.
baffle 216, 742.
bag well 679.
baggage cart 463.
baggage check-in counter 504.
baggage claim area 504.
baggage compartment 458, 508.
baggage conveyor 507.
baggage lockers 463.
baggage racks 492.
baggage room 462.
baggage trailer 507.
baggage trolley 463.
bagpipes 536.
baguette cut 363.

bail 599.
bail arm 671.
bail arm opening mechanism 671.
bailey 180.
Bailey bridge 457.
baize 675.
bakelite body 804.
baking utensils 245.
balaclava 329.
balalaika 535.
Balance 13.
balance beam 659.
balance control 402.
balance rail 541.
balcony 189.
balk area 674.
balk line 674.
balk line spot 674.
ball 598, 795.
ball 530, 566, 575, 683.
ball assembly 294.
ball bearing 389.
ball boy 614.
ball of clay 584.
ball peen 275.
ball return 683.
ball stand 683.
ball winder 575.
ball-cock supply valve 293.
ball-peen hammer 275.
ball-type faucet 294.
ball-type tap 294.
ballast 466.
ballerina 356.
balloon 634.
balloon 634.
balloon curtain 229.
ballooning 634.
ballpoint pen 389, 515.
ballroom 497.
balustrade 194.
banana 68.
band 404.
band ring 364.
band selector 402.
bandage 669.
banding wheel 584.
bangle 364.
banister 201.
banjo 535.
bank 451, 752.
bank of heliostats 770, 771.
banquette 222.
bar 104, 376, 554, 663, 665, 697.
bar frame 235.
bar line 537.
bar nose 272.
bar shot 801.
bar stool 222.
barb 38, 110, 671.
barbell 663.
barber comb 368.
barbican 180.
baren 582.
bargraph type peak meter 407.
bark 59.
barley 152.
barn 148.
barograph 41.
barometer scales 710.
barometer/thermometer 710.
barometric pressure 38.
barometric tendency 38.
barrack buildings 179.
barred spiral galaxy 9.
barrel 800.
barrel 370, 389, 698, 795, 796, 797,
    798, 799, 802, 804.
barrel 706.
barrel jacket 796.
barrette 369.
barrier 186.
barrow 788.
bartizan 178, 181.
basaltic layer 22.
base 166, 204, 232, 233, 236, 252,
    283, 368, 404, 410, 450, 466, 471,
    579, 656, 661, 708, 712, 718, 774,
    799, 817, 818.
base course 451.
base line 719.
base of splat 220.
base plate 40, 284, 404, 641, 713,
    719.
base plug 804.
base ring 800.
base width 756.
baseball 595, 596.
baseball, cross section 596.
baseball, field 597.

baseboard 199, 201, 399.
baseboard register 207.
baseline 614.
basement 190.
basement 197.
basement window 197.
baseplate 803.
basic building materials 286.
basic components 528, 530.
basic source of food 31.
basic weaves 576.
basil 74.
basilic vein 126.
basin 752.
basin side 752.
basin wrench 299.
basket 610, 635.
basket 247, 252, 258, 610, 634, 641,
    642.
basket handle 174.
basket handle 635.
basket stitch 567.
basket suspension cables 634.
basket weave pattern 200.
basketball 610.
basketball, court 610.
bass bridge 540.
bass clarinet 556.
bass drum 552, 557.
bass keyboard 536.
bass pickup 547.
bass register 536.
bass tone control 402.
bass trap 412.
bassoon 548.
bassoons 557.
baster 246.
bastion 179.
bat 112, 596, 598.
bat 160, 595, 598.
bateau neck 343.
bath 215.
bath 194.
bath and shower taps 215.
bathing wrap 349.
bathrobe 348.
bathroom 292.
bathroom 194, 195.
bathroom scale 709.
bathtub 194, 292.
batsman 599.
batten 188, 231, 628, 631, 637.
batten pocket 628, 631.
batter 595.
batter 597.
batter head 552, 553.
batter's helmet 595.
battery 393, 439.
battery 409, 468, 528, 769, 777, 814.
battery box 441.
battery case 439.
battery cover 439.
battery eject switch 409.
battery modules 43.
battery radiator 49.
battery warning light 431.
batting glove 595.
batwing sleeve 339.
bay 7, 51.
bay antler 105.
bay window 197.
bayonet base 232.
bayonet mount 392.
bazooka 804.
beach 23, 30.
bead 433.
bead wire 433.
beam 105, 156, 659, 708.
beam balance 708.
beam bridge 454.
beam bridges, types 454.
beam diameter reduction 717.
beam gantry 756.
beam reach 629.
bean bag chair 222.
bean sprouts 72.
bearer 543.
bearing pad 765.
beater 156, 250, 572.
beater ejector 250.
beater handtree 572.
beater sley 572.
beaters 250.
beaver 98.
beaver 792.
bed 224, 687.
bed 450, 578, 659.
bed chamber 170.
bed lamp 234.

The terms in **bold type** indicate the title of an illustration; those in *italic* correspond to the British terminology

bedrock 714.
bedroom 194, 195, 685.
beer mug 237.
beet 71.
beetroot 71.
beginner's course 646.
belfry 175, 176.
bell 549, 551.
bell bottoms 336.
bell brace 549.
bell roof 183.
bell tower 175.
bellow 543.
bellows 399, 536.
bellows strap 536.
belly 101.
belly scale 97.
belongs to 830.
belt 323.
belt 319, 433, 668.
belt carrier 319, 323.
belt drive 492.
belt highway 52.
belt loader 733.
belt loop 319, 323, 688.
belted radial tyre 433.
bench 222.
bench 475, 663, 733.
bench height 733.
bench seat 428.
bend 376, 671.
bent blade 587.
Berenice's Hair 11.
beret 329.
bergère 220.
bergschrund 26.
Bering Sea 21.
berm 748.
Bermuda sail 482.
Bermuda shorts 336.
berries, major types 62.
berry fruits 62.
berry, section 62.
berth 460.
bertha collar 342.
bevel 726.
bevel square 713.
bezel 364.
bezel facet (8) 363.
bias 566.
bias-ply tire 433.
bias-ply tyre 433.
bib 349.
bib 350, 351, 667.
bib necklace 361.
bib tap 294.
biceps of arm 120.
biceps of thigh 121.
biconcave lens 722.
biconvex lens 722.
bicorne 318.
bicycle 446, 448.
bicycle bag 448.
bicycle, accessories 448.
bidet 292.
bifocal lens 376.
Big Dog 13.
bikini 347.
bikini briefs 325.
bill 108, 483.
bill compartment 379.
bill-file 516.
billfold 379.
billhook 269.
billiard spot 675.
billiards 673.
billiards cue 675.
bills, principal types 111.
bimetallic helix 705.
bimetallic thermometer 705.
binder 159.
binding 328, 633, 642.
binocular microscope 718.
biology 831.
biomedical monitoring sensor 512.
biosphere, structure 31.
biparous cyme 60.
bipod 796, 803.
bird 108, 110.
Bird of Paradise 13.
bird of prey 111.
bird of prey 111.
bird, morphology 108.
birth 831.
biscuit cutters 245.
biscuit sheet 245.
Bishop 696.
bishop sleeve 340.
bit 385, 648, 734, 737.
bits, types 650.

bitt 743.
bitter taste 143.
bivalve shell 95.
Black 696, 700, 701.
black ball 673.
black currant 62.
black rye bread 153.
black salsify 71.
Black Sea 21.
black square 696.
black stone 697.
blade 783.
blade 57, 214, 239, 242, 251, 256,
    268, 271, 276, 277, 284, 285, 291,
    304, 309, 369, 374, 562, 564, 607,
    609, 619, 627, 632, 644, 666, 672,
    681, 754, 774, 783, 784.
blade close stop 369.
blade guard 285.
blade height adjustment 285.
blade injector 374.
blade lever 578.
blade lift cylinder 783.
blade lift fan 492.
blade lifting mechanism 784.
blade locking bolt 284.
blade rotation mechanism 784.
blade tilting lock 284.
blade tilting mechanism 284, 285.
blade with two beveled edges 587.
blades, major types 587.
blank 695.
blanket 224.
blanket 581.
blanket insulation 287.
blanket sleepers 350.
blast valve 635.
blastodisc 109.
blazer 338.
bleeder valve 208.
blender 250.
blending attachment 250.
blind cloth 231.
blinker 653.
block 542, 656, 787.
block bracket 230.
block cutter 581, 587.
blockboard 288.
blood circulation 124, 126.
blood circulation, schema 124.
blood factor negative 831.
blood factor positive 831.
blood vessel 136.
blood vessels 112.
blouses, types 337.
blow pipe 536.
blower 207, 213, 543, 760.
blower motor 207, 214.
blowlamp 299, 307.
blucher oxford 355.
blue ball 673.
blue beam 410.
blue cap 626.
blue flag 626.
blue line 608.
blue mussel 93.
blueberry 62.
blueprint reading 193, 195.
blusher brush 366.
board 288.
board 288, 631.
board cutter 578.
board insulation 287.
boarding room 505.
boarding step 508.
boarding walkway 503.
boards 608.
boater 328.
bobber 672.
bobbin 570.
bobbin 561, 562, 570, 573.
bobbin case 562.
bobbin lace 570.
bobbin winder 575.
bobbin winder 561.
bobby pin 369.
bobeche 236.
bobsled 643.
bobstay 479.
bodies, types 425.
body 426.
body 143, 252, 281, 294, 295, 445,
    449, 453, 542, 546, 549, 645, 658,
    670, 707, 719.
body flap 511.
body guard molding 449.
body guard moulding 449.
body of fornix 134.
body of nail 137.
body pad 609.

body shirt 337.
body side molding 427.
body suit 345.
body temperature control unit 512.
body tube 718.
body whorl 94.
body wire 666.
bogie 476.
bogie 468.
bogie car-carrying wagon 473.
bogie flat wagon 473.
bogie frame 468.
bogie open wagon 473.
bogie tank wagon 472.
bogie van 472.
bogie wagon 470, 472.
bogie well wagon 473.
boiler 209.
boiler 208, 771.
boiling-water reactor 763.
bole 59.
bolero 338.
boletus 55.
bolster 224, 239, 242.
bolt 279.
bolt 278, 282, 290, 793.
bolt assist mechanism 796.
bonding jumper 312.
bone folder 577.
boning knife 242.
bonnet 294, 295.
bonnet 426, 440.
book ends 517.
bookbinding leather 579.
booking hall 462.
boom 628, 782, 785.
boom cylinder 782, 785.
boom truck 506.
boom vang 628.
booster intermediate station 740.
booster parachute 510.
boot 356.
boot 542, 627, 635, 644, 645, 648.
boot 427.
boot jack 358.
bootee 354.
borage 74.
bordeaux glass 237.
border 188, 189.
bore 801.
bottle cart 306.
bottle opener 244, 688.
bottom 633, 640.
bottom bracket axle 448.
bottom cylinder 581.
bottom deck 741.
bottom deckboard 787.
bottom line 621.
bottom of the pool 626.
bottom pocket 675.
bottom rail 202, 225, 231.
bottom ring 753.
bottom road 736.
bottom side rail 470.
bottom-end transverse member 470.
bottom-fold portfolio 378.
bottomboard 543.
boulevard 52, 184.
bound book 577.
bow 544, 793.
bow 328, 497, 628, 631, 793.
bow collar 342.
bow door 493.
bow loading door 494.
bow saw 690.
bow thruster 497.
bow tie 324.
bow window 197.
bowl 682.
bowl 241, 251, 385, 484, 784.
bowl with serving spout 251.
bowler 328.
bowler 599.
bowline 691.
bowline on a bight 691.
bowling 683.
bowling ball 683.
bowling crease 599.
bowling lane 683.
bowls and petanque 682.
bows 793.
bowsprit 479.
bowstring 684, 793.
box 156, 189, 204, 209.
box bag 381.
box car 470, 472.
box end wrench 279.
box pallet 787.
box pleat 228.
box spring 224.

boxer 669.
boxer shorts 325.
boxer shorts 353.
boxing 669.
boxing gloves 669.
bra 346.
brace 281.
brace 198, 302, 757.
brace clip 323.
bracelets 364.
braces 323.
brachial 120.
brachial artery 126.
brachial plexus 133.
brachioradialis 120, 121.
bracket 231.
bracket base 225.
bract 66.
braided rope 692.
brail 480.
brain 88.
brake 664, 727.
brake cable 447.
brake caliper 442.
brake handle 445.
brake lever 447.
brake light 429.
brake line 432.
brake lining 432.
brake loop 636.
brake pad 432.
brake pedal 430.
brake shoe 432.
brake van 473.
brakelight 429.
brakeman 643.
branch 58.
branch 59, 61, 72, 104, 215, 649, 726.
branch clip 726.
branch duct 206.
branch return pipe 208.
branch supply pipe 208.
branches 59.
branching, plumbing 298.
brandy snifter 237.
brass family 550.
brassiere cup 346.
brattice 181.
brayer 581.
Brazil nut 66.
bread 153.
bread and butter plate 238.
bread guide 252.
bread knife 242.
break line 341.
breaker 30.
breast 129.
breast 108, 116, 118.
breast beam 572.
breast collar 653.
breast dart 320.
breast pocket 320, 324.
breast welt pocket 322.
breastplate 792.
breaststroke 622.
breaststroke kick 622.
breaststroke turn 622.
breather valve 741.
breathing in 622.
breathing out 622.
breech 549.
breech guard 549.
breechblock 798, 799, 802.
breechblock operating lever assembly
    802.
breeches 315.
breeches 317, 667, 791.
brick 286.
brick wall 199.
bricklayer's hammer 291.
bridge 674.
bridge 52, 230, 376, 491, 544, 546,
    719, 810.
bridge assembly 547.
bridge of nose 141.
bridging 198.
bridle 649.
bridle 653.
bridle assembly 486.
bridle tape 541.
briefcase 378.
briefs 325, 346.
brig 482.
brigantine 482.
brightness control 529.
brilliant cut facets 363.
brilliant full cut 362.
brim 328, 329.
briolette cut 363.
bristle 373, 374.

869

ENGLISH INDEX

bristles 304.
broad beans 72.
broad ligament of uterus 129.
broad reach 629.
broad welt side pocket 339.
broad welt side pocket 319, 330.
broad-leaved endive 73.
**broadcast satellite
communication** 416.
broadest of back 121.
broadsword 794.
broccoli 69.
brooch 364.
brood chamber 82.
brook 676.
broom 205.
brow brush and lash comb 367.
brow reinforce 792.
brow tine 105.
browband 649.
brown ball 673.
Brunn's membrane 142.
brush 304, 582, 589.
brush 152, 373.
brush and rails 647.
brush and rails 646.
Brussels sprouts 73.
bubble 443.
bucket 754, 782.
bucket cylinder 782, 785.
bucket hinge pin 782.
bucket lever 782.
bucket ring 754.
bucket seat 428.
bucket tooth 782.
bucket wheel excavator 733.
buckle 566.
buckle 323, 380, 428, 641.
buckwheat 152.
bud 70.
buffer tank 740.
bufferstop 464.
buffet 227.
buffet 822.
bugle 550.
building materials 286, 288.
building server 216.
building sewer 215.
built-in microphone 409.
bulb 72, 104, 232, 233, 310, 743.
bulb dibber 268.
bulb dibble 268.
bulb unit 752.
bulb vegetables 70.
bulbil 70.
bulbocavernosus muscle 127.
bulk terminal 490.
bulkhead 441.
bulkhead flat car 473.
bulkhead flat wagon 473.
Bull 11.
bull's-eye 698.
bulldozer 783.
bulldozer 733.
bullet 798.
bullion stitch 571.
bulls-eye 684.
bulwark 478.
bumper 260, 426, 440, 441, 464.
bumper guard 617.
bumps 826, 827.
bun tin 245.
bunch 384.
bunch of grapes 61.
bund wall 741.
bundle 72, 756.
bunker 676.
bunker oil 745.
bunker silo 149.
bunting 817.
bunting bag 349.
buoyage regions 488.
buoyancy compensator 627.
bureau 210.
burgee 817.
burgundy glass 237.
burned gases 436.
burner 209, 248, 634, 635, 689.
burner frame 689.
burner gas tube 297.
burner ring 248.
burnisher 582.
burr 105.
bursting charge 804.
bus 190.
bus module 49.
bus shelter 186.
bus stop 186.
busbar 747.
bush 263.

bushing 746, 747, 757.
bustle 316.
butane tank 386.
butt 386, 568, 579, 615, 670, 675,
796, 797.
butt cap 670.
butt end 609.
butt grip 671.
butt guide 671.
butt plate 795, 798, 799.
butt section 670.
butt welding 307.
butt-strap 376.
butter compartment 254.
butter curler 242.
butter dish 238.
butter knife 239.
butterfly 78, 79.
butterfly kick 623.
butterfly stroke 623.
butterfly turn 623.
butterfly, hind leg 78.
buttock 117, 119, 127, 128.
button 232, 324, 326, 530, 536, 666,
800.
button loop 323.
button strap 351.
button-through smock 337.
buttondown collar 324.
buttoned placket 324, 326.
buttonhole 319.
buttress 176, 750.
buttress dam 750.
buttress dam, cross section 750.
by-pass taxiway 502.
bypass duct 501.
bypass feeder 532.

C

c 537.
c clef 537.
C degrees 705.
C-clamp 282.
cab 147, 160, 445, 782, 783, 784,
785.
cabbage lettuce 73.
cabin 496, 508.
cabinet 258, 259, 410.
cable 692.
cable 280, 406, 408, 660, 663, 684,
692.
cable distributor 416.
cable drum compartment 415.
cable guard 684.
cable ripper 311.
cable shutter release 393.
cable sleeve 280.
cable stay anchorage 456.
cable stitch 567.
cable stay anchorage 456.
cable-stayed bridges 456.
cables 414.
cabochon cut 363.
caboose 473.
cabriole leg 220.
cabriolet 220.
caecum 131.
café curtain 228.
cake mascara 367.
cake pan 245.
cake tin 245.
cakes 588.
calamus 110.
calandria 759.
calcaneus 103, 123.
calcar 112.
calculator 523.
calculator 379.
calculator dial 396.
calculator/cheque book holder 379.
calendar pad 518.
calf 151.
calf 117, 119.
caliper 583.
caliper 432.
call director telephone 422.
Callisto 4.
calls indicator 420.
calm 38.
calyx 60, 62, 67, 132.
cam ring 281.
cambium 59.
camera 414.
camera 16, 412, 414.
camera back 390.
camera body 391.
camera control area 415.
camera control technician 412, 415.
camera control unit 412, 415.

camera pedestal 414.
camera platform 393.
camera platform lock 393.
camera screw 393.
camera viewfinder 414.
camisole 345.
camping 685, 686, 690.
camping (tent) 823.
camping (trailer and tent) 823.
camping (trailer) 823.
camping equipment 688, 690.
camping prohibited 823.
camping tools 690.
camping, accessories 689.
camshaft 434.
can opener 256.
can opener 244, 688.
Canadian elk 105.
Canadian football, playing field
604.
canal bed 492.
canal lock 492.
canal lock 490.
Cancer the Crab (June 22) 820.
candlepin 683.
cane pen 389.
canes 728.
canine 98, 144.
canister vacuum cleaner 260.
canned failed fuel 764.
cannon 101, 805.
canopy 636.
canopy 375, 636, 685, 785, 813.
canopy release knob 639.
cantaloupe 69.
canteen 690.
cantilever 750.
cantilever bridge 454.
cantilever span 454.
cantle 649.
canvas 589.
canvas 669.
canvas divider 685.
cap 301, 328.
cap 55, 201, 250, 309, 389, 398, 590,
773.
cap iron 277.
cap sleeve 339.
cape 331.
cape 51.
capillary blood vessel 137.
capillary bore 705.
capital 51, 166.
capitulum 60.
caponiere 179.
capped column 37.
capped tee 205.
**Capricorn the Goat (December
22)** 820.
capstan 581.
capstan button 541.
capsule 725.
capsule, section 67.
captain 643.
captain's quarters 497.
captain's seat 500.
capture 697.
car 470.
car 425, 426, 428, 430, 432, 434,
438.
car 630.
car cleaning yard 465.
car coat 330.
car deck 494.
car lights 429.
car repair shop 465.
car wash 453.
carabiner 681.
carabiner 680.
caraco jacket 316.
carafe 247.
carapace 91, 96.
caravan 449.
caraway seeded rye bread 153.
carbon dioxide gas coolant 760.
carbon dioxide reactor 760.
carburetor 442.
carburettor 442.
card case 379.
card case 379.
card games 695.
card games, symbols 695.
card reader 422.
card support 40.
cardboard 589.
cardigan 326.
cardinal marks 488.
cardoon 71.
cargo dispatch 505.
cargo hold 499.

cargo reception 505.
Caribbean Sea 20.
caribou 105.
carnassial 98.
carnivore's jaw 98.
carnivores 31, 33.
carom billiards 673.
carpal pad 106.
carpenter's hammer 275.
carpentry: tools 275.
carpentry: tools 276.
carpentry: tools 278.
carpentry: tools 280.
carpentry: tools 282.
carpentry: tools 284.
carpus 102, 122.
carriage 800.
carriage 787, 802.
carriage cleaning yard 465.
carriage control dial 569.
carriage handle 568.
carriage repair shop 465.
carriage return 525.
carriages 568.
carrier 230, 446.
carrier 323.
carrier bag 381.
carrot 71.
carry-on bag 382.
carrying handle 796.
cartography 47, 50, 52.
carton 384.
cartridge 797.
cartridge 291, 295, 389, 404, 527,
730.
cartridge (rifle) 798.
cartridge (shotgun) 799.
cartridge drive 527.
cartridge faucet 295.
cartridge film 395.
cartridge fuse 312.
cartridge stem 295.
cartridge tap 295.
cartridge tape recorder 407.
cartwheel hat 329.
carver's bench screw 586.
carving 586.
carving fork 242.
carving knife 242.
case 358, 365, 539, 540, 705, 706,
710, 711, 798.
casement 203.
casement window 203.
cash readout 453.
cashew 66.
casing 211, 214, 271, 702.
casing first string 740.
Caspian Sea 21.
cassette 403.
cassette 408, 526.
cassette compartment 409, 411.
cassette deck 407.
cassette drive 526.
cassette eject switch 409, 411.
cassette film 395.
cassette holder 403.
cassette player 408.
cassette player controls 408.
cassette tape deck 403.
cassette tape deck 400.
Cassiopeia 11.
cast-on stitches 567.
castanets 554.
castanets 556.
caster 260, 553.
castle 180.
castle 180.
casual shoe 356.
cat 107.
cat's head 107.
catalytic converter 439.
catalytic reforming plant 744.
catapult 810.
catch glove 609.
catcher 595.
catcher 541, 597.
catcher's glove 595.
catenary 459.
catering vehicle 507.
caterpillar 78.
cathedral 176.
cathedral 184.
cathedral, plan 177.
catwalk 188.
caudal fin 87.
caudal vertebrae 103.
cauliflower 69.
caulking gun 291.
cave 24.

The terms in **bold type** indicate the title of an illustration; those in *italic* correspond to the British terminology

cave 30.
cavernous body 127.
CD/ROM player 526.
cecum 131.
cedilla 832.
ceiling 205, 616, 617.
ceiling bracket 230.
ceiling collar 205.
ceiling fan 214.
ceiling fitting 236.
ceiling grille 207.
ceiling joist 198.
ceiling projector 41.
ceiling register 207.
celeriac 71.
celery 72.
celestial coordinate system 3.
celestial equator 3.
celestial meridian 3.
celestial sphere 3.
celiac trunk 124, 132.
cell 79, 82.
cell body 135.
cell membrane 115.
cell wall 115.
cello 545.
cellos 557.
cellular telephone 417.
Celsius scale 705.
cement screed 200.
cementum 144.
cemetery 52.
cent 832.
Centaur 13.
center 603, 605, 608, 610, 611, 697.
center aisle 460.
center back 601, 612, 613.
center back vent 322.
center base 818.
center chief 818.
center circle 601, 610.
center console 430.
center court 617.
center divider strip 186.
center electrode 439.
center face-off circle 608.
center field 597.
center fielder 597.
center flag 601.
center forward 601, 607, 612, 613.
center half 607.
center hole 404.
center keelson 743.
center line 607, 608, 610, 612, 618,
    619, 620, 666, 682.
center mark 614.
center pocket 674.
center point 818.
center post 225, 427.
center service line 614.
center span 456.
center spot 601, 674.
center strap 614.
center third 611.
center wheel 706, 707.
centerboard 628.
centering 524.
centering control 529.
Central America 20.
central circle 611.
central column 774.
central focusing wheel 719.
central incisor 144.
central nave 173.
central nervous system 134.
central pumping station 740.
central reservation 184, 186, 452.
central screw 579.
centre 603, 605, 608, 610, 611, 697.
centre back 612, 613.
centre back vent 322.
centre base 818.
centre chief 818.
centre circle 601, 610.
centre console 430.
centre court 617.
centre electrode 439.
centre face-off circle 608.
centre field 597.
centre fielder 597.
centre flag 601.
centre forward 601, 607, 612, 613.
centre half 607.
centre hole 404.
centre Keelson 743.
centre line 604, 607, 608, 610, 612,
    618, 619, 620, 666, 682.
centre mark 614.
centre midfield 601.
centre pocket 674.

centre point 818.
centre post 225.
centre service line 614.
centre span 456.
centre spot 601, 674.
centre strap 614.
centre third 611.
centre wheel 706, 707.
centre-aisle 460.
centre-back 601.
centreboard 628.
centrifugal compressor 501.
centring 524.
centring control 529.
centriole 115.
cephalic vein 126.
cephalothorax 90.
Cepheus 11.
cereals, major types 152.
cerebellum 134.
cerebrum 134.
cervical vertebra (7) 123.
cervical vertebrae 102.
chain 448, 661, 707.
chain brake 272.
chain drive 156, 158.
chain guide 448.
chain mail 792.
chain of neurons 135.
chain pipe wrench 299.
chain stay 446.
chain stitch 571.
chain wheel A 448.
chain wheel B 448.
chainsaw 272.
chainsaw chain 272.
chairs, types 223.
chaise longue 223.
chalaza 109.
chalk 675.
Chameleon 13.
chamois leather 358.
champagne flute 237.
chandelier 236.
change sign key 523.
channel scan buttons 411.
channel selector control 411.
chanter 536.
chanterelle 55.
Chantilly parquet 200.
chapel 181.
character correction 525.
charcoal 588.
charge 799.
charge indicator 374.
charges, examples 819.
charging handle 796.
charging light 374.
charging plug 374.
Charioteer 11.
Charleston cymbal 552.
charm bracelet 364.
charms 364.
Charon 5.
chart room 494.
chase 800.
check nut 40.
check valve 216, 306.
check-rail 467.
checkbook 379.
checkbook 379.
checkbook/secretary clutch 379.
cheek 100, 106, 118, 275, 670, 800.
cheek ring 650.
cheek strap 649.
cheese knife 239.
chemical treatment 745.
chemise 181.
chemist's shop 822.
chemistry 831.
cheque book 379.
cheque book cover 379.
cherimoya 68.
cherry 63.
chervil 74.
chess 696.
chess notation 696.
chessboard 696.
chess, men 696.
chess, movements 696.
chest 100, 116, 118.
chest expander 665.
chest of drawers 226.
chest protector 595, 602, 684.
chesterfield 221.
chestnut 66, 100.
chevet 177.
chevron 818.
chevron stitch 571.

chick 150.
chick peas 72.
chicory 73.
chief 818.
chief 818.
chief timekeeper 621.
chiffonier 226.
children's clothing 349, 350.
chilli 69.
chimney 205.
chimney 197, 209.
chimney connection 204.
chimney pot 197.
chimney stack 197.
chin 100, 118.
chin guard 777.
chin protector 443.
chin rest 544.
chin strap 602, 777.
China Sea 21.
Chinese cabbage 73.
chipboard 289.
chisel 581.
Chisel 13.
chive 70.
chloroplast 115.
chock 681.
chock 680.
choir 177.
choir organ manual 542.
choker 361.
chord 539.
choroid 140.
Christmas tree 740.
Christmas tree 738, 740.
chromatin 115.
chromosphere 6.
chrysalis 78.
chrysalis 82.
chuck 276, 280, 281, 283, 735.
chuck key 281.
chukka 354.
church 185.
chute 736.
cicada 77.
cigar 384.
cigar band 384.
cigarette 384.
cigarette holder 384.
cigarette pack 384.
cigarette papers 384.
ciliary body 140.
ciliate 56.
cine scale 396.
cinema 496.
circuit breaker 212, 747.
circuit vent 215.
circular body 535.
circular needle 567.
circular route 52.
circular saw 284.
circular saw blade 284.
circulating pump 208, 772.
circulation pump 763.
circumflex accent 832.
cirque 7.
cirrocumulus 44.
cirrostratus 44.
cirrus 44.
cistern 292.
cistern lid 293.
citrus fruits 65.
citrus fruits, major types 65.
citrus fruit, section 65.
citrus juicer 243, 251.
city 51.
city houses 187.
city limit 52.
clam 93.
clam cleat 630.
clam cleat 630.
clamp 309, 370, 575, 578, 642.
clamp binder 519.
clamp lever 370.
clamp spotlight 235.
clarinet 548.
clarinets 556.
clasp 378, 380.
class ring 364.
classic blouse 337.
classification yard 465.
clavicle 122.
claw 78, 80, 90, 91, 97, 106, 107, 108,
    112, 275, 364, 579.
claw hammer 275.
claw, extended 107.
claw, retracted 107.
clay core 748.
cleaning brush 374.
cleaning tools 260.

cleanout 296.
clear key 523.
clear sky 39.
clear space 613.
clear-entry key 523.
cleat 630.
cleat 628.
cleated shoe 602.
cleaver 242.
clefs 537.
clew 631.
clew line 481.
click 706, 707.
cliff 7, 23, 27, 30.
climate control 430.
climates of the world 45.
climber 664.
climbing harness 680.
climbing iron 358.
climbing plant 263.
clinical thermometer 705.
clip 515.
clip 230, 389, 711.
clip earrings 361.
clipboard 519.
clippers 369.
clitoris 128.
cloche 329.
clock 407, 413, 415, 430, 714.
clock operator 610.
clock timer 253, 255.
clog 357.
close hauled 629.
close reach 629.
close-up lens 392.
closed stringer 201.
closed to bicycles 828.
closed to motorcycles 828.
closed to pedestrians 828.
closed to trucks 828.
closeness setting 374.
closet 194, 226.
closure rail 467.
cloth roller 572.
clothing guard 727.
cloud 36.
cloud amount 39.
cloud ceiling, measure 41.
cloud of volcanic ash 25.
clouds 44.
clouds of vertical development 44.
clouds symbols 44.
cloudy sky 39.
clove hitch 691.
cloverleaf 452.
cloverleaf 450.
club 695.
club chair 221.
clubhouse 651, 676.
clubhouse turn 651.
clubs, golf 678.
clump of flowers 263.
clutch bag 381.
clutch housing 444.
clutch lever 272, 442, 444.
clutch pedal 430.
coach car 460.
coach's box 597.
coal mine 733, 734, 736.
coarse adjustment knob 718.
coastal features 30.
coat dress 332.
coat hook 522.
coat rack 522.
coat tree 522.
coats, types 330.
cob 72.
coccyx 122.
cochlea 139.
cochlear nerve 139.
cock 795.
cocking lever 804.
cockle 93.
cockleshell 220.
cockpit 639.
cockpit 628.
cockpit canopy 638.
cockpit ventilation 639.
cocktail cabinet 227.
cocktail glass 237.
coconut 66.
code 524.
coeliac trunk 124, 132.
coffee makers 247.
coffee mill 256.
coffee mug 238.
coffee pot 688.
coffee pot 247.
coffee shop 822.
coffee spoon 241.

The terms in **bold type** indicate the title of an illustration; those in *italic* correspond to the British terminology

coil 714.
coil spring 231.
coiling 584.
coin chute 702.
coin purse 379.
coin reject slot 702.
coin return bucket 422.
coin slot 422, 702.
colander 243.
cold air 501, 772.
cold air inlet 438.
cold coolant 771.
cold heavy water 761.
cold shed 491.
cold-water circuit 215.
cold-water line 293, 297.
cold-water riser 215.
cold-water supply line 296, 298.
collar 341.
collar 57, 319, 322, 324, 352, 374, 663.
collar bar 364.
collar point 324, 341.
collar stay 324.
collaret 318, 341.
collars, types 341, 342.
collateral 135.
collecting funnel 40.
collecting vessel 40.
collector 753.
collet 283, 393.
colon 832.
color chart 592.
color control 532.
color display 569.
color filter 392.
color selection filter 410.
color spray 590.
color television camera 512.
colored pencils 588.
colors, examples 819.
colour chart 592.
colour control 532.
colour display 569.
colour filter 392.
colour selection filter 410.
colour spray 590.
colour television camera 512.
colouring pencils 588.
colours, examples 819.
colter 156, 158.
colter's shaft 156.
columella 94.
columella fold 94.
column 24, 36, 166, 168, 169, 208, 236, 283, 393, 399, 455, 561, 621, 700, 701.
column crank 393.
column lock 393.
column of mercury 705.
column radiator 208.
coma 9.
comb 574.
comb 792.
combat aircraft 812.
combination box and open end wrench 279.
combination lock 378.
combination pliers 311.
combination spanner 279.
combine harvester 160.
combine harvester 155.
combs 368.
combustion 436, 437, 501.
combustion chamber 434, 438.
comet 9.
comforter 224.
comma 832.
command control dial 391.
command key 530.
command module 509.
commander's seat 805.
commando knife 794.
commercial area 190.
commissure of lips of mouth 142.
common carotid artery 126.
common extensor of fingers 121.
common iliac artery 126, 132.
common iliac vein 132.
common periwinkle 83.
common peroneal nerve 133.
common scientific symbols 830.
common symbols 822.
common whipping 691.
communicating ramus 135.
communication module 418.
communication devices 526.
communication panels 500.
communication set 477.

communication tunnel 510.
communications volume controls 512.
commuter train 464.
compact 366.
compact disc 405.
compact disc 408.
compact disc player 405.
compact disc player 400, 407, 408.
compact disc player controls 408.
compact disc unit 527.
compact disk 405.
compact disk 408.
compact disk player 405.
compact disk player 400, 407, 408.
compact disk player controls 408.
compact disk unit 527.
compartment 701.
Compass 13, 639.
compass bridge 494, 495, 497.
compass card 484, 719.
compass meridian line 719.
competition ring 646.
competitive course 621.
completion 692.
complex dune 46.
complexus 121.
compluvium 170, 171.
compound bow 684.
compound eye 79, 80, 81.
compound leaves 56.
compressed air reservoir 469.
compressed-air cylinder 627, 777.
compression 436, 437, 501.
compression coupling 296.
compression fitting 300.
compression link 147.
compression/admission 436.
compressor 212, 517.
compressor turbine 438, 501.
computer communication 417.
computer room 807.
computer screen intensity controls 512.
computer table 521.
concave 160.
concave lens 722.
concha 139.
Concorde 19.
concrete base 714.
concrete block 286.
concrete drain 741.
concrete shielding 760, 761, 762, 763.
concrete wall 772.
condensation 35.
condensation of steam into water 767.
condensation pool 763.
condenser 717, 718, 758, 771.
condenser adjustment knob 718.
condenser backwash inlet 759.
condenser backwash outlet 759.
condenser coil 214.
condenser cooling water inlet 759.
condenser cooling water outlet 759.
condenser fan 214.
condenser height adjustment 718.
condominiums 187.
conductor's podium 556.
cone 24, 58.
configuration of an office automation system 526.
conic projection 50.
conical broach roof 183.
conical buoy 487.
conical buoy 489.
conical washer 293.
conifer 58.
conjunctiva 140.
connecting cable 400, 406, 585.
connecting module 528.
connecting rod 434, 436.
connecting terminal 561.
connection 697.
connection box 412.
connection cable 530.
connection point 757.
connective tissue 137.
connector 300, 312, 406.
conning tower 807.
constellations of the Northern Hemisphere 10.
constellations of the Southern Hemisphere 12.
constriction 705.
consumer 417.
consumer number 712.
contact 697.
contact 233.
contact lever 235.
contact printer 398.
container 470.

container 40, 250, 304, 495.
container car 473.
container flat wagon 473.
container hold 495.
container ship 494.
container ship 490.
container terminal 491.
container-loading bridge 490.
container/pallet loader 507.
containment building 765, 766.
contents identification cardboard 743.
contest area 668.
contestant 668.
continent 29.
continental climates 45.
continental margin 29.
continental rise 29.
continental shelf 22, 29.
continental slope 22, 29.
continents, configuration 20.
continuity tester 310.
continuous beam 454.
continuous drizzle 39.
continuous rain 39.
continuous snow 39.
contour feather 110.
contrabassoons 556.
contrast control 529, 532.
control bar 637.
control box 297.
control cable 270, 448.
control column 500.
control console 16, 500.
control deck 493, 699.
control key 530.
control keys 421.
control knob 255, 257, 258, 259.
control knobs 531.
control lever 735.
control pad 699.
control panel 257, 532.
control panel 210, 214, 253, 255, 258, 259, 391, 532, 717, 779.
control rod 760, 761, 762, 763.
control room 14, 15, 16, 189, 407, 746, 759.
control rooms, television 412.
control room, radio 407.
control stand 468.
control stick 508, 639.
control tower 502, 810.
control tower cab 502.
control valve 689.
control visual display 717.
control wheel 500, 778.
convection zone 6.
convector 211.
convenience outlet 310.
convention center 184.
convention centre 184.
converging lenses 722.
convertible 425.
convex lens 722.
conveyor 239, 735.
conveyor belt 504.
cook's knife 242.
cookie cutters 245.
cookie sheet 245.
cooking set 249.
cooking surface 253.
cooking utensils 248.
cooktop 255.
cooktop edge 255.
cool tip 370.
coolant 766.
coolant 771.
coolant inlet 768.
coolant outlet 768.
coolant transfers the heat to the steam generator 766.
coolant: boiling water 763.
coolant: carbon dioxide 760.
coolant: pressurized heavy water 761.
coolant: pressurized water 762.
cooler 690.
cooling 744.
cooling fan 434, 438.
cooling/heating coils 213.
copper plate 582.
copper to plastic 301.
copper to steel 301.
copperplate 582.
coprocessor 528.
copy output mode 532.
copy quantity 532.
copyright 831.
cor anglais 548.
corbel 180, 181.
corbel piece 204.

cord 231, 256, 260, 268, 271, 310, 578.
cord grip 658.
cord sleeve 283, 305.
cord tieback 229.
cordate 56.
cordless telephone 422.
core 6, 64, 677, 692, 798.
coriander 74.
corinthian order 167.
cork ball 596.
cork tip 618.
corkscrew 688.
corn 72, 152.
corn salad 73.
cornea 140.
corner 577, 669.
corner arc 601.
corner cap 470.
corner cupboard 227.
corner fitting 470.
corner flag 601, 607.
corner pad 669.
corner pin 682.
corner stool 669.
corner structure 470.
corner stud 198.
corner tower 180.
cornerpiece 383.
cornet 550, 556.
cornice 166, 168, 196, 202, 225, 229.
corolla 60.
corona 6.
corona radiata 128.
coronet 101.
corpus callosum 134.
corpus cavernosum 127.
correction fluid 515.
correction key 569.
correction paper 515.
corridor connection 461.
corrosive 821.
cors anglais 557.
corselette 347.
corset 346.
cortex 132.
corymb 60.
cos lettuce 73.
cosmetic tray 382.
costal shield 97.
cot 726.
cotehardie 316.
cottage 187.
cottage curtain 228.
cotter pin 290.
cotton applicators 725.
cotton wool ball 725.
couched stitches 571.
coulter 156, 158.
coulter shaft 156.
counter 352.
counter reset button 403.
counterguard 179.
counterjib 786.
counterjib ballast 786.
counterscarp 178.
countersink 281.
countersunk 276.
counterweight 15, 147, 404, 457, 471, 721, 784, 785, 786.
country 51.
coupé 425.
coupler head 471.
coupler head 147, 156, 157, 158, 159, 162, 469.
coupler knuckle 471.
coupler knuckle pin 471.
coupler-tilt tablet 542.
coupling bolt 754.
coupling guide device 459.
courgette 69.
course, golf 676.
court 356.
court referee 612.
courtyard 172, 173.
couscous kettle 249.
couter 792.
cover 375.
cover 213, 251, 309, 386, 532, 596, 677, 705, 712, 719, 796, 804.
covered parapet walk 180.
covered way 178.
covering 579.
covering 619.
covering disc 158.
covering disk 158.
covering grille 208.
covering materials 286.
cow 151.
cow hitch 691.

The terms in **bold type** indicate the title of an illustration; those in *italic* correspond to the British terminology

cowl 426.
cowl neck 342.
Cowper's gland 127.
cowshed 149.
coxa 78, 80.
coxed four 632.
coxed pair 632.
coxless four 632.
coxless pair 632.
Crab 11, 90.
cradle 399, 720, 721, 802.
crak rye bread 153.
crakow 318.
crampon strap 680.
cranberry 62.
Crane 13, 14, 738.
crane runway 786.
cranial nerves 133.
crank 281, 448, 671, 793.
crank handle 583.
crankcase 436.
crankshaft 434, 436.
crash helmet 643.
crater 7, 25, 733.
cravat 324.
crawl kick 622.
crawler tractor 783.
crayfish 90.
cream jug 238.
creamer 238.
crease 323.
credenza 520.
credit card wallet 379.
credit card wallet 379.
creel 672.
cremaster 78.
crenate 56.
crenel 181.
crenulate margin 95.
crepe support 725.
crepidoma 166, 168, 169.
crescendo pedal 542.
crescent 819.
crescent wrench 279.
crescentic dune 46.
crest 27, 30, 596, 791.
crest of spillway 746.
crevasse 26.
crevice tool 260.
crew neck 350.
crew neck sweater 326.
crew quarters 494.
crew's locker 461.
cribriform plate of ethmoid 141.
cricket 598.
cricket ball 598.
cricket player 598.
cricket shoe 598.
cricquet, field 599.
crimping 799.
crisper 254.
crisscross curtains 229.
crochet hook 567.
croissant 153.
crook 548.
crook key 548.
crop elevator 160.
cross 818.
cross brace 727.
cross cut 736.
cross handle 701.
cross head 276.
cross rail 223.
**cross section of an electron
  microscope** 717.
cross stitches 571.
cross-country ski 642.
cross-country ski 642.
cross-country skier 642.
cross-country skiing 642.
cross-headed tip 276.
cross-tip screwdriver 688.
crossarm 756, 757.
crossbar 446, 535, 574, 578, 626, 637,
  657.
crossbeam 572.
crossbow 793, 793.
crossbuck sign 471.
crosshead 787.
crossing 176, 177.
crossing gate mechanism 471.
crossover 464.
crossover back straps overalls 351.
crossover cargo deck line 743.
crosspiece 219, 572, 728.
crosstree 628.
crosswise grain 566.
crotch 325.
crotch piece 337.
crotchet 538.

crotchet rest 538.
croup 101, 661.
Crow 13.
crown 59, 109, 144, 328, 329, 363,
  483, 545, 553, 590, 706.
crown block 737.
crown tine 105.
crownpiece 649.
crude oil 744.
crude-oil pipeline 740.
cruiseliner 496.
crus of helix 139.
crushing roll 158.
crustacean 90.
crystal button 236.
crystal drop 236.
cucumber 69.
cue ball 673.
cuff 315.
cuff 323, 324, 354, 609.
cuff link 339.
cuirass 791.
cuisse 792.
culet 363.
culottes 334.
cultivated mushroom 55.
cultivating soil, steps 154.
cultivator 157.
cultivator 154.
cumulonimbus 44.
cumulus 44.
cup 238, 688.
Cup 13, 798.
cup gasket 730.
cupboard 226.
cupola 486.
cupule 66.
curb 186.
curb bit 650.
curb bit 649.
curb chain 649, 650.
curb hook 650.
curb rein 649.
curled endive 73.
curled kale 73.
curler 620.
curling 620.
curling brooms 620.
curling brush 370.
curling iron 370.
curling stone 620.
curling, rink 620.
currant 62.
currency abbreviations, examples
  832.
currency exchange 823.
current coil 712.
cursor movement keys 530.
curtain 229.
curtain 178, 383, 414.
curtain pole 230.
curtain track 230.
curtain wall 180.
curtains, types 228.
curved jaw 278.
customer's service entrance 757.
customs control 505.
customs house 491.
cut for gemstones 363.
cut-off trench 748, 749.
cut-throat razor 374.
cuticle nippers 365.
cuticle pusher 365.
cuticle scissors 365.
cuticle trimmer 365.
cutlery basket 257.
cutlery set 688.
cutter 311.
cutter bar 158, 160.
cutter link 272.
cutting blade 250, 256, 578.
cutting cylinder 271.
cutting edge 239, 242, 369, 783, 784.
cutting guide 578.
cutting nozzle 306.
cutting oxygen handle 306.
cutting tip 306.
cutting torch 306.
cutting wire 584.
cyclorama 414.
cylinder 290, 295, 436, 784, 797.
cylinder case 290.
cylinder head cover 435.
cylinder pressure gauge 306.
cylindrical buoy 486.
cylindrical projection 50.
cymbal 552.
cymbals 554.
cymbals 557.

cypress scalelike leaves 58.
cytoplasm 115, 128.

D

d 537.
dabber 581.
dagger 794.
daggerboard 631.
daggerboard well 631.
dairy 149.
dairy compartment 254.
dairy products 33.
dam 746.
damper 206, 541, 585.
damper lever 541.
damper pedal 540, 555.
damper rail 541.
dandelion 73.
danger 488.
danger area 668.
Danish rye bread 153.
darkness 489.
dart 698.
dart 565.
dartboard 698.
dart, playing area 698.
dash 832.
dashboard 430, 430.
dashboard 442.
data bus 528, 531.
data display 396, 409, 411, 421.
data display illumination button 396.
data hold 310.
data record system 717.
data storage devices 526.
date 63.
dater 516.
dating nail 466.
davit 478, 742.
daymark 486, 487.
daymarks (region B) 489.
dead ball line 606.
dead bolt 289, 290.
dead bowl area 682.
deadly poisonous mushroom 55.
death 831.
decanter 237.
deceleration lane 452.
decimal key 523.
decimal tab 524.
deck 441, 454, 455, 456, 736.
deck arch bridge 455.
deck crane 811.
declination 3.
declination axis 14.
declination setting scale 720, 721.
décolleté bra 346.
decorative braid 349.
decoy launcher 809.
deep fryer 252.
deep peroneal nerve 133.
deep-sea floor 22.
deer antlers 105.
deer crossing 828.
deer family 105.
deer, kinds 105.
defending zone 608.
defense 603, 605.
defense third 611.
deferent duct 127.
deflector 210, 264, 271.
degree 830.
Deimos 4.
delete key 530.
delicious lactarius 55.
delivery 682.
delivery entrance 190.
delivery ramp 184.
delta wing 499.
deltoid 120.
deluge gun 778.
demi-semi-quaver 538.
demi-semi-quaver rest 538.
demilune 179.
demitasse 238.
dendrite 135.
dental alveolus 144.
dental care 373.
dental floss 373.
dentate 56.
dentil 166, 167.
dentin 144.
departure time indicator 463.
deployment mechanism 49.
depressed-center flat car 473.
depth adjustment 283.
depth gauge 627.
depth of focus 23.
depth scale 485.

depth stop 283.
depth-adjustment mechanism 277.
depth-of-field preview button 391.
depth-of-field scale 392.
derby 328.
dermis 137.
derrick 737, 738, 740, 743.
derrick mast 743.
descender 681.
descending aorta 124.
descending colon 131.
desert 46.
desert 45.
designed orbit 48.
desired temperature 213, 705.
desk lamp 234.
desk mat 520.
desk tray 517.
desktop video unit 527.
despun section 42.
dessert fork 240.
dessert knife 239.
dessert spoon 241.
destination 463.
destroying angel 55.
detachable control 253.
detection of seismic waves 714.
detergent dispenser 257.
detonator 804.
deuterium oxide upgrading 759.
Deutsche Mark 832.
developer bath 399.
developing baths 399.
developing tank 398.
dew 37.
dew pad 106.
dew shield 721.
dewclaw 106.
dexter 818.
dexter base 818.
dexter chief 818.
dexter flank 818.
diacritic symbols 832.
diagonal 756.
diagonal buttress 177.
diagonal movement 696.
**diagram of weaving, diagram of
  principle** 576.
dial 705, 706, 707, 708, 712.
diamond 362, 695.
diamond interchange 451.
diamond mesh metal lath 286.
diamond point 225.
diaper 349.
diaphragm 130, 390, 400, 406.
diastema 98.
dibber 268.
dibble 268.
dice 699.
dice cup 697.
die 697.
diesel engine 437.
diesel engine 469, 495, 782, 785.
diesel engine 783.
diesel engine ventilator 468.
diesel engines 809.
diesel lift engine 493.
diesel motor 783.
diesel oil 745.
diesel propulsion engine 492.
diesel shop 464.
diesel-electric locomotive 468.
diffuser 396.
diffuser pin 264.
digestive gland 92.
digestive system 131.
digging fork 266.
digit 84.
digital audio tape recorder 407.
digital display 310, 709, 710.
digital frequency display 402.
digital nerve 133.
digital pad 106, 107.
digital pulp 137.
digital video effects monitor 413.
digital video special effects 413.
digital watch 706.
digitizing pad 526.
dike 25.
dill 74.
dimmer room 412.
dimmer switch 309.
dimple 677.
dining car 460.
dining room 171, 195, 496, 807.
dining section 460.
dinner fork 240.
dinner knife 239.
dinner plate 238.

dinnerware 238.
diode 769.
dioptric ring 486.
dioxide 33.
dip switch 444.
dipped 429.
dipper 592.
dipper bucket 785.
direct home reception 416.
direct-reading rain gauge 40.
direction of Mecca 173.
direction of points 488.
direction to be followed 824, 825.
directional sign 475.
director's chair 220.
disc 157, 432, 433, 529, 583, 663, 712.
disc brake 432.
disc brake 442.
disc camera 395.
disc compartment 405.
disc compartment control 405.
disc drive 555.
disc drive port 528.
disc faucet 295.
disc motor 529.
disc spacing lever 158.
discharge bay 764.
discharge line 216.
discharge liner 753.
discharge pipe 742.
discs 251.
discus 658.
discus and hammer throw 654.
disgorger 672.
dishwasher 257, 298.
dishwasher 298.
disk 157, 432, 433, 529, 583, 663, 712.
disk brake 432.
disk brake 442.
disk camera 395.
disk compartment 405.
disk compartment control 405.
disk drive 555.
disk drive port 528.
disk motor 529.
disk spacing lever 158.
disk tap 295.
diskette 526.
diskette drive 526.
disks 251.
display 420, 422, 523, 709.
display cabinet 227, 522.
display setting 420.
disposable camera 394.
disposable fuel cylinder 299, 307.
disposable razor 374.
distal phalanx 107, 122, 123, 137.
distal sesamoid 102.
distance 376.
distance scale 392.
distance travelled 711.
distribution board 757.
distribution box 216.
distribution by cable network 416.
distributor cap 435.
distributor service loop 757.
district 52.
district limit 52.
ditch 451, 682.
diverging lenses 722.
diversion canal 746.
divide key 523.
divider 160, 378.
dividers 519.
dividing breeching 779.
diving 624.
diving glove 627.
diving installations 624.
diving tower 624.
diving, entries 624.
diving, flights 624.
diving, starting positions 624.
division 830.
do not iron 829.
do not use chlorine bleach 829.
do not wash 829.
dock 490.
document folder 519.
document handler 532.
document receiving 421.
document-to-be-sent position 421.
does not belong to 830.
dog 106.
dog ear collar 341.
dog's forepaw 106.
dog, morphology 106.
dollar 832.
Dolphin 11.

dome roof 183.
dome shutter 14.
dome tent 686.
domestic appliances 250, 252, 254, 256, 257, 258, 260.
dominoes 695.
door 202, 429.
door 173, 225, 253, 259, 427, 449, 498, 617, 685, 686.
door access 709.
door handle 427.
door lock 427.
door mirror 426, 440.
door mirror control 429.
door open warning light 431.
door panel 225.
door pillar 427.
door shelf 254.
door stop 254, 471.
door switch 259.
doorknob 202, 289.
doors, types 202.
doric order 167.
dormant volcano 24.
dorsalis pedis artery 126.
dorsum of nose 141.
dot matrix printer 531.
dot matrix printer 527.
double 215.
double bass 545.
double basses 557.
double bend 826, 827.
double boiler 249.
double curtain rod 230.
double flat 538.
double glazing 772.
double handles 633.
double kitchen sink 215.
double oxer 647.
double oxer 646.
double pennant 817.
double plate 198.
double pole breaker 312.
double reed 549.
double ring 698.
double scull 632.
double seat 477.
double sharp 538.
double sheet bend 691.
double zero 700.
double zero key 523.
double-blank 695.
double-breasted buttoning 319.
double-breasted jacket 322.
double-decked pallet 787.
double-edge blade 374.
double-edge razor 374.
double-leaf bascule bridge 457.
double-six 695.
double-twist auger bit 281.
doubles pole 614.
doubles service court 618.
doubles sideline 614, 618.
doublet 316.
doublet 695.
doubling die 697.
doubly dentate 56.
dough hook 250.
dousing water tank 759, 766.
dousing water valve 759.
Dove 13.
dovetail 718.
down tube 447.
down wind 629.
downspout 197.
downstream face 749.
downstream shoulder 748.
downstream toe 748.
downtown 184.
dozen (1 to 12) 700, 701.
dozen (13 to 24) 700, 701.
dozen (25 to 36) 700, 701.
drachma 832.
draft arm 784.
draft hole 209.
draft tube 747, 753, 784.
drafting machine 591.
drafting table 591.
drag 670.
Dragon 11.
dragonfly 77.
drain 215.
drain hose 257, 258, 298.
drain tile 199.
drain valve 297, 741.
drainage blanket 748.
drainage layer 748.
draining circuit 215.
draining spoon 244.
draped neck 343.

draped neckline 343.
draped swag 229.
draw curtain 229.
draw drapery 229.
draw hoe 266.
draw tube 718.
drawbar 803.
drawbar lock 803.
drawbridge 180.
drawer 219, 226, 255.
drawers 325.
drawing 586, 588, 590, 592.
drawing, accessories 591, 592.
drawing, equipment 589.
drawstring 320, 381.
drawstring bag 381.
drawstring hood 351.
dredger 246.
dress circle 189.
dress with bustle 316.
dress with crinoline 318.
dress with panniers 317.
dresser 226.
dresses, types 332.
dressing room 189.
dressmaker's model 564.
drift 736.
drill 280.
drill collar 737.
drill pipe 737.
drill press 283.
drill rod 734.
drill ship 739.
drilling drawworks 737.
drilling rig 737.
drip bowl 255.
drip dry 829.
drip molding 427.
drip moulding 427.
drive belt 258.
drive chain 446.
drive shaft 492, 508.
drive wheel 256, 280.
drive wheels 784.
driver 652, 678.
driver's cab 459, 468.
driver's seat 805.
driveway 193, 196.
driving glove 327.
driving turbine 438.
driving wheel 147, 575.
drone 81.
drone pipe 536.
drop earrings 361.
drop light 310.
drop waist dress 332.
drop-leaf 219.
drum 167, 231, 259, 432, 484, 707, 714.
drum brake 432.
drums 552.
drupelet 62.
dry continental - arid 45.
dry continental - semiarid 45.
dry dock 490.
dry flat 829.
dry fruits 66.
dry gallery 24.
dry point 582.
dry subtropical 45.
dry well 763.
dry-point 583.
drying 829.
drypoint 583.
dual carriageway 452.
dual seat 443.
dual swivel mirror 368.
duck 150.
duckpin 683.
duct deferens 127.
duffel bag 380, 381.
duffle coat 320.
dugout 597.
dumbbell 665.
dump 733, 734.
dump body 785.
dump truck 785.
dumper truck 785.
dune 30.
dungarees 336.
dungarees with crossover back straps 351.
duo 558.
duodenum 131.
dura mater 134, 135.
dust 34, 35.
dust cover 404.
dust receiver 260.
dust tail 9.
dusting brush 260.

draped neckline 343.
Dutch oven 249.
duty-free shop 505.
dynamic brake 468.
dynamic microphone 406.
dynamics propeller 492.
dynamo 446.

E

e 537.
eagle 819.
Eagle 11.
ear 107, 112, 116, 223.
ear cushion 406.
ear drum 139.
ear flap 328.
ear loaf 153.
ear plugs 729.
ear protection 729.
ear protection 821.
earphone 406.
earpiece 376, 726.
earrings 361.
Earth 4, 8.
earth clamp 305.
earth connection 312.
Earth coordinate system 3.
earth foundation 450.
earth radiation scanner 43.
earth radiation sensor 43.
earth sensor 42, 43, 49.
earth signs 820.
earth terminal 309.
earth wire 312, 757.
Earth's atmosphere, profile 19.
Earth's crust 22, 23.
Earth's crust, section 22.
earth-wire peak 756.
earthing pin 309.
earthquake 23.
Earth, structure 22.
ear, auricle 139.
ear, parts 138.
easel 398, 591.
East 488.
East cardinal mark 489.
East reflector deployment 419.
Eastern hemisphere 47.
Eastern meridian 47.
eccrine sweat gland 136.
echinus 167.
echo 722.
echo sounder 485.
echo sounder probe 485.
eclipse crossing 419.
eclipse preparation 419.
eclipses, types 8.
ecliptic 3.
ecology 31, 32, 34.
edge 288, 564, 640, 643, 644, 719.
edger 271.
edging 263.
edible crustaceans 90.
edible gastropods 83.
edible mollusks 93.
edible mushrooms 55.
edit/search buttons 409.
effluent 216.
egg 109, 128.
egg 82.
egg beater 245.
egg butt snaffle bit 650.
egg poacher 249.
egg slicer 246.
egg timer 244.
egg tray 254.
eggplant 69.
eggs 84, 89.
Egyptian reed pen 389.
eiderdown 224.
eight 632.
eight cut 362.
eighth note 538.
eighth rest 538.
ejaculatory duct 127.
eject button 403.
ejection port 796.
ejection seat 813.
ejector 784.
elastic 224.
elastic ligament 92, 107.
elastic strainer 685, 686.
elastic support bandage 725.
elastic waistband 321.
elastic webbing 323.
elasticized leg opening 325.
elbow 301.
elbow 100, 106, 112, 117, 119, 206.
elbow pad 602, 609.
elbow, 45° 301.

electric baseboard radiator 210.
electric circuit 233.
electric connection 207, 213.
electric cooker 255.
electric drill 280.
electric dryer 259.
electric foil 666.
electric furnace 207.
electric golf cart 679.
electric guitar 547.
electric kiln 585.
electric motor 209, 268, 271, 438.
electric range 255.
electric razor 374.
electric skirting convector 210.
electric toothbrush 373.
electric tumble dryer 259.
electric variometer 639.
electrical box 309.
electrical connection 441.
electrical connection panel 415.
electrical hazard 821.
electrical inlet 585.
electrical payout linkage 702.
electrical power unit 506.
electrical scoring apparatus 666.
electrician's tools 311.
electricity 309, 310, 312, 746, 748,
  750, 752, 754, 756.
electricity cable 186.
electricity meter 757.
electricity production 767.
electricity production room 806.
electricity transmission 757.
electricity transmission 767.
electricity transmission network 771.
electricity, tools 310, 311.
electrode 232, 305.
electrode assembly 209.
electrode holder 305.
electrode lead 305.
electron beam 410, 717.
electron beam positioning 717.
electron gun 410.
electron gun 410, 717.
electron microscope 717.
electron microscope elements 717.
electronic ballast 233.
electronic flash 393.
electronic instruments 555.
electronic piano 555.
electronic scales 709.
electronic typewriter 524.
electronic viewfinder 409.
elevating arc 802.
elevating cylinder 780, 786.
elevating handle 803.
elevation 193.
elevation adjustment 718.
elevator 15, 190, 499, 639, 736, 764,
  811.
elevon 511.
elk 105.
ellipses 832.
ellipsis 832.
elliptical galaxy 9.
embankment 450.
embankment dam 748.
embankment dam, cross section
  748.
emblem 817.
embrasure 179.
embroidered fabric 571.
embroidery 571.
emerald 362.
emerald cut 362.
emergency brake 477.
emergency electric motor 806.
emergency regulator 627.
emergency support vessel 739.
emergency switch 444.
emery boards 365.
emery pack 563.
emission antenna 418.
emission/reception antenna 418.
empty set 830.
emptying hose 258.
en prison 700, 701.
enamel 144.
enclosure 149.
end bracket 230.
end button 544.
end cap 230, 765.
end door 470.
end grain 288.
end joist 198, 199.
end ladder 470.
end line 604, 610, 613, 619.
end piece 127.
end plate 765.

end stop 230, 630.
end wall 621.
end zone 604.
end-piece 674.
endocarp 63, 64.
endoplasmic reticulum 115.
endpaper 577.
endpiece 376.
energy saving bulb 233.
engagement ring 364.
engine 147, 442, 737, 784, 787, 805.
engine 161.
engine and crew alarm display 500.
engine block 435.
engine control room 742.
engine fuel valves 500.
engine housing 272.
engine mounting pylon 499.
engine room 496, 806.
engines 510.
engines, types 436.
English billiards 673.
English billiards and snooker 674.
English cane 728.
English horn 548.
English horns 557.
English loaf 153.
English sitck 728.
enlarger 399.
enlarger timer 399.
enlarging lens 399.
ensiling 155, 162.
ensiling tube 162.
entablature 166, 168, 202.
enter key 530.
entire 56.
entrance 82, 452.
entrance slide 82.
entrance turnstile 474.
entries 624.
entry 625, 787.
envelope 634.
epaulet 319.
epaulet sleeve 340.
épée 666.
épéeist 667.
epicalyx 62.
epicenter 23.
epicentre 23.
epicondyle 123.
epidermis 137.
epiglottis 130, 142, 143.
epitrochlea 123.
equal key 523.
equalizing buckle 231.
equator 3, 47.
equilateral 174.
equilibrator 802.
equipment compartment 458.
equipment lock 764.
equipment rack 412, 415.
equipment section 16.
erase button 420.
eraser 515.
eraser holder 515.
erecting lenses 718.
ermine 819.
escalator 189, 190, 474.
escape wheel 706, 707.
escapement mechanism 539.
escudo 832.
escutcheon 95, 289, 295, 296.
escutcheon plate 309.
esophagus 88, 92, 97, 130, 131, 142.
espadrille 357.
espresso coffee maker 247.
estate car 425.
etching press 581.
Eurasia 21.
Europa 4.
Europe 21.
European Community Currency
  832.
European plug 309.
Eustachian tube 139, 141.
Eutelsat II 418.
euthynteria 166, 168.
evaporation 34, 35.
evaporator blower 214.
evaporator coils 214.
even 700, 701.
evening glove 327.
examples of instrumental groups
  558.
exclamation mark 832.
exclamation point 832.
excretory opening 83.
executive desk 520.
executive length 325.
exercise wear 353.

exhalation valve 730.
exhaust 436, 437, 501.
exhaust duct 501.
exhaust gas admission 438.
exhaust guide vanes 501.
exhaust manifold 435, 437, 438, 439.
exhaust nozzle 812.
exhaust pipe 438, 439, 443, 444, 508,
  783.
exhaust port 436, 735.
exhaust stack 147, 440, 784.
exhaust system 439.
exhaust tube 232.
exhaust valve 435, 436, 438.
exit 452.
exit cone 82.
exit taxiway 505.
exit turnstile 474.
exocarp 62, 63, 64.
exosphere 19.
expandable file pouch 378.
expanding file 517.
expansion bolt 276.
expansion chamber 485, 705.
expansion connector 528.
expansion diaphragm 485.
expansion space 466.
expansion tank 208, 772.
expert drivers course 646.
explosion 436.
explosive 821.
export pipeline 738.
exposure adjustment knob 391.
exposure meter 396.
exposure mode 391.
exposure value 396.
exposure-time scale 396.
extended character 530.
extended claw 107.
extension 219.
extension ladder 302.
extension pipe 260.
extension table 219.
exterior dome shell 14.
exterior door 202.
exterior gauge 578.
exterior of a house 196.
exterior pocket 378, 382.
exterior sign 474.
external ear 138.
external gills 84.
external jugular vein 126.
external oblique 120, 121.
external tank 510.
external tooth lock washer 278.
extractor hood 255.
extrados 174.
eye 140.
eye 83, 90, 96, 97, 107, 118, 275, 562,
  563, 573, 649, 671, 681.
eye guard 777.
eye make-up 367.
eye makeup 367.
eye protection 729.
eye protection 821.
eye ring 109.
eyeball 140.
eyeball 84.
eyebrow 140.
eyebrow pencil 367.
eyebrow stripe 109.
eyebrow tweezers 365.
eyeglasses 376.
eyeglasses case 379.
eyeglasses parts 376.
eyeglasses, major types 377.
eyelash 140.
eyelash curler 367.
eyelashes 107.
eyelet 230, 353, 354, 381, 569, 644.
eyelet tab 354.
eyelid 97.
eyepiece 390, 396, 409, 718, 719,
  720, 721.
eyepiece holder 721.
eyeshadow 367.
eyestalk 83.

F

f 537.
f clef 537.
F degrees 705.
F-1 engine 509.
fabric care 829.
fabric guide 256.
fabric structure 566.
façade 175.
face 116, 179, 275, 277, 579, 619,
  677, 733, 736.

face mask 602, 609, 643.
face shield 308.
face side 288.
face-off circle 608.
face-off spot 608.
facepiece 730.
faceplate 289, 290.
facial makeup 366.
facial nerve 139.
facsimile machine 421.
facsimile machine 417.
factorial 830.
faculae 6.
Fahrenheit scale 705.
failed fuel bay 764.
failed fuel canning 764.
fairing 442.
fairlead 630.
fairway 676.
fall 341.
fall front 226.
falling rocks 826, 827.
fallopian tube 128.
fallopian tubes 128.
fallout 35.
fallow 148.
false rib (3) 123.
false tuck 349.
family tent 685.
fan 162, 209, 212, 259, 501, 528.
fan belt 434.
fan brush 366, 589.
fan cable stays 456.
fan control 214.
fan heater 211.
fan housing 370.
fan motor 214.
fan thermostat 438.
fan trellis 263.
fan's tube 162.
fang 96.
fanion 817.
fantail 773.
far turn 651.
farm animals 150.
farm pollution 32.
farmhouse 148.
farmhouse bread 153.
farmstead 148.
farmyard 148.
fascia 166.
fast data entry control 555.
fast forward 831.
fast forward 411.
fast forward button 411.
fast operation 405.
fast-forward button 403, 408, 420.
fastener binder 519.
fasteners 566.
fastening device 230.
fastening system 661.
faucet 292.
fault 23.
feather crown 618.
feather stitch 571.
feathering 684.
feed dog 562.
feed lever 283.
feed pin 531.
feed table 162.
feed tube 251.
feeder header 759.
feeder lane 452.
feeder output tray 532.
feeding tube 160.
feedwater 760, 761, 762, 763.
feet 579.
feet protection 730.
feet protection 821.
feet-first entry 624.
feet, principal types 111.
felt 581.
felt hat 328, 329.
felt tip pen 588.
female 831.
female cone 58.
female ferrule 670.
female genital organs 128, 129.
femoral artery 126.
femoral nerve 133.
femoral vein 126.
femur 78, 80, 103, 122.
fence 148.
fencer 667.
fencing 666.
fencing shoe 667.
fencing weapons 666.
fencing, parts of the weapon 666.°
fencing, piste 666.
fencing, positions 667.

The terms in **bold type** indicate the title of an illustration; those in *italic* correspond to the British terminology

fencing, target areas 667.
fender 426, 440, 446.
fennel 72.
ferrule 304, 369, 375, 675, 678.
ferry 494.
ferryboat 491.
fertilizers 32.
fertilizing soil 154, 156.
fetlock 101.
fetlock joint 101.
fettling knife 585.
fiber 692.
fibula 102, 122, 315.
field hockey 607.
field judge 605.
field lens 718.
field lens adjustment 718.
fielder's glove 596.
fielders 599.
fifth 537.
fifth wheel 440.
fifty-yard line 604.
figure skate 644.
figure ski 633.
figure skiing handle 633.
figure-eight knot 691.
filament 6, 60, 232.
filament support 233.
file 277.
file 688.
file guides 518.
filing box 517.
fill opening 256.
filler 384.
filler cap 271, 438, 440.
filler rod 307.
filler tube 293.
fillet 166, 167.
filleting knife 242.
filling hole 804.
filling inlet 741.
film 390.
film advance mode 391.
film cartidge chamber 390.
film disc 395.
film disk 395.
film drying cabinet 398.
film guide rail 390.
film guide roller 390.
film leader 395.
film leader indicator 390.
film pack 395.
film recorder 527.
film rewind knob 391.
film rewind system 390.
film speed 391, 396.
film sprocket 390.
films 395.
filter 207, 252, 255, 385, 772.
filter cover 730.
filter tip 384.
fin 210, 499, 508, 627, 633, 812, 814.
fin-mounted tail unit 498.
finderscope 720, 721.
fine adjustment knob 718.
fine bookbinding 577, 578.
fine data entry control 555.
fine guidance system 16.
finely threaded screw 711.
finger 137.
finger 596.
finger board 535, 544, 547.
finger button 550.
finger flange 726.
fingerless mitt 327.
fingernail 137.
finial 817.
finish 646.
finish line 654.
finishing 586.
finishing line 651.
finishing post 654.
fir needles 58.
fire engine 778, 780.
fire extinguisher 823.
fire hose 778.
fire hydrant 186.
fire hydrant wrench 779.
fire irons 205.
fire pot 204, 209.
fire prevention 777.
fire signs 820.
firebrick 204.
firebrick back 204.
fireman 777.
fireman's hatchet 781.
fireplace 204.
fireplace 195.
fireproof and waterproof garment 777.
firestopping 198.

firing 585.
firing accessories 801.
firing chamber 585.
firing lanyard 802.
firing mechanism 804.
firing shaft 802.
firing tube 807.
firmer chisel 587.
first aid 822.
first aid equipment 726.
first aid kit 725.
first aid manual 725.
first aid roof 182.
first base 597.
first baseman 597.
first classification track 465.
first dorsal fin 86.
first floor 194.
first floor 194.
first floor 197.
first floor 196.
first focal room 15.
first molar 144.
first officer's seat 500.
first premolar 144.
first quarter 6.
first reinforce 800.
first space 610.
first stage 509.
first valve slide 550.
first violins 556.
first-class cabin 498.
fish 86, 88.
fish fork 240.
fish kettle 248.
fish knife 239.
fish platter 238.
fish poacher 248.
fish scaler 688.
fish wire 311.
fishbone stitch 571.
fisherman's knot 691.
Fishes 11.
fisheye lens 392.
fishhook 671.
fishhook 670.
fishing 670, 672.
fishing garment 672.
fishing vest 672.
fishnet tights 344.
fishplate 466.
fishplate bolt 466.
fish, anatomy 88.
fish, morphology 86.
fission of uranium fuel 766.
fitness equipment 663, 664.
fitted sheet 224.
fitting 778.
fittings 301.
fittings 383.
five-number bet 700.
fivepin 683.
fixative 592.
fixed arch 455.
fixed base 282.
fixed blade 578.
fixed bridges 454, 456.
fixed distance marking 505.
fixed jaw 279, 282.
fixed platform 739.
fixed weight 539.
fixed winglet 814.
fixed-roof tank 741.
fixing bath 399.
fixture drain 215.
flag 606.
flag shapes 817.
flag with Schwenkel 817.
flagstone 263.
flag, parts 817.
flail mower 158.
flail mower 154.
flame adjustment wheel 386.
flammable 821.
flank 101, 108, 179, 579.
flank forward 606.
flanker 605.
flanking tower 180.
flap 322, 380, 649.
flap hydraulic jack 812.
flap lever 500.
flap pocket 339.
flap pocket 320, 322.
flare 6, 738.
flare joint 300.
flare nut spanner 279.
flare nut wrench 279.
flash hider 796.
flash lamp 393.

flashcube 393.
flashing 205.
flashing light 471.
flashtube 393.
flat 538.
flat brush 589.
flat car 473.
flat end pin 231.
flat head 276.
flat mirror 14, 720.
flat part 567.
flat roof 182.
flat sheet 224.
flat shuttle 573.
flat stitches 571.
flat tip 276.
flat washer 278.
flat-back brush 368.
flat-bed 561.
flat-plate solar collector 768.
flatbed 441.
flatbed pushcart 788.
flesh 62, 63, 64.
fleshy fruits 62, 65.
fleshy leaf 70.
fleur-de-lis 819.
flews 106.
flex 374.
flex 256, 260, 268, 271, 310, 370, 401.
flex sleeve 283, 305.
flex support 256.
flexible hose 260, 735.
flexible hose connection 735.
flexible rubber hose 298.
flexible skirt 493.
flexible tube 726.
flies 188.
flight 625, 698.
flight bag 382.
flight bag 637.
flight deck 500.
flight deck 498, 508, 510, 810.
flight information board 505.
flight instruments 635.
flight management computer 500.
flight of stairs 201.
flights 624.
flint 307, 795.
flint arrowhead 791.
flint knife 791.
flintlock 795.
flip turn 622, 623.
flip-flop 357.
float 216, 485, 803.
float ball 293.
float clamp 216.
floater 626.
floating bridge 457.
floating crane 490.
floating head 374.
floating rib 122.
floating roof 741.
floating sleeve 316.
floating-roof tank 741.
floodlight 414.
floodlight on pantograph 414.
floor 205, 616, 617, 773.
floor board 200.
floor brush 260.
floor drain 215.
floor joist 198, 199.
floor lamp 236.
floor tile 286.
floorboard 200.
floppy disc 529.
floppy disc drive 528.
floppy disk 529.
floppy disk drive 528.
florin 832.
flotation section 486.
flow 493.
flow bean 740.
flow tube 768.
flower 57.
flower bed 263.
flower bud 57.
flowering 61.
flower, inflorescences 60.
flower, structure 60.
flue 297, 542.
flue hat 297.
flue pipe 542.
fluff trap 259.
fluid adjustment screw 304.
fluid cup 590.
fluke 483.
fluorescent tube 232.
fluorescent tube 233.
flush 695.

flush bushing 301.
flush handle 293.
flute 166, 167, 281, 548.
fluted land 281.
fluted pole 230.
fluted shaft 431.
fluteroni 587.
flutes 556.
Fly 13, 77, 323, 325, 350, 817.
fly agaric 55.
fly front closing 330, 351.
fly half 606.
fly line 670.
fly reel 670.
fly rod 670.
flying buttress 175, 176.
Flying Fish 13.
flying jib 481.
flyleaf 577.
flyover 452.
flysheet 686.
flywheel 435, 581, 584, 664.
FM antenna 400.
foam 30.
foam cushion 729.
foam insulation 287.
foam monitor 743.
foam pad 687.
foam-rubber insulation 287.
focal plane shutter 390.
focus 23.
focus mode selector 391.
focus setting ring 392.
focusing knob 720, 721.
focusing lenses 717.
focusing magnifier 399.
focusing ring 719.
focusing screen 390.
fodder corn 149.
fog 37, 39.
fog lamp 429.
fog light 429, 440.
foible 666.
foil 666.
foil warning line 666.
foilist 667.
fold 315.
fold line 565.
foldaway ladder 303.
folder 518.
folding chair 223.
folding cot 687.
folding door 202.
folding door 194, 292.
folding grill 690.
folding nail file 365.
folding ramp 494.
folding shovel 690.
foliage 59.
follicle 67.
follicle, section 67.
follow-through 682.
fondue fork 240.
fondue pot 248.
fondue set 248.
food chain 31.
food control 561.
food pollution 32.
food processor 251.
foot 83, 112, 116, 117, 118, 119, 225, 350, 542, 545, 553, 631, 670, 671.
foot control 561.
foot cushion 675.
foot fault judge 614.
foot hole 542.
foot pocket 627.
foot score line 620.
foot strap 631.
foot support 664.
football 602, 604.
football player 602.
footboard 224, 445.
footbridge 180, 464, 475.
footing 198, 199.
footless tights 353.
footlights 188.
footrest 584, 727.
footrope 478.
footstool 222.
footstrap 336, 664.
footway 186.
forage blower 162.
forage blower 155.
forage harvester 162.
forage harvester 155.
foramen caecum 143.
foramen cecum 143.
forced hot-water system 208.
forced warm-air system 206.
fore edge 577.

fore royal sail 481.
forearm 106, 117, 119, 798.
forearm crutch 728.
forearm support 728.
forecastle 495, 497.
forecourt 614.
forecourt 453.
forehead 109, 116.
foreleg 79, 80.
foreleg, honeybee 80.
forelimb 84.
forelock 100.
foremast 479, 743.
foresail 481.
forest 27.
forestay 628.
forewing 79, 81.
fork 240.
fork 105, 447, 688, 707, 721, 787.
fork pocket 470.
forked tongue 96.
forklift truck 787.
forks 787, 788.
forks, major types 240.
formeret 177.
forming 692.
forte 666.
fortified wall 172.
forward 624.
forward dive 625.
forward slide change 397.
forward swing 682.
forward/reverse 272.
foul line 597, 683.
foundation 198, 199, 750.
foundation blockage 750.
foundation of dam 748.
foundation of tower 456.
foundation slip 345.
foundations 199.
fountain pen 389, 515.
four blade beater 250.
four-door saloon 425.
four-door sedan 425.
four-four time 537.
four-masted bark 478, 480.
four-of-a-kind 695.
four-stroke-cycle engine 436.
four-toed hoof 99.
fourchette 327.
fourth 537.
fourth wheel 706.
fovea 140.
foyer 189.
fractionating tower 744.
fraise 318.
frame 198, 572.
frame 82, 156, 157, 159, 204, 225,
    272, 282, 302, 319, 323, 378, 382,
    383, 443, 484, 536, 554, 583, 595,
    615, 645, 659, 660, 685, 711, 726,
    768, 769, 773, 785, 787, 788.
frame push 783.
frame stile 225.
frames 376.
frame, embroidery 571.
framing square 275.
franc 832.
Francis turbine 754.
free margin 137.
free throw lane 610.
free throw line 610, 612.
free-rolling seat 664.
freeway 184, 452.
freewheel 448.
freezer bucket 251.
freezer compartment 254.
freezer door 254.
freezing rain 39.
freight car 464.
freight cars, types 472.
freight expedition 505.
freight hold 499.
freight reception 505.
freight station 464.
freight wagon 464.
freight wagons, types 472.
French betting layout 701.
French bread 153.
French cuff 339.
French cut 363.
French horn 551.
French horns 557.
French knot stitch 571.
French loaf 153.
French roulette wheel 701.
French window 203.
fresco 170.
fret 546, 547, 701.
friction strip 307, 386.

frieze 166, 168, 225.
frigate 808.
frilly pants 349.
fringe 318.
fringe trimming 229.
frock coat 317.
frog 84.
frog 104, 156, 320, 467, 544.
frog-adjustment screw 277.
frog, life cycle 84.
front 322, 324.
front apron 324.
front axle 784.
front beam 708.
front binding 633.
front board 577.
front brake 447.
front brake lever 444.
front crawl stroke 622.
front crossbar 645.
front derailleur 446, 448.
front fender 442.
front flap 386.
front foil 495.
front footrest 443, 444.
front grip 804.
front knob 277, 281.
front landing gear 813.
front leg 223.
front lights 429.
front lights 189.
front mudguard 442.
front pocket 381.
front point 680.
front runner 643.
front sight 795, 797, 798, 799, 804.
front sight housing 796.
front tip 256.
front top pocket 323.
front view 147.
front wall 616, 617.
front wheel 147, 727, 784.
front-end loader 782.
frontal 120.
frontal bone 122.
frontal sinus 141.
frontcourt 617.
fronts 39.
frontwall 441.
frost 37.
fruit branch 61.
fruit machine 702.
fruit tree 149.
fruit vegetables 69.
fruit-picking ladder 303.
fruition 61.
frying pan 249, 688.
fuel 766.
fuel 761.
fuel bundle 765.
fuel bundle 765.
fuel control 501.
fuel handling sequence 764.
fuel indicator 431.
fuel injector 437.
fuel lines 635.
fuel oil 744.
fuel pellet 765.
fuel tank 272, 440, 442, 468, 508, 805,
    812.
fuel transfer pipe 509.
fuel: enriched uranium 762.
fuel: enriched uranium 763.
fuel: natural uranium 760.
fuel: natural uranium 761.
fueling machine 759, 760, 761, 764.
fulcrum 624.
full and by 629.
full back 606.
full cheek snaffle 650.
full cheek snaffle bit 650.
full deployment 419.
full face mask 777.
full house 695.
full moon 7.
full stop 832.
full-load adjustment screw 712.
fullback 603, 605.
fullback 601.
fumarole 24.
fume extractor 805.
function button 699.
function display 555.
function key 530.
function keys 421, 422, 709.
function selector 214, 402.
function selectors 420.
funiculus 62, 67.
funnel 243.
funnel 410, 496.

funnel 494.
fur 107.
furlong chute 651.
Furnace 13, 206, 770.
furs, examples 819.
fuse 757, 769.
fuse body 804.
fuse box 312.
fuse cutout 757.
fuse holder 757.
fuse puller 311.
fuselage 499, 639.
fuselage mounted tail unit 498.
fuses 312.

G

g 537.
g clef 537.
gable 175, 197.
gable roof 182.
gable stud 198.
gable vent 197.
gaff 478.
gaff sail 482.
gaff sail boom 478.
gaff topsail 480.
gain control 485.
gaits, horse 101.
galaxy 9.
galaxy, classification 9.
gall bladder 97.
gall-bladder 131.
gallbladder 131.
gallery 175, 189, 486, 773.
galley 498.
Gallic warrior 791.
gallop 101.
galosh 355.
game cartridge 699.
game of darts 698.
gangway 742.
gantry crane 786.
gantry crane 746, 747.
Ganymede 4.
gap 671.
garage 196.
garbage disposal sink 296.
garbage disposal unit 296.
garden 171.
garden hose 265.
garden line 268.
garden sorrel 73.
gardening equipment 264, 266,
    268, 270, 272.
gardening tools 264, 266, 268, 270,
    272.
garlic 70.
garlic press 243.
garment bag 382.
garment fabric 565.
garment strap 383.
garment, fishing 672.
garnet 362.
garrison cap 328.
garter 347.
garter belt 347.
garter stitch 567.
gas 34, 35, 232, 737, 744.
gas burner 297.
gas cock 297.
gas cylinder 796.
gas lift module 738.
gas lighter 386.
gas main 186.
gas pedal 430.
gas tail 9.
gas tank cap 444.
gas tank door 427.
gas water-heater tank 297.
gasket 257, 300.
gaskin 101.
gasoline 744, 745.
gasoline engine 434.
gasoline pump 453.
gasoline pump 453.
gasoline pump hose 453.
gastrocnemius 120, 121.
gastropod 83.
gate 647.
gate 462, 490, 646, 681, 747, 752.
gate arm 471.
gate arm lamp 471.
gate arm support 471.
gate operating ring 753.
gate-leg 219.
gate-leg table 219.
gather 337.
gather skirt 335.
gathering 577.

gauge 578.
gauntlet 308, 327.
gauntlet 327, 792.
gauze bandage 662.
gauze roller bandage 725.
gear 575.
gear cable 448.
gear housing 671.
gear lever 447, 448.
gear shift 444.
gearbox 495, 583.
gearchange lever 430.
gearchange pedal 443, 444.
gearshift lever 430, 443.
gelatin capsule 725.
Gemini the Twins (May 21) 820.
generator 753.
generator 446, 758.
generator unit 753.
generator unit 747.
genital opening 83.
geometry 830.
geostationary orbit 43.
geostationary satellite 42.
germ 152.
German rye bread 153.
geyser 297.
geyser 25.
gill 55.
gill filament 87.
gill raker 87.
gills 87.
gills 88, 92.
gimbal ring 485.
Giraffe 11.
girder 14, 198.
girdle 346.
girdle 363.
girth 649, 651.
girth strap 649.
glacial cirque 26.
glacier 26.
glacier tongue 26.
glacis 178.
gladius 791.
glans penis 127.
glass 768, 769.
glass case 709.
glass cover 254.
glass curtain 228.
glass dome 484.
glass lens 376.
glass slide 718.
glass sphere 40.
glass-fronted display cabinet 227.
glass-lined tank 297.
glassed roof 190, 195, 462.
glassware 237.
glazed frost 37.
glider 638.
gliding 638.
globe 689.
glottis 96, 142.
glove 512, 598, 609, 635, 642, 643,
    667.
glove compartment 430.
glove finger 327.
gloves 327.
glue 200.
glue stick 515.
gluteal nerve 133.
gluteus maximus 121.
gnomon 706.
go 697.
goal 601, 604, 606, 607, 608, 612,
    626.
goal area 601, 612.
goal area line 612.
goal attack 611.
goal circle 611.
goal crease 608.
goal defense 611.
goal judge 608, 626.
goal line 601, 604, 606, 607, 608, 612,
    626.
goal line referee 612.
goal post 604, 611.
goal shooter 611.
goal third 611.
goalkeeper 609.
goalkeeper 601, 607, 608, 611, 612,
    626.
goalkeeper's pad 609.
goalkeeper's stick 609.
goalpost 611.
goat 150.
gob hat 329.
goggles 308.
goggles 635.
golf 676, 678.

The terms in **bold type** indicate the title of an illustration; those in *italic* correspond to the British terminology

golf bag 679.
golf ball 677.
golf ball, cross-section 677.
golf cart 679.
golf clubs 678.
golf clubs, types 677.
golf course 676.
golf glove 679.
golf shoe 679.
golf trolley 679.
golf, iron 678.
golf, wood 678.
Golgi apparatus 115.
gondola car 473.
gonfalon 817.
gong 554.
gong 557.
goods station 464.
goose 150.
goose-neck 201.
gooseberry 62.
gooseneck 784.
gored skirt 334.
gorge 24.
gorget 792.
gothic cathedral 175, 176.
gouge 587.
gour 24.
go, board 697.
grab handle 440, 449, 461, 779.
gracile 121.
grade slope 193.
grader 784.
graduated arc 484.
graduated dial 719.
graduated scale 708, 709, 710.
grafting knife 269.
grain 288.
grain auger 161.
grain elevator 161.
grain of wheat, section 152.
grain pan 161.
grain tank 160.
grain terminal 490.
grain tube 158.
grandfather clock 707.
grandstand 651.
granitic layer 22.
granivorous bird 111.
granny knot 691.
granulation 6.
grape 61, 62.
grape 61, 62.
grape leaf 61.
grape leaf 73.
grapefruit 65.
grapefruit knife 242.
grapeshot 801.
graphic equalizer 400.
grapnel 483.
grassbox 271.
grasshopper 77.
grater 243.
grating, utensils for 243.
grave accent 832.
gravel 199, 216.
gravity band 483.
gravity dam 749.
gravity dam, cross section 749.
gravy boat 238.
gray matter 135.
grease well 253.
greases 745.
great adductor 121.
Great Bear 11.
great organ manual 542.
great saphenous vein 126.
great scallop 93.
greater alar cartilage 141.
greater covert 110.
greater pectoral 120.
greater trochanter 123.
greatest gluteal 121.
greave 792.
Greek bread 153.
Greek temple 168.
Greek temple, plan 169.
green 682.
green ball 673.
green beam 410.
green bean 69.
green cabbage 73.
green peas 72.
green russula 55.
green walnut 66.
greenhouse 149.
Greenland Sea 20.
grid 188, 410.
grid system 47.
griddle 253.

grille 168, 214, 426, 438, 536.
grinding, utensils for 243.
grip 632, 665, 677, 684.
grip handle 277.
grips, tennis table 619.
grips, types 619.
groin 116, 118.
groove 578.
groove 562, 598, 641, 678, 793.
ground 312, 741.
ground air conditioner 506.
ground airport equipment 506.
ground bond 312.
ground clamp 305.
ground connection 312, 400.
ground electrode 439.
ground fault circuit interrupter 312.
ground floor 194.
ground floor 197.
ground moraine 26.
ground sill 178.
ground surface 733.
ground wire 312, 757.
ground-wire peak 756.
ground/neutral bus bar 312.
grounded receptacle 216.
grounding prong 309.
grow sleepers 350.
growth line 83, 95.
guard 201, 242, 310, 666.
guard rail 254.
guardhouse 178, 180.
guava 68.
guide 670.
guide bar 272.
guide handle 283.
guide mark 612.
guide roller 403.
guiding and current bar 476.
guiding tower 457.
guillotine trimmer 398.
gules 819.
gulf 51.
gum 142, 144.
gun 291.
gun 805.
gun body 304.
gun flap 319.
gunner's sight 805.
gusset 378, 380.
gusset pocket 339.
gusset pocket 338.
Gutenberg discontinuity 22.
gutta 167.
gutter 105, 197, 683.
guy cable 660.
guy line 685.
guy wire 774.
guyot 28.
gymnasium 496.
gymnastics 659, 660.
gypsum tile 286.

H

hack 620.
hackle 670.
hacksaw 277, 299.
hail 37.
hail shower 39.
hair 117, 119, 136, 544.
hair bulb 136.
hair clip 369.
hair dryer 370.
hair follicle 136.
hair grip 369.
hair roller 369.
hair roller pin 369.
hair shaft 136.
hair slide 369.
hairbrushes 368.
haircutting scissors 369.
hairdressing 368, 370.
hairpin 369.
hairspring 706.
hairstyling implements 369.
half barb 38.
half cell 636.
half court line 616.
half handle 242.
half hoe 325.
half indexing 525.
half note 538.
half rest 538.
half-distance line 626.
half-glasses 377.
half-mask respirator 730.
half-side 787.
half-slip 345.
half-through arch bridge 455.

halfback 605.
hall 189.
hall 194, 496.
hallway 194.
halyard 480, 817.
ham knife 242.
hammer 311, 658.
hammer 540, 541, 797, 798, 799.
hammer ax 681.
hammer ax 680.
hammer axe 681.
hammer axe 680.
hammer butt 541.
hammer drill 734.
hammer felt 541.
hammer head 681.
hammer rail 540, 541.
hammer shank 541.
hand 137.
hand 117, 119.
hand blender 250.
hand brake gear housing 470.
hand brake wheel 470.
hand brake winding lever 470.
hand drill 280.
hand fork 268.
hand grenade 804.
hand grip 670.
hand lamp 777.
hand mixer 250.
hand mower 271.
hand protection 821.
hand protector 268.
hand shield 308.
hand truck 788.
hand vacuum cleaner 260.
hand vice 582.
hand warmer pocket 330.
hand warmer pouch 339.
hand wash in lukewarm water 829.
hand wheel 561.
hand-warmer pocket 321.
hand-wheel 579.
handbags 380.
handball 612.
handball, court 612.
handbrake lever 430.
handgrip 442, 728.
handgrips 665.
handguard 796.
handhold 652.
handicap spot 697.
handle 633.
handle 204, 224, 239, 240, 241, 250, 251, 252, 253, 254, 255, 256, 260, 265, 270, 271, 272, 275, 276, 277, 278, 279, 281, 282, 284, 291, 294, 295, 304, 306, 310, 370, 373, 374, 375, 378, 380, 382, 383, 408, 544, 563, 564, 570, 573, 579, 596, 598, 607, 615, 619, 620, 640, 643, 658, 666, 670, 671, 679, 688, 727, 735, 793.
handlebar 272, 664.
handlebars 445, 447.
handrail 201, 477.
handsaw 277.
handset 420, 422.
handset cord 420.
hang glider 637.
hang gliding 637.
hang point 637.
hang to dry 829.
hang-up ring 370.
hanger 397.
hanger bracket 727.
hanger loop 326.
hanging basket 263.
hanging file 518.
hanging glacier 26.
hanging pendant 236.
hanging sleeve 316.
hanging stile 202, 203, 225.
hank 630.
harbor 490.
harbour 490.
hard disc bus 528.
hard disc drive 529.
hard disc drive 526, 528.
hard disk bus 528.
hard disk drive 529.
hard disk drive 526, 528.
hard palate 141, 142.
hard shell clam 93.
hard top gondola 472.
hard top open wagon 472.
hardboard 289.
hardwood base 635.
Hare 13.

harmonica 536.
harness 573, 627, 635, 636, 637, 645.
harness racing 652.
harnesses 572.
harp 545.
Harp 11.
harp cable stays 456.
harps 556.
harquebus 795.
harvesting 155, 159, 160, 162.
hasp 383.
hastate 56.
hat stand 522.
hatband 328.
hatch 510, 805.
hatchback 425.
hatchet 690.
hatching 576.
haulage road 733.
hawk 291.
hay baler 159.
hay baler 155.
hayloft 148.
hazelnut 66.
hazelnut, section 66.
head 112.
head 9, 72, 78, 79, 80, 83, 117, 119, 124, 127, 275, 276, 279, 283, 373, 374, 384, 386, 466, 544, 546, 547, 554, 561, 567, 570, 579, 615, 658, 670, 677, 681.
head cover 679.
head cushion 674.
head harness 730.
head linesman 603.
head number 653.
head of femur 123.
head of frame 203.
head of humerus 123.
head pole 653.
head protection 729.
head protection 821.
head roller 572.
head tube 306, 447.
head-first entry 624.
headband 406, 408, 577, 615, 642, 729, 730.
headbay 746.
headboard 224.
headcap 577.
header 161.
header 198, 202.
headframe 736.
headgear 328.
headings, types 229.
headlamp 447.
headland 30.
headlight 147, 426, 440, 442, 444, 445, 459, 469, 805.
headlight/indicator signal 430.
headlight/turn signal 430.
headlights 429.
headphone 406.
headphone 408.
headphone jack 402, 408, 555.
headphone plug 408.
headpin 683.
headrail 231.
headrest 428.
headwind 629.
head, bat 112.
head, bird 109.
hearing 138.
heart 125, 695.
heart 88, 92, 97, 130.
heartwood 59.
heat control 209.
heat deflecting disc 232.
heat exchanger 209, 760, 772.
heat production 766.
heat pump 212.
heat ready indicator 370.
heat selector switch 370.
heat shield 510.
heat transport pump 759.
heater 490.
heating 204, 206, 208, 210, 212.
heating coil 635.
heating duct 259.
heating element 207, 209, 257, 259, 305, 585.
heating grille 477.
heating oil 745.
heating/air conditioning equipment 494.
heating, forced hot-water system 208.
heating, forced warm-air system 206.
heating, registers 207.

The terms in **bold type** indicate the title of an illustration; those in *italic* correspond to the British terminology

heating, registers 207.
heaving line knot 691.
heavy drifting snow low 39.
heavy duty boot 355.
heavy gasoline 744.
heavy machinery 785.
heavy petroleum 744.
heavy thunderstorm 39.
heavy vehicles 782, 784.
heavy-water reactor 761.
heddle rod 574.
heddles 573.
heddles 572, 574.
hedge 263.
hedge shears 269.
hedge trimmer 268.
heel 104, 117, 119, 156, 242, 277,
    325, 352, 354, 544, 546, 596, 609,
    644, 678.
heel flange 641.
heel grip 354.
heel loop 727.
heel piece 633, 640.
heel rest 250, 256.
heel stop 645.
heel-piece 641.
heeled shoe 318.
heelplate 642, 643.
height adjustment 157, 159, 659, 661,
    664.
height adjustment scale 284.
height adjustment screw 641.
height control 399.
height finder 810.
height of the dive 625.
height scale 399.
helicopter 508.
helicopter 808.
helicopter flight deck 808.
helicopter hangar 808.
helipad 738.
helium sphere 509.
helix 139.
helm roof 183.
helmet 777.
helmet 512, 602, 609, 635, 636, 680,
    777, 791.
helmet lamp 680.
helmet ring 512.
hem 231.
hemi-demi-semi-quaver 538.
hemi-demi-semi-quaver rest 538.
hemispheres 47.
hemlock 773.
hemline 565.
hen 150.
hen house 148.
hennin 318.
hepad 42.
hepatic vein 124.
heraldry 817, 818.
herbivore's jaw 98.
herbivores 31, 33.
herbs 74.
Hercules 11.
Herdsman 11.
herringbone parquet 200.
herringbone pattern 200.
herringbone stitch 571.
Hertzian wave transmission 416.
hex nut 439.
hexagon bushing 301.
hidden pocket 379.
high (19 to 36) 700, 701.
high beam 429.
high beam indicator light 431.
high beam warning indicator 445.
high card 695.
high clouds 44.
high focal plane buoy 487.
high jump 657.
high jump 654.
high pressure center 38.
high pressure centre 38.
high warp loom 574.
high-back dungarees 350.
high-back overalls 350.
high-pressure steam inlet 758.
high-rise apartment 187.
high-rise apartment 185.
high-rise block 187.
high-rise block 185.
high-speed exit taxiway 502.
high-speed train 458.
high-voltage tester 310.
highball glass 237.
highland climates 45.
highland climates 45.
highlight key 396.
highlighter pen 515.

highway 52, 452.
highway crossing 471.
highway crossing bell 471.
highway number 52.
hill 27, 770.
hilted bayonet 794.
hind leg, butterfly 78.
hind leg, honeybee 81.
hind limb 84, 85.
hind toe 108, 111.
hind wing 79, 81.
hinge 202, 203, 225, 253, 257, 378,
    382, 404, 429, 585, 641, 719.
hinge pin 785.
hinge tooth 95.
hinged door 195.
hinged presser foot 561, 562.
hip 117, 119.
hip pad 602.
hip roof 182.
hip-and-valley roof 183.
hitch pin 540.
hitting area 596.
hive 82.
hive 149.
hive body 82.
hobble 652.
hobble hanger 652.
hobo bag 380.
hock 101, 106.
hockey ball 607.
hockey skate 644.
hockey, playing field 607.
hoe 267.
hoe-fork 266.
hog score line 620.
hoist 188, 817.
hoist room 735.
hoisting block 786.
hoisting ring 483.
hoisting rope 302, 786.
hoisting system 786.
holdall 382.
holdback 229.
holding 668.
holding area marking 504.
holding timekeeper 668.
holds, judo 668.
hole 583, 676.
hollow barrel 726.
hollow shot 801.
home plate 597.
home straight 651.
home-plate umpire 597.
homestretch 651.
honey cell 82.
honeybee 80, 82.
honeybee, foreleg 80.
honeybee, hind leg 81.
honeybee, middle leg 80.
honeycomb 82.
honeycomb section 82.
hood 204, 260, 320, 349, 426, 440,
    627, 680.
hooded sweat shirt 352.
hooded towelling robe 349.
hoof 104.
hoof 101.
hoofs, types 99.
hoof, plantar surface 104.
hook 267.
hook 203, 230, 310, 562, 566, 567,
    568, 644, 674, 709, 711, 726, 786.
hook and eyes 566.
hook ladder 303.
hook ladder 781.
hooker 605.
hoop 571.
hoop earrings 361.
hopper 158, 162.
hopper car 472.
hopper ore car 472.
hopper ore wagon 472.
hopper wagon 472.
horizon mirror 484.
horizon shade 484.
horizontal bar 660.
horizontal clamp 713.
horizontal control 529.
horizontal end handhold 470.
horizontal member 756.
horizontal motion lock 393.
horizontal movement 696.
horizontal pivoting window 203.
horizontal seismograph 714.
horizontal stabilizer 499, 508, 639.
horizontal-axis wind turbine 774.
horn 364.
horn 430, 444, 468, 779.

horns 83.
horns of giraffe 99.
horns of mouflon 99.
horns of rhinoceros 99.
horns, major types 99.
horny beak 97.
hors d'oeuvre dish 238.
horse 98, 100, 102, 104.
horse 661.
horse racing 651.
horseradish 71.
horseshoe 104, 174, 364.
horseshoe 104.
horseshoe mount 14.
horse, gaits 101.
horse, morphology 100.
horse, skeleton 102.
hose 344.
hose 306, 347, 780.
hose connector 264.
hose nozzle 265.
hose trolley 265.
hospital 822.
hot air 501.
hot bus bar 312.
hot coolant 771.
hot line connector 757.
hot pepper 69.
hot-air outflow 207.
hot-air outlet 204.
hot-air register 206.
hot-shoe contact 391.
hot-water circuit 215.
hot-water heater 215.
hot-water outlet 208, 297.
hot-water riser 215.
hot-water supply 298.
hot-water supply line 296, 298.
hotel 185.
hotel reservation desk 504.
houppelande 317.
hour angle gear 14.
hour hand 707.
house 193, 620.
house drain 298.
house dress 333.
house, exterior 196.
house, foundations 199.
house, frame 198.
house, structure 198.
housing 233, 280, 305, 310, 374, 403,
    406, 422, 485, 486.
hovercraft 492.
hub 447, 727, 754, 774.
hub cover 754.
Hubble space telescope 16.
Hubble's classification 9.
huckleberry 62.
hull 67, 628.
hull column 738.
hull sonar 809.
human body 116, 118.
human denture 144.
humerus 102, 122.
humid - long summer 45.
humid - short summer 45.
humid subtropical 45.
humidifier 210.
humidity 210.
humidity, measure 41.
hump 465.
hump lead 465.
hump office 465.
hunting cap 328.
Hunting Dogs 11.
hunting weapons 798.
hurdle 656.
hurricane 39.
hurricane lamp 690.
husk 66.
husk 72.
hut 165.
hydrant intake 778, 779.
hydraulic coupler 147.
hydraulic cylinder 147, 788.
hydraulic hose 156, 157, 158.
hydraulic jack 449.
hydraulic pallet truck 788.
hydraulic resistance 664.
hydraulic shovel 785.
hydraulic system 787.
hydroelectric complex 746.
hydroelectric power station, cross
    section 747.
hydrofoil boat 495.
hydrologic cycle 34.
hydrometer 439.
hydrosphere 31.
hydrostatic pad 14.
hygrograph 41.

hygrometer 210.
hypha 55.
hyssop 74.

I

ice 34.
ice ax 681.
ice ax 680.
ice axe 681.
ice axe 680.
ice cream freezer 251.
ice cream scoop 246.
ice cube tray 254.
ice dispenser 453.
ice hockey 608.
ice hockey player 609.
ice hockey, rink 608.
ice piton 680.
ice screw 680.
icing syringe 245.
identification bracelet 364.
identification tag 383.
idler wheel 445.
igloo 165.
igneous rocks 23.
ignition box 501.
ignition key 271.
ignition switch 430, 444, 445.
ignition transformer 209.
ileum 131.
iliohypogastric nerve 133.
ilioinguinal nerve 133.
ilium 122.
illumination mirror 713.
imagesetter 527.
imperial roof 183.
impervious rock 737.
impluvium 170, 171.
impost 174.
impulse sprinkler 264.
in goal 606.
in-flight refueling 813.
in-flight refueling probe 813.
inactive dyke 752.
inbound line 604.
incandescent lamp 232.
incandescent lamp 486, 769.
incised figure 580.
incisor 98.
incisors 144.
incoming message cassette 420.
incus 138.
indent 524.
index arm 484.
index card cabinet 517.
index card drawer 517.
index cards 517.
index finger 137.
index hole 529.
index mirror 484.
index shade 484.
Indian 13.
Indian chapati bread 153.
Indian fig 68.
Indian naan bread 153.
Indian Ocean 21.
indicator 710.
indicator 429, 441, 442, 443, 444.
indicator board 462, 654.
indicator light 445.
indicator lights 531.
indicator needle 396.
indicators 405, 410.
indoor shutters 231.
indoor unit 213.
industrial communications 417.
industrial pollution 32, 33.
inert gas 232, 233.
inferior cymbal 552.
inferior dental arch 142.
inferior mesenteric artery 132.
inferior nasal concha 141.
inferior umbilicus 110.
inferior vena cava 124, 125, 126, 132.
infield 597.
infiltration 34.
infinity 830.
inflated carrying tire 476, 477.
inflated carrying tyre 476, 477.
inflated guiding tire 476, 477.
inflated guiding tyre 476, 477.
inflator 687.
inflator 627.
inflator valve 627.
inflator-deflator 687.
inflorescences, types 60.
inflorescent vegetables 69.
information 823.
information console 627.

The terms in **bold type** indicate the title of an illustration; those in *italic* correspond to the British terminology

information counter 504.
information processing 722.
infrared homing head 814.
infrared sounder 43.
infraspiatus 121.
infraspinous 121.
infundibulum of fallopian tube 129.
inhalation valve 730.
injection/explosion 437.
injector 434.
ink 581, 588.
ink 389, 581.
ink roller 581.
inked surface 580.
inking slab 581.
inlaid parquet 200.
inlet hose 399.
inlet valve 434, 436.
inner boot 641, 645.
inner circle 620.
inner core 22.
inner door shell 429.
inner edge 104.
inner hearth 204.
inner jib 481.
inner lining 433.
inner lip 94.
inner stators 501.
inner table 697.
inner tent 685, 686.
inner toe 108.
input devices 526.
input monitors 413.
input selector 402.
input terminal 310.
insectivores 31.
insectivorous bird 111.
insects 77.
inset pocket 339.
inside 241.
inside knob 290.
inside left 601.
inside linebacker 603.
inside right 601.
inside-leg snap-fastening 350.
insole 358.
inspection plug 216.
instep 325.
instrument pallet 511.
instrument panel 431.
instrument panel 431.
instrument panel 430.
instrument panel 430.
instrument platform 43.
instrument shelter 41.
instrument unit 509.
insulated blade 310.
insulated handle 310, 311.
insulating material 199, 200, 257.
insulating materials 287.
insulating sheet 528.
insulating sleeve 309.
insulation 209, 297, 768.
insulation layers 512.
insulator 439, 757.
intaglio printing 580.
intaglio printing process 582.
intaglio printing process,
 equipment 582.
intake 436, 437.
integral 830.
integral bayonet 794.
Intelsat VII 418.
interchangeable end assembly 14.
interchangeable studs 600.
interchanges, major types 450.
intercom microphone 413.
intercom station 413.
intercooler 438.
intercostal nerve 133.
interfacing 565.
interfemoral membrane 112.
interior dome shell 14.
interior door handle 429.
interior door lock button 429.
interior pocket 383.
interlining 565.
interlock 576.
intermittent drizzle 39.
intermittent rain 39.
intermittent snow 39.
internal boundary 51.
internal ear 138.
internal filum terminale 134.
internal iliac artery 124, 126, 132.
internal iliac vein 124.
internal jugular vein 126.
internal tooth lock washer 278.

international boundary 51.
international road signs 825, 827,
 828.
international weather symbols
 39.
internode 57.
interrupted projection 50.
intersection 830.
intertragic notch 139.
interval 489.
intervals 537.
intestine 88, 92, 97, 124.
intrados 174.
intrusive rocks 23.
invert 476.
inverted pleat 228, 335.
inward dive 625.
Io 4.
ionic order 166.
iris 140.
Irish bread 153.
iron 677.
iron at high setting 829.
iron at low setting 829.
iron at medium setting 829.
iron curtain 188.
ironing 829.
iron, golf 678.
irregular crystal 37.
irregular galaxy 9.
is approximately equal to 830.
is contained in 830.
is equal to 830.
is equal to or greater than 830.
is equal to or less than 830.
is equivalent to 830.
is greater than 830.
is identical with 830.
is less than 830.
is not equal to 830.
is not identical with 830.
is not parallel to 830.
is parallel to 830.
isba 165.
ischium 123.
island 51, 452.
isobar 38.
isolated danger mark 489.
isoseismal line 23.
isthmus 51.
isthmus of fallopian tube 129.
isthmus of fauces 142.
ivory ball 701.

J

J-2 engine 509.
jabot 342.
jack 682, 695.
jack 400, 541, 682.
jack 785.
jack field 407.
jack spring 541.
jack-up platform 739.
jacket 321, 331.
jacket 331, 529, 667, 668, 798.
jackets 338.
jackleg drill 734.
jackpot box 702.
jackpot feed 702.
jalousie 203.
jamb 202, 203, 204.
Japan plum 64.
Japanese persimmon 68.
javelin 791.
javelin throw 654.
javelins 658.
jaw 276, 280, 281, 311, 365.
jaws, types 98.
jaw, carnivore's 98.
jaw, herbivore's 98.
jaw, rodent's 98.
jazz band 558.
jeans 336.
jejunum 131.
jersey 602.
Jerusalem artichoke 71.
jet blast deflector 810.
jet engine test area 811.
jet fuel 745.
jet refueler 506.
jet tip 373.
Jew's harp 536.
jewel 706.
jewel cap 485.
jewellery 361, 362, 364.
jewelry 361, 362, 364.
Jewish hallah 153.
jib 628, 786.
jib tie 786.

jibsheet 628.
jigger topgallant staysail 480.
jigger topmast staysail 480.
jingle 554.
jockey 651.
jockey rollers 448.
jodhpur 648.
joint 389, 577, 670, 675.
joint filler 291.
jointed mouth 650.
jointed mouth bit 650.
joist 200.
Joker 695.
journal box 468.
joystick 526.
judo 668.
judo suit 668.
juice extractor 251.
juice sac 65.
juicer 251.
jump rope 665.
jump ski 633.
jumper 333.
jumpsuit 336, 349, 351.
junction box 471.
Jupiter 4.
justaucorps 315.

K

K-frame 756.
Kaplan turbine 754.
keel 637.
keep 181.
keeper ring 670.
kelly 737.
kerb 186.
kernel 72.
kerosene 744, 745.
kerosene tank 509.
ketch 482.
kettle 252.
kettledrum 553.
key 290, 536, 539, 540, 541, 543,
 549.
key case 379.
key finger button 549.
key guard 549.
key lever 549.
key lock 378.
key signature 538.
keybed 540.
keyboard 530.
keyboard 422, 526, 527, 540, 555,
 683.
keyboard instruments 540.
keyboard port 528.
keystone 174, 177.
keyway 290.
kick pleat 335.
kickstand 443.
kidney 89, 97, 124.
kilt 335.
kimono 348.
kimono sleeve 340.
King 695.
King 696.
king post 199, 637.
King's side 696.
kingpin 441.
kiosk 453, 475.
kitchen 171, 195, 460, 807.
kitchen knife 242.
kitchen knives, types 242.
kitchen scale 244.
kitchen timer 244.
kitchen utensils 242, 244, 246.
kitchenette 195.
kiwi 68.
knapsack 680.
knee 100, 106, 116, 118.
knee boot 653.
knee boot suspender 653.
knee pad 595, 602, 609.
knee roll 649.
knee sock 642.
knee-high sock 344.
knickerbockers 336.
knickers 336.
knife 239, 581, 587, 690.
knife 688.
knife pleat 335.
knife pleat 323.
knife-blade cartridge fuse 312.
Knight 696.
knit cap 329.
knit shirt 326.
knitting 567.

knitting machine 568.
knitting measure 567.
knitting needles 567.
knives, major types 239.
knob 219, 596.
knob handle 284.
knockout 312.
knot 576.
knot stitches 571.
knots 691, 692.
knurled bolt 304.
kohlrabi 71.
krone 832.
kumquat 65.

L

label 404.
label holder 517.
label maker 516.
labial palp 79, 81, 92.
labium majus 128, 129.
labium minus 128, 129.
laboratory 15.
laccolith 25.
lace 596, 644, 669.
lace carriage 568.
lace-up 355.
lacing 645.
lacrimal duct 140.
lactiferous duct 129.
ladder 449, 487, 493, 741, 773, 785.
ladder and hose strap 777.
ladder pipe nozzle 781.
ladder scaffold 303.
ladders 302.
ladle 801.
ladle 244.
Lady chapel 177.
ladybird 77.
ladybug 77.
lagging 741.
lagoon 30.
lake 7, 27, 51.
lam 572.
lamb 150.
lamina cribrosa 142.
laminboard 288.
lamp 718.
lamp base 486.
lamp socket 309.
lamphouse elevation control 399.
lamphouse head 399.
lanceolate 56.
lancet 174.
lancet 174.
land 281.
landing 194, 201, 736.
landing area 655, 657.
landing deck 811.
landing gear lever 500.
landing light 508.
landing net 672.
landing radar 811.
landing window 508.
lane 683.
lane 621, 655.
lane line 656.
lane number 621.
lane rope 621.
lane timekeeper 621.
language display button 422.
languid 542.
lantern 689.
lantern 263, 486.
lantern pane 486.
lapel 322, 341.
lapiaz 24.
lapis lazuli 362.
larch 58.
large intestine 131.
large wheel 727.
larger round 121.
larva 82.
larynx 130, 142.
laser beam 405.
laser printer 527.
last quarter 7.
latch 253, 257, 383, 568, 681.
latch bolt 289, 290.
latch lever 562.
latch needle 568.
latch needle 569.
lateen sail 482.
lateral bar 663.
lateral condyle of femur 123.
lateral cutaneous nerve of thigh 133.
lateral filing cabinet 520.
lateral great 120, 121.
lateral groove 104.

ENGLISH INDEX

lateral incisor 144.
lateral line 87, 620.
lateral mark 489.
lateral moraine 27.
lateral rectus muscle 140.
lateral semicircular canal 139.
lateral-adjustment lever 277.
lath 231.
lath tilt device 231.
latissimus dorsi 121.
latitude 3.
latitude scale 40.
latrines 171.
launch escape system 509.
launcher/satellite separation 419.
launching into orbit 419.
launching orbit 48.
laundry room 194.
lava flow 25.
lava layer 25.
lavatory 195.
lavatory truck 506.
lawn 193, 263.
lawn aerator 266.
lawn edger 266.
lawn rake 267.
leach field 216.
lead 620.
lead ball 804.
lead pencil 389.
lead screw 281.
lead-in wire 232.
leader 672.
leading edge 341, 499, 636, 638.
leading edge flap 812.
leading edge tube 637.
leaf 56.
leaf 57, 72.
leaf axil 56.
leaf margin 56.
leaf node 57.
leaf vegetables 73.
leakproof cap 689.
lean-to roof 182.
leash rod 574.
leather end 323.
leather goods 378.
leather sheath 690.
leather sheath 632.
leather skin 598.
leaves, types 56.
leaves, types of 58.
ledger 198.
ledger line 537.
leech 631.
leek 70.
left atrium 124, 125.
left back 601, 607, 612, 613.
left center 606.
left centre 606.
left channel 401.
left cornerback 603, 605.
left defence 608.
left defense 608.
left defensive end 603, 605.
left defensive tackle 603, 605.
left field 597.
left fielder 597.
left forward 610, 613.
left guard 603, 605, 610.
left half 601, 607.
left halfback 603.
left inner 607.
left kidney 132.
left lung 124, 130.
left outside linebacker 605.
left pulmonary vein 125.
left safety 603.
left safety back 605.
left service court 614, 616.
left tackle 603, 605.
left valve, shell 95.
left ventricle 124, 125.
left wing 606, 607, 608.
left wing 601.
left winger 612.
left-luggage office 462.
leg 97, 117, 119, 156, 219, 224, 270, 325, 553, 619, 659, 671.
leg curl bar 663.
leg extension bar 663.
leg position 625.
leg-of-mutton sleeve 340.
leg-warmer 353.
legging 680.
legume, section 67.
lemon 65.
lemon squeezer 243, 251.
length post 651.
lengthways bulkhead 742.

lengthwise bulkhead 742.
lengthwise grain 565, 566.
lens 140, 390, 392.
lens accessories 392.
lens aperture scale 392.
lens cap 392.
lens hood 392, 409, 484.
lens mount 390.
lens release button 391.
lens system 719.
lenses 392, 722.
lenticular galaxy 9.
lentils 72.
Leo the Lion (July 23) 820.
leotard 353.
lesser covert 110.
letter opener 515.
letter scale 516.
leucoplast 115.
level 736.
level crossing 471.
level crossing 464.
level crossing bell 471.
level crossing sign 471.
leveling foot 257, 258, 259.
leveling head 713.
leveling head level 713.
leveling head locking knob 713.
leveling screw 40, 709, 713.
leveling-adjustment foot 397.
levelling foot 257, 258, 259.
levelling head 713.
levelling head level 713.
levelling head locking knob 713.
levelling screw 40, 709, 713.
levelling-adjustment foot 397.
lever 252, 278, 295, 296, 365, 453, 583, 702, 798.
lever corkscrew 244.
lever cover 295.
levigator 583.
Libra the Balance (September 23) 820.
license plate light 429.
lid 247, 248, 251, 252, 253, 256, 258, 398, 585.
lid brace 585.
lierne 177.
life buoy 495.
life raft 492.
life support system 512.
life support system controls 512.
lifeboat 478, 494, 496, 738.
lift 478.
lift 190.
lift arm 782.
lift bridge 457.
lift chain 293.
lift cord 231.
lift cord lock 231.
lift span 457.
lift-arm cylinder 782.
lift-fan air inlet 493.
lifting chain 787.
lifting handle 803.
lifting hook 737.
lifting lever 147.
lifting link 147.
ligament 95.
ligature 548.
light 477, 486, 487, 489, 720, 721.
light bar 779.
light machine gun 796.
light sensor 390.
light shield 16.
light signal 539.
light-load adjustment screw 712.
light-reading scale 396.
lightbox 398.
lighted mirror 368.
lighthouse 486.
lighthouse 491.
lighthouse lantern 486.
lighting 368, 500.
lighting board 412.
lighting board operator 412.
lighting cable 449.
lighting grid 414.
lighting grid access 412.
lighting technician 412.
lighting/camera control area 412.
lightning 36.
lightning arrester 747, 757.
lightning rod 197.
lights 232, 234, 236, 429.
limb 59, 684.
limb top 718.
limousine 425.
limpet 83.
line 537, 700, 701.

line guide 671.
line hook 492.
line judge 603, 605.
line map 474.
line of scrimmage 603, 605.
linear 56.
lineman's pliers 311.
linen 224.
linen 460.
linen chest 226.
lines of latitude 47.
lines of longitude 47.
linesman 601, 605, 606, 608, 613, 614, 618.
lingual papillae 143.
lingual tonsil 143.
lining 322, 324, 352, 354, 378, 565, 644.
linseed oil 592.
linstock 801.
lint filter 258.
lint trap 259.
lintel 175, 204.
lion 98.
Lion 11.
lion passant 819.
lip 100, 107.
lip make-up 366.
lip makeup 366.
lip strap ring 650.
lipbrush 366.
lipid droplet 115.
lipliner 366.
lipstick 366.
liqueur glass 237.
liquid antiseptic 725.
liquid compass 484.
liquid compass, cross section 485.
liquid cooling and ventilation garment 512.
liquid eyeliner 367.
liquid foundation 366.
liquid hydrogen tank 509.
liquid mascara 367.
liquid nitrogen tank 717.
liquid oxygen tank 509.
liquid oxygen tank baffle 509.
liquid-crystal display 706.
liquid/gas separator 439.
lira 832.
listen button 420.
lists 181.
litchi 68.
litho crayon 583.
litho pencil 583.
lithographic press 583.
lithographic printing 580.
lithographic stone 583.
lithographic tusche 583.
lithography 583.
lithography, equipment 583.
lithosphere 31.
Little Bear 11.
Little Dog 11.
little finger 137.
little finger hook 551.
Little Horse 11.
Little Lion 11.
liver 88, 97, 124, 131.
liverpool bit 650.
livestock car 472.
livestock van 472.
living room 195, 685.
Lizard 11.
load support 635.
loading area 764.
loading bunker 734.
loading dock 190.
loading door 204.
loafer 355.
lobate 56.
lobate toe 111.
lobby 190, 504.
lobe 111.
lobster 90.
lobule 139.
local station 416.
location of the statue 169.
lock 289, 290.
lock 202, 225, 289, 380, 383, 429, 448, 752.
lock dial 530.
lock emptying system 492.
lock filling and emptying opening 493.
lock filling and emptying system 492.
lock filling intake 493.
lock filling opening 493.
lock forward 606.
lock nut 40, 711.
lock rail 202.

lock ring 397.
lock switch 396.
lock washer 278.
lock-chamber 493.
locked groove 404.
locker 522.
locket 361.
locking button 260.
locking device 260, 302.
locking lever 471.
locking pliers 278.
locking ring 276, 802.
locknut 296.
locomotive track 465.
loculus 64.
log 288.
log carrier 205.
log chute 746.
log tongs 205.
log, section 288.
loin 101, 117, 119.
long adductor 120.
long and short stitch 571.
long extensor of toes 120.
long johns 325.
long jump take-off board 655.
long palmar 120.
long peroneal 120.
long radial extensor of wrist 121.
long residue 744.
long service line 618.
long-range jet 498.
longitude 3.
longitudinal dunes 46.
loop 324, 452.
loop stitches 571.
loophole 181.
loose curtain 228.
loose fill insulation 287.
loose powder 366.
loose powder brush 366.
lopping shears 269.
lore 109.
lorgnette 377.
lost and found articles 823.
lost property 823.
loudspeaker 779.
loudspeakers 400.
lounge 496.
louver 214.
louver-board 175.
louvered window 203.
louvre 214.
louvre-board 175.
lovage 74.
love seat 221.
low (1 to 18) 700, 701.
low bar 659.
low beam 429.
low clouds 44.
low fuel warning light 431.
low pressure center 38.
low pressure centre 38.
low warp loom 572.
low-pressure steam 758.
low-tension distribution line 757.
lower blade guard 284.
lower bowl 247.
lower cheek 650.
lower chord 455.
lower eyelid 84, 107, 140.
lower fore topgallant sail 481.
lower fore topsail 481.
lower gate 492.
lower gill arch 87.
lower girdle facet (16) 363.
lower guard retracting lever 284.
lower lateral lobe 61.
lower lateral sinus 61.
lower level 493.
lower limb 793.
lower lip 142, 542.
lower lobe 130.
lower mandible 109.
lower mantle 22.
lower mast 478.
lower shell 641.
lower sphere clamp 40.
lower support screw 40.
lubber's line 485.
lubricants plant 744.
lubricating oils 745.
lubricating system 469.
lubricator 735.
Luer-Lock tip 726.
luff 631.
lug 432, 553.
luge 643.
luggage 382.
luggage carrier 382.

The terms in **bold type** indicate the title of an illustration; those in *italic* correspond to the British terminology

luggage compartment 458.
luggage elastic 382.
luggage label 383.
luggage lockers 463.
luggage rack 445, 449, 461.
luggage racks 492.
luggage trolley 382.
lumbar pad 602.
lumbar plexus 133.
lumbar vertebra 135.
lumbar vertebra (5) 123.
lumbar vertebrae 103.
lunar eclipse 8.
lunar features 7.
lunar module 509.
lung 97.
lunula 137.
lunule 95.
Lynx 11.
lyre 535.
lysosome 115.

M

macaroni 587.
machete 794.
machicolation 181.
machicolation 180.
machine gun 805.
machine hall 746, 747.
**machine wash in hot water at a
    normal setting** 829.
**machine wash in lukewarm water
    at a gentle setting/reduced
    agitation** 829.
**machine wash in warm water at
    a gentle setting/reduced
    agitation** 829.
**machine wash in warm water at
    a normal setting** 829.
machinery shed 148.
macro set button 409.
magazine 795, 796, 797.
magazine base 797.
magazine catch 795, 797.
magma 25, 28.
magma chamber 25.
magnet 563.
magnet 406, 485, 714.
magnetic compass 719.
magnetic damping system 708.
magnetic field 410.
magnetic gasket 254.
magnetic lid holder 256.
magnetic needle 719.
magnetic suspension 712.
magnetometer 42.
magnifier 688.
main beam 429.
main beam indicator light 431.
main beam warning light 445.
main breaker 312.
main carriage 568.
main circuit vent 215.
main cleanout 215.
main deck 743, 811.
main duct 206.
main electric motor 806.
main engines 511.
main entrance 190, 194.
main fan 734.
main handle 280.
main inlet 741.
main landing gear 499, 812.
main lanes 452.
main leg 756.
main lever 590.
main line 464.
main lower topgallant sail 481.
main lower topsail 481.
main mirror 720.
main parachute 635.
main power cable 312.
main preview monitor 413.
main reflex mirror 390.
main return pipe 208.
main royal sail 481.
main sail 481.
main scope tube 718.
main section 700, 701.
main sewer 186.
main stalk 61.
main stand 443.
main steam header 759.
main steam pipes 759.
main supply pipe 208.
main switch 757.
main transformer 458.
main tube 720, 721.
main upper topgallant sail 481.

main upper topsail 481.
main vent 25.
main wheel 707.
mainmast 479.
mainsail 628.
mainsheet 628.
maintenance 453.
maintenance area 415.
maintenance area 453.
maintenance hangar 503.
maintenance shop 734.
major amphibians 85.
major inner reaping throw 668.
major outer reaping throw 668.
make-up 366.
makeup 366.
malar region 109.
male 831.
male cone 58.
male ferrule 670.
male genital organs 127.
male urethra 127.
mallet 275, 581, 586.
mallet 552.
mallets 553.
malleus 138.
mammary gland 129.
mandarin 65.
mandarin collar 342.
mandible 78, 80, 81, 86, 102, 122.
mandolin 535.
mane 100.
maneuvering bar 162.
maneuvering engine 511.
maneuvering lever 787, 788.
mango 63.
manhole 186, 741, 742.
manicure 365.
manicure set 365.
manicuring implements 365.
manifold 738.
manned maneuvering unit 512.
manned manœuvring unit 512.
manœuvering bar 162.
manœuvering lever 787, 788.
manœuvring engine 511.
manometer 741.
manrope 457.
mansard roof 183.
mantel 204.
mantel shelf 204.
mantle edge 92.
manual 543.
manual focusing knob 397.
manual release 641.
manual/automatic mode 585.
manually-operated points 467.
manually-operated switch 467.
manuals 542.
manure spreader 156.
manure spreader 154.
manway 736.
map projections 50.
Marconi cutter 482.
margin 57.
margin control 525.
margin release 524.
marginal shield 96.
marine 45.
marine diesel 745.
maritime buoyage system 488.
maritime communications 417.
maritime signals 486.
maritime transport 735.
marker 389, 515.
marker 683.
marker light 440, 441.
marker pen 588.
marking dot 565.
marks by night, rhythm 489.
marrow 69.
Mars 4.
mars light 781.
marshalling yard 465.
martingale 666.
mascara brush 367.
mask 595, 627, 667.
mason's trowel 291.
masonry 291.
mass 714.
masseter 120.
mast 464, 471, 508, 628, 631, 787,
    788.
mast foot 631.
mast sleeve 631.
master bedroom 194.
master carrier 230.
master cord 645.
master gate valve 740.
masthead 479, 631.

masthead light 495.
masting 478.
mat 668.
mat 682.
matchbook 386.
matchbox 386.
matchstick 386.
material handling 786, 788.
mathematics 830.
matinee-length necklace 361.
mattress 687.
mattress 224, 726.
mattress cover 224.
maulstick 591.
maxilla 81, 86, 90, 122, 141.
maxillary bone 144.
maxillipeds 90.
maximum thermometer 41.
meadow 149.
measure of air pressure 41.
measure of angles 713.
measure of cloud ceiling 41.
measure of distance 711.
measure of humidity 41.
measure of length 711.
measure of pressure 710.
measure of rainfall 40.
measure of seismic waves 714.
measure of snowfall 41.
measure of sunshine 40.
measure of temperature 41, 705.
measure of thickness 711.
measure of time 706.
measure of weight 708.
measure of wind direction 41.
measure of wind strength 41.
measuring button 396.
measuring cups 244.
measuring spoons 244.
measuring tube 40.
measuring, utensils 244.
meat 33.
meat grinder 243.
meat keeper 254.
meat thermometer 244.
mechanical connectors 300.
mechanical pencil 389, 515.
mechanical shovel 733.
mechanical stage 718.
mechanical stage control 718.
mechanical variometer 639.
mechanical watch 706.
mechanics 453.
medial condyle of femur 123.
medial great 120.
medial moraine 26.
medial rectus muscle 140.
median 452.
median groove 104.
median lingual sulcus 143.
median nerve 133.
median strip 184.
Mediterranean Sea 21.
Mediterranean subtropical 45.
medium 666.
medium format SLR (6 x 6) 395.
medium tension distribution line 757.
medulla 132.
medulla oblongata 134.
Meissner's corpuscle 136.
melody strings 535.
meltwater 27.
memo pad 518.
memory button 402, 420.
memory cancel 396, 523.
memory key 396, 405.
memory recall 523.
memory recall key 396.
men 697.
men's bag 380.
men's clothing 319, 320, 322, 324.
men's rest room 822.
men's toilet 822.
Mercury 4, 232.
mercury barometer 41.
mercury bulb 705.
merging traffic 824.
méridienne 221.
merlon 181.
mesa 46.
mesh 619.
mesocarp 62, 63, 64, 65.
mesosphere 19.
mesothorax 78.
message display 532.
metacarpus 102, 107, 122.
metal A 307.
metal arm 264.
metal B 307.
metal counterhoop 553.

metal frame 540.
metal head 658.
metal rail 517.
metal rod 554.
metal structure 463.
metallic contact grid 768.
metallic plastron 667.
metals 33.
metals, examples 819.
metamorphic rocks 23.
metatarsus 80, 103, 122.
metathorax 78.
meteorology 38.
**meteorology, measuring
    instruments** 40.
meteorology, station model 38.
meteors 39.
metope 167.
metronome 539.
mezzanine 195, 474.
mezzanine floor 194.
mezzanine stairs 195.
Michigan snowshoe 645.
micrometer caliper 711.
micrometer screw 484, 713.
microphone 407, 414, 420, 639.
microphone boom 412, 414.
microphone boom tripod 414.
microprocessor 528.
microwave dish 415.
microwave oven 253.
microwave scanner 43.
microwave transmitter 415.
mid-calf length 325.
mid-ocean ridge 28.
middle clouds 44.
middle covert 110.
middle ear 138.
middle finger 137.
middle jib 481.
middle leg 79, 80.
middle leg, honeybee 80.
middle linebacker 603, 605.
middle lobe 130.
middle nasal concha 141.
middle panel 202.
middle phalanx 107, 122, 123, 137.
middle piece 127.
middle primary covert 110.
middle sole 352.
middle toe 108.
middle torus 167.
middy 337.
midfield 606.
midfield 601.
midfield line 601.
midrange 16, 400.
midrange pickup 547.
midrib 56, 67.
midriff band 346.
Mihrab 173.
Mihrab dome 173.
mileometer 431.
military communications 417.
milk bread 153.
Milky Way 11.
millet 152.
minaret 172, 173.
Minbar 173.
mincer 243.
miners' changing-room 735.
mini shirtdress 337.
mini-floppy disc 529.
mini-floppy disk 529.
minibus 425.
minim 538.
minim rest 538.
minimum thermometer 41.
minivan 425.
mint 74.
minute 830.
minute hand 706, 707.
mirror 292, 382, 422, 444.
missile launch rail 813.
missile launcher 811.
missile stowage 808.
missiles 814.
missiles, major types 814.
missile, structure 814.
mist 37, 39.
miter gate recess 493.
miter gauge 285.
miter gauge slot 285.
mitochondrion 115.
mitral valve 125.
mitre gate recess 493.
mitre gauge 285.
mitre gauge slot 285.
mitt 327.
mitten 308, 327.

mitten 680.
mixing bowl 250.
mixing bowls 245.
mixing chamber 306.
mizzen royal brace 480.
mizzen royal staysail 480.
mizzen sail 480.
mizzen topgallant staysail 480.
mizzen topmast staysail 480.
mizzenmast 478.
moat 178, 181.
mobile drawer unit 521.
mobile filing unit 521.
mobile passenger stairs 507.
mobile unit 415.
mobile unit 416.
moccasin 355.
mock pocket 330.
mode 525.
mode selector 402.
mode selectors 408.
modem 526.
modem port 528.
moderator 766.
moderator tank 761.
moderator: graphite 760.
moderator: heavy water 761.
moderator: natural water 762.
moderator: natural water 763.
modern bow 793.
modern howitzer 802.
modern mortar 803.
modesty panel 521.
modillion 167.
modulation wheel 555.
Mohorovicic discontinuity 22.
moist surface 580.
moistener 516.
moisture in the air 34.
molar 98.
molars 144.
molar, cross section 144.
moldboard 156.
molded insulation 287.
molding 199.
mollusc 92.
mollusk 92.
monitor roof 182.
monitor wall 412, 413, 415.
monocle 377.
mons pubis 128.
monster 605.
monument 52.
Moon 7.
Moon 4, 8.
Moon dial 707.
Moon's orbit 8.
moons 4.
Moon, phases 6.
mooring chain 486.
mooring winch 743.
moose 105.
mordent 538.
morel 55.
mortar 243, 803.
mortise 385.
mortise lock 290.
mosaic 171.
mosque 172.
mosque, plan 173.
moss stitch 567.
motor 161, 214, 257, 258, 259, 270,
  271, 272, 283, 284.
motor air inlet 813.
motor bogie 459.
motor car 476, 477.
motor end plate 134.
motor home 449.
motor neuron 135.
motor root 135.
motor truck 459.
motor unit 250, 251, 256, 260, 373,
  458.
motorcycle 442, 444.
motorcycle dashboard 445.
motorcycle, dashboard 445.
motorized earth auger 270.
motorway 52, 184, 452.
motorway number 52.
moulded insulation 287.
moulding 199.
mount frame binder 397.
mountain 27.
mountain mass 51.
mountain range 7, 23, 51.
mountain slope 27.
mountain torrent 27.
mountaineer 680.
mountaineering 680.
mountaineering boot 680.

mountaineering shovel 680.
mountaineering, equipment 681.
mounting 666.
mounting bracket 684.
mounting foot 393.
mounting plate 233.
mounting point 501.
mouse 530.
mouse 526, 527.
mouth 142.
mouth 83, 84, 92, 118, 542, 650.
mouthparts 81.
mouthpiece 548, 550, 627, 669.
mouthpiece receiver 550.
mouthpipe 550.
movable bridges 457.
movable jaw 279, 282.
movable maxillary 96.
movie theater 496.
mowing 154, 158.
Mt Everest 19.
mud flap 427, 440, 441.
mud injection hose 737.
mud pit 737.
mud pump 737.
mudguard 147.
mudguard 446.
muff 381.
muffler 439.
muffler felt 540.
muffler pedal 540.
mule 355.
mullet 819.
multi-ply plywood 288.
multi-purpose ladder 303.
multimeter 310.
multiple exposure mode 391.
multiple use key 523.
multiple-span beam bridge 454.
multiplication 830.
multiply key 523.
multipurpose antenna 807.
multipurpose tool 311.
multipurpose vehicle 425.
mummy 687.
muntin 202, 203.
muscle arrector pili 136.
muscle fiber 134.
muscle fibre 134.
muscle scar 95.
muscle segment 89.
muscles 120.
museum 185.
mushroom 55.
mushroom anchor 483.
mushroom, structure 55.
music rest 539.
music stand 539.
music stand 542, 555.
musical accessories 539.
musical advisers 412.
musical notation 537, 538.
muskmelon 69.
muslin 582.
mustard 67.
mute 551.
mutule 167.
muzzle 100, 106, 107, 797, 798, 799,
  800, 803.
muzzle loading 800.
muzzle loading, cross section 801.
mycelium 55.
myelin sheath 135.

N

nacelle 774.
nacreous cloud 19.
nail 275.
nail 104.
nail bed 137.
nail cleaner 365.
nail clippers 365.
nail file 365.
nail hole 104.
nail matrix 137.
nail nick 688.
nail scissors 365.
nail shaper 365.
nail whitener pencil 365.
naked strangle 668.
name plate 280, 712.
nameplate 364.
naos 169.
nape 108, 117, 119.
nappy 349.
naris 141.
nasal bone 141.

nasal cavity 130.
nasal fossae 141.
nasal fossae 141.
nasopharynx 141.
national broadcasting network 416.
national park 52.
natural 538.
natural arch 30.
natural sponge 367.
nave 177.
navel 116, 118.
navette cut 363.
navigation devices 484.
navigation display 500.
navigation light 493, 499.
navigation periscope 807.
Neapolitan coffee maker 247.
neck 97, 100, 117, 118, 119, 127, 144,
  240, 241, 410, 544, 545, 546, 547,
  579, 661, 678.
neck end 324.
neck guard 777.
neck of femur 123.
neck of uterus 128.
neck strap 729.
neckhole 325.
necklaces 361.
necklines 343.
neckroll 224.
necks 343.
neckstrap eyelet 390.
necktie 324.
nectarine 63.
needle 562, 632.
needle 36, 561, 562, 563, 590, 726.
needle assembly 590.
needle bar 562.
needle bed 568.
needle bed 568.
needle bed groove 568.
needle clamp 562.
needle clamp screw 562.
needle hub 726.
needle plate 561.
needle position selector 561.
needle threader 563.
needle tool 585.
needle-nose pliers 311.
negative 399.
negative carrier 399.
negative carrier 399.
negative charge 831.
negative contact 768, 769.
negative meniscus 722.
negative plate 439.
negative plate strap 439.
negative region 768.
negative terminal 439.
negligee 348.
neon lamp 310.
neon screwdriver 310.
neon tester 310.
Neptune 5.
nerve 136.
nerve fiber 136.
nerve fibre 136.
nerve termination 136.
nervous system 133, 134.
nest of tables 219.
net 613, 614, 618.
Net 13, 610, 612, 613, 614, 618, 619,
  626.
net band 614.
net judge 614.
net stocking 344.
net support 619.
netball 611.
netball, court 611.
network communication 527.
network port 528.
neural spine 89.
neurons 135.
neutral conductor 757.
neutral indicator 445.
neutral service wire 312.
neutral wire 312.
neutral zone 603, 605, 608.
new crescent 6.
new fuel storage room 764.
new moon 6.
newel post 201.
next call 422.
nib 389.
nictitating membrane 107.
nightgown 348.
nightwear 348.
nimbostratus 44.
nipple 301.
nipple 116, 118, 129.
no access for wheelchairs 822.
no entry 824, 825.

no U-turn 824, 825.
no. 1 wood 678.
no. 3 iron 678.
no. 3 wood 678.
no. 4 iron 678.
no. 5 iron 678.
no. 5 wood 678.
no. 6 iron 678.
no. 7 iron 678.
no. 8 forward 606.
no. 8 iron 678.
no. 9 iron 678.
nock 684, 793.
nocking point 684.
noctilucent cloud 19.
node 756.
node of Ranvier 135.
non-add/subtotal 523.
North 488.
North America 20.
North American road signs 824,
  826, 828.
North celestial pole 3.
North Pole 3.
North Sea 21.
Northeast 488.
Northern Crown 11.
Northern hemisphere 3, 47.
Northwest 488.
nose 141.
nose 100, 118, 498, 637, 638, 792,
  798.
nose cone 501.
nose landing gear 498.
nose leaf 112.
nose leather 107.
nose of the quarter 352, 354.
nose pad 376.
noseband 649.
nosing 201.
nostril 84, 86, 96, 100, 109.
notch 322, 341, 565, 656, 674, 708.
**notched double-edged thinning
  scissors** 369.
notched edge 369.
notched lapel 319, 320.
**notched single-edged thinning
  scissors** 369.
note symbols 538.
nozzle 209, 264, 291, 304, 509, 510,
  590, 778.
nozzle 306.
nuchal shield 97.
nuclear boiler room 806.
nuclear energy 758, 760, 762, 764,
  766.
nuclear envelope 115.
nuclear fuel handling sequence
  764.
nuclear generating station 758.
nuclear reactor 765.
nuclear whorl 94.
nucleolus 115, 128.
nucleus 9, 115, 128, 135.
number 656, 701.
number key 421, 523.
number of decimals 523.
number of tracks sign 471.
number plate light 429.
number three 620.
number two 620.
numbering machine 516.
numeric keyboard 422, 709.
numeric keypad 530.
nut 279.
nut 278, 279, 290, 300, 466, 544, 546,
  547, 793.
nutcracker 243.
nuts 66.
nuts, major types 66.
nylon frilly tights 349.
nylon rumba tights 349.
nylon yarn 271.

O

o-ring 294, 295.
oar 664.
oarlock 632.
oars, types 632.
oasis 46.
oats 152.
object balls 673.
objective 718.
objective lens 391, 392, 396, 397, 405,
  718, 719, 721.
oboe 548.
oboes 557.
obscured sky 39.
observation deck 505.

The terms in **bold type** indicate the title of an illustration; those in *italic* correspond to the British terminology

observation window 510.
observatory 14.
obstacles 647.
obturator nerve 133.
obtuse angle 830.
occipital 121.
occipital bone 123.
occluded front 39.
ocean 7, 35, 51.
ocean floor 28.
Oceania 21.
ocean, topography 28.
oche 698.
octave 537, 667.
octave mechanism 548.
odd 700, 701.
odd pinnate 56.
odometer 431.
oesaphagus 97.
oesophagus 88, 92, 130, 131, 142.
offense 603, 605.
office 453, 462.
office building 190.
office building 185, 491.
office furniture 520, 522.
office tower 184, 491.
officers' quarters 807, 808.
officials' bench 608.
offset 301.
offshore drilling 739.
offshore well 740.
ogee 174.
ogee roof 182.
oil 737, 738, 740, 742, 744.
oil 737.
oil burner 209.
oil drain plug 434.
oil paint 588.
oil pan 272, 434.
oil pan gasket 434.
oil pastel 588.
oil pressure warning indicator 445.
oil processing area 738.
oil pump 209.
oil supply inlet 209.
oil supply line 209.
oil terminal 491.
oil warning light 431.
oil-filled heater 211.
oil/gas separator 738.
oiler 734.
oilstone 582.
okra 69.
old crescent 7.
old-fashioned glass 237.
olecranon 102, 123.
olfactory bulb 88, 142.
olfactory membrane 142.
olfactory nerve 88, 142.
olive 63.
on guard line 666.
on the wind 629.
on-air warning light 407.
on-deck circle 597.
on-off button 256.
on-off indicator 370.
on-off switch 234, 247, 260, 305, 368, 370, 373, 374, 485.
on-off switch 216.
on/off 408.
on/off light 420.
on/off switch 391, 397, 406.
on/off/volume 408.
on/play button 420.
one pair 695.
one way head 276.
one-arm shoulder throw 668.
one-bar shoe 356.
one-person tent 686.
one-piece coverall 635.
one-piece suit 643.
one-toe hoof 99.
one-way traffic 824, 825.
opal 362.
open end spanner 279.
open end wrench 279.
open stringer 201.
open strings 535.
open-air terrace 497.
open-face spinning reel 671.
open-pit mine 733.
opening 327.
opening, utensils 244.
opera glasses 377.
opera-length necklace 361.
operating cord 230.
operating dam 752.
operating floor 752.
operating rod 796.
operation control room 807.

operation keys 422.
operator's cab 786.
operculum 84, 86.
opisthodomos 169.
opposite prompt side 189.
optic chiasm 134.
optic nerve 140.
optical disc 527.
optical disc drive 527.
optical disk 527.
optical disk drive 527.
optical scanner 526.
optical sight 713.
or 819.
oral cavity 130, 131.
oral hygiene center 373.
oral irrigator 373.
orange 65.
orange 65.
orbicular of eye 120.
orbicularis oculi 120.
orbiculate 56.
orbit of the satellites 43.
orbits of the planets 4.
orchard 149.
orchestra pit 188.
orchestra seats 188.
order 175.
ordinaries, examples 818.
ordinary die 699.
ore 733.
ore pass 736.
oregano 74.
organ 542.
organ console 542.
organ, mechanism 543.
organ, production of sound 543.
Oriental couching stitch 571.
oriflamme 817.
original overlay 532.
Orion 11, 13.
ornamental tree 148, 263.
ornaments 538.
ortho-cane 728.
ortho-stick 728.
oscillating sprinkler 264.
otolith 88.
ottoman 222.
outbound track 465.
outdoor condensing unit 212.
outdoor light 196.
outdoor unit 212.
outer boundary line 616.
outer circle 620.
outer core 22.
outer edge 104.
outer jacket 297.
outer jib 481.
outer lip 94.
outer shell 309.
outer stators 501.
outer table 697.
outer toe 108.
outfield 597.
outgoing announcement cassette 420.
outlet 309.
outlet 449.
outlet grille 211.
outlet hose 399.
output devices 527.
output jack 547.
output monitor 413, 415.
outrigger 632, 780, 785, 786.
outside counter 354.
outside knob 290.
outside left 601.
outside linebacker 603.
outside mirror 426.
outside mirror control 429.
outside right 601.
outside ticket pocket 322.
outsole 353, 355.
outwash plain 27.
oval cut 363.
oval head 276.
ovary 60, 128, 129.
ovate 56.
oven 255.
oven control knob 255.
over curtain 229.
over-blouse 337.
overalls 336.
overbridge 454.
overburden 733.
overcast sky 39.
overcheck 653.
overcoat 320, 331.
overdrapery 229.
overflow 215, 292.
overflow pipe 297.

overflow protection switch 257.
overflow tube 293, 399.
overhand knot 691.
overhead clearance 826, 827.
overhead connection 757.
overhead earth wire 756.
overhead frame 784.
overhead ground wire 756.
overhead guard 787.
overhead switch panel 500.
overlap carrier 230.
overlay flooring 200.
overpass 452, 454.
overshirt 337.
overtaking lane 452.
ovule 60.
ox 151.
oxer 646.
oxford shoe 354.
oxyacetylene welding 306.
oxygen cylinder 306.
oxygen feeding control 639.
oxygen feeding knob 639.
oxygen pressure actuator 512.
oxygen valve 306.
oyster 92.
oyster 93.
oyster fork 240.
oyster knife 242.
oyster mushroom 55.
ozone 19.

P

pace 101.
Pacific Ocean 20.
Pacinian corpuscle 136.
packing 294.
packing nut 294.
packing retainer ring 294.
pad 598.
pad arm 376.
pad plate 376.
padding 635.
paddock 651.
pagoda sleeve 340.
paint roller 304.
painted line 452.
Painter's Easel 13.
painting 588, 590, 592.
painting knife 589.
painting upkeep 304.
painting, accessories 591, 592.
painting, equipment 589.
pajamas 348.
palatine tonsil 143.
palatoglossal arch 142.
pale 818.
palette with dipper 592.
palette with hollows 592.
paling fence 263.
pallet 543, 707, 787.
pallial line 95.
pallial sinus 95.
palm 105, 137, 327, 483, 596.
palm grove 46.
palmar pad 106.
palmate 56.
palmette 220.
pan 708, 709, 795.
pan cover 795.
pan hook 708.
panama 328.
pancake pan 249.
pancreas 131.
pane 203.
panel 589.
panel 202, 229, 323, 346, 634, 649, 736, 756.
pannier bag 448.
panoramic head 393.
panoramic window 190, 460.
panpipe 536.
pantograph 458.
pantry 195.
pants 323.
pants 353, 595, 602, 609, 680.
pants, types 336.
panty corselette 347.
panty girdle 346.
panty hose 344.
papaya 68.
paper 589.
paper 384, 580.
paper advance setting 531.
paper bail 524, 531.
paper bail release lever 525.
paper bail roller 531.

paper catcher 521.
paper clamp 531.
paper clips 515.
paper fasteners 515.
paper feed channel 521.
paper feed key 523.
paper guide 421, 531.
paper in reserve 532.
paper punch 516.
paper release lever 525.
paper support 525.
paper tray 521.
paper trays 532.
papilla 136, 140.
papillary muscle 125.
parabolic antenna 415.
parabolic dune 46.
parabolic mirror 770.
parabolic reflector 15.
parachute 812.
parachute valve 634.
parade ground 178.
paraffins 745.
paragliding 636.
paragliding pilot 636.
parallel 47.
parallel bars 661.
parapet 454.
parapet walk 181.
parcels office 462.
parentheses 832.
parietal bone 123.
parietal pleura 130.
paring knife 242.
park 52, 184.
parka 321.
parka 680.
parking 190, 193, 464.
parking area 503.
parking brake lever 430.
parking lot 185, 491, 504.
parsley 74.
parsnip 71.
parterre 189.
partial eclipse 8.
particle board 289.
partition 520.
partition 66.
partitions, examples 818.
partlow chart 441.
party 818.
pass 27.
passenger cabin 493, 494, 495, 499.
passenger car 477.
passenger car 458, 476.
passenger liner 496.
passenger platform 462.
passenger station 462.
passenger station 184, 464.
passenger terminal 504.
passenger terminal 491, 503.
passenger train 462.
passenger transfer vehicle 507.
passenger transfer vehicle 505.
passing lane 452.
passing prohibited 824, 825.
passport case 379.
passport control 505.
pasta maker 243.
pastern 101.
pastry bag and nozzles 245.
pastry brush 245.
pastry cutting wheel 245.
patch pocket 339.
patch pocket 320, 322, 350.
patella 103, 122.
patera 220.
path 263.
patio 193, 263.
patio door 195.
pattern 565, 586.
pattern 570.
pattern start key 569.
pauldron 792.
pause 539.
pause button 403.
pause/still 411, 831.
pavilion 363.
pavilion facet (8) 363.
pavilion roof 183.
pawl 281.
Pawn 696.
pay phone 422.
payload 509.
payload bay 510.
payload bay door 510.
payload module 49.
payout tray 702.
payout trigger 702.
pea 67.

ENGLISH INDEX

The terms in **bold type** indicate the title of an illustration; those in *italic* correspond to the British terminology

pea 67.
pea jacket 330.
peach 63.
peach 63.
Peacock 13.
peak 27, 328, 329, 729.
peak level meter 403.
peaked lapel 322.
peanut 66.
pear 64.
pear-shaped body 535.
pear-shaped cut 363.
pearl 105.
pearls 105.
pecan nut 66.
pecten 81.
pectoral deck 663.
pectoral fin 86.
pectoral limb 124.
pedal 446, 448, 545, 552, 553, 656, 664.
pedal key 542.
pedal keyboard 542.
pedal pushers 336.
pedal rod 540.
pedestal 453, 545.
pedestal-type sump pump 216.
pedestrian crossing 826, 827.
pedestrian crossing 186.
pedicel 60, 61, 62, 63, 64.
pedicle 105.
pediment 166, 168, 707.
pedometer 711.
peeled veneer 288.
peeler 242.
peep hole 471.
peg 225, 385, 544, 546, 571, 575.
peg box 544.
Pegasus 11.
pelerine 330.
pelerine 330.
pellets 799.
peltate 56.
Pelton turbine 754.
pelvic fin 86.
pelvic limb 124.
pelvis 103, 132.
pen 714.
pen blade 688.
pen holder 379.
pen holder 378.
penalty arc 601.
penalty area 601.
penalty bench 608.
penalty line 612.
penalty spot 601.
pencil 389, 515.
pencil 765.
pencil pleat heading 229.
pencil point tip 299, 307.
pencil sharpener 515, 516.
pendant 361.
pendulum 707.
pendulum bar 539.
pendulum rod 707.
penholder grip 619.
peninsula 51.
penis 116, 127.
pennant 817.
pennant 38.
penstock 746, 747, 752.
pentaprism 390.
penumbra shadow 8.
peplos 315.
pepper shaker 238.
pepperpot 238.
per bend 818.
per fess 818.
per pale 818.
percent 830.
percent key 523.
perching bird 111.
percolator 247.
percussion bar 780.
percussion instruments 552, 554.
perforated hardboard 289.
perforated pipe 216.
perforated toe cap 355.
perforation 327, 395.
pergola 263.
pericardium 130.
pericarp 65, 66.
period 832.
period 489.
periodontal ligament 144.
periople 104.
peripheral device port 528.
peripheral joint 750.
peripheral nervous system 133.
periscopic sight 805.

peristyle 168, 169, 171.
peritoneum 127, 128.
permanent pasture 148.
peroxide 725.
perpendicular 830.
perpetual snows 27.
perron 196.
Perseus 11.
personal AM-FM cassette player 408.
personal communications 417.
personal computer 526.
personal computer (view from above) 528.
peseta 832.
pesticides 32.
pestle 243.
petal 60.
petanque bowl 682.
Peter Pan collar 341.
petiolar sinus 61.
petiole 56.
petrochemical industry 744.
petrochemicals 745.
petrol 745.
petrol engine 434.
petrol flap 427.
petrol pump 453.
petrol pump 453.
petrol pump hose 453.
petrol station 453.
petrol tank cap 444.
petroleum 744.
phalanx prima 103.
phalanx secunda 103.
phalanx tertia 103.
pharmacy 822.
pharynx 130, 131.
phase conductor 757.
phases of the Moon 6.
philtrum 141.
phloem 59.
Phobos 4.
Phoenix 13.
phosphorescent coating 232.
photocopier 532.
photocopy control 532.
photoelectric cell 393.
photographic accessories 393.
photographic chamber 717.
photographic picture 397.
photography 390, 392, 394, 396, 398.
photosphere 6.
photovoltaic panel 486, 487.
physical map 51.
physician 669.
pi 830.
piano 556.
piccolo 548, 557.
pick 267.
pick 385, 681.
pickguard 547.
pickling onion 70.
pickup cylinder 159, 162.
pickup reel 158, 160.
pickup selector 547.
pickup truck 425.
picnic area 823.
picnics prohibited 823.
picture tube 410.
pie pan 245.
pie tin 245.
piedmont glacier 27.
pier 739.
pier 174, 175, 454, 455.
pierce lever 256.
pierced earrings 361.
pig 151.
piggyback car 473.
piggyback flat wagon 473.
pigsty 149.
pike pole 780.
pike position 624.
pile dwelling 165.
pillar 176, 545, 714, 736.
pillar buoy 487.
pillar buoy 489.
pillbox hat 329.
pillion footrest 443, 444.
pillow 570.
pillow 224, 570.
pillow protector 224.
pillowcase 224.
pilot 459, 469, 637, 814.
pilot gas tube 297.
pin 232, 233, 563, 683, 780.
pin 309.
pin base 232.
pin block 540.

pin cushion 563.
pinafore 333.
pince-nez 377.
pinch 232.
pinch pleat 228.
pine needles 58.
pine nut 66.
pine seed 58.
pineal body 134.
pineapple 68.
pinion 280, 707.
pink ball 673.
pinking shears 564.
pinnacle 176, 181.
pinnatifid 56.
pinocytotic vesicle 115.
pins 364.
pins, types 683.
pip 62, 64, 65, 695.
pipe 385.
pipe 260, 543.
pipe A 300.
pipe B 300.
pipe cleaners 385.
pipe coupling 301.
pipe diffusers 501.
pipe rack 385.
pipe section 205.
pipe threader 299.
pipe tools 385.
pipe wrench 299.
pipe-wrapping insulation 287.
pipeline 740.
pipework 543.
pipe, cross section 385.
Pisces the Fishes (February 19) 820.
pistachio nut 66.
piste 666.
pistil 60.
pistol 797.
pistol grip 795, 796, 798, 799.
pistol grip handle 280, 305.
pistol nozzle 264.
piston 432, 435, 436, 438.
piston lever 291.
piston release 291.
piston skirt 434.
pit 96, 405, 683.
pita bread 153.
pitch 599.
pitch 599.
pitch scale 524.
pitch wheel 555.
pitched roof 182.
pitcher 597.
pitcher's mound 597.
pitcher's plate 597.
pitchfork comb 368.
pitching 748.
pitching wedge 678.
pith 59.
pithead 734.
pithead 736.
piton 681.
piton-carrier 680.
pitta bread 153.
pituitary gland 134.
pivot 311, 369, 374, 484, 485, 539, 564, 590, 719.
pivot cab 785.
pivot spindle 431.
placard board 471.
placing judge 621.
plain 51.
plain gypsum lath 286.
plain pole 230.
plain weave 576.
plan reading, elevation 193.
plane 277.
plane figure 580.
plane projection 50.
planetarium 16.
planetarium 184.
planetarium projector 16.
planets 4.
planets, orbits 4.
plano-concave lens 722.
plano-convex lens 722.
plant cell 115.
plantar 121.
plantar interosseous 120.
plantar pad 107.
plantar surface of the hoof 104.
planting 154, 158.
planting box 657.
plant, structure 57.
plasmodesma 115.
plaster bat 584.
plaster dressing 725.

plastic case 799.
plastic insulator 312.
plastic pants 349.
plastic-laminated chipboard 289.
plastic-laminated particle board 289.
plastron 96.
plate 688.
plate 253, 393.
plate crystal 36.
plate grid 439.
platen 524, 531, 579.
platen knob 531.
platform 302, 457, 475, 504, 621, 709.
platform edge 462, 475.
platform entrance 463.
platform ladder 302.
platform number 462.
platform pallet truck 788.
platform shelter 464.
platform trolley 788.
platter 238.
platter 404.
play 831.
play 411.
play button 403, 408, 411.
play/pause 405.
player 626.
player's stick 609.
player's number 602.
players' bench 604, 608, 610, 612, 613.
playing area 496.
playing surface 619.
playing window 403.
pleasure garden 263.
pleasure garden 193.
pleated heading 229.
pleats, types 228, 335.
plectrum 535.
plenum 206, 207.
pleural cavity 130.
plexus of nerves 144.
plimsoll 355.
plinth 707.
plotter 527.
plow anchor 483.
plowing soil 154, 156.
plug 280, 400, 406, 485.
plug adapter 374.
plug bayonet 794.
plug fuse 312.
plum 63.
plumber's snake 299.
plumbing 292, 294, 296, 298, 299, 300.
plumbing system 215.
plumbing tools 299.
plumbing wrench 299.
plunger 247, 299.
plunger 726.
plungerhead 159.
plunging neckline 343.
plus or minus 830.
plus/equals key 523.
Pluto 5.
ply 288.
pneumatic armlet 710.
pneumatic hammer 735.
pocket 378, 673, 679, 683.
pocket calculator 523.
pocket camera 395.
pocket handkerchief 322.
pockets, types 339.
podium 190.
podium 190.
point 240, 242, 389, 544, 562, 567, 644, 671, 684, 697, 698.
point lever 467.
point of interest 52.
point signal 467.
point wire 467.
pointed tab end 324, 339.
pointer 213, 705, 708, 709, 710.
points 464.
poison 821.
poisonous mushroom 55.
poker 205.
poker die 699.
poker, standard hands 695.
polar axis 14.
polar climates 45.
polar ice cap 45.
polar lights 19.
polar orbit 43.
polar tundra 45.
polar-orbiting satellite 43.
polarizing filter 392.
Polaroid® Land camera 394.

The terms in **bold type** indicate the title of an illustration; those in *italic* correspond to the British terminology

pole 657.
pole 230, 479.
pole grip 642.
pole shaft 642.
Pole Star 11.
pole tip 643.
pole vault 657.
pole vault 655.
poleyn 792.
police 822.
polished stone hand axe 791.
political map 51.
pollen basket 81.
pollen brush 80, 81.
pollen cell 82.
pollen packer 81.
pollen press 81.
pollution, atmospheric 34.
pollution, food 32.
polo collar 342.
polo dress 333.
polo shirt 337.
polo shirt 615.
polojama 351.
pome fleshy fruits 64.
pome fruits, major types 64.
pome fruit, section 64.
pomegranate 68.
pommel 649, 661, 666.
pommel horse 661.
poncho 331.
pond 263.
poniard 794.
pons Varolii 134.
pontoon 457, 738.
pool 673.
pool 772.
poop 478.
pop-up tent 686.
popping crease 599.
poppy 67.
porch 172, 177.
porch dome 172, 173.
pore 67, 115, 136.
Porro prism 719.
port 650, 764.
port glass 237.
port hand 488, 489, 497.
port sail plane 807.
**portable AM-FM cassette
   recorder** 408.
portable cellular telephone 422.
portable fire extinguisher 780.
portable shower head 292.
portable sound systems 408.
portal 175.
portal bridge 455.
portal frame 455.
portal vein 124, 126.
porthole 496.
position light 459, 508.
position marker 546, 547.
position of the ligament 95.
positive charge 831.
positive contact 768, 769.
positive meniscus 722.
positive plate 439.
positive plate strap 439.
positive region 768.
positive terminal 439.
positive/negative junction 768.
post 572, 613, 618, 626, 773.
post and plank 647.
post and plank 646.
post and rail 647.
post binder 519.
post lantern 235.
post mill 773.
posterior chamber 140.
posterior cutaneous nerve of thigh
   133.
posterior end 95.
posterior root 135.
posterior rugae 117, 119.
posterior semicircular canal 139.
postern 179, 181.
potable water truck 506.
potato 71.
potato masher 244.
potential coil 712.
pothole 24.
pottery 584.
pottery, tools 584, 585.
pouch 380.
pouch of Douglas 128.
poulaine 792.
poultry shears 246.
pound 832.
powder blusher 366.
powder chamber 801.

powder flask 795.
powder puff 366.
power button 402, 405, 410, 411.
power car 459.
power cord 374.
power indicator 529.
power mower 271.
power plant, cross section 752.
power plug 408.
power station 752.
power supply cord 370, 401.
power switch 529, 555.
power switch machine 467.
power takeoff 147.
power train 448.
power turbines 501.
power zoom button 409.
power-off/slide-select bar 397.
power-on button 420.
power-on light 420.
power-takeoff shaft 156, 159, 162.
power/light switch 561.
powerhouse 746.
practice green 676.
prairie 51.
prawn 90.
prayer hall 172, 173.
precious stones 362.
precipitation 34, 35.
precipitation area 38.
precipitations 36.
preferred channel 489.
premaxilla 86.
premolar 98.
premolars 144.
prepuce 127.
prescription 831.
present state of weather 38.
preset buttons 411.
preset tuning button 402.
president 666.
press bar 663.
press bed 581, 583.
press chamber 159.
press wheel 158.
pressed area 405.
pressed powder 366.
presser bar 562.
presser foot 562.
pressing 579.
pressing board 579.
pressure bar 540.
pressure change 38.
pressure control 373.
pressure control valve 710.
pressure cooker 248.
pressure demand regulator 777.
pressure dial 561.
pressure gauge 627, 710, 740.
pressure plate 390.
pressure regulator 306.
pressure regulator 248, 306, 689.
pressure relief valve 209.
pressure screw 581, 583.
pressure tube 765.
pressure vessel 762.
pressure-relief valve 297.
pressurized heavy water 761.
pressurized-water reactor 762.
pressurizer 761.
prestressed concrete 286.
preview monitor 415.
preview monitors 413.
price per gallon/litre 453.
pricker 570.
primaries 110.
primary consumers 31.
primary covert 110.
primary flight display 500.
primary marshalling 465.
primary mirror 14, 16.
primary root 57.
prime 667.
prime focus 14.
prime focus observing capsule 14.
prime meridian 47.
primer 798, 799, 804.
princess dress 332.
princess seaming 345.
principal rafter 199.
print drying rack 399.
print head 531.
print head drive 531.
print washer 399.
printed circuit 528.
printed image 580.
printer 421.
printer 523.
printer port 528.
printer table 521.

printing 580.
printing calculator 523.
printing of messages 421.
printing unit 524.
printout 709.
priority intersection 825.
prism binoculars 719.
private broadcasting network 416.
probe 310.
probe receptacle 253.
proboscis 79.
procedure checklist 512.
producer 412, 415.
producer turret 407.
product code 709.
production control room 413.
production control room 412, 415.
production desk 413.
**production of electricity from
   nuclear energy** 766.
**production of electricity from
   solar energy** 771.
production of electricity, steps
   755.
production platform 738.
production platform 740.
production video switcher 413.
production/export riser system 738.
program selector 555.
progressive wave 30.
projectiles 801.
projection dome 16.
projection screen 397.
proleg 78.
promenade deck 496.
prominence 6.
prompt box 188.
prompt side 189.
pronaos 168, 169.
prop forward 606.
propane gas cylinder 449.
propellant 798.
propellant level gauge 512.
propeller 160, 495, 496, 742, 806.
propeller duct 492.
propeller shaft 495.
propellers 808.
property line 193.
propulsion machinery control room
   806.
propulsion module 418.
proscenium 188.
prostate 127.
protect tab 529.
protection layer 512.
protective cup 602, 609.
protective equipment 602.
protective girdle 609.
protective helmet 443.
protective helmet 448.
protective surround 698.
protective window 410.
prothorax 78.
protoneuron 135.
protractor 713.
province 51.
proximal phalanx 107, 122, 123.
proximal sesamoid 102.
proximity fuse 814.
pruning knife 269.
pruning saw 269.
pruning shears 269.
psychrometer 41.
pubis 116, 118.
public building 52.
public garden 190.
puck 608.
puff sleeve 340.
pull bail 397.
pull rod 467.
pull strap 383.
pulley 230, 302, 434, 793.
pulley block 793.
pulley safety guard 283.
pulling ring 726.
pullman case 383.
pulmonary artery 126, 130.
pulmonary opening 83.
pulmonary trunk 125.
pulmonary valve 125.
pulmonary vein 126.
pulp 65, 144.
pulp canal 144.
pulp chamber 144.
pulverizing soil 154, 157.
pulvino 750.
pumice correcting pencil 583.
pump 356.
pump 356.

pump 257, 258, 689, 761, 762, 771.
pump island 453.
pump motor 216.
pump nozzle 453.
pump room 742.
pump suction head 216.
pumper 778.
pumpernickel bread 153.
pumping station 740.
pumpkin 69.
punch 586.
punch hole 323, 353, 355.
punctuation marks 832.
pup tent 686.
pupil 107, 140.
purfling 544, 546.
purge valve 627.
purple border 315.
purpure 819.
purse 379.
push button 250, 257, 375.
push buttons 420, 422.
push rim 727.
push-button 290, 389, 397.
push-button telephone 422.
push-up bra 347.
push-up stand 664.
pusher 251.
putter 677.
putter 678.
putting green 676.
pygal shield 96.
pyjamas 348.
pyloric caecum 88.
pyloric cecum 88.
pyramid spot 674.
pyrometric cone 585.

Q

Qibla wall 173.
quad cane 728.
quadruped stick 728.
quarte 667.
quarter 104, 352, 354.
quarter note 538.
quarter rest 538.
quarter window 427.
quarter-deck 496.
quarterback 603, 605.
quarterly 818.
quartet 558.
quartz metronome 539.
quaver 538.
quaver rest 538.
quay 490.
quay ramp 490.
quayside crane 490.
quayside railway 491.
Queen 695.
Queen 696.
queen cell 82.
queen excluder 82.
Queen's side 696.
queen, honeybee 81.
question mark 832.
quiche plate 245.
quiche tin 245.
quick release system 393.
quill 389.
quill 281, 283.
quill brush 368.
quince 64.
quinte 667.
quintet 558.
quiver 684.
quotation marks 832.
quotation marks (French) 832.

R

raceme 60.
rachis 110.
rack 674.
rack 248, 252, 255, 257, 656.
rackboard 543.
rackboard support 543.
racquetball 617.
racquetball racket 617.
racquetball racquet 617.
racquetball, court 617.
radar 722.
radar 493, 494, 495, 497.
radar antenna 48, 807, 812.
radar mast 742.
radar reflector 487.
radar unit 813.
Radarsat satellite 49.
radial nerve 133.
radial passenger loading area 503.

The terms in **bold type** indicate the title of an illustration; those in *italic* correspond to the British terminology

radial ply 433.
radial thruster 42.
radial tire 433.
radial tyre 433.
radiant heater 211.
radiation zone 6.
radiator 438.
radiator 16, 208, 469.
radiator grille 440.
radiator hose 438.
radiator panel 510.
radicle 57, 59.
radio 639.
radio aerial 494, 495, 497.
radio antenna 494, 495, 497, 742, 807.
radio mast 738.
radio telescope 15.
radio wave 15.
radioactive 821.
radiometer 42, 43.
radish 71.
radius 102, 112, 122.
radome 813.
rafter 198.
raglan 330.
raglan sleeve 340.
raglan sleeve 319, 330, 350.
rail 225, 466, 568, 627, 675.
rail joint 466.
rail section 466.
rail track 735.
railroad 184.
railroad crossing 828.
railroad line 52.
railroad station 464.
railroad station 52.
railroad track 466.
railway 52, 184.
railway shuttle service 504.
railway station 464.
railway track 466.
rain 36.
rain cap 205.
rain gauge recorder 40.
rain shower 39.
rainbow 36.
raincoat 319.
raindrop 36.
rainfall, measure 40.
rainfly 685, 686.
raining, utensils for 243.
raised band 577.
raised figure 580.
raised head 276.
rake 159, 267.
rake 155.
rake bar 159.
rake comb 368.
Ram 11.
ramekin 238.
rammer 801.
ramp 168, 452, 733.
rampart 178, 180.
ramrod 795.
random access memory (RAM) module 528.
range hood 255.
rangefinder 394.
rapier 794.
rasp 587.
raspberry, section 62.
ratchet 276, 281, 573, 670.
ratchet box end wrench 279.
ratchet knob 711.
ratchet ring spanner 279.
ratchet wheel 573, 706, 707.
rate gyro 814.
rattle 97.
rattlesnake 97.
razor clam 93.
razors 374.
reaction direction 831.
reaction engine assembly 43.
reactor 759, 764, 766, 806.
reactor building 759, 765.
reactor building airlock 758.
reactor core 760, 762, 763.
reactor tank 763.
reactor vessel 765.
read-only memory (ROM) module 528.
read/write head 529.
reading 376.
reading mirror 512.
reading start 405.
reamer 251.
rear apron 324.
rear beam 708.
rear brake 446.
rear brake pedal 444.

rear bumper 445.
rear derailleur 446, 448.
rear foil 495.
rear leg 223.
rear light 446.
rear light 429, 441, 443, 444.
rear lights 429.
rear limit line 666.
rear runner 643.
rear seat 428.
rear shock absorber 443.
rear sight 795, 796, 797, 798, 804.
rear view 147.
rearview mirror 430.
récamier 221.
receiver 15, 420, 614, 616, 618, 795, 796.
receiver volume control 420.
receiving line 617.
receiving station 722.
receiving yard 465.
receptacle 60, 62.
receptacle analyzer 310.
reception bay 764.
reception hall 172, 173.
recharging base 260.
reclining back 726.
recoil sleigh 802.
recoilless rifle 804.
record 404.
record 411.
record announcement button 420.
record button 403, 411.
record control 402.
record muting button 403.
recorder 621.
recording level control 403.
recording tape 403.
recording unit 40.
rectangular 687.
rectangular flag 817.
rectum 127, 128, 131.
rectus femoris 120.
recuperator cylinder 802.
recuperator cylinder front head 802.
recyclable 831.
recycled 831.
Red 697, 700, 701.
red ball 673.
red balls 673.
red beam 410.
red flag 626, 668.
red ocher pencil 583.
red ochre pencil 583.
red safelight filter 399.
Red Sea 21.
reduce/enlarge 532.
reducing coupling 301.
redundant bracing 756.
reed 548, 572.
reed hooks 573.
reed pipe 542.
reeds 549.
reef band 480.
reef point 480.
reel 398, 666, 702.
reel plate 702.
reel seat 670, 671.
referee 601, 603, 605, 606, 608, 610, 613, 621, 626, 668, 669.
refill 389.
refill tube 293.
refinery 740.
refinery products 744.
reflecting surface 770.
reflecting telescope 720.
reflecting telescope, cross section 720.
reflective stripe 730, 777.
reflector 310, 441, 445, 446.
reflex camera, cross section 390.
refracting telescope 721.
refracting telescope, cross section 721.
refractory brick 585.
refrigerant tank 212.
refrigerant tubing 213.
refrigeration unit 441.
refrigerator 254.
refrigerator car 472.
refrigerator compartment 254.
refrigerator van 472.
register 712.
registered trademark 831.
registers, types 207.
regulating button 541.
regulating valve 208.
regulator first stage 627.
regulator second stage 627.
rehearsing room 188.

reheater 758.
rein 651.
rein ring 650.
reindeer 105.
reinforced concrete 286.
reinforced toe 730.
release lever 278.
release setting screw 641.
release treadle 573.
relief printing 580.
relief printing process 581.
relief printing process, equipment 581.
relocation 525.
remote command antenna 49.
remote control 411.
remote control 397.
remote control sensor 405, 410.
remote control terminal 391.
remote detection satellite 48.
remote-control arm 510.
remote-controlled points 467.
remote-controlled switch 467.
removable-bottomed pan 245.
removable-bottomed tin 245.
renal artery 126, 132.
renal hilus 132.
renal papilla 132.
renal vein 126, 132.
reniform 56.
repair shop 453.
repeat keys 405.
repeat mark 537.
reptile 96.
rerebrace 792.
reserve parachute 635.
reservoir 247, 543, 746, 747, 748, 749, 750.
reservoir-nib pen 589.
reset 532.
reset button 297, 411, 706, 711.
reset key 421.
resine surface 405.
resistance adjustment 664.
resonator 406, 542, 554.
respirator 730.
respiratory system 130.
respiratory system protection 730.
respiratory system protection 821.
rest area 52.
rest symbols 538.
restaurant 822.
restaurant 185, 190, 494.
restaurant car 460.
restricted area 610.
restricting circle 610.
retainer 735.
retaining ring 295.
retarding magnet 712.
reticle 718.
retina 140.
retractable handle 378.
retractable step 449.
retracted claw 107.
retrenchment 178.
retriever 613.
return 521.
return air 206, 207.
return crease 599.
return key 530.
return spring 432.
reverse dive 625.
reverse slide change 397.
reverse stitch button 561.
reversible reaction 831.
reversing device 212.
reversing light 429.
revolver 797.
revolving cylinder 570.
revolving nosepiece 718.
revolving sprinkler 264.
rewind 831.
rewind 411.
rewind button 403, 408, 411, 420.
rhubarb 72.
rhythm selector 555.
rib 72, 97, 102, 129, 375, 544, 546, 729, 785.
rib pad 602.
rib joint pliers 278.
rib stitch 567.
ribbing 326, 350, 670.
ribbing plough 156.
ribbing plough 154.
ribbing plow 156.
ribbing plow 154.
ribbon cartridge 531.
ribosome 115.
ribs 584.
ribs 122.

rice 152.
rider 648.
ridge 27.
ridge beam 199.
ridge tent 686.
riding 646, 648.
riding cap 648, 651.
riding coat 331.
riding crop 648, 651.
riding glove 648.
riding jacket 648.
riffler 587.
rifle (rifled bore) 798.
rift 28.
rigging 478.
rigging wire 637.
right angle 830.
right ascension 3.
right ascension setting scale 720, 721.
right atrium 124, 125.
right back 601, 607, 612.
right bend 826, 827.
right bronchus 130.
right center 606.
right centre 606.
right channel 401.
right cornerback 603, 605.
right defence 608.
right defense 608.
right defensive end 603, 605.
right defensive tackle 603, 605.
right elevating handwheel 802.
right field 597.
right fielder 597.
right forward 610, 613.
right guard 603, 605, 610.
right half 601, 607.
right halfback 603.
right inner 607.
right kidney 132.
right lung 124, 130.
right outside linebacker 605.
right pulmonary vein 125.
right safety 603.
right safety back 605.
right service court 614, 616.
right tackle 603, 605.
right trail 803.
right ventricle 124, 125.
right wing 606, 607, 608.
right wing 601.
right winger 612.
rigs, types 482.
rim 147, 376, 433, 442, 447, 610, 658.
rim flange 433.
rim soup bowl 238.
rinceau 220.
rind 65.
ring 669.
ring 55, 230, 290, 375, 434, 483, 551, 566, 660, 681, 706, 709, 754.
ring binder 519.
ring gate 753.
ring nut 300.
ring post 669.
ring road 52.
ring spanner 279.
ring step 669.
ringing volume control 420.
rings 364, 660.
ringside 669.
rink 608, 620.
rink 620, 682.
rink corner 608.
rinse-aid dispenser 257.
rip fence 284, 285.
rip fence guide 285.
rip fence lock 285.
rip fence rule 285.
rip fence slot 285.
ripeness 61.
ripening 61.
ripper 783.
ripper cylinder /83.
ripper tip 783.
ripper tooth 783.
rise 201.
riser 201, 636.
river 51, 52.
River Eridanus 13.
river estuary 30, 51.
rivet 242, 278.
road 52.
road communications 417.
road map 52.
road number 52.
road signs 824, 826, 828.
road system 450, 452.
road transport 491.
road work ahead 826, 827.

887

ENGLISH INDEX

The terms in **bold type** indicate the title of an illustration; those in *italic* correspond to the British terminology

roadway 186, 450.
roadway narrows 826, 827.
road, cross section 450.
roasting pans 248.
Roberval's balance 708.
rock 30.
rock basin 26.
rock garden 263.
rock step 26.
rocker arm 435.
rocket 509.
rocket motor 814.
rocking chair 221, 223.
rocking tool 582.
rocky desert 46.
rod 214, 539, 573.
rodent's jaw 98.
roe deer 105.
roll 341.
roll film 395.
roll-up blind 231.
roller 270.
roller 230, 231, 369, 530, 583, 788.
roller blind 231.
roller board and arms 543.
roller cover 304.
roller frame 304.
roller shade 231.
roller skate 645.
rolling ladder 303.
rolling pin 245.
romaine lettuce 73.
Roman house 170.
Roman legionary 791.
Roman metal pen 389.
roman shade 231.
Romanian couching stitch 571.
rompers 351.
rompers 349.
roof 82, 171, 197, 205, 427, 470, 733.
roof pole 686.
roof truss 199.
roof vent 196, 215, 449.
roofing felt 286.
roofs 182.
Rook 696.
room 736.
room air conditioner 214.
room thermostat 213, 705.
rooster 150.
root 70, 143, 144, 240.
root cap 57.
root hairs 57.
root of nail 137.
root of nose 141.
root rib 498.
root system 57, 61.
root vegetables 71.
root-hair zone 59.
rope 361.
rope 669, 680, 692.
rope ladder 303.
rose 265, 289, 290, 546.
rose cut 363.
rose window 175.
rosemary 74.
rosette 167.
rostrum 90.
rotary engine 437.
rotary file 516.
rotary hoe 157.
rotary system 737.
rotary table 737.
rotating auger 160, 162.
rotating dome 14.
rotating dome truck 14.
rotating drum 714.
rotating track 15.
rotating wheel 701.
Rotavator 272.
rotor 161, 290, 437, 753, 773, 774.
rotor blade 508.
rotor head 508.
rotor hub 508.
rotunda 190.
rotunda roof 183.
rough 676.
roughing out 586.
roulette 582.
roulette table 700.
round brush 368.
round end pin 231.
round eye 566.
round head 276.
round ligament of uterus 129.
round neck 343.
round pronator 120.
roundabout 52.
router 283.

routing cardboard 471, 743.
row 373.
row counter 568.
row number display 569.
rower 664.
rowing (one oar) 632.
rowing and sculling 632.
rowing boats 632.
royal agaric 55.
royal antler 105.
royal flush 695.
royal mast 479.
rub rail 441.
rubber 355.
rubber 515.
rubber boot 777.
rubber bulb 726.
rubber ferrule 302, 728.
rubber gasket 296.
rubber holder 515.
rubber mat 404.
rubber snaffle bit 650.
rubber stamp 516.
rubber thread 677.
rubber tip 302, 728.
rubber wall 433.
rubbing alcohol 725.
rubbing strip 433.
ruby 362.
ruching 349.
rudder 492, 496, 499, 511, 628, 639, 742, 812, 814.
rudder pedal 639.
Ruffini's corpuscle 136.
ruffle 228, 317.
ruffled rumba pants 349.
ruffled skirt 334.
rug and floor brush 260.
rugby 606.
rugby ball 606.
rugby, field 606.
ruler 578, 591, 688.
rump 109.
run 201, 599.
rung 302.
runner 643, 697, 753.
runner blade 752, 753, 754.
running 654.
running bowline 691.
running rail 476.
running shoe 352.
running surface 466.
running track 786.
runway 504.
runway 476, 811.
runway center line markings 504.
runway centre line markings 504.
runway designation marking 504.
runway side stripe markings 504.
runway threshold markings 505.
runway touchdown zone marking 505.
Russian pumpernickel 153.
rutabaga 71.
rye 152.

S

S-band antenna 43.
S-band high gain antenna 42.
S-band omnidirectional antenna 42.
sabaton 792.
saber 794.
saber 666.
saber and épée warning line 666.
sable 819.
sabre 794.
sabre 666.
sabre and épée warning line 666.
sabreur 667.
sacral plexus 133.
sacral vertebrae 103.
sacrum 122, 123.
saddle 649.
saddle 386, 397, 636, 648, 651, 661.
saddle pad 648.
saddlecloth 648, 651.
safari jacket 338.
safe water mark 489.
safelight 398.
safest water 488.
safety 796.
safety area 668.
safety binding 641.
safety boot 730.
safety cage 654.
safety cap 729.
safety cap 804.
safety chain 449.
safety earmuff 729.

safety glasses 729.
safety goggles 729.
safety handle 271.
safety line 475.
safety match 386.
safety pad 659.
safety pin 566.
safety rail 302, 468.
safety scissors 365.
safety suit connection 512.
safety symbols 821.
safety tank 761.
safety tether 512.
safety thermostat 259.
safety thong 617.
safety valve 248, 766.
safety vest 730.
sage 74.
Sagittarius the Archer (November 22) 820.
sail 631, 637, 773.
sail cloth 773.
sail panel 628.
sailbar 773.
sailboard 631.
sailboat 628.
sailing 628, 629, 630.
sailing, points 629.
sailor collar 342.
sailor tunic 337.
sails 480.
sails, types 482.
salad bowl 238.
salad fork 240.
salad plate 238.
salad spinner 243.
salamander 85.
salient angle 178.
saline lake 46.
salivary glands 131.
salsify 71.
salt marsh 30.
salt shaker 238.
salt taste 143.
saltcellar 238.
sample 567.
sand 748.
sand bar 30.
sand island 30.
sand shoe 441.
sand wedge 678.
sandal 356, 357.
sandal 791.
sandbox 469.
sandstorm or dust storm 39.
sandy desert 46.
saphenous nerve 133.
sapphire 362.
sapwood 59.
sarong 334.
sartorius 120.
sash frame 203.
sash window 203.
satchel bag 380.
satellite 416.
satin weave 576.
Saturn 5.
sauce pan 688.
saucepan 249.
sauté pan 249.
savory 74.
sawing-in 578.
sawtooth roof 182.
saxhorn 551.
saxophone 548.
saxophone 548.
scale 537.
scale 87, 96, 97, 111, 705, 711, 719, 726.
scale leaf 70.
scallion 70.
scallop 93.
scalper 653.
scampi 91.
Scandinavian crak bread 153.
scapula 102, 122, 123.
scapular 110.
scarp 178.
scatter cushion 224.
scattered sky 39.
scenery lift 188.
scenery storage 188.
scenic route 52.
schedules 463.
school zone 826, 827.
schooner 482.
sciatic nerve 133.
scientific air lock 511.
scientific instruments 16, 511.
scissors 564.

scissors 688, 725.
scissors crossing 464.
scissors cut 362.
scissors-glasses 377.
sclera 140.
sconce 236.
scoop 385.
score-console 683.
scoreboard 698.
scorer 610, 613, 666, 668.
scoring light 666.
Scorpio the Scorpion (October 24) 820.
Scorpion 13.
scotia 166, 167.
scraper 304, 582, 784.
scraper 583.
scraper bar holder 583.
screen 161, 374, 397, 410, 747.
screen case 397.
screen print 350.
screen window 685.
screw 276.
screw 544.
screw base 232.
screw earrings 361.
screw locking nut 670, 671.
screwdriver 276.
screwdriver 688.
screwsleeve 681.
scrimmage 603.
scrimmage in Canadian football 605.
script assistant 412.
scroll 544.
scroll case 747.
scroll foot 220.
scrotum 116, 127.
scrum half 606.
scuba diver 627.
scuba diving 627.
scuffle hoe 266.
sculling (two oars) 632.
sculling boats 632.
scuttle panel 426.
scythe 267.
sea 7, 51, 752.
sea anchor 483.
sea bag 381.
Sea Goat 13.
sea level 22, 28.
Sea Serpent 13.
sea side 752.
sea-level pressure 38.
sea-to-sea missile 809.
seal 295.
sealed cell 82.
sealing ring 741.
seam 327, 384, 598.
seam allowance 565.
seam gauge 563.
seam line 565.
seam pocket 339.
seam pocket 330.
seaming 322.
seamount 29.
search-and-rescue antennas 43.
seasons of the year 8.
seat 220, 223, 292, 293, 428, 445, 446, 584, 639, 649, 652, 664, 727.
seat belt 428.
seat cover 293.
seat post 446.
seat stay 446.
seat tube 446.
seat-belt warning light 431.
seats 222.
sebaceous gland 136.
secateurs 269.
second 830.
second 537, 669.
second base 597.
second baseman 597.
second classification track 465.
second dorsal fin 86.
second floor 194.
second floor 196.
second focal room 15.
second hand 706.
second linesman 613.
second molar 144.
second premolar 144.
second reinforce 800.
second space 610.
second stage 509.
second valve slide 550.
second violins 556.
secondaries 110.
secondary channel 489.
secondary consumers 31.

The terms in **bold type** indicate the title of an illustration; those in *italic* correspond to the British terminology

secondary inlet 741.
secondary marshalling track 465.
secondary mirror 16, 390.
secondary reflector 15.
secondary road 52.
secondary root 57.
seconde 667.
secretarial desk 521.
secretary 226.
secretary 612, 626.
section of a bulb 70.
security casing 271.
security check 504.
security trigger 272.
sedimentary rocks 23.
seed 62, 63, 64, 65, 66, 67.
seed coat 63, 152.
seed drill 158.
seed drill 154.
seed leaf 57.
seed vegetables 72.
seeder 268.
segment 65.
segment score number 698.
seismic wave 23.
seismogram 714.
selector switch 310.
self-adhesive labels 518.
self-contained breathing apparatus 777.
self-inflating mattress 687.
self-timer indicator 391.
selvage 566.
semaphore 464.
semi-breve 538.
semi-breve rest 538.
semi-circle 610.
semi-detached cottage 187.
semi-fisheye lens 392.
semi-mummy 687.
semi-quaver 538.
semi-quaver rest 538.
semi-submersible platform 739.
semicircular arch 174.
semicolon 832.
semimembranosus 121.
semimembranous 121.
seminal vesicle 127.
semiprecious stones 362.
semitendinosus 121.
semitendinous 121.
semitrailer 441.
semitrailer 440, 742.
sense organs 136, 138, 140, 141.
sense receptor 134.
senses of smell 142.
senses of taste 142.
sensor probe 253.
sensory impulse 135.
sensory neuron 134.
sensory root 135.
sent document recovery 421.
sepal 60, 62, 64.
separator 439, 742, 758.
separator steam release 758.
septal cartilage of nose 141.
septic tank 216.
septime 667.
septum 67, 141.
septum pellucidum 134.
sequencer control 555.
serac 26.
Serpent 11, 13.
Serpent Bearer 11, 13.
server 613, 614, 616, 618.
service area 52, 503, 613.
service box 616, 617, 757.
service box line 617.
service building 764.
service judge 614, 618.
service line 614, 616, 617.
service main 186.
service module 418, 509.
service road 502.
service room 172, 173.
service station 453, 823.
service zone 617.
serving bowl 238.
serving cart 219.
serving trolley 219.
sesame seeded pita 153.
sesame seeded pitta 153.
set 525.
set of utensils 244.
set-in sleeve 324, 326.
set-up 683.
set-up 683.
setting 364.
setting indicator 641.
setup 683.

setup 683.
seventeenth-century cannon 800.
seventeenth-century mortar 803.
seventh 537.
sew-through buttons 566.
sewer 186.
sewing 561, 562, 564, 566, 578.
sewing frame 578.
sewing machine 561.
sewing, accessories 563, 564.
sewn-in floor 685, 686.
sextant 484.
Sextant 13.
sextet 558.
shackle 630.
shade 234, 236.
shade cloth 231.
shadow 706.
shadow key 396.
shadow roll 651.
shady arcades 172, 173.
shaft 38, 166, 575, 584, 609, 615, 632, 652, 658, 674, 675, 677, 681, 684, 698, 705, 753, 808.
shaft head 734.
shaft holder 653.
shake-hands grip 619.
shallot 70, 542.
shallow root 59.
sham 224.
shank 275, 276, 281, 369, 375, 385, 483, 562, 563, 564, 567, 568, 671.
shank button 566.
shank protector 783.
shapka 328.
share 156.
sharp 538.
sharpening steel 242.
shaving brush 374.
shaving mug 374.
shawl collar 341.
sheath 690.
sheath 56, 101, 106, 688, 692.
sheath dress 332.
sheath of Schwann 135.
sheath skirt 334.
sheathing 198, 199.
shed 193, 263.
shed stick 574.
sheep 150.
sheep shelter 149.
sheepshank 691.
sheepskin jacket 321.
sheer curtain 229.
sheet 480, 577.
sheet bend 691.
sheet film 395.
sheet lead 630.
sheet of paper 714.
shekel 832.
shelf 226, 254, 302.
shelf channel 254.
shell 96.
shell 66, 83, 92, 109, 256, 383, 553, 643, 741.
shell membrane 109.
shell, valve 95.
shield 426, 791.
shield divisions 818.
shift key 524, 530.
shift lock key 524, 530.
shifter 447, 448.
shin boot 648, 652.
shin guard 595, 600.
shin pad 609.
shingle 286.
ship's anchor 483.
Ship's Keel 13.
ship's motor boat 809.
Ship's Sails 13.
Ship's Stern 13.
shirred heading 229.
shirt 324, 349.
shirt 656.
shirt collar 341.
shirt sleeve 340.
shirttail 324, 337.
shirtwaist dress 333.
shock absorber 445.
shoe 397.
shoe polish 358.
shoe polisher 358.
shoe rack 358.
shoebrush 358.
shoehorn 358.
shoelace 354.
shoelace 352.
shoes 354, 356, 358.
shoeshine kit 358.
shoes, accessories 358.

shoes, major types 354, 355, 356.
shoetree 358.
shoe, parts 354.
shoot 57, 59.
shooting adjustment keys 409.
shooting star 19.
shop 170.
shopping bag 381.
shore 30.
short 325.
short extensor of toes 120.
short glove 327.
short line 616, 617.
short palmar 120.
short peroneal 121.
short radial extensor of wrist 121.
short service line 618.
short sleeve 318.
short sock 344.
short splice 692.
shorts 336.
shorts 351, 600, 656.
shortstop 597.
shot 658.
shot 801.
shot put 655.
shotgun (smooth-bore) 799.
shoulder 100, 106, 116, 118, 279, 451, 545, 615, 670.
shoulder bag 380.
shoulder belt 428.
shoulder blade 117, 119.
shoulder bolt 279.
shoulder pad 602, 609, 804.
shoulder rest 804.
shoulder strap 346, 375, 380, 382, 679.
shovel 205, 266.
shovel 640, 642.
shower 194.
shower and tub fixture 215.
shower head 292.
shower stall 292.
shrimp 90.
shroud 479, 628.
shutoff switch 216.
shutoff valve 215, 293, 296, 298.
shutter 203, 529, 772.
shutter release button 391.
shutter speed setting 396.
shutting stile 202.
shuttle 573.
shuttle 510.
shuttlecock 618.
sickle 269.
side 239, 479, 787.
side back vent 322.
side chair 223.
side chapel 176.
side door 477.
side footboard 469.
side handle 280.
side handrail 477.
side judge 605.
side ladder 470.
side lane 452.
side light 429, 440, 441.
side line 619.
side mirror 368.
side panel 319.
side panel 427.
side post 199.
side rail 302, 441.
side span 456.
side vent 25, 449.
side wall 104, 470, 492, 616, 617, 621.
side wall line 616.
side-marker light 429.
side-tilt lock 393.
sideboard 227.
sideline 604, 607, 610, 611, 612, 613.
sidewalk 186.
sidewall 441.
sieve 161.
sifter 245.
sight 140.
sight 684, 719, 803.
sighting line 719.
sighting mirror 719.
sigmoid colon 131.
signal ahead 826, 827.
signal background plate 471.
signal box 464.
signal gantry 464.
signal lamp 247, 252, 255, 256, 257, 585.
signature 577.
signet ring 364.
signs of the zodiac 820.
silencer 735.

silencer 439.
silique, section 67.
silk 72.
sill 24, 199.
sill of frame 203.
sill plate 198, 199.
sill step 470.
silos 490.
silverware 239, 240.
sima 166.
simple eye 78, 80, 81.
simple leaves 56.
simple-span beam bridge 454.
single curtain rod 230.
single pole breaker 312.
single quotation marks 832.
single reed 549.
single scull 632.
single seat 477.
single twist 281.
single zero 700, 701.
single-breasted jacket 322.
single-burner camp stove 689.
single-decked pallet 787.
single-family home 187.
single-handle kitchen faucet 296.
single-handle kitchen tap 296.
single-leaf bascule bridge 457.
single-lens reflex (SLR) camera 391.
single-lens reflex camera 394.
singles pole 614.
singles service court 618.
singles sideline 614, 618.
sinister 818.
sinister base 818.
sinister chief 818.
sinister flank 818.
sink 215, 292, 296.
sink with waste disposal unit 296.
sinker 486, 672.
sinkhole 24.
sinus 315.
siphon 24.
siphonal canal 94.
site plan 193.
sitting room 195.
sixte 667.
sixteenth note 538.
sixteenth rest 538.
sixth 537.
sixty-fourth note 538.
sixty-fourth rest 538.
skate 609.
skate guard 644.
skating 644.
skeg 631.
skeleton 122.
skeleton, horse 102.
ski 445, 641.
ski boot 641.
ski boot 640.
ski glove 640.
ski goggles 640.
ski hat 640, 642.
ski pants 336.
ski pole 640, 642.
ski stop 640, 641.
ski suit 640, 642.
ski tip 642.
skid 508.
skimmer 244.
skin 136.
skin 62, 63, 64, 84, 134.
skin surface 137.
skip 620, 736.
skirt 331, 615, 649, 792.
skirt finger 493.
skirt marker 564.
skirting grille 207.
skirts, types 334.
skull 88, 102, 116, 134, 792.
skullcap 328.
sky coverage 39.
sky diver 635.
sky diving 635.
skylight 194, 197.
skyscraper 185.
slab 288.
slab building 584.
slalom ski 633.
slash 832.
slat 571.
sled 264, 643.
sleeper 466.
sleeper-cab 440.
sleepers 350.
sleeping bags 687.
sleeping car 460.
sleeping compartment 460.

The terms in **bold type** indicate the title of an illustration; those in *italic* correspond to the British terminology

sleeping-suit 350.
sleepsuit 350.
sleet 37, 39.
sleeve 318, 322, 662, 663, 667.
sleeve strap 319.
sleeve strap loop 319.
sleeveless jersey 662.
sleeveless singlet 662.
sleeves, types 339, 340.
slide 397.
slide 257, 397, 566, 797.
slide chair 467.
slide mount 397.
slide plate 561, 562.
slide projector 397.
slide tray 397.
slide-bar 568.
slider 543.
sliding block 476.
sliding breech 802.
sliding channel 470.
sliding cheek bit 650.
sliding cover 484.
sliding door 202.
sliding folding door 202.
sliding folding window 203.
sliding lever 428.
sliding rail 428, 630.
sliding sunroof 427.
sliding weight 539, 708.
sliding window 203.
slight drifting snow low 39.
slightly covered sky 39.
sling back shoe 356.
slip 345.
slip joint 278.
slip joint pliers 278.
slip-on 355.
slip-on pyjamas 351.
slip-stitched seam 324.
slipover 326.
slippery road 826, 827.
slit 576.
slope 451.
sloped turret 183.
sloping cornice 168.
slot 188, 240, 252, 276, 379, 578.
slot machine 702.
slotback 605.
slow-burning stove 204.
slow-motion 411.
slower traffic 452.
sludge 216.
small decanter 237.
small hand cultivator 268.
small intestine 131.
smaller round 121.
smell 141.
smock 337.
smock 337.
smoke 39.
smoke baffle 204.
smoke bomb discharger 805.
smoking accessories 384, 386.
smoking candle 582.
smoking-apparatus 582.
snaffle bit 650.
snaffle bit 649.
snaffle rein 649.
snaffle strap 649.
snail 83.
snail dish 246.
snail tongs 246.
snap 566.
snap 672.
snap fastener 321, 327.
snap shackle 630.
snap-fastening front 350.
snap-fastening tab 321.
snap-fastening waist 350.
snare 553.
snare drum 553.
snare drum 552, 557.
snare head 553.
snare strainer 553.
snelled fishhook 672.
snooker 673.
snorkel 627.
snout 84.
snow 34.
snow crystals, classification 36.
snow gauge 41.
snow guard 445.
snow pellet 37.
snow shower 39.
snowfall, measure 41.
snowmobile 445.
snowshoe 645.
snowsuit 351.

soap dish 292.
soccer 600.
soccer ball 600.
soccer player 600.
soccer shoe 600.
soccer, playing field 601.
sock 344.
sock 602, 615.
socket 309, 401, 566.
socket bayonet 794.
socket head 276.
socks 325.
sofa 221.
soft palate 141, 142.
soft pastel 588.
soft pedal 540, 555.
soft ray 87.
soft shell clam 93.
soft-drink dispenser 453.
soil 750.
solar array 42, 48, 418.
solar array deployment 419.
solar array drive 42.
solar cell 768.
solar cell 523, 769.
solar cell panel 769.
solar cells 42.
solar collector 772.
solar eclipse 8.
solar energy 768, 770, 772.
solar furnace 770.
solar house 772.
solar panel 16.
solar radiation 768, 769, 770, 771,
  772.
solar ray reflected 770, 771.
solar reflectors 418.
solar shield 512.
solar system 4.
solar-cell system 769.
solder 307.
soldering 305, 306, 308.
soldering gun 305.
soldering iron 305.
soldering torch 299, 307.
sole 104, 325, 641, 644, 678.
soleplate 256.
soleplate 466.
soleus 120.
solid body 547.
solid rubber tire 788.
solid rubber tyre 788.
solid shot 801.
solid-rocket booster 510.
solitaire ring 364.
solvent extraction unit 744.
sorghum 152.
sound alarm 485.
sound control room 412, 415.
sound desk 412.
sound digitizing processor 528.
sound hole 544.
sound monitor 412, 413.
sound receiver 726.
sound reproducing system 400,
  402, 404.
**sound reproducing system,
  components** 400.
sound signal 539.
sound technician 412.
soundboard 535, 540, 544, 545, 546.
soundbox 545.
soup bowl 238.
soup spoon 241.
soup tureen 238.
sour taste 143.
sources of pollution 34.
South 488.
South America 20.
South cardinal mark 489.
South celestial pole 3.
South Pole 3.
Southeast 488.
Southern Cross 13.
Southern Crown 13.
Southern Fish 13.
Southern hemisphere 3, 47.
Southern Triangle 13.
Southwest 488.
southwester 329.
sow 151.
soybeans 72.
space 537.
space bar 525, 530.
space probe 19.
space shuttle 510.
space shuttle at takeoff 510.
space shuttle in orbit 510.
spacelab 511.
spacer 727, 765.

spacesuit 512.
spade 266, 632, 695.
spade 803.
spading fork 266.
spadix 60.
spaghetti tongs 246.
spandrel 174.
spanker 480.
spar 498.
spar buoy 489.
spark 436.
spark plug 439.
spark plug 271, 435, 437.
spark plug body 439.
spark plug cable 435.
spark plug gap 439.
spark plug gasket 439.
spark plug terminal 439.
sparking plug 439.
sparking plug body 439.
sparking plug gap 439.
sparking plug gasket 439.
sparking plug terminal 439.
sparkling wine glass 237.
spatial dendrite 36.
spatula 589.
spatula 244, 581.
spatulate 56.
speaker 408, 420, 500.
speaker cover 400.
speaker selector 402.
spear 72, 791.
speargun 627.
special mark 489.
specimen chamber 717.
specimen positioning control 717.
spectrometer 717.
speed control 250, 271.
speed controller 561.
speed course 646.
speed selector 251, 404.
speed selector switch 370.
speed skate 644.
speedbrake lever 500.
speedometer 431, 445, 664.
spelling corrector 524.
spencer 338.
spent fuel discharge bay 758.
spent fuel port 764.
spent fuel storage bay 758, 764, 765.
spermatic cord 127.
spermatozoon 127.
sphenoidal sinus 141.
sphere support 40.
sphincter muscle of anus 131.
spicules 6.
spider 77.
spider 77.
spike 60, 466, 656, 680, 681.
spike file 702.
spiked shoe 595.
spillway 746.
spillway chute 746.
spillway gate 746.
spinach 73.
spinal column 122, 134.
spinal cord 89, 134, 135.
spinal ganglion 135.
spinal nerve 135.
spindle 223, 251, 290, 294, 404, 707,
  711, 712.
spine 577.
spine of scapula 123.
spine of the book 579.
spinner 672.
spinning rod 671.
spinous process 135.
spiny lobster 91.
spiny ray 86.
spiracle 78, 79.
spiral 276, 264, 403.
spiral arm 9.
spiral beater 250.
spiral binder 519.
spiral case 753.
spiral galaxy 9.
spiral rib 94.
spiral screwdriver 276.
spiral staircase 741.
spiral-in groove 404.
spire 94, 175.
spirit level 291.
spit 30.
splash plate 741.
splat 220.
splay 175.
spleen 88, 124.
splenius muscle of head 121.
spline 439.
splints 725.

split bet 700, 701.
split end 603, 605.
split link 672.
spoiler 442, 498.
spoke 447.
spoked wheel 652.
sponge 801.
sponge-tipped applicator 367.
sponges 367.
spool 570, 670, 671.
spool pin 561.
spool rack 575.
spoon 241.
spoon 688.
spoon blade 587.
spoons, major types 241.
spores 55.
sports car 425.
sportswear 352.
spot 235.
spot white ball 673.
spotlight 414, 777, 778, 780.
spotmeter 396.
spout 162, 247, 252, 294, 295.
spout assembly 296.
spray 256.
spray arm 257.
spray button 256.
spray control 256.
spray head 296.
spray hose 292, 296.
spray nozzle 264.
spray nozzle 741.
spray paint gun 304.
sprayer 264.
spread collar 324.
spreader 270.
spreader 375.
spreader adjustment valve 304.
spring 8, 234, 258, 278, 290, 294,
  389, 469, 659, 804.
spring balance 709.
spring binder 519.
spring housing 230.
spring linkage 702.
spring onion 70.
spring washer 278.
spring wing 276.
spring-metal insulation 287.
springboard 659.
springer 174.
sprinkler hose 265.
sprinklers 766.
sprocket 445.
sprocket wheel 783, 805.
spur 27, 80, 281, 552, 648.
squab 428.
squall 39.
square 184, 577.
square bet 700, 701.
square brackets 832.
square flag 817.
square head plug 301.
square knot 691.
square movement 696.
square neck 343.
square root key 523.
square root of 830.
square sail 482.
square trowel 291.
square-headed tip 276.
squash 616.
squash ball 616.
squash racket 616.
squash racquet 616.
squash, court 616.
stabilizer 636, 684, 812.
stabilizer fin 496.
stabilizing fin 509.
stabilizing shaft 788.
stable 651.
stack 30, 494.
stacking chairs 223.
stadium 185.
staff 537.
staff 817.
stage 189.
stage 188, 717, 718.
stage clip 718.
stage curtain 188, 189.
stained glass 175.
stairs 201.
stairs 194, 474, 741.
stairwell 194.
stake 263, 685, 686.
stake loop 685, 686.
stake pocket 441.
stalactite 24.
stalagmite 24.
stalk 62, 63, 64, 72.

The terms in **bold type** indicate the title of an illustration; those in *italic* correspond to the British terminology

stalk vegetables 72.
stamen 60, 64.
stamp 384.
stamp pad 516.
stamp rack 516.
stanchion 644.
stand 651.
stand 236, 248, 250, 341, 370, 382, 552, 586, 714.
stand-off half 606.
stand-up collar 342.
standard A 539.
standard lens 392.
standardbred pacer 652.
standby airspeed indicator 500.
standby altimeter 500.
standby attitude indicator 500.
standing press 579.
standpipe 298.
stapes 138.
staple remover 515.
stapler 515.
staples 515.
star anise 67.
star diagonal 721.
star facet (8) 363.
star tracker 16.
starboard diving plane 806.
starboard hand 488, 489, 497.
starch 152.
starch granule 115.
start 532.
start and finish 646.
start button 706.
start key 421.
start line 655, 656.
start switch 259.
start wall 621.
start-up key 530.
starter 271, 272, 621.
starter handle 272.
starting bar (backstroke) 621.
starting block 621, 656.
starting block 621.
starting cable 270.
starting dive 622.
starting position 625.
starting step 201.
state 51.
station circle 38.
station entrance 474.
station name 474.
station platform 464.
station wagon 425.
stationary bicycle 664.
stationary bowl 701.
stationary front 39.
stationery 515, 516, 518.
stationery cabinet 522.
stator 290, 753.
stay 479.
stay ring 753.
stay vane blade 753.
stays 456.
staysail-stay 479.
steak knife 239.
steam generator 759, 761, 762, 771, 806.
steam generator room cooler 759.
steam iron 256.
steam outlet 760, 761, 762, 763.
steam pressure drives turbine 767.
steam release pipes 759.
steel 286.
steel 346, 795.
steel bar 660.
steel belted radial tire 433.
steel pen 389.
steel safety wheel 476.
steel spring 795.
steel to plastic 301.
steelyard 708.
steep hill 826, 827.
steeple hurdle 656.
steeplechase 655.
steering axle 788.
steering cylinder 784.
steering lever 788.
steering wheel 147, 430.
stellar crystal 36.
stem 55, 57, 70, 232, 247, 385, 447, 479, 705.
stem bulb 497.
stem faucet 294.
stem holder 294.
stem washer 294.
step 147, 302, 440.
step chair 222.
step cut 363.
step groove 201.

step setting 711.
step stool 302.
stepladder 302.
stepladders 302.
steppe 45.
stereo camera 395.
stereo control 408.
stereo phase monitor 413.
sterile dressing 725.
sterile pad 725.
stern 496, 631.
stern post 742.
sternocleidomastoid 120.
sternomastoid 120.
sternum 102, 122.
stethoscope 726.
steward's desk 461.
stick 375, 607.
stick 544.
stick eraser 515.
stick rubber 515.
stick umbrella 375.
stickpin 364.
sticks 553.
sticks 728.
stifle 101.
stigma 60, 66.
stile 223.
stile groove of sash 203.
stile tongue of sash 203.
stiletto 794.
still cameras 394, 395.
still video camera 395.
still video film disc 395.
still video film disk 395.
still water level 30.
stilt 585.
stilted 174.
stimulator tip 373.
stinger 81.
stipule 56.
stirrup 793.
stirrup iron 648.
stirrup leather 649.
stirrup sock 595.
stitch 352, 355.
stitch control buttons 569.
stitch length regulator 561.
stitch pattern memory 569.
stitch patterns 567.
stitch selector 561.
stitch width selector 561.
stitches 596.
stitches, embroidery 571.
stitching 327.
stock 483, 536, 773, 798, 799.
stock pot 249.
stockade 181.
stocked anchor 483.
stocking 344.
stocking 667.
stocking 347.
stocking cap 329.
stocking stitch 567.
stockless anchor 483.
stomach 88, 92, 97, 124, 131.
stomach throw 668.
stomacker 317.
stone 286.
stone 63, 364.
Stone Age arms 791.
stone fleshy fruits 63.
stone fruits, major types 63.
stone fruit, section 63.
stoner 246.
stop 831.
stop 106, 411, 532, 566, 570, 632.
stop at intersection 824, 825.
stop bath 399.
stop button 272, 403, 411, 420, 706.
stop knob 542, 543.
stop rod 543.
stop watch 407.
stop/clear key 405.
stopwatch 706.
storage compartment 397, 440, 449, 778, 780.
storage door 254.
storage furniture 225, 226.
storage space 461.
storage tank 744, 772.
storage tray 591, 764.
storm collar 205.
storm sewer 186.
stormy sky 36.
stove oil 745.
straight 695.
straight bet 700, 701.
straight blade 587.
straight eye 566.

straight flush 695.
straight jaw 278.
straight ladder 303.
straight muscle of thigh 120.
straight position 624.
straight razor 374.
straight skirt 334.
straight wing 499.
straight-up ribbed top 325.
straight: post and rail 646.
strainer 243.
strainer 251, 685.
strainer body 296.
strainer coupling 296.
straining, utensils for 243.
strait 51.
strand 692.
strap 365, 596, 660, 662, 706, 777.
strap wrench 299.
strapless brassiere 346.
stratocumulus 44.
stratosphere 19.
stratum basale 136.
stratum corneum 136.
stratum granulosum 136.
stratum lucidum 136.
stratum spinosum 136.
stratus 44.
straw spreader 161.
strawberry, section 62.
streamer 817.
street 52, 184, 190.
street bet 700, 701.
street light 185, 186.
street, cross section 186.
stretch-limousine 425.
stretcher 219, 726.
strike plate 290.
striker 307.
striker 804.
striker wheel 386.
striking circle 607.
string 541, 544, 545.
stringed instruments 544, 546.
stringer 787.
stringing 615.
strings 540.
strip flooring with alternate joints 200.
strip light 235.
strip mine 733.
stroke judge 621.
strokes, types 622.
strongbox 702.
structure of the Sun 6.
strut 199, 495, 553, 774.
stud 198, 353.
studio 407.
studio floor 412.
studio, radio 407.
studio, television 412, 414.
studs 598.
stummel 385.
stump 59.
stump 598, 599.
style 60, 62, 63, 64, 67.
styling brush 370.
stylobate 166, 168.
stylus 389.
stylus cartridge 404.
sub-base 40.
subarctic climates 45.
subarctic climates 45.
subbase 451.
subclavian artery 126.
subclavian vein 126.
subcutaneous tissue 137.
subfloor 198, 199, 200.
subgrade 451.
sublimation 34.
submachine gun 795.
submarine 806.
submarine canyon 29.
submarine pipeline 740.
subsidiary track 464.
substation 752.
substitute corridor 612.
substructure 737.
subterranean stream 24.
subtract from memory 523.
subtract key 523.
subtraction 830.
subtropical climates 45.
suburban commuter railroad 464.
suburban commuter railway 464.
suburbs 52.
subway 474, 476.
subway 190.
subway 464.
subway map 475, 477.

subway station 474.
subway train 476.
subway train 474.
sucker 61.
suction hose 778.
sudoriferous duct 136.
sugar bowl 238.
suit 331.
suitcase 383.
sulcus terminalis 143.
sulky 652.
sum 830.
sumie 589.
summer 8.
summer solstice 8.
summer squash 69.
summit 27.
sump 216, 736.
sump 272, 434.
sump gasket 434.
Sun 6.
Sun 4, 8.
Sun mode position 419.
sun roof 427.
sun sensor 42, 43, 49.
sun visor 430, 449.
sundae spoon 241.
sundeck 497.
sundial 706.
sundress 332.
sunglasses 377.
sunshade 42.
sunshine recorder 40.
sunshine, measure 40.
sunspot 6.
Sun, structure 6.
super 82.
superficial peroneal nerve 133.
superior cymbal 552.
superior dental arch 142.
superior mesenteric artery 126, 132.
superior mesenteric vein 126.
superior nasal concha 141.
superior semicircular canal 139.
superior umbilicus 110.
superior vena cava 124, 125, 126, 130.
superstructure 486.
supply duct 213.
supply line 215.
supply point 757.
supply tube 296.
support 40, 223, 230, 232, 574, 720.
support leg 156, 441, 449.
support leg crank 441.
support structure 15, 48.
supports 589.
suprarenal gland 132.
sural nerve 133.
surcingle 653.
surface cold front 39.
surface course 450.
surface element 255.
surface insulation 510.
surface of the water 624.
surface runoff 32, 34.
surface scum 216.
surface surveillance radar 809, 810.
surface warm front 39.
surface water drain 186.
surface-piercing foils 495.
surface-to-air missile 814.
surface-to-subsurface missile 809, 814.
surroyal antler 105.
suspended span 454.
suspender 456.
suspender 347.
suspender belt 347.
suspender clip 323.
suspenders 323.
suspension 477.
suspension arm 258.
suspension band 729.
suspension bogie 458.
suspension bridge 456.
suspension cable 456.
suspension insulator string 756.
suspension lines 636.
suspension spring 707.
suspension truck 458.
suspensory ligament 140.
suture 67, 94.
swagger stick 375.
swallow hole 24.
swallowtail 817.
swallowtail and tongue 817.
Swan 11.
sweat pants 352.
sweat shirt 352.
sweat trousers 352.
sweater 326.

sweaters 326, 338.
sweaters 338.
swede 71.
sweeper 601.
sweeping hip throw 668.
sweeping score line 620.
sweet bay 74.
sweet corn 72.
sweet peas 72.
sweet pepper 69.
sweet potato 71.
sweet taste 143.
sweetheart neckline 343.
swell organ manual 542.
swell pedals 542.
swept-back wing 499.
swift 575.
swimmerets 91.
swimming 621, 622.
swimming pool 496, 621, 626.
swimming trunks 353.
swimsuit 353.
swing bridge 457.
swinging door 202.
Swiss army knife 688.
Swiss chard 72.
switch 309.
switch 254, 280, 283, 285, 464.
switch lock 280.
switch plate 309.
switch point 467.
switch rod 467.
switch signal 467.
switch stand 467.
switch tower 464.
swivel 658, 672, 737.
swivel base 282.
swivel cord 370.
swivel flex 370.
swivel head 282.
swivel lock 282.
swivel wall lamp 234.
swivel-tilter armchair 520.
Swordfish 13.
symbol 702.
symbols, dangerous materials
821.
symbols, protection 821.
sympathetic ganglion 135.
symphony orchestra 556.
symphysis pubis 127, 128.
synapse 135.
synthesizer 555.
synthetic sponge 367.
syringe 726.
syringe for irrigation 726.
system buttons 555.
systems display 500.

ᵛ

T

T-shirt 337.
T-shirt dress 351.
T-strap shoe 356.
T-tail unit 498.
tab 518.
tab 319, 375, 378, 379, 566, 649.
tab key 530.
tab setting 525.
table 219, 674.
table 283, 285, 363, 578.
table cut 363.
table extension 285.
table lamp 236.
table mixer 250.
table saw 285.
table tennis 619.
table tennis ball 619.
table tennis bat 619.
table tennis paddle 619.
table-locking clamp 283.
tablespoon 241.
tables, major types 219.
tablet 725.
table, tennis 619.
tablinum 170.
tabulator 524.
tachometer 431, 445.
tack 631.
tackle box 672.
tadpole 84.
tag 352, 354.
tail 91, 96, 97, 101, 106, 107, 112,
127, 499, 579, 633, 638, 641, 642,
643, 645, 670.
tail assembly 499.
tail boom 508.
tail comb 368.
tail edge 577.
tail feather 109.

tail of helix 139.
tail pipe 439.
tail pipe extension 439.
tail pole 773.
tail shapes, types 498.
tail skid 508.
tail-out groove 404.
tailing auger 161.
taillight 147, 429, 441, 443, 444.
taillights 429.
tailored collar 341.
tailored collar 330.
tailored sleeve 340.
tailpiece 296, 544.
tailrace 747.
take-up handle 572.
take-up reel 403.
take-up spool 390.
talon 111.
talus 123.
tambourine 554.
tamper 385.
tandem disc harrow 157.
tandem disc harrow 154.
tandem disk harrow 157.
tandem disk harrow 154.
tang 239, 242, 291.
tank 805.
tank 216, 398, 399, 689, 742, 743,
780.
tank ball 293.
tank car 472, 743.
tank farm 740.
tank gauge float 741.
tank hatch 743.
tank lid 293.
tank sprayer 265.
tank top 351, 353.
tank trailer 742.
tank wagon 743.
tank wall 742.
tanker 742.
tanker 491, 813.
tanks 511.
tap 292.
tap connector 265.
tape 566, 571, 607, 613, 711, 804.
tape counter 403.
tape dispenser 516.
tape lock 711.
tape measure 563, 711.
tape selector 403.
tape-guide 403.
taper 582.
tapered wing 499.
tapestry bobbin 574.
tapestry bobbin 574.
taproot 59.
tar paper 286.
target 684.
target area 770.
target areas 667.
target detection radar 809.
tarlatan 582.
tarragon 74.
tarsus 78, 80, 103, 108, 122.
tassel 229, 231.
tasset 792.
taste sensations 143.
Taurus the Bull (April 20) 820.
taxi rank 822.
taxi transportation 822.
taxiway 502.
taxiway line 503.
tea ball 246.
tea infuser 246.
team bench 626.
team shirt 595, 600.
teapot 238.
tear tape 384.
tear-off calendar 518.
teaser comb 368.
teaspoon 241.
technical equipment compartment
415.
technical identification band 405.
technical producer 412, 415.
technical producer monitor 413.
technical specifications 433.
tedding 155, 159.
teddy 345.
tee 301.
tee 298, 620, 677.
teeing ground 676.
teeth 144.
teeth 566.
tele-converter 392.
telecommunication aerial 494, 497.

telecommunication antenna 494, 497,
809.
telecommunication satellites 418.
telecommunication satellites,
examples 418.
telecommunication terminal 422.
telecommunications by satellite
417.
telecommunications by
telephone network 417.
telephone 822.
telephone 413.
telephone answering machine
420.
telephone cable 186.
telephone index 516.
telephone index 420.
telephone network 417.
telephone set 420.
telephone set 415, 417.
telephones, types 422.
telephone, communication 420,
422.
telephoto lens 392.
teleport 417.
teleprompter 414.
telescope 14.
telescope 14, 42, 484, 713.
telescope base 14.
telescopic boom 780, 786.
telescopic corridor 503.
telescopic front fork 442.
telescopic leg 726.
telescopic sight 718.
telescopic sight 798.
telescopic umbrella 375.
telescoping leg 393.
telescoping uncoupling rod 470.
television 410, 412, 414.
television set 410.
television set 401.
telex 421.
telex 417.
telltale 616, 628.
telson 91.
temperate climates 45.
temperature 210.
temperature control 213, 252, 256,
297.
temperature control knob 585.
temperature indicator 431.
temperature of dew point 38.
temperature scale 19.
temperature scales 710.
temperature selector 253, 258, 259.
temperature set point knob 705.
temperature, measure 41.
template 738.
temple 573.
temple 116, 376, 578.
tempo control 555.
tempo scale 539.
temporal bone 122.
tenaille 179.
tendon 107.
tendon guard 644.
tendril 61.
tennis 614.
tennis ball 615.
tennis player 615.
tennis racket 615.
tennis racquet 615.
tennis shoe 355.
tennis shoe 615.
tennis, court 614.
tennis, net 614.
tenon saw 578.
tenor drum 553.
tenpin 683.
tensiometer 710.
tension adjustment 671.
tension block 562, 569.
tension block 561.
tension dial 562, 568, 569.
tension disc 562, 569.
tension disk 562, 569.
tension guide 569.
tension pulley wheel 230.
tension rod 553.
tension screw 552.
tension spring 431, 562, 569, 665.
tensor of fascia lata 120.
tentacle 83.
tents, major types 686.
tepee 165.
teres major 121.
teres minor 121.
terminal 421.
terminal 255, 309, 312, 740, 757.
terminal arborization 135.

terminal box 769.
terminal bronchiole 130.
terminal bud 57.
terminal filament 134.
terminal lobe 61.
terminal moraine 27.
terminal tackles 672.
terreplein 179.
terrestrial sphere 3.
tertial 110.
tertiary consumers 31.
test pattern 414.
test-lamp 310.
testicle 127.
text 524.
text display 524.
theater 188.
theatre 188.
theodolite 713.
theodolite 41.
thermal barrier 42.
thermal louver 43.
thermocouple 297.
thermocouple tube 297.
thermometer 705.
thermometer 627, 635, 741.
thermos 690.
thermosphere 19.
thermostat 210, 214, 252, 297.
thermostat control 254.
thigh 101, 106, 108, 117, 119, 127,
128.
thigh pad 602.
thigh-boot 357.
thigh-high stocking 344.
thimble 563.
thimble 711.
thinning razor 369.
third 537.
third base 597.
third baseman 597.
third finger 137.
third stage 509.
third valve slide 551.
third wheel 706, 707.
thirty-second note 538.
thirty-second rest 538.
thong 357.
thoracic legs 90.
thoracic vertebra (12) 123.
thoracic vertebrae 102.
thorax 78, 79, 80, 116, 118.
thread 276, 294.
thread guide 561, 562.
thread take-up lever 561.
thread trimmer 562.
threaded cap 301.
threaded rod 279.
three-four time 537.
three-hinged arch 455.
three-of-a-kind 695.
three-pin socket 309.
three-quarter coat 321.
three-quarter sleeve 339.
three-toed hoof 99.
threshing area 161.
threshold 202.
throat 108, 282, 483, 615, 671.
throat lash 649.
throat latch 649.
throat protector 595, 609.
throttle valve 735.
throttles 500.
through arch bridge 455.
throwing circle 654, 655.
throwings 658.
thrust 455.
thrust bearing 753.
thrust device 389.
thrust tube 389.
thruster 49, 512.
thrusting and cutting weapons
794.
thumb 112, 137, 327, 596.
thumb hook 550.
thumb piston 542.
thumb rest 549, 726.
thumb tacks 515.
thumbscrew 279.
thunderstorm 39.
thyme 74.
tibia 78, 80, 103, 112, 122.
tibial nerve 133.
ticket collector 463.
ticket collector's booth 474.
ticket control 463.
ticket counter 504.
tidal power plant 752.
tie 375, 466, 539.
tie bar 364.

The terms in **bold type** indicate the title of an illustration; those in *italic* correspond to the British terminology

tie beam 198.
tie closure 375.
tie plate 466.
tie rod 553.
tieback 228.
tiepin 364.
tierce 667.
tierceron 177.
tight end 603, 605.
tightener 661.
tightening band 40.
tights 344.
tilde 832.
tile 286.
tile 169, 170, 511.
tiller 272.
tiller 628, 793.
tilt tube 231.
tilt-back head 250.
timber 168, 170.
time signatures 537.
timed outlet 255.
timekeeper 610, 612, 626, 666, 668, 669.
timer 398.
timer 252, 585, 664.
timetables 463.
timing belt 434.
timpani 557.
tin opener 256.
tin opener 244, 688.
tine 157, 240, 272.
tip 57, 72, 239, 241, 275, 276, 284, 291, 305, 306, 323, 375, 633, 637, 640, 645, 658, 670, 675.
tip cleaners 307.
tip of nose 141.
tip protector 726.
tip section 670.
tip-ring 670, 671.
tipping lever 727.
tire 433.
tire 440, 447.
tire pump 446.
tire valve 447.
tissue holder 292.
Titan 5.
toad 85.
toaster 252.
tobacco 384.
tobacco hole 385.
tobacco pouch 385.
toe 104, 106, 111, 116, 118, 277, 325, 678.
toe binding 642.
toe box 644.
toe clip 104, 446, 448.
toe guard 730.
toe guard 595.
toe hole 645.
toe pick 644.
toe piece 633, 640.
toe piston 542.
toe strap 633.
toe-piece 641.
toe-strap 357.
toenail scissors 365.
toeplate 642.
toga 315.
toggle 817.
toggle bolt 276.
toggle fastening 320.
toggles 650.
toilet 293.
toilet 215, 292, 461.
toilet 195.
toilet bowl 293.
toilet tank 292.
toilet truck 506.
tom-tom 552.
tomato 69.
tombolo 30.
tone arm 404.
tone control 547.
tone leader generator 407.
tongs 246.
tongue 81, 88, 131, 142, 323, 352, 354, 536, 542, 566, 641, 644.
tongue sheath 96.
tongue, dorsum 143.
tonsil 142.
tool 735.
tool holder 283.
tool tether 512.
tool tray 302.
tools, carpentry 275, 276, 278, 280, 282, 284.
tools, electricity 310, 311.
tools, plumbing 299.
tools, wood carving 587.

tooth 96, 158, 159, 160, 162, 268, 277, 284, 369, 785.
toothbrush 373.
toothbrush 373.
toothbrush shaft 373.
toothbrush well 373.
toothed jaw 278.
toothpaste 373.
top 59, 219, 302, 478.
top bar 659.
top central manhole 743.
top coat 331.
top cylinder 581.
top deck 741.
top deckboard 787.
top edge 577.
top hat 328.
top ladder 781.
top lift 354.
top of dam 746, 748, 749, 752.
top plate 525.
top pocket 675.
top rail 202, 223, 225.
top rail of sash 203.
top road 736.
top stitched pleat 335.
top stitching 323, 350.
top-end transverse member 470.
topaz 362.
topgallant mast 479.
topmark 486, 488.
topmast 479.
topping 670.
topping lift 478.
toque 329.
torpedo 807.
torpedo room 807.
torque converter 258.
torus 166, 167.
total 709.
total eclipse 8.
tote bag 380, 382.
tote board 651.
Toucan 13.
touch 136.
touch line 601, 606.
touring boot 642.
tourmaline 362.
tow bar 506.
tow bar 158, 159, 162, 449, 633.
tow line 633.
tow release knob 639.
tow tractor 506, 507.
towel bar 292.
tower 756.
tower 176, 456, 486, 770, 771, 773, 774, 786.
tower body 756.
tower crane 786.
tower foot 756.
tower ladder 781.
tower mast 786.
tower silo 149.
tower top 756.
tower window 756.
towing eye 803.
towing hitch 147, 449.
town houses 187.
tracery 175, 176.
trachea 130.
tracing wheel 563.
track 476, 651.
track 230, 445, 463, 474, 783.
track and field athletics 654, 656, 658.
track idler 783.
track lighting 235.
track link 805.
track number 405.
track roller frame 783.
track search keys 405.
track shoe 656, 805.
trackball 526.
tracker 543.
tractor 147.
tractor 742.
tractor engine 784.
tractor unit 440.
tractor unit 440.
trade building 185.
trade name 384.
traditional houses 165.
traditional musical instruments 535, 536.
traffic circle 52, 450.
traffic island 184.
traffic lane 452.
traffic light 186.
tragus 112, 139.
trailer 449.

trailer caravan 449.
trailing edge 498, 636, 637, 638.
trailing edge flap 498, 812.
trainer 669.
training set 351.
training suit 352.
training wall 746.
trampoline 659.
transcription of seismic waves 714.
transducer 485.
transept 177.
transept spire 176.
transfer canal 764.
transfer dispensing machine 475.
transfer of heat to water 766.
transfer port 436.
transfer ramp 452.
transfer scale 396.
transform fault 28.
transformer 235, 747, 757, 758, 771.
transit shed 490.
transition fittings 301.
translation wave 30.
transmission 258.
transmission cable 485.
transmission of the electrical current 714.
transmission/reception of messages 421.
transmitted pulse 722.
transmitter 420.
transmitting station 722.
transparency slide 397.
transpiration 35.
transporter bridge 457.
transverse bulkhead 743.
transverse colon 131.
transverse dunes 46.
transverse process 135.
trap 301.
trap 215, 293, 296.
trap coupling 296.
trapeze dress 332.
trapezius 120, 121.
traveler 630.
traveler 628.
traveling block 737.
traveling crane 747.
traveller 630.
traveller 628.
travelling crane 747.
traverse arch 177.
traverse rod 230.
traversing handle 803.
tray 210, 226, 270, 304, 383.
tread 201, 433, 649.
tread bar 147.
tread design 433.
treadle 572.
treadle cord 572.
treatment plant 735.
treble 646.
treble bridge 540.
treble fishhook 672.
treble keyboard 536.
treble pickup 547.
treble register 536.
treble tone control 402.
tree 59.
tree 649.
tree frog 85.
tree pruner 269.
trees 676.
tree, structure 59.
tree, trunk 59.
trefoil 174.
trefoil 175.
trench 28, 733.
trench coat 319.
triangle 554.
Triangle 11, 556.
triangular bandage 725.
triangular body 535.
triangular fossa 139.
triceps bar 663.
triceps of arm 121.
tricorne 318.
tricuspid valve 125.
trifoliolate 56.
trigger 268, 304, 780, 793, 795, 796, 797, 798, 799, 804.
trigger guard 795, 797, 798, 799.
trigger switch 284.
triglyph 167.
trilby 328, 329.
trill 538.
trim 383.
trim panel 429.
trim ring 255.

trailer caravan 449.
trimmer 374.
trimming 578.
trimming 379.
trimming tool 585.
trio 558.
trip lever 264, 293.
trip mileometer 431.
trip odometer 431.
triple bars 647.
triple bars 646.
triple jump take-off board 654.
triple jump take-off line 654.
triple ring 698.
triple tail unit 498.
tripod 393.
tripod 397, 415, 539, 721.
tripod accessories shelf 721.
tripod stand 552.
tripod tail support 507.
Triton 5.
trochanter 78, 80.
trolley 265, 457, 786.
trolley crank 265.
trolley pulley 786.
Trombe wall 772.
Trombe wall 772.
trombone 550.
trombones 556.
tropic of Cancer 3, 47.
tropic of Capricorn 3, 47.
tropical climates 45.
tropical fruits 68.
tropical fruits, major types 68.
tropical rain forest 45.
tropical savanna 45.
tropical storm 39.
troposphere 19.
trot 101.
trough 30, 38.
trousers 323.
trousers 668.
trousers 353, 680.
trousers, types 336.
trowel 268.
truck 476.
truck 468, 645.
truck crane 786.
truck frame 468.
truck tractor 440.
truck tractor 440.
truck trailer 440.
trucking 440.
trucking 440.
truffle 55.
trumpet 550.
trumpet 550.
trumpet interchange 451.
trumpets 556.
trunk 383.
trunk 59, 61, 117, 119, 427.
trunk hose 316.
trunks 662.
trunk, cross section 59.
trunnion 800.
trussed arch 455.
tub 257, 258, 263.
tub platform 292.
tub rim 258.
tuba 551, 557.
tube 588.
tube 397, 710, 803, 804.
tube cutter 299.
tube end 300.
tube flaring tool 299.
tube retention clip 233.
tuber vegetables 71.
tubing 740.
tubing head 740.
tubing valve 740.
tubular bells 554.
tubular bells 556.
tubular element 255.
tubular heater 744.
tubular ice screw 681.
tubular lock 290.
tubular member 738.
tubular structure 487.
tuck 384.
tuck position 624.
Tudor 174.
tumble dry at low temperature 829.
tumble dry at medium to high temperature 829.
tumbler glass 237.
tuner 400, 402.
tuner 408.
tungsten filament 233.
tungsten-halogen lamp 233.
tunic 337.
tunic 337.

893

The terms in **bold type** indicate the title of an illustration; those in *italic* correspond to the British terminology

tunic 791.
tunic dress 333.
tuning control 402, 408.
tuning controls 410.
tuning fork 539.
tuning gauge 553.
tuning mode 402.
tuning peg 545, 547.
tuning pin 540.
tuning slide 551.
tuning switch 408.
tuning wire 542.
tunnel 474.
turban 329.
turbine 753.
turbine 758.
turbine building 758.
turbine headcover 753.
turbine runner 752.
turbine shaft turns generator 767.
turbine stop valve 758.
turbine-compressor shaft 501.
turbo-alternator 771, 806.
turbo-charged engine 438.
turbo-compressor engine 438.
turbo-jet engine 812.
turbofan engine 501.
turbojet engine 499.
turkey 150.
turn 538.
turn and bank indicator 639.
turn and bank knob 639.
turn and slip indicator 639.
turn and slip knob 639.
turn signal 429, 441, 442, 443, 444.
turn signal indicator 431, 445.
turn-up 323.
turnbuckle 630.
turnbuckle 669.
turner 244.
turning 584.
turning handle 280.
turning judge 621.
turning wall 621, 622.
turning wheel 584.
turnip 71.
turntable 404.
turntable 250, 400, 407, 457, 784, 785.
turntable mounting 780.
turpentine 592.
turquoise 362.
turret 180, 805, 809.
turret cap 718.
turtle 97.
turtle neck 642.
turtleneck 326, 342.
turtleneck 338.
tusks of elephant 99.
tusks of walrus 99.
tusks of wart hog 99.
tusks, major types 99.
TV mode 411.
TV power button 411.
TV/video button 411.
tweeter 16, 400.
tweezers 725.
twig 57, 59.
twill weave 576.
twin skis 633.
twin-lens reflex camera 394.
twin-set 338.
Twins 11.
twist bar 665.
twist dive 625.
twist drill 281.
twist grip throttle 444.
twisted rope 692.
two columns split bet 700.
two dozens split bet 701.
two pairs 695.
two-burner camp stove 689.
two-door sedan 425.
two-hand clean and jerk 662.
two-hand snatch 662.
two-hinged arch 455.
two-person tent 685.
two-seater settee 221.
two-sided copies 532.
two-stroke-cycle engine 436.
two-toed hoof 99.
two-two time 537.
two-way collar 319.
two-way traffic 824, 825.
tympanum 84, 97, 166, 168, 175.
type of fuel 453.
type of high cloud 38.
type of low cloud 38.
type of middle cloud 38.
type of the air mass 38.

types of grilles 207.
types of heads 276.
types of passenger cars 460.
types of passenger coaches 460.
typist's chair 521.
tyre 433.
tyre 440, 447.
tyre inflator 453.
tyre pump 446.
tyre valve 447.

U

U-bend 301.
U-shaped gouge 581.
UHF antenna 42.
ulna 102, 122.
ulnar extensor of wrist 121.
ulnar flexor of wrist 120, 121.
ulnar nerve 133.
ultraviolet spectrometer 43.
umbel 60.
umbo 95.
umbra shadow 8.
umbrella 375.
umbrella pine 58.
umbrella sheath 679.
umbrella stand 375.
umlaut 832.
umpire 599, 603, 605, 611, 613, 614, 618.
under tail covert 109.
underarm crutch 728.
underarm portfolio 378.
underarm rest 728.
underground 190.
underground flow 32, 35.
underground map 475, 477.
underground mine 736.
underground passage 464.
underground railway 474, 476.
underground station 474.
underground stem 70.
underground train 476.
underground train 474.
underlining 565.
underlying fabrics 565.
underpass 454.
undershirt 595.
underwater camera 394.
underwear 325, 345, 346.
underwiring 347.
union 300, 830.
union nut 300.
union suit 325.
uniparous cyme 60.
unison 537.
unit price 709.
univalve shell 94.
universal step 507.
unleavened bread 153.
unloading tube 161.
uphaul 631.
upholstery nozzle 260.
upper 641.
upper blade guard 284.
upper bowl 247.
upper cheek 650.
upper chord 455.
upper cold front 39.
upper cuff 641.
upper deck 498.
upper edge 619.
upper eyelid 84, 107, 140.
upper fore topgallant sail 481.
upper fore topsail 481.
upper gate 493.
upper gill arch 87.
upper girdle facet (16) 363.
upper laboratory 15.
upper lateral lobe 61.
upper lateral sinus 61.
upper level 493.
upper limb 793.
upper lip 81, 142, 542.
upper lobe 130.
upper mandible 109.
upper mantle 22.
upper rudder 806.
upper shell 641, 645.
upper sphere clamp 40.
upper strap 641.
upper support screw 40.
upper tail covert 109.
upper warm front 39.
upperboard 543.
upperworks 630.
upright 573, 574, 578, 579, 657, 659, 660, 661, 728.
upright piano 540.

upright piano action 541.
upstage 188, 189.
upstream blanket 748.
upstream face 749.
upstream shoulder 748.
upstream toe 748.
Uranus 5.
urban map 52.
ureter 132.
urethra 128, 129, 132.
urinary bladder 89, 127, 128, 132.
urinary meatus 127.
urinary system 132.
urogenital aperture 89.
uropod 91.
use chlorine bleach as directed 829.
utensils, set 244.
uterovesical pouch 128.
uterus 128, 129.
utility case 382.
utility liquids 592.
uvula 141, 142.

V

V-neck 322, 326.
V-neck cardigan 326.
V-neck cardigan 338.
V-shaped gouge 581.
V-shaped neck 343.
vacuole 115.
vacuum chamber 710, 717.
vacuum coffee maker 247.
vacuum diaphragm 435.
vacuum distillation 744.
vacuum flask 690.
vacuum manifold 717.
vacuum system console 717.
vagina 128, 129.
vair 819.
valance 224, 228.
valley 27.
valve 67, 95, 550.
valve casing 550.
valve seat 294.
valve seat shaft 293.
valve seat wrench 299.
valve spring 434.
vambrace 792.
vamp 353, 355.
vane 110, 259.
vanity cabinet 292.
vanity case 382.
vanity mirror 430.
vaporizer 210.
vaporizing grille 210.
variable geometry wing 499.
variable spacer 525.
variation keys 569.
variometer 635.
various dry fruits 67.
varnish 592.
varnish-roller 582.
vas deferens 127.
vastus lateralis 120, 121.
vastus medialis 120.
Vauban fortification 178.
vault 177.
vaulting horse 659.
VCR controls 411.
VCR mode 411.
VCR power button 411.
vector/waveform monitor 413.
vegetable bowl 238.
vegetable brush 246.
vegetable garden 148, 193.
vegetable sponge 367.
vegetable steamer 249.
vegetables 69, 70, 71, 72, 73.
vegetables 33.
veil 670.
vein 56.
veins 126.
Velcro® closure 349.
velum 80.
velvet-band choker 361.
Venetian blind 231.
venom canal 96.
venom gland 96.
venom-conducting tube 96.
venomous snake's head 96.
vent 214, 430, 800, 801.
vent brush 368.
vent door 441.
vent hole 304.
ventail 792.
ventilated rib 798.
ventilating circuit 215.
ventilating fan 469.

ventilating grille 260.
ventilation 772.
ventilation hood 486.
ventilator 477.
ventral aorta 88.
ventricular septum 125.
venturi 804.
venturi fastening lever 804.
Venus 4.
verge 451.
vermiform appendix 131.
vernal equinox 3, 8.
vernier 708.
vernier scale 484.
Versailles parquet 200.
vert 819.
vertebral body 135.
vertebral column 89, 122, 134.
vertebral shield 97.
vertical control 529.
vertical cord lift 256.
vertical frame 574.
vertical movement 696.
vertical pivoting window 203.
vertical pocket 316.
vertical pupil 96.
vertical shaft 736.
vertical side band 613.
vertical stabilizer 639.
vertical-axis wind turbine 774.
very cloudy sky 39.
vest 315, 322, 338.
vest 325.
vestibular nerve 139.
vestibule 139, 170, 461.
vestibule door 461.
VHF antenna 808.
viaduct 454.
vial 725.
vibrating mudscreen 737.
vibrato arm 547.
vice 282.
video camera 409.
video camera 526.
video cassette recorder 526.
video connection panel 415.
video entertainment system 699.
video monitor 529.
video monitor 526, 527.
video monitoring selector 413.
video port 528.
video switcher technician 412, 415.
videocassette recorder 411.
videocassette recorder 401.
videotape operation controls 409.
Vienna bread 153.
view camera 394.
viewfinder 390.
viewfinder adjustment keys 409.
vine shoot 61.
vine stock 61.
vine, maturing steps 61.
vinyl grip sole 350.
vinyl insulation 287.
viola 545.
violas 556.
violin 544.
violin 545.
violin family 545.
Virgin 11, 13.
Virgo the Virgin (August 23) 820.
virgule 832.
vise 282.
vision slit 792.
visor 443, 471, 642, 730, 792.
visor hinge 443.
visual display 699.
visual display unit 421, 422.
visual transmission 717.
visualization of seismic waves 714.
vitelline membrane 109.
vitreous body 140.
vocal cord 130.
voice edit buttons 555.
voice selector 555.
volcanic bombs 25.
volcanic island 28.
volcano 25.
volcano 23.
volcano during eruption 25.
volleyball 613.
volleyball, court 613.
volleyball, net 613.
voltage increase 767.
voltage tester 310.
volume control 402, 408, 411, 420, 422, 547, 555.
volume readout 453.

The terms in **bold type** indicate the title of an illustration; those in *italic* correspond to the British terminology

volume unit meters 407.
volute 166, 167, 220.
volva 55.
voussoir 174.
vulva 118, 128.

W

wad 799, 801.
waders 672.
wading bird 111.
waferboard 288.
waffle iron 253.
waffle iron 253.
wagon 470.
wagon 162.
wagon tent 686.
waist 117, 119, 354, 544, 756.
waistband 320, 323, 325.
waistband extension 323.
waistcoat 322, 338.
waistcoat 317.
waistcoats and jackets 338.
walk 101.
walk-in 195.
walker 728.
walking aids 728.
walking frame 728.
walking leg 78.
walking stick 375.
walking stick 728.
wall 647.
wall 7, 65, 104, 646, 685.
wall and rails 647.
wall and rails 646.
wall bracket 230.
wall fitting 234.
wall grille 207.
wall lantern 235.
wall register 207.
wall side 743.
wall stack section 206.
wall stud 199.
wall tent 686.
wallet 379.
wallet 379.
wallet 523.
wallet section 379.
walnut 66.
walnut, section 66.
waning gibbous 7.
wapiti 105.
wardrobe 226.
wardrobe 195.
wardrobe 195.
warhead 814.
warm air 772.
warm air outlet 438.
warm-air baffle 204.
warming plate 247.
warning device 777.
warning lights 431.
warning plate 280.
warning track 597.
warp 573, 574.
warp roller 573.
warp thread 576.
warping frame 575.
warty skin 85.
wash tower 257.
washer 258, 298.
washer 215, 294, 298.
washer nozzle 426.
washers 278.
washing 829.
washing machine 258, 298.
washing machine 215, 298.
wasp-waisted corset 347.
Wassily chair 221.
waste disposal unit 296.
waste pipe 293.
waste pipe 215, 298.
waste stack 215.
waste tee 298.
Water Bearer 13.
water bottle 447.
water bottle clip 447.
water carrier 690.
water cools the used steam 767.
water goblet 237.
water hazard 676.
water hose 257, 734.
water inlet 295.
water intake 747.
water is pumped back into the steam
    generator 767.
water jug 238.
water jump 647.
water jump 646.

water key 551.
water level 210, 247.
water main 772.
water main 186.
water meter 215.
Water Monster 11, 13.
water pitcher 238.
water polo 626.
water polo ball 626.
water polo, goal 626.
water polo, playing area 626.
water pressure gauge 778.
water separator 734.
water service pipe 215.
water signs 820.
water skiing 633.
water skiing handles, types 633.
water skiing skis, types 633.
water table 24.
water tank 210, 373, 469.
water tower 465.
water turns into steam 766.
water-heater tank 772.
water-level selector 258.
water-level tube 256.
water/alcohol 485.
watercolor and gouache 588.
watercolour and gouache 588.
watercress 73.
waterfall 27.
waterline 487.
watermelon 69.
waterproof pants 349.
waterproofed electrical supply 216.
watt-hour meter 712.
watt-hour meter, mechanism 712.
wave 30.
wave base 30.
wave clip 369.
wave guide 415.
wave height 30.
wave length 30.
wave wall 748.
wax seal 293.
**weapons in the age of the
    Romans** 791.
weather map 38.
weather radar 498.
weather satellite 42.
weatherboard 202, 203.
weaving 572, 574, 576.
weaving pattern brush 568.
weaving pattern lever 568.
weaving, accessories 573, 575.
web 84, 111, 466, 596.
web frame 743.
webbed foot 84.
webbed toe 111.
webbing 428, 571, 634.
wedding ring 364.
wedge 542, 800.
wedge iron 277.
wedge lever 277.
weeder 268.
weeding hoe 266.
weekender 383.
weft 573, 574.
weft thread 576.
weighing platform 709.
weight 658, 665, 707, 708, 709.
weight belt 627.
weight stack exercise unit 663.
weight-driven clock mechanism
    707.
weightlifter 662.
weightlifting 662.
weightlifting belt 662.
weightlifting shoe 662.
weights 663.
weld bead 307.
welding 305, 306, 308.
welding curtain 308.
welding torch 306.
welding torch 306, 307.
well flow line 738.
welt 322, 355.
welt pocket 339.
welt pocket 322, 326.
West 488.
West cardinal mark 489.
West Coast mirror 440.
Western hemisphere 47.
Western meridian 47.
wet suit 627.
wet well 763.
Whale 11, 13.
whale boat 482.

wheat 152.
wheat, grain 152.
wheel 433.
wheel 270, 383, 427, 440, 563, 583,
    645, 684, 800, 805.
wheel chock 506.
wheel cover 427.
wheel cylinder 432.
wheel head 584.
wheel loader 782.
wheel tractor 782.
wheelbarrow 270.
wheelchair 727.
wheelchair 461.
whelk 83.
whipping 678.
whisk 245.
whiskers 107.
whistle 252.
White 696, 697.
white balance sensor 409.
white cabbage 73.
white cap 626.
white cue ball 673.
white flag 626.
white light 488.
white line 104.
white matter 135.
white spot ball 673.
white square 696.
white stone 697.
white tape 618, 619.
white wine glass 237.
white-tailed deer 105.
whole note 538.
whole rest 538.
whole wheat bread 153.
wholemeal bread 153.
whorl 83, 94.
wicker basket 635.
wicket 599.
wicket 599.
wicket gate 753.
wicketkeeper 599.
wide-angle lens 392.
wigwam 165.
willow 598.
winch 630.
wind 38.
wind 629.
wind abeam 629.
wind arrow 38.
wind chest 543.
wind chest table 543.
wind deflector 440.
wind direction 38.
wind direction and speed 38.
wind direction, measure 41.
wind duct 543.
wind energy 773, 774.
wind guard 634.
wind indicator 628.
wind instruments 548, 550.
wind sock 817.
wind speed 38.
wind strength, measure 41.
wind supply 543.
wind trunk 543.
wind vane 41.
windbag 536.
windbreaker 320.
windcheater 320, 321.
winder 706.
winder house 735.
winding adjustment 718.
winding mechanism 231, 707.
winding shaft 736.
winding tower 735.
windmill 773.
window 203.
window 194, 195, 253, 255, 379, 399,
    427, 429, 477, 498, 631.
window accessories 228, 230.
window canopy 685.
window regulator handle 429.
window sill 198.
window tab 518.
window winder handle 429.
windows 379.
windows, types 203.
windscreen 14, 406.
windscreen 426, 440, 442, 445, 498,
    500.
windscreen wiper 431.
windscreen wiper 426.
windscreen wiper blade 431.
windshaft 773.
windshield 426, 440, 442, 445, 498,
    500.

windshield wiper 431.
windshield wiper 426.
windshield wiper blade 431.
wine waiter corkscrew 244.
wing 316.
wing 78, 108, 499, 511, 637, 638,
    670, 812.
wing 426, 440, 610.
wing attack 611.
wing box 812.
wing covert 108.
wing defense 611.
wing forward 606.
wing membrane 112.
wing nut 279.
wing pallet 787.
wing rib 498.
wing shapes, types 499.
wing slat 499.
wing tip 638.
wing vein 79.
winglet 499.
wings 112, 189.
wings, bat 112.
wing, bird 110.
winning line 702.
winter 8.
winter solstice 8.
winze 736.
wiper 431.
wiper arm 431.
wiper blade rubber 431.
wiper switch 430.
wippen 541.
wire 641, 658, 714.
wire beater 250.
wire brush 553.
wire cutter 311.
wire sling 681.
wire stripper 311.
wire stripper 311.
wire support 689.
wisdom tooth 144.
wishbone boom 631.
withers 100, 106.
wok 248.
wok set 248.
women's clothing 330, 332, 334,
    336, 338, 340, 342, 344, 346, 348.
women's rest room 822.
women's toilet 822.
wood 288, 677.
wood carving 586.
wood chip car 472.
wood chisel 275.
wood engraving 581.
wood flooring 200.
wood flooring 199.
wood flooring arrangements 200.
wood flooring on cement screed
    200.
**wood flooring on wooden
    structure** 200.
wood ray 59.
wood-based materials 288, 289.
woodbox 204.
woodcut 581.
wooden bar 661.
wooden modeling tools 585.
wooden modelling tools 585.
woods 52.
woodwind family 548.
wood, golf 678.
woofer 16, 400.
word correction 525.
work lead 305.
worker, honeybee 80.
worker, honeybee 81.
working area 16.
working pressure gauge 306.
worm 801.
worm 575.
wraparound dress 333.
wraparound skirt 334.
wrapover dress 333.
wrapover skirt 334.
wrapover top 337.
wrapper 384.
wrist 106, 112, 117, 119, 137.
wrist pad 602.
wrist sling 681.
wrist strap 640, 642.
wrist-length glove 327.
wristband 615.
write protect notch 529.
writing brush 389.
writing case 378.
writing instruments 389.

The terms in **bold type** indicate the title of an illustration; those in *italic* correspond to the British terminology

X

X-band antenna 49.
xylophone 554.
xylophone 556.

Y

Y-branch 301.
Y-tube 726.
yard 465.
yard 478.

yard line 604.
yarn 692.
yarn ball 596.
yarn clip 569.
yarn feeder 569.
yarn rod 569.
yarn tension unit 569.
yellow ball 673.
yellow onion 70.
yen 832.
yield 824, 825.
yoke 230, 320, 324, 337.

yoke skirt 334.
yolk 109.
yurt 165.

Z

zenith 16.
zenith S-band antenna 49.
zest 65.
zester 242.
zip 350, 365, 382.
zipper 566.

zipper 321, 350, 365, 382, 685.
zipper line 565.
zither 535.
zona pellucida 128.
zoom lens 392.
zoom lens 409, 414.
zucchini 69.
zygomatic bone 122.

ENGLISH INDEX

The terms in **bold type** indicate the title of an illustration; those in *italic* correspond to the British terminology

Métropole Litho inc. — Canada

Ville de Montréal

Feuillet de circulation

MU

À rendre le

06.03.375-8 (05-93)

B425407